U0853263

学术顾问（以姓氏笔画为序）

王春光　（中国社会科学院社会学所研究员）
方　文　（北京大学社会学系教授）
冯　钢　（浙江大学社会学系教授）
庄孔韶　（中国人民大学社会学系教授）
刘少杰　（中国人民大学社会学系教授）
李　强　（清华大学社会学系教授）
李路路　（中国人民大学社会学系教授）
沈　原　（清华大学社会学系教授）
郑也夫　（北京大学社会学系教授）
周晓虹　（南京大学社会学系教授）
周长城　（武汉大学社会学系教授）
彭泗清　（北京大学光华管理学院教授）

社会学译丛

社会学

第十一版

[美] 戴维·波普诺 著
David Popenoe

李 强 等 译

Sociology
Eleventh Edition

中国人民大学出版社
·北京·

作者简介

戴维·波普诺 美国新泽西州立大学社会与行为科学学院的社会学教授和副院长，拉特杰尔大学人文与科学学院社会学教授、社会学系前系主任、学生指导委员会主席。他在社会组织和社会变迁、家庭、社区变迁方面有高深的造诣。出版过大量的论著，涉及个人幸福、公众境况、城市郊区环境等。近著有《家巢的扰动：现代社会中的家庭变迁及其衰落》等。

波普诺出生于加利福尼亚的帕萨迪纳，大学毕业于俄亥俄州安提阿学院，后在宾夕法尼亚大学获得博士学位。他的学术生涯是从城市规划领域开始的。此后，波普诺教授曾在拉特杰尔大学城市研究中心担任研究指导，在该大学除了开设社会学导论性课程外，还讲授城市社会学、婚姻与家庭社会学、城市规划、环境社会学、斯堪的那维亚社会、比较社会制度、社会变迁和社会理论。

波普诺教授夫妇及其两个女儿现居住在新泽西的普林斯顿。

内容简介

社会学是一门系统而客观地研究人类社会与社会互动的学科，它有三个主要的理论分析视角，即功能主义、冲突论与互动论。波普诺教授撰写的这本北美课堂上最为流行的大学教材，完整地运用上述主要理论视角来表述社会学的基本知识，公正、无偏地为学生提供各方面的观点材料，既全面又深刻。

全书以5大部分22章的篇幅，对当今社会日常生活中的主要内容都给出了深入浅出的解释。在所有的章节中，作者都既简明地阐释艰深概念，同时又运用概念来分析社会生活中的大量案例，最大可能地为广大读者提供社会学的洞察能力和想象力。

译者序

本书是戴维·波普诺教授《社会学》第 11 版的译本，大约 8 年前，笔者曾经组织翻译了该教材的第 10 版。第 10 版译本出版后，受到了广大读者的厚爱，笔者在国内一些地方讲学、开会时，曾遇到不少读者，告诉笔者阅读过此书，并表示很有收益。翻译的成果能够得到读者的欢迎，作为译者是颇感欣慰的。

8 年来，国内对于社会学的兴趣是明显升温的。笔者在 8 年前的序言里曾说："如果说，中国改革与发展的前 20 年（1979—1999）遇到的主要是经济发展的问题，那么，它的后 20 年遇到的将主要是社会发展问题，因此，社会学将会在中国发挥重要作用。" 8 年来国内改革与发展的实践，可以说在一定程度上印证了笔者的预言。近些年来，我国的改革比较多地侧重于社会体制方面，比较突出的有：住房体制改革、医疗体制改革、教育体制改革、养老体制改革以及就业体制改革等。我国体制改革的前 20 年的主要任务是改革计划经济、引入市场机制，然而，今天在社会体制改革中，我们发现，我们所遇到的问题，不是仅靠引入市场机制就可以解决的。仅以上面所提到的住房体制改革等为例。城市住房体制改革以前，我们遇到的主要问题是住房供应严重不足，于是，我们引入市场机制，应该说，效果非常明显，住房供应巨增。在短短的十来年时间里，我国城市住宅房屋面积翻了几倍，其速度之快着实令人惊愕。然而，就在我们刚刚要庆贺住房建设的巨大成就之时，却又发现老百姓对于住房价格高昂的埋怨不绝于耳，新的住房问题逐渐浮出水面。一方面是城市众多低收入者买不起房，另一方面却是某些巨富阶层炒作房屋赚大钱，房屋上的分配不公问题变得尖锐起来。所以，住房虽然具有市场商品的属性，虽然在市场交易中付钱才能买房或租房，但是，从社会管理、社会效益、社会保障的角度看，即使是一个低收入者、穷人，也不应该让他流离失所、流落街头，也应该让他有地方居住。所以，住房也具有公共物品的属性。上面所提到的其他多种社会体制，如医疗体制、教育体制、养老体制、就业体制等等，也莫不如此。既然具有公共物品或公共服务的属性，它们就不能完全由市场交易来决定，就需要制定社会政策予以调节。社会学强调社会效益、社会管理、社会建设、社会保障、社会工作，社会学的知识是比较偏重于处理非经济要素、非市场问题的。所以，笔者以为，在我国体制改革的特殊阶段，社会学在构建和谐社会、推进社会保障、解决社会问题、探索新的社会政策方面，具有特殊的学科优势。

本书提供了一个比较成熟的社会学知识体系的基本框架。该教材系统、全面地介绍了社会学的基本知识、基本理论和基本方法。该书还具有国外教科书在编写形式上的特点：语言风格活泼；每部分均以一个生活中的实例为切入点；在各章恰当的地方插入了五种不同类型的经验材料栏目，以帮助学生通过社会生活的事实来理解书中的一些主要概念内容；每章都在合适位置插入一些图片，以帮助读者直观地理解书中的内容；每章都以"复习与思考"、"网上练习"、"关键术语"来结束该章的内容。

波普诺教授的这本《社会学》自1971年出版以来，一直受到美国各大学社会学系学生的青睐，该书成为美国社会学课堂上最为流行的教材。波普诺教授本人也不断根据自己的教学经验对该书加以改进，迄今为止，该书已经出版了11版。本次就是对于最新版本的翻译。

波普诺《社会学》第11版的译者基本上是第10版的原译者。

各章的具体分工情况是：

译者序言：李强；

第一章　李强；

第二章　邓建伟；

第三章　章谦、杨江华；

第四章　郑路；

第五章　洪大用；

第六章　刘精明；

第七章　刘精明、邓建伟、杨江华；

第八章　陈运辉；

第九章　龚维斌；

第十章　龚维斌；

第十一章　龚维斌；

第十二章　吕新萍；

第十三章　吕新萍；

第十四章　史威琳；

第十五章　史威琳；

第十六章　郑路；

第十七章　周红云；

第十八章　周红云；

第十九章　周红云；

第二十章　周秋良；

第二十一章　郑路；

第二十二章　陈翔、杨江华。

中国人民大学社会学系的刘精明教授协助笔者在联系第10版原译者、收集并整理译稿等方面做了大量工作；中国人民大学社会学系2006级博士生杨江华，2004级硕士生陈华、肖丹、白莉梅，2006级硕士生籍磊、陈闯创、罗君、王青松，2001级本科生孙元嘉、段方等同学，在全书的英语人名译名及索引、主题词索引、图片文字说明及其他技术处理工作等方面，进行了较为细致的校验和核对工作。

虽然本书译者确有精益求精之态度，但囿于水平，译文中恐仍有不妥之处，敬希广大读者给予指正。

李强

2007年6月25日

于清华大学蓝旗营小区

前　言*

在为大学生写作概论性的教材时，作者总会面临一些挑战。这些挑战也表明，介绍社会学学科的教材存在极大的需求。社会学的学科内容广泛、理论观点时常相互冲突、教学方法多种多样、学生背景又各不相同，这些都使作者在确定写作内容、目的与风格等方面要做出一系列艰难的决策。

然而，这项工作的艰巨，远远比不上这本书写作过程中的学习经历所带来的回报。为这项工作所进行的研究给作者提供了一个机会，去重新探求社会学的发现以及对社会运行方式的理论解释。总之，这一经历激发了想象力。它鼓励以全新的方式思考问题，并且提供了丰富而全新的见解。本书的一个主要目标，就是给学生提供同样的智力回报。希望这本概论性的教材所描述的社会学发现和理论解释，可以为他们提出许多问题，并且激发他们在社会学领域的更大兴趣。

在准备这本教材的第十一版时，我脑海中最初的基本目标是：用系统、学术化的方式来表达基本的社会学内容，同时最大可能地提供社会学的真知灼见并用社会学知识解释日常生活。为此，我力求使该书能够做到既内容广泛又逻辑完整，既有可读性又保持社会学的准确性，既使资料与时俱进又尊重传统。在处理意识形态的争论时，我力求做到公正无偏，为学生提供各方面的观点材料，让学生自己做出判断。

为第十一版所作的详尽研究显示出，社会正在以出人意料的方式发生变化。今天，技术在这一变迁中扮演了更为重要的角色。我们正在经历的科学奇迹，在 20 世纪开端时期只存在于发明家和作家的想象中。社会面临着许多由这些充满希望的科学发现所产生的未曾预料的结果。因此，以这个世纪最壮观的科学成就之一——克隆羊多利（Dolly），来展开第十一版的叙述，是非常合适的。

* 针对我国读者的需要，翻译有所取舍。——译者注

整个20世纪，人类克隆的可能性激起了许多激烈的争论——问题主要针对克隆对于文明的冲击，尤其对于家庭本质和功能的冲突。像这样的科学成就能够彻底改变社会吗？阿道斯·赫胥黎（Aldous Huxley）就是这么想的。在《美丽新世界》这本小说中，他描述了家庭单位的改变怎样波及所有的社会设置。在一个多层社会中具有特定功能的设计者婴儿，被认为是通向乌托邦社会的关键。然而事实上，赫胥黎的小说最终传递的信息，暗示了社会的复杂本质是很难理解的，更不用说设计了。尽管这个美丽新世界的创造者创造出了一个平滑运行的社会，却付出了巨大的代价——人类的自由。这本社会学的概论性教材就是期望去帮助学生们理解这些信息。

本版的一个新栏目——网络/技术栏目——囊括了改变社会的最新科学进展。每一章末尾新设互联网练习这个新栏目，并且给学生提供一个机会，使他们能够沿着自己选择的路径探索自己感兴趣的东西。第十一版中另一个新设的栏目是媒体社会学。这一新栏目的主题被有选择性地编排在一些章节里，旨在提高学生们对于自己吸收媒体信息方式的洞察力。

在第十一版中，为更能体现社会学的新发展，对学生更有吸引力，我对本书还作了许多其他调整。几乎在所有的章节中，我补充了大量翔实的新材料来进行深度的修订。我尽力去提高本书的可读性、简明地阐释艰深的概念，并通过当下的一些例子将概念运用到对生活的分析之中。我试图对社会学最新研究的重要部分加以归纳，使其易于被初入门的学生们接受。本书中的统计数据作了更新，图表作了修订，并加入了大量的图解说明。除了跨文化视野之外，大多数章节还包含关于美国的详细讨论。最后，第十一版（就像它此前的四版一样）以平装本出版，以使普通学生能够买得起。

内容安排

第十一版分为五个部分。第一部分为导论，对社会学学科、历史及其研究方法作了一个轮廓性的介绍。第1章一般性地介绍了社会学学科的基本假设、发展历史、理论视野以及社会学的用途。第2章用应用研究的例子完整地讨论了社会学研究的基本过程。

第二部分“社会组织与个体”的讨论是以第3章“文化”作为总述开始的。在第4章中，我们讨论了社会学中一个共性的核心问题“社会与社会结构”。该章将功能主义理论视角和冲突论的视角进行了广泛的比较讨论。第5章从宏观进入微观，讨论了社会互动，包括符号互动论、拟剧理论、本土方法论、非语言沟通以及社会网络等。第6章对社会化的讨论包含了人格发展和生命历程的一些理论。第7章讨论的是群体、组织及组织的替换或替代组织。作为第二部分的结束，第8章对越轨、犯罪与社会控制等进行了深入讨论。

第三部分涉及的是社会不平等。第9章汇集了关于社会阶级、社会地位、社会分层的主要理论材料。第10章内容覆盖了美国社会中的阶级与贫困问题，并介绍了美国的社会福利计划与现代福利改革。民族和种族（第11章）、年龄与健康（第12章）是其他重要的社会不平等的基础。第三部分的结尾章（第13章）是对性别不平等的讨论。

第四部分我们转向了对主要社会设置的讨论。家庭也许是最重要的社会设置，它是第14章的主题。第15章关于教育、第16章关于宗教的研究材料都作了扩展和更新。第17章讨论世界范围内的权力、政治和政府，同时也包含了对美国政治和政府体制的详细讨论。第 18 章对经济和工作的讨论不仅分析了美国工人的异化和满意度问题，同时也广泛讨论了世界范围内的经济体制的差异。

第五部分“社会环境和社会变迁”，研究或论述不同社会中社会变迁的各主要维度。第 19 章讨论的是人口和生态，第 20 章处理的是城市、城市发展和社区变迁，第 21 章是关于集合行为和社会运动，其间认真讨论了 20 世纪 80 年代以来的重大社会运动。作为本书的总结，第 22 章讨论了社会变迁及未来的社会发展。

本书专栏

本书的一个重要特征是在各章恰当的地方插入了五种不同类型的经验材料栏目。

“社会学之窗”（Window on Sociology）：该栏目扩展或深化了正文所触及的讨论主题。一些栏目是对以前发表的论文和书籍的某些部分的缩写。

“全球社会”（Global Society）：扩展了对世界范围内的各不同社会的某些特定方面的社会学讨论，显示出其他社会是怎样逐渐地影响我们的日常生活的。

“应用社会学”（Applying Sociology）：此栏目为学生了解日常生活中的社会学和社会学研究而设计，生动地展示了研究是怎样展开的，研究结果是怎样应用于实际用途的。

“互联网/技术”（Internet/Technology）：此栏目观察了围绕网络和最新科学发现的议题，展示了那些看上去革命性的进展背后所意料不到的缺陷。本栏目涉及的话题，从有关网络的第一项修正案开始到号称可以延长人类寿命的现代发现。

“媒体社会学”（Sociology of the Media）：此栏目围绕特定章节中的主题，旨在提高学生们对于他们吸收媒体信息的方式的觉察力。本栏目针对的议题，从媒体民意调查的冲击力开始，到媒介描画的种族民族群体形象带来的影响。

本书的另一个重要特征是可读性。一本好的教材应该让学生可读、想读。一本书的可读性主要依赖于三个因素：内容的组织、语言、趣味性程度。为达到较高的可读性，教材的材料必须很好地加以组织，并一步一步地清晰地呈现给读者。本书的每一章就是这样分为三个或更多的主要主题部分的。

简练通俗的语言可使一本书具有可读价值。为理解新的主题内容而不得不学习所有的术语词汇，学生总是为此而犯难。有鉴于此，本书只是使用一些为理解基本社会学内容、为进一步的课程做准备所必需的专业术语。每当使用一个新的术语时，书中都给出明确的定义。

相关材料可以促使人们去阅读因而增加一本书的可读性。本书在阐明社会学理论和概念时，不仅仅是表述已发表的研究结果以及对相关社会问题的讨论，而且还利用了学生自己社会环境当中的例子——朋友、父母、同学、邻居的日常行为。

复习与思考。每章都以一系列的问题结束，帮助学生回顾最重要的概念。许多问题旨在提高学生的批判性思考能力。

关键术语。每一个新的术语都突出显示，并在第一次出现的时候给以清晰的定义。由于一些术语在某些章节里面比它们第一次出现所在的章节中更重要，本书最后还有一个术语表。

图表、表格和图形。因为社会学相当依赖统计数据，学生们熟悉这些数据通常显示的形态是很重要的。这本书包括大量图表、表格和图形的例子。每一个都力图做到准确、有吸引力，以及可理解性。

插图。社会学是最早指出现代社会逐渐向视觉形象发展的学科之一。所有选中的照片将给文字带来视觉冲击力和支持。

戴维·波普诺

目 录

第一部分 导 论

第二部分　社会组织与个体

第三部分　社会不平等

第四部分 社会设置

第五部分 社会环境和社会变迁

第一部分

导　论

第1章 社会学导言

1997 年 2 月，《自然》(*Nature*) 杂志刊发了一篇颇具轰动性的文章，讲述了利用一个成熟单细胞克隆哺乳动物的方法。该程序（克隆技术）也因此不再只是科学的幻想。研究者们已经成功地利用一只母羊的乳房细胞克隆出了一只小羊羔，并取名为多利。 2

早在 20 年以前，当科学家们宣称克隆人类是不可能的时候，还并未引发关于该问题的严肃的伦理意义上的争论。然而，现在各种推测与日俱增。随着“不可能”的结束，无法想象的事是否也将不可避免地随之而来？将有人克隆人类吗？如果有，目的何在？又会对社会产生什么影响？

阿道斯·赫胥黎在他 1932 年出版的未来性小说《美丽新世界》(*Brave New World*) 中第一次提出这些问题。在这一虚幻的乌托邦社会里，他描绘了一种类似于克隆技术的科学程序——“博卡诺夫斯基程序”(Bokanovsky Process)。该技术可以创造出高达 96 个在遗传上具有相似性的人。故事中，当一个学生向伦敦中央孵化与培养中心的主任请教这一程序究竟有什么用处时，他得到了一个精彩的回答：

“我的孩子！”……“难道你看不见吗？难道你看不见吗？”……

“博卡诺夫斯基程序是实现社会稳定的主要手段之一啊！”

社会稳定的主要手段。

标准的男人和女人；统一地批量生产。小小的车间仅仅是靠博卡诺夫斯基卵细胞培育出的产品在工作。

“96 个相同的孪生子同时运行 96 台相同的机器！”由于激动，声音也颤动起来。“你真的知道你在哪里？在历史上这是第一次。”他引用行星般的箴言：“社区，认同，稳定。”(Huxley, 1932, p. 4)

的确如此，和平与和谐真的弥漫于赫胥黎的“美丽新世界”之中。这个乌托邦社会不存在社会问题。只要你服用一种叫做“索玛”(soma) 的镇静剂，每个人的需要都被满足，没有人生病，而幸福更是唾手可得。这个世界的缔造者们知道，设计一个“完美的”社会不仅需要想象出要实现的目标，而且还要懂得为实现这些理想需采用的手段。而克隆恰恰是实现社会稳定的手段——一种臻于完美结局的手段。

当然，赫胥黎并不是在描绘一个完美社会。实现社会稳定要付出巨大的代价。因为，在这样的社会里，自由与平等荡然无存。秩序是由少数的“指挥者”控制的预先设计的社会制度维持的。

多利的诞生，意味着克隆动物不再是科学幻想。那么克隆人呢？
如果能够成功，那目的何在？对社会又产生什么影响呢？

在这样一个技术发达的社会里既没有父亲也没有母亲，而且这两个词本身都是被禁忌的。家庭已经消失数百年了。而事实上，世界上许多社会制度要么消失要么已经面目全非。例如，尽管教育制度仍然存在，但已并非用来鼓励批判性的思考。相反，教育已经沦为一种高度组织化的系统，它将社会成员训练成为盲目服从与被动接受的人。

看似消失的宗教实际上却经历了深刻的转变。每周一次的被称作“团结仪式”的会议，将每 12 人一组的小组成员通过他们共同的毫无意义的仪式规则人为地联系起来。而在仪式中，他们会赞颂他们所知道的唯一的上帝——福特（Ford）。在对这一象征性的偶像顶礼膜拜时，所有人事实上是在崇拜由福特所代表的他们所处的社会本身。也正是这种仪式创造出了将社会凝聚起来的纽带。

赫胥黎借用一个局外人萨维奇（the Savage）的观察揭露了这个社会的缺点。萨维奇被当作一个实验的一部分被迫生活在这个社会中。由于从小是在一个历史上遗留下来的原始保留区长大，且那个地方社会生活的基础由家庭构成，因此他始终无法适应眼前这个“完美”社会。

与社会中那些适应成功的成员相比，他质疑一切事物。他既不能理解也无法接受各种复杂而缺乏爱的关系。既然无法接受这个世界奢华的消费文明，萨维奇从未充分融入过这个社会，也从未体验到归属的感觉。最后，他只好以自杀实现解脱。

类似《美丽新世界》的小说可以帮助我们理解社会的结构以及社会成员是如何尝试实现特定的社会目标的。他们也使我们可以很轻松地认识到哪些价值是对这些社会至关重要的，同时另一个社会的成员是如何被塑造的。而要想认识我们自己的社会是如何塑造我们将要更加困难。 3

社会学是一门系统而客观的研究人类社会和社会互动的学科。

在美国，制度化的克隆和训练机制并不决定我们的选择。我们大多将自己的前程视为个人的一种选择。倘若我们决定选择一种自己所希望的生活方式，我们只需选择它就是了，于是它就是我们的了。我们感到，我们是平等而又自由地选择结婚或不结婚，要孩子或不要孩子。选择性似乎是无限制的。但是，实际上并非如此。作为美国人，我们有一些关于应该怎样为人处世的共同观点。如果有人不按这些被"设定的"行为去做，我们就会感到不舒服。

这些社会现实环境不仅影响着我们追求的目标，而且，最终真的影响我们走向了这个目标。例如，我们中的大多数都会结婚，而当我们真的结婚了以后，我们会认为这是自己自由的选择。但实际上，不仅我们决定结婚，而且连我们选择谁作为终身伴侣，都深深地受到了周围人的期望之影响。

社会学是值得学的，因为它可以向我们提供塑造我们生活的那些社会力量的信息。如果你从社会学的视角研究社会，你将会吃惊地看到，你自己的生活也是多多少少可以预见的。你也将发现，在你寻找和实现个人目标时，社会学知识给你提供了更多的自由。

一、什么是社会学？

社会学是对于人类社会和社会互动进行系统、客观研究的一门学科。社会学学科可以使我们超越仅局限于将社会视为一个整体的观念——即那种认为社会成员、构成该社会的群体和机构，以及改变社会的力量均享有共同的价值观念。

有很多方式可以研究社会与社会互动。或许，介绍社会学学科的最好的办法就是，首先看看它的研究方式——它处理问题的特殊手段。

（一）社会学的研究方式

在研究社会与社会互动时，社会学尽量保持科学性。这就是说，社会学并不将自己的研究建立在依靠洞察力、无确凿根据的信念或道听途说的基础之上。纵观历史，众多智者对于人民
4 与社会的关系都有所评论。莎士比亚的戏剧、伏尔泰的文章、狄更斯的小说——都有对于人类关系及社会系统的精辟见解。民谣谚语诸如“害人之心不可有，防人之心不可无”，“酒店老板爱酒鬼，可自己的女婿要除外”等等，都确实包含了许多智慧。但是对于社会学家来说，无论他们多么愿意相信这些观点，他们却不能将这些观点作为理解与解释社会的坚实基础。他们只能依赖于科学的证据，而这些证据是通过对人类生活的系统研究获得的。

社会学家总是尽可能地运用类似于自然科学的技术，比如生物学、物理学的。他们常常运用科学的方法进行研究。像其他科学家一样，社会学家在提出问题、得出结论时努力做到客观性——不受感情、偏好之影响。正是在这样一种科学方法的意义上，社会学区别于诸如文学、宗教、哲学等非科学的人文学科。社会学的最终目标是发展出一种完善的科学知识体系，以解释并在某些情况下预测社会事件。

当然，在研究活生生的人时，要想做到不受影响、无偏差，是不容易的。在社会学中运用科学的方法，也存在很多问题。人类不同于石头、星星或分子，他们有思想、感情，有个人兴趣。事实上，社会学家在其主观方面，是有感情、有道德的，这限制了他们研究什么和怎样进行研究。比如，社会学家不能为了检验其关于人的发展的理论而限制儿童的爱，或限制儿童与他人接触；他们不能为了观察人们的反应或人们的宽容度而去发动战争；他们也不能撤掉现存的社会机构，以观察失去了这些机构，社会将如何运作（关于作为科学的社会学是第 2 章讨论的主题）。

由于人类与自然科学家所研究的对象是如此之不同，很多社会学家便对自然科学的方法予以修正。这些社会学家相信，社会学事实的发现也在很大程度上依赖于个人对于调查方法的认识。

绝大多数社会学家已趋于达成这样一种认识，即仅仅靠“硬科学”或自然科学的方法是不足以认识人类社会的经验的。有很多社会学的工作反映了人文科学，特别是哲学的视角。这样

一种交叉的视角，科学与人文的融合，使得社会学成为今天的一个令人兴奋和憧憬的研究领域。

（二）社会学：显而易见的科学吗？

一些社会学门外汉认为，社会学是一门显而易见的科学。按照他们的看法，社会学家花很多钱去发现一些尽人皆知的东西。这样一种错误看法的存在是因为，社会学家所研究的是为人们所熟悉的世界。确实，每一个人都或多或少的是一位业余的社会学家，用他所喜欢的理论去解释什么使得世界运转、使得人们行动。与此形成对照的是，自然科学家所研究的常常是我们的常识以外的领域。要回答自然科学家所提出的问题，常要使用为一般人所难以理解的语言或符号。

由于社会学的主题是为人们所熟悉的，一个人就要十分小心地处理社会学的材料。听起来像是人们所公认的那些论断及其理由，很可能是——并且常常就是——不真实的。

受过社会学训练的与没受过社会学训练的人研究问题的方式是不一样的。社会学的视角帮助我们去理解影响一个问题的多方面的社会因素，帮助我们去理解整个体系是如何运转的、是如何连为一体的。比如，从社会学的观点看离婚，要求人们认识到，问题并不仅仅是离婚，而且也与妇女的角色、经济状况、婚姻与家庭在社会中的位置有关。同样，犯罪的问题，牵扯到法律、社会的价值体系以及大城市的生活状况。

这样一种考察问题的方法——注意问题的整体关系——常可发现，生活并不总是像它看起来的那样。社会学告诉我们，事物总是与我们第一眼的印象不同，要更为复杂。要想真正认识事物，就要透过表面现象寻找作为原因的社会因素。这种穿透“凭经验”、“想当然”的社会表面现象的过程，被社会学家彼得·伯杰（Peter L. Berger，1963）称为“揭穿真相”。

能够穿透“凭经验”、“想当然”，这一点具有重要的意义。例如，近几十年来，社会科学家的一个主要发现就是，有关如何进行组织经营管理的多数常规认识，并不一定是正确的。长期以来，人们一直认为，从上面严格控制的组织，工作起来是最有效的：“紧防松懈，铲除冗员，让每一个人都跟上步伐，明确目标，其结果必然是成功、有效、利润”。然而，社会学的研究发现：“非集中型的、松散控制的组织，常常具有更好的适应性，换言之，松散、不服从管理常可有助于提出新的思想和发明”［《纽约时报》（*New York Times*），June 22，1982， 6
p. C2］。可见，“揭穿真相”可以揭示意想不到的社会学的见解。

再以自杀问题为例，这已经是美国青年致死的第二号主要因素（仅次于交通事故）。请你根据一般常识判断一下，在下列关于自杀及其原因的判断中，哪一条是正确的？

（1）因为妇女具有依赖性，受压抑、性因素影响，所以她们比男人自杀率高。

（2）年轻人比老年人自杀率高。一个人年轻时，生活的压力和不确定性最强。

（3）由于历史上的不平等、种族歧视，非洲裔美国人比白种人自杀率高。

（4）很多人在节日自杀，因为这时候一些人最感寂寞、最感沮丧。

（5）当传媒中不断地谈到其他人自杀时，受其影响，人们更易于自杀。

社会学研究有效地揭示了这些论断的真伪，如表 1—1 所示：男性自杀率始终是高于女性的（尽管女性中企图自杀者比男性多）；老年人自杀率明显高于青年人，部分是由于健康原因；

非洲裔美国人自杀率相对低于白种人；新近的研究并不支持那种认为节假日是引发自杀风险之因素的流行观点［菲利普斯和威利斯（Philips & Wills），1987］；其他一些研究也证明，虽然那些已有自杀风险的人有可能受到大众传媒中大量的关于自杀报道的影响，但是那些没有自杀风险的人并不会因传媒的影响而选择自杀［魏斯（Weiss），1989］。

表 1—1　按性别、种族和年龄分组的每十万人口中发生的自杀之比率（1993）

年龄	男女合计[a]（%）	男性（%）		女性（%）	
		白人	黑人	白人	黑人
各年龄段总计[b]	12.1	21.4	12.5	5.0	2.1
10～14 岁	1.7	2.4	2.3	1.0	—
15～19 岁	10.9	18.5	14.4	4.2	—
20～24 岁	15.8	27.4	25.9	4.4	3.9
25～34 岁	15.1	25.9	21.5	5.5	3.1
35～44 岁	15.1	25.5	16.2	7.1	3.0
45～54 岁	14.5	23.9	14.1	7.8	2.2
55～64 岁	14.6	25.7	9.7	6.8	2.6
65～74 岁	16.3	31.4	11.7	6.2	2.2
75～84 岁	22.3	52.1	16.3	6.1	—
85 岁及以上	22.8	73.6	—	5.4	—

注：a. 包括不同种族。
　　b. 包括各年龄组。

资料来源：美国人口普查局（U. S. Bureau of the Census）：《美国统计摘要（1994）》（*Statistical Abstract of the United States*，1994），Washington，D. C.，U. S. Government Printing Office，1994。

当社会快速发展时，会引发自杀率剧增。首先系统收集证据证明这一现象的，是社会学的奠基者之一：埃米尔·涂尔干（Emile Durkheim，1858—1917）。他的《自杀论》（*Suicide*，1897/1950）一书是社会学的先驱科学研究成果之一。自此以后，自杀研究成为一个重要的研究领域，像涂尔干一样，常有惊人发现［马里斯（Maris），1981］。

5 **社会学之窗**

社会学的洞察力

社会学仅仅是生活常识吗？社会学家仅仅是在说一些每个人都知道的东西吗？兰德尔·柯林斯（Randel Collins，1992）认为，这种普遍想法的产生可能是社会学家们使用技术性的术语造成的，而这些术语看起来似乎只是把熟悉的事物改头换面了而已。但事实上，柯林斯指出：

“社会学确实了解一些有关世界是如何运转的重要原则。”

为说明社会学的解释“远非人们普遍相信的那样”，先让我们思考早期美国一个叫做震颤派（Shakers）的宗教团体的令人困惑的行为。为了解释为什么公众要嘲笑这一团体的成员是摇晃的贵格会会员或震教徒，哈罗维（Holloway，1966）讲述了他们如下的宗教活动：

在宗教会议上，他们摇晃颤抖，像伊斯兰教苦行僧那样旋转，跳舞，唱歌，并用一种来自幽灵世界般的奇怪口音大喊。(p. 56)

在另一个仪式中，某个神魂颠倒的人朝那些跳舞的人们大喊：摇啊！摇啊！摇啊！！你们身上有一个大幽灵——快把他甩掉！甩掉啊！！(p. 76)

殖民地美国对各种宗教团体是较为宽容的，但是大众并不一定把像震颤派那样的团体看成是正常的团体。有些人实际上认为震教徒都是些与幽灵交流并且破坏安息日的“精神不正常的小流氓”(Holloway，1966)。

常识并未对震教徒的行为给出多少解释。然而社会学却给出了一种敏锐的洞察。而且这一洞察适用于所有类似于震颤派的宗教团体以及宗教仪式。这就是涂尔干的宗教理论。

要理解这一理论，你必须变换一下思维方式。首先，你必须抛弃两点对于宗教的非常明显的立场：(1) 你信仰它，或 (2) 你不相信它。然后，你必须接受社会学的立场，即“理解宗教的关键不是它的信条而是它的成员所表演的宗教仪式”(Collins，1992，p. 32)。

常识认为宗教信条先于宗教仪式。例如，信奉超自然的存在能引导人们将宗教仪式当作一种崇拜形式。但是柯林斯说，涂尔干的观点正好与此相反，他认为“履行宗教仪式才产生正确的神圣的宗教信仰”(p. 34)。

与他不相信超自然的存在相一致，涂尔干对于宗教仪式的关注促使他思考宗教仪式所具有的潜在功能：能够在团体成员之间形成凝聚力。这一深刻的思想使注意力从宗教信仰上转移开去，确认了社会赖以存在的机制——归属于一个团体的情感回报。

尽管涂尔干不相信超自然存在，他却相信宗教确实代表了某种东西。柯林斯抓住了涂尔干有关宗教的结论的本质，他写道：

> 的确有一种事物具有人们通常认为神才具有的所有特点。它并不是自然，也不是形而上学，而是社会本身。因为社会是一种远大于任何个人的力量。它给予我们生命，也能要我们的命。它拥有超过我们的巨大力量……这是宗教表达出的根本的道理。“上帝是社会的象征。”(p. 35)

这种洞察力既然被柯林斯称为并不十分明显的社会学，他进一步对天堂和地狱以及在各种各样的宗教中二者的对应物进行了解释。在有关团体成员的问题上，他说成员要拥护团体的道德准则以获得良好的声望。而回报就是归属一个群体时所带来的安全感。这就象征性地代表了天堂。

相比之下，被剥夺成员资格是源于道德上的罪恶或者是因为与组织相对抗。而剥夺一个成员的社会归属感就是一种惩罚。“在天主教的神学象征主义之中，邪恶之人将从上帝那里被流放到地狱去”(p. 38)。

柯林斯认为，人们归属一个群体最主要的好处就是能参与热烈的社交聚会以获得情感性力量。它可以促使人们做那些单个人不能或不会做的事情。同时他还解释到，正是这种情感性经历所带来的回报可用以解释宗教持续存在的原因。

今天，宗教性团体的各种仪式对于公众来说常常是困扰人心的，有如早期美国震教徒的行为。但不论这些行为是东方宗教的唱圣歌，还是天主教的圣餐礼，它们都有着同样的功能。它们形成了一种在团体成员之间产生凝聚力的机制。当常识还无法洞察到这种功能时，社会学为理解世界的运转给出了丰富的解说。

（三）社会学的基本假设

除了我们的常识会误导我们这点以外，还可以从社会学对于自杀的研究中学到其他一些重要的东西。自杀并不简单地就是一种"被推向悬崖"的失控、非理性、无规则行为。自杀率的各种差异显示，自杀与一些特殊的群体、地区、时间有密切联系——几乎可以说，每一类型都
7 "安排了"一定的自杀配额。虽然没有人可以预言在每一类型中哪些人会去自杀，但是，可以确信哪种类型会具有最高的自杀率。例如，多年以来的数据显示，白种美国人比非洲裔美国人、男人比女人、未婚者比已婚者、富裕社会的人比贫穷社会的人自杀率更高。

从自杀的这样一种社会模式中，我们可以得出什么样的结论呢？当然，自杀肯定是个人决定之结果，即一个人得出了生命继续下去已无价值的判断。在此意义上，自杀是纯粹个人的行为。但是，在某些社会环境下的人群中，这种个人决定却表现出了更多的共同点。这一事实显示出，自杀不仅是个人的而且是社会的事实，即该行为受到了一个人周围的社会环境的强烈影响。从自杀这一社会模式中得出的主要结论是，人类行为部分是由社会环境塑造的——家庭、组织、社区、种族、社团和历史时代——而他们自己正是身列其中。这个结论就是社会学家关于人类行为的基本假设：人类行为由社会和社会环境所塑造。

（四）社会学的"为什么"

任何科学所提出的核心问题都是"为什么"。一种特定的状况是怎样形成的呢？在哪一种特定的环境中呢？通过什么过程？涉及什么样的机制？换言之，如何解释一种既存的现象呢？这些问题都有助于回答"为什么"这一总问题。

涂尔干想要知道，在关于"为什么"一个人自杀的问题上，社会学能告诉我们什么。全面地理解涂尔干对于该问题的回答，就把握了社会学在社会科学中的作用和在知识发展中的学科潜力。在讨论社会学的"为什么"之前，让我们先回顾一下三种非社会学的关于为什么自杀的答案。

（1）生物学的答案。有可能是生理的或机体的因素起作用——例如，生化的不平衡会导致一个人结束了他或她自己的生命。这样的回答，当然是与社会科学无关的，属于自然科学领域。社会学家不否认生物学原因的可能性，但是他们并不研究该原因。

（2）传记学的答案。某一人自杀的原因可以表述为一系列的事件导致了这一行为。这一天，某人在学校受到处罚，接着他与一朋友绝交，与父母吵架，以及受到近来家庭中离婚的影

响，等等。这种分析在解释某一特定的自杀时是有助的和有效的，记者们常运用此方式。然而，试图从特殊中寻求一般的社会学家却不常用此法。在每一个自杀案中，连续发生的事件总是独一无二的，因此它们不能适用于一般的情况。

社会学家并不从生物、传记、人格等功能而是从社会功能角度来研究自杀行为，他们用个体所处的社会背景和环境来解释这种行为。

(3) 心理学的答案。或许对于自杀的最通常的解释就是心理学的，它研究个人的心理过程。比如，自杀者有可能留了一个绝命的字条，描述了他或她自杀的原因——或许他或她想“报复”父母，或者无法调整深深的负罪感。在心理学的研究中，人们还想知道这个人的人格气质如何——该人有过精神病、极度沮丧、奇耻大辱吗？这些信息并不是仅从绝命的字条中就能获得的，这就需要调查该人以前的精神状况。

有关一个人的生物学、传记学和人格的知识可以提供某一自杀发生的合理解释，生物学家、私人侦探和心理学家发展了这一类的知识。那么，社会学家做什么呢？社会学家并不研究 8
自杀的生物学、传记学、人格学的功能，而是研究其社会的功能。社会学家用其社会背景与环境来解释自杀个案。

不过，需要强调的是，社会学学科作为一个整体主要并不研究诸如为什么某一个人自杀

（或犯罪、婚姻失败、被开除学籍或失业）。社会学关注的焦点并不是个人的行为，而是该行为所赖以发生的社会环境与氛围。

在社会学家眼里，自杀更多的是被看成涂尔干所说的“社会事实”，而较少是个人行为。社会学家并不想知道某一人为什么自杀，而是想知道为什么在某一社会环境中，自杀率比其他地方更高或更低。试图找出诸如下列问题的答案：为什么农村自杀率比城市自杀率低（至少在西方国家是这样），或为什么意大利人比奥地利人更少自杀？比如，农村和意大利有什么共同特点，这些共同特点是如何与自杀相联系的？对于这些问题的回答并不能全面解释自杀，也不能预测个案中的自杀。但是，它却能提供丰富的信息，不仅是关于自杀的，而且是有关人类组织的根本性质。

当然，如果说社会学仅仅关注社会而非个人，这并不准确。虽然社会学的主要目标并不是要对于人类行为做出充分解释，但是，社会学家认识到被概括为“社会”的，正是人类的创造物，它是个人彼此互动的结果。多数社会学家的主要兴趣是关注于如此被创造出的社会的本质、它对于个人的影响（就像在自杀研究中这样），自然，很多社会学家也关心社会互动过程本身。社会是怎样在日常生活的基础上通过人们的互动被创造和再创造出来的呢？本章后面将会探讨，在关注于社会还是关注于社会互动问题上社会学的分化。

（五）社会学的解释

使用如此抽象的概念诸如“社会”或“人类社会组织”，社会学家是如何解释、说明自杀的社会类型的呢？为什么在密西西比农村的自杀率大大低于纽约市呢？为什么意大利的大大低于奥地利的呢？要想给这些问题以全面的社会学解答，将会使我们把话题谈远，但是，用不长的篇幅来讨论社会学的各种解释，可以使我们深入到社会学的本质。

在这些低自杀率的群体、社区、社会中，究竟是什么使得生活于其中的人们更不易于走上绝路呢？涂尔干认为，这些社会群体比其他群体更具凝聚力、整合性，或有更紧密的结合性［Durkheim，1897/1950；波普（Pope），1976］。在这些群体中，个人具有更为明确的生活目的与意义；他们具有更为特殊的社会地位；社会对于其行为取向的预期更为明确；他们感到自己已经被置入了或联结到了一种超出或高于他们自己本身的关系之中。同样地，这些社会群体对于其成员具有更强的控制，它们对于个人的行为有着很强大的外部限制［佩科索里多和乔治亚娜（Pescosolido & Georgianna），1989］。

这些社会特征最为盛行于那些稳定的、传统的和有着很深宗教影响的群体、社区与社会。正是在这些群体中，自杀率是最低的。个人与群体的联系是如此之强，以至于在某种意义上，群体要防止个人采取、甚至防止个人考虑采取自杀结束他或她的生命。实际上，在这里，人类生活被看成是群体的联系和目的要大大地高于个人。

与此相反，自杀率最高的是那些“个体主义”占统治地位的群体。在这里，群体联系较弱，群体期望受到质疑；而个人可以相对自由地过他们认为适当的生活，可以变成一种社会孤立［斯塔克（Stack），1990］。在此，社会孤立的人们的生活受制于个人的兴趣，而不是很强的群体目标。事实是，这种缺少很强群体目标的个人兴趣，常常使个人不足以有活下去的意志。因此，甚至可以说，自杀是享有大量自由的人们付出的一种代价。

在这个问题上，社会学家并没有做出任何道德的判断。基于一个社会自杀率较低或个人自由度较高而判断一个社会优于另一个社会，这并不是社会学家的使命。那样一种道德的或政治的判断超出了社会科学的领域。然而，社会学却可以提供此种判断所赖以为基础的有价值的重要信息。

为了更深入地进行探讨，有必要提到一种特殊类型的自杀，因为它与美国人通常所接受的关于自杀的观念有明显的差异——此种类型的自杀甚至受到强群体的鼓励。为人们所熟悉的例 9
子就是第二次世界大战中日本神风敢死队飞行员的自杀，自杀者希望献出他们的生命以拯救日本民族。再有的例子就是老年的爱斯基摩人，他们感到自己已变成了家庭的负担；以及信奉印度教的寡妇，她们希望与丈夫同赴火葬。这些个案是一种强大的而非弱小的群体认同，形成了自杀的原因。此种个人将群体的利益置于他或她的生命之上的自杀被称作"利他式自杀"。当然，从道德角度看利他式自杀，会与那些想要实现自己的需要和愿望的自杀者的看法完全不一样（利他式自杀只是涂尔干所定义的四种自杀之一。自杀的其他三种主要类型是：利己式、越轨式、宿命式，请见表1—2）。

表1—2　涂尔干的四种自杀类型

	利己式	利他式	宿命式	越轨式
描述	个人并不感到与广大的社会有关	个人将群体利益置于他或她个人生命之上	个人自杀的原因是感到无法控制他或她自己的生命	当社会缺乏秩序时，个人自杀
例证	贫民窟无业游民的自杀	老年的爱斯基摩人、日本神风敢死队飞行员的自杀	囚犯自杀	股票破产者的自杀
心理指标	沮丧与忧郁	责任感，羞耻感和负疚感	恐惧，听天由命	不安全，失望

资料来源：Emile Durkheim，*Suicide*，Glencoe，Ill，Free Press，1950/1897；Mamoru Iga，*The Thorn in the Chrysanthemum：Suicide and Economic Success in Modern Japan*，Berkeley，University of California Press，1986.

让我们再来看看社会学解释的最后一个方面。如果自杀与群体联系的强弱有关，那么，是什么造成了有些群体凝聚力强、具有很强的联系，而另一些群体缺少凝聚力、联系松散呢？与农村相比较，城市的整合性较弱，这一点反过来又与城市的较高自杀率相关联。但是，为什么城里人比农村人联系更为松散呢？当然，答案也可以使用生物学或心理学术语。但是，看起来并不是城里人在生理上不同于农村人，城里人与农村人心理上的不同并不像是来自什么天生的差异，差异是在社会环境方面。

那么，群体差异的原因是什么呢？在解释个人的自杀行为方面，社会学家倾向于从其他社会现象中寻找诸如社会整合性水平这类社会现象的原因。例如，社区与社会的形成，就主要是通过社会设置之间的相互作用实现的。家庭受经济影响，经济受政府影响，政府受法律影响，法律受道德影响，等等。这样，每一种社会环境都是相互作用的社会力量的一个复杂的社会网。

因此，我们在对从文化到文化甚至从群体到群体作总结时需十分小心。虽然我们可以说，在很多文化中老年人的自杀率较高，但是，我们不能说，无论城市还是农村自杀率总是很高。例如，与城市自杀率较高的美国相比，在日本，农村地区自杀率更高。有几个因素有助于解释这一点，在日本，老年人多住在农村，他们的收入较低，在不适当的福利制度下生活拮据［伊加（Iga），1986］。探索其他文化的以及探索我们自己文化的社会真实的网络，这就是这门称作社会学学科的任务，以及对它的挑战。

（六）社会学与其他社会科学

与系统研究物质世界的自然科学不一样，社会科学是运用科学的方法研究社会与人类行
10 为。在使用方法上，社会学与自然科学密切相关。社会学也与其他社会科学相关，因为其研究主题有相互重叠之处。社会学与经济学、心理学、人类学、历史学的分野常常并不清晰。例如，对于收入低于贫困线的城市居民问题的研究可以被称作是城市社会学、家庭经济学或城市政治学。但是，界限确实存在，对于社会学的精确的描述，需要了解其他各门社会科学。

经济学研究的是商品与服务的生产、分配、消费的方式。经济学与社会学的一个重要的共同领域就是研究经济行为的社会基础。金钱并不会自动地流入和流出银行，也不会听从于非人格力量的指挥。是人们在存钱，是他们做出就业、为子女教育存钱或购买房屋的社会决定。也正是人们在取钱，他们或是想要自立门户做买卖而不是听从于老板的指挥；或者他们想要买一件皮大衣，因为上周他们的邻居就买了一件；或者因为他们失业了。另一个联系是许多社会行为的经济基础。社会学家认识到，经济和物质利益对于社会运转有很大的影响（关于经济生活的社会学参见第 18 章）。

政治科学研究政府与政治权力的使用。政治学的学生考察在政府体制背后的观念、政治的操作过程。在另一方面，社会学对于政治行为（人们参与政治运动或支持政党的原因）以及政治制度与其他社会制度的关系更感兴趣（关于政治社会学参见第 17 章。）近年来，政治学与社会学在方法、研究主题、概念上越来越密切，甚至越来越难以找出两者的确切分野。

历史学考察过去，试图找出历史事件的原因、过程和含义。历史分析已从过去的研究人与地点变成了探索更为广泛的一定时期的社会趋势。反过来，社会学家从历史的考察中获得了很多东西。例如，社会学家用 19 世纪以来西方国家工业化的社会后果与今日非洲、亚洲发展中国家的趋势相比较，就是得自历史的研究。本书常用一些历史资料以对比很多今日的社会事件。

心理学主要是考察人类的精神过程。心理学家研究这样一些心理活动，如推理、动机、理解、做梦和创造力，也研究精神病、精神冲突和各种情感状态。心理学与社会学有很大区别，因为它关注的是个人的经历而不是社会群体。但是，社会心理学——它研究的是人格、行为如何受到个人之社会环境的影响——却与社会学联系密切，两个学科在知识和方法上也是互通的。

人类学是研究世界各地、各个时期的人类进化与人类文化的。体质人类学集中于研究人类的生理进化和今日世界各民族的体质差异。文化人类学主要研究现代化以前的社会（有时称“前工业社会”）的文化与发展。而社会学则主要关注于现代文明。社会学家借用了很多文化人类学的概念与方法，然而，在一些学院和大学，这两个领域是合为一个系的。

人类学面临着其固有的局限性，可供研究的现代化以前的社会已经不多了，而且几乎已找不到未与现代文明接触过的社会了。这就是20世纪的人类学家已将其研究领域扩大，包括了现代社区与社会的原因之一。于是，他们使其研究领域在主题上更接近于社会学了。人类学的报告“民族志”，深化了人类行为或生活方式的一些研究领域，这有助于社会学在全世界的范围内理解与比较不同社会（本书第3章探讨了文化研究的人类学视角）。

二、社会学的历史及其发展

社会学取其现有的形式不过100年的历史。当然若溯其学科根源，可以追回到18世纪。欧洲的这段历史被称为启蒙时期，其思想家相信理性和人类完善自己的能力。社会学的一些早期假说就来自这些思想家。一个主要的假说是，正如研究自然界的科学家可以使用推理去发现物理的规律、行星运转的规律一样，研究社会世界的科学家也可以运用推理去发现人类行为的规律。另一个假说是，一旦知晓了人类行为的规律，就可以用它来完善社会本身。但是，19世纪的工业革命带来了一系列迅速、广泛的社会变迁，这对启蒙学者的乐观思想提出了挑战。

工业革命起源于英国，在那里，发明者完善了珍妮纺织机，机器动力的纺织机使得大量的 11
纺织品既快又便宜地被生产出来。随着纺织工业以及冶铁和其他工业的发展，大量人口涌入迅速扩张的城镇，去工厂劳动。他们形成了新的社会阶级：产业工人；他们的雇主也形成了强有力的新的社会阶级。家庭结构、社会政治、宗教在人们生活中的作用也发生了引人注目的变化。工人的工资是如此之低，以至于丈夫、妻子、孩子都要工作才能勉强维持生活。有些人一天劳动19小时，每周工作6或7天。这并不意味着工作是稳定的，解雇是很平常的事。除了长时间劳动和缺乏保障以外，工人的住房和卫生条件也很差。恶劣的条件降低了城市新贫民的预期寿命，与此同时，犯罪率却在升高。对于这一系列可怕的问题，19世纪早期的思想家们试图加以解释和希望予以解决。

（一）经典人物

虽然工业革命发生于英国，但最著名的早期社会学家却是法国人、德国人，而非英国人。原因之一是，遍布欧洲大陆的知识分子的求知欲遵循着法国革命的传统，这种求知欲产生了很多新的思想方法。

1. 奥古斯特·孔德

奥古斯特·孔德（August Comte，1798—1857）通常被认为是社会学的创始人。孔德曾经是另一位早期社会思想家亨利·圣西门（Henri de Saint-Simon）的私人秘书。孔德创造了社会学这个词。早先，他曾称这门新学科为“实证哲学”，既强调它的科学性，又与传统的哲学相区别。他认为，社会学的目标是去发现社会的“不可更改的规律”，在此基础上可以建立新的秩序。孔德并没有以纯科学的兴趣去分析社会；他更想培养“精神的精英”——由他自己领导——去管理新的社会秩序。

2. 赫伯特·斯宾塞

赫伯特·斯宾塞（Herbert Spencer，1820—1903）出身于一个教师家庭，他通常被认为是该时代英国最重要的思想家。他提出了社会像一个有机体——是一个自我管理体系的思想。通过吸收一种类似于达尔文生物进化论的思想，斯宾塞提出社会就像物种那样，由简单向复杂进化。达尔文在其自然选择的理论中指出，那些能更好地适应其环境的动物更易于存活和繁衍。与达尔文的思想类似，斯宾塞认为那些能更好地适应其环境的社会比不能适应环境的社会更易于生存与发展。

斯宾塞是后来所谓的“社会达尔文主义”的早期拥护者——即认为适者生存的原理适用于社会之间和社会内部。换言之，社会的特征，包括它的不平等，都是“自然”进化原理（或规律）之结果。与该时代的改革思想家不同，斯宾塞反对政府干预社会事务，因为他认为这种干预会阻碍这些自然发展规律。斯宾塞的社会进化论经常受到人们的怀疑。然而，他将社会类比为生物有机体的思想却在现代社会学的功能主义学派中得到了响应（关于功能主义参见本章后面）。

许多早期的社会学家致力于改善穷人的社会状况。他们被穷人糟糕的工作条件特别是童工所打动，如这些在纺纱机器上工作的小男孩们。

3. 卡尔·马克思

卡尔·马克思（Karl Marx，1818—1883）出生于一个德国人的家庭，但是他成年后大部分时光是在伦敦度过的，他多数的著作是在此完成的。马克思不相信社会是一个自行管理的有秩序的体系。反之，他把社会看成是不断冲突与变迁的。他指出，每一个社会都包含有“毁灭自己的种子”。与斯宾塞的社会服从于“自然”规律的观点相对立，马克思相信社会主要是由经济力量决定的。他将人类历史看成是经济上的各阶级不可避免的相互冲突的过程。 *12*

与孔德的传统一样，马克思感到社会科学家不仅应该认识社会而且应该改变社会。然而，马克思的观点颇为激进，他相信正如资本主义取代了封建主义一样，资本主义也将通过阶级斗争而被社会主义所取代。他将自己大部分的生命都投身于引发这个变迁。事实上，马克思的观点和理想所激发的社会变迁，多于历史上其他所有的人，当然，并不一定是完全按他所预料的那样。

马克思的社会阶级观和关于经济因素在我们的生活中具有重要作用的观点，被视为对于社会科学的主要贡献。他关于阶级冲突的观点反映在现代社会学的冲突学派之中（关于冲突学派本章后面将有探讨）。他对于社会学关于政治与经济制度的分析也做出了重要贡献（参见第17、18章）。

4. 埃米尔·涂尔干

法国学者埃米尔·涂尔干（1858—1917）的过人之处在于他确定了社会学的研究主题，指出了它与哲学、经济学、心理学和社会改革之区别。在《社会学方法的规则》（*The Rules of Sociological Method*，1894/1950）和《自杀论》（1897/1950）中，涂尔干提出，社会学主要应关注于他所谓的“社会事实”。这些事实在人们以外，但是却对人们施以控制。例如，法律也可以说仅仅是一些词句，但是人们的行为体现出法律是可以感知的、是真实的。

涂尔干相信，社会事实应在其自己的范围内进行研究。他坚持认为，要用其他社会事实来解释社会事实，而不是用生理的、心理的特征来解释。这样，根据他的观点，如果要理解社会法律的含义及其发展，就必须考察社会的宗教。如果要理解社会组织，就必须考察诸如政府、经济组织这些作为社会组织构成部分的机构。

与孔德、斯宾塞相同，涂尔干将社会视为它自己的一个整体，该整体大于各部分之和。他的核心兴趣之一就是：社会是如何整合在一起的。由于对前工业社会的传统价值和社会结构之崩溃深感沮丧，涂尔干便寻找社会团结的源泉。最终，他相信社会是因其成员享有共同的信仰价值观而连为一体的。涂尔干强调社会团结的思想常受到马克思主义和其他激进社会学家的批评，他们则对于社会中的冲突之源泉更感兴趣。涂尔干对于宗教促进社会团结之能力的分析，阐述于《宗教生活的基本形式》（*The Elementary Forms of the Religious Life*，1915）一书中，这本书也被视为社会学对于宗教分析的重要贡献（参见第16章）。

5. 马克斯·韦伯

马克斯·韦伯（Max Weber，1864—1920）或许对于现代社会学的发展具有最重要的影响。他对社会的宏观方面特别感兴趣，比如社会组织和社会制度，他是从广泛的历史性和世界性角度来展开研究的。或许他最为著名的是对于科层制和资本主义的研究。对于社会分层、政治社会学和宗教社会学他也有重要贡献。韦伯的多数思想都与马克思的思想形成鲜明对照。

韦伯既是一名有贡献的学者，也是一名热心于研究当时德国问题的人。作为学者，他认为，社会科学家在研究问题和得出结论时，只有将他们自己的观点暂时放在一边，他们才能发现解决问题的客观方法。这样一种“价值无涉”社会学，直接与孔德和马克思的传统相对立。然而，韦伯相信，作为公民，社会学家应积极参与公共事务。在第一次世界大战中，他管理一家军事医院，后来，他又帮助起草魏玛共和国的宪法。

像涂尔干一样，韦伯塑造了社会学研究和社会学理论的模型。韦伯感到社会学必须包括“社会行动”研究，即研究人们相互之间行为取向的方式。在他看来，研究人际互动不应该只依赖于客观的定量方法。它也必须包括韦伯所谓的“解悟心声”（*Verstehen*），即对于他人心灵的“同情理解”。

（二）美国社会学的发展

虽然社会学的奠基者是欧洲人，但是它却逐渐深深地植根于美国社会。美国的知识氛围有助于激励新思想的产生，而它的社会氛围——异质性十分强，社会变迁迅速——亟需社会学的系统研究。像许多欧洲先驱者一样，早期美国社会学家对于社会改革颇有兴趣。

从一开始，美国社会学及其实践者［如莱斯特·沃德、弗兰克林·吉丁斯、威廉·托马斯、罗伯特·帕克和威廉·萨姆纳（Lester Ward，Franklin Giddings，William I. Thomas，Robert Park & William G. Summer）］，就承担起这样一项使命：认识、评价与解决城市问题（仅举几例，如贫困、恶劣居住条件、行为放纵等）。虽然美国早期社会学家大多来自农村背
13 景，但是强烈的宗教倾向和道德原则导致他们去推进城市改革［赖斯（Reiss），1968；G. 欣克尔和 R. 欣克尔（Hinkle & Hinkle），1954］。美国早期社会学家注重解决城市社会问题，这一点使他们明显地区别于更多意识形态而更少实践倾向的欧洲的早期社会学家。

1. 芝加哥学派

美国社会学学科首先建立于中西部地区。1892 年，芝加哥大学成为世界上第一个能授予社会学博士学位的大学。到了 1905 年，社会学的研究生学习已发展到东部地区，布朗大学、哥伦比亚大学、达特茅斯大学、耶鲁大学等都有了正式的社会学学科教学。到了 20 世纪 20 年代，在全美国范围内，社会学已被广泛地接受为学术性与实践性学科（Reiss，1968）。

芝加哥大学居于社会学研究与训练之中心地位持续了多年。这一时期，芝加哥大学的研究者们被统称为闻名遐迩的“芝加哥学派”。芝加哥学派的社会学家热衷于研究典型的美国社会问题，如贫民窟、移民、种族关系、城市化。他们收集了大量有用的统计数据，提出了一些重要的概念，迄今仍为人们所使用。

芝加哥大学的领导人物是 1914 年开始在此任教的罗伯特·帕克（1864—1944）。帕克是独一无二的新闻记者、社会活动家、研究学者和理论家的结合。他曾一度充任布克·华盛顿（Booker T. Washington）的宣传主管和代笔人。他与伯杰斯合作撰写了社会学的第一本主要入门教材（Park & Burgess，1921）。他的很多学生后来成为了美国其他大学中有影响的社会学家。

乔治·赫伯特·米德（George Herbert Mead，1863—1931）是诞生于芝加哥的社会学理论分支“符号互动论”的主要理论家（该理论参见第 5 章）。米德强调，人类既对于抽象的含义也对于具体的经验做出反应。与同时代的多数理论家不同，米德认为人类的心灵和自我意识主要是社会的产物。他确定了视个人行为为社会产物的这一领域的社会学研究。

2. 第二次世界大战后的美国社会学

在大萧条的动荡岁月里，美国联邦政府开始雇用社会学家作研究，并让他们为诸如“职业促进管理会”、“农业部”、“自然资源委员会”这样一些政府部门作咨询。随着第二次世界大战的到来，很多社会学家应招到华盛顿工作。社会学家运用他们的技术，设计服务人员的训练项目，发展向平民的宣传运动，给作战部、价格管理办公室、国务部作咨询。他们也帮助建立二战期间发展起来的食品配给制［布尔默（Bulmer），1984］。

然而，在大萧条以及二战以后，芝加哥学派参与社会改革、收集数据的强烈热情逐渐衰退。美国社会学家变得对于建立社会理论更感兴趣。到了 20 世纪 40 年代晚期，社会学已经如此大大发展、迅速成长，以至于应该回头看看，总结一下已经收集的关于社会的知识了。这样一种变化还伴随着学术主流地区的东移，从芝加哥大学移到了哈佛大学和哥伦比亚大学。

美国最重要的纯理论社会学家是塔尔科特·帕森斯（Talcott Parsons，1902—1979），他是 20 世纪 30 年代哈佛社会学的奠基人之一。帕森斯综合了一些经典社会学家的不同学说，主要是韦伯和涂尔干的，合并成他所谓的“行动的一般理论”这样一个总的思想体系［帕森斯（Parsons），1951；帕森斯和希尔斯（Parsons & Shils），1951］。在这个总体理论中，他寻求去发展一个可以用来分析所有类型社会现象的理论框架，从分析社会的主要制度到分析个人的行动。后来，他将该理论应用于广泛的主题，包括宗教、教育、种族关系。帕森斯对于几代社会学家都有重要影响。然而，由于他偏爱抽象理论，他的关于社会的观点比较呆板乏味，因此也一直受到强烈抨击。

另一位有影响力的美国社会学家是罗伯特·默顿（Robert K. Merton，1910—1998）。作为帕森斯的学生，默顿仍遵循着帕森斯的传统，但是，他尤其感兴趣于发展社会学的中间层次的理论。“中层理论”（middle-range theory）居于狭隘的“专门理论”与广泛的“总体理论”之间，前者关注于社会生活的单一方面，后者则试图无所不包地解释广泛的社会因素是如何结合在一起的。默顿的理论没有帕森斯的理论那样抽象，比较容易用实证检验。默顿的持久的贡献之一，是他关于越轨行为的理论（本书第 8 章将予以讨论）。

在第二次世界大战后早期，就像帕森斯和默顿一样，很多社会学家都属于功能主义传统。但 C·赖特·米尔斯（C. Wright Mills，1916—1962）则是一个例外，他是目前所称的“冲突 14
论”发展中的重要人物（本章后面将会详细讨论功能主义与冲突论）。米尔斯既批评芝加哥学派的“铁杆经验论”，又批评帕森斯的“总体理论”，认为他们缺少社会关注。他曾将自己描述为“明明白白的马克思主义”，但是他既受到马克思的影响，也受到韦伯的影响。米尔斯全身心地介入他所处时代的社会问题与政治活动；他尤其希望看到，美国的财富和权力能够更平等地分布。

3. 今日社会学

今天，在所有的发达国家和许多发展中国家，社会学都已是一门完善的学科。最为发达的还是在美国，所有的主要大学都讲授社会学（如 1998 年美国社会学学会的专业人员有 13 200 人）。社会学在英国、法国、德国和其他西方国家也有稳固的发展。

在东欧国家，社会学的地位尚不很确立。社会学在苏联范围内所遇到的障碍，在其他共产主义国家中也遇到了。在苏联，社会研究受到限制，那些与官方关于现存社会安排设想相矛盾的发现变得默默无闻。不仅如此，苏联社会学家难以接触到西方同行们关于该社会的研究成果［诺夫（Nove），1989］。所有这些都随着 20 世纪 80 年代中期苏联发生的影响深远的改革而发生了变化。由于不再受到党的意识形态的限制，并且对于西方社会学家的理论与方法也更为熟悉，苏联社会学家看到他们的工作影响了关于妇女就业、工作条件、健康与抚养儿童、学校教育等方面的决策（Nove，1989）。在苏联以及如匈牙利等邻国，社会学的崛起是因为需要解决众多的社会秩序问题——不法行为、犯罪、家庭破裂、自杀等比率都在上升——这些都使社会学的发展变得更为紧迫［桑坚（Sanjian），1991；莎赖（Szalai），1991］。

看来，每遇到社会动荡和无序时期，社会学的影响力、吸引力便上升，因此，我们可以预料，当东欧、苏联这些国家和地区发生了迅速社会变迁所引发的社会紧张与两难困境时，其社会学学科会变得更为重要。同样原因，社会学也可能在美国复兴。如上所述，社会学诞生于法国大革命和工业革命所引发的社会困惑与动乱之中。旧的社会秩序已被打碎，新的还没有建立起来，社会学受到青睐是因为它可以提供新的认识与新的观念。在美国，社会学发源于 20 世纪的前 20 年，这也是一个因迅速与广泛的城市与工业发展而引发社会巨变的时期。半个世纪以后，到了 20 世纪 60 年代末期和 70 年代初期，社会学又大显身手，因为发生了以城市骚动、民权运动、反战示威为标志的深刻的社会冲突，使人们又来求助于它［莱曼（Lemann），1991；古尔德纳（Gouldner），1970］。今天已有征兆显示，美国社会可能处在另一次社会动荡之前夜，其依据是经济下滑，收入与财富分布不平等程度上升，国民凝聚力下降［沃尔夫（Wolfe），1991］。会引发社会学复兴的，也是人们越来越频繁问起的一个首要问题是："为了建立有秩序的社会生活之基础，我们应该做些什么？"［赫恩（Hearn），1985］

三、社会学理论

社会学是一门完善的学科，但这并不意味着它是一门用统一的方式看待世界的学科。虽然社会学家在一些基本的原则上是一致的，但是，在现代社会学中并没有一种单一的、占统治地位的理论观点。确实，很少有学科，特别是像社会学这样的新学科，能够有高度的统一性。社会学仍然在确立其研究范围的过程之中——这包括它的研究主题、研究方法、研究发现之应用。

从本章的前面部分，读者应该已经看到了社会学理论范围的一些线索。在我们讨论社会学的特点时，我们曾指出，很多社会学家希望这门学科越具科学性越好，而另一些则喜欢人文取向。在讨论社会学的“为什么”时，我们曾指出，绝大多数社会学家关注于社会，但一些人则主要关心社会互动。社会学家在这些问题上的立场，与他们关于社会学在社会上的作用、他们所使用的方法、所提出的问题有着密切的联系。

在试图理解社会如何运转的问题上，不同的社会学家对于人类社会生活之基本特征，有着不同的假设。一些人认为秩序与稳定比冲突与变迁更重要，另一些人则持相反观点。一些人主要考察社会的大的制度结构，另一些人则更关心小群体的人际互动。这些选择决定了社会学的“理论视角”（有时候也称作“理论范式”）。理论视角帮助社会学家去选择他们所要提出的生活中的问题，选择他们用来寻求答案的方法。换言之，他们限定了社会学家寻求解释社会与社会 16
行为的方式。被当代社会学家最常使用的三种理论视角是功能主义视角、冲突论视角以及互动论视角。

当一个社会结构单位不能使社会满足其需求时，它被视为有功能缺陷。
如果一个学校的学生从他们的同伴那里学到的是令人厌恶的行为，
那么这个学校在功能上是有缺陷的。

（一）功能主义的视角

功能主义的视角强调这样一种模式，即社会的每一个部分都对总体发生作用，由此维持了社会稳定。根据这种观点，社会非常像人类的身体或任何活的有机体。像身体的各个部分（比如四肢、心脏、大脑）一样，社会的构成部分（比如家庭、商业机构、政府）以系统的方式结合在一起，对整体发挥着好的作用。每一部分也帮助维持着平衡状态，这也是系统平稳运转所必需的。功能主义（有时也称“结构功能主义”）可以溯源到早期社会学理论家如奥古斯特·孔德、赫伯特·斯宾塞、埃米尔·涂尔干的著作。

后来，默顿指出，社会结构构成单位的功能可以是“显在的”（可以意识到和看到的），也可以是“潜在的”（未意识到和未看到的）。例如，小学的显功能之一是使学生打下阅读、计算这样一些学科技术的坚实基础。然而，小学的一个潜功能却是教给学生诸如合作与组织这样一些重要的社会技术。如果社会结构的某一部分阻碍社会满足其需求，则被视为具有反功能。如果在学校里学生们从其小伙伴群体那里学到了社会所不希望有的行为，那么，学校也就具有了反功能。

既作为文化人类学也作为社会学的重要理论视角，功能主义特别适合于研究稳定的、小规模的社会，例如，太平洋群岛上的孤立的社区或美国中西部的小城镇。它有助于我们去理解，在这样的社区中，人们怎样形成了有秩序的生活，表现出了强大的合作精神和高度的团结性。在这些种类的背景中，并不难设想，事情还会像以往一样继续下去，除非来自外部的因素破坏了平衡。确实，功能主义者通常将社会变迁解释为来自外面的力量干扰了系统的平稳运行。

然而，社会生活并不总是平静的。世界上很多地方被卷入战争、反叛和革命之中。功能主义的批评者认为，功能主义不能合理地解释这些事件。社会学的第二种理论视角，与此形成鲜明对照，这就是冲突论。

（二）冲突论的视角

冲突论强调人们因有限的资源、权力和声望而发生的斗争是永恒的社会现象，也是社会变迁的主要源泉。该理论建立在这样的假设之上，即构成社会的各部分远不是作为整体一部分而平稳运行的，实际上，他们是互相冲突的。这并不是说社会就永无秩序——冲突论者并不否认很多社会秩序的存在——但是，秩序只是社会各部分之间不断进行的冲突的一种结果，而且，它也并不一定就是事物的自然状态。

冲突论者源于马克思。他们强调社会的流动的、不断变化的性质。在他们看来，社会经常处在极易被破坏的平衡之中。事情常常是这样的，社会秩序（常常是十分短暂的）源于社会的某部分统治于其他部分之上，而不是源于各部分之间的自然合作。社会秩序是力量与强制的产物，是统治——强的压迫弱的，富的压迫穷的。

我们可以通过社会学家如何应用上述理论分析校园中的社会组织，来展示与比较这两种相
17 互对立的视角（注意，虽然这两种视角非常之不同，但是，它们并不一定是不相容的。每一种视角考察了社会的不同方面）。功能主义者可能会将校园看成是各种有机的部分构成的统一体，包括学生、教师、管理者，以及维持校园生活正常运转的成员、研究助手、食堂工作人员等。所有这些部分都相互联系，并且都对校园的正常运行做出贡献。任何一个部分的动荡都会带来暂时的失衡。学生因教学质量、伙食问题或大的政治事件而罢课，都确定无疑地会使校园陷入混乱。但由于社会是建立在认同与合作基础上的，这种暂时的不平衡会迅速地转化为有利于整体向好的方面发展。

冲突论者将会透过校园表面的平静考察不同群体自身的利益以及他们之间的对抗。例如，教师会为减少课时压力而抗争。二年级的大学生会因选修课的减少而不安。医学实验室的助手会组成工会，以提高他们的工资，使之达到与校外同样工作的水平。而学校管理人员会认为，所有其他人员都没有看到，在面临政府削减经费的压力下，他们为维持学校正常运转做了极大

的努力。冲突论者认为，校园的“秩序”只不过是各群体之间相互竞争的难以持久的、暂时的结果（关于功能主义和冲突论在第4章会有详述）。

这两种理论的共同之处是，它们都首先关注宏观社会或大规模的社会结构，研究它们是如何相互联系的。有时候被称为宏观社会学家的研究人员，运用上述理论视角研究社会的主要结构单位，如组织、制度、社区、民族国家；研究诸如城市化、社会流动等社会过程，以及研究诸如社会主义、资本主义等社会信仰体系。

这两种理论视角，在关于人类社会、人类行为的结构主义观上也是相同的。结构主义观的前提是：第一，社会结构应被视为这样一种社会事实，即它在个人之外却又控制着个人的行为；第二，个人行为主要是非个人所能造成的社会结构和社会力量的产物。这些理论视角强调社会对于人类思想和行为的强制力量，缩小了自由意志和个人自治的重要性。

（三）互动论的视角

社会学中，另一种颇为引人注目的理论视角，因其更关注于社会的微观方面——社会互动和作为社会存在的个人——而区别于上述理论。这种理论视角被称为互动论视角，它研究人们在日常生活中是如何交往的，他们如何使这种交往产生实质性的意义。倾向于互动论视角的人，有时被称为微观社会学家，因为它们研究个人和小的群体而不是大规模的社会结构。乔治·米德通常被认为是互动理论视角的奠基人（关于米德的符号互动论参见第5章）。

或许由于在如此之近距离观察人类行为，互动论者倾向于认为人们具有更多的行动自由——在社会约束中的更多的自由——比功能主义学派、冲突论学派宏观社会学家所说的要多。换句话说，互动论者并不将社会看成是一种控制力量，至少没有达到宏观主义者所说的那种程度。互动论者强调，人们总是处在创造、改变它们的生活世界的过程之中。再者，他们不仅对于人们如何行动感兴趣，而且对于人们的思想和感觉感兴趣。互动论者探索人们的动机、目标和他们理解世界的方式。

我们可以回到前述的那个关于校园的例子来说明互动论视角。互动论者既不用合作也不用冲突解释校园生活，他们关注于这样一些问题：学生们刚入学的时候如何看待校园生活，高校的经历对他们的意义是什么，宿舍里的社会互动是如何发展起来的。互动论者并不很关心大学校园的组织、运转，而是关心校园中日常互动的性质，学生、教师和管理者是如何看待这种互动的。互动论者并不把校园看成是其成员必须与之相适应的一成不变的组织。相反，他们认为，校园的组织通过参与者的互动而发展和变化。

除了在研究上侧重于个人外，互动论者与宏观社会学家在研究的方法上也明显不同。由于互动论者研究的是人们所想、所感觉的，他们常使用定性的方法。这些方法在设计上是要研究处于自然状态下的人们。相反，宏观社会学家更多的是使用定量的方法，比如认真加以控制的统计研究（关于研究方法的讨论详见第2章）。

（四）对三种视角的简要评价

社会学理论视角的多样性使我们清楚地认识到，社会学并不是一门有着严格定义和统一的

18 世界观的学科。但是这种多样性也说明社会学不是一门追求狭隘性、封闭性的学科。确实，今天，很多社会学家将这种多样性看成是可以使其学科更重要、更具活力、更具冒险性，这样一种多样性总是试图探索人类经验之深层意义。

还需强调的是，这三种视角所显示的差异性并不是起源于矛盾或对抗，而是一种相得益彰的关系。绝不是说一种视角是对的，另一种是错的；每一种视角都考察了同一社会现实的相关方面，而给对方以补充。在所有的社会群体中都可以发现秩序与冲突，如果只研究一个方面而无视另一个方面，那就会丢失了真实和重要的东西。同样，社会的宏观层次和微观层次也确如一个硬币的正反两面（Collins，1981）。宏观社会组织是从微观处境里人们的互动中发展起来的；这样，高校校园的组织就是参与者日常互动的产物。然而，同样的，每一种社会处境也是由已经事先就互动于该处境中的人们组织起来的。这样，新入校的学生发现有一种在他们以外的、先于他们存在的社会结构，他们必须使自己的生活适应于该结构。

先不管哪一种视角最有说服力，读到这里时，恐怕很多读者急于要知道的一个重要问题是：所有这些理论观点的用途是什么？怎样将社会学应用于我的社会，更重要的是应用于我自己的生活。我怎样应用所有这些信息，应用关于人类状况的观点？本章以下部分将回答这些问题。

四、应用社会学

社会学的主要目标是推进对于我们所生活的世界的理解。这是一个崇高的目标，它本身已表明了社会学存在的合理性。但是，这常常并不是学习社会学的学生们最感兴趣的目标。他们想知道社会学是怎样应用于“真实生活”的。

这个问题包括两个不同的方面。第一，社会学对于社会整体的实践意义在哪里？社会能从其社会学家那里获得哪些收益？第二，你们，学生们，为什么要耗费精力学习社会学？它能给你们带来什么？本章以下部分以及本书中多处称作“应用社会学”的部分，都对上述问题做了探索性回答。

15 **.NET 互联网/技术**

地球村

正当我们迈向21世纪的时候，一项科技发明预示了对社会的变革。这就是互联网——一项令世界瞩目的非凡的科技发明。

简单说，互联网就是电脑网络的网络。但科幻小说家、政治家、记者甚至科学家自身，过去却将其描绘成空想的东西。它是电脑空间、地球村、信息高速公路、超级社区（supercommunity)，甚至是一个银河星际的网络。

在这些众多的概念之中，马歇尔·麦克卢汉（Marshall McLuhan）的“地球村”［此词第一次出现是在他1964年出版的《理解媒介》（*Understanding Media*）一书中］一词，也许比其他任何一个词都更好地抓住了互联网的本质。作为人类关系的象征同时又充满麦克卢汉关于传媒效应的观点，这个词揭示出了网络的真正力量——它改变社会的潜力和彻底改变我们体验世界的方式。

人们对互联网的影响怀有很多期待——从承诺要医治最棘手的社会问题到实际上加剧或平添了新的社会问题。但不管它究竟有何独特的影响，这种新的传媒形式必然会和麦克卢汉的理论所期望的相一致。就这一问题，他在1967年写道：

> 媒体如此广泛地贯穿于私人、政治、经济、审美、心理、道德、伦理以及社会后果之中，以至于生活的每一个部分无不被触及、影响和改变。(p. 26)

的确，早在16世纪初，当印刷业开启了信息时代的新纪元时，媒体就已经在社会变迁中扮演了异常巨大的角色。学校、议会政府、新的经济活动形式、新的知识概念以及新的大众传播形式（报纸、小册子、广播以及书籍）——都是印刷业的社会产物。

电报业消除阻碍人们交流的空间距离，减少了物理性和社会性的边界，对美国产生了深远的影响。正如尼尔·波斯特曼（Neil Postman）所说：“电报消除了国家界限，取消了地域概念并通过交错的网络覆盖大陆，为统一的民族国家提供了可能性”(1993，p. 67)。

电报和摄影都引入了关于信息的新理念。不再需要相互之间的联系或背景，即时性较之于历时性更受欢迎，吸引力替代了复杂性和凝聚力（Postman，1993）。而不久之前，广播标志着信息革命进入又一新阶段。

今天，电脑技术标志着信息时代进入最新阶段。虽然无法预测电脑技术将会如何改变世界，但互联网具有在世界范围内传播民主的潜力。这种潜力在1991年苏联解体时得到了验证。在苏联报纸、广播和电视无法自由报道真相的时候，互联网做到了。正如俄罗斯电脑网络的创立者范德姆·安特努（Vadim Antonov）所言，这已经使“通信落入了人民的手中”［《每日新闻》(*Newsday*)，August 28，1991，p. 4］。

的确如此，电子消息往来于苏联互联网用户和国际上的同情关注者们之间，他们帮着动员抵抗运动。在8月21日星期三，一位匿名运动者写道：

> 致所有有着良好愿望的人！我们希望你们知道苏联的民主岌岌可危……此刻莫斯科市中心正被坦克和士兵包围着。……我们需要你们的道德支持！……（*Newsday*，August 28，1991）

随着在世界范围内读者的响应，历史将会记住互联网在捍卫民主的过程中扮演了重要的角色。它已经成为一种引起剧烈社会变迁的力量。

对于我们大多数人来说，互联网的影响既不会如此突然也不会太显而易见。它会逐渐地改变我们的日常生活并慢慢地改变美国的制度。实际上，这一进程已经开始。出版业和广播传媒——也许要受到最大的冲击，正在使自己适应它们最新的竞争对手网络广告并在对其自身的传播形式加以补充。经济也在进行自我调整以适应新的工作和消费方式。低廉的媒体还促进了官方与市民的双向沟通，并促使政治体系也在发生变化。

尽管互联网的优点还必须与其弊端一起加以权衡，但它清楚地预示了消除国际边界的同时将世界统一起来的前景。

（一）社会学与社会

多数社会学家在学院和大学里当教师。他们对于社会的影响——通过教学——是间接的。学生们学习了社会学的视角、社会学研究的成果，他们受到了比较好的教育、能比较好地解决他们所在社会中的问题。但是，在大学以外，社会学的直接应用是什么呢？社会学的这个方面称作“应用社会学”——近年来得到迅速发展［蒙尼特、沙利文和德容（Monette，Sullivan & De Jong），1986；奥尔森和米克林（Olsen & Micklin），1981］。在应用部门工作的社会学家人数大为增长，这些部门有：政府机构、非营利组织、私立研究机构，以及诸如传播、广告、技术等领域［休伯（Huber），1984］。

通过考察基础研究与应用研究的特点，我们就可以理解纯学术社会学与应用社会学的区别。基础研究关注的是知识本身，它不考察知识的使用与应用。应用研究目的在于，为解决直接实际问题提供答案。它直接涉及真实世界问题的解决，它是决策取向的。通常，那些需要信息的帮助以做出特殊决策的人，或者需要解决诸如“如何降低街头犯罪率、降低学校退学率”这类问题的人，他们最需要应用社会学研究。

应用社会学研究的一个经典的例子就是：芝加哥人口稠密区海洛因吸毒者研究。由伊利诺伊州控制滥用毒品项目组和芝加哥大学的一些社会学家完成的这项研究，确认了吸毒过程所涉及的一些主要因素。在研究的基础上提出了一项决策，该决策通过三年的实施，结果使得吸毒者人数大大下降［休斯（Hughes），1977］。

实际上，基础研究与应用研究的界限并不总是很清楚的。那些旨在解决特殊问题的研究，很大程度上依赖于基础研究的成果。很多研究既是基础研究，同时也是应用研究。

1. 应用研究的类型

应用研究的五个主要类型是：评估研究、社会实验、政策取向的社会调查、社会预测和社会监测与描述。

评估研究　这是一种常见的应用研究，它是对已经实施的项目、方案之效果作评价。评估研究用来回答这样的问题，如：项目成功吗？它达到预期目标了吗？

19　评估研究的一个很好的范例涉及著名的电视连续剧“芝麻街”。这个连续剧是由儿童电视制作中心设计的，其目的是“促进学龄前儿童（特别是劣势的学龄前儿童）智力与文化的发展”［库尼（Cooney），1968］。其目的达到了吗？研究人员发现，每周观看该电视节目四次以上的儿童，确实表现出学习上有所进步。但是他们也发现，优势儿童比劣势儿童看该节目更频繁。结果，该节目看来扩大了优势儿童与劣势儿童的学习差距。因此，“芝麻街”虽然对学龄前儿童起到了某些帮助作用，但是它并没有实现设计者所期望的目标［库克等（Cook et al.），1975］。

一项对于佛罗里达强迫判决法影响的研究，提供了评估研究的新的例证［贝尔斯和迪斯(Bales & Dees)，1992］。作为对于犯罪采取“强硬对策”的全国性运动的一部分，佛罗里达最近颁布了十项强迫监禁条例，其中仅1988年、1989年通过的就有6项。研究人员想了解，这些条款的效果如何。他们的研究得出如下结论：(1) 新的法律确实得以实施。非法买卖毒品最起码的判决是强迫监禁，该项被判决的人数从1979—1980年的4人增加到1989—1990年的1 022人。在同一时期，被判为佛罗里达重大罪行惯犯的人数从21人猛增到1 084人。(2) 这些法律导致州监狱人数翻了两番，从10 000人增至40 000人。(3) 由于监狱过度拥挤，官方只好更多地提前释放那些在实施强迫监禁法以前判刑的罪犯；其结果是，佛罗里达判决监禁的百分比，从1987年的53%跌到1989年的34%。不仅如此，那些被提前释放的罪犯中，有相当数量的人已经被判犯有严重暴力伤害罪。该研究认为，强迫判决法会造成事先未预料到的后果，而该后果大大削弱了降低犯罪率的效力。

20世纪60年代以来，评估研究声势巨大，这是因为，政府要求对其社会项目做出评价(如职业培训、劣势者教育和穷人的法律服务)。然而颇使大家沮丧的是，正如一位重要的研究人员总结的，政府的这些项目很少有实现原来所设定的目标的。但这位研究人员同时也指出，她的上述结论或许受到这样的影响，即由于资金有限，评估必须迅速完成，这样就难以准确评价项目的长期效应。

社会实验　另一类应用社会研究——社会实验——是在项目开始前进行的。虽有时间序列之不同，社会实验常常使用与评估一样的研究方法。在一项重大的社会实验中，美国住房与城市发展部向25 000个低收入家庭直接付费以改善他们的住房条件，而不是为他们建筑那种有补贴的低价房屋。实验从1973年持续到1980年，其目的是想要看看，直接付费是否会更好地满足穷人对房屋的需求。

研究人员发现，房费确实交给了那些最急需的家庭，也确实减少了他们家庭收入中需要付房租的这一部分。然而，该项目的一项规定是，要接受房费，这些家庭就必须将他们的住房标准提高一个档次。结果，大多数家庭选择的是，仅对他们的现有房屋稍做维修或仅搬到稍好一点的住房。换言之，他们并没有大大改善住房条件，而是把大部分房费用于贴补他们拮据的经济开支了。实验表明，直接付费的办法并没有给低收入家庭住房以很大改善，所以，住房与城市发展部转而采用其他措施去处理住房问题了［弗里登(Frieden)，1980］。

政策取向的社会调查　在过去的几十年中，一种受到人们重视的应用社会学的形式就是大规模的、政策取向的社会调查。这些研究通常是或者受到政府资助，或者受到私人基金会资助。调查的目的是向官方和大众提供有关国家面临的主要政策问题的信息和对策性建议。

例证之一，是由社会学家詹姆斯·科尔曼领导的小组所做的一项重要研究，它比较了美国公立的、天主教的和私立的三种学校的学术成就水平［科尔曼、霍弗和基尔戈(Coleman, Hoffer & Kilgore)，1982］。这项研究是应国家教育统计中心之邀，对于建议中的教育政策的改变做出评估。教育政策的改变包括给私立学校参加者的学费优惠或“教育优惠券”，其目的是减少教育中的隔离现象。研究发现，私立学校的学生教育成就更高、学习热情更高；这是由于私立学校具有更严格的学术要求和更有效的管理纪律。私立学校的种族隔离现象也比公立学校要少（但经济隔离现象更多）。

22 研究人员的报告招致了众多的批评，无论是它的研究方法还是它的结论都受到批评。一些批评者认为，改善公立学校的学习环境要比让更多的学生去私立学校上学有效得多［芬恩(Finn)，1981］。一些学者所给予的总的批评意见是，这类政策研究有时候只不过是支持政府已经做出的决定［马萨奇里和麦卡洛（Massagli & McCullough)，1979］。

一项对公立学校、天主教学校和私立学校的学术成绩水平的研究表明，
一些公立学校正对他们的学生提出更严格的要求。

社会预测 在自然科学中，预测某一现象的发生是研究的主要目标。然而，由于社会世界是如此之复杂，所使用的研究方法相对的不精确，很少能预测社会事件的发生。例如，要想提前知道战争、革命、经济萧条发生的精确时间，甚至要想知道小的内部骚乱发生还是不发生，都是不可能的。

然而，社会科学研究可以在一定范围内做出预测，并有实际效果。广为人知的一个例证就是预测选举结果。50年前，预测选举结果还主要靠猜测。今天，它已成为一门精致的艺术，民意测验家可以预测几乎所有选举的结果，当然，那些选票极为接近、差距极为微小的选举除外。

社会监测与描述 不是所有的应用社会研究都能得出明确清晰的结论，可以预测的是很少的。一些研究仅能准确地描述世界运作的方式。例如，安古斯·坎贝尔（Angus Campbell）曾要求在全国范围内选取样本，做历年的关于人们的感受、态度、幸福感的调查。他发展出一种了解美国人口中哪一种人具有最高幸福感，哪一种人具有最低幸福感的方法。一些样本中的结果是令人吃惊的。坎贝尔发现，一般来说，结婚的人比没结婚的、分居的、离婚的和鳏居、寡居的人更满意。但是，在坎贝尔的样本中，家庭有孩子并不能使幸福感增加。社区感会增加一个人的幸福感，总的来说，这种社区感在农村、小城市，比在大城市更为常见。但是，坎贝尔发现人们的幸福感与人们的收入水平之间仅有很小的联系（Campbell，1981）。

将早期的这类研究和新近的研究互相对比以后，这些简洁的描述就可以变成社会指标、数据，并告诉我们，民族的脉搏在不同时期是如何发生变化的。例如，美国政府近来的统计数字显示，家庭单位变得越来越不稳定，其指标是，从 1960 年到 1990 年，离婚率上升了 122%。这意味着，仅与单亲住在一起的儿童比以前增多了（1960 年是 9%，1990 年是 25%）。从 1960 年到 1990 年，美国家庭住户的平均规模从 3.33 人下降到 2.63 人，这清楚地显示了家庭变小的趋势。

虽然可以用不同方式解释这些数据，但是，这些指标确实告诉我们，国家在朝哪一个方向走。通过不同时期监测所获得的数据，也可以用作形成和指导公共政策的基础。

2. 社会学的其他应用研究

以上我们介绍了直接运用于社会研究的应用社会学。其他的应用研究包括政策咨询、社会批评和诊所社会学。

政策咨询　社会学在政府决策中的作用不只限于大规模政策取向的社会研究。政府决策者也会直接找社会学家咨询，请他们提供有关社会事务的专业知识。

这种向社会科学专家咨询的最著名的例子是美国最高法院 1954 年关于禁止种族隔离学校的决定。在布朗对教育委员会的讼案中，法庭主要是依赖于社会学和心理学关于参加种族隔离的所谓“分开但平等”的学校有害于黑人的证据和证言［霍维茨和卡茨（Horowitz & Katz），1975］。这是社会科学的观点与研究第一次在重大讼案中发挥重要作用。

社会批评　社会学家不必等待别人来向他们咨询关于社会政策的观点。很多社会学家在社会上发表具有很强的政策导向意义的社会生活理论分析著述。这些分析通常被称作“社会批 *23*
评”。

例证之一是丹尼尔·贝尔（Daniel Bell）的《资本主义的文化矛盾》（*The Cultural Contradictions of Capitalism*，1978），该书在吉米·卡特总统执政期间颇具社会影响。贝尔认为，美国资本主义正在被两套互相冲突的价值观所拖累：一套是传统的价值观，强调独立、节制、工作和节俭；另一套是现代价值观，强调不间断的个人需求之满足。需要第一套价值观来使人们生产商品和资本，另一套让人们购买这些商品。对于我们的经济，两套价值观都是必需的，但是它们却互相矛盾。当人们越来越多地倾向于不间断的需求满足价值观时，他们的生产和储蓄就会减少，于是就会造成国家的经济问题（对于此著作，本书第 3 章还将予以详述）。

诊所社会学　越来越多的社会学家不满意于其学科孤立与抽象的特点，他们开辟了一个新的应用领域，称作“诊所社会学”。像在诊所诊断人们精神和感情问题的心理学家，也像临床诊视病人身体的医生一样，这种新发展出来的社会学家，正在设计一种直接帮助人们解决其社会问题的方法。诊所社会学积极参与社会事务，改善社会状况。像其他的诊所实践一样，社会学家在实施参与之前，也要对问题做出专业诊断。

客户的范围从个人、家庭直到大型的社会组织［罗西和怀特（Rossi & Whyte），1981］。诊所社会学家帮助客户实现他们自己所陈述的目标而不是通过介入带来制度的或社会的变迁。诊所社会学的一个例证是凯·埃里克森（Kai Erikson）在西弗吉尼亚布法罗溪对社区生活所做的工作，这是在 1972 年的那次山洪暴发，冲垮了水坝，席卷了山谷以后的事情（1977）。埃里克森是要评估洪水对于居住在山谷里的5 000户家庭的个人的与社会的影响。由于失去了那种曾经能将居民们联络在一起的社区支持，很多人失去了精神上的力量，失去了精神健康，失去了对法律的信任。通过对社区生活被损害原因的一针见血的分析，埃里克森成功地帮助受害者从在灾害中犯有疏忽罪的煤矿公司那里赢得了1 350万美金受损害补偿费。

20

应用社会学

批判性思考

无论他们是保守的或是自由的，美国人乐于表达他们的观点，并且电视给了他们足够的机会去这样做。电视和收音机中的脱口秀节目将被动的广播媒体变成了令人感动而富有争议问题的互动节目。

- 医生帮助下的自杀应该合法化吗？
- 我们需要更严厉的枪支控制法吗？
- 是否应该要求学校设置多文化的课程？

对于这些和许多其他的问题，我们在形成观点的时候，必须判定哪些专家可信，哪些争论符合逻辑，以及最终接受哪些结论或者拒绝哪些结论。但是尽管如此——实际上，由于——有如此众多的可以获得的信息，我们中的多数也许会感到一头雾水，不知所措。并且我们之中没有几个人具备这样的专业知识，能够恰当判断对一个特殊事物的新闻报道。

更糟的是，新闻机构也许会使我们更加困惑。例如，来看这两家全国性报纸的标题（Lee & Solomon，1991）。1989 年 5 月 6 号的《纽约时报》刊登："4 月就业增长大幅度放缓，引起关注"。两天后，《今日美国》（*USA Today*）报道说："失业率上升，前景看好"。1989 年 4 月 13 日的纽约市两家报纸的标题同样让人困惑。《每日新闻》的标题是："城市学生辍学率上升"，然而《纽约时报》的标题却是："尽管开销增多，但辍学率保持不变"，读者们应该相信哪一家呢？

这些例子表明，我们不能依靠媒体来告诉自己在某一问题上应采取什么立场，即使它们不同意这种说法。因此，我们必须培养自己辨别一个争论优势和弱点的能力。我们必须学习以成为具有批判性思想的人。

问正确的问题

在他们关于批判性思考的指导书中，布朗和基利（Browne & Keeley，1991）采用了一种系统的方法来评估每天对我们进行狂轰滥炸的信息。他们的第一个建议就是问正确的问题。为了帮助学生们开始提问，他们列出了如下批判性问题。

1. 问题和结论是什么？
2. 原因是什么？
3. 哪些词或词组是含糊不清的？

4. 价值冲突和假设是什么？
5. 描述性假设是什么？
6. 论据是什么？
7. 样本有代表性吗？方法有效吗？
8. 是否有对立的假设？
9. 统计推断中有缺陷吗？
10. 类比的相关性有多大？
11. 推论中有什么错误吗？
12. 有什么重要的信息被遗漏了吗？
13. 有力的原因得出的结论是什么？
14. 争论中你自己的价值倾向是什么？

培养正确的态度

在介入某种争论时，有与这场争论无关但有某种联系的其他种类的问题突然跃入你的脑海中吗？如果有，你可能已经培养了一种批判性思想者所具有的态度。如果没有，那就考虑一下你也许想要培养某种态度。对新手而言，考虑一下布朗和凯利所列出的如下建议：

1. 对知识的好奇。一有机会就寻找原因和答案。
2. 对多样性现实的开放性思维。找出并尊重可供选择的观点和视角。
3. 弹性。面对强有力的推理愿意改变你的想法。
4. 对你的信仰保持谦逊。认识到确定性几乎总是这样并要善于幻想。
5. 对知识保持怀疑态度。在接受观点之前应该找出支持他们的证据。

下次你和别人辩论的时候，请记住布朗和凯利的建议。它们会帮助你认识到作者和发言者怎样试图说服听众去接受他们的立场，同时也会帮助你维护自己的立场。

（二）为什么学习社会学？

以上我们谈的是社会学家所应用的社会学。但你们中那些不准备成为社会学家的人，有权利问，社会学对你们的用途是什么。实际上，在我们的生活中，有很多方式可以应用社会学。社会学方法的知识对很多职业都是有价值的。研究社会学可以学到探讨问题——不管是个人的、与工作相关的还是政治的问题——的特殊方法，它可以帮助我们做出日常生活中的决策。

1. 为就业做准备

一位受过社会学训练的人，在他所获得的有用的技能中，能在任何一种工作中用得上的是他客观地观察社会情势的能力。这样一个人，通过社会学训练学会了组织复杂的观点，运用数据检验各种直觉判断和各种理论，清晰和符合逻辑地推理。这些对很多职业都是十分有用的能力，尽管这些职业从来不使用社会学这个词。

社会学的重要性还不仅仅在于上述技术。且不论职业选择，我们需要社会技巧，在与他人相处时需要这些技巧。因为社会学可以改善你对于他人互动方式的认识，学习了社会学，在这个方面真的会有所帮助。再者，组织技巧在很多职业中发挥关键作用——在正式组织内生存与发展需要这些技巧。社会学可以提供这些技巧所赖以为基础的知识。

最近，美国社会学会所发的一份小册子，谈到了社会学作为经营管理职业的前期准备的价值，该材料建议社会学专业的学生应该注重于某一特殊的具体领域或具体问题（例如，经营组织或社会问题），而且越早越好。很多社会学专业的人，很早就对于经营组织有兴趣，后来转到了人事管理、工业关系、公共关系、组织规划和国际市场销售这些职业上去了。那些对于社会问题、社会心理感兴趣的人常常被吸引到诸如社会工作、咨询、教师这类“帮助”型职业上去了。

2. 日常生活中的决策

社会世界的客观知识、社会学方法和社会学的视角，也可以帮助我们更理性地探索我们在日常生活中所面对的决策。运用社会学的发现以及社会学的技术，我们更有可能做出对我们个人幸福生活有利的决策。本书中的很多名为“应用社会学”的专题，就列举了社会学如何帮助个人做出日常生活中决策的例证。

3. 理解你自己

C·赖特·米尔斯强调，社会学视角可以作为一种主要工具，帮助解释与理解我们的生活。他主张，只要把我们自己放进我们的社会、放进一定历史时期，我们就可以理解我们的经历，
24 就能决定我们所要完成的任务。米尔斯将这个过程视为社会学想象力的发展。

> 社会学的想象力使我们能够抓住历史与我们的经历，以及在社会中两者之间的关系。这是它的任务，是它所承诺的……这种想象力的第一个果实——体现这种想象力的社会科学的第一课——就是这样的观点：仅仅通过将他自己置于他所在的历史时期之中，一个人就可以理解他们自己的经历、就可以估计他自己的命运；仅仅通过了解他身边的所有的人，一个人就可以知道他自己的生活机会。（1977，p.6）

请记住，米尔斯心中有明确的使命感：鼓励社会学家成为社会批评家。对于米尔斯来说，“社会学的想象力”就是意识到个人问题演变为公共问题的能力，就是不断地穿梭于个人与社会之间，就是将个人既视为独一无二的人物，又视为特定历史时期的一个部分及其产物。

在我们寻求个人的定位和自我理解时，社会学视角是一个强有力的工具。如果我们想要掌握自己的命运，这样一种视角是极其重要的。当知道我们的前程、我们的机会，甚至我们的幸福感、挫折感都主要是由一种外在于我们的力量决定之时，我们是很难接受的。然而，正如米尔斯所说：“在很多方面它是可怕的一课，在很多方面它是光辉灿烂的一课”（1977）。

复习与思考

1. 在20世纪，克隆的概念备受关注。作为一个研究话题，不同学科会怎样看待克隆？

2. 关于所有的人类行为，社会学家做了什么基本的假设？这一假设是否使社会学与其他学科，例如心理学、政治科学或经济学相区别？为什么是或为什么不是？

3. 与其他学科相比，社会学这个领域是相对比较新的。那么为什么 19 世纪在社会学的历史上是一个独特的高产时期?

4. 社会学领域是如何被社会和社会环境加以形塑的?

5. 政治家在为比如教育改革或家庭价值等问题进行政治竞选时喜欢展开辩论。如何用功能主义的、冲突论的以及互动论的视角来看待政治家所提出的解决方案?

6. 互联网必然将在 21 世纪的社会变迁中扮演一个重要角色。利用你的社会学想象力预测一下它会如何改变我们的生活。

网上练习

第一章的网站涉及学术性与应用性社会学的各个方面。在搜索之前，请登录 Prentice Hall Companion 的网站：http：//www. prenhall. com/popenoe。然后，选择第 1 章（社会学导言）。接着就可在网页左侧的菜单中选择网站，你会发现有许多不同的可供选择的网站。我们建议你先从“Socio Web”开始。这个网站有许多关于社会学不同方面的资源。当你进入这一网站后，可能想点击“Giants of Sociology”、“Sociology in Action”、“Sociological Theory”或“Learning Sociology”。如果时间允许的话，你可能也想登录 Society for Applied Sociology。例如，在这里你会发现从事一个应用社会学家这一职业的相关信息和社会学专业的求职者是如何利用互联网资源的。搜索完后，回答下面的问题：

- 哪些人是社会学“巨匠”?
- 社会学理论中的几个主要派别是什么?
- 纯学术社会学和应用社会学有什么区别? 25
- 应用型的社会学家是如何开展工作的?
- 总体来讲，你对社会学的什么方面最感兴趣?

关键术语

sociology	社会学	interactionist perspective	互动论视角
social science	社会科学	basic research	基础研究
functionalist perspective	功能主义视角	applied research	应用研究
conflict perspective	冲突论视角	sociological imagination	社会学想象力

第2章 社会学研究的过程

27 如果你稍微花几分钟时间观看电视新闻节目，或者浏览几份重要报纸，你就会发现，在一定程度上，社会学家感兴趣的问题，许多新闻记者也对它们有兴趣。每天当你打开报纸时，许多大字标题涉及了家庭破裂、犯罪、吸毒、失业、种族冲突和性骚扰等社会问题，而且其报道内容还明显地提及了由社会学家或者社会科学组织和机构所做的研究。

对于职业社会学家来说，大众传媒中经常性地引用他们的研究成果，这对他们既有好处又有害处。从好的一方面讲，社会学研究的通俗性报道有助于人们对该学科的了解。普通老百姓虽然对社会学不可能有完整而又准确的理解，但是在大众传媒中他们至少知道了社会学研究的某些内容。在某种程度上，社会学知识的普及有助于该学科研究领域的合法化，这是毫无疑问的。但是从另一方面讲，新闻记者在谈及社会学研究时，职业社会学家认为极具重要性的问题似乎又很少能在记者们所采写的新闻报道中反映出来。更进一步说，新闻记者的报道总是歪曲了职业社会学家的研究。

针对这种情况，有两位社会学家进行了一项研究，以此来发现记者是如何根据读者的兴趣来取舍社会科学研究内容，并加以重新包装来吸引大众的。

卡洛尔·魏斯和艾林纳·辛格（Carol Weiss & Eleanor Singer）不仅关注社会学在普通公众中的形象，而且他们还研究了媒体报道中的社会科学研究对政府和商业部门的决策者所产生的影响（1987）。他们两位都积极地进行了应用研究。他们从以前的研究资料中了解到，在通常情况下，决策者很少会花大量时间去阅读专门性的社会科学研究报告或者社会科学杂志。相反，像我们普通人一样，他们决策时主要依赖于媒体中有关社会科学研究的报道。这说明国家的决策者们很有可能根据不完全的、带有偏见的，甚至是极不精确的新闻报道来进行决策，而这种决策又给数百万老百姓的社会生活带来了巨大影响。所以仔细研究新闻记者在报道时是如何对社会学研究进行删改的过程是十分重要的。

研究开始时，魏斯和辛格系统地检索了社会科学文献，查看了前人在这一方面的研究。他们也邀请了许多社会学家就这一问题进行了初步的探讨。他们着手进行了一个三阶段的研究计划，力图弄清新闻记者的镜头是怎样对社会科学研究进行过滤和筛选的。在第一阶段，辛格详细列出了最近 5 个月中各主要媒体中出现的对社会科学研究情况的报道一览表（大约有2 000余条类似的报道）。第二阶段，魏斯从上面这些报道中抽取了调查样本。他与样本中撰写各社会科学报道的记者及报道中其研究成果被引用的社会科学家进行了标准化的电话访谈。最后，辛格分析了每一篇文章的内容以便发现新闻记者是如何对它们进行修改的。

研究结果表明，新闻记者不是因为科学价值而选择某一论题，相反，他们报道某一社会研究是因为他们相信该研究会以其重要性、趣味性和新颖性的特征而吸引受众。研究指出，总的说来，新闻记者不曾受过社会科学的教育，他们甚至也没有意愿去辨别他们所采写的社会科学研究的质量优劣，或将自己所采写的研究与类似的其他研究进行比较。然而这些却正好都是职业社会学家所必然要做的。社会科学家自然十分明了所做的研究被报道后所面临的现实。正因为如此，他们才总是不断地埋怨自己的科学研究被过分地简单化了、被大量地篡改或断章取义了，科学研究简直就成了一条新闻报道。

魏斯和辛格还发现，出乎他们意料的是，正是那些资助调查的政府和私人代理机构，而不是从事社会科学研究的科学家们提醒了记者去报道那些他们自己感兴趣的研究。这是媒体报道歪曲社会科学研究的另一层原因。

一、研究过程

像上面所说的一样，许多社会学家都是通过调查研究来获得关于世界的知识的。关于调查其实一点也不神秘。它要求研究者慎重地提出问题，然后系统地回答这一问题。在前面的例子中，魏斯和辛格为了探索社会科学和大众传媒之间的关系，他们围绕着三个问题来组织研究：第一，新闻在多大程度上反映了社会科学？第二，社会科学中的特定研究和人是怎样变成新闻报道的？第三，社会科学中的这些研究和人在新闻报道中的准确性如何？

什么是有研究价值的问题？社会科学家又怎样设计研究方案来回答这一问题？社会学家使用何种方法来收集资料？他们又怎样对资料进行解释？他们怎样陈述自己的调查结果并把它们介绍给别的社会科学家及一般公众呢？这些问题都是社会学方法论关注的焦点。方法论就是有助于社会学家开拓知识面的系统程序。没有方法论的指导，社会学甚至比无根据的胡乱猜想强不了多少。

科学家包括社会科学家，十分强烈地依赖于经验性方法。这种方法使用人的感官如视觉和 28
听觉来观察外在世界，其观察结果又可以由别人用同样的过程来检验其正确性。因此经验方法是一种极为普遍和开放的获得知识的途径。因为它依赖于感官观察，而这又是可以重复进行的，所以它减少了个人偏见、情绪化成分以及歪曲性论断。

设计经验研究并且从中引出结论的过程当然必须遵循逻辑法则。单凭推理或者单凭直觉均无法获得科学“真理”。科学研究总是要受到经验调查的影响。例如，推理和直觉认为贫困是革命的主要原因，或者家庭破裂是青少年犯罪的主要原因，但直到我们在较长时期内对革命和青少年犯罪进行仔细观察之后，我们才能比较有把握地相信这些结论。

通常，社会学家进行两种类型的经验性研究。描述性研究是知识探索的第一步。它主要是为了弄明在何时、何地、对什么人发生了什么事情。在描述性研究中人们认认真真地收集资料来描述群体、社会活动和事件。犯罪统计、舆论调查、电视收视率调查和有关人类性行为的报告，都是描述性研究的实例。

虽然描述性研究是必不可少的起点，但是社会学家长盛不衰的理论兴趣却使他们去研究事物为什么会发生。解释性研究就是为了回答“为什么”和“怎么样”的。为什么离婚率在不断上升？为什么人们搬离城市而去郊区居住？为什么青少年犯罪率在最近几十年有如此明显的上升？孩子们是怎样变成少年犯的？

（一）社会学解释

解释社会现象是社会学理论的全部内容。社会学理论远不止是推测。好的理论既是其后继研究的推动力量，又是该社会研究的最终成果。社会学实践包括大部分的理论和研究之间的相互作用过程。正如我们在这一节将要看到的，理论指导研究，又从研究中提炼出理论。

1. 概念和变量

调查研究和理论的基石就是概念和变量。社会学概念是对研究范围内同一类现象和过程的概括性表达。概念可以是实体性事物，例如，人或建筑物；也可以是非实体性现象，例如，和平、福利或爱情。

小孩甚至在上幼儿园之前，他的头脑中就有了许多概念。例如，一个 4 岁的小孩，他就有了“汽车”的一般概念（它能与某一特定的汽车区别开来），知道汽车包括了他父母的红色丰田车，比尔叔叔那辆古典的 1967 年的“野马牌”汽车和邻居家的旧面包车。概念指导孩子关注某一类事物。通过归纳方法，孩子们懂得了要得出“汽车”这一概念，必须忽略其在颜色、大小和水箱设计方面的细微差别——这些差别对于“汽车”这一概念来讲都是不重要的。

概念的一般用法通常比较模糊。“家庭”这一概念既可以指父母亲双方及其小孩，也可以指涉 193 个远房表兄弟姊妹。当人们使用一个概念来表示许多不同的事物时，我们总是能够根据其使用情景来了解概念的含义。假如你妈妈告诉你，她将购买 25 磅火鸡，因为全家都会来参加感恩节聚餐。这时，你肯定明白她所说的“全家人”一定包括了叔父母、伯父母、堂兄弟姊妹和爷爷奶奶。

然而在社会学研究中，类似“家庭”这样的概念必须有更精确的定义。学生在阅读有关中国家庭群体交流方式方面的论文时，他们不应去猜测作者是在何种意义上使用“家庭”概念的。因此，像所有其他学科的专家学者一样，社会学家也有一套公认的概念来描述他们所要说明的模型和事件。

很多普通概念，例如“汽车”，相对而言指的是较为固定不变的事物。汽车有多种大小和形状，但人们不会在意这些区别。这就是说，在某种时空纬度中汽车的特征是不变的。可是在社会学所使用的大部分概念中，其所界定的事物是变化多端的，它们或者在时空纬度上会呈现

当人们使用一个具有许多不同含义的概念时，往往可以结合语境了解它的真实所指。但在社会学研究中，类似“家庭”这样的概念必须进行更精确的定义。

出较大的差异，或者代表了不同人或群体，这就是变量。年龄就是一个变量，因为人的年龄可以从不到 1 岁一直到 100 多岁不等。社会阶级是另一个变量，人们有可能属于上层阶级、中产阶级、劳动阶级和下层阶级。较为常用的其他社会学变量还有收入、教育水平和性别。有些变量例如收入和年龄，可以用数字来表示，另外一些变量不是根据程度而是按类别来变动，例如性别不是指男性就是指女性。

为了进行研究，社会科学家必须将一般性概念转换成具体的、可以测量的变量，这一过程
29 叫做“变量的操作化”。例如，一般性概念“大学质量”就可以通过诸如教职工中拥有博士学位者的百分比、大学图书馆中藏书量大小、申请入学的人数等等“操作性变量”进行测量。社会阶级是一个极为常用的概念，它可以通过诸如教育、收入和职业等变量进行操作。有效地选取和定义变量需要较高的手段和技巧。

2. 假设和经验概括

社会学解释大多数都是陈述变量之间的关系。假设是关于两个变量或多个变量联系方式的陈述。例如，有人可能会假设，在美国社会中，结婚的年龄越小，离婚率就越高。这一假设就提出了两个变量之间的关系：结婚年龄和离婚率。由于假设通常是人为假定的，因而如有证据表明它是不对的，就可以放弃它。然而，假设永远也不会在绝对的意义上被证实，因为总存在进一步的证据来拒绝这一假设。

一旦研究表明某一假设是合理的，这一假设就成了一种经验概括——即关于两个或多个变量之间关系的、为经验证据所支持的陈述（如以观察为基础的证据）。现在我们再来考察结婚年龄下降时离婚率上升这一假设。我们能提炼这一假设吗？除了结婚年龄以外肯定还有别的社会因素影响离婚率。在何种条件下两个变量之间的初始关系会发生改变呢？假设我们来测量配偶家庭的宗教信仰是如何影响离婚的。宗教社会学研究表明，有宗教信仰的夫妇的离婚率比无宗教信仰夫妇的要低。这时，结婚年龄还是影响离婚的一个重要因素吗？如果是的话，结婚年龄又在多大程度上与宗教信仰相互联系呢？为了回答这些问题又需要进行调查研究。只有在通过无数次研究尽其可能地对多个变量进行阐释之后——例如结婚年龄、宗教信仰程度、居住区域和子女数量——社会学家才有可能较满意地得出正确的经验归纳。

3. 理论

理论刚好与假设相反，它是对被观测到的变量之间关系的理解性解释。在构建理论时，社会学家试图透过生动的经验概括来力求对它们加以解释。理论产生于经验性归纳，反过来，理论又可以预测其他变量相互联系的方式。这些预测又可能被新的经验性观察所检验。

罗森伯杰和西蒙斯（Rosenberg & Simmons，1971）所作的关于城市学龄儿童自尊的研究说明了理论和经验归纳之间的相互取予的关系。他们要研究孩子的自我形象是怎样通过其社会经验而形成的。当他们调查种族隔离学校中非洲裔学龄儿童的自尊水平，并将它与美国白人孩
30 子进行比较时，他们感到十分惊奇的是，美国黑人孩子在自尊测量中的得分与相同年龄和社会背景中的白人孩子的得分一样高，这是研究开始之时所没有想到的。因为以前的研究发现非洲裔美国儿童来自于极为恶劣的社会环境之中，并认为这样的环境会导致自卑感。那么怎样来解释这一新发现呢？

研究者一旦确信自己的研究方法没有引起对事实的歪曲后，他们就用“社会情境”（social contexts）来解释上述现象。作为社会中的人，总是要不断地拿自己与别人进行比较。进一步研究表明，在所有黑人学校上学的学生比在混合学校的黑人学生更具有优越感。根据罗森伯杰和西蒙斯的理解，在被隔离的黑人学校的孩子看来，贫困和种族歧视只是日常生活中默认的事实，没有一个穷孩子觉得自己受到与众不同的歧视，也没有人认为自己比别人更优越。但是在

根据罗森伯杰—西蒙斯（Rosenberg-Simmons）自尊理论，在种族混合的学校里，黑人小孩在与享有特权的白人小孩比较时会感受到自身的不利地位。这些研究者相信，社会环境越协调（即孩子的社会地位越一致），孩子的自尊也越高。

种族混合的学校中，黑人孩子和白人孩子的区别对待是显而易见的。与享有特权的白人孩子相比，美国的黑人孩子时刻都会觉得自己没有别人优越。

这种解释看来颇有道理。它呈现了研究者们所设法证实或证伪的社会理论的基础。罗森伯杰—西蒙斯的自尊理论说明，与社会情景越协调——与儿童自我认同的社会地位的相似处越多——儿童的自尊感就越强。但这一解释能运用于大学生和年幼的学龄儿童、优秀学生和较差学生，在家里与在学校的儿童之间的自尊水平的对比吗？这一理论给我们提出了新的问题，供我们去探索和解答，而且我们也总有机会得到更有说服力的新理论解答它们。

（二）变量分析

我们曾经指出，假设是关于变量之间相互关系的陈述。但是社会学研究探索的是哪一种变量关系呢？与别的科学家一样，社会学家试图找出原因和结果来。例如，他们想知道青少年犯罪大幅度增长的原因是什么，他们会研究多种可疑因素如辍学、青少年的待业、失业、吸毒和酗酒。这些可能性原因或解释性变量，我们就称之为自变量（independent variable），其结果（犯罪总数）是因变量（dependent variable）。也就是说，因变量是研究者想要解释的变量，自变量是其可能的解释。

在一些研究中，因变量（结果）是已知的，因此研究重点在自变量（原因）方面。为什么人们购买某一品牌的咖啡？为什么人们要从一地搬迁至另一地？

在另一些研究中，自变量（原因）是已知的，但是因变量（结果）是未知的。政治运动的后果是什么呢？医生反对吸烟会给人们带来什么益处？反毒品法的社会作用是什么呢？

有时要区分原因和结果是十分困难的。广告能刺激人们的购买欲吗？有些研究表明人们是在买到汽车之后才去观看汽车广告。在做出某一抉择之后，人们往往还对所放弃的选择感到不安，这样，他们力图再度确认自己已经做出了最佳的选择［威克伦德和布雷姆（Wicklund & Brehm），1976］，因此观看广告不是购买的原因而是购买后的结果［威金斯（Wiggins），1955］。

原因和结果还可以互换位置。儿子犯罪有可能导致父亲抛弃家庭，就像家庭破裂有可能导致青少年犯罪一样。在一个时点上是自变量，到了另一个时点却又可能变成因变量。为什么低级科层职员彼此常常如此僵化，斤斤计较？有人认为原因不仅在于这些性格僵化的人往往喜欢干科层职员这种职业（这里，人格是自变量，而工作选择是因变量），而且还在于工作中的繁文缛节进一步强化了他们的僵化倾向［默顿（Merton），1956a，1956b］。另一研究也表明参军的高年级高中学生接受“军队价值观”，是因为他们的性格倾向导致他们首先考虑的就是参军，而不是因为他们所接受的军队训练［巴赫曼、西格尔曼和戴蒙德（Bachman，Sigelman &
31 Dianmond），1987］。

社会学家怎么知道他们所研究的变量是否是因果关系呢？第一步，研究者们寻求统计中的相关关系，一个变量的变化在一定程度上与另一变量的变化相联系。假设我们想了解谋杀率和国家的教育投入之间的关系。通过比较不同国家的统计资料就会发现，当一个国家的教育投入少时，一般说来谋杀率就高。这两个变量在统计上的相关程度的精确值可以计算出来。然而，即使能够找出两变量之间的相关性，我们也无法得出缺少教育就会引起谋杀这一结论，而很有可能二者都来源于另一个变量——例如贫困，因为贫困既造成了在教育中的低投入，又引发出高谋杀率。

总之，简单相关并不能证明某两个变量是以因果关系相联结的。事实上，有时两个变量之间即使不存在因果关系也有可能高相关。例如，在医院比在家中有较高的死亡率，这是否意味着医院会导致死亡呢？当然不是。虽然这种相关性是有效的，但是由此得出的结论却是错误的。不以因果联系为基础的相关被认为是虚假相关（spurious correlations）。

（三）统计控制和多变量分析

当研究者发现两个变量相互关联时，他们怎么知道这种相关是否包含了某种因果关系呢？他们会通过应用统计控制来表明别的因素并不是这一相关关系的来源。有两位学者想知道，不同类型的大学教育对人们后来生活有何影响［所罗门和瓦克特尔（Solomon & Wachtel），1975］。有一种看法认为，毕业于规模较小的、不太重要的大学的人在经济上总没有名牌大学毕业生成功。研究者确实发现了人们所上的大学和所得收入之间存在高度的统计相关性：就读的大学排名越靠前，他所赚的钱也更多。但这确实是由所上大学类型产生的结果呢，还是说好学生总是上好大学呢？研究者运用统计控制，对具有同等社会经济背景和同等学习能力的学生进行比较，结果发现学校类型仍然举足轻重：学校的质量越高，其学生赚的钱就越多。换句话说，学校的质量对其毕业生以后收入获得具有独立的影响。

现实社会中很少有简单的因果关系。相反，单一的社会事件通常同时受到许多变量的影响。因此许多统计研究都要进行至少两个以上的多变量分析（multivariable analysis）。因果关系的探索主要就是去发现几个相对重要的变量所产生的总体效应。多变量研究有助于我们进一步理解所上大学和未来收入之间存在的高度相关关系。很可能较好的学校吸引了较优秀的教职员工，他们更积极鼓励学生们继续完成学业和上职业专门学校，或者是高薪单位更喜欢录用名牌大学的毕业生。多变量分析有助于我们了解和分析这些错综复杂的关系。

32

社会学之窗

理解图表、表格和图形

1. 从标题开始阅读。标题将精确地告诉你，从这些图表、表格或图形，你可以期望获得些什么。

2. 查看其他说明性注释。有时你将发现眉批中解释了资料是怎样收集的。资料是在何种条件下收集的，或者作某种分类的原因。脚注解释了资料的来源，或者指出了在有些条件下，资料是不完全的和不精确的。

3. 看图表或表格时，从每一列的顶端标题看起，对照每个单元格所代表的意义，从该列逐一往下看。阅读图形中横轴（位于图的顶部）和纵轴（位于左端）的标题。它们将告诉你图表和图形中包含的是什么数据。

4. 找出所使用的是何种测量单位。当数字达到数千或数百万时，测量单位容易混淆。比率甚至更麻烦，因为它们可以用多种方法表示——例如可以是每 100 或每1 000或每1 000 000人的倍数。

5. 估计资料的变化范围。找出最大数、最小数和平均数，然后你才会有对数据进行比较的结果。

6. 比较表格和图形：它们可能是以不同方式来说明同样的信息，表 2—1 和图 2—1 都表明了具有不同教育水平的户主所获得收入多少的比率。假如我们希望了解精确的百分数，表格将会更有效地帮助你获得这些信息。但是图形让我们看到了教育和收入之间的关系。

7. 总结图表、表格和图形的意义。资料来源可靠吗？资料是怎么获得的？资料的变异有足够的意义吗？运用资料进行报告的方式含有偏见吗？回答诸如此类的这些问题将会帮助你判断表格和图形的意义。

表 2—1　家庭户主的教育程度与家庭现金收入（1991）　单位：美元、%

	家庭收入水平						
户主的教育水平	5 000 以下	5 000～9 999	10 000～14 999	15 000～24 999	25 000～34 999	35 000～49 999	50 000 以上
九年级以下	10.9	26.6	18.2	21.7	10.5	7.4	4.5
高中	4.0	9.5	9.9	19.7	17.8	19.5	19.6
大学	1.3	2.0	3.2	9.1	12.4	19.0	53.0

资料来源：U. S. Bureau of the Census, *Statistical Abstract of United States, 1993*, Washington, D. C.: U. S. Government Printing Office, 1993.

33

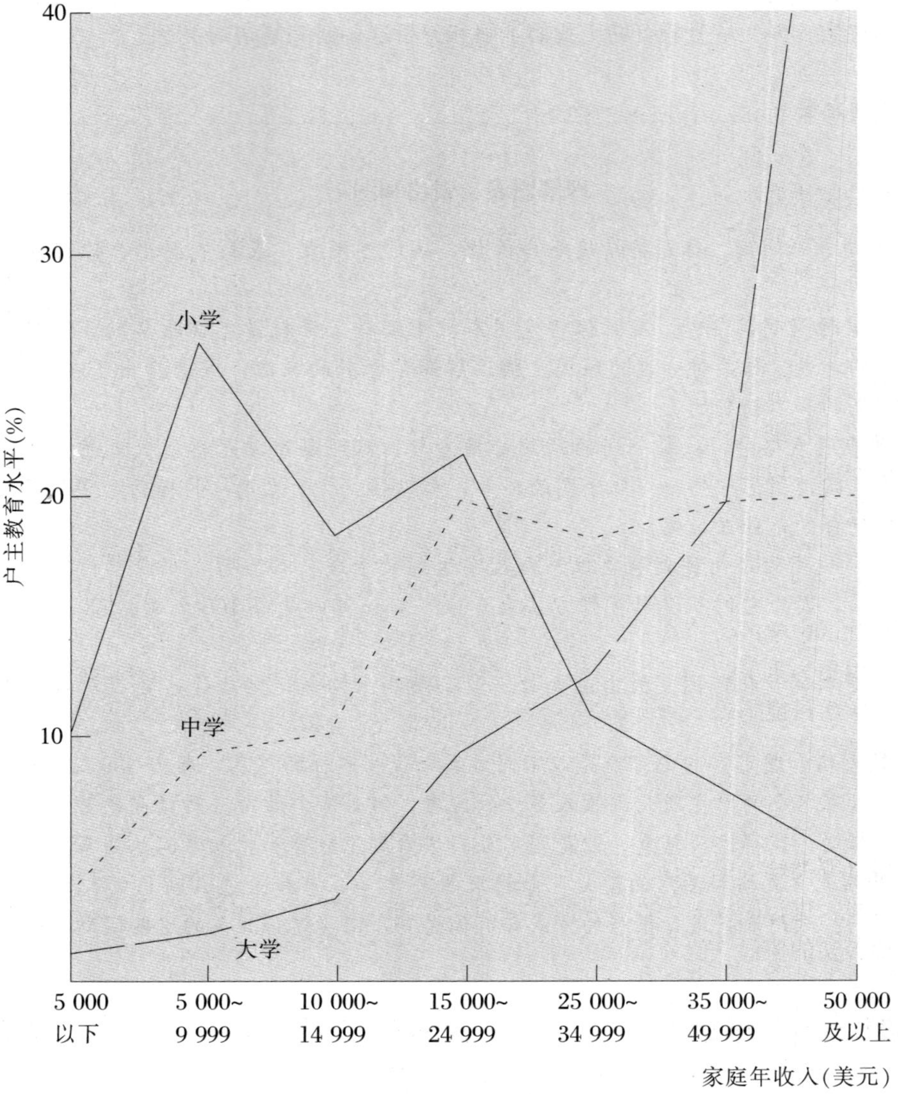

图 2—1　户主教育水平与家庭收入关系图

（户主教育水平越高，他获得高收入的可能性越大）

资料来源：U. S. Bureau of the Census，*Statistical Abstract of the United States*，*1993*，Washington，D. C.：U. S. Government Printing Office，1993.

（四）社会研究的阶段

怎样设计研究方案呢？在这一部分，我们概括出社会研究的六个阶段，它们共同构成了社会研究的科学程序——设计出的这一套程序确保社会研究得出有效的归纳和理论。对社会学或其他社会科学的所有研究方案来说，这些阶段并不一定需要严格遵循。但是它们确实为社会学家和别的科学家提供了一个十分有用的指导。

我们通过一个实际的社会学研究计划来具体解释研究过程各个阶段是如何实行的。这是一个经典的社会学研究项目：詹姆斯·S·科尔曼的“青少年社会”（1961）。虽然它是在好些年以前进行的，但其成果在今天看来似乎还与它第一次出版时一样重要。

长期以来，科尔曼注意到美国高级中学的社会风气中有一个与众不同之处。教师和父母所教导的“价值体系”看来与学生所认同的价值观正好相反，教师强调学习成绩，但是男生看重体育才能，女生看重是否引人注意。于是科尔曼想了解学校和社区中的哪些因素促成了这样或那样的社会风气（或者价值体系），中学的社会风气对学生又可能会产生何种影响。

第一阶段：仔细地陈述要研究的问题并且提出假设以供调查研究。科尔曼在拟出正式的调查计划之前查阅了以前的研究，以了解他的调查将怎样扩充已有的知识。这为他的研究工作提供了一个出发点。

接着，科尔曼提出了将要加以验证的具体假设。这包括仔细地定义所要研究的问题，并对
研究变量之间可能的相互影响方式做出陈述。例如，有一个假设认为，社区中的某些社会特征 32
将会体现在社区中学的价值观中。因此，体育运动对小镇上的高中最为重要，而学习成绩对社区学校的学生更为重要。另一个假设认为，学校风气中青少年具有反对学习成绩的倾向，是因
为成绩好的学生可能资质平庸，而那些智力最好的学生在非学习方面的活动中表现突出，这为 33
学生们所喜爱，但不为老师所重视。

在这一阶段，研究者必须根据可以测量的具体变量来得到操作性定义，亦即对诸如“学生价值观”一类的一般概念加以定义。科尔曼将学生价值观化解为两个可以操作和测量的变量，这就是声望（哪类学生的声望最高）和学生态度（一个学生怎样才会最容易地被同学记住）。

第二阶段：进行研究设计。研究设计指对资料的收集、分析和评价的计划，这可以使我们 34
证实或证伪最初的假设。研究设计必须明确说明，对于建立一种解释而不是建立另一种解释来说，哪一种是有用的。

社会学家通常使用四种基本的研究设计：调查研究是运用问卷和访谈来从相对较大的人群中收集信息。“试验”是对变量之间的因果关系进行精确的评估，它通常是在具备严格控制条件的社会科学实验室中进行。相比较而言，“观察”却是在自然环境中进行，研究对象处在日常生活的情景中。最后，“第二手分析”是利用别的研究者以前所收集的数据进行分析。这四种研究设计在下一部分还要更加详细地讨论。

科尔曼选用了调查研究——这是社会学研究中使用频率最高的一种调查方法。问卷调查在伊利诺伊州北部邻近的十所大学中进行，他把调查表发给这些学校的学生、教师和家长以便收集资料。针对不同的社区特征，他选取了位于大城市中心、郊区和小型农村社区中的不同学校。

第三阶段：按照研究设计收集资料。科尔曼和他的同事将问卷分发给了十所中学的总计

8 900名学生。要求学生们回答有关他们自己和学校生活方面的一些问题。同时还与一年级新生和高年级学生进行了非正式访谈，这为问卷数据提供了一些生动的例子。调查问卷也分发给了小样本量的教师和家长。

第四阶段：依据假设分析资料。在这一阶段研究者根据所要检验的假设来整理分类和组织资料。在小规模的研究中，研究人员可以手工处理这些资料。但是在像科尔曼所做的这种大规模研究中，手工处理资料几乎是不可能的。因为许多变量要同时进行检测（多变量分析）。在这种研究中，研究者们必须在计算机上处理资料。

当科尔曼在检验第一阶段社区特征和学校风气的假设时发现，他不得不拒绝这一假设。学校中对成功的定义在不同社区类型之间并无明显的差异。没有一所高级中学的学生认为学术成绩是最重要的成功标志。事实上，他发现在所有学校中都存在一种与看重学习成绩相反的社会风气，学生价值观看来与老师的价值观针锋相对，并且学生价值观占了上风。这种情况的表现之一就是，“在这些青少年社会中，那些被认为是知识分子和那些开始用这种方式看待自己的人，其实并不是智商最高的人，而只是那些愿意以一种为学生所相对瞧不起的方式刻苦努力的人”（Coleman，1961，p. 265）。

美国高中生倾向于推崇运动能力和个人声望，而他/她们的老师们则重视学生的学术成就。许多社会研究课题探讨这种互相冲突的价值观念。

第五阶段：解释调查结果并且得出结论。最后，研究者必须从特定的调查结果中进行归纳，从零散的事实材料中找出总结性规律。科尔曼的一般性结论是：“在我们的社会之中有许多青少年群体，他们以自己的兴趣和态度对待事物，而与成人的责任感相去甚远。”“我们今天的青少年与成年人社会的隔膜，很可能比以前任何时候都要深。”（1961，p. 9）

科学研究的精确性和意义总是用效度和信度来进行评估的。效度（validity）指的是研究工具在多大程度上正确地测量到了所要测量的对象。例如，“声望”和“学生态度”——这些是科尔曼用于测量“学生价值观”的两个变量——事实上它们能真正准确地测量价值观吗？它们所测量的是不是别的什么东西呢？信度（reliability）指的是研究工具在多大程度上提供了前后一致的精确结果。如果对学生价值观的测量是可靠的，那么，当别的研究者重复进行这一研究时，其结论应该是相同的。

以另一个例子智商测验（IQ）来说，它们似乎是可靠的，但是它们有效地测出了人天生具有的智力吗？这仍然是一个可以继续探索的问题。再一个例子是浴室体重刻度表，它会始终如一地读出你减轻了 5 磅的读数，虽然该读数是无效的，但它仍然提供了一个有关你的体重一天天改变的信度指标。

第六阶段：公开发表你的调查结果。公开出版之所以重要，有如下几个原因：首先，它允 *35*
许别的社会学家对你所作研究的质量进行检测和评价。计划和完成一个广泛的研究项目，如科尔曼的“青少年社会”，花费了社会科学家好些年的时间，而纷繁大量的研究容易产生盲点，它使你在对关键变量操作时、在建构研究设计时、在收集和分析数据时或在解释发现产生理论时，难以发现其中的错误。通过发表详细的研究叙述，学者们总是允许甚至鼓励社会学家同仁指出研究工作中自己未能发现的问题和疑点。

其次，假如某一研究公开出版之后，无论在方法上还是在理论上都被同行接受，它就成了未来研究计划的基础。科尔曼强调指出他的研究至多只应视为一种探索性研究，在得到肯定、有效而可信的结论之前，还需要做深入的调查。从该研究中所得到的归纳性结论能运用于其他州、其他国家的其他类型的学校吗？科尔曼的调查结论是在 20 世纪 60 年代得到的，它们也适用于 90 年代的学生吗？这些都是在科尔曼的原始研究报告出版之后，别的研究者在它的鼓舞下对同一问题进一步调查研究所提出的质疑。

最后，社会学家公开出版他们所做的研究还有第三个非常不同的原因，这在很大程度上也是个人原因，那就是：某社会学家所公开出版的著作的数量和质量是确立他或她的学术荣誉的最重要标准。社会学与别的所有学科一样，“要么发表东西，要么就销声匿迹”，这绝不只是一句口号，它代表了一种生活方式。

二、研究方法

在最一般意义上讲，社会学家使用两种调查方法：定量和定性。定量方法（quantitative methods）用于研究可以用数量来测量的变量——例如收入、年龄和教育水平。因为定量测量在所有科学中处于核心地位，所以只要有可能，大多数社会学家也设法使用这些方法。但是在人类事务中有许多情况不能用数量大小来测量，至少用数量表示是很不容易的。甚至有些社会学家觉得定量方法可能还会损害和歪曲所研究的社会事实。

定性方法（qualitive methods）运用准确的语言来描述社会事实，而不是进行数目大小的测量［邓金（Denzin），1978；沙茨曼和斯特劳斯（Schatlman & Strauss），1973；洛夫兰（Lofland），1971］。研究者使用这种方法研究社会互动，它是定性方法研究中一个共同关心的问题，它从所研究的人本身的角度来看待社会世界，而不是从一个外部观察者的角度来研究。也许最普遍的定性观察技术是参与观察，我们将把它放在后面的部分讨论。

总之，与自然科学相比，社会学使用了更广泛的研究方法。许多社会学研究既有定性成分又有定量成分。一般说来，对某一问题进行探索性研究时使用定性方法，紧接而来的是就这一问题的某些方面运用定量方法进行研究。

（一）调查研究

在社会学中使用最普遍的定量研究方法是调查（survey），它是对大量人群系统地询问他们的意见、态度和行为，以图发现人们是怎样思考、感觉和行动的。

也许，解释调查研究的最佳办法是对一个典型调查所要遵循的各个阶段加以讨论。同所有的社会研究一样，调查研究开始于对所研究问题的严格陈述，然后研究者必须识别所要调查的人口，选择样本，设计研究工具，运用研究工具，最后分析资料。

1. 识别调查总体

一旦研究问题确定之后，调查研究的第一步就是找出调查总体，即所要研究的全体（调查总体有时也称作“全体”。调查总体可能是居住在利比亚的所有男性公民，在密尔沃基的所有上班的女性，或者是大学社区中所有低年级学生。调查总体总是由具有研究者所要考察的特征的全体人组成）。这一步是极为关键的，因为假如调查总体没能准确地指明，调查结果实际上是没有意义的。如果调查目的是为了预测选举结果，研究者尽可能地选择在竞选中进行实际投票的人组成调查总体是极为重要的。

2. 选取样本

因为访谈全部的调查总体总会花费过多的时间和经费，所以调查研究的第二步是选取合适的样本。样本（sample）是经过选择以代表所要研究的调查总体的有限数量的个案。

38 选择样本有一套严格的程序。选取样本的程度越完善，样本就越接近调查总体，运用样本所进行的归纳和预测就会更准确。我们来看以下例子：希尔·海特（Hite）的著作《妇女与爱情：前进中的文化革命》（*Women and Love: A Cultural Revolution in Progress*，1987）认为较高比例的美国妇女不满意她们自己的婚姻，为了给这本书收集数据，希尔·海特分发了100 000张问卷。大多数问卷都分发给了妇女组织的成员，而且仅仅回收了4 500份答卷，回收率为4.5%。

没有人会认为海特抽取的样本代表了她有兴趣研究的调查总体——20世纪80年代的美国妇女——一是因为问卷的回收率低，二是因为妇女组织中的妇女对婚姻的态度很可能与一般意义上的典型的美国妇女相比有很大不同。抽取的样本无法代表所要研究的调查总体，这种误差就是抽样误差。

在抽取样本的多种方法中，最简单的是随机抽样（random sampling）。运用这种方法，被抽取的样本保证了调查总体中的每一个体都有同等被选中的机会。人们可以用从帽中抽取名字的办法挑出随机样本，但在大规模样本中，这是行不通的。于是研究者们就经常使用随机数——由计算机或随机表所产生的随机数字——来决定调查总体中的哪些个体纳入样本之中。

其他抽样程序在调查研究中更为普遍：一种是系统抽样（systematic sampling）。运用这种方法必须遵循某一特定方案，例如在电话号码簿中或者在出勤表中每隔 10 个号码抽取一个人。另一种方法是分层随机抽样（stratified random sampling），它首先将调查总体细分为群 39
体或阶层——例如将大学分成系，将国家分成州，将工人分为车间——然后在每一层中随机抽样。

具有代表性的小样本会比不具代表性的大样本更优越。换句话说，最重要的并不是样本的大小，而是样本能较好地反映出所要研究的调查总体的特征。例如，劳动统计局通过考察美国 56 个城市中商品和服务的“菜篮子”来监控日用品价格。“菜篮子”这一精心选择的样本代表了整个美国的消费情况，由此得到的消费价格指数结果表明其是对不断变化中的食品、住房、服装、运输、健康和娱乐等费用的精确测量。

3. 设计研究工具

样本一旦选定，调查研究的第三个步骤就是设计研究工具——问卷调查表、访谈或者测试。某一调查可以运用多种工具，但是无论运用何种工具，所问问题本身才是最重要的。它要求措辞准确以便每一个回答问题的人都能进行准确的理解。例如，假如一定数量的美国人说他们更赞同环境法，能保证他们每个人想的环境法是相同的吗？很可能不会。所以为了避免混淆，所设计的问题必须清楚明了地表达出环境法的确切含义。

一般说来，调查的问题越具体，被访者对某问题作相同理解的可能性就更大，所得到的回答就会更准确。封闭式问题（closed response question）——它为被访者提供了可供选择的答案 40
（例如多项选择题）——在社会学研究中很可能是最具体、使用最广泛的问题；开放式问题（open response question）——它不包含回答项，允许被访者自由回答——不常被使用。

在调查中决定使用哪种类型的问题，社会学家必须考虑到调查目的、样本的抽取方法、调查样本的大小和所探求的信息的特征。例如，在当地大学校园中随机抽取 500 个学生，调查他们对个人前途和国家未来所持的乐观主义态度，设计调查问卷时最好将问题设计成多项选择形式的封闭式问题，这种格式有助于研究者控制被访者对问题的理解并且易于将他们的回答分门别类。在另一种情况下，要研究人们对携带艾滋病病毒的孩子在本地学校上学的反应时，问卷就最好设计成开放式问题，它允许人们自由地表达意见。这种研究设计既利于研究者获得调查对象的思维方法，也便于记录他们的反应［康弗利和普雷瑟（Converse & Presser），1986］。

探索封闭式问题答案的方法是用开放式问题来提问。例如 1983 年在底特律地区所做的有关福利的态度研究时，相当多数的被访者都同意“政府管了太多应该由个人或者私人机构去完成的事情”。可是当用以下问题对同一被访者提问时，“你认为哪些事情应由个人或私人机构去完成?”超过 25%的人无法回答，甚至举不出一个例子（Converse & Presser，1986）。

设计问题时还应考虑到揭示研究主题本身的复杂性。有一项调查问被访者是否赞成禁止私人拥有枪支，大多数人答“不”。但是，当问到他们是否赞成规定人们在购买枪支之前，必须获得警察局许可的法律时，又有同样多数人表示了支持。这种提问揭露了同一个事物的不同方面，既让被访者答所欲答，也使调查者更不可能把易引起歧义的片面回答当作公众意见。

而且，为了最大限度地减少偏见，问题应该尽可能中性地叙述，在一项调查中问人们是否应该修改宪法来“反对流产”，大多数人问答“不”。可是当这一问题重新表达成“是否应该修改宪法来‘保护未出生胎儿的生命’时”（语言变得更加支持婴儿的新生命阶段），大约有20%的被访者改变主意做出了“是”的回答［布劳沃（Brower），1988］。

访谈员也偶尔将个人偏见带入了调查之中。例如，他们的言辞评论可能暗示了被访者用某一种方式去回答问题。因此进行访谈的应该是适合于访谈工作的人，他们应在采访技巧方面接受严格训练，这一点是非常重要的。

有些态度调查和公众舆论方面的民意调查是通过面对面的访谈进行的。这些访谈既有结构性的又有非结构性的。结构性访谈（structure interview）主要由附有答案表的一系列封闭式问题组成。所问问题和所得答案是用同样的方式、用同样的先后次序叙述出来的，因此所得结果较容易整理和归纳。

在其他类型的研究中，当需要更多有关态度和行为的信息时，用非结构性访谈（unstructured interview）却有许多优点。在非结构性访谈中，顺着访谈员的引导，能得到被访者个人的观点。这样访问者可以了解被访者是否真正理解了所问的问题。这种访问的缺点是对所得到的答案很难进行分析和比较。所以很多访问都是半结构性的——这就是说，它们结合了结构性访谈和非结构性访谈的某些成分。

4. 研究实施

调查研究的第四步是研究实施。为了得到最精确的结果，全部样本都必须调查到，尤其是样本很小时。假如人们拒绝填答或者因为别的原因问卷无效时，样本不再与计划样本具有同样的代表性，所得资料将很可能不太精确。通常，当问卷表通过邮局投放时，很难回收，而且被访者可能仅仅填答了那些他自己感兴趣的问题，这通常都会使调查结果产生偏误。

5. 分析资料

调查研究的最后一步是列表分析资料和解释资料。除了小规模的调查以外，这一步几乎都要使用计算机来处理数据。

41 **6. 调查法的局限性**

在获得有关大量人口的准确性信息方面，没有任何一种技术会比调查法更管用。当然，调查法也有它的局限性。被访者在填答有关他们自己的个人信息方面，一般都比较准确——诸如年龄、职业和教育——尽管他们有时也会出错。可是有关他们态度的回答，真实性成分就可能会更少，或者说在他们的态度和行为之间可能会存在差异。例如，有种族偏见的人可能积极地推行种族歧视。但是，因为知道别人不赞成他们这么做，他们通常会不承认自己有种族歧视。或者有人可能会诚实地向访谈员说出他们赞成某些事物——例如，改善学校条件，但是在投票那天他们很可能又会对改善学校条件投反对票，因为投票时他们认为减税似乎更加重要。一项成功的调查有可能揭示出这些隐性的态度，揭露其自相矛盾的地方。社会学家必须清楚在访问中所表达的态度并不是反映潜在的价值观，行为并不总是与态度相一致。

36

媒体社会学

传媒与民意调查

传媒的民意调查触及的话题能够产生大规模的公共讨论。当涉及政治领域的民意调查时尤其如此。但是正如下列新闻标题显示的那样［巴比（Babbie），1995］，有时候激起大规模讨论的就是民意调查本身。

- 为什么相信民意调查？
- 需要遏制选举日民意调查吗？
- 民意调查者为他人的压倒性优势而争吵
- 专家困惑于民意调查的大相径庭
- 网络批判民意调查
- 一开始你采取民意调查——不总是这样
- 选民民意调查的两难困境：悬疑还是学识？

糟糕的民意调查给予评论家们所需的充分证据来批评公众不应该相信民意调查。实际上，既有好的民意调查，也有糟糕的民意调查。公众必须将它们区分开来。但是我们怎么知道它们的不同呢？

我们可以从这一步开始，即辨认出扭曲民意的那几种错误。为了分辨这些错误，我们需要问三个问题：

1. 样本是否公正地代表了调查总体？
2. 测量方法是否有效？调查者是否测量出他们声称要测量出的东西？
3. 对于结果的阐释是否准确地反映出民意调查的发现？

样本是否公正地代表了调查总体？

缺陷样本的经典例子源自 1936 年《文学文摘》（*Literary Digest*）所做的一项民意调查。尽管这家著名的新闻杂志成功地预测了 1920、1924、1928 以及 1932 年的总统选举结果，但他们的方法在 1936 年失败了。这一失败归结于杂志选取样本的方式。

多年来，这些民意调查从两个渠道选取名字：电话号码簿以及汽车注册名单。1936 年他们使用同样的程序发送了 1 000 万张选票。根据他们的回收，回应者超过 200 万，《文学文摘》预测奥伏·兰顿（Alf Landon）将以 57%对 43%的选票击败富兰克林·罗斯福。然而他没有。罗斯福以 61%的选票获得了压倒性胜利。

填答问卷的人的来源暗示，抽样过程并没有考虑到贫穷者，他们无力支付电话费或者购买汽车。经济大萧条之后，这些人正是为罗斯福和他的新政复兴计划投票的人。

像这样的非科学民意调查进一步加深了公众对于民意调查的不信任。这种质疑反映在 1996 年盖洛普民意调查中。这项调查显示，大部分美国人（68%）并不认为一个由 1 500 或 2 000人组成的样本可以准确反映整个国家的意见。

这当然给公共意见评论家们出了一个难题。但是它也反映出公众对于声誉好的民意调查者所使用的科学抽样方法的误解。使用这种基于数学概率的科学方法，目标总体中每个人被选中的几率是已知的。这就允许民意调查者设计一个代表性样本，并且保证这个样本反映出调查总体的意见。

现在的选举前民意调查，基于概率抽样方法，允许民意调查者基于相对较少数量的被访者样本预测选举结果。对比于《文学文摘》几百万被访者的样本，民意调查者现在只要根据1 000人组成的样本就能预测选举结果（Babbie，1995）。

你可以自己判断这些民意调查的准确性。表 2—2 列出了 1996 年总统选举前的周末举行的一些媒体民意调查的结果。

表 2—2　选举前与选举后的媒体民意调查

	民意调查结果（%）		
	克林顿	多尔	佩罗
选举前民意调查结果			
CBS 新闻/《纽约时报》	50	34	8
NBC 新闻/《华尔街日报》	47	37	9
CNN/盖洛普/《今日美国》	50	37	7
FOX 新闻	49	49	9
实际投票情况（1996 年 11 月 5 号）	49.2	40.9	8.5

37 如以上结果所示，每一个民意调查报告的结果都有些许差异。但是没有一个是“错误的”。民意调查者将结果的差异范围称为错误水平：伴随一个对不确定的衡量（一个置信水平），民意调查者采用一个百分数范围来报告他们的结果。

考虑一个例子：调查者对一项全国民意调查设置了 95%的置信区间。这项调查的“3%错误水平”意味着以同一方式向全国范围内每一个成人问同一个问题，那个调查的结果将会以95%加减 3%的概率落在整个调查的结果中。

1996 年选举前民意调查的结果显示出媒体民意调查确实准确预测了获胜者，而且他们的百分数非常接近最终的选举结果。第三党候选人罗斯·佩罗（Ross Perot）在 1992 年曾经给民意调查带来麻烦，这一次继续制造一些麻烦——反映在多尔的期望百分数中。然而民意调查者从 1992 年的经验中吸取了教训，这次的预测非常接近最终结果。

一系列问题可以帮你决定一项民意调查是否公正地代表了调查总体的意见。最重要的是你应该问一下这些人是如何选出来的。科学民意调查采用一个具体的方法来选出被访者。非科学调查并不如此，而且，事实上，被访者经常自己主动参与调查。非科学民意调查包括，900 人的打进电话调查，杂志的邮递调查，以及网络上的即兴调查。开展这些类型调查的主要目的是为了娱乐，他们的结果无法概括任何一个群体。

特别注意政治领域的民意调查是如何选出被访者的。尽管从美国人口中选出的成人看上去组成了合适的样本，但事实上并非如此。不是所有的美国人都投票。因此，选举前民意调查和提名候选人预选会前的民意调查应该以最能代表去投票的美国公民的样本为基础——注册投票者，“可能的投票者”，或者以前的主要投票人（Babbie，1995）。

测量方法是否有效？是否能测量出他们声称要测量出的东西？

对于遣词造句的质疑。波斯特曼认为，“公众对于几乎所有议题的‘意见’都是所问问题的暗示功能的体现”（1993）。一些例子支持了他的观点。以堕胎为例，CBS/《纽约时报》的民意调查针对这个议题使用了一些不同版本的问题。正如下面的比较所显示的，不同的遣词造句造成了结果的巨大差异。

“你是否认为应该增加一条宪法修正案禁止堕胎，还是不应该有这条修正案？”

同意：29%

反对：67%

“你是否相信，应该增加一条宪法修正案保护未出生胎儿的生命，还是不应该有这条修正案？”

同意：50%

反对：39%

约翰·艾伦·帕罗斯（John Allen Paulos）观察了对于政治运动的集资进行提问的同一类效果（1995）：

“是否应该通过法律禁止特殊利益集团向候选人提供大额资金的一切可能？”

是：80%

不是：17%

“是否应该通过法律禁止利益集团赞助选举活动，还是利益集团有权利赞助他们支持的候选人？”

是：40%

不是：55%

民意调查者当然清楚这些问题用词的效果［Babbie，1995；舒曼和普雷瑟（Schuman & Presser），1981］。事实上，对于这种问题的遣词造句所产生效果的实验可追溯到 20 世纪 40 年代早期。

最近几年，肯尼斯·拉森斯基（Kenneth Rasinski）检查了就政府财政支出的一系列政策让公众进行评估的一些问题（1989）。他的分析显示，不同的提问字眼对于公众支持率有巨大影响。比如说，公众对于贫困的回应是怎样的，依赖于提问的方式。

“我们在福利事业上投入过多，过少，还是正好？”

过少：23%

“我们在帮助穷人方面投入过多，过少，还是正好？”

过少：63%

正如表 2—3 的对比所显示的，在一系列其他财政支出政策方面，不同的用词同样产生了不同的结果（Babbie，1995）。

38 **表 2—3　民意调查中不同用词产生的不同结果**

更多支持	更少支持
“遏制上升的犯罪率”	“执行法律”
“处理吸毒问题”	“吸毒者康复”
“解决都市问题”	“对都市的援助”
“改善黑人的处境”	“对黑人援助”
“保护社会保障”	“社会保障”

这些例子揭示出为什么对民意调查问题的准确遣词进行审查是重要的。为了判断一个问题的用词能否歪曲结果，想想自己对于这些问题的反应，并且问这些问题：

- 这个问题是否公正而且没有偏见？
- 可能的选择是否平衡？
- 你所知道的人是否有足够的知识水平回答这些问题？

在一些情况下，民意调查者过高估计了公众对于一个议题的了解或理解能力。但是他们设计的问题允许被访者任意回答［希勒（Schiller），1973；Schuman & Presser，1981］。被访者会这么做，因为他们不想看上去愚蠢。

因此，当你衡量问题用词的效果时，你应该同样考虑到社会学家称为对于问题和答案的“社会愿望”（Babbie，1995）。记住，被访者填答问卷时想表现好一点。如果一个问题让被访者尴尬，或者让他们看上去不人道、不负责任，那你就应该想到问题用词的效果了。

除了问题用词产生的偏差，其他的测量方法同样可以影响到民意调查是否反映被访者的实际看法。考虑这样一个例子，1988 年 CBS/《纽约时报》在预选会前开展民意调查的结果。这一调查显示杰西·杰克逊（Jesse Jackson）将会赢取所有黑人的大约 50%的投票。但是在选举日，投票以后的民意调查显示杰克逊获取了所有黑人的 91%的投票。专家对这一差异结果进行了分析，他们认为黑人选民并没有对 CBS/《纽约时报》的访问员袒露自己的真实投票意愿——访问员大部分是白人（Browne & Keeley，1990）。

涉及敏感问题、话题时，你应该比较几家不同组织的调查结果，尤其要关注问题的准确用词。

对于结果的阐释是否准确地反映出民意调查的发现？

扭曲公众意见的最后一种来源要求我们区别出调查发现以及对调查发现所作的阐释［多特里什和迪宁（Dautrich & Dineen），1996］。在某些情况下，这种扭曲非常明显，但是在另外一些情况中却并不是这样。

比如说，考虑一下个人的价值观念是怎样干扰他的客观性的。密尔顿·洛克其（Milton Rokeach）在一次面向美国民意研究联合会（AAPOR）的演讲中，表达了这一关注，即暗藏的
39 价值体系会使媒体民意调查产生偏误（1968）。参照 1968 年 2 月 28 日《纽约时报》上报道的一项盖洛普调查，洛克其认为，这一报告反映了白人社会对自由的较高评价以及对平等的较低评价。

根据公众对于这一问题："现在社区面临的最重要的问题是什么？"的反应，《纽约时报》发表了一篇报道，标题为："调查发现家庭暴力超越恐惧"。洛克其认为，盖洛普报告和《纽约时报》都在综合一些不同回应以使"犯罪和无法律状态"成为当时最严重的问题。他们都没有"显示新闻良知"。

洛克其认为，利用一套不同的价值体系，他们可以综合其他回应以使"种族问题"成为最严重的问题。结果显示，这一问题在重要性上排第八位，他认为这样就使该问题显得不那么亟需关注了。

一些步骤可以帮助你判断出对媒体民意调查阐释的偏误。首先，检查问题和可能的回答的确切用词。其次，将这一民意调查结果与其他不同组织开展的不同调查的结果进行比较。最后，考虑开展这次民意调查的原因。对于媒体民意调查来说，这一原因很有可能是为了发展一个吸引人的故事。

民意调查的价值

看到这么多民意调查可能产生的问题，你也许会问：民意调查的结果是否应该发表？答案是肯定的，为了很多理由。首先，媒体民意调查是由声誉好的调查组织开展的。他们意识到了问题，并且采取措施避免这些问题。尽管媒体民意调查的数量很少，但是公众可以比较不同的调查结果并且深入探寻结果的差异。事实上，这些调查群体将自己的结果和他人结果进行比较，并且试图使自己表现出审查员的形象。

其次，这些民意调查在美国起了非常重要的作用。当乔治·盖洛普于1935年在客户报纸上发表了他第一个报告时，他对公众民意调查寄予很大期望。他相信，民意调查不仅给公民提供了当前最重要话题的信息，而且他们将移除通向信息民主的最大障碍——"准确而且持续测量公众意见的方法的缺失"[盖洛普（Gallup），1990]。

对于民意调查结果是否应该发表这个问题，最好的建议来自保罗·拉扎斯菲尔德（Paul Lazarsfeld），他在选季（polling age）刚开始的时候说：

> 良好组织的民意调查的结果是科学事实：这些可以被误解和误用。但是解决方案决然不是禁止民意调查——而是应该思考民意调查是怎样被利用的，以及被谁利用。（Lazarsfeld，1945，p. 404）

资料来源：Selection and "Question-Wording Differences in Polls" table from *Practice of Social Research*，7th edition by E. R. Babbie © 1995. Reprinted with permission of Wadsworth Publishing，a division of International Thomson Publishing. Fax 800-730-2215.

（二）试验

试验是在严格控制条件下用于研究因果关系的经典的科学方法。一般说来，试验是为了检测有关两个变量之间相关关系的假设。其一是自变量，在实验中引入它是为了说明它对另一个变量（因变量）的影响。

理想中的控制试验是通过控制可能对因变量产生影响的自变量的效应，将某一自变量对因变量所产生的特定影响分离出来。在多数形式的控制试验中，被试者被随机地分成相同两组，各个方面都相同，除了其中一组中引入了自变量以外。引入了自变量的一组叫做试验组，另一组叫做控制组。然后将这两组进行比较，看它们与因变量的关系有何不同。通过比较，基于两个变量关系之上的假设就可以得到证实或者被拒绝。

例如，有一项研究，试验组是在校学生，他们用计算机学习阅读，控制组由类似的学生组成，他们用标准的课本阅读。在试验开始时两个组都进行了阅读测试，这种试验持续了一个学年的时间。在试验快要结束时，重新测试两组学生，看试验组是否比控制组成绩更好。假如的确如此的话，在阅读分数（因变量）方面的差别将归功于试验课程（自变量）的影响，当然，用计算机阅读的试验组之所以得分更多也许还有别的原因，由于选入试验组也许他们学习更有动力，也许试验组中所设计的新方式鼓励了他们的父母在家里更多地辅导自己的孩子。

一个用来估量学生利用电脑学习的效率的控制试验需要测试两组人。控制组继续使用标准的教科书；试验组则只使用电脑。在试验的最后阶段，我们比较两组学生的进展情况。

并非所有的试验都运用传统的试验组和控制组。例如，为了研究媒体宣传对暴力所产生的影响，研究者们挑选了两组人，他们在社会阶级和个性方面完全不同（这已通过特别的人格问卷进行了测量）。一组人员主要来自于较富裕的白人家庭，他们是自愿参加的大学生；另一组 42
被支付劳务费，由居住在城市中心种族混居区域中的人组成，其年龄与前组被试者年龄相仿。在这一试验中自变量是观察者从 24 部商业片中挑选的有关暴力描写的片断：事故伤亡、袭击、财产破坏、谋杀和强奸。因变量是被试者对这些暴力描写的心理反应（通过皮肤电导测量）。

研究表明暴力描写对居住在城市中心地带的被试者比对大学生产生了更大的影响。特别是关于强奸的描述，它对大学生产生的影响就更小。为什么出现这种结果呢？研究者认为，在城市中心区域居住的人之所以对电影中的暴力描写有更强烈的反应，是因为这反映了他们在现实生活中的经历（Frost & Stauffer，1987）。

许多社会科学试验都是在实验室中进行的，在那里几乎所有条件都能得到控制。例如，在一个有趣的实验室中，两组成员，每组均由 15 个男性和 15 个女性组成，都听录音带上播放的笑话。在控制组所听的录音带中，不播放笑话之后的笑声。在听完每一个笑话之后，研究人员再对被试者“欢乐的表情”，例如微笑和大笑进行测量，他们发现试验组中的被试者与控制组的相比，其“欢乐表情”更多些——这也就是说，录音带中播放的笑声似乎能引发被试者的笑声。而且在以后的测试中，试验组成员比控制组成员更能记住他们听过的笑话［查普曼（Chapman），1973］。

类似的实验室试验在心理学中使用得尤为普遍。而在社会学中，试验地点一般从实验室中移到了实地——学校、医院和街道。因为社会学家要控制试验几乎是不可能的，他们利用自然试验（natural experiments）——这就是说，试验在真实的环境中进行，研究人员不设定控制组。

在加拿大的三个集镇中所进行的为期两年多的儿童攻击性研究，是在自然条件下进行自然试验的一个极好例子［杰伊、金博尔和扎布雷克（Jay，Kimball & Zabrack），1986］。在这三个社区中，有一个社区被研究者称之为“多视之城”，这里的居民既能收到加拿大广播公司的节目又能收到三个美国视听网络的节目。第二个城镇叫“单视之城”，这里的居民仅仅能收到加拿大广播电台的节目，第三个城镇叫做“无电视之城”，他们在研究开始时不能看到任何电视节目（但是一年以后就能收到电视节目）。两年后研究者观察到，“多视之城”的儿童（试验组）的攻击性行为比其他两个镇（控制组）大大增加。这一研究强烈表明，观看电视能刺激儿童的攻击性行为。别的自然试验还调查研究了这样一些主题，例如在规模较大的大学和规模较小的大学中学生的学业成功率，在双亲家庭和单亲家庭中小孩的抚育等。

实验室试验与自然试验或实地试验相比，它可以更好地控制变量。不过实验室是一个人工环境，这又有可能使试验结果被歪曲。虽然在自然试验中调查者更难控制自变量和试验组中被试者的构成，但它有助于调查者更好地理解现实生活中社会行为的动态过程。

（三）观察

为了进行系统观察（systematic observation），社会学家要寻找研究社会互动的有保证的观察场所，观察者在观察时虽然不对任何变量进行控制（除非观察与有严格控制的试验一起进行），但是制定严格的观察程序并将观察结果记录下来，这样任何资源研究者都可以重复这些程序。系统观察既可以在实验室进行，也可以在实地进行。

1. 实验室观察

许多研究计划都是在实验室中对小群体进行观察。例如，研究者通过单向窗口来研究儿童群体，或者召集一小群人来讨论某一具体问题。讨论时，某一不露面的社会学家录下了某种行为是如何发生的——提出意见和接受意见，同意和反对，开玩笑，批评等行为的发生率［贝尔斯（Bales），1951］，虽然在一定程度上这一试验是在人工环境中进行的，但是此类研究却可以获得很多有用的信息。

2. 实地观察

社会科学家也可以在家庭中、操场上、街道上或者办公室中进行观察。有时他们观察一些正式群体——委员会、医疗组或者职业协会中的行为，有时他们也观察某一特定场所的使
43 用——沙箱、街角，甚至是一个配有电视机的起居室。例如，一位心理学家和一位社会学家观察了街头老流浪汉后发现，人们一般视贫民区的流浪汉为完全的孤独者，而这是不准确的。虽然这些人没有自己的家庭，但是与其他无家可归的流浪汉有很多的互动。虽然这种互动关系不能视作是一种亲密的个人关系，但是在这种变动不居的流浪生活中他们偶然相遇，一个人帮助了另一个人，并期待很快就能获得回报［科恩和索科洛夫斯基（Cohen & Sokolovsky），1989］。

在另一个实地研究中，两位英国作者［布罗德斯特和塞奇里特（Broadstreet & Segnit），1975］特意选择了几个极爱看电视的劳工阶层家庭，观察他们怎样看电视。研究发现电视机被打开的时间和人们实际观看电视的时间之间只存在一种弱相关，家庭成员在家中总是走进电视机房，在电视机前坐下看一小会儿电视，然后又走出去吃饭，或者做家务。有时电视机可以连续打开几个小时，好像它只是房间中的一个摆设。

3. 非参与观察和参与观察

在非参与观察（nonparticipant observation）中，研究者不参与到他所研究的社会活动和社会情景之中进行观察。相反，参与观察（participant observation）却要求研究者融入他所研究的社会情景之中，研究者实际上变成了他所设法研究的群体中的一员，并试图用群体成员的眼光来理解世界。这一方法被广泛运用于文化人类学的研究之中，而且因其不断发展而变得越来越完善了。有时参与观察者也使用问卷调查法和访谈法，虽然在参与观察中这些研究工具的运用并不要求像在调查研究中那样正式。

在公开性的参与观察中，研究者参与了被试者的社会生活，被试者明确地意识到了研究者社会科学家的身份。在隐蔽性的参与观察之中，研究者在不暴露自己的研究身份和研究意图的情况下，设法参与到他所研究的群体之中，并成为群体生活的一员。隐蔽性参与观察向研究者提出了严肃的道德问题：为了研究他们，研究者是否有权欺骗被研究者，并且侵犯别人的隐私呢？

大多数参与观察都采用案例研究的形式。个案研究（case study）是对单个事件、人物或

社会群体的详细记载。个案研究对社会科学的发展起了重要作用。后来大规模调查所运用的假设及分析问题的洞察力，大都主要来自于先前所做的个案研究。

一项经典的个案研究就是艾略特·黎埃波（Elliot Liebow，1967）所写的《泰莱的街角》（*Tally's Corner*）。黎埃波所研究的美国黑人知道他是一名观察家，他们允许他分享他们在华盛顿特区街角的逗留生活。黎埃波和他们聊天、喝酒、赌博、参观他们的卧室，在外卖商店附近逗留。黎埃波决定集中研究他们的人际关系。他证明了在破碎的世界里，这儿的人际关系是怎样反映他们的社会生活的。他们很快就会成为朋友，并且关系十分密切，当然朋友之间常常不知道对方姓什么。朋友之间十分忠诚，但是忠诚消失得也快。这些人也想生儿育女，但是在他们中间，那些离开了家庭的父亲比和孩子生活在一起的人对待孩子似乎更温柔。黎埃波发现这些人不能在"合法"世界中找到自己的位置，所以他们在合法世界之外过着阴暗的生活。

另一项有关参与观察的著名例子是威廉·汤普森（William Thompson）所作的所谓"晾牛舌头"研究（1983）。汤普森是一名社会学家，他在食品包装厂的屠宰部申请了暑期工作，这里活牛和死牛散发出臭气熏天的味道。在汤普森的车间里，人们的任务就是对牛舌头进行加工处理并将它们晾起来晒干。这种工作单调枯燥，无人情味，而且总是面临着身体受伤害的危险。尽管工人在每个班都要晾干、烤熟和袋装好大约1 500个牛舌头，但是却得不到多少报酬，唯一的好处就是一个月发下的那点死工资。

汤普森对工友们如何适应这种枯燥环境进行了仔细观察，并且他获得了一些有趣的发现。他发现工友们有好几种方式从心理上摆脱工作中的枯燥，他们漫无边际地遐想自己的家庭生活和业余爱好。大多数工友谈起他们设法想买的奢侈品时总是没完没了：小汽车、大篷车和摩托车。这是他们工作中的唯一乐趣（Thompson，1983）。

4. 观察法的局限性

参与观察法既有优点又有缺点。参与观察通过参与到某一环境之中直接获得了第一手资料，这有助于社会学家身临其境地理解被试者的社会生活、日常生活以及他们的互动方式。但是正因为如此参与观察也遇到了一些困难。可能最大的困难就在于社会学家融入被试者的群体活动之中后，他就很难保持研究的客观性。

.NET 互联网/技术 44

网上民意调查

60 多年来，民意调查家们持续不断地让美国人在几乎所有事情上发表意见——总统的工作表现，焚烧美国国旗的合法性，甚至不明飞行物（UFO）存在的可能性。

公众对于这些民意调查的兴趣反映出后者的许多作用。在一个民主国家里，民意调查提供了一种测量方法，以检验决策家们代表民意调查结果的准确性程度。选举日开展的票站调查（exit polls），提供了一种测量投票不规则性的方式。在所有情况下，知道别人的想法就给了我们一种衡量自己意见的方法［费斯廷格（Festinger），1954］。然而在过去，民意调查结果的触及面很小。甚至那些参与调查的人也不知道调查结果什么时候发表或演播出来。现在网络已经解决了这个问题。当下主要的民意调查组织都在网络上公开他们的调查结果了。

随着沟通领域的最新技术发展，网络为民意调查者提供了报告调查结果的最好方式。除了扩大公共民意调查结果的触及面这个明显优势以外，网络也消除了印刷和广播媒介带来的时空限制。调查结果不再局限于特定类型的报纸或杂志专栏，或者是20秒的广播时间。网络允许民意调查家提供有关调查的详细信息。公众可以检验问题的确切用词。他们可以看到人们（男人和女人，年轻人和老年人，富人和穷人）是怎样给出不同答案的。而且他们也可以在档案中搜索出美国民意是怎样随着时间变化的。

查找民意调查结果

大多数情况下，在网上查找公共民意调查结果只需几步。由盖洛普、洛普尔（Roper）、哈利斯（ Harris）以及延克罗韦其（Yankelovich）开展调查的相关网站将直接带你进入你想开始的地方。

除了这些调查，媒体同样组成团队展开他们自己的调查。这些媒体包括，CBS/《纽约时报》的调查、ABC/《华盛顿邮报》（*Washington Post*）的调查、NBC/《华尔街日报》（*Wall Street Journal*），以及CNN/《时代》（*Time*）的调查。出于合作的原因，这些调查的结果会公布在两家中任一家的网站上。

在一些情况下，媒体团队中的一家会建立一个网站专门负责报道民意调查结果。比如说，CBS新闻为CBS/《纽约时报》的民意调查创立了网站。《华盛顿邮报》也同样为ABC/《华盛顿邮报》调查创立了网站。

所有情况下，你可以从任一家调查队的相关网站上查找、定位一个民意调查。但是请记住：不同的媒体网站上的某一调查的名称可能会有不同。所以，比如说你在《纽约时报》网站上查找一个民意调查，搜索关键词为《纽约时报》/CBS新闻的民意调查（*New York Times*/CBS News Polls）。

充满警告的世界

在你上网搜索民意调查数据资料之前，请记住所有的民意调查并没有公正地代表美国公众的意见。不要混淆科学民意调查和那些仅仅为了娱乐而展开的调查。一些情况下，媒体组织会开展民意调查的所有这两个类型。比如说，除了NBC/《华尔街日报》的调查，NBC同样报道了一项它自己的针对网民的叫做“现场投票”调查的结果。CNN有一个类似的网络调查叫“快速投票”，《华盛顿邮报》称它的网络调查叫“民意调查者”（poll taker）。以上每一个调查都仅仅代表了网民的意见。而且也没有保证说回答人忠实地回答问题或者他们只回答一次。

考虑以下不同，来了解一下这些民意调查到底有多差劲的代表性。NBC“现场投票”的一项调查结果指出，61%的网络被访者相信不明飞行物（UFO）是真实存在的异度空间飞来的访客。但是在这些调查结果旁边，NBC放置了一项盖洛普调查的结果，它显示只有48%的被调查者认为不明飞行物是"某种真实的东西"。记住，这些网络民意调查的样本只代表已注册的网民。

为了区分科学民意调查和那些仅仅为了娱乐而设计的调查，需要搜索这些调查是如何开展的相关信息。大多数情况下会搜到对即兴调查的科学价值的批评，要不然你就必须自己判断了。

(四) 第二手分析 44

社会学家不必总是出去收集新资料。以前别人所作的研究在经过重新提炼、整理和分析之后，又变成了回答新问题的主要信息来源。这种对以前所收集资料的重新使用，我们称之为第二手分析。

在日记、信件、自传和其他私人文献中，在单位案卷、历史文献、新闻报道、政府档案和原来成立的社科研究的数据库中，都能找到大量的研究资料。在美国，人口普查是研究资料的 45
最主要来源。定期进行的人口普查（每 10 年一次，调查后都有专门研究）中包含了年龄、性别、种族、婚姻状况、收入、家庭构成和其他变量。此外，还有一些生命统计数据的公共记录，例如每个人的出生日期、结婚日期、孩子数量和死亡日期等，这些都可以用于研究的目的。使用人口普查资料和统计数据还可以保证不侵犯别人的隐私。在德国，虽然官方声称，人口普查保全了个人的隐私，但是一些研究表明，人们还是能从人口普查数据中找出某个人的隐私特征［格卢克曼（Glucloman），1988］。

内容分析是在第二手分析中经常使用的研究方式，它要求检阅所载文件或其他信息（如信函、连环漫画或电视节目插曲）的内容，以及对它进行系统的数码编排。例如，林达·穆妮和莎拉·布拉本特（Linda Mooney & Sarah Brabant）饶有兴趣地研究了贺卡上表达爱情的频率和方式。她们在路易斯安那州某一城市的贺卡商店中选取了一些生日卡作为样本，并根据每张卡的内容和形式进行了编码。这种编码方式分为以下几种：一般特征，例如价格、大小和总字数；封面特征，如艺术品的种类；语言风格，如严肃的、有趣的和中性的；贺卡所表达的感情，如爱、快乐或欣赏；发卡者和收卡者的身份，如父母、姐妹或者情人。

研究中最有趣的发现是：提到爱的贺卡（仅占全部贺卡的 25%），一般都适用于亲属（特别是女性亲属），寄卡者和收卡者都是亲属关系。这类卡较别的贺卡价格更昂贵，装饰更好，语言更严肃。研究者认为，这些贺卡的特征支持了男人缺乏情感的刻板印象（Mooney & Brabant，1988）。

内容分析的另一个例子是研究宗教性电视节目所讨论的主题［埃布尔曼和诺伊恩多夫（Abelman & Neuendorf），1985］。在 27 个著名的宗教节目中每个节目都抽出 3 个片断，然后将它们分类为社会性论题、政治性论题和宗教性论题，并记下这些论题在节目中出现的频率和叙述方式。研究结果发现，社会话题中讨论最多的是死亡；政治话题中讨论最多的是共产主义；宗教话题中讨论最多的是上帝。

内容分析是第二手分析常用的研究程式，它要求检阅书面文件或其他载有信息的内容，并且对它进行系统的编码。

（五）研究策略

上面我们已经探讨了四种基本的研究方法——调查研究、试验、观察和第二手分析，社会学家在研究某一课题时可能会在几种研究策略中选择一种或几种。这些研究策略主要有比较分析、重复研究、物质痕迹测量和复合研究方法。

1. 比较分析

当要分析大量资料时经常要使用比较分析。虽然大多数社会学研究都多少包含了一些比较，但是比较分析一般指的是包括了几个社会体系的对比——例如，国家与国家之间的对比或者国家内部几个主要部分之间的对比——或者同一社会体系在不同时点的对比［沃里克和奥谢尔森（Warwick & Osherson），1973］。

46　跨国研究是两个或多个国家之间的比较性研究。这方面一个较好的例子是社会学家对于民族性和心理现代性的相关关系所做的研究［英克尔斯（Inkeles），1978］。英克尔斯认为，构成心理现代性的主要特征有：对新生事物的开放性态度，抵制传统权威，对新闻和社区事务感兴趣，雄心勃勃和信仰科学。他在6个国家中获得了在教育和职业方面大致相当的年轻人样本。接着，他测量了心理现代性在这些样本中所表现出来的程度。引入这些特征之后，他发现心理现代性的表现具有广泛的国籍差异：阿根廷和以色列排在第一位，尼日利亚、智利和印度排第二，孟加拉国排在最后。

实际上，将同一社会在不同时点进行比较就是研究社会变迁。社会学家通过纵贯研究和横剖研究来研究社会变迁。纵贯研究是在一段时期内追踪同一群人所进行的研究。例如，某研究者考察在1916年和1925年之间出生的男人的社会生活［埃尔德（Elder），1974］。在大萧条时期这些人都只有十几岁，埃尔德特别感兴趣的研究是，经济艰难的岁月对他们的成年人生活产生了何种影响。他发现穷人在长大成年以后，更以孩子为中心，他们辛勤劳动是为了给小孩创造一个舒适安全和富裕的环境——这些都是他们自己在年轻时错过了的东西。

因为进行纵贯研究的花费很大，所以社会学家经常通过横剖研究来研究社会变迁，它是将在某一时点上年龄、教育、经济情况、种族背景不同的人的回答进行比较。有这样一项研究，它比较了在广告中谈及性时两代人不同的反应方式［维斯和麦伦斯基（Wise & Merenski），1974］。父母亲似乎比他们的大学儿子更同意以下观点："广告商过多地使用了性诱惑"。虽然我们无法假设他们的儿子老了以后也会持同样的看法，但是研究告诉我们，人们的态度的确随时间而改变。

2. 重复研究

物理学家普遍强调重复试验的必要性——也就是说，为了验证其正确性就有必要对某一研究或试验进行重复试验。在物理学中进行重复试验往往是较容易完成的。只要在实验室中创造了同等的条件，引入变量，得出结果，这就可以进行比较了。但是因为在实验室中所完成的社会学研究相对较少，所以社会学家要采用新的方式来重复以前的研究，总是较为困难而且要花相当的时间。

假设对最近所作的研究进行资料分析后，我们得出了以下的结论：与那些完整的家庭相比，青少年犯罪总是更频繁地出现在破裂的家庭中。在开始研究之前，我们做出了关于这一过程的假设，一旦收集到了实际资料，我们就使用某种统计方法来核实影响调查结果的各种因素：孩子们在破裂家庭中生活的时间长度、家庭的地理位置、社会经济状态以及是否有前科等诸如此类的因素。但是运用不同样本重复试验时，我们的调查结果能成立吗？我们必须意识到很有可能我们的研究是建立在非正态的样本上。因此我们必须用新样本重复这一研究之后才能发现第二次的研究结果是否支持有关家庭破裂与青少年犯罪之关系的初始假设（表面上已被论证）。重复能让我们找出原来研究中所出现的错误，也有助于我们更透彻地理解我们以前结果能站得住脚或站不住脚的条件。

虽然有些研究者自己重复了自己的研究，但是由别的研究者去重复某一研究的情况往往更普遍，它往往有助于消除研究者的偏见，在研究中引入更强的客观性成分。从新知识、新技术、新数据分析方法的观点来看，所有研究者都必须承认，他们的研究结果将来很有可能会被别人修正。事实上，重复研究结果与初始研究完全矛盾的情形是常常会有的。

例如，20 世纪 80 年代中期的一项研究指出：电视上播放有关自杀的新故事越多，关于自杀率的增长曲线就会越陡［菲利普斯和卡斯滕森（Phillips & Carstensen），1988；Stack，1987］。但是虚构的自杀故事在电视中播出之后，现实中的自杀率会增长吗？这个问题的答案有助于验证原来研究结论的有效性。对纽约市的青少年进行研究之后发现，在电视播完虚构的自杀故事之后，这一地区的自杀率的确增加了，因而这支持了原来的研究［古尔德和谢弗（Gould & Shaffer），1986］。

但是原来的研究者对于纽约样本并不满足。因此他们在电视中播放虚构自杀故事之前或之后，又考察了加利福尼亚州和宾夕法尼亚州中有关青少年自杀率情况的资料。他们的疑问解除
47 了：在电视中播出虚构的自杀故事之后，并没有引起自杀者的增多［菲利普斯和派特（Phillips & Paight），1987］。

在两个地区之间出现上述研究结果之差异的原因是什么呢？研究者可能会认为，模仿性自杀一般出现在城镇，或者说它局限于东北部地区。为了检验这一假设（将纽约城的样本和加利福尼亚州与宾夕法尼亚州的样本结合起来），他们又对资料进行了重新分析，没有一个样本能证实原来研究所得出的戏剧性结果。因此通过连续不断的重复研究，研究者认定“虚构的自杀故事对于自杀率有影响”这一结论的确是不成熟的。

3. 物质痕迹测量

一些社会学家，因为不想参与到自己正在观察的研究对象之中，他们就强调使用物质痕迹测量法（unobtrusive measures）。例如，观察社会行为所留下的物理痕迹［韦伯等（Webb et al.），1966］。与侦探一样，社会学家研究了博物馆地板的磨损（为了说明观众的偏好），图书馆中哪些书刊磨损得比较严重（为了研究读者的阅读倾向）和弃置的酒瓶（为了研究某一“禁酒”城镇的饮酒情况）。这些测量虽然很少单独使用，但是它们增加了研究资料，并且保证了研究者没有对正在研究的社会行为产生影响。

4. 复合研究法

考虑到上述四种主要研究方法都有局限性，很多社会学家决定将两种或多种方法结合起来，这一策略有时称为三角分析法。由于同时使用不同方法，这就增加了研究者对所作调查研究的正确性的信心。

在社区研究中使用复合方法显得特别重要。运用复合法，一批社会学家在小城镇或者中等城镇收集到广泛的信息，有助于对整个社区的生活方式提供启发性的、深入的理解。参与观察法在社区研究中作用突出，但是调查研究和第二手分析也能增加社区研究所需的信息。

社区研究的一个典型例子是罗伯特·林德和海伦·林德（Robert and Helen Lynd，1929，1937）对印第安纳州的曼西所做的调查，在大萧条的前后几年里，他们居住在这座中西部地区的城镇。林德夫妇采访了许多曼西市民，系统地查阅了报刊资料，得到了有关这一城市过去的资料，他们俩也设法融入到了小城镇的社会生活中。他们发现曼西市民重视工作、自立、信仰基督，并为自己是曼西市民而自豪。

一批社会学家在 20 世纪 70 年代后期，重新回到曼西城来了解该城的社会生活。此时它又

发生了变化吗？令人惊奇的是，虽然该城也有一些外表变化，如新建的购物中心、快餐店和迪斯科等，但是，社会学家发现，过去相同的价值观影响很深，例如，大多数高中生都认为圣经是“现代生活中各种问题的指南”，然而曼西城居民在今天对不同意见更具有宽容性，这很可能是因为电视的影响。现在只有少数人认为基督教是“一种真正的宗教”［卡普洛、巴尔、查德威克和威廉姆森（Caplow，Bahr，Chadwick & Williamson），1982］。

三、社会研究中的客观性和道德性

在社会学研究中使用任何研究方法都会涉及客观性、偏见和道德性问题。在结束本章之前，我们再来讨论一下这些话题。

（一）客观性和偏误

当然，社会科学家在研究中所遇到的最大问题之一就是客观性问题。社会学家总是被人问：“你也与别人一样，是有感情、有道德、有偏见的高等动物，为了保证你的调查的客观性，你能在调查中超脱出来、不动感情吗？我们怎么能知道你报道的是事实本身还是你自己的愿望呢？”虽然社会学中主观性的东西似乎面临着不同寻常的客观性问题，但这也是每一门科学都面临的问题。

社会学家在解决客观性问题时，一方面是通过学科内容的组织方式，另一方面是通过调查研究的方式。与别的学科一样，社会学知识来源于很多社会学家的研究，通过别的学者对相似性问题的核查和权衡之后，某个社会学家的特定观点和偏见得到了最大限度的弱化。社会学调查几乎总是公开报告，包括它所使用的方法和资料来源。其他人可以使用同样的事实和方法来检验他们所得到的结论。

有争议性的研究似乎吸引了很多人的注意。例如，20 世纪 60 年代中期，詹姆斯·科尔曼领导研究了美国教育制度和它们对学生成绩的影响（Coleman et al.，1966）。这项研究是美国 48
教育办公室（现在是教育部）委托进行的，它希望检验关于美国学校中教学设备的质量差异能大量解释学生在学习能力方面的差异这一常识。换句话说，好学生总被认为是来自好学校。

科尔曼发现在学校设备优劣上的确存在一些差异，但是差异并没有原来想象的那么大。他也发现这些差异的确影响到了学生的成绩，但是这种影响也没有想象的那么大。总之，科尔曼认为过去我们视为强联系的现在证明实际上很弱。

这些结论让大多数教育家感到惊奇并争论得十分激烈，因为这些结论意味着改善教育条件（例如图书馆和实验室）相对来说对学生的学习成绩没有多大影响。这正好与教育部所期待的答案相反。因此人们对科尔曼的报告进行了严格检查。尤其是在哈佛大学，在那里进行了为期一年的专门讨论班。在这个班上，报告的假设、资料和结论都被人们进行了仔细的检查。直到今天这一报告仍然是争论的焦点，许多人认为调查结果是无说服力的。

另一个引起争议的社会科学研究是关于美国黑人家庭的所谓穆瓦尼昂报告。它是由丹尼尔·帕特里克·穆瓦尼昂（Daniel Partrick Moynihan）完成的，现在他是来自纽约州的美国参议员（Moynihan，1965），当时是约翰逊总统的助手。这一报告详细研究了当时极为普遍的由妇女当家的美国黑人家庭。实际上，他认为女权家庭（例如由母亲当家的家庭）在数量上的增长表明了美国黑人家庭结构的瓦解，这是美国黑人贫困的最重要原因。

许多社会学家和美国黑人不相信所谓妇女当家就一定导致贫困。而且，许多人认为他的报告是为约翰逊政府“伟大社会”计划辩护的政治文件，而不是关于黑人家庭的客观研究。因为这两个原因，这项研究引起广泛的争议和检讨。

在社会研究中与偏见有关的另一问题，是研究过程本身对被研究者的行为所产生的影响。社会学家应该记住，社会学是关于人类行为的科学，人们会对研究过程做出反应——有时我们无法预见这些反应。正是研究者的出现可能歪曲正在研究的社会情境，这一现象常常称为反应作用。

一些研究者发现，正是他/她们的出现可能歪曲了正在研究的社会情境，就像被拍摄的这群人。

这方面的典型事例是20世纪20年代末期和30年代早期所进行的著名的霍桑试验（Hawthorne experiment）［罗特列斯伯杰（Roethlisberger），1949］。西方电气公司的霍桑工厂，位于芝加哥城郊，其管理人员想知道环境因素例如照明是否会影响工人的劳动生产率和士气。一批社会科学家开始对一个工人小群体进行试验，把他们与其合作的工人分开。试验人员的工作环境得到了控制，被试者被加以细致的观察。令研究者吃惊的是，不管工作条件如何改变，这群工人的劳动生产率总会增加，甚至当环境变化（例如在车间突然减弱光线）并不能产生这种效果时，也是如此。

结论认为，研究者的在场，让试验组的工人意识到了自己与众不同。他们开始相互了解和信任，并产生了强烈的信念，认为他们所做的工作是极其重要的。研究者认为这就是他们增加劳动生产率的原因，而不是工作条件的改变。初始资料的重新分析又在理论上对霍桑试验的研究者提出了挑战，认为人际关系模式的改变应该是研究者最应该看重的，但这一点在原来研究中却从来也没有测量过［弗兰克和考尔（Frank & Kaul），1978］。然而即使霍桑研究的原始结论必须修改，它还是提出了所有社会科学家都共同面对的问题，即当被试者知道了别人正在研究他们时，他们改变自己的行为。在社会科学中，这一现象被称为霍桑效应（Hawthorne effect）。 49

（二）社会研究中的伦理问题

因为社会学家研究的是人类主体，所以他们必定面临着几个重要的伦理问题。问题之一是对研究对象的选择。这个问题在社会试验中最为明显，例如为服刑后的人提供工作，为未就业的青少年提供特殊培训，为少数民族儿童增加教育的项目。社会学家怎么依据社会道德标准来决定谁将进入试验组（他们将得到特殊帮助），谁将选入控制组——这些人根本就不能获得任何帮助呢？是挑选那些会获益最多的人，还是最需要的人？

第二个问题关系到被试者退出试验。一旦你选取了某人参与到特殊的项目之中，假如他们看来要打断研究，这时强迫他们退出是否符合社会道德呢？随之而来的，与此密切相关的第三个问题关乎他们的选择自由。例如，大学生可能会问，假如他们成绩的等级是老师评定的，那么他们是否真的可以自由地拒绝参加某一试验呢？

第四个伦理两难问题是社会学家想要知道隐私但被试者却有权保护隐私权的矛盾。社会学家总是想把行为从"社会壁橱"（social closet）中曝光。可是谁赋予了社会学家调查别人的过错、矛盾、反社会行为和不便告人的社会经历的权利呢？被试者有权对诸如此类的事情保守秘密吗？

面临这样的两难困境的一个代表性事例是劳德·汉弗莱斯（Laud Humphreys，1970）对于公共场合同性恋行为的研究，当别的男同性恋者正在发生同性恋行为时，汉弗莱斯在公众休息室中充当着望风者的角色，假如警察来了，他向参与同性恋行为的人发出警报。由于记录了同性恋者的汽车牌照，他得到了他们的家庭住址。大约一年以后，他登门拜访，作为一个研究者，他提出了许多被试者感兴趣的问题。结果他发现大多数的人都呼吁强烈反对同性恋，而且似乎都想过上正常人的婚姻生活。虽然汉弗莱斯的调查结果引起了人们的兴趣，但是很多人批评他在研究中使用了不道德的方法。他们认为他不应该用欺骗性手段来研究同性恋者的隐私。

社会科学职业协会及资助研究的政府机构就有关隐私问题的研究有着鲜明的立场，那就是，研究者必须保守研究对象的隐私权，应该将自己的研究目的告知被试者，应该立法来保护他们的人格，许多研究的负责人认为，在研究开始之前，应该征得被研究对象的同意（假如被研究对象是被监护人，应该征得他们父母的同意）。

关于调查研究之伦理的一些官方声明认为，社会研究是一个双向的过程，可能的研究对象应该知道调查是干什么的，他们也应该知道他们能够从调查中获得哪些利益。

所有社会科学研究都必须权衡利弊。如果知识的增长来源于一个可能会产生更大损害的研究，那么这一获得知识的过程还需要吗？做出这样的决定不仅是进行调查的社会科学家的责任，而且也是作为支持社会科学的社会成员的我们所有人的责任［里夫林和廷潘（Rivilin & Timpane），1975］。

道德中立是社会学和其他自然科学都会遇到的问题。在科学中，道德中立指的是不管它伤害了谁，有益于谁，或者说研究者持何种价值观，都应该探索科学真理。随着核武器和其他具有广泛杀伤力武器的出现，人们又开始怀疑起道德中立来。

作为一名市民，社会学家可以表达自己的价值观，有较强的政治观点，可以谈论各种公共问题。然而许多社会学家认为，在他们社会科学著作中他们必须持科学精神，避免政治倾向，他们应该是学者，而不是社会活动家［西布利（Sibley），1971］。也就是说，他们必须保持道德中立，至少是社会中立和政治中立。如果不能做到这一点，他们认为，就会危及本应具有科学性和客观性的社会科学的地位。这一观点，有时也称为价值无涉的社会学，它是由马克斯·韦伯提出来的，并且直到20世纪60年代还大体上未受到挑战。

可是在最近，许多社会学家开始认识到价值中立的潜在危险［贝克尔（Becker），1967］。他们告诉人们，“中立性”研究有助于保护业已存在的社会秩序，这些研究中的大部分得到了既成体制的支持。他们认为假如社会学不能涉及政治和社会问题，它实际上等于是在维护现状［古尔德纳（Gouldner），1962］。这些批评认为社会学家应该是学者兼社会活动家，社会学家甚至还要倡导各种不同的意识形态立场。他们还认为社会学家应该使用调查研究来推动社会变革。

这场争论正在进行之中，许多社会学家拒绝道德中立，赞成更多地卷入社会问题和政治问题之中。

50 **复习与思考**

1. 为什么理解社会学家在研究中使用的方法是至关重要的？
2. 实证方法力图把哪些问题最小化？
3. 讨论描述性研究和解释性研究的不同。
4. 下面哪些属于概念：年龄，种族，社会阶层，男性，女性，贫困，宗教信仰，犯罪，种族差别主义，政治党派认同？哪些是变量？操作化每一个变量。
5. 考虑下列变量间可能存在的关系：年龄，宗教信仰，犯罪，性别。使用这些变量中的两个变量提出一个假设。你的假设什么时候变成一个实证概括？
6. 提出一个理论来解释美国的高离婚率。
7. 一位研究者假设在宗教群体中犯罪率会更低。另一位研究者假设年龄越大，越有宗教信仰。辨认出每个假设中的自变量和因变量。一个研究者怎样才能判断这些变量是否具有相关性？
8. 如何知道一位研究者发现相关的变量间是虚假相关？
9. 为什么一位研究者要使用多变量分析？
10. 讨论信度、效度之间的差异，并为信度、效度举例。
11. 测量公众意见时使用哪一种方法？

12. 调查研究中涉及的是定量研究还是定性研究？
13. 为什么社会学家调查一个样本而不是总体？
14. 为什么调查研究者使用随机抽样？
15. 什么时候研究者要使用控制实验？
16. 实验组和控制组是怎样区分开来的？
17. 指出参与观察研究最普遍的方式。
18. 假设你的教授要求一篇使用二手材料进行分析的研究论文。你可以在哪儿找到研究所需的数据？
19. 如果你被要求做一项晚间新闻的内容分析，你将怎样进行这样的研究？
20. 社会学家为了什么目的会开展比较分析研究？

网上练习

第 2 章的网站涉及社会学研究过程的各个方面。在搜索之前，请登录 Prentice Hall Companion 的网站：http：//www. prenhall. com/popenoe 。然后选择第 2 章（社会学研究过程）。接着，从屏幕左边的菜单中选择网站。你会发现有很多可供选择的站点。我们建议你从 A Sociological Tour Through Cyberspace 开始。这一站点提供了丰富的资源以及涉及社会学研究的其他链接。当你打开网页后，一系列“激发社会学想象力”的其他站点就列在上面了。点击 Methods and Statistics。你可能想浏览 StatSoft：An Electronic Textbook，Statistical Resources on the Web，或者 Sociological Methodology。在你浏览完所有的链接并对文中的内容展开恰当的讨论之后，回答下列问题。

- 社会学家怎样分析不同的变量？
- 社会研究的阶段有哪些？
- 社会学家使用的主要研究方法有哪些？
- 为什么在开展社会学研究中保持客观是至关重要的？

关键术语 51

methodology	方法论	empirical generalization	经验概括
empirical method	实证方法	theory	理论
descriptive studies	描述性研究	independent variables	自变量
explanatory studies	解释性研究	dependent variables	因变量
concepts	概念	spurious correlations	虚假相关
variables	变量	multivariate analysis	多变量分析
operationalizing the variable	变量的操作化	validity	效度
operational variables	可操作变量	reliability	信度
hypothesis	假设	quantitative methods	定量研究方法
qualitative methods	定性研究方法	participant observation	参与观察
survey	调查	case study	个案研究
population	总体	secondary analysis	第二手分析
sample	样本	content analysis	内容分析

random sampling	随机抽样	comparative analyses	比较分析
controlled experiment	控制实验	replication	重复实验
experimental group	试验组	community studies	社区研究
control group	控制组	Hawthorne effect	霍桑效应
nonparticipant observation	非参与观察		

第二部分

社会组织与个体

第3章 文化

今天，和许多欧洲国家一样，在美国，大部分数学与自然科学类的大学奖学金与学术荣誉都被亚洲来的学生获得。从加州的硅谷到马萨诸塞的伍兹侯（Woods Hole），很多美国一流的研究院、实验室都雇用了大批亚洲籍科学家和工程师。 53

为什么？是亚洲人比其他人更聪明？是他们拥有西方人所不知的成功秘诀？还是因为亚洲人更勤奋？

尽管有些流行刊物对以上问题都答“是”，但作为社会学学生，我们需要解释的是其表象下的真实原因。最近美国做了一项研究，对500名成绩优异的东南亚难民的孩子进行了追踪调查［卡普兰、乔伊和惠特莫尔（Caplan，Choy & Whittmore），1992］。这些难民的孩子从越南和老挝辗转迁徙至此，其间受尽了痛苦和折磨，也失去了许多上学的好时光，抵达这里时，他们只懂极少的英语。然而，尽管有这些阻碍，但他们很快就在美国的学校中取得了数学和自然科学类的好成绩，例如，在一所学校，仅占27%的亚洲来的学生却包揽了所有数学科目的前十名。从学分等级来看，这些孩子的数学和自然科学中，得“A”和“B”的占大多数，而得“C”的很少（只有17%），仅有4%的学生得分在“C”以下。

对亚洲学生在自然科学方面的成功，社会学的解释将其归功于亚洲人的价值观。研究人员发现，亚洲人所取得的成就与其成就趋向的价值观有很大的内在联系。不同社会的价值观各不相同。各时代、各地区都有自己的特色，这是理所当然的。在社会学中，“文化”是最重要的概念之一，而价值观正是文化的一个重要组成部分，它是对“文化”——我们即将要讨论的概念的一种测试。

一、什么是文化

一个大学生群体与一群猩猩的区别是什么？你可能认为这是一个奇怪的问题，但问题并不像你想象的那样简单。把人类和其自然界的近亲——猩猩区分开的质的东西是文化。在日常谈话中，文化常用来形容艺术的深奥与精致。例如，认为古典音乐爱好者是“有文化的”，而流行音乐的追随者则是“无文化者”。显然，文化在此处的定义是无法帮助我们把人类与猩猩区分开的，无论是否爱好艺术，人类都不同于猩猩。

社会学家与人类学家对文化的共同定义是，文化是人类群体或社会的共享成果，这些共有产物不仅仅包括价值观、语言、知识，而且包括物质对象。所有群体和社会的人们共享非物质文化——抽象和无形的人类创造，如“是”与“非”的定义、沟通的媒介、有关环境的知识，以及处事的方式。人们也共享物质文化——物质对象的主体，它折射了非物质文化的意义。物质文化包括工具、钱、衣服以及艺术品等。

尽管文化共享，但它仍需每一新生代通过社会交往的方式来学习，文化因此而代代相传，不断累积。

从最为一般的意义上讲，文化是代代相传的人们的整体生活方式。虽然“文化”的概念时常可与“社会”互换，但这两者不应混淆。严格地说，社会指共享文化的人的相互交流，而文化指这种交流的产物。事实上，人类社会与文化不能相互独立存在。尽管考古学家发现，终结于历史中的社会留存着文化遗迹。文化是人们在交流中创造的，但人类互动的形式又来自于对文化的共享。

尽管人类是唯一的具有文化的动物，但我们并非是唯一的社会性动物。猩猩以稳定的社会群体形式共同生活，并表现出了某种交流往来的现象。比如，它们常对外来者有着充满敌意的反应，在搜寻水果和猎物时会产生一种协作关系。蚂蚁生活在一个自给自足的社会里，他们有着极其复杂的劳动分工。每一只蚂蚁从事着一种工作：小蚂蚁在洞穴内劳作，中等个的蚂蚁在洞外觅食，而长触须的蚂蚁则充当卫士。

但是，与所有动物和昆虫的社会相仿，无论是猩猩还是蚂蚁，其行为都不是由共同的价值观、知识或其他鲜明的文化特征所塑造的。动物们所依赖的不是文化而是本能——它们所固有的、与生俱来的一种复杂的行为模式。动物行为是受遗传因素所控制的，各种单一物种的社会组织形式似乎是由同一地方的上一代传给下一代的。仅仅仰赖于它们的本能，世界上所有的海
54 狸都能修筑水坝，以极为类似的方式抚育后代；所有的鸟类都筑着同样的巢穴。这些动物都不是被迫教导着做这些事。

对比可知，人类社会有很大的不同，因为他们的行为模式不仅仅依赖于遗传，而且还依赖于人类文化（人类社会是第 4 章讨论的主题）。与猩猩不同，我们的行为深受我们生长在其中的文化的影响。

再来讨论大学生和猩猩的区别，不太准确地说，猩猩是靠生理来约束，而大学生则靠文化来约束。人类已无任何强烈的本能，但我们也有着与猩猩及其他高等生物一样的生理冲动，如食物、水、睡眠的需求满足的冲动。事实上，许多人类文化是围绕着这些冲动而形成的。

反过来，猩猩也具有某些类似于文化的特点。这些人类的近亲会使用原始的工具，并把制造与使用工具的技能传给他们的后继者。猩猩已懂得用树枝当作棍子在战争中使用，用石头砸开坚果，用麦秆把白蚁从其洞穴中钓出来。也许，猩猩已具有使用语言所需的一些基本技能，

但只是缺乏具体说单词的能力［普雷马克（Premack），1985］。一些研究人员已成功地教会猩猩看懂和使用美国手语——一种美国聋哑人使用的手语［桑德斯（Sanders），1985］。一些观察者甚至宣称猩猩们使用的是它们用符号组成的语言［加德纳和加德纳（Gardner & Gardner），1975］。但是，也有人批评这种说法，猩猩很少能将两个以上的字串在一起，因此不可能组成完整的句子［特雷斯（Terrance），1979］。

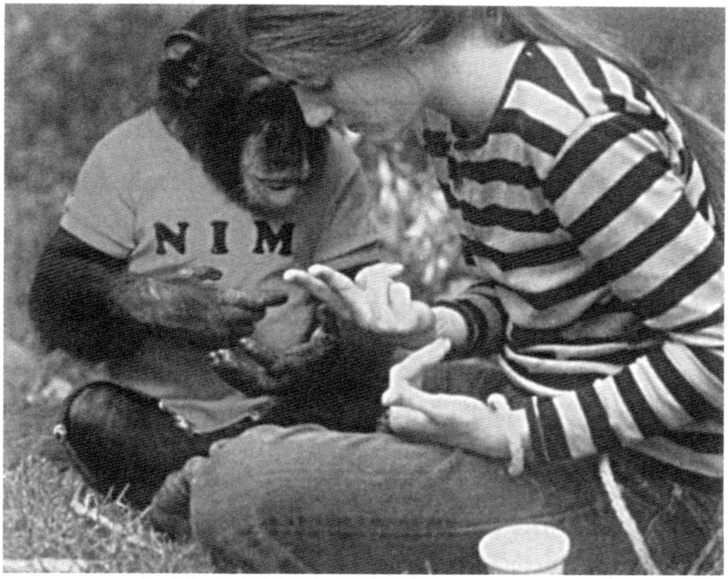

一些研究人员已成功地教会猩猩看懂和使用美国手语。一些观察者甚至宣称猩猩们使用的是由这些符号组成的语言；也有人批评这种说法，他们认为猩猩不能组织完整的句子。

无论如何，猩猩以某种形态过着群居生活，具有一些符号能力，有一个能模仿、学习行为的身体，会使用工具，这是否就可以认为它们拥有文化呢？多数研究者认为，猩猩已具有文化的基础，至少已具有某些与文化相似的地方，但所有这些与人类的文化相比，其复杂程度还相差很远。为了理解这些差别，我们只需要简单地如此对比一下，我们通过语言所表达的是非常精细微妙的、复杂多样的意思，而猩猩只能借助三两个符号表示有限的意义。此外，我们的物质文化和约束我们的行为以及组织我们社会的社会规则十分复杂，这些都是猩猩所无法比拟的。举例来说，普通美国学生都在用着非常先进的工具：像计算机、计算器及录放机等，而动物中人类的近邻仍在使用着钓白蚁的麦秆。

人类文化的形成最早可追溯到大约300万年以前。尽管价值观和意义（文化中非物质方面）无法成为化石，但是所有早期社会的物质文化的碎片都保存了下来。最早的工具是由卵石打磨成的刀片。

也许早期人类史上最重要的文化适应是向大动物狩猎的转变。许多证据表明，早期人类最直接的祖先——类人猿主要靠植物果实和死去动物身上的肉而生存。在早期人类的居住地附近也发现了许多大型动物的骨头，这暗示着真正的人类已开始猎食大动物，并将其带回居住地。基本上，新的社会模式，包括食物的共享、根据性别的劳动分工、协作和制造工具，都是伴随着狩猎的变化而发展的，狩猎同样也促进了语言的发展。

向狩猎生活方式的转变发生在大约100万年到300万年前。今天我们所熟知的家庭——由一个男人和一个或多个女人所组成的家庭——在那个时代，也许已经形成。人类出现以前的原始人只有当女性有了需求，而男性通过角力竞争赢得了繁殖的机会时，男性和女性才会交媾结合。人类女性在各个年代都或多或少地处于性的被动方，这点与动物界的其他雌性不同，许多
55 人类学家认为这种男女间的较固定关系是与大动物狩猎的发展密切相关的。一旦形成男人狩猎而女人采集果实的分工时，以狩猎和采集技术为基础，只和少数几个配偶交配与选择配偶便变得有利了。

通过对今天卡拉哈里沙漠桑部落和澳洲土著人狩猎—采集的观察，我们可以了解到早期人类社会组织的大致形态。早期的人类大概生活在由大约25个有血缘关系的男人及其妻儿老小组成的群体中。领导者是不固定的，由成员轮流担任，引导人们大部分行为的是非正式的规则，男人出去狩猎，女人则在家饲养小动物，采集果实，抚养小孩。

通过对今天卡拉哈里沙漠桑部落狩猎—采集的观察，
我们可以了解到早期人类社会组织的大致形态。

在文化发展之前，人类只能通过历经上百代才能形成的生理变化来适应环境的变化。达尔文在他的《物种起源》(*On the Origin of Species*，1859) 中阐述了进化理论和自然选择学说，指出那些最能调整自身以适应自然环境的物种才有可能得以生存繁衍。斯宾塞（Herbert Spencer）后来称之为适者生存。文化的发展意味着人类第一次改造环境以利于自己的生存。同时他们也能调整自己的行为以适应变化着的自然条件。实用知识，如如何制造窝棚、如何找到某种食物等知识，能由上一代传给下一代。当一种猎物灭绝时，捕猎另一种动物的策略又会被思考出来。当气温下降时，衣服就发明了。其他物种灭绝了，只是因为他们不能像人类一样适应环境的变化。

另一方面，文化的发展也影响了人类生理的变化。例如，早期人类有一部分具有相对较大的大脑和灵活的双手，能够制造出更有效的工具，并完成一些较专业的工作，这些人就更容易得到生存和繁殖的机会。一段时间后，拥有较大的大脑和较灵活双手的人在人类人口中越来越普遍。因此，正如环境的变化推动了文化的发展一样，文化的演进也促进了人类生理特征的演化（Campbell，1985）。

在过去的几百万年里，文化出现了一步步巨大的变化［伦斯基和伦斯基（Lenski & Lenski)，1987］。大约4万年前，人类在世界上大部分地区都出现了，他们开始穿起衣服，建造房屋。人类在从热带到北极的各种气候下生存，他们埋葬死者，用火做饭，参加各种宗教仪式。

大约在公元前1万年，人类开始生产自己的食物；接下来的一些世纪里，种植庄稼逐渐流传开来。农业生产可能引起了人类历史上最重要的变化，人类再也不用过着迁移狩猎的生活了。随着种植庄稼和饲养家禽而出现的是更大定居社团的建立。随着农产品的增加，经济生活也变得越来越专门化，一些人生产或交换货物，或成为管理者，而他们的食物则由另外的人提供。一些早期的人类定居地成为集镇，尔后形成城市。大约在5 000年前，国家这种由若干社区组成的、具有共同政府的独立政治实体在中东和希腊开始形成［斯塔夫连诺斯（Stavrianos)，1983］，并很快就成为这个世界上的主要政治形式。

直到18世纪后期，才出现了另一个巨大变化，其重要性可与农业的产生相提并论，这就是发生在英国的工业革命。从那时起，机器技术完全改变了整个经济、政治和社会结构。它使世界范围的交流与通信成为可能，也使我们能生产出大量的工具、节省人力的装置、奢侈品和娱乐设施。它同样也能使我们生产出能摧毁人类自身的武器。尽管这种危险随时存在，但文化 56
已使人类成为地球上最成功的物种。

二、文化的构成

（一）符号

文化的存在取决于人类创造和使用符号的能力。符号是指一群人所认可的任何能有意义地表达其自身之外的事物的东西。所有的文字和数字都是符号，此外，紧握的拳头、美国国旗、十字架也都是一种符号。和他们的原始祖先不同，现代人类可以和他人交流十分复杂的信息——从“我爱你”到关于浩瀚宇宙的技术数据——而且，他们能从他人的经验中学到很多东西。人类拥有这种能力的关键就是符号的使用。通过符号，我们能够理解现实，能够交换和保存复杂信息。简而言之，我们既能创造文化，又能从文化中学到很多［盖斯菲尔德和米恰诺维茨（Gusfield & Michalowicz），1984］。

符号在帮助我们理解诸如“上帝”、“正义”、“爱国主义”等抽象概念时显得尤为重要。由于这类概念往往难以理解，我们总是把它们和我们已理解的事物加以比较。这样，隐藏在我们法律体系之后的理想和情感常常是由一个掌握正义尺度的女神来代表的。这种符号履行了这样一个重要的功能，即通过把复杂概念与简单概念联系起来，从而帮助我们最终达到对前者的理解。通过这种方式，符号帮助我们理解现实，并使沟通变得简单。

符号有时和它们所代表的事物很相像。例如，鸟可能代表“自由”，因为在受地球引力束缚的人类看来，鸟儿似乎可以到达它们想要去的任何地方。然而，这样使用符号，可能会影响我们对符号意义的理解。当符号未被理解为自身之外其所象征的事物时，就会产生许多文化和社会意义上的混淆。符号不仅代表了某种事物，而且同时暗示了对象征事物的态度［戈夫曼（Goffman），1976］。一些符号承载了如此确定的意义，以至于它们预先就定义好了其所代表事物的社会含义。

举例来说，用白色代表“好”，黑色代表“坏”，这显然会对白人和黑人看待自己和观察对方的方式造成影响。研究人员在一项研究中，用绘图——故事的方法以判断学前儿童的种族歧视倾向［威廉斯和斯特布勒（Williams & Stabler），1973］。孩子们首先被出示两幅图画，一幅是黑肤色的人，一幅是浅肤色的人。然后，研究者讲述了一个人的故事，孩子们被要求做出判断，这个故事是关于哪一个人——黑肤色还是浅肤色的人的？孩子们倾向于把浅肤色的人和正面故事联系在一起，而把黑肤色的人和反面故事联系在一起。实际上，与黑颜色相关的负面含义似乎本身已属于黑人，因此试验的结果已被预先认定了。这只是一个例子，说明某种文化中的符号能通过预料不到的、不为人们所希望的方式来建构这个文化本身。

语言，简而言之，是指人们所使用的口头和书面的言说方式，它是我们最重要的符号系统。通过语言，观点、价值观和文化的标准都能找到它们最完整的表达方式。虽然我们也使用许多其他的媒介——如绘画、音乐、雕塑及舞蹈——来表达文化，但只有语言才能最灵活、最准确地传递所有人类所能理解的复杂而微妙的含义。

实际上，如果没有语言，大部分人类思想将不复存在［克里斯特尔（Crystal），1988］。通过语言，孩子们学会了他们的社会是如何理解世界、过去和将来的。也主要是通过语言，孩子们知晓了父母、老师和朋友们对他们的期待。因此，语言对社会的建构而言是最重要的。它比任何其他符号体系都更为全面地使我们能建设和传递文化。

虽然语言是我们生活中不可缺少的一部分，但是没有人知道它是如何起源的。一种理论认为语言始于对自然界声音的模仿，如溅水声和吼叫声。另一种理论认为语言产生于人类由于疼痛或其他剧烈的情感而本能发出的声音。还有一种理论则断言语言最初是伴随着反复的肌肉运动而产生的，如叹息声和号子声。

然而，一种更为可信的解释认为，语言源于早期类人动物把它们原始的用以联络的叫喊声糅合起来所形成的一个新的意义系统［霍基特和阿舍（Hockeet & Ascher），1964］。例如，咳嗽声和尖叫声就是一套具有固定含义的符号。从这种叫喊系统演化到语言，使狩猎和其他集体活动更有效率。那些拥有高级语言技巧的部落比那些语言技巧相对低级的部落更有可能生存下来。

著名语言学家诺姆·乔姆斯基（Noam Chomsky）的研究表明，人类有可能在前脑发生了生理结构的进化，这使学习语言变得相对容易一些（Chomsky，1975）。这种“语言接收装置”为所有人类语言共同逻辑的存在奠定了基础。乔姆斯基把这种逻辑基础称为“一般语法”。当然，一般语法不包括某种特定语言的特殊词汇和语法规则。对每一种文化而言，这些特征是各不相同的，但它们隐藏在一般语法中的基本逻辑是一致的。 57

下面是一个关于这种内在的语言接收装置的例子。研究发现，不同文化中的儿童在掌握各自语言的语法特征之前，基本上都在相同的年龄开始学习语言，在同等程度上掌握各自语言中相同的方面，并往往犯相同的错误（这反映了一般语法的原则）。

现代社会的语言是多种多样的。一种文化中语言的某些发音在其他文化中是找不到的。例如，法国人在发“thin”这个音时常有困难而经常代之以“sin”这个音（法语中没有“th”这个音）。美式英语的发音和英式英语的发音也常常不同。不同语言在由音节构成词汇、由词汇构成句子的方式上也有区别。举例而言，英语中词序对句子的意义十分重要，但在别的语言中，比如德语，句子中每个词都有一个词尾以表明它和句中其他词汇间的关系，因此词序相对而言就不重要了。

语言的词汇同样反映了言语者的文化和环境。例如，萨摩亚群岛居民以捕鱼为生，因此语言中有着关于捕鱼和航海方面的丰富词汇。同样，生活在撒哈拉沙漠边缘的阿拉伯人则拥有许多沙子方面的词汇。

一些语言学家和社会学家认为语言间的区别不仅仅反映了言语者的需要和环境的影响，而且它们还会对言语者看待世界的方式产生影响。这一由萨皮尔和沃夫（Edward Sapir& Lee Whorf）所发展的观点被称为萨皮尔—沃夫假设（Sapir-Whorf Hypothesis）。萨皮尔和沃夫认为，既然语言和思维具有十分密切的关系，因此持同一种语言的人对世界的看法要比持不同语言的人一致得多。沃夫指出，英国人把时间分为三种时态：过去、现在和将来，而使用霍皮印第安语的人则没有这些概念（虽然他们也能表达事件发生的时间顺序）。沃夫认为，这样的结果使讲英语者比讲霍皮语者能更具体地去理解时间。对持英语者而言，时间是可以计量的，而持霍皮语的人却不这么认为。沃夫认为这种区别也许可以解释持英语者在诸如档案保存、年历和历史方面的兴趣［哈里斯（Harris），1988；沃夫（Whorf），1941］。

萨皮尔—沃夫假设在最极端的含义上可推断出如下结论：现实世界在很大程度上是在群体
语言习惯基础上无意识地构建而成的。由于我们群体的语言习惯已预设了我们理解世界的方
式，我们将会很自然地用这一方式去观察、去听、去体验事物（Whorf，1941）。这样，语言决 58
定了我们对现实世界进行思索的特定方式，因为通过其他途径我们很难把它表达出来。

在构筑文化结构时抽象词汇可能是最重要的。抽象词汇在现代西方语言，特别是英语中数

虽然符号存在于每种文化之中，但大多数特殊符号与特定文化相契合。
中国“阴阳”符号代表两股互补的天地力量，这两股力量包含了
生命的所有方面。而“自由女神像”符号是美国独有的。

量最多，而在古代文化或前工业社会文化中则相对较少。然而，萨皮尔—沃夫假设的极端推论可能夸大了语言在决定人类思想过程中的重要性。在他们近期的论文中，萨皮尔和沃夫提出了一个比原来的假设较为和缓的推论。依照这个推论，语言预先设定了人们看待世界的特定方式，但其影响的程度并不如极端推论所设想的那样强。

语言不仅在不同文化间有区别，在同一个社会的内部不同群体间也有差异。语言中地区和种族的影响是显而易见的，如美国南部和北部人、意大利移民和犹太移民间，语言就存在着显著的差异。同样，英美两国基本语言是一致的，但细微差别也很多。某些群体甚至还创造了只属于他们自己的语言——一种严格限定的语言系统——用于特别的目的，如美国卡车司机经常收听的市民波段电台（CB）语言就是这样一种特殊语言。这种CB语言充满了华丽的辞藻和短语，圈外人很难听懂。以下是一些CB语言的例子，狗熊（bears）代表警察，眼球（eyeballs）代表头顶灯，五指折扣（five-finger discount）代表赃物，移动洗面剂（motion lotion）代表汽油，超级可乐（super cola）代表啤酒等（Crystal，1988）。

最后，语言能反映价值观。一项对澳洲英语的研究表明，澳洲英语反映了澳大利亚人幽默、随和及理性的价值观。澳大利亚人喜欢把词汇简化并在词尾加上“ie”或“y”（如用prezzie来代表present，用matey来代表mate），这可以看成是一种表达他们诙谐、爱交朋友和易于相处性格的方式［威尔兹比卡（Wierzbicka），1986］。

媒体社会学 59

广告中的符号

1877年，俄亥俄州雷本纳镇的一家小型燕麦加工厂决定用贵格会教徒的头像（Quaker Oats man）作为它的产品商标。如今，他已成为美国的文化肖像。多年后，包装设计者们更新了他的形象，将他原来严肃的表情变得和蔼可亲。但设计者们从未擅自改动过这一成功商标的关键之处——它与美国文化的联系。贵格会教徒的人头像反映了美国的历史和美国赖以建立的价值观。

自19世纪中叶以来，许多公司已开始使用不同的符号（像贵格会教徒的人头像）为它们的产品做广告［摩根（Morgan），1987］。1851年，宝洁（Procter & Gamble）公司在它的包装上印上了一个月亮和众多星星的符号。许多商标如：胳膊和榔头（Arm & Hammer）、短角公牛（Bull Durham）、白鹰（White Owl）、安德伍得的小鬼（Underwood devil）在19世纪60年代纷纷诞生。在随后的20多年中，涌现出了许多其他的符号，包括贵格会教徒的人头像、史密斯兄弟（Smith Brothers）、贝克巧克力的女侍者（Baker's chocolate waitress）、可口可乐的字体（Coca-Cola signature）、安海斯-布希的鹰（Anheuser Busch eagle）、约翰·德瑞跳动的鹿（John Deere's leaping deer）。

19世纪末20世纪初，广告中的符号反映了根深蒂固的种族主义观念。种族模式化的形象和漫画（美国大众所习以为常的一种幽默形式），描绘的是适合仆人做的工作中的黑人——喜气洋洋的厨师、彬彬有礼的门卫、翩翩起舞的黑人音乐歌唱团演员和佣人［西沃卡（Sivulka），1998］。美国土著居民被描绘成卖红云香烟、卡路米特（Calumet）发酵粉和海瓦沙（Hiawatha）玉米的勇猛武士。

这类形象，强化和塑造了负面的模式化形象，使他们成为家喻户晓的人物。在1897年的一个小麦奶油广告中，拉斯达斯（Rastus）厨师对他自己的形象很崇拜，在广告中写着："他是如何成为世界上最出名的人物的"。尽管大多数的最具有挑衅性的种族主义漫画现今已不再流行，然而，一些漫画，如照看白人小孩的黑人保姆杰米玛阿姨（Aunt Jemima），却沿存了好些年。最终，贵格公司改变了杰米玛阿姨的形象：使她变得苗条，去掉了她的手帕，给她戴上了珍珠耳环。

像杰米玛阿姨一样，许多在20世纪早期被创造出来的商标人物已变得如同国家英雄一样有名——巴斯特·布朗（Buster Brown，1906）、堪倍尔小孩（Campbell's kids，1910）、匹纳特先生（Mr. Peanut，1918）、摩根·撒特女孩（Morton Salt girl，1921），以及柯来克·杰克（Cracker Jack，1924）。美国人就像苹果派一样，这些文化符号有一股吸引我们心田和凝聚每代人的力量。与那些符号，如上面提到的种族主义漫画相比，这类符号适应了文化其他方面的变革并取得了它们自身的永恒性。

使前几十年的口号、顺口溜和行业符号恢复生机的20世纪90年代的"返古市场营销"（retro-marketing），说明了广告商们是如何用革新的文化符号来吸引美国的消费者。比如说，柯本通（Coppertone）防晒霜是如何来适应人们已变化的观念和价值观。1944年，柯本通（Coppertone）防晒霜的第一个广告描绘的是一个喊"不要当白脸"的印第安首领形象［西沃卡（Sivulka），1998］。尽管在1953年，该公司还沿用这个口号，但广告中的印第安首领已被一个穿着稀少的柯本通少女所取代。为了适应20世纪90年代人们健康意识的需要，柯本通少女又发生了变化：她戴着帽子，穿着T恤衫，抛起一瓶能防紫外线的防晒霜。广告商们认识到带有像柯本通少女这类熟悉人物的广告，对在人口大爆炸时期出生的人来说很有吸引力，因为这些广告能引起他们美好的童年记忆（Sivulka，1998）。

广告与文化间的关系错综复杂。就20世纪20年代广告所能发挥作用的程度而言，它曾对美国的文化产生过巨大影响，它塑造了公众的观念和价值观［福克斯（Fox），1983］。从此，广告逐渐成为一面镜子，它更多是对美国文化的反映，而非仅仅是对它的塑造。这表明美国文化的其他方面事实上已对广告产生了影响。如果忽略这种影响的方向，那么广告符号就是美国文化中重要的一面。不论这些符号是贵格会教徒的人头像、耐克的"钩子"、麦当劳的金色拱门，还是列维牛仔的标牌，这些符号都使我们文化的物质实体带有鲜明的美国特征。

（二）价值观

价值观是一个社会中人们所共同持有的关于如何区分对与错、好与坏、违背意愿或符合意愿的观念。价值观是决定社会的目标和理想的普遍和抽象的观念。价值观通常是充满感情的，它为一个人的行为提供正当的理由［克拉克洪（Kluckhohn），1961；威廉斯（Williams），

1970]。

我们在本章开始部分提到了亚洲移民的孩子具有一种价值观，这使他们在数学和科学方面获得优势。另一种传统的儒家价值观也仍由上一辈传递到下一辈，它强调家庭的中心地位。例如，课后作业被认为是一项家庭共同承担的任务，年长的孩子要帮助年幼的孩子；父母不让孩子们做家务，以使他们有足够的时间做作业。典型的场景是饭后桌子就被清理干净，然后家里所有孩子都趴在桌上写作业。印度高中生花在课后作业上的时间平均为每天 3 小时 10 分钟，而美国学生则仅为 1 个半小时。自然，这种投入带来了显著的效果。

对其他移民群体的研究也发现了类似的工作价值观。实际上，美国的中产阶级也和亚洲人一样强调学历和努力工作，但美国人更多是从个人的而不是家庭的角度出发的[卡普兰、乔伊和惠特莫尔（Caplan，Choy & Whitmore），1992]。

文化的主要价值观是通过其符号系统而传递下来的。价值观可从民间传说、神话、艺术、娱乐及其他媒介得到体现。例如，在英国亚瑟王传奇中有着许多丰富多彩的形象：亚瑟王、圭尼威尔王后、兰斯洛特爵士、莫林、龙和其他四角兽等。今天当我们阅读这些故事时，我们会崇拜亚瑟王对他的臣民慈父般的关怀，会赞许兰斯洛特的勇敢和忠诚，也会为莫林的神奇力量和智慧所惊叹。这些品质体现了中世纪文化的价值观。

像符号一样，价值观不能孤立地存在。它们相互关联形成了一个集合模式。在中世纪，人们对慈父国王的理想往往是和对臣民忠诚的要求分不开的，部属被鼓励把自己视为“家庭”的一员而不是看作一个个体。因此，我们现在对个人主义的强调和中世纪英国的价值观显然是不一致的。同样，对通过家庭纽带而联结在一起的中世纪人而言，我们经济生活中利益趋向的价值观显然也是难以理解的。

典型的价值观往往成对出现，有正面的价值观必有反面的情形。有被崇拜的价值，就必然有被唾弃的价值。例如，中世纪的人们崇拜勇敢，就必然厌恶懦弱。有时，在兰斯洛特的故事中，我们能看到同一人物身上体现了正反两种品质。他既是一个恶棍（因为他对亚瑟王的妻子——圭尼威尔王后有一种婚外恋情），又是一个英雄（因为他把圭尼威尔王后从不忠中解救了出来）。

价值观如何与行为联系起来呢？关于这一问题有两种相反的观点[斯帕特斯（Spates），59
1983]。一种理论宣称价值观决定行动。按照这种理论，基本价值观在个人生活的早期就已被接受。一旦价值观形成，它们就成为个人行为选择和态度形成的指南。塔尔科特·帕森斯（1951）认为：

> 有理由可使我们相信，从某些方面看，人类后天习得的个性因素中最稳定和持久的即是主要的价值倾向模式。有理由相信这些模式在儿童时代就是“定型”的，而且到了成年时代也不会有很大的变化。(p. 208)

这种理论还认为行为方式的变革是社会价值观的外在逻辑结果。例如，在美国，商品的定 60
价取决于商人对顾客支付能力的估计，政府一般不予干预。这种行为反映了个体自由经济的基本价值观。这一价值观的逻辑结果是，人们认为政府对自由交易的限制是错误的。

反对意见则更关注行为在创造价值观方面的重要性［布莱克和戴维斯（Blake & Davis），1964］，就像早期著名社会学家威廉·G·萨姆纳所指出的那样。这一理论认为社会习俗是在较长一段时间内自然形成的（William G. Summer，1906/1960）。为了证明继续沿用这些习俗的合理性，或者说是为了掩盖这些习俗可能是非理性的事实，人们就试图对它们进行抽象的解释。换句话说，价值观是一种事后的解释，通过它们，社会已存在的习俗就变成一种需要的产物。

这种理论可以应用到前文所述的自由市场商品定价的例子中。从这个角度看，美国的价格体系是在向一个富有同时又缺乏控制的国家移民时出现的，在那里政府的权力十分虚弱，对个人而言，致富最有效的途径就是定出了市场所能承担的最高价格。这逐渐成为一种商业习惯，后来又通过建构自由经济这一价值观而获得了合法性。

以上两种观点都有正确之处，很难说谁对谁错。因此许多相关理论中都是两种观点并存的。一方面，确实存在一系列基本价值观，它们成为每一个既定社会的基础（美国社会的基本价值观将在本章后边详述）。另一方面，价值观并不是突然形成的，它们通过日常生活而形成、强化和改变［罗克赫（Rokeach），1973，1979］。在这个意义上，有理由认为价值观取决于行为，行为又决定于价值观。换句话说，价值观与行为是相互作用的关系。

（三）规范

社会学家把人们在特定环境下被要求如何行动、如何思考、如何体验的期望称为规范。规范既有正式的，又有非正式的。正式规范通常以法律的形式固定下来，对违反者有特定的惩罚。非正式规范是不成文的，但往往能被社会成员普遍理解。最重要的规范往往是社会中绝大多数人公认的规范，如一般美国人都能遵守严禁谋杀、抢劫、裸体出行的规范。

也有一些规范只对特定群体生效。我们常把音乐人视为反传统的人，对规范毫不关心。但事实上，音乐人和所有人一样，也有决定其行为的特定规范。只不过显得荒谬的是，对音乐人而言，一个重要的规范就是要求他们与众不同，要游离于传统社会规范之外。许多音乐人喜欢讲述他们曾做过的反习俗的事，如以下的这个例子：

> 有一次，我们为舞会伴奏。工作结束后，我们收拾好行装，挤上一辆公共汽车，准备回底特律。刚出城不一会儿，车子就不走了。油箱里汽油还很多，但车子就是不走。人们都从车子里出来，站在一边抱怨着。突然，一个家伙说："我们把车子烧了吧。"于是一些人从油箱里弄了一些油出来，撒在车子四周，并点着了它。很快烟雾升了起来。这真是一个奇特的体验。车子在燃烧，这些家伙就站在旁边，一边怪叫，一边拍手。［贝克尔（Becker），1963，p. 87］

然而，大部分社会规范都与人们的社会地位及所承担的社会角色如母亲、男人、雇员等密切相关，或者与特定的时期有关。举例来说，医生处理病人时就应包含着一整套规范。他们始终应表现出镇定、稳重、富有同情心和责任心。许多与医生相关的规范就不见得同样适用于别的身份或位置。不过从事医疗工作的其他人员也可以模仿医生的行为，以使自己显得和医生一样，从而像真正的医生一样获得他人的尊重和实际利益（社会地位和社会角色将在第4章讨论）。

“规范”这个名词及其形容词“规范的”不能和另一个相关词“正常的”混为一谈。所谓“正常的”行为是指统计意义上最普遍的行为。左撇子或一头红发可以说是不“正常”的，然而从规范的角度看它们都是可接受的——或者可被认为是对的和正当的。

虽然价值观和规范这两个概念是密切相关的，但两者不可混为一谈。规范是特殊、具体的，它受到具体情况的限制。它们通常被视为是行动的指针，决定一个人在特定的情况下应该做什么，不应该做什么。价值观是一般的，而且经常被视为判断规范的标准［威廉斯（Williams），1970］。举例而言，我们社会注重金钱上的成功。某些规范就指导我们如何合法地实现这一价值——我们可以接受教育，开始自己的生意并获得利润，也可以谋求一份职业并努力获得提升。

社会习俗 不同的规范其社会重要性同样也极不同。许多规范被违反后并不会产生严重后 *61*

身体穿孔可被视为一种社会习俗。有些规范反对这种行为，但它们的强制力很弱，因此它们可能在广泛的范围里被轻易打破。

果。比如，虽然男性通常被要求留短发，但还是有许多男性留长发甚至还有人留辫子。虽然存在反对这种行为的规范，但它们没有太强的约束力，因此在很大的范围内很轻易地就被突破了。类似于这样的规范，我们就称之为社会习俗（folkways），或称之为社会习惯（Sumner，1906/1960）。餐桌上的礼仪规则和其他礼仪规则都属于社会习俗的范畴。

民德 其他规范几乎都被视为是神圣的，对它们的违反将带来严重的后果。当一个人违反了严禁杀人的规范时，就不能仅仅因为他是初犯就可以原谅他或原谅他的行为。杀人者将得到惩罚。这种得到严格执行、被认为是关键的和必须严格实施的规范，我们称之为民德（mores）。

民德可以是提倡性的，也可以是禁止性的。提倡性的民德表明人们应该怎么做，如关心不能照顾自己的婴儿和儿童。禁止性的民德表明人们不应该做什么，如不能闯入他人家中。特别严格的民德被称为禁忌。乱伦禁忌就是一种被普遍接受的禁止性民德——它严禁任何一种近亲间的性关系。

法律 法律是一种正式的规范，通常也是民德的一种，它是由国家颁布的用以控制人类行为的规范。同一种行为很可能既是非法的（违背了法律），但如用某种非正式的规范来判断又是可以接受的。比如，美国大部分 21 岁以下的人都喝含酒精的饮料。虽然这种行为严格地说是违法的，但社会的非正式规范有时却允许这一法律被忽视。大部分警官都不会拘捕一个让他 14 岁的儿子喝一小口啤酒的父亲，而大学校园里未到喝酒年龄者喝酒也往往被视而不见，只要这一行为不是公开的。

（四）约制

一个社会要运作，就必须强化它的规范。人们被迫遵从，或者说以一种社会可接受的方式去行动，即使这样做对他们来说是困难和不愉快的。对社会规范的违反被称为越轨。对规范的遵从通过约制的压力而得到强化，即一种社会控制的过程［吉布斯（Gibbs），1966，1981］（越轨行为和社会控制我们将在第 8 章讨论）。约制既可以是正面的，也可以是负面的。正面约制是对那些行为正当的人的奖励。负面约制是对违反重要规范者的惩罚。

约制有正式的（这种约制由具有权威地位的个人或群体实施），也有非正式的（这种约制由朋友或同辈人实施）。对一个抢劫杂货店的人判处三年徒刑就是一个正式的负面约制的例子。对一个忠实服务于公司利益的员工予以提升，或者是给一个在现场看见抢劫银行匪徒的汽车号码并报告给联邦调查局的姑娘以现金奖励，都属于正式的正面约制。

正式约制往往是最后的办法，一般只在非正式约制不能产生作用的时候才实施。非正式约制在日常生活中十分普遍。例如，一个违反西点军校荣誉准则的士官生会被他或她的同学们所排斥。一个人如果穿着牛仔裤和破 T 恤衫去参加一个音乐会，那么就很可能受到其他音乐爱好者非正式的约制，如对他冷眼相对。一些研究表明，非正式约制往往比正式约制更为有效［霍林格和克拉克（Hollinger & Clark），1982］。

社会学研究已开始关注许多发生在群体内的富有想象力的非正式约制。一个研究小组在对一群工厂的工人进行研究时，发现了一些很常见的负面约制的例子［布劳和斯克特（Blau &

Scott)，1962]。工人们和受约制的人保持着异乎寻常的距离，即使多绕一些路也不愿从这个工人的桌前经过。他讲笑话时，没人发笑；他有困难时，也没人表示同情，甚至人们还侵犯他的个人权利。而当人们要赞许一个人的行为时——无疑这是一种正面约制——工人们会经常提他的名字，发表意见时会先称呼他的姓名。他们会拍他的背，或采纳他关于生产的建议。 62

并不是所有的日常生活都需要约制，因为社会成员在其成长过程中已接受了各种规范。实际上，规范是否真正发挥功能取决于人们自觉遵守规范的程度。

最后，必须加以说明的重要一点是，我们并不要求人们永远严格地遵守规范。文化和社会必须能适应改变的环境。允许对现行规范的一定偏离，有助于社会保持灵活性（Merton，1968）。

（五）物质文化

一个社会普遍存在的物质形态——机器、工具、书籍、衣服等——称为物质文化。一直以来，人类利用周围的自然环境为人类生活服务，以提高人类生存的机会并丰富人类的生活。他们把土地、树木、岩石、金属、动物及其他自然资源转化为房屋、工具、服装和交往的手段。

一个特定社会所产生的物质文化，其实质是技术水平、可开发资源和人类需求的集合体。现代社会拥有丰富的资源、充足的劳动力和高度发达的技术。当我们把这些物质及非物质的资源用于解决交通问题时，就产生出了汽车、卡车、火车、飞机及其他交通工具。20世纪前的印第安人只有非常有限的资源和简单的工具，但由于他们的需求也更加适度，因此他们解决交通问题就更加简单。在需要运东西时，他们要么肩扛，要么利用拖橇——一种用两根拖杠支撑着木板或绳网的马车。

当考古学家们发掘出一座古城的遗址时，他们发现了如下物质文化：一个破裂的罐子、

考古学家们发掘古城遗址时发现的人造制品可以帮助他/她们重构当时社会中非物质的价值观和文化中的规范。

一条被精心保存在小木盒里的项链、房屋的基石。从这些人造制品中——人造的或人使用的——考古学家们就能重构当时社会中非物质的价值观和文化中的规范。

同样一个人工制品在不同文化中意义是各不相同的，在不同的社会中其意义甚至会完全相反。许多印第安部落在宗教仪式中所发出的声音，在我们听来就像是小孩的尖叫声。一种文化中用来吃饭的碗钵，在别的文化中可能会被用于乞讨。我们对国旗会感到骄傲和崇敬，但对其他文化而言，它只是一块布料而已。

人类创造了物质文化，人类也能改变物质文化。我们可以把物质文化视为社会生活的一部分，非物质文化的所有因素——规范、价值、语言、传统及其他——都必须去适应物质文化。举例来说，汽车被20世纪早期的社会批评家称之为“轮子上的卧室”，避孕药的出现很大程度上改变了美国人关于性的规范和价值观。同样，现代医学技术的进步也迫使我们围绕着什么是真正死亡，而重新思考许多重要的伦理问题。

三、文化的分析

尽管大多数的社会学家都在研究文化的某些方面，但他们的工作并非所谓的文化分析。文化分析是将文化作为一个整体来分析考虑。要分析一个整体的文化，涉及的主要问题是确定其
63 主流价值观和标准，观察这些文化是如何在社会行为中得到体现的，研究价值观和观念是如何塑造物质文化，同时又为物质文化所决定的。

描述和分析原始文化已成为文化人类学家的主要任务，分析现代文化则是社会学家的主要任务。虽然人类学家和社会学家是从不同的传统出发、根据不同的学术著作来进行研究的，但他们无论是在研究兴趣还是在研究方法上都十分相近。许多文化人类学家同时研究原始文化和现代文化，而社会学家在文化分析中也引用了大量的人类学概念和有用的技术方法。

（一）文化分析的视角

社会学家和人类学家在考察信仰体系、礼仪、制度或文化其他方面的特征时，首先总是要提出这样一个基本的问题：“为什么文化的这个方面能够存在?”社会科学家们从多种视角来探讨这个问题。在这一节中，我们将考察三种最重要的研究视角：功能主义的、冲突论的和文化生态学的探讨方法。

1. 功能主义的视角

从功能主义（功能主义在第1章已有介绍）的视角来看，一个特定的文化特征的存在是由于其履行了某种重要的社会功能。功能主义是文化分析中使用最广泛的方法之一，它曾是英国人类学家的主要研究方法，又在第二次世界大战后的美国大行其道。在回答为什么某个文化特征能够存在的问题时，功能主义论者会进一步提问：“它承担了什么功能?”这一视角强调文化的各个组成部分对文化整体所做的贡献，既包括正向的贡献，也包括反向的贡献。

英国人类学家拉德克利夫-布朗（A. R. Radcliffe-Brown，1952）对印度洋边的安达曼岛居民孩子出生时一些社会习俗的解释，就是一个杰出的功能主义方法的例子。布朗需要解释以下文化事实：当一个安达曼岛的妇女希望能有一个孩子时，婴儿的姓名在他（她）还在胎中的时候就已经取好了。从那时起到孩子出生时为止，大家都不许用孩子父母的本名来称呼他们。相反，在称呼他们的时候必须指明他们和孩子的关系。同时，在孩子未出生期间，父母将忌食一些原来是正常饮食的食物。

岛民们坚信这些习俗具有某种魔力，能保证孩子的安全出生。但布朗认为这些习俗同时还履行了岛民们自己可能并未意识到的重要社会功能。在布朗看来，通过强调和孩子的关系来称呼父母的习俗可以强化他们即将成为父母的意识，提高他们完成其父母角色的可能性。同样，忌食某些食物是为了表明他们为其新的父母角色而做出的自我牺牲态度。这样，看上去毫无实际作用的文化行为实际上满足了重要的社会需求。

关于美国文化的讨论中最富争议的功能主义分析是由赫伯特·甘斯（Herbert Gans）提出的关于美国贫困正向功能的分析（1971）。与其他发达的工业化社会相比，美国具有相对更高的贫困人口比例，政府在这方面的措施也较少。对这一政府决策，通常的解释是因为美国是一个“机会之邦”，因此人们一般认为贫困是由穷人自身的原因造成的。在大家看来，只要一个人想成功，他就一定能成功。但是，甘斯认为美国政府对贫困如此漠不关心有其潜在的原因，即贫困履行了重要的社会功能。最重要的一点是，如果没有贫困，那么，社会的“脏活”——不需要任何特殊训练或知识的体力劳动——就会没人去干。这样，虽然平等这一价值观被赋予很高的评价，但美国社会还是有一个杠杆以保持一定比例的贫困人口。

2. 冲突论的视角

从冲突论的视角看（冲突论在第1章已有介绍），文化之所以存在是由于它保护或促进了某一社会集团的利益。这一视角的基本假设是，一个社会存在着，或者说也许存在着许多相互冲突的文化要素，不同的文化要素代表着不同利益群体或社会阶级的利益。通过这一视角，社会学家试图发现哪个集团支持哪种观念和价值观，并试图弄清原因。

这种冲突论视角的核心概念是意识形态——指某一阶段、群体或其他社会部分在与其他群体为争夺特权与统治的斗争中，为使自己的利益合法化或正当化的一套文化信念。马克思主义的文化理论认为，意识形态的主要作用和目的就是维护（或挑战）在经济上占统治地位的社会阶级的权利。从这种角度出发，美国人所普遍接受的只要努力就能获得经济上成功的观念，其真正作用在于反对根本的经济变革，从而维护经济精英们的权利和特权。

反主流意识形态往往能获得社会下层阶级的支持。在美国，这类反主流意识形态既包括民主党左翼宣扬的温和变革，也包括在20世纪早期得到诸如世界国际劳工组织等前共产主义工会组织支持的激进主张。这些运动否认资本主义精英的权利，要求彻底改变美国社会的基本结构。 64

其他一些相冲突的意识形态对经济的关注相对要弱一些。例如，最近几年，美国的文化保守主义者提出一系列价值观，这些价值观有时被称为“传统美国家庭观”，他们的反对者则强调个人有选择自己生活方式的权利。在其他许多重要的问题上我们都能发现相冲突的意识形态，如工业主义者和环保主义者之间、石油开采权的支持者和反对者之间、民族融合论者和隔离论者之间的冲突。

盖伊·斯旺森（Guy Swanson）的著作《宗教和政体》（*Religion and Regime*，1967）提供了一个用冲突论的视角进行文化分析的例子。斯旺森试图说明16世纪欧洲的君主们分别信奉天主教和基督教的原因，在于哪种宗教能更好地成为维护他们政治权力的意识形态。君主们发动了一系列的宗教战争，其真正原因可理解为小君主和中央王室之间的权力斗争。根据天主教的教义，教皇，或从更小一点范围而言，由教会所控制的国王，是上帝在人间的代表。斯旺森分析道，拥有强大集权势力的国王会倾向于这一信条，从而选择天主教，因为天主教将起到其政治权力的文化屏障的作用。相反，基督教更强调对上帝的一种更私人和个人化的感受，因而有可能瓦解中央王室的权威。斯旺森坚信，小君主们会很自然地倾向于这一信念。

斯旺森发现，中央王室和诸侯们都支持能促进和维护其利益的宗教意识形态。国王们信奉天主教，因为它能维护中央政权的权威；诸侯们则信奉基督教，因为它的作用恰恰相反：强调个人主义，削弱了对中央权威的遵从。

3. 生态学的视角

文化分析的第三种视角援用的是研究有机体及其环境间关系的生态学观点。文化生态学断言，文化特性由资源及周围环境的限制所决定，并随环境的变化而变化。

人类学家朱利安·斯图尔特（Julian Steward，1955）奠定了这种生态探讨法的主要基础，他对不同社会的文化与相同水平的生存技术作了比较，发现每个社会都使用了弓箭、长矛和陷阱以狩猎。斯图尔特提出，社会文化将随着狩猎对象的变化而变化。他提出这样一个假设，认为如果主要的狩猎对象是较大的迁徙动物群，如驯鹿，则这个社会往往规模较大，是组成多个家庭的群体。这是因为他们必须发展较大规模的协作狩猎。如果正好相反，狩猎对象是分散而不迁徙的小兽群，则该社会的规模往往较小，有可能组成一种单一家庭的群体。为证明他的假设，斯图尔特提出了三个环境完全不同，但都以小动物为狩猎对象的社会为例子。桑部落（生活在沙漠中）、尼格利特斯人（生活在雨林中）和福吉安斯人（生活在寒冷、多雨的沿海平原）都表现出了一种小动物狩猎者的社会文化。

虽然我们已经发现社会经济活动很容易受到环境条件的影响，但实际上，在别的领域中——宗教、科学和艺术——文化要素受环境因素的影响程度更加明显。在另一项可能引发争论的研究中，马文·哈里斯（Marvin Harris，1989）试图用当时人们的营养需求去解释阿兹台克人的牺牲习俗和食人肉的习惯。哈里斯认为，只有能够帮助人们适应环境，一种习惯才能得到生存和延续的机会。由于阿兹台克人不饲养大牲畜，所以他们的食物中缺乏足够的蛋白质。食人肉的习俗之所以出现并得到延续，就是因为它满足了这种营养需要。

尽管生态学探讨对解释某些文化的特征是有用的，但它不能解释一切问题。例如，我们很难纯粹用环境的差异来解释现代世界中各种政府的差异。哥斯达黎加、洪都拉斯和尼加拉瓜处于基本上一样的生态环境中，但哥斯达黎加是民主政府，而洪都拉斯和尼加拉瓜两国则在大部分历史中都处于独裁体制之下。

（二）文化的差异和一致

1. 文化的差异

每一种文化都是不同的，因为它们要适应特定的环境条件，包括自然条件和社会条件。文化生态学家已经为我们揭示了有助于文化形成的关键要素，包括气候、地理、人口和动植物。 65
生活在南海的人们不会去捕捉海豹和北极熊作为食物，自然条件要求他们以当地野生的果实为食物，并且要学会在潟湖和公海中捕鱼。这类环境往往与定居市区的发展有很大的关系，为保证渔民的安全而举行的各种巫术和宗教形式也很容易得到发展。生活在一个气候温暖、土地肥沃的环境中则因为花费较少的时间就能满足基本的生存需要，包括食物和住所，从而人们可以投入更多的时间以发展艺术和仪式典礼。

然而，虽然自然条件非常重要，但与社会条件相比，前者的影响显然不如后者，特别是在复杂的社会中。我们所说的社会因素包括技术水平、语言、普遍的信仰以及与其他文化联系的程度。就是这些社会因素决定了南海社会的管理方式，决定了是由祭师还是由巫师来为出海的船队念符咒，决定了该文化的艺术主要是描述爱情还是侵略。

2. 文化普遍性

不过，人们可能会很容易过于强调文化上的差异。人类学的比较研究已证明，几乎所有的文化都具有相同的社会结构和文化意义的基础，通常我们称之为文化普遍性。一位人类学家曾列举了近60种文化普遍性，包括烹饪、劳动、民俗、葬礼、音乐和法律等［默多克（Murdock），1956］。

所有的人种在生理上都是类似的，这就可以解释许多已知的文化普遍性。我们都需要吃饭，需要住所。我们都必须照顾儿童，处理年老、疾病等问题，我们都要面对死亡。

其他一些文化普遍性源于人类社会生活的一些基本需要。社会为了正常运行，就必须替换掉那些死去的、离开的或者生病的和身患残疾的成员。它必须教育新成员承担有用的社会角色。任何一个社会，只要想生存，它就必须生产和分配商品，提供服务，维护秩序，保持目的感，不可能脱离于这些需求之外。

文化普遍性也与一定的自然环境所允许或所限制的范围有关。几乎每一种文化都用火来取暖和照明。几乎每一种文化都要创造出一种面包。没有任何一种人会使用方的轮子，因为它根本不会转。

婚姻和家庭是两种重要的文化普遍性。每个社会都有性别不同而造成的社会分工，每个社会都必须抚育儿童。迄今为止，还没有发现缺乏婚姻和家庭系统的社会。但是，和其他文化普遍性一样，婚姻和家庭的具体形式在不同社会中很可能大相径庭。

（三）种族中心主义和文化相对性

旅行者和传教士们对其他文化的最初描述往往带有高度的偏见。他们总是倾向于用自己的标准来评判他们所观察到的文化。他们常常把那些与他们自己所持有的价值观相矛盾的习惯和信仰视为落后和野蛮的，对那些与其所持价值观相一致的习惯大加赞扬。这样一种用自己的文化标准来衡量其他文化，并很自然地认为自己的文化是对的而其他文化是错的倾向，我们称之为种族中心主义。

现在，研究其他文化的人类学家和社会学家们都自觉地试图避免种族中心主义。但由于每个人都已有意无意地接受了一套价值观，因此在分析其他文化时要保持完全的中立是不可能的。虽然如此，文化分析的一个最基本的原则就是必须根据文化的自身标准来评判它。这一原则就是文化相对性。文化相对性原则认为，要真正理解和正确评价一种文化特性，就必须把它视为一个更大的文化或社会的一部分。

一方面要对其他文化做出客观的评价，另一方面又无法否认对自己文化感情上的赞同，两者之间存在着相当痛苦的斗争，这种斗争甚至明显地体现在弗兰斯·博厄兹（Frans Boas）——美国最早的人类学家之一——这样细心的科学家的生活中。读他的著作、论文，甚至野外观察记录，你会感到他显得是那样的公正、客观。但他的私人日记及写给家人的信件却揭示了其客观观察的信条与其个人价值观之间的冲突。在描述他在加拿大西北部印第安部落，特别是在爱斯基摩人和贝拉库拉人中的工作时，他这样写道：

> 随后，我到了贝拉库拉人那里，他们给我讲了另一个愚蠢的故事……听他们给我讲故事这件事是相当有趣的，但这些故事本身却比那些爱斯基摩人讲的故事还要令人恶心。（日记，October 3，1886）
>
> 与此同时，那些肮脏、尖叫的孩子们正在四处乱跑，而有时人们正在吃饭。狗和孩子们在人群中钻来钻去，火和烟几乎熏得你睁不开眼睛……总之，整个过程简直是对承受能力的一种考验。（November 8，1886）［雅波尔斯基（Yampolsky），1958］

种族中心主义可以在社会中履行正向的功能。如社会成员相信他们文化中的价值观和规范
66 是正确和好的，他们就有可能更严格地遵守它们。这维护了社会的秩序和稳定。但极端的种族中心主义却会妨碍有利于社会成长和发展的文化交流，从而导致社会孤立。种族中心主义还有可能被滥用于政治目的。希特勒就利用一种种族中心主义的极端形式——极度宣扬德意志文化——从而抬高他自己的声望。

当今世界，由于国家间日趋相互依赖，因此种族中心主义已逐步失去市场。世界经济的发展，甚至它的生存，都部分依赖于我们理解其他文化的能力（表 3—1 列举了一些源于其他文化，但已被美国人所广泛接受的文化特征）。反过来，那种认为其他文化强于本土文化的他国中心主义观念必须避免。他国中心主义有时被认为是一种“倒过来的种族中心主义”。

表 3—1　部分常见文化项目及其起源

项目	起源国
雪茄	巴西
咖啡	埃塞俄比亚
餐叉	中世纪的意大利
玻璃	古埃及
睡衣	东印度

续前表

项目	起源国
橡胶	古墨西哥
丝绸	中国
肥皂	古高卢
毛巾	土耳其
火车	英国
雨伞	印度
华夫饼干	斯堪的纳维亚

资料来源：Ralph Linton，"The one Hundred Percent American，" *The American Mercury*，40（1937）：427—429.

（四）亚文化

并不是每个社会都是由一种由其所有成员平等共享和接受的单一文化为特征的。所谓一个社会的文化通常仅仅是存在于构成这一文化的不同要素的一个共同的名称。

当一个社会的某一群体形成一种既包括主文化的某些特征，又包括一些其他群体所不具备的文化要素的生活方式时，这种群体文化被称为亚文化。亚文化可以围绕着职业种类发展而成，如医学或军事部门的亚文化。亚文化还可能是基于种族或民族的差异，如美国黑人亚文化。亚文化还可能是源于地区的差异，如美国南部各州的亚文化；也可能基于原国籍起源，如美籍墨西哥人和美籍意大利人亚文化。由于成员已定居美国，这些亚文化大多数已部分适应了美国主流文化的要求，但同时也保留了一些明显是非美国的规范、价值观和语言模式。

每一个复杂社会都包含着许多亚文化，社会成员常常是在一个以上的亚文化中发挥作用，反过来说，他们在一生中也会经历许多种亚文化。许多青年群体亚文化都与一些特定的流行音乐密切相关，这些音乐往往一度非常时兴，若干年后又很快悄无声息，它们都属于一种暂时性的亚文化。这类亚文化大部分在代际之间发生变化，但几乎所有这类亚文化都体现出了青年对父母、教师和其他权威角色的反叛。20世纪50年代，最流行的亚文化是围绕着摇滚乐而形成的，它以黑色的皮夹克、鸭尾状和蜂窝状的发型为特征；60年代，围绕着民谣音乐和反战音乐产生了一种重要的亚文化；70年代是迪斯科音乐；80年代是朋克音乐；现在则又是摇滚乐以及说唱乐亚文化。

那种直接对主流文化的中心因素如价值观、信仰、观念、风俗习惯等构成挑战的亚文化，我们称之为反文化。反文化往往产生于青年群体中。例如，产生于20世纪60年代后期的嬉皮士反文化就强烈反对已确立的生活方式，并直接对抗关于工作、爱国主义和物质财富的主流文化［吉特林（Gitlin），1987］（参看流行文化特写"嬉皮士反文化"有关这一问题的更深入的讨论）。其他反文化的例子有戴维德·克罗什（David Koresh）领导的戴维德运动，1993年因其堪萨斯州沃科总部受到冲击而消亡。

（五）文化整合

现代美国的许多文化要素之间看上去相互具有某种一致性。我们对于科学的信念、对物质进步的重视、对效率的强调以及现代技术的物质产品——所有这些都似乎构成了一个一致性的整体。当各个文化特征相互之间具有逻辑上的一致性时，我们说这个文化体现了很高程度的文化整合。

文化整合可以存在于相对有限的某些文化部分，也可以存在于文化的整体水平上。如基督
67 教关于人生来就有罪的观念、救赎观、耶稣关于"人打你左脸，你就应送上右脸"的教义，这三者在逻辑上是统一的，它们都体现了基督教关于宽恕的核心价值观。

但是，各文化要素之间也可能是相互矛盾的。也就是说，它们在逻辑上可能不一致。例如，一个社会的规范可能和它的价值观不一致，结果，人们的行为和他们的观念之间产生了背离。举例来说，当人们发现要想获得成功就必须放弃诸如诚实、正直和公平交易等价值观时，当一个社会宣称为了和平而发动战争时，这种不一致的情况就发生了。社会学家有时把这种人们所信奉的观念和实际行为之间的冲突，称为理想文化和现实文化之间的冲突。

文化矛盾也可能在另一种情况下发生，如外来文化的某些要素与本土文化部分要素之间的冲突。当这种冲突发生时，作为接受一方社会的成员往往会对改变中的价值观和规范持有一种矛盾的心情。例如，许多刚到美国的亚洲移民都很难接受美国人开放的性观念。同样，在传统上，大部分亚洲家庭是非常团结的，因此，面对美国的高离婚率和分居率，他们往往会大为震惊。

最后，文化要素间也可以是既不一致，也不矛盾，而是一种中立的关系。例如，一位服装设计师设计出一种新时装，与此同时，一位发明家设计了一种新式计算机，这两者之间显然不可能会有什么关系。由于人类社会如此复杂多样，其中可能同时存在着许多没有多少相互关联的信仰、习俗和发明创造。

（六）文化变迁

虽然本书的最后一章将专门讨论文化和社会变迁问题，但如果在此我们不对该问题作一简要论述，那么我们对文化分析的讨论将是不完全的。自然和社会环境处于不断的变迁之中，人类社会与这些环境间的关系也处于相应变化之中。文化变迁主要由两种方式来推动，一是在文化内部发生的，一是对外来文化影响的回应。文化变迁可能是社会内的多种紧张关系、冲突及新发展的结果。文化变迁的一个常见的内部根源是革新，即新的文化特征——包括新的观念、规范或新的人工制品——的发展。有时革新会产生新的文化特征，如原子能。也存在另一种情况，现有的文化特征去逐步适应新的环境变化，例如核技术在外科医学中的使用。文化变迁也可能是文化传播的结果，通过文化传播，一种文化的特征和模式被扩散到另一个群体或社会中。

因多种原因的存在，各种文化必然会发生联系，如贸易、旅行和战争。当代社会由于大众传播和国际贸易的原因，大部分文化的相互关系变得更为密切。在过去两百年间，通信和交通的迅速发展使远距离的交往也变得比以往任何时候都要方便。当然，并非所有这些交往都是逐步实现的，也不都是通过友好的方式而实现的。有时候，一个社会的成员会出于军事、政治和经济上的兴趣，而占领、统治和剥削其他群体。在这种情况下，文化交流往往是对弱小社会的信仰及习惯的一种践踏。

阿米什人是当代复杂社会中包含的亚文化的一个例子。他们的大部分生活是遵循自身文化约束的，但他们仍然必须妥善处理与范围越来越宽广的当代社会的关系。

四、美国人的价值观

因为在本书中我们经常需要对美国社会进行分析和讨论，因此，简要叙述一下美国文化的一些主要方面——赋予美国人生活以意义的共同价值观和信仰，是很有帮助的。这样一个简述也为我们提供了对一个社会展开详尽观察的机会。

对我们而言，美国的文化价值观是那样的熟悉，因此很难注意到它们。它已成为了我们的生活背景，我们离不开它们，就像鱼儿离不开水一样。它们是一种想当然的东西，从我们的出生到最后死亡，文化一直决定着我们的生活。如果文化发生了变化，那么我们也就不能成为现在的自己了。

美国人的种族、职业、信仰多种多样，因此，美国文化是最多元化的文化之一。煤矿工人 *68*
和公司经理、爱尔兰血统的波士顿天主教徒和新奥尔良的科利奥尔人——他们都是美国社会的一部分，同时也为美国文化增添了光彩。但是，尽管存在着这些差异，某些共同的价值观模式还是能够被清楚地区分出来的。

（一）美国人的传统价值观

小罗宾·威廉斯（Robin M. Williams，Jr.）在他的《美国社会：一个社会学的解释》（*American Society*：*A Sociological Interpretation*，1970）一书中给出了一套美国人的基本价值观，这为我们这一部分的讨论提供了基础。此外，许多其他社会学家也区分出了一系列美国人共有的价值观。这些论断已得到了外国游客的赞同，他们观察到了同样的典型美国人的特征。在美国人中进行的民意测验也证实了这些价值观，测验结果表明，美国人仍然信守冈纳·莫德尔（Gunnar Myrdal，1962）所说的"美国人的信条"。威廉斯列出了如下传统的美国人价值观：

个人成就　个人成就是所有美国人评价最高的价值观之一。美国人赞扬和奖励那些才艺出众和成就辉煌者，尤其是那些通过艰苦工作而取得成就的人。一个人的价值常常被等同于其在商业、艺术或其他重要领域中的成就。但是，对成就的这种强调，特别是往往用经济方面的状况来衡量成就，就与尊重一个人仅因为是其自身的原因的观念相冲突。

工作　美国社会是建立在艰苦工作的基础上的。来到这片荒原的早期移民必须努力工作，这不仅仅是为了争取较好的社会条件，更是为了能生存下去。丰富的自然资源为人们的生产提供了可能性，同时，这些殖民者也意识到，一个农民、猎人或矿工的劳动不仅仅给他自己，而且也给整个社会带来了财富。这就形成了这样一种价值观，工作被视为是取得较好的社会条件的手段。这个新国家开放流动的社会结构也为那些努力工作的人们提供了出人头地的机会。到现在为止，工作仍然是美国文化中一个重要的价值观。

道德关怀和人道主义　作为美国人虔诚的宗教信仰的一部分，早期美洲殖民者对那些比他们不幸的人们的福利有着深切的关注。不过在实际生活中，美国人并不经常把这种价值观付诸实践。同时，人道主义价值观与美国人其他的一些主要价值观存在逻辑矛盾。比如，个人成就的价值观就使很多美国人难以接受国家福利计划。在他们看来，让社会的一部分人来养活那些根本不工作的人是不合理的。但是，如果其他人显然是由于其自身难以抗拒的原因而陷入贫困的（例如水灾受害者），则大部分美国人的态度是十分慷慨的。要解决诸如上述个人成就与道德关怀之类核心价值观之间的冲突是很困难的，而且很容易导致个人层次的混乱和不稳定。

对飓风受害者的救援行动是道德关怀与人道主义的范例。
美国人通常乐于帮助不因自己的过失而深陷窘境的人。

效率和实用主义 美国人倾向于用实用主义来评价事物：这是否可行呢？是否值得这么做？这种价值观很大程度上是受美国边缘地区传统的影响。边缘地区的危险环境使当时的殖民者对那些缺乏效率和不够实用的工具、武器甚至人都十分轻视。

作为一个实用主义者，美国人喜欢尽快解决手头上的问题。结果，美国人往往比较注重技术，并有一种想控制物质世界的强烈欲望。美国人一般不愿意追求长远的、不切合实际的目标。

进步和物质增长 作为一个建立在希望之上的国家，美国一直对进步的思想感兴趣。这种思想的源泉之一就是对工作的重视，它直接导致了这样一种观念，即艰苦的工作将有助于建立一个美好的世界。早期的美国人努力提高他们的物质繁荣和享受的水平，这种努力使进步的思想和技术革新相联系起来：如果一种事物是新的，那它肯定就是好的。由于进步的思想和物质增长是紧密相关的，所以它们都意味着"美好生活"。由此，在美国的公司和企业中出现诸如 69
"进步是我们最重要的产品"这样的口号也就不足为奇了，广告也竭力使我们购买它所宣传的产品，因为它是"新的"和"进步的"。

平等 由于早期的美国殖民者大多来自殖民国的中下层阶级，所以他们大多反对严格划分阶级的观念。因此，"旧世界"的许多不平等现象在美国则不是问题。另一方面，由于这个国家具有大量的自然资源能够为所有人提供充足的供应，从而更增强了平等的观念。

和许多其他主要价值观一样，平等观念也和其他一些价值观存在冲突，而且也往往在实践中难以得到体现。这里，我们再次看到了理想价值观和现实价值观之间的冲突。一种认为美国人生活中明显缺乏平等的观点指出，要体现平等价值观就要求每个人都能有一个平等的机会去争取成功，但实际上即使以这个最普通的标准去衡量，大多数美国人也很难做到这一点。许多中上层阶级的成员把他们在社会中的优越地位解释为对他们更高个人成就的一种奖励，而这种个人成就观点也是美国人的主要价值观之一。

自由 在所有美国人价值观中，自由占据了最重要的位置。对美国人而言，自由意味着行为不受约束，又代表着一个明确的、完全的自由体制，包括：新闻自由、和平集会的自由、维持多党政府的自由以及私人经营企业的自由等。

虽然美国人也接受一些对其自由的限制，但他们对任何过分强权的、直接要求他们如何生活的政府则表示出完全的不信任。这种不信任建立在这样一种信仰之上，即人们应自己管理自己的生活。

美国人的这种对政府控制的怀疑态度必然会产生这样一种冲突，即文化中自由价值观和平等价值观之间的冲突［利普塞特（Lipset），1963］。如果没有政府管理，一部分人会变得极端富有甚至专权。极端的财富紧接着就会带来对穷人、下层阶级的压迫。这就违背了我们所接受的平等价值观或至少是违背了平等机会的观念。

民族主义和爱国主义 大部分美国人相信他们的生活方式是最好的，而且应被其他国家沿用。即使到今天，那些对美国社会提出建设性批评的美国公民有时会被认为是不爱国的。

最近的一些社会学研究已发现了美国人和英国人的个人价值观之间存在许多相同点。正如表3—2显示的那样，在12种价值观中，两国的城市居民都把"身体健康"和"婚姻幸福"列为最重要的选择，而把“道德目的”、“团队工作的意义”、“赚大钱”列为最后。然而，两国公民对各项具体价值观的重视程度是不一样的。婚姻和朋友对英国人而言更为重要；美国人则更注重“有意义的生活”。可以推断，这些区别反映了两种文化间深层次的差异：英国文化更偏向于集体主义，而美国文化更偏向于个人主义［帕金斯和斯帕特斯（Perkins & Spates），1986］。

表 3—2　英美两国成年人个人价值得分均值比较

个人价值	美国	英国
1. 身体健康	7.86	8.25
2. 婚姻幸福	6.38	7.37
3. 有意义的生活	6.29	5.43
4. 和平的意义	5.85	5.28
5. 亲密的朋友	4.76	5.64
6. 对生活的控制	4.71	4.06
7. 得到其他人的尊重	4.43	4.48
8. 拥有孩子	4.01	4.40
9. 工作较好	3.76	3.69
10. 道德目的	2.33	2.67
11. 团队工作的意义	2.15	2.38
12. 赚大钱	1.60	1.61

注：上表中个人价值得分的取值范围从 0 到 10。“0” 表示不重要，“10” 表示最重要。

资料来源：H. Wesley Perkins and James L. Spates，“Mirror Images：Three Analyses of Values in England and the United States”，*International Journal of Comparative Sociology*，27（1986）：31—50.

70

.NET 互联网/技术

网络色情与美国价值观

当美国的开国元勋在 1791 年将《权利法案》（Bill of Rights）增补到宪法中时，他们就创立了有史以来第一个在最大范围内保障个人自由的法律文件［奥尔德曼和肯尼迪（Alderman & Kennedy），1991］。这种对个人自由的保护，宪法第一修正案体现得最为明显，它写道：

> 国会不得制定任何确立一种宗教或禁止信教自由的法律，不得制定任何削弱言论自由或出版自由的法律，不得制定任何剥夺人民和平集会和为伸冤而向政府请愿权利的法律。

自该文件的制定者考虑到后人会怎样理解它的意义以来，社会已发生了翻天覆地的变化。例如，正如这一修正案中的措辞所表明的，他们在当时只考虑到大众传媒的唯一存在形式——印刷媒体［克罗托和霍因斯（Croteau & Hoynes），1997］。然而他们都明白政府对传播自由的控制十分重视。他们亲眼目睹了欧洲政府对作者、印刷者和出版者的迫害。对报纸征税，法律要求出版有许可证和对诽谤文字诉讼的残酷迫害——都是为了限制言论。

为了防止这种控制，美国采取了体现在宪法第一修正案中的“放任自流”的政策（Croteau & Hoynes，1997）。宪法第一修正案十分适用于印刷媒体，但后来广播媒体的出现引起了一些问题，并导致一套新规则的出台。如今，有望成为21世纪主流媒体的互联网又为该修正案提出了它自身的一系列独特的挑战。

互联网被誉为有史以来最为民主的媒体形式，其危险在于它被滥用为一种传播色情的工具。当作为封面故事出现在《时代》杂志上时，众所周知的网络色情在1995年7月引起了全民的关注。根据这篇文章，网络色情不仅很流行，而且无所不在，异常变态。事实上，在一个由卡耐基·米隆大学的一个研究小组所开展的为期18个月的研究中，研究人员查看了917 410张赤裸的性爱图片和一些性爱描写、简短故事以及电影片断。其中特别令人不安的是一些通常难以看到的赤裸裸的色情图片——恋童癖（儿童的裸体图片）、青春期痴恋（青年裸体图片）和各式各样的性变态，包括捆绑、性虐狂、小便、大便以及与动物性交等。

正如《时代》杂志的一篇文章所指出的：“这是副总统阿尔·戈尔所想象的信息高速公路（连接本土每一所学校和图书馆）的一种负面效应。”它不仅引起了父母对孩子会接触到性的丑陋一面的担忧，而且也引起他们对潜伏在电子聊天室的儿童性骚扰问题的忧虑。

为了回应人们的这些忧虑，克林顿总统在1996年2月8日签署通过了《正当传播法案》（Communications Decency Act，CDA）。作为1996年《电信法》（Telecommunication Act）的一项分款，CDA把在互联网上传播不健康信息和没有防护系统以排除错误的网络服务定为违法的。违者将被判处两年有期徒刑，并处以25万美元的罚款。

由50名原告组成的一个联盟，其范围从美国公民自由团体到美国图书馆协会，对这一法案提出质疑，认为该法案违反了宪法第一修正案。事实上，尽管CDA是为了孩子而保护网络的安全，但这一法律非常模糊和宽泛以至于在万维网上加载《尤利西斯》（*Ulysses*）都被视为是违法的［奎特纳（Quittner），1998］。 71

尽管宪法第一修正案已成功保护了媒体不受许多政府试图对媒体内容的限定，但色情并未被保护。然而，什么是色情？这个问题在过去曾使美国最高法院一度陷入困境，而且注定要引发网络色情的问题。

在1973年米勒诉加利福尼亚案（*Miller vs California*）中，美国最高法院宣布了三条判定淫秽作品的标准：

1. 是否任何一个普通人，用当代社会标准去衡量，发现这类作品能直接引起淫欲；
2. 作品是否以明显令人反感的方式刻画或描写那些由现行州法具体规定的性行为；
3. 作品是否在整体上缺乏严肃的文学、艺术、政治或科学价值。

根据这三项判定标准，与之符合的书、电影、歌曲、电视或广播节目、杂志文章，或任何其他媒体形式都属色情违法。而且，当涉及裸体、语言和性时，广播媒体的要求标准要比印刷媒体的严格。源于电波是一种稀有公共资源的观念，广播受到较严厉的控制，因为它们要有联邦政府的许可才能经营。所以，最高法院需要考虑的一个问题是互联网是更像印刷媒体还是广播媒体。另一个问题是这三个判定标准是参照当代社会标准而制定的。针对其他媒体类型的情况，决定如何运用这一标准已变得困难；而且像互联网这样一个已在根本上消除了所有社会边界的媒体，将会对该标准构成很大挑战。

1997年6月，美国最高法院认为互联网实际上更像印刷媒体，法律判决明确规定CDA是违反宪法的。在他们的书面决议上，审判官把互联网视为“一个应当被培育而非遏制的极其民主的传播渠道”（Quittner，1998）。并且，他们声称，互联网即便不能得到更多的保护，那也应像印刷媒体一样同样得到宪法的保护。

尽管法院做出了决定，但网络色情注定仍将是未来几年的一个问题。互联网提供商们自己已开始讨论自我监督的指导方针。虽然父母可能一开始会欢迎这种自我监督的形式，然而批评家们担心这可能比政府规定更危险，因为自我监督并不受宪法第一修正案的保护。

（二）对美国人价值观的其他分析

尽管罗宾·威廉斯曾经指出，我们前面所讨论的某些价值观之间存在着冲突，但他并没有过多地强调这些冲突，从而把它看作是美国文化的主要要素。他也没有对价值观之间的相互关系展开足够的讨论。但近年来，价值观之间的相互冲突和相互联系已成为其他社会学家们分析的焦点。同时，研究者们还指出，美国人的主要价值观正处在巨变过程中。

1. 帕森斯的观点

70 塔尔科特·帕森斯（1964，1967）——他的社会理论很强调文化价值的意义——认为美国社会的主导价值观可称为“工具性能动主义”（instrumental activism）。所谓“能动主义”，帕森斯是指美国人倾向于对周围环境进行控制，而不是佛教徒那样被动的生活方式。所谓“工具性”，帕森斯是指这样一种事实，即美国社会并不追求一种高层次的或者说是“最终的”目标或价值观，相反，它追求一种非常普通的“改善”或“进步”。美国社会所主张的主要价值观——如效率、经济发展、科学进步及追求知识等——都是为了获得个体或集体的人类幸福的工具。

帕森斯强调指出，美国社会一直受到新教教义的道德和精神传统的强烈影响。新教徒认为人是神的意志的工具，因此，人类应为建立一个更美好的世界而努力工作，他们的目的是在现世建立一个上帝的王国，而不是期待来世。新教徒相信，个人能够而且也有责任把自己的行为引导到这种基本的宗教义务上来。因此，所谓工具性能动主义就阐发了这样一种观念，即一个理想的社会应当是每个成员都能为了共同的利益而努力工作的社会。

2. 批评的观点

71 丹尼尔·贝尔在其《资本主义的文化矛盾》一书中提出了对美国文化冲突的尖锐批评（Daniel Bell，1978）。他指出，主导美国经济的资本主义体制在其发展的不同过程中强调了两种相互冲突的文化价值观。在其早期阶段，资本主义强调独立、工作、成就、节俭和节制，这促成了较高的生产力并使资本家把获得的利润不断地进行再投资，从而积累资本。但是当美国社会由早期资本主义发展到大规模的资本联合时期时，就需要更多的资金来维持企业的运转，需要支出大量的广告费用以鼓励消费者购买商品和服务。这就引发了一系列新的价值观，包括个人享乐、自我表现和自我冲动。

人们不断被劝告要增加消费，要好好消遣，要旅行、喝酒、享受生活，这一切都使美国人发现自己已陷于与原有价值观——艰苦工作、勤俭和谦虚——的剧烈冲突之中。为了获得享受新价值观的手段，人们反而又必须继续遵循旧的价值观。但是，这两种价值观在许多方面显然是相互矛盾的，很难把它们融合在一起。此外，这种明显向贝尔所说的享乐主义——认为个人享乐是最高利益的观点——发展的长期趋势最终将会威胁到美国社会的资本主义制度。即时享 72
乐的愿望将会使人们丧失努力工作、节俭的动力。如果贝尔的上述论断是正确的，那么美国文化就已远远背离了新教徒的信仰和实践。

贝尔并不是认为美国的基本价值观正在潜移默化地向享乐主义转变的唯一的当代社会学家。社会历史学家克里斯托弗·拉什在其最畅销的著作《自恋主义文化》（*The Culture of Narcissism*）中指出：长期主导着美国人生活的个人主义价值观正在让位于“纯粹的个人专注”，或者说让位于所谓对自我实现的追求［拉什（Christopher Lach），1979］。甚至我们关于成功的定义也正在从通过艰苦工作和推迟享受以求得自我实现，变成直接追求报酬和满足的自我实现。

作为这种不断增长的自我专注的结果，自我实现的流行观念，如健康食品、强调个人舒适和学会沟通等正成为一种时尚。拉什把这种价值观的变化视为一种个性失调，称之为“自恋主义心态”，或者说是极端的自我中心主义。反过来，这种自我中心主义价值观的不断增长是和我们社会的更大变化直接相关的，特别是与我们大多数人在其中工作的大型官僚体制的兴起密切相关。现代社会中官僚体制的巨大规模，使人们对旧的价值观和行为方式在这么一个已发生巨大变化的社会环境中是否依然能发挥作用而产生怀疑。同时，具有自恋主义心态的人们则发现他们操纵他人的能力可使他们在这个共同世界中走向成功。

最近，由罗伯特·贝拉（Robert Bellah）领导的研究小组进一步发展了这一对美国人价值观的广泛批评。在一本名为《心灵的习性》（*Habits of the Heart*，1986）的书中，贝拉和他的同事们同意贝尔和拉什关于自我实现已成为我们这个时代的主要价值观的观点。贝拉和他的同事们认为，自我实现是个人主义的现代发展形式，而后者一直是美国社会的一个中心观念。在他们看来，这种当代形式的个人主义的问题是，人们已越来越对社会的集体目标缺乏关心，并退回到他们的私人生活中去了。他们认为，在美国早期历史中，这种与个人主义与生俱存的自我中心主义受到了人们与家庭、教会及当地社会较强联系的制约。然而，随着这些社会机体的日益衰弱，人们越来越把公共关怀（如照顾穷人）放在一边，而这对于一个自由、民主社会的生存而言是必需的。

在《心灵的习性》一书对美国文化所进行分析的基础上，贝拉和他的同事们在《美好社会》（*The Good Society*，1991）一书中强调了社会、经济和政治制度的重要性，该书认为强有力的制度是非常关键的，因为它们能压制人们自私的冲动，并促进公共利益。作者还详尽描述了发生在我们周围的制度弱化的结果：家庭、商业组织和国家都陷入了债务的泥潭中；贫困、无家可归和污染持续恶化；美国的儿童也处于困境中；自然资源难以更新。他们强调认为，只有为我们的社会负更大的责任，才是真正对自己负责。

3. 民意测验的观点

贝尔所发现的美国文化中日益增长的享乐主义与拉什所看到的正在出现的自恋主义倾向显

然是相互联系的，两者都和贝拉所说的新个人主义有关。但是，这些分析都只能说是针对特殊情况的，是建立在个人观察和推理的基础上的。即使是对贝拉小组而言，他们的结论也仅仅是建立在对几百个美国人观察的基础上的。这些论断所赖以为基础的数据本身的脆弱性就给我们提出了一个十分有趣的问题：民意测验所反映出来的美国人态度和价值观的变化，在多大程度上支持了他们的观点？

在对从 20 世纪 60 年代中期到 70 年代后期美国人价值观变化进行的测量中，民意测验专家丹尼尔·扬克罗维奇发现了他所提出的美国价值观正在进行“文化革命”的依据［扬克罗维奇（Daniel Yankelovich），1981］。他把这场革命视为一种由我们的新教徒先辈的“自我克制”观念向自我实现伦理的转变。他所引用的部分论据是，他在研究中发现，相信“勤劳致富”的美国人的数目从 58%下降到 42%，或者说还不到美国人口的半数，而 80%以上的美国人在某种程度上已认同了自我实现的观念。但是，他保持了相对乐观的态度，认为这种变化已得到了扭转，并相信美国人正在变得更少一些自我中心主义，而正在向责任伦理转变（p. 259）。

不论美国人是否真的愿意向责任伦理转变，他们显然正在变得更为愤世嫉俗，也日益从对公众社会的幻想中醒悟过来（见表 3—3）。例如，在过去的 10 年中，美国公众对国会的信任度猛降到前所未有的最低点（Gallup，1999）。在 1991 年 3 月，30%的美国公众还说他们对国会有很大的信任。然而，同年的 10 月份，这个比例就下降为 18%——盖洛普民意调查有史以来对所有机构信任度评比中的最低值。

73 尽管不同机构的信任度比例随时间而变化并且通常反映短期的经济萎缩或丑闻，但在从 1973 年到 1998 年的 25 年中美国许多机构所得到的是低的或不断下降的信任度分数。例如，美国公众对公立学校的信任度从 1973 年的 58%下降到 1998 年的 37%。在 20 世纪 80 年代的储蓄贷款和银行丑闻之后，银行再也没有获得过它们曾有的信任度。其信任度比例从 1979 年的 60%降低到 1991 年的 30%，1998 年才逐渐上升到 40%。甚至那些在历史上曾获得高分数信任度的机构在过去的 25 年中的信任度也在降低。1998 年宗教团体的信任度名列第二，但仍低于在 20 世纪 80 年代电视福音传道（televangelism）丑闻之前它曾达到的较高历史水平。

美国军队的信任度在十几年中都比其他机构的高，在 1991 年的“沙漠风暴”行动（Operation Desert Storm）之后其信任度立即攀升到 85%。军队始终较高的信任度分数与总统职位所取得的信任度分数形成了鲜明对比。自 1888 年盖洛普首次要求美国公众对总统职位的信任度进行评估以来，其评估结果最高达 72%，最低为 38%。令一些人感到吃惊的是，总统职位的信任度在 1998 年 6 月仍相对较高，尽管当时有莫妮卡·莱温斯基丑闻。

表 3—3　美国主要机构的信任度（1973—1998）　单位：%

	1973	1983	1988	1993	1998
军队	n/a	53	58	68	64
教会/宗教团体	66	62	59	53	59
警察	n/a	n/a	n/a	52	58
总统	n/a	n/a	n/a	43	53

续前表

	1973	1983	1988	1993	1998
最高法院	44	42	56	44	50
公立学校	58	39	49	39	37
报纸	39	38	36	31	33
银行	n/a	51	49	37	40
电视新闻	n/a	n/a	n/a	46	34
劳工组织	30	26	26	26	26
大公司	26	28	25	22	30
国会	42	28	35	18	28

注：表中的百分比代表信任度“高”或“非常高”的比例；n/a 表示数值缺失。

资料来源：The Gallup Poll，1999.

4. 一种新的文化转变？

在最近的一篇向布鲁科林斯研究所提交的报告中，丹尼尔·扬克罗维奇（1994）为他的乐观观点提出了一个新的依据，认为我们正处在向一种新文化转变的边缘——如果说不是要回到传统价值观，至少也可以说是背离了最近几十年的激进个人主义倾向。这一新趋势得到了大众媒介的鼓吹，他们持续报道美国人正变得日益“家庭中心主义”，且不热衷于“物质主义”。

如果这一变化确实已在发生，则可能有以下几种原因。在相对表面的层次上，这一变化可能和第二次世界大战后及 20 世纪 60 年代美国生育高峰期间出生的那一代人已逐渐成人有关，由于他们人数众多，因此正在严重影响美国人的文化模式。过去几十年个人主义和享乐主义的发展可能和这一代人还是青少年、大学生或未婚人员这一事实有很大关系，因为他们相对来说还未受到工作、家庭这一现实的束缚。进入 90 年代以来，这一代人中的大部分已开始安定下来，参加了工作，组织了家庭，并已生儿育女，这就促使他们转向一种更偏向于集体主义的价值观。

扬克罗维奇提出了另一种较为可信的解释，认为这一变化更多是取决于经济基础的变化而不是人口代际变化。在他看来，推动文化变迁的动力是经济发展的程度，这一变化的过程可分为三个阶段。在第一阶段（在美国，这一阶段发生于高度繁荣的 20 世纪 50 年代），富裕经济是一个新事物，人们并不指望它能永远持续下去。因此他们倾向于坚持诸如家庭稳定、努力工作和自我牺牲的价值观。在第二阶段（在美国，这一阶段发生于 60 年代后期至 80 年代），人 74
们已开始习惯了富足，而且期望这种富足会无限期地持续下去。根据这一看法，在这一阶段人们更倾向于个人选择而不是社会契约。“他们和他们的国家现在可以随意消费，根本不用顾虑明天……他们认为他们可以任意挥霍，以弥补逝去的时光”（p. 18）。在第三阶段，一种对富足可能已失去的恐惧产生了。人们认为他们可能由于个人原因而丧失许多机会，从而又必须依赖别人。由此，他们开始修正自己的价值观，背离个人主义，转而强调社会联系。 75

由于日益增长的经济问题，美国显然已开始进入第三阶段。扬克罗维奇这样写道：“美国人正在调低他们的期望值，以使自己逐步适应在他们看来是困难变大、开放程度降低、公平度下降、压力更大的经济环境”（p. 19）。然而，到底这一变化能走多远，是否会导致美国社会制度的全面革新，我们将拭目以待。

全球社会

74

海外经商

你是否想过从事一份国际经商职业？如果是的话，你应考虑：当忽略文化差异时，在外国经商可能最终失败，甚至遭遇灾难。例如，当汤姆·麦克安公司（Thom McAn Company）试图在孟加拉国销售它的鞋时，50多人在当时的一场突发暴乱中受到伤害［莫里森、康威和博登（Morrison，Conaway & Borden)，1994］。后来表明，印在鞋内的汤姆·麦克安的签名与阿拉伯文字的“安拉”（Allah）相似。伊斯兰教徒认为汤姆·麦克安把真主的名字踩在脚下是对真主的亵渎。在脚被视为是不洁净的孟加拉国，这是奇耻大辱。

为了避免这类问题发生，提高你在外国市场成功的机会，你应当知道文化差异是如何影响外国客户的期望。你应当问的一些问题包括：

- 如何应付约会？客户会准时到还是会让你等候？
- 如何着装？
- 握手是一种合适的打招呼方式吗？男女间握手吗？
- 在谈判中什么能给你带来优势？
- 在社交聚会上你该如何做？
- 什么手势是冒犯性的或是下流的？
- 什么是合宜的礼物？

这些问题在不同的国家有着迥然不同的答案。为了说明这一点，让我们一起在几个不同的国家中来考虑这些问题。

约会

在美国，对守时的主流态度可用三个简短的词来概括：“时间就是金钱”（Time is money）。意大利人也持这种态度，特别是在意大利北部，他们的经商带有“美国式的紧迫和效率”(Morrison，Conaway & Borden，1994)。在中国和日本，守时同样受到重视，不论做什么事都期望你能准时，包括社交聚会。在中国，迟到或取消一场会议是一种很严重的公开侮辱。与之相比，不要对一些国家如以色列和沙特阿拉伯的客户让你等候或根本就没来而感到惊讶。中东许多国家对守时并不重视。事实上，他们通常的做法是让客户等候。

着装

尽管最华丽的衣服并不能确保一笔成功的商业交易，但着装不得体会使你付出很惨重的代价。一般而言，稳重的西装是合宜的商业会议着装。但绝不要以为这就是一切。即使你的皮公文包也会意想不到地使你受到打击。穿戴或携带任何皮制的东西会冒犯印度客户（他们崇拜牛而且不使用皮制产品）。

在其他地方冒犯一个客户可能不必担忧。但如果在像沙特阿拉伯这些国家着装不得体，就没有人能救你，这些地区的伊斯兰宗教信仰对着装有严格规定。妇女，尤其要遵守这些规定，必须穿有高领长袖的非常谨慎的服装。而且她们应当穿长裙子，裙子甚至可能有到脚踝那么长。如果她们的裙子过短，穆塔瓦（宗教警察）会用骆驼鞭抽打她们的腿（Morrison，Conaway & Borden，1994）。

打招呼

美国商学院的毕业生通常被建议用一个有力的握手与商人打招呼。根据传统的经验，这意味着热情和力量。并且毕业生被强烈告诫不要用无力的握手来打招呼。尽管握手是西方的一种普通的打招呼方式，但不要总是期望有力的握手。德国人的握手有力但简短。法国人的握手不像美国人的那么有力，日本人的握手通常让人感到无力。与美国流行的观念相反，握手对一个人的性格什么也说明不了。

尽管握手在中国也很普遍，但你要等客户伸出手来。客户可能会选择一个更加传统的打招呼方式——点头或鞠躬。如果你去参观一个工厂，可能会得到掌声欢迎，你也应该鼓掌作为 75
回应。

最后，要注意握手并不总是能被接受的。例如，在印度，宗教信仰阻止穆斯林男女间的彼此接触。因此，知道怎样做合十礼（*namaste*）这种印度传统的打招呼方式是明智的。将你的双手合起来（就像你在祷告）低于下巴，轻轻低头，说“你好”。

谈判

不同文化的谈判方式迥然不同。有的对抗性非常强，有的需要格外礼貌。例如，发脾气、威胁和拒绝谈判是俄国人谈判的典型特征（Morrison，Conaway & Borden，1994）。事实上，如果你在谈判过程中没有至少两次拒绝谈判，俄国人就会认为你太好对付了。不要觉得以色列人冒犯了你，他们喜欢辩论。你没必要赞同他们的看法。在跟日本人开始谈判之前，在你的言语中加上“对不起”这句话不失为明智之举。因为说这句话不是为了奉承的必要，而只是礼貌使然。

如果你认为开玩笑会使一种境况变得轻松，你可要三思了。当谈及生意时，日本人是非常严肃的。意大利人对老掉牙的玩笑并不欣赏。绝不要在英国皇室家族面前开玩笑。

最后，谈判成功的关键是要有耐心。这是一种所有美国商人在与外国客户打交道过程中所需要学习的美德。

手势

与语言一道，我们也用手势来传达我们的情感、反应和意图。手势比口头语言更容易引起冒犯和无意地造成严重的误会。例如，在美国“O.K.”的手势是一个由食指和拇指组成的圆圈。如果你在日本用这个手势，可能会引起一些混乱，但可能不会冒犯任何人，因为这是一个钱的标志。然而，在许多国家包括西班牙、巴西和危地马拉，这是一个粗鲁的（如果不是下流的）手势。在哥伦比亚，当这个手势放在鼻子上时，就会是一个同性恋的手势。美国商人也应当克制使用“竖起大拇指”这个手势，因为它在澳大利亚和中东地区被认为是粗鲁的。

社交聚会

因为商业娱乐通常会涉及饮食，所以随处都会有意想不到的事。这里简单列举出在一些国家应当做什么和不应当做什么。记住，酒和猪肉在沙特阿拉伯是禁忌，而且吃食物必须只能用右手。在德国，记住总要用餐具，只有很少一部分食物是用手拿着吃的。在中国，要小心使用筷子，绝不要把筷子掉在地上或把它们平放在碗上，因为这都意味着不吉利。在你的米饭碗中竖起筷子同样是粗鲁的行为。在希腊，人们会点很多的菜，然后与在座的每一位一起分享。但是如果你在印度，你绝不要从你的盘子中给别人夹食物。食物一旦被放进你的盘中，就被看成是“不洁净的”，甚至你的手碰到公共享用的那道菜都会使其他客人不再用它。

礼物

最后，当你送礼时，要仔细斟酌。在印度，绝不要送客户皮制礼品，而酒在穆斯林国家是禁忌。同样，送花也要小心。在印度，素馨花是与葬礼有关的，菊花在意大利和所有种类的白花在日本和中国都有与之相同的含义。

礼品的颜色或包装纸的颜色也可能与葬礼有关。在中国，颜色具有特殊的意义，你应当避免选用白色、黑色或蓝色，因为它们都与葬礼有关。人们比较喜欢的颜色有红色（一种吉利的颜色）、粉色或黄色（一种幸福、兴旺的颜色）。

76

复习与思考

1. 试举例说明美国的物质文化和非物质文化。你能将哪些追溯到19世纪？哪些是在20世纪首次出现的？从19世纪和20世纪美国文化的比较中，你学到了什么？
2. 识别5个你每天都见到，以为理所当然的符号。来自美国之外的某个人能认得出它们吗？
3. 关于我们的文化，20世纪末的美国俚语告诉了你什么？
4. 识别5个美国社会习俗。这些习俗在你日常生活中有多重要？
5. 讨论媒体在美国意识形态持续化中的作用。
6. 请在一张报纸中找出一个种族中心主义的例子。你在哪里有可能找到一个文化相对性的例子？
7. 试描述你所在社区的一种亚文化，包括它的符号、价值观和语言的具体例子。
8. 职业运动中所共有的美国基本价值观是什么？
9. 在美国，主导价值观模式的方向是什么？它是如何改变你的生活世界的？

网上练习

第3章的网站涉及文化的各个不同方面。在搜索之前，请登录Prentice Hall Companion的网站：http：//www.prenhall.com/popenoe 。然后选择第3章（文化）。接着就可在屏幕左侧的菜单中选择网站，你会发现有许多不同的可供选择的网站。我们建议你首先使用 The Web of Culture。

第 3 章中“全球社会”栏目谈的是海外经商的文化含义。The Web of Culture 被宣传为“全球经商才能的首要网络资源……针对你的商业需求提供专门研究”。从根本上说，这一网站是全球化的一个直接结果：为了取得成功，今天的商人必须“谙熟文化”，亦即必须完全熟悉和通晓其他文化和社会的习俗与传统。

在汽车销售界发现了这样一个例子。通用汽车公司雪佛莱分部将它的“新星”（Nova）汽车引进到墨西哥。结果，其销售量很差劲，在有人认识到 *no va* 在西班牙语中的意思是“不会动”之前，没人知道这是为什么。将这种情况与“全球社会”栏目所描述的汤姆·麦克安制鞋公司在孟加拉国推销其产品所遇到的情况做一比较。这些情形清楚地表明理解商业决策的文化含义是多么的关键。在你搜索完 the Web of Culture 网站之后，回答下面的问题：

● 除了个人自身的知识外，拥有完备的关于文化的知识在商业谈判中可能会给一个人以怎样的优势？

● 你的着装、你打招呼的方式、你的守时或你是否具有对抗性，可能会怎样影响你与不同文化世界中的人的商业交易？

关键术语

culture	文化	laws	法律
nonmaterial culture	非物质文化	sanctions	约制
material culture	物质文化	ideology	意识形态
instincts	本能	cultural universals	文化的普遍性
symbol	符号	ethnocentrism	种族中心主义
language	语言	cultural relativity	文化相对性
value	价值观	subculture	亚文化
norms	规范	counterculture	反文化
folkways	社会习俗	cultural integration	文化整合
mores	民德		

第4章 社会与社会结构

79 在威廉·戈尔丁（William Golding）的著名小说《蝇王》（*Lord of the Flies*）里，第二次世界大战中一架载着一群6至16岁男孩的飞机被击落了。飞机坠落到一个人迹罕至的岛屿上，这群既无领袖又没有什么组织的孩子们幸存下来。但不久，在这群男孩中便出现了一些为我们所熟知的社会特征。

坠机后不久，高大英俊、年长的拉尔夫对众人说："看来我们得有一个'头儿'来决定一些事情。""我来当，"拉尔夫的话音刚落，杰克——一名竞争者便宣称道："因为我是唱诗班的领唱。"最终这群男孩同意由大家投票来决定谁来当"头儿"，拉尔夫得以胜出。他随即对杰克委以重任："杰克，你是唱诗班的负责人，那么你想让他们成为什么样的人呢？"杰克回答道："猎人。他们能够猎杀野猪来充当食物。"此外，其中那些6岁左右的小男孩被分为一组。他们过着"与大孩子们截然不同的生活，也很少去打扰大孩子们，而是过着自在的充满激情的团队生活"。

当火种有熄灭的危险时，进一步的秩序成为了必要。拉尔夫提出："我们应该制定出更多的规则。"杰克对此表示赞同："我们的确需要制定出规则并贯彻它们，我们毕竟不是野蛮人，我们是英国人……"他宣布："我将把猎人们，也就是唱诗班分为几个小组，我们有责任使火种延续下去。"后来，孩子们的脑海中滋生出了对怪物的想象，于是，害怕、妄想和恐慌便进入了他们的世界。当拉尔夫再次提及秩序的重要性时，杰克则大叫着回敬道："去你的规则！我们才是强大的，是我们在为大家捕猎！"于是孩子们分裂为了交战的双方。幸运的是，在他们相互厮杀之前，大人们找到了这群孩子。

戈尔丁的小说富有想象力地描绘了一个小规模社会的形成。我们可以从中观察到劳动分工和社会结构的萌芽——形塑着人们交往方式的规则和群体模式。之后，我们又目睹了这一社会结构瓦解后产生的混乱与战争状态。

在这一章里，我们将对社会的性质和人类社会做一个介绍。我们将讨论社会结构的概念，阐释"身份"和"角色"之间的差别。我们还将论及构成社会内部结构的主要单位、社会的类型，以及功能主义和冲突论对社会性质的不同论述。

一、社会结构

绝大多数社会学家都承认：除了组成社会的人以外，社会还有其自身的存在。伴随着社会的发展，地位与角色、群体与组织、社会设置与社区得以产生。这些概念被看成是作为一个整体而存在的社会的局部，而不是属于个别人的。它们在个人的眼中是作为外在之物而存在的，在某种意义上有时还是一种强制性的力量，在许多方面迫使我们去调整自身的行为。

在社会学中，这些概念合起来指的就是“社会结构”。结构这一术语是指某一整体中的各部分相互联系的方式。社会结构（social structure），就是指一个群体或一个社会中的各要素相互关联的方式。

我们趋向于把日常社会生活中的许多方面看成是理所当然的事情，然而当我们将社会学的想象力运用于对日常惯例的思考时，就会轻易地发现社会结构在很大程度上影响着人类的行为。我们的学校或雇主限定了我们怎样来安排每天到达和离开的钟点、起床和睡觉的时间；我们的父母以及劳动力市场的要求使我们树立了取得好成绩的目标；此外，学校和雇主还为我们能够达到这些目标制定了许许多多的行为准则。

在时光的流逝中，社会结构尽管会有一些微小的改动，而且促使它发生转变的一些压力也的确存在，但社会结构仍能够保持其相对的稳定性。让我们以一所中学为例，每到秋季开学时，学生的构成就会经历一次变化：一些人学成离开母校，但她又迎来了另一批新生。在这个校园内的每一天，我们或许观察到的是一个或多或少有所不同的学生群体：一位新生从外校转学到了这里；某位学生中途放弃了学业寻了一份工作；而有的学生则可能因为生病而只好待在家里。在每个礼拜，校长办公室都会将一些新的规定传达下来。每一学年，课程表都在更新。但任何人都不会否定像乔治·华盛顿中学这类的学校拥有一些悠久而稳定、本质上未曾变更的结构性特征。每个人都可以自信地判断说“这是一个教育机构而不是一间杂货店”，或者说“校长、教师和学生之间的关系历年如此”。换句话说：虽然校园中的人员、规章制度与课程在不断经历着变化，学校本身所具有的一般性社会特征仍是十分固定的。

一所学校所具有的相对稳定的性质便是它的社会结构。学生和老师大致都明白应当如何与群体中的其他人打交道。因为他们各自知道学生、教师、管理人员及其他职员的职责所在。今日的学校与往昔相似之处就是因为这一群体内的成员总是以几乎相同的方式被组织起来。

尽管具有稳定的特征，但也并非所有学校都是人人循规蹈矩、事事平稳运行之所。校园中有的规章制度可能本身就是模糊不清的。即使并非如此，对组织规则的偶尔逾越也是每个组织所内在的、让人不感意外的事情。然而这并不能说明一个学校的社会结构是不牢固的。事实 80
上，行为上的一些变化，甚至是某种程度的冲突，在模式化和可预见性方面与遵守规则的行为并无二致。例如，在某些特定的情形之下，高中生是可以缺课的。如果他们的理由足够聪明或者是他们的老师正好心情不错的话，有时他们还可以晚交家庭作业。

学校的例子还能被用来说明社会结构在我们的生活中的重要性。试想一下，如若学生、老师和管理人员们每日清晨来到校园后不存在一种有秩序的、模式化的相互联系的方式在发生作用，那么将是怎样的一番景象呢：人们需要经过冗长乏味的尝试来发现哪位教师适合教授哪门课程，哪些学生希望学习哪些科目，各门课程又应如何来讲授。一旦有某个学生生病或某位教师辞职或有新的成员加入这个群体时，上述的整个过程又必须重新再经历一次。很显然，除了需要社会结构外，学生什么也学不到！

虽然每所高中的学生逐年变化，但各所学校的社会结构保持稳定。

社会结构还使我们能够以适度的效率来完成日常生活中的绝大部分事务。它使我们避免了在行动前对成百上千种琐碎的可选项进行选择的麻烦，从而保持了群体和社会的稳定性和延续性。

当然，同生活中的其他事物一样，社会结构也具有正、负两个方面的影响。它一方面促使有效率的人类活动成为可能，同时也能限制个人的自由。居住在封闭小镇上的人们也许尤其会感到强烈的受限制感。在以强制性的社会气候为特征的极权主义社会里，这种桎梏感更加强烈。然而我们所有人不管身在何处，都会体验到社会结构的这种强制力。我们的父母、上司，或是警察们的一些做法，时常都让我们感到一种限制性的压力。如果这些限制过于严厉，就会产生某种要求改变社会结构的压力。种种企图改变社会结构的尝试可以小到对规则细枝末节的修改，大到可能发动一场激烈的社会革命。

二、社会结构的单位

俱乐部、家庭、教堂、学校、政府这些普通的团体都是社会结构的重要组成单位，同时也是社会学研究主题中的核心要素。但当社会学家分析社会结构时，他们不能只运用日常语言。他们必须借助一套定义清晰的术语才能精细地勾勒出关于社会结构的“概念图示”。社会是如此的复杂，因而这件工作就并非一件容易的事了。事实上，社会科学家从未在用于描述社会结构的概念和术语方面完全达成一致。

在这一节里，我们所借用的已经简化的概念框架来自于一些社会学家的著述。我们将要展示的社会结构的单位是以序列的方式出现的，首先从与个人最接近的概念开始，直到论及社会和社会的世界体系这一最抽象、离个人最远的单位为止。在此处简要叙述的一些社会结构单位，我们将在本书的稍后用整章的篇幅加以论述。

（一）身份或地位

身份和角色的概念在社会结构分析中具有重要的地位。身份或地位（status）指的是在某一群体或社会中某一确定的社会位置。例如女性、黑人、律师或父亲，都可以用来当作身份地位的例子。列举所有可能的身份地位似乎是一件永无止境的任务，而我们熟知的大多与性别、婚姻状况、年龄、教育、种族、宗教信仰和职业等相关。

有两种主要的身份类型。在一个人的生命历程中作为个人努力与否的结果而获得的身份地位被称为自致地位（achieved status）。现代社会中的绝大多数职业，从企业管理人员、医生到擦鞋匠、垃圾工，都是自致地位。其他的一些例子还包括个人的受教育水平（大学毕业或是小学辍学）、所属教派以及社会阶级地位。一些家庭内的身份地位，包括为人父母和配偶，也是自致性的。如果某人愿意的话，他（她）的自致地位至少在原则上是可以被改变的。 81

某人所拥有的被指定的并且通常不能被改变的社会身份地位被定义为先赋地位（ascribed status），包括种族、民族、年龄、性别和某些家庭内的身份地位，例如作为长子或者是作为一个孙女的家庭身份。先赋地位一般以出生为基础，孩子们继承了父亲或母亲的社会地位。先赋地位还能以一个人出生的时间、地点和环境为基础。我们可以拿四胞胎的出生为例来考察一下这些因素的影响。这一事件给这些四胞胎婴儿带来了名声和一定的声望，仅仅因为他们是作为四胞胎而出生，他们还获得了一些现金方式的赠礼。

绝大多数的身份或地位可以在责任、权力和声望等方面进行比较而被划分到某一等级。例如，一些职业相对于其他职业能给人带来更高的声望（和报酬）（第9章表9—3列出了当代美国社会一些重要职业地位的相对声望等级）。同样，军队中从最高层的将军到最低的士兵按照地位被划分等级，中学里也从新生到被神一般崇拜的高年级学生依次划分了等级。实际上，用日常话语来表达“身份”的含义，就像我们用“真有派！”来感叹那些驾驶着“宝马”车的人一样。然而，社会学家把身份的等级仅仅看作是次等重要的问题，在许多场合中，他们用身份一词来指社会中在与其他位置相比较时并不必分出等级差别的某个位置。

很显然，每个人会拥有多重身份，而一个人同时拥有的不同身份地位则常常能够揭示出关于某一社会结构的大量信息。例如在美国，男性律师的比例要高于女性律师，黑人青年的失业率要高于白人青年的失业率。此外，拥有某种身份还会有利于获得其他的一些身份。例如一家银行的总裁能够应邀担任“联合劝募协会”（United Way）的主席、博物馆的董事以及政府委员会的成员，这些都是因为他（她）的职业身份处于很高等级的缘故。

由于大多数人都拥有许多或高或低的身份，因此当涉及一个人总的社会地位时，尤其是在他人心目中的地位时，就遇到了难题。休斯（Evererr Hughes）曾指出社会用来解决这一难题的办法之一就是承认某种身份比其他身份更为重要。休斯把用来决定某人总的社会地位的那个关键性的身份叫做首要地位（1945）。对我们社会中的绝大多数成年人而言，职业通常是人们的主要身份。但是某一先赋地位，例如残疾、惊人的美貌或是继承的万贯家产，仍然可以成为主要身份。我们可以设想出一位职业“低下”但又腰缠万贯的富翁。再如，当一名来自于肯尼迪家族的年轻女子成为社会工作者时，她仍旧载负着作为一名富人的较高的主要身份。对于欧洲的贵族，家庭背景就是一种主要身份。一位穷困潦倒的王子获得的仍是王子的声望，而非贫民。

（二）角色

角色（role）是对群体或社会中具有某一特定身份的人的行为期待。按照拉尔夫·林顿（Ralph Linton，1936）的说法，一个人占有的是地位，而扮演的是角色。在每一次高度结构化的社会互动中，社会都为其提供了一个“剧本”，用以指导分配给不同社会成员的不同角色的扮演。角色的学习就是要领会在某一特定身份被期待的或是必需的行为，换言之，即把握好对具有某种身份的人的“规范”。在《窈窕淑女》（*My Fair Lady*）中，艾丽莎（Eliza Doolittle）直到在亨利（Henry Higgins）对她进行了一番作为一位女公爵的行为训练之后，才开始能够扮演女公爵的角色。我们每个人都必须学会扮演与我们的身份相联系的角色。

某个身份可能伴随着一些相关的角色。例如英语教师们被期待着给他们的学生讲授莎士比亚。而他们可能还需要与望子成龙的家长们面谈，为学生们的戏剧协会提出某些建议，为图书馆定购图书，在教师会议上汇报情况，以及参加专题讨论会，等等。这些角色与师生关系并没有直接的联系，但它们都是对任何拥有英语教师这一身份的个人的角色期待。这些与某一种身份相联系的角色的集合就叫做一个角色集（Merton，1968）。

对于某个新出现的身份来说，一些与之相匹配的角色就需要设计出来。在美国社会中，单亲父母和妇女实业家的身份是相对较新的。与这些身份相关的角色正通过目前拥有这些身份的人们的行动在逐渐地被加以定义。那些被证明为最成功的最为人们广泛接受的规范迟早会成为一种标准。因此，对于刚刚拥有某种身份的新人而言，最好从一开始就去领会对自己的角色期待。

此外，角色也有被重新定义的时候［特纳（Turner），1990］。例如长期以来寡妇都被认为应该离群索居。而现在她们会尽快地回到日常生活中。再如一些退了休的工人现在也有机会放弃清闲的生活，开始新的职业生涯。这些变化得以产生的部分原因，是因为今天的人们越来越长寿，我们社会中的老年人也越来越多。随着老年人数量的增多，他们作为一个社会群体也在推动着社会的变迁。他们不愿就此退出历史的舞台，而希望仍能充当活跃的角色（关于这一话 82
题我们在第 12 章里有更详细的说明）。

在现实生活中，社会赋予某种角色的规范与角色扮演者的实际表现常常存在着差距。换言之，即角色期待（role expectation）与角色表现（role performance）之间不相匹配。前者是指社会对角色扮演方式的定义，而后者是指某人实际扮演某一角色的方式。这两者之间差距的存在有多方面的原因。原因之一可能是人们尚未完全领会他们的角色，也可能因为个人的原因而拒绝按照他人对角色的期待去扮演。一项针对急救医务人员的研究表明：医务护理员们常常出于"应该为生命垂危者做点什么"的愿望，做一些超越了他们职能范围的事情［帕尔默和冈苏林（Palmer & Gonsoulin），1990］。他们偶尔会在对药物的处理上或者是在为危在旦夕的病人选择医院时不顾正式的规定而做出自己的决策。角色期待与角色表现存在差距的原因之二则有 83
可能是对角色的期待不清晰，尤其是在对待那些新近出现的角色时。然而即使人们并未严格按照所期待的那样去扮演角色，他们仍还会被认为是在扮演着那些角色。

身份和角色这两个术语是用于社会结构分析的十分有用的概念工具。试想如果我们希望分析一下在本章开头提及的那所中学的结构的话，我们首先将确定那所学校中所包括的所有的角色：学生、教师、秘书、护士、校长、自助餐馆的工人等等。接下来我们就应该找出拥有某种身份的个人被期待着应怎样与其他人建立关系。由此我们所揭示出的这一组织化了的身份和角色网络便是这所学校的社会结构。

全球社会

性别和语言的跨文化差异

一位著名的医生死了一个兄弟。
死掉的这个人却没有兄弟。
那么这位医生与死者是什么关系？［布兰德雷思（Brandreth），1985］

这个谜语在美国小女生中非常流行，她们很快就能判断出谜语中缺失的信息，即这位医生是女性。

然而她们未必意识到这个谜语背后所隐含的意义。在美国社会，一个人的职业通常是非常重要的角色，决定了一个人大体的社会地位。当一名女性进入到由男性占绝大多数的职业时，人们常常通过使用特殊的称谓"女医生"，来表示这种不寻常的对男性领域的"入侵"。这种做法是有意识的，以起到保护男性在这一职业中的地位的作用。如果没有这种称谓，人们也许会错误地以为绝大多数医生都是女性，以致会降低这一职业中男性从业人员的声望和权利［邦维兰（Bonvillain），1998］。

这种用语言来显示地位差别的做法在很多社会都存在。例如，在德语中，阴性的后缀常常被加在一些阳性的名词之后，来表示某一职位被女性担任，比如说 *der Lehrer*（教师），与 *der Lehrerin*（女教师）（Bonvillain，1998）。在西班牙语中，在阳性的名词后加上阴性的后缀，则具有另外一种意思。它指的是某人的妻子，而不是女性从业人员。例如，"*el medico*"指男性医生，而"*la medica*"则是指他的妻子。诸如此类的语言称谓常常把男性作为某种职业理所当然的从业者，而把女性作为异常案例或附属物。

在日本，性别的地位差异尤其突出，在家庭生活中也是如此。例如，丈夫常常用妻子的名字或第二人称的代词你 *omae* 或者 *kimi* 来称呼妻子。而 *omae* 一般是地位高的人用来称呼地位较低者的称谓；*kimi* 也是用在下属或比较亲密的人身上，而不能用来称呼尊者（Lee，1976）。与此相反，女性在称呼自己丈夫的时候，则需要在名字前加上表示尊称的前缀 *san*。夫妇间还可以用爸爸（*otoosan*）和妈妈（*okaasan*）来称呼对方。在这种情况下，两性的地位差别反映在使用的频率上。在非个人化的场合中，日本太太则常常把她们的丈夫称为"一家之主"（*uit no hito*）或"主人"（*shujin*）。

在一些社会中，语言却反映出了对女性的尊重。北美印第安人的一支莫霍库族的语言中就有对女性价值的认可，这与充斥了女性附属地位的欧洲诸语言形成了对照。在传统的莫霍库文化中，妇女在经济生活中扮演着非常重要的角色，负责种植玉米、蚕豆和南瓜等作物。在莫霍库族的神话中，这些作物是女性的象征，被称为"支撑生命之物"。

在这个母系氏族社会里，女性还由于她们的生育角色而受到尊敬。这也反映在阴性代词的使用上。大多数人用代词｛ye-｝来称呼年老的女性、亲戚，或者他们尊敬的女性。代词｛ka-｝则更多地用来表达对女性平等的甚至是负面的态度。虽然这些代词在实际生活中的含义也在改变，但｛ye-｝到今天仍然用来表示对女性的尊敬，它反映着莫霍库文化中女性的重要性（Bonvillain，1998）。

语言作为社会中最重要的符号系统，表达着一个文化的观念、价值和规范。上述例子表明，文化的各个方面深刻地反映在了语言当中，语言也可以折射社会的不平等。

---

1. 角色冲突与角色紧张

在每一天的社会互动过程中，人们都扮演着许多不同的角色。每个人都可能具有两个或更多的角色以及与其相联系的两种或更多的身份，当来自于这些角色与身份的要求出现对立时，置身于其中的个人就处于一种角色冲突（role conflict）的状态。比如许多妇女既希望能有自己的事业又想能照顾自己的孩子。与妇女实业家和母亲这两种身份相联系的角色要求常常就会发生冲突，因此妇女们就需要在二者之间做出一个妥协。当孩子年幼时她们会暂且放弃自己的事业，或借助日托中心，或者让丈夫分担更多的育儿任务。角色冲突常常带给人一种被来自于不同方向的力量同时牵引的感觉。

另一个例子也能使人处于角色冲突的困境之中，那就是当自己的孩子就在自己执教的棒球队当一名队员时，以父亲为身份的角色期待与以教练为身份的角色期待常常也会发生冲突。

有时，相互对立的要求被置于同一角色之中，由这种情形而导致的个人压力就称之为角色紧张［role strain，古德（Goode），1960］。例如，要想作为一位成功的军官，他必须对下属们关爱有加且充分信任，因为有时他可能需要下属们冒着生命的危险去战斗。而与此同时，军官的权威也需要迅速而不容置疑地被服从。前一个军官角色要求军官的言行要和蔼、有人情味，而后者又要求其行为要显得严厉而强硬。与此类似，医生既要对一名癌症患者表示同情，同时又要保持其客观性。作为牧师，即使聆听的是一名罪犯的忏悔，也被期望保护忏悔人的隐私。在这些例子中，角色的扮演往往导致了个人的紧张和忧虑。

2. 角色与自我认同

人们怎样来处理那些与他们的价值观或自我形象相冲突的角色期待呢？他们可能会试图通过调整角色来解决这一难题，使他们的日常行为能够符合角色的要求。他们也可能会尝试着放弃这一角色。或许可以确立起如戈夫曼（1986）所称作的“角色距离”（role distance），使自己远离角色的要求，做做表面文章。用这种方式行事就像是在向众人宣告：“我做这事儿仅仅是因为我不得不这样做，其实我才不信这一套呢！”如果上述解决冲突的方案都不可行，一个更具戏剧性的解决办法就是将自己一分为二，并告诉自己“我在此处是这种人，在别处又可以是那一种人”。然而这种行动方针可能会引发心理上的问题。

我们所扮演的角色在很大程度上影响着我们的认同。我们很容易回想起某人在承担了新的角色后判若两人的例子。例如，一位医学院的毕业生在成为医生之后通常表现出让人安心的态度和居高临下的姿态。这些特点并非是一纸文凭所带来的魔力，而是因为要扮演医生的角色促使这些特点的形成。事实上，一位医生要想卓有成效地开展工作，这些素质是必不可少的。

人们偶尔也会为了使自己与主要的生活角色更加相配而调整自己的价值观念和自我形象。有时因为改变的程度如此剧烈，使得他们在角色行为的表现中几乎丧失了自我。这种状况被拉

角色经常被重新定义。随着老年人数量的增多，他们作为一个社会群体在推动社会的变迁。老年人希望扮演活跃的角色，比如继续工作。

尔夫·特纳（1978）称为“个人与角色的混同”（person-role merger）。特纳认为，当一个人在
84 扮演许多角色时，如果他很难将这些角色区别开来，这种情况就尤其容易发生。我们都知道，即使是那些我们认为有能力将个人本身与他们的职业角色区分开来的警官、小学教师和大学教授们，在工作之外也需要不时提醒自己。同样，一些人则常常与他们的性别或年龄角色混同起来，使得他们总是以妻子或老年人的方式出现，而不管这些角色与他们身处其中的互动情景是否贴切。

（三）社会群体和组织

角色和身份是社会群体和组织最典型的组成要素。社会学家和非社会学家对社会群体这一术语的用法很相似，都是指各类人群联合体。以严格的社会学意义上的用法来讲，一个群体是由两个或两个以上的具有共同认同和团结感的人所组成的人的集合，群体内的成员相互作用和影响，共享着特定的目标和期望。当然，所有的群体都有一个社会结构。但是它们既可以像排队等候的购物者那样松散，也可以像各个成员都有特定任务的野战排那样结构严密。

每个群体也可以叫做一个社会系统。把群体称作功能主义者们尤其爱用的社会系统，是为了强调它们同样具有所有系统所具备的一些基本结构特征。汽车发动机、工厂、人体和太阳系之所以都被称作系统，是因为它们各自都是由相互关联的部分组成。每一部分都为整体做出贡献，而整体又大于部分之和。当系统中的某一要素发生变化时，系统中的所有其他要素也要发生相应的改变。

在我们的定义中，群体是一个非常宽泛、一般性的术语。因此我们需要进一步分析不同群体的不同演变方式。例如群体之间在规模和延续时间上有着较大差异：罗马天主教会已经存在了十几个世纪，而一个偶遇群体也许仅能持续一个周末。在接下来的讨论中，我们将考察对社会学家而言尤其重要的有关群体的三个不太明显的特征：群体的结构水平、群体的亲密程度，以及它们与社会不平等和人类差异的联系。

1. 群体中的结构水平

某些人类集体在社会学的意义上并非是群体，原因就在于他们不具有社会结构。例如那些仅仅是共同具有某种社会特征的人们：比如自由主义者或保守主义者、男人或女人、高中毕业生或大学毕业生等等。社会学家把这些集体叫做社会类属（social categories）。社会类属中的成员并不一定要相互交往、彼此认识、共享某种社会结构，或者说除了某种特征之外，他们并不具有其他共同之处。

尽管社会类属是非结构化的，但是同属于某一类别则有可能在成员中激发起共同的兴趣和目标，从而导致一个真正的社会群体的形成。例如一些女权主义者群体就是由“女性”这一类属而引发的具有共同经历和观点的群体。

另一类也不被社会学家当作真正的群体的集体就是集合（aggregate），它是指在某个特定场合中面对面相处的人群，但他们之间并没有发生互动，也缺乏最基本的社会结构。例如那些同乘一辆公共汽车的乘客和在牙医门诊休息室等候的患者。当然我们也不能否认在集合人群中仍然有一些最基本的共识存在。例如在公共汽车上就存在广为人们所接受的分配座位的

方式——先来先上，此外残疾人、老年人和孕妇也可以得到特殊的关照。尽管如此，集合中的人们之间几乎没有什么社会互动，也没有任何意义上的团结和普遍认同，更没有任何共同的目标和期望。

这群公交车乘客可被视为一个集合。他们之间几乎没有什么社会互动，也没有任何意义上的团结和普遍认同，更没有任何的共同目标和期望。

值得一提的是，与社会类属一样，如果集合中的成员因某种原因而开始发生互动，社会结构就可能由此而发展起来，一个真正的社会群体就可能得以产生。设想在一个电梯上的某人心脏病突发，当电梯中的其他人开始协力去帮助这位发病者时，这个集合就转变成了一个群体。 *85*

除了集合以外，还有一些结构松散、比社会学家通常所指的社会群体等集合性实体更具自发性和临时性的集群。例如在火灾中聚到一起的人群、大学校园中的抗议集会、城市中发生在少数民族聚集区的骚动。此类集群中所发生的行动被称为“集合行为”（这是第 21 章中的主题）。

每一个现代社会中都有成千上万个比集合行为中的集群更稳定的小规模且组织松散的群体。例如家庭、朋友圈、讨论组和各种委员会。一些社会学家倾向于只有在提及这种小而稳定、面对面的集群时才使用“群体”这一概念（关于小社会群体的论述见第 7 章）。

一些规模较大且更具结构化的群体被称为**组织**，即为了达到某种特定目标而有意识地建立起来的群体［埃斯欧尼和莱曼（Etzioni & Lehman），1980］。组织的实例包括商业公司、大学和政府机构。组织中通常有对工作和权力的精细划分，还有对每一个成员角色和身份的精确定义。因此，组织中的行为较之其他社会群体具有高度的模式化特征（关于组织的讨论见第7章）。

2. 群体内的亲密程度

另一种给群体分类的常用的方法就是按照其内部的亲密程度来划分。初级群体（primary group）是一种规模较小又非专业化的群体。他们中的成员在交往时既直率又亲密。我们最熟悉的初级群体就是家庭。其他的例子有一起玩耍的伙伴、少年团伙和长期相处的同事等。

相比之下，次级群体（secondary group）指的是成员之间以一种有限的、非个人方式交往的规模更大、更具专业化的群体。最常见的次级群体就是我们刚才提及的组织。初级群体存在于作为次级群体的组织之中（公司中相邀一起共进午餐的同事、学校中的少年团伙等等）。然而为了达到其组织目标，一个组织往往要求其成员要将个人的风格和偏好先放在一边（在第7章中有对初级群体和次级群体更详细的介绍）。

3. 群体中的不平等与差异

在每一个已知的人类社会中，人们都倾向于根据财富、权力和声望将人们及其社会地位排出等级。这种排序被社会学家们称之为“社会分层”（这是第9章的主题内容）。社会的等级化能够产生出非常牢固的社会群体。例如印度的种姓群体（caste groups）就是人类社会有史以来最严格、高度结构化的社会群体。一些社会学家也将美国的种族关系看成是种姓制的一种形式。各个种姓的成员资格由父母传至他们的子女，并且终身不变。

在中世纪的欧洲，社会地位是建立在社会等级（social estates）这种群体的成员资格基础之上的。三种主要的社会等级分别是贵族、教士和农民。在有些场合社会等级被称为“被冲淡了的种姓制”（diluted castes），因为等级制里的成员资格较之种姓制要松散一些。随着中世纪等级制度的衰落和市镇的兴起，社会等级被社会阶级（social classes）的概念所取代。阶级又可以被看成是被冲淡了的社会等级制。社会阶级（工人阶级、中产阶级和上层阶级）围绕着对工业生产的所有权关系被组织在一起。

另一种我们较为熟悉的社会集群就是民族群体（ethnic group）。一个民族群体由具有共同的社会和文化背景以及相互认同感的人所构成。民族群体这个术语通常指在一个由另一种文化群体所统治的社会中处于少数地位的民族。这种少数民族（minority group）群体在社会中因具有某种生物的或社会性的特征而成为歧视和偏见所攻击的对象（关于民族和少数民族群体的论述见第11章）。

（四）宏观社会结构

我们能够真切地观察到行动中的人群、家庭或工作群体，但在社会结构中还存在一些不容易觉察到的重要单位。用于分析这些宏观社会结构的概念可以归入社会学中最抽象的范畴之中。

1. 社会设置

社会设置（social institution）是指用来满足社会基本需要的社会结构中相对稳定的一簇要

素。例如对于一个社会而言，它的一个基本的需要就是要生养后代。这个任务是由家庭这种社会设置来完成的（见第 14 章）。家庭这种社会设置包含了家庭群体和家庭角色及身份等特定的社会结构。性行为发生在夫妻之间，在绝大多数的社会中，这对配偶还应承担起抚养后代的责 86
任。他们被期待着教育他们的孩子以一种为社会所接受的方式去行事。

其他一些社会设置则满足了社会其他的基本需求。社会通过教育这种社会设置将文化传递给青年一代，并希望他们能够成为负责任的社会成员。宗教增强了人们对共同价值观的使命感，促进了社会整合。社会通过经济设置来生产和分配产品与服务，用政治设置来分配权力（这四种社会设置在第 15 章到 18 章中从功能主义和冲突论这两种不同理论视角进行了考察）。此外，像体育类的社会设置则在娱乐和休闲中传递和增强了社会价值观念。

2. 社区、社会和世界体系

社区（community）和社会（society）是经常被混用的一对术语。当简单地指一群居住在一起并具有共同文化的人时，它们是可以互换的。然而社会学家通常依据规模的大小、独立和自足的程度来将二者区分开来。

当一群人集中于个人家庭和工作地点，并且以社会互动的日常模式（例如与工作、购物和上学等相关的生活模式）为基础时，我们通常将这种集合叫做社区。村庄、小镇、城市、郊区和现代大都市都可以被看作社区的实例（第 20 章有关于社区的更完整的论述）。

在往昔的一些社会中，例如希腊的城邦，社区与社会是融为一体的（在今天的一些原始社会中也是如此）。在此类社会中，不存在比当地的人口群更大的社会单位。然而今天，通信和运输的进步极大地拓宽了人类的活动范围。本地社区已成为相对狭小的区域，并且它们不可能脱离由更大范围的人所组成的社会而自给自足地存在。

像所有的社会群体一样，社会是有着相互认同、团结感和集体目标的人的集合。不仅如此，社会更是一个包含了广泛的、以地域为基础的、满足人类基本需要的所有社会设置的社会性集合。这种广泛性是一个家庭、单一组织或单一本地社区所缺乏的。

在下一节中我们会看到社会可以以多种方式构成。但所有的社会类型都会展现出以下一些特征［奥尔森（Olsen），1968］：

（1）几乎所有的社会成员关系都发生在社会的边界以内。超出社会边界的行为将受到严格的正规控制。例如与外国的关系就要受到严格管理。一位公民需要有签证或护照才能去国外旅行。

（2）为了满足人们的需求，一个社会要建立起一些社会程序和机制来获取和分配经济或其他种类的资源。

（3）做出决策和解决争端的最终权威属于整个社会。 87

（4）社会是其成员效忠和捍卫的最高一级的组织形式。例如绝大多数愿意服兵役的美国人只愿意加入美军为美国社会服务，而不会为别的国家效忠。

（5）所有社会成员分享着共同的、独特的文化，通常也拥有共同的语言。在美国社会中，人们以“国家独立日”、“好莱坞”、“麦当劳”等作为美国文化的象征，并且还具有个人主义和成就主义等文化价值观念。

由于各社会之间的相互依赖性越来越强，社会学家们最近将注意力放在了所谓的世界体系上［沃勒斯坦（Wallerstein），1974］。这一经济、政治和文化关系体系将世界上的所有社会连在了一起。我们如果对一个社会与其他社会的关系以及这些关系的历史不甚了解的话，那么我们就不可能完全了解这个社会。与其他的社会系统一样，世界体系也有自己的结构。例如在各社会间就存在着劳动分工和权力等级的分化。一些社会只能供应自然资源，一些社会则负责生产成品。再如一些社会因弱小而依附于他人的羽翼之下，另一些社会则具有强大的经济和军事实力。

行文至此，我们可以看到，社会结构单位可以从身份、角色、地位，一直到世界体系。这些单位是社会学研究和分析的主要关注对象。虽然有时候社会结构听起来像处于静止状态，然而并非如此。社会结构的单位（如家庭、学校和社区等）经常是处于变化之中的。本书的最后一章将涉及社会学中这一最抽象、最全面的主题：作为一个整体的社会的变迁过程。

三、社会的类型

所有人类都存在着一些共同的基本需要：吃饭、睡觉、繁衍后代、生产、学习以及维持一种秩序。然而可以满足这些需要的各种社会形式可谓是让人眼花缭乱，只要让我们回想一下人类历史上存在过的那些社会类型，这一点就显而易见了。

社会学家们从未在划分社会类型的方式上达成过共识。这并不是说他们没有做过尝试，事实上许多经典社会学家都以对社会的划分来作为他们的理论基石。这些理论通常与社会的演进联系在一起。在社会学被确立为一门学科以前，历史学家和哲学家早就在创造各种各样的分类框架。

经典社会学家们所提出的一些分类框架常常由于对划分出的社会类型所持有的强烈的价值判断而带有缺陷。例如在人类学家刘易斯·亨利·摩尔根（Lewis Henry Morgan，1877）的理论中将所有的社会分成三组：原始社会、野蛮社会和文明社会。“文明社会”从根本上是指具有现代西方社会特征的社会，而非西方社会就被理所当然地看作了原始的或野蛮的社会！

类似的，奥古斯特·孔德（Auguste Comte，1877）认为所有社会都是从低级阶段向高级阶段进化的。从文明初始到公元1300年为神学阶段，它以明确的、广泛存在宗教观念为特征；从1300年到1800年为形而上学阶段，它以较为理性化的生活方式为特征；从1800年起人类进入实证主义（科学）阶段，遵循的是科学知识。

即便孔德的理论在当时不失为一种重要的学术进步，然而到今天像这样笼统的分类框架已不再受社会学家们的青睐。在这一节里，我们将考察一种在今天普遍采用的划分社会的方法。它是以社会成员如何生存（即他们的生存方式）为基础的分类。

人类最基本的活动是为了满足自身的衣、食、住等基本需要。它们之所以被称为**生存需要**是因为它们使人类得以生存。许多分类框架就是建立在社会如何被组织起来满足这些需要的方式的基础之上的。

最佳的分析框架之一就是下面所介绍的由格尔哈特·伦斯基（Gerhard Lenski）发展出的这种分类［伦斯基、伦斯基和诺兰（Lenski，Lenski & Nolan），1991］。如其所述，最古老也是最简单的社会类型是**狩猎和采集社会**（hunting and gathering society）。这种社会以规模小而分散的人口、游牧的生活方式和原始的技术为特征。家庭在这种社会中具有非常重要的意义，这种社会几乎没有什么专业化的分工，社会中的每个成员都足以胜任绝大多数重要的社会和经济角色。这种社会中的社会结构也非常简单，仅仅包含以性别、年龄和亲属关系为基础的一些身份。人们的共同经历创造了共享的价值观和平等的地位。社会成员的平等地位在很大程度上来自于游牧的生活方式，它使得私人财产难以保存。因为没有任何可以争抢的东西，战争也非常罕见。在这样的社会中，决策都是通过集体讨论来决定，政治性的社会设置几乎不存在。

狩猎和采集社会的社会结构还反映在其宗教中。他们的宗教里面没有在人类事务中扮演重
要角色的神。社会成员们尽管相信灵魂的存在，但并不去敬拜他们。 88

人类历史中几乎所有的社会都曾以狩猎和采集的手段为生。即使是在当今仍有这样的社会存在，例如非洲卡拉哈里沙漠中的桑部落以及新几内亚的一些群体。然而随着拥有先进技术手段的人们对他们的领土进行蚕食，这些社会正迅速地被毁灭掉。

马萨伊是一个游牧部落。畜牧主义可以保证可靠的食物供给，
而且畜牧业可以逐渐增加食物供给量。

当人类社会越发依赖于植物，例如小麦、稻米和其他谷物时，**园艺社会**（horticultural society）就由此而生了。最早的园艺社会可能出现在 9 000 多年前中东地区土地肥沃的两河流域。这些社会中的成员以种植谷物为主，同时也以一些野生植物和动物为辅助性的食物。这些社会建立了人类历史上第一批永久性社区，其中的一些社区达到了千人左右的规模。由于他们的生活方式更加安定，这些社区中的成员制造了许多工具和家庭用品，例如罐子、碟子等。随着园

艺种植效率的提高，最终不再需要所有的人都来生产食物。一些特殊的身份和角色，比如说巫师、商人和手工业者出现了。当一些人来负责分配食物给那些不从事农业生产的人，财富和权力的不平等开始得以发展。相应的政治制度——首领世袭制也发展起来。剩余产品的出现让战争变得更加普遍。

对祖先的崇拜在园艺社会中开始盛行。这也反映在这个社会的亲属群体概念上，后者同时包含了活着的以及过世的成员。宗教仪式常常用来安慰被认为和人们生活在一起的先人的灵魂。

一些社会依赖于捕获、驯服和饲养动物，并以此作为他们最重要的食物来源。这些被称之为**游牧社会**（pastoral society）的社会类型几乎与园艺社会发端于同一时期。园艺社会的成员倾向于固定居住，仅当土地枯竭时才进行迁徙；而游牧社会为了寻找喂养畜群的草地总是居无定所，游牧生活提供了可靠的食物来源，并且随着动物的繁衍，这种供给还在不断增加。当剩余的供给超过社会需求时，游牧民族间产生了商品交易关系，用牲畜来换取衣料或其他食物。这种合作的关系具有一定的进步性，但对畜牧地的争夺也常常引发战争。

游牧社会也发展出了反映他们日常生活的宗教信仰和实践。他们的男女神都具有人文关怀，例如牧羊神，就会照看他们的需要。这种关系至今还反映在当今世界三大宗教的信仰之中，这三个宗教，犹太教、基督教和伊斯兰教都起源于游牧社会。在今天的非洲和中东地区，仍有许多游牧社会存在。

大约在公元前3000年左右，**农业社会**（agrarian society）发展起来。犁可用来控制杂草和保持土地肥沃。这使得农产品的盈余成为可能，并且结束了定期移往新的土地的必要。这些因素也导致了重大的社会变化，包括人们进一步分化为不平等的社会群体（一些人耕种，另一些人获取剩余价值），建立起官僚机构以控制日益膨胀的经济，以及第一批城市的兴起。此后，货币经济得以发展，技术上的重大革新得到了推动，那个时期的发明有火药、钟表、风车，尤其重要的是炼铁术的发明。

政治制度演进为更复杂的系统。世袭的君主对臣民拥有绝对的权力，分工细密的法庭和政府官僚机构出现，同时，军队作为单独的社会设置发挥着防卫和扩展疆土的功用。宗教也成为单独的社会设置由专门的官员负责。和早期社会一样，宗教信仰和实践反映着权力和社会的不平等。

在18世纪和19世纪期间，工业革命引发了另一场重大的社会变迁，从而导致了**工业社会**（industry society）的来临。工业社会中最基本的经济活动是商品的生产。许多工作开始由机器来承担，城市中的人口愈加稠密。在工业社会中，家庭失去了一些传统的功能，其重要性也在
89 下降。它不再是经济生产的基本单位。教育孩子的责任也转移到专门的机构。宗教开始失去其影响力。科学取而代之成为新的社会设置。在这一变化过程当中，国家在教育、福利和经济活动等方面承担着越来越重要的责任。

最后，今天的一些社会科学家提到了**后工业社会**（postindustrial society，Bell，1973）。在这种类型的社会中，办公室代替了工厂，计算机取代了机器，同时大都市也将市镇取而代之。与工业社会相比，后工业社会中主要的经济企业是广泛的服务项目的供应者，包括医疗、教

育、交通和通信，以及商业和政府。当今世界大多数经济发达的社会，包括美国和西欧各国的社会状况，都与这些关于后工业社会的描述相吻合。

四、关于社会的理论视角

我们在此处将介绍社会学三大理论流派中的两个流派：结构功能主义（structural functionalism）和冲突理论（conflict theory），我们在第1章里已对它们进行了简单的介绍。这两种理论视角都属于研究大型社会系统和整个社会的变动机制的主要的宏观社会学理论。在这里我们将进一步较为详细地对这两种理论视角进行探讨，看看它们是怎样被用来分析社会运行的。第三种主要的社会学理论流派是符号互动论（symbolic interactionism），它关注的是微观层面的人类社会行为，通常不被用来分析大的系统和整个社会（我们在第5章将对这一流派进行详尽的介绍）。

（一）功能主义的理论视角

功能主义的基本原则是在生物学占据统治地位的19世纪发展起来的。那时有关人体、微生物以及遍布全球的动植物的知识不断增长。19世纪中最伟大的成就之一就是查尔斯·达尔文吸收了这些新知识并以自然选择来解释了物种进化，从而使生物学获得了空前的声望。被这些前进的步伐所激发的早期社会思想家自然地将生物学的一些概念运用到了社会中。

奥古斯特·孔德和赫伯特·斯宾塞提出了功能主义的最基本原则：社会与生物有机体在许多方面是相似的。这一观念中包含了三个要点：第一，社会与生物有机体一样都具有结构。一个动物由细胞、组织和器官构成；与其类似，一个社会由群体、阶级和社会设置构成。第二，与生物有机体一样，一个社会要想得以延续就必须满足自身的基本需要。例如一个社会必须要有能力从周围的环境中获得食物和自然资源，并且将它们分配给社会成员。第三，与构成生物有机体的各个部分相似，社会系统中的各个部分也需要协调地发挥作用以维持社会的良性运行。

受意大利社会学家帕累托的影响，斯宾塞和他的追随者们都坚持任何系统都会自然地趋向均衡或稳定的观点，同时，社会中的各部分对社会的稳定都发挥了一定的功能。因此，从功能主义的视角来看，社会是由在功能上满足整体需要从而维持社会稳定的各部分所构成的一个复杂系统。

后来的一些学者吸收了“社会与生物有机体相似”这一功能主义的基本思想，并且对其进行了提炼和补充。涂尔干常常被视为当代功能主义的奠基人。他把社会看作是一个由道德价值观上的共识来规范的特殊的有机体。他对以机械团结为基础的社会和以有机团结为基础的社会做出了区分。以有机团结为基础的社会得以存在，是因为社会成员都承担着相似的经济角色，因而有着共同的价值观念。建立在有机团结基础上的社会，则是因为社会成员们承担着高度专业化的经济角色，因此相互高度依赖。功能主义还是英国文化人类学的创建者们所持的主要理论视角。

在美国，塔尔科特·帕森斯是将功能主义发展为社会学分析中一个全面、系统理论的领袖人物。他认为一个社会只有满足了四个基本需求，才能发挥其功能，即维持秩序和稳定［帕森斯（Parsons），1951；帕森斯和斯梅尔塞（Parsons & Smelser），1956］。这些有时也被称为功能性必需（functional requisites）的四个基本需求是：目标的获得、对环境的适应、社会整合，以及对越轨行为的控制。帕森斯尤其强调社会整合功能的满足，认为这需要社会成员接受和遵守社会的共享价值观。他认为是这些共享价值观将社会“粘”在了一起。如果过多的人拒绝接受这些价值观，社会稳定将会崩溃。

罗伯特·默顿（1968）将帕森斯的功能主义理论进行了改进，使其更有利于经验性研究。
90 他的理论是从分析社会结构中的一个特定单位入手的。早期的理论家通常用一个社会组成部分对维持整体的作用来解释其存在，这样就很难解释为什么社会中还会有一些对社会造成损害的单位，而他们认为社会结构中的一个单位只要存在，就一定对维护整体发挥功能。默顿指出社会系统中并非所有组成部分都发挥着正功能，当社会结构中的某一单位阻止了整个社会或其组成部分的需求满足时，它就是反功能（dysfunctional）的。

90 **.NET 互联网/技术**

后工业社会中的互联网

1973年，丹尼尔·贝尔在他的《后工业社会的来临》（*The Coming of Post-Industrial Society*）一书中描绘了他心目中的未来社会。和以制造业为基础的工业社会所不同的是，后工业社会依赖于知识和信息，在经济形态上也实现了从提供产品向提供服务的转变。

当贝尔的著作出版时，使后工业社会成为可能的互联网还处于萌芽阶段。虽然美国人在今天把互联网看成是最新颖的技术玩具，它其实是冷战的产物。共产主义和非共产主义国家之间的紧张关系让世界笼罩在核战争的阴影下。美国企图建立起一个能够幸免于核战争的通信网络。从20世纪60年代中期开始，这种观点便在酝酿之中。1969年，美国国防部委托高等研究计划机构（ARPA）建立一个名为ARPANET的巨大的军事计算机网络。

这个系统能够让数据在军事网络中自由流动，因此当网络中的某些计算机遭遇攻击时，数据能够通过其他的线路来传导。当美国军方在20世纪80年代初期放弃对ARPANET的控制后，这个系统就成了我们所熟知的互联网。随后，大量学术机构和其他政府机构（特别是国家科学基金会）加入互联网，把它们自己的计算机网络和互联网联为一体。今天，已经有超过3 000万的家庭与互联网相连［《新闻周刊》（*Newsweek*），January 27，1997］。到2000年，这一数字将超过6 000万。以至于许多商业界人士认为互联网将会成为“经济发展的发动机”（*Time*，Spring 1995）。最近发生在美国的工作场所转型，表明了这一切正在发生。

以“虚拟办公室”为例，这个看起来更像用于科幻小说里的词，指的是传统办公室之外的任何工作场所［布雷丁（Bredin），1996］。最常见的形式就是一间把工人和这个虚拟组织的其他成员或客户联结起来的高科技家庭办公室。

许多财富 500 强的公司正在通过这种方式把日常事务分散化，围绕着信息网络对公司进行重构。互联网，加上传真机、免费电话，以及保证次日抵达的邮政服务，让这一切成为可能。虚拟办公室对希望削减高额办公室租金，尤其是位于价格昂贵的城市里的公司不啻为一笔好买卖。例如，城市银行已经把它的信用业务搬到了南达科他州（*Time*，Spring 1995）。戴尔电脑雇用的 25 名企业销售主管在他们位于曼哈顿和西雅图郊区的家里工作，运行着这个没有物理位置的网上零售店。《图表杂志》（*Journal Graphics*）——这家为电视节目制作字幕的公司，虽然把丹佛的戈兰特街列为其地址，日常运作却是由雇员在家里完成的。

尽管一些社会学家对贝尔关于后工业社会的预测持有疑问，上述例子却都印证了他的预测。毫无疑问，我们在进入信息时代，我们也拥有这一基于信息交换的经济所需要的技术支持。当信用信息的传输更加保密时，商业界将会越来越多地把互联网应用到推广金融和旅游服务等方面（*Newsweek*，January 27，1997）。见图 4—2。而且商业界人士已经认识到互联网还尤其适合厂商与厂商间的交易。

发生在美国工业场所的变化显示了商业界是如何分散其业务操作、抛弃旧的官僚组织方式而采用更灵活的组织结构的。互联网成了能够让雇员们远程通信的超级高速公路。然而，贝尔也指出，这样也许会有负面的影响。虽然互联网能够增加人们之间的关联，但这些关系大多是暂时和不稳定的。

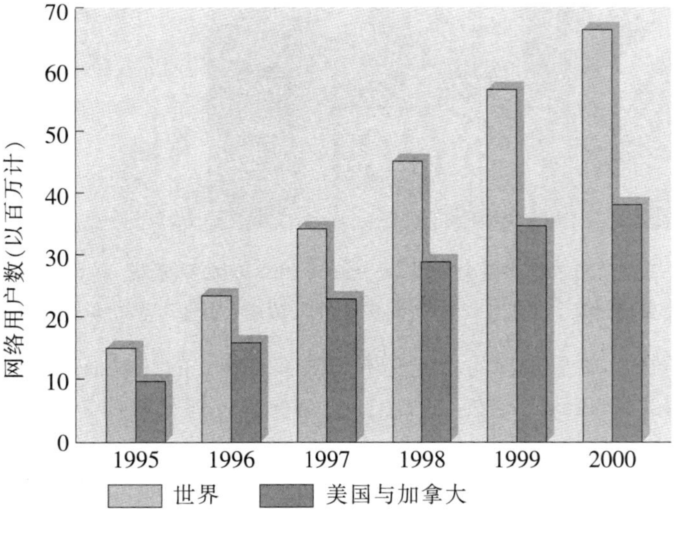

网络的使用
（百分比，1996）

浏览	77
娱乐	64
教育	53
工作	51
商业研究	41
学术研究	36
购物	19

根据美国 10 332 个被访者的回答
（允许多选）

图 4—1　世界互联网的使用

资料来源：*Newsweek*，January 27，1997，© 1997 Newsweek，Inc. All rights reserved. Reprinted by permission.

互联网为后工业时代提供了必需的技术。但是这样的经济形态将对社会产生什么影响呢？ *91*
社会分析家在这一问题上持有相反的两种观点。一些人和贝尔一样持乐观的态度，认为技术将把人们从异化的劳动中解放出来。互联网能够免除长时间的上下班交通、僵硬的官僚体系，以及上司的时刻监督。另一方则认为这将导致一个更加分层化的社会，未受过良好教育的人，例如普通工人，越发没有立足之地。尽管互联网被认为是最民主的媒体，在那里人们不会因为种族、性别或社会阶层而遭受歧视，但是成百上千万的没有电脑和高速网络联结的人却不能运用它。对这些美国人来说，互联网并不会带来一个繁荣似锦的后工业社会。

当宗教把社会成员团结在一起的时候它就是在发挥着正功能；当军队在保护一个社会免受伤害时，它也是正功能的；当一部政治机器通过提供关于政府和社会服务的信息而将外来移民
91 整合入社会之中的时候，它同样发挥着正功能。然而当宗教在像北爱尔兰那样激起政治纷争时[达比、道奇和赫伯恩（Darby，Dodge & Hepburn），1990]，当军队耗尽了医疗和教育机构等更紧迫的社会需求所需的资源时，当一部政治机器靠贪污和腐败为生时，他们发挥的却又是反功能。

将资源消耗于制造原子弹，而不是满足社会需求（正如1998年在印度和巴基斯坦发生的情况），这可以被视为政府的反功能。

同样需要着重指出的是，社会结构单位发挥的功能并不局限于“正式的”或预期的功能，除了已意识到的或显功能（manifest function）之外，一个社会结构单位还具有尚未意识到的或者是未预料到的潜功能（latent function）。

例如，大学的一个显功能是使年轻人接受教育，为将来承担专业化的工作打下基础。而大
92 学的一个潜功能则是把一部分人口排除在劳动力市场之外，从而减轻经济的压力。

功能主义在许多问题上受到了批评，但主要是因为它所反映的社会观在本质上是保守的。由于它强调共享价值观并且将社会看成是由为整体利益共同发挥作用的各部分所组成的，功能主义似乎给不赞同这些社会价值观并企图改变它们的人们只留了极少的空间。批评者指责功能主义在很大程度上忽视了对社会的不满和社会冲突。由于功能主义过分强调秩序、稳定和共识，它甚至可能歪曲社会的真正本质。批评家们指出，与生物体不同，社会的各个部分并不总

是为整体利益而协作的。社会中的某些组成部分处于冲突之中；某些部分的获利则是以其他部分的利益受损为代价的。

对功能主义最严厉的批评来自于被称为冲突主义论者（conflict theorists）的学派。他们认为功能主义视角在研究稳定的社会时也许是十分有用的；但放眼当今世界，社会在飞速变迁，冲突不是例外而是规律。

（二）冲突论的理论视角

冲突论的视角作为一种观点不如功能主义那样统一。它是由在近年来才被贴上冲突论标签的多种理论流派所组成的。这些冲突论者共同持有的一个信条就是：社会总是处在对稀有资源的争夺状态之中。其中最重要的稀有资源之一即是权力。冲突论者由此认为社会最好是被看作一个持续展开着权力之争的竞技场。

许多冲突论者的主要假设是：社会、社会设置和社会秩序主要是通过强力来维持的，而并非是通过共享价值观将它们"粘"在了一起。社会中的有权势者在迫使社会中的弱势成员至少要在表面上服从他们价值观念的过程中在某种程度上运用了强力。因此，冲突论者的一个主要关注点就是明确在社会中占据统治地位的群体，探求它们是如何维持其统治的，以及它们在最初是怎样获得这些权力的。

冲突理论有时被简单地称为马克思主义社会学。马克思主义社会学家强调的是社会中经济力量的重要性，而不是功能主义者所强调的共享文化价值观。他们所关注的是阶级之间的持续斗争。马克思划分出了两大基本阶级：工人阶级，即无产阶级；生产工具的所有者，即资产阶级。他预言这两个阶级之间的冲突最终将导致资本主义社会革命性的颠覆，从而进入一个无阶级的社会［马克思和恩格斯（Marx & Engels），1848］。

马克思的预言尚未到来并不意味着冲突理论的失效，更不能据此认为资本主义社会的阶级斗争已经终结。新马克思主义冲突论者通过强调绝大多数社会被阶级冲突和斗争所分裂的事实来继续支持马克思的观点。新马克思主义者通常认为只有在占统治地位的资产阶级的权力消亡以后，社会进步才能实现［布雷尔曼（Braverman），1975］。

冲突论者这一术语同样包括许多非马克思主义的社会学家。也许当今最著名的非马克思主义冲突论者是德国社会学家拉尔夫·达伦多夫（Ralf Dahrendorf，1958，1959），他曾经担任过伦敦经济学院的校长。达伦多夫抨击了"社会基本是有序的"这一功能主义的基本前提。他把这一前提看成是乌托邦（1958），从而将人们的注意力引向社会的丑陋面——冲突上来。达伦多夫与马克思的不同之处在于，他更愿意把冲突看成权力的争斗，而非不同阶级对经济资源的争夺。然而与马克思一样，他也认为社会总是倾向于不稳定和变动的。他实际上在坚持应将社会变迁，而不是把社会秩序，作为社会分析的主要关注点（1959）。

美国的冲突理论奠基人是 C·怀特·米尔斯。虽然米尔斯认为自己继承了马克思主义的传统，但他的许多思想实际上也来自于马克思·韦伯。米尔斯的思想反映了美国中西部的民粹主义。这种 19 世纪晚期的政治意识形态将"人民"看成是美国生活中腐败的"大利益集团"的 *93*
对立面。在他的名著《权力精英》（*The Power Elite*，1956）一书中，他试图揭示谁在真正统治美国。他认为这个国家被来自三个日益相互关联领域的领导人所主宰，他们是大企业的高级主管、政府行政机构的主要官员，以及军队中的高级将领。不仅如此，企业主管常常进入政府就职，退休的将军频繁地被选入企业的董事会。米尔斯认为，这个小且非常集中的群体为美国社会做出了绝大多数的重要决策，包括战争与和平、货币与税收、人权与职责等。

米尔斯由此发展出了当代冲突理论的中心思想［多姆霍夫（Domhoff)，1978，1983，1990］。冲突论者认为那些权力精英们尽管具有显而易见的成功标志，然而他们并不如其反对者那样意识到了他们所拥有的权力。为了处理反抗和把公众反感控制在一定限度之内，大权在握者总是试图模糊他们与大众的界限。尽管如此，大众仍能够意识到自己的无权，并对此表示愤恨。这种强势者与弱势者之间的紧张状态孕育着社会冲突的火种。从现存社会秩序中受益最多的那些人会试图将这些制度维持下去，而那些被剥夺者则在奋力改变这一切。来自于这些对立群体间的冲突将导致重大的社会变迁。

不管其个人偏好如何，当今绝大多数的社会学家都承认功能主义和冲突论的价值所在，认为他们都探索了社会的不同方面。功能主义考察了人们在日常生活中是怎样分工合作的。它为回答这一问题提供了有用的答案：那就是为什么有着特殊个人需求和利益的人们会相互合作？冲突理论在另一个方面关注了生活中的压力和紧张关系、社会平等的缺乏，以及社会秩序的崩溃。正如功能主义由于过分看中合作与秩序从而可能出错一样，冲突理论因为相信社会冲突是社会互动的主要形式而同样可能误入歧途。然而这两种理论视角都洞悉了社会存在中基本而普遍的方面。

复习与思考

1. 你在社会结构中处于什么位置？你的主要身份是什么？
2. 解释身份和角色的基本差别。
3. 角色冲突和角色紧张的不同点在哪里？
4. 上这门社会学课的同学组成了一个群体还是集群？为什么？
5. 媒体是不是一种社会设置？为什么？
6. 你会怎样来描述你所生活的社区？它的边界在哪里？将你的回答与来自不同地方的同学进行比较。
7. 描述互联网在世界体系中的作用。
8. 解释为什么在一些社会中战争更容易发生？
9. 描述美国社会结构中一个反功能的例子。
10. 一些政治人物指出媒体是由一群文化精英组成。他们指的是什么？试想马克思会怎样回应？

网上练习

本章的网上练习涉及社会和社会结构的各方面内容。在搜索之前，请你登录 Prentice Hall Companion 的网址：http：//www. prenhall. com/popenoe。选择第 4 章（社会与社会结构）。然后从屏幕左边的菜单
94 中选择网站，这里有各种各样可供你选择的网址。我们建议你从 Intentional Communities 开始。这个站点包含了许多有趣的与社区和协会组织有关的材料。*Intentional Communities* 包含了生态村、合作社、居

民土地信用社、学生集体宿舍，以及城市住房合作社等合作型社区类型。你可能想访问由真正的公共组织所管理的网站，像 Eastwind Community、the Farm 或 the Bruderhof Communities。当完成浏览之后，请你回答如下问题：

- 和普通的美国家庭相比，这些合作社在生活方式上有哪些不同？
- 在合作社的社会生活中，你喜欢其中的哪些方面，反感哪些方面？为什么？

关键术语

social structure	社会结构	group	群体
status	地位	social system	社会系统
achieved status	自致地位	social category	社会类属
ascribed status	先赋地位	aggregate	集群
master status	主要地位	social institution	社会设置
role	角色	community	社区
role set	角色集	society	社会
role expectation	角色期待	world system	世界体系
role performance	角色扮演	dysfunctional	反功能
role conflict	角色冲突	manifest functions	显功能
role strain	角色紧张	latent functions	潜功能

第5章 社会互动与社会网络

乔在吃早餐时，不断地问自己“今天怎么办?”一个小时后，他将在当地有声望的商业学校接受招聘主任的面试，他觉得这将决定他的未来。乔不断地在大脑中排练着面试的场面，一时扮演自己的角色，一时扮演那位考官的角色。

乔开车直奔校园。他很紧张，但在外人看来，他是一个朝气蓬勃的年轻经理形象：整饰一新，穿着擦得光亮的皮鞋，夹克和领带也是老式的，并且还夹着一个崭新的公文包。

在面试时，尽管乔有些紧张，他还是尽力展示他的优点。他想向校长表明自己很聪明，口齿清晰，更重要的是办事有效率。他还巧妙地询问了有关专业选择和毕业实习方面的问题，尽量把话说得得体、自然。

面试结束后，乔浑身轻松，并且得意扬扬。他觉得自己做得很好，给考官留下了有修养、会说话的深刻印象。他的确尽了最大努力。他希望自己正是考官所需要的人。然后他回家了，又换上了牛仔裤和他最喜欢的法兰绒衬衣。

乔做了些什么呢? 关键是为了以某种方式表现自己，他修饰了他的行为和外表。他的衣着、言辞、举止以及表情，都可以看作是精心设计以满足观众期待的。他尝试塑造一种突出其个性特征的形象，并觉得这种形象对于面试成功是非常重要的。

我们大家都在不同的场合强调自己的不同方面，这一切取决于特定的情境。我们这样做，是根据社会成员共同建构和分享的一些规则。乔和招聘主任之间的互动遵循着相互期待的法则，主任希望见到那种机灵、礼貌、目标非常明确、穿着非常得体，并对有关任命的谈话和问题准备得很好的人。乔则期待着见到那种有权威、对学校非常了解，并且在提探索性问题时非常内行的人。

在这一章中，我们讨论社会学家们怎样分析人们之间的日常互动，我们也将检视社会互动的几种主要形式，包括我们生活于其中的社会网络。

一、什么是社会互动？

由于我们总是意识到自身行动对于他人的后果，所以几乎所有人的行为都是以他人为导向的。在我们日常与别人面对面的接触中，常常意识到别人对我们行为的期待以及我们对他人思想、感情和行动的期待。我们不断地根据自己身处何地以及与谁交往而调整自己的行为。当我们在高中的快餐厅或大学食堂就餐时，我们的行为表现与在高档饭店或家中吃饭时的表现不一样。我们在课堂上的行为与在课堂外的行为也不一样。同事们上班时在办公室的交往与下班后进入社会的交往也明显不同。并且，当我们不知道怎样做才是“得体”的时候，我们常常觉得很不舒服，例如，当我们在酒吧里撞见老板时。

甚至我们还没有有意识地想到过别人，但我们的行为已经被我们过去习得的期望模式化了，成为根深蒂固的习惯。我们的日常行为，看上去纯属私人的行为，例如在街上溜达，在房间里四处看看，甚至睡在自己的床上，都无一不受别人关于这类行为应当如何之期望的影响。例如，大街上两个陌生人相遇时，他们彼此之间相互看一眼，这一看一般就遵循着某种共同的模式。在一种被称为**礼貌的疏忽**（civil inattention）的过程中，陌生人之间的相互一看，仅仅以意识到对方的存在为止，而不是看得太长，不会表现出任何好奇。所谓礼貌的疏忽，通常采取这种形式，即“往对方头顶看……当对方走过时收回眼神——这就是对别人的一种模糊的印象”(Goffman，1963/1980)。

关于别人期望我们如何行事的这种意识，即使当我们没有与别人在一起时也会出现。我们可能在独自一人时想到某个别人，或者想象某个别人在想我们。我们可能要想一想某个朋友关系的质量，或者评估最近之社会交往的重要性。或者，我们很想知道如何给我们的教授或导师留下深刻的印象。简言之，我们几乎总是被卷入到社会互动（social interaction）之中，在这种互动过程中，人们以相互的或交换的方式对别人采取行动，或者对别人的行动作出回应。社会互动以这样或那样的形式，构成了人类存在的主要部分。

并非只有人类才进行社会互动。不过，非人类的生物体总是用一系列非常固定的行为彼此沟通。例如，假设两只狗相互围着转，马上就要开打。在某种意义上，两只狗通过咆哮、露出它们的牙齿和不停地叫唤来彼此“交流”。一方的行动引起另一方本能的反应。

但是，这种“交流”与人际互动有着本质的不同。比方说，一对夫妇商量如何去度一个夏天的周末，就完全是另外一回事。人类互动是有意义的：丈夫和妻子都能清楚地意识到对方说话的动机或意图。每个人都能根据他们多年在一起的经验理解对方的行为，这还不用提他们共 97
同的语言和文化。与此相对，动物只是通过对一系列刺激反应来进行互动。它们可能并没有有意识地虑及彼此的行为意义。

马克斯·韦伯是最早强调研究互动和意义之重要性的社会学家之一。实际上，他认为社会学的主要目的是解释他所讲的“社会行动”。为了做到这一点，韦伯觉得社会学家们必须把他们自己放到他们所研究的人的位置，然后去阐释他们的思想和动机。他把这种方法叫做移情式理解（*Verstehen*）。

然而韦伯从没有将这种想法付诸实践。他所做的大多数工作是在宏观社会学层次。倒是一个美国人——乔治·赫伯特·米德，成了最早对人类互动中的意义进行系统研究的学者之一。他的理论视角后来被称为符号互动论。

二、符号互动论

（一）乔治·赫伯特·米德

米德在 1894 年到 1931 年是芝加哥大学的一名教员（参见第 1 章）。他的研究集中在他所认为的人类行为的基本单位，即行动。按照米德的观点，行动（act）是指某个人在特定情境下的全部反应。它不仅包括人们的实际行为，而且包括他们对环境中特定事物和人的注意，以及他们对那些事物或人的感觉和想法［斯特劳斯（Strauss），1956］。

人类并不像动物那样，动物只是毫无思考地对别人的行为做出简单反应。人类非常仔细地考虑他们正要做出的回应。他们在行动之前计划他们的回应，甚至在他们的脑中进行预演。

人们几乎总被卷入到社会互动中，在这种互动过程中，人们采取行动，或者对别人的行动做出回应，或者以共有和交互的方式行动。社会互动构成了人类存在的主要部分。

米德还说，人类与动物不同，还在于人类有自我。米德用“自我”这个词强调这样一种事实：我们针对自己采取“行动”，就像我们针对另外一个人一样。我们赞美我们自己，也与自己辩论，在内心感到自豪或陷于自责。在所有这些“行动”中，我们在与我们的自我交流，与一个内在的“人”交流，就像我们与另外一个人交流一样。按照米德的观点，这种与自己“交谈”的过程，是人类意识的最重要的、独一无二的特征。

此外，米德强调人类互动在很大程度上受文化意义的影响，并且多数文化意义是象征性的（参见第 3 章）。旗杆上挂一块彩色的布，象征着一个国家。一个微笑可能意味着某个人很高兴。

米德的主要贡献在于：他发现人类在日常生活中，不断地学习由社会建构并由大家共享的象征意义，同时，人类还与他们自己交流这些意义。按照米德的观点，人类互动是基于有意义的符号之上的一种行动过程（Blumer，1962）。

（二）符号互动论的原理

在第 1 章中，我们简要地介绍了三种主要的社会学理论视角：结构功能论、冲突论和符号互动论。由于前两种理论关注的是大范围的或宏观社会学的现象，我们在第 4 章对它们进行了详细介绍。现在，我们来深入讨论符号互动论，这种社会学视角强调符号和意义在微观社会学层次的重要性。作为米德的学生，H. 布鲁默（Herbert Blumer）花了很多时间和精力对他老师的思想进行提炼和发展，可以说，布鲁默对符号互动论的本质作了最好的概括。

布鲁默（1986）总结了互动论的三个基本原理：第一，我们依据我们对事物所赋予的意义而对其采取行动；第二，我们所赋予的事物的意义源于社会互动；第三，在任何情况下，为了赋予某种情境以意义，并决定怎样采取行动，我们都要经历一个内在的阐释过程——我们“与我们自己交流”。

例如，试想一个顾客在饭店收银台结账的情景。顾客把账单交给收银员，并且掏出钱包，收银员准备收钱并找零。他们对于账单的行动都是基于他们所赋予账单的意义，这种意义是他们所共享的（互动论的第一原理）。他们之所以知道账单的意义，是由于他们通过以前许多类似的互动学习的结果（互动论的第二原理）。

现在，假定顾客没有足够的钱结账。那么，她会表现得很尴尬，并且会说她到隔壁的银行
取一些钱，并且马上就回来。收银员得对这种新的情境进行阐释，赋予它某种意义，并且决定 *98*
怎样行动（互动论的第三原理）。他自问是否应当信任这位顾客或是去叫经理。这位顾客看上去诚实吗？她是常客吗？收银员是否遇到过类似的情况？类似的情况遭遇如何？所有这些因素都有助于收银员做出某种阐释，按照布鲁默的观点，理解这一阐释的过程正是互动论分析的重要目标［华莱士和沃尔夫（Wallace & Wolf），1986］。

按照符号互动论的观点，在我们行动时，我们必须调整我们的行为，以便与其他人在同一社会情境下的行动和思想达成一致。要做到这一点，我们首先必须阐释他人行为的象征意义。当一个年轻的推销员与老板和一个潜在的客户共进午餐时，由于他（她）没有正确理解这种情境，而冒失地提到了最近办公室发生的恶作剧。在这个时候，如果这个推销员还不能明白老板对他（她）瞪眼的意思，那么，他（她）在未来的这种互动中就会被排斥在外。

人们如何理解他人对于某些符号所赋予的意义？米德认为，这种重要的理解是经由他所说的角色置换（role taking）过程而获得的。人们往往站在他们互动对象的角度来想象自己。通过密切注意互动对象使用语言或其他符号的方式，我们可以领悟到对方通过语言和行为所要传

达的意思。因此，上面讲到的那个推销员，可以在脑海中扮演其老板的角色，以领会老板试图向客户传达的信息，即他们公司的员工是严肃的、有能力的。这样，推销员就与老板有了关于上述情境的共识。通过扮演老板的角色，推销员明白了老板行为的意义，并且会相应地调整自己的行为。

许多社会情境需要某种创造性的相互合作过程。每个人必须不断地理解互动之另一方的行动，并调整他（她）对这些行动的反应。例如，某个妇女在作严肃的演讲时，有可能稍稍转换语调，以表明她将讲一个笑话。听众意识到这种变化，所以调整他们对于演讲者的注意力，以便他们在适当的时候笑出来。采用同样的方式，演讲者也反思自己的讲话，根据她所认为的能够感染听众的方式调整其措辞。如果看上去听众对她的幽默没有反应，演讲者就可能采取更为直截了当的讲笑话的方式。很多社会互动的“剧本”正是按照这种方式在现场创作出来的，而不是一经写出就可以反复使用的。

（三）共享定义

在进行多数日常活动时，我们一般假定：不仅是对语言及其他具体符号，而且还包括日常社会情境，别人与我们都使用同样的定义。多数共享意义，或者说“情境定义”，是在无意识当中领会的。例如，无论是顾客还是店员，当和对方一起挨个翻动衣架上的新夹克时，都不必停下来特意考虑他们所卷入的社会互动。每个人都明白他（她）自己的角色和对方的角色。想一想吧，如果人们在买牙刷时，在回答老师的提问时，或者在为雇主打印信件时，他们都不知道怎样互动，那么，生活该是多么困难和多么不确定。关于日常情境的共享定义使得人们可以将世界看作一个稳定的场所，在这里，或多或少可以“想当然”地处事［舒尔茨（Schutz），1962］。

这种关于定义的共识是人类互动得以进行的关键。由于社会的成员以同样的方式解释和定义多数同样的情境，所以他们可以以某种组织化的方式共同采取行动。

作为美国社会学的奠基人之一，W. I. 托马斯（W. I. Thomas）指出了共享定义（shared definitions）的极端重要性：“如果人们将某种情境定义为真实的，那么这种情境就会造成真实的影响”（Thomas & Thomas，1928，p. 572）。这就是人们有时所说的“托马斯定理”（the Thomas Theorem）。尽管这些定义在客观上有时并不准确，但是，我们所共享的这些定义仍然指导着人类活动。如果人们相信巫婆确实存在，或者打喷嚏可以传播艾滋病（AIDS），那么他们在危急时刻就有可能烧死他们认为是巫婆的人，同时，也会竭力回避患流感的艾滋病人，尽管事实上这类行为都是基于一些错误的假定（对于作为受害人的“巫婆”或艾滋病患者而言，“事实”如何并不能造成什么区别）。

有些时候，人们关于某些社会情境的定义并不很清楚。在这种情况下，人们通过社会互动发展他们所需要的定义。根据他人所提供的关于他们自身的信息，特别是通过他们的行为模式，一个人可以领会期待什么和被期待什么。比方说，两个同时出席某个新的商业同行所举办
99 的晚宴的人，就必须定义这种情境：宴会的目的是什么？为什么邀请他们？他们怎样应对在场的其他人？每个客人都有可能发现别人有不同于他（她）的定义。某个人可能利用这种场合谈

成一笔生意，而另一个人则有可能把它当作与他人的配偶调情的一次机会。另一方面，对于男女主人而言，他们可能主要是借此炫耀他们新装修的居室。

在另外一种情况下，由于某种熟悉的习惯发生变动，人们关于某种情境的定义也有可能发生变化。例如，在 20 世纪 70 年代，男士主动为女士开门的习惯遭到广泛挑战。一些人觉得这种礼仪是男性控制的象征，在这种控制下，女性处于被动地位。一位社会学家曾经让她的学生观察并记录在男女两性相遇时，谁给谁开门，以及他们的感觉如何。结果，她发现，这种相遇的过程变得日益复杂、问题成堆，并且也不再是常规性的了。换句话说，关于男人和女人彼此应当如何互动的一系列新的定义，已经导致了这样一种新的情形：即使熟悉的习惯也需要重新定义。许多社会学家相信：这种习惯性行为方面的变化，常常在实质性问题上为社会价值观未来的重大转换奠定了基础［瓦莱姆（Walum），1974］。

（四）批评

符号互动论的批评者们认为，符号互动论关注的仅仅是个体的互动方式，这种理论方法不能够解释个体无法控制的力量对其行为的形塑。换句话说，它忽视了社会结构对于我们生活的很多影响。符号互动论似乎否认历史、社会和经济对我们的约束，并且它造成了一种个人拥有无限自由的错误印象。

在回应这些批评时，布鲁默和其他符号互动论者指出，无论那些更为强大的社会力量具有何种影响，人们总是在彼此的互动过程中体验到它们。他们强调，如果不能首先理解人们的互动方式，我们就不可能真正地理解社会［阿德勒和阿德勒（Adler & Adler），1980］。

三、关于社会互动的其他理论

社会学家们已经发展出许多另外的理论观点，这些理论观点进一步阐释和拓展了符号互动论的中心思想［阿德勒、阿德勒和丰塔纳（Adler，Adler & Fontana），1987］。其中，最为著名的是拟剧论和本土方法论。

（一）拟剧论

当我们与一个并不太熟的人谈话时，通常会立即自问有关对方的一些问题：他（她）是干什么的？住在哪儿？为什么要与我们谈话？所有这些问题帮助我们做出某种情境定义。我们还可以根据对方的穿着打扮以及过去在类似情境下的遭遇等等做出推断。但是，我们就要结识的这个人，有可能完全意识到我们的思想活动，并且，他（她）还会因此积极地做出努力，以影响我们正在进行的解释和定义过程。

戈夫曼详细研究了人们尝试在别人眼里制造形象的过程。戈夫曼关于社会互动研究的理论观点被称为“拟剧论”（dramaturgical perspective），这种观点把人们看成是戏剧中的演员。按照戈夫曼的观点，当人们扮演角色时，他们的表演是由观众来判断的，这些观众对表演的失误非常警觉，而这些失误则有可能反映演员真实性格的某些方面（Goffman，1959，1963，1971）。

按照戈夫曼的观点，人类互动的最重要特征就是印象管理（impression management）或自我呈现（presentation of self）——为了使他人按照我们的愿望看待自己而在他人面前展示自我的努力。例如，许多人都制造某些使他们看上去很善交际的形象。在舞会上，由于被人介绍与一群证券经纪人相识，某个客人可能会对证券市场表现出浓厚兴趣。与此类似，推销员也总是试图制造出与他们所售物品相符的形象。因此，某个出售维他命的人，可能会在家中的日光灯下消磨时间，以便使他们看上去比较健康。类似的，雄心勃勃的摇滚明星可能采用某种他们确信能引起注意的穿着和行为举止。

在第一印象非常重要的情景中，人们通常小心策划他们的表演，以便使其行动与他们所想制造的印象一致。例如，一位为开学第一天做准备的老师，就其所要建立的与学生之间的关系，发表了以下意见：

> 你绝不能让他们占上风，否则你就完了。所以，我一开始总是表现严厉。上新课的第一天，我就让他们知道谁是老板……只有一开始严厉，你才有可能逐步放松。如果你一开始就放任自流，当你想严厉时，他们就只会看着你并发笑。（Becker，1952）

印象管理有许多可能的目标。行动者可能想欺诈、侮辱、迷惑、误导或打发别人。但是，
100 不管目的是什么，正如戈夫曼所指出的，它总是为了使行动者能够更好地控制别人的行为。这样的目的是通过印象管理的过程达到的，这种印象管理能够诱导对方做出行动者所期望的行为。

.NET 互联网/技术

互联网上的社会互动

电脑空间或赛博空间（cyberspace）是个新天地。你是把它看作一个熟悉的地方，还是当成陌生领域，可能完全取决于你所讲的语言。比如说，在下列词汇中，你能够领会其中几个词的含义？例如：网际色情、隐身、网络骚扰、灌水以及网络新手。如果你在理解这些词汇方面有困难，你就该把自己当成网络新手——电脑空间的新来者。

如果你并不了解网络新手的含义，你也许不会对这个词所含的屈尊感到不舒服。但是，请原谅我的不礼貌，你本人有可能需要了解礼貌——也就是互联网用户所期待的礼仪。

我们从事日常活动时，对多数词汇的含义都认为是理所当然的。我们总是在不知不觉中学到共享定义。我们总是对与别人互动的方式也认为是理所当然的。我们既不质疑我们交流的意义，也不质疑我们交流的方式。也就是说，直到我们走出我们自己的文化，这一切才会成为问题。在一个不熟悉的世界，很容易无意识地伤害别人，诸如盯着别人的眼睛看、不适当地待人或者谈论某些禁忌之类的简单行为都有可能伤害别人。

对于网络新手而言，互联网是个异文化，他们必须学习网络上的长期“居民”所建立起来

的“行为规范”。如果他们违背了这一文化的规范，他们可能受到温和的警告。但是，反复或严重的冒犯是不可忍受的。这一文化中的规范形塑了所有基于互联网的网络（例如讨论组、数据库、电子邮件）中的社会互动。违规者可能被威胁剥夺其进入某个群体的机会，甚至会被驱逐出去［克罗托和霍因斯（Croteau & Hoynes），1997］。

如果你想进入赛博空间这一新天地，不愿意受到骚扰——“为来自四面八方的恶意信息所攻击”［塔普斯克特（Tapscott），1998］，那么，你需要遵守以下这些规则：

1. 不要大声嚷嚷。全部用大写字母写字就叫做“大声嚷嚷”。千万不要这样做，这是粗鲁无礼的。

2. 先读FAQs（frequently asked questions，经常会问到的问题）。FAQs是指针对某个特定网站所经常问及的一系列问题。为了使你的行为符合礼仪，你需要在发布任何问题之前先读一下FAQs。

3. 在你发言之前先隐身。隐身是网上偷听的一种形式，但它是人们所希望的，甚至是被建议采取的方式。所谓隐身就是指阅读其他人发布的新闻组信息而不做出回应。它可以让你在知道并理解某个交流之前，能够有机会聆听这一正在进行的交流。

4. 灌水是不允许的。互联网上的灌水不应与你所珍爱的罐装肉混淆起来。相反，它是指新闻组的垃圾邮件。灌水——发出同样的信息使得新闻组的信息不断膨胀，从而宣传某种产品或服务——不仅会激怒其他人，而且也违背人们深信的规则：互联网应该是不带广告的媒体。

如果你违背以上规则或者伤害了其他的互联网用户，他们有可能通过骚扰你来发泄愤怒。我们都能明白某个恶意信息所隐含的情绪。但是，互联网自身不能提供很多非言语的暗示，而我们常常依赖这些暗示来了解别人的反应，例如：微笑、眨眼或者皱眉。不过，由于这些非语言暗示对于沟通过程是如此重要，以至于互联网用户已经发展出在其信息中附加上述意义的特殊方式。互联网也有体态语言！

如果你不能确定某个人所发电子邮件的含义，可以查看一下某种情绪暗示（非言语信息）或者通常人们所说的头像。它们是由若干字符组成的富有表情的脸面。你将这本书顺时针转动，可以看看下列脸面及其含义：

:-)　　一个微笑的人

:-D　　一个大笑的人

8-　　一个戴眼镜的人

=:-)　　一个摇滚朋克

:-O　　受惊或惊讶

如果你觉得你就像在*WNOHGB*（where no one has gone before，没有人曾经去过的地方），那么请花*JAM*（just a minute，就一分钟时间）看看这个专栏。在你了解它之前，你将把这些缩写的方式吸收进你的日常语言中，并且会说*ttfn*（tata for now，再会）和*CUL8r*（see you later，再见）之类的话了。

戈夫曼把针对陌生人或偶然结识的朋友的行动叫做“前台”行为。只有关系更为密切的人才被允许看到“后台”正在发生的一切，也就是说，了解行动者的真实情感。例如，可以想象这样一种情境：一位顾客向百货商店的一个职员抱怨衣服的质量欠佳。这个职员表示道歉，并
101 微笑着说，有时由于质检员的疏忽，的确会出现不合格的商品。当这位顾客换了件新衣服离开后，那位职员就与其同事说开了属于“后台”的话：“有些人闲着没事干，只会抱怨!”

前台和后台也可以指实际的物质场所，在这些场所中，只能做出某种特定的表演。在典型的中产阶级郊外住所中，客厅最有可能被当作前台，因而进行了仔细的、有品位的装修，以尽可能积极地反映表演者的要求。而没有条理的卧室或家里人的房间，则表现出了其后台的特征。在高级中学，老师们的休息室是后台，而教室则充当前台。

许多父母在日常生活中有“前台”及“后台”行为。在这幅画中，这对父母正在展示“后台”行为——和他/她们孩子的家庭生活，而他/她们刚刚完成了一天的充满了“前台”行为的工作。

有时，两个或更多的人一起协作，组成剧班（team），以制造某种预期的形象。例如，两位职员可能一起演双簧，赞赏某位顾客对于服装的选择，而实际上他们只是想尽快成交，以便关门打烊。

偶尔，在制造某种印象时，行动者几乎是无意识地“露出”了马脚，使观众感到自己原来一直是在看表演。例如，演讲者的声音可能发颤；一个接受访问的人可能会因为过分夸张其放松的样子，而暴露出其内心的紧张。或者，当父母正准备管教孩子时，一个微笑可能就泄露出他们并未生气。当“观众”中的某个人提起某件事实或问起某个问题，而这个事实或问题可以弱化行动者所想制造的形象时，也有可能出现表演失败的情况。

按照拟剧论的观点，当行动者意识到他（她）的表演已经失败，没有能够在观众中制造出所预期的印象时，就会出现尴尬情形。例如，一个被认为是经济学权威的教授，却不知道一份有关经济的重要的政府文件，这种无知如果暴露在课堂上，这个教授就有可能陷入尴尬。同样，如果一个著名的女高音歌手不能唱出 Hi-E，她也可能陷入尴尬。面对尴尬时，表演者可能做些挽回面子的事，以避免丢脸。比方说，经济学家可能一般性地嘲弄一下政府文件，认为那是有偏见、不可信的；歌剧明星也可以说，正当她要唱出石破天惊的高音时，她吸进了一点灰尘。

但是，戈夫曼指出，表演者的尴尬通常也伴随着观众的尴尬。为了避免这样的尴尬，观众通常忽视表演中的过失，因此也就帮助表演者保全了脸面。戈夫曼用“有意忽视”（studied nonobservance）一词描述这样一个过程。例如，班上的同学可能看低政府经济报告的重要性，以帮助经济学家保全脸面；针对歌剧的评论也可能故意不提演员唱不上调这一缺陷。“有意忽视”是一种得体的形式。所谓得体，是一个含义更为宽泛的词，指观众帮助表演者保全脸面的各种方式。

关于拟剧论的批评：一些批评者认为拟剧论太过于静态地考察自我了［邓金和凯勒（Denzin & Keller），1981］。按照一些社会学家的观点，我们的自我观念在各种互动中实际上是略有不同的。正如查尔斯·H·库利（Charles Horton Cooley）的“镜中我”（looking-glass self）概念所表明的那样，我们通过一些具体的别人对我们的看法以了解我们自己，由于每个人对我们的看法在某种程度上是有所不同的，因此，在某种程度上，当我们与不同的人在一起时，自我的确是有些区别的。所以，当我们与我们的父亲、我们的老师以及我们最好的朋友或者一个公共汽车司机互动时，在某种意义上我们就表现为不同的人。但是，戈夫曼似乎在想象某种稳定的、永不变化的自我，这个自我在所有的互动中都只是在尽可能地制造最好印象。

另外一些批评者指出，戈夫曼过于把人们描绘成一种玩世不恭的和非道德的形象。我们并不总是在操纵社会情境。有时，我们努力诚实、真正地表白自己［道格拉斯等（Douglas et al.），1980］。还有一些批评者认为，戈夫曼的玩世不恭用于描述某些当代美国人的行为可能 *102*
是合适的，但是对于美国社会中的另外一些人或者其他社会中的人来说，这种描述就是很不适用的。

在其后来的著作中，戈夫曼间接地回应了这些批评，他不再只是关注印象管理。他乐意承认印象管理只是社会现实的一个方面。

（二）本土方法论

哈罗德·加芬克尔（Harold Garfinkel，1967）在研究陪审团评议时杜撰了“本土方法论”

(ethnomethodology）这个词。加芬克尔对于陪审员们在以前彼此并不认识，并且对于法律的技术规则并不了解的情况下，能够一起工作并做出决定感到奇怪。他断定必然有一套我们大家都不言自明的规则，并且可以运用这套规则去指导我们在新的情境（例如在陪审团）中的行动，这套规则就是本土方法（ethnomethods)。换句话说，这些本土方法是某种简化程序，它使人们即便是在彼此并不认识的情况下，也能有效地沟通和互动。

本土方法论者与戈夫曼及拟剧论者有着某种共同的兴趣，这就是关注人们在社会情境下为了制造印象而使用的一些技巧。但是，本土方法论者就这些技巧提出了一个不同的问题："这类技巧或规则是如何帮助人们形成关于现实的常识，即人们之间为什么有相同的理解?"主流的符号互动论者认为，我们互动时所遵循的规则是互动过程的产物。与此相对，本土方法论者对这些规则的起源并不感兴趣。他们所感兴趣的是在特定情境下，人们为了知道怎样互动而运用这些规则的方式［迪诺拉（DeNora)，1986；Wallace & Wolf，1986；惠伦和齐默尔曼(Whalen & Zimmerman)，1987］。

这些指导社会互动的民间规则涉及许多人们彼此拥有的隐含的理解和预期，或者某些背景假设。人们对于这些背景假设太习以为常了，以至于很少有人去注意它们。但是，当这些背景假设遭到破坏或挑战时，它们对于社会行为的影响就很明显。一个男人穿着牛仔裤和T恤去参加一个正式的婚礼，就没有遵循"在这种场合应当注意穿着"这样一般公认的规则。一些客人可能只是对他没有遵守规则感到迷惑不解，而另一些客人则有可能完全回避他。

本土方法论者指出，即便是偶然相遇，也遵循着某些共同的假定。为了证明确实如此，加芬克尔（1967）设计了一种实验，并把这种实验叫作"违规实验"（breaching experiments)。在这些实验中，实验者故意表现出对会话背后没有明说的基本假定并不明白的样子。下面就是发生在受试者（S）与实验者（E）之间的一次会话：

(S)：嗨，雷，你的女朋友感觉怎样?

(E)："她感觉怎样?"，你是什么意思？指身体还是指精神?

(S)：我是问她感觉怎样。你怎么了?（他看上去被激怒了）

(E)：没什么。只是请你解释清楚一点。

(S)：算了吧，别谈这个了。你向医学院提交的申请怎么样?

(E)："它们怎么样?"，你是什么意思?

(S)：你知道我是什么意思。

(E)：我真的不知道。

(S)：你到底怎么了？是不是病了?

(Garfinkel，1967，p. 42)

这样，不仅两个人之间出现了沟通障碍，而且那个做出背景假定的人被另一个并不接受这些假定的人弄得心烦意乱。

在另外一次违规实验中，加芬克尔要求学生们与他们家里人进行大约一个小时的交流，并在交流中假装对家中的共享假定并不熟悉，即不再想当然地采用任何作为家庭互动之基础的背景假定。比方说，在互动中，严格遵守礼节，称爸爸为"先生"，称妈妈为"夫人"。结果是沟通中断，家里人感到气愤并且心烦意乱。在努力恢复正常情景时，学生可以很容易地发现家里人的共享假定。

关于本土方法论的批评：许多主流社会学家，特别是一些宏观社会学家，对本土方法论并不熟悉，而且也不相信。他们认为，对于社会学的一些主要问题——如社会设置的特性以及社会中的权力运用等——而言，本土方法论走得太远。而且，这种理论看上去极其模糊和抽象。但是，很明显，揭示社会交往的各种规则是大家都感兴趣的，本土方法论正是把这一点作为其中心目标。

有些社会学家试图将这些微观层次的规则与那些管理社区与国家的宏观层次的规则联系起来（Alexander et al.，1987；Collins，1981），这种连接有可能为人们观察社会生活提供令人兴奋的、强有力的新方法。

（三）会话分析

作为戈夫曼的学生和加芬克尔的同事，H. 萨茨（Harvey Sachs，1992）引导着会话分析（conversation analysis）的早期发展。像戈夫曼和加芬克尔一样，萨茨相信日常行为揭示了人类互动的很多东西。萨茨研究了从朋友间的平常交流到紧急呼救的很多会话，发现了各种会话 103
的许多共同特征：语次交换（turn-taking）、会话者之间的转换以及终止。

会话分析的早期研究焦点是会话者将其言语互动组织成一致顺序的方式。语次交换决定着会话者的顺序——谁可能说话以及谁可能不说话。这一过程涉及发出信号，以表明某个信息已经被理解，会话的另一方现在可以继续进行。比如说，当某个人问到诸如“你母亲怎么样?”之类的问题时，会话的另一方被预期以某种合乎逻辑的回话做出回应：“谢谢你，她很好。”这种回话表明对方的问题已经被理解，并且会话可以接着进行。不能做出回应或者犹豫则表明了此人的迷惑并发出需要进一步澄清的信号。在此情况下，或许此人母亲已经过世。

与早期研究相比，会话分析的后来研究关注会话的其他方面［波顿（Boden），1994；坎贝尔等（Campbell et al.），1992；赫里蒂奇和格雷特巴奇（Heritage & Greatbatch），1991；霍珀（Hopper），1991；梅纳德和克莱曼（Maynard & Clayman），1991；谢格洛夫（Schegloff），1991；惠伦（Whalen），1990；齐默尔曼（Zimmerman），1992］。例如，H. 摩洛奇和 D. 博登（Harvey Molotoch & Deirdre Boden，1985）分析了“水门事件”听证会的录像带，以研究在整个调查过程中权力斗争是如何展现出来的。D. 塔能（Deborah Tannen，1990）在其关于男人和女人沟通方式的研究中，也检视了在会话过程中权力是如何展现其自身的。

按照塔能的观点，男人和女人之间的会话显示出他们在看待世界的方式方面的本质性差异。鉴于此，她认为，对于男人而言，“会话是人们努力获得并维持优势的谈判”，而对于女人而言，“会话是一种努力寻求并给予确认和支持，由此达致亲近的协商过程”（Deborah Tannen，1990，pp. 24—25）。她认为，这就解释了为什么男人和女人之间常常难以相互理解。

四、非语言沟通

在与别人交流时，我们不只是对他们所说的话做出反应，实际上我们也对他们的行为做出反应。例如，假定某个教授说他（她）对你关于某个问题的想法非常感兴趣，但是，你讲话时，却看到了他（她）那止不住要打呵欠的神态。从那时起，教授表现的非语言部分肯定会影响你的行为表现。

在人们的日常互动中，非语言交流之多令人吃惊。据估计［伯德威斯特尔（Birdwhistell），1970］，多数人一天只讲10～11分钟的话。通常情况下，在两个人交谈时，语言对情境的社会意义的表达平均不到35％，剩下65％的意义都是由非语言的方式表达的。

借助符号而不是语言所进行的沟通被叫做非语言沟通（nonverbal communication）。身体外貌、衣着和个人物品，所有这些都可以成为非语言沟通形式。其中，两种最重要的非语言沟通形式是体态语言（包括姿势和面部表情）和个人空间。

（一）体态语言

面部表情（facial expressions）是如此直接地展示着情绪的变化，因而可能是非语言信息最丰富的源泉。在与人交谈时，我们通过不断地观察对方的脸色，以了解他们对我们说话内容的反应。我们也试图恰当地控制自己的面部表情。但是，由于面部表情很难读懂，因此，要解释它们的意义通常也是很难的。

但也有证据表明，诸如恐惧、快乐、惊讶和气愤等情绪的表达方式是共同的。当研究者将这些表情的照片给现代文化中的人和与世隔绝的传统文化中的人看时，他们都能将每种表情的意义正确区分［埃克曼和弗里森（Ekman & Friesen），1971］。大家普遍认为，这类表情反映了一种天生的生物安排，也就是说，是自然具有的而不是后天培养的。正是由于这一原因，人们不必去学习；并且，事实上，这些表情在所有文化中都传达着同样的意义。

相比之下，在不同的文化中，动态体语（gestures）——也就是通过身体或四肢的运动以表达某个意图、某种情绪或态度——所表达的意义是非常不同的。例如，在美国，上下点头意味着“是的”，而左右摇头则意味着“不”。但是，马来半岛的萨芒人把头向前伸表示“是的”，而马来西亚的矮小黑人则通过往下看以表明“不”。对于埃塞俄比亚人而言，交手的姿势（把一个手腕交叉放在另一个手腕上，并同时按照相反的方向移动双手）意味着向一位妇女示爱；在以色列，这个动作曾经具有军事意义，而现在则意味着双手被“禁锢”或受了伤。在埃塞俄比亚，手袋式的动作（伸出手，摊开手掌，然后将五个手指聚在一起形成一个点）意味着乞讨食物；而在以色列，这是“慢一些，保持耐心”的标志［舍勒（Schneller），1985］。

静态体语（posture）——即人们身体或四肢保持某种状态的姿势——也是体态语言的一种形式。与有意控制的面部表情和动态体语不同，人们通常没有考虑自己的静态体语。因此，人们常常通过静态体语“暴露”出他们本来不打算泄露的信息。

104

面部表情可能是非语言信息的最丰富源泉，类似明显的喜悦、恐惧、惊讶、愤怒等特定表情的含义通常是可被理解的。

（二）个人空间 105

人们可以有意识地利用**个人空间**（personal space）——环绕一个人四周的直接区域——以传达某种意义。但是，在更多的时候，这样做通常是无意识的。个人空间的一个方面，即谈话人之间的**人际距离**（personal distance），尤其有意义。人际距离通常用身体之间的空间距离来测量。人类学家爱德华・T・霍尔（Edward T. Hall，1966）曾经对此进行了广泛而详细的研究。他用下面的例子来说明空间距离是怎样表明人们彼此间的情感：

正在生气或者强调各自观点的人们，总是越凑越近，他们“抬高嗓门喊叫”，好像这

> 才是正常的。与此类似，正如所有女人都知道的那样，一个男人示爱的最初迹象之一就是向女方靠近一些。如果女方不是同样感到有意的话，她对此的反应就是向后退。（p. 144）

霍尔提出了一种理论，认为人际距离有四种基本类型，每种类型的距离又都有其自己的活动和关系特征。人们选择特定的距离进行互动，不仅反映着，而且有时还形塑着他们之间的关系。有必要指出的是，这一理论可能只对霍尔所研究的人适用，即美国东北部健康的中产阶级成年人。

在**亲密距离**（intimate distance，从实际接触到彼此相距 18 英寸，大约在 0 厘米～45 厘米）内，另外一个人的出现会让人不知所措。在这个距离内，一方可以闻到对方的气息，并能详细地感觉、听到、看到对方的身体。这是求爱、安慰和保护的距离。尽管可以经常看到一些孩子们在各种公共场合保持这种距离，但是对于许多成年人而言，在公众场合保持这种距离是不合适的。

在**私人距离**（personal distance，从 18 英寸到 4 英尺的距离，大约在 45 厘米～122 厘米）内，一般是与密友和相爱者进行互动。在**社会距离**（social distance，从 4 英尺到 12 英尺的距离，大约在 122 厘米～365 厘米）内，可以处理一些非个人事务。除非受到空间限制，人们在偶然的交际场合也保持这种距离。12 英尺以上的距离叫做**公众距离**（public distance），知名人士在给别人做演讲时，一般保持这个距离。

霍尔指出，在其他文化中，也存在类似的个人空间，尽管一种文化与另一种文化中的具体距离有些差别。欧洲大陆人通常采用的彼此说话的距离，在美国被认为适合于更为密切的私人关系。霍尔（1966）所访问的一个美国人说："这些人离得太近了，眼睛都对上了。这样确实让我很紧张。他们把脸贴得太近，让人觉得他们就像'在你身体里'似的。"（p. 145）

关于个人空间的文化定义也体现在人们对于居室、房门和办公室的看法上。德国人觉得房门保持了房间的完整，并且提供了人与人之间的一条必要界线。例如，在德国人的办公室里，门一般是坚固的，并且总是关着。但是，在美国，关着门可能意味着屋里人不愿交际，甚至是一种搞阴谋的迹象［Hall，1966；施瓦茨（Schwartz），1967］。与此同时，美国人和德国人都倾向于把总经理的办公室安排在大楼的某个角落，而法国人则把正中央的办公室看作是最受尊敬的。在法国，办公室和城镇通常都是围绕某一中心向四周辐射，那些最重要的人以及最重要的地点和机构，都处在中心位置（Hall，1988）。

还有证据表明，个人空间大小因性别而异。有位研究者指出，男人一般比女人需要更多的个人空间［爱泼斯坦（Epstein），1986］。可能正是这个原因，在一间拥挤的屋子里，男人比女人更容易受到负面影响［弗里德曼（Freedman），1975］。

106 全球社会

吉卜赛人

你曾招呼过吉卜赛人的车带你到一个城镇的脏乱简陋地区吗？这种地方是拥有正规执照的

出租车所不想去的。你曾被“吉卜赛人”（骗）过吗？你是否把一个无拘无束的卡车司机看作吉卜赛人？这些俚语都与吉卜赛人有关，一个通常与游动的生活方式相联系的神秘群体，这个群体的成员有着欺骗天真的社会成员的名声。事实上，虽然很多美国人把这些俚语引进他们的语汇中，但是很少有人曾经见过吉卜赛人。如果你见过，她有可能是个算命的。他们似乎无处不在，而又似乎根本不存在。

这些都是消极的刻板印象吗？实际上很难说。即使是专门的研究者也承认，吉卜赛人的“文化模式很难把握”［柯法特和泽纳（Kephart & Zellner），1994］。但是，吉卜赛人的生活方式以及支撑这种生活方式的社会网络却是令人着迷的。尽管公众也许把吉卜赛人看作坏蛋，认为他们缺乏任何社会控制，但是，吉卜赛人确实依赖规则生活，这些规则形成了有效的社会控制体系。为了弄清吉卜赛人的体系如何运作，我们首先必须了解吉卜赛人是谁。

吉卜赛这个词源自埃及人，但是，我们今天都知道吉卜赛人群体源于印度。事实上，吉卜赛人的语言，也就是吉卜赛语，根在梵语。按照威廉·M·柯法特和威廉·W·泽纳（William M. Kephart & William W. Zellner）的观点，“吉卜赛人的祖先有多种说法，有的人认为是罪犯和游荡部落，有的人认为是战争中被驱逐的囚犯，有的人认为是‘游牧部族的松散联盟，可能置身于印度的种姓体制之外’”（1994，p. 97）。

学者们相信吉卜赛人是从公元初的几个世纪开始，在不同的时间离开印度的。一些人到公元5世纪好像已经在波斯和叙利亚定居了。到公元13世纪，吉卜赛人已经在东南欧洲（希腊、匈牙利、罗马尼亚、塞尔维亚）定居。到公元14世纪，他们住在西欧（法国、德国、意大利、荷兰、瑞士和西班牙）。今天，吉卜赛人几乎生活在每一个欧洲国家、北非、近东地区、南美、美国以及加拿大。

那些自认是吉卜赛人的人生活在一个不同的文化中，他们在自己人与外来者之间划有明晰的界限，他们把外人叫做 *gadje*（非吉卜赛人）。他们与外人之间的界限依靠许多种方式维持，包括欺骗、逃避、误导和撒谎。正如许多研究者所发现的那样，研究吉卜赛人“就像想要打进秘密社会”（Kephart & Zellner，1994，p. 101）。

吉卜赛人社区深深植根于连锁的扩展家庭制度中。扩展家庭构成了更大的亲属群体的一部分，这个亲属群体叫做 *vista*。这些亲属群体又与四个部族（或叫 *natsiyi*，指：Lowara，Machwaya，Kalderacha 和 Churara）之一相联系。尽管吉卜赛人一个家族与另一个家族的习惯可能不同，但是，有一种社会控制方式具有强大的约束力。这种控制方式叫做 *marime*，意思是败坏名声或玷污。 107

吉卜赛人相信人体的上半部分是洁净的，而下半部分（特别是生殖器和肛门）是肮脏的。为了避免弄脏，身体的上半部分绝不能与下半部分接触。罗纳德·李（Ronald Lee），一个吉卜赛人，这样描述为了防止弄脏的卫生仪式：

> 你不能在同一个盆子里洗衣服、盘子和孩子，每个吉卜赛人都有自己的餐具、毛巾和肥皂。另有盘子和餐具放在一边供客人用，而且还有供怀孕妇女专用的。有专供洗脸的毛巾和专供洗下身的毛巾，并且有不同颜色的肥皂，每种肥皂都有特定的作用。（Kephart &

Zellner，1994，p. 103）

吉卜赛人把外来人看成是肮脏的，因为他们做的一些事情污染了他们上半部分身体。比如说，非吉卜赛人在上公厕时可能忘了洗手，他们也可能用已经掉在地上的餐叉吃饭，他们还可能把洗脸毛巾与内衣一起洗，或者，他们可能把他们的脚放在桌面上（Kephart & Zellner，1994）。

惧怕弄脏限制了吉卜赛人与外人之间的互动，并且有效地防止吉卜赛人为更大的社会所同化。当一位访问者询问一个吉卜赛老太太，在吉卜赛社会中，防止弄脏的信念是否正在弱化时，她这样描述防止弄脏之信念的重要功能："也许是在弱化，但我希望不要这样。一些年轻人不了解这种信念，但是，正是这种信念使我们团结在一起。"（Kephart & Zellner，1994，p. 107）

在吉卜赛社会中，非正式的社会控制远比正式的社会控制有效。这里不存在书面的规则。反而是传统、习惯、仪式、行为规则以及道德律令维持着这个社会的团结。这一切组成了吉卜赛人所说的"罗马尼亚"（romania）。某个人违背了"罗马尼亚"中所包含的非书面规则不会被捕，他们也不必害怕监禁。但是，他们将屈服于流言、嘲弄以及俏皮话。在这种组织严密的封闭社会里，这种类型的非正式社会控制是极其有效的。如果某个人严重违规，这个人就会被宣布为肮脏并且从群体中放逐出去。在一个人们从来就不是真正独立存在的吉卜赛社会，这是最大的惩罚。如果这种被宣布为肮脏是永久的，那么他甚至宁愿自杀以结束生命。

资料来源：Based on William M. Kephart and William W. Zellner，*Extraordinary Groups*，5th ed，New York：St. Martin's Press，1994.

五、社会互动的形式

在社会学的先驱乔治·齐美尔（George Simmel，19 世纪末的德国社会学家）的研究基础上，人们已经区分出并且分析了许多种社会互动的主要形式。那些在人类社会生活中最为突出的互动形式有交换、合作、冲突、竞争和强制。尽管我们分别地讨论这些互动形式，但是，实际上它们常常是以不同的方式结合在一起的。

（一）交换

个人或群体采取某种方式彼此交往，这种交往旨在获得酬赏或回报，这样形成的关系就是交换关系。许多关系都属于这种类型，雇主与受雇者之间的关系就是一个好例子。如果受雇者按照雇主的意图去做事，那么他（她）就会获得一份薪水的酬赏。

酬赏并不一定是有形的。许多社会交换关系提供的是情感回报，就像人们只是为了接受感谢而对别人做出某种行为一样。人们期待感激通常比意识到感激要更经常［布劳（Blau），

1964，1987]。为一个想从自动售货机上买食品的陌生人换点零钱，帮助一个老人过马路，给生病的同事送件小礼物，所有这些行为都隐含着期待别人感激你。

在亲密的交往中，交换关系也是重要的。一个人对于另一个人的爱并不完全是基于某种预期的回报。然而，期待回报却是这种关系的一部分。如果一个人完全不能从他（她）所付出的 106
爱中获得任何感情或感激的回报，那么其爱的感觉将有可能消失。

在这些例子中，我们可以看到多数社会交换所遵循的一个基本原则：**互惠**（reciprocity）。按照这一原则，一个人向另一个人的每一次让渡都包含着关于某种回报的期待。这种回报可能是当场兑现的，也可能是日后再说的。但是，关于最终可以获得相应回报的某种预期的确指导着整个关系。互惠原则假定当事人之间存在某种基本的平等关系，它有助于通过创造持续的相互间的义务来维持交换的平等。

交换关系是交换理论的研究主题。基于一些与符号互动论完全不同的假设，乔治·霍曼斯（George Homans）对微观社会学的交换理论作了最好的阐述。霍曼斯的理论将行为心理学或行为主义（behaviorism，心理学的一个分支，它只关注那些可以观察和测度的行为）的一些原则应用到社会学中。

在汲取其哈佛大学同事、行为心理学家 B. F. 斯金纳（B. F. Skinner）之思想的同时，霍曼斯（1974）指出：在人们彼此交往的背后，自我利益是一种普遍具有的动机。就像斯金纳的心理学实验中的动物一样，人们做事情是为了获得酬赏。并且，如果某种行为得到正面强化或奖赏，那么，这类行为将来更有可能重复出现。

这种观点假设人们所考虑的是净收益（net rewards），也就是说所获得的收益必须减去成本。例如，某种关系即便给当事人造成很大的心理痛苦，但是只要从这种关系中所获得的酬赏继续大于所付出的成本，那么人们就不会终止这种关系。而且，由于没有意识到或者没有机会建立可以提供更多酬赏或付出更小成本（或者兼而有之）的关系，当事人也有可能继续保持原先那种没有酬赏的关系。

因此，按照交换论者的观点，许多人类社会生活可以还原为某种关于酬赏与成本的计算。这一逻辑被用于考虑婚姻、友谊，甚至包括仅仅为某人做好事的行为。由于人们发现互动的好处，人际互动的稳定模式才得以形成并维持。 107

交换理论的一个重要应用是在夫妇关系的研究中[勒温格（Levinger），1979]。大多数夫妇并没有有意识地用成本和酬赏、借方和贷方的观点来分析他们之间的关系。但事实上，他们从事很多种交换。交换的项目可以包括诸如家务劳动和经济支持之类有形的东西，也可以包括诸如情感支持和身心愉悦等无形的东西。按照勒温格的观点，某种关系的稳定性取决于这类交换对于当事人双方的满足程度。在一种稳定的、持续的关系中，各种交换被认为是理所当然的。当某种关系开始变味时，当事人就开始特别注意自己为对方做了些什么。当他们觉得其付出和回报不对称时，他们可能尝试恢复平衡。但是，最终，如果他们认为成本大于收益，他们之间的关系就有可能结束。

一般而言，在社会学内部，对于交换理论和行为主义的批评是非常激烈的，而来自符号互动论的批评尤其如此。符号互动论者认为，交换理论在概念上就很狭隘，它根本不考虑意义、价值、动机、意图以及自我等社会生活的基本要素，而这些在符号互动论者看来是极其重要的［邓金（Denzin），1986a］。例如，符号互动论者提出一个问题："如果你不了解既定的价值和意义，那么，你怎么知道什么是奖赏，什么是代价?"然而，各种社会中交换关系的重要性是不容否认的。并且，目前交换理论在社会学中越来越重要。

（二）合作

合作是指这样一种互动形式，即由于有些共同的利益或目标对于单独的个人或群体来说很难或不可能达到，于是人们或群体就联合起来一致行动。正如功能主义理论所强调的那样，在
108 广义上讲，所有社会生活都是以合作为基础的；如果没有合作，社会不可能存在。人们结合成群体和社会，是为了对付诸如洪水、饥荒和疾病之类的环境威胁。他们一起工作以更好地满足个人需要，并彼此保证安全，以防来自其他群体的威胁。

有人区分出了四种主要的合作类型［尼斯比特（Nisbet），1970］。最古老和最具普遍意义的合作形式是**自发合作**或互相援助。这种合作直接产生于某种情境下的实际需要和可能，例如两个人一起做家庭作业以便都能获得好成绩；或者，当目击一次事故时，人们一起工作以救助伤员。

人类聚居地是指导合作的一个例子。人们在一个大组织的领导下协力合作。

有时，原来自发的合作，逐步变为稳定的社会习惯，因此合作被制度化了，这种合作叫做**传统合作**。例如，在美国早期的边疆地区，居民们有一种传统，即大家一起互相帮助搭建谷仓和收获庄稼。

现代社会更多地依赖**指导合作**而不是传统合作。所谓指导合作是指双方在具有权威地位的第三方的管理和协调下进行合作。这个第三方可以是雇主，他告诉两个一起工作的人协力完成某项工作；第三方也可以是游泳指导，他让学生们下水时要结队而行。

现代社会也同样依赖**契约合作**。所谓契约合作，是指个人或群体之间正式同意以某种方式进行合作，并对彼此的职责进行清楚的界定。例如，当年轻的父母们决定轮流照顾彼此的孩子以便各自都能抽出时间做别的事情时，他们就是在进行契约合作。

（三）冲突

作为合作的对立面，冲突是针对珍稀物品或价值的斗争（Nisbet，1970）；为了达到追求的目标，打败对手是必要的。正如社会学中的冲突论所强调的那样，冲突的根源在于利益和有价值物是有限的。个人在追求这些稀缺资源时必须竞争。为了满足自己的愿望，每个人都尽力去征服别人。

乔治·齐美尔（1955）概括了冲突的四种主要类型：群体之间的战争、群体内的冲突、打官司（指合法处理并且通常是在法院加以解决的冲突）和理念之间的对立。与对于具体财产的各种冲突相比，理念之间的冲突通常是最残忍和最具破坏性的。例如，在今天世界上许多最严重的冲突背后，都可以看到宗教观念的差异。中东和北爱尔兰地区的冲突就是如此。

由于冲突通常导致苦难，人们一般都对它持否定态度。但是，继齐美尔之后的一些当代社会学家已经指出，冲突也有一些正面效果［科塞（Coser），1956］。例如，冲突可以成为一种促进对方紧密团结的力量；通过强迫冲突双方坐下来谈判并直面他们的问题，冲突也可能导致必要的社会变迁。这些社会学家还指出，即便社会能在某种程度上成功地消除冲突，但这也许并非理想境界。一个没有冲突的社会将是毫无生机、沉闷乏味的社会。

（四）竞争

竞争是遵循某些规则的一种合作性冲突，在这种形式的互动中，达到所追求的目标要比打败对手更重要。就像冲突一样，竞争的一方获取目标，而另一方面临失败。但是，这里打败竞争者不是主要目的。与卷入合作性互动中的人不同，竞争者通过各自的努力去获取目标，并且彼此之间处于竞赛状态。 109

为了防止竞争转变为冲突，竞争双方必须预先就“游戏规则”达成一致意见，并且，在遵守这些规则上必须协作。这一点适用于市场竞争、教室里学生之间的竞争以及足球队之间的竞争。竞争在西方社会中尤其普遍。例如，它就是美国式强调个人主义的资本主义制度的核心内容。

（五）强制

当一个人或一个群体将其意志强加于另外一方时，强制这种互动形式就出现了。在本质上讲，所有形式的强制都是以使用物质力量或暴力的威胁为最终基础。但是，一般而言，强制的表现要微妙得多。对于父母的爱，对于国旗的敬重，对于上帝的信仰，以及对于孤独的恐惧，都可以用作强制的手段。

像冲突一样，强制通常也被看作是一种负面的社会互动形式。但是，强制也有正面的社会功能。尽管父母们和教育工作者们在培养孩子时使用很多策略，但是在社会规则教育的背后，通常隐含着惩罚的威胁：做错事的男孩被送进他自己的房间；把三轮车骑到高速公路上去的女孩要挨板子。

六、社会网络

研究社会互动的另一种方法侧重研究人们所属的社会网络。社会网络由个人之间复杂的联系网所组成。网络与群体有着某种相似性：其成员之间偶尔有互动，并通常共享某种松散的认同感和团结感。他们可能还有某些共同目标和期望。但是，与将群体（即便是次级群体）成员凝合在一起的各种关系相比，网络成员之间的关系一般更具有局限性和松散特征。

许多网络是我们一生中自然而然地结成的。在我们步入成年时，我们成为各种网络的成员，如亲戚网络、邻居网络、校友网络，以及我们父母的朋友和同事网络。尽管我们加入这类网络时毫不费力并且通常也不假思索，但是，在我们后来的生活中，这些网络所提供的资源会对我们作为成年人的社会经济地位产生深刻的影响。例如，就职业流动而言，网络分析进一步证明了一个长期被怀疑的事实：尽管机会平等在口头上说得好听，但在事实上算数的不是“你知道什么，而是你认识谁”。

社会网络发挥着若干重要功能。首先一个是，一个人的许多决定和选择，都受朋友网络、家庭网络或同事网络的影响。同时，网络也是信息和建议的一个基本来源，不管是对找个地方住的移民而言，还是对一个想在暑假找份工作做的学生而言，或者是对想找个好的日托中心的父母而言，都是如此。此外，网络还可以为个人提供同伴。

最近，在职业领域，建立关系网（networking）这个词已成为一个关键词汇。它通常是指为了结识“合适”的人而进行的社会交往。例如，某家大公司的一位员工可能会尝试与公司管理层的某些人士结识，比方说在公司的聚会上或在高尔夫球场，这样结识的目的是希望他们能够喜欢他并有助于他的发展。

（一）网络特性

各种网络之间在其特性上有着巨大差异［霍林格和哈勒（Höllinger & Haller)，1990］。人们已经仔细研究了大多伦多地区英裔加拿大东约克人这一群体的各种网络［韦尔曼（Wellman），1979］。研究者向东约克人详细询问了一些具体问题，例如：他们觉得最亲近的人是谁？这些人住在哪里？他们之间的亲近是因为彼此是亲属、是朋友呢，还是因为彼此是同事？

他们之间怎样保持联系？研究者们还测定了所列举的亲密关系是否是通过各种社会网络而联系起来的。即使东约克人住在大都会多伦多的其他部分甚至更远，但是他们都报告说每周见面或打电话是常有的事。

研究发现：这些网络大多数“松散地结合在一起”。也就是说，大多数被访者属于多重网络而不是属于某个单一的、紧密联系的群体。但是，生活在这种松散地连接起来的网络中，并不意味着有孤立的感觉。只有 2%的被访者报告说，他们在家庭之外没有觉得亲近的人，而61%的被访者报告说他们至少有 5 种亲密关系。

正如该个案所表明的，各种社会网络之间相互不同的一个重要方面就是它们的密度。这种密度的范围包括从非常松散的联结到非常紧密的联结。所谓密度，指的是网络中个人关联的程度。如果你的大多数朋友都彼此相识而不只是认识你，那么，你的朋友网络是紧密的联结，或者说是稠密。如果你的朋友们彼此一般都不认识，那么你的朋友网络是松散的联结。有很多证据表明，与农村居民相比，城市居民通常拥有的是较为松散地联结起来的社会网络。 111

网络的另一个特性就是多重关系卷入的程度。所谓多重关系，指的是两个人卷入交往的多种方式。这种交往可能是简单的单向交往——例如，售货员与其顾客之间的交往，也可能是多重关系的交往，例如那些卷入家庭生活的人们之间的交往［肖尔丁（Choldin），1984］。一项关于北加利福尼亚居民的研究已经揭示，年轻人、参加工作的人以及拥有高学历的人，最有可能拥有多重交往关系［弗希尔（Fischer，1982）］。而且，这项研究还与较早的一些理论形成对照。较早的一些理论认为，与农村居民相比，城市居民之间有着大量交往，但是，这种交往比农村居民之间的交往更具表面性。而关于北加利福尼亚的研究则表明，拥有较大网络的人，同时也有更多的多重关系。这项研究总结道：当我们与更多的人交往时，我们“实际上可以享受更为丰富的社会生活”（Fischer，1982，p. 143）。

人们之间的社会联系也可以根据其强弱程度进行分析。所谓强关系（strong tie），是指人们在其中投入更多时间、更多情感，并且彼此更为亲密也更为频繁地提供互惠性服务的关系。当我们遇到个人麻烦时，我们向谁求助？我们一般是向那些与我们有着强关系的人求助，并且，几乎在所有的情况下，这些人就是我们的家庭成员、最亲近的朋友或同性邻居。我们还倾向于将我们的亲密关系进行区分：一些人可以充当具有同情心的听众，我们从他们那里获得理解；另一些人则可以帮助我们做些实事。同时，在对方需要我们帮助时，我们也会进行报答［韦尔曼和沃特利（Wellman & Wortley），1990］。

所谓弱关系（weak tie），是指那种自我卷入不多甚至没有卷入的关系［格兰诺维特（Granovetter，1973）］。大多数人们有着比强关系多得多的弱关系。但是，不应低估弱关系的重要性。一项关于人们改变工作的研究表明，对于大多数被访者而言，一次社会接触可以提供关于新工作的信息，并且，“在许多情况下，所接触的人只是处于目前社会网络之边缘的某个人……”（Granovetter，1973，pp. 1371—1372）在众多拥有技术和专业特长的人们之间，弱关系在培养某种团结感方面也是重要的，同时，它还有助于会议和聚会上的信息与思想交流。

110

应用社会学

在互联网上建立关系网

找到一份好工作绝对不是一件容易事。你可以去就业机构碰碰运气，但是并不能保证找到你想要的工作。也可以看看报纸周日版的分类广告，但是对多数人而言，很快就会变得恼怒不堪。这类挫折是很寻常的，有关研究已经解释了为什么。对于专业技术人员，通过就业机构大概只能找到9%的工作；通过广告大约可以找到10%的工作（Camden & Schwartz，1995）。但是，不要绝望，找工作的成功之道确实存在。按照哈佛大学社会学家M. 格兰诺维特（Mark Granovetter）的观点，所有成功的求职中，75%归功于“非正式接触”，或者更通俗地说，归功于“建立关系网”（Camden & Schwartz，1995）。

这种找工作的方法基于这样一种理念，也就是说，在你找工作时，你自己的社会网络——你通过个人接触所形成的可用的关系网——是你最有价值的资源。多数人至少认识30个成年人（Camden & Schwartz，1995）。如果他们每个人再给你介绍3个以上的人，你就建立了一个至少90人的网络，这些人可以帮助你接近招聘者。

使用这种方法，在你找到中意的工作之前，你也许得与250个人谈话（Camden & Schwartz，1995）。根据专业的职业顾问估计，大约在10到15次接触之后，你才能获得一次正式的面试机会，而要得到一份工作，可能需要5到10次正式的面试。但是，在得到你想要的工作之前，你也许要考虑5个可获得的工作机会。

建立关系网本身必然是一项全职工作。一遍又一遍的电话交流很快就会变成陈词滥调，而写信则可能花费数周甚至数月的时间。但是，今天，基于计算机网络的互联网可以使找工作的最好方法变得更好。事实上，目前许多用人单位都使用互联网筛选求职者。

运用互联网具有以下一些优势：首先，互联网可以显著地扩大你最初的求职名单。广告板（bulletin boards）和专题通信服务（listservs）可以让你与自己交往圈范围之外的人接触。其次，互联网提供关于劳动市场的有价值信息。比如说，如果你要搜寻成长中的产业、薪水推测或者市场统计方面的信息，你可以去查劳动统计网站（http：//www. stats. bls. gov）。

互联网也可以使你很快了解到让你感兴趣的公司信息。你可以在网上很快地找到关于这个公司的文章，或者到你感兴趣的公司作一次“虚拟访问”。许多公司都在他们自己的网站上提供大量有价值的信息。

当你完成最初调研之后，继续跟踪和接触你的目标。C. 斯特劳布（Carrie Straub，1998）介绍了很多策略。例如，在专题通信服务中搜寻目标。你甚至可以在专题通信服务上就你感兴趣的职业或产业提问题，或者使用广告板建立联系。最终，你可以登录专业协会和贸易协会的网站。

在你搜寻目标时，记住中间目标——一种信息面试。一些公司代表可能因为日程紧张而不能当面见你，互联网正是进行初次接触的完美方式。接着，可以通过互联网进行一次信息面试。使用这种方式联络潜在的单位还有另外的好处：它可以使这些单位对你的互联网技能留下深刻印象，而在今天的就业市场中，互联网技能是一种越来越具有市场价值的技能。

事实上，许多招聘者可能期望你给他们发送一份在线简历。在此情况下，你要设计好简历，以便计算机能够识别你的经验和才干［格雷伯（Graber），1998；斯特劳布（Straub），1998］。使用关键词很重要，因为这样可以增加正在寻求用人者阅读你的简历的机会。公司自身的工作岗位要求是发现关键词的最好之处。应该仔细阅读它，并对照要求制作你的简历。

当你在互联网上建立关系网时，很多网站对你有帮助。你可以登录以下网站：

America's Job Bank（http：//www. ajb. dni. us/html/seekers. html）

CareerMosaic（http：//www. careermosaic. com）

Internet Business Network（http：//www. joblocator. com/jobs/）

National Business Employment Weekly（http：//www. nbew. com/）

Job Hunt：Meta List（http：//www. job-hunt. com）

JobTrak（http：//www. jobtrak. com）

Kaplan（http：//www. kaplan. com）

The Monster Board（http：//www. monster. com/home. html）

Online Career Center（http：//www. occ. com）

The Riley Guide（http：//www. dbm. com/jobguide）

（二）小世界研究

一项旨在探讨横跨美国的网络联系的有趣研究就是“小世界研究项目”，取意于“世界毕竟很小”［特拉韦尔和米尔格朗（Travers & Milgram），1969］。研究者想弄清的是：一份文件由内布拉斯加州奥马哈的某个人手里，仅仅使用关系传递（using only personal contacts）的办法，传到马萨诸塞州沙伦的某个人手上，到底需要花费多长时间？这份文件被寄到一组随机的奥马哈居民手中，同时将在沙伦的最终收件人姓名告诉这些居民，并提供相关的传递指导和用于与研究者保持联系的明信片。研究者告诉被选中的居民：如果他们自己不认识最终收件人（一位证券经纪人），他们应当将文件传给更有可能认识他的人。

结果怎么样？在奥马哈的居民与最终收件人之间，平均只需要5个多一点的中介人，就可以将文件传递到。考虑到美国如此之大，但是却只要大约5个中介人就可以把任何两个人联系起来，这一点是令人吃惊的。这一研究结果对于我们看待城市特别具有重要意义。那些巨大无比并且看上去毫无组织的人口中心，实际上充满着各种各样的网络。后来的研究甚至表明，只要经过两三个朋友的朋友，通常就足以将这个世界上的任何两个人联系起来［科克恩（Kochen），1989］。

（三）网络分析的重要性

传统上，社会学研究关注的是个人或群体的特征。由于网络分析关注个人之间的联系，它已经对社会学做出了重要贡献。这种更具动态的视角，为分析社会系统的内在运转过程提供了富有启发性的见解。像本章所讨论的每种视角一样，网络分析强调个人在社会过程中具有主观能动作用，而不是被动地适应超越个人层次的更为强大的社会力量（Fischer，1982；Fischer et al.，1977）。

按照符号互动论者的观点，社会成员可以用一种组织化的方式一起行动，因为他们能够用同样的方式定义情境。但是，尽管某些情境定义在一个社会内部被广泛共享，但在不同社会之间却有可能明显不同。例如，相见时的问候就既能以热情拥抱的方式表达，也能以正式鞠躬的方式表达。

112

复习与思考

1. 人类之间的互动与其他动物之间的互动有什么不同？
2. 想想你曾有过的与你自己的内心会话。你都从中学到些什么？
3. 角色置换怎样减少人们之间的误解？
4. E. 戈夫曼怎样解释尴尬？为什么允许别人保全脸面很重要？
5. 列举出日常社会互动中你认为是理所当然的 5 条规则。
6. 什么样的社会互动能够显示出健康婚姻？
7. 政治家如何运用社会网络？

网上练习

第 5 章的网站涉及社会互动的不同方面。在搜索之前，请登录 Prentice Hall Companion 的网站：http：//www.prenhall.com/popenoe 。接下来，选择第 5 章（社会互动与社会网络）。然后，从屏幕左侧的菜单中选择网站。你可以发现其中有很多有趣的网站。我们建议你从“Business Netiquette International”开始。这个网站与第 5 章中题为“互联网上的社会互动”的“互联网/技术”专栏所进行的讨论相平行。“Business Netiquette International”网站的经理同时也是 *the Business Start Page* 的作者，该书主要面向那些正在准备开始新的商业冒险的人。这个网站包括灌水、垃圾邮件、国际事务、名字和头衔、大写以及签名之类话题的讨论。在你浏览了“国际商务礼仪”网站后，回答下列问题：

- 为什么你认为在互联网/万维网上沟通时，学习使用社会认可的程序很重要？
- 忽视网络礼仪的规则会有哪些后果？

关键术语

social interaction	社会互动	nonverbal communication	非语言沟通
symbolic interactionism	符号互动论	exchange relationship	交换关系
role taking	角色置换	cooperation	合作
dramaturgical perspective	拟剧论	conflict	冲突
impression management	印象管理	competition	竞争
presentation of self	自我呈现	coercion	强制
ethnomethodology	本土方法论	social network	社会网络
conversation analysis	会话分析		

第6章 社会化

假设你的婴儿期和童年期在一个与世隔绝的房间里度过，没有任何有意义的人类接触。你能用一种人类语言说话吗？你会有自己的人格吗？或者，你能体验到人类的情感吗？ 114

3个在极度隔绝的环境中长大的孩童的个案，对这些问题给出了部分答案。这3个孩子是安娜、伊沙贝尔、珍妮［戴维斯（Davis），1940，1947；柯罗金等（Gromkin et al.），1974］。安娜是个私生子，母亲由于害羞，生下安娜后，便把她藏在一间房子里，不让她与人接触。发现安娜时，她已经6岁半了，当时还不会走路、说话、自己吃饭，也不会保持自己的个人卫生。她没有任何情感表达，对人类十分冷漠。安娜被发现后，首先被送到一个智残儿童之家，尔后又送到一所育婴所。她的社会技能逐渐提高，到11岁她去世的时候，她已开始学会说话。

伊沙贝尔也是一个私生子，被她的聋哑母亲藏了起来。尽管伊沙贝尔没有学会说话，但她与她母亲可以通过手势进行交流。像安娜一样，她也是6岁半的时候被发现的。当她首次被发现时，她对别人的行为"就像野兽那样"。然而，与安娜不同的是，照料伊沙贝尔的人使她接受了强化训练。只有几年的时间，伊沙贝尔获得了与同龄儿童相似的正常发展水平。

珍妮在18个月左右的时候，被锁在一间小屋子里，被发现时，已有13岁。她的许多童年时光是在一个小便桶椅上度过的，她父亲把她捆在小椅子上，一待就是许多昼夜。没有被捆在椅子上时，她就被放在婴儿床上，置于一个没有窗户的房子里。她的瞎子母亲被允许给她喂食，但其父不允许她们在房子里发出任何吵闹声。她的父亲、哥哥甚至不与她说话，确切点说，他们对她像使唤狗一样。

到人们发现她时，珍妮已是一个消瘦憔悴、情感受滞的少女，她既不会站、也不会说话。医生没有发现珍妮有任何生理上的缺陷，于是心理学家认为，由于长期的社会隔离，剥夺了她说话的能力。珍妮后来被带到医院接受治疗，在那里，她似乎懂得了一些单词，但待了一年后，她还不能产生自我意识。尽管在许多方面，她都取得了进步，例如，学会使用厕所，但是她从未掌握说出一个完整句子的技能［派尼斯（Pines），1981］。

当然，儿童在与世隔绝的环境中成长的例子是极个别的情形，但它们表明，一个人的出生是情感性和社会性的，也是生物性的、无助的。要成活下来并完全成长为人类中的一员，就必须与他人有正常的互动。他们必须向他人学习如何思考和行为。这种互动和学习的过程就是所谓的社会化（socialization）。社会化的正式定义就是：一个人获得自己的人格和学会参与社会或群体的方法的社会互动过程。

不管在什么地方出生，儿童的社会化过程大致是相似的——不管是生在洛杉矶、孟买，还是特罗布兰德群岛，尽管各地的文化内涵千差万别。通过与他人的互动，婴儿从不能自立的人类动物转化为了社会人。当人们度过他们的童年的时候，他们已被教会了社会所期待的行为模式、语言、技能，以及如何去扮演一系列角色。即使成年后，社会化过程仍在继续，新的角色和技能仍需学习。这样，社会化在人的整个一生中都在继续——在人发展的每个阶段，包括出生、童年、少年、青年、成年、老年直到死亡，社会化都是存在的。

社会化不仅对个人的生存、发展是至关重要的，而且对社会的生存与有效运作也是如此。事实上，没有社会化就没有社会［埃尔金和汉德尔（Elkin & Handel），1978］。只有一个社会的成员一起行动共同支持、维护它的时候，这个社会才会生存下去，所以每个社会都会塑造成员的行为来达此目的。从社会的观点来看，当人们感觉到自己想做的正是为社会所期待的，并且社会之期待也最好地满足了社会的利益的时候，社会化过程才是在有效运作。

一、人类生物学与社会化

社会化过程与人类生物学密切相关。人有 6 年左右的时间处于幼年期，也就是说，这是完全依赖于他人的时间，此后的 14 年是少年期（juvenile phase）。这样，整个生命的 15%～25%的时间是依赖他们父母的。与其他动物相比，甚至与其他灵长目动物相比，这都是一个非常长的时间。然而，正是这个被延展了的依赖时期，为学习文化意义与社会技能提供了必要的时间，也与他人和社会总体建立了终生的社会和情感联系。

如果人类有很强的社会本能，或者有遗传的生物性的固定行为模式，社会化过程就没有必要了。然而，如第 3 章所指出，人类缺少这些本能，替代它的是文化。为了生存和发展，人类
115 必须学习文化模式。这就是社会化过程的目的。

在低级动物那里，它们是靠本能而不是文化指导群体生活，幼仔可以在非常小的时候就独立生活。动物幼仔在生下来后把它最早见到的移动客体当作“母亲”——一个叫做印模（imprinting）的过程，但是一个幼鸭仔即使它所见到的第一个移动客体是母鸡，它也会根据本能去找水、游泳。缺乏本能，一个未受到保护的人类婴儿的生存机会比大多数新生动物就要小得多，但同时，动物对本能的依赖将它们局限在一套固定的行为模式上。

尽管很少有科学家认为存在真正的人类本能，但是，许多人坚持认为人类的社会行为受到生物遗传的影响很大。这种观点在 19 世纪尤为流行。今天，大多数社会科学家强调文化影响社会行为的重要性，然而，生物与文化或者“自然与教养”之间的对立问题一直没有得到

解决。

甚至人类身体还受文化和环境的影响。社会阶层是一个被广为研究的环境因素。社会学研究表明，父亲属于高收入阶层，其子女就会比低收入阶层群体的子女个子要高些［雷诺兹(Reynolds)，1976］。理由之一就是，高收入的家庭，能够提供较好的营养。另举一例来说，少女青春期的开始是基因所控制的发育过程的一部分。但是，20世纪以来，这一开始年龄平均每10年下降4个月，这是像甜食、健康照料及医疗等环境因素造成的。

很少有科学家认为，人类行为完全是由遗传基因或者环境所单独决定的。大多数科学家都确信，人类行为是由两者共同形塑的。然而，他们并不认为遗传基因的影响程度会有多高。关于这个问题的争论主要集中在由哈佛大学生物学家爱德华·O·威尔逊（Edward O. Wilson，1975，1978）所领导的社会生物学家（sociobiologists）群体的工作上。

尽管有人指出，人不是仅仅由1%的基因材料所复制的，社会生物学家却看到，像动物一样，大量的人类社会行为是有机体的后果，而不是文化演变的结果［格里本和格里本(Gribben & Gribben)，1988］。他们断言，人类基因包含了大量的“信息”，这些信息就是一种程式，规定了我们的社会行为，就像它形塑了我们机体的物质特征那样。在今天人类身上所发现的具体的基因信息就是自然选择的产物。

达尔文的自然选择理论认为，那些最能适应其环境的个体将最适合于生存与繁衍。这就是我们最熟悉的“适者生存”的理论。我们最经常想到的适应特征，主要是一些物理性状——身高、强壮、快速。但是，适应这个概念，社会生物学家也用之于社会特征的分析，比如爱的能力、与他人相处的能力。不管这些特性是物理的还是社会的，那些较适应者生存下来，并把他们的基因传递给下一代。经过许多代的传衍，优势基因在群体中传播开来，最终，整个种群都将拥有与这些基因有关的特性。

在生物学的术语中，适应与生存有三个含义：个体的（personal）适应与生存（存活时间长），繁衍的（reproductive）适应与生存（生育为数众多的、健康的下一代），基因的（genetic）适应与生存（所有拥有相同基因者的继续存在，它包括所有的近亲，而不仅仅是其直接后代）。社会生物学家主要是针对第三层含义来解释人类社会行为的一些重要特征的。

举例来说吧，利他主义行为，是一种反映顾及他人利益的行为。这种行为形式，经常被认为是完全的文化行为，它与“丛林规律”（the law of jungle）直接对立。许多人相信，它源自于宗教，或者来自于其他更高水平的价值系统。但社会生物学家们指出，大量的利他主义行为主要有益于家庭成员及其近亲，因而这是一种强烈的生物行为。如果一个妇女牺牲她的生命（极端的利他主义）去从大火中抢救她兄弟的孩子，就基因而言，她实在是一种“自私”［道金斯（Dawkins)，1976］。她是在强化她的近亲基因的生存。同样，夫妻之间“为了孩子”而维持婚姻，也许也是为了通过孩子来促进他们自己基因的生存，因而也就营造更为安全的环境来养育子女［巴拉什（Barash)，1977］。社会生物学家能用生物学的术语来解释其他共同的人类行为及社会组织方面的特性，诸如攻击性、同性恋、社会不平等、性别角色差异。

大多数社会生物学家认为，基因只是为社会行为确定一般极限，并承认社会与文化强有力地影响着人类互动。然而，大多数社会科学家觉得，社会生物学家太过于用生物学原因来解释社会行为了。例如，社会生物学的批评者们注意到，在许多社会中，对亲属认定既是社会性的，
116 又是生物性的。一个扩大的父系家庭（见第 14 章）可能包括那些在基因上没有任何联系的人。如果人们为这样的家庭做出利他主义行为，显然也是出于社会的原因，而不是生物性原因［沙尔林斯（Sahlins），1978］。

在一些社会生物学家宣称人类有攻击性的本能时，批评者们论辩道，攻击性行为与和平行为一样，在其生物性基础方面没有任何差别：我们的行为既可以是攻击性的，也能够是和平的。是文化性规则，而不是生物性本能，决定了我们的行为是攻击性的还是和平共处的。有人注意到，一个人类学家已指出，社会生物学家有时把人类描绘成乐于去寻找发泄好斗本能的机会（如战争），而实际上，人类总是恐惧于战斗的场面（Sahlins，1978）。

对社会生物学的一个基本的批评就是，那些关于人类行为的断言，并无强有力的证据来支持［克切尔（Kitcher），1987］。没有人具体指出过何种行为是由何种基因引起的［雷温亭、罗斯和卡明（Lewotin，Rose & Kamin），1984］。而且由于对人类生育进行实验可能是不道德的，因此社会生物学家对决定行为的基因研究只能依赖非直接的证据（Gould，1971）。就此而言，社会生物学家所提出的一个基本的争论之点就是，某些社会行为在所有的社会中都能找得到，因此，这是由基因而不是由文化决定的。然而批评者们却认为，这些学者们完全没有注意到更广泛的历史、经济与政治维度，他们仅仅注意的是那些支持自己观点的细枝末节。

社会生物学所提出的问题尚未得到解决。但是，即使是最坚定的文化论者（从文化解释人类行为的人）也会意识到，我们每个人都是一个生物有机体。并且所有的社会科学家都认识到，一个人的生物需要的满足，特别是早年的生物需要的满足，是其社会化过程的重要部分。

二、婴幼儿的社会化

社会化开始于父母最初怀抱宝贝的那一刻。婴儿学会把自己看成独特的个体、建构社会联系、发展道德观念、学习语言，等等，这是一个漫长的过程，而被人拥抱这种人类的接触是这一过程的第一步。在婴儿生活的最初几个月里，父母努力满足他们子女的最基本的生物需要。然而，正是这些满足生物需要的行为，也同时响应了婴儿的情感需要。

当婴儿在吮吸母乳或者被父母拥在怀里接受奶瓶喂奶的时候，他们接受了三种人类生活的必需品：温暖、食物以及与人类的接触。尽管与人类接触的重要性不如温暖与食物那样来得实在、重要，但它对婴幼儿发展甚至生存来说，都不再是无关痛痒的事了。

心理学家哈利·哈罗（Harry F. Harlow ）对猕猴的实验表明，接触（既包括身体的接触也指与同类的互动）是猴子的一种基本的生物需要。如果这种接触的需要在猴子早年生活中得

通过与父母的互动，婴儿学会将自己看做一个独特的个体，
学会建立关系，并且学会发展道德观念和语言能力。

不到满足，就会导致严重的身体机理或情感方面的问题。身体的接触是如此的重要，以至于当猴子们被置于一个有两位假“母亲”（一个由金属丝做成，另一个用柔软的布裹了起来）的笼子中的时候，这些猴子的大多数时间是依附在裹有松软棉布的母亲周围的。即使它们只能从由金属丝做的母亲那儿得到食物，它们也还是喜欢布团母亲。当布团母亲被拿走后，猴子们产生了严重的行为问题。布团母亲提供了一些真实母亲所能提供的舒适。然而，许多由布团母亲带大的孩子，尽管开始时似乎很正常，但后来的情况表明，它们完全难以胜任为父母的角色，并且许多雌猴根本不能生育（Harlow，1959）。

尽管从动物研究来总结概括并应用于人类行为的分析，对大多数社会科学家来说是有很大风险的，但是大多数专家相信，幼婴，例如猴婴，对接触和互动有着基本的生物与情感需要。皮倪·斯彼茨（Pené Spitz，1945）的先驱性工作为这种需要的存在提供了最初的证据。斯彼茨比较了两组儿童的成长，一组是有母亲的照料并允许自由走动，另一组是孤儿院的弃婴。后 *117*
者只能得到护士的最低限度的照料，并且不允许离开他们那带栏杆的小童床。到第一年结束的时候，被限制自由的儿童发育迟缓、生病也多——并且许多孩子还忧郁异常。

各种机构所做的对儿童的研究，为人类接触对婴儿所产生的积极影响提供了进一步的证据。一个最近的研究是，对一些早产婴儿进行每天3次、每次15分钟的按摩［戈勒曼（Gole-

在一个著名的系列实验中，心理学家哈里·F·哈罗（Harry F. Harlow）向我们表明身体接触是幼猴的一种基本生理需要。这个幼猴依附在裹有棉布的“母亲”身上，只有喝奶时才去金属丝做的“母亲”那里（金属丝包裹有奶瓶）。

man)，1988]。结果发现，在体重增加方面，这些婴儿比那些独自留在婴儿床上的婴儿要快47%。另一个研究是，让护士每天额外多花20分钟与一些婴儿待在一起。这些得到了额外人类接触的婴儿，对外界事物的兴趣增加，他们比那些没有得到额外人类接触的婴儿，平均早45天学会抓东西。

大约3个月，婴儿就能辨认出人的面貌，如其父母的面貌。为了使其成长为情感健康的成人，在这个阶段，婴儿必须开始发出和接受强烈的情感信息。开始时这些信息是非语言的，例如身体的或面部表情的变化。在一个观察研究中，研究者们发现，婴幼儿能够区分出母亲对他/她所做的微笑和恐吓面孔，并能恰当地做出反应；然而，他们却不能对陌生人所做的不同面部表情做出反应［扎巴坦尼和拉姆（Zarbatany & Lamb)，1985］。

近几年的研究表明，人类情感的发展，有一个固定的顺序（Goleman，1984）（见表6—1)。新生婴儿似乎只会四种情感：满足感、惊讶、厌恶和沮丧；6～8周以后，婴儿才会有快乐感；3～4个月后，才会生气；8～9个月后，才出现悲哀与害怕。

表 6—1　情感发展的连续过程

情感产生时的平均年龄	情感
出生	满足感
	惊讶
	厌恶
	沮丧
6～8 周	快乐
3～4 个月	生气
8～9 个月	悲哀
	害怕
12～18 个月	亲切感
18 个月	害羞
2 岁	骄傲感
3～4 岁	内疚感
5～6 岁	社会性情感：
	无安全感
	谦逊
	信任他人
	嫉妒
青少年	罗曼蒂克激情
	哲学沉思

注：研究表明，人类情感的发展有一特定次序。知道这点，可以帮助父母获得对自己孩子的行为预期。

资料来源：Daniel Goleman，“Order Found in Development of Emotions”，*The New York Times*，June 19，1984，p. C1. Copyright © 1984 by *The New York Times* Company. Reprinted by permission.

在 12～18 个月时，儿童就足可以为获得来自母亲或扮演母亲角色的人的喜爱而对外部世
界加以注意了。害羞、骄傲与内疚，分别在孩子 18 个月、2 岁、3 岁与 4 岁的时候，进入孩子 *118*
的行为系统之中。

直到孩子五六岁时，他们才开始表现出所谓的社会情感，如无安全感、谦逊、信任他人和嫉妒。一些更复杂的情感，像罗曼蒂克激情、对生命意义和善恶本性的哲学沉思，到青少年时代到来之前是不会出现的。

尽管探索这个发展顺序的研究者们认为，这种顺序有其生物本质的根源，但他们也发现，一个人的生命历程可能改变这个“时间表”。例如受虐待的儿童 3 个月时就可能表现出害怕，而不必像通常那样等到有 8～9 个月大［根斯鲍尔和希亚特（Gaensbauer & Hiatt），1984］。

三、人格发展理论

在婴儿与其父母的互动过程中，婴儿不仅仅在机体和情感方面有所发展，而且他们也正在成为一个社会意义上的人，他们同时还在形成自己的人格。

什么是人格？在日常生活用语中，人格常指的是社会技能。这就是当我们说某人有“很好的人格”或说我们要建立一个“较好的人格”时所指的那种意义。然而，对社会学家及其他社会科学家来说，人格（personalities）指的是特殊的思想、感觉和自我关照的模式，它们构成了特殊个体的一系列鲜明的品质特征。人格可以分为几个主要部分：认知（思想、知识水平、知觉和记忆）、行为（技能、天赋和能力水平）及情感（感觉与感情）。

人们倾向于认为自己的人格是独一无二的。然而，社会学家与社会心理学家则更多地认为人格是人们所处于其中的社会和文化力量的产物［Parsons，1964；华莱士（Wallace），1970］。甚至那些表面上是个人特征的东西，像竞争意识、易怒等，都是由社会和文化所塑造的。在某些文化和特定亚文化中，这些特征会比在另外一些文化中来得更为普遍。

社会学家对人格所感兴趣的一个方面，就是所谓的自我（self）。自我就是指个体对他们的个人特征和社会认同的意识与感觉——就是我是谁，我怎样与他人区分开来？自我（自我认同）的发展，极大地依赖于社会化的过程。

婴儿出生时，他们并不能完全理解他们自己与其父母之间存在的差异。他们还没有形成任何意义上的自我。在出生后的几个月里，他们逐渐地开始把他们自己看作是一个人而把父母看作另外一些人。他们也许获得了关于父母是保护者、自己是依赖者的一种粗略概念。渐渐的，互动变得更为复杂了。婴孩知道了他们自己小而他们的父母大；他们是学生而他们的父母是老师；他们是儿子或女儿，他们的父母是父亲和母亲。

如我们所看到的那样，在与世隔绝的环境下成长的儿童（他们没有得到社会化）在情感和社会交往方面都有严重的障碍［戴维斯（Davis），1940，1947］。他们被剥夺了从他人的眼里反映他们自己的机会，亦即不能通过社会互动来发展其对自我认同的理解。事实上，在我们的整个一生中，为发展和维持我们对自我的意识，都依赖于社会互动。通过接受来自他人的反应，我们经常地改变我们的自我形象。

从孩提时代到成年，我们的人格和自我意识是怎样发展的呢？在社会学和社会心理学中，这个基本的问题是许多理论的研究主题。然而，不同的学者对此有不同的答案。在下面的章节中，我们回顾了在这个领域中的一些重要理论。许多理论把人格和自我的发展看作是每个人都必须经历的一系列阶段。

（一）查尔斯·霍顿·库利：镜中我

查尔斯·霍顿·库利（Charles Horton Cooley，1864—1929）是最早提出自我发展理论的社会学家之一。按照库利（1902）的说法，自我作为一种社会产物，它的出现有三个阶段。首先，我们察觉到我们在他人面前的行为方式；其次，我们领悟了别人对我们行为的判断；再次，基于对他人反应的理解，我们评价我们的行为。简单地说，我们根据想象别人对我们自己行为及外表的感觉来理解自我。例如，如果一个对我们很重要的人赞成我们的行为，我们也许也会赞成我们自己所做的这个行为。这样，我们对自我的认识，可以说是对他人是如何想象我们自己的反映，库利称这种自我为“镜中我”。

库利相信，自我在初级群体中得到了充分的发展（见第7章）。库利认为，家庭就是这样一个最重要的群体。在家庭中，孩子对他们父母的意见抱有“同感”，由此而形成自我意识。通过注意父母的手势与话语语言，孩子们开始认识到父母对他们期望什么、父母如何评价他们的行为、父母对他们的意见是什么。有了这些知识和认知后，孩子就试图形成一种父母所期望的自我。 119

（二）乔治·赫伯特·米德：角色置换

乔治·赫伯特·米德（George Herbert Mead，1863—1931）是符号互动论发展中最重要的人物（见第5章的讨论），他认为他自己主要是一个哲学家。他的著作为社会学家们所接受，主要是由于在他死后，他的学生发表了他在芝加哥大学的讲学笔记（如 Mead，1934）。

米德认为，在孩子出生的最初几个月里，他们并未意识到自己与他人是有所区分的。随着语言的发展和对符号的理解，自我概念开始发展。当在思维中把自己当作客体并与其他事物区分开来加以想象和思考的时候，自我就形成了。他们可以与自己的自我“交谈”，可以对自我做出反应。他们本身成了自我的客体。

米德将自我分为两个部分：“主我”（I）与“客我”（me）。“主我”包括每个人自发的、独一无二的“自然”特征，如在每个正常婴儿和儿童那里都有的无约束的冲动和动力。“客我”是自我的社会部分——对社会要求的内化和对那些要求的个人意识。“主我”首先发展起来。由于婴儿必须首先领会社会对他们的期待，因此“客我”要经过很长时间才得以出现。米德认为自我的发展包含“主我”与“客我”之间的一系列连续交流，在这种交流过程中，“主我”不断地对变化着的“客我”做出反应。

从米德的观点看，“客我”在社会化过程中经历了三个极不相同的阶段，有三种形式：模 120
仿、嬉戏与群体游戏。

（1）模仿阶段（imitation stage）包括人的一生中最初的两年时间。在这个阶段，儿童仅仅从事米德所说的与父母“手势交流”（conversation of gestures）的活动，模仿父母的动作。在这个时期，真正的“客我”尚未发展起来。

（2）第二个阶段即嬉戏阶段（play stage）从两岁时开始，大约持续几年的时间，这时孩子开始从事角色置换（role taking）：他们把自己想象为处于他人的角色或地位，从而发展起从他人的角度看待自我与世界的能力。这一实践最先使他们发现自己的思想和目标与父母之间存在很大差异。大多数情况下，这又多产生于父母未能满足他们某种或多种需求从而遭受挫折的时候。

起初，儿童开始借用的角色是重要他人（significant others）的角色。重要他人即指与儿童相处十分密切、同时对他们自我发展影响最大的那些人。一般来说，第一个重要他人是父母或代理父母之职者；到后来，兄弟姐妹、家里的朋友以及其他一些非亲非故者陆续加入到儿童的借用角色之列。在这个阶段，当儿童模仿他人角色的时候，他们实践着重要他人所期待的态度和行为。儿童也许首先扮演偷饼干的“坏孩子”，然后假扮呵斥坏孩子的“父母”，最后扮演解决问题的“法官”。就是在这个阶段，儿童才开始第一次把自己看作是社会客体：“我在做此事”，“马丽要糖果”。虽然“客我”在这个阶段开始得到发展，儿童还是不能理解角色置换的意义，他们只是在模仿生活中的社会角色。

（3）4 岁以后，一个人的群体游戏阶段（game stage）就立即开始了。在这个阶段，儿童开始走出家庭，与更多的人和群体发生联系，同时他们也把家庭看作是他们所隶属的群体。儿童开始关心在与家庭无关的群体、包括作为整体的社会中他们所扮演的角色。他们发展起了一般意义上人们对他们的要求和期望的观念，即米德所说的一般他人（generalized others）。在游戏中，如玩垒球，儿童必须考虑许多人在同一时间扮演许多不同角色时的相似行为。他们必须预知所有其他玩伴的行为并决定对这些行为做出何种反应。他们必须知道周围的整个情势。这样做时，他们取用的是一般他人的角色（take the role of the generalized others）。当能够这样做时，他们已将“社会”内化了，“客我”的形成过程已经完成。

米德和库利的理论在现代社会学中仍然有很大的影响，但这两个理论中对社会现实的想象比我们今天所真正面对的现实要简单得多。例如，库利就没有充分关注初级群体之外那些迅速出现的社会力量对自我的影响，如大众传媒。米德关于一般他人的概念，同样没有注意到今天的多元社会现状。在当代美国，随着大量的亚群体和亚文化的出现，若认为一个“较大的社会”服从于单一、统一的要求和期望，那是十分困难的。

（三）西格蒙德·弗洛伊德：无意识

西格蒙德·弗洛伊德（Sigmund Freud，1856—1939），出生于维也纳，心理分析学奠基人，是人类行为研究领域的一个关键性人物。如果不提到他的著作，那么任何关于社会化的讨论就是不全面的。与库利和米德不一样——他们强调的是个体与社会之间的协调，而弗洛伊德则看到在这两者之间更为基本的是冲突。他甚至走得更远，说我们越是文明，我们就必定越不幸（Freud，1930/1962）。这是因为，文明的生活要求我们去压抑许多深层的生理欲望。库利和米德把自我解释为一种社会的产物，并强调语言和其他符号系统的重要性，而弗洛伊德则强调在社会化过程中的生理基础和情感力量。最后，弗洛伊德认为，我们大量的心理活动产生于无意识领域，这是我们的意识和“理性”难以进入的区域。事实上，弗洛伊德对无意识的“发现”，被认为是 20 世纪的重大成就之一。

弗洛伊德认为，人的人格分为三个部分：本我（id），自我（ego）和超我（superego）。超我大致相当于米德的“客我”，即是对从社会中习得的“应该如何”和“必须如何”的内化。这就是对人格的审查、意识和社会监控。本我包含无意识记忆和生理的、心理的冲动，尤其是性冲动。对本我的强调是弗洛伊德理论的一个重要标志。自我在超我和本我之间扮演着一个中介角色，大多数情况下处于无意识之中。按照弗洛伊德的说法，如果一个人要达到心理健康，人格的这三个部分，必须终其一生都是和谐的。

一个简单的例子有助于说明本我、自我和超我的功能。想象一下，你正驾车走在一个开得非常慢的人后面。你要急于在8点钟赴约，但如果你只能以每小时15英里的速度驾车的话，你是不可能于8点钟赶到的。你按响喇叭、打亮前灯，但走在你前面的那个司机仍然拒绝开得再快点。这个时候，你的本我也许就会要你猛踩油门向前面那辆车冲过去以教训一下那个司
机。而自我则可能考虑这样做会导致什么后果：车损坏了，保险费将会提高，甚至还会丢了性 121
命。超我或意识可能会提出关于你的行为的道义与“正当性”的问题，我有权把自己的汽车撞向另一辆汽车吗？难道其他司机没有权利走得慢些吗？最后的结果是：你可能会沮丧地嘟嘟囔囔（或者也许是尖叫），但你不愿把汽车向前面那辆撞过去。

弗洛伊德受到了来自不同方面批评者的攻击。他们认为，弗洛伊德的理论根植于他所成长于斯的严格的维也纳中产阶级社会，而那种文化几乎不能算作是普遍的文化。实际上，跨文化的研究挑战了弗洛伊德所描述的一些性心理冲突的普遍性。对他的著作最尖锐的批评来自女权主义的心理学家和社会学家，他们感到他的理论深深浸透了性别主义，甚至露骨的厌恶女人的假设。例如，正统的弗洛伊德主义者认为，当小女孩意识到她们没有阴茎的时候，她们就假设已被“肢解”，她们未来的发展也就由这种“阴茎”情结所支配。他们还认为，一个心理正常的女性，总是降服于人甚至是受虐狂，而不是显示自己权威的、自信的人。

对弗洛伊德的另一种共同批评认为，他的理论声称儿童在早年社会化过程中形成的人格终其一生而不变，这也过于教条化了。大量证据表明，在人的一生中，人们都在某种程度上改变了自己的人格。并且，弗洛伊德还暗示，如果性爱更开放些的话，人们就不会那么容易成为受挫者或不幸福者。可是，从弗洛伊德那个时候起，西方的性道德观就已变得较为松弛了，但这似乎并没有减少多少不幸。这表明，在性爱冲突之外，还有许多因素是人格问题的根本［马森、康格和卡根（Mussen，Conger & Kagan），1974］。最后，弗洛伊德的理论因缺少经验证据而遭到了猛烈的抨击。

今天，许多社会学家感到，弗洛伊德太过于强调生物因素对人格塑造的影响，而对社会因素强调不足。但弗洛伊德在很大程度上也强调了儿童在家庭中的社会经历。除了他关于无意识的理论之外，弗洛伊德广为人接受、流传最久的理论贡献，也许就是他关于儿童期的事件对后来生活影响的分析。

（四）埃里克·埃里克森：认同危机

埃里克·埃里克森（Erik Erikson，1902—1994）深受弗洛伊德的影响。然而，由于他修正了弗洛伊德的理论，大家都称他为“新弗洛伊德主义者”。弗洛伊德强调本我的冲动；埃里克森主要关心的则是更为“理性”的自我世界。埃里克森把自我的发展分为8个心理阶段，它随着我们一生不同时期的发展要求而变化。弗洛伊德重点研究的是儿童期；埃里克森的发展阶段一直延续到老年期。这样，埃里克森相信，人格发展是终其一生的事情，而不是仅在儿童期。

根据埃里克森的观点（1963），人格发展的每个阶段是由“认同危机”（identity crisis）来定义的。一个稳定的自我认同源自于对这些认同危机的积极解决，在现代社会中，这也囊括了人们对生活的许多基本关怀。下面是对埃里克森8个认同危机的概括［基于埃尔金德（Elkind），1970］：

（1）信任与不信任（婴儿期）：婴儿的需要如果得到充分的满足，就会产生信任，即产生世界是安全的感觉。但是，如果对婴儿的照料不是稳定的或不是充分的，或者如果婴儿感到被拒绝，就孕育了一种基本的不信任，而这将在往后的发展阶段起作用。这个信任与不信任的问题（像后面的问题一样）在人一生的头一年并没有完全得到解决。在人的一生中，信任能够变为不信任，反之亦然。

（2）自主与怀疑（儿童早期）：自主（独立的感觉意识）在第二个阶段开始出现，它是儿童运动机能和大脑智能发展的结果。如果父母认识到他们的小孩需要做他们力所能及的事，就让他们去做，这样儿童就会感到，他们能够控制自己的肌肉、他们的冲动、他们的自我以及周围的环境。另一方面，儿童有时候会感到怀疑，或者，甚至害羞——例如，如果他们受过上厕所的训练，但却失禁于照看者的膝上。当父母没有耐心而代儿童去做他们自己能做的那些事情的时候，儿童就强化了这种怀疑意识。当儿童离开这个阶段时，更多的是感到害羞和怀疑而不是自主，这就影响到了他们在青春期与成人期自主意识的获得。

（3）主动与内疚（学龄前）：儿童进入这个阶段时，他们已能控制自己的身体。他们开始了新的机体运动活动，同时还包括语言与一些好玩的事。孩子是带着主动性还是内疚感离开这个阶段，都依赖于父母对儿童自发活动的反应。如果父母让儿童感到他们的行为是坏孩子的行为，他们的问题是幼稚的，他们所玩的东西愚蠢可笑，他们就可能产生一种强烈而持续的内疚感。

（4）勤奋与自卑感（学龄期）：这个阶段包括整个小学阶段。在这个时期，儿童要知道东西是由什么做成的，它们是怎样运作的，它们在做什么。如果成年人鼓励儿童努力去制作、做
122 或构筑某些实际的东西，允许他们完成他们的计划，对他们所做的结果提出表扬，就会加强儿童的勤奋感。但如果父母把孩子努力制作或做的事情看作是“捣乱”或“搞得乌七八糟”，或者教师要求孩子遵守严格的像成人那样的规则，就会使儿童产生自卑感。

（5）认同与角色混淆（青春期）：儿童进入青春期的时候，他们的身体起了变化。青少年看待世界和思考问题有了新的方法。他们的角色除了儿童时代的女儿、儿子、朋友、学生等外，又加进男友、女友、运动员、学者及许多其他的角色。这些新角色必须平缓地与原来的角色结合成新的角色集，以促进强烈的自我认同。在这之前的早些阶段，如果他们已形成了较强的信任感、自主感、主动性和勤奋感，进入青春期后，他们就比那些没有形成这些感觉意识的人有更好的机会获得强烈的自我认同感，避免角色混淆。

（6）亲密与孤独（青年时期）：这个阶段包括求爱与建立家庭。埃里克森所说的亲密，即指一个人在无须虑及自我认同丧失的情况下去爱另一个人和关心另一个人的能力。如果一个人不能与他人亲近，他或她就会生活在一种孤独感之中。亲近他人的能力很大程度上依赖于一个人自我认同的强度大小。

（7）代际关怀与自我沉浸（中年期）：中年期的人已有了丰富的人生阅历，他们的关怀开始超出自己的家庭，更加关心未来一代的成长，关心下一代将要生活于其中的社会状况。埃里克森把这种关怀称为“代际关怀”（generativity）。那些没有形成代际关怀的人，则会沉溺于自我，个人的需要和舒适成为他们的主要关怀。

（8）完美与绝望（老年期）：在这个最后阶段，个人的主要活动接近尾声，他们已有了更多的时间来思考。完美的感觉来自一个人对他或（她）的一生的满足。而另一个极端则是，如果一个人认为自己的过去失去了一系列机会，或者走错了路，那么就会陷入绝望之中。

对埃里克森的批评认为，他的发展模型是以中产阶级的生活经验为基础的，因而有失偏颇。在大多数情况下，埃里克森把他的模型建立在对中产阶级的研究基础上，这是不争的事实。他还研究了人格的一般发展（像其他理论家所做的那样），而没有去考虑社会阶级、种族群体或可得性机会的影响。另一个对埃里克森的批评认为，他的模型很难进行经验研究。比如，我们怎样来衡量一个人在他发展的每个阶段是成功的呢？最后，埃里克森的模型暗含了一种关于人格发展的抽象理想，但这个理想是什么呢？幸福？对中产阶级价值观的遵从？心理健康？埃里克森并未给出答案。

（五）让·皮亚杰：认知发展

前面我们讨论的理论都是把人格发展当作一个整体。最后要讨论的理论，是瑞士学者让·皮亚杰（Jean Piaget）发展起来的，他所关心的只是人格发展的某个局部，也即认知的发展，或者说，我们学会思考的途径。

许多人认为，皮亚杰是在儿童如何学会思考和推理的研究方面的先驱者。他试图回答这样一些问题：孩子刚出生的时候，知道些什么？他们用什么工具来获得新知识？在每个具体的年龄，哪些知识是他们所必需的？皮亚杰对我们认识社会化过程的主要贡献是，他描述了儿童在不同发展阶段是如何思考的。

皮亚杰断言，在每个发展阶段，从婴儿期到青少年期，儿童所有的活动都标记着确定的智力操作类型，这些智力操作类型为儿童获得知识给定了某种结构。他相信，尽管有些儿童比另外一些走过这些阶段要快些，但所有的儿童都必定按同样的顺序走过所有的阶段。由此，皮亚杰感到，像“可以在任何时候对任何孩子教任何东西”的说法，不仅是错误的，而且事实上也是荒谬的。

皮亚杰认为学习是一个积极的过程。为了学习，儿童必须吸收知识并加以消化。皮亚杰相信，儿童智力发展要经过下列几个阶段［根据埃尔金德（Elkind），1968］：

（1）感觉运动阶段：在 1 岁半到 2 岁时，孩子对世界的了解，是完全通过他们的感觉器官的。儿童伸手够、触摸、坐、走路、探索。起初，他们的行为很偶然，但随着一天天长大，就变得越来越有目的了。在这个最初阶段，儿童学会在大脑中建构和再构（construct and reconstruct）客体。例如，如果把一个新生儿注视的物体从其视线中移走，婴儿的眼睛是不会跟着物体走的。对婴儿来说，“视线之外”的东西，就意味着“存在之外”。如果物体不在视线之中，它就不存在。然而，在感觉运动阶段的末期，儿童就能在大脑中获得对客体的影像。

（2）前操作阶段：这个时期从 2 岁左右持续到 7 岁。在这个阶段，孩子学会使用和理解符
123 号，学会说话，并且第一次有了描摹客体的企图。前操作阶段的儿童在同一个时刻只把精力集中在情境的一个方面而忽视其他。他们可能不正确地坚持认为，一个高而窄的玻璃杯比矮而广的玻璃杯要盛水更多，即使他们看到第一个杯里的水倒进了第二个杯子而未溢出。这是因为在这个阶段，儿童还未能理解宽、深、厚度、数量和因果之类的抽象概念。在这个阶段，儿童是高度的自我中心主义者——也就是说，他们几乎完全是从自己的角度来看待世界的，因而也就不能领悟他人的角色并从他人的角度来看待世界。

（3）具体操作阶段：在 7～11 岁之间，儿童懂得如何去构想一个具体的客体，或者以不止一种方式来认识客体的类属，他们能够形成关于事物之间联系的概念。例如，在这个阶段，儿童知道一个客体可以同时是一个球、一个玩具、一个圆的东西，并且他们能根据事物的因果关系来加以联想。他们也开始发展起了从他人的位置来想象自我的能力。

根据皮亚杰的理论，7～11 岁之间的儿童进入具体操作阶段而且发展出进行抽象脑力活动的能力，比如做算术。他们也开始发展起了以他人的位置来想象自我的能力。

（4）形式操作阶段：这个最后阶段大约从 12 岁开始，到 15 岁结束。这时的青少年发展起了高度抽象思考的能力。他们可以对现实的可能性进行思考、建构理想，以及对未来进行实际推理。这种能力也使青少年能够逻辑地推敲与事实相反的陈述。

尽管皮亚杰的工作在发展心理学家之间形成了一个主要的思想流派，也影响了许多其他理论家和研究者，但并不是说他就没有批评者。一个主要的批评认为他的工作并不系统或科学。人们很难重复他的研究过程并达到相同的结论。

但是现代技术可能对皮亚杰最初的观点提供一些更深入的见解。凭借正电子发射断层成像

技术（PET），科学家能够看到婴儿的大脑是如何发育的。他们已经测量出婴儿在出生时的大脑活动情况，发现控制呼吸、反射和心跳的最原始的大脑结构，在婴儿出生时就已连在一起了。然而，大脑皮层更高区域的神经网络还未发育。而婴儿的神经细胞构成的大部分连接都将由早期的经历决定（*Newsweek*，1997）。

当科学家开始理解婴儿出生后的经历怎样与大脑形成固定连接时，他们是知道这些经历已施加了一个生动和精确的影响的（*Newsweek*，1997）。大脑中不同的部分在不同的时期被连在一起。创造这些连接是自然而然的事，不要求父母将孩子放在复杂的行动中，像使用闪光卡。任何昂贵的玩具都不需要。炊事用具、木块、珠子、捉迷藏以及同婴儿说话——普遍发生在众多家庭里的各种刺激——都将为大脑发育提供正确的刺激种类。然而当孩子被隔离或剥夺了感官体验时，他们的大脑不会获得固定连接——即这样会产生不可避免的损害。

图 6—1 对米德、埃里克森和皮亚杰三者的理论作了比较。

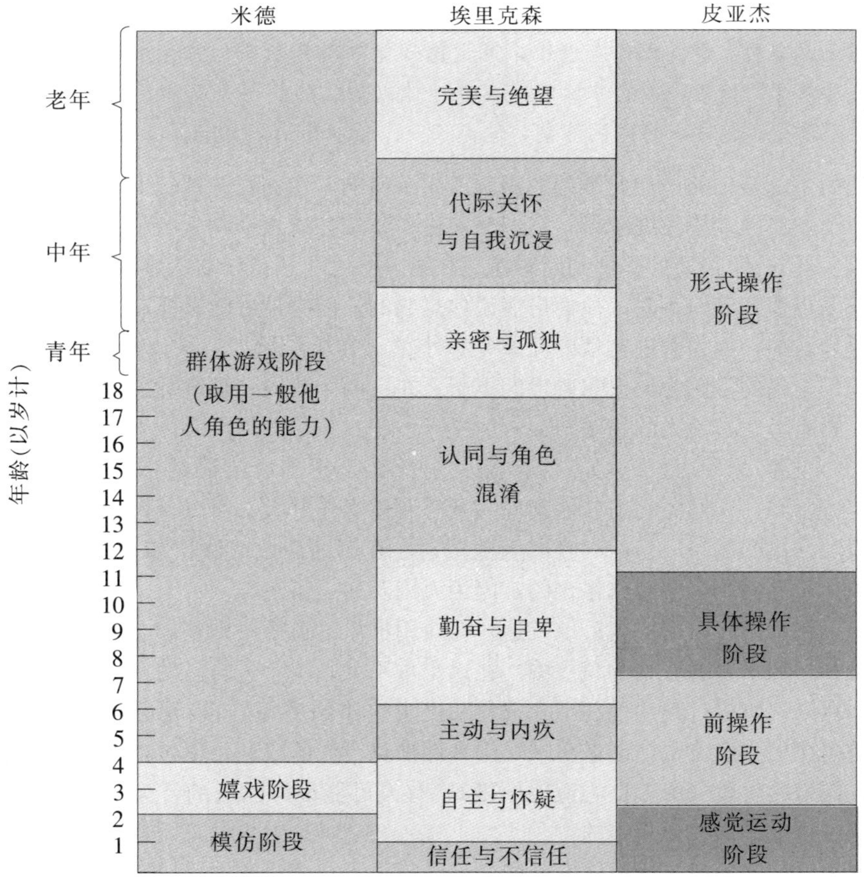

图 6—1　米德、埃里克森、皮亚杰三者理论的比较

注：库利的自我发展理论并没有包含进来，因为库利不认为这一过程发生在各个截然分开的阶段。

（六）劳伦斯·科尔伯格：道德的发展

皮亚杰也研究了孩子怎样做出何为正确或错误的决定。他的观察使得他提出，道德推理在两个阶段上发展。4 岁到 7 岁是第一个阶段，孩子相信规则是客观和绝对的，他们也不考虑一个人按某种方式行动的动机是什么。所以他们可能说打破窗户是错误的，即使人们是为了救一名困在着火的房子里的小孩。在第二个阶段，也就是从 7 岁起，孩子开始认为规则有更多的主观和相对性。现在当他们决定一个行动是否正确时，会去盘算人们行为背后的意图。这一趋势与孩子的新能力密切相关，即从其他的立场看待一种状况。

劳伦斯·科尔伯格（Lawrence Kohlberg）在皮亚杰理论的基础之上发展起了一个更复杂的道德发展模型（1963）。借用包含了道德进退维谷的故事后，他提出了主题，问题应该怎样解决。例如，考虑一下随后这个科尔伯格用过的故事：

126 在欧洲，一个妇女得癌症几乎要死了。有一种药可能可以救她，那是同一镇上的药剂师近来发现的某种形式的镭。药剂师收费2 000美元——十倍于他制药的钱。病危妇女的丈夫海因茨，向所有他认识的人借钱，但是他只能够凑到所需的一半的钱。他告诉药剂师他妻子快要死了，请求他便宜一些卖，或者让他以后付钱。但是药剂师说："不。"丈夫绝望了，为了妻子，他闯入男人的店铺，偷走了药。（Kohlberg，1963，pp. 18—19）

对于他的主题给出的诸如此类的故事，产生了反响，建立在此基础上，科尔伯格提出，人们经过了三个主要的道德发展阶段，它们又能进一步细分成六个独立的阶段。在第一水平（前习俗成规），人们按照预期的奖惩判断对错。在第一阶段（惩罚和顺从导向），当人们被要求去决定海因茨的行为正确与否时，他们可能说他是错的，因为他可能被抓而关进监狱。或者他们可能认为他是对的，因为送进监狱的几率是微小的。在第二阶段（天真的快乐主义），人们可能推断偷药是正确的，因为男人需要他的妻子。在这两个阶段，道德推理都建立在个人的需要和要求上，没有考虑其他人的想法。

在第二个主要水平（习俗性），法律是决定什么是正确或错误的指导方针。在第三阶段（"好男孩"道德），人们关心怎样使其他人开心和被当作好人。所以，处于这个阶段的某些人可能说海因茨是错误的，因为他的家庭因他蒙羞。在第四阶段（法律和权威），维持社会秩序是最重要的。于是偷药会被看作错误的，因为海因茨违反了法律。

第三个主要水平（习俗成规后期）建立在应用抽象的道德法则基础之上，这些法则通常扎根于对正义和一切事物的好处的关注中。在这个水平上，一个人自己的良心扮演了决定是非对错的指南。在第五阶段（契约性、个人权益和民主法律的道德），某人可能说，海因茨是错误的，因为法律在民主潮流中被创造出来，用来保护每个人的权利，也包括可能需要该药的其他病危病人。在第六阶段（个人良心道德原则），有人可能说海因茨的行为是正确的，因为他的良心告诉他，任他妻子去死是错的。

这些年来，科尔伯格关于道德发展的理论已吸引了众多注意力。研究显示，儿童按照他预言的阶段前进［科尔比等（Colby et al.），1983；沃克（Walk），1989］。但是，批评者说，他的模型有偏差。在科尔伯格模型中，几乎无人曾经上升到第六阶段。而且，美国人中，中产阶级比那些低阶层的人更可能在这个框架中评到高分数［丹尼弗（Dannefer），1984］。女人一般比男人得分低（Gilligan，1993）；而住在美国东部的人比西部人得分低。

大体来说，这些不同暗示着，不同群体的价值观与人们在科尔伯格的道德发展框架里上升到哪个层次有关联。例如，卡罗尔·吉利根争论到，女性更看重同情心而不是抽象的规则，这将解释她们在科尔伯格框架内的低分数（1963）。同样，一些非西方文化以友谊和社会责任感为特征，也解释了她们在这个框架中的低分现象。

全球社会

俄罗斯儿童的社会化 124

1998年9月，克林顿总统在拜访俄罗斯的途中，向大学生发表了面对国家危急时刻的演讲。当天晚上出现在全美电视台的画面集中在学生的提问和意见上。很明显，美国记者和俄罗斯父母共同分享了某件事情——他们都相信这些学生是俄罗斯的未来。

那晚电视上也出现了最早的一批学生上学第一天的情景——小男孩穿着整洁的灰色制服，小女孩是棕色的服装，带有褶皱的白色围裙和白色的蝴蝶结头饰。他们一只手紧握着父母的手，另一只手拿着献给老师的鲜花。这个场景是过去参观苏联的游客描述的，基本上保持未变［皮尔逊（Pearson），1990；希普勒（Shipler），1989；史密斯（Smith），1976］。以过于保护他们孩子而出名的俄罗斯父母们，为一个艰难时刻流下了眼泪，孩子即将从他们的手中走开。

把家庭描绘成一个压迫机构的卡尔·马克思和弗里德里希·恩格斯将大吃一惊。在共产主义社会里，家庭，像国家一样，被认为将消失。而它的包括抚养孩子在内的主要功能普遍地被转交给社会（Shipler，1989）。

当列宁1919年掌权时，旨在减少传统家庭的计划采取了削减传统家庭重要性的形式来达到目的，包括了建社区幼儿园和食堂（Shipler，1989）。到20世纪20年代末，教育界人士正在讨论实现这些想法的方式。苏联的人民教育委员阿纳托利·卢那察尔斯基写道：

> 现在，我们的任务是废除家庭，将妇女从照看孩子中解脱出来。强制性地将孩子与他们的父母分开是白痴的行为。但是，在我们的公共家庭里，我们为孩子们提供组织完善的住所，它们与成人住所以一条有暖气的走廊连起来，父母出于自愿决定是否把孩子们送进这些住所，在那儿他们将由受过教育学和医学专门训练的人员监督管理。毫无疑问，术语“我的父母”、“我们的孩子”逐渐不再使用，而被这样的概念如“老人”、“成年人”、“孩子”和“婴儿”代替。（Shipler，1989，p.89）

当苏联减少家庭的努力失败时，国家却成功地获得了对孩子培训的极大控制。担任《纽约时报》苏联分社总编辑三年时间的赫德里克·史密斯，描述了孩子们是怎样被灌输信条的（1976）。在两岁或三岁时，他们就在唱有关列宁的爱国歌曲，这首歌把列宁描绘成“一直以来最完美的人”——一位结合了乔治·华盛顿、圣诞老人和耶稣优点的人物。他们的阅读材料也同样充满了共产主义意识形态。于是，例如，当美国的初级读物把孩子介绍给《迪克和简》①时，苏联的读者则开始共产主义的一课："世界上第一个共产主义国家成为世界上孩子们感到幸福的第一个国度。"（Smith，1976）

政治教导的主要目标是产生集体主义道德观——一个人不会认为他自己是脱离社会的。所以，在苏联，孩子的个性不被鼓励。一个孩子在幼儿园犯的最大错误是显得与众不同。从孩子的艺术作品中，史密斯和许多其他的西方访客看到了施加巨大压力迫使服从的证据，他们称所有的作品看起来都相似（Shipler，1989；Smith，1976）。

孩子们不仅被教育要服从，而且也被告知去检举那些不服从的人。这种在苏联的教室里普遍发生的制度化的告密形式，包含了这样一类被称作为 *zvenovoi* 的小孩，他报告违反纪律的孩子们。

在教室中以及孩子们的组织里，比如十月儿童、少年先锋队和共青团，对孩子强调集体责任感、自律和服从的政治教育，整个读书期间都在持续。把这些群体与像男童子军和女童子军似的美国青年群体相比，他们实际上是更进一步地向年轻人灌输政治意识形态。

一名少年先锋的事迹说明了这些青年群体控制年轻人的程度。14 岁的男孩帕维尔·莫罗
125 佐夫，作为一名先锋英雄和为了实践他的公民职责而殉难的烈士，被共产党认为永垂于世。在农田集体化的艰苦年代，1932 年，莫罗佐夫揭发了他自己的父亲瞒着政府私藏谷物的事。反对集体化的个体农夫们杀害了这个男孩。

帕维尔·莫罗佐夫的悲惨故事阐释了政府能够破坏家庭单元的程度。但是，它没有让人们洞察到俄罗斯父母对他们孩子的深爱。当俄罗斯教师由于严格的纪律而享有盛名时，俄罗斯父母也因为过于保护和宠爱孩子而出名。大量西方访客亲自证实家长纵容他们的孩子——做额外的工作为的是给他们买漂亮的衣服，或者给他们提供一份特别的食品（Shipler，1989；Smith，1976）。孩子们也承担家务杂活，但不被期待在家庭外工作。

而美国父母可能鼓励十几岁的青少年做兼职工作为自己赚钱，苏联青少年没有工作的动力。从集体责任感的角度出发，他们赚的任何钱都属于他们的家庭。为自己赚钱不被看作是一种自力更生的形式，即像在美国那样，这只是一种自私的迹象。

但是在 20 世纪末，这一切注定会改变。到 80 年代，苏联青少年开始表现出反叛的迹象。他们公开地拥抱西方的态度、音乐和潮流。他们特别喜欢美国牛仔裤，牛仔裤象征着嬉皮、抗议者和摇滚明星（Shipler，1989）。作为回应，苏联报界批评这一代人缺少价值观、缺少唯物主义以及缺乏对长者的尊重。

在戈尔巴乔夫的领导下，一些政治语言改变了，政府承认它不是苏联孩子完美的监护人（Pearson，1990）。然而，政府保留着定义共产主义道德规则的权力，也继续努力灌输列宁课程（Pearson，1990）。

兰登·皮尔逊是儿童成长问题的专家，也是前任加拿大驻俄罗斯大使，为了看看 6 年前她和她的丈夫离开这儿后，孩子们是如何变化的，1989 年，她又来到俄罗斯。当她要求一群青少年想想 2000 年，以及预计一下他们自己和俄罗斯的未来时，孩子们反应迟钝。主持者解释

---

① 《迪克和简》（*Dick and Jane*），美国的一本儿童故事书。——译者注

俄罗斯的教育与美国的教育有何区别？俄罗斯政府的变革是否使其教育系统更完善？
你怎么认识政府在培养和教育孩子中发挥的作用？

说，孩子们现在一定是在独立思考——只是花了更多的时间而已。没有一位学生想从政，一人想做老师，另一人想当医生，而一人预料他自己会在企业里干。但是当皮尔逊问他是否对商业感兴趣时，他弄不明白皮尔逊的意思。

在将来，那些注定会产生变化。今天，一位新的英雄正在影响年轻人的想法。他是一只叫米沙的熊——《孩子们的经济学：米沙怎样成为一名商人》一书中的角色［里夫斯（Reeves），1996］。这本书是为7岁读者设计的，它以米沙从冬眠中苏醒为开端。苏醒后，他立马决定开一家卖蜂蜜和浆果的店。《独立报》记者菲尔·里夫斯总结了故事：

> 在森林其他动物的帮助下，其中有一只鹊为他处理广告业务，他创造了一套削减竞争者实力的严格政体，特别是针对对手资本家小熊维尼。在最终变得很有钱，以至于能够担任森林的金融部长之前，米沙开了一家家具工厂。（1996，p. 15）

书中的章节阐释了俄罗斯正在向资本主义靠拢到了什么样的程度。有一章题为“米沙怎样将他的资本转变成金钱”，另一章为“为什么米沙的工厂盈利”。而这些也暗示着俄罗斯孩子的社会化正在发生变化。

四、养育孩子的方式

儿童的人格和社会发展受父母教养孩子方式的强烈影响。尤其是在像美国这样的复杂社会中，教养孩子的方式在不同群体之间差异非常大。

教养孩子的方式可以说有专制型和放任型（authoritarian/permissive）两个极端。专制型的父母要求孩子无条件地服从。他们强调秩序和稳定之类的价值观，并倾向于使用体罚。放任型父母则相反，对待他们的孩子的办法更为开放和更富弹性，更喜欢对他们讲道理，在规则或原则问题上容易折中处理。此外，他们更多的是用情感感染或以不赞成和威胁的办法强化规则，很少用肉体惩罚的方式。

在回顾20世纪四五十年代所进行的研究时，心理学家尤因·布朗芬布伦纳（Urie Bronfenbrenner，1958）总结说，在教养孩子的方法上，中产阶级的父母更倾向于放任型而工人阶级的父母更倾向于专制型。这种在教养孩子方面的阶级差异，可以部分地从父母在工作中的角色来得到解释。中产阶级所强调的特征：灵活性、主动性、自我控制和个人成就，是中产阶级的工作所必需的。同样，工人阶级所强调的纪律和服从，反映了他们的工作经历。工厂和建筑业更多要求的是遵守和服从，而不是独立和主动［海曼（Hyman），1953；科恩（Kohn），1963］。

然而，随着时间的推移，在教养儿童方面的阶级差异可能正在减弱，这也许会是事实。例
127 如，一位研究者发现在社会阶级等级和使用身体惩罚之间只有一种弱相关关系［厄兰格（Erlanger），1974］。此外，另一些研究表明，今天大多数父母（而不仅是中产阶级父母）比20世纪早期的父母要更强调个人的主动性和责任感。这种变化与人们对社会制度的遵从感减弱及个人主义的持续增长相关［爱尔文（Alwin），1988］。

一项长期研究得出结论说，最有效地培养出独立的、社会责任感强的孩子的父母，既不是专制型，也不是放任型，而是权威型的（authoritative）［鲍姆兰德（Baumrind），1980］。专制型的父母认为孩子不应有多少权利，但需负担许多成人的责任；而放任型的父母则认为孩子没有多少成人的责任但有许多成人的权利。比较而言，权威型的父母试图强调与特定的儿童发展阶段相应的权利与责任的平衡。这样的父母期望他们与其子女的关系是互相补足的。这就是说，他们感到，他们对孩子的责任和孩子对父母的责任应该是一种相互平衡的关系，并且平衡关系也随孩子的成熟而变化。

五、社会化的主体

社会化过程涉及一系列广泛的个人、群体和机构。这些群体中最重要和最有影响者被称为社会化的主体（agents of socialization）。主要的社会化主体有家庭、学校和日托中心、同辈群体（peer groups），以及大众传播媒介。

（一）家庭

自有人类历史以来，最重要的社会化群体一直就是家庭（在第14章中有详细讨论）。这种连续不变的重要性源于它在一个人一生中关键的头几年中所处的最初社会化的位置。社会化从

家庭开始，在这里，孩子们学会了认识他们是谁，他们能够和应该从他们的社会期望些什么，这个社会对他们期望什么。

在完成社会化任务的许多方面，家庭都是理想的场所。因为它是一个小的初级群体，其成员之间有大量面对面的接触，儿童行动得到密切的注视。错误和不宜的行为可以在早期就被发现并得到纠正。

然而，即使在孩子生下来后最初的几年中，家庭作为社会化过程的主导地位也受到了其他社会化主体的挑战。现在由于半数以上的家庭父母双方都在外工作，许多家庭还是单亲家庭，因此儿童花在看电视方面的时间可能比与父母待在一起的时间还要多。进一步说，儿童的生活越来越以学校、日托中心和同辈群体为中心。最近一二十年来，所有这些家庭以外的社会化主体已变得非常有影响了。

（二）学校与日托中心

有史以来，家庭以外最主要的儿童社会化主体是学校。通过正规的学校教育，儿童被教之以在这个社会和文化传统中他们所需要的技能和态度。在像美国这样一个复杂的、技术先进的社会中，正规教育是一个重要而长期的过程，有的情况下要延续 20 年的时间。在相对简单的社会，其成员只需接受相对较少的专业知识，正规教育只占了儿童一生中相当少的时期（在第 15 章中对教育有更为详细的讨论）。

儿童在学校中学习的社会角色比在家中所学而言要更多地面向广大社会。老师告诉他们，作为学生，人们对他们有什么期望；作为社区成员，作为国家公民，人们对他们又有什么期望。此外，儿童在这里首先接受了与他人相比较的系统评价。老师也许非正式地评论学生的行为，表扬或批评他们。在大多数学校中，定期的测评成绩报告单就不只是学生学习成绩的进展报告，而且也是其在社会中的进展情况。它反映了这样一些标准，如“遵守规章制度”、“表现出自我控制”、“与他人友好相处”，以及“服从指导”。这种教育的非学业维度被称为“隐课程”（hidden curriculum）［斯奈德（Snyder），1971］。

对非个人的规则和权威的遵从，是现代社会顺利运作的调节基础，对此，学校社会化尤为强调。在家中，儿童学会服从父母，并认识到他们是一个权威形象。但这种父母与儿童之间关系的性质是个人的、带有感情色彩的。爱和依赖性使儿童服从父母。然而，在学校，儿童学会服从“规则”，而不仅仅是服从个人。

最近，日托中心已成为越来越受欢迎的儿童照料模式，主要是因为今天有许多母亲想要也需要在外工作［卡恩和卡梅尔曼（Kahn & Kamerman），1987；麦金农和金（Mackinon & King），1988］。日托中心的员工素质和培训课程的质量与培训课程，还有父母与孩子的态度，决定了日托中心的有效性。在美国，日托中心仍有争议，但在许多欧洲国家几年来一直被广泛认为是成功的（Kamerman，1991；Kamerman & Kahn，1981）。 128

（三）同辈群体

当儿童加入日托中心，或者后来开始上学，他们就全面地进入另一个社会化主体——同辈群体。“同辈群体”这个词，指的是有大致相当的社会地位，并且通常年龄相仿的一群人。同辈群体的成员并不一定是朋友。例如，编班为二年级的儿童尽管他们在情感上并不相互亲密，但这就是一个同辈群体。

当儿童加入日托中心后，他/她们就在一个很小的年龄全面地暴露在一个重要的社会化主体——同辈群体面前了。儿童在这些群体中经历的互动可能对他/她们自身的发展产生重要的影响。

在儿童时代，同辈群体的形成大部分都出于偶然。在往后的生活中，更多的选择卷入了进来。在 7 岁的时候，一个人的同辈群体，一般就是他在学校里的同班同学（或者班上的亚群体）及他邻居中的同龄群体。成年人选择同辈群体，一般以共同的兴趣、活动，相似的收入、职业或社会位置为基础。在成年期，年龄的局限更有伸缩性，例如，在 30～45 岁之间的人，都有可能成为一个 37 岁人的同辈群体的成员。

关于早期儿童发展相对较新的思想称作“社会化的解释方法”，它提出孩子不仅接收来自成人世界的信息，也积极地创造他们自己独特的同辈文化（peer cultures）[科萨罗（Corsaro），1992；科萨罗和埃德（Corsaro & Eder），1990；科萨罗和里佐（Corsaro & Rizzo），1988；奥克斯（Ochs），1988；希费林（Schieffelin），1990；温特沃思（Wentworth），1980]。在学前和基础教育早期，孩子们关注两件事：和他们的同龄人一块参加活动和管理操纵约束他们自己这个群体的生活（Corsaro，1997；Corsaro & Eder，1990）。正如结果所表明的，达到这些目标的努力就是不冲突的。当孩子刚进入学校时，他们会很快形成一种强烈的群体认同感（Corsaro，1985）。有两个途径使这种感觉得到加强（Corsaro，1997；Corsaro & Rizzo，1988）：共同参与，通过分享，给了孩子们一块干活、一同做事的机会；孩子们掌握他们自己生活的愿望，也使他们愿意与同学们共同分享一些东西。孩子们试图靠挑战权威，去试着管理他们的生活。嘲笑老师就是这样一种时常使用的方法，通常许多孩子参与了这一行动。

社会参与和友谊发展是这个年龄阶段孩子的主要兴趣所在。但是冲突也有，伴随着男孩与女孩之间差异的逐渐扩大。到了小学阶段，这是显而易见的。以至于伯尹·索尼（Barrie Thorne）认为，“分别讨论女孩、男孩的世界是有意义的”（1986）。不过她又争辩到，过去的研究集中在男孩和女孩之间的差异，而忽略了相似性（1995）。同时她还揭示了男孩和女孩怎样参加进那些被设计为旨在将他们带入另一方世界的活动。

孩子在同辈群体中的交往对他们的成长产生了积极影响［伯恩特和雷戴尔（Berndt & Radel），1989］。研究显示，到了青春期，同辈群体对青少年有特别重要的影响，因为他们帮助青少年发现了在成人社会中应该得到的平等位置［埃德（Eder），1991；埃德、埃文斯和帕克（Eder，Evans & Parker），1995］。与此相对照，在家庭中，年轻人的地位总是从属的。同时，青少年同辈群体在帮助年轻人减少对成年人的依赖方面也十分重要。

青少年同辈群体可以成为一种历史的力量。在任何社会，同代人都可能有共同的经历，并用共同的方式做出反应；在这种意义上，他们是容易识别的同辈群体。20世纪六七十年代的青少年和青年人，即从1945年到1963年之间出生的那些同辈群体，在近来的美国社会和文化历史中尤为重要。这个群体，出生在战后经济繁荣的年代，实际上比在此前及此后的其他任何一代美国人都要多。在这个意义上，他们通常被称为“婴儿潮”或“生育高峰的一代”。

生育高峰期出生的这代人，成长于电视出现的早期，这一事实深刻地形塑了他们的意识观念，并把他们与父母那一代区分开来。在六七十年代，受媒体影响所带来的与年长一代的差异，引发了一场关于“代沟”（generation gap）的讨论。一些人认为，商业化了的青年文化促 *129*
使这代人产生了“以我为尊、特立独行”的代际观念。而青年文化的迅速发展，既反映了生育高峰这一代人的规模，也反映了其与电子媒体的关系（Gitlin，1987）。

在他们的青春期和成人早期，许多生育高峰期出生的人，尤其是出生在中产阶级家庭者，强烈地（不过是暂时地）热衷于广泛而尖锐的反文化模式。这样的反文化模式，不仅在表面上看来与当时成人世界所接受的价值观念有差异，而且实际上也存在着对立。反文化的共同经历包括人权运动，对约翰、罗伯特·肯尼迪、马丁·路德·金的暗杀，反越战、嬉皮运动及水门丑闻等事件。这一代人激情亢奋地相信，激进的政治、吸毒自娱、性自由、留长发以及摇滚乐将很快地开创一个真实的历史新时代——这就是一个热衷于此的人所称的“第三意识”（Consciousness Ⅲ）时代［赖克（Reich），1970］。不过尽管这一代人中有许多继续保留一种强烈的代际意义，但这些极端的希望大多数都破灭了。

到20世纪80年代中期，出身于中产阶级的大学生形成的同辈群体，相对于为改造社会而工作、寻求社会发展而言，他们对适应环境和挣钱更感兴趣。在他们所处的经济机会减少的年代里，这种变化是合乎逻辑的［阿斯坦等（Astin et al.），1984］。然而60年代的这代人对美国文化的影响仍然十分强烈，他们继续深深地影响着从电视节目制作到关键的政治与社会问题中的每件事情。

一些记者和观察者已经指出，在美国青少年和大学生群体中，可能有另一代人在发展。这个新一代人的意识有其专有词为“X代”或“第十三代”，它的形成来源于20世纪60年代这代人对文化的继续控制，以及90年代所面临的经济困难。他们比60年代这代人更为实际，但却不如里根时代的那一代，他们看到社会改革的现实需要，但担心由于国债的日趋严重而会使完成必要的变革成为不可能。随着 60 年代这代人的孩子进入大学，X 代的人数在 20 世纪行将结束的几年内将会膨胀；他们所定义的“代”意识将继续进入随后的一些年里。

（四）大众传媒

在现代社会，大众传媒（mass media，指的是传到广大人群之中并对他们产生影响的传播方式，尤其是指报纸、杂志、电视和广播）在社会化中已起到了极其重要的作用。在大众传媒出现之前，很少有人能读东西，信息传递很缓慢，主要靠口头传达。现在的信息，几秒钟之内就呼地一下传遍了全世界。人们只要轻轻按一下按钮，就可以听音乐或看新闻、喜剧、戏剧。实际上，对大约三分之二的美国人来说，现在电视是他们的主要新闻来源［鲁宾逊和莱维（Robinson & Levy），1987］。

近年来，许多人，包括社会科学家在内，特别关心的是看电视对儿童的影响。1994 年，98%的美国家庭至少有一台电视机，平均水平是每户 2.2 台（美国人口普查局，1995）。普通的美国家庭每天要开 7 个小时的电视，尽管这并不意味着人们通常非常关注节目安排中的所有内容［库贝和捷克申米哈伊（Kubey & Csikszentmihalyi），1990］。根据一种估计，普通的美国高中生毕业时，他或她花在看电视上的时间平均是 20 000 个小时。这个数字超过了所有花在教室里的时间［巴维什和埃伦伯杰（Barwise & Ehrenberg），1988］。

更深刻点说，电视节目的内容获得了极大的关注（Croteau & Hoynes，1997；Ehrenhaus，1989；Ryan & Wentworth，1999）。电视为儿童提供了有关现实和虚构世界以及人类行为的大量信息。但儿童不是成年人，他们容易误解他们所看到和所听到的东西。例如，与卡通人物不同，人就不能在被敲击头部或推下悬崖后，回来还面带微笑。

在某些方面，儿童节目强化了由其他社会化主体所教导的价值。同辈群体也许观看某个节目，一起讨论，一起外出活动，这样强化了群体的团结和价值。但从电视学到的观念也许同时也与在家里和学校中所教导的价值相冲突［科姆斯托克和斯特兰斯伯杰（Comstock & Strasburger），1990］。例如，儿童也许从他们的父母和老师那里学到，要出人头地，就应该努力学习、接受良好教育。相比来说，电视也许教导他们，趁着年轻，一个人要尽情享受。

媒体社会学

130 **妈妈和爸爸的电视形象**

美国家庭的银幕形象从 20 世纪 50 年代以来，已发生了巨大变化。没有什么比 90 年代最流行的节目之一《辛普森一家》（*The Simpsons*）更有说服力了。有一个片段这样述说着：谢里·伯宾斯取代了由于压力头发都掉光的玛吉，受雇做保姆。节目结束时，伯宾斯由于饮酒过度，情况比玛吉更糟。她抑制不住地大叫，表达她对没能帮助辛普森一家的遗憾。但是他们打消了她的疑虑，说他们很高兴目前的状况。接着一家人唱起歌来：

霍默：在这房子里，我从没有操一点心。
　　　作为丈夫和父亲，我是不合格的。
　　　我宁愿喝啤酒，
　　　也不会努力地尽到父亲的责任。
　　　我很高兴他们现在的样子。
玛吉：房间仍然是乱糟糟的。
　　　由于生活的压力，我将变成秃头。
　　　但是恰恰这样，我们感到高兴。
莉萨：我变得逐渐习惯从来都得不到关注的状况。
巴特：我粘在这儿了，直到我能偷得一辆轿车。
家庭所有成员：但是我们就乐意于这样的状况。

辛普森一家已远离了20世纪50年代银幕上的家庭——克利弗家（*Leave It to Beaver*）、纳尔逊家（*Ozzie & Harriet*），以及安德森家（*Father Knows Best*）。这些家庭中的父亲均得到了他们的家庭成员和社区的极大尊敬。他们是理想中的爸爸——聪明、会养家的人，仁慈而明智。他们的权威地位是无可置疑的，他们树立了一个难以达到，但并不是不可能达到的榜样。作为扮演传统婚姻中的伴侣，母亲也是不切实际的完美。她们从不出去工作。她们是快乐的主妇，供应家中的食物，顺从丈夫英明的决定。他们的家庭看起来像"美丽住宅"（*House Beautiful*）的典范，他们自己也像是楷模。

这些家庭面对的最严重问题通常是家中有一个儿子，他为努力显示出自己的能耐，或者独立完成某事而上演恶作剧［米勒（Miller），1986］。一旦被发现，对这个罪行的处理是父子之间一番平静的谈话。理性占主导地位。问题从不会上升到情绪化的责骂或父亲借助自己的权威地位进行压制。妈妈和爸爸从不会打架。而那是因为每个人都承认这样的管理系统：爸爸是上司。但是这些理想中的家庭没有代表20世纪50年代的普通家庭。

到了20世纪70年代，母亲和父亲的电视形象开始出现戏剧性的变化。诺曼·利尔的节目《一家子》（*All in the Family*）以同时期的社会和政治事件为主要内容，使"父母"形象得到了革新。家庭里那位性格好斗的家长阿奇·邦克没有获得大家对他的尊敬，相反，由于他过分简单化和固执的观点而受到嘲笑。他总是由于误用词语，而讲话结结巴巴，对于其女婿迈克（傻瓜）来说，阿奇是容易赶上的目标。与前一代的父子相比，阿奇和迈克始终在激烈争吵。二人均是感性而非理性的，他们创造的问题远比解决的多。

有讽刺性的是，阿奇给伊迪丝取了个绰号"笨蛋"。他害怕她说故事，那些故事由于没有明显的逻辑，所以没完没了。阿奇通常靠假装拿枪对着头部然后开枪这一举动，自行结束故事。阿奇经常使伊迪丝感到难过，但她对他的崇拜似乎是毫无理智的。伊迪丝轻松地对待他的辱骂，她抑制的目的就是让阿奇快乐。高高兴兴地满足阿奇的怪念头和空想，她会以独特的方式从椅子上跳起来，跑向厨房，取啤酒给阿奇。

当邦克一家开战时，他们的世界充满了现实中的问题，他们都不是典型的美国家庭。这些说明了父母电视形象的巨大变化吗？于是，马克·克里斯平·米勒认为，电视人物的改变是为 131

了符合消费者社会的需要（1986）。对父母进行新画像在于取悦那些看电视广告的观众——妇女和小孩。

事实上，父亲地位和权力的下降在阿奇之前很早就开始了。在20世纪60年代，这种局面就确立下来了。根据米勒的说法："60年代普遍显露出父亲的特权受到威胁——不仅由于现实中妇女权威的提升，而且来源于电视和它的公司广告客户的影响。"（p. 201）

因为母亲照料着家庭，购买所需物品，她们显得比原来的母亲们要有力得多。《蛊惑》（*Bewitched*）中的母亲萨曼莎相当好地阐释了这一思想。萨曼莎最终服从了丈夫（Darrin），但她实际上拥有更多的力量，因为她是女巫。节目围绕出现的困境展开，此时萨曼莎运用了她的力量。

在家庭交往中，角色关系的颠倒是电视剧成功的诀窍。父亲带孩子在家，打扫屋子（谁是上司?），母亲或者得到富有魅力的工作（变得很努力），或者为更高的文凭回到学校（家庭进步）。母亲越来越聪明，父亲成为笑柄。而且角色颠倒不局限在配偶上。父亲同他们十多岁的儿子也颠倒过来了。爸爸成了孩子，一般被描述成仅仅是一个被剥夺了所有尊严、得不到尊重的傻子。

有些怀旧节目，像《快乐时光》（*Happy Days*），确实把我们带回了20世纪50年代，但是爸爸们（如汤姆·博斯利）缺少沃德·克利弗那样的权威。其他的节目如《科斯比一家》（*The Cosby's*），把爸爸描述得既冷酷又成功，但是观众不会认为像这样的家庭是现实的。

很容易发现，电视连续剧不会体现现实中的父母形象。但是如果认为这些节目仅是一种娱乐形式，则太天真了。像登广告者所做的那样，你可以用任何东西来赌广告的影响是真实存在的。而且一旦你看了《辛普森一家》，便会觉得那确实是一种清醒的思路。

美国家庭的电视形象在20世纪发生了显著的改变：从《快乐时光》中健康的、丰满的家庭形象（左图）改变为《辛普森一家》中带有某种反功能性质的家庭形象（右图）。

社会科学家很长时间以来就知道，儿童以他们周围的人的行为为自己行为的模本。因此，研究者们就试图去揭示儿童是否模仿他们在电视上所看到的行为，特别是，电视中宣扬暴力的节目是否导致了儿童暴力行为的产生。这是很复杂的事情，因为情况可能是，那些已有攻击行为倾向的儿童，更喜欢去看那些有暴力内容的电视。

国家心理健康研究所（National Institute of Mental Health）资助的一项对电视与社会行为关系的文献研究（1982），考察了大约 900 个关于电视暴力的研究，并总结到： 130

> 大多数研究者之间有一种共识，电视暴力确实导致了观看此类电视节目的少年儿童的攻击性行为……从相关程度的大小来说，电视暴力与攻击性行为之间的关系，同它与其他任何所测量的行为变量之关系一样，相关性都很强。

另一项研究认为，这些发现对成年人也是适用的。这并不是说成年人在看了电视的暴力情节后，就会跑出去犯罪，但是他们在看完暴力电视后，更容易隐藏起攻击性的想法，更容易与家庭成员交流一些敌意的词汇和犯罪意识［林茨和唐纳斯坦（Linz & Donnerstein），1989］。 131
应该注意到，没有一项研究认真研究过家庭娱乐的新方式（有线电视与录像机）对其观众的影响［斯蒂普和米拉维斯基（Stipp & Milavsky），1988］。

对电视暴力的潜在损害性影响的意识不断增强，使得热心的市民和支持群体对媒体网络施加压力，让他们在节目中减少暴力场面。最近以来的一场这样的运动，起于 1993 年公众对美国广播公司（ABC）的一个颇有争议的新剧“*N. Y. P. D. Blue*”的关注。这场运动使得许多节目在一开始就向观众通告，“这是有暴力内容的”。然而如果公众兴趣转到了别的方面，广播公司是否还会继续这样做，这须拭目以待。

到 20 岁时，美国人平均看了 100 万则广告［波斯特曼（Postman），1981］。1996 年，一小时黄金时段的电视节目中，有超过 15 分钟的广告。白天的节目里，每小时有 20 多分钟的广告［卡茨（Katz），1997］。大多数广告告诉人们，如果购买了某种产品后，问题就会很容易、很快得到解决。一项研究表明，经常观看大量电视的儿童，倾向于相信机器会魔幻般地工作，而 132
且不会出错［希拉（Chira），1983］。

更进一步说，电视经常把人们或机构演绎为简单的刻板印象，这些刻板印象在年轻观众的脑子中会得到强化。例如，在 20 世纪 80 年代中期，人们批评电视说，它们回到了“妇女是受害者”的主题。可在不同时期，白人男子对白人女子的比例高达 4∶1［巴苏（Basow），1992；格伯纳等（Gerbner et al.），1980］。

近些年来，传媒研究的学者就电视是否对现代社会生活有更深或更微妙的影响，倾注了实质性的关注。加拿大学者麦克卢汉站在这个研究领域的前列，他认为电视基本上重新定义了“能识字”的含义，并且正在逐渐地把世界联结为一种“全球村”（1964）。较近一些的分析不如这样乐观。波斯特曼认为，由于电子传媒总是暗示观众说，文化的每个方面都必须是娱乐性的，因而使公众的生活庸俗化和琐碎化了（Postman，1985）。

在一场非常深刻的讨论中，梅罗维茨提出了一种戏剧分析的方法，并认为，电视把社会生活的前台和后台的界限搞得模糊不清了（1985）。当儿童能够观看父母在电视上讨论如何抚育孩子的时候，父母的权威弱化了，成人与儿童的区分界线变得越来越模糊，可这种界限在印刷媒体时代曾经是十分清楚的。相似地，当媒体无情地对我们所有政治领导人物的瑕疵进行残酷追猎并公布于众，事无巨细（大的如理查德·尼克松的水门录音磁带、小的如比尔·克林顿的性丑闻），都使得公众对领导人的信任关系动摇了。事实上，梅罗维茨所担心的，在现时代，对任何人来说是否都能继续相信他们的英雄，正是我们政治文化的一个潜在的主要分支。

但是，电视的影响当然不会全都是负面的。电视节目，包括广告，提供了大量有用的信息。儿童可以从电视中得到许多关于人物、地方和事件的广泛知识，认识医生与律师、警官与消防员等多种社会角色。电视节目可能会是一堂地理课，或者激发对科学的兴趣（见第 15 章关于电视在教育中的用途）。并且电视广告确实有助于把儿童引见为一个消费者的角色，并使他们认识到他们的社会是一个消费取向的社会。

总的来说，电视是一个强有力的社会化主体，它有一些有害的影响，尤其是对儿童，但也有为社会做出积极贡献的潜力。

六、生命历程中的社会化

发生在儿童期的社会化，我们在上文已讨论了许多，但社会化并不会在某个特定年龄结束；它在人的整个一生中都在进行。当我们成熟的时候，我们获得了新的地位和角色。例如我们许多人将要结婚，也许后来又会离婚或丧偶；我们将成为父母、受雇者或雇主以及年长的公民。即使在老年期这样一个接近人生终点的年龄段，人们也必须调整自己以适应新情境，并创造新的自我形象。在我们这样的复杂社会中，生命展现为一个不断变化的序列，在这一序列中，有许多新的角色需要我们来扮演。

（一）青春期与青年期

青春期是一个敏感期。由于青少年的身体和思想都戏剧般地在变化，也由于他们必须提高获得新的社会地位、扮演新角色的能力，因此，他们有许多东西要去学习，要去适应［克拉克-斯图尔特和弗里德曼（Clarke-Stewart & Friedman），1987］。

成年人与青少年的关系在每个社会都不一样。在美国及其他现代社会，人们倾向于把青少年当作孩子，而在前现代社会中，青少年则要从事劳动，因而被当作成年人。事实上，把青春期当作一个单独的或延续的人生阶段，在前现代社会实际上是不存在的［斯通和切克（Stone & Church），1975］。

在现代工业社会，大多数青少年与他们更年幼时相比，较少受到来自其直系家庭的影响，而更多的是受到了同辈群体与学校的影响。对那些不能将新旧两种情况加以整合的青少年来说，他们就面临一个疑惑和混乱的时期［阿德尔森（Adelson），1980；霍根和阿斯顿（Hogan & Astone），1986］。

与儿童期相比，青少年能在更大程度上采纳别人的观点，仔细审查他们自己的人格。然而，他们的世界观仍然是高度主观性的——也就是说，建立在他们自己的直接经历和感觉上。他们经常太关心其他人如何评价他们的行为。并且他们容易在唯我主义（经常地在说或写的时候过多地提到自己）与自卑之间来回摆动。

青春期是一个人发展抽象思维能力的时期。这个时期也是大多数人发展幽默感的时期。显然，随着理解能力的增强，欣赏幽默的能力也会提高。 *133*

大量青少年期的社会化是以预期社会化（anticipatory socialization）的形式出现的：即指向未来角色的社会学习过程。尽管预期社会化跨越了整个生命周期，但“预演”未来的成人角色在青春期少年身上表现得特别明显，如配偶（通过求爱）、父母（通过做保姆），及工作（通过兼职）。

许多观察者声称，近几十年来，青少年与父母之间的联系纽带已经弱化了，尤其是在中产阶级家庭，产生了我们前面提到的所谓代沟。当青少年逐渐成长并在某些方面更为独立的时候，他们大多数在经济方面还是依赖于家庭的。这就产生了颇为棘手的情感冲突。

青春期可能是一个强健而又充满麻烦、冲突的时期。
一些年轻人通过衣服和发型检验自己的独立性。

其中三个重要的也是被广泛讨论的冲突是在衣着、发型及宵禁方面。青少年另一个共同抱怨的问题是，父母有时候把他们的目标强加到青少年身上，而没有去费神了解一下孩子到底是否愿意。然而，近来一些美国与英国的研究已经表明，尽管有这样的冲突，大多数青少年与他们父母之间的相互关系还是肯定性的［科尔曼和亨德利（Coleman & Hendry），1990］。

在近些年来，学者们开始注意到在青春期与成年期之间，也即在生理上的成熟与完全进入成人世界之间，有一个不明朗的时期。在这个时期，青年人到了可以参加选举、结婚、生孩子的年龄，但又经常依赖于父母或家庭以获得经济上的支持。由于大学教育在劳动力市场上的重要性，许多年轻人直到25岁左右还留在前成人阶段。这个时期的生活被称作青年期［凯妮斯顿（Keniston），1970］。近来的普查数据表明，部分由于20世纪90年代的经济不景气，一直留在家里的青年期的成人人数在增加。事实上，在1991年，有30%的25～29岁之间的未结婚的成人，都没有与他们的父母分开另立新居。如果这种趋势继续下去的话，它似乎会延迟成千上百万的青年美国人进入真正的成年状态。

（二）成年期

进入成人期后，所谓的初级社会化（primary socialization，指在一个人的早期阶段为各种成人生活角色所做的基本准备）已经完成。进入成人期后，正常来讲，人们已经发展起了关于自我的形象，既包括真实的，也包括理想的；遵从社会的规范和价值；达到一定的自我控制的程度；使个人的欲望服从社会的规则。但成人的人格还没有完全定型。事实上，不断出现的证据表明，他们的人格在继续成长并在整个成人期都在变化［布里和卡根（Brim & Kagan），1980；勒文松等（Levinson et al.），1978］。此外，许多新的社会角色（如丈夫、妻子、父亲、母亲）必须在成人期去学习。就是这些原因，使得社会化终其一生都在继续。

成人社会化与儿童期社会化在几个主要的方面有所不同［布里（Brim），1968］。成人社会化的动机比儿童更明确，他们能够按照自己的愿望去选择角色。如果他们想的话，他们可以改变自己的宗教、婚姻或工作状态，或者他们可以回到学校。儿童一般没有这样的自由去做这些选择。

134 成人社会化还包括，当角色内容发生变迁的时候，他们可以重新定义或再创造现行的角色。与儿童社会化的“角色置换”不一样，成人是在“制造角色”（role making）。关于角色内容变迁的一个很好的例子就是对妻子角色的新定义。在过去，妻子的角色是被期望照料她们的家庭，去帮助她们的丈夫感到宁静和充实，而对家以外的责任，如果有，那也很少。这种角色定义现在受到了严厉批评，对妻子角色再构的主要工作正在顺利进行。

在40岁左右，许多人发现他们对自己成就的价值感到怀疑，害怕他们无法完成他们开始想做的一切。有时，这种“更年期”（midlife transition）展示着一个再评价和变更的时期［帕克（Parker），1985；科谢和科谢（Coche & Coche），1986］。一项研究发现，经历更年期的人，似乎尤其全神贯注于他们的工作：他们选择的工作类型，源于工作的自我认同，以及在成年初期是否对职业生涯做出了合适的选择［法林（Filene），1987］。有些人不能设法进行再评价，他们就进入了一个称为“中年危险期”的时期。这种危机可能以巨大的悲哀与不幸为特征，但那些安然渡过这些灾难风暴的人，经常会发现他们往后的成人生活是一生中最为快慰的时期。

（三）晚年生活

像埃里克·埃里克森那样的学者相信，一些最困难的态度和行为变迁发生在一生中最后的岁月里。在这一时期，一个人必须调整自己，以求与社会声望的降低、身体机能的下降、面临死亡，以及一个人的生活失败等相适应（Erikson，1982）。

在现代社会中，老年期有时被当作是无助、无用、依赖别人的时期。也许也是一个自我认同弱化的时期。大多数美国人的自我认同有赖于他们的工作角色及他们独立性和自我支持的程度。退休导致了工作时自我认同的突然中断，这对许多人来说都是痛苦的。妇女的自我认同基于她们作为妻子和母亲的角色，如果她们丧偶或离婚，或者当她们的孩子离开家的时候，她们有时就感到失落或者说感到没用（这个老年化过程和问题在第12章讨论）。

（四）死亡与濒临死亡

乔伏利·高尔（Geoffrey Gorer）令人信服地证明，现代美国人把死亡看作是与无性色情一样令人倒胃的东西（Gorer，1965）。我们拒绝死亡，对濒临死亡的人掩盖他们的处境，并把死亡的所有蛛丝马迹都从我们的日常生活中赶走。我们把濒死的人送到医院，不仅仅是减轻垂死者的痛苦，也是将其从我们的视线中移开。我们压抑自己的哀思并把死亡带来的影响尽可能快地从我们的生活中去除［阿里斯（Aries），1981］。结果是，死亡的社会化通常被限制了或不再存在。

1. 濒临死亡的体验

尽管有些人似乎镇定自若地面对死亡，但这样的镇静通常是长期情感斗争的结果。面对死亡从来不是容易的，即使对那些似乎很勇敢地面对它的人也是这样。一位名叫库波尔·罗斯（Elisabeth Kübler-Ross）的内科医生（1969），花了一些年研究那些不治之症患者对死亡前景的反应，他认为，大多数人接受死亡经过了五个阶段。第一阶段是拒绝并与他人隔绝，第二阶段是愤怒，第三阶段是讨价还价（临死的人与死神做交易，上帝或命运是否让他或她活得稍长些），第四阶段是沮丧，第五阶段是接受。大多数人并没有严格按照这个顺序经历这些阶段；他们有时仅在“闪念之间”就接受了死亡，有时是在希望和绝望之间摇摆。

库波尔·罗斯勾勒临死的过程，起初是想帮助医生、护士理解他们的病人正在经历什么。然而，有时候这些“临死的阶段”解释得过于字面化了。医生和护士试图引导病人机械地从一个阶段走向另一个阶段；一些病人由于没有处在“适当”的阶段就对此感到焦虑。

查理斯·科尔（Charles Corr）认为库波尔·罗斯的模型对发展有关如何与死亡抗争的理论观点是有用的。关于人们是怎样应对死亡，查理斯·科尔也推荐一种任务型模型，它不仅更好地理解垂危病人，也赋予他们一种权利。于是，这个模型鼓励他们有面对死亡的决心，而且也让其他正在与死亡抗争的人参与进来，以及接受各种关于死的看法。

2. 悲伤、哀痛与失去亲人

当我们面临失去亲人（bereavement，即失去所爱的人）的时候，我们就在经历悲痛的过程。如果病人在苟延残喘，悲痛就通常开始于死亡之前，对临死者及活着的人都是这样。某个人要死的消息会产生一阵预期的悲哀（anticipatory grief），它几乎与死亡消息本身一样深撼人

135 心。为使自己从因所爱的人面临死亡而悲哀的境遇中解脱出来，许多人试图把临死者健康时的形象在心理上固化下来。未预料到的丧亲之痛为什么使活着的人尤为难过，一个原因是突然死亡没有机会让人经历“预期的悲哀”［伦丁（Lundin），1984］。然而，不清楚的是，预料到死亡，是否总是有助于活着的人调整自己去面对失亲之痛［伦德（Lund），1989］。

当死亡确实发生，对死亡的反应也会经历几个阶段。典型地有四个连续的情感阶段伴随着失亲之痛：首先是震惊，麻木地拒绝所发生的一切；其次是拒斥死亡事实，经常盼望死者重新出现；再次是绝望，常常是极度的消沉；最后是适应，活着的人试图建立新的生活［魏斯（Weis），1988］。然而，这些阶段也许不会按照一定的顺序发生［伦德、卡塞尔塔和戴蒙德（Lund，Caserta & Dimond），1986］。

尽管悲哀是普遍的，但每个人经历悲痛时则表现不同。失去亲人的人，有的也许流泪悲伤，然后又突然愤怒地诉说死者“抛弃”了他们。或者生者重温死者 20 年前所说的话，郁郁地与死者默默交流，或者实现死者的愿望。这种内疚和愤怒的感情就是生离死别过程的一部分，它最终使失去亲人的人认识到，人死不能复生（Lund，1989）。

尽管悲哀是普遍的，但每个人面对悲痛时的表现都不同。
一些人在沉默与孤独中忍受，而有些人则在公共场合悲痛欲绝。

七、再社会化

尽管社会化在整个生命周期都在进行，但我们所形成的（人格）大部分是建立在初级社会化过程中所习得的未发生变化的价值观基础之上，建立在那时确立的自我认同之上。然而，在某些情况下，青少年和成人经历着一种再社会化（resocialization）过程，即有意忘掉旧的价值观和行为模式，接受新的价值观与行为。这一过程的一个极端例子就是有时对战犯的强迫“洗脑”[莎因（Schein），1961]。

再社会化经常发生在爱文·戈夫曼（Erving Goffman）所说的全面控制机构（total institutions）中：即为了基本改造一个人的人格、价值观与自我认同，把一个人一天24小时都置于管理人员完全控制之下的地方（Goffman，1961）。军队的基本训练就是我们所熟悉的、相对平和的全面控制机构的例子。基本训练的目的是为改变入伍者的平民自我形象以建立一种军人的自我形象。

这种变化由两个明确的阶段完成。首先，一旦入伍者从平民环境中走出来，集中在一个封闭的军事基地，他们就开始经历剥夺或禁欲（stripping or mortification）的过程，这使他们旧的自我被系统地刷去。入伍者被要求放弃过去生活中所穿的服装，留起统一的发型。个性化的名字尽量少用，代之而用的是“战士”或“水手”或叫他们的军衔。他们很少被允许与以前的朋友和亲戚接触，并受命从事长时间的体力劳动，同时还被剥夺了相当多的睡眠时间。这种剥夺的结果是，他们过去所认同的东西开始弱化，开始越来越依赖于全面控制机构，很像小孩子依赖于他们的父母那样。

在第二个阶段，一个新的、军人的自我重构起来。入伍者被灌输以一套行为模式，通过向长官敬礼、注意整洁有序的外表、无条件地执行命令等，被期望的肯定的角色模式得到强化。几个礼拜以前，入伍者还是一个平民，现在他或她就是一个士兵、一个水兵或潜水员了。

研究表明，军队训练成功地弱化了诸如个人的行动、自己做主之类的平民价值观，并代之以服从权威之类的价值观。而他或她若要恰当地扮演新的角色，后一类价值观至关重要[斯道夫等（Stouffer et al.），1949]。

另一个在全面控制机构中再社会化的例子是向非常规宗教转变的过程，许多人称之为“邪教”。然而，研究表明，大多数邪教成员最终回复到了原来的自我形象与价值观。有个报告估 *136*
计说，最初加入邪教的人只有5%在那个群体中待了5年以上的时间[彼特兰克（Petranek），1988]。另一项研究发现，大多数自愿离开的人从属于那个群体不到一年的时间[盖兰特（Galanter），1982]。这些研究说明，如果皈依者的新自我形象被那些与之经常接触的人持续地强化，再社会化通常就是有效的，这种情形更容易出现在社会认可的、新“士兵”或“水手”的认同中，而不是遭到普遍贬斥的邪教成员角色。

为什么监狱，以及全国控制程度稍轻点的精神病院，常常不能有效地使其成员再社会化呢？戈夫曼关于全面控制机构的理论为此提供了一种重要的洞察视角。从某种程度上说，这种失败，也许是由于囚犯及一些精神病患者，是非自愿地接受再社会化的，不像军队入伍者及大多数邪教成员（与这一事实相反，大众舆论通常认为大多数的邪教教徒是非自愿地加入邪教组织的）。但是，对战犯成功“洗脑”的例子则表明，再社会化甚至无须主体同意也能达到一个有效的程度。监狱的失败及其他全面控制机构的不成功，是因为尽管有效地剥掉和抑制了成员原来的自我认同与价值观，但是很少能提供正面的角色模式，也很少强化它们想象中所推行的新价值观和新的自我认同。

并非所有的再社会化形式都像上面所讨论的那样具有戏剧性，所有的再社会化也并非全都发生在全面控制机构中。在有声望的职业领域如医学与法律中的再社会化就是一个很好的例子。这个过程可能尤为困难，充满压力。一位医生回顾她在医学院的经历时提到，像大多数一年级的学生那样，她首先相信治愈病人将是她的职业。但过了一段时间后，她认识到这种想法太过于简单：一些病人简直不能得到帮助，因为医学专业缺少这样的知识。医学专业的学生被逐渐地再社会化了，而她们的理想也就被严酷的医疗现实所驯服［克拉斯（Klass），1988］。

八、社会化与人的自由

我们所讨论的人们如何学会接受社会所期望的思想、感觉与行为模式，似乎暗含着这样一个结论，即人们仅仅是被动的墨守成规者。人们似乎经常屈服于学校、工作机构及其他社会力量的要求。然而，人远非是由社会通过社会化来操纵的木偶。社会是由人来创造的，尽管不是某个人所为。人是社会的一部分，就像社会是人类的一部分一样［朗（Wrong），1961］。人类通过他们的互动创造了社会规则。

关于个人与社会的关系，历史上许多思想家都对此进行过思考。尽管社会科学家们的哲学前提不同，但大多数人都倾向于把人看成是积极的存在物，他们能够，也确实创造和改变了文化与社会结构，即使经常是按照某种社会所期待的方式在行动。

尽管社会化过程似乎限制了个人的创造性和人的自由，但注意到社会化也为人的创造性做出了积极的贡献是非常重要的。具有创造性的人必须具有高度的自信以进入新的、有时是冒险的工作计划，也必须能够忍受与此类工作相随的孤独与寂寞。这种自信最终来自于父母及同辈群体所提供的社会化。

进一步说，所有的社会化形式，甚至包括婴幼儿期的社会化，都需要个体的合作。除了一些特殊情况外（如在某些全面控制机构中），一个非自愿的主体是不能得到社会化的。我们每个人都有能力拒绝社会的某些教导。当人们感到某种行为不可能受到嘉奖的时候，他们就会拒绝所学到的或曾经履行过的行为期望。

随着人的长大，他们控制自己生活的能力通常会增强。我们都知道，有些个体在成年生活期改变了他们的生活剧本，这与大多数人的社会模式是相反的。放弃回报丰厚的商业生涯而去做牧师，家庭主妇在中年时开始新的职业生涯都是其例。学院院长放弃在名望很高的大学中的职位而到小的南部黑人学院去从教也是这样。所有这些人都拒绝社会剧本，寻求他们相信能更为满足其人格要求的角色。当人们为满足他们变化的需要而调整其角色的时候，每天都有少量的剧本变化的例子发生。

总而言之，一个社会不管看起来多复杂，也不管它怎样要求人们去遵从它，它仍然是可以改变的人类创造物。有时一个特殊个体的行动改变了社会，如拿破仑或亚历山大大帝。在更多的情况下，变迁来自诸多无名个体的恒定压力。一个不遵从的行为也许就是一种偏离行为，但当这种行为一次又一次地重复出现时，它就可能成为一种社会革命。

.NET 互联网/技术

互联网一代 137

最刚开始是书虫，后来又出现了终日懒散在家的人，现在则是计算机迷了。很难去精确评估媒体对人类的影响，但是这些表达术语的转变揭示了，这种影响的出现与一种特别的媒体有关。

尽管"书虫"这个词包含了否定的意思，但美国人普遍对"书"给予了肯定的评价；将书从学校和图书馆移走或抛弃的战役已失败。但是电视发展得相当不顺利。它得到了一个不好的名声，是一个懒惰、教育贫乏、有时带有暴力色彩的临时保姆。而且，电视是不给孩子们意愿表达机会的媒体［塔斯科特（Tapscott)，1998］。孩子们被不允许进行质疑或表达不同意见。他们是单向媒体的被动消费者。

现在，甚至在研究者充分理解电视如何影响一代孩子之前，互联网正在制造出另一代孩子。提到互联网一代，顿·塔斯科特（Don Tapscott）把他们定义为 1999 年时处于 2～21 岁之间的这一代孩子。

互联网的批评者表达了对这些年轻人的担忧，认为他们同终日懒散在家的人没有什么不同。但是塔斯科特有力地进行了反击。根据他的观点，互联网根本有别于电视。孩子们正好不是网络的被动观看者，而是积极的参与者。而且他称，那将使孩子变得宽容、好奇、执著以及自力更生。

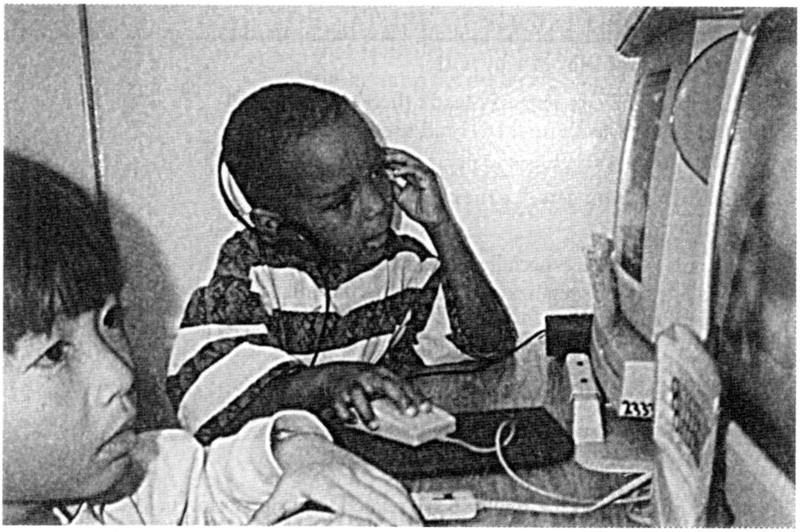

塔斯科特相信互联网是一个不同于电视的互动世界，它帮助激发人的好奇心和冒险精神，而这可以使儿童变得有忍耐力、好奇、充满自信且自力更生。

与电视相比，塔斯科特认为网络给孩子们提供了一个鼓励好奇心和追求冒险的互动世界。孩子们能够去很远的地方，遇见各种各样的人。他们拥有通向大千世界知识的途径。另外，由于网络没有透露你有钱还是没钱、男性还是女性、黑人还是白人，孩子们将只能根据他们的想法来判断其他人。

塔斯科特也认为网络鼓励批判性的思考。对于观众这方来说，看电视完全不用做任何工作，相对于此，互联网要求使用者去思考，从而了解怎样从一个地方到达另一个地方，怎样下载资料，对其他的网络用户做出怎样的反应。作为一种社会交往的形式，网络鼓励孩子们去质疑、挑战和表达不同意见。

与许多成年人相比，孩子们感到待在网上很舒服。他们不怕网上冲浪——发掘不熟悉的领域。结果，他们自然而然地发展了解决问题的能力。例如，比起他们的父母，小孩能够迅速地领悟如何发现和下载他们有兴趣的游戏。

不幸的是，在网上长大也意味着长大太快。批评家警告，网络对孩子不总是一个安全的地方。它提供的不只是能获取大千世界的快捷途径，而且也使得孩子们很容易到达那些他们不适合进入的世界——离群、色情，甚至是恋童癖者。网络也能成为一个坏保姆。

尽管如此，总的来说网络可能更有利于孩子。而且，它真正的问题在于这样的事实，并非所有的孩子都有权享用它。上网的孩子将按照塔斯科特描述的那样多方受益。他们将培养批判性思考的能力，以及接近并获得关键信息的能力。这些能力都是后工业社会所要求具备的，也是社会将感激不尽的能力。面对 21 世纪，不会使用网络的孩子是准备不足的。在一个制造业工作逐渐缩水的社会，这些孩子甚至将远远落后于他们的父母。对他们来说，网络不会向他们承诺一个充满机遇的未来。而且，不幸的是，这一切意味着并非所有 1999 年的 2 岁至 21 岁的孩子都包括在网络一代中。

---

138 **复习与思考**

1. 解释人格与自我之间的不同。
2. “镜中我”概念能够用于解释自私吗？为什么可以或不可以？
3. 比较米德的自我发展理论与弗洛伊德用于描述人格的理论。
4. 你将如何描述当今父母养育子女的实践？
5. 大众媒体，特别是电视，创造了一个社会的社会化主体的形象。描述一下现在电视上出现的形象。在美国，他们可以准确反映孩子社会化的过程吗？为什么可以或者不可以？
6. 军队基本训练课程的目的是什么？
7. 社会化只是一种洗脑的形式吗？为什么是或不是？
8. 描述一下晚期病人通常经过的五个阶段。对这一过程的理解如何能帮助家庭对待深爱的人的死亡？

网上练习

第 6 章的网站涉及社会化的各个方面。在搜索之前，请登录 Prentice Hall Companion 的网站：http：//www.prenhall.com/popenoe 。然后选择第 6 章（社会化）。再从屏幕左边的菜单中选择网站。那里有大量有趣可供查阅的站点。我们建议你首先使用 Homeschoolzone。这个网站提供了非常丰富的有关美国社会中家庭教育的信息。家庭教育替代公共教育是有争议的。在你浏览 Homeschoolzone 网站之后，回答下面的问题：

- 在美国社会，连同家庭、同辈群体和媒体一起，学校是一种得到承认的“社会化机构”。就整个社会化过程来说，在家上学的孩子是不是正在错过社会化的机会？为什么是或不是？
- 你认为孩子应该选择在家上学，还是进入常规学校，或者是他们的父母应该为他们做出这个决定吗？

关键术语

socialization	社会化	agent of socialization	社会化主体
personality	人格	peer group	同辈群体
self	自我	anticipatory socialization	预期社会化
looking-glass self	镜中我	primary socialization	初级社会化
role taking	角色置换	resocialization	再社会化
significant others	重要他人	total institutions	全面控制机构
generalized others	一般他人		

第7章 群体与组织

140 丹尼尔·笛福（Daniel Defoe）笔下的鲁宾逊·克鲁索是一个极具吸引力的人物。一代又一代的读者因想象自己处在一个充满陷阱、完全孤独、荒无人烟的岛上而神情激动或恐惧。如果你发现自己是一个现代的克鲁索，长时期地与人类断绝了所有的交往接触，想象一下你会做出怎样的反应呢？

一方面，你会觉得很好，没有其他人来告诉你去做什么。你想睡多长时间就可睡多长时间，爱怎么穿衣就怎么穿，尽你最高的音量引吭高歌，你可打嗝、搔痒而无须担心别人是否喜欢。一时间，这样的自由也许是天堂般的。

但是你可坚持多久？对我们大多数人来说，答案是：根本不会坚持很久。即使是最反社会的个体，不久也便会开始想要有人来陪伴。如果我们孤独地生活，谁会来祝贺我们的成功？在我们忧伤时谁会来安慰我们呢？除了自己的声音外不能再听到别人的声音，我们的一些想法只能在自己的脑子里萦回而不能向他人表达，这种情况我们能满足多久呢？

事实上，长期被迫忍受与世隔绝的人，经常体验到深刻的迷惘，甚至可能因没有人的陪伴而发疯。毫不奇怪，传统监狱中大多数最严厉的惩罚可能就是关禁闭。相似的，对许多社区宗教群体来说，可以实行的最强烈的惩罚性制裁就是“隔离”，或者说强迫离开群体。就像鲁宾逊·克鲁索最终在他的孤岛炼狱中遇到另一个人时欣喜若狂那样，任何曾经被迫经受、即使是相对简短的与世隔绝的人，都会知道与他人的接触是一个人最基本的需要，就像食物、水和住所一样。

第6章引用大量文献说明，为获得恰当的社会化，人就需要与他人的接触。我们大多数的基本生理需要与心理健康，也要依赖于他人。我们与他人一起工作、嬉戏、学习和祷告；事实上，大量的人类生活是以群体的形式进行的，以至于那些喜欢独处者被贴上“孤独者”的标签，并认定为有偏离行为。社会学的一个基本假设就是认为人类是天生的社会性动物，人类就是生活在所有不同规模和类型的群体中。

由于社会群体在我们生活中有如此重要的意义、是我们生活的主要部分，因而也就成为社会学研究的一个基本话题。本章就从对小群体的性质和结构的讨论开始。小群体就是小到能允许其成员以个体为基础进行相互交往联系的群体。在研究了小群体的运作方式后，我们转而分析组织这样较大的社会群体，并以讨论取代传统组织结构的种种形式来总结本章。

一、社会群体的性质

20 世纪 30 年代至 50 年代，美国社会学的研究重心就是对小群体的研究。虽然在适当的地方我们也引用了更晚近些的研究著作，但我们对小群体的讨论，大量引用的是这个时期的经典研究。我们以回答一个基本的社会问题为开始：精确地说，什么是社会群体？

（一）什么是社会群体？

像在第 4 章指出的那样，群体成员不仅仅是人群的集合或社会的类属，它展示的是人们相互联系的独特模式。换句话说，他们形成了一种社会结构并对其成员有某种确定的期望。群体还通过一些特殊的意义与规范产生了群体文化。所有群体都有自己的特征，并且从属于群体的个体成员，在人格、信仰和价值观方面各不相同。通过共享群体的意义与规范，群体中的人就产生了一种作为群体成员的认同感。这样，群体中的人就与群体外的人有了十分明确的区分。因此，社会群体就可定义为两个或更多的人，他们有共同的认同及某种团结一致的感觉，对群体中每个人的行为都有相同而确定的目标和期望。

虽然社会群体一词可以应用于大到整个社会的各种单位，但它还是有更为具体的含义。这个词经常为社会学家与非社会学家用来表示小的、面对面的、成员彼此认识的群体。举例来说吧。在一个风和日丽的星期天下午，你如果环顾一下公园四周，就会发现许多类人群的聚集。有些人聚集在热狗站，等待购买食物；五六个十来岁的少年，身穿牛仔、T 恤，骑在自行车上一路争吵而来；还有一些零星的散步者、漫游者、儿童。转到左边来看看，也许有些大人与小孩在围着一个公园桌子野餐。这里，哪些是社会群体呢？

围在一起等着买热狗的人不是社会群体，因为他们没有独特的群体结构和共同的文化。他们彼此并不认识，除了都想尽可能快地买到食物外，他们之间没有什么共同点。他们聚集在同一个地方仅仅因为都想买到热狗。社会学家有时称这种人群的聚集为集合（当然，如果所有排 141
队买热狗的都是家庭成员或朋友，他们就组成一个社会群体——但不是因为他们有买热狗这个共同目标）。

然而，小公园这些场景中确实包括两个社会群体。骑自行车的男孩可能是一个社会群体：他们有共同的行为方式和一套价值观与角色期望。一个男孩可能是小丑，另一个是头儿，其他人是“随众”。他们的服装、说话的风格、行为代码以及群体团结感，把他们与那些仅仅是聚合在一起的人区分开来。在野餐桌旁聚集的人也可能是一个社会群体——也许是一个家庭或亲密朋友的星期日郊游活动。

一个社会群体可被定义为两个或更多的人，他们有共同的认同和某种团结一致的感觉及对群体中每个人的行为都有相同而确定的目标和期望。你能将这幅图片中的一些人定义为一个社会群体吗？是否有集合存在？

一个众所周知的小群体是匿名戒酒者协会（Alcoholics Anonymous，AA）（Denzin，1986b）。匿名戒酒者协会，大小从 5 个到 30 个或更多个人不等，每周至少见一次面，有一个主要人物领导。仪式是群体集会的重要部分——祈祷，他们的读物引自 AA 文本，那些提供此类引文的人被赋予特殊地位。成员通过宣誓“不喝醉”而团结在一起，这再次确认了群体的目标。他们也有作为饮酒者的共同认同，即在讨论开始，总是说“我的名字是……我是一个酒友”。交往是集会的核心活动。AA 成员在过去有共同的（在一起饮酒的）经历，并发誓将会继续来参加集会，这样群体就延续下来。

（二）初级群体与次级群体

正如第 4 章所简单讨论的，社会学家很早就区分了群体的两个基本类型：初级群体与次级群体。在整个历史中，人类社会的基本单位（也许是最重要的社会群体）是初级群体，即一个相对较小、有多重目的的群体，在那里互动是亲密无间的，并存在一种强烈的群体认同感。最重要的初级群体是家庭。其他初级群体包括年纪小的同辈群体，如儿童的嬉戏群体和青少年帮伙；一些邻居朋友圈和成人社会俱乐部；在复杂组织中的非正式群体，例如工厂工人的派系，以及学生的朋友群体。

自从查尔斯·霍顿·库利（1909）首次使用初级群体这个词以来，初级的含义已经有了某种程度的扩展。库利使用“primary”这个词主要是表示“最初”（first）。家庭和儿童的嬉戏群体是我们所遇到的最初的社会化主体，因而他将之称为初级群体。库利把这类群体看作是“人类本性的培养所”，他相信此类群体对人格的塑造具有核心作用。自库利以来，这个词一般被扩大到用于有类似家庭纽带关系的所有群体。成员之间有共同认同感的兄弟会与姐妹会、运动队乃至小的政治团体，都可以当作初级群体来分析。

1. 初级关系

也许理解上面这些群体性质的最好办法，是去看一下联结群体成员的关系类型：初级关系（Primary Relationships）。这种类型的关系不仅可以在所有的初级群体中找到，而且几乎在每一种组织、所有的社会场景中也都存在。初级关系是一种个人的、情感的、不容易置换的关系，它包括每个个体的多种角色与利益。它以大量的自由交往和全部人格的互动为特征。这些特征可以有更为详细的解释：

（1）这种关系中的人扮演多种角色，并把许多个人利益带了进来。例如，教授与大学生的关系是典型地根据这两个特定角色而定的，他们没有初级关系。然而，假设这个学生要开始学 *142*
习研究生课程了，并与同一个教授一起密切工作，这两个人也许就会建立起一种初级关系——成为朋友并在工作之余因社交而见面，甚至他们还会成为竞争对手。

（2）因为初级关系包括广泛的角色和利益，它也就包括了全部的人格。例如，办公室中的初级群体成员也多半会相互了解彼此间在办公室以外的事情。通过下班后的社交与工作时间的聊天，他们知道了他人是怎样管理家庭财政、闲暇怎样度过，以及他们与子女的关系。因为他们从多种角色来相互观察，因此在相互评价时，可能最终也会根据非工作角色，这正如根据共同的工作角色做评价一样。

（3）初级关系以大量的自由交往为特征。处于初级关系中的人通常感到他们能够也应当亲密地往来。我们既不期望也不希望屠夫在某个早上告诉我们他为什么沮丧。但我们期望自己的配偶要这样做。通过开诚布公的交流、通过对相互之间行为的观察，初级关系中的人展示着他们的内在自我，这样就变得更加亲密。

（4）因为在初级关系中人们投入了人格的许多方面，因此尽管他们不必总是情深意重，但他们的交往是充满情感的交流。一些初级群体成员甚至可能对另一些人非常憎恶。群体的成员关系中，除了情感的联系以外，还有别的东西——也许是尊敬或支持，而这正维持着彼此厌恶的成员之间的初级关系。

（5）由于初级关系卷入了个人的独特性格，因而，这种关系就不会容易地从一个人转移到另一个人。如果你认为你的医生粗鲁、缺乏耐心，你可以去找另一位。但假设这种情况发生在男朋友或女朋友身上，亲密的感觉是不会很快或很容易地转移到另一个人身上的。

从上面的讨论我们可以看到：初级关系，因而也就是初级群体，为人们提供了人格发展的机会。这些关系有助于我们把对自我的形象扩展为一种复杂的、多层面的个体。更进一步说，在人们与其他人或群体发生冲突的时候，初级群体是主要的认同来源和安全来源。因为初级群体接纳的是整个个人，它给人以“某人站在我这边”的感觉——这是一种必要的情感支持。

在成人失去配偶、老人的所有朋友都离开人世，或者因死亡或离婚而使儿童失去父母这些情况下，初级群体和初级关系是多么重要是很明显的。这里的每种情况都表明，因初级关系的破损，个体都罹受着重大的痛苦。

不过初级群体也对人们产生负面的影响。由于一些初级群体压抑个性，有时还压制个人的成就，从而也就会限制个人的社会发展。为了寻求个体自己的独立发展，一些人不得不从他们的家庭联系中挣脱出来。这样的情况，我们都有所了解。

2. 次级群体与次级关系

尽管库利没有使用过次级群体与次级关系这样的词，但今天的社会学家则在广泛地使用着它们。次级群体是为达到特殊目标而特别设计的群体，其成员主要以次级关系来相互联系。与初级关系相比，次级关系是一种特殊的、缺乏情感深度的关系，它所包含的只是一个人人格的某些有限方面。

次级关系在现代社会中越来越普遍。办公室工作人员、大学院系的同事、政府机构的官员，大多是次级群体的普通成员，这些人通常是通过便笺或电话进行非直接的交往。这种非人格特征反映了次级群体的目的：达到务实的目标，而不是提供情感支持或作为自我表达的工具。我们最熟悉的次级群体是正式组织，将在本章稍后做讨论。 143

办公室工作人员是一个常见的次级群体。依照定义，次级群体是为达到特殊目标而特别设计的群体；其成员主要以次级关系来相互联系，而次级关系是一种缺乏情感深度的关系，它所包含的只是一个人人格的某些有限方面。

表 7—1 总结了初级群体与次级群体的差异。

表 7—1　初级关系与次级关系特征比较

初级关系	次级关系
1. 包含了每个参与者的多种角色与利益。一般与弥散的特征。	1. 一般只包括每个参与者的一种角色与利益。特殊性的特征。

续前表

初级关系	次级关系
2. 每个参与者的全部人格投入。	2. 参与者只投入了与情景具体相关的那些方面的人格。
3. 包含大量自由的交往。	3. 与特殊关系主体的局部交往。
4. 充满个性特征与情感。	4. 相对无个性、无情感交流。
5. 别人不容易替代。	5. 可能移到他人身上；也即参与者可以互相替换。

注：初级关系通常是情感表达与使人满足的重要来源。次级关系在商业往来方面更为有效，它是现代城市与工业社会的独特特征。

(三) 我们为什么形成群体

所有社会成员的共同需要有两类，即工具性需要和表意的需要。初级群体与次级群体的界限也十分明显。社会学家相信，这两个方面的差异，就是人们为什么形成社会群体的两个基本原因。

一些群体满足工具性需要（instrumental needs）——也就是说，群体帮助其成员去做那些不容易单独完成的工作。许多工具性群体是绝对必要的，例如，单个的足球运动员是不可能赢得一场比赛的。另一些工具性群体则不那么重要。没有诸如“体重观察者”群体，人们也可以减肥；没有在考试时形成的非正式学习小组，学生也当然可以通过考试。但这些群体通常比个人更为有效地达到目标。不过，有时群体的努力与单独个人的努力相比，其效率更低。

另一些群体的形成主要是为了满足表意的需要（expressive needs）——这就是说，群体帮助其成员实现情感欲望，通常是提供情感支持和自我表达的机会。大多数朋友群体就是出于这种目的；兄弟会和姐妹会也同样如此，尽管其结构性特征更明显。

实践中，许多社会群体（也许是大多数）都能满足这两种需要。例如，工具性群体也经常满足表意的需要。运动队的成员会产生密切的关系，这是他们在场外的友谊基础。音乐师在一起长时期的排练和表演，就是一种密切的相互接触，这就会导致友谊的产生。

二、群体结构

人们在一起待的时间足够长，几乎总会有社会结构的产生。陪审团、工作人员甚至困在电梯里的人，起初可能只是一些陌生者的集合，但当他们相处一段时间后，他们就会形成统一的规范、地位、角色系统。为什么人类群体有这种倾向？社会结构的重要性在第 4 章已经讨论过。这里我们把讨论只集中在小群体方面。

罗伯特·贝尔斯（Robert Bales，1951），一个小群体研究的先驱者，根据他的观点，社会结构的产生在于人们对稳定的社会环境的需要。当两个或更多的人第一次相遇，都会有一定程度的紧张。每个个体都试图通过建立相对稳定的群体互动模式来减少这种紧张。一旦这样的模式建立起来，其成员就开始知道哪些行为是相互期待的；反过来，成员也可在群体中形塑自己的行为。这样，社会结构就解决了每个群体成员都面临的问题：我应当在他人面前如何表现自己的行为？

群体成员不同的天赋和个人特征也有助于社会结构的产生。有些人发现当领导很容易，而另一些人则发现服从很容易。有些人对群体的价值可能有特殊的洞察力，因而扮演起了领导新潮流者的角色。渐渐地，群体角色逐步发展起来。例如，在高中学生的同辈群体中，社交能力最强的成员可以主持聚会，而智力最好的人可能会最大限度地影响群体其他成员的意见。

144 **（一）群体规模**

群体的规模怎样影响其成员的行为呢？许多古典社会学家对此主题都很感兴趣，尤其是乔治·齐美尔（Wolff，1950）。

可能最小的群体是二人群体（dyad），只有两个成员。两人群体的关系纽带可能是最强的，这样的群体能够产生较大群体中所没有的团结感和亲密感。但是，二人群体依赖的是一种单一的联系，成员必须总是相互考虑到对方。并且在二人群体中，没有任何让别人参加互动的机会。如果一个成员退出，这个群体就终止了。

根据齐美尔的观点，有三个成员的三人群体（triad），某种程度上说，是所有小群体中最不稳定的群体。在三人群体中，有一位可能总是局外人，或者说是个"入侵者"[卡普洛（Caplow），1969]。另一方面，第三个人有时可能扮演中间人的角色。

群体越大，它就越复杂越正式。每增加一个新的成员，群体中可能的社会关系数成几何级
145 数增长。例如，在一个有 A、B 和 C 的三人群体中，只有三对可能的友谊关系：A 与 B、A 与 C 和 B 与 C。一旦另外一个人（D）加入群体，可能的成对友谊关系就有 6 对：AB、AC、AD、BC、BD 和 CD，如果再有一个人（E）进入群体，十对二人关系就形成了：AB、AC、AD、AE、BC、BD、BE、CD、CE、DE。这样，群体规模只是增加了二人，而群体中可能的关系对则已由 3 个上升到 10 个。

144 **应用社会学**

合作型学习

如何最好地学习？这是教育家在试图改革我们的教育体系时，年复一年要问及的问题。如今，在美国已被运用的三种不同的学习方法有：自我的方法、竞争的方法和合作的方法。老师都能有效使用其中的每一种方法[约翰逊和约翰逊（Johnson & Johnson），1987]。关键是根据他们想要达到的学习目标配之以合适的方法。例如，自我型学习就非常适合技能和知识的获得，如识记单词拼写或科学概念（像周期表中的化学元素）[帕特南（Putnam），1997]。虽然是独立学习，但在老师的帮助和支持下，学生可以按照他们自己的节奏来进行。

竞争型学习同样也非常适合技能的训练和信息的回忆。然而，它却不适合对学生成绩的个

体评估。事实上，学生间的互动是为了奖励那些比其他学生表现更好的学生而设计的。设计拼字比赛、运动会和音乐比赛，是为了通过明确学生们各自的长短来帮助他们提高自身的技能。

合作型学习适合任何类型的学习，它需要学生间长期的互动。以帮助和分享的形式来为小组做出贡献是这种学习方法的重要特征。

在过去的 60 年里，美国的教育单单强调竞争型和自我型学习（Johnson，1987）。20 世纪 30 年代，在商界获得支持的竞争型学习已变得如此流行以至于在 60 年代它就被当作是“传统的”学习方法来教育学生。在 60 年代，自我型学习方法在写作课和老师培训计划中深受欢迎（约翰逊，1987）。

研究表明，老师在 85%到 95%的时间里运用的是这两种学习方法（即竞争型和自我型学习）（Johnson，1987）。如能恰当使用，这些方法可以取得积极的效果，但是教育家们必须同样地认识到它们的缺陷。比如说，尽管竞争型学习能够激发学生更加努力学习，但也应注意到所有学生的学习进度并不一致这一事实。把学生贴上成功者和失败者的标签，不但会加剧这种事实而且会使那些表现差的学生产生自卑感。以这种方式学习的学生倾向于选择以下两者之一：即他们要么十分拼命地学习，以求比其他的学生表现得更好；要么甚至连努力都没有就放弃，认为他们永远没有成功的机会。

另一方面，自我型学习方法没有为学生间的互动（这对于培养沟通和领导技巧是必要的）提供机会。结果，学生就没有为他们进入成人世界——他们将需要与他们工作场所里的、社区里的以及家庭里的其他人合作互动——做好准备。

老师可采用的第三种方法——合作型学习——比自我型或竞争型学习方法都较少地被用到，尽管研究表明它有很多的优势。被教授使用这种学习方法的学生都表现出有较高水平的成绩和推理能力。他们重视他们所学的课程，有较强的自尊心并且培养了很强的人际交往技巧（Hill & Hill，1990；Johnson，1987；Putnam，1997）。

合作型学习的要素 *145*

群体学习可以有很多形式——游戏与模仿、角色扮演、小组讨论和学习小组（Reynolds，1994）。合作小组学习是以五个基本要素为特色的（Johnson，Johnson & Holubec，1993；Putnam，1997）：

（1）积极的相互依赖；

（2）个体责任；

（3）合作技巧；

（4）面对面的互动；

（5）小组反思和确定目标。

积极的相互依赖。为达到一个目标而共同活动是小组学习的鲜明特征（Putnam，1997）。小组的成功取决于每一个成员愿意为小组所有成员的成绩负责，而不是仅为他或她的学习负责。所有小组的成员都必须在计划、决策和商议中发挥作用。

个体责任。合作型学习需要所有小组成员的全部投入。如果个体成员没有完成他们的任务，那么整个小组就会受到影响。即使是其他成员补上了未完成的工作，但是一个成员的失败会使这个作为真正合作型学习小组的质量打折扣。小组中的每一个成员都要为其他成员负责。

合作技巧。儿童通过在一个小组里轮流做游戏开始培养合作技巧。随着他们逐渐成熟，儿童应该学会怎样主动聆听和为小组贡献他们自己的建议。这样，他们就能获得将来作为一个成年人所需的人际交往技巧。

面对面的互动。尽管小组成员间的互动形式多样，但这并不意味着他们间必然发生了合作型学习。例如，分享家庭作业的答案并不是一种以合作型学习小组为特征的面对面互动。真正的合作任务包括计划、讨论和商议。在某些情况下，自我型学习是合作型学习的一部分。例如，为一场辩论而钻研论点（Putnam，1997）。但是，正如这个例子所说，自我型学习只是其中的一部分，最终还需要整个小组的关注。

小组反思和确定目标。合作型学习的最后一部分包括对小组作用发挥如何的一个评价。成员通过明确小组努力的优势和劣势，为他们所遇到的问题准备解决方案。

尽管学习有许多不同的方式，但它首先是一个社会行动（Putnam，1997）。因此，合作型学习是老师可采用的一种最有效的学习方法。事实上，正如表 7—2 所示，人们学习的三种最有效的方式都是合作型小组学习的重要构成部分（Putnam，1997）。他们学到了他们所说的，学到了他们在生活中所说和所用的以及他们所传授给别人的。

表 7—2　人们学到了什么

他们所读到的 10%；
他们所读到和听到的 20%；
他们所看到的 30%；
他们所看到和听到的 50%；
他们所说的 70%；
他们在生活中所说的和所用的 90%；
他们所传授给别人的 95%。

资料来源：Adapted from M. D. Alcorn，J. s. Kinder，& J. R. Schunert，*Better Teaching in Secondary School*，Chicago：Holt，Rinehart，Winston，1970；cited in JoAnne Putnam，*Cooperative Learning in Diverse Classrooms*，Upper Saddle River，NJ：Prentice Hall 1997.

大群体与小群体相比，既可能成效更大也可能更小，这要看群体的任务［尼克松（Nixon），1979］。当群体任务的完成受到群体中最弱的或效率最低的成员的局限时，在解决问题方面，它就通常比一两个有创造性的个体的效率还要低。但当群体任务仰赖于一致的群体努力、每个个人的投入都对该任务有价值的时候（如为某种政治请愿而获得签名），通常一个大的志愿群体更容易完成——成员彼此的工作对任务的完成都是一种补充［伍德、波莱克和艾肯（Wood，Polek & Aiken），1985］。

146 这样，“恰当”的群体规模强烈地依赖于它的目标，当许多群体相对小时，它们都运作得

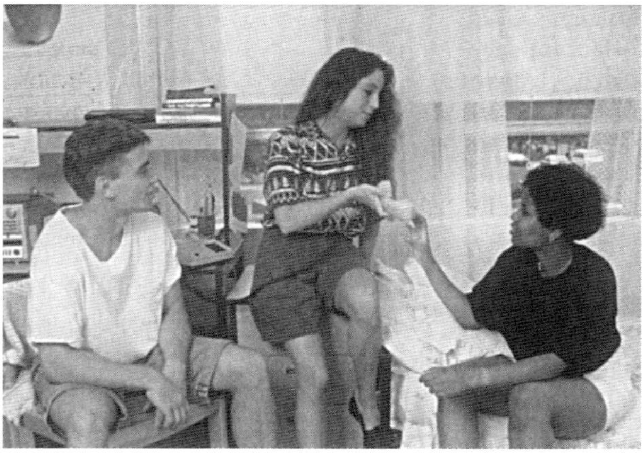

两个成员必须相互注意和相互回应以维持一个二人群体。一个三人群体可能缺少稳定性，因为容易形成两人联盟而使第三者受排挤。

最好。对顾问群体或情感受挫儿童的非住宿型营会（day camps）这样的群体来说，理想的规模是成员应不多于 10 个。学校中的群体规模，其成员在 12～30 个之间为宜［斯基德莫尔、霍恩、撒克里和法利（Skidmore，Hon，Thackeray & Farley），1988］。

（二）群体规范

我们已经提到过，把社会群体与单单人群集合区分开来的一个特征是一套共享的规范。群体规范规定了成员应该如何行动以及违规意味着什么。

对群体规范及其起源的研究中，最好的一个是威廉·福特·怀特（William Foote Whyte）的经典研究《街角社会》（*Street Corner Society*）。在 20 世纪 30 年代后期及 40 年代，怀特投入到在“科纳维尔”的一个街道帮伙的活动中。“科纳维尔”毗邻“东部城市”（实际上在波士顿北端），是意大利人居住的城区。大多数“受人尊敬的”波士顿人对这个地区了解很少，只是相信“在科纳维尔很少有澡堂，孩子们在狭窄、无人注意的街上到处乱跑，青少年犯罪率高，成年人犯罪很普遍，并且在大萧条时期，大多数人靠救济过日子”。除此之外，对这个城市的其他情况一无所知，科纳维尔除了“可怕的人群混杂、社会混乱”外，一无他物（Whyte，1943/1981）。

怀特的研究对象是二十多岁和三十出头的年轻人，他们几乎每天晚上都纠集在一起外出。这些“街角小伙子们”有一套至少和精英群体比肯·希尔（Beacon Hill）的规范一样严格的规范。例如，他们关于等级的观念就高度发达。在帮派等级的顶部是该帮伙的头儿，称作“多克”（Doc）。多克下面有3个直接助手，在这3个助手下面则是9个左右的成员。这三个等级之间的关系，受头儿对其成员有优先权这样一种坚定信念所支配。

传统惯例控制了几乎所有的群体行为。成员每晚要在同一个酒吧聚会就是这样的惯例。并且这样的聚会无论在哪天，他们都要坐在同一张桌子的同一个位置。“坐这些位置的权利为其他科纳维尔群体所认可，当在惯常的位置上发现了陌生人时，那么必须另外找一些椅子，这就是件很麻烦的事。”

群体成员严格恪守相互帮助的复杂规则。“科纳维尔小伙子这个代码就要求力所能及地帮助他的朋友们，并不允许他做任何对朋友有害的事情。”这些责任在成员之间有所不同。一个帮伙的头儿必须出手大方，他的手下也期望他给出大量的礼物、带来大量好处。这样的人如果反过来接受礼物，特别是接受来自地位低的成员的礼物，就被认为是有损尊严的。对地位低的成员来说，帮助头儿做事是加强自己地位的途径。

这样，怀特的街角社会远非一种无组织的社会群体。它们具有调节所有成员行为的复杂群体规范。这些规范简直与任何其他社会规范一样充满意义：它们精确地告诉这些帮伙成员在大多数情景下如何行动，即使这些行动看起来对其他波士顿人来说非常特殊。

（三）群体角色

在《街角社会》的讨论中我们看到，许多群体规范以角色期待的形式出现。群体角色可以很自然地出现。例如，如果我们突然发现自己身处一个紧急事情之中，如车祸事故，我们每个
147 人都可能会自动地假定一种不同角色。有人可能会作为医生的助手，有人可能会成为维持秩序者，另一个人则可能成为送信者。这就是像事故这样的偶然事件如何把一群人转化为一个群体的例子。

许多人试图搞清小群体中产生的一般角色。最著名的是罗伯特·贝尔斯及他的同事对各种任务取向的小群体（task-oriented groups）的研究。他们发现在每个小群体中都会产生一些相同的基本角色。每种角色都以不同的方式对群体的任务或活动做出贡献。一些人扮演着说话者的角色以保持交谈的继续。另一些人为群体出主意。还有另外一些人也维持着交谈的继续进行。最后，最受人欢迎的人扮演着协调者的角色。他们帮助解除紧张，增进团结（Parsons & Bales，1955）。

另一个关于群体角色的著名研究是由菲利普·齐默巴多（Philip Zimbardo）主持的。齐默巴多与他的同事想要研究的是狱警滥用权力的问题，如扣留送给犯人的东西、打犯人及把犯人

关禁闭。齐默巴多想知道，是那些粗鲁的、冷酷无情的人被拉来干狱警了呢，还是监狱社会环境中有某些东西可以产生暴力行为。

为给这些问题找到答案，齐默巴多在斯坦福大学的地下室仿建了一座监狱，并向年轻人发广告征集实验的参与者。70多人申请了这项每天报酬15美元的工作（Zimbardo，1972）。齐默巴多用心理测验和体能测验挑选了24个看起来心理稳定和正常的学生参加实验。他们来自美国和加拿大中产阶级家庭。然后，学生被随机分配“犯人”或“狱警”这两个角色中的一个。那些被“选”作犯人的学生真的由当地警察逮捕并带到这个地下室监狱，关在一个三人一间的囚室里，并被告知要关两个星期之久。到第六天结束时这个假监狱被关闭了，因为研究者对他们的实验所引起的行为感到很担心（Zimbardo，1971）。被选为“狱警”的学生真的扮演起了典型的狱警角色，像对牲口一样对待“囚犯”，以非人的手段从中取乐。同时，“囚犯们”也很快地适应了囚犯的角色，想到的只是如何逃生和避免惩罚。

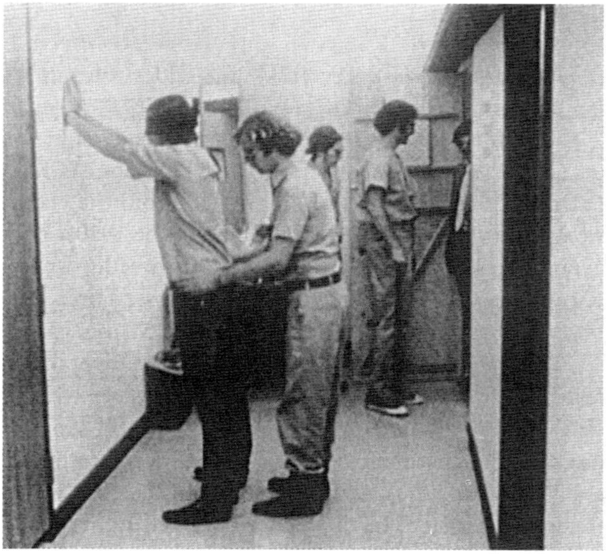

囚犯和狱警之间的关系往往是充满严酷和对抗的。齐默巴多的研究认为这是对狱警和囚犯角色期望的结果，而不是由于扮演这些角色的人的人格所致。

批评者们指出，齐默巴多的研究对真实的囚犯来说可能不是完全适用的。在真实场景中，同室囚犯一般能够产生一种非正式的结构，这可以有助于他们缓解所面临的压力。进一步说，在真实的监狱中，狱警知道，他们要与囚犯相处数月、数年的时间，而不只是一两个礼拜，他们大多数都开始懂得，他们必须与囚犯建立起一种合理的、积极的关系，因为一种极端敌对的工作环境将会使他们的工作做起来更难、更冒险。然而，尽管有这些要注意的问题，齐默巴多的实验结果广泛地解释了监狱暴力的原因，它表明监狱暴力不在于狱警和囚犯的人格，更多的是监狱本身的社会结构。在这个研究中，两组学生（“狱警”和“囚犯”）扮演的群体角色的方式，强烈地支持了结构性要求可以容易地克服个人偏好的观点。

每个群体都有些位置能使某些人对他人行使权力。贝尔斯（1951）发现，小群体中有两个主要领导类型。工具型领导（instrumental leadership，也称任务型领导）力图指导群体朝他的目标走。表意型领导（expressive leadership，也称社会情感型领导）寻求创造群体的团结和维持群体的协调。两种形式的领导对群体的成功来说都是需要的。

两种形式的领导角色通常由不同的人扮演。根据帕森斯与贝尔斯的观点（1955），传统的
148 美国核心家庭就存在这种领导者的划分：养家糊口的丈夫扮演的是工具型的领导角色；管理家政的妻子则通过为家庭提供温暖、舒适及情感、安全，扮演着一种表意型领导的角色（有关家庭中性别角色的其他观点，见第 13 章）。

除了促进不同的目的外，领导可以有不同的风格。在 20 世纪 30 年代，社会心理学家勒温、李皮特和怀特（Lewin，Lippit & White）对小群体领导风格做过些经典的研究工作。他们把 11 岁的男孩组成的群体置于三种风格的领导之下——极权的、民主的和放纵的，并观察不同领导风格对行为的影响（Lippit & White，1952）。

这些领导风格在几个关键方面有所不同。在极权型领导的情况下，领导是唯一可以决定群体政策和任务分配的人。在民主型领导的情况下，政策的决定和任务的分配通过了群体的讨论，领导在其中得到辅助。在放纵型领导的情况下，孩子们有完全的自由，领导者极少干预。此外，领导表扬和批评孩子在不同类型场景中也不相同。极权型领导批评时常有个人的色彩；民主型领导力图客观和公正；放任型领导对孩子们的行为很少发表意见，而且也不试图规范群体行为。

孩子们是怎样对这些领导风格做出反应的呢？与民主型群体相比，极权群体中表现出了大得多的敌视和多得多的攻击性。还有，在极权型领导的领导下，与其他群体相比，有更多的群体成员在找出气筒——这就是说，找其他人来责骂。民主型领导比极权型领导较受欢迎，20 个孩子中有 19 个喜欢他们。70%的孩子喜欢放任型领导甚于极权型领导。虽然在群体成效方面没有实质性的差异，观察者判断，民主型群体产生的结果要优于其他群体［肖（Shaw），1976］。

勒温、李皮特和怀特的研究有些重大的局限性［尼克松（Nixon），1979］。其一，他们集中研究的领导关系是从外部强加的，而不是从内部非正式产生的［戈比斯基（Golembiewski），1962］。其二，这个研究对民主型领导有明显的偏好。后来的研究者通过使用诸如“指导型”和“参与型”这样的词，以代替“极权的”和“民主的”这样带有感情色彩的词，试图以此来纠正这种偏差。

后来的研究者还更倾向于接受这样的观念：在某些情景下，民主型比极权型还更为不利。例如，在课堂上，成员需要获得基本的技能，这时，在学生达到某种水平之前，极权的指导方式经常是最有效的［麦克基尔（McKeachie），1954］。进一步说，在某些情况下，如军队与某些工厂中，人们期望领导是极权的，并且在这样的地方，如果民主型的领导介入，产量就会下降，成员就会感到不满［黑尔（Hare），1976］。相似地，在缺乏民主政治传统的第三世界国家，极权型领导在各种小群体中可能受到欢迎。简言之，领导风格的影响效果有赖于领导的性质以及实践的时间地点。

强调领导能力并不是一种固定的资格是重要的。尽管一些个体特征对成功的领导来说至关重要，如说服能力、开拓性、果断决策的能力等，但是并不是所有的领导都具有一套十分明确的个人性格特征［霍尔（Hall），1999］。一个群体的领导不会自动地成为另一个群体的领导。领导能力依赖于每个特殊群体的价值、需要与目标。

三、群体是怎样运作的

（一）决策

群体是怎样决策的呢？在一个有影响的研究中，罗伯特·贝尔斯与弗里德·斯道特彼科（Robert Bales & Fred Strodtbeck，1951）研究任务取向群体（以解决问题为目标的群体）时发现，群体决策有四个明确的阶段。在定向阶段，群体被引到问题上来，并对一些事实进行分析。在评价阶段，成员对问题做出估计，并对其他人的观点做出反映。在第三个阶段，群体开始谈到解决问题的办法。在达成共识的斗争中，产生了派系也建立了情感。当决定最后出现，第四个阶段就开始了。在这个阶段，群体试图重新回复到开始时的和谐关系。例如，成员之间可能相互开些玩笑或耍些噱头，以缓和紧张气氛并重建群体的统一。

（二）遵从

什么东西决定了群体要做的选择呢？什么东西导致群体做出某种决策呢？要回答这些问题，我们必须探讨一下群体遵从的性质。遵从指与习惯、规则或普遍意见一致的行动。许多实验都表明了群体内部的遵从压力是如何强大的。

为测量群体对其成员的影响，谢里夫（Muzafer Sherif，1936）让试验中的受试者独坐在一个黑暗的屋子里，盯着一个固定的亮点看。在这种情况下，尽管亮点实际上一直固定未动，但看起来好像在轻轻地移动。然后，受试者被要求报告他们所估计的亮点移动的距离。几个回合后，受试者的估计开始相对固定——一个受试者说是两英寸，另一个说是三英寸，等等。然后，这些受试者被放到一个小群体中，实验重复进行。受试者重新被要求去估计亮点移动的距 149
离，但这一次，允许每个受试者听到群体其他成员的估计。谢里夫发现，成员的个人估计开始向一个崭露的群体规范集中。最后，每个受试者又一次被单独测试。这时受试者是遵从群体规范，而不是回到他们原来的估计。

谢里夫的发现有力地支持了这样的观点，即小群体成员倾向于通过确定对现实的共同观点来减少情景的模糊性。成员内化了群体的共同观点，甚至在离开群体后还继续持有这种观点。

谢里夫实验所研究的情景，就其亮点看起来在移动但实际未动这一点而言，实际上具有内在的模糊性。在后来的研究中，沙龙·埃斯科（Solomon Asck，1955）表明，即使在目标不是这样模棱两可的情况下，受试者也有明显地遵从群体期望的倾向，而不是表达自己亲眼见到的事实。埃斯科进行了一系列“知觉”试验。每 8 个男子组成一个群体。埃斯科在群体面前举着两张大卡片，第一张上面只有 1 条线段，而另一张上面则画有 3 条长度不一的直线，其中有 1 条的长度与第一张上面的线段完全相等。每个群体中有 7 位当面看着埃斯科画线条（与埃斯科合谋），而另一位则没有看到（受骗者）。在所有其他人都在场的情况下，包括那个受骗的受试者，每个群体成员被要求大声说出第二张卡片上 3 条线的一条中，哪条线段与第一张卡片上的那条线是相等的。在实验中，埃斯科总是让 7 个合谋者全都说出了他们的判断后，才最后让那个受骗的受试者回答。

试验对每组群体都进行 18 次，在每一次试验中，正确答案都是明显的。为了让受骗的受试者在他认识到的证据与他渴望遵从的貌似群体共识的东西之间，产生一种明显的冲突，埃斯科的 7 个合谋者总是给出一致的回答，并且错误的回答有 12 次。埃斯科发现，他的受试者中只有四分之一的人从来没有屈服于群体；50 位受试中有三分之一以上的人在半数以上的实验中同意了群体的意见。其余的受试者偶尔服从，但大多数坚持自己的意见，尽管这种姿态实质上经常伴随着受试者的情感强调。

是什么把屈从者和非屈从者区分开来的呢？对受试者的访谈揭示了这个问题。那些从未屈从过的人，要么十分相信自己的判断而很少去管群体的意见，要么对反对群体意见有所担心，但却想以其他方式展示自己的能力。那些屈从者大多数都能正确地感知线条的长度，但却作出屈从于群体压力的结论（群体的答案使他感到他们的感知是错误的）。一些人知道他们的观察是正确的，但被遵从的需要所压倒。

谢里夫和埃斯科给我们提供了信息遵从（informational conformity）的例子。这些研究中的受试者并未明确感到对群体成员的意见和判断的遵从压力，而仅仅由于感到群体成员所表达的选择一定有很好的理由，他们才决定接受群体的观点。与此相对照，规范遵从（normative conformity）包括来自他人的真实或想象的压力。例如许多学生可能饮酒或表现出一些与他人相似的行为，因为他们相信如果不这样做就可能遭到朋友们的拒斥［英斯科等（Insko et al.），1985］。

服从（obedience，即认同于现实中或者想象中的领导期望）是遵从行为的第三种表现［克罗斯比（Crosbie），1975］。20 世纪 60 年代早期，耶鲁大学心理学家斯坦雷·米尔格朗（Stanley Milgram）做了一项著名的也可以说是臭名昭著的有关权威服从的调查。当人们在米尔格朗打出广告后来应聘时，米尔格朗对他们说，他想验证某一教学方法。每一名“助手”都被带入一间房子中，那里有一名“学生”被捆绑在椅子上进行口试。当“学生”回答问题出现错误时，米尔格朗要求“助手”“电击”“学生”。

当然，整个事件都是事先安排好了的。“助手”是真正的被试。“学生”是真正的演员，当
150 “助手”“电击”他时，他要假装痛苦地嚎叫。试验的目的是为了知道，当给别人施加痛苦时，人们是否会以及会在多大程度上服从米尔格朗的命令。

试验结果是令人恐怖的。即使“学生”痛苦地尖叫甚至假装昏迷，但仍有不少于 65%的“助手”不折不扣地执行了米尔格朗的命令（Milgram，1963）。许多被试认为，服从命令是因为他们尊重正在进行试验的科学家的权威。

虽然米尔格朗的试验引起了有关社会科学中伦理道德的严肃争论，但是对于人们将在多大程度上服从权威指令，它依然是一个经典性的解释。

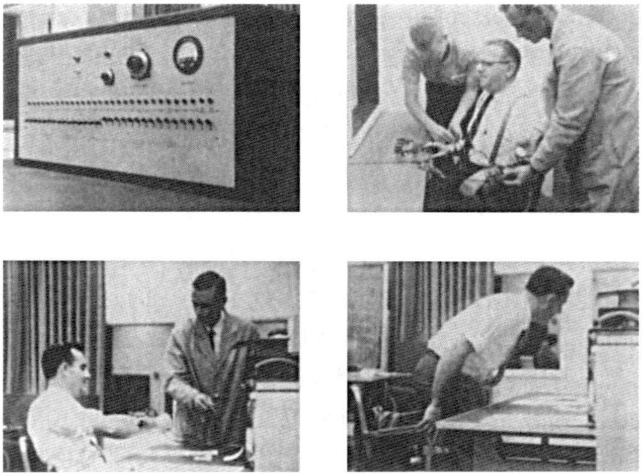

米尔格朗的试验是对于人们将在多大程度上服从权威指令的一个经典解释。
(版权为斯坦雷·米尔格朗(1965)所有,
取自宾夕法尼亚州音像店发行的影片《盲从》)

1. 风险转移

遵从压力明显地影响了群体决策。在一系列试验中,好几位学者[沃利奇、科根和贝姆(Wallach,Kogan & Bem),1962;斯托那(Stoner),1961]发现,群体决策比单人决策要冒更大的风险。一个典型的试验是:一份工作安全但是报酬不太优厚,另一份工作可以提供更多的报酬但不够安全,实验要求被试决定是否应该辞去前一份工作而去做后一工作。首先要求被试单独决策,然后加入某一群体再进行决策。群体决策时,风险承担者不再是个人,而是做出一致决策的群体,这一现象叫做"风险转移"(the risky shift)。

风险转移的一种解释是人们在群体中进行集体决策比个人单独决策承担了更少的个人责任。群体可以做出更大风险的决策。另一解释与前面所讨论的谢里夫试验有关——风险转移来源于对群体压力的遵从[斯蒂芬·威尔逊(Stephen Wilson),1978]。在群体讨论过程中,个体将自己的观点与别人的观点进行比较,然后修改自己的观点,从而达到一致的群体决策。但是为什么群体决策与个体决策相比总要冒更大的风险呢?这可能是因为群体中最初持极端观点的人在群体讨论过程中似乎改变得最少。结果,为了得出一致性的共同决策,别的群体成员自然朝极端观点方向转移。但是也并非所有的群体决策都包含了风险转移。在一些情况下,群体决策比个人决策更慎重[诺迪(Nordhey),1962]。

2. 群体意见

埃文·雅尼(Irving Janis,1972,1983)在研究外交大失败时,提供了另一类型群体遵从压力的极好例子。雅尼描述了他称之为"群体意见"(groupthink)的过程,即在凝聚力很强的群体之中,群体的一致性需要压倒任何批评性意见的一种普遍方式。雅尼认为 1961 年肯尼迪总统入侵古巴的决策就是一种群体意见的结果。1961 年,约翰·F·肯尼迪(John

F. Kennedy）决定派一队古巴流放人员去侵犯古巴的猪湾地区。这个计划是由一些雄心勃勃却没有任何军事经验的军官提出来的。实际上，当时政府中有许多阅历丰富、出类拔萃的人参与了这一决策。然而他们都没有看到，卡斯特罗在古巴深受人们爱戴，这一计划也完全低估了古巴的军事力量。结果，卡斯特罗的军队在一天的时间内就包围并且俘虏了这支入侵队伍。

那么这样的计划怎么能得到人们的赞同呢？按照雅尼的说法，肯尼迪的顾问团产生了好几种错觉，妨碍了批评性意见的提出（错觉是一种典型的群体意见）。一个错觉是顾问团根本就没有意识到会失败。这使顾问团没有考虑在军事力量 140∶1 的悬殊情况下成功的可能性。另一错觉是在决策会议上，几乎意见一致，某些人隐瞒了他们的批评性意见。后来顾问团许多成员谈及此事时说，之所以隐瞒自己的异议是因为害怕被别人贴上懦夫的标签。

群体意见的另一个特征是突发性的“心理防卫”，或者说，顾问团成员消除潜在性的异议，保全了意见的一致性，皆大欢喜。在猪湾惨败中，首席检察官罗伯特·肯尼迪（Robert Kennedy）扮演的就是这样一个角色。可是后来，肯尼迪总统让一些非专家型的军官支配了会议，这在一定程度上窒息了不同的意见。所以，由于寻求共同一致性意见而取代了批评性的争论，肯尼迪总统和他的顾问们创造了一种一致同意的氛围，这一氛围使他们忽视了行动中所存在的明显冒险。

肯特州立大学 1977 年的体育场争端是群体意见的又一例子。肯特州立大学理事会决定，就在 1970 年 5 月 4 日悲剧性枪杀事件的发生地兴建学校体育馆，那里曾是俄亥俄州国民警卫队（National Gvard）与肯特州立大学学生在反越战游行中彼此对峙、枪杀 4 名学生的地点。尽管全体学生、校职工和政府官方一再恳求，但是理事会拒绝改变兴建体育馆的位置。在工程耗费了许多资金、经历了许多年之后，他们仍然拒不改变原决定。建筑工程按原计划进行。

社会科学家分析争端之后认为，理事会对工程建设的决议是群体意见的结果。理事会是同质性极强的一个群体，他们均为来自俄亥俄州东北部的中年专业技术人员或经理，他们十分在
151 乎获得双方的理解。而且，因为媒体广泛地宣传了体育馆争端，所以理事会力图摆脱社会公众的监督和批评。为此，他们团结起来形成了一个统一阵线来拒绝修改他们所定下的计划［汉斯莱和格里芬（Hensley & Griffin），1986］。

（三）群体界线：内群体和外群体

从讨论中我们应说明我们所属的群体对我们产生了极大的社会影响。然而外在于我们的群体也可能影响我们。一个最早的群体互动原则是由威廉·格雷厄姆·萨姆纳（William Graham Sumner，1906/1960）总结出来的。他创造了内群体和外群体这两个词语来分别描述成员对自己群体以及对别的群体的感受。群体成员一般说来对于他们的内群体（ingroups，即他所属的群体）都有特别的感觉。他们用怀疑的眼光看待别的群体，或者说是外群体（outgroups，即他们所不属于的群体），认为外群体不如内群体重要。每个人都希望在自己的内群体中找到优点，这反映了我们对肯定性自我形象的需要［泰杰菲尔和特纳（Tajfel & Turner），1979］。获得类

似的自我形象对群体成员来说极为重要［罗森贝格（Rosenberg），1990］。

定义群体成员依赖于明显的群体界线的存在。没有群体界线，我们就无法区分群体成员与非群体成员。界线经常以某种特殊的语言表现出来，它有助于群体成员形成团结感，并且与其他群体成员区分开来（Denzin，1984a）。

一些群体界线由一些符号和代码来正式规定和强化。例如僧侣的衣服就指明他们属于何种群体。像律师这样的专业群体，其群体界线的符号就是高学历和行业协会的成员资格。

在我们通常称之为“强盗海湾”（Robbers' Cove）的研究中（这一研究进行于 20 世纪 40 年代晚期和 50 年代初期），穆扎菲・谢里夫和卡罗林・谢里夫（Muzafer Sherif & Carolyn Sherif，1953）表明了冲突是怎样影响内群体和外群体的社会关系的。研究中的被试均是 11 岁的男孩，这些孩子认为将要参加的是一个普通的夏令营，从未知道他们正在做一场试验。在夏令营刚刚开始的几天中，研究者让小男孩自发地形成伙伴群体。然后又任意地将夏令营成员分成两半，将业已自发形成的伙伴群体人为地分离。这两个新群体很快就形成了彼此独特的社会结构，有领导者、有追随者，而且形成了群体界线符号，例如名字和特殊颜色。

当研究者将新群体分成两半，让他们参加体育比赛，他们之间的界线变得更加清楚。由于处于两个不同群体中，男孩子之间原来产生的友谊破裂了。当两个群体被强迫地组合在一起时，他们打架斗殴并且直呼其名。事实证明要回到原来和睦相处的状态已十分困难。只有当研究者设计了一系列“紧急状态”，两个群体面临着共同目标时，他们不得不同心协力并肩战斗，这时敌对感才开始慢慢消失。

像斯坦雷・米尔格朗所做的权威服从（obedience-to-authority）研究一样，上述研究也是对被试进行控制并且强迫他们忍受不愉快甚至是令人恐怖的经历。这种研究今天再也不会重复了。难道为了发表学术文章，孩子们就应该向他们的友谊开战吗？今天的共识认为，被试应该预先尽可能多地获知他们所要参与的试验，以及试验将要产生的可能性后果。不过，过去的研究尽管有时对被试的感情漠不关心，但它的确详细地揭示了社会群体塑造我们行为的方式。

（四）参照群体

要总结一下对群体的讨论，还应该注意到有些称为“参照群体”（reference groups）的群体，它比别的群体更大地影响了关于我们是谁、我们与世界互动的方式怎样的意识。参照群体是指对个人信念、态度和价值观等的形成特别重要的群体。参照群体并非一定是本章中所讨论的小群体，也并不一定总是我们所属的群体，它可能是某人想要加入的群体。例如医学预科学生可能将医科大学的学生视为他们的参照群体。换句话说，某个群体已经达到的目标 152
是人们所要追求的，人们便按照这个群体的行为模式行动。参照群体可能是正面的，像上面所举的医科大学学生的例子；也可能是反面的，希望禁止喝酒和吸毒的高中学生可能会将他们学校中的青少年犯罪的亚文化看作反面的参照群体，即正好是他们所不愿意看到的行为模式。

这个青年唱诗班是正面参照群体的一个范例。社会学家相信正面参照群体的价值和标准是我们认识世界的社会基础。

社会学家认为，在现代社会生活中参照群体是极为重要的。因为我们每个人都必须扮演多种不同的社会角色，参照群体作为一个心理参照点，反衬出其他群体在变迁中所产生的要求和期望。正面参照群体的价值和标准是我们认识世界的社会基础（Sherif & Sherif，1953）。

四、组织的特性

正如我们看待这个社会中许多别的方面一样，我们也许会对组织熟视无睹。你可能属于基督教或犹太教的教堂，属于某个联合会或者兄弟会。你可能会到一家大银行的分支机构去存钱，到超市连锁店买东西，或者在某一所大学上课。然而面对你成天接触的社会组织，你是否经常思考它的结构和特性呢？

即使是那些生活在组织之中的人，也很少意识到这些社会单位是怎样影响他们的生活的，诸如科层制和领导职位等组织结构是怎样发展起来的。熟视无睹的那些复杂科层管理体系并非就是简单地由其自身发展起来的。组织是怎样产生的？人类为什么要创造它们？人类又怎样对它们进行管理？它们对我们的工作、对我们的私人生活、对我们彼此联系的方式产生了何种影响？这些都是我们在这一部分所要考虑的问题。

(一) 组织目标和特征

在人类社会中，人们长期以来为了达到某一特定目标而结成群体。这些具有特定目标的群体就是组织。组织就是精心设计的以达到某种特定目标的社会群体［埃斯欧尼和莱曼（Etzioni & Lehman），1980；Hall，1999］。俱乐部、学校、教堂、医院、监狱、公司和政府机构都是组织的例子。现代城市工业化社会的显著特征就是大量规模巨大的、极其复杂的组织渗透到了社会生活的方方面面。这主要归因于现时代人们对理性和效率的高度重视，而这些目标正是组织运作之能事。

从只有 6 个成员的幼童军到拥有数百万职员的联合政府，组织的类型五花八门、形式多样。我们的首要任务就是要描述存在于各式各样组织中的基本特征。所有的群体都要努力实现自己的目标，但是这些目标经常是一般性的，抑或没有明确表达出来。有时群体中每个人又都有各自独立的目标。然而在组织中，目标却是明确地、清晰地表达出来了的，并且总能得到组织成员的充分理解。

除了清晰陈述的特定目标以外，一般说来组织还具有下列基本特征（Etzioni & Lehman，1980）：

（1）为了更高效率地达成群体目标而进行的劳动分工和权威的分配。

（2）权力相对集中在领导或者执行主管手中，他们使用权力控制组织成员活动并将它们导向组织目标。

（3）组织中成员不是固定的，这使得组织可以超越某一特定成员而生存；组织成员死亡、辞职、退休或者被解雇时，可以用常规性的方式来加以替补。

许多群体并不会都具有所有这些特征。家庭通常就不被看作一个组织，因为它的成员不可能按照惯例替补，而且它也没有特定的目标。民族群体也不是组织，例如意大利裔美国人。但是像由意大利后裔所组织的“意大利之子”这样的群体，其目标是为了提高意大利裔美国人的公众形象，这就肯定是一个组织。一个朋友群体，即使他们之间具有极强的模式化联系，也并不是一个组织，因为它缺少明确的目标。

(二) 组织结构

我们通常根据组织社会结构的两个方面来分析组织：正式结构和非正式结构。

1. 正式结构

组织的正式结构（formal structure）是指导组织成员活动的一套明确陈述的规定、纪律和程序。正式结构包括规章、法规、内部细则、命令和达成目标的时间表。通常，规则和程序都写在纸上，但也并非总是如此。一个小群体，例如某一俱乐部，可能会通过群体中的工作人员、目标和大家同意的召集会议的方式而具有正式的组织形式，但是可能没有保留任何文字记 153
录。因为俱乐部规模较小而且比较简单，成员对组织的结构都了如指掌。

正式结构的显功能是富有效率地达成组织目标。每个成员都分担了特定的组织任务。同时，每个人都必须清楚与别的任务承担者的成员关系。所以，每一成员对别人的权力、成员之间交流和协作的期望模式，都有严格而清晰的说明。每一成员都知道何时、何地、由谁通过何种方法来进行决策，他或她处于组织等级中的哪一位置。

组织也必须提供正式的约束手段，即运用于群体成员的详细奖惩规则，以此确保组织成员对规则的服从。在商业组织中，奖励性约束可能包括晋升、加工资、授予称号、提供舒服的办公室，以及一些附加福利如提供花销账号、小汽车、邀请参加某些社会活动等，这些都会用于激励或酬劳那些完成了组织任务的成员。对那些没有遵守规则的组织成员则施以惩罚性约束，如降级、解雇或者该提升时不予提升等。在一个规模较大而且比较复杂的组织中，通常确立一些正式手段来衡量群体成员的绩效，例如工资审核，或者由上级所做的年终评估等。

以正式结构为主的组织就是正式组织。大多数组织，包括基督教或犹太教教堂、公司、学校和政府等，都属于这类组织［克莱格和邓克利（Clegg & Dunkerley），1980］。

2. 非正式结构

组织的正式结构总是以非正式结构为补充的。非正式结构（informal structure）是由群体成员的互动所形成的人际关系。虽然非正式关系并不在组织的规划之中，但是对组织的功能发挥却必不可少。正式规则和程序并不能解决组织所遇到的所有问题，在某些情况下，它甚至还不如非正式规则有效率。例如，当空中交通调度员正在协商增加工资时，他们使用的策略是服从且仅仅服从所有的正式规章，而不采用那些通常使用的、可以节省时间的非正式规则，结果工作效率严重降低。调度员的所为表明，单凭“照章办事”并不是完成工作的有效方式。

非正式结构有助于组织适应千变万化的社会环境，否则组织效率可能降低、目标难于达成。《华盛顿邮报》驻外记者描述了在苏联巨大的运作体系中所产生的一个非正式结构要素［凯泽（Kaiser），1976］。工厂必须完成中央政府计划委员会所正式规定的经济生产任务。为此，原材料和经济领域的各部门不得不集中起来，以便能够及时供应成品。遗憾的是，并非每个工厂的定额总是能够如期完成，部门之间衔接中断的结果是孕育了非法的、非正式的结构，其中之一就是采购员：

> 一个好工厂总有一名优秀的采购员。一名成功的采购员看来必须具备挨户兜售的推销员品质，外加酒量大、与本地那家最好餐馆的老板和经理建立友好关系。他利用自己的这些本事，去拉拢各种物质供应机构的官员。如果采购员告诉厂长说，他需要钱来请客、送礼，甚至是给回扣，厂长多半会答应他的要求。作为回报，采购员找到了实现工厂目标所需要的原材料。（Kaiser，1979，p. 354）

这样，采购员有助于缓解正式结构中无法解决的苏联经济的瓶颈问题。

非正式结构总是有助于组织获得更高的效率。研究芝加哥机器公司的社会学家发现了一种非正式结构，他将此描述为“应付游戏”（game of making out）。应付游戏是这个工厂第一线操作工的活动核心［贝雷威（Burauoy），1984］。工人们超额完成了正式的生产定额时，他们会得到更多的激励工资。但操作工人的非正式定额是140%，他们认为如果产量总是多于140%时，老板将会增加他们正式的生产定额标准。操作工人经常能生产出多于140%的零件，但是在报工作量时总是报140%。多生产的部分留了起来，当工作任务的难度较大、时间耗费多而不能完成非正式的生产水平时再拿出来。

> 实际上，操作工人在工作轻松时，为了能够为以后积累效率，他们在整个轮班时间内都会“拼命干”。经验丰富的老工人可能会轻而易举地为一周中的工作量积累好盈余产品。但是，在工作簿上所登记完成的工作量和他们在车间所实际完成的工作量之间，总有一些差异。不过，即使没有得到高层管理者的认可，140%的下限和积累剩余产品的做法却被 154
> 车间中的每一名工人所认可和接受。(Burauoy，1984，p. 232)

尽管它与正式规则、规范和程序不相一致，但是“应付游戏”最终促进了公司的利益。它使车间不再枯燥，让操作工人对自己的工作更加感到满意。它将管理者与工人之间的矛盾转换成了操作工人群体内部的竞争。最后，它增加了公司的边际利润（Burauoy，1984）。总之，这类非正式结构使公司能更有效率地达成目标。

然而，在有些情况下，非正式结构也产生消极性后果。例如，“打小报告”者所遇到的非正式社会控制，可能使许多工人不敢报告车间所发生的非法或危险的活动。这类非正式控制包括来自于工友和监督者的敌意和报复［尼尔和米塞利（Near & Miceli），1989］。

(三) 组织文化

当美国的企业界意识到他们正渐渐落后于日本时，对组织文化的研究在20世纪80年代就变得流行起来。尽管美国的经济一派繁荣的景象，但它已远远落后于其他国家，成为9大主流经济中第二个增长最慢的国家。失望于美国商品的价格和质量，消费者开始购买日本的汽车、电视和电脑。大量的失业使许多工业（像汽车、钢铁、纺织以及高科技的硅谷）受到冲击，人们的生活水平开始下降（Smith，1995）。

为了寻找美国公司经济问题的答案，管理理论家们开始关注成功的日本公司的文化［摩根（Morgan），1997；史密斯（Smith），1995］。很多研究表明，美国的企业应当吸纳日本企业文化的要素，以重新获得它们在全球经济中的地位。但其他的一些管理专家关注的是成功的美国公司的企业文化［迪尔和肯尼迪（Deal & Kennedy），1982；彼得斯和沃特曼（Peters & Waterman），1982］。他们认为企业成功的关键在于有很强的文化——这种文化具有精心培育的认同特征、清晰明确的价值观念以及将它们两者加以人性化的权威人物。

以上两种寻求解决问题的方法所得出的共同结论是，企业文化对于一个组织的成功至关重要。根据林德·斯密斯奇（Linda Smircich，1985）的说法，文化这个词是指一个群体内在的一种属性或特质。它是“一套相当稳定的想当然的假设、共享的信念、意义和价值观念，这些决定了人们的行动”(p. 58)。

每一个组织都可以通过它的文化被辨认出来［汉迪（Handy），1995；斯科特（Scott），1998］。例如，稳定性和可预见性就是保险公司、市政服务和国有企业等组织的文化特征（Handy，1995）。这种对文化所持的假设是明天将会与昨天一样，它与那些广告公司或咨询公司（它们生意兴旺靠的是变化和这种变化所带来的不确定性）的文化截然不同。如上所示，虽然所有文化的基本构成要素是相同的，但它们的特性却不相同（Handy，1995；Scott，1998）。

根据特伦斯·迪尔和艾兰·肯尼迪（Terrence Deal & Allan Kenndey，1982）的观点，文

化的基本要素包括价值观念、权威人物、礼仪和仪式以及文化网络。价值观念构成了一个公司哲学的实质。通过提供一个公司运作的指导方针，它们给雇员一个共同的方向和日常生活的意义目的。具有很强文化的公司能够成功地创造出一种深深植根于它价值观念的身份特征。如下面的例子所示，宣传口号通常能体现出一个公司价值观念的实质：

美国的心跳声（雪佛莱）
我们把它变得简单（本田）
你想要的，你就能得到（丰田）
至尊宝驾（宝马）

标志（logo）能够取得与宣传口号同样的效果。例如。列维·斯特劳斯牛仔裤的印章，它画的是两匹马以相反的方向同时拉一条列维·斯特劳斯牛仔裤，但却没有拉断。一个多世纪以来，这一形象代表该公司建立的价值观念基础：耐用性和质量。

权威人物是指那些将一个组织的价值观念加以人性化的人（Deal & Kenndey，1982）。像亨利·福特、托马斯·爱迪生、约翰·D·洛克菲勒、爱斯德·劳德和比尔·盖茨（Ford，GE，Standard Oil，Estee Lauder & Microsoft）等，这些人会向他们的员工说明他们必须怎样做才能成功。这些权威人物通常会成为国内的名人和美国工业民间传统的一部分（*Time*，1998）。

比尔·盖茨的成功及其名人地位确保他进入了美国工业的名人堂。
与之前的工业巨头如洛克菲勒、福特和爱迪生等同处一室。

礼仪和仪式也是组织文化的重要要素。它们通过向员工展示其所被期望的是什么，将组织行为的日常惯例秩序化。例如，特百惠（Tupperware）批发商每周一晚例行的一个仪式中包括一个被称之为“顺着数”（Count Up）的程序，在这个程序里，销售人员以与他们上周的销售额相反的顺序走上舞台（Morgan，1997）。在大吹大擂的宣传当中，他们的同伴加入到“全体站立的群体”（All Rise）中来，欢呼庆祝他们所取得的成就。更特殊的仪式即典礼，包括对权威人物、神话和圣物的庆祝。它们同样是为奖励那些遵守规则和接受组织价值观念的人而设 155
定的。

组织文化的最后一个要素是文化网络。各种各样的人物组成了这个隐蔽的等级制度，它与正式组织的样式十分不同。他们包括说谎者、间谍和散布谣言者（他的非正式工作是获取实情并把它私下里传播给每一个人）。例如，已公布的对一个经理的辞职可能会解释为他想追求别的爱好，而间谍则可能揭发其真相——他拒绝了他的老板所期望的大范围的旅行推销。

当组织文化的基本要素彼此强化时，它们就会创造出一种很强的文化。根据一些组织理论家的观点，这会增加企业在市场中的竞争力（Deal & Kennedy，1982；Peters & Waterman，1982）。许多研究者一直在探索这些文化是如何被创造和保持的［卡梅伦和奎因（Cameron & Quinn），1996；Scott，1998；施奈德（Schneider），1990］。

组织文化研究的确有助于我们理解为什么一些企业能够成功而其他的却遭遇失败。不幸的是，很多组织通常发现很难把研究中所揭示的教训与它们的实际结合起来。其原因在于组织文化的稳定性。虽然组织中的成员会来来去去，但组织却很难发生变迁［Hall，1999；哈里森和卡罗尔（Harrisor & Carroll），1991；Smith，1993］。

156

全球社会

组织文化：在竞争中学习

20 世纪中叶，美国的汽车工业看起来不可战胜——销售火爆，公众喜欢它们的汽车，汽车老总们流露出冠军般的自信。似乎一切在一夜之间发生了改变。80 年代，美国汽车制造业的销售额开始下降。通用汽车公司，这个“巨无霸”遭受了它 60 年来的首次财产损失（共 7.6 亿美元），这是一个非常大的损失（Smith，1995）。由于美国在 70 年代中期遭遇石油危机而一蹶不振，美国民众希望购买小型、便宜且节省燃料的汽车（Morgan，1997；Smith，1995）。然而美国的汽车制造商生产不出这种汽车，但日本的制造商却可以并且已开始生产。

尽管石油危机导致了美国汽车工业的衰落，但是美国公司的领导们却没有认识到导致日本企业成功的更为重要的因素：日本的生产过程发生了变革。这场变革的秘诀根源于日本的民族文化。根据赫德力克·史密斯（Hedrick Smith，1995）的观点，欧洲和美国汽车制造业的文化也是导致它们过去成功的原因。他认为，汽车制造商从全球市场中巨头的变换所学到的教训来自三种文化的碰撞——德国、美国和日本。

为了理解组织文化是如何影响一个组织最终的成败，让我们来看一下史密斯对这三个汽车制造业巨头——梅赛德斯-奔驰（Mercedes-Benz）、通用（General Motors）和丰田（Toyota）的富有洞察力的分析。

梅赛德斯-奔驰（德国）

当卡尔·本茨（Karl Benz）和戈特利布·戴姆勒（Gottlieb Daimler）决定生产梅赛德斯-奔驰汽车时，他们就公开宣称："我们不造则已，要造就造最好的。"（Smith，1995）梅赛德斯-奔驰的"质量至上"理念反映了这种哲学。这种理念也表明了德国独特的历史和文化对它汽车工业发展所造成的影响。出产在欧洲，奔驰汽车原先是为那些追求奢华和苛求质量的贵族而设计的。价格对贵族阶级来说并不是问题，所以奔驰的生产数量相对较少，它的发动机和手工制作都是超一流的（Smith，1995）。

以自己的制造品为荣是德国人的特征，这可以追溯到中世纪的行会制度。一个技艺很高的手工制作者，被称之为"能手"（*meister*），他追求完美而且对他的学徒要求很高。作为他们文化的产物，德国工人会自然而然地生产出高质量的产品。为了确保最佳，每一辆从生产线出来的梅赛德斯-奔驰车都得做最后仔细的检查。根据史密斯所说："由蓝领手工能手和有经验的装配工人组成的团队，不管花多少时间，都要在每一个最细小的毛病上修理加工。"（1995，p. 40）

梅赛德斯-奔驰在豪华汽车市场如此之成功，以至于在20世纪80年代中期成千上万的欧洲人和美国人愿意为这种车的质量付出任何代价。然而，自从日本的汽车在90年代进入高档汽车市场以来，这种情况发生了变化。

通用（美国）

通用汽车公司以一种完全不同的态度来看待汽车生产。基于福特为普通美国大众生产汽车的革命性理念，通用的理念是"大众市场"（mass marketing）（Smith，1995）。为了减少成本，通用采取大批量的生产方式。与德国的手工能手和他们强调手工技艺的生产方式不同，通用是以技能相对不太娴熟的工人以重复的方式装配汽车。往往一个工厂就能生产25万辆同一车型的汽车。但是降低成本意味着对产品质量和种类的忽视。外表看似不同的车型——别克、老爷车、雪佛兰和庞蒂亚克，其实它们的内部是一样的。

这种大众市场战略已成为通用多年来成功的亮点。当罗杰·史密斯（Roger Smith）在1981年执掌通用时，他并没有打算改变这一战略。相反，他计划加大技术上（电脑和机器人）的投资，以减少通用对工人的依赖。但是到1986年，史密斯的策略并未产生预期的效果。尽管技术上投资巨大，但通用仍然没有其竞争对手的生产效率高。根据麻省理工学院（MIT）在1986年的一项研究，通用的工人组装一辆汽车需要40多个小时，而日本丰田的工人只需18个小时（Smith，1995）。许多其他方面的问题使通用遇到了更多的麻烦：通用的竞争对手设计和生产一款新的车型所需的时间更少，通用汽车的毛病造成大量的退货，通用正不断地失去它忠实的顾客。

丰田（日本）

与德国和美国相比，日本进军汽车工业要晚一些。在第二次世界大战创伤中发展起来的日本，在汽车工业经济中的成功一直令人瞩目，特别是考虑到它贫乏的自然资源（Morgan，1997；Smith，1995）。资源稀少所提出的挑战贯穿于日本的整个历史。具有讽刺意味的是，它却塑造了一种最终对日本企业成功发挥核心作用的文化。史密斯将丰田了不起的成功归结为一种理念，他称这种理念为“灵活和小巧”。尽管丰田的成功似乎是在一夜之间，但这种特殊的价值观念对日本文化的塑造却长达好几个世纪。 157

根据研究日本的专家姆瑞·赛勒（Murray Sayle）的观点，像丰田这样的现代组织是由过去的两大影响塑造而成的：日本依靠稻田、依赖武士道精神而生存（Morgan，1997）。赛勒认为这种工作的合作本性——日本企业成功的一大特点——可追溯到它对种植稻米的艰难过程的依赖上。依靠这种农作物生存，就需要有艰辛的集体劳作和一种深深的共产责任感。于是，人们彼此尊重，彼此依赖。

武士道精神可以用来说明与日本企业成功有关的另外两个特别之处——管理方式和组织间的关系。武士照看稻农，反过来，稻农会给武士供给稻米。武士在日本军队中的角色与管理精英在今天日本社会中的角色相当（Morgan，1997）。因此，他们管理方式上最有特色的地方包括彼此服务、对员工的保护和在组织中对每个人的认可。这种方式同样是日本组织之间发展关系的特征。丰田的组织文化清楚地体现了这些品质。

要明白这些特殊的价值观念为何会导致丰田的成功，首先要明白日本消费者的心理。尽管日本人也像德国人一样看重产品的质量，但他们却不赞同“质量至上”的贵族观念（Smith，1995）。正如他们的过去表明，资源稀少培养了他们“不浪费，不奢求”的态度。但维持较低的价格却构成了一个挑战。丰田意识到通过回应消费者渴望小型新车的心理，就能找到自己的位置。然而，这需要一个能迅速对变化做出反应的生产程序，而这一程序是为小批量生产而设计的。这也需要有一批经过训练能做不同工作和迅速操作设备的技能熟练的工人。这种生产模式使降低成本就得大批量生产的美国观点受到了挑战。日本发明了一种使低批量生产体系运作的方法。

正如管理理论家后来所明白的那样，这种生产体系依靠的不是尖端的技术而是工人。后来表明，丰田公司成功的秘诀在于它的组织文化。这种文化理解资源的稀缺，重视质量、灵活性和人。这意味着消费者能以他们可支付得起的价格购买到他们所想要的同等质量的汽车。

资源稀缺塑造了日本几个世纪以来的文化，这种文化导致了它现在的巨大成功。例如，与通用为以后的生产使用而制造和储存汽车零部件的做法不同，丰田依赖的是一个外部供应者（它只是在需要的时候才生产和运送零部件）的精简体系。尽管这种生产体系需要有可信赖的外部供应者间的合作，但它通过减少浪费而节约了资金。

这种生产体系给丰田一种在全球市场取得成功所需的灵活性，而且效果非常明显。在对丰田的一个生产工厂和通用的一个标准化生产工厂作比较时，赫德力克·史密斯写道：

> 一个丰田汽车生产工厂一天能生产出38种不同车型上的91种不同的发动机。当天的产品在前两周已被顾客定购。丰田就是这样紧跟市场的。（1995，p.51）

丰田最终的成功取决于它的员工，而且它也认识到了这一点。丰田对员工的重视程度可反映在它赋予员工的权力上——任何人在任何时候都可以停止生产线。与通用的工人相比，丰田的工人在产品的检修中发挥着关键作用；就产品的质量而言，这是值得的。日本的公司认识到停止生产线能够降低成本。让有毛病的汽车继续停留在生产线上的代价很大，因为这只会增加最终的成本。具有讽刺意味的是，日本公司是从一位美国管理专家W·爱德沃尔斯·德明(W. Edwards Deming）那里学到了这个特别的教训（Morgan，1997）。

学到的教训

在学习日本之后，梅赛德斯-奔驰公司去掉了它在生产线末尾设置的重加工生产区，并接受了这种哲学：即第一次把产品做好就能减少浪费，提高效率。同时，该公司在它的生产过程中增添了更大的灵活性，赋予了员工更多的责任。通用汽车公司在它最终决定改革前，曾遭受了巨大的财产损失。在新领导的带领下，通过运用灵活和简单的生产观念及精简管理，努力改善与员工的关系；通用也吸取了丰田理念中的一些要素。

史密斯对梅赛德斯-奔驰、通用和丰田的分析，表明了组织文化对工作的性质和一种产品的质量所造成的影响。同时，它也表明了为什么管理永远不可忽视生产过程中人的组成部分——工人和顾客。

（四）科层制

社会学家把一类特殊的正式结构称作科层制（bureaucracy），现代社会中大多数组织都是这一方面的实例。实际上，科层制的趋势在历史过程中日益重要，科层制组织已开始主宰我们的经济和政治机构。今天很多人都把科层制和正式结构当作同义词来使用。

人们常常将科层制与繁文缛节、浪费、拖延、形式主义甚至更多的方面联系起来。在人们心目中，科层制一词与繁文缛节如此狭隘地紧密联结在一起，乃至于使人们看不到它原来意义上的功能。不过，社会学家则将科层制定义为一种运作于明确的规章和程序之基础上的等级权威结构。

在20世纪早期，马克斯·韦伯对科层制进行了经典性分析。韦伯认为理性化是现代世界的主要社会潮流——经由这一过程，陈旧的、传统的社会组织方法被大量明确、抽象、正式的规则和程序所逐渐替代。在我们的社会中，从教育设置（在一些大学，一个500多个学生的课堂中，除了没有老师与学生之间的直接接触外，什么都有了）到工厂（拥有成千上万雇员的巨型跨国公司代替了原来简单的“夫妻店”），理性化过程处处可见。

马里兰大学社会学家乔治·利茨尔（George Ritzer）最近对理性化过程进行了深刻的分析，他不无挖苦地称之为后工业化社会中的“麦当劳化”（McDonaldization）（1993）。利茨尔认为以麦当劳快餐店为特征的组织模式已经渗透到了现代生活的方方面面。“麦当劳化”含有四个基本原则：（1）极其强调效率；（2）讲求速度（快餐）的定量配餐（巨无霸）；（3）可预见性（所有麦当劳都有同样的菜单）；（4）非人格化（麦当劳机械化程度极高，它的员工在行为上实际上没有自由支配权）。根据利茨尔的说法，这些原则扩散到了社会的每一方面，从教育、宗教到性爱，甚至西红柿的生产。顺便要提的是，像他的前辈韦伯（1922）一样，利茨尔认为，在现代社会中科层主义理性化过程如果说不是不可能拒绝的话，也是一种难以抗拒的不祥趋势。 158

韦伯在研究科层制时使用了理想类型（ideal type）的研究方法。像科层制等社会现象的理想类型模型，就是描述它最为重要的特征。理想类型不包含那些现实社会中随处可见的描述性特征，它着重指出了理论家认为最能反映现象的本质、核心的那些特征，有时甚至用夸张的手法。因此关于德国牧羊人的理想类型就只包含了那些最为明确地定义的饲养特征。有些真实的德国牧羊人表现了全部甚或大部分理想类型的特征，但是这样的例子极少。而且，理想类型并不是说在"好"这一价值判断上是"理想的"——你既可以构建一个儿童捣蛋或集中营的理想类型，也可以同样容易地构建一个天使或者济贫院的理想类型。

因此，任何一个组织要完全表现科层制这一理想类型的全部特征是不可能的。然而理想类型的描述在组织分析中却又是极为有用的：

（1）全体员工分化成较小的部门，这就是办公室和局。每一个局的责任都有详细描述，办公室人员的工作预先都有严格的规划。

（2）权责分明。雇员都处于一定的等级制度中，每人都对上一级的监督者负责。这种结构利于分工协作，共同努力实现组织目标。

（3）基于专业技术资格之上的人员用工制度。在科层制中，常常是聘用具备某一特定资格的人员来工作，诸如一定的文化程度、多年的工作经验等等。聘用某人基于这个人的资格最适合于某一工作需要。

（4）详细的规章制度严格规定了工作人员的操作规程。规章严格限制了雇员发号施令的工作权威，它不能根据个人的能力和偏好来随意改变。

（5）在科层制中确立了一套个人的职业发展过程，根据职位、资历和业绩，以可以享有的工作年限、有价值的服务等形式来对员工进行晋级、提拔和酬赏。

建立科层结构的主要目的是为了提高组织效率，然而科层制还有另外几个正面的特征。由于设计科层制的原则在理论上不依赖于某个个人及其人格特征，因此它极大限度地减少了有关个人的情况对工作的干扰等许多潜在问题。这也在一定程度上有助于弱化个人的民族、种族及性别等方面的偏见对组织运作效率的干扰：与在其他任何经济部门相比，有史以来，妇女和少数民族在地方州和联邦政府等严格的官僚职位上，都取得了更大的成功，这并非是一种巧合。

科层结构也增加了工作的连续性。虽然从事某一工作的个人经常会有变动，但是雇员是忠诚于整个组织而不是忠诚于某一个人。定期对工作人员的工作进行检查也有助于提高组织的工作效率以及维持工作的连续性。

但是，科层制也有很多缺点。正是那些提高效率的工作程序可能会产生问题。科层制可能会使工作僵化，高度正式的结构可能会窒息主动性和创造性。而且，科层制还会导致寡头统治——由极少数人统辖整个组织。这样的危险总是存在：经济政治和社会权力将高度集中于那些最重要组织中处于最高位置的少数人手中。最后，科层制还可能会使雇员产生过分谨慎的态度，因而极力希望维持现状。

使组织富于效率的相同的非人格特征也会产生一些潜在的问题。例如，从事公共服务行业的科层组织，也会用同样的非人格化方式来对待自己的服务对象，而这种服务态度通常影响了组织服务目标的实现。而且非人格化态度也不利于雇员从事本职工作。雇员更喜欢做那些他自己认为有价值的工作。实际上，非人格化后果已是现代化社会中极其重大的问题。

对大规模科层组织的社会影响的理论争鸣，似乎分成了两个阵营。功能主义者一般说来接受了韦伯的假定，认为常规化、中央集权的等级结构、非人格化的正式规章制度和自上而下的
159 行政管理体制是科层制的重要特征，它们是组织效率的重要保障。冲突学派理论家认为组织的这些特征，与其说是提供了组织效率，倒不如说既对工作过程又对这一过程中的员工加强了控制管理［赫恩（Hearn），1988］。

五、组织过程和变迁

（一）制度化

当一个组织成功地吸纳到了员工，并且得到了他们的信赖，能富有效率地实现其目标，能被更大的社区所接受，它就通常能在相对稳定的结构中、在一整套目标和价值观的指导下，形成有序的运作模式。简言之，它就制度化（institutionalized）了。一些组织，例如天主教会，延续了数百年甚至一千多年。大多数组织发展相当快。那些寿命最长的组织一般都是能够有效地接纳和培训新成员的组织［汉南和弗里曼（Hannan & Freeman），1989］。

组织刚开始形成时，它能相对自由地进行尝试。它的目标变动性较大，实现这些目标的方式也可以有多种选择，成员之间的关系也可能是非正式性的、可以相互调整适应的。但随着组织的成长，其结构就逐渐地为典型的制度化形式所主宰。

首先，进行群体活动的方式开始建立起来，有时候，这指的就是标准化操作程序（standard operating procedure）。标准化操作程序最终会限制组织在多种行为之间进行选择的自由。其次，程序越固定，员工之间的关系就会越正式。结果，组织行为就越稳定，并越可以预见。但是当非正式关系变得越不重要时，要创造新的交流方式和新的结构就越难。最后，组织目标开始越来越没有弹性。

虽然制度化可能会导致僵化死板，但它也有许多好处。当组织关系越是有序、越可以预见时，成员之间就可以更好地协作，组织的连续性就会增强。随着知识和经验的增长，也就不必再经过那种无效尝试和错误，就能找到最好的功能发挥方法。

制度化的另一种负面效应是目标置换（goal displacement），当组织员工更加关注组织本身的存续和他们在组织中的位置，而不去关心是否与组织的实际目标相符合时，这一现象就会发生。目标置换有多种表现形式。比如说，组织成员热衷于保持他们自己在组织中的地位，因而就把这个目的当成了组织的目标。例如，大多数协会都以民主形式的结构为特征——它的领导

都是由普通群众选举出来的。但是，协会领导一旦就职，他就会设法破坏民主程序来保护自己的领导职务。因为这时还让组织处于高度民主之中很可能意味着领导地位和权威的丧失［利普赛特、特罗和科尔曼（Lipset，Trow & Coleman），1956］。

当组织规章制度本身成为目的时，目标置换也会发生。当初制定规章制度是为了帮助组织有效地实现目标，可是它们可能具有神圣不可侵犯的特征，这就会影响组织应付新情势、处理非常规问题的能力。雇员可能会认为自己在扮演角色时仅仅是为了遵从规则，而不论这些规则是否在实际上有助于组织目标的实现。这就是人们经常埋怨的所谓“官僚主义”和“繁文缛节”的行为［西尔斯（Sills），1970；Merton，1968］。罗伯特·默顿创造了“科层制仪式主义”（bureaucratic ritualism）一词来描述这样的科层制，它把规章制度优先置于目的的位置，而不是当作实现组织目标的手段。

目标置换的第三种形式是雇员之间非正式结构的发展，导致他们保全自己的利益而不是组织的需要（Sills，1970）。例如，工厂工人有时就他们一天中的劳动量非正式地达成一致，然后去抵制经营管理中提高劳动生产率的尝试。

目标置换已经成了人们对组织特征进行幽默讽刺的主要话题。例如，根据帕金森定律［帕金森（Parkinson），1964］，“为了工作的完成，所有可能的时间都被不断扩张的工作所填满”［也见波特（Porter），1980］。类似地，彼得原则描述了科层制中与提升有关的同一问题。在目前工作中表现突出的雇员一般说来都会在科层等级中得到提升，例如优秀教师提升为校长助理，优秀护士提升到管理职位上。提升继续下去，总有一天，雇员最终会处在他或她不能更好地胜任其工作的职位上。这时，组织将会考虑解雇或者给该雇员降级，以避免挫伤正沿着科层制阶梯往上爬的其他员工的士气。因此在向上晋级的过程中，总会积累许多“无用的员工”。或者，正如劳伦斯·彼得（Laurence Peter）所说的，“在等级制度中，每一雇员总会提升到他所无法胜任的位置”［彼得和赫尔（Peter & Hull），1969；Peter，1985］。

（二）组织变迁 *160*

正如制度化过程所表明的那样，每个组织本身就蕴含着变迁的种子。广泛的组织变迁可能源于组织内部事件的变化，诸如组织构成之间权力关系的改变、领导的瓦解或者是员工的反对。然而也有许多组织变迁是由组织外部因素诱发的，这里组织外部因素被称之为组织环境。实际上，内部变迁与外部变迁相对说来谁更重要是目前组织理论学家讨论的主要论题（Hull，1999）。在某些情况下，组织能够控制环境［麦克尼尔（McNeil），1978；佩罗（Perrow），1979］。另些情况下，组织却又被环境所控制［普法伊费尔和沙兰克（Pfeffer & Salancik），1978］。

大多数组织都与别的组织竞争，以获得他们所服务的公众的注意。竞争型组织之间有着极大的相互影响。当一组织不如另一组织成功时（例如，假如某一商业组织获取了较少的利润），不太成功的组织为了改进，就有必要进行基本的变迁，美国汽车业就是一个实例。当从日本进口的汽车开始大量占领美国市场时，美国汽车业就必须进行痛苦的变迁。通用汽车公司发现，为了在激烈竞争的市场中站稳脚跟，它必须对大多数基本的经营假设进行修改。福特公司开始在它的一些美国工厂中运用日本同行马自达公司所开创的经营技巧（*New York Times*，February 27，1990）。

某一新成员要改变组织进程也是可能的，尤其是这一新成员处于领导地位时。职业体育运动队的老板根据队员在赛季的不良表现来解雇教练。通常说来，新教练要变换运动员的位置，设法提高士气，改变队员的作战策略。所有这些改变都是为了使运动队扭输为赢。

其他导致组织变迁的外在因素还有新技术的出现，新市场或者新资源的获得，利益变动、态度和价值观的改变等。假如组织服务对象的需求改变了，考虑到这些新需求，组织也须作相应的改变。然而，某一组织，特别是当它规模宏大、结构复杂时，其未来往往是难以预料的。

六、组织选择

阿米泰·埃斯欧尼（Amitai Etzioni）注意到，可以运用三种基本方法来使组织成员履行组织对他们的期待：强迫服从、给付工资、使其心悦诚服（1975）。从这一基本观察出发，埃斯欧尼发展了组织的三种理想类型：强制型（coercive）、功利型（utilitarian）和规范型（normative）。

强制型组织主要依赖于实际的或潜在的物质性力量来确保组织控制之下成员的服从。因为这种类型的组织必须动用大量资源进行社会控制，除了服从外，相对来说在达成组织目标方面没有效率。因此一般说来它只有在没有别的方式换取秩序和服从、万不得已时才使用——特别是当组织成员是非自愿性吸纳时。强制型组织的例子有监狱、集中营和一些公立学校。

功利型组织主要依靠金钱刺激来获取服从。大多数商业组织都属于这种类型。功利型组织虽然使用较少资源来进行社会控制，但是在另一方面成员融入组织时总是在精打细算，所以这也限制了成员对组织的忠诚。

假如成员参加组织主要是因为将组织目标当作了个人自己的目标，这时，组织可以获得成员的最大承诺，组织资源可以得到最少的耗费。此时成员感到自己融入了某一组织之中；假如组织成功了，他们会真正地感到是他们自己成功了。这样的群体被称之为规范性组织，或者说得更通常一些是志愿者协会（voluntary associations），经由这一组织，个体自由地寻求共同利益。通常说来，较大多数别的大型组织而言，志愿者协会较少科层制成分（Sills，1968）。我们较为熟悉的例子有，男童子军、女童子军、家长教师协会（PTAS）、妇女选民联盟、某些职业协会、业余体育运动队、许多教堂、政治利益集团和像扶轮国际一类的服务性组织。

（一）美国社会中的志愿者协会

长期以来，社会观察家们注意到，在美国，志愿者协会异常之多；美国人喜欢加入这类组织，这是亚历克西·托克维尔（Alexis de Toqueville）的经典性研究《论美国的民主》（*Democracy in America*）一书中的基本原理之一，它是基于1831年到1832年间9个月的仔细观察所做出的。

当代社会学家仍然对志愿者协会的社会功能极感兴趣［托梅（Tomeh），1974］。其中的一项功能是它为组织成员提供了某种追求社会目标的机制，而这是单个群体成员所无法获得的。此类功能在政治领域中表现得尤其明显。大规模的、组织很好的志愿者协会可以对政府施加实质性影响，例如，最近几年中，生存权利运动成功地动员了选民去支持反对流产的政治候选人。 161

志愿者协会的另一重要功能是在大规模的科层组织（如政府、学校、公司）和个人之间构建桥梁。像妇女选民联盟一类的志愿者协会有助于将个人整合到一定的政治过程之中；又如家长教师协会可以协调学生家长和正式的科层组织学校之间的关系。大多数正式组织，例如教会、医院，甚至武装部队，都在努力创建志愿者协会来赢得人们的支持［利特沃克和迈耶（Litwak & Meyer），1966］。

虽然志愿者协会为社会发挥了许多有益作用，但是也受到了人们的批评。来自政治左翼人士的批评是许多志愿者协会减少了政府在诸如健康、福利和娱乐领域中正确履行职责的压力。类似的，有些女权主义者认为志愿者协会实际上是在剥削妇女，因此妇女们应该在许多“自愿性”活动中获得报酬，而不应是不领取报酬的志愿者［哈特曼（Hartmann），1976］。还有，人们已经注意到，从志愿者协会所提供的机会中获利最多的，往往是那些最不积极参与协会的人（例如处于社会边缘地带的人）。

（二）弹性组织

许多大型组织都是高度科层化的，如武装部队、政府机构、商业组织等。科层制曾经支配了工业部门将近半个世纪，但现在严密的科层制结构在工业部门中越来越少见了。为什么呢？在稳定的环境中，严密的科层制能极好地发挥作用，但是 20 世纪 90 年代富于变化的、波动起伏的、不可预见的市场与稳定性的社会环境极其不同。因此，今天的工业化社会中取而代之的是更具弹性的社会组织。

弹性组织（flexible organization）提倡新的产品设计和连续的产品多样化，而不是由科层组织所提供的标准化产品。而且，弹性组织通过更广泛的职责分解来鼓励更多的民主参与，减少敌对的劳资关系。“弹性”意味着促进管理者、员工、顾客和供应商之间的紧密合作关系，所有这些人都一起参与创意和实施新思想的过程。

弹性组织中的生产费用通常会比科层组织中的生产费用要高。但是新型计算机技术的应用导致了生产力的高效增长，甚至在短期产品生产中，工业部门仍有可能迅速而经济地满足新产品的需求（Hearn，1988），所以从长远来看，科层组织虽然通过工作制度和产品标准化过程而降低生产费用，但是弹性组织却具备迅速变换产品样式的能力，这往往能使其生产出比科层组织更多的盈利。

引入弹性组织中的两个广泛的构成要素就是弹性时间和工作分享（job sharing）。由于有了弹性时间，雇员可以自由安排他（或她）的工作时间（例如从上午 11 点到下午 7 点工作而不是从上午 9 点到下午 5 点工作）。在工作分享中，两名或多名雇员分担一个工作。弹性时间有效地留住了有资格的人在他们所选择的行业中工作，工作分担保证了兼职工人在变换工作或者抚养小 162

孩时还能继续工作。同时公司还能从更有资格、积极性更高的劳动力中获益。可是，在传统的科层环境中，规章制度因无视个体的需求而被强化，因而完全不能接受弹性组织一类的设计。

在现场的日托中心已经成为许多弹性组织的一部分。研究表明这些组织可以降低雇员的旷工率并因其便利性而提高生产效率。

（三）日本的组织

1997年，日本经济的开始衰退使专家们担心日本在20世纪80年代对世界资本的疯狂使用会引发世界范围内的金融垮台［伊尔希（Hirschi），1997］。要预见这一金融危机的长期后果还为时过早，而且也很难说它会对日本的组织造成怎样的影响——如果金融危机对它们有任何影响的话。事实上，日本组织的许多独特之处使它们很稳定；其中之一就是它强调对长期利润最大化的计划（而非短期的）。对组织长期生存的关注可以解释为什么日本的管理者不大可能像美国的管理者那样会卷入到涉及合并或吞并等危险的金融交易中［克利斯托弗（Christopher），1983］。

导致日本组织稳定性的另一个特别之处是雇员与雇主间的关系。在西方，雇员与雇主间的关系是建立在个人与组织的谈判合同上（书面的或默认的），这种关系通常包含着冲突。与西方所不同的是，日本的组织是以它们对员工幸福的尽职尽责而著名的。对于稍大一点的公司而言，这意味着公司要为员工提供房屋津贴、社会福利、医疗补助、退休安置和休闲度假。反过来，员工经常将许多美国人认为是私事的东西带到公司中，如：婚礼安排、子女教育等。

日本的组织也依赖于通才型而非专门型的管理者。与美国的管理者不同（他们往往是某一领域的专家），日本的管理者是通过流动于一个组织中的不同部门这样的方式来度过他们的职业生涯。于是，日本的管理者获得的就是关于整个公司运作的一整套知识，而不是对公司某个具体领域（如生产过程或市场营销）的精通。这增加了他们对组织的价值。

日本的公司同样也鼓励共同制定决策。这通常会涉及一个“头脑风暴”的方法，一项决议会在组织的不同等级中慢慢往上传递，随着不断的修改和得到每一级的认可，最终到达顶层。它与上级负责制定决策、下级负责具体实施的这种典型的西方做法截然不同。在理论上，日本组织中地位较低的员工会更加忠实于最终制定的决策，因为他们在一开始就参与了决策的制定过程。

大多数美国职员对他们的工作抱着一种“要么晋升，要么就辞职”的态度，也就是说，他们期望时不时的加薪和晋升来作为对他们工作的一种奖励。如果得不到他们认为他们自己应得的，就会另谋职业。日本组织中的情况并不是这样，它的通常模式是缓慢的、高度结构化的晋升。与晋升制度相关的事实是：员工（除高层经理外）通常是按他的资历而非他的表现和才能获得报酬（Christopher，1983）。这种制度反映了日本文化对以组织为中心的（而非自我型的）强调。

所有这些因素导致了稳定的日本组织的建立，培养了它们员工的尽职尽责。尽管有这些观察结果，但有的研究者认为西方对日本组织文化的研究往往呈现出过度乐观的一面［阿佐米(Azumi)，1977；Morgan，1997］。与美国的职员一样，日本的职员对他们所在的公司和所从事的工作的满意度是不同的。例如，生产线上的工人所表示出的满意度要比经理们的低。总体来说，虽然他们可能会更努力地工作，但日本员工所表示出的满意度要低于美国和西欧的员工。

另外，许多日本员工以往所享受到的实惠似乎正在丧失。长期以来作为日本商界一个重要方面的终身雇佣制度，已开始步入歧途。而且，日本的管理理论并不完全符合日本的管理实践。一个研究者在评述日本医疗机构的管理时发现：计划决策是由高层官员做出的，而且“技术层的员工在制定决策中看起来并没有比美国的员工发挥任何更大的作用”［戈德史密斯(Goldsmith)，1984，p. 127］。

尽管 20 世纪 90 年代末的金融危机表明一些组织研究者的确对日本组织的描述过于乐观，但他们的研究仍然能够提供一些有价值的经验教训。其中最重要的教训之一是：要关心员工的福利，注意他们的个人所需，采用员工的意见以提高竞争力、产出的质量和生产效率［林肯和卡勒贝格（Lincoln & Kalleberg），1990］。

163

.NET 互联网/技术

电脑时代中的组织

许多组织的唯一目的是搜集信息。比如说，美国人口普查局（Census Bureau）、国内税务署（IRS）、中央情报局（CIA）、联邦调查局（FBI）的功能就是这样。这些组织比任何人都了解美国人，至少我们过去是这么认为的。现在这可就不一定了。

获取有关人们的信息从来就没有这么简单，电脑是一大原因。只要输入一个名字，商用数据库系统就能在几分钟内创建出一个个人界面，显示出各种各样的信息：出生日期、社会证件号码、驾照、当前及过去的住址、电话号码，以及个人财物的历史情况如财产留置、民事判决、财产税档案和破产状况等［伯恩斯坦（Bernstein），1997］。如果你认为像这样的个人信息是隐私的，那么你还没有认识到现代电脑时代的一个难以预见的后果——你的生活真的是敞开的。

在过去，收集这类个人信息需要花费私家调查员好几周的时间，而且费用昂贵。进入电脑时代，这项工作发生了变革，只要动一下键盘，私家调查员（及其他人）就可获得他们想要的信息。一些来自官方的这类信息会以数字化的公众记录形式出售。例如，伊利诺伊州每年从销售这类信息中就可赚取 1 000 万美元。罗得岛州通过销售汽车的记录数据赚得了 970 万美元。

购买这类记录数据的公司可以通过使用软件将相关的一些信息汇集起来。在不到 3 分钟的时间里，这类服务的定购者通过输入某人的姓名就可获得此人所有的个人信息。服务费用（只需 1.5 美元）的账单随后就会转入定购者的账户上。

私家调查员并不是使用这类服务唯一的人。其他通常的定购者包括收债人、保险业经纪人、记者和世界财富 500 强企业。进入这些服务就像进入网络一样简单。带有像 Dig Dirt 和 SpyForU 网址的，就能很容易找到它们（Bernstein，1997）。

尽管这可能意味着个人会是电脑时代的不可预见后果的唯一牺牲品，但事实上他们不是。组织同样容易遭受这种伤害。由于急于提高员工的生产效率，组织为它们的员工都配备了台式电脑。将这些电脑连接上互联网似乎是合乎情理的下一步。具有讽刺意味的是，连上互联网不但没有提高员工的生产效率，反而降低了生产率。员工不再把时间花在喝水上，而是花在上网上，据估计他们每周所花的时间有 5 到 10 个小时之多［哈蒙（Harmon），1997］。

在某些情况下，在工作中上网所造成的很严重的问题足以将员工从公司中开除出去［戴德曼（Dedman），1998］。例如，密歇根州泰沃斯市一家小广告公司的一个年轻员工在教其他员工如何上网的过程中，提及了他的个人主页。有几个员工在这个年轻人的个人主页上发现了一个虚构的故事（所描写的是一个关于谋杀的暴力事件），他们对此表示忧虑。之后，这个年轻人就被炒了鱿鱼。另一个例子，一个自称为性感女郎的年轻妇女，当老板要求她删掉她个人网页里有关她的信息时，她辞去了在一家小型出版公司中的工作（Dedman，1998）。在她的个人主页里，她身着带有斑点的内衣，摆出各种姿势，这是为一个主要的色情网站所做的广告。

尽管一些美国人表达了他们对互联网可能会侵犯隐私权的严重担忧，但这却讽刺地说明一些人是如何用互联网暴露了他们自己许多方面的隐私。现在，与过去不同的是，公司必须关注它们员工的个人生活会对它们的生意造成怎样的影响。

令人奇怪的是，那些建有网站为自己的产品和服务做广告的公司，可能会像上面提到的那个“性感女郎”那样，把自己暴露得太过火。根据竞争智慧专家的观点，含有组织章程、经理自传、客户清单和产品信息档案等内容的网页能提供有价值的信息——可以通过对它的分析来揭示企业战略［斯里尼瓦森（Sreenivasan），1998］。消费者和竞争对手正是借助网站来制定他们的重要决策。

尽管我们认为技术意味着进步，我们的生活也会因它而得到提高，但通常我们没有注意到它的不可预见的后果（Postman，1993）。我们被互联网能提供给我们所想要信息的激情冲昏了头脑，而没有考虑到它会侵犯我们的隐私。

七、组织与现代社会：一个人文主义的观点 164

大规模组织的出现给社会既带来了好处也带来了损失。其中一个极大的好处就是社会效率——组织的人力和资源配置方式看来最适合于“去完成任务”。没有任何一个现代社会能够抵挡住社会效率的拉力，没有任何先进社会愿意为了更大的个人自由而放弃效率，至少到目前为止是如此。

当然，在今天的世界中我们也能看到一些变化的迹象。尤其是在美国，强有力的事实证明，随着组织复杂程度的不断增加，人们越来越桀骜不驯了。最近几年弥漫于整个社会的反政府倾向，并不表示对政府本身的抵制。相反，它是对大政府的消极反应，是对功能失常的科层制的消极反应，也是科层结构主宰日常生活的消极反应。尽管没有进行过广泛的宣传，但是，公众对大公司、巨型大学甚至大型宗教科层组织的对抗态度也相似地表现了出来（Perrow，1984）。

这些对抗性态度，就是几年前人们所相信的无法阻挡的反社会潮流的继续吗？现在还没有人能说清楚。组织可能已走到了自己的尽头，来自一个组织化程度更高的社会的损失已开始超过了它所带来的好处。同时，我们也会想到，在许多社会领域中强化的组织效率似乎正是人们所需要的。任何对效率的提高，无论是针对福利计划、老年与退休保障、退伍军人安置还是针对环境保护，也无论它是否让我们直接获益，我们都支持。而如果这些计划无法富有效率地实施，那是我们咎由自取。

我们面临的主要任务是，如果先进社会要保持民主，如何能保持大众对大型组织的控制。在此情景中常用的术语就是责任（accountability）。与人的本性一样，组织的本质也是根据自己的最大利益来运作。正如人在科层组织中要负严格责任一样，科层组织也必须对民主社会负有责任。由于这一任务的严肃性，未来几年中将会看到，大型组织的管理集团在公众面前的公开表演及“共同行动”（class action）之类的活动将会大大增加。诸如此类的活动，将使政府或私营领域的大型组织承担更多的社会责任。

复习与思考

1. 有的大学的专业招收人数超过300人。像这样大的班级是社会群体还是简单聚合？
2. 试说明为什么次级群体在现代社会较为普遍？
3. 试说明为什么建立一个胜利的运动队既需要工具型领导又需要表意型领导？

4. 什么样的群体是大学中的男生联谊会和女生联谊会？试以男生联谊会和女生联谊会成员的行为方式为例说明以下概念：二人群体、三人群体、初级群体、次级群体、内群体和外群体。

5. 试找出下面每个人的可能参照群体：一个医学预科生、一个法学预科生、一个老师、一个理光头的男人、一个通用汽车公司的员工。

6. 你认为互联网会对商业组织的结构造成怎样的改变？

7. 你期待一个银行的组织文化与一个化妆品公司的组织文化在什么方面会有所不同？

8. 试描述你所在大学的正式结构和非正式结构。

9. 什么样的组织不符合科层制的特征？

10. 我们在每一天中是如何应用韦伯理想类型的概念的？

11. “为一毛钱奔走”运动（March of Dimes）说明了目标置换这个概念吗？为什么是？或者，为什么不是？

12. 试比较强制型、功利型和规范型组织间的不同。哪个最有可能培养员工对组织的高度忠诚？为什么？

165 网上练习

第 7 章的网站涉及群体和组织的各个方面。在搜索之前，请登录 Prentice Hall Companion 的网站：http：//www. prenhall. com/popenoe 。然后选择第 7 章（群体与组织）。接着就可在屏幕左侧的菜单中选择网站，你会发现有许多可供选择的有趣网站。我们建议你首先使用 The Cooperative Learning Center at the University of Minnesota。这个网站提供了非常丰富的关于合作型学习的信息。在本章的“应用社会学”一栏中，我们对作为取代较为熟悉的“竞争型学习”（从 20 世纪 60 年代起，它就是教育学生的一个较为传统的方法）的“合作型学习”做了讨论。在你搜索完 Cooperative Learning Center 网站之后，回答下面的问题：

- 合作型学习与其他类型的学习有何区别？
- 你倾向于喜欢哪一种学习方式？为什么？

关键术语

small group	小群体	rationalization	理性化
triad	三人群体	secondary group	次级群体
formal organization	正式组织	reference group	参照群体
primary relationship	初级关系	ideal type	理想类型
conformity	遵从	secondary relationship	次级关系
informal structure	非正式结构	organization	组织
social group	社会群体	goal displacement	目标置换
ingroups	内群体	dyad	二人群体
bureaucracy	科层制	formal structure	正式结构
primary group	初级群体	voluntary association	志愿者协会
outgroups	外群体		

第8章 越轨、犯罪和社会控制

将哪种行为适当地界定为越轨呢？我们可以相当可靠地假定，任何特定社会中的大多数人，对此都有很好的理解。越轨者是坏人，即那些破坏法律的人；他们的思想和行为方式，在我们大多数朋友和家庭看来，基本上是错误的。我们可能模糊地意识到，别的社会里的人们对越轨和犯罪的定义有时与我们不同，或者，即使在同一国家，如美国，有些行为（如女人穿着松散慵懒）曾一度为人所不齿，而今却被广泛地接受了。当然，我们关于正确与否和道德与否的基本观念不大可能受到这类知识的严重挑战。 167

如果关于越轨的定义还是悬而未决的话，那么社会学想象的下述见解是重要的，即在现实中将什么定义为越轨行为几乎完全是相对的。尽管人们的确普遍地认为某些行为（最典型的是谋杀）是错误的（虽然哪种凶杀算是谋杀，在不同的社会里存在着理解上的很大差异），但是对于哪种类型的行为该处刑却还存在着巨大的分歧。不同的行为，在多大程度上将被认为是越轨行为，取决于何时何地以及是谁所为。

例如，考虑一下一个似乎简单的问题吧，十几岁的孩子中哪些是青少年犯呢？如果说只有那些违犯了刑法的青少年才算是少年犯罪者，这种确认方式似乎过于简单。但是，钱布利斯（W. J. Chambliss，1973）的研究表明，实际情况复杂得多。钱布利斯研究了两组不同的高中生群体，他将其中之一称为“天使”，将另外一组称为“无赖”。“天使”经常逃学，每到周末他们就去喝酒、盗窃或蛮干胡来。他们要么坐在自己的汽车里大声猥亵路过的妇女，要么，在高速公路上大闯红灯。他们随意破坏建筑物的工地或被废弃的房屋。

他们是违法者吗？我们大多数人很可能认为是。但是，与他们住同一社区的多数成员并不这么看。他们是深受尊敬的那部分公民的儿子，通常被看作是懂规矩的学生，是些偶尔来些恶作剧的好孩子。社区将他们当作未来的领导人看待，期望他们做得更好。对他们，警察睁只眼闭只眼，任其自由。

“无赖”来自下层阶级，他们的过失行为与“天使”别无二致，但他们却被社区视为惹是生非者。在钱布利斯观察期间，每个“无赖”至少被拘捕过一次，这帮人一次次受到警方的收拾和折磨。而且，由于他们很少有机会搞到汽车，“无赖”们的偷窃、酗酒和野蛮行为常发生在他们自己的社区，在那里，他们干什么都很容易被发现。相反，“天使”们小心翼翼地在不认识他们的较远的社区干坏事。因此，他们的“恶作剧”瞒过了他们所在社区的居民。

正如这项研究所发现的，在青少年“撒野”和青少年犯罪之间存在一条细微的界线。在该案例中，与其说这两个群体在行为如何不端上有明显差别，不如说公众对其行为的认知存在差别。下层阶级的“无赖”们被视为罪犯，这是在鼓励他们继续将自己看作歹徒；他们中的大多数将越轨行为持续到成年。然而，大多数来自中产阶级的“天使”们则继续上大学，并走上成功之路。

青少年犯罪的本质，连同其他类型越轨的本质，比大多数人所认识到的要复杂得多。在这一章中，我们就来探讨一下这种复杂性。我们从讨论越轨行为的一般本质和探讨它同社会控制概念的联系开始。这里的社会控制（social control）是指意图促使人们遵从重要社会准则的社会机制。然后，我们主要描述一下已被提出来的，关于越轨行为的生物学的、心理学的和社会学的解释。我们以讨论犯罪——为法律所惩罚的越轨行为——和刑事司法系统结束本章。

一、越轨的本质

违反某个群体或社会的重要规范的行为，就是社会越轨（social deviance）。然而，这个简单定义留下许多问题——比如，什么样的规范被认为是重要的。在某些社区，周日禁止特定商业行为的所谓蓝色法律仍白纸黑字地写在书里，却被广泛地忽视了；人们并没有将周末开店的商人当作越轨者。类似的问题还有：违规时周围的环境怎样？是谁、什么时候和为什么要违犯社会规范？社会规范要求我们在红灯前停下来，但是，当一位驾驶者高速行驶是为了赶紧将病人送到医院时，他闯红灯的行为是越轨行为吗？

正如本章开头所提到的，越轨的定义因时间的推移和地点的变换而有所不同。比如，1984年的联邦法律要求各州在1987年以前将21岁定为可以饮酒的法定年龄；否则，这些州将失去联邦对高速公路的部分投资。虽然所有50个州最终都同意了，但是该法律还同个别州关于驾驶者在驾驶时血液中酒精最高法定水平的法律规定有冲突。越轨定义不仅对社会学家而言是个主要问题，而且，一般来说，它对社会而言也是个问题。

（一）越轨的定义

168 我们必须一开始就强调，社会越轨是与统计异常大不相同的概念。统计异常（statistical deviance）简单地说是指一种行为的发生频度或多或少地偏离正常水平。收集纸板火柴盒盖并非很流行的嗜好，因此，是一种统计异常，而不是对社会规范的违犯，因此，社会学家并不将其看作社会越轨。另一方面，某种行为在社会上传播较广，如偶尔闯红灯和欺瞒所得税等这些在统计学上比较普遍的现象，却至少是一种温和的社会越轨行为。

给越轨行为下定义的另一种方法是医学类比（Merton，1968；Parsons，1967）。遵从——作为越轨的对立面——可以视作为健康的和有正功能的，因为它能起到稳定社会系统的作用。我们再来看越轨，越轨是一种病态，是一种机能障碍，因为它对社会稳定起瓦解作用。当然，这一定义仍有瑕疵。客观了解什么是健康的社会就够难了，更不用说是什么促进了这种健康。另外，社会学家还观察到某类社会越轨行为实际上促进了社会功能（在本章的后面部分我们将讨论越轨的正功能）。

你认为图片中的人在展示越轨行为吗？为什么是或者为什么不是？依照定义，越轨行为未必就是坏的或是不可接受的行为；越轨这个术语意味着不遵从。

什么样的行为才算是越轨行为取决于不同的社会环境。例如，有时妓女在大街上公开兜售色相，而警察却并未去“打扰”她们。相反，若在报纸对警察局的腐败和堕落进行报道之后，她们再这么做，就很可能会遭到拘捕。

正如前面有关“天使”和“无赖”的研究所表明的，地位卑微的人，特别是少数民族和穷人，与那些富人和有权力的人相比，更容易被蒙上社会越轨的污名。来继续研究一下卖淫者和街头应召女郎的例子吧，那些有色女人（women of color）接待的顾客一般都是地位卑微者，因而比起那些为社会精英服务的电话应召女郎，她们更容易被捕。

越轨的定义也随着时间的流逝而变化。不久以前，离婚还会使配偶双方的家庭蒙羞，并使其子女打上“破碎家庭”孩子的标记。离婚被视作为缺乏美德的象征。而今，当美国近半数的第一次婚姻以离婚告终时，大多数人开始意识到，白头偕老的美满婚姻是不同寻常的。

越轨的定义也会因地域变化和文化的不同而有别。在纽约的某些地区视为正常的行为在艾奥瓦州的杜布切可能招致被捕。在美国的所谓开放婚姻中受到鼓励的行为——特别是婚外性关系——在伊斯兰社会里，可能招致当事人被石头砸死。

最后，当被视为越轨行为时，还意味着这种行为必须是作为违规的行为而被观察，被定义并被贴上越轨的标签。比如，一名青年偷了一块手表，被售货员抓住，如果售货员只想让他将物品归还而不将此事告诉任何人，那么，他就不会被称为越轨者。然而，如果售货员坚持要控告，并且这名青年进了劳教所，那么，这种行为就会尽人皆知。结果，这名青年就成为人所共知的越轨者了。霍华德·贝克（Howard Becker，1963）建议不要将越轨定义为与特定行为相连的品德，而是有某种行为的人与把该行为称为越轨的人之间社会互动的结果（我们在本章的后面讨论这个被称作“标签”的观点的意义）。

通常，越轨（deviance）和越轨者（deviant）这两个词汇往往让人想起那些堕落者、变态者和疯子。因此，在你研究越轨之前，记住以下5点十分重要。

（1）越轨行为未必就是坏的或不可接受的行为。越轨这个术语意味着“不遵从”。或者换句话说，我们可以将小说家、艺术家和作曲家等诸如此类人的富有创造性的才能称为“不遵从”[萨格林（Sagarin），1975]。

169 有时，行为是越轨了，但由于所违犯的规则并未被广泛接受，人们就不会认为这种越轨是不道德的。例如，沃尔斯特（Volstead）法案规定，在美国实施禁酒令期间禁止卖带酒精的饮料，大部分美国人都反对这条法案。于是，私酿私贩酒类的人和其他违犯这条法律的人通常为大多数公民所接受。

在官僚机构的某些案例中，为打破刻板的常规，更便捷地完成组织的核心任务，实际上，对正式规则的违犯可能是非常需要的。对一家飞机制造厂的经典研究描述了打破科层制规则是怎样有助于工人去做好他们的工作的[本斯曼和杰弗（Bensman & Gerver），1963]。一个由工友及其管理人员组成的非正式网络鼓励工人利用一种特殊的工具。使用这种工具时，工人的工作容易做得多，却使飞机的结构有所削弱。使用或拥有这种工具，就会马上被解雇，然而，机械师们使用这种工具却得到了他们同事和主管官员的默认。虽然这种行为是职务上的越轨，但实际上是被社会承认了的。

罗伯特·默顿对反常（aberrant）和不遵从（nonconforming）行为的区分，是积极地看待越轨行为的另一种情况（1976）。反常越轨者（aberrant deviant）是些基本上接受社会规则的合法性但却因个人目的而违犯的人。大多数犯罪行为可归入这一类。实际上任何一个人都不赞同反常越轨，即使越轨者在大多数场合也不赞同。然而，不遵从越轨（nonconforming deviance）是不同的另一种情况。不遵从越轨者相信规则是坏的，以至于有必要通过蓄意地和集体地违犯它而向它进行道义上的挑战。同希望隐瞒其行为的反常越轨者不同，不遵从越轨者吸引人们对其行为的注意。他们的目标不是个人得失而是改变规则。这类越轨是一种良知未泯的行为，而这里的良知则基于一定的社会理想。不遵从的越轨者常常被他们的支持者当作英雄，而且，如果他们的努力取得成功，他们就会最终得到全社会的支持。这样的例子很多，包括在民权运动的早期阶段在隔离的午餐桌旁静坐的美国南方学生；而市民实践的不遵从行为则有诸如反对核动力的抗议者；希望改变军队中的反同性恋政策，同性恋士兵伙伴所举行的公开的宣传活动等。因此，默顿所说的不遵从（nonconformity），如有创造性的艺术家的标新立异行为，对广泛存在的不受欢迎的法律的冒犯和反叛，或者意欲突破刻板的官样程式约束的违规行为，它们未必就是坏的或没有价值的越轨行为。

（2）越轨行为并非总是自愿的。例如，有身体障碍的人常常被当作反常者。根据一位学者的研究，有生理缺陷的人违犯了社会所认同的最基本规范是由于他们不是“完整”的人（Sagarin，1975）。然而，因为社会认识到这种生理缺陷非意志所能控制，此类越轨常得到相对的社会宽容。不过，对这些人也会采取一些限制性措施，比如把他们关进一些专门的机构，但是他们仍然不能对他们的行为负全部的责任。但另一方面，对那些有能力遵从规则却最终未能遵从的人，通常必须为他们的行为负全部的责任。这样，被断定为大脑正常的谋杀者，被判为有罪后就要面临长期的监禁，而那些杀了人的疯子则会得到宽大处理。

在不能遵从和未能遵从之间很难画出一条明确的分界线。某些学者以为，几乎所有反社会行为都是因为在特定的时间和地点缺乏正确行动能力的结果。但是这种宽泛的定义使作为我们司法制度基础的个人责任的概念变得毫无意义了。

（3）越轨行为未必意味着犯罪行为。虽然大多数犯罪行为是越轨行为，但不是所有的越轨行为都是犯罪。一般而言，一个行动可能（a）既是越轨又是犯罪，如谋杀；（b）是犯罪但不明显是越轨，如赌博；（c）是越轨但不是犯罪，例如，检举揭发（如报道坏事和非法活动，特别是在商业上或者政府里的）被广泛地视作越轨行为，但它当然不是罪行。检举揭发可能在社会中还有许多正功能［格默（Gummer），1985—1986］。肥胖的人、文身的人和邪教组织的成员都是越轨者，但是，他们的越轨只是对社会规范的背离，而不是犯罪行为。

（4）越轨行为，虽不被赞同，却是一种普遍的文化现象。涂尔干指出，越轨“是任何健康社会不可或缺的一部分”（1958，p. 67）。没有听说哪个社会没有大量地将其成员定义为越轨者的行为；新英格兰的早期，清教殖民者按现代标准来看都是高度遵从的人，但他们发现其成员的许多行为应该受到责难（Erikson，1966）。

（5）越轨可以是个人干的，也可以是群体或组织所为。某些类型的犯罪和越轨，如侵吞公款［克雷西（Cressey），1953］，是某个人行动的结果。其他的，诸如由“天使”和“无赖”所干的犯罪行为都是群体性的。有些严重的越轨是由公司或政府机构所为。例如，一个公司在非法倾倒有毒垃圾时，它就是越轨者；在20世纪60年代，当美国联邦调查局违犯宪章，妄图诋毁小马丁·路德·金的名誉时，他们就是越轨者。

（二）社会控制和越轨 170

正如我们已经定义的，社会越轨是对重要社会规范的违犯。这种违犯常常导致社会去努力惩罚冒犯者并试图减少甚至消除进一步的不良行为。旨在防止越轨并鼓励遵从的努力就是社会控制（social controls）。社会控制主要有两种类型：内在控制和外在控制。内在社会控制（internal social controls）指那些引导人们自我激励并按遵从的方式行动的过程。外在社会控制（external social controls）则是指通过运用各种正式和非正式的社会制裁促使人们遵从的压力。

你将克林顿与莫妮卡·莱温斯基的行为定义为社会性越轨吗？正如课本所定义的，社会性越轨是指违反社会规范。这种违反行为通常导致社会着力惩罚违犯者以试图减少或消除未来的不当举止。

1. 对越轨的内在控制

内化（internalization）是指某个人对群体或社会规范的认同（这是第6章讨论的社会化过程的一个方面）。一旦社会规范的内化成功，一个人通常会继续遵守它，即使无人监视他时也一样。当然，有时候，我们所有人会同群体和社会的期望有偏差；内化绝不是完美的［赛克斯和马茨扎（Sykes & Matza），1957］。

源于内化的对规范的遵从与怕招致处罚的遵从大不相同。后者是对社会应用外在控制的反应。对社会规范的成功内化使人们自制，如不偷别人的钱，这不是因为他们惧怕被捕或入狱，而是由于他们相信偷盗是错误的。他们的良心充当了社会控制的内部机制。

内化是对越轨行为进行社会控制的最有效途径。虽然每个人都曾体验过一些越轨冲动，但社会规范的内化趋向于将这些冲动控制在“不逾矩”的范围内。人们可能对他们的父母亲、老师或者朋友撒过谎；他们可能从商店偷过一张CD、一本书或者一条围巾；他们可能欺骗雇主请了一天假。但在大多数情况下，内化的社会规范导致自责、负罪感并导致自尊意识的减弱。结果，越轨行为很可能被放弃。

2. 对越轨的外在控制

对越轨行为的外在控制包含了对社会制裁的运用（看第3章）。有些社会制裁是非正式的，也就是说，通过日常生活中与我们互动的那些人的行动实现的。其他制裁均为正式的，也就是通过负有专门责任的社会机构实现的。

（1）非正式的社会控制机制（informal mechanisms of social control）。非正式社会制裁是初级群体的主要功能。消极制裁的范围包括，从群体的不赞成态度到群体的完全拒绝，甚或到身体的惩罚。同伴反应是非常重要的非正式社会控制机制；甚至当人们受到破坏规则的激励时，正如一位社会学家所研究指出的，“为了保持亲友的尊重，他们常常压制那些冲动”［蒂特尔（Tittle），1980，p. 321］。虽然这种情况可能被过分夸大了，但是，我们日常生活中的非正式制裁的重要性是不能否认的。

在初级群体之外，非正式社会控制通常适用于工作场所，并为那些发生越轨时恰巧在场的人们所使用。一位雇员可能斥责另一位雇员把事情搞糟了；一位老师可能非正式地告诉家长，发现其子女吸毒；邻街的年长妇女可能怒斥邻居的孩子合伙欺负另一个小男孩的行为。

非正式制裁可能非常有效，但是，其效果常常有限。原因之一是因为这样的制裁常常不确定。在个人的越轨行为被发现后，如果有惩罚的话，他们真的不清楚紧跟而来的到底是什么样的惩罚。另外一个原因是，个人感情、相关社会地位以及群体团结的情谊，可能削减了人们运 171
用社会制裁的愿望和能力。一名学生看到他的朋友在期末考试时作弊，他可能谴责朋友的行为，但是，由于害怕毁掉友谊，他不会报告朋友作弊的事。实际上，那些真的报告了作弊的人可能被称为“告密者”，反倒使自己变成了社会异己。

亲密的朋友群体的团结感能从两个相互矛盾的方面影响社会控制。越轨是对团结的威胁，因此，群体希望限制它。但是，正是同样的意识抑制了群体成员对其越轨的同伴使用过强的制裁。已经有研究指出，亲密群体中的成员将保护越轨者，除了以下三种情况外：（a）当越轨能轻易被外部察觉；（b）当越轨者可能被迅速地认出属于本群体时；（c）当群体因为该越轨者的行为有受到严惩的可能性时（Cohen，1966）。

（2）正式的社会控制机制（formal mechanisms of social control）。由于非正式社会控制机制的局限性，便产生了专司社会控制之责的组织和职位，如警官、法官、监狱看守和律师等。立法官、社会工作者、教师、神职人员、精神病医师和医生也将社会控制作为其职责的一部分。在现代社会，这样的正式社会职位网络变得越来越重要，因此，一般来说，社会控制变得更加客观。

然而，有时社会控制的正式途径可能很不正规，甚至会很个人化。一位社会学家研究监狱看守同囚犯如何相处时报告说［克劳伍德（Cloward），1960］，看守同囚犯讨价还价。看守通过“忘记”执行某些规定刺激囚犯在遵守其他规定时合作。

人们对警察在执行其职责时所使用的非正规方法进行了详细的考察。警官并不常用他们的拘捕权力，即使他们知道犯罪已发生［赛克斯（Sykes），1978］。他们可能希望犯法者成为情报来源。或者，为了其他一些理由，他们可能简单警告一下就将罪犯放了或者不理会他们的越轨行为。事实上，警察的工作很少是他们自己去找的，大多数是对公民抱怨的反应。如果抱怨显示出宽大的意向，警察很可能就不实施拘捕了［布莱克（Black），1971］。

其他正式社会控制机构也有大量的个人决定权。为了使罪证更令人信服，原告常参与诉讼交易——这意味着，允许某人承认自己的罪行，从而面对较轻的指控。否则的话，如果没有足够的人员处理案件或感到证据不足难以定罪，原告只能取消诉讼。

在正式社会控制机构中，如果没有一点灵活处理权，情况是难以想象的。没有这种权力，司法就会过于刻板。进而，如果把所有的奸夫、所有开快车将怀孕的妻子送往医院的丈夫、所有的大麻吸食者、闯红灯者、乱扔垃圾者和大伙儿讨厌的人都突然逮捕并投入监狱，那我们的刑事司法系统将比现在更难以堪其重荷。

(三) 越轨的社会功能和功能失调

至此，我们还主要是在考察越轨行为的个人方面。越轨行为的另一个重要方面，是它对整个社会的影响。公民们存车不付费或者骚扰和抢劫他人，会对社会有什么样的影响呢？公司行贿或政治腐败对社会的影响又怎样呢？大多数人很可能首先想到的是越轨的病态功能——其效应是负面的和破坏性的——但是，社会学家也已认识到了越轨行为的几个潜在的正功能［下面的讨论摘自科恩（Cohen)，1966］。

1. 越轨的社会功能

虽然很难说越轨是人们想要的，但是，社会学家相信它有时确实有助于社会系统更好地发挥作用并朝理想的方向变化。下面是越轨的一些社会功能。

（1）越轨有助于澄清并定义社会规范。许多社会规范在被破坏之前还模糊不清。这时，群体对越轨的反应进而澄清了规范。例如，共用同一厨房的学生可能建立起一条规矩，规定污水槽、炉灶和电冰箱必须保持清洁。但是由于“清洁”是一个不精确的词，每个学生并不完全清楚到底期望他们怎样做才算清洁。如果有学生在炉灶上留下了几个污点，是没有人会去注意的，但是，如果另有学生将脏污的碟子扔得满厨房都是，就会遭到大家的抱怨，这样，使用厨房的人就能更好地理解什么叫清洁了。

（2）越轨能增进群体的团结。根据乔治·赫伯特·米德（1964）的研究，“对违法者的敌意态度有一个独特的优点，即促进共同体的所有成员在感情上团结起来以对付破坏行为”。群体成员发现，他们面对越轨有同样的态度，在许多情况下，他们必须采取一些共同行动去控制
172 和阻止越轨。有时，群体为了一个越轨成员而团结起来，而这样做，也能增进整个群体的团结。这个群体可能要保护他们中的一个成员免受其越轨行为后果的影响，或者去帮助这名成员学会遵从社会规范。因为大家感到，为保持群体的完整，遇到的麻烦和付出的努力都是值得的，所以这两种行为都能促进群体团结。

（3）越轨能带来社会系统所需要的变迁。像前面所讨论的那样，通过越轨导致的社会变迁是非遵从性越轨者的目标。有时，某些越轨者的行为结果是，其他群体成员意识到了某条规则不好或与其他更重要的规则相冲突。然后，这条规则就被改变了。举一例说明，在由小马丁·路德·金发动的公民非暴力抵抗运动中，对种族隔离法的破坏将全国的注意力吸引到他们所遭受的不公平待遇上。这一民权运动最后导致这些法律得以改变。在另外情况下，如果不赞成行为一开始就被广泛传播开来，那么，即使没有蓄意改变社会的运动，该行为也会被普遍接受。例如，妇女在公共场所吸烟和青年男子带耳环等被渐渐地接受了。

（4）越轨促使人们更愿意遵从。这只发生在越轨是不成功的和遭到惩罚的时候。当人人都遵从时，遵从就不被视为特别的美德。但是一旦某越轨者得到惩罚，那些没有犯规的人就得到了“报酬”：没有受罚而且感到做了“该做的事”。遵从者守规矩的愿望得以强化。

2. 越轨的社会功能失调

由于社会具有吸纳大量的越轨而使之免遭严重后果的能力，因而某一越轨行动或某人的越

轨影响社会功能的发挥情况是罕见的。但是长期或广泛的越轨能从几个途径导致社会功能失调。

首先，如果越轨广泛流传，就可能弱化人们遵从的动机。如果你在考试时知道了你的许多同学都在作弊，你可能开始在想为什么要开夜车学习自找苦吃？如果你所有的朋友都在纳税上欺骗，你为什么要诚实？如果越轨和遵从得到的是同样的回报，那为什么要遵从？

其次，越轨可能有害，还因为它使生活不可预知并充满危险。所有复杂的社会互动都基于这样一个假定，即人们通常会固守自己的角色定义。如果人们，特别是那些地位显赫的人，不能遵守人们期望他们遵守的社会规则，社会生活正常进行就会产生问题并处于危险之中。正因为几乎人人遵守开车必须右行的规则，我们在高速公路上才感到安全。在蹦床上跳跃的人期望他们的监护人保持警觉并在他们跌倒时扶住他们。正在战斗的战士将其生命押在他们的同伴对各自职责的自愿遵守上。在这种情况下，越轨可能削弱使社会生活成为可能的相互信任的纽带。

对任何一个关于越轨导致社会功能失调的讨论来说，对似乎具有相同意义的两个概念“越轨”和“社会解组”加以区分是有帮助的。社会解组（social disorganization）是指社会机构的崩溃。一个高度组织的社会系统能承受大量的越轨而不会出现严重混乱。仅仅当大量的人长时间地越轨时，当越轨渐渐严重地破坏掉对基本社会机构的社会价值观的信任时，或者当越轨引发了社会不能容纳的冲突时，社会解组才会出现。与此同时，不仅过度的越轨可能会导致社会解组，而且战争、人口变化、技术革新以及诸如洪水、火灾和饥荒等灾难也可能导致社会解组。

二、越轨的理论视角

既然我们已经定义了什么是越轨并探究了它对社会的一些影响，我们就可以着眼考察一下它的原因。有些人为什么会破坏群体的或社会的规则？已经提出的许多理论视点可以帮助解释越轨行为。值得注意的是，由于越轨行为的形式包括了从从不向邻居打招呼到终生职业犯罪这样一个很宽的范围，所以，没有哪一个单一理论观点能解释所有形式的越轨。大多数观点反映的不过是提出那些观点的学科的特殊看法。例如，心理学者强调心理因素对越轨的影响，同样，社会学家则强调社会因素的作用。另外，重要的是要记住这些理论更多地涉及的是越轨的一般原因而不是特殊行为的原因。他们努力解释为什么越轨行为会发生，而不是某个特定的人为什么会采取某项特殊的越轨行为。虽然社会科学工作者可能会有根有据地讲到，哪种社会情形很可能相关地产生大量的越轨行为，但是，他们可能很少预言，哪些人将会在这种情形下的确会采取越轨行动。

研究者已从三个主要层面寻找越轨行为的科学解释。有些学者相信某些生物学特性是越轨行为的主要原因。心理学家、多数公众以及大多数在刑事司法系统中工作的人，都将越轨主要 173

归因于心理学的问题。尽管生物学和心理学的因素无疑是越轨的重要原因，但是，社会学家以为，越轨行为得以在其中发生、承受以及有时得以改造的社会环境是越轨的主要原因。

（一）越轨的生物学视角

许多研究者想知道，是否生物学因素可以解释越轨，特别是犯罪型越轨。19世纪的意大利学者塞赛尔·隆布罗索（Cesare Lombroso，1918）提出，罪犯在遗传和发育上不如守法公民。美国体质人类学家爱恩尼斯特·胡腾（Ernest Hooten，1939）得出结论说，罪犯有多方面的遗传和生理缺陷。而且美国心理学家威廉·谢尔登（William Sheldon，1949）主张，体型可能与犯罪有关；他将肌肉发达、筋骨健壮的身体结构称之为斗士体型，在他研究的罪犯中有这类体型的占很大比重。

由于这些研究的质量太差，人们广泛地认为这些早期研究的结论是不正确的。不管怎样，对生物因素的研究还在持续进行。直到20世纪60年代后期，有两位科学家报告指出，人们发现许多男性暴力犯罪的人多了一个雄性染色体，其性染色体的构造为XYY [斯密尔和伯曼（Smir & Berman），1970]。但是并没有确凿的证据证明是这种情况导致了暴力行为，而且多数暴力犯罪并没有这种反常基因 [沙宾和米勒（Sarbin & Miller），1970]。在80年代的医药专家大会上，几位研究者陈述了他们的观点，说近90%的极端暴力犯罪个人有大脑缺陷（*New York Times*，September 17，1985）。最近的一项研究也认为，在暴力犯罪和甜点心（特别是过量地使用糖的点心）之间存在相关联系，但证据不足。还有人认为，攻击行为，也许还有犯罪，很可能受体内男性荷尔蒙激素水平的影响。

研究越轨中生物因素的作用的最好方法是，比较研究同卵双胞胎之间有关犯罪的发生和类型，因为这样的双胞胎在遗传学上是理想的。然而，这些研究的结果是有矛盾的。在挪威进行的一项关于双胞胎的仔细研究的结论是，遗传特性不是犯罪的显著原因 [达尔加德和克林伦（Dalgard & Kringlen），1976]。然而其他研究，特别是有关严重犯罪行为的研究得出了相反的结论。一项研究发现，遗传性的犯罪行为更可能是偷盗而不是暴力 [加布里埃利、哈钦斯和梅德里克（Gabrielli，Hutchings & Mednick），1984]。

尽管少数研究发现越轨与生物学因素有紧密的联系，但是，在解释越轨问题上，一个趋势正在现代社会兴起，即将越轨行为作为各种疾病，包括器质的和精神的疾病结果。这一趋势称为用医学方法处理越轨问题（medicalization of deviance）的倾向。结果，像吸毒、机能亢进、酗酒等这样的越轨行为，现在通常更多地视之为医学上的问题而非品德上的缺点 [康拉德和施奈德（Conrad & Schneider），1980]。

这一重新阐释的过程与那些将小过失都看成犯罪的传统观点相比，似乎更适应今天快速变迁的文化 [莱特（Light），1989]。例如，曾经被当作酗酒罪的行为现已被医学研究认定为酒精中毒。那些曾当作道德上有缺陷的行为，现在被视作需要进行专门治疗的疾病。虽然药物能够帮助许多越轨者应付他们的问题，但用医学办法对待越轨并不总是一个有益的方法。例如，无家可归者常常表现出头昏眼花、丧失方向知觉等症状，从而被称作患了“精神疾病”；然而，很可能这些症状不是由于疾病而产生，而是由于无家可归者缺乏足够的食物和住房。因此，医学化的考察可能鼓励我们去寻找严重社会问题的个人病理学的依据，而非基本的社会原因［斯诺（Snow），1988］。

（二）越轨的心理学视角

心理学家和社会学家都曾提出某些类型的个性常常与越轨行为有关。持这种观点的最重要的研究者之一是英国心理学家汉斯·艾森克（Hans Eysenck，1977），他的理论将生物学和心理学视角结合了起来。根据艾森克的观点，没有人生来就是越轨者，但是从遗传上来讲，有些人可能比其他人更容易越轨。一种特别可能产生越轨的个性类型就是“外向性格”（extrovert）——有这种个性的人善交际，但也好冲动，他们对丰富多彩和刺激有强烈的需要。与其相反的个性是“内向性格”（introvert），一种长于自我控制的安静型性格。艾森克指出，性格外向的人，其行为很可能逾越人们可接受的范围，因为这些人具有对刺激和冒险的生理需要。他们是否会成为越轨者，主要取决于他们是怎样被社会化的。

另一个重要的心理学观点强调，暴力和越轨都是社会习得的（socially learned）。社会心理学家阿尔伯特·班杜拉（Albert Bandura，1973）证明，即使并没有真正从事过攻击行为的人也会通过观察和模仿来学习攻击行为。例如，孩子们在电视上看到暴力场面就可能会在游戏中

心理学家们认为，多数越轨行为是通过观察和模仿社会习得的。
例如图片中的这个小男孩，可能就在模仿他在影视中看到的暴力行为。

174 加以模仿。通过这种方式，他们学会了怎样行使暴力（例如，如何打枪），即使他们在实际中并未采取过他们所学到的行为。但如果他们后来发现暴力行为可以带来报酬却没有受到惩罚时，他们很可能会采取暴力行动。

关于越轨的第三种流行的心理学解释提出，攻击行为常常由挫折引起。当某一需要未能满足时，人们可能遭受挫折。正如“挫折—攻击”（frustration-aggression）假说所解释的，遭受挫折的总量取决于需要、冲动和欲望受到妨碍的强度［伯科威茨（Berkowitz），1962］。反过来，攻击的程度与人们如何受挫有关。挫折可以是由于缺乏金钱、爱情和其他东西而产生的。实际上，这个理论能够推而广之，可以包括几乎任何一种情形。

（三）越轨的社会学视角

心理学解释强调那些能促使人们以越轨的方式行动的个人特性，而社会学视角则集中于对社会环境的分析。这两种方法分别被称为关于人的理论和关于情景的理论（Cohen，1966）。“关于人的”理论试图解释，不论是从生物学还是从心理学角度看，越轨者同其他人不同。而“关于情景的”理论试图断定哪种情境使一个普通人违反规范。在追踪这种情境方法时，社会学家着眼于三个主要问题：为什么有些社会环境比其他环境更可能产生越轨？为什么在某些社会环境下的越轨行为在另外情况下却有很高价值？为什么越轨者破坏某些规则而不是别的规则？

1. 结构性紧张理论

早期一个特别有影响的关于越轨的社会学理论，是由罗伯特·默顿于1938年提出的。默顿的理论建立在涂尔干的经典的失范（anomie）概念基础上。所谓失范，是指规范和价值相互冲突或者规范与价值相对脆弱、缺省的一种社会状况。默顿指出，当社会的文化与结构之间存在紧张或冲突时，越轨就可能产生。

更具体点说，所有文化提出了作为普遍欲求的某些目标（如个人在金钱上获得成功），同时也明确指出了实现这些目标的合法手段或社会认可的手段（如努力工作，读书求学）。但是，在社会快速变迁和社会不平等广泛存在的环境里，属于某些群体的人可能很少或根本没有机会通过合法的途径去实现文化上的成功目标。社会结构限制了他们获得成功的机会。结果，这种群体中的人就会体验到社会失范，他们可能失去对这些目标的兴趣，或者失去通过合法的途径达到成功目标的兴趣，或者同时失去二者。因此，默顿的结构性紧张理论（structural strain theory）寻求解释在那些体验到机会被阻塞的人群中广泛流行的越轨行为，并把越轨当作是要实现目标却没有合法手段的文化压力的结果。

默顿指出，这些受阻群体中的成员基本上是少数民族和穷人，他们可能以5种方式对其社会失范的困境产生反应。

（1）最通常的反应是遵从：运用文化认可的手段，通过努力工作去达到想要的且社会认同的目标，即使成功的机会比较罕见。幸运的是，这是对失范的最通常的反应。

其他4种可能的反应或多或少的都是越轨：

（2）“革新”，接受目标（如获得财富）但拒绝社会认可的手段，而代之以“新”的非法的手段，比如当一个人通过卖毒品去赚钱买辆新汽车时。

（3）“仪式主义”，相对来说，这一类型不常见，这里，机会受阻的个人接受手段但拒绝目标。例如，当某人上学只为获得学位，而几乎可以确定获得学位并非为了找份工作时。 175

（4）“退却主义”，既拒绝目标也拒绝手段，例如隐士，这类人抛开尘世生活，退隐山林。

（5）“反叛”，拒绝文化上赞同的目标和手段，代之以新的与他人协调的目标和手段。例如，一群大学生可能退学并抛弃世俗社会的成功希望，代之以组成激进的环境行动小组，运用反传统的手段为新的目标工作。

默顿的理论遭到几个方面的批评。首先，某些越轨行为，例如抢劫，并不能简单地由这套理论加以解释［吉本斯和琼斯（Gibbons & Jones），1975］。而且，这一理论解释的仅仅是那些成功机会非常有限的群体中的越轨成员；它无助于解释在社会上有特权的成员中存在的越轨行为。最后，它无助于我们预测当某特定个人面临失范时将作何反应。

2. 文化传递理论

就其本身而言，失范并不一定导致越轨。例如，许多少数民族聚居区的孩子，受教育和挣钱的机会经常被抑制，但他们并未成为瘾君子、盗贼或革命者。正如心理学的学习理论所指出的，要想变成越轨者，人们必须有机会去学习越轨。那些习得了赞成越轨行动的观念的人，比其他人更有可能采取越轨的方式。

像遵从一样，越轨是从一个人所生活的社会环境中习得的。这一观点得到由克利福特・肖和亨利・麦凯（Clifford Shaw & Henry McKay）主持的一项研究的支持，该研究是在芝加哥附近的一个高犯罪率的地区进行的。肖和麦凯（1929）注意到，虽然在过去的 20 年中这一地区的民族构成发生了几次大的变化，但高犯罪率在这些邻近地区持续了 20 多年。研究者得出的结论指出，新来者向已经居住在此地的人习得越轨行为，这一习得过程主要发生在孩子的游戏群体和青少年团伙中。

在更近的研究中，理查德・克劳沃德和劳埃德・奥林（Richard Cloward & Lloyd Onlin，1964）指出，虽然社会环境试图劝导人们遵从社会规范，但教导的内容并非总是一致。父母、教师、宗教领袖以及其他社会化主体有时传达出的不是支持遵从而是支持越轨的态度。比如，一位母亲总是教导女儿守法，借此，她教导女儿遵从。但是当她和女儿在逛商店出来收到了一张停车罚款单时，便说：“哦，我就把它扔了；反正他们不知道这有什么不同。”这时，她是在教育女儿，有些越轨是可以接受的。

具有讽刺意义的是，社会学家指出，在某些企图纠正越轨行为的地方实际上却在传授越轨行为。在监狱，新来的犯人完全暴露在同一监狱内老惯犯的影响之下。老囚犯常常向年轻的同监犯人传授更多更有效的犯罪方法。在精神治疗机构，通过机构的亚文化环境，越轨行为趋向于相互强化。

没有一个人只是单一地受到越轨的影响。那些犯罪团伙的成员，在听老成员教唆他们怎样偷车的同时，其他人也教导他们说，偷车在道德上和法律上是错误的。许多邪教信徒在传统的家庭中长大。然而，为什么越轨模式对有些人有吸引力，而其他人却倾向于遵从？

在回答这个问题时，埃德文・萨瑟兰（Edwin Sutherland）尝试提出了一套可能是最系统的理论。萨瑟兰的差异性联合理论（theory of differential association）认为，每个人都受到遵从和越轨行为的双重影响。这些影响在个人的思想中展开斗争，哪个方面在思想上占了上风，哪方面就会去引导人们的行为。如果走向越轨的社会化强度超过走向遵从的社会化强度，一个人就会变为越轨者。萨瑟兰指出，有几个不同因素打破平衡偏向越轨：与教唆越轨的人联系越密切，与之交往的次数就越多、越频繁和越持久，且接触时的年龄越小，当事人变为越轨者的可能性就越大。

3. 社会控制理论

结构性紧张理论和文化传递理论的视角都有一个共同的假定，遵从是事情的常态，只有当违反规范时才需要解释。社会控制理论持不同观点。不同于传统社会学对犯罪的解释，社会控制理论基于这样一个假设，即人是利己的和反社会的。社会控制理论不是研究人们为什么去犯罪，而是关注人们为什么不遵从。社会控制理论认为，之所以有犯罪是因为在人们成为成人以前社会未能教会其有效的控制。

社会控制理论也摒弃了其他社会学理论对犯罪的另一个共同看法，即社会中不同的群体对法律和道德有不同的理解。它认为法律和道德规范是很清楚的，且人们对于多数犯罪是对还是
176 错有着一个清楚的判断。因此人们完全能意识到自己犯了法。

最后，社会控制理论否认了犯罪行为的环境因素——社会阶层、经济地位和文化。该理论区别于其他社会学理论的基础不仅有理论依据，且也有经验主义的研究。事实上，当对犯罪行为的研究结果没有表明在更低的阶层和中产阶层之间以及在白人和黑人之间于犯罪行为方面存在显著的差异时，社会控制理论即赢得了支持。

社会控制理论有许多类型。一类控制理论是以心理学为基础的，认为某些人比其他人更缺乏控制自己内在冲动的能力。根据沃尔特·雷克利斯（Walter Reckless，1967）的“自制理论”（contain theory），罪犯是缺乏正确的自我观念、结果未能抵制住越轨诱惑的普通人。同样，霍华德·贝克（1963）认为，“正常”人通过思考他们在越轨后会发生什么来控制他们的越轨冲动。他们不想污损他们的自我形象。而越轨者在抑制这些冲动时存在困难，因为他们缺乏对自己的评价，或者缺乏较强的认同意识。然而，其他学者并没有看到在未能控制越轨冲动和成为越轨者的结果之间的联系。而且，有些人可能简单地将自己看得无足轻重并感到对他们发生了什么都没关系。

今天，许多犯罪学家认为特维斯·赫斯其（Travis Hirschi）的社会控制理论是关于违法和犯罪理论中最有影响的［埃克斯（Akers），1994；巴坎（Barkan），1997；利文斯顿（Livingston），1996；林奇等（Lynch et al.），1993］。特维斯·赫斯其（1969）在他的《违法的成因》（*Causes of Delinquency*）一书中第一次提出了这一理论，该理论已经被约 71 次调查所验证［肯普夫（Kempf），1993］。同其他社会控制理论相一致，赫斯其认为关于犯罪行为的最有趣的问题不是人们为什么犯罪，而是人们为什么不守法。按照他的理论，人们根据一定的纽带组成了人类社会，社会的道德规范阻止了人们犯法。

他指出，在我们大多数人中起约束作用的四大关键社会纽带在犯罪者那里却典型地呈软弱状态。这些纽带包括：“附属”于其他遵从者，特别是父母和同辈；“承诺”，借此，他投入时

一些犯罪学家相信缺乏自我控制力是一种持久的特征，
它导致了越轨儿童成为越轨成年人，你同意吗？这些因缺乏
自制力在墙上涂鸦的孩子命中注定要成为越轨成年人吗？

间和汗水为实现诸如上大学等传统目标而工作，而越轨行为则会威胁到这些目标的获得；“参与”常规活动，以减少可能越轨的时间；以及“信仰”，接受常规道德观念。

《违法的成因》一书出版 20 年后，赫斯其与迈克尔·格特夫格森（Michael Gottfredson）合作对控制理论进行了修正，改作我们所知道的“自我控制理论”（Livingston，1996）。该理论否认了关于犯罪的生物学、心理学甚至社会学的解释，包括了赫斯其关于社会纽带的理论，认为人们犯罪只为一个简单的原因——他们缺少自我控制这一控制冲动和知足常乐的能力。

4. 冲突理论和越轨

我们在本章前面根据功能主义的视角介绍了越轨促进社会系统稳定的几种方式。默顿的结构性紧张理论也来源于功能主义；例如，结构紧张理论假定，所有社会成员共享一套希望达到确定的成功目标的价值观。

相反，冲突理论学家否认所有社会成员共享相同的目标和价值。他们认为，社会上有权有 177
势的人同那些没有权力和地位的人的价值观大不相同。因为社会规则和法律是在社会权势参与下制定的，因此无权无势的人越轨频率更高，只不过反映了这样一个事实，即社会规则并未反映他们看待事物的特殊方式。基于这一视角，如果穷人、少数民族和女人制定法律，那么富有的白人男子将会比任何人更可能被判为罪犯。

文化冲突理论（culture conflict theory）和马克思主义冲突理论（Marxian conflict theory）可能是两种基本的冲突理论学派。第一个传统理论强调这样一个事实：复杂的社会包含许多亚文化，每一亚文化都有其自己独特的目标和价值。这些亚文化可能以种族、性、生活方式、地理位置或者其他因素为中心而形成。被一个群体视为越轨的行为对另一群体来说可能是可接受的行为。然而，较为强大的亚文化能有效地将许多弱小亚文化的价值界定为越轨。

因此，文化冲突理论家经常问，为什么是某些群体而不是别的群体的规范被定为法律，为什么这些法律针对某些群体的成员而不是别的群体的成员执行得更严厉。比如，相对来说，大麻有害程度较小，而饮苏格兰威士忌酒与许多疾病的关系明显得多，但是为什么吸大麻被视为越轨，饮威士忌却是完全可接受的呢？文化冲突理论家可能指出，饮威士忌的人比大麻吸食者拥有大得多的社会权力。

考虑到法律执行的差异，两位研究者运用文化冲突方法观察了公众对公共场所发生的入室行窃事件的反应［斯蒂芬斯迈耶和特里（Steffensmeier & Terry)，1973］。结果发现，目击者是否报告行窃事件常常取决于行窃者的外表。当行窃者看起来像一个嬉皮士——一个低贱且相对没有权力的集团成员时，公众报告犯罪行为的意愿增强。

一位文化冲突理论家试图准确地定义文化冲突转化为公开的法律冲突的条件［蒂尔克(Turk)，1969］。他认为这种冲突的结果取决于涉及群体的权力、组织和世故程度。例如，一个权力小、世故程度低而高度组织化的群体——如一个街头团伙特别可能与法律产生冲突。一个只与极少人合作或独立行动的非常老于世故且又有权势的社会群体的成员，如一个贿赂了城市稽查员的建筑承包商，就很不容易与法律相冲突。

马克思的冲突理论更着眼于社会阶级的不同权力而不是着眼于不同亚文化的多样性。这个视角认为，不是一般意义上的文化差异而是阶级冲突是对很多越轨的最好解释。在资本主义社会，最严重的犯罪是诸如盗窃之类的财产犯罪，这种犯罪往往是穷人对富人所为；相反，富人所犯的罪诸如骗税、存贷款丑闻尽管引发的危害非常大，但法律只将其当作次要的罪看待和处理。按照马克思的视角，我们社会中制定刑法的最终目的，是为了保持地位等级，特别是在损害穷人和无权者的情况下保护富人和有权者的利益。马克思主义冲突理论认为，法律系统运用教育、大众传媒和宗教来使大众的注意力更多地关注更低阶层的越轨，特别是诸如抢劫和偷窃之类的街头犯罪。结果，我们的注意力被从下列事实转移开来，那就是，富人所犯的严重得多的罪行、引起越轨的根本原因——美国生活中的极不平等［格林伯杰（Greenberg)，1986］。

尽管马克思主义和非马克思主义的冲突理论存在不同，但它们都拒绝接受我们司法系统中普遍持有的两个观念：它们认为，法律并没有平等地保护社会中所有成员，法律也未必反映整个社会的道德观念。

5. 标签理论

我们刚考察的社会学理论有助于我们理解越轨行为的原因，但是它们不能解释越轨的所有方面。有些人花时间与越轨者待在一起甚至扮演越轨，但是并不被公认为越轨者。此外，在某些情况下，行为越轨导致职业化越轨，而在另外的情况下则不然。为了解释这些事实，一群以标签理论家（labeling theorists）而知名的社会学家，吸收利用符号互动论的思想，集中探究了越轨的过程而非越轨的原因。标签理论家们突出地强调越轨是相对的这一事实。一个行为及其违反者只有当被他人标签为越轨时才变成了越轨。

埃德文·雷梅特（Edwin Lemert，1951，1961）是最先研究标签理论的社会学家之一。雷梅特区分了两种越轨："初级越轨"（primary deviance），即偶尔卷入违反社会规范的行为，并未对个人的心理结构和社会角色扮演发生持续的影响；二级越轨（secondary deviance），卷入违犯社会规范的行为，并被其他人标签为越轨而且越轨者本人也这么接受了。在二级越轨中，178
越轨者必须围绕越轨者的角色来认知他们的行为和自我观念。他们可能以某种方式穿戴，使用一种特殊的只有他们自己人才知道的俚语。他们越清楚地将自己界定为越轨者，他们就越可能被其他人当作越轨者。经过一段时间后，即使那些对他们的名声一无所知的人，由于他们呈现出来的形象就可能一眼看出他们是越轨者。

标签理论家们曾将成为一名职业越轨者的过程分为三个主要步骤：第一步是权威者或与越轨者关系密切的人对越轨行为的观察；第二步是越轨者将其贴上越轨的标签；第三步是加入越轨群体或越轨亚文化，而这些都被社会公认为是越轨。一旦经历了这三个步骤，他或她就放弃不了越轨的方式，并回到遵从上来。这样个体就开始了他的越轨生涯（deviant career），也即接受了越轨亚文化中的越轨认同与生活方式。这个概念有助于理解越轨行为的阶段——不仅包括准备越轨的阶段，而且包括一个人实施越轨的阶段和认同越轨的阶段。

观察越轨。在越轨者的眼里，一个破坏社会规则的行为可能对他而言没有什么社会后果，即使他经常实施此类行为。研究表明，这种行为极常见。一项全国性的研究选取了 847 个男女青年样本，访谈后发现，88%的年轻人承认，在此前的 3 年中，至少有过一次过失行为。然而，仅有 20%的人与警察局打过交道，且仅有 16%的人曾被送往青少年法庭［威廉斯和戈德（Williams & Gold），1972］。我们可以可靠地得出这样的结论，大多数过失行为并未被发觉，至少未被有关当局发觉。

对一个有社会后果的越轨行为而言，必须有重要的人看到它。知道这个行为的人数不必过大；更重要的是谁知道这一行为。如果一商店雇员从收银机里偷钱，并且仅被一个人发现——一位不会对任何人说起这件事的消费者——那么，这位雇员可能不会有什么后果。但是如果看到的人是雇员的老板，结果会大不相同。

标签越轨。在越轨生涯中，被公开标签为越轨者可能是最重要的步骤。越轨者被归入社会另册，给人留下反面印象。标签可能给越轨者一个公众形象，如"坚果"、"瘾君子"、"男同性恋者"、"懒鬼"或者其他似乎符合情境的名字。当越轨行为违反了法律，这个人也可能被称为罪犯。

标签可能是正式贴上的，像庭审或精神检查。在这种情况下，常常会有一种"堕落典礼"（degradation ceremony）的仪式，把一个正常人公开地宣称为越轨者。标签也可以是由朋友或家庭非正式地贴上的。一个孩子获得坏孩子或捣蛋鬼名声的过程就是一个例子。标签也可以是自封的。许多同性恋者自愿抖出秘密，并公开宣称他们的性倾向，以便避免由于"误解"所带来的负面影响。

标签越轨能产生持久的影响［林克和卡伦（Link & Cullen），1990］。那些获得这样标签的人，不再被简单地当作学生、水管工、父母亲或教堂职员，而多少被当作正常社会之外的人。即使个人实际上从未再作出标签所暗含的越轨行为，其社会后果也是一样的。

霍华德·贝克（1963）指出，越轨者身份常常成了他的主要身份（master status），一种居支配地位且限定一个人社会地位的身份。

> 一个人如果没有其他身份，就将被确认为越轨者。问题就产生了："哪种人会破坏这样重要的规则呢？"答案是："一个不同于我们大家的人，他不能或不愿像一个有道德的人那样行动，因此还可能打破其他重要规则。"这样，越轨就成了支配他的身份。

被标签为越轨者的人常被社会拒斥和疏远。这种拒斥可能是生理上的，比如，越轨者被送进监狱或精神病医院或其他矫正机构；或者可能是社会的，例如，朋友和家庭可能减少一些曾经给予的支持和感情，或者老板将其解雇。在许多情况下，越轨者获得了一个将越轨者们当作不为社会所接受的人的污名。社会拒斥和疏远趋向于将被标签的个人进一步推向越轨生活。在工作、交友以及他们的生活前途等方方面面，被打上越轨者烙印的人，慢慢地开始围绕越轨者角色构筑他们的全部生活。

加入越轨群体。对许多越轨者来说，越轨生涯的最后步骤是加入和认同于一个其他越轨者组成的群体。加入这样的群体有两大功能。第一项功能是务实的：

> 179 当某人进入一个越轨群体……他学习怎样在采取越轨行动时最少惹麻烦。当他破坏某一规则后，他所面临的所有如何逃避惩罚的问题都是其他成员以前面临过的。这些问题已经有了解决办法。因此，年轻的小偷同年长的小偷会面，后者比他经验丰富，向他解释怎样在偷物品时不冒被抓住的危险。(Becker，1963，p. 39)

加入越轨群体的第二大功能是成员从中获得情感和社会的支持。在群体内，人们相互理解并相互同情。有时，群体也使越轨行为合理化。例如，群体成员可能宣称，正常的世界里充满了伪善的越轨者；但群体成员至少对自己的越轨行为是诚实的。这样的解释代替了外部社会对他们刺耳的指责，这部分地为群体成员减轻了内疚和自我悔恨的心理负担。

加入越轨群体使他们更有可能持续越轨的生活方式。回到恪守常规的压力减小了，越轨者的自我形象加强了。正如一个女孩所说的，当她的朋友全部是吸毒成瘾者时，她意识到自己是一个瘾君子（Becker，1963）。具有讽刺意义的是，无论是社会接受的群体还是越轨群体，都存在着某些遵从的压力。一个人违抗社会规则而进入越轨群体后，可能发现自己又被置于遵从越轨生活方式的实实在在的压力之下。

有时，在从事越轨职业的成员中间，特别是非法职业者之间存在着严格的等级关系。比如，一名研究者在芝加哥访谈了28名男妓后发现，在男妓中存在3个主要的等级：挤街头的（这些男妓在公园或公共汽车站兜售生意）、钻酒吧的和一些机构安排的陪伴者。大多数男妓从街头游娼晋升为酒吧野娼，有些最终升级到陪伴男妓之列。在这些男妓地位的罗列中，存在着明显的等级。这种等级的主要决定因素是收入、隐私以及免遭被捕的安全性等。比方说，街头游娼每次接客获得大约10至15美元；酒吧野娼则为50至75美元；而最高等级的陪伴男妓则为100美元外加小费。

研究人员还发现，在这个阶梯上每升一级，都需要某些必要条件。街头游娼只需看上去比较漂亮；酒吧野娼至少21岁，要有吸引力而且与顾客相处时能如鱼得水，自由自在；而现在，

参加一个类似这个女性街头帮派的越轨群体使一个人更可能继续一种越轨的生活方式。返回习俗的压力减小了，而越轨者的自我形象被加强。

陪伴男妓则需填写职业申请表，涉及他们个人背景、教育程度和经验等［卢肯比尔（Luckenbill），1986］！

标签理论并不是没有受到挑战。将人们标签为越轨者就使他们成为越轨者的说法常常是一种夸张。许多罪犯从事他们的职业，主要是因为犯罪提供了大量的金钱回报，或者有与标签越轨无关的其他理由。即使标签可能是变成越轨者的部分原因，但它不能解释最初的越轨行为。标签理论的探讨不能代替其他试图从社会中探讨越轨原因的理论，但很明显，它的确对越轨这一令人迷惑的社会现实提供了重要视角。

三、犯罪和刑事司法系统

（一）犯罪的种类

犯罪可以定义为由当局所禁止，并且运用正式制裁予以惩罚的行为。专家们传统上将犯罪行为分为几个主要类型，包括针对人的犯罪、针对财产的犯罪、无受害人犯罪或道德犯罪。最近几年，有组织的犯罪、白领犯罪和组织机构犯罪也引起了人们实质性的注意。

最让人们普遍感到害怕的犯罪可能是谋杀、强奸和恶性袭击。所有这些都被权威机构归入“针对人的暴力犯罪”。尽管暴力犯罪受到最大关注，但实际上，他们在官方机构记录在案的犯罪总数中只占很小的一个比例（参考表8—1美国警察局掌握的主要犯罪数据）。偷盗、入室行 180
窃、抢劫、汽车盗窃和纵火等归入“针对财产的犯罪”。白领犯罪也包括在这一类之中（在本章的稍后部分再讨论）。

表 8—1 1997 年由警察掌握的刑事犯罪

所有的犯罪	数字	百分比（%）
谋杀	18 209	0.14
强奸	96 122	0.37
抢劫	497 950	3.78
恶性袭击	1 022 492	7.76
入室行窃	2 461 120	18.68
偷盗	7 725 470	58.64
汽车盗窃	1 353 707	10.27
总计	13 175 070	100.00[a]

注：a. 四舍五入的结果。

资料来源：美国司法部（U. S. Department of Justice），1998。

根据官方统计，在国际范围内，所有犯罪中大约 20%是针对人的犯罪；72%是针对财产的犯罪；而 8%是毒品犯罪。发达国家报告的犯罪数比发展中国家要多得多，略超过 2 比 1。所犯罪行的类型也有差别：在发展中国家，针对人的犯罪同针对财产的犯罪大体相同；但在发达国家（例如在美国），则针对财产的犯罪更多［米勒（Mueller），1983］。

1. 有组织的犯罪

对非法赌博以及毒品和色情服务存在着巨大需要，因此，也意味着其中伴生有巨大利益。这些服务和产品都为法律所禁止，这事实上使经营它们的人能卖个高价，而提供它们的成本，常常相对要低。这些对于解释为什么有组织的犯罪在美国很兴旺十分重要。不过，有组织的犯罪活动超出了传统的领域，发展到像职务犯罪、信贷欺诈和洗钱等不同的领域。

直至最近，有组织犯罪的大众形象同意大利裔美国人紧密联系在一起。从 20 世纪 30 年代开始，美国人对诸如众所周知的黑手党一类的犯罪财团很着迷。书籍、电影、报纸和杂志，及解释这一群体的任何其他东西，总是畅销。近至 80 年代，据美国联邦调查局的调查，24 个传统的有组织犯罪的家族仍在美国经营业务，松散地聚合在一个名作 La Cosa Nostra（意大利语意思是“我们的事情”或“我们的工作”）的组织里。警察局的情报称，与这些家族有牵连的各种特殊犯罪包括非法赌博、抢劫、现金诈骗、工作欺诈以及买卖可卡因和海洛因。

然而，令执法官员越来越担忧的是，新组织起来的有着不同种族背景的黑帮，包括哥伦比亚的毒品卡特尔。非常典型的是，这些新群体严重卷入毒品买卖，一般认为，他们没有黑手党组织得那么严密，但更加残暴。

有组织犯罪的成员绝不能混同于职业罪犯。一个职业罪犯（professional criminal）是将某种特定的犯罪当作职业。比如，小偷、行窃保险箱或武装抢劫。职业罪犯不像组织起来的犯罪集团那样有数百名成员，他们要么单独作案，要么伙同一个或几个关系密切的同伙作案。在多数情况下，职业罪犯表现出高度老练的技巧（常常是从狱中或街头其他职业罪犯那里学来的），他们得小心谨慎地从事他们的买卖，而免遭逮捕。那些技术特别高超的职业罪犯在罪犯亚群体中享有很高的威望。

2. 白领犯罪和公司犯罪

一提到犯罪，我们想象到的大多数就是抢劫、偷盗、强奸或者有组织的诈骗犯罪。发表的犯罪统计和报纸报道倾向于支持这样一个观点：那些由公司经理、政客和专业人才等白领从事的犯罪也很常见，但我们很少想到他们。部分是因为，涉及的这些人通常有权有势、老于世故，因而常常能避免暴露和被识破。如果被捕，他们通常在民事法庭而不是在刑事法庭接受审判，因此，他们就不会在犯罪统计中反映出来［克林纳德（Clinard），1979；萨瑟兰（Suther- 181
land），1940］。

大多数白领犯罪是为了钱。这样的犯罪包括价格垄断、欺诈性广告和贿赂，阿卡朋（Al Capone）称之为“合法的无序”（Sutherland，1940）。这样的犯罪可以是为了他们个人的利益，也可能是公司官员为增进公司利益而采取的联合行动。

有些类型的白领犯罪可能是为了个人金钱目标以外的原因。比如，现代债务法（liability law）要求，要起诉盗用机密信息而从事内部交易的人，必须是个人从中得到利益。但是研究显示，通常，内部交易首先是为了增进公司和客户利益，而非雇员个人利益［加藤（Garten），1987］。其他研究者指出，科学研究中的“种族优先”有时导致篡改甚至伪造数据［默顿（Merton），1984；齐克尔曼（Zuckerman），1988］。

白领罪犯所进行的“间接抢劫”不像街头抢劫那样是对个人的威胁。在枪口威胁下的抢劫当然看起来比某些大公司数百万的逃税更有威胁。但是白领犯罪比其他犯罪的损失更大。卷入的金钱数额，估计达到数千亿美元。20 世纪 80 年代的存贷款丑闻一项的总代价就达 5 000 亿美元。

3. 无受害人罪

今天在美国，一类最重要的犯罪是以道德犯罪、公共秩序犯罪或无受害人罪为特征的。无受害人罪（victimless crimes）源于运用法律试图阻止就强烈的商品和服务意愿而达成一致的成年人之间所进行的交易。据说，这些交易是无害的，因为涉及交易的当事人并不认为他们自己受害了。色情作品、非法毒品的销售和使用就是例子。就美国历史来看，一般来说，试图执行无受害人罪的法律实践一直是不成功的，其突出表现是“禁酒”和当代的“反毒品战争”［马斯托（Musto），1987］。

目前关于禁毒的法律引起了激烈的争论，反对者相信给吸毒贩毒定罪已经失败，应鼓励采用非罪刑化的政策，同时强调加强教育和治疗。这类似于走一条控制酒精和烟草的道路。主张毒品非法的人认为，非罪刑化将导致滥用毒品的大幅度上升，其原因部分是因为，它将向正在考虑使用毒品的年轻人传达出一个错误信号。

赞成合法化的人反击道，禁止毒品并不比禁止饮用酒精更成功。想用非法毒品的人可以毫不费劲地买到它们，这些东西的非法性反倒鼓励了一些人想去体验一下，这就是“禁果效应”。而且，我们的法庭和监狱塞满了贩毒和吸毒者，结果，起诉街头抢掠的罪犯就更为困难［纳德尔曼（Nadelman），1929］。

尽管有这些争论，但针对无受害人罪的法律仍在大多数的州有效。这部分是由于“道德家”倡导的结果，他们这些人或群体宣布某些行为不可接受并试图将其归入犯罪。

无受害人罪产生于试图用刑法去禁止达成一致的成人之间就非常有价值的商品和劳务进行交易。卖淫嫖娼是无受害人罪的一个例子。

比如，有一个称为“妇女反色情”（Women Against Pornography）的群体，她们发起了一场反对利用妇女在大众传媒、广告甚或医学书籍中做广告宣传的运动。但事实上，现代美国人对待色情物品的态度是矛盾的。正如一位学者所指出的，色情作品是越轨的东西，却被广泛地容忍和漠视，除非儿童被卷入其中。大多数美国人相信，那些购买色情物品的人有权这么做[普雷斯等（Press et al.），1985]。反色情运动未能将色情的东西定为犯罪，只是因为许多美国人并不十分相信色情是道德上的恶［古德（Goode），1990］。

182 全球社会

犯罪的国际比较

1994 年，一位叫米切尔·费的美国少年因在汽车上喷漆而在新加坡被定罪。对他所犯罪行的惩罚——用竹棒一顿暴打，引起了国际上反对体罚者的抗议。这也给美国人提出了犯罪是如何从一个社会到另一个社会而发生变化的问题。遗憾的是，这不是一个容易回答的问题。首先，定义犯罪的方法从一个国家到另一个国家不同。例如，鸡奸、诱奸儿童、乱伦、卖淫和猥亵在美国被单独定罪。而在希腊，它们被归入一类罪——强奸［施马莱格（Schmalleger），1977］。

涉及犯罪国际比较的另一个问题包括报告犯罪的方法。在这一问题上没有国际标准。因此，那些从不同国家收集信息的机构无法确定他们所得到的数据的精确度。今天，主要有四个组织收集国际犯罪数据，这四个组织是：国际刑警组织、联合国、世界卫生组织和比较犯罪数据存档机构。在有些情况下，这些组织的数据是一致的，在另一些情况下则不是这样的［贝内特和林奇（Bennett & Lynch），1990］。遗憾的是，数据不是在常规的基础上收集的。

这些问题使得最为国际化的犯罪比较成为不可能。谋杀便是一例。虽然很难确定凶手，但死尸是对所犯罪行的可靠证明。而且谋杀是重罪，也是会被普遍定罪的，几乎可以确定谋杀是会被报告的。正如结果所显现的，与其他工业化国家相比，美国到目前为止是谋杀率最高的国家（见图8—1）。国际刑警组织声称，美国的谋杀率比加拿大高3倍，比欧洲高5倍。世界卫生组织获得的数据表明差异更大。按照世界卫生组织的数据，美国的谋杀率比加拿大高5倍，比欧洲高7.5倍。

美国暴力的解释

已经有许多原因解释了美国的高谋杀率。文化理论聚焦于对攻击和暴力的容忍态度及暴力犯罪之间的关系（Livingston，1996）。一种多年来吸引了人们大量注意力的解释认为，电视节目给孩子们提供了丰富的暴力想象。据估计，在完成基础教育之前平均每一个美国孩子将要在电视中观看8 000次谋杀［克拉克（Clark），1993］。尽管对媒体暴力研究的结果是混合的，一项对200人进行的调查研究表明，在电视暴力和攻击行为之间存在着正相关［佩克和科姆斯托克（Paik & Comstock），1994］。按照一位流行病学家布兰顿·森特沃（Brandon Centerwall）的研究，如果电视没有被发明，美国将会少出现10 000名谋杀犯（1993）。

当然，对暴力的宽容态度并不是新出现的。美国的暴力有着很长的历史。按照历史学家理查德·马克斯维尔·布朗（Richard Maxwell Brown）的观点，“美国是被暴力所构思和伴生的”（1990，p.5）。正当的理由证明这一点是正确的，同时，人与人之间的争夺也需要它［巴坎（Barkan），1997］。为了获得独立，殖民者进行了凶猛的游击战。拓荒者在向西进入未开化之地时也采用了暴力。为了维护法律和秩序，遵守法律的公民采取了治安维持会成员的行为，并 *183*
产生了“野蛮的西部”的暴力精神。美国的暴力历史也包括了对三个群体——土著人、非裔美国人和劳工——的残忍对待（Barkan，1997）。按照历史学家的观点，对数以万计土著人的大屠杀、奴隶制的残忍及争夺劳工的暴力史都是美国历史上对暴力的宽容态度发展的结果。

对美国高谋杀率的另一个解释集中在社会结构上，认为经济上的不平等产生了较高的暴力犯罪率（Barkan，1997；Livingston，1996）。事实上，许多研究发现，越是不平等的国家越是会产生较高的谋杀率［亚文森和洛林（Avison & Loring），1986；布雷思韦特和布雷思韦特（Braithwaite & Braithwaite），1980；克拉恩等（Krahn et al.），1986；梅斯纳（Messner），1982］。

最后，一些犯罪学家认为，在美国更容易得到手枪也是对较高谋杀率的一个解释（Barkan，1997；Livingston，1996）。一项研究表明，在每100名受访的美国人中枪支拥有率为29%，而在欧洲大多数国家，每100名受访者中枪支拥有率是10%［范迪克等（Van Dijk et al.），1991］。虽然这解释了在美国暴力更容易导致死亡，文化理论学家仍然认为，这种解释没有给出造成致命暴力的根本原因。按照杰·利文斯顿（Jay Livingston）的观点，“即使从统计数字中排除掉每一个持有枪支的凶手，美国的谋杀率仍将是大多数欧洲国家的两倍”（1996，p.150）。

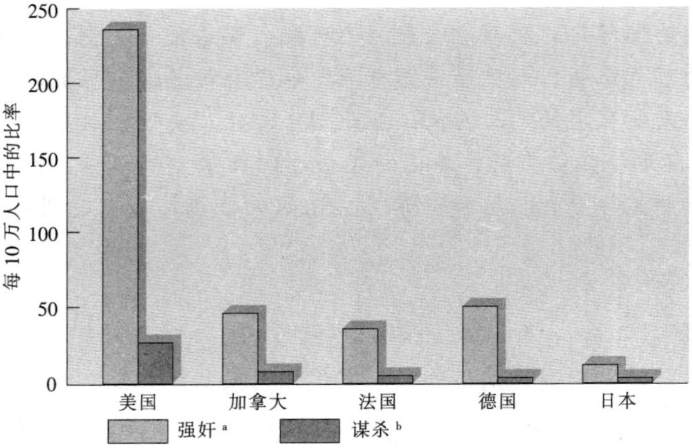

图8—1　美国的强奸与谋杀率：与其他工业化国家比较

注：a. 从1987年到1989年报告的强奸率（均值）。

b. 从1985年到1990年由男性制造的谋杀在每10万人口中的平均比率。

资料来源：United Nations Development Programme，*Human Development Report*，1997，p. 123、© 1997 by United Nations Development Programme. Used by permission of Oxford University Press，Inc.

（二）犯罪统计

每年，当联邦调查局发表《统一犯罪报告》（*Uniform Crime Report*）年刊时，它都选出8
182 种具体犯罪（图8—2列出了其中的6种）。这8种类型集中列入犯罪索引中，包括4种暴力犯罪——杀人、强奸、恶性袭击和抢劫，和4种针对财产的犯罪——偷盗、入室行窃、机动车盗窃和纵火。

联邦调查局数据表明，列入索引中的犯罪大多是由25岁以下的人干的，虽然年龄范围随所犯罪行不同而不同。例如，在1997年，55.5%的谋杀犯、64.8%的抢劫犯、43.6%的强奸犯都在25岁以下这个年龄组。然而，大于25岁的人常常卷入非在册犯罪，诸如欺骗、赌博、酗酒和家庭犯罪［美国司法部（U. S. Department of Justice），1998］。

联邦调查局的这些数字还显示，犯罪通常是男子的行为，虽然有些犯罪，像娼妓活动，根据传统的定义几乎是女人的"专利"。但是，女人卷入了比以往越来越多的犯罪活动。在1997年，25.5%的在册被捕犯罪者是女人，相比之下，1967年只有12%。然而，那些常常导致女
184 人被捕的犯罪是非暴力的。1997年，被捕的暴力犯罪中妇女只占16.2%，相比之下，她们占因侵犯财产而被捕的人数的28.8%（U. S. Department of Justice，1998）。

《统一犯罪报告》还显示，黑人犯罪率要高于白人犯罪率，虽然在数据上随着所犯罪行的不同而有所不同。黑人在美国人口中约占12.7%；1997年在被捕者总数中黑人占到30.4%。为了解释黑人中存在的高犯罪率，人们给出了一些原因，包括：第一，法律执行上的不同。黑人常因某些犯罪而被捕，若对白人，同样的情况可能被忽略不计或者被非正式地解决了。第

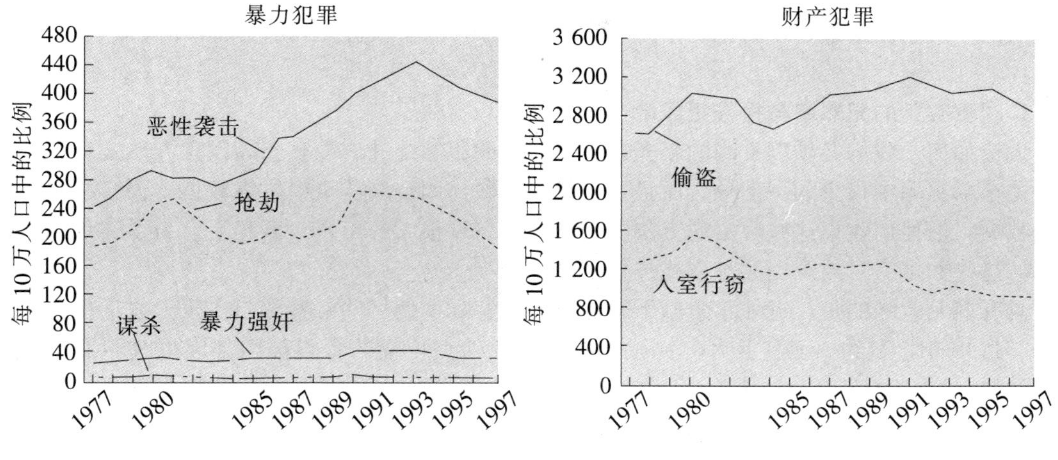

图8—2　每10万人口中的几种犯罪率（美国，1977—1997）

注：虽然1981年后总的犯罪水平有所下降，但暴力犯罪在上升，随后在20世纪90年代，暴力犯罪也开始下降。

资料来源：U. S. Bureau of the Census，*Statistical Abstract of the United States*，*1997*，Washington，D. C. Government Printing Office，1997；U. S. Department of Justice，Federal Bureau of Investigation，*Uniform Crime Reports for the United States*，*1997*，Washington，D. C. Government Printing Office.

二，黑人的社会经验使他们更倾向于卷入犯罪。第三，官方数据的扭曲。白领犯罪大多为白人所为，但多数不被报告出来；若对黑人，同样的犯罪就会被仔细记录下来（Gibbons，1977；Goode，1990）。

最后，社区的大小和国内地区的不同，犯罪率也表现出很大的变化。大城市的犯罪率高于小城市，而城市的犯罪率又比农村高。美国东北部拥有最低的杀人、强奸、恶性袭击、入室行窃和偷盗犯罪率。中西部拥有最低抢劫率。南方在杀人和强奸、恶性袭击、入室行窃和偷盗犯罪方面处于“领先”水平（请看表8—2）。

表8—2　　美国杀人犯罪率的综合描述

	频率最高	频率最低
地理区域	南方	东北部
社区大小	大城市	很小的社区
使用的武器	枪炮	毒药
凶手	受害人的家庭成员和朋友	与受害人关系陌生
凶手的种族	与受害人相同	与受害人不同
凶手的社会经济地位	低	高
凶手及受害人的性别	男凶手，男受害人	女凶手，女受害人

注：命案数据显示，杀人者及受害人通常是熟人，而且，无论谋杀者是男性还是女性，他们都更可能杀害男性而不是女性。

资料来源：Federal Bureau of Investigation，*Uniform Crime Reports*，*1998*，Washington，D. C. Government Printing Office.

据估计，1997 年每 10 万名美国人中就有 4 923 人在册犯罪，总的在册犯罪率是 1974 年以来最低的。从全国来看，在册犯罪率比 1993 年降低了 10 个百分点，比 1988 年降低了 13 个百分点。

1. “真实”的犯罪率与报告犯罪率

无论如何，我们必须以批判的眼光来看待官方的犯罪统计。警察当局以官方形式获知的犯罪只是全部犯罪中很少的一部分。而且，虽然美国联邦调查局从全国收集数据，警察机构提供这些数据，但他们收集这些数据的方法的精确性存在着很大的出入。事实上，为了美化和粉饰警察，这些数据有时故意用某种方式进行记录。

具有讽刺意味的是，近几年急剧下降的犯罪率实际上使一些警察部门在压力之下伪造犯罪报告。1998 年，纽约、亚特兰大、费城和佛罗里达伯克拉顿的警察部门都因更改犯罪统计而受到指控（*New York Times*，August 3，1998）。1997 年伯克拉顿的一位警察头目通过系统地使财产犯罪降格如将入室行窃降为故意破坏、过失罪或丢失财产罪，而将这个城市的重罪率降低了将近 11 个百分点。并且，他是以一个警察头目的经验来做这一切的。由于费城的警察以同样方式更改了犯罪统计，费城不得不从联邦调查局系统撤回了 1996 年、1997 年和 1998 年上半年的犯罪统计。

尽管警察部门可以篡改他们提供给联邦调查局的信息，他们却无法控制犯罪数据的另一个重要来源——“国家犯罪受害调查”，这是由美国司法局和人口普查局协作进行的。第一次“国家犯罪受害调查”是 1972 年进行的，旨在确定美国城市的真实犯罪率。美国人口普查局按要求在 13 个大城市进行了受害调查：随机抽取了 22 000 名居民和 2 000 名公司职员并询问他们是不是犯罪受害人。这项调查表明，犯罪率比同一时段内官方报告给联邦调查局的数字要高 2 或 3 倍。在一个大城市，调查所获取的犯罪数据比官方报告的犯罪数据要高 5 倍。在有
185 些情况下，城市所拥有的犯罪受害人比率与《统一犯罪报告》所报告的数据是接近的。纽约曾因高犯罪率而臭名昭著，结果却是自报受害人比率最低的城市之一（Schmalleger，1997）。

第一次“国家犯罪受害调查”的结果改变了犯罪学家关于犯罪的想法。他们认识到，人们之所以不报告犯罪有许多原因。研究显示，他们不指望警察能做什么，或者，没完没了地要求他们费过多的劲，他们嫌麻烦，特别是少数民族的犯罪。有些人害怕罪犯报复他们。有些人，例如强奸受害人，害怕警察的麻木和骚扰。人们对亲戚朋友的犯罪，可能还是很少报，如果是陌生人犯罪，就不一样了。对犯罪，穷人比中产阶级报得要少。其他经常往返的人、旅游者和路过一个地方的人常常不报，因为他们没有时间坚持调查到底。结果，只有犯罪越严重时——比方说，如果使用武器或伤害人身——受害者报告犯罪的可能性才越大［布思、约翰逊和肖尔丁（Booth，Johnson & Choldin），1997；斯科甘（Skogan），1979］。

今天，“国家犯罪受害调查”一年进行两次，在美国全国范围内抽取 42 000 个家庭作为样本进行。尽管一些警察部门试图粉饰自己而更改犯罪统计，1997 年从“国家犯罪受害调查”得到的数据仍然与《统一犯罪报告》中的数据是一致的，这说明近年来美国犯罪率持续下降。

按照“国家犯罪受害调查”的数据，暴力犯罪降了近 7 个百分点，达到了至少 24 年来最低的水平，财产犯罪也降到了自政府实行第一次“国家犯罪受害调查”以来的最低水平［《星

论坛报》(*Star Tribune*), December 28, 1998]。

公众对犯罪的感觉并不一定与上述官方统计相连。例如,尽管近年来的实际犯罪率连续下降,许多人仍然相信,美国今天比以往拥有更高的犯罪率。因而,最近的一项民意测验显示,56%的美国人认为,美国1998年的犯罪现象比过去5年更多。只有35%的人认为犯罪现象比过去要少。

令人吃惊的是,这项民意测验还显示出,公众对于犯罪的恐惧下降了。当被问及5种不同类型的犯罪(谋杀、暴力抢劫、入室行窃、强奸和在汽车中被袭击)时,比起1993年来, 186
1998年表现出很高的担心的人更少。对这次民意测验中问及的其他一些问题的反应也显示出,美国人对犯罪的恐惧下降有许多方面的原因。一些人对犯罪感到较少的恐惧是因为他们在自己的生活中发生了一些小的改变以保护自己。另一些人指出他们对警察保护公众的能力有了更多的信心。一些人引用了较低的犯罪率。

2. 性别问题

如果要找出一个与犯罪联系更密切的因素,那么很可能就是性别。在所有文化里,女性犯罪比男性少得多,而且,一般来说,女性越轨也少。并且,正像上面所指出的,女性犯罪基本上是非暴力性的财产罪;这些人犯罪的动机大多是个人上的经济目标[西蒙和兰迪斯(Simon & Landis), 1991]。

最近几年,犯罪与性别之间的联系已经成为众多研究和讨论的主题。一个合理的解释是,女性的自然生理条件弱于男性,而且比男性更少具有攻击性[伦纳德(Leonard), 1982;戈夫(Gove), 1985]。然而,有些社会科学家更多地强调,男性与女性在社会结构中的地位不同。一个类似的解释集中于男女性别角色是怎样社会化的。通常,女性很少凭越轨冲动办事,这是因为她们性别角色的传统本质所决定[詹森和雷蒙(Jensen & Raymond), 1976];这一解释还认为,男性表现出更多的越轨,其原因常常在于男性角色以侵略性和男子气为特征[托恩东和詹姆斯(Thornton & James), 1979]。许多社会科学家指出,男性与女性在犯罪上存在非常不同的几率;同时,大多数文化对女性犯罪比男性犯罪更苛严,加以更多的污名[海德森(Heidendohn), 1987]。然而,迄今为止,支持这些不同理论的证据有限,犯罪和越轨中的性别角色问题仍是一个活跃而激动人心的社会学研究主题。

(三)美国犯罪率的历史走向

当1930年联邦调查局执行《统一犯罪报告》项目时,它从43个州400个城市的法律执行机构收集信息。今天,大约17 000个城市、地区和州的法律执行机构为联邦调查局提供犯罪信息。从1930年起,犯罪率的走势呈现出两个主要的变化。第一次变化出现在20世纪40年代的早期,当时一大批年轻人参军为第二次世界大战服兵役。由于人口中缺少了最有犯罪倾向的群体,犯罪率降了下来(Schmalleger, 1997)。

第二次变化是20世纪60年代开始犯罪率出现了戏剧性的上升。社会学家认为造成这一变化的因素之一是第二次世界大战后人口高出生率的影响[斯蒂芬斯迈耶和斯特菲尔(Steffensmeier & Streifel), 1991; Schmalleger, 1997]。正如我们在最后一部分提到的,犯罪行为主要集中于青少年年龄群体。在 1960 年和 1975 年之间，年龄在 14 岁到 25 岁之间的人口增加了 63％，比其他年龄段群体加起来的人口增长数还要高 6 倍。查理斯·斯伯曼（Charles Silberman，1978）估计，在所有其他因素不变的情况下，这种只是青少年人口数的增加应该使得犯罪数量增加至 40％到 50％。但是在那段时期严重犯罪的实际增长要接近 200％。

对于造成 20 世纪 60 年代在预期的 50％的犯罪增长率和实际的 200％犯罪增长率之间差异的原因，社会学家没有取得一致的看法。有些社会学家强调这样一个事实，即在这段时期内，使人上瘾的毒品被越来越广泛地使用。其他社会学家认为电视节目中对“美好生活”的描述激发了穷人的剥夺感的强化。还有一些社会学家认为，电视节目中暴力的增加和各种越轨亚文化的增长也是原因。最后，还有一种情况会出现，即一个国家在一段时期内仅仅是年轻人太多，将使他们不能很好地社会化。

专家们认为，与高犯罪率相连的原因之一是毒品的广泛使用。在早先的几十年中，法律执行部门估计，因犯严重罪行被逮捕的人中只有 20％的人使用毒品。然而，1992 年夏天在主要城市进行的研究发现，因犯重罪被逮捕的人中近期使用过非法毒品的人的百分比要高得多，数字罗列如下：费城最高，高达 80％；纽约和圣地亚哥 77％；最低的圣安东尼奥和奥马哈也达到 48％［美国国家司法协会（U. S. National Institute of Justice），1992］。

与毒品相连的暴力犯罪多采取枪击形式，这种枪击多因帮会中毒品销售者之间的冲突所引发。这些犯罪是因毒品买卖产生的高额利润而带来的直接后果，而不是毒品本身的化学作用的结果。然而，一些毒品，特别是 PCP，确实能打破压抑，并直接导致暴力。因而，过度使用成瘾性毒品如可卡因常常驱使瘾君子从事暴力犯罪，如他们为了得到钱吸毒会进行抢劫。

187 **媒体社会学**

著名的犯罪案例

1893 年 6 月 20 日，星期二，法律陪审团宣布谋杀其父亲和继母的李兹·伯顿（Lizzie Borden）无罪。尽管有了陪审团的裁决，这一案件仍然作为美国国内最著名的案件之一在历史上留传下来。李兹·伯顿成为一位文化传奇人物，在学校孩子们抑扬顿挫的朗诵声中，她的名字一代一代传了下去。

> 李兹·伯顿拿起了斧子，
> 重击她的母亲四十下；
> 当她看到自己所做的一切，
> 又重击她的父亲四十一下。
> ［斯皮林（Spiering），1984，p. 202］

像这样的案件非同寻常。撒摩尔·沃克（Samuel Walker）称之为著名案件，是那种可以制造新闻的案件（1994）。实际上，更准确地说，是新闻制造了这类案件。例如，《纽约时报》便报道了发生在 1892 年 8 月 5 日星期五的伯顿谋杀案：

安德鲁·J·伯顿（Andrew J. Borden）和他的妻子，是他们所在城市中最富有的、最受人尊敬的两位长者，于今天上午11点钟从市政厅回到他们位于第二大道的家中，几分钟后被人残忍地用斧头杀害了。伯顿家庭由父亲、母亲、两个女儿和一个仆人组成。大女儿在费尔港待了一些日子。其他家庭成员病了三四天，护理医生伯文（Bowen）认为他们是中了毒。

李兹·伯顿小姐，最小的女儿，当时正在储藏间，在听到一声从屋里发出的痛苦的叫声后，便冲了进去，穿过了屋里主要的走廊直奔起居室，她看到父亲躺在沙发上，已经没有声息，浑身是血。

她尖叫着跑了出来，她的叫声引来了仆人和一位邻居。他们急忙寻找母亲，发现她在楼上的一个空房间里，她躺在地上，面朝下，已经死了。那名女仆惊恐地跑下楼去叫住在她对面的伯文医生。医生发现两名受害者已经死亡，小女儿和仆人都昏倒了。

整座城市彻底地为这桩谋杀案激动了，警察没有找到关于凶手的一丁点线索，他们提出了大约有一打各种不同的推测。两位受害人的胃被切开放入酒精中，将于第二天被送到波士顿进行化验分析以确定是否有人在牛奶中放了毒。警察的怀疑对象是约翰·V·莫斯（John V. Morse），伯顿先生第一任妻子的兄弟。

（引自 Spiering，1984，pp. 43—44）

构思这个故事是为了抓住国民的好奇心（Spiering，1984）。实际上，无论是李兹·伯顿，还是仆人，都没有昏倒。但是这篇作品创作了类似情节剧的东西以吸引读者，还围绕凶手的身份制造悬念。

伯顿谋杀案过去了100年了，又有许多著名的案件制造了新闻。近年来，这些案件包括伯纳德·乔兹（Bernard Goetz）案、克劳斯·沃恩·布罗（Claus von Bulow）案、杰夫里·代姆尔（Jeffrey Dahmer）案、米能德兹兄弟（Menendez）案以及O. J. 辛普森（O. J. Simpson）案。这些案件中的每一件都收到了巨大的轰动效应，这也是著名案件的重要特征［沃克（Walker），1994］。媒体把辛普森案称为“世纪审判”，并最终把它变成了一个国人尽知的肥皂剧。美国人每天打开电视机收看这一同时杀掉两人的谋杀案的最新进展。一位社会学家将空前的媒体覆盖率描述如下：

甚至在审判开始以前，辛普森案每天都受到了全国性媒体的关注。临近尾声时，媒体观众声称，对辛普森的审判收到了比电视史上其他任何一个单个事件要高得多的媒体覆盖率，这包括有线广播电视网数千小时播放的法庭陈述、关键人物访谈和专家陈述。（Schmalleger，1997，p. 17）

辛普森之类的案件证明了刑事司法的对抗系统——一个在原告和辩护律师之间进行激烈斗争的模型。成功与否基本上取决于合法技巧的运用和辩论的力度，正是这一原因，这些案件中的名人都不让公众律师或法庭指派的律师来为自己辩护，而是请知名度高的名人辩护律师来为自己辩护，如辛普森的“梦之队”。

这类戏剧性事件使公众着迷，并扩大了媒体的覆盖率。遗憾的是，公众得到的是对刑事司法系统歪曲的认识。同著名案件不一样，典型案件不涉及刑事司法的全过程（Walker，1994）。这些案件不需要激烈的辩论，也不需要为证据的可靠性、证人的可信性及原告、法官和辩护律师的权限进行论战。事实上，典型案件不涉及陪审团审判，但是需要协商解决。由于请不起“梦之队”这样的辩护律师，大多数典型案件中的被告都承认自己有罪（Barkan，1997）。

188 **（四）犯罪控制：刑事司法系统**

在美国，刑事司法系统是由三个不同的机构，即警察、法院和改造系统组成的连锁网络。

1. 警察

在大多数公众的眼中，犯罪控制是警察的功能。可是直到20世纪，警察的主要功能还是维持秩序而不是执行法律。维持秩序，比如警察介入家庭的争吵，很少导致逮捕［凯里（Carey），1978］。直到今天，警官执行刑事法律的时间不超过20%。大多数地方警察的主要活动是指挥交通。

警察总是处于极大的公众压力之下，要他们“履行职责”，而这促使了一个特殊的警察亚文化的形成。社会学家注意到，这种亚文化的要素之一就是高度的怀疑感，认为人们都是不可信任的而且是危险的［曼宁（Manning），1974；韦斯特利（Westley），1970；威尔逊（Wilson），1968；斯科尔尼克（Skolnik），1966］。这是因为警察总是面临危险的工作环境。这种怀疑感有时改变了他们的态度，使他们把自己孤立于一般公民之外，并局限于自己的特殊世界中。

在警察学院受训时，新学员经历了正规的社会化过程。此外，他们必须学会控制使用武力的正式规则。使用武力是社会专门赋予他们的一项权利，然而他们在考虑什么时候使用武力、使用多少武力是合法的时候，社会很少帮助他们做出这些艰难的决定。在内心，他们必须很清楚下列三者之间的区别：合法武力（legal force），足以导致嫌疑人被逮捕；正常武力（normal force），在某些特殊情况下是需要的（尽管并不总是合法的或得以高度认可的）；过度武力（excessive force）是残忍的，也是不必要的。实际上，警官们的社会化更多地是在街上完成的——一种与学院里的训练同样重要的非正式的学习过程或者说是“第二训练”［亨特（Hunt），1985］。

2. 法院

刑事司法系统的第二部分是法院。从理论上讲，法院的职责是决定被告是否有罪，并决定对那些被证明有罪的人进行惩罚。检察官代表国家，辩护律师代表被告，法官调节全过程。能够支付得起钱的被告雇用自己的辩护律师，否则法庭就为其指定一个辩护律师。如果被告认罪，便无须再审判，法官只需判决。如果被告申辩是无辜的，则还需由陪审团审判。

然而，大众把法院看做是对被告进行起诉和辩护的场所的看法是很不正确的。法院实际上是一个复杂的科层制机构，大多数案件是通过协商过程得以解决的。为了处理越来越多的案件，法院越来越多地依靠诉讼交易方式。这是个由法官同原告和被告协商，让他们认的罪比原判轻一些的过程，这样避免了陪审团审判，省了钱，也给原本紧张忙碌的司法系统松了绑。在很多法院，90％以上的重罪起诉是通过诉讼交易解决的。

诉讼交易的盛行很可能会引起公众对刑事司法系统越来越强烈的不满。这种不满也表现在法院经过定罪后对罪犯进行的判决上。人们越来越觉得判决需要更强硬些。一项对 11 个州因重罪嫌疑被逮捕的人的研究表明，62％的人被定罪但只有 36％的人在狱中服完刑。那些被定为暴力罪的犯人中有三分之一被判决在狱中服刑 1 年多（*New York Times*，January 19，1988）。

由于技术革新或文化变迁而出现了一些新的法律问题，法院系统并不总是为解决这些问题而能做好充分准备。例如，在 1981 年到 1985 年之间 46 个州制定了关于计算机犯罪的法律。尽管集中进行了立法活动，但是，一项对计算机法律的全国性调查发现，在县一级，起诉人的活动水平很低。为什么？在法院案例中这种新罪没有先例。通常很难认识到如何将传统法律中的概念如偷窃罪和欺诈行为应用到计算机犯罪中［普夫尔（Pfuhl)，1987］。

近些年来法院系统也由于它们对待妇女的方式而受到责备。法院关于“一个明智的男人”在某种给定的情景下会做什么的传统观念，能完全适用于一个“明智的女人”吗？以为一个理性的女人在类似情况下也会那么做，这对吗？难道现行的法院诉讼程序对妇女没有偏见吗？例如，正如一些论述所指出的，法院需要当事人在相当多的一大群人面前进行法庭陈述，这使妇女处于劣势，因为长期封闭在家里，妇女比男人能在公众面前表现自己的机会更少［卡林和沃勒尔（Carlen & Worrall)，1987，p. 13］。

然而，很明显，妇女运动对法院对待妇女的方式产生了一定程度的影响。作为对女权主义 *189*
要求平等对待的回应，法院不再像过去那样相对宽大地对待那些被指控有罪的妇女，尤其是中产阶级的白人妇女。“骑士假说”（chivalry hypothesis）看起来正在丧失其合法性。而且，强奸受到比过去更加严厉的惩罚［海尔布伦和海尔布伦（Heilbrun & Heilbrun)，1986］，许多审判中已采取了多种措施使妇女更易于起诉强奸犯，受到的伤害也更少。

3. 改造系统

改造系统的建立是为了对法院已定罪的犯人施以刑罚和采取其他措施。美国改造系统的核心是监狱。美国有世界最高的入狱率，囚犯的人数从 1970 年的 19.6 万增加到 1991 年的 78.9 万（U. S. Bureau of Justice Statistics ）。然而，已被定罪的犯人中多数不是被判缓刑就是准许假释。在缓刑的这段时间中，罪犯不在狱中服刑，而是一直生活在社会中但受到密切监督。假释是罪犯在狱中表现良好，因而在其刑期未满之前有条件地释放出狱。

从理论上讲，改造系统应预定完成以下四项基本目标中的一项或更多：惩罚（retribution），替受害者和整个社会寻求对犯罪的处罚；剥夺资格（incapacitation），限制罪犯的自由，使他或她难以再犯更多的罪；改过自新（rehabilitation），改造罪犯使他或她能回到守法的道路上来；威慑（deterrence），通过灌输对刑罚的恐惧以努力减少犯罪活动。

尽管人道主义者更愿意强调犯人的改过自新，很多专家还是怀疑这一目标能否在监狱中实现。对在监狱中进行改过自新计划的一项研究显示，因为监狱环境中“冷漠”和“强硬”盛行，让不情不愿的个人发生变化是不可能的，所以没有什么改过自新能够获得成功。

甚至改变监狱的条件也不会有所帮助。当监狱被改变得更有人情味时，研究发现，与传统的刑罚机构相比，并没有出现更多的改过自新［卡斯鲍姆、沃德和威尔纳（Kasselbaum, Ward & Wilner)，1971］。如果要让改过自新获得成功，看起来有必要更好地把改造机构整合到社区当中去。正如一位研究者所指出的，为了产生积极的效果，惩罚必须与囚犯的社会环境的根本改变发生联系，才能产生积极的效果。

近年来关于改造系统的目的问题，讨论得最广泛的一个话题是威慑力；它也是多项研究的主题。威慑力基于这样（并不完全现实）的理念，即人都是有理性的，且当人犯某种特定的罪时能够对收益和风险进行估算。如果威慑力发挥作用，当惩罚的风险很高时，犯罪率应该很低。

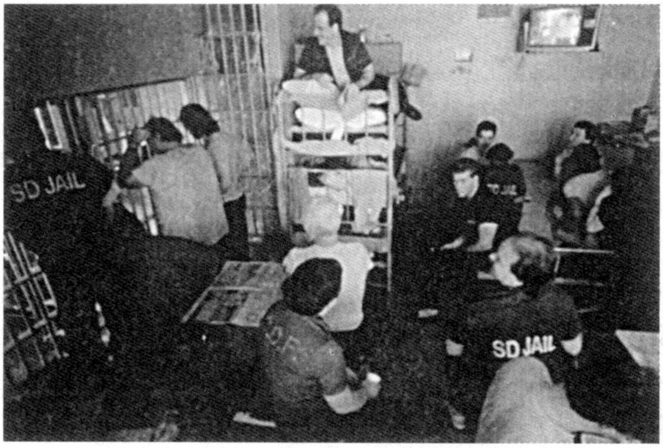

美国拥有世界上最高的入狱率。你对监狱系统的改过自新程序有何看法？
你以为“威慑”这个主意可行吗？社会变革会使犯罪减少吗？

惩罚随确定性（监禁的可能性）、严重性（刑期的长短）和迅捷性的不同而变化。这三维变量中的每一项都在惩罚中发挥着作用。一些证据表明，通过严惩，特别是通过精确量刑，可减少犯罪［吉布斯（Gibbs)，1975；齐默林和霍金斯（Zimring & Hawkins)，1973］。然而，其他研究则对此提出了异议［迈纳和哈里（Minor & Harry)，1982；萨尔茨曼等（Saltzman et al.)，1982］，公平地说，在当前，还得不出关于威慑力的确切结论。

改过自新和威慑力的效果还不够清楚，这一点实际上支持了防止犯罪的长远计划，而大多数社会学家早就赞成这一计划。虽然做起来复杂、要花费代价并且在政治上困难重重，然而，在长期内解决犯罪问题的唯一方法，只能是推行一项广泛的社会改革计划，以缓解诱致犯罪的因素，诸如，贫困、歧视、失业、残破家庭以及缺乏住房等。

190 **复习与思考**

1. 美国众议院考虑到克林顿总统许多方面的行为，决定弹劾他。你认为他的所作所为是社会越轨吗？为什么？

2. 举出一些例子说明社会越轨的正功能。

3. 未到法定年龄在大学校园里饮酒是一种社会越轨吗？为什么？

4. 学校可以运用哪种社会控制以减少未到法定年龄的人在校园中饮酒？

5. 哪种规范已被你内化并认为它对于教育你自己的孩子足够重要？

6. 划分出越轨的社会功能失调和社会解体之间的区别。

7. 解释一下为什么失范的概念是默顿的结构性紧张理论的核心？

8. 描述一下越轨职业发展过程的每一个步骤。

9. 讨论收集可靠的犯罪数据的有关问题。

10. 无受害人犯罪是合法的吗？为什么？

11. 描述一下刑事司法系统。你认为你自己对这个系统的理解与实际生活中像辛普森这样著名被告的经验相吻合吗？为什么？一般被告的情况怎样？

12. 评论一下下列每种理论：结构性紧张理论、文化传递理论、控制理论、文化冲突理论和马克思主义冲突理论。

网上练习

第 8 章的网站涉及越轨、犯罪和社会控制的各个方面。在开始搜索之前，先访问 Prentice Hall Companion 的网站 http：//www. prenhall. com/popenoe。在网页上找到第 8 章（越轨、犯罪和社会控制），接着，在屏幕左边的菜单上选择网站，你会发现有许多有趣的站点可供选择。我们建议你从 Vera Institute of Justice 开始。这个站点的网页上列出了与刑事司法问题有关的许多网址。你可以按照个人兴趣扩展自己的研究。你可以从点击 Bureau of Justice Statistics 开始。在你进入这个网站后，点击 Key Facts at a Glance。在做完这一切后，回答下列问题：

- 依据司法局提供的统计数据，你如何刻画美国犯罪问题的特征？
- 你认为应如何解释美国社会的高犯罪率？

关键术语

social deviance	社会越轨	structural strain theory	结构紧张理论
social control	社会控制	deviant career	越轨职业
internalization	内化	stigma	污名
social disorganization	社会解体	crime	犯罪
anomie	失范		

第三部分

社会不平等

第9章 社会分层

1912年4月15日清晨，世界上最大的客轮在其首航冰山林立的北大西洋途中沉没。这艘 192
巨轮大约在3个小时后才完全沉没。不幸的是，救生船不够。人们后来非常重视这样一个事实：尽管很多人遇难，但是泰坦尼克号上的乘客注意遵守“优先救助妇女儿童”的社会规范。也许这一说法是必要的，英国公众和政府面对这一巨大灾难，也可以找到一些安慰。妇女和儿童确实更有可能幸免于泰坦尼克号沉没之灾，乘客中69%的妇女和儿童活了下来，但是只有17%的男乘客得以生还。

然而，就像在其他许多事件中一样，社会学家研究发现，在这个案例中事情并不完全如此。一个社会学分析表明，轮船的头等舱主要由有钱人住着，二等舱乘客大部分是中产阶级职员和商人，三等（以及更低等）舱主要是由去美国的贫穷移民乘坐。如果泰坦尼克号上乘客生还率按照性别和社会阶级比较计算的话，我们发现三等舱中的乘客只有26%生还，与此相应的是，二等舱中乘客生还率是44%，头等舱是60%。头等舱中的男乘客生还率比三等舱中儿童的生还率还要稍高一点。因此，在泰坦尼克号上实践的社会规范，也许这样表述可能更准确一些：“头等舱和二等舱的妇女和儿童优先”。

泰坦尼克号沉船的故事只是说明社会阶级之重要性的一个例子。在所有社会中，生活中所欲求的东西是不平等地分配的。在这一章中，我们将讨论欲求之物的不平等分配、对这种不平等分配的解释以及这种不平等性是怎样既反映了社会结构同时又对社会结构产生影响的。在下一章中，我们将缩小范围更具体地集中讨论美国的贫富问题。

一、有价值物的分配

在所有社会中，人们一生下来就面对着不平等，即缺少平等的途径以得到社会所提供的有价值物。文化不同对有价值物的认识也不一样，它可能是物质的（牲畜、黄金、新鲜食物、世界锦标赛的门票），或者是非物质的（声望、尊重或名誉）。无论人们希望得到的物品是什么，但是有一点是肯定的：即这一物品是稀缺的，其需求大于供给。并非每个人都能够拥有大量的黄金或者声名远扬。但有些人一生中得到好东西的机会比另一些人多得多。

这些拥有特权的少数人是谁呢？在动物界，很明显是体格强壮的得到奖赏。在小鸡群中有等级之分；捕猎的狼群和狮群按照等级组织而成；许多灵长类动物中均有层级统治秩序，特别是某些猴科动物。每一种情况中，头领都是使用自己的力量促使其他成员服从并与之合作的。

相比之下，人类的不平等远不止是以纯粹的体力为基础。在最简单的人类社会中，个人素质可能就是大部分社会不平等的原因。比如，一群猎人中头领的地位通常是通过他的勇敢、年龄和个人力量赢得的。但是在比较复杂的人类社会中，个人特征以及诸如种族、父母的财富等社会因素共同决定着一个人的特权。

在比较复杂的社会中，不平等在某种程度上像城市中高层建筑公寓的等级一样，在这里人们需求的有价值物包括阳光、远离喧哗嘈杂以及风景视线。最好的公寓位于上层，那里阳光充足，噪音和污染很少，视野开阔。往下，空气就没有那么干净，房间里直射阳光较少，视野受阻，房租也下降，为不太富有的人所居住。公寓的每一层可以看做是一个特权的独立层面或阶层。在我们去大楼维修工人居住的地下室之前，我们曾到过与之相对的大楼顶层公寓，那里有户外花园和游泳池，光线充足，视野未受到任何遮挡。

就像社会成员一样，在这样的建筑里，居民是按照社会分层体系安置排列的。所谓社会分层，是一种根据获得有价值物的方式来决定人们在社会位置中的群体等级或类属的一种持久模式。在一项至今仍然是关于社会不平等的社会学研究之基础的有影响的研究中，马克斯·韦伯（1919/1946）确定了社会分层的三个关键维度。用做过某些修正的韦伯术语来说，我们通常称这些维度为财富和收入（经济地位）、权力（政治地位）和声望（社会地位）。

这些方面有时也称社会“报酬”，不过“报酬”一词会引起误解，它暗含着得到报酬的人是因为他们有贡献。可是，皇家的子弟一生下来就有了财富和声望，一旦长大到足以行使权力，他们也就得到了权力。这样，社会有价值物常常是给了那些由于偶然因素而处于较好社会
193 位置的人，而不只是给那些以自己优点而获得较好地位的人。

（一）收入与财富

财富是由个人或群体的全部经济财产所构成，它不仅包括货币而且包括物品、土地、自然资源以及生产性劳动服务。说一些作为财富的物品有价值，可能是由于生产它们时消耗了熟练劳动的时间，或者因为它们是美的，或者因为它们会给今后的经济带来回报。例如，金刚石有价值，是因为它们既稀缺又美丽；一封由乔治·华盛顿签名的信有价值，是因为它既具有稀缺性又具有历史的、爱国主义的及情感上的感染力；土地有价值，是因为它能够生产庄稼或矿物质等经济财产。

与财富密切相连的是收入，即使用人力或物质资源所得到的经济收益。财富与收入这一对

概念不应该混淆。财富指一个人或者一个群体所拥有的全部财产。收入通常指一个人或者一个群体在正常情况下的货币获得量。当我们说一个人有“300万美元”时，我们是在对他的财富进行评估，这些财富包括他所有的动产和不动产：他的房屋、汽车、投资、银行账户以及口袋里的现金。当我们说这个人一年挣35万美元时，我们就是对他的收入进行描述。

收入通常用来表达一个单位时间内的货币流动量。可是并不是所有收入都是以货币的形式出现的。比如说，家庭成员在家里做修理、做家务，他们的行为不会产生货币收益。不过他们确实增加了家里的实际价值。他们获得了“非货币化的收入”：如果家庭成员不亲自做这些工作，他们就得花钱请别人做。

社会价值物并不仅仅给予努力打拼的人的，它们也给予那些碰巧处于一个优越社会地位的人。雅典娜·奥娜西斯因继承奥娜西斯家族的财产而成为世界上最富有的人之一，这一切都仅仅因为她是一个女继承人。

尽管几乎我们所有的人都愿意拥有财富和收入，但是总是有一些人比其他人获得的多。国家间经济收益的分布也不平衡。在土耳其，人均国民生产总值——按生活在该国的人口数均分的该国经济总量——1997年是3 130美元，同年美国是28 740美元，是土耳其的9倍多。世界上最穷的国家之一孟加拉国人均国民生产总值只有270美元［世界银行（World Bank），1998年］。一个国家的财富很大程度上是以其自然资源、经济力量以及用于从别国获取资源的能力类型（例如，军事能力）为基础的。

美国收入不平等分配的模式依居住地、教育、性别、职业以及其他一些变量而定。例如，1997年康涅狄格州的中等家庭人均收入43 985美元，这比阿肯色州中等收入家庭的收入要高出很多，后者只有26 162美元。从收入分配的民族和种族类型来看，我们发现美国家庭收入的中等水平是，白人家庭为38 972美元，拉美人家庭为26 628美元，黑人家庭为25 050美元

（U. S. Bureau of the Census，1998）。这些收入差别的意义甚至比它们表面所显示的要大得多，因为非白人家庭的平均人口规模要比白人家庭大。因此，非白人家庭的较低收入必须设法维持更多人口的需要。

另一些重要数据则揭示了美国收入分配的不平等程度，20％最富有的美国家庭占全部国民收入的 49.4％，而最穷的 20％家庭只占 3.6％（U. S. Bureau of the Census，1998）。表 9—1 说明 10 个国家收入最低的 1/5 人口与最高的 1/5 人口占全部收入的百分比。

194 **表 9—1　1995 年各国（地区）收入最低的 1/5 人口与最高的 1/5 人口所占总收入的百分比（％）**

	阿尔及利亚	巴西	中国	哥伦比亚	萨尔瓦多	印度尼西亚	蒙古	尼泊尔	巴拉圭	美国（1994 年数据）
最低 1/5	7.0	2.5	5.5	3.1	3.7	9.2	7.3	7.6	2.3	4.8
最高 1/5	42.6	64.2	47.5	61.5	54.4	39.3	40.9	44.8	62.4	45.2

资料来源：From *World Development Indicators*，*1998*，www. worldbank. org/data/pdfs/tab2 _ 8. pdf .

美国财富分配的不平等程度要比收入大得多。1990 年，1％的最高收入者大约获得全部收入的 13％，而 1％的最富者占有全部财富的 31％。实际上，最近由联邦储备委员会作的一项研究发现，占人口总量 1％的上层人口的净财富超过占总人口 90％的下层人口的净财富［吉尔伯特和卡尔（Gilbert & Kahl），1992］！

在美国经济中，最穷的人通常是那些最没有生产能力的人。他们可能是由于年龄太大或者太小而无法工作，可能是由于受教育不足而无法找到高薪工作，可能是在找工作或晋升时受到歧视，或者可能是由于不得不待在家里照看孩子。无论何种原因，结果都是一样的：根据经济市场上的衡量标准，家庭收入的多少与整个家庭的产出量密切相关。

美国收入与财富分配的模式可能看起来很自然，但这绝不是很普遍的。因为从历史上看，美国经济大多数时候都在扩张，所以我们常常认为财富是一个人所挣来的东西。然而，在一个相对静止的经济中，财富量是相对固定的，财富更可能是人们继承的，而不是人们通过个人努力而获得的。

在社会主义社会中，至少在理想上，财富分配以人们的需要为基础，而不是以人们生产多少为基础。换句话说，是"从按劳分配到按需分配"。例如，社会主义国家的一个大家庭可能得到特殊的津贴，帮助它解决额外的支出。像老人和病人那样由于不是本身的错误而不能工作的人也得到国家的帮助。不过，就是在这些国家，有生产能力的人也有机会获得一些特殊的报酬。比如，在古巴，收入分配远非平等［阿齐克里（Azicri），1988；隋（Tsui），1991］。

（二）权力

社会学家用"权力"一词来指称个人或者群体控制或影响他人行为的能力，而不管别人是否愿意合作。社会学家研究权力不但是为了揭示谁行使它，而且是为了弄清为什么要行使它以及谁从中受益。

在三个有价值物（财富与收入、权力以及声望）中，权力是最难衡量的。大多数对权力的研究充其量不过是对权力事实的一种推测。很多种形式的权力潜藏得非常深，以致只有权力拥有者本人才深知其中的奥妙。因为难以测量，又因为它与意识形态（一套与各种政治、社会与阶级利益相联系并且有助于维持它们的文化信仰）联系如此紧密，因此权力的问题（谁掌握权力、如何使用权力）在社会学中争论很大。有些社会科学家坚持认为美国的权力集中在具有共同背景、并且能一起行动的少数人手中［多姆霍夫（Domhoff），1978、1983、1998；戴伊（Dye），1995］。例如，C·怀特·米尔斯（1956）说美国是由“权力精英”统治的，这一群体的总数不超过300人。另外一些社会学家表示强烈反对，认为美国的权力分散在许多群体和许多人手中［里斯曼（Riesman），1961；罗斯（Rose），1967］。

社会学家倒是认为真实的权力并不总是存在于我们想当然的地方。举例说，有些城市的市长只不过是一个傀儡，决策实际是由许多幕后的商业领袖做出来的。有一些决策是在权力的较底层做出的，工作由这些基层来完成。警官忠于职守与教师课堂教学常常是这样的情况（对美国的权力分配，第17章将作进一步讨论）。

很明显，权力有可能不随财富而存在：并不是所有的富人都有权力，同时也并不是所有的有权者都富有，不过这两个方面密切相关。财富有时能够买到权力。例如，在国家政治中，当政者作为候选人时通常很富有。肯尼迪兄弟、洛克菲勒的三任总裁以及罗斯福家族只是富人获取政治权力的几个代表。而且，权力通常又有助于获取财富。有多少制定法律的人或将军在退 *195*
休时还穷困潦倒呢？

（三）声望

社会分层的第三个方面是声望，即一个人从别人那里所获得的良好评价与社会承认。声望以多种形式出现：公众的接受与名誉、尊重与钦佩、荣誉与敬意。声望可以通过多种方式获得：特别善良、慷慨、勇敢、有创造性或者聪明的人通常得到声望的回报。金钱可以买到声望，权力可以控制它，或者至少表面上是这样的。例如，当老约翰·D·洛克菲勒刚开始在石油上发大财的时候，公众对他嗤之以鼻。然而，随着时间的推移，他运用巨额财富兴建博物馆、公园、基金会，投资慈善事业，不仅为自己也为他的继承人赢得了声望。

有时这一过程正好相反。一个人可能开始赢得了声望，然后把它转化为财富。小说家兼记者的诺曼·梅勒（Norman Mailer）以他的第一部重要著作《裸人与死人》（*The Naked and the Dead*）而赢得小说家的声望。自从这部小说出版以来，梅勒出版了许多部畅销书。

然而，多数情况下声望来自于占有一个公认的好职位。例如，美国社会在医疗、科学以及法律等领域工作的人通常有较好的声望。在像广播电视、体育以及电影等大众传媒的领域中取得成功的人，也能够获得较高的声望。

美国运动员的社会地位被全球承认。这些运动员支持或代言的产品已经成为美国国内外许多人眼中的地位象征符号。

二、社会地位与地位等级

从一般意义上讲，社会学所说的社会地位是指在一个群体或社会中所界定的社会位置。这种社会地位的用法在第 4 章已经讨论过。然而就其与分层的关系而言，社会地位一词则具有更具体的含义：在一个社会等级体系或分层系统中的等级位置。社会学家通常用社会地位的这种用法来指称社会经济地位（socioeconomic status，或者简称 SES）。SES 是一种对社会地位的度量方法，它考虑到个人的受教育程度、收入水平以及职业声望等内容。社会经济地位相同的人有机会从社会中获得大体等量的有价值物。

（一）辨认社会地位

因为个人的大部分生活是以社会等级为基础的，所以识别另一个人的社会地位通常十分重要。然而，在现代城市中辨认地位可能很困难。我们通常并不认识多少我们所碰到的人，但必须很快对他们做出判断。如果我们要对一个人的地位做出正确的判断，必须依据两个东西：首先必须有公认的用于划分地位等级的等级序列，其次必须有一些可广泛理解的符号，以便让我们评估一个陌生人的地位水平。

在日常生活中，人们通常可以通过观察一个人与另一个人之间的互动方式以及别人对他（她）的行为方式就能够准确地判定他（她）的社会地位。人们对这个人表示非常尊重并且以礼待之，还是对他（她）很随便？人们如何评价这个人，跟他（她）说些什么？他或她是如何反应的？

我们还可以从他们身上寻找社会学家所说的地位符号。地位符号可能是随便什么东西：一件明显便宜或昂贵的物品、衣服的样式、说话的方式，都在向别人表明其主人特定的地位。

当然，地位较低的人不会有意表现他们低等级的符号。不过，地位较高的人倒是努力展现他们的地位，保护他们的地位不被低估。事实上，人们的地位等级越往上，他们越喜欢有意表现更多的地位符号。

以男士服装为例。一件蓝色工作服和一件礼服衬衫加上领带、夹克衫的符号意义是十分明显的：这个穿着蓝色工作服的男子可能是从事某种体力劳动的，而打着领带穿着夹克衫的可能是知识分子，他的工作给他带来较高的声望和较为丰厚的薪水。许多人还有可能更细致地认出各种服装的区别。一件便宜的批量生产的化纤服装与一件从高档男士商店购买的昂贵的羊毛服装的差别一眼就能看出。不过，在上层地位层级内还存在着更为细微的差别不为外人所注意。196
这些差别，比如说在从高档男士商店购买的一件服装与一件定做的服装之间的差别，对于地位较高的群体成员来说通常是十分重要的。

另外还有许多东西可用作地位符号。一栋房子、一个邻居、一块地毯、一个用词、一种狗、一辆汽车、墙上的一幅画，所有这些东西对于那些知道如何解读它们的人来说，都是社会地位潜在的象征符号。我们至少都善于解读我们自己地位等级的符号，尽管我们做这件事时可能是无意识的。

当人们炫耀性地表现地位符号来显示他们的社会经济地位时，他们是在进行炫耀性消费（conspicuous consumption）［维布伦（Veblen），1899/1967］。拥有昂贵的非生产性东西，比如精心修整的草坪和皮毛大衣，就是这样的例子。刚刚获得巨大财富的人有时试图通过炫耀性消费来表明他们新的地位。这些新富者，被称作“暴发户”，购买昂贵的东西，例如马球运动的小马以及快艇，这些东西象征着非常富有者的生活方式。197

然而，地位符号也可能产生误导。有些地位符号可能会被并不属于这个阶层的人欺骗性地利用。为了给人以较高经济地位的印象，家庭可能购买他们几乎买不起的家具或者汽车。大公司的行政主管们有时以比他们地位水平更高的人的方式去花钱做事。他们这样做的目的是希望让老板们认识到他们应该得到提拔了。如果他们真的被提拔了，他们就期望随新工作而来的高薪补偿这些成本。

C·怀特·米尔斯（1956）曾经说过，在美国的中产阶级中“地位恐慌”广为流行，部分原因是诸如小汽车与漂亮衣服之类的地位象征往下传到了工人阶级那里。他认为，中产阶级非常重视选择居住地、追求享受，目的是获得更有效排斥他人的地位符号。

由于大多数地位符号可以由这一地位等级之外的人表现出来，所以最有用的是那些最难假冒的符号。因此，高层地位的符号通常是昂贵的，而且不断变换。例如，下层阶级不可能有钱跟得上高档服装样式的变化。许多地位符号都有流行一时的一面——今年高层地位的人养约克郡的狗，明年他们又玩起了舢板船。这样的符号尤其管用，因为对于外人来说注意到它的变化需要时间。

（二）社会地位的等级评定

许多给定地位的例子都与职业相关，这主要因为在现代社会中人们的职业是一个人占据的最重要社会位置［布劳和邓肯（Blau & Duncan），1967］。收入与声望水平都受到职业的严重影响，然而它们之间的联系并不总是像乍看起来那样紧密。表 9—3 显示了按声望排列的职业等级。我们从表中可以看到收入最高的工作可能声望最高，而那些报酬最低的工作声望一般最
198 低。不过并不总是这样。美国高等法院的一名法官地位很高，一年挣 10 多万美元。可是，在像纽约或洛杉矶等大城市中的大公司的董事、或者一位有成就的医生或律师，比法官挣的还要多。法官具有很高声望，是因为这个位置的权力以及获得这一位置所要求的教育年限与经验。这个位置的筛选也非常严格：美国只有 9 名高等法院法官。

各种职业的声望等级相当稳定。一项研究发现自从 1925 年以来这些等级变化很小［霍奇、舍弗尔和罗西（Hodge，Siefel & Rossi），1964；格皮和格莱德（Guppy & Goyder），1984］。另一项分别于 1947 年和 1963 年进行的职业声望等级的比较研究，结果几乎是完全相关（相关系数为 0.99）。不过，从事科学研究工作的声望稍有上升，而诸如教育之类具有“文化取向”的职业声望略有下降。

在美国以及世界各国的不同社会和不同地区，职业声望的等级也非常相似。在对两个不同地区的 6 个规模不等的社区的研究发现，声望等级以及分层体系的其他方面在各地几近相同。这一点似乎反映了一个国家的模式［柯蒂兹和杰克逊（Curtis& Jackson），1977］。另一项比较研究也发现，包括美国在内的 60 个国家的地位等级高度相关（r＝0.83）［特雷曼（Treiman），1977］。在此之前仅仅针对现代工业化社会的研究所得到的相关度更高［英克尔斯和罗西（Inkeles & Rossi），1956］。

196 媒体社会学

媒体中的社会阶级画像

我们从哪里得到社会是怎么构成的概念？大多数人会说是从媒体获得的，包括报纸、杂志、广播新闻，甚至还有娱乐节目，例如肥皂剧和情景剧。事实上，社会阶级的形象充斥媒体［克罗托和霍因斯（Croteau & Hoynes），1997］。不过，这些形象在多大程度上接近现实？

大量研究表明，媒体对美国社会阶级的描述是扭曲的。电视节目、电影，特别是广告，宣传的是美国中产阶级和上层人士舒适的生活方式，缺少对工人阶级和贫困阶层生活的反映。

你能说出多少娱乐节目是反映工人阶级和美国穷人的？你也许会想起表 9—2 中所列的一部分节目，但是没有更多的了。理查德·布奇（Richard Butsch）对 1946 年到 1990 年间播放的 262 部情景喜剧进行研究，发现只有 11％的剧目涉及蓝领、职员或服务工人的生活（1992）。70％以上的节目是反映中产阶级家庭的。1992 年布奇在研究情景剧的时候，美国大约 15％的劳动力是专业人员。然而电视剧中 44.5％的家庭是专业人员家庭（Croteau & Hoynes，1997）。每 9 个医生有 1 个护士，每 3 个教授有 1 个小学教师，律师与会计的比例是 9∶1。这些高收入家庭的生活方式超出了普通美国家庭的最大梦想追求。令人不能相信的是，这些家庭中 20％以上都有 1 个仆人。这些比例说明，这样的节目没有准确地反映美国社会阶级的分布状况。

甚至那些被认为是客观的晚间新闻，也没有准确表现我们生活的社会世界的真实状况。相反，它反映的是掌权人的生活［Croteau & Hoynes，1997；甘斯（Gans），1980］。自从赫伯特·甘斯（Herbert Gans）研究 20 世纪 60 年代和 70 年代经常出现在新闻中的人物以来，这种状况并没有多大变化。他对新闻故事的分析表明有五类著名人物占所有国内新闻的 70%到 85%。这些人物包括在任总统、总统候选人、联邦政府主要官员、州和地方政府官员，以及著名的被指控或实际的违背法律与道德的人。

今天，政治家与专业人士主导着像“午夜时分”（Nightline）和“麦克尼尔·莱赫尔新闻时间”（MacNeil-Lehrer News Hour）之类的公共事务节目（Croteau & Hoynes，1997）。劳动群众没有出现，可能为他们说话的机构的代表也没有出现。根据大卫·克罗托和威廉·霍因斯的观点，“我们可能会认为，对于许多记者来说，新闻的有效定义就是有权的人所说和所做的事情”（1997，p. 158）。

近年来，一些新闻故事关注消费者的兴趣点。但是，记者们有意回避这类报道，因为它们可能会影响与广告商的关系。例如，1995 年《圣·朱斯·墨克利新闻》（*San Jose Mercury News*）所发生的事，它当时想讲一个故事来建议消费者应当考虑何时购买一辆新车。担心此类故事会影响汽车销售，47 家地方汽车商取消了在该报每周“驾车”栏目中 52 页的广告 *197*
（Croteau & Hoynes，1997），这意味着该报将有 100 万美元的损失。虽然联邦贸易委员会最终裁定这些汽车商的行为违法，但是这个案例说明了强势群体是如何直接或间接影响新闻内容的。

根据丹尼尔·罗西德斯（Daniel Rossides）的观点，即使大众传媒有意将上层和下层阶级的经历同质化，传媒业仍然在推销上层阶级的世界观（1997）。事实上，这也是媒体的兴趣所在。由于严重依赖广告收入，媒体必须迎合有钱的读者和观众的需要，引导他们去购买广告商所宣传的产品（Croteau & Hoynes，1997）。例如，当 80%的美国人没有股票的时候，报纸就会在其商务栏目中大量刊用股票市场的报道。晚间新闻节目也把这些报道做成它们 22 分钟广播的主要内容。

为了使报纸进到有钱的消费者手中，《洛杉矶时报》（*Los Angeles Times*）把在城中社区的报纸价格从 35 美分提高到 50 美分，而在富人区则把价格降到 25 美分（Cole，1995）。美国广播公司（ABC）创造出的它所追求的受众群像，反映了同样的策略（Croteau & Hoynes，1997）。该广播网宣称：“一部分人比另一部分人更有价值”［威尔逊和古铁雷斯（Wilson & Gutierrez），1995，p. 23］。

表 9—2　　表现美国工人阶级或穷人的电视节目

节目	主要人物	主要人物的职业
蜜月者	拉夫	公共汽车司机
打火石	弗雷德	起重机操作员
家中的一切	阿奇	码头工人
桑福德和儿子	弗雷德	垃圾清运工

续前表

节目	主要人物	主要人物的职业
罗丝茵	罗丝茵	工厂工人
家庭之事	卡尔	警官
与儿童联姻	阿尔	修鞋匠
辛普森	荷马	核电工厂技工
火焰下的格丽丝	格丽丝	工厂工人

表 9—3　声望等级分布

职业	声望	职业	声望
内科医生	86	秘书	46
律师	75	保险销售员	45
高中教师	74	公交服务员	42
牙科医生	72	打字员	41
高级政府官员	70	汽车修理工	40
牧师	69	招待员	39
民用工程师	69	瓦匠	36
注册护士	66	美容师	36
会计和审计师	65	售货员	34
航空交通管理员	65	推土机驾驶员	34
小学教师	64	公共汽车司机	32
飞行员	61	售货员	31
警察/侦探	60	货车司机	30
营养学家	56	出纳员	29
消防队员	53	出租车司机	28
社会工作者	52	服务员	28
牙科保健师	52	垃圾清运工	28
经理，行管人员	51	酒吧服务员	25
电工	51	农场工人	23
计算机操作员	50	佣人/保洁员	23
葬礼主管	49	看门人和保洁员	22
机械师	47	汽车修理厂、服务站职工	21
邮递员	47		

注：这张表说明美国公众划分各种职业等级的方法。研究表明这些声望等级是相对固定的。

资料来源：James A. Davis and Tom W. Smith，General Survey Cumulative File，1972—1994，*Cumulative Codebook*，Chicago：National Opinion Research Center，1994，Appendix F.

职业声望在美国和其他文化之间仍然存在着重大差别。例如，在苏联，工人阶级的职业声望（和收入）一般比美国高。事实上，苏联人一直对普通白领工作的职业评价几乎最低，仅高于不熟练的体力劳动者，但比熟练的体力劳动者低［莱恩（Lane），1987］。这种对熟练的体力 199
劳动职业的偏好在当今俄罗斯继续广泛存在。然而，这种现象逐渐受到挑战，因为随着近来市场力量的启动，陈旧过时的产业重要性降低，新兴企业和中产阶级的发展得到鼓励［霍恩（Horn），1991］。

但是职业和收入并不是决定一个人社会地位等级的唯一因素。在美国，许多人的地位等级部分取决于肤色［休斯和赫特尔（Hughes & Hertel），1990］。实际上，跨文化研究已经揭示，浅色皮肤不仅在美国而且在全世界都受到欢迎。例如在日本，报纸上的征婚广告经常把皮肤亮丽看作是未来配偶的理想品质。日本妇女在找对象时经常搽美容粉、打阳伞、用面巾，目的是使她们显得更白净［弗罗斯特（Frost），1986］。宗教也是分等级的（在美国，新教徒的地位比天主教徒和犹太教徒要高；在新教徒中，美国新教圣公会教徒的地位最高），这和教育是一样的（获得研究生学位的人地位最高，从未上过学的人地位最低）。

在大多数文化中，传统上男子的等级地位比妇女高。另外，结婚的人一般比那些单身或者离异者的地位高。最后，仍然存在着基于种族的等级：原盎格鲁—萨克逊居民的后裔地位最高，而那些外国出生的非欧洲血统的人地位几乎最低。

（三）地位不一致

尽管每一个个体占据许多等级化的社会地位，但是这些地位之间一般明显存在着地位一致（status consistency）。也就是说，在某一个领域地位高的人常常在其他等级序列中地位也高。比如说，一个职业地位高的人通常收入也高。另外，一个人在教育、种族以及肤色等方面地位较高往往有助于获得较高的职业地位。各种地位水平不可能完全相等，不过在一个地位等级中处于特定位置的人，在其他主要地位等级中一般会处于相同的位置。研究表明，一般社会位置差不多处于中间等级的人，与处于上层与下层地位的人相比，其地位一致性在某种程度上要差（Gilbert & Kahl，1987）。

然而，地位不一致并非不正常，尤其在美国更是这样。也就是说，一个人可能在一个领域地位较高，而在另一个方面却较低。例如，当一个人的教育和个人技能有助于他超越种族背景或归属而获得较高地位的工作时，地位不一致就产生了。一个美国黑人物理学家就是一个地位不一致的例子。另一个例子是高等法院的桑德拉·代·欧柯纳（Sandra Day O'Connor）法官。尽管她的性别地位一般来说比较低，但是从职业上来看她的地位是很高的。

有一些地位不一致表现在高声望低收入的工作中，比如牧师。尽管神职人员拥有很高的职业声望，但是他们挣的钱却较少，甚至要少于层次较低的会计和飞行员（见表 9—3）。普通牧师没钱像高级职业地位的人那样生活。

地位不一致的人一般都把最高地位的方面说成是他们的“全部”地位。例如，来自外国的皇室成员往往希望那些甚至不是其臣民的人以皇室成员对待他们，但是别人可能只会把他们仅当作“外国人”或者非公民看待。

美国前参谋长联席会议主席柯林·鲍威尔（Colin Powell）将军在职业和个人方面都卓有成绩，
你认为他是地位不一致的一个例证吗？所有机会对他都是有效的吗？
他是否因其种族背景而需要更努力工作以获得现在的地位？

三、历史上的分层制度

分层制度随着历史时期与经济结构的不同而变化。社会学家认为最重要的分层类型是奴隶制、种姓制度、等级制以及阶级制度。每一种类型都带有主要社会群体间不同经济关系的特点。

200 **(一）奴隶制**

自由或解放是一种价值很高的非物质形态的理想物。奴隶制是一种极端的不平等分层体系，其中某一社会群体绝无自由。包括南北战争以前的南方在内的许多社会都发现，从别国强行进口奴隶有利可图。

奴隶制的本质特征是一种经济关系：一些人占有另一些人。因为奴隶被占有，所以他们为其主人提供非常廉价的劳动。另外，奴隶本身就是一种可以在市场上买卖获利的商品（Collins，1990）。

奴隶制最适合于生产方式相当原始并且需要大量劳动力的经济形态。战前的南方是一个较好的例证，它的经济特点是围绕庄园或大农场的农业经济，主要作物是棉花，这种作物需要大量的劳动力种植、培育、收获、加工以及运输。

所有的分层制度都为意识形态所支持，捍卫上层地位利益的意识形态都证明着该种分层制度是正当的。而这些意识形态又多多少少使下层成员相信他们的不平等待遇是正当的、合适的。没有这种意识形态，要从为财富和收入、权力以及声望奋斗的失败者中得到服从并且保持有序，将会很困难或者不可能。以美国奴隶制为例，美国黑人与那些使他们做奴隶的人有很大不同，尤其在尊重对方的文化与体貌方面。这就方便了这样一种思想的传播：那些成为奴隶的人在生物特性和文化上低人一等，甚至可能是低于人类的。

奴隶制度是美国最初的200年历史中最显著的分层特征。然而，有一点需要强调指出，这种分层制度需要大量的镇压性社会控制机制。奴隶往往通过造反或者逃跑来反抗他们的处境。这说明，证明奴隶制度合理的意识形态在为奴隶主广泛接受的同时，也不断地遭到奴隶本身的抵制。尽管美国的奴隶制度在1865年就被废除了，但是它的影响却以种族主义和歧视美国黑人的形式在当今美国继续存在。

（二）种姓制

种族制度作为一种不平等的分层体系，其地位由出生所决定，人们一般不能改变他们的社会地位。在种姓制度中，要想与另一个等级的人结婚通常是非常困难的。

历史上最有名的种姓制度在传统的印度，那里虽然只有4个主要种姓（*varnas*），但是还有1 000多个亚类（*jati*）。每一个亚类都有自己的传统职业、居住地以及与其他种姓交往的规则。印度人早在儿童时期就学会辨认各个种姓成员的地位象征。最高种姓是牧师（婆罗门）和武士（刹帝利）种姓。然而，很多人并不属于任何种姓，这些人叫“不可接触者”，被认为是社会中地位最卑贱的，其他种姓成员禁止与他们进行某种接触。

印度种姓制度得到以印度教为基础的意识形态的支持。印度教的一个重要信条是相信“轮回”。人死后，将重生为世上的另一个生命。生为不可接触者被认为是前世表现不好的结果。印度教鼓励那些不可接触者顺从地接受他们的下等社会地位［图明（Tumin），1985］。

自第二次世界大战以后，印度从英国殖民统治下获得独立，种姓制度有了很大变化。例如，印度宪法禁止歧视不可接触者。然而，印度种姓制度大约有4 000年的历史，变化一直比较缓慢。

有些学者认为美国黑人的处境具有很多类似种姓的特征。一位研究印度的人类学专家发现这样一些细节：“考虑到文化内容上的差别，印度的种姓和美国的种族关系……（是）惊人的相似”［贝尔曼（Berreman），1960，p. 80］。

（三）等级制

分层的等级制度与一种叫做封建主义的社会经济制度联系在一起。中世纪欧洲的农业社会就是以这样的分层体系为特征的。

支持欧洲等级制的意识形态授予第一等级成员（牧师）和第二等级成员（贵族）以特权，而包括农民在内的普通人属于第三等级，他们的权利与第一、二等级的特权相对照。这种意识形态得到了天主教会和国家法律的认可。

封建制度中的统治由土地贵族维持。在封建庄园中，农民和地主通过依附关系联系在一起：农民或农奴提供劳动和军事服务，以得到贵族的保护和物质支持作为回报。

在封建主义晚期，随着贸易范围的扩大，出现了一个新兴的社会群体：商人。商人，这个 *201*

封建制度中第一个财富不依赖于继承土地所有权的群体，促进了封建主义的衰落和资本主义的兴起（这一重要社会经济变化将在第18章中讨论）。实际上，这些商人是第一批资本家。随着工业经济制度的发展，社会阶级成为了社会分层的主要形式。

四、社会阶级

现代社会中最常见的分层类型是阶级制度，这是一个主要以经济地位为基础的相对开放的分层形式。阶级制度的特点是其群体界线没有奴隶制度、种姓制度以及等级制那么严格。在阶级制度中，群体之间有大量的流动，个人成就（与先赋相对）在确定其等级位置中起较大作用。然而，即使一个阶级制度允许程度相当高的社会流动，它也有很强的稳定性和层级次序。因此，阶级制度仍然包含广泛的群体不平等。

支持现代阶级制度的意识形态完全是世俗的。实际上，这种意识形态认为精英人物的特权是正当合理的，因为沿着阶级阶梯，大量向上或向下的社会流动是可能的，所以那些成功者主要是由于他们自己的功绩而向上流动。这使人们确信不仅个人的决心和努力最终会得到财富和较高地位［法洛斯（Fallows），1988；罗西德斯（Rossides），1990］，而且还意味着穷人的贫困主要是他们自己的责任。如果他们自己更勤奋一点，就不会受穷。所以，阶级制度被认为是非常公正的，上层阶级和下层阶级都无须感谢任何人或者责怪任何人，他们的命运掌握在自己手里。

社会学家不同意关于社会阶级制度本质的看法。主要争论是围绕卡尔·马克思和马克斯·韦伯的理论而展开的。马克思用对生产资料的占有方式来界定阶级，也就是说，生产资料是财富的源泉。上层阶级（资产阶级）拥有并控制着生产资料，剥削下层阶级（无产阶级）的劳动。马克思认为资产阶级和无产阶级注定不可避免地要发生冲突。这种阶级冲突，或者对立阶级之间的斗争，采取像罢工和革命之类事件的形式（马克思的阶级观将在第17章和第18章更详细地讨论）。

与此相反，韦伯认为，分层体系中除了经济之外还有两个重要的分层维度：权力与声望。马克思认为权力和声望最终来源于财富，而韦伯认为它们与经济是相对独立的。韦伯还认为，在资本主义社会阶级之间的关系不一定就是冲突的，甚至有可能发展为相互依赖和相互合作。

社会阶级一词在某种程度上是模糊的，因为它代表的是一个非常复杂的社会现实。在美国社会学里，社会阶级的概念通常被定义得非常宽泛，使之既能够包容许多不同的经济集团，也能包容以权力和声望为基础的集团。然而，对于普通美国人来说，“社会阶级”的意义和“社会身份”是一样的，并不指向具体的集团［科尔曼和雷恩沃特（Coleman & Rainwater），1978］。

（一）阶级分化

当各阶级成员得到的报酬水平差别很大时，当这些阶级的成员充分意识到这些差别时，当只有很少的机会从一个阶级向另一个阶级流动时，这个社会就存在着广泛的阶级分化——被感知到的和真实的阶级之间的差异。

在美国，阶级之间的界线相当模糊，阶级意识弱，从一个阶级向另一个阶级的流动非常普遍。不过，美国确实存在阶级分化。20 世纪上半叶美国社会学家的一个杰出贡献是指出了阶级分化和不平等在国家生活中仍然起着重要作用［帕日（Page），1969］。

这个家庭会认同通过阶级阶梯可以实现社会上下层级的流动吗？美国社会学家指出，阶级分化和不平等仍在美国人的生活中发挥重要的作用。

世界上所有文化中都存在阶级分化，不单单是发达的、工业化的或者像美国这样的西方国家。例如，第二次世界大战前韩国的阶级结构很不明朗，而现在则有了四个定义清晰的阶级：202
富有而强大的资本家阶级、白领和小业主阶级、工人阶级和社会最下层的边缘群体（Rossides，1990）。

应用社会学 202

中产阶级心态

社会学家在各种研究中都把社会阶级作为一个变量。但社会阶级却是一个很难定义的概念，社会学家们采用不同的方式对此进行测量。有些研究者采用客观方法，使用诸如收入和财富、教育、职业等一系列变量，来确定社会阶级。很不幸的是，尽管这种方法在定量研究中非常有用，但是它不一定符合人们自己认定的阶级成分。

根据阿兰·沃尔夫（Alan Wolfe）的观点，大多数美国人都采用主观方法定义社会阶级，这就意味着如果你说是中产阶级你就是（1998）。而事实上，民意测验显示大多数美国人确实就是这样做的。从 1972 年到 1994 年，总体社会调查（General Social Survey）显示，认为自己是下层或者上层阶级的美国人不超过 10%。1992 年哥伦比亚广播公司（CBS）与《纽约时报》

的民意测验显示，75%的美国人对这个问题作了肯定回答："当总统候选人谈到中产阶级的时候，你认为他们是指像你这样的人吗？"

这类结果使沃尔夫得出这样的结论："没有什么东西可以更好地吸引美国人对中产阶级地位的偏爱，无论他们是否属于中产阶级，他们都倾向于把自己看成是的"（1998）。尽管有这种差异，社会学家们仍然根据收入、财富、教育以及职业等客观标准来对人们进行阶级划分。不过，民意测验表明，我们不是在测量社会阶级最重要的一个维度——这一维度为理解美国人看待他们的社会及其自己所处地位的方式提供洞察力。包括政治家在内的许多人都会认为这种主观维度是最重要的，那么这一维度是什么呢？

沃尔夫认为，这就是法国人所说的"心态——一种态度、信仰、习惯和生活方式的集合，它的含义是生活既不贫困、不需要依靠别人，也不太富裕、不会因为奢侈浮华而失去常识"（p. 3）。过去，政治家们对这种心态有一种清晰的意识，因为历史上中产阶级普遍看不起穷人和富人的生活方式。然而，今天有些人认为这个定义没有抓住中产阶级是如何理解自身的。政治观点完全不同的批评家都认为中产阶级完全是分离的。这种看法被视为"文化战争"，它表明中产阶级的愤怒或者是失去工作和收入的结果（自由主义者），或者是道德下降和担心身体安全的结果（保守主义者），或者是两方面原因的结果（民粹主义者）。沃尔夫认为，如果这种
203 对中产阶级的看法是事实，那么内战以来国家一直保持的民主稳定就会有危险。实际上，他十分怀疑这种看法的正确性，他开始证明这一假设，即"美国中产阶级不再拥有共同的道德世界观，而是严重分裂为传统和现代两翼"（p. 21）。

为了发现事实，沃尔夫设计了一个叫中产阶级道德工程的研究。他十分清楚定量研究和定性研究的优缺点，因此，他试图把人种志的方法和调查方法结合起来。可是他很快认识到要理解中产阶级对美国人意味着什么需要依赖人种志方法。他承认这个事实，即他不能说他的调查代表整个美国的情况。

沃尔夫花了很大工夫思考如何选择研究的调查对象。为了访问经济、种族、文化、民族以及工作特点不同的美国中产阶级，他从美国4个不同地区中选择了8个郊区：马萨诸塞州的布鲁克林和麦德福德、佐治亚州的东南代卡勃县以及考勃县、俄克拉何马州的断箭和沙泉。尽管沃尔夫确实发现从这些截然不同的地区抽取的美国人在态度和信仰方面有差异，但是其中最重要的一个发现是关于研究者测量美国人态度和信仰的方法。沃尔夫认为：中产阶级道德工程研究很多次发现，该国民意测验收集意见的方法不太正确，有时甚至是完全错误的（p. 277）。

与这些民意测验的结论相反，沃尔夫没有发现有证据支持这样一种观点，即认为美国中产阶级严重分裂为传统和现代两大阵营，并且文化上完全对立。事实上，沃尔夫发现美国中产阶级的世界观是温和的、对别人的判断是慎重的、不愿把自己的价值观强加于别人。尽管美国中产阶级认为同性恋不道德、反对双语制，但是他们倒是接受很多东西，包括家庭的变化、合法移民、多元文化教育以及政教分离。

沃尔夫也认为传统与现代之类的词不能表达美国中产阶级是如何看待这些问题的。事实上，他说那些可能被贴上传统标签的人已经接受了20世纪60年代的社会变迁。他们把孩子送到不分种族的学校，对离婚、吸毒、少女怀孕以及上班女性等群体也不加指责。现代美国

人——拒绝中产阶级道德和 20 世纪 60 年代他们父母生活方式的那些人——现在生活在郊区，担心安全，养育孩子，照顾年迈的父母。整体上看，中产阶级道德工程研究的结果使沃尔夫得出这样一个主要结论：美国不存在文化对抗，我们毕竟还是一个国家。

（二）阶级划分与阶级定位

是什么决定了主要的阶级划分？谁是哪一个阶级的成员？今天大多数社会学家把这些问题作为实证研究的重要领域。但是因为阶级是一个非常复杂的概念，所以没有简单的答案。像人们判定谁属于集邮俱乐部或足球队那样，断定谁属于某一个阶级的普遍标准并不存在。

社会学家用来确定个体属于哪个特定社会阶级的方法有三种。

客观法。用这种方法时，研究者根据收入和财富的多少、工作类型以及受教育程度等客观标准把人们归到一定的社会阶级。社会学家就这样通过为每一个社会阶级的成员确定“切割点”，武断地建立了阶级界限。马克思的“资本家”和“工人”，以及现代关于中产阶级（或者白领）与工人阶级（或者蓝领）的区别，就是用这种方法来确定社会阶级的例子。

很明显，用这种方法来确定社会阶级的位置序列并不是没有困难。批评者认为，阶级之间的切割点有时没有意义。例如，按照客观法，如果年收入 25 000 美元是较高阶级成员资格的切割点的话，一个年收入 24 999 美元的人将被划分在比年收入 25 000 美元者低的阶级里。此 203
外，批评者还担心这些“客观的”阶级成员往往没有意识到他们的阶级身份。

然而，从积极的方面来看，客观法特别有助于社会学家进行定量研究。另外，虽然人们公认一个年收入 24 999 美元的人的生活方式与年收入 25 000 美元的人没有差别，但是他们都很可能与年收入 10 万美元的人生活有很大不同。

声望法。这种方法要求社区成员指出他们镇子中或地域内的阶级数量与性质。还要求这些人说出社区成员所属阶级的名称，也就是要根据人们的声望确定其在阶级中的位置。使用这种方法的社会学家认为，只有“内部人”才能明白特定社区的社会阶级结构。

批评者说这种方法过于强调声望，而对比较客观的经济和政治因素重视不够。此外，这种方法在大家相互认识的小社区最有效，而在一个较大的社区或进行社区比较时就不那么有效了。

主观法。调查员用这种方法要求被访者对他们自己进行社会阶级定位。这种方法抓住了社会阶级的主观方面，即人们自己如何看待阶级制度以及他们自己在其中的位置。使用主观法的一个问题是，在有些文化中有忽视阶级差别的重要性的倾向。例如，美国社会学中很重要的中 204
产阶级与工人阶级之间的区别往往模糊不清，因为媒体和政治家们常常认为并不富裕的人或是穷人具有“中产阶级”的特征。

另外，在美国，许多工人阶级成员也认为他们自己具有中产阶级而不是工人阶级的地位，出现这种情况的部分原因是，第二次世界大战以来，他们的经济生活水平提高了。他们现在能够买得起曾经是白领中产阶级标志的物品，并在一定程度享受曾是中产阶级标志的生活方式［赖特和马丁（Wright & Martin），1987］。

（三）阶级意识与虚假意识

社会阶级成员具有的、涉及他们共同处境和利益的共同意识，叫阶级意识。与其他发达国家的公民相比较，美国人很少有阶级意识。如前所述，这种低水平的阶级意识尤其是美国工人阶级的特点。

马克思主义社会学家喜欢把美国这种低水平的阶级意识看作是虚假意识的例子。虚假意识显示出一个人对现实的主观理解与客观事实不一致。大多数美国人接受了这样的核心意识形态观念，即机会平等实际上是美国阶级制度的基础。政治家以及与美国上层社会一致的公众人物反复宣称，阶级不是美国社会生活的重要特征。这些都明显促成了虚假意识。因此，大多数美国人并不认为他们国家的社会制度非常有利于少数精英阶级，反映了私人财产分配不平等现象。

美国社会阶级意识水平低也是种族、宗教、民族以及地区差异的结果，这些差异往往超过甚至掩盖了阶级差异。美国生活中存在着大量的差异，社会阶级只是美国人区分他们自己的一种方式。美国人往往把注意力集中在年龄、性别、教育、种族以及宗教方面的不平等上，而不去考虑阶级问题。

美国生活中阶级意识水平最高的很可能是这个国家的上层阶级成员，特别是那些几代富有的人。这个群体强烈地意识到他们处于一个独特的位置，有着共同而明晰的背景，有着共同的利益（Coleman & Rainwater，1978）。

五、社会流动

社会流动指就一个人或一群体而言，从一种地位或社会阶级向另一种地位或社会阶级的变化。一般用语中，“社会流动”意指向上移动或社会地位的改善。但是对于社会学家来说，向上流动只是社会流动的几种形式之一。人们也可能向一个较低地位移动（向下流动）。个人地位无论是向上流动还是向下流动都叫垂直流动。

（一）开放社会与封闭社会

分层体系因人们在其中从一个社会地位向另一个社会地位移动的难易程度不同而有所区别。一个完全开放的社会从来没有存在过。但是，假如真有这样的社会，人们就可以取得他们的天资、能力和愿望允许其得到的任何地位。一个开放的社会不会是一个平等的社会，不平等的社会位置将仍然存在，不过这些位置将主要按功绩大小来填补。所以，这样的一个体系可以称为理想的精英管理社会。

在一个完全封闭的社会里，每个人一生下来或者到一定年龄就会分配到某种身份或地位。这种地位将永远不会改变。尽管有些社会近乎极端封闭，但完全封闭的社会从来就没有过。

相对开放与相对封闭社会之间的主要区别在于社会地位的混合程度。开放社会的特点是依赖自致性身份地位的程度大大超过封闭社会，而封闭社会更依赖于先赋性身份地位（自致的与先赋的身份地位在第 4 章已经讨论过）。许多研究表明，像美国这样的工业化、技术先进的发达社会一般较为开放［赫兹尔里格和加尼尔（Hazelrigg & Garnier），1976］。相反，经济以农业为基础的前工业化社会一般相对封闭［艾森斯塔德（Eisenstadt），1971］。

甘地时代以前的印度就是一个较封闭社会的例子。在那个时代，种姓制度的规定通过法律得以强化。不过，即使是在这样一个社会中，也允许一定的社会流动。人们有时可以与较高种姓的人通婚，或者通过获得较高种姓成员的庇护而获得教育和较好的工作。这样的个人，或者至少是他们的孩子，以后就能够进入更高一级的种姓。有时整个群体都在流动，这样的话整个社会的等级体系就改变了。

（二）社会流动的条件

社会学家通常分析两种社会流动：代际流动与代内流动。第一种类型，即代际社会流动，是将父母的社会地位与其子女或孙子女所获得的社会地位相比而言的；代内社会流动是指个人在其一生中的社会地位变动，例如，某个人从一个较低的社会阶层开始逐渐变得富有。不过，205
两种情况都会既有向上的流动也有向下的流动。

1. 向上流动

一项开拓性研究发现，在特定社会，有两个条件似乎特别容易产生向上的流动：这就是先进工业的发展和大规模的学校教育［福克斯和米勒（Fox & Miller），1965］。随着社会工业化程度的提高，不需要多少技术的低工资、低地位的工作逐渐减少。这些工作最容易被机器替代。同时，更多的中、高水平的工作添加进来，由社会或经济体系（不是个人成就）的这种变迁所产生的向上流动，叫做结构性流动。

然而，如果父母地位较低的子女得不到所需的知识和培训，高级工作岗位就占不满。发达社会试图用公立中学和高等教育制度来满足这种需要。一项研究结果显示，在美国“判断青年人最终将获得的地位高低或收入的多少，一个最容易观察的指标就是接受学校教育的年数”［詹克斯等（Jencks et al.），1979］。不过，这主要是因为学校教育提供了知识和技能，还是因为学校教育是一种分配工作的筛选制度？人们尚不清楚。

与高水平向上流动联系在一起的其他因素有大众传播、城市化和地理上的移动等［特雷曼（Treiman），1970］。此外，在向上流动与一个社会的政府形式之间有着一定关系。独裁政府一般对向上流动和收入平等有消极影响，而民主政治一般具有积极影响［泰里、塞约挪吾和霍奇（Tyree，Semyonov & Hodge），1979］。

有些社会条件可能不利于向上流动。传统社会提供的上层社会位置很少，因此人们就很少有机会向上流动。在相当封闭的社会里，比如像印度，从一个身份地位到另一个身份地位的流动，可能受到传统或法律的禁止。此外，工业化本身并不总是保证向上流动，因为在地位较高的工作岗位上就业的人数可能相当稳定。例如在印度和埃及，尽管实现了工业化，但职业发展却很少，结果许多大学毕业生找工作非常困难［马特斯（Matras），1984］。

在美国，有很多个人的向上流动是拉尔夫·特纳（1960）所说的平等竞争的结果。相比较而言，在英国更常见的是精英们从中产阶级中发现有前途的新人，然后有意识地把他们吸收进地位更高的阶级，这一过程特纳称之为提携式流动（sponsored mobility）。

2. 向下流动

常识可能告诉人们导致个人向下流动的条件就是导致向上流动条件的反面。在一定程度上这是对的。得不到教育、很小就结婚以及拉扯一个大家庭都与向下流动有关。如果一个非常大的家庭不能给所有的孩子提供学校教育以及其他条件，那么生在这样的家庭也可能会导致向下流动。

其他导致向下流动的环境可能没有那么直接。虽然生活在城市通常与向上流动相关（Lipset & Bendix，1964），但是有些研究已经表明城市生活也可能促进向下流动（Fox & Miller，1965）。例如，对许多刚到城市的新移民来说，都是典型的向下流动［马戈利斯（Margolis），1990］。简而言之，城市生活促进了种种形式的流动。相反，小城镇和农村生活无疑与较低的流动率相关。

令人惊讶的是，向下流动很少受到社会学家的关注，部分原因是在整个美国历史中向上流动的机会太多，以致向下流动可能就显得不是一个很重要的话题。不过，下一章将要讨论的近来美国经济的变化，说明我们可能处于一个新时代的边缘，在这个时代中向下流动会比以前变得更为普遍，这是一种既会对个人也会对整个社会产生各种负面影响的趋势。

（三）妇女的社会流动

直到最近为止，大多数关于社会流动的研究对象主要是男子，尤其是对儿子与父亲进行比较。对妇女流动的研究已经获得了一些重要发现，这一研究随着越来越多的妇女进入劳动力市场而日益普遍。这些研究也不得不考虑一些有意思的方法论问题。女儿的职业应当与其父亲还是母亲抑或与父母双方进行比较？难道妇女不是既可以通过婚姻也可以通过劳动力市场获得流动吗？

一项研究表明，妇女的职业流动受到父母双方职业地位的影响［罗森菲尔德（Rosenfeld），
206 1978］。在女性社会流动的研究中，无论母亲是否外出工作，她所占据的职业地位都是必须考虑的重要因素。当然，在男性流动的研究中也必须越来越多地考虑这些因素。根据一项此类研究，在职业母亲与其儿子职业地位之间似乎存在正相关，但与其女儿的职业地位则没有这种关系［休厄尔、豪泽和沃尔夫（Sewell，Hauser & Wolf），1980］。

另一研究者发现，妇女可以通过婚姻获得的社会流动，比男子通过职业获得的社会流动要
207 大得多［蔡斯（Chase），1975］。这项研究揭示，男子的第一个工作一般“继承”其父亲的职业地位。然而，妇女往往和一个与其父亲职业地位相去甚远的男人结婚，因而与其丈夫的职业地位更为相关。婚姻未必总是与向上流动联系在一起，一项研究认为，通过婚姻的流动向下与向上概率相当［格伦、罗斯和塔利（Glenn，Ross & Tully），1974］。

208 总的来说，研究表明接受教育与获得职业的过程对职业男性和职业女性来说已经非常相似［特雷曼和特雷尔（Treiman & Terrell），1975］。职业条件对于两性来说都是相同的，通往较高职业地位的道路主要是教育。然而，女性仍然主要集中在“粉红领”职员和服务行业的工作上，这些工作一般薪水和声望都较低［伯纳德（Bernard），1981］。

希拉里·克林顿的社会流动与职业地位更多地和她总统夫人的角色相关，
还是和她作为一个成功的律师和政客的成就有关？

社会学之窗 206

富人与超级富豪

你认识多少富人？一个人要有多少钱才可以成为富人？很多美国人会说年收入要达到 100 万美元才能称为富人。以此作为标准，就意味着大约有 7 万美国人是富人——至少根据 1994 年国内税务的数据是这样的［哈克（Hacker），1998］。他们是什么样的人呢？从个人来说，你可能不认识他们，但是你可能会猜到他们是哪些人。许多职业运动员会名列其中。根据安德鲁·哈克（Andrew Hacker）的研究，246 名足球运动员、241 名垒球运动员以及 159 名曲棍球运动员 1995 年收入至少 100 万美元。全国篮球协会（NBA）不愿意报告单个球员的薪水，不过，可以这样说，差不多一半的 NBA 球员薪水至少也达到 100 万美元，因为球员的平均薪水是 160 万美元。

好莱坞影星的收入也可以达到 6 位数。1996 年，《娱乐周刊》报道有 133 位明星每年收入至少达到 100 万美元。这些超级明星中有男性 96 位，女性 37 位。金·凯瑞（Jim Carrey）、约翰·特拉沃塔（John Travolta）、梅尔·吉布森（Mel Gibson）、汤姆·汉克斯（Tom Hanks）和阿诺德·施瓦辛格（Arnold Swartzenegger）每部影片大约可收入 2 000 万美元。黛咪·摩尔（Demi Moore）和朱丽叶·罗伯茨（Julia Roberts）每部影片可挣 1 200 万美元，而桑德拉·布洛克（Sandra Bullock）和米切尔·菲弗（Michelle Pfeiffer）每部影片可拿到 1 000 万美元。

当美国人想起这些名流的时候，他们可能会认为这些人是美国最富有的人。然而，事实上，他们的财富无法与最富有人相比。奥普拉·温弗丽（Oprah Winfrey）是传媒界最有影响力的女性，只值1.25亿美元（*Forbes*，1998）。斯蒂芬·斯皮尔伯杰（Steven Spielberg）只有1.75亿美元的财富。甚至杰瑞·桑菲尔德（Jerry Seinfield）也只有2.25亿美元的财富，达不到《福布斯》所列的最富有的美国人的标准。

超级富豪本身有一个范围。1998年确定的标准是个人财富要达到5亿美元。不久的将来标准一定会超过10亿美元。《福布斯》富豪榜上400位最富有的美国人中大约有一半已经是10亿美元富翁。比尔·盖茨估计拥有580亿美元的财富，他已经连续5年高居榜首。榜上最富有的9位富豪的财富每人超过100亿美元，其中有5位的财富是从沃尔玛（Wal-Mart）的创始人山姆·沃顿（Sam Walton）那里继承的。如果沃顿今天还健在，他会以净值550亿美元的财富与比尔·盖茨一比高低。

1918年《福布斯》第一次编辑美国富人榜的时候，限定30个名额，要求每位财富达到5 000万美元（Hacker，1998）。当约翰·D·洛克菲勒的财富估计大约有12亿美元（相当于1997年的128亿美元）的时候，他就荣登产业巨子的榜首，榜上有名的还有H.C.弗里克（H.C. Frick）（钢铁）、安德鲁·卡尼吉（Andrew Carnegie）（钢铁）、乔治·F·贝克尔（George F. Baker）（银行业）、威廉·洛克菲勒（William Rockefeller）（石油）、爱德华·哈克尼斯（Edward Harkness）（石油）、J·奥格登·阿墨（J. Ogden Armour）（肉类加工业）、亨利·福特（Henrry Ford）（汽车）以及威廉·K·凡德比尔特（William K. Vanderbilt）（铁路）。

与今天的亿万富翁不同，积累这些财富需要很多年。他们的财富是建立在像钢铁厂、铁轨或者制造业工厂的资产之上的（Hacker，1998），没有人是一夜暴富的。由于有充足的资本可以开始投资，那么就必须建立工厂，确保其正常运转［斯隆（Sloan），1997］。另外，尽管市场能够使企业升值，但是产品的价格也不会过分偏离它们的实际成本，也不会与消费者愿意支付的价格相差很大。最近20年制造业向高技术转移，根本改变了美国人发财的方式（见表9—4）。今天，财富是通过飙升的股票获得的，从事计算机技术的公司更是如此。

由于财富的最初来源从有形转向无形，也就是说，从制造业产品转向思想，我们将会继续看到一夜暴富的现象。不过，这种新经济不一定对所有美国人有利（Sloan，1997）。事实上，许多人将被甩在后面。如果你认为他们会对这些新富豪们不满，就要三思。即使很难判定像迈
207 克尔·乔丹这样的超级运动员2 500万美元年薪或者电影明星一部影片就可挣2 000万美元是否合适，美国人还是愿意为这些富人发财出力（Hacker，1998）。他们也正为像比尔·盖茨这样的超级富豪的财富添砖加瓦。

表 9—4　过去和现在的富翁

姓名	财富来源	亿美元
1918年		
约翰·D·洛克菲勒	石油	128
H.C. 弗里克	钢铁	24

续前表

姓名	财富来源	亿美元
安德鲁·卡尼吉	钢铁	21
乔治·F·贝克尔	银行业	16
威廉·洛克菲勒	石油	16
爱德华·哈克尼斯	石油	13
J·奥格登·阿墨	肉类加工	13
亨利·福特	汽车	11
威廉·K·凡德比尔特	铁路	11
爱德华·H·R·格林	继承遗产	11
1998年		
比尔·盖茨	电脑	580
沃顿家族	沃尔玛	550
沃伦·菲特	投资	290
保罗·艾伦	电脑	220
考克斯家族（Cox Family）	传媒	142
迈克尔·戴尔	电脑	130
斯蒂芬·安东尼·鲍尔默	电脑	120
约翰·克卢格	传媒	98
乔登·莫尔	电脑	70
萨姆纳·雷德斯通	传媒	64

注：1918年数据调整了通胀因素。

资料来源：1918 figures from *Newsweek*, August 4, 1997, p. 50. Copyright © 1997 Newsweek, Inc. All rights reserved. Reprinted by permission. 1998 from *Forbes*, October 12, 1998; http://www.forbes.com. Reprinted by permission of Forbes Magazine. © Forbes Inc. 1999.

六、分层理论

为什么会出现社会分层？为什么在财富、权力和声望等方面人们的社会位置表现出如此大的差异？这些问题一直是社会学家进行理论探索与实证研究的焦点。其间出现了两个基本相对的答案。功能主义理论家认为，为了社会正常运行，一定程度的社会不平等是必要的。冲突论理论家认为这样的不平等既没有作用也不公正，它倒是上层人对下层人剥削的结果。功能主义和冲突论理论家都特别重视职业，把它看成是社会地位最重要的标志。

（一）功能主义理论

金斯利·戴维斯和威尔伯特·莫尔（Kingsley Davis & Wilbert Moore, 1945）的经典分析

最为充分地表达了功能主义的观点。他们的基本观点是社会不平等不仅是不可避免的，而且事实上对于社会的正常运转也是必要的。

他们的理论以这样的观察开始，即任何一个社会中都有一些工作比另外一些工作更重要。特别是，有些职位由最有资格的人承担，对保证该职位的正常运转来说至关重要。很容易想到的例子是医生、政治、军事和法团领域的领导人、工程师以及律师。如果占据这些位置的人能力不足，其社会后果将是灾难性的。

这并不是说其他许多职位，比如像卡车司机、垃圾清运工或者厨师不重要，而只是说从事这些工作的人因能力不足而造成的社会危害相对来说没有那么严重。如果垃圾清运工工作不是很出色的话，结果我们可能得到的是橘子皮和咖啡渣成堆；但如果我们允许笨拙的人当脑外科医生，那么结果可能就远远不是有问题了。

请注意，戴维斯和莫尔所挑选的重要职业都要求接受很多教育或培训。寻求这类职业的人，为了取得与之相匹配的资格要花很多年做准备。另外，这些工作绝大多数都对任职者的时间、精力和自我牺牲有很多要求。成功的医生、工程师以及政治领袖很少有每周只工作 40 个小时的！

那么由此引出的问题是，如何使最有能力的人为从事这些具有挑战性的职业作出必要的牺牲。戴维斯和莫尔认为，可以通过给这些占据社会最关键职位的能人提供更多的实质性刺激（财富、权力和声望）来保证做到这点。他们认为，因为我们这样保证了此类必须熟练完成的工作将由我们中最优秀最聪明的人来完成，这样，在报酬上对这些人予以倾斜，我们所有的人都会因此而获益。

这个看法尽管有点道理，但还是遭到了严厉的批评（Tumin，1953；Wrong，1959）。有一件事情是相当清楚的，有些职业报酬很高，尽管它们也可能需要一些只有很少一部分人才掌握的技术，但是对任何重要的社会目标都未作出贡献。体育运动员和摇滚歌手就是明显的例子。与此同时，像中小学教师、日托护理员、警察以及社会工作者之类职业无疑应当由能力较强的人来从事，可实际上他们的工资却很低。结果这些职业对最有能力胜任的人并不总是有吸引力，从而造成了巨大的社会损失。

针对戴维斯—莫尔命题，另一个问题是先赋性或继承性的优势可能会影响到不同资源配置
209 的逻辑。比如说，一个能干而收入丰厚的企业主管的无能子女，可能利用其父亲的资源来获得一个较高的社会地位，而一个能力强得多的工人阶级子女却得不到这样的好处。男性对女性以及白人对非白人的优势，同样可能影响到保证最有能力的人占据最重要的职位。

最后，一些批评者接受功能论的基本逻辑，但是担心现代社会中可资利用的报酬差别的程度。他们承认，医生得到的报酬比没有技术的工人高是很好；但是他们质问：一些人成为百万富翁，其他千百万人生活极度贫困，天生的技能得不到发展，而如果得到培养，这些穷人很可能会成为精英并对社会有贡献。目前千百万人陷于贫困对社会有好处吗？

采用功能主义观点所作的研究，其结果不尽相同。一位学者发现棒球队不同位置队员的报酬分配方式支持了功能主义的观点［阿伯拉罕森（Abrahamson），1979］。不过另一些研究者在分析商业主管的报酬分配中并没有发现支持功能主义观点的证据［布鲁姆和库欣（Broom & Cushing），1977］。

(二) 冲突理论

社会位置高的人获得巨大的财富、声望和权力，是因为这些社会位置对社会有价值吗？是不是因为他们获得了对稀缺资源的垄断并且为了自己的利益而不让这些资源广为扩散从而获得财富、声望和权力呢？冲突理论家倾向于持后一种观点。是什么因素决定谁得到什么呢？一句话，是权力（Dahrendorf，1959；Mills，1956）。

对于冲突理论家来说，不平等并不是社会运行必不可少的。它是强大群体对弱小群体剥削的结果。强大群体决定着哪些人将占据哪个职位以及谁将得到什么报酬。冲突理论家不承认职业报酬的极端不平等既对激励人们工作、又对有效地发挥社会动能是必不可少的。

大多数当代冲突理论是建立在卡尔·马克思的经典理论之上的。根据马克思的理论，资本主义的特点是两大阶级的冲突。正如本章前面所介绍的，统治阶级是资产阶级，他们拥有并控制生产资料。被统治阶级是无产阶级，他们为了生存向资产阶级出卖劳动。资本主义社会的需求物品的分配主要是以阶级为基础的权力不平等的结果（Rossides，1990）。

马克思认为统治阶级能够保持其权力主要是因为社会设置反映了他们的利益。宗教、教育和政治秩序一般来说都适于维持现状，而不是鼓励变迁减少不平等。马克思还认为被压迫的无产阶级常常受到虚假意识的蒙蔽，看不到社会秩序是不公正的，只要资产阶级仍然统治着，他们就不可能取得应得的社会报酬。构成资本主义社会阶级不平等的基础就是机会平等，但对机会平等这一虚假意识形态的接受，使工人阶级不能组织起来有效地追求他们真正的阶级利益。马克思希望无产阶级最终将能够抛弃虚假意识，获得真正的阶级意识，起来对压迫他们的阶级进行暴力革命。

为了更好地反映 20 世纪后期的经济、政治和社会现实，现代冲突理论家对马克思的理论作了修正。尽管这些理论家们吸收了马克思关于分层制度的主要观点，即这一制度对有钱人和有权人有利，那些由精英们发明的意识形态一定程度会蒙蔽中下层阶级，是使之上当的圈套，但马克思严肃的政治态度也被抛弃了许多。现代分层理论家还通过把分层体系中经济以外的因素（例如性别、种族和年龄）考虑进来以修正马克思的理论。他们有时也承认某种程度的社会不平等可能是不可避免的，因为事实上人们在才能和技术方面确实有很大差别。不过，所有的冲突理论家都认为，最好把结构性的社会不平等理解为强者与弱者之间不平等斗争的结果。他们都同意，除了那些想证明自己所占有的非分巨额社会需求物品是正当的人之外，谁也不会为不平等辩护，这是现代社会的特点。

(三) 伦斯基的理论

格尔哈特·伦斯基（1966，1984）有力地说明了功能主义和冲突论的观点都有一定经验效度，两者应该结合起来对分层作一个更准确的分析。他还认为，有必要以大历史的眼光来看待 210
分层，因为分层的特点是随着时间而变化的。

伦斯基指出，在小型的前现代社会里，物品和服务主要是根据需要分配给其成员的。权力几乎与社会报酬没有关系。然而，社会越现代，在形成分层体系方面权力确实就越重要。伦斯基指出，假定在他人的利益和自己的利益之间选择，大多数人自然会选择他们自己的利益。因此，当社会第一次开始生产超出日常生活所需要的物品时，强者就会为他们自己安排获得更多的一份。

但是，强者的权力总是以其经济地位为基础吗？与马克思不同，伦斯基认为权力还有其他来源，其中一个来源是强大的政治领导地位。不过，伦斯基同意马克思关于占统治地位的阶级能够而且往往确实按有利于他们自己的方向影响社会有价值物的分配。

与许多冲突理论家相反，伦斯基认为有些不平等实际上可能促进了社会的功能。但他对一个没有阶级的社会并不抱有很大希望。这些观点又使他与功能主义思想的主要命题一致。

七、其他社会的分层与流动

在这一部分，我们将考察三个国家的社会分层与流动：英国、巴西和苏联。这些国家的分层体系与美国形成对比（这一点将在第10章详细研究）。英国是一个与美国很接近的国家，但是它的阶级体系更为严格；巴西的分层状况代表了发展中国家一个比较典型的类型；苏联的分层模式反映了一个社会主义国家的经济体制。

（一）英国：阶级与福利国家

第二次世界大战以后很长一段时间，英国都是由工党执政。该党主要代表工人阶级的利益，把英国变成了一个福利国家，内容包括像国家资助的卫生保健和教育之类的广泛社会服务。即使这样，一直具有明显阶级结构的英国仍然还是一个带有实际社会不平等特点的国家。根植于有几百年历史贵族家庭的上层阶级仍然控制着国家的大部分财富。尽管20世纪五六十年代繁荣时期提高了全体英国人的收入水平，但是财富和收入在社会各阶级中的不平等分配并没有重大变化［戈德索普（Goldthorpe），1987；韦斯特加德和雷斯勒（Westergaard & Resler），1976］。

然而，这种收入不平等模式与包括美国在内的其他许多发达国家没有很大区别。比较明显的一点区别就是英国人看待他们阶级结构的方式。与把其社会看成是由许多模糊交叉的阶级组成的美国人不同，英国人认为他们的社会只有几个非常明显的阶级。另外，大多数美国人用收入和职业来定义阶级身份，而英国人则更喜欢用权力和对财富的控制来界定阶级身份［贝尔和鲁宾逊（Bell & Robinson），1980］。传统上英国社交界分为“我们”和“他们”，谈吐、教育和生活方式上的明显区别保持着这种分野。

英国上层阶级通过继承和共同的教育背景保持其财富和权力地位。许多占据有影响位置的人在专门的私立学校（在英国叫公学）上学。这些学校的昂贵费用使得入学者只可能是富家子
211 弟。从这些学校考走的大学生有一半要么上牛津要么上剑桥这样一些最受英国人景仰的大学，而国立学校里只有10%的学生考上牛津或剑桥。这种排他性的、高质量的教育背景强化了上层阶级成员之间的共同价值观，有助于他们之间建立终生的联系，而这又能使他们比较容易地

进入像牛津和剑桥这样拥有高质量教育条件的大学，英国青年精英们可以确定自己成为下一代的商业和政府领导人。

进入权力和领导位置［诺布尔（Noble），1981］。

不过，这种模式正在逐渐变化。尽管现代英国大家族的财富仍然主要建立在财产继承上（1%的人口控制着全国大约25%的财富），但是国家的高税率可能慢慢削减这些财富。而且即使英国最富的200个人中大多数继承了财富，但其中也还有86个是靠自己发的财［奈特（Knight），1989］。实际上，有些观察家认为近年来保守党政府所强调的鼓励私人企业的发展会弱化阶级界线，产生20世纪后期之前英国闻所未闻的阶级融合。

二战后英国向上的社会流动确实有明显的增多。例如，1951年英国73.6%的职业男子从事体力工作，26.4%的人从事非体力工作。到1966年为止，这些比例几乎倒了过来：34.2%的人从事体力工作，65.8%的人从事非体力工作（Noble，1981）。这一变化既归功于国家的福利措施，也可能起码在很大程度上要归功于英国经济发展带来的结构性流动。这种发展到20世纪70年代已经结束，后来英国社会的流动率实际上没有变化（Goldthorpe，1987）。

20世纪80年代，玛格丽特·撒切尔担任首相时，英国经济进入了一个非常强盛的发展时期［赖德和西尔韦（Ryder & Silver），1985］。撒切尔时代对社会分层的影响仍然需要研究，但是一些评论家认为她的政策——减少国家福利并且强调自由市场的重要性——增加了收入、卫生和生活条件方面的阶级差别［赫德森和威廉斯（Hudson & Williams），1989］。20世纪90年代后期以前，在托尼·布莱尔当政时期，英国经济继续保持强劲势头。

（二）巴西：传统与发展

巴西是一个重要的第三世界大国。第三世界的一个主要特点就是贫穷。巴西的人均国民生产总值只是美国的18%和英国的25%。第二次世界大战之前，巴西穷人的儿子几乎肯定要受穷，而富人的儿子却一定富有。因此，阶级身份实际上一直是继承的，向上流动的机会很少。

第二次世界大战以前的巴西社会是由两大主要社会阶级构成：由地主、专业技术人员和政府官员组成的人数不多的上层阶级，以及由体力（主要是农场）劳动者和工匠组成的广大下层阶级。上层阶级的权力主要依靠他们对大量土地的所有权，这个阶级的成员既控制着农村又控制着城市，统治着国家。下层阶级的巴西人贫穷，上不了学，过着悲惨的生活。

两大阶级之间是一种主人和扈从的关系。在这种家长式统治的关系中，下层阶级的劳动者依附于上层阶级的主人，这些主人可能是雇主、地主或债权人。劳动者向他们的主人表示忠
212 诚，得到的回报是被保护和物质支持［诺里斯（Norris），1984］。

第二次世界大战以来，巴西经济发展很快，已经从农业国变成了一个具有工业化基础的国家。巴西的农业部门仍然很重要——它种植的咖啡比世界上其他任何国家都多——但是今天该国的经济不断以钢铁、汽车、纺织、造船、机械和石油化工等工业为中心［《世界年鉴》（*World Almanac and Book of Facts*），1994］，工业化的发展使该国的社会结构发生了很大变化：中产阶级迅速崛起，出现城市工人阶级，不隶属于扈从与主人关系的农村工人阶级成长起来，同时出现了新的城市精英［雷纳（Raine），1974；桑德斯（Saunders），1971；瓦格利（Wagley），1971］。

然而，巴西阶级结构的变化并不意味着社会不平等已经减少了很多［罗尼格（Roniger），1987］。1983 年巴西最穷的 40%的人口的收入仅占国民收入的 8.1%，而最富的 10%的人口的收入却占 46.2%（World Bank，1991）。农村和城市的大多数穷人仍然生活在极度贫困中，其中有些人处于半饥半饱状态。

虽然第二次世界大战以来巴西的阶级结构已经发生了改变，然而社会不平等并没有减少很多。大多数巴西穷人仍然生活在赤贫状态。

（三）苏联：一个无阶级社会中的不平等

1917年俄国十月革命产生了苏维埃联盟，它部分地受到马克思主义关于要消灭阶级不平等的基础，特别是财产私有制学说的指导。苏联政府由共产党控制着，实行无产阶级专政。这意味着其他阶级的权力和声望不被承认，而且其他阶级最终将消失，使苏联成为一个单一阶级（或者无阶级）的社会。75年后，苏联寿终正寝了，它受到了大批强大力量的致命打击，其中一些力量来自这个想象中的无阶级社会出现的结构化不平等制度，尽管官方努力阻止这种不平等的发展。

在苏维埃体制中，政府官员、知识分子和许多艺术家、体育运动员以及演员获得有价值物品和服务的机会比普通苏联公民要多得多。甚至随便看一下苏联的生活，就可以看到这一点。苏联模式的支持者并不否认这一点［特厄恩（Theen），1984；丹尼洛夫（Daniloff），1983］，他们要争论的是这些不平等是否代表了阶级分化。

关于这种不平等，苏联官方态度主要是功能主义的：从事需要训练多年才能适应的、难度较大的工作的人，得到的报酬必须比别人多。报酬包括诸如进特权商店、配有专车，有权生活在莫斯科或者其他条件优越的地方（*New York Times*，February 10，1979）。苏联体制的护卫者们争辩说这些不平等与阶级分化有很大区别。他们给出的一个理由是获得这些高级位置所需要的教育是按照能力对所有苏联人开放的。另一个理由是财富既然不是私有，那么不平等就不会有利于财富所有者的个人利益，而是用来促进国家的高效运转，服务于社会的共同利益［扬洛维奇和弗希尔（Yanowitch & Fisher），1973］。

实际上，在苏联存在着四个主要阶层或社会分化：政治精英（其中妇女很少）、知识分子（包括下层政府官员和专业技术人员）、城市体力劳动者以及农村劳动者［莱恩（Lane），1984，1987］。政治精英们占据着统治国家的官位。他们通常得到的是上层阶级的报酬，他们没有财产，但是拥有使用和享受国家财产的不平等权利。他们的收入也比其他社会阶级成员高得多。

苏联最大的差别是在执政的共产党（包括政治精英和知识分子）和众多的非党派公民之间。政治精英试图阻止阶级的形成，他们以实现无阶级的理想来证明这一行动是正当的。然而，这一行为也是出于害怕“阶级，就像其他独立的社会集体或组织一样，可能企图对党的权威构成挑战”［帕金（Parkin），1971，p. 139］，他们这样做，也是因为其成员的特权位置，赋予他们维护不平等制度的能力。

非党派人士中，非体力劳动者与体力劳动者在财富和声望方面有明显的区别。在体力劳动者中，又存在着农村劳动者与城市劳动者之间的区分。许多体力劳动者由于城市工业发展创造的就业机会而迁移到那里，城市体力劳动者过得比农村体力劳动者好，他们也充分意识到了这一点［康纳（Connor），1979］。

工人的性别差异也存在。苏联是世界上妇女全日就业率最高的国家之一。直到苏联最后两年发生经济崩溃为止，20岁至49岁的苏联妇女有90%参加工作。妇女占领了教育、文化和娱乐领域的大部分职位，同时常常在传统上认为是“男性”职业领域中就业，如矿业工程与商业 *213*
性捕捞等。不过尽管她们表面上似乎得到了解放，但是妇女一般仍然要负责照顾家庭养育子女。部分由于很少有时间去接受有助于获得较好工作的后续教育，因而大多数妇女都集中在地位和工资较低的经济部门工作［拉皮德斯（Lapidus），1982］。例如，即使医疗部门90%的人是妇女，但是通常医院的领导或主治医生仍然是男子。

尽管苏联广泛存在着不平等，但是苏联体力劳动者相对于白领职业来说在声望和收入方面比美国的体力劳动者要好。例如，格尔哈特·伦斯基（1984）发现美国管理人员的工资是最低工资者的20到200倍、是平均收入的12到125倍，而苏联管理人员的工资只是最低工资者的15到25倍、是平均收入的5到10倍。伦斯基（1984，p.313）认为"苏联收入不平等程度比美国要低得多"。而且，苏联没有美国那么多精英位置被继承的现象，尽管人们知道高层官员通过行贿使他们的子女进入那些实际上有优势的学校读书［诺夫（Nove），1982；丹尼洛夫（Daniloff），1983］。

简而言之，事实说明苏联体制确实在一定程度上克服了阶级分化，虽然国家的重要资源有分配上的不平等，但这种不平等程度比像美国这样的市场经济国家要低，这是事实。关键的一点是，苏联和所有指令性经济国家一样，资源的分配是由中央政治权力即共产党所决定的。该党拥有对权力的垄断，能够减少很多经济不平等。然而，同样是这个权力也允许该党干了很多违反人权的事情，用暴力压制不同政治意见，对苏联社会和个人生活的大部分领域严格控制（Parkin，1971，p.184）。20世纪80年代初，对这些制度安排的清醒认识，加上严格的中央计划中的官僚主义所导致的经济失败，引发了人们对苏联制度的普遍怀疑。

从1985年到1991年，在米哈伊尔·戈尔巴乔夫的经济重建政策指导下所进行的改革，使市场和私有制在某种程度上合法化。例如，家庭农场就是被允许的私人企业类型，在这样的农场里农民能够向集体租用土地和设备，对作物种植有自主权［施拉朋多克（Schlapentokh），1988］。在一定条件下，也允许制造业方面的个人企业存在［《国会季刊年鉴》（*Congressional Quarterly Almanac*），1986］。

但是戈尔巴乔夫的改革收效甚微，为时太晚。1991年圣诞节那天，他迫于压力辞职了，3个月后共产党被剥夺了政权，宣布为非法组织，4天后11个苏联加盟共和国宣布脱离苏联。这些新独立的国家大多数立即开始建设复杂的市场经济基础的艰巨历程。当前这些国家的社会结构正在发生深刻的变化。随着市场和私有制开始占领巨大的国家官僚机构消亡时所留下的空缺，我们可以期望在这里看到中产阶级和阶级不平等的扩大［达尔（Dahl），1990］。

鉴于这些历史发展变化与不稳定因素继续存在，要想知道在苏联以后的各国中将出现的分层制度，会在多大程度上与西方市场化社会相似，是很困难的。有些人认为，一个平等的民主社会主义或者斯堪的纳维亚式的社会民主将在其中一些国家出现［兰迪（Landy），1991］，而另外一些人则预言一种右翼的、极权主义的民族主义形式将得到发展（*Time*，January 13，1992）。

复习与思考

1. 财富与收入有何不同？
2. 在美国，财富能买到权力吗？如果能买到，举一个例子。
3. 为什么声望常常与一个人的职业联系在一起？

4. 思考表 9—2 中所列的职业。指出通常与从事这些工作的人相联系的地位符号。

5. 社会经济地位是测量美国社会阶级的一种好的尺度吗？为什么是或者为什么不是？

6. 有很多美国名人可能表现出地位不一致。他们是哪些人？ 214

7. 描述历史上四种主要的社会分层制度。你认为此类不平等制度为什么可以持续这么长时间？

8. 今天美国还有阶级冲突吗？如果有，举一个例子。

9. 判定阶级分化最好的方式是什么？为什么？

10. 为什么美国的阶级意识比较低？美国社会中哪些人最有可能受到虚假意识的蒙蔽？

11. 为什么美国从农业社会向后工业化社会转型增加了社会流动？

12. 从工业化社会向后工业化社会转变会对结构性流动产生怎样的影响？

13. 几种理论都试图解释为什么不同的职业在声望、财富和权力方面存在这么大的差异。你赞成哪种理论？为什么？

网上练习

第 9 章网站是有关社会分层的话题。在搜索之前，请登录 Prentice Hall Companion 的网站 http：//www. prenhall. com/popenoe 。然后，选择第 9 章（社会分层）。再从屏幕左边选择网站。我们建议你从 Social Stratification 开始。这个网站有关于社会分层不同方面的相关网址的各种链接。点击 Stratification and Society，再点击 Some Principles of Stratification。读完网上文章之后，回答下列问题：

- 从社会学的角度看，分层的基本原则是什么？
- 你认为自己处于分层体系的什么位置？

关键术语

social stratification	社会分层	status symbol	地位符号
wealth	财富	conspicuous consumption	炫耀性消费
income	收入	status consistency	地位一致
power	权力	status inconsistency	地位不一致
prestige	声望	slavery	奴隶制
socioeconomic status（SES）	社会经济地位（SES）	caste system	种姓制
estate system	等级制	class consciousness	阶级意识
class system	阶级制度	false consciousness	虚假意识
class conflict	阶级冲突	social mobility	社会流动
class divisions	阶级分化	structural mobility	结构性流动

第10章 美国的社会阶级和贫困问题

216 这是6月一个和煦的星期六下午，4个30多岁的美国男子正在从事休闲活动。

詹姆斯这个星期刚开始就安排他的私人飞行员准备把他送往位于科罗拉多州阿斯彭市郊几英里外的别墅。如果是冬天，他肯定会去滑雪，可是现在他和妻子海伦正躺在游泳池里呷着香槟。此时，一大群佣人正在准备晚上的活动，为几十个客人筹备晚宴，大多数客人是事业有成的高级商人和律师。

查理斯正在令他愉快的城郊小镇的大街上漫步，他的妻子安正在商业大街为晚上去市里商业区一家美食店吃饭买一件新衣服。随后，他们将顺便去参加安在大学里的教授同事举办的鸡尾酒会，待上几个小时。

大约在同一时间，彼特正在离他家几英里之外的一个公共场地参加一场激烈的垒球比赛，他家在一个古老的郊区，房子普通。他的妻子多尔瑞此时在做第二职业，在一家超级市场当收银员。他们将叫人把比萨饼送到家里，晚上和亲戚们在一起看电视。

艾迪正和他的几个朋友在他城里寓所附近的球场上打篮球。他不时地拿出一瓶廉价啤酒，喝上一口。然后他可能玩落袋子弹戏，去他前妻芭芭拉家和他们的两个孩子待上一段时间，或者在街角逛逛。

大多数美国人不愿意多想社会阶级问题。事实上，我们常常听到政治家指责那些关注美国社会中阶级差别的人有一点“反美倾向”。我们不愿意公开讨论阶级，可能是因为美国人广泛接受这样一种思想造成的，即人们在经济上的成功几乎完全反映了他们自己的努力和能力，因此，在人们的头脑中，承认某人不配当中产阶级无异于骂他无能或者懒惰。谈论阶级简直是不礼貌。

不过社会学家们没有礼貌的奢望，他们必须按其本来面貌来描述社会。另外，社会学研究有力地说明，美国意识形态过于强调了个人应为自己的阶级地位负责。能力和努力确实对个人的地位有影响，但是父母亲的阶级地位也有影响，特别是那些出生在贫穷家庭里的人向上流动比大多数人想象的要难得多。不管怎么样，正如詹姆斯、查理斯、彼特和艾迪不同的休闲活动所说明的那样，美国确实存在着阶级，我们的地位对我们的生活方式有着很大影响。

当然，阶级差别绝不仅仅在于个人对休闲活动选择的不同。另外一些比较重要的区别包括得到医疗服务以及教育与职业的机会之不同。我们将在本章研究美国不同社会阶级所反映出来的生活标准的范围（range of living standards），研究社会阶级地位与生活质量之间的关系，特别要关注贫困问题。最后，我们将对所谓“社会福利”计划的范围作一简要的概述。

一、美国的社会阶级

在全美国的中小社区里，社会阶级的重要性是相当明显的。大多数人一般倾向于在他们自己的社会阶级内部选择朋友、配偶、雇员以及伙伴。另外，在阶级之间可能存在着巨大的联系障碍。工厂工人主要认识工厂工人以及从事相近工作的另一些人，他们通常很少与其他阶级的成员有接触，特别是那些离他们阶级较远的阶级成员。公司总裁可能过着更加封闭的生活，因为他们的权力和财富屏蔽了他们与其他阶级成员的接触。

在大城市里，有时难以辨别像在小城市那样明确界定的阶级集团。要辨别全国的社会阶级仍然较难。然而，因为全国的职业地位大体相近，又因为收入和财富可以按客观标准判定，因此，大多数社会学家都谈到了全美国的社会阶级。

美国有多少个阶级呢？有些社会学家认为只有三个：上层阶级、中产阶级和下层阶级。劳埃德·沃纳（Lloyd Warner，1949）是对美国社会分层进行经典研究的人，他把三个主要阶级中的每一个阶级按上层和下层再次分类，一共分出六个阶级。社会学家仍然经常使用沃纳的分层体系，尽管有一些变化。例如，许多社会学家认为只有五个阶级，省去了下上与上上阶级之间的差别。我们将用这种多少有点武断的五阶级划分法，讨论下面的美国社会阶级。表10—1概括了每一个阶级的特点。

（一）下层阶级

下层阶级由美国社会中离财富、权力和声望最远的人构成，目前大约包括20%的美国成
年人，主要是少数民族成员。下层阶级中儿童也比较多。下层阶级成员的明显特征是，受教育 *217*
水平低、缺乏谋生技术、失业率高、经济长期得不到保障。

从这些条件来看，难怪下层阶级的人一般悲观消沉、愤世嫉俗、逆来顺受、疑心较重（Rosenberg，1956）。尽管下层阶级的人可能想加入社会的主流，但是他们参加的团体以及投票比任何其他阶级成员都要少。下层阶级成员的地位在某种意义上似乎定型了，因为他们很少有可借以逃脱的资源。

表 10—1 美国五阶级在财富、声望与权力方面的差异

阶级（及占总人口的百分比数）	基本状况						声望				权力	
	收入	财产	职业	教育	个人与家庭生活	子女教育	职业声望	主观发展	消费	参加群体生活	政治参与	政治态度
上层阶级（1%～3%）	很高的收入，大部分来自资产	巨额财富，旧富有者，控股投资者	经理、专业技术人员	文科，精英学校教育	家庭生活稳定	子女均受大学教育	高职业声望	态度一致	有品位的消费			相信政治活动的效用
上层中产阶级（10%～15%）	高收入	通过积蓄积累财产	高级官员、高级军官，失业率最低	专业训练	自主人格，较好的身心健康及保健	教育制度有利于他们		自我感知完整	富有而舒适	在家族、宗教、种族、民族及功能群体中有较高参与	在投票及其他形式的政治活动中参与率高，包括占据政府高级职位	支持民权与自由的对外政策
下层中产阶级（30%～35%）	中等收入	很少固定资产，有些积蓄	小商人、农场主、初级专业技术人员、半技术人员、销售员与服务人员	一些人上大学、高中	预期寿命较长	比工人阶级子女上大学的机会多			中等生活水平，享受物质，又拥有精神信仰			反对政府的经济干预，反对福利计划

续前表

阶级（及占总人口的百分比数）	基本状况						声望				权力	
	收入	财产	职业	教育	个人与家庭生活	子女教育	职业声望	主观发展	消费	参加群体生活	政治参与	政治态度
工人阶级（40%～45%）	低收入	几乎没有固定资产，无积蓄	技术工人、无技术工人、失业率最高	一些人上过高中、初中、小学	家庭生活不稳定、单亲家庭，顺从人格	倾向于接受职业培训计划	职业声望低	态度不一致、自我感知不现实	消费水平低	较少参与群体生活		对政治行动的价值看得较低，除了少数民族外，大多反对民权
下层阶级（20%～25%）	贫困		剩余劳动力	文盲，尤其缺乏读写能力	身心健康较差、预期寿命较短	对教育无兴趣、辍学率高	在劳动力市场上无价值	很易患精神疾病	物质贫困，强烈的经济上的焦虑	社会隔离者	倾向于不投票或不参与政治	支持更为民族主义的对外政策，支持政府的经济援助及安全计划

资料来源：Daniel W. Rossides, *Social Stratification: The American Class System in Comparative Perspective*, © 1990, pp. 406—408. Reprinted by permission of Prentice Hall, Inc., Upper Saddle River, NJ.

下层阶级成员的地位在某种意义上似乎定型了，
因为他们很少有可借以逃脱的资源。

（二）工人阶级

工人阶级由稳定地从事体力劳动的人构成，是几个主要社会阶级中最大的阶级，其中大约有40%～45%的劳动力。这个阶级成员的特点是感到工作并不是一种“主要生活兴趣”[迪宾和戈德曼（Dubin & Goldman），1972]。工人阶级的状况在稳步改善，尤其是从20世纪30年代的大萧条以来更是如此。然而，它的成员并没有摆脱经济拮据、工作不稳定或者工作没有报酬的困境。近来许多蓝领行业的大规模失业表明了这一阶级成员的工作一直不稳定。

尽管他们收入相对较低，缺少工作保障，但是这一阶级成员并不是完全没有政治和经济权力。通过工会或者其他集体行动的形式，像清洁工人和公共汽车司机之类的职业群体已经能够获得相当高的工资。事实上，他们往往比那些像职员或者教师之类学历较高的人挣的钱多。

工人阶级成员下班后与同事的交往没有中产阶级多，而且在家里他们一般不经常谈论工作[科马洛维基（Komarovsky），1964；鲁宾（Rubin），1976]。工人阶级成员业余时间可能观看球赛、去野营或者修理汽车。不过，在某种程度上所有美国人都从事这些活动。

218 **（三）下层中产阶级**

这个“白领”阶级大约占劳动人口的30%～35%，它既包括小业主也包括在政府、商业和工业部门等大型机构工作的人。这个阶级的成员从事知识型而不是体力型工作，典型的工作有职员、保险代理、中小学教师以及售货员。下层中产阶级的声望比工人阶级高。不过，由于这个阶级的成员一般不联合，所以在某种意义上他们的集体力量还不如工人阶级。

下层中产阶级成员有时特别在意声望和地位，成为地位追求者（status seeker）（Mills，1951）。也就是说，他们用相当大一部分收入来购置能够作为地位标志的物品和服务，其中包括小汽车、住房以及休闲活动。

虽然工人阶级收入相对较低，缺少工作保障，但是他们并不是没有政治和经济权力。
通过工会，工人阶级职业群体可以争取到更高的工资和工作保障。

传统上，这个阶级的成员一直信奉“新教伦理”（马克斯·韦伯创造的一个术语），这是一套强调勤勉、诚实、节欲、责任的道德与伦理原则［罗特曼（Rothman），1978］（当然，这套伦理并不仅限于新教徒）。

（四）上层中产阶级

上层中产阶级是现代社会中最新出现的阶级［本斯曼和维迪奇（Bensman & Vidich），1971］，它的出现主要是因为技术社会中对专门知识的需求。这个阶级的成员大约占整个劳动人口的 10%～15%，占国民收入分配的 20%。他们除了收入较高以外还享有相当的权力和声 219
望。他们的很多权力来自拥有诸如美国医疗协会等强大专业团体的成员资格，这些团体在增进他们自己的利益方面起很大作用。

与其他阶级成员相比，上层中产阶级成员比较喜欢寻找一些能够满足他们主要生活兴趣的工作，他们大部分社会生活可以围绕工作展开（Dubin & Goldman，1972）。

上层中产阶级成员的社会背景相当复杂，至少与上层阶级成员相比是这样的，他们从事各种工作，范围从牙医、律师和医生等自由职业到拿薪水的公司主管这样的职位。这个阶级与下层社会阶级成员相比，阅读的报刊较多，看电视较少（Rossides，1990）。

（五）上层阶级

上层阶级是美国最有权、最富有的群体，大约只占美国总人口的1%～3%。上层阶级成员占据着大型商业、娱乐业、工业、政府以及军事等部门的许多高层位置（Rossides，1990）。尽管这个阶级非常富有、非常有权，但是其成员在许多人眼里名声并不是非常完美。部分原因在于，他们有能力远离不太幸运的美国人所遇到的日常问题。

上层阶级的生活方式一般比较保守，往往比较优雅，由于受教于私立学校以及参加专门的俱乐部而显得高贵。上层阶级的许多成员试图通过，比如基金会和慈善事业，把他们的姓氏保
220 存下来。正如上一章所指出的那样，上层阶级的成员比其他社会阶级成员的阶级意识要强。他们充分意识到其在社会中的特权地位。

上层阶级成员一般把他们的阶级看作是与生俱来的一个类属。那些“新富”们（即暴发户）也许能够得到名义上的承认，但是他们的社会地位与那些几代有名的大家望族相比不可同日而语。

上层阶级的男子往往是一些专业人员或者金融家，而上层阶级的妇女一般习惯于在其社区中从事志愿工作。这些妇女不是在医院的走道里推小车或者接学校的电话，但是她们为博物馆、交响乐、儿童福利委员会以及其他类似的文化与社会事业筹集资金［奥斯特兰德（Ostrander），1984］。

媒体社会学

贫困：看不见的新闻

1998年11月30日，《圣·路易斯邮差报》（*St. Louis Post-Dispatch*）讲述了一个故事，题为“挣扎在贫困中”。与大多数报道贫困的文章不同，记者德福·多乐把视线转向了美国社会中不被人注意的部分。多乐称这些穷人为需要我们帮助的邻居，他确定了这个城市中100个最需要帮助中的10个案例，它们包括：

案例21：

A先生在得知他的两个儿子被其母亲虐待后，想设法获得对他们的监护权。两个儿子，一个10岁、一个11岁，都有哮喘病。大儿子常因哮喘犯病而住院治疗。

A先生没有充足的医疗保险。他有临时工作，可是，当他工作的时候，他的医疗补助就会被取消，由于他大儿子哮喘病很严重，因此，他很担心取消医疗补助。

他需要为儿子提供衣服和鞋子，但是，真正会使这个家庭过节愉快的是A先生有一份稳定的工作，这将会使他能够重新站立起来。

案例 23:

G 女士，28 岁，离异。她现在承担抚养 5 岁的侄子的责任，这个孩子被他母亲遗弃。G 女士的社工人员称这种善举为“值得称道”，从 G 女士失业这一点来说，更是如此。

客厅家具以及 G 女士和她侄子的过冬衣服是要重点考虑的。

案例 26:

J 女士，27 岁，一场大火之后，损失大部分家当。一个邻居醒来看到了火焰，给消防部门打过电话之后，这位邻居把 J 女士的门踢开，进屋叫醒她和 3 个孩子。

她失业，不能兑现给孩子吃一顿圣诞大餐和几件礼物的承诺。这个家庭比较需要的是毛毯、床单和厨房用具。

案例 27:

当 34 岁的 H 女士被解雇之后，她带着 5 岁和 2 岁的两个孩子搬到她母亲的地下室住，因为她付不起房租。

H 女士的社工人员说她 5 岁的儿子告诉她：“我妈妈一直吃不饱”，因为她把大部分食物给孩子们吃了。捐赠 200 美元就可以让她为孩子们购买食物和圣诞礼物。

虽然大多数美国人知道这些情况，但是媒体很少报道贫困或者穷人的困境。不像白宫、华尔街或者市政厅，他们不是记者经常采访的对象。贫困具有季节性特征——在感恩节和圣诞节受到关注［李和所罗门（Lee & Solomon），1991］。 221

事实上，大卫·克罗托（David Croteau）和威廉·赫尼斯（William Hoynes）认为，“人们所了解的工人阶级和穷人的一般特征可能来自对犯罪报道的记者”（1997，p. 158）。从甘斯研究 20 世纪 60 年代和 70 年代媒体以来（1980），这种状况并没有改变。在描述谁经常在新闻中出现的时候，甘斯没有忽略谁没有出现。他写道：关于穷人或者关于贫困的故事也很少。1967 年，只有不到 1%的电视新闻，从 1967 年到 1971 年新闻杂志栏目中大体也是这个比例，讲述穷人或者贫困的故事，其中大多数故事是关于联邦政府反贫困战或者反饥饿政策的。后来，除了作为违法者，穷人就从新闻中消失了（1980，p. 26）。

今天，人口普查局定期发布的官方报告中通常含有对贫困的报道。虽然这些报告通常有富人和穷人之间巨大收入差距的数据，但是新闻故事则掩盖了阶级分化的事实（Lee & Solomon，1991）。新闻记者们不愿意使人们关注这些差距，而“阶级冲突”——一定会激起马克思主义观念——则是媒体的禁忌。

媒体将来似乎不可能增加对穷人的关注。这根本不符合媒体的利益，如果想关注穷人，记者的职业就有危险。比如说，可以想想悉尼·斯堪伯杰（Sydney Schanberg）的例子。他是《纽约时报》一位受人尊敬的记者，做过驻外记者、编辑和专栏作家。他犯的一个错误是调查一桩叫西路（Westway）的纽约市房地产交易。虽然开发商在杂志和报纸上刊登广告鼓吹这个项目是为城市造福，他们的动机却值得怀疑（Lee & Solomon，1991）。事实上，开发纽约市那块地方要搬迁很多穷人和少数民族家庭，在斯堪伯杰批评这个项目之后，他的栏目就被砍掉了，这一点很好理解。这种栏目根本不符合报纸的利益，因为报纸依靠投资于这个项目的地产商和开发商巨额的广告收入。

随着媒体的所有权向跨国公司集中的趋势不断增强，媒体对穷人状况的关注似乎不可能改变。尽管记者们在感恩节或圣诞节的时候可能会想起穷人，但是这些人一年中的其他时候将会继续被遗忘。

二、美国的社会流动

与其他高度工业化或发达国家相比，美国社会的开放程度有多大？人们从一个社会阶级向另一个社会阶级流动的难度有多大？美国一直被称为“机会的王国”，意思是有很多向上流动的机会。然而 20 世纪 50 年代的一项经典的客观研究发现，美国的社会流动率大约与其他发达国家相同（Lipset & Bendix，1959）。在每一个被研究的国家里，大约有三分之一的体力劳动
221 者（蓝领）子女找到了非体力劳动的工作。瑞士向上的流动率最大，联邦德国最低，美国居中。研究结果表明，发达国家的流动率相近，因为这些国家有着共同的经济发展形式。每一个国家向上流动的主要原因是结构性的：相对于蓝领工作而言，白领工作的数量增加了，因而减少了蓝领工人，增加了白领工人的比重（Goldthorpe，1987）。

后来一项跨国研究的结果进一步支持了上述发现（Fox & Miller，1965）。这项研究得出的结论是，总体上来说，从体力职业向非体力职业流动的机会，美国和其他发达国家相当接近。然而该研究指出了一个例外，在美国工人阶级出身的人变成专业精英的流动现象多得多，这是一种从很低社会地位向很高社会地位的流动。

最近一些年美国向上流动的机会增加了吗？在 20 世纪 60 年代末和 70 年代初向上流动稍稍有一点增加的趋势［Blau & Duncan，1967；费瑟曼和豪泽（Featherman & Hauser），1978］。可是近来这种向上流动的趋势已经放慢，甚至逆转［布隆伯杰（Blumberg），1981；莱维和米歇尔（Levy & Michel），1991］。

近年来，社会学界就一些批评者所说的“正在消失”的美国中产阶级现象展开了广泛的讨论［布莱克本和布卢姆（Blackburn & Bloom），1985；纽曼（Newman），1988；潘贝尔、兰德和弗尔森（Pampel，Land & Felson），1977］。从二战后到 1973 年，中等家庭的收入因通货膨胀调整后迅速增加，但是后来却几乎没有变化，而此时像住房以及医疗保健之类的开支增长速度比
222 通货膨胀增长速度大得多，结果是除了富人之外所有的社会阶级都有明显的经济压力。

长期以来，人们习惯于这样的假设，即认为每一代人能够比其父辈生活得更好，而今天中产阶级和工人阶级的子女正面临着这样的严峻现实，即他们要达到其父母的水平都可能是幸运的，而且要付出艰苦的努力。千百万中产阶级家庭担心他们可能跌入工人阶级的境地，与此同

时，工人阶级中的边缘成员正面临着贫困的危险。以前可望实现的目标，诸如再买一辆汽车、一年休假一次、孩子受到大学教育，甚至拥有自己的住房等等，似乎正在悄悄地消失。

必须强调指出的是，向下流动这种令人不快的增长与个人工作能力或者工作绩效无关，主要是由于美国和世界经济结构变化造成的。去工业化（deindustrialization）就是这样一个因素：美国制造业的一些部门在萎缩，因为管理人员发现在国外生产小汽车、从事数据开发、编写计算机程序、制造电子产品更有利可图，那里工资比美国低得多。另一个因素是，20 世纪 80 年代出现大量公司被兼并、收购现象。这两个因素减少了中层管理职位的数量［布卢斯通和哈里森（Bluestone & Harrison），1982；Harrison & Bluestone，1988］。许多大公司中层管理职位急剧减少的势头到 90 年代初仍在继续。向这些类型的职位升迁过去一直是向上流社会流动的主要途径。

美国制造业向其他国家安置本国人员可能造成中层和工人阶级下行流动情况的增多。

还有一种观点认为，中产阶级流动减少的另一个方面是，战后出生的那代人在 20 世纪 70 年代和 80 年代进入劳动力市场。因为这一代人人数太多，所以根本没有那么多职位可以提供，他们晋升的可能性很小。因此，这一代人的很多年轻人体验不到他们成长时所期望的向上流动。

三、生活机会中的阶级差异

社会阶级位置（社会经济地位）对我们有着巨大影响。我们的家庭生活与工作、我们的闲暇消遣、我们的政治态度都受到社会阶级地位的影响。社会阶级最重要的影响或许是对我们生活机会的影响。所谓生活机会（life chances）是指一生中获得一些重要目标的可能性。在这一部分我们将考察阶级地位与全部生活机会的关系。

（一）社会阶级、健康与寿命

健康是生活机会的一个基本的决定因素，在人们的社会经济地位和健康质量及寿命之间有着很强的相关性。社会中衡量健康的一个主要指标是婴儿死亡率。一般来说，在美国黑人的社会经济地位比白人低，所以对这两个群体的婴儿死亡率进行比较可能有助于我们理解阶级地位对健康的影响程度（需要指出的是，尽管黑人在地位较低的群体中占的比例过大，但是大多数地位较低的人却是白人，而大多数黑人并不是下层阶级的成员）。1996 年黑人的婴儿死亡率是 14.2‰，白人是 7.2‰（U. S. Bureau of the Census，1998）。

下层社会阶级成员比其他人生活机会更差的另一个指标是由寿命统计得出的。1996 年，白人平均寿命可望达到 76.8 岁，而美国黑人只能达到 70.3 岁，黑人男子的寿命只有 66.1 岁（U. S. Bureau of the Census，1998）。

223 预期寿命这些巨大差异的一个原因，是下层阶级中经常出现慢性病和流行病。另外，下层阶级由于缺乏如何保健的知识而加重了这种不利状况。他们不仅难以有钱注意营养，而且也缺少如何选择平衡食谱的知识。食谱和健康是紧密相连的，所以毫不奇怪，在穷人中营养不良和高血压病比在其他人群中更为普遍［盖格（Geiger），1971；赛姆和伯克曼（Syme & Berkman），1986］。穷人中心理疾病也更为普遍［凯斯勒和克利里（Kessler & Cleryl），1980］。

低收入的人不仅更常生病，而且他们接受的医疗保健水平也比高收入群体低。在穷人聚居区医生很少。穷人因此常常被迫到公共医疗机构就诊，这种机构一般很大，人很多，医务人员水平比私立医疗机构差。更为糟糕的是，由于财政问题，大城市中心许多穷人可资利用的医院设施在 20 世纪 70 年代和 80 年代关闭了［法利（Farley），1995］。

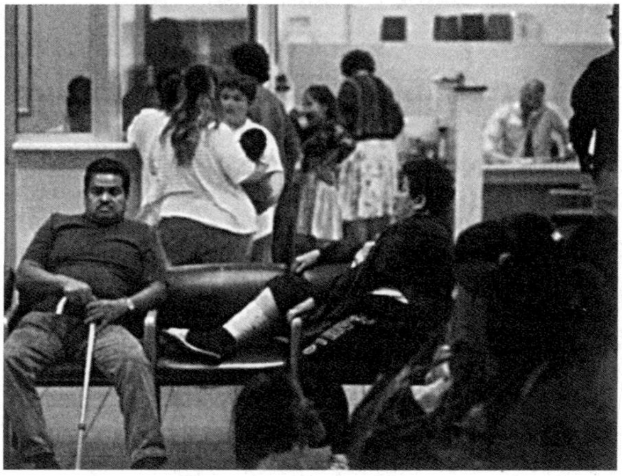

人们的社会经济地位和其健康、寿命有很强的相关关系。低收入人群被迫使用公共医疗设施，接受低质量健康护理，因此通常健康状况较差，预期寿命较短。

少数民族医生数量少、信誉低也影响了穷苦的少数民族群体成员获得医疗援助［科克拉姆(Cockerham)，1998］。另外，穷人通常缺乏适当的健康保险。1997 年，收入不足 2 万美元的家庭中有 59%没有保险［巴格比（Bagby)，1998］。

有必要指出的是，很多权威人士认为得不到健康保障问题最严重的并不是那些非常穷的人(他们能够享受医疗补助)，而是那些有工作的穷人和下层工人阶级，他们没有资格享受医疗补助的福利，这类人常常从事那些不提供健康保险的工作，而他们自己又买不起私人保险。

更糟的是，下层阶级和工人阶级的成员更有可能受各种工作和住房的伤害。有些职业病，例如由石棉引发的矿工黑肺病和癌症，主要发生在没有其他选择只能在不卫生的行业工作的体力劳动者中。工伤事故的受害者几乎都是下层阶级的人。另外，地位低的美国人家庭事故较多。在下层阶级家庭中经常发生煤气中毒（通常由冬天用于房间保暖的小型取暖器引起）和铅中毒（来自炉火和剥落的油漆)。低收入的人也更有可能居住在环境受到严重污染以及堆放有毒废物的地区。因此，无论是在工作还是在家里，下层阶级和工人阶级的人都更有可能比中产阶级以及上层阶级的人因受到毒害而减少寿命。

最后，下层阶级的人最有可能死于“非自然原因”。1990 年每 10 万人中死于事故和暴力的黑人男子是 142 人，白人男子是 81.2 人，黑人妇女是 38.6 人，白人妇女是 32.1 人。黑人与白人之间最大的区别在于凶杀率的不同：黑人男子为 10 万分之 56.3，而白人男子为 10 万分之 7.8（U. S. Bureau of the Census，1998)。

(二) 社会阶级与法律

大量研究有力地表明，人们的社会阶级地位影响其接受法律服务的方式［阿尔本蒂（Albonetti)，1991］。原则上，所有的美国人享有平等的权利。然而，有时情况并非如此。下层阶级的罪犯比有钱的罪犯更容易被抓住，一旦被捕，一般不可能花钱请高水平的人为其辩护(Blumberg，1970)。当他们出庭的时候，他们的生活史，往往包括逃学、失业、离婚以及按照中产阶级标准评判的明显缺乏责任感的一些东西，会不利于他们。结果，同样的罪行受到的惩罚低收入的罪犯可能比高收入的罪犯重。因为低收入罪犯往往付不起保释金，所以他们通常只得待在监狱的监号里等待审判，而不是住在自己舒适的家里（详细内容可参见第 8 章关于社会阶级与犯罪之间的关系)。

(三) 社会阶级与教育 224

受教育的机会是另一个受到社会阶级地位强烈影响的生活机会。为了获得一个享受美国社会许多好处的机会，教育是十分关键的。例如，大学毕业生年平均收入比受教育很少的人要高 50%左右。一项对大约 9 000 名学生的经典性研究发现，那些家庭社会经济地位很高的人，中学毕业后获得继续教育的机会几乎是那些社会经济地位较低家庭出身的人的 2.5 倍（Sewell，1971)。另一项研究结果表明，学习成绩与社会阶级地位有着较强的相关性，即使智商接近也如此［鲍尔斯和金提斯（Bowles & Gintis)，1976］。阶级地位较高家庭的子女受到更强的鼓励去追求并重视更高的教育，这一点可以部分解释社会阶级地位与学习成绩之间的关系［克尔克霍夫（Kerckhoff），1986]，不过无力支付高等教育费用也是其中一个重要原因（参见第 15 章）。

（四）社会阶级与社会参与

一项开拓性研究表明，下层阶级的人与阶级地位较高的人相比，社会参与的机会以及从中获得的好处较少［阿克塞尔罗德（Axelrod），1956］。他们朋友较少，认识的邻居和同事较少，参加的团体较少——一句话，他们很少有任何形式的社会交往。后来一项对北卡罗来纳州居民的研究也得出了相似的结论［霍夫兰、金和克里斯坦森（Houghland，Kim & Christenson），1979］。

224 **应用社会学**

美国人对富人和穷人的看法

你认为今天在美国一个人开始时很穷，有可能通过努力工作最终成为富人吗？根据哥伦比亚广播公司（CBS）和《纽约时报》1996 年的调查，78%的美国人认为可能。事实上，美国有些最富的人是自己奋斗成为亿万富翁的，例如，比尔·盖茨（Microsoft）、菲利浦·奈特（NIKE）以及罗斯·波拉特（EDS）。

人人可以由贫穷而获得无法想象的财富这一思想，由赫拉蒂欧·奥加（Horatio Alger，1832—1899）加以推广，他在 19 世纪下半叶所写的 100 多本书中贯穿这一主题。他的第一本书《衣衫褴褛的迪克》（*Ragged Dick*），讲述了一个贫穷的擦皮鞋男孩通过个人努力而成为富翁的故事。在此后的著作中，奥加不断重复这一成功的秘诀：通过诚实、勤奋、坚韧，一个穷孩子就可以得到应有的回报。这些故事在美国老百姓中非常流行，而且特别适合美国发展机会很多、人们积累个人巨额财富的时期。奥加著作出版 100 多年后，“奥加英雄”仍然活在美国语言中，活在美国民众的想象中。

但是，随着时代的变化，社会远比那时复杂得多，人们关于穷人的观念也要复杂得多。有些情况下，奥加成功的公式已经反过来成为责备穷人不幸的理由。例如，关于依靠福利生活的穷人的某些成见。罗西德斯写到：许多美国人认为，福利名单上充满着游手好闲之徒和骗子，以及身体健壮但不愿工作的人。他们认为福利使人们依赖性增大，不想走出贫困。许多人认为福利开支是他们税赋增高的原因（1997）。

这些观点为福利改革提供所需要的支持，但是它们不一定是建立在事实的基础上。例如，大多数依靠福利生活的人实际上是儿童（他们不能工作）、母亲和老人。如果有工作机会，多数穷人是愿意工作的。身体健壮的男子无论他们多穷也是不能享受福利补助的。最后，福利上花的钱很少，仅仅提供维持生计的费用。

这可能说明美国人对穷人问题是麻木不仁的。但是，事实上，情况并非如此。当问美国人“穷人”而不是“福利享受者”的时候，许多人倒是似乎理解他们不幸的原因。例如，1999 年盖洛普调查的结果就是如此，这次调查问美国人为什么有些人富有而另外一些人贫穷。超过一半的被访者（53%）把富人的成功归结为他们的艰苦努力。形成鲜明对照的是，不到一半的人（43%）说不努力造成了贫穷。而差不多相同的数字（41%）把穷人的困境归结为他们无法控制的因素。 225

尽管美国人仍然认为勤奋是致富的最重要因素，他们也认识到还有其他许多因素促成了成功（见表10—2）。今天，92%的美国人认为接受适当的教育或培训是很重要的，87%的人提到父母和家庭，69%的人说你必须敢冒风险，68%的人认为认识合适的人很重要。60%的美国人认为能力或天赋是一些人成功的原因，而有一半人则认为漂亮的面孔很重要。不到一半的美国人认为，运气好（43%）、遗产（42%）、性别（33%）或者种族/族群（30%）是重要的因素。只有24%的人认为不诚实有助于人们致富。

虽然大多数美国人没有因其不幸而责备穷人，但是这些理由的排列并不表明他们谴责制度不公正。实际上，正如表10—2所表示的，他们对可能导致这种结果的五种因素，即，种族/族群、性别、继承财富、运气和不诚实，排序位置很低。

表10—2　对一些人为什么成功的看法

成功的因素	持此意见的百分比（%）
勤奋和积极主动	92
受到适当的教育/培训	92
父母和家庭	87
愿冒风险	69
认识合适的人（或有联系）	68
能力或天赋	60
体貌/长相好	50
好运气/恰当的时间在恰当的地方	43
从家庭继承财富	42
性别	33
特定种族/族群的一员	30
不诚实并且愿意占有所能得到的东西	24

资料来源：The Gallup Poll News Service，July 6，1998，Http：//www. gallup. com.

四、贫困 225

贫困（poverty）指在物质资源方面处于匮乏或遭受剥夺的一种状况，其典型特征是不能满足基本生活需要。对于那些体验过贫困的人来说，它纯粹是个人的感受——一种腹中空空的感觉，一种从自己的孩子眼中看到饥饿的感觉。美国今日普遍存在的贫困问题，需要进行广泛的社会学分析。

（一）贫困的定义

贫困的定义是一个有争议的问题，因为它受政治与道德观以及经济的影响。贫困的定义既可以是相对的又可以是绝对的。

相对贫困（relative poverty）的定义把任何社会成员中一定比例的人口看作是贫困的。如果一个人在一特定社会中其收入水平被认为远远低于正常水平，那么他就是相对贫困人口。例如，有些社会学家认为贫困人口的收入水平是全国中等收入的一半，他们认为任何落入或者低于这一水平的人都处于相对贫困状态。

绝对贫困（absolute poverty）的定义确定一个低于个人或者家庭不能维持最低生活水平的收入线。使用绝对贫困定义，从理论上说，某个特定社会有可能不存在贫困现象。

尽管还没有令人完全满意的定义贫困的方法，但是为了实施社会福利计划，需要有一个定
226 量定义。政府和其他机构必须要有可量度的贫困线（poverty level）——一种特定的收入，用于判定谁是官方认定的穷人——目的是决定谁有资格享受某些社会福利待遇。联邦政府建立了一套计算贫困线的方法，这种贫困线反映的是绝对贫困，是根据足以买到维持基本生存所需食物的收入量计算的。国家与地方政府以及私人机构也经常依靠这个定义。考虑到通货膨胀以及家庭规模的变化，贫困线每年都要重新计算。1998 年，一个 4 口之家的贫困线是 16 655 美元。

联邦政府的贫困线最早是 20 世纪 60 年代确定的，它是由美国农业部根据最低食物预算计算出来的。这个预算仅够购买维持人们生活所需的最低限度的营养品。然后这个基本食物预算乘以 3 就得出贫困线，换句话说，就是假定食物开支占到穷人家庭整个开支的三分之一。这一点可以通过下面一个 4 口人的贫困家庭的支出细账来加以说明（根据美国统计局 1998 年的数据）：

全部收入	16 655 美元
食物	5 551.67＝ 3.80 美元/人/天
住房	5 551.67＝ 462.64 美元/月
其他必需品	5 551.67＝ 115.66 美元/月 （每人的衣服、交通、医疗、日用等）

需要指出的是，这个贫困线只涉及现金收入，没有考虑到许多穷人收到的诸如食物券之类的非现金（“以货代款”）补贴。然而，在这些补贴之外还可以得到补助，因为贫困线的食物预算太低。实际上，有些社会科学家已经提出，政府定的贫困线太低。一位研究者指出，“如果测量方法大大改进，调整各种因素，增加食物预算，考虑到以货代款、已纳税款以及少报的收入，那么贫困人口就很可能多出 500 万至 2000 万人”（Rodgers，1982，p. 25）。

（二）贫困发生率

贫困发生率因时而变。贫困不仅受到经济状况的影响，而且还受到政府政策的影响。表

10—3 说明了美国从 1959 年到 1997 年贫困人口的变化状况，这个数字是由美国政府测算的。

表 10—3 美国的贫困状况（1959—1997 年）

年份	贫困线（美元）	贫困人口数（百万）	贫困人口占总人口的比重（贫困率，%）
1959	2 973	39.5	22.4
1965	3 223	33.2	17.3
1973	4 540	23.0	11.1
1979	7 412	25.3	11.6
1987	11 611	32.5	13.5
1991	13 924	35.7	14.2
1997	16 400	35.6	13.3

资料来源：U. S. Bureau of the Census，*Statistical Abstract of the United States*，*1998*，Washington，D. C.：U. S. Government Printing Office，1998.

是什么经济条件和政府政策引起了过去 25 年贫困率的变化呢？尽管对这一问题有着激烈的争论，但是通常认为 1959 年到 1965 年贫困率的下降主要是因为经济状况较好。1965 年到 1973 年贫困率继续下降似乎更有可能是持续繁荣的结果，而不是 20 世纪 60 年代数十亿美元反贫困战的结果。贫困人口规模在整个 70 年代很少有变化，但是在 80 年代初贫困率再次上升，通常有两个主要因素解释这一现象：经济状况和有争议的政府对社会福利计划的削减。

1997 年总的贫困率是 13.3%，是 1989 年以前经济衰退以来最低的（*New York Times*，1998）。尽管美国白人贫困率最低（1997 年为 8.6%），但是其他被选的群体收入也连续 3 年提高。美国黑人的贫困率从 1991 年的 32.7%下降到 1997 年 26.5%，是联邦政府 1959 年开始收集黑人贫困数据以来的最低点。这一时期其他群体的贫困率也有下降：拉美裔美国人（从 28.7%下降到 27.1%）、儿童（从 21.1%下降到 19.9%）、老人（从 12.4%下降到 10.5%）（参见图 10—1）。

（三）穷人与就业

尽管许多穷人不能工作，但是他们大数人至少做一些零活。这些人处于贫困线以下的主要 227
原因是他们长期就业不充分，也就是说他们从事工资很低的工作。1998 年最低工资是每小时 5.15 美元。按这个工资水平一年的全部收入（按每周不缺勤，40 个工作小时计算）只有 10 712美元，这个收入比 1998 年 4 口之家 16 655 美元的贫困线要低得多。

没有工作的最大穷人群体是那些待在家里做家务看孩子的人，这些人主要是没有丈夫的女户主。不工作穷人中另一大群体是那些有病或者残疾的人。很少有不工作的穷人是身体好又没有孩子拖累的。

（四）贫困的原因

1. 责怪受害者

正如前面提到过的，在美国长期以来人们一直认为穷人应该对他们自己的不幸负责。按照

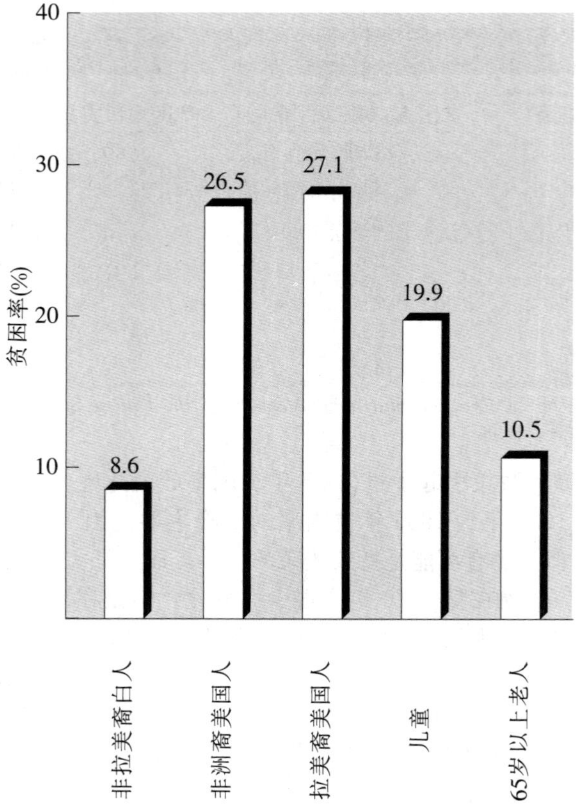

图 10—1　美国不同群体的贫困率（1997）

注：美国黑人和拉美裔美国人比美国白人的综合贫困率高。

资料来源：U. S. Bureau of the Census，*Statistical Abstract of the United States，1998*，Washington，D. C.：U. S. Government Printing Office，1998.

这个观点——社会科学家通常称之为“责怪受害者”的例子——任何人都有通过努力工作得到发展的同样的机会。如果一个人贫穷，他个人肯定在某方面不成功。这个思想是很多人对福利计划不满意的根本原因，人们认为享受福利计划的人太懒、不工作，或认为他们不道德的行为导致了家庭人口很多而且往往家庭破裂，所以依赖于福利。通过福利来支持穷人因此被认为是浪费纳税人的钱，鼓励人们继续他们的不正确行为，其中包括十分普遍的福利欺诈行为［克卢格尔（Klugel），1987］。

社会科学家一般反对这种观点［费尔森（Felson），1991］。他们认为，贫穷不是穷人的过错，而实在是受害者无法控制的环境的结果［瑞安（Ryan），1976］。有一种观点认为，存在一种贫困文化（poverty culture），使穷人得不到他们向中产阶级流动所需要的条件。另一种观点认为，我们的经济制度中存在着结构性障碍，使穷人几乎难以摆脱他们的处境。

2. 贫困文化

贫困文化是指一套穷人共有的规范和价值观，这一思想是由人类学家奥斯卡·刘易斯（Oscar Lewis）在对墨西哥和波多黎各贫民窟居民进行一系列研究之后提出的（1959、1961、1964、1966）。刘易斯认为，贫困文化是全世界许多城市穷人的特点。当一群人几代都忍受经济剥夺之苦时，那么就会产生一种适应这种剥夺的文化——也就是说，它能使穷人克服这种极端环境。这种贫困文化的特点包括屈从意识、不愿意规划未来、没有实现理想的能力以及怀疑权威。这些价值观适应于条件没有希望得到改善的环境。

然而，很不幸的是，像任何一个文化传统一样，贫困文化能使自身永久存在。刘易斯认为：

> 一旦（贫困文化）存在，它就会一代代存在下去，因为它对孩子有影响。在孩子六七岁以前他们通常已经接受了这种亚文化的基本价值观和态度，从心理上不适于充分利用一 228
> 生中可能出现的变化条件或者增长机会。（1966，p. xiv）

贫困文化的概念对 20 世纪 60 年代开展的反贫困社会计划有着重要影响（下面讨论）。这些计划中有许多是旨在改变穷人的个人素质——包括文化价值观，希望以此能使他们更有效地参与职业市场的竞争。职业培训、职业咨询和职业定位以及补偿教育就是这样的例子。

贫困文化观的批评者认为，这恰恰是责怪贫困受害者要为他们自己状况负责的一种更加老到的办法。他们的观点认为，不是文化价值观而是社会不公正引起了贫困。另外，批评者还认为，刘易斯并没有有效证明存在一个与社会上其他文化相区别的贫困文化。例如，这一点就可能有争议，即穷人没有实现理想的能力并不比中产阶级更具有特点，唯一的区别在于中产阶级能够自信地预期未来，那时他们能够实现这些理想。穷人没有那样肯定的奢望［哈里斯（Harris），1988；瓦伦丁（Valentine），1968，1971］。

3. 结构性解释

20 世纪 60 年代末和 70 年代初，许多社会学家开始对那些集中关注贫困者个人以及文化素质的贫困解释感到不满。他们开始寻找文化的结构性解释（structural explanation of poverty），这些解释把贫困归因于社会持续的不平等，例如权力、财富以及其他资源分配等，这些不平等实际上迫使一些人处于贫困状态。

许多结构性因素减少了穷人获得工作的机会。例如，中心城市的（很多穷人生活在那里）制造业迅速迁向郊区（很少有穷人能在那里生活得起）后，留下的工作主要是低工资或者要求具有较高训练和技术水平的工作［威尔逊（Wilson），1987，1996］。因此，正如前面所说的，就是在城市能够找到工作，他们的工资也往往非常低，因此工作只能稍稍减轻他们的贫困。另外，制度化种族主义（institutional racism）——我们社会经济制度中持久的歧视——还可能是妨碍许多少数民族的人找工作的原因，他们只能找到技术要求最低、最单调、报酬最少的工作（这个问题将在第 11 章讨论）。

穷人还受到来自强大经济利益团体的各种剥削。例如，从商业利益的角度考虑，为了压缩成本，工资报酬尽可能最低。在努力减少通货膨胀时，政府有时运用提高失业率，特别是在非技术工人中提高失业率的办法。

结构因素无可争辩的重要性并不意味着我们也不需要考虑个人和文化的因素。事实上，有些研究表明，这两者是复杂地缠结在一起使福利依赖永久化。例如，“福利母亲”找到工作有困难，既有个人的原因又有结构性的原因。通常，她们不能把孩子扔下去工作，她们可能因为生活条件以及缺乏基本的医疗保健等会生病，这些都是结构性因素。不过福利母亲也可能缺少教育以及工作经验，使她们难以找到稳定的工作获得经济独立。尽管有缺少教育与经验等结构性原因，但是这些原因也是个人与文化的因素，它们可以通过教育与职业培训计划得到改变。

五、社会福利

社会福利（social welfare）是指为了促进个人的功能发挥和使之获得最低的社会生活水平而提供的一系列项目、好处和服务。广义上，社会福利包括四个因素：收入补贴计划、健康、教育和福利服务。这里对社会福利的讨论限于收入补贴和福利服务，健康和教育是第 12 章和第 15 章的议题。

（一）社会福利简史

1. 殖民地的福利

美国人受到早期清教徒定居者价值观的严重影响，他们把贫困看作是道德缺陷的标志。殖民者看不起贫民、乞丐、流浪汉以及所有其他贫困阶级（除了老年人以外，他们大部分是该社区中的老成员）。对穷人的援助是一种由教区或者镇政府实施的地方责任。或者以货代款——食品、衣服、燃料——或者以向那些答应在自己家里援助贫民的家庭付费的形式，向穷人提供
229 救济。通常，镇政府和那些收留搭伙者的家庭提供的援助仅能勉强保证穷人和体弱者活命。另外，这些穷人的房东有时还打骂、惩罚他们，特别是打骂那些从镇外来的穷人。

2. 19 世纪的改革

19 世纪，在改革家们批评殖民制度下穷人受到虐待之后，贫民院诞生了，它实际上想保护每一个穷人。贫民院主要是镇上或县上廉价购买的破破烂烂的房子，通常由水平最低的政治人物来监管[弗里德兰德和阿普特（Friedlander & Apte），1980]。

19 世纪初，贫民院的政策一般是以同一个类型对待所有的穷人，给他们提供同样的服务。老人、病人和流浪汉、盲人、聋子、智力与身体残疾者以及精神病人被扔在一起。体格健全的家伙整天闲坐着，墙壁、家具以及“卫生”设备污秽不堪[卡茨（Katz），1986]。

到 19 世纪中叶，私人慈善组织开始为儿童、病人和老人建立专门的机构，把他们从贫民院的恶劣环境中转移出来。与此同时，州政府设立了精神病院和监狱，因为照顾其他一些类型的穷人对于镇和县政府来说成本太高。

3. 大萧条：联邦政府的介入

大萧条这样的经济大崩溃改变了人们对谁应该得到福利以及哪些组织应该发放福利的流行看法。不过，仍有一点人们的认识是一致的，即关于福利资金发放量应该尽可能少为好。

1929 年 10 月证券市场崩溃，之后的几年里美国有接近三分之一的劳动力失业。直到那时，人们还认为经济上的不幸只能降临到那些道德上有某种缺陷的人头上。但是大萧条时期严峻的失业形势说明，是美国的经济制度而不是个人有缺陷［派温和克劳伍德（Piven & Cloward），1982］。地方政府与州政府和慈善机构长期以来一直是救济中心，但它们几乎破产，所以大批群众接受联邦政府发放的救济品。

当弗兰克林·迪尔诺·罗斯福（Franklin Delano Roosevelt）出任总统时，他实行了一系列计划，总起来说叫罗斯福新政，以 1935 年的《社会保障法案》为标志达到最高水平。这个法案是现代福利制度的里程碑，它为老人建立了一个以社会保障（参见第 12 章）闻名的全国性养老金计划，以失业保险的形式为失业者提供救济。它还实施《对有子女家庭补助计划》（AFDC），对老人、盲人和残疾人提供帮助。

新政的一个结果是联邦政府在美国历史上第一次为那些不能自理的人（老人、残疾人和穷人等）负担起了责任。通过提供失业救济，政府也觉得有责任减缓已经成为美国工业资本主义经济一部分的繁荣与萧条循环的冲击。

大萧条和新政也标志着公众对福利态度开始转变。一些人开始接受这样的观点，认为从公共机构接受帮助并不是道德缺陷的标志［威伦斯基和勒博（Wilensky & Lebeaux），1965］。不过，不能过分夸大这种态度的转变。公众对福利计划的接受程度是因计划不同而有所不同。举例说，老人福利就特别受欢迎，但是对用于资助穷人的计划就有争议。人们认为身体健全的穷人应该工作，自己照顾自己，这一看法十分盛行。

20 世纪 30 年代的大萧条期是美国贫穷现象比较严重的一个时期。
这是失业者正在排队领取免费咖啡和炸面圈。

4. 伟大社会与向贫困开战

20世纪60年代期间，林顿·约翰逊总统采取了一系列扩大福利范围的措施。这些计划措施总称为著名的伟大社会（the Great Society）和向贫困开战（the War on Poverty）。

230 这项新立法很大程度上是对民权运动所提要求的回应。起初，北方城市黑人要求市政府提供更多的工作，对他们的要求有更多的回应。当他们的要求大部分得不到回答的时候，他们开始向联邦政府要求住房和工作。管理部门为了满足这些要求，扩展了以前的福利并且创造了新的福利。新的福利采取几种形式，包括一般的现金拨付、专款专用的补助以及为有就业能力的穷人提供培训的项目。国会为老人大幅度增加社会保障福利，扩大AFDC计划。

230 **社会学之窗**

穷人的面孔

穷人的面孔是什么样子？它是居住在城中间老鼠乱跑的公寓里的黑人妇女？也许你见到一位满脸皱纹的阿巴拉契亚地区的白人妇女，你会认为她是她身边孩子的祖母而不是母亲。或许你看到一个睡在大桥下面、睡在地铁里、睡在门阶上无家可归者的脸。我们中的大多数人不认识穷人。这些看不见的美国人生活在单独的社区中，他们的孩子上不同的学校，我们不在一起工作。

吉尔·布瑞克（Jill Berrick）在她的著作《穷人的面孔：领福利救济的妇女和儿童素描》（*Face of Poverty*：*Portraits of Women and Children on Welfare*）中，通过描述领福利救济的五种典型母亲的生活，为我们认识穷人问题提供了洞察力。你可能认识的唯一一个人就是科拉。她对自己的描述好像符合"福利王后"的刻板形象：

> 我已经觉得自己老了。你知道，我想我整天像这样懒洋洋地待在家里，真有点把我毁了。让我感到放松的，你知道，是我开始有点瘾了，我哪里都不去。我就待在这里，上瘾。早上起来，做同样一件事，一遍遍反复地做。因此，生活的轨迹就是待在屋子里，精神被破坏，后来，我就发胖，我41岁了。我29岁就开始那样生活，从此以后一直这样。下一件事嘛，我知道我40岁了。我不可能回到从前的精神状态。我生活15年20年什么也不做。（Berrick，1995，p. 113）

从17岁开始，科拉整个成年生活一直依靠福利。正如她的故事所表明的，她符合福利王后的形象。不过，她只是布瑞克所揭示的众多面孔中的唯一一个，她绝不是那种接受公共资助的妇女的典型形象。

更有代表性的是安娜，一个由于自身无法控制的因素从工人阶级中滑落到贫困阶层中的妇女。与科拉不同，安娜是一个勤奋的工人。她17岁结婚以后，在夏季学校获得了中学文凭，后来上了社区学院。她在生了两个孩子以后，在她母亲的支持下，能够继续工作。事实上，有一次当她丈夫因毒品问题离家几周的时候，她成了家里唯一的养家人。最后，安娜在车辆部门（DMV）当公务员一年挣31 000美元。15年后，她存了几千美元。

贫穷究竟是什么样子？我们大多数人不了解穷人。这些隐匿的美国人居住在独立的地区，他们的孩子上不同的学校，而他们也在不同的地方工作——如果他们有工作的话。

虽然她想买一套房子，但是她还是决定把钱投在自己的生意上——一家酒吧。不过，她没有辞掉在DMV的工作。她雇了新的男友白天打理酒吧，她本人晚上到那里上班。可是安娜希望实现的美国式的梦想很快变成了一场噩梦。她的生意开始不景气，债台高筑，她知道自己怀孕了。不过她从在DMV的工作中还能获得稳定的收入，并以此打发债主。 231

不幸的是，她的运气不断恶化。她从一辆货车顶上摔下来，摔断了脊椎骨，三根颈骨受伤，这时她的噩运真正开始了。休息3周以后，遵照医生的嘱咐，她重新上班"干点轻活"。此后不久，她感到自己起不了床。她的医生让她不要上班。安娜认为她会领到工伤赔偿，就开始从她为数不多的存款中取钱。

令人无法相信的是，灾难再次降临。在做饭时，她和婴儿一起被严重烧伤。住院几天以后，安娜和小孩能够回家。可是就在这时她没有了收入。她搞了一次旧货出售，除了她最贵重的和基本的东西之外，把所有的东西都卖了。在她家庭不再能够帮助她的时候，安娜求助于福利。

她对福利的态度不同于科拉。她说：

> （在福利处工作的人）对我们都有帮助。他们努力与我一起工作，这是令人吃惊的。不过，我不想到那里去（指进福利办公室）。首先，我确实认为自己可能被轻视。我希望他们看着我说："再见。你不属于这里。"我不断地对自己说："我不属于这里。"我感觉有点糟糕。你确实属于这里。你真的感觉很沮丧。我想人们正在瞪着我。而人们……好像他们说话声音都很大。我感觉到他们并不真想从这里走出去，似乎他们总是要到那里去，你明白吗？无论一周中哪一天你去那里，你都会发现他们在那儿。
>
> （工作人员）问我许多问题，不过那是好的。我不认为他们会把人们监督得很好，不过他们对我很认真。我想当你走过这道大门的时候，他们就非常认真了。一旦你进去，大门就锁上了。他们很认真，而且很快。（Berrick，1995，pp. 29—30）

安娜最终领到了工伤赔偿支票。大约 6 个月以后她又能够重返工作。虽然她的境遇很特别，但是，她需要福利救助的理由是有代表性的。美国人可以依靠收入维持项目，例如，失业保险、工伤赔偿、食品券、地方食物银行以及福利救助，来帮助他们克服暂时的经济危机。很不幸的是，当美国人想起需要帮助的人们时，安娜不是他们看到的第一张面孔，相反，是科拉——美国最穷的人中不反映现实的一位代表者。

资料来源：Jill Berrick，*Face of Poverty*：*Portraits of Women and Children on Welfare*，New York：Oxford University Press，1995.

（二）《1996 年福利改革法案》

1997 年，为了与《1996 年福利改革法案》保持一致，源自新政时期的福利制度被官方废除（见表 10—3）。这项里程碑式的福利改革立法通过把资助穷人和失业人员的责任交给各州，有效地结束了福利作为应有权利的项目。

表 10—4　《1996 年福利改革法案》前后的公共资助

旧制度	新制度	资助
项目	固定拨款	联邦政府提供
AFDC（对有子女家庭补助）	现金福利固定拨款	1997 年到 2000 年每年临时资助 154 亿美元
23 个联邦儿童保护项目	儿童保护固定拨款	1997 年 44 亿美元，2000 年 56 亿美元
9 个联邦儿童照顾项目	儿童照顾与发展固定拨款	1997 年到 2000 年之间每年 21 亿美元
妇女、婴儿与儿童项目，儿童与成人照顾项目，夏季食品项目，无家可归的儿童营养项目	学校营养固定拨款	1997 年 46 亿美元，2000 年前 53 亿美元

资料来源：Based on Meredith Bagby，*Annual Report of the United States of American*，New York：McGraw-Hill，1997.

一项叫做“临时救助贫困家庭”（Temporary Assistance for Needy Families）的联邦政府的
231 固定拨款，逐渐停止了“对有子女家庭补助项目”（AFDC）。根据新的法律，州里必须在 2000 年以前使一半的 AFDC 的领取者去工作，家庭领取福利补助的时间只有几个月。“儿童保护固定拨款”（Child Protection Block Grant）替代了 23 项联邦儿童保护项目，包括提供看护、收养资助以及为受到虐待的儿童服务等项目。“儿童照顾和发展固定拨款”（Child Care and Development Block Grant）取代了另外 9 项联邦儿童照顾项目，这一项目是为低收入家庭提供儿童照顾服务。“家庭营养固定拨款”（Family Nutrition Block Grant）代替了许多联邦营养项目，包括“妇女、婴儿和儿童项目”（Women，Infants，and Children）、“儿童与成人照顾食品项目”（the Child and Adult Care Food Program）、“夏季食品项目”（the Summer Food Program）以及

“无家可归的儿童营养项目”（the Homeless Children Nutrition Program）。虽然各州有权决定如何使用各种固定拨款的经费，但是也需要它们为低收入的孕妇、婴儿以及小孩提供食物，防止他们营养不良。最后，“学校营养固定拨款”（School-based Nutrition Block Grant）取代了早中餐项目、夏季食品项目和学校特殊牛奶项目。

《1996 年福利改革法案》也影响到其他项目。对分配给食品券项目的资金进行总量控制，
这样一来领取食品券的家庭越多，每个人得到的福利就越少。新的法律的其他限制也防止合法 232
和非法移民领取“补充保障收入”（Supplemental Security Income，SSI）、现金福利、社会服务固定拨款、医疗补助（Medicaid）以及食品券。对于领取“补充保障收入”（SSI）以及现金补助的盲人、残疾人和老年人的条件要求也更加严格。根据新的法律规定，吸毒和酗酒都不能被视为残疾没有能力。最后，享受福利的单身母亲如果不能确定孩子的父亲，至少也会失去 20%的福利。未婚少年母亲必须住在家里并且上学，才能领取福利。

《1996 年福利改革法案》所要求的变革，可望在 6 年里为联邦政府节约 550 亿美元的资金。尽管现在评判这一新制度还为时过早，但是，批评者还是关心这一制度对穷人特别是儿童的影响（Piven，1996）。不过，第一年情况看来不错。要求工作的新规定以及经济的健康发展，减少了领取福利的人数［巴格比（Bagby），1998］。从各州反馈的情况看，改革没有产生重大的负面影响。从带头迫使人们离开福利救助的艾奥瓦、威斯康星等州得到的数据看，到目前为止，没有发现因此造成无家可归以及贫穷的现象。

虽然 1996 年的福利改革立法要求对公共资助项目进行大幅度改革，但是，它没有影响到 1935 年《社会保障法》确定的社会保险项目。公共资助是由税收收入支付的。与此不同，社会保险项目是建立在工人和雇主的缴费基础上的，而他们所享受的福利与他们的缴费有关。“社会保障”（Social Security）和“失业保险”（Unemployment Insurance）是两个最重要的社会保险项目。

社会保障。“老年人、遗属和残疾人保险”（Old Age，Survivors，and Disability Insurance）通常叫做《社会保障法》，是由 F. D. 罗斯福 1935 年签署成为法律的。这一项目是为了保证老年人退休以后的收入，因此，它已经成为世界上开支最大的社会项目之一（Bagby，1998）。每 1 美元税收收入中有超过 22 美分用于此项开支，社会保障管理局估计 1997 年这项开支达到 3 708 亿美元。

在这个项目开始的时候，它似乎要保证将来工作人员与退休金领取者的比例达到 15∶1。但是，由于美国人寿命比以前长，这一比例开始下降。到 2000 年为止，领取社会保障金的美国人可望增长到近 4 700 万人，到 21 世纪中叶可能达到近 9 000 万人。到出生高峰时期出生的人口到了退休年龄的时候，工作人员与社会保障金领取者的比例将会是 2∶1，这一点已经使经济学家们预测该项目在 2029 年之前会破产（Bagby，1997）。

已经提出了很多方案来改革这一制度，包括把社会保障金投资于共同资金和指数化证券投资基金。虽然这种方式可能会有较高收益，批评者担心在证券市场的投资对于退休金的储蓄风
险实在太大。还有人建议减少福利、延长退休年龄、提高高收入工资税、增加对提前退休的处 233
罚，以及降低生活调整的成本（Bagby，1997）。

失业保险（Unemployment Insurance，UI）。失业保险目的是保证那些被解雇的工人有一定收入。这个项目是通过对雇主收税的方式筹措资金（在有些州也对雇员收税），税收的收益分配给属于联邦政府原则指导的州立项目。符合享受失业保险的条件是，要求在支付福利之前有最低限度的工作时间以及有最低限度的工资水平。因为穷人是那些最不能满足这些要求的人，所以他们最不可能成为享受的对象。

失业保险项目最初目的是帮助成年男性工人渡过偶然性的失业，直到经济条件改善使他们能够重返工作为止（Ford Foundation，1989）。但是在今天迅速变化的经济条件下，许多失业工人没有可以再回去做的工作。因此，这些工人中有很多人需要重新培训寻找新的工作。

复习与思考

1. 美国五大社会阶级成员的生活机会有何差异？
2. 为什么从相对和绝对两个方面来定义贫困？
3. 请描述贫困线以下的一个家庭是如何生活的。
4. 20世纪美国贫困问题是如何起伏变化的？贫困的主要根源是什么？
5. 举一个例子说明“责怪受害者”。
6. 请说明贫困文化与贫困的结构性解释之间的差异。
7. 请描述《1996年福利改革法案》带来的变革。
8. 思考改革社会保障项目的几种建议。你赞成哪一个建议？为什么？

网上练习

第10章网址涉及美国社会阶级与贫困的各个方面。首先登录Prentice Hall Companion的网址：http：//www.prenhall.com/popenoe。然后，从屏幕左边的菜单选择第10章（美国的社会阶级和贫困问题）。有很多网址可以选择。我们建议你从Welfare开始。你从打开的网站上可以找到很多关于福利改革的链接。在这一章，请你阅读有关《1996年福利改革法案》的有关内容。点击Welfare Reform—A Complete Description of the New Law。熟悉《1996年福利改革法案》之后，请你回答下列问题：

- 你是否赞成美国福利制度需要改革？
- 对于改进美国福利制度，你还有什么建议？

关键术语

life chances	生活机会	culture of poverty	贫困文化
poverty	贫困	structural explanation of poverty	贫困的结构性解释
poverty level	贫困线	social welfare	社会福利

第11章 种族与少数民族群体

大多数到美国参观的人会立刻被其鲜明的民族与种族多样性所吸引。单纽约市就有唐人街、小意大利、黑人住宅区和西班牙人住宅区；人口多的有希腊人、哥伦比亚人、犹太人和韩国人，人口较少的有数十种其他民族群体。民族与种族的多样性极大地丰富了国家的文化生活。爵士乐、萨尔萨舞曲、说唱乐以及瑞格乐，还有世界各地的烹饪技术，都还只是各个民族和种族群体对我们社会贡献的一小部分。 235

具有讽刺意味的是，虽然美国传统在一定意义上是欢迎多样性的，但是它还有一部歧视那些构成多样性的成员的历史。美国的不平等部分是由于处于权力地位的人根据先赋特点限制其他人的机会。民族和种族特性都是先赋的特征。因此，在这个国家中，许多民族或种族群体的成员由于偏见或歧视而受到注目，因为他们具有与众不同的生物特征或社会特征。社会学家把这样的群体称为少数民族。

在本章中，我们将定义民族的（ethnic）、种族的（racial）以及少数民族群体（minority groups）这样一些词语，并讨论偏见与歧视的本质。然后我们描述对少数民族接受和排斥的主要类型，最后讨论少数民族成员对其地位可能做出的各种反应方式。

一、民族与种族群体

最早的社会可能是同质性很强的社会，就像今天的一些前现代社会一样，它们可能对文化或身体特征不同于大民族的少数民族没有什么了解。可是有文字记录的早期文明确实提到了少数民族，提出了如何对待它们的问题［卡斯提吾和库什纳（Castive & Kushner），1981］。

饥荒、失业与战争之类的环境、经济或政治条件，使得某个社会中处于文化多数派的一部分人离开这个社会去寻找一个更好的地方生活，这就是迁移。迁移的结果就是在另一个社会出现了少数民族群体。尽管迁移有时是自愿的，但更多的时候是被迫的。历史上有很多非自愿迁移的例子。阿卡得和巴比伦古城的居民在他们环绕幼发拉底河周围的肥沃土地变成沙漠时被迫移居到波斯湾；成百上千万的非洲人被捕捉，作为奴隶被带到美国；更近一点的有，大批阿富汗人为了躲避苏联侵略者的迫害逃往巴基斯坦。

少数民族群体（minority group）指一个社会中，那些可以通过某些生理的、社会的或文化的特征识别出来的，被这个社会当作偏见和歧视对象的人所组成的任何群体。“少数民族”和“大多数民族”群体的区别不是一个数量问题，而是与每一个群体所拥有的权力大小密切相关。例如，在南非，黑人在历史上一直被当作少数民族，即使它们的人数远远超过白人。这就说明，“主导的”（dominant）和“从属的”（subordinate）这两个词比“大多数”（majority）与“少数”（minority）更能说明问题，因为它们清楚地表明两个群体之间的关键区别在于权力。从属群体的利益在政治、经济和社会机构中得不到充分表达［班通（Banton），1988］。在本章中，我们将使用少数民族群体和主导民族群体两个词。

对于一个可以作为少数民族看待的群体来说，它的成员必须具有共同的特征，既能够被少数民族成员又能够被主导民族成员识别。能够产生“我们与他们”想法的因素有语言、服饰、肤色、头发颜色、发型以及宗教。这些特征可以分成两大类：一是由文化所决定的，例如发型、服装和语言；二是由生物因素所引起的，例如肤色和头发颜色。

具有鲜明的社会和文化特点的群体叫民族群体（ethnic groups），具有鲜明的身体特征的群体叫做种族群体（racial groups）。不过，民族、种族、文化和生物性往往紧密相连。另外，一个社会中各种群体的种种文化与生物上的差异的意义总是由主导群体决定的。并不是所有具有不同文化的群体都被挑出来作为民族群体看待。同样的，种族主要是一个文化的概念，而不是一个生物的概念。对主导群体来说，只有一些确定的群体间的生理差异具有足够的社会意义，才可以当作种族认同的基础。

（一）民族群体

民族群体这个词的各种定义差异很大。一些社会学家用这个词指来自某一地区的所有人，例如以色列人、意大利人和法国人。另外一些人用这个词来指讲同样语言或具有同一宗教信仰的一群人。然而，许多当代社会学家把民族群体定义为任何与其他群体具有社会意义上的区别、并且有自己的亚文化、有“共同意识的群体”［戈登（Gordon），1964］。

236 外群体的人认定某个民族群体的一个重要因素是识别民族群体成员与其他人的社会差异。例如，意大利裔美国人被称作一个民族群体，因为这些移居美国的意大利人具有某些共同的特征，使之与美国的多数人群体以及其他民族群体相区别。这些共同特征包括说意大利语、是天主教徒以及做一些传统食品等。不过，在欧洲，“意大利人”这个词具有一般性意义，并不是指某个单一的群体。该词的含义太宽泛，不具有太多的社会意义。欧洲人注意到有北意大利人、南意大利人和西西里人，认为每一个群体都有不同的特点。而在意大利国内，就是这样的分类也显得太宽泛，没有什么意义。在那里是根据地区方言、地方习俗以及像头发和眼睛颜色等体质特征来认定群体的。

在大多数具有强烈民族认同的群体中，社会与文化差异不仅是外人认定的，而且也是群体成员自己认定的。群体成员认为他们自己与外群体的人不同，外群体人是“非我族类”。把此类群体凝聚在一起的社会与文化纽带可能是宗教的，或者是语言的。但是更常见的是一种与特定人口相连的强烈认同感，这是一种把自己群体与所有其他群体区别开来的特殊感情。强烈的民族群体内部产生了一个与较大社会群体相区别的社会系统，并且有着自己鲜明特点的社会化过程。

许多民族群体在种族和文化上各不相同。犹太人民族就是一个例子，别人以及他们自己都认为他们是一个民族群体。但是准确地说，犹太人之间的共同之处是什么？是相同的种族吗？不是。他们的种族来源（叫闪米特人）和阿拉伯人相同。埃及犹太人和埃及阿拉伯人看起来相似。而欧洲犹太人长期与异教徒（非犹太人）通婚，因此闪米特人的特征往往不能使他们和其他欧洲人相区别。宗教也不是犹太人的共同纽带。犹太人的习俗和信仰差异很大，有些自认为是犹太人的人不再实践或者信仰任何形式的犹太教。犹太人也没有共享一个统一的文化。俄罗斯犹太人、波兰犹太人或德国犹太人的文化与叙利亚或摩洛哥犹太人完全不同。

尽管犹太人的社会特点不同，但是使犹太人成为一个民族群体的纽带是他们共同的犹太民族意识。犹太人把他们自己看作是接受《十诫》、信守《圣经》的逃亡群体的后代。他们记住他们的先辈是一个遭受全世界强敌歧视、迫害和追赶达两千多年的群体。

使犹太人凝聚为一个民族的并不是种族、宗教或文化，而是他们共同的犹太民族意识。这是一群大屠杀幸存者在华盛顿城外集会。

（二）种族群体

如同民族一样，种族的概念也极难定义。从历史上看，试图对人种进行识别和分类的主要是体质人类学家和生物学家，他们对肤色进行分类、对头型进行测量、对发束进行归类。多年来，根据体质特征，人类被大致分成三个群类：高加索人、蒙古人和黑人。

然而，随着西方科学家对世界各民族的接触和研究增多，人们发现一些民族不宜归入这些常见类型。例如，波利尼西亚和澳大利亚的原住民就不宜归入上述三个基本类型。这就使人们在人种区分上引入了越来越多的新群类，那种认为人类可以区分为少数几个基本人种的观点已被逐渐抛弃了。

所有想把人种确立为几个固定群类的努力，都是建立在种族可以按照该群体所有成员的某些体质特征来定义的假设之上的。随着人类变异知识的增加，传统上作为种族分类基础的特征就日益显得有点武断。例如，高加索人与黑人的区别主要是根据头发质地和面部特征。但是有些高加索人种的亚洲印度人皮肤和大多数黑人民族一样黑，而有些黑人，例如卡拉哈里沙漠的布须曼人（Kalahari Bushman）皮肤却是浅色的。因为用头发和面部特征与肤色相对作为人种分类的标准是没有科学根据的，因而这种特征选择就显得有点随意［库恩（Coon），1982；乔利和普罗格（Jolly & Plog），1979］。

237 今天大多数人类学家和社会学家都把种族看成是一个文化概念而不是一个生物概念，认为种族类型反映出的社会文化因素比体质差异大。事实上，大多数企图按照种族属性对一个人进行分类的美国机构，例如出于赞助行动（Affirmative Action）的目的，已经放弃了传统的3大类型，取而代之的是8到10种类别，包括印第安人、非裔美国人、亚裔美国人、西班牙裔美国人以及白种美国人（Banton，1988）。

今天大多数人类学家和社会学家都把种族看成是一个文化概念而不是一个生物概念，他们认为种族类型反映出的社会文化因素比体质差异要大。

正如我们所看到的，虽然从生物学的意义上谈论种族概念几乎没有什么意义，但是它仍然是人们相互区分各自社会类属的重要方式。本书中，种族这个词指的是别人所相信的、具有某些共同的体质特征但基因上有区别的一群人。换句话说，种族更多的是一个社会事实，而不仅是一个生物事实。

由于民族与种族群体经常交叉重叠，因而这一事实往往引起混淆。非裔美国人和亚裔美国人是特点相对鲜明的美国种族群体，可在很大程度上他们也是民族群体。不过，也有些人是从种族上而非民族上属于某一群体。在美国已经生活了两三代而且对日本文化和传统不很熟悉或根本不熟悉的美籍日本人就是这样一个例子。而另外有些人，例如那些因为杂婚而肤色很浅的人，可能从民族上看他们是非裔美国人或亚裔美国人，但是从种族上看并不属于这些族群。最后，一种民族群体可能包括一个以上的种族。例如，印度就有很多种族混合现象，因此常常难以确定种族界线。在这种情况下，往往用来对人们进行明确分类的是语言而不是种族。

不同社会种族意识的程度差别很大。例如，在美国，体貌通常被用作社会分类的基础。但是拉丁美洲就很少有这种情况，在那里社会认同既取决于体貌也取决于社会经济地位［鲍彻、兰迪斯和克拉克（Boucher，Landis & Clark），1987；J. 斯通（J. Stone），1985］。

关于种族的一个主要问题已引起了许多争论，这就是基本种族类属中的体质差异（如它们传统上被定义的那样）是否伴随着智力和行为品质的重大区别（例如智力和情感构成等）。这还有待于科学研究给出肯定答案。因为所谓的种族在基因构成上异质性很大，因此要研究纯粹的种族类型是不可能的。另外，由于要把文化上学习的行为与生物遗传的特征区别开来十分困难，而且要准确而不带偏见地测量情感与智力特点也存在问题，所以这样的研究就更加复杂了。

1905年法国阿尔弗雷德·比内和泰奥菲勒·西蒙（Alfred Binet & Théophile Simon）发明了第一个有望对智力进行客观测量的现代测试法。社会科学家用这些方法和后来的一些测验方法，对不同种族的能力进行了大量的比较研究。早期的结果表明，在智力方面，不同种族和民族群体之间存在很大差异。那些对美国黑人儿童以及下层阶级儿童的测验总是得分很低，但这一点也引起了极大的争议［希夫和雷温亭（Schiff & Lewontin），1986］。

最近一些年来，科学家们一直在重新检验这些证据，结果表明上述测验是一种误导［古尔德（Gould），1981；欧文和贝里（Irvine & Berry），1988；米勒-琼斯（Miller-Jones），1989；希夫和雷温亭（Schiff & Lewontin），1986］。例如，1912年美国智力测验的开拓者亨利·戈达德（Henry Goddard）在艾丽斯岛（Ellis Island）对新来的移民进行“智力”测验。他发现83%的犹太人、90%的匈牙利人、79%的意大利人和87%的俄罗斯人都是“低能的”［卡明（Kamin），1974］。然而，戈达德所测验的并不是“智力”，而是一种完成范围很窄的知识型工作的能力，其中一些工作对美国人来说比来自其他社会的移民要熟悉得多。另外，大多数移民不懂英语——有些人对本民族的文字也是文盲——这一事实很显然影响了他们的得分。当有些 238
移民在美国生活了一段时间之后再接受测验，他们的得分就有了提高（Schiff & Lewontin，1986）。

今天所用的所有智力测验的方法，尽管看起来可以准确预测一个人将来的学业成绩，但实质上反映的却是有教养的中产阶级的社会、文化和学术的标准。智力测验的高分要求像美国中产阶级说话那样掌握英语语言。即使在被认为不需要语言的部分，比如形状或者颜色搭配，为了完全理解测验说明，仍然要求一些语言技能。另外，一些问题的"正确"答案对于设计和控制测验的中产阶级成员来说是非常浅显的。

今天大多数社会科学家相信，种族群体之间的智力可能没有天生的或遗传的重大差别。一个例外是教育心理学家詹森（Arthur Jensen，1969，1973a，1973b），他的观点在科学界引起很多争议。詹森根据大多数常用的智商（IQ）测验中黑人平均得分比白人稍低这一事实，认为用环境因素对这一差异进行解释是不够的。他认为由于不同种族群体的体质特征存在差异，所以有可能他们天生的智力特征也是不同的。他争辩说，这些遗传差异是黑人与白人平均智商差异的主要原因。

詹森的观点在许多方面遭到了攻击［泰勒（Taylor），1975，1980；威尔逊（Wilson），1986］。人们提出的一个主要观点是在遗传学意义上白人和黑人不是相互区别的种族。估计80%的美国黑人有部分白人血统，而划为白人的美国人中大约25%有部分非洲人血统。

对民族—种族智商差异研究进行回顾，可以得出下面的结论［勒林、林德泽伊和施普勒（Loehlin，Lindzey & Spuhler），1975］：

（1）美国社会中各种民族和种族群体成员的平均智商水平的差异可能反映出3个因素：测验本身的偏见、群体环境条件的差异以及群体之间的遗传差异。

（2）现有的证据都可能支持关于上述3个因素都相对重要的各种观点。

（3）如果不考虑上述因素的影响，那么有一点似乎很清楚，那就是民族和种族群体内部个体之间的差异大大超过这些群体之间的平均差异。

对种族情感构成方面的差异下结论可能更难。有关种族品性和"性格"的许多刻板印象是根据很随便的观察得出的。尽管各种种族群体的情感构成可能存在一些差异，但是这些差异可能是从文化中后天习得的，而不具有生物性基础。

（三）美国的少数民族群体

每一个美国大城市都有主要是不同民族或种族群体居住的社区。大多数大城市都有一个主要是犹太人聚居的小意大利，还可能有唐人街。报纸和杂志用多种语言出版，在特产杂货店里出售多种民族风味的配料。爱尔兰人庆祝圣巴特里克节，意大利人过哥伦布节。在俄亥俄的洛雷恩，人们跳匈牙利的恰尔达斯舞；在新墨西哥的盖洛普，人们跳祖尼雨舞；而在加利福尼亚的德拉诺，人们跳墨西哥草帽舞。美国确确实实是一个拥有数百个公认的少数民族的国家。这里我们将讨论最常见的5个少数民族：非裔美国人、讲西班牙语的美国人、亚裔美国人、印第安人和白种人。

媒体社会学

媒体上的种族形象

非白人种族群体的形象反映了美国200多年的种族主义。18世纪70年代后期，尽管报纸刊登了《独立宣言》，宣称“所有的人生而平等”，但是，拍卖奴隶的广告仍然把奴隶描绘成没有生命的动物。在以后很多年里，广告继续不断地创造并固化种族不平等的符号和形象。非裔美国人被描绘成适合仆人做的工作中喜气洋洋的厨师、彬彬有礼的门卫、翩翩起舞的黑人音乐歌唱团演员和佣人。虽然大厨师拉斯达斯（Chef Rastus）（小麦奶酪）以及杰米玛阿姨（Aunt Jemima）（薄烤饼）等商标人物已成为美国人心中的偶像，但是他们的身份还是与辅助性角色紧紧联系在一起，这就强化了人们刻板的种族观念。

18世纪末小说和戏剧中出现的像“山波”这样的人物，也促进了人们对于美国黑人刻板形象的形成（Croteau & Hoynes，1997）。白人男演员画着黑脸，穿着华丽，扮演山波这样一个说话不当、可笑、自命不凡的滑稽角色，这个人物在舞台上一边跳着、一边唱着没有意义的歌曲，他是滑稽人物，成为后来出现在大众传媒中的种族主义刻板印象的先驱。19世纪，作家们继续创作带有种族主义刻板印象的人物。詹姆斯·菲尼莫尔·库珀（James Fenimore Cooper）在其小说《特务》（*The Spy*）中，把美国黑人描写成这样的角色：他们是忠诚的、满足的家庭奴隶，怕鬼信神。甚至哈瑞特·比彻·斯托（Harriet Beecher Stowe）反对奴隶制的小说《汤姆叔叔的小屋》（*Uncle Tom's Cabin*）也固化了种族刻板印象。在这种情况下，黑人被刻画为儿童般天真的、温和的受害者（Croteau & Hoynes，1997）。

随着奴隶制度的废除，新的种族主义形象开始出现。现在的作家们把奴隶描写成愤怒的、无拘无束的黑人形象。1915年，随着D. W. 格瑞夫斯（D. W. Griffith）的电影《国家的诞生》（*Birth of a Nation*）上演，种族主义形象充斥荧幕。描写白人至上、促进种族主义的早期电影还有《黑鬼的求爱与结婚》（*The Wooing and Wedding of a Coon*，1905）以及《黑鬼》（*The Nigger*，1915）。像《格丽瑟复仇记》（*The Greaser's Revenge*，1914）之类的电影把墨西哥人描绘成土匪、强奸犯和杀人犯。《黄色威胁》（*The Yellow Menace*）把亚洲人刻画成是对美国价值观的威胁。《雅利安人》（*The Aryan*，1916）传播的是白人优于美洲印第安人的观念［威尔逊和古铁雷斯（Wilson & Gutierrez），1995］。

一直到20世纪，大众传媒产品的内容都在继续表现美国人根深蒂固的种族主义态度。但是，第二次世界大战之后，美国白人对待美国黑人的态度开始转变，贬低非白人种族群体的形象开始消失。20世纪60年代末，民权运动使人们看到了《美国宪法》神圣语言与媒体上种族主义语言和形象的差距。

由于社会积极分子的抗议，种族刻板印象开始消失。在墨西哥裔美国人抗议“带枪的潘科·维拉式的”人物形象——此人为了得到他喜欢吃的快餐在超市和野餐处拦截人们——之后，弗里多·本迪托之类的人物不见了［西沃卡（Sivulka），1998］。吉露果子冻公司扔掉了一个1959年商贸活动得到的奖品，该奖品特写了一个不会用筷子吃吉露果子冻的华裔婴儿，说：

“哈哈！妈妈拿来了伟大的西方发明——勺子！勺子是用来吃吉露果子冻的，华裔婴儿非常开心！”（Sivulka，1998）其他一些出现在果汁广告上的滑稽面孔人物，例如，“印第安人橘子”和“中国樱桃”，名字被改为“欢快的橘子”和“火车樱桃”。《小大人》（*Little Big Man*，1970）、《与狼共舞》（*Dances with Wolves*，1990）以及《杰罗尼莫》[①]（*Geronimo*，1993）恢复了印第安人的尊严，表达了美国人对镇压美国印第安人的歉疚（Croteau & Hoynes，1997）。

虽然明显的种族主义形象不见了，但是一些批评家认为这些变化只是掩盖了一种更加难以捉摸的种族主义形式［Croteau & Hoynes，1997；恩特曼（Entman），1992；Rossides，1997］。虽然像《高斯比栏目》（*The Cosby Show*，20 世纪 80 年代）之类的娱乐节目从积极的方面描写美国黑人家庭，但是其他更多的“写实性”节目却把美国黑人男子描写成到处闲逛、没有责任心的形象。批评家们还担心对美国黑人有偏见的新闻报道，即关注贫穷的美国黑人问题（毒品、犯罪、暴力），会使人们得到这样的结论，认为既然一部分黑人成功了，所有的黑人都有充分的机会。

很难预测将来媒体会如何表现种族问题。不过，细微的种族主义形式很可能会继续存在，直到非白人种族群体拥有、出版和生产媒体产品的时候为止。

---

1. 非裔美国人

奴隶制度使非裔美国人的历史与美国其他所有少数民族的历史明显不同。他们被迫进入美国（开始于 17 世纪初），在漫长岁月里长期被当作奴隶看待，在这一过程中，他们的本土文化和传统家庭关系基本上被破坏了，个体身份得不到法律的承认。尽管 1865 年《美国宪法第十三修正案》解放了所有的奴隶，但是内战后通过的法律对非裔美国人的权利作了很多限制。直到 1954 年这些限制黑人权利的法律才被宣布是违宪的。

今天美国大约有 3 400 万非裔美国人，占全国人口的 12.7%。从建国初开始非裔美国人的比例一直是下降的。1776 年，非裔美国人占 13 州总人口的 20%强。从那时起，向美国的移民几乎都不是黑人。

240 内战前，大多数非裔美国人作为奴隶生活在南方。他们获得解放以后，逐渐开始向北方迁移。大约在第一次世界大战的时候，这一迁移达到相当大的规模。1915 年到 1918 年间，估计有 25 万到 35 万非裔美国人离开南方到了北方工业城市［克鲁斯（Cruse），1987］。

第二次世界大战之后，非裔美国人向北方移民更加迅猛，成为美国历史上最大的一次国内移民运动。战争结束时，还有 80%以上的非裔美国人仍然生活在南方，今天只有 53%生活在那里了。然而，向北迁移看起来似乎结束了，部分原因是最近阳光地带[②]的就业机会增加了（参见第 19 章），也有可能是因为“北方明显地不再是黑人从前所以为的种族天堂”（Farley，1988，p. 129）。

非裔美国公民作为农场工人和农村居民的形象已经被新的现实所取代——城市非裔美国

---

① 杰罗尼莫（1829—1908），印第安人阿帕切族领袖，曾领导族人保卫家园，抗击美军，展开反白人的武装斗争，被迫投降后逃走，1886 年被美军诱降，受骗服苦役。——译者注

② 阳光地带（the Sun Belt），指美国南缘西自加利福尼亚州起东至北卡罗来纳州和南卡罗来纳州一带。——译者注

人。1998 年，美国 54.7%的黑人生活在中心城市里，而白人只有 22%生活在那里。黑人单亲家庭的比例比较高（黑人 64%，白人 26%），非婚生育率也较高（黑人 69.9%，白人 25.3%）（U. S. Bureau of the Census，1998）。黑人中等家庭的收入比白人家庭也要低得多：1996 年黑人中等家庭的收入是 23 482 美元，而白人中等家庭是 37 161 美元（U. S. Bureau of the Census，1998）。

我们将在本章后面更详细地讨论非裔美国人问题。

2. 讲西班牙语的美国人

讲西班牙语的美国人是美国人口中增长较快的一个群体。这一群体的成员有着共同的语言（西班牙语），一般都信仰宗教（罗马天主教），有着共同的西班牙殖民经历。然而，他们的差异也很大［波泰尔和特鲁拉弗（Portes & Truelove），1987］。例如，中产阶级的古巴难民与墨西哥工业劳动力，或者与波多黎各制衣工人生活区别很大。这是这一群体反对被贴上“西班牙语”标签的一个原因。这是一群范围很广的毫无联系的人，他们的背景、国籍、态度以及价值观各不相同。“讲西班牙语的美国人”（Hispanic-Americans）这个词想把他们归成一类，否定了他们之间的差异多样性［甘恩和杜伊格南（Gann & Duignan），1986］。因此，用来自哪个国家来指称有西班牙传统的美国人往往更好一些，例如，可以称墨西哥裔美国人、古巴裔美国人和波多黎各人。

从整体上看，讲西班牙语的美国人中大多数来自墨西哥、中美洲与南美洲，大约有 2 930 万人，占总人口的 11%（U. S. Bureau of the Census，1998）。到 1996 年 10 月，估计美国还有大约 500 万非法移民［美国移民归化局（U. S. Immigration and Naturalization Service），1997］，其中大多数来自拉丁美洲西班牙语世界。这就使美国成为世界上讲西班牙语的第五个大国。有的人口学家预测，到 2000 年美国讲西班牙语的人口数量将增加到 3 000 万人（U. S. Bureau of the Census，1998）。

目前，美国大约 75%的西班牙语人口居住在 5 个州：加利福尼亚、得克萨斯、纽约、佛罗

讲西班牙语的美国人用精美的壁画来赞美他们的文化，这种壁画在美国许多城市都可以见到。美国已成为世界上讲西班牙语的第五大国。

里达以及伊利诺伊（U. S. Bureau of the Census，1998）。在全美国你到处都可以看到、感到西班牙语人的存在，大城中西班牙艺术家的壁画装饰着许许多多的建筑物，墨西哥餐馆大受欢迎，而在像宾夕法尼亚的荷兰式乡村这样不起眼的地方，也有数量可观的讲西班牙语的人定居。美国两个最大的西班牙语群体是墨西哥裔美国人和波多黎各人。

墨西哥裔美国人 墨西哥裔美国人的历史可以追溯到获取西南部美国领土的时期（其中大部分原来是墨西哥的领土）。随着边境几个州的出现，对廉价劳动力的需求以及墨西哥的长期贫困，刺激了墨西哥人越境移民［兰利（Langley），1988］。在最近几十年里，大部分墨西哥移民
241 是非法的，形成了墨西哥裔美国人社区中一大群“看不见的”无保障的人。到1996年10月，美国的墨西哥非法移民估计达到270万人（U. S. Immigration and Naturalization Service，1997）。

目前大约有1 880万墨西哥血统的人合法地生活在美国。他们大多数居住在西南部的得克萨斯州、亚利桑那州、科罗拉多州、新墨西哥州以及加利福尼亚州。自20世纪40年代以来，墨西哥人及美籍墨西哥人是农业劳动力移民的主要部分。但是随着农业生产的日益机械化，对农业劳动力的需求减少，更多的墨西哥移民向阿尔伯克基、洛杉矶、菲尼克斯、丹佛和芝加哥等城市流动（Langley，1988）。

尽管很少有隔离墨西哥裔美国人的正式法律，但是这个少数民族群体仍然感到在西南的一些地区难以买到住房。例如，有些房地产经纪人根据购房者的收入、信用等级、“民族亲和度”以及社会地位等，暗地里确定了一套购房资格标准，这有效地阻止了墨西哥人在富裕地区买到房子［费京和费京（Feagin & Feagin），1999］。

工作机会也可能受到限制。大多数不从事农业生产的墨西哥裔美国人作为不熟练或半熟练的劳动力受雇于工厂与包装厂，或者当佣人、女招待和送货人。1991年，墨西哥裔美国人的失业率是10.4%（白人是6.0%）。

语言障碍使这个群体改善社会经济地位的努力显得十分困难。有些墨西哥裔美国人的子女上学时还不会讲英语，这在过去造成了很高的辍学率。不过，近几年的趋势表明墨西哥裔美国人的教育地位有所改善，年轻人受到的教育比其父辈要多，而且现在许多人都上了大学。1998年，48.6%的墨西哥裔美国人完成了中学学业（U. S. Bureau of the Census，1998）。实际上，有相当大一部分墨西哥裔美国人取得了很大成就，他们成为正在发展的墨西哥裔美国人中产阶级。到20世纪80年代中期，墨西哥裔美国人劳动力中最重要的部分已不再是农场工人，这在美国历史上还是第一次（Gann & Duignan，1986）。1997年，12.1%的美籍墨西哥工人受雇于管理和专业职位，22%从事技术性、销售和管理工作（U. S. Bureau of the Census，1998）。

波多黎各人 1898年，美国在美西战争中吞并了波多黎各岛，随即波多黎各人开始向美国大陆迁移。第二次世界大战后，移民稳步增加，到20世纪50年代初达到高峰。刺激这一移民浪潮的因素有波多黎各人口的迅速增长、岛上经济发展机会不足、对迁移没有法律或者政治限制以及到美国大陆有廉价的交通条件（Gann & Duignan，1986）。

今天在美国大陆大约有320万波多黎各人，成为一个很大规模的、看得见的少数民族。他们大多数人生活在纽约市及其周围地区，但是在像芝加哥、克利夫兰以及费城等城市及其周围，也能发现波多黎各人的大社区（U. S. Bureau of the Census，1998）。

波多黎各人经历了与非裔美国人和墨西哥裔美国人相同的许多困难。他们的教育、职业与收入地位一般较低。25 岁以上的波多黎各人只有 12.1％大学毕业（U. S. Bureau of the Census，1998）。

因为他们是美国公民，所以波多黎各人政治上关心的事情常常与其他西班牙语群体有很大区别，例如，他们没有一个人是非法移民。然而，大多数波多黎各人最关心的一个问题是波多黎各岛的官方地位。波多黎各于 1952 年成为一个自治行政区，因此它有一个很像州的地方政府，但是在国会里没有代表席位。有一些波多黎各人赞成独立，多数人赞成成为一个州，而一小部分人倾向于目前这种地位或者稍加变化。

其他讲西班牙语的美国人群体　讲西班牙语的美国人的第三大群体是美籍古巴人，人数大约在 130 万（U. S. Bureau of the Census，1998）。大多数古巴人到美国是为了逃避费德尔·卡斯特罗（Fidel Castro）的统治，其人于 1959 年当上古巴的总理。很多古巴人定居在南方的佛罗里达州。与大多数因贫穷而来到美国的墨西哥人和波多黎各人不同，这些逃离古巴的人一般是受过教育的中产阶级。因此，作为一个群体，他们的社会经济地位在某种程度上比其他讲西班牙语的美国人要高。大约 25％的美籍古巴人从事管理和专业工作（U. S. Bureau of the Census，1998）。

1980 年费德尔·卡斯特罗决定允许古巴向美国移民之后，80 年代美籍古巴人口数量有相当大的增长。近年的移民中很多人比上一批要穷，受教育水平要低。这引起了生活在迈阿密的有根基的美籍古巴人与新移民之间的摩擦［法洛斯（Fallows），1983；也可参见波泰尔和罗姆鲍特（Portes & Rumbaut，1990）］。

另外 430 万西班牙裔美国人来自其他中美洲和南美洲以及加勒比国家，包括多米尼加共和 242
国、萨尔瓦多、哥伦比亚、危地马拉、洪都拉斯、秘鲁、厄瓜多尔、巴西以及阿根廷。他们在美国的一些地方形成相当规模的社区（U. S. Bureau of the Census，1998）。

3. 亚裔美国人

到美国的亚洲移民与美国人在种族、宗教、文化以及社会组织方面有着显著的差异［福西特和卡里诺（Fawcett & Carino），1987］。如同其他移民群体一样，他们体验到了种族主义、隔离、偏见以及歧视。大多数亚裔移民从西海岸进入美国，他们因此一般留在西部几个州；在加利福尼亚和夏威夷生活的亚裔移民比其他任何一个州都要多得多。

1960 年，向美国移民最多的前十名国家中没有一个是亚洲的，但是到了 1985 年前十名中有 6 个是亚洲国家。今天向美国移民最多的四个亚洲国家是菲律宾、韩国、印度以及中国（见图 11—1）。我们这里简要讨论最先到达美国的中国人和日本人两个亚裔群体以及新近到达美国的 3 个群体：越南人、韩国人和菲律宾人。

美籍华人　华人血统的人口现在是亚裔美国人中最大的群体，最近几十年来数量超过了日本人。美籍华人现在达到 165 万人（U. S. Bureau of the Census，1993）。 243

华人移民开始于 19 世纪 40 年代，是亚洲人向美国的第一次重大迁移。这次迁移真正开始于 1849 年的淘金热，几乎全是男劳力。成千上万的中国男子作为劳工被运送到美国去修铁路开矿山、在加利福尼亚的农场劳动［金和洛克（King & Locke），1980］。开始的时候，人们欢迎这些中国人到他们的新国家，欣赏他们愿意从事这些艰难的工作。然而，随着到达美国的中国人增多，他们开始与白人竞争工作，这时他们就遭到了普遍的敌视，最后酿成了一场排华运动。这场运动的结果是，华人遭到迫害、殴打，法律上限制华人的经济权利和受教育机会。1882 年排华运动达到高潮，通过了《排华法案》，完全禁止中国人向美国移民。这部法律直到 1943 年才被废除。

尽管华人受到敌视，但是在禁止移民之前，在加利福尼亚的华人人数继续快速增长，从 1852 年的大约 2.5 万人增加到 10 年后的 5 万多人。19 世纪 70 年代后，加利福尼亚 10%以上的人口是华人。

歧视性法律与种族对抗的结果是，许多移民被迫放弃比较理想的工作，去从事诸如家庭服务、洗衣、小商店打工之类没有竞争的工作。华人逐渐控制了洗衣业，在制鞋和烟草业就业的人数庞大（Daniels & Kitano，1970；King & Locke，1980）。到了 1920 年，在美国就业的华人有一半以上从事洗衣业或者开饭馆［索厄尔（Sowell），1981］。

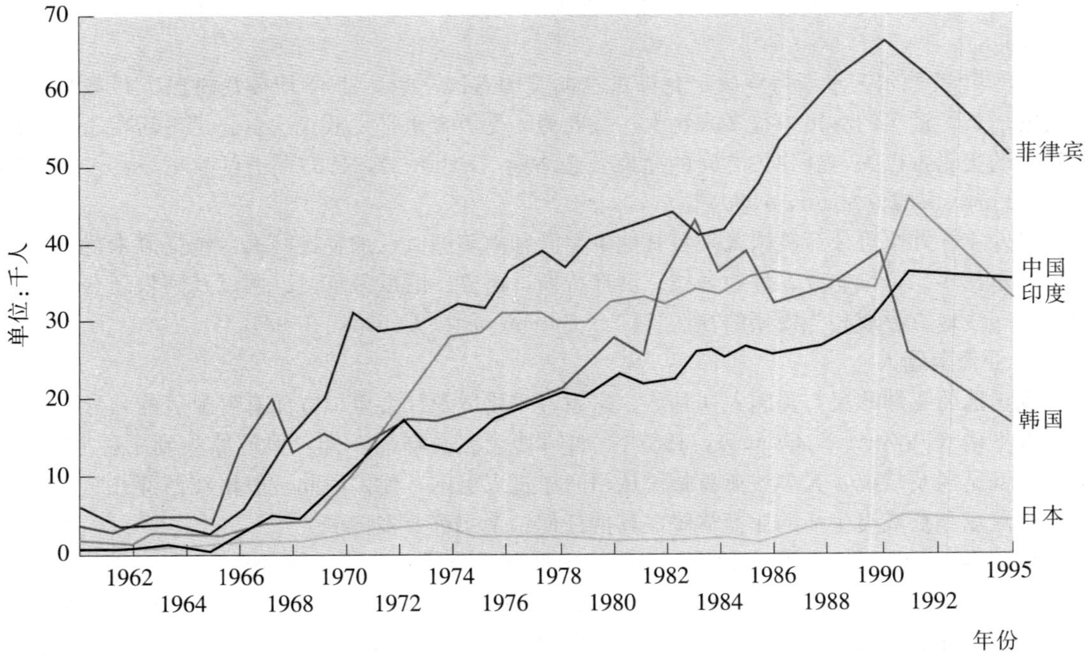

图 11—1　一些亚洲国家向美国移民的情况（1960—1995）

注：亚洲国家中移民到美国最多的是菲律宾。

资料来源：James T. Fawcett and Benjamin V. Carino，*Pacific Bridges*：*The New Immigration from Asia and the Pacific Islands*，New York：Center for Migration Studies，1987；*World Almanac and Book of Facts*，*1992*，New York：Scripps Howard；U. S. Bureau of the Census，*Statistical Abstract of the United States*，*1993*，Washington，D. C.：U. S. Government Printing Office，1993；U. S. Bureau of the Census，*Statistical Abstract of the United States*，*1998*，Washington，D. C.：U. S. Government Printing Office，1998.

一来由于他们遭到敌视，二则因他们自己的文化价值观念仍很强烈，所以华人一般生活在一个与大多数人口相隔离的独立社区中。在全美国范围内，他们几乎到处都建立起了唐人街——城市中一个特点鲜明的民族特区。尽管今天许多美籍华人仍然生活在唐人街里，但是也有很多人已经搬了出去，在混居的城市社区和郊区社区中居住（Daniels，1988）。

尽管许多华人已经搬到混居的城市社区和郊区社区居住，但唐人街在美国仍然比比皆是。

在20世纪60年代立法向亚裔移民敞开大门之后，美籍华人人口增加了一倍多。从1960年到1985年，有55.3万多华人到达美国（Feagin & Feagin，1999）。美籍华人已经成为受教育程度最高的少数民族之一。他们的教育成就反映在他们现有的职业上，主要集中在白领工作上（Feagin & Feagin，1999）。1990年的人口普查表明，美籍华人从事管理和专业技术工作的比例超过欧洲裔美国人。

美籍日本人　美国84.8万多有日本血统的人，是亚裔美国人的第三大群体（菲律宾人是第二大群体）（U.S. Bureau of the Census，1993）。他们在美国的历史与华人有点相似，都是作为劳工被带到美国工作的，但是很快就成为种族歧视的对象。

日本移民的主流是在华人涌入之后，大约是在1870年左右。大多数日本人定居在西海岸，充当农业和服务业工人以及在小商店打工。有些人当上了店主。与华人一样，他们生活在自己的社区里，与美国主流社会相隔离（Kitano，1985）。

日本人的勤劳和经济上的成功使他们成为法律限制的对象，法律阻止他们进入许多要求许可的行业和职业。而且美国（1913年和1920年）还通过了制止早期移民拥有土地的法律。尽管有这么多限制，但是日本人的农业生意却十分兴旺。

244 美国政府曾经做出的最具种族主义的法案，通常被认为是针对美籍日本人的。1942年3月，日本偷袭珍珠港之后，美国政府拘留（监禁）了所有生活在西海岸的有日本血统的人。11万多人被迫离家，被安置在“重置营”（relocation camps）里。他们大多数是很少与日本有联系的美国普通公民，对美国的战争行为不会构成任何威胁。他们被迫生活在特别建造的、戒备森严的营区里，一直到1945年最高法庭命令拘留结束为止。

第二次世界大战期间，超过11万的有日本血统的人被迫离家，被安置在“重置营”里，他们大多数是普通的美国公民。人们认为这是美国政府采取的最具种族主义的行为。

今天美籍日本人继续集中在西海岸，尽管许多人已经迁往内地的其他地方。像华人一样，许多日本人取得了很高的社会经济地位。他们现在是美国收入最高、受教育最好的群体之一，很多人从事专业性工作（Feagin & Feagin，1999）。

越南裔美国人 61.5万多有越南人血统的人生活在美国，其中很多人是越战期间或者稍后一点逃离祖国的难民（U.S. Bureau of the Census，1993）。到达美国的时候，越南难民在特别的营区里生活，直到能够找到愿意帮助他们安置工作、提供住房以及安定下来开始新生活的保证人为止［勒巴，勒巴和勒巴（Leba，Leba & Leba），1985］。

与其他难民群体相比较，例如，与那些20世纪30年代和40年代逃离纳粹统治的难民以及与1956年匈牙利的难民相比，从就业方面来说越南人是相当差的。大多数人从事比原来国内的职业地位低得多的职业，有些人生活在贫困线以下（尽管不像其遭受战争破坏的邻国柬埔寨和老挝难民那样普遍）［菲什曼（Fischman），1986］。越南移民社会经济困难的原因有很多，其中包括缺少一个帮助他们的明确的民族共同体、文化和语言上的障碍以及他们到达时美国经济状况不好等［弗里曼（Freeman），1989；斯坦（Stein），1979］。

韩裔美国人　今天美国有79.9万多韩裔美国人（U.S. Bureau of the Census，1993）。和其他亚裔移民一样，最先到达美国的韩国人发觉，歧视和语言障碍使他们不能获得与其教育背景和能力相称的职业。结果是，许多早期韩国移民，包括一些受过高等教育的人，都被迫从事像在农场干活、帮厨以及看门等之类的工作。然而，到20世纪40年代，一些韩裔美国人开始建立小型家庭企业，特别是在像纽约和洛杉矶这样的大城市里，这一传统不断发展，继续到今天。他们通常要么是中间人，服务于自己社区中较穷的人；要么是企业家，为更多的异族群体提供饮食及服务（Portes & Rumbaut，1989）。

20世纪60年代中期和70年代到达美国的韩裔移民中已有许多专业技术人员（数学家、科学家、医生）和企业家。到1990年，韩裔美国人最有可能从事服务业。

菲律宾裔美国人　菲律宾男子最早于20世纪20年代开始离开祖国，当时他们被招募为夏威夷和西海岸甘蔗园的农场工人。这些男子中大多数为了微薄的工资一天劳动12个小时。尽管条件这样恶劣，菲律宾人还是源源不断地来到美国，直到1934年通过限制迁移的立法为止。菲律宾向美国移民的第二次浪潮开始于第二次世界大战之后，一直持续到近几十年（Daniels，1988）。根据1990年人口普查，美国有140多万菲律宾裔美国人，成为亚太移民的第二大群体（Feagin & Feagin，1999）。

像其他许多亚裔美国人群体一样，菲律宾裔美国人在受教育与经济方面是相当成功的。今天菲律宾裔美国人的中等家庭是亚裔美国人中收入最高的群体之一（Feagin & Feagin，1999）。245
尽管菲律宾裔美国人集中在白领行业，但是，比起从事管理和专业性工作，他们可能更喜欢从事技术性、销售以及行政支持类的工作。

4. 印第安人

印第安人的历史是被征服与人口减少的历史。后来成为美国的那块土地上，估计原来印第

印第安人可能是今天美国最贫穷、最边缘、最不受重视的群体。酒精中毒和肺结核导致的死亡是美国全国人口的5倍多。

安人的人口大约有 100 万到 1 000 万人之间。到 1850 年，人口减少到只有 25 万人了，这是与白人接触的直接或间接的后果。自从那时起，生存条件的改善以及较高出生率，又使他们的人口达到了现在的约 230 万人（U. S. Bureau of the Census，1998）。

印第安人可能是今天美国最贫穷、最边缘、最不受重视的群体。几十年来他们的平均家庭收入一直是种族或民族群体中最低的（Feagin & Feagin，1999）。1990 年的人口普查表明，26%的印第安人家庭以及 47%在居留地的印第安人家庭生活在官定贫困线以下。印第安人的失业率平均达到白人的 3 倍。印第安人的自杀率高于全国平均水平，自杀率反映了他们的生活窘境［托恩东（Thorton），1987］。由于其他原因而导致的死亡率也反映了这个群体被忽视的程度。酒精中毒和肺结核导致的死亡是全国人口的 5 倍多（Feagin & Feagin，1999）。

作为受联邦政府法律保护的人，印第安人感到他们在少数民族群体中处于一种非常特殊的境地［鲍彻、兰迪斯和克拉克（Boucher，Landis & Clark），1987］。直到 1924 年，印第安人在美国——他们自己的土地上才被授予公民权。过去，联邦政府一般用同样的办法对待所有的部落，没有考虑到部落之间在传统和生活方式上的巨大差异，而且对部落文化相当麻木无知。例如，在 19 世纪政府试图把印第安人转变为小农场主。政府把土地分配给个人，但是破坏了印第安人建立在共有制基础上的部落组织。

印第安人的教育一直是一个问题。现行的教育体制是把责任分散到地方学校、私立学校和联邦学校，这一体制与印第安人儿童失学率高、成绩差、自信心不足不无关系。现在正在努力创立部落控制的学校，作为社区生活的中心，在他们的课程中强调印第安人的传统和价值观。

20 世纪 70 年代和 80 年代，印第安人在全国各地都发起了激进的示威和抗议活动，表达他们因在较大社会范围里缺少获得物质报酬的机会的不满，也表明他们不愿意接受主流文化的价值判断和法律。特别是全国印第安青年委员会和美国印第安人运动两个团体，反对印第安人事务局（the Bureau of Indian Affairs，BIA）的政策，BIA 是一个负责印第安人福利的美国政府机构。这些团体认为，BIA 长期以来一直忽视、歧视并欺骗印第安人。联邦政府对此的回应是在 80 年代减少对 BIA 的拨款，现在正在鼓励部落自治［特林布尔（Trimble），1987］。

5. 白种少数民族

全美国一半以上的人大概都可以称为白种少数民族（white ethnics）。这一标签是用于描述欧洲移民的，他们来自英国以外的国家。

在 19 世纪后期进入美国的白种少数民族大多数来自北欧和西欧国家，特别是爱尔兰、德国、法国和斯堪的纳维亚国家，他们在文化上与英国血统的盎格鲁人比较接近。不过，这些群体的成员在到达美国时遇到了很多偏见和歧视，特别是爱尔兰人遇到的最多，他们在 1845 年
246 到 1849 年的土豆饥荒期间及以后大批进入美国。然而，后来几代人通过美国化和相互通婚之后，很多民族认同大部分不存在，以致现在对他们是否仍然是少数民族群体存在争议。

第二次大规模白种民族移民的少数民族其地位是显而易见的。这些移民大多数于 19 世纪后期及 20 世纪的前几十年来到美国，大多数人来自东欧和南欧国家，特别是意大利、俄罗斯、波兰、希腊、匈牙利和捷克斯洛伐克。他们大部分定居在东北部以及西部中间靠北的大工业城市，在那里当工厂工人和劳工。

白种民族的第二次移民也遇到了很多敌视。不仅是他们的文化与“老牌”美国人不同，而且他们大多数人信天主教或者犹太教，与信仰新教的盎格鲁人不同。宗教上的偏执一直是这一时代本土主义政治团体的支持者们所表达的主题，这在1924年通过的《国家起源法》中达到顶点。根据这一立法，制定一个配额，确定每年可以接受多少来自不同国家的移民；这样的配额产生了具有种族偏见的后果，即减少来自东欧和南欧的移民，但是鼓励源源不断来自北欧新教国家的移民。这一法案直到1965年还在实行。

在整个20世纪的历程中，大多数南欧和东欧的白种少数民族成员一直按照先他们而来的爱尔兰人和德国人的一般方式生活，逐渐融入一个较大的文化中，放弃了他们早期定居的民族社区，沿着阶级的阶梯向上流动。大约一半的白种少数民族成员现在上过大学，他们是中产阶级中一个较大的正在发展的部分。尽管长期以来把波兰人看成是寡言少语的，把意大利人看成是有犯罪倾向的（这都是一种反面的刻板印象，其中不乏偏见），但是公开歧视白种少数民族成员的现象相当少见。

这些群体的成员许多人还保持着很强的民族意识，一是因为他们一般从欧洲来还没有超过4代，二是因为他们有意努力保持自己的传统。这些努力与开始于20世纪60年代后期的以黑色为荣的运动并驾齐驱，也可能是受到这一运动的鼓舞，也可能是移民的孙代和曾孙代认识到，如果他们现在不多了解一些自己的家庭背景的话，他们可能永远失去这一机会。结果是，意大利人、波兰人、捷克人、克罗地亚人以及许多其他民族的人现在都对他们自己祖国的传统食品、服装、音乐以及文学表现出浓厚的兴趣［阿尔巴（Alba），1985］。

二、对少数民族的偏见与歧视

在许多情况下都会出现偏见和歧视。一个宣称“我的学校是这个城市中最好的，其他所有学校都不好”的人就有偏见。一位只雇用一个和自己毕业于同一个大学的求职者的老板，对其他求职者也有歧视。尽管这样的行动可能导致误解与失望，但是它们是很随意的，只会伤害到一些人。在本节中，我们将讨论社会上对少数民族群体的偏见和歧视这样一个更严肃的问题。

（一）偏见

偏见（prejudice）一词拉丁语的词根意思是“判断在前”，因此，从字面上理解偏见就是超前判断。偏见包含两个成分：信念和态度。偏见的信念成分叫做刻板印象，即关于一个类型中所有人、物或者环境的简单化的或未加证实的概括。态度部分由对于偏见对象的评价性判断构成。因此，也许可以把偏见正式定义为以刻板印象的方式对人、物或环境做出的判断。一种偏见既可能是肯定的，例如认为非裔美国人是优秀的体育运动员；也可能是否定的，例如认为依靠福利的人很懒惰。尽管否定性的偏见很明显非常有害，但是需要指出的是，即使是肯定性的，带偏见的想法也会歪曲事实，把一个人塞进一个先定的类型里。

一定的偏见是不可避免的，有些情况下甚至是有用的。例如，假如你一个人在大街上，有一个拿刀的家伙要袭击你，而你看见旁边有两个可能会帮助你的男子，一个强壮高大，另一个瘦小，那么你会叫谁帮忙呢？当然是找高大健壮的那个男子。实际上，那个男子可能怕刀，见到流血就恶心，不愿意掺和别人的麻烦事情。另一方面，那个矮小瘦弱的男子可能很勇敢，而且在空手道比赛中得过冠军。但是当时的情况使你不能以两个男子块头大小以外的东西做出决定。

平常类似的偏见例子几乎每天都有。一个商业主管雇用一个秘书，一个大学生要求某种类
247 型的室友，或者一个家庭选择生活的郊区，所有这些都要求有一定的判断，而这种判断是根据以前形成的概括做出的。

当一个人先前形成的判断在事实证明它不是真的以后仍然不改变，偏见就成为一个问题了。还是回到我们前面的那个例子，假设你认出那个瘦子是最近空手道世界锦标赛的冠军。在这种情况下，你要选择帮助你的人的决定就会因此而受到影响。你会想："高大健壮的人往往比矮小瘦弱的人打架更厉害，但是这个较瘦的人已经证明是一个出色的斗士，所以我选他会更安全一些。"换句话说，你将会抛弃偏见，因为它无助于你在此情况下做出正确的决策。然而，有些人却做不到这一点。他们多年来一直相信瘦人不会成为一个好斗士，并对此深信不疑，根本不会接受（而且甚至拒绝去考虑）与此相反的任何证据。

超前判断在很多情况下对社会互动是必要的，而偏见引起的社会问题与在增加证据后不能抛弃超前判断的问题是不一样的。

大量证据表明，有些人在心理上可能比别人更容易带偏见。第二次世界大战后不久，阿多诺（T. W. Adorno）和他的同事进行的研究表明，有很大一部分美国人有专制型人格（authoritarian personality）。专制主义者把世界严格分成强和弱、好和坏、优和劣。他们靠着等级制度而兴旺发达，对模棱两可的东西感到不舒服。他们一般认为自己的群体比较理想，看不起群体外的所有人。专制型人格形成于儿童早期，一部分是出于父母严格的不可改变的训练，而这种人格通常一代代传递下去。

然而，专制主义只是解释产生偏见的根源的一个部分。尽管人格因素可能使一个人或多或少带有偏见思想，但是社会学家强调偏见总是后天习得的。没有人天生就有偏见。偏见是我们从父母那里、在学校或教堂、从朋友那里、从读过的书籍中或看过的电视中学习得来的。偏见可能形成一种文化。例如，在北爱尔兰长大的新教儿童对天主教的偏见通常是从所有社会经验中习得的。在这样一种环境下，所习得的大部分东西加强了种族中心主义（ethnocentrism）的思想，认为自己的文化比较优秀，并以自己的标准去评判其他文化。正如我们在第 6 章中提到过的，人们的思想、态度和感情受到要接受流行的信念（包括刻板印象）的社会压力的严重影响。

是什么导致一个社会群体对另一个群体产生偏见？社会环境的变化是这一过程的主要因素。特别是，一个已经扎根下来的群体感到另一个群体对它存在经济上的威胁时，偏见一般就会产生。例如，20 世纪初新移民群体到达美国时，他们在工作上与定居了较长时间的移民形成竞争。结果，早期移民常常对新的移民群体有偏见和敌意。相反，当人们感到的威胁没有以

前那么大时，偏见可能会减少。

社会学家们强调偏见是后天习得的。偏见是我们从父母那里、在学校或教堂、从朋友那里、从读过的书籍或看过的电视中习得的。

几项研究都表明，有些群体的人比另外一些群体成员更有可能对少数民族群体产生偏见。因为工人阶级中的白人往往与黑人在职业上形成竞争，所以他们往往比社会地位较高的其他白人对黑人更有偏见。出于类似原因，上层非犹太人对犹太人的偏见特别普遍［威廉斯（Williams），1964］。有些社会学家指出，地位较低的群体比地位较高的群体一般更有可能带偏见 248
［辛普森和英格尔（Simpson & Yinger），1972］。这一趋势可能部分是由于偏见可以间接地提高那些社会地位较低的群体的地位，假如他们使另一个群体的地位比他们更低，那么他们的地位就可得以提高。

（二）歧视

偏见和歧视通常被看作是不可分割的一对。尽管它们确实经常一起出现，但是把它们作为两个不同的概念来区分也是重要的。偏见是建立在信念上的一种态度，歧视是一种行动或行为。更准确地说，歧视是指由于某些人是某一群体或类属之成员而对他们施以不公平或不平等的待遇。

偏见和歧视并不总是同时出现。人们有可能带有偏见，但并不通过歧视的方式表达这种偏见。例如，有些人可能认为亚洲人较差，但是因为这些人也承诺要实现民主的理想，所以他们不会阻止亚洲人住在他们的小区，参加他们的教堂活动，与他们自由竞争工作。相反，歧视有可能是没有偏见的。公司领导可能意识到史密斯女士有能力担任副总裁之职，不过还是拒绝让她出任此职，因为他们担心客户不愿意与一位女主管打交道。“我个人并不反对史密斯女士，但是如果我提拔她将会影响我的生意”这一借口，表明的是歧视性行动的正当性，并不反映个人的偏见。

尽管如此，偏见和歧视往往还是会相互加强。很多种形式的歧视都产生于偏见的态度，而持续的歧视也会产生偏见。如果通过歧视性行为使一个群体的成员得不到足够的教育，那么别人就有可能逐渐认为这一群体智力低下。而到最后，反而可能忘记了这一群体教育的不足是歧视的结果。

美国许多种歧视曾经都是合法的甚至是法律所要求的，比如说投票的限制，在原来的13个殖民地中绝大多数地方，只有有财产的21岁以上的白人男子才有投票权。这一法律限制和歧视穷人、非白人（包括印第安人）、年轻人以及妇女。19世纪初，对贫穷白人男子投票的歧视被取消。1870年，对黑人男子投票的歧视在法律上被废除——尽管还有很多微妙的习惯做法存在。1920年妇女获得了投票权。最后，1924年当印第安人获得特许有了投票权后，选举歧视正式宣告寿终正寝。

在美国日常生活中仍然存在非正式的歧视，其中有一些十分微妙。例如，有偏见的老板拒绝招收每一个黑人求职者，说他们都不合格；一个大学的招生官擅自决定招收犹太人的名额，多一个也不招；房地产代理商不给讲西班牙语的美国人看某些小区的房子，解释说“你们不会喜欢住在城市中的那个地方”。想想这些人的行为！

当然，歧视并不是美国所特有的，而是全世界都有的现象。很多国家对少数民族的压迫是法律上认可的，特别当少数民族是政治或者宗教上的异己时更是如此。

（三）偏见与歧视的变化形式

在过去的几十年里，美国通过了许多废除歧视性行为的法律。然而，这些法律不会自动改变人们的态度和感情，因此要实施它们并不容易。很难证明要租房子的人被房东拒绝是因为他是黑人，也很难说明一个求职者没有被雇用是因为他是意大利人。甚至在证据很清楚的情况下，为实施反歧视法，常常必须经过长时间且花费昂贵的法庭诉讼。

增加对立群体之间的接触能够减少偏见吗？在一项开拓性研究中，社会心理学家戈登·奥尔波特（Gordon Allport，1958）得出结论认为，在某些情况下接触确实有此效果。如果主导群体成员与少数民族成员朝着共同的目标努力，如果他们为了达到这一目标需要彼此合作、相互依赖，如果他们在一起的时候有着平等的地位，而且他们的接触是由大家接受的法律或习俗所认可的，那么偏见性态度一般会减少。另外，新近对消除隔离状态的白人与黑人的许多研究都表明，在消除种族隔离之后他们相互之间的态度有显著改善（Lipset，1987；Pettigrew，1971）。

不过，增加接触并不是普遍有效的解决办法，有时甚至可能把事情弄得更糟。例如，有一项研究比较了田纳西州的橡树岭（Oak Ridge）市中学生在学校取消隔离制度之前与取消隔离制度后一年的态度，结果发现反对少数民族的态度实际上更严重了（Campbell，1971）。回顾 *249*
25年来的研究，我们发现我们并不真正清楚消除种族隔离和增加不同种族成员之间的接触是否减少了偏见（Ford，1986）。

不过，随着少数民族成员逐渐取得较高的经济、社会和政治地位，他们地位的改善有助于修正其他群体的态度。例如，非裔美国人获得中学和大学教育的人数越来越多，因此他们找到高收入的好工作的机会就增加了，而他们经济状况的改善可能有助于弱化仍然在我们社会中占主流的一些刻板印象（Pettigrew et al.，1982）。

三、少数民族的关系模式

在一个社会内部，少数民族的待遇可能有很大差异。这一点可以在美国清楚地看到，法国、德国和瑞典移民没有像非裔美国人、墨西哥裔美国人、波多黎各人以及印第安人那样受到持续的歧视。这一节我们将研究主导群体可能对待少数民族的不同方式，下一节我们将研究少数民族群体可能对他们地位的各种反应方式。

以两大对立的关系类型——接受与排斥——来讨论与少数民族的关系是很有用的。接受型（acceptance）试图使少数民族群体与主流社会群体处于完全平等的地位。排斥型（rejection）阻止对少数民族的接受或使接受程度最小化。

（一）接受模式

如果一个社会重视平等和自由，那么它就有可能至少在一定程度上接受少数民族群体，它会努力向新来的移民敞开大门，使他们能够获得充分平等的社会参与机会。

1. 同化

许多美国人把同化（assimilation）——主流社会对于新成员的吸纳——看成是与少数民族关系的理想模式。

有两种主要的同化类型：文化同化与结构同化。移民群体放弃不仅包括语言和服饰而且还包括许多重要的政治、社会和宗教价值观在内的大部分传统文化，接受所移入社会的文化，这时就出现文化同化现象（cultural assimilation）。文化同化可能是极其痛苦的，但是它往往在很大程度上是由第三代或第四代人完成的。与此相对，结构同化（structural assimilation）是少数民族成员完全被主导群体的学校、商界、住区以及家庭所接受的现象，它需要的过程可能会更长。

美国人长期以来一直认为同化是按照所谓的熔炉模式（melting pot model）进行的。按照这种解释，人们认为美国所有的民族亚文化群——英国人、爱尔兰人、黑人、意大利人、日本人、墨西哥人以及其他许多人——混合在一起形成一种全新的文化。社会学家承认有这种倾向，但是他们怀疑现实与此有点儿不同。这种盎格鲁认同模式（Anglo-conformity model）表明，在很多不同的民族群体融入到这个熔炉的时候，有些群体已经被迫放弃了他们自己的大部分文化，但是其他一些群体，特别是那些来自不列颠诸岛的人要改变的则相对较少。持此观点的人指出，美国的政治、法律与社会结构以及包括语言在内的文化，实际上是对由白种盎格鲁—萨克逊新教徒带到美国的文化模式稍作修改形成的。

盎格鲁认同模式有助于解释文化与体格上与主导群体相近的少数民族群体为什么一般会更容易很快地被同化。因此，浅肤色说英语的新教徒群体（例如，苏格兰人和加拿大人）很容易与美国社会融为一体，而非基督教的、不说英语的黑皮肤民族费了九牛二虎之力才被同化。同化的难易程度也与民族群体的地位高低密切相关。地位最高的民族群体（当然是从主导群体成员的角度来看）遇到的阻力最小。

一般来说，尽管同化可能是少数民族适应社会的一种积极方式，但也不是完全有益的。强大的少数民族亚文化群体可以成为一个社会天然的资源，提供不同的思想和行为方式，促进新思想的产生和社会洞察力的提高。另外，少数民族群体的许多成员完全拒绝同化，他们认为自己的文化很有价值，不愿意让其在这一熔炉中消失。

当民族群体抵制同化压力并且努力保持强烈的民族认同时，有可能引发冲突。例如，在斯里兰卡，僧伽罗人和泰米尔人这两个有着不同宗教和语言的民族群体，正在为了和谐共存而斗争［阿拉沙那姆（Arasaratnam），1987］。在印度这样一个由多种不同民族群体、语言和宗教组成的国家，锡克人、印度人和穆斯林之间的冲突是常有的现象。

250 **.NET 互联网/技术**

种族主义和网络

1997 年，各类法律执行机构向联邦调查局报告了 8 049 起因仇恨而引起的犯罪，其中一半以上的案件是种族因素引起的，其余案件包括直接针对各种宗教或民族群体、同性恋者或者残疾人的仇恨。

近些年来，美国仇恨团体的数量不断增加。根据亚拉巴马州蒙哥马利市南方贫困法律中心公布的一份报告，1997 年 474 个仇恨团体及其分会具有种族主义行为［《情报报告》（*Intelligence Report*），1997］。这些团体中很多是活命主义者团体，它们积极努力实现自己眼中的美国未来（Schmalleger，1997）。法律执行机构特别关注这些类型的团体，因为据报告，它们都组织严密、资金雄厚、装备十分精良。这些团体被称为“极右翼”、“新纳粹”、“光头党”、“白人至上主义者”以及“极端仇恨团体”。它们包括白人爱国者党、秩序与雅利安人同盟、上帝之盟之剑之臂、三 K 党、基督教保守教会。

近年来这类仇恨团体数量的增长令人惊讶，专家们认为是由于经济形势紧张——不景气所致（见图 11—2）。不过，现在看起来互联网可能在它们的扩张中起了作用。1995 年，三 K 党的一个成员创立了第一家新纳粹网站。1998 年，81 个仇恨团体创立并维持 163 个互联网站

(Intelligence Report，1998)。像三K党之类的一些团体，声称是值得尊敬的基督教组织。基督教保守教会甚至引用《圣经》的词句来证明白种人是上帝的选民。基督教认同运动的基础是相信圣经中认为白人至上和反对犹太人，由于加入基督教认同运动的教会数量不断增加，似乎这种观点正在起作用。 251

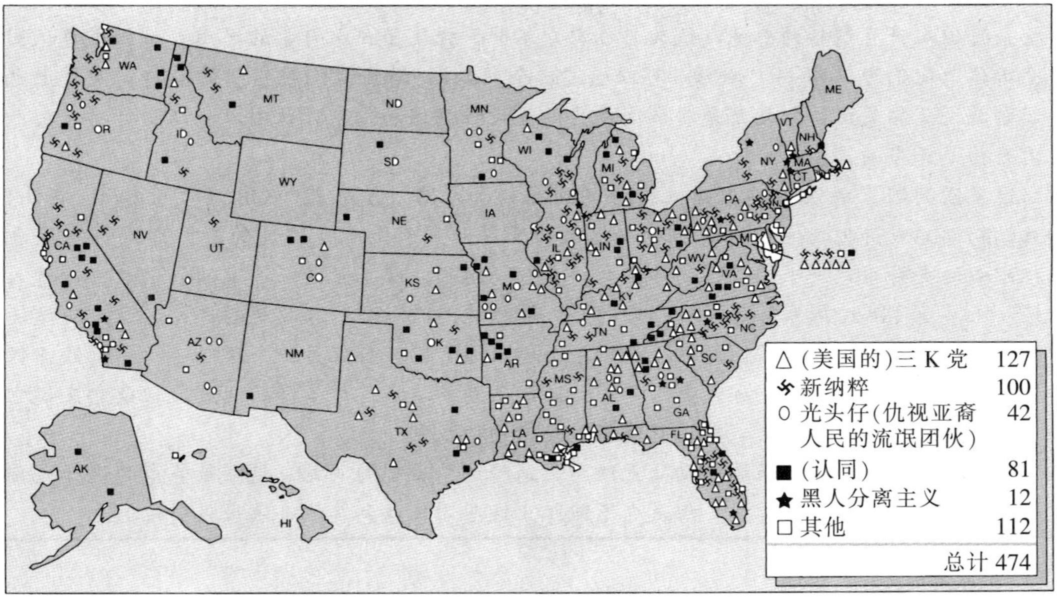

亚拉巴马	18	艾奥瓦州	8	密苏里	15	宾夕法尼亚	21
阿拉斯加	2	伊利诺伊	26	蒙大拿	4	南卡罗来纳	8
亚利桑那	7	印第安纳	10	内布拉斯加	3	南达科他	1
阿肯色	8	堪萨斯	4	内华达	3	田纳西	10
加利福尼亚	35	肯塔基	12	新泽西	5	得克萨斯	18
科罗拉多	5	路易斯安那	21	新墨西哥	1	犹他	2
康涅狄格	1	马里兰	10	纽约	9	佛蒙特	1
特拉华	1	马萨诸塞	8	北卡罗来纳	21	弗吉尼亚	13
佛罗里达	48	密歇根	14	俄亥俄	19	华盛顿	10
佐治亚	16	明尼苏达	8	俄克拉何马	8	西弗吉尼亚	5
夏威夷	1	密西西比	13	俄勒冈	11	威斯康星	10

图 11—2 仇视群体在美国各州的分布（1997）

资料来源：*Intelligence Report*（Winter 1999）.

其他团体不依靠宗教信仰来证明其合法性，它们根据个人的权利来激起仇恨并为其暴力辩护。这些团体设计可以引起负面情绪的信息，例如，恐惧、仇恨、敌视、不安全、不充分。白种雅利安人抵抗（White Aryan Resistance）网站，开始就讲述种族间的暴力。动画片演示的是，一个白人青年显然在防卫自己不受一个拿着枪向他靠近的黑人青年的攻击。当这个黑人被白人一记重拳打退倒地时，字幕写道："……信不信，白人……长期来看，现在表明态度……成本很小！赶快行动……捍卫你的生活方式……否则就会失去。"

这些类型的情绪性诉求，根植于他们认为自己的生活方式受到了威胁，他们以此来招募青年人参加一个组织，为他们的权利而斗争。其他仇恨团体的网站把它们的仇恨和白人至上的信息与青年文化中的流行因素联系起来（T恤衫、音乐和录像），企图使青年成员感到他们属于其中。例如，白人自豪（White Pride）网站把高科技、狂欢流行录像片与青少年联系起来。进入这个网站的房间是有限制的，它要求点击一个贴有“只允许白人”字样的门。这种排他性的资格条件使人产生这样的感觉，认为自己与众不同，强化了白人自豪的思想。一旦成员认同了这个群体，他们可以购买T恤衫（可以通过这个网站），增强他们对组织的支持。网页上也充满了种族主义的笑话，到处都是种族间暴力的渲染性描述和信息，试图以此证明针对非白人的暴力行为是正当的。

很多欧洲国家的法律都把建立这样的网站视为犯罪［奥尔森（Olson），1997］。在法国，建立纳粹网站或者把其他任何煽动种族仇恨的资料放到网上都是违法的。1997年，在联合国人权中心的支持下，一个国际性团体开会讨论如何运用法律禁止欧洲国家的仇恨性言论进入互联网。虽然有148个国家签署了一项条约，采取措施消除激起种族歧视的网站，但是仍然还有很多问题存在。首先，一家网站在一个国家关闭，通常它又会在另一个可能实际受到法律保护的国家重新出现。事实上，即使美国签署该国际条约要取消这些类型的网站，但是它又说它不会通过法律违背第一修正案，因为它保证言论自由的权利。

一些服务提供商已经采取行动从互联网上消除这些类型的网站。虽然服务商的选择允许父母监控孩子接触到的各种信息，但是也不能阻止这些团体找到其他办法来吸引他们。

---

2. 混合

252 如果说同化意味着不同民族和种族的社会与文化融合，那么混合（amalgamation）则指某一民族或种族群体与主流人口在生物意义上的结合。有些混合往往是在两个群体生活在一起的时候出现，不过混合很少是主导的接受模式。例如，美国白人与黑人之间的通婚就没有得到普遍赞成，而且两个种族体格上仍然有着明显的差别。在夏威夷和波利尼西亚可以看到真正的混合，在这两个地方许多种族之间通婚非常频繁，于是形成了一个单一的种族和民族群体。

3. 文化多元论

文化多元论（cultural pluralism）是指少数民族群体完全参与主流社会，但是仍然保留许多社会和文化差异的一种文化模式。尽管文化多元论有时被描述为美国的主导接受模式，但是它并没有完全成功。许多少数民族群体还没有获得完全的参与。不过，总体上看，移民群体可以保持他们的宗教信仰以及一部分文化传统。例如，希腊移民可以自由加入希腊正教会，没有要求他们成为新教徒，他们可以继续吃羊肉串而不必吃奶酪汉堡包。然而，如果他们要在美国社会做事得心应手，他们就必须学会英语，上班时穿美式服装，遵从美国社会的许多其他习俗。

瑞士是一个在文化多元论基础之上运行得很好的社会。在瑞士到处都讲德语、法语，往往还有意大利语。只要一个人能说这三者中的一种语言，他就可以作为一个公民完全参与社会活动。瑞士人可以在新教和天主教之间进行选择，两者地位平等。讲法语的天主教徒和讲德语的新教徒比较和睦地生活在一起，没有一方统治另一方的现象。但是这种情况并不是没有限制的。如果瑞士人同样对待十几个其他民族群体，那么他们的社会就很可能会四分五裂。

（二）排斥模式

在下面研究的排斥模式中，我们将对歧视和偏见进行细致的整理和集中的讨论。这些模式通常反映了一个社会有意达成的政策。通观历史，完全或部分排斥新来的群体一直是大民族与少数民族关系最常见的模式。主导群体已经握有社会权力，不愿意别人与之分享，他们担心移民具有潜在的破坏性，因而感到有必要对这些人加以社会排斥。

1. 消灭与种族灭绝

最极端的排斥形式是消灭（annihilation），即主导群体导致大量少数民族成员死亡的过程。人类历史上各种社会都借助过这种残酷的方法。例如，在古代亚述和19世纪的土耳其，消灭就是一种惯用的方法。两个国家都制定了把被征服的城市或国家的多数居民杀掉的政策。

有时消灭采取种族灭绝的形式（genocide）——指对某一整个民族或种族群体的蓄意摧毁。现代历史上最臭名昭著的种族灭绝例子是希特勒对欧洲犹太人的“解决办法”，纳粹政府围捕了大约600万犹太人，把他们送进毒气室。

2. 驱逐

历史上经常出现的另一种排斥形式是驱逐（expulsion），或者强迫一个民族离开某一个地区或某一社会。从牺牲生命的角度来看，驱逐可能差不多和消灭一样代价高昂。如果一个少数民族群体不愿意离开他们的家园，那么就要使用强制手段。又因为主导群体往往很少关心少数民族的疾苦，所以通往“新家”之路可能非常艰难痛苦。在19世纪30年代，美国军队强迫彻罗基人①离开他们佐治亚州的家乡，迁居到俄克拉何马州的印第安人居留地生活。在1万人的大迁移队伍中有4 000多人在途中死亡。彻罗基人称这一旅途为“泪水之旅”［斯塔基（Starkey），1946］。又因为他们的文化不适应俄克拉何马州的生活条件，他们在居留地定居以后还有成千上万的彻罗基人死亡。

通常在驱逐之前没有人想办法为他们安排重新定居。有一个类似的例子是《圣经》上所说的犹太人的故事，他们不止一次地被赶进无人居住的沙漠。越南人驱逐华人是一个现代的例子。华人被迫渡海迁移，估计多达一半的人死亡。

3. 政治区划

政治区划（partition）是指某个国家为了使行政边界与某些民族或种族区域更加一致的政治重组过程。有时所涉及的群体赞成政治区划，例如在结束英国殖民统治之后，印度为了解决
占统治地位的印度人与人口众多的穆斯林少数民族之间的冲突就是采取这样的办法。印度人获 253
准控制印度的大部分土地。穆斯林获得西部的土地（西巴基斯坦）以及东部角落上的一小块领土（东巴基斯坦，现在是独立的孟加拉国），他们可以在自己的国度里和平地生活。另一方面，有时候政治区划是强加的，没有得到所涉及的群体的同意。例如，巴勒斯坦于1947年被英国

---

① 即北印第安人。——译者注

分成了分治的阿拉伯地区和犹太人地区。

历史事实表明，政治区划并不是解决不同民族群体之间冲突的根本方法。这一方法往往产生夙仇。尽管印度的政治区划在当时可能是最好的解决办法，但是它没有结束每一个国家内部继续存在的对少数民族群体的普遍歧视［肖、诺尔迪耶和夏皮罗（Shaw，Nordie & Shapiro），1987］，而且两个民族之间的敌对行动继续存在，甚至随着时间的推移逐步升级。巴勒斯坦分治后 40 多年来，阿拉伯人和以色列人仍然处于经常的冲突状态。爱尔兰天主教徒和新教徒于 1921 年按照宗教线实行政治区划，两者的关系现在也是极端痛苦和仇恨。

4. 隔离

隔离（segregation）指基于民族或种族特征而将人们的居住地、社会服务或其他设施隔离开来。这是一种国内的政治区划行为，但是其确立的边界是社会与法律的而不是政治的。被隔离的少数民族群体成员可能被迫生活在城市的一个特定地方，法律可能禁止他们离开这一地方，除非是去工作。而且可能不允许他们参加主导群体所属的教会或学校，不允许他们参加政府，也不允许他们在自己的群体之外结成任何形式的亲密关系。

在南北战争之后的一个多世纪里，隔离一直是美国黑人与白人关系的主导方式。在美国建国的时候，情况是不同的。非裔美国人本来是作为奴隶被带到殖民地美洲，以满足劳动力的需求，特别是以农业为主的南方对劳动力的需求的。那时，奴隶——并不是所有的黑人——都经历过严重的受歧视。奴隶有几条途径可以获得自由，一旦自由，他们就享有与任何其他公民同样的权利与特权。然而，在 18 世纪和 19 世纪初，随着南方种植园日益依赖于廉价稳定的奴隶劳动力，人们就制定并通过了歧视无论是奴隶还是自由民的所有黑人的法律。结果，非裔美国人逐渐被迫处于一种被隔离、被奴役的地位。

南北战争之后，在南方出现了一种限制较少的隔离方式。在此情况下，黑人与白人建立密切关系就有了可能，有些社会活动他们共同参加。然而，人们认为公用设施应该平等但是要分开。《1875 年民权法案》批准了在提供公用设施中实行“分离但平等”的做法；1883 年最高法院裁定把这一原则运用于学校。然而学校和公用设施事实上并不相同，特别是在南方。为白人提供的设施远比黑人的好。

在最近几十年里，隔离方式已经被废除。1954 年的“布朗诉教育委员会”（Brown v. Board of Education）的法律裁决以及《1964 年民权法案》推翻了“分离但平等”的原则，禁止公用设施中的歧视。非裔美国人现在有权和白人一样上同样的学校、去同样的电影院，公共汽车上的座位也无白人与黑人的区分。但是有些白人仍然反对消除种族隔离的住房制度、社会俱乐部、跨种族的交往与通婚。

在北方，大多数对非裔美国人的社会隔离是与法律相反的居住习惯的习俗的结果［达登（Darden），1989］。几项研究都表明，北方对非裔美国人的居住地的隔离与南方的极端情况相比丝毫不差，尽管有些证据表明在阳光地带的较新的大都会地区这样的隔离正在减弱［詹姆斯、麦卡明斯和泰南（James，McCummings & Tynan），1984；马西和登顿（Massey & Den-
254 ton），1995］。非裔美国人所忍受的隔离部分是因为他们肤色有着明显的不可改变的差异。非裔美国人体格上的鲜明特征使他们难以很快被以白人为主导的社会完全接受。

在南北战争之后的一个多世纪里，隔离一直是美国黑人与白人关系的主导方式。
现在尽管隔离性的法律和政策已废除，但事实上的隔离仍然存在。

最具种族色彩的隔离形式是种族隔离制度（apartheid），这个制度是法律认可的，直到最近还在南非实行。种族隔离制度的政策最先是由南非白人控制的国大党于1947年提出的。实行种族隔离制度的理由是，不同的种族在传统与能力方面差异很大，因此他们应该各自分开发展。这一制度所产生的结果是，南非的黑人与白人生活几乎彻底分开。只允许黑人在白人地区工作，而这种工作通常是很低下的。通过种族隔离制度，人口非常少的白人却能够使黑人处于相当无权的地位。

在几十年来国际国内要求改变这一制度的巨大压力下，南非政府最终采取措施决定建立一个比较公平的制度。1991年2月1日，当南非总统德克勒克（F. W. de Klerk）宣布废除所有现存的种族隔离制度的法律后，种族隔离制度就退出了官方的历史舞台。然而，存在了几十年的种族、阶级以及民族紧张关系仅仅通过改变法律是否就能够消除，还是一个问题［施莱默（Schlemmer），1991；范登伯杰（Van den Berghe），1990］。

（三）美国的结构性不平等

现在大多数种族歧视是非法的，民意测验表明种族偏见已经减少。但是美国社会离实现真正的平等还很遥远。事实上，有些少数民族的生活条件可能正在变得更坏。因此，很多学者呼吁研究民族和种族关系的人要重视种族主义和压迫少数民族的社会结构（Feagin & Feagin，1999；Jencks，1985）。

1. 种族主义

种族主义（racism）一词是整个社会学领域最难定义的一个词。少数民族支持者和政治自由主义者一般把种族主义看成是主导群体对少数民族群体成员造成伤害的态度或行为。注意到这点，并不意味一种有意识的种族主义，而只是要人们注意到它会产生有害的后果。还要注意，在这一定义中少数民族不会成为种族主义者。

政治保守主义者更赞成与此很不相同的定义。他们认为种族主义是按照不同种族对人们加以区别对待的态度和行动。按照这样的定义，三K党和根据法庭要求的赞助行动计划所实施的倾斜雇用行为都将被看作是种族主义的。

大多数社会学家通过强调态度而非行动来努力避免这种意识形态的危险。因此，种族主义经常被定义为一种认为某一种族天生地劣于或优于另外一个种族的意识形态。

2. 制度性种族主义

有些学者，特别是那些对“自由主义者”定义的种族主义比较满意的人，认为美国社会种族主义最重要的形式是制度性种族主义（institutional racism），这个词是由斯托克利·卡迈克尔和查理斯·V·汉密尔顿（Stokely Carmichael & Charles V. Hamilton）在他们的著作《黑人权力》（*Black Power*，1967）中提出的。制度性种族主义指那些看上去是种族中立的、并且通常不是有意制造歧视的一些政策，但是这些政策实际上有限制少数民族成员机会的作用。这种形式的歧视几乎可以在美国生活的所有制度领域中找到，尽管几十年来法律一直努力保证平等对待少数民族。

人们经常用纽约市对消防队员最低身高的要求作为例子来说明制度性种族主义。这一要求是在波多黎各人开始大批迁居纽约前很多年制定的，没有理由认为是故意作此要求以防止雇用波多黎各人当消防队员（波多黎各人一般较矮）。无论这一要求的初衷如何，它的实际结果仍然限制了波多黎各人的机会。

让我们看一下几个重要的公共生活领域中制度性种族主义的情况吧。

经济制度。在美国的市场经济体制下，很多人都可能随时失业，特别是在经济衰退的时候。在正常情况下，白领工人与专业人员相对来说得到较好保护，受到经济循环的影响较小；联合起来的蓝领工人也有保护，有较好的薪水、失业保险和其他福利。但是大量的少数民族成员从事季节性或者属于有规律地失业的工作，他们没有保障，工资收入低，得到的福利很少。

因此，许多观察者指出，在美国社会中存在一个“二元劳动力市场”。这一经济中有一个
255 工资较高、工作较为稳定的初级市场（primary market），还有一个以工资低、工作不稳定为其特征的二级市场（secondary market）。不过，如果种族歧视是非法的，那么为什么会有大量的少数民族成员在二级市场就业呢？其中一个理由说，这是过去法律公开允许的歧视所造成的后果，少数民族成员过去常常受到排斥，得不到他们参与初级劳动力市场所需要的技术、经验和资历。因此，这种二元劳动力市场，正是通过它的这种结构而不带任何公开的偏见或非法的歧视，对少数民族群体造成很大不利。

表11—1和表11—2记录了近年来美国白人与其他群体之间的不平等。白人与其他群体成员相比，一直是失业率较低，收入较高的。

教育制度。因为教育是获得进入初级劳动力市场机会的主要手段，所以它是向上流动的主要渠道。在一个致力于机会平等——美国大多数公民共享的价值——的社会里，我们期望教育机会能够平等。但是直到相当近期，非裔美国人还是受到公开的、而且往往是合法的歧视，他

们得不到优质教育。例如，20世纪60年代以前，有些专门学院和综合性大学使用配额制度，限制录取非裔美国学生的数量。对实行种族隔离制度的学校的研究反复证明，直到今天许多以非裔美国学生为主的学校要比以白人学生为主的学校差得多［威利（Willie），1984］。

表11—1　1980—1999年种族和民族的失业率（%）

年份	白人	美籍拉美人	黑人
1980	6.3	10.1	14.3
1988	5.3	8.2	11.7
1990	4.8	8.2	11.4
1995	4.9	9.3	10.4
1999	4.3	7.4	7.9

资料来源：U. S. Bureau of Labor Statistics，"Employment and Earning，1999"，Washington D. C：U. S. Government Printing Office，1991；U. S. Bureau of Labor Statistics，"Labor Force Statistics from Current Population Survey"，1999（http：stats. bls. gov）.

表11—2　美国贫困线以下的白人、黑人以及讲西班牙语的人的百分比（%）

年份	白人	黑人	讲西班牙语的人[a]
1959	18.1	55.1	≠[b]
1970	9.9	33.5	≠
1975	9.7	31.3	26.9
1980	10.2	32.5	25.7
1987	11.0	31.1	27.3
1989	10.0	30.7	26.2
1992	11.3	32.7	28.1
1998	8.6	26.5	27.1

注：a. 讲西班牙语的人可能是任何一个与西班牙有关的种族；
b. ≠表示没有数据。

资料来源：U. S. Bureau of the Census，*Money Income and Poverty Status of Families and Persons in the United States*，*1983*，Washington D. C.：U. S. Government Printing Office，1983；U. S. Bureau of the Census，*Current Population Reports*，*1987*，Washington D. C.：U. S. Government Printing Office 1987；U. S. Bureau of the Census，*Statistical Abstract of the United States*，*1993*，Washington D. C.：U. S. Government Printing Office，1993；U. S. Bureau of the Census，*March 1998 Current Population Survey*，http：ww. census. gov.

在人员配备不足、设备缺乏的种族隔离学校接受劣质教育的青年人，很少有可能满足大学和老板所要求的很高学术标准。尽管这些标准的目的不是为了歧视一定的群体，但是由于过去教育的不平等却产生了这样的效果。另一个说明教育中存在制度性歧视的例子是大学费用太高，这对贫穷的少数民族学生获得较高程度的教育是一个严重的障碍（Farley，1995）。仅仅在1989—1990年间，大学学费就平均上涨了6%～7%，而与此同时，州和联邦的财政资助并没有相应提高。

刑事审判制度。少数民族群体成员因多种形式的犯罪被逮捕并被判有罪的数量通常比他们应有的数量多。用官方数据对犯罪进行的每一项研究都表明，非裔美国人被逮捕、判刑、监禁的比例远远超出一般水平。黑人因暴力犯罪而被捕的可能性是白人的4倍，因犯侵犯财产罪而被捕的可能性是白人的3倍［威尔逊和赫恩斯坦（Wilson & Herrnstein），1985］。

解释这些统计数字的一个理由是少数民族成员比犯同样罪行的主导群体成员更有可能被捕
256 并被判刑。认真的研究表明，非白人比白人更经常被警察拦住询问，黑人罪犯比犯同样罪行的白人罪犯更有可能被捕，而警察对待黑人嫌疑人的行为更为专断，更带有鄙视［范奥登霍文和威伦森（van Oudenhoven & Willemsen），1989］。另外，主要是下层少数民族成员构成的犯罪类型比主要是由中产阶级成员构成的犯罪类型更有可能导致被捕与判刑。因此，刑事审判制度似乎以不平等地对待少数民族的方式在运行。

制度性的歧视也在政治、住房、大众传媒以及美国生活的其他许多领域里出现。这种歧视往往不是由有意要伤害少数民族的故意行动所构成，但是其效果恰恰可能和有意的歧视一样是有害的。

3. 赞助行动

对制度性种族主义，特别是教育与经济领域的制度性种族主义，美国社会作出反应的主要机制是赞助行动（affirmative action），即指为了弥补以前歧视所造成的影响而采取的针对少数民族成员的优惠政策。这种赞助行动，从简单地有意确保向少数民族群体公开机会，到为少数民族的求职者或入学申请者预留一定的名额，其形式是多样化的。

从20世纪60年代后期以来，很多种情况下法律都要求有赞助行动。近年来，法院开始不太愿意批准所谓的“硬性配额”，但是向少数民族倾斜的基本原则作为宪法允许的东西似乎牢固地建立了起来。然而，赞助行动存在很大争议。支持者认为我们除此之外没有别的办法可以弥补以前故意歧视所造成的伤害结果。为了使比赛场地真正平坦，作出一定的让步是必要的。另外，他们指出，调查研究有力地说明，要求与赞助行动路线保持一致的商业与教育制度，消除种族隔离比那些没有作此要求的部门快得多也彻底得多。

赞助行动的反对者们也有一些强烈的意见。许多人把赞助行动贬低为“倒过来的歧视”，并且质问为什么今天的白人为了纠正其先辈们的罪孽后果就应当忍受痛苦。另外，赞助行动可能被认为是对少数民族的侮辱，一个在赞助行动保护下受雇的非裔美国人可能总是必须与这样一个怀疑作斗争，即他（或她）如果没有特别的帮助就不够条件获得那份工作。最后，反对者指出，赞助行动在白人中也是很不受欢迎的，因此它的继续实行只会给已经很敏感的种族关系火上加油。

赞助行动从来没有打算要成为一个永久性政策，而不过只是一个给少数民族提供足够的帮助以使他们克服以前故意压迫所留下的后果的办法，或许明白这一点就能够找到一条中间道路。将近30年的赞助行动的结果是，黑人中产阶级迅速成长起来。情况可能是这样，这一群体对特别帮助的需要不再像以前那样大了。另一方面，大多数少数民族下层成员的问题，比黑人工人阶级与中产阶级的问题要大得多，可是他们反而不可能利用很多赞助行动所提供的教育与职业优惠。

4. 国内殖民主义

制度性种族主义的根源是什么？尽管法律要消除对少数民族的歧视，可是为什么它还会继续存在？一些理论家认为，这些问题的答案可以在美国的早期历史中找到。他们说，制度性种族主义是一种称作国内殖民主义（internal colonialism）经济剥削形式的结果［布洛内（Blauner），1969］。

国内殖民主义与15世纪初欧洲国家强加给世界很多地方的殖民主义相似，它是从后者中发展出来的。当欧洲人对一个地方进行殖民统治的时候，他们总是把自己作为主导群体而把原住民作为从属群体。他们把往往是不情愿的原住民作为廉价的劳动力资源。在这一过程中，他们往往破坏或试图破坏本土文化及其价值观。即使大多数前欧洲殖民地现在都已独立，然而还有很多国家经济上是由欧洲人控制着，仍然依赖于欧洲国家的经济维持。他们保持内部殖民化的状态。例如，印度直到1947年还是英国的殖民地。自从独立后，它的现代化进程就一直比其他许多发展中国家要慢。其中部分原因就是，它的经济持续依赖于英国。

北美的原住人口很少，殖民化过程的早期就几乎被消灭掉了。结果，欧洲的定居者们只得进口廉价劳动力：非洲奴隶。与其他地方的前欧洲殖民地国家的原住民一样，美国黑人即使在奴隶制度取消以后，经济上仍然处于从属地位。甚至在今天，他们可能还有很多人从事低工资的卑微工作。按照支持国内殖民主义观点的人的看法，非裔美国人实际上仍是一个被殖民的民 257
族，处于从属地位，制度性种族主义的持续存在就反映了这一点。

国内殖民主义观点的批评者认为，非裔美国人并不是唯一一个最初作为廉价劳动力来到这里的群体。欧洲移民——爱尔兰人、意大利人以及犹太人——在19世纪和20世纪初，起初都是作为低报酬的劳动力而受到剥削并且遭到歧视的。然而，这些群体逐渐取得了大规模的向上流动。

作为对这一批评的回应，支持国内殖民主义的人指出了非裔美国人和其他民族群体之间的一些重要差异：非裔美国人完全是违背他们愿望而被带到这里的，而且他们的本土文化大部分被破坏；欧洲民族群体是自愿到这里来寻找经济机会的，他们至少能够部分地保持他们的文化传统不受侵害，而且与非裔美国人不同，法律并没有阻止他们利用美国的教育与经济资源（Feagin & Feagin，1999；Kitano，1985）。

5. 种族的意义在减弱?

近年来，种族在不平等方面的意义已经成为激烈的学术争论的焦点。在一本很有影响的著作中，社会学家威廉·J·威尔逊（William J. Wilson，1978）提出这样一个观点，认为“在现代工业化时期，在决定黑人生活机会方面阶级已经比种族更重要”（p. 150）。威尔逊认为，自从第二次世界大战以来白领就业机会增加、民权立法的通过以及非裔美国中产阶级的成长，都使种族压迫在许多非裔美国人生活中的重要性日益下降。威尔逊接着指出，与此同时贫穷的下层非裔美国人所面临的最大不平等主要是基于阶级的，而很少像过去那样是种族歧视的结果。

在最近的一本书中，威尔逊（1987）认为，这种城市“下层社会”日益恶化的处境很大程度上是经济力量的结果，特别是很多工作从中心城市迁出的结果。随着城市从工业化向后工业化经济转变（参见第 22 章），技术性的与非技术性的蓝领职业——大量少数民族成员从事此职业——正在迅速缩减。因此，许多少数民族找不到新的职业，因为今天的许多职业对教育水平与技术水平要求较高。威尔逊还指出，由于非裔美国中产阶级迁往郊区，使留下的少数民族聚居区的人口缺少中产阶级的行为榜样，因而其处境更加恶化。

威尔逊的理论引起很大争议。批评者指出，在臆断的非裔美国中产阶级成长的同时，非裔美国人的失业率却增长了 100%，与此相对的白人失业率却只有 25%。威尔逊的反对者引用这些数字是为了说明，只有很少一部分非裔美国人向上流动成为中产阶级——这一比例非常小，他们认为威尔逊的著作歪曲了非裔美国人的社会体验，夸大了过去几十年里所取得的进步［潘克内（Pinkney），1984］。

假如是这样的话，那么种族的意义可能一点也没有减小。事实上，有些批评家看到了一种正在出现的白人集体反对（white backlash）现象，这是一种由于白人强烈的敌对反应而导致歧视增加的现象，它实际上可能会使今后的种族意义更加重要（Feagin & Feagin，1999）。

四、少数民族成员的社会反应与心理反应

从定义来看，少数民族群体是没有权力的一群人，所以主导群体的行动通常决定了群体间关系的主要模式。然而，一切人类关系都是相互的，主导群体的行动总会在一定程度上受到少数民族群体反应的影响。少数民族群体成员的这种反应包括从被动接受到主动敌视和攻击行动几种类型。

（一）被动接受

一条向少数民族群体成员敞开的道路就是他们接受其处境。他们可以调整自己以适应其从属地位，并且充分利用之。被动接受最有代表性的例子是汤姆大叔——斯托夫人（Beecher Stowe）的小说《汤姆叔叔的小屋》（1852）中的黑人佣人。汤姆屈从于他的地位，努力按照可以使他的生活尽可能舒适的方式行事。他按照吩咐的去做，从不惹事，忠于主人的利益。因为他的被动行为，主人对他很好，他甚至部分实现了个人目标。

在保持群体间和谐相处这个意义上，被动接受对于少数民族成员来说也许是最简单的解决办法。不过，用此办法的人常常要以内心焦虑来换取外表的平静。人们要假装愿意接受自己的下等地位，而其内心会是高度紧张的，因为这需要掩盖自己真实的情感。在接受下等地位的同时又要保持自尊可能是很难的，虽然说不是不可能。完全接受可能会引起自我憎恨以及其他各
258 种病理上的反应。

另外，被动接受一般支持一种偏见和歧视的社会模式。因为少数民族成员显得很满意，所以主导群体的成员就觉得没有改变的理由。被动接受也会成为自证预言（self-fulfilling prophecy），即指由于某种信仰或者预测所产生的行为而使该信仰或预测变成了一种真实。换句话说，

假如少数民族成员认为他们的处境是没有希望的，所以以被动接受的方式做出反应，那么他们的处境就有可能永远不会改变；少数民族因为其成员认为处境改善是不可能的，所以他们的地位就不可能得到提高。这种信仰就是自我证实。

应用社会学 258

对种族歧视的回应

对种族歧视最好的回应办法是什么？如果你觉得根本不会遇到这类问题，再想想看。近来大量案件表明，歧视现象仍然是美国的一个问题。尽管你可能不是歧视的受害者，但是有可能要求你出庭作证。近来的案件表明，种族歧视可能从上层开始，公司可能有意制定歧视少数民族成员的政策。这类歧视不是想象出来的，已经要求美国最大公司的高层管理人员出来作证。

想想涉及雷·丹纳（Ray Danner）的一个事件。雷·丹纳是美国第二大家庭连锁餐馆舒尼有限公司的CEO（首席执行官）。隆·默菲是纳什维尔地区几十个经理中唯一的一位黑人。在一次对他经营的饭店进行突然检查时，丹纳拿起一条比目鱼，把它放进冷藏箱里。他很不高兴这条鱼重量不足，只有1.5盎司而不是2盎司。他后来返回到舒尼公司总部。该公司一位名叫杰瑞·加纳的管理人员事后证明了第二天发生的事情：

这次周末检查之后的星期一，该地区十二三位高级监督员，包括一位集团副总裁，在纳什维尔地区中央办公室开会。这种周一上午的会议是例会。

“会上，丹纳把冷藏箱放到会议桌上，从里面把他从隆·默菲餐馆带回来的鱼拿出来，鱼在此之前已经解冻，他把鱼往箱子边上的墙上一摔。”

加纳是当时参会人员之一，他说丹纳随后向与会人员讲话。丹纳的本意是说：“这是我们公司黑人管理的一个最好例子。”[沃特金斯（Watkins），1997]

丹纳的种族主义态度形成了歧视性政策。据一位干了很长时间的副总裁说，每个人都知道丹纳法则：“黑人不配经营餐馆。黑人不配掌管餐馆的厨房。不应当雇用黑人从事任何顾客会看到他们的工作。”（Watkins，1997）

1989年4月9日，丹纳和他的公司因种族歧视而被起诉。在随后的审判中，舒尼餐馆的白人经理们证明他们的上司要求他们把少数民族求职申请表上的单词“Shoney's”（舒尼公司）中的“O”涂成黑色。据此黑人就会被淘汰出局，找不到工作。

最后法院判决该公司支付1.325亿美元，而公司则要求丹纳支付一半的费用，他当时是第266位最富的人。这起案件令人吃惊的一个方面是谁起诉的，原来是两位白人经理。他们由于拒绝服从公司要求裁减黑人雇员人数并且把餐馆的一位黑人助手降职的指示而被解雇[哈蒙德（Hammond），1997]。

这个案件没有引起媒体的广泛关注。一个原因是1992年11月3日宣判那天，记者们正在忙于报道比尔·克林顿对乔治·布什的总统竞选胜利。不过，自此以后美国一些巨型集团公司其他一些涉及种族歧视的案件受到了全国新闻的关注。到目前为止，最大的判决是德士古石油公司（Texaco）同意支付1.4亿美元，并且采用新政策以促进平等、消除歧视（*New York Times*，1997）。还有一些裁决，例如，波音公司支付1 500万美元、美国联合包裹服务公司支付1 210万美元、潘左尔（Pennzoil）公司支付625万美元、丹尼公司因两起阶级行动案件支付5 440万美元。

从属地位的群体成员用各种不同的方式对歧视做出反应——从辩解或退缩到语言交锋以及259 身体冲撞，再到诉诸法律（Feagin & Feagin，1999）。20世纪50年代和60年代的民权运动时期，种族歧视的受害者们用组织的方式联合起来进行反击。今天，一些案件采取法律行动。不过，研究表明，法律行动并不总是必需的［费京和赛克斯（Feagin & Sikes），1994］。抗议歧视的单个受害人可以把单向的行动转变为双向的谈判。例如，一家美国公司的一位黑人女性经理抗议老板给她的工作业绩评估。她是这样描述这次会谈的：

> 我们有五个评估等级，从优秀（Outstanding）到很好（very good）、良好（good）、合格（fair），再到不满意（less than satisfactory）。我在进行评估谈话之前希望他会给我一个“VG”（很好），我感觉我应该得“优秀”，我准备争取优秀等级。你知道，我清楚我过去与他在一起的经验，更清楚他会以这样的方式对待女性。不过，除了女性，我又正好是这个部门这个岗位上唯一的黑人。因为种族问题也可能会有影响。我和他就种族问题进行了几次非常坦诚的谈话。我和他谈得更多的是种族而不是女性。因此，我当然清楚他在黑人方面有很多偏见。他所受到关于黑人能力的教育使他形成了一些非常强烈的感觉。他对我说，许多情况下他把我当作一个例外，我的能力无疑不是那种他所认为的黑人平均水平。尽管我肯定有点吃惊，并且清楚地向他表明……但是，当我进入评估谈话的时候，他给了我热情的评价，列举了我一年中所取得的很多成果和业绩，最后总结道：“因此我给你G（良）”。你知道，这个评价当然把我打晕了……我控制住感情，尽可能不动感情地说，我认为这个结果不能接受。我觉得这个结果与他对我的业绩进行的评语不一致，所以不能接受。我想我使他有点震惊，你知道，当我说我不接受这个结果的时候，因为他是这样说的：“我不明白这是什么意思”。我说，我不在评估表上签字。在这个时候，我再次明白，解决很多问题的最好办法是用事实和细节说话，这些我事先都做了准备……我准备了这一年工作任务的目标清单，以此向他证明我不仅完成而且超额完成了所有工作任务。我还准备了……我的销售业绩：金额、产品……既有用美元计算的销售额也有用产品计算的销售量。我按照我们向顾客承诺的标准销售每一件产品。我超额完成了所有的销售计划。你知道，据我所知这是非常优秀的业绩……因此，他只是说“好吧，我们不必为了同意而同意”，这样就结束了这次谈话。我站起身离开。15分钟以后，他把我叫回来说：“我考虑了你所说的话，你是对的，你确实应该得O（优）”。有意思的是15分钟之内我如何从G（良）达到了O（优）。不过，有趣的一点是，如果我不抗争，如果我接受了结果，我那年就得G（良），这一点有很多意义。（Feagin & Feagin，1999，pp. 25—26）

在这个案例中，受害人没有接受消极的评估，成功地进行了挑战。今天美国黑人中产阶级有力量对抗这种歧视，而且他们做得也很成功。研究表明，受害人的第一反应很重要

(Feagin & Sikes，1994)。虽然这可能只是反对歧视的第一步，不过它可能成为个人最有效的策略。

资料来源：Excerpt from *Racial and Ethnic Relations*，6/e by Feagin/Feagin，© 1999，reprinted by permission of Prentice-Hall，Inc. Upper Saddle River，NJ.

(二) 个人攻击行为与暴力行动 259

少数民族成员的另一个常见反应是攻击行为。这种反应可能采取对主导群体进行伤害身体的暴力行动，例如19世纪后期阿帕切人对白人定居点的袭击以及20世纪60年代后期美国中心城市的骚乱。由于在这种暴力行动中被抓住的人通常要受到严厉惩罚甚至被处死，所以这样的反应一般只是作为最后一搏的手段。

少数民族个人通常寻求比较安全的途径表达他们的攻击行为，例如通过语言或者书面的渠道。少数民族成员可能口头或者在墙上写字对白人进行恐吓，他们可能著书立说以表达愤怒。人们通过讲笑话使主导群体成员的态度和行为显得滑稽可笑，也可表达其攻击行为。

260 另外一个攻击行为的释放渠道是有意无意地破坏为主导群体所做的工作。南方的奴隶有时出现毁坏庄稼或者杀死牲畜的"事故"；一位厨师可能在一个特殊场合把全家人的饭给烧焦了或者把一个珍贵的盘子打碎了；少数民族工厂的工人可能在流水线上放慢速度以拖延工作。

有些社会学者指出，少数民族成员所犯的许多罪行都可以解释为是他们对受压迫的环境的攻击性反应。持枪抢劫地位较高者的少数民族个人可能不仅仅是为了改善他们的经济状况，他们也可能以犯罪作为对社会的一种攻击性抗议（Gibbons，1977；Pettigrew & Martin，1987)。

(三) 集体抗议

抗议运动出现于整个历史进程中，与许多不同的主题相联系。少数民族为了获得民权的抗议运动是一个相当近期的现象，不过他们或许很快成了美国少数民族最常见的反应形式。

许多学者认为，民权运动产生于第二次世界大战的体验之中。支持战争需要大量劳动力，因此大批非裔美国人和其他少数民族成员进入了以前从来不对他们开放的技术性和半技术性的工作岗位。第二次世界大战之后欧洲殖民帝国的终结，他们虽然没有直接参与，但是对他们的心理影响还是很大的。

民权抗议运动的一个政治收获是使少数民族进入很多地方的决策位置。非裔美国人已经在大约300个城市中当选为市长，其中包括洛杉矶、底特律、芝加哥、亚特兰大、费城、纽约以及华盛顿等城市；不少人现在成为国会议员，很多人占据了联邦和州政府的重要位置。然而，尽管少数民族在一定程度上被接纳进入权力结构，但是离他们被完全接受仍然还有很长的路要走。

（四）自我隔离

少数民族群体自愿与主流社会相分离的过程叫自我隔离（self-segregation）。少数民族群体成员找不到满意的方式与主导群体相处，他们就通过这一过程努力限制与群体外成员的接触。

美国黑人民族主义传统就是这种反应模式的一个著名例子。马奎斯·贾维（Marcus Garvey）① 领导的大众运动开始于 20 世纪 20 年代，通过现代伊斯兰国家继续进行，黑人民族主义者一贯坚持反对种族融合，认为非裔美国人永远不会得到白人的公正对待。与努力同化相反，民族主义者提倡黑人建立并支持他们自己独立的教育、经济与宗教制度。

自我隔离最极端的形式是分离主义（separatism），即通过这种形式少数民族群体渴望建立他们自己的完全独立的社会。分离主义可能通过迁移或者政治区划实现。1947 年巴勒斯坦实现分治、以色列犹太人国家诞生，就是几个分离主义的成功尝试之一。非洲国家利比亚是分离主义的另一个例子。在美国政府的倡议下，1822 年一群获得解放的奴隶在利比亚开拓殖民地，但是美国的倡议只不过是安排他们迁移。殖民地头 100 年很困难。除了缺乏资金和技术发展国家经济之外，殖民主义者还遇到了不适应热带气候、原住居民不友好等问题。只是到了近几年，利比亚才有一些发展，达到了令人满意的生活水平，但是它有着其他非洲国家共同的政治不稳定问题。今天原来殖民主义者的后代曾经拥有的权力已经大部分丧失。

（五）自愿同化

少数民族成员对主流社会的另一个反应是自愿同化。选择这种反应的人试图学好主导群体的语言、服饰、行为模式以及其他文化特征，使人们难以辨认出他们实际上是少数民族成员。

对于许多欧洲民族群体来说，同化意味着放弃旧的传统、简化带外国味的姓名以及搬到郊区生活。第二、三代波兰人和捷克人的城郊克利夫兰社区就是这种反应模式的一个例子。所有建在以美国总统名字命名的大街上的房子，都是美式的，门上有黄铜老鹰。在一些邮箱上，主人名字的最后一个音节写得很整齐：约瑟夫·罗登斯基（Joseph Rudenski）变成了乔·罗登（Joe Ruden），罗伯特·马科维亚克（Robert Marcowiak）成为了鲍勃·马科（Bob Marco）。

采取同化的决定可能是很痛苦的，因为它需要背叛可能仍然带有感情意义与社会联系的民
261 族传统。有时候，那些选择这一做法的人因其放弃家庭姓名、历史、语言以及文化传统等，而受到其父母、兄弟姐妹以及其他亲戚的严厉批评。父母是严格的正统犹太人的女子，如果嫁给了一个非犹太人，就可能被断绝与其家庭的关系。父母甚至可能举行一个象征性葬礼，宣布她已经死了。

---

① 马奎斯·贾维（Marcus Garvey，1887—1940），美国黑人领袖，1914 年在牙买加成立全球黑人促进会，在美国建立支部，旨在团结全世界黑人和在非洲建立由黑人治理的黑人国家。后因诈骗案于 1925 年被判刑。——译者注

五、民族、种族关系的未来

正如我们所看到的，民族和种族关系紧张是国内冲突与国际冲突的一个主要根源。在整个历史进程中，主导群体与少数民族群体共存一直是一个社会事实，而这些边界看来不会很快被打破［马雷和莱贡（Marrett & Leggon），1985］。采取什么方式可以缓解将来的紧张关系呢？

改善主导民族与少数民族关系的关键可能在于改变人们的思考方式，而不是通过关于人们行动方式的立法。因为种族中心主义似乎是大多数偏见和歧视的基础，所以通过灌输泛中心主义（altrocentrism）——一种从事件的表面看到其他方面的能力——可能会抵消种族中心主义感情的力量。把自己当成少数民族成员的能力肯定会对减少跨文化的误解有很大作用［斯塔格纳（Stagner），1987］。

有些社会学家认为，过去几十年里开始出现的国际经济与文化最终将有助于改善民族和种族关系。这些学者认为，世界各地环境与经济相互依赖的程度越来越大，将会产生一种新的承诺，实现跨民族与跨种族的平等，同时也会实事求是地承认一个国家的福利在很大程度上依赖于其他民族过上好日子。有了这些变化，世人就有可能看到将来种族与民族群体不断混合，与此同时作为紧张根源的种族与民族性的意义将日益减小［斯塔克（Stack），1986］。

复习与思考

1. “说西班牙语的”（Hispanic）这个词是指一个种族还是指一个民族？为什么？
2. 人口普查局试图根据种族和民族划分人口的时候，可能会遇到什么问题？
3. 为什么人们对不同种族和民族群体的人有刻板印象？
4. 举例说明积极的和消极的偏见。
5. 今天在美国老板可以实行歧视并规避法律吗？如果可以，他们是怎样做的？
6. 描述一个社会中少数民族群体在一定程度上被接受的过程。
7. 描述一个社会中主导群体排斥少数民族成员的方式。
8. 文化多元论是值得要的吗？为什么是或者为什么不是？
9. 举例说明制度性种族主义。
10. 描述一个少数民族群体自愿与主导群体隔离的过程。

网上练习

第 11 章网址涉及民族与种族群体的有关内容。首先登录 Prentice Hall Companion 的网址：http：//www. prenhall. com/popenoe。然后选择 Chapter 11（种族与少数民族群体）。从屏幕左边的菜单上选择网站，那里有许多有趣的网站可供选择。我们建议你进入 One America，这是一个由白宫主办的总统动议

项目之一。点击“What You Can Do”。在这里，你可以找到许多关于美国人如何对待种族与少数民族群
262 体的建议。如果你愿意看 One America 更多的内容，点击该网站内不同的描述。在搜索完 One America 网站之后，回答下列问题：

- 你赞成“一个美国”（One America）的动议吗？为什么赞成或者为什么不赞成？
- 如果能够真正实现“一个美国”的动议，美国人民有什么好处？

关键术语

minority group	少数民族群体	genocide	种族灭绝
ethnic group	民族群体	expulsion	驱逐
race	种族	partition	政治区划
prejudice	偏见	segregation	隔离
stereotype	刻板印象	racism	种族主义
discrimination	歧视	institutional racism	制度性种族主义
assimilation	同化	affirmative action	赞助行动
amalgamation	混合	self-fulfilling prophecy	自证预言
cultural pluralism	文化多元论	self-segregation separatism	分离主义
annihilation	消灭		

第12章 社会中的年龄和健康问题

在美国社会，似乎没有一个人想变老。事实上，每个人都在尝试着这样或那样的方法防止 264
自己变老。广告商们每年花巨额费用推销他们的产品——某种汽车、特别款式的服装或是不同品牌的酸奶，等等——目的就是让我们相信它们能够使我们变得更年轻。

当你的头发开始变灰或出现白发，至少你会考虑把它染黑。肚腩逐渐增大时，为了恢复"年轻时"的苗条身材，你也会积极锻炼和节食。随着年龄逐步由中年向人生的"秋天"过渡，你还可能想到抽脂、美容或者带假发等。

美国拥有目前世界上最大的健康护理系统，正是因为美国人害怕变老、希望衰老的过程越慢越好。年龄当然是与健康密切相关的，一个人一生中医疗花费最大的部分是在生命的最后几个月内［利瓦（Kovar），1986；利瓦、亨德里特和马西斯（Kovar，Hendershot & Mathis），1989；赖利（Riley），1987］。而且，随着人口的老化，国家的医疗开支必然不断增加。

在这一章里，我们将探讨这些问题以及年龄、健康与社会之间关系的其他许多方面。正像我们即将看到的，年龄与健康不仅仅是人生命中的生物性事实，也是一个非常重要的社会现象。例如，把年龄的概念用在不同的人群时，它具有十分不同的社会含义。35岁左右的球类运动员被认为达到了"巅峰"状态，体操运动员的职业生涯一般在22岁前后就结束了。然而，对于政治家来说，如果在30多岁甚至40多岁的时候竞选公职，是非常年轻的人选，而且罗纳德·里根（Ronald Reagan）已经证明，70岁的年龄并非是成为总统的一个不可克服的障碍。

一、年龄与社会

年龄和变老是社会学最新的研究领域之一，但也是迅速得到重视的领域。除了美国文化本身对年轻的极度看重之外，美国社会正在快速老化也是其中一个原因。事实上，美国是世界各国中年龄中位值最高的国家之一（1998 年为 35.3 岁）。

死亡率与出生率比例的变化是人口老化的主要原因，“美国人的老化”不过是所有发达国家人口逐步向老龄化发展的一个部分而已。随着这种趋势的继续，必将带来更为深刻的社会影响。

（一）人口的变化

工业革命前，传染病夺去了成千上万个孩子的生命。其中一项研究表明，在 1770 年至 1789 年间，伦敦受洗的儿童中，有一半活不到五岁［埃德蒙兹（Edmonds），1835/1976］。但是，伴随着 19 世纪和 20 世纪初期医学知识的提高与生活条件的改善，婴儿的死亡率急剧下降，结果，在出生率没有任何增加的情况下，人口开始迅速膨胀。人口的平均年龄下降了，部分原因可归咎于绝大多数孩子成活下来的事实［麦基翁（McKeon），1976］。现在，随着发展中国家医疗卫生条件的提高，像非洲和亚洲的许多国家，它们的婴儿死亡率正稳步下降，人口也正变得年轻化。

然而，目前发达国家却出现了与人口年轻化相反的一种趋势：这些国家的妇女选择了少生孩子。由于儿童的数目只占人口总数的很小部分，发达国家人口的平均年龄正在逐年提高。

在美国，这种趋势有着明显的表现。从 60 年代后期以来，美国妇女的生育率——平均每个妇女生养孩子的数目——大大下降。第二次世界大战后生育高峰中出生的孩子们，现在已到 35 岁至 54 岁的年纪，他们增大了年龄层里中年人的分布比例。当这一代人到 65 岁的时候，将会带来一个“老龄潮”。

迈向老龄化社会的趋势已经给社会增添了不少压力，它使得人们格外关注老年人的需求。将来，老年人的需要可能比现在还要多。因此，为了满足这种需要，重新考虑社会的优先权和价值观是必然的。

（二）生命阶段的历史发展

年龄的含义似乎是显而易见和不可改变的，但是，在过去的几个世纪里，社会对年龄和老化的态度却发生了巨大变化。在西方社会，有两个引人注目的倾向，一种是降低年龄的社会重要性；另一种则是强调年龄的重要性。这两种倾向具有截然不同的效果［纽加顿和赫基斯塔德（Neugarten & Hagestad），1976］，它们有助于理解对待老化和老年人的一些相矛盾的社会态度。

第一种倾向是这样的社会看法：过去被认为适合于不同年龄组的“特定”行为，现在已经允许有更多的个人自由。例如，人们可以晚结婚，晚生孩子，也可以 50 岁去工作，60 岁回到学校读书。看到母亲与女儿一样穿蓝色牛仔裤、一同听摇滚乐甚至在同一场舞会上起舞，人们并不会感到很奇怪。年轻人进入以前仅仅是长辈们才能进入的办公室；大学，一直是年长者教授年轻人的场所，现在也有很多年纪相对较小的教师，和不少已经退休但希望重新开始学习或
265 者继续完成学业的学生。

第二种倾向尽管不引人注意但同等重要。我们现在比以往任何时候都更注重于根据年龄来

把人们排序或分组。虽然我们以前也曾把自己看成是年轻人或者是老年人，但现在有越来越细的年龄分类，像少年、青年和中老年。政府机构的项目也是把人口按年龄分组，对不同的年龄组采取不同的政策。在大多数公司，65 岁是预期的退休年龄，这一年龄已成为开始老年生活的固定标志。

实际上，令人感到惊讶的是，像童年和少年这样的词汇竟然是很新的概念，童年直到 17、18 世纪才被作为一个独立的生命阶段，少年是 100 年前刚刚"发明"的词汇，中年则是一个更近的"发现"。

1. 童年

在中世纪的欧洲，过了婴儿期的孩子与大人的区分并不明显。几乎是在他们会走路、会说话的同时，他们就进入了成人社会，成为田间的帮手或是作坊里的学徒［阿里斯（Aries），1962］。孩子们甚至穿得像个大人一样，因为那时的衣着更多是由社会等级而不是由年龄来决定的。直到 17 世纪——就像我们从那个时期的油画中看到的一样——孩子们开始穿着与大人不一样的衣服。正是在这一时期，童年被首次定义为生命的一个独特阶段。

童年一词的"发明"，最重要的因素可能是正规教育，特别是所有儿童都必须入学这一要求。它强化了当时仍然很新的一种观点，即认为不应把儿童看成是劳动力的一部分，而应把他们看成是需要认真培养和塑造的人。童年成为一个需要保护、关心和教育的生命阶段。而且，在 19 世纪和 20 世纪早期的时候，只有那些在学校掌握了阅读技能的儿童才能获得某种特别的知识，而正是这些特别的知识把儿童与成人区分开来。另外，儿童身在学校与外界相隔离，也促使孩子们形成了一种独特的亚文化，从而使得儿童最终从成人世界中分离出来。

一些学者认为这种趋势正在逆转。由于 20 世纪下半叶电子媒体的发明，成人的秘密通过电视屏幕暴露在每一个能够看懂节目的孩子面前。有人认为，这不仅仅导致了童真在很多孩子中的丧失，而且也在更为一般的意义上削弱了孩子与大人之间的差异（Postman，1982）。

2. 少年与青年

一直到 19 世纪末期，处在儿童期与成年期之间的那段时间才被看成是一个独立的生命阶段。儿童心理学的创始人斯坦利·豪（G. Stanley Hall）首先在《少年》（*Adolescence*，1904）一书中对这一阶段做出了描述。豪把少年看成是"第二次诞生"，因为在这个阶段出现了以"道德理想主义、骑士精神、宗教热情"等为标志的事件。20 世纪，法律对 16 岁以下孩子必须参加义务教育的规定更深化了少年这一概念（Eisenstadt，1956）。有史以来第一次，年轻人被这么长时间地留在校园里，这导致了性成熟与成人经济责任的不同时并存。

现代社会里，成年期被一再延迟。实际上，在生理上成熟和完全进入成人世界之间，还有另一个生命阶段，这就是"青年"，在中上阶层中这一现象尤为明显［凯尼斯顿（Keniston），1970］。在这个阶段，青年人的年龄已经足够大，可以参军、结婚、生孩子，但是在经济方面，他们仍然需要依靠家庭的支持。今天，美国 16 岁至 19 岁的年轻人中，只有一半多一点的是全职劳动力，剩下的几乎所有人都处在称之为"学生期"的生命阶段上［美国劳工统计局（U. S. Bureau of Labor Statistics），1999］。由于对高学识、高技能工人的需要不断增长，许多青年人直到 20 多岁甚至更大还处于前成人阶段。 *266*

3. 中年

很多年来，中年被认为是一个“多事之秋”的阶段，尤其对于男人来说是一个令他们感到忧虑的阶段。因为他们被认为是正在经历中年危机［勒文松等（Levinson et al.），1978］。“中年危机”的理论指出，在生命的这一年龄段里，男人可能会认识到他将再也没有希望获得提升；在工厂，一个操作工人不得不承认他永远不可能成为一个农场主或者一个独立的商人；即使是已经实现职业梦想的人，也会扪心自问：为获得成功我放弃了什么？这样做值得吗？

虽然许多中年男性被认为在经过痛苦反思之后感到沮丧或失落，但是专家认为中年女性却并不一定经历同样的情况。由于中年妇女最近才大量进入劳动力市场，因而她们似乎并没有面临生活危机。尽管忙碌于工作和家庭的双重压力之下，对她们常常是一个不小的负担，但她们通过参与工作却获得了精神力量和自信［希伊（Sheehy），1976］。

最近一些新的研究表明，中年危机似乎只是一个没有得到验证的传说（*Los Angeles Times*，1999）。结果正相反，中年很可能是人一生中最具有成就感的生命阶段。一个历时10年、对7 800名年龄在25岁至74岁之间的成人的邮件调查，以及对3 000多人的访谈表明，大多数中年人是快乐的。他们使用正面积极的词汇形容自己的人际关系是稳定和快乐的，并且他们感到自己的工作具有保障。超过70%的人认为自己的健康状况很好。而且，没有任何证据表明，中年男人会为了一辆红色的跑车和一个年轻的女人想要抛弃自己的家庭。在这项调查里，90%的人指出自己从未体验过人们常说的中年危机。

4. 老年

作为独立的生命阶段，老年也是最近一段时间的社会产物（Elder，1975）。老年一般从退休开始算起，它通常意味着地位的丧失。就像青年被看作一生中最有希望的阶段一样，老年则被认为是希望最少的时期。

在学校，一个年长者教导年轻人的地方，现在充满了年轻人、妇女和不常见的希望作为学生来继续或完成学业的退休人员。

然而，几百年来，年老是与地位的增长而不是下降联系在一起的，在许多非西方文化中，今天仍然如此。例如，在肯尼亚（Kenya）的乡村地区基卜西吉斯人（Kipsigis）中间，人越老，其社会地位越高［克里考斯基和米德尔顿（Krymkowski & Middleton），1987］。那么，为什么在发达社会，老年人却丧失了其地位呢？一位学者注意到社会态度的变化主要发生在1770 年至 1880 年间（Fischer，1978）。在这一政治和社会快速变化的时期，高地位与高权利自然属于老者的观念被社会平等的观念所代替。由于社会平等的观念向老年人的领导提出了挑战，这种观念更有利于青年人而非老年人 。与文化价值变化同时发生的是工业化和城市化带来的广泛的经济变迁，它也削弱了老年人的重要性［考吉尔（Cowgill），1986］。

以前的财产所有权给了老年人比青年人更多的权力，但在现代工业社会，所有权与控制权并不总是相联系的，这样，年轻人有机会获得提升——通过教育和商业——而不需要依靠有权势的老年人的恩惠。过去，老年人是因为他们的知识和技能而拥有了较高的价值，而现在，由于技术革新的速度非常之快，老年人掌握的许多技能也很快就过时了。并且，随着核心家庭的增加，年迈的父母，在其已成人的孩子（及后代）的生活中，成为一个外围的不重要的角色，而这进一步降低了他们的地位。尽管如此，在很多事情上，老年人仍然被认为拥有很多很好的主意，在很多方面需要向他们请教。

（三）年龄与社会结构

用地位和角色的概念来解释年龄在社会中的重要程度，是社会学家采用的一种重要视角。正如第 4 章的定义，“地位”是一个群体或社会里确定的社会位置，“角色”是对占据某个地位的人的行为期望。

1. 年龄地位与年龄角色

就像社会根据人们的阶层、种族和性别来确定他们的地位与角色一样，年龄也是判断人们地位与角色的依据之一［赖利、福纳和韦林（Riley，Foner & Waring），1988；赖利、约翰逊和福纳（Riley，Jonhson & Foner），1972］。例如，少年的地位和角色一般是学生、朋友和家庭成员。某些“转换仪式”，如毕业、得到第一份工作、结婚、生孩子等，标志着从少年向成人地位的转变。

依据一个人的年龄而确定的地位称为年龄地位（age status），与年龄地位相联系的是年龄 267
角色（age roles），或者指人们对占据某一年龄地位的人的行为期望。像其他角色一样，年龄角色通过社会规范或标准来体现，它规定某个年龄的人应该如何想和如何做。这些规范称为年龄规范（age norms）。例如，法律对“未成年人”（minors）的规定，反映出人们对某一年龄段的看法。在某个年龄，他可以离开学校；在另一个年龄，他必须为自己的性行为负责。

年龄规范不是一成不变的，它随着时间的迁移而更改。分别在 20 世纪 50 年代和 70 年代末期进行的两项调查表明，一些年龄规范在 20 年间发生了戏剧性的变化［罗森菲尔德和斯塔克（Rosenfeld & Stark），1987］。当被问到大多数人应该在何时开始其职业生涯时，50 年代的调查结果是，74%的人认为应该在 24 岁至 26 岁之间；而 70 年代的调查则显示，仅有 24%的人同意上述意见。年龄规范发生改变的一个更突出的例子是，对妇女最适合结婚的年龄的看法，50 年代被调查的妇女中，90%选择了 19 岁到 24 岁；而 70 年代末只有 36%的人持有这样的观点。

应该指出的是，年龄规范不仅仅是对年龄遵从的看法，同样也是对年龄越轨（age deviance）的判断。年龄越轨指的是破坏一个群体或社会的年龄规范的行为。一个男人到了 45 岁仍然单身，被认为是年龄越轨；一个 45 岁的女人嫁给一个比她小 10 岁的男人，也被认为是年龄越轨；但是，一个 45 岁的男人娶了一个 35 岁的女人，则不被认为是违反了年龄规范。

2. 社会设置中的年龄地位

年龄地位与其他地位一样，是大部分社会制度中社会等级的基础。我们不妨看一下生活主要领域里的年龄地位与年龄角色。

年龄地位与家庭 与社会上的多数领域相比，家庭中年龄地位的顺序有更清楚的定义，与之相应的年龄角色也有着更明确的期待。女儿或儿子从童年到少年再到成年，年龄地位的变化，通常以很明显的生物或社会事件为标志，例如：毕业、结婚、第一个孩子的出生、第一个孙子的出生、配偶的故去等。在每一转折点，人们接受新的地位，社会等级也随家庭其他成员一起发生改变［纽加顿和穆尔（Neugarton & Moore），1968］。比如，当学生从大学毕业时，他们会获得一定声望；妇女们在结婚时也同样如此，自愿不生育的夫妇、正在离婚的夫妻无疑会失去声望。

年龄地位与教育 表明一个人年龄地位变化的传统教育标志有：升入高中、高中毕业、大学毕业等。因为成年期通常与学业的完成相联系，所以，教育坐标在确定一个人的“社会年龄”或者除了常规年龄之外的年龄地位时起着重要的作用。一个蓝领工人，例如有执照的电工在 20 岁时开始工作，他迈向成年期的年龄地位标志就比一个法学院学生要早，后者必须一直待在学校，直到 24 岁或 25 岁。电工在较年轻的时候就是“社会上的长者”。

年龄地位与工作 工作角色与年龄地位之间关系密切，特别是在发达的工业化社会。除了结婚、完成学业以外，一个人获得社会承认的“成年”年龄地位的最重要标志是进入劳动力市场。自己谋生意味着社会成熟，同样的，退休——退出劳动力市场——代表着另一个关键年龄地位的改变。因为，它标志着成年人责任的完成和进入“高龄人士”的低等级地位。

法律与政治中的年龄地位 一个人能够投票的年龄是成年的另一个重要标志，它和这样的信念相联系，即当一个成年人得到承认时，他必须具备参加社区活动的判断能力。但是，有关年龄也有不少的争议，如一个 18 岁的人足以应征入伍却不够年龄投票等。对驾驶、饮酒、签订合同、刑事诉讼等的法律规定，反映出年龄与责任之间的密切关系。

参加政治和领导活动也与年龄有关 政治职位的责任越大，符合要求的人选的年龄一般也越大。美国宪法对担任众议员、参议员以及总统的最低年龄都做出了相应的规定。

3. 年龄地位的不一致

像我们知道的那样，年龄在不同生活领域的社会含义是不断变化的。这种变化的一个结果是：18 岁的人既是一个“未成年人”，同时又是一个“成年人”。例如，在某些州，准予驾驶的年龄是 16 岁，投票年龄是 18 岁，可以饮酒的年龄却是 21 岁。与一个人年龄地位相联系的各种社会期望之间的不一致，称为年龄地位不一致（age status inconsistency）。当一个早熟的青年人获得通常是年纪大一些的人所拥有的社会地位时，这也是一种年龄地位的不一致。其中典型的范例是莫扎特（Wolfgang Amadues Mozart，1756—1791），他6岁时就为奥地利女皇弹奏自己的钢琴作品。而更常见的例子通常类似于一个刚刚开始其职业生涯的60岁的妇女，她的职位很低，通常是那些20多岁的年轻人开始工作时的职位。

全球社会

老龄化危机 268

当20世纪走到尽头的时候，我们对年轻的期待似乎也走到了尽头。原因很简单，老年人的数量很快就超过了年轻人。世界各国都正开始经历人口老龄化的转变，并且这种效应首先在发达国家显现出来。根据有关统计数字，1950年，在发达国家，14岁以下的人口占全部人口的27.3%；60岁以上的人口只有11.7%。而到了2000年，发达国家60岁以上的人口有史以来第一次超过了14岁以下的人口数量。到2050年，专家预计发达国家60岁以上的人口将上升至32.5%，同时，14岁以下的人口比例最高只能达到15.3%［《美国新闻和世界报道》(*U. S. News & World Report*)，1999］。

这个趋势令专家们十分担心，他们认为21世纪最严重的问题就是全球的老龄化问题。根据彼得·彼得森（Peter Peterson，1999）的观点，年轻人口与老年人口比例之间的巨大失衡将带来高昂的经济和社会成本，如果一个国家对此没有做出充分的准备的话，它将足以使一个最富有的发达国家陷入崩溃的境地。

官方的数据指出，在未来的30年内，大多数发达国家的政府每年必须拿出GDP的9%～16%去应对老年人口的福利需求。如果通过增加税收来支付这些成本的话，将给在职的人带来沉重的税务负担，每个人需要在税后工资以外再额外支付25%～40%的税。这样，在一些国家，税收将超过他们收入的40%。或者，如果我们通过赤字消费来计算的话，那么需要花掉发达国家全部的储蓄和大部分的财富（p. 18）。

很多因素影响着全球的老龄化，其中一个因素是人们寿命的延长。在过去的50年里，全球人口寿命长度的增长幅度超过了以往5 000年来的水平（Peterson，1999）。1972年至1999年间，人类的寿命长度从49.5岁跳跃式地增加到63岁。与此同时，妇女生育孩子的数量却不断下降。1972年，全球妇女一生中生育孩子的平均数量是5.6个，今天这一数字是2.7。发达国家的生育率甚至更低，只有1.6，低于人口更新比率的25%。

同样的，退休与在职人口的比率也开始下降。在发达国家，当前的退休与在职人口比率为3∶1。如果没有什么变化的话，这个数字还将继续下降，预计2030年达到1.5∶1。到那个时候，在职者的负担将无比庞大。预计美国到2030年能够覆盖退休人员的个人收入所得税将由现在的15.8%增加至31.9%，意大利的形势更严峻，个人所得税率将由目前的37.6%激增至71.5%。

全球的老龄化危机带来了无数的问题。首先，尽管寿命越长表明这个国家的健康状况越好，但我们却无法回避医疗费用上升所引起的资源紧张问题。彼得森曾经问到，金钱到底是应该更多地花在延长寿命的高科技治疗方面，还是应该更多地用在年轻人的教育上？这个问题的答案肯定不可避免地要涉及另外一系列的问题：谁应该活着？谁应该去死？谁应该做决定？

彼得森提出了许多应对老龄化危机的对策，包括延长退休年龄、生养更多的孩子、加强子女的赡养责任、鼓励人们为养老储蓄。他的这些对策可能会有作用，但执行起来却很困难。尽管如此，毫无疑问的是，我们将在21世纪体验更多由老龄化带来的社会和文化变迁。

---

268 **（四）年龄歧视**

上文中提到，在工业化社会，人们一般贬低老年人，赞美年轻人以及强壮的、美貌的人。电视、书籍和电影在提到老年人的时候，总是把一些令人讨厌的特征展现出来，将他们塑造成不重要、不快乐、不受人尊敬的形象［瑞安和温特沃斯（Ryan & Wentworth），1999；西格罗里勒尔（Signorielli），1983］。虽然老年人比青年人看电视要多，但一项有关1 700个加拿大电视广告的调查仍然表明，仅有不到2%的有号召力的角色是老年人（Moore & Cadeau，1985）。

对老年人的忽视是年龄歧视的一种反映，年龄歧视（ageism）指的是这样的一种观念：它认为老年人在生理或社会方面是弱者。持这种观念必然会歧视老年人。这一观念认为，老年人
269 是孤独的、有依赖性、情绪不稳定以及体弱多病。尽管一些老年人确实有这样的特点，但是年轻人中有这些特点的也不在少数。研究表明，对老年人的年龄歧视基本上都是错误的［科克拉姆（Cockerham），1991；考克斯（Cox），1988］。

幸运的是，老年人对自己的认识要比其他年龄层的人更真实。哈里斯（Harris）的一项调查显示，大多数老年人认为自己是开放的、有适应力的，聪明、机警、能达成目标的。小于65岁的人中，有35%的认为老年人很少或几乎不做事；但65岁以上的人中，仅有15%同意这种看法。总之，调查反映出，老年人并不认为变老给他们的生活带来了太多的改变。

但是，老年人也的确因为他们的年龄而面临着一些特别的问题。与公众的印象恰恰相反，
270 他们是所有年龄层里最少可能成为犯罪牺牲品的一类人（除了某些接触性偷盗犯罪——主要是扒窃和欺诈以外）。然而他们却表现得最畏惧罪犯［奥尔斯顿（Alston），1986；考克斯（Cox），1996；施马莱格（Schmalleger），1997］，这种反常现象的部分原因是媒体大肆渲染发生在老年人身上的犯罪；再者，一旦受到罪犯的侵害，有时老年人确实会因为体力和财力的缺乏，而难以从其遭受的不幸中恢复元气；另一方面，生活在高犯罪率地区的老年人，成为罪犯牺牲品的机会也相对多一些。同时由于他们对受到犯罪侵害如此高度紧张，因而他们实际上把自己关在家里，害怕一离开家就有危险［巴罗和史密斯（Barrow & Smith），1979；Cox，1996］；并且，还有很多老年人——难以知道其具体数目——受到自己孩子的忽视和虐待［Cox，1996；克劳斯科普夫和伯内特（Krauskopf & Burnet），1983；奥图尔和韦伯

斯特（O'Toole & Webster），1988］；不少江湖郎中也把欺骗的目标对准了有恐惧心理的老年人。

二、变老

当人变老时究竟发生了些什么？搞清楚生理变化与社会变化之间的差异将有助于对这一问题的了解，虽然这两个因素之间常常又是密切相关的。

（一）生理的变化

体力和智力的变化是衰老过程中不可避免的，这些变化带来了与年龄相伴的体型的改变（例如：皱纹、秃顶、佝偻等），以及具有老年人社会行为与地位特征的举止，其中部分原因是由于人们把社会期望与生理变化联系了起来［怀特（White），1988］。在这一部分，我们主要考虑变老过程的生理因素。

过去的几十年间，我们对随年龄而发生的事情的认识在不断提高，但是仍然很不完善。许多与年龄有关的疾病，像食欲不振、肌肉松弛、性欲降低等症状统统可用包罗万象的“老迈”（senility）一词来形容。这些疾病不仅仅是老年人才有的，它可能在任何年龄发生，受它折磨的也不全是老年人。

但是，有些症状是变老过程的必然组成部分，凡是活到老年的人或迟或早都会受到影响。例如，随着年龄变老而来的视力下降。听力也是在 20 岁以后开始减弱，嗅觉和味觉以及反应力同样是随年龄而变得迟钝。除了一些个体差异外，变老的过程最终会在不同程度上影响每一个人的感觉功能、智力功能、性行为、健康和体型［科克拉姆（Cockerham），1991；科特雷尔（Cottrell），1974］。

1. 感觉功能与大脑功能

感觉器官的损坏经常降低老年人的社会活动能力。这种损坏代表变老过程的一个中间阶段，它既比稍前出现的皱纹更具破坏性，又没有后来的大病那么严重。

到 65 岁时，一半的男性和 30%的女性都会体验到由于听力减弱给社会交往所带来的困难。研究表明，听力减弱比视力降低所带来的挫折感和社会隔离要强烈得多。比如说，妄想症——总是以为别人在议论你或是陷害你——就是与听力的丧失相伴而至的［亨德里克斯和亨德里克斯（Hendricks & Hendricks），1986］。因为听力的减弱，人就很容易猜测自己是别人行为和言谈的中心。

接受感觉、身体刺激的心理反应时间，也是随着年龄的增长而变慢。一个试验发现，尽管老飞行员的判断能力比年轻一些的要准确得多，但其对身体刺激的反应却慢得多［波特温克（Botwinick），1967；Hendricks & Hendricks，1986］。

许多大脑功能在变老的过程中也受到损害。老年人能够学习新事物，但除了个别人，大多数都要花比年轻人更多的时间。同样的，从记忆中搜寻一些事件特别是最近发生的事件，往往是年龄越大，花费的时间越长。然而，很久以前的记忆似乎并不受年老的影响。

男性与女性受大脑功能下降的影响是不一样的。研究表明，女性的大脑功能明显比男性保持得好，这一结论主要是得自于男性患病和死亡的时间早于女性的事实。同样，受过良好教育、智力活动活跃的人，与很少或不愿从事智力活动的同龄人相比，其大脑功能下降的速度要慢一些（Hendricks & Hendricks，1986）。

早老性痴呆病[①]（Alzheimer's）是老年人中常见的一种脑力病，早老性痴呆病患者，"对姓名、日期、地点等生活内容的记忆模糊不清，最简单的事情——如系鞋带、用刀切肉、判断时间等——成为不可克服的困难"（*Newsweek*，December 3，1984）。最终，一般是在 8 年以内，
271 患者无法行走和自控，蜷缩在床上等待着死亡的到来。早老性痴呆病是一种较为常见的疾病，美国约有 400 万的老年人染上此病。尽管研究人员已经找到大量的致病的可能原因，但目前的研究状态还无法完全肯定地确认其中的一个（Cox，1996）。

2. 性功能

某些身体变化会影响老年人的性功能。马斯特斯和约翰逊（Masters & Johnson）指出，老年男性的阴茎勃起时间和射精力度都要弱于年轻男性，而且阴茎勃起的时间间隔要长于年轻男性。类似地，老年女性阴道的润滑液要少于年轻女性［吕肯曼（Ludeman），1981；Masters & Johnson，1966，1970］，然而，这些不足并不意味着老年人就不能享受性生活。

实际上，很多研究［特纳和亚当斯（Turner & Adames），1988］显示，老年人没有失去性行为的兴趣。例如，在阿布加斯人（Abkhasians）中，70 岁以上的男性仍具有性能力是一件很普通的事情；55 岁以上的女性中 13.6%的人还有月经（Benet，1976）。一些人 90 多岁了还会举行婚礼。据报道，一个男人准备在他 108 岁时举行婚礼，尽管他坚持说自己实际才刚刚 95 岁。

一些人错误地认为老年人缺乏——或者应该缺乏——性行为的能力和意愿。在一项研究中，在大学生和护理人员看来，描写性行为活跃的老年夫妇的故事，与描写年轻夫妇的性行为故事相比，是不可信的（也是不道德的）［拉·托尔和基尔（La Torre & Kear），1977；Ludeman，1981］。对老年人的性生活持上述态度会给他们带来较大的负面影响。

3. 身体健康

年轻人所患疾病大部分属于急性病——这些病症有明确的开始期、转折期、恢复期，病发的原因通常在体外——一般是由微生物感染引起的。随着年龄的增大，患慢性病的可能性增多，即：病症发展得很慢，没有明显的转折期，痊愈的时期也较长。与急性病不同，多数慢性病很难用简单的外在原因解释，要彻底治愈也很难。

老年人中最常见的疾病以及死亡原因是心脏和循环系统的疾病，其中包括因血液凝结而阻塞头部氧气供应的中风。虽然癌症并不仅仅局限于老年人，但是某些癌症还是在老年人中更常

① Alzheimer's disease（阿耳茨海默氏病），又称早老性痴呆病，据德国医生 Alois Alzheimer 的姓氏命名。——译者注

很多人错误地认为年长者没有性的要求和需要。
这只是关于老年歧视的表现之一。

见，例如胃、肠道、前列腺、肾等部位的癌症。关节炎也是一种与年龄有关的、最容易使人衰弱的疾病，尽管它很少导致死亡，却能给患者的健康带来非常严重的损害（Hendricks & Hendricks，1986）。

虽然使人衰弱的慢性病经常发生在老年人身上，但是必须记住的事实是：多数老年人是健康、活跃和独立的。尽管老年人的活动水平可能会降低，一些身体的损伤也是不可避免的，但那些认为老年人一贯体弱多病的看法则是十分错误的。实际上，据美国对“高龄老人”（80 岁以上）的一项全国调查表明，他们中的三分之一仍然活动自如（Harris et al.，1989）。

（二）社会老年学的观点

老年学是对变老以及特殊的老年人问题的多学科研究，以社会视角对老龄问题做研究的学科称为社会老年学。社会老年学是一个很新但发展很快的领域，它提出了不少重要的观点和理论。老年学与老年病学是不一样的，老年病学主要从医学的角度研究老龄以及一些针对老年患者的特殊治疗方法。

向老年的转变过程，是社会老年学研究的一个主要领域。对这一问题的研究主要有四种 272
理论：脱离论（disengagement theory）、活动论（activity theory）、连续论（continuity theory）和老年亚文化论（the aged as a subculture），它们分别从不同的角度研究老年人在对新角色的

适应过程中所表现出来的行为与态度。

1. 脱离论

脱离论是较早研究老年人社会状况的一种理论，虽然很多人对它提出了疑义，但由于它鲜明地提出了自己的理论观点，引起了学术界的关注，因此我们还是首先提到它。

脱离论于1961年首次提出［卡明和亨利（Cumming & Henry）］，它的中心内容是：当我们变老时，我们从内心开始退缩，并慢慢从整个成年期都要参加的社会活动中撤离。脱离论认为，当老年人认识到死亡已经临近、自己所能获得的时间与能量不多时，进行上述转变就是一个自然而然的反应。脱离论还认为，作为一个整体的社会，也必然同样要求老年人远离大量的社会交往活动。

几乎从脱离论诞生的那一刻起，它就引起了各方面的争议。撤离的过程如何不能避免，在多大的程度上不能避免？虽然有一些老年人确实脱离于社会生活，但也决不意味着所有的老年人都要或都应该这么做。这一理论的最初提法忽视了人们在个性、社会经济地位以及健康等方面的差异。

脱离论的一位创始人后来对其作了修正，他认为，一个人的人格在人的一生中都会不断发展，即使在面临死亡的时候，也是如此。人们不完全从社会撤离也能进行内心的转变（Henry，1965）。那些面对压力通常采取退缩方法的人们，当死亡临近时，可能会撤离社会。而那些在生活中积极进取的人则不会轻易退缩（Hendricks & Hendricks，1986）。

2. 活动论

与脱离论的一些主要观点恰恰相反，活动论认为，老年人减少体力活动和社会活动的原因是社会结构的安排。特别是在现代社会，当人们变老的时候，他们失去了一些社会角色，如活跃的社会成员、提供者、养育者等。他们失去的角色越多，获得的生活满足感就越少。如果老年人的活动维持在一个较高的水平——即使比早期生命阶段的活动水平低——他们的生活满足感也将保持在一个较高的水平。赞同活动论的社会老年学家相信，被允许参加社会活动的年龄越大，他们的状况越好。

与年老相伴的角色丧失被称为角色退出（role exit）（Blau，1981），角色退出最典型的情况是丧偶和退休。活动论强调，保持一个熟悉的角色对老年人的健康状况很重要；他们认为，适应角色丧失（role loss）是老年人面临的一个重大问题。

有一些活动论者把角色丧失看得较为乐观。一位学者指出，绝大多数人并不是完全依靠一个角色［阿奇利（Atchley），1988］生活，因此，假定一个老年人有足够的钱财和关心他的朋友，他就能够很容易地把精力从已丧失的角色中转移到一个以前并不很重要的角色上来。比如，曾经在铁路局工作的人，可以为他的孙子或是当地的学校和孤儿院建造微型铁路模型；一个家庭妇女，也能够在她四五十年前曾经放弃的学生角色中，找到新的满足感。

活动论无法圆满地解释所有老年人都面临的适应问题，因为体力和智力的下降是变老过程中的一个真实情况。虽然不少老年人为年老强加给他们的活力减少而难过，但多数的老年人仍能不失自尊地接受和适应这一不可避免的新情况［哈维格斯特、纽加顿和托宾（Havighurst，Neugarten & Tobin），1968］。

而且，活动论是建立在一些特殊的价值观念之上的。在美国社会，主动的价值高于被动，强壮优于虚弱。因为我们敬重与年轻联系着的高活动水平，人们普遍认为一生中“不做事”是一无是处的。这种观念不可避免地会影响老年人的思想，使他们感觉到，除非保持着活力，否则就会失去社会的尊重。

3. 连续论

连续论是当今最受欢迎的社会老年学理论之一，它强调个人生命阶段发展的连续性。因此，连续论认为，“老年”不是一个独立存在的“阶段”，只是人生的一个后续组成部分。这种观点与多数人对生活的看法一致：不是一个个独立的阶段，而是经历了一个缓慢的、渐进的发展过程。根据连续论的观点，那些把老年作为一个生命周期的阶段论者，以撤离社会或活动水平的降低为标志，往往对人的生命的理解显得过于不自然、简单化和片面化。

与脱离论不同，连续论重视老年人的体力活动和社会活动，同时也考虑到了个性与价值观 273
的差异。当人们年老的时候，他们不是必然或自然而然地退出工作和社会活动，相反，他们选择能让自己继续获得满足感的生活方式，终止那些不令人满意的生活方式。对于老年人来说，这种过程或许是从一个气候恶劣的地方搬到一个气候适宜的地方，或许是放弃一个职业去做志愿者的工作，也可能是卖掉房子到处旅行。这些决定并不是因为年老的缘故，而是那些有财力和有社会保障的人们的一种选择，他们能做他们生活中想做的事情。

连续论认为个人在有生之年能不断发展。志愿者工作能够使老年人维持社会属性并成为社区中的活跃分子。

4. 老年亚文化论

另外一种解释老年人态度和行为的理论认为，老年人形成了一种独特的亚文化。随着退休社团组织的增加、老年人活动区域的出现以及年轻人对乡村的抛弃，老年人发现自身与其他年龄群体的隔离越来越大。有关退休和补偿的社会政策也倾向于把老年人与社会的其他部分分隔开来。赞成老年亚文化论的人认为，上述因素促成了老年人之间支持网络的发展，形成了具有自身价值和观念的独特亚文化。

根据老年亚文化论的观点，老年人参与同龄群体的活动及其对亚文化纽带的体验，可以帮助他们顺利地向老年阶段过渡（Hendricks & Hendricks，1986；Rose，1965）。其他的一些活动也有这样的效果，如孤寡互助计划，是老年人彼此之间互相帮助的活动；退休老人志愿队，是老年人为社会提供尽可能大帮助的组织；祖父母抚养计划，则是老年人帮助年轻人的活动。

老年人与自己同龄群体的亲密关系，和对自身特殊社会地位认识的提高是否促成了独特亚文化的形成？对这一问题的回答，目前还不是很确切。在追求认同、形成组织，以及提高自身权益的社会活动中，他们似乎与其他亚文化群体，如少数民族群体，有许多共同之处。但是，由于大多数老年人更多地被整合于主流文化之中，因此，我们很难把他们当作一个孤立的亚文化来分析。

三、美国老年人的社会状况

在美国，65岁以上的人有3 430万，约占总人口的12.7%，85岁以上的人有410万。老年人口分布在美国各地，其中有几个地区是老年人比较集中的地方。加利福尼亚、佛罗里达和纽约的老年人口数量最多，1997年三地的老年人口数分别是350多万、270多万和240多万。在美国，大约一半的老年人口居住在以下9个州内，它们是加利福尼亚、佛罗里达、纽约、得克萨斯、宾夕法尼亚、伊利诺伊、密歇根、俄亥俄和新泽西（Administration on Aging，1998）。这一节，我们将了解一下美国老年人的社会状况。

（一）退休

我们一般把年老与退休联系在一起，但退休却是一个非常新的概念。过去，人们只要体能没问题，就一直可以参加社会经济活动。例如，1900年，65岁以上的人中有65%仍然继续工作［福纳和施瓦布（Foner & Schwab），1981］。1992年，65岁以上继续工作的人中，男性有16%，而女性只有8%。在许多发展中国家，退休还是很少见的。

274 直到1935年《社会保障法》通过后，退休的概念才正式在美国得到确认。建立全国退休金计划的社会保障法，最初的设想是帮助那些在大萧条中被迫失业的人们，因为从理论上说，老年人如果能够获得财力保障的话，年轻人将有更多的工作机会，工会也支持这一计划。然而，《社会保障法》通过后，许多雇主开始设置强制退休年龄，“标准”的退休年龄是 65 岁——也就是可以领到全额社会保障金的年龄。

许多因素交织在一起鼓励或迫使老年人退休，并且使得老年人在经济上也具备了退休的可能性。100 年前，美国 50%的人口是农业人口，今天这一数字不到 2%；同时还有很多自我雇用者。现在，大多数人在规模很大的组织里工作，农夫和自我雇用者可以决定自己何时不工作，但在大组织里，人们却必须服从于非人格化的规章制度对退休的规定。

然而，虽然过去的老年人比现在的老年人有更多的自由来决定自己是否继续工作，但当他们想停止工作的时候，他们也很可能因为缺少固定的收入而做不到这一点。而今天许多在职的人虽然不得不面对强制退休，但却可以从公司和政府那里获得一定的退休津贴。

尽管如此，大量的退休者却不得不依靠减少的收入来生活。1997 年，在 65 岁以上的老人中，10.5%的人收入低于联邦政府规定的贫困线（U. S. Bureau of the Census，1998）。对于退休的夫妇来说，他们平均可以获得的社会保障与退休津贴的费用，仅仅相当于退休前收入的一半（Cox，1996）。

人们原来认为适应退休很困难，一般退休者对退休生活也不满意。但最近的研究表明，事实并非如此，一般来说，退休后的感觉和兴趣是退休前的延续［约翰逊和威廉斯（Johnson & Williamson），1987］。大多数退休的人对自己的生活很满意，如果让他们重新选择的话，他们愿意在同样甚至更早的时间退休［帕纳（Parnes），1983］。那些对生活不满意的退休者，并非因为不再工作而不满意，而是由于生病或者没有足够的收入。

过去的 25 年间，退休的平均年龄不断下降。1950 年，85%的 55 岁至 64 岁的人仍然在工作；1995 年，这一数字下降到 63.6%［经济合作与发展组织（Organization for Economic Cooperation and Development），1998］。一位调查者从对退休者的访谈中了解到，大约一半的退休者愿意在 65 岁前退休（Parnes，1981）。

令人满意的经济环境与一系列的政府决策使得退休年龄不断提前。1961 年，政府允许人们可以选择 62 岁退休并获得部分社会保障金，而不是等到 65 岁退休拿到全额保障金。1966 年设立了医疗护理金，老年人的医疗花费减少了很多。70 年代初，国会把社会保障福利与生活费联系起来，以确保老年人的购买力不至于受到通货膨胀的影响。结果是，人们发现，自己能够承受提前退休后的经济负担，因此许多人就选择了提前退休［迪瓦伊尼和奥朗（Devinney & O'Rand），1988；魏因斯坦（Weinstein），1980］。

但是一些经济和人口发展的情况威胁着这一趋势，像我们指出的那样，老年人在总人口中的比例在增长，社会保障金也是直接由现在工作着的人们来付费的。如果现在的退休方式继续下去的话，在职的人与退休的人的比例将急剧下降。1937 年，每一个退休者的福利由 12 个在职的人负担；1980 年，一个退休者的福利由 3 个在职的人负担（Weinstein，1980）；到 2030 年，据估计仅有 2.5 个在职者负担同一任务（Petersen，1999）。

有时候，这些发展可能严重影响着社会保障体系，并且没有一个能够使每一个人都满意的解决办法。既维持目前的福利水平又保留早退休的模式，给工作着的人带来了不公平的负担。降低福利将会减轻对社会保障体系的压力，但也会限制退休者的收入来源。政府目前正在逐步提高能够获得全额社会保障金的年龄，这将鼓励老年人继续工作。但是，一旦老年人选择继续工作，势必减少工作的数量以及年轻人获得提升的机会。

（二）居住

老年人对居住的要求中，最重要的一点是要距离基础服务设施比较近。当老人们发现自己到处走动变得很困难时，从家里到洗衣店、医院、社区中心的距离就成为首要考虑的因素。在美国，老年人获得服务是一个尤为严峻的问题，因为这里的社区很分散，公共交通又很少。

275 人们正在努力设计一些适合老年人居住的房屋，自从1959年《住房法》颁布以来，联邦政府为老年人的住房已经花费了上亿美元——通常是低租金、高标准的公共项目。即使如此，也仅有3%的老人居住在这样的房子里。

日益增多的富裕的老年人正迁住退休社区，这些社区一般与别的社区分开，通常位于加利福尼亚阳光地带，但是在全美各地都能看到这样的社区。集体居住（congregate housing）是另一种形式的老年人住房形式，也吸引了很多人的注意。它是专为这样的人设计的：一方面他们有残疾很难自己照顾自己，另一方面身体条件还可以，不需要住在护理院或医院。这里的居民有自己的居住单元，但饭厅和医疗护理、房间卫生等其他服务是共用的。集体居住非常昂贵，只有高收入群体才能住得起［阿克尔斯伯杰等（Ackelsberg et al.），1988；威廉斯（Williams），1985］。

集体居住，像佛罗里达的这所住房，非常昂贵，
只有高收入群体才住得起。

所有这些特殊居住形式都受到了批评，认为它把老年人以“老年群体”的形式与青年人隔离开。尽管如此，许多研究表明，大多数自愿选择在年龄隔离社区（age-segregated community）中居住的老人，由于远离了年轻人的吵闹和烦扰而感到非常愉快［考克斯（Cox），1996；劳顿（Lawton），1977］。

（三）健康与照顾

1. 家庭照顾

照顾老年人的负担一般落在家人身上，特别是当老年人生病、行动不便、收入无固定来源的时候更是如此。这种情况不仅仅发生在缺少公共医疗保健的欠发达国家，美国也是如此［哈拉（Khullar），1988］。

多数老年人似乎更倾向于家庭照顾的养老方式，如果他们的丈夫或妻子已经去世，他们首先求助于自己的孩子或者其他近亲。然而，家庭成员经常发现他们很难去照顾年迈的父母或亲戚，他们有自己的孩子，居住在拥挤的房屋里；向额外的依赖者提供住宿和食物往往给家庭带来紧张、财政危机甚至精神问题。在这样的状况下，从身体或精神上虐待老年人也就成为不可避免的了。因此，照顾老人给家庭所带来的经济与精神负担，超过了给老人带来的好处，而这样也就使得专门机构的照顾广受欢迎。

尽管存在上述种种不利因素，很多家庭仍然愿意在家里照顾老人，而且尽可能地推延将老人送到养老机构的时间。当前，医疗保险也越来越多地覆盖到许多家庭养老所提供的服务，这样，家庭养老的成本就要低于护理院［莱茜（Lassey），1997；莱茜和金克斯（Lassey & Jinks），1997］。

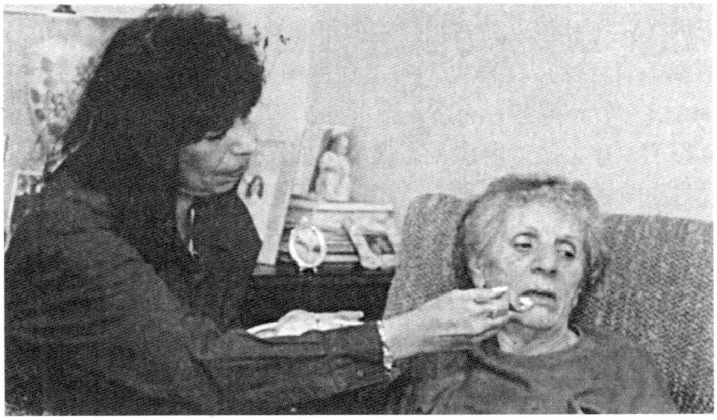

尽管存在经济和心理负担，很多家庭仍然愿意为老年人提供照顾。

然而，社会结构的变化可能会很快改变这一状况。由于出生率不断下降，能够照顾日渐增多的老人的成年人越来越少。新家庭形式的扩展、单亲家庭的增多、妇女角色的转变、双职工家庭的增加，以及居住流动性的不断增大等，都减少了家庭成员照顾老人的可能性。

2. 家庭外照顾

在美国，65 岁至 74 岁之间的老年人中，生活在养老机构的只有 1%，而 85 岁及以上的则有 17.7%［美国全国家卫生（健康）统计资料中心（National Center for Health Statistics），1998；U. S. Bureau of the Census，1998］。大多数家庭都尽可能地推迟老人进入各种各类养老机构的时间，一般比需要入住的时间要晚得多（Hendricks & Hendricks，1986）。进入养老机构的老年人多数是没有家庭或没有基本生活来源、无法独自生活的人。因此，住在养老机构的老年人多数都是贫穷、无家可归、孤独的人。但是，也有一部分身体状况很差、一般的家庭无法给予照顾的老年人。

最近几年，由于“老年医疗保健制度”（Medicare）（国家为老年人提供的医疗帮助项目）的引入，入住短期医院的老人数目增多了［谢娜斯和麦马多克斯（Shanas & Maddox），1976］，
276 长期照顾的机构（long-stay facilities）也有了明显的增加，特别是护理院（nursing homes）。另外，老年人进入精神医院（mental hospitals）的情况也很普遍。在医疗条件非常优越的情况下，每一类医疗机构都能提供最好的健康照顾。然而，从另一个角度看，某些护理院很可能是在通向死亡之路上的一个昂贵、凄凉、无人关注的中转站。

3. 护理院

1995 年，65 岁以上的老人中，只有 5%（约 140 万人）生活在护理院（Nursing Homes）。据估计，25%的老年人临死前有一段时间是住在护理院的（Cox，1996）。住在护理院的老人具有哪些特征？为什么有的老人在此结束生命，有的则不是？要回答这些问题，必须了解一个重要的因素——家庭状况。单身、分居、离婚或者丧偶的老人容易成为护理院的居住者；没有孩子或只有一个孩子的人，比其他人住在护理院的可能性要大得多。

护理院提供的服务质量也存在着很大的差别。将近 80%的护理院都属于商业企业（Hendricks & Hendricks，1986），那些专为富人开办的护理院与为穷人服务的护理院相比，两者在可使用的设施、使用的治疗方法以及服务态度等方面有天壤之别。在为穷人服务的护理院，服务人员一般只接受过很少的教育和培训，使用的房屋通常由破旧不堪的私人住房改建而成，而且位置偏僻。

这些护理院的条件之所以如此简陋，原因之一是经营成本的逐步攀升。护理院的照顾费用是国家医疗健康费用中花费最大、增速最快的一部分。1980—1995 年间，护理院的养老费用由 200 亿美元增至 752 亿美元（U. S. Bureau of the Census & Statistical Abstract of the United States，1993，1998）。导致这一巨大增长的原因包括：老年人寿命的延长，以及护理院燃料费与工资的增长（U. S. Bureau of Labor Statistics，1984）。

尽管护理院的经济成本很高（大约每月 3 135 美元），但这还不包括另一个很少被提及的方面——心理成本在内。可以使用的设施的质量暂且不说，住进护理院，本身对老年人就是一种巨大的压力。令人遗憾的是，正是护理院的本质使老人本身体验着脱离社会的错位。老年人就像是被迫进入依赖的状态，有时就跟服了镇静剂一样。就像在监狱和精神病医院，对犯人或

可以使用的设施的质量暂且不说，住进护理院，这本身对老年人及其家庭就是一种巨大的压力。令人遗憾的是，正是护理院的本质使老年人体验着脱离社会的错位。

患者的管理要优先于治疗一样，据说在护理院里，不管老人们是否生病，工作人员、其他病人还有家庭成员都期望他们表现得像一个病人那样（Cox，1988）。因此，护理院的环境很难起到增进老年人健康，或者充分发挥老年人个人自主性的作用；相反，它损害了老年人仍然具有的个性和独立性。

四、其他社会的老年人

我们似乎忘记了，当代美国人对老年人及其社会地位的态度并不具有普遍的适用性，虽然许多老年人的问题——住房、保健、依赖性经济负担、慢性病等——是普遍存在的，但是美国的解决方法，如护理院、社会保障、退休金等并不具有普遍意义。我们不妨看一下其他社会老年人的状况如何。

（一）中国：尊敬老人

儒家传统倡导尊老爱老。历史上，年龄与权力总是联系在一起，父母对孩子拥有绝对的权威。但是，一个世纪前发生在中国的社会动荡和政治变迁，逐步削弱了老年人的权力基础。自从 1949 年共产党取得政权以来，中国政府颁布法律，提倡年轻人与老年人地位平等。虽然经过了历次变动，尊敬老年人的习惯仍然保留了下来，而且农村地区尤为突出［特雷斯

（Treas），1979；尹和赖（Yin & Lai），1983］。

277 中国的社会保障体制不是由在职人员提供资金来源，而是由国有企业与社会福利承担，社会福利大约占退休前收入的70%，用美国的标准来衡量，这是非常丰厚的。尽管不再“鼓励”老职工退休，但也没有强制的退休年龄规定他们必须退休。目前的社会保障机制主要帮助那些在城市居住、在工厂上班的人，而没有覆盖到农村地区约80%的人口，他们几乎还是完全由家庭来照管［布朗（Brown），1990］。

中国的退休老人很少会面临声望、地位下降的问题，他们通常接受很多有用又有价值的任务，例如做家务、看孩子等。而且，老年人在居委会等社区管理机构中也仍然担负着重要的作用。

（二）以色列的吉布兹：老年人的整合

以色列吉布兹（Kibbutz的复数形式是Kibbutzim），是一种自愿的集体企业形式，它通常是（但不完全是）一个农场。吉布兹的典型形式是一个500人左右的定居地。吉布兹成立于20世纪初期，在以色列建国的历程中起了非常重要的作用。

吉布兹为其成员提供全部的社会和经济保障，所有的成员各尽所能，各取所需。在吉布兹，财产由集体所有，生产决策由集体做出。

一项研究显示，吉布兹这种整合老年人的方式，在一定程度可以减少美国社会的许多老年问题［威肖（Wershow），1969］。生活在吉布兹的老人从来不用担心住房、经济支持等问题，他们可以继续从事生产性的工作，只要他们力所能及［阿马德（Am-Ad），1988］。他们并没有与其他人隔离开，而是与任何年龄层的人保持联系。但是，与中国的老人不同，当吉布兹的老年人把领导权以及其他有价值的生产性角色交给年轻人时，他们面临着地位丧失的问题。

（三）艾克：弃老

在乌干达的一个部族——艾克（Ik）社会中，老年人既没有地位又得不到任何方式的常规帮助。艾克人把老年人看成是无用的、该死的寄生虫［特恩布尔（Turnbull），1972］。

事情并非一直如此。大约一代人之前，艾克人被迫离开他们原来的土地——那里成为了一处比赛场地，他们被迫迁移到附近多山且荒凉的地方。与先前相比，这场灾难使得艾克人一下子变得贫穷起来，他们社会里的每一件事情都不得不进行调整，以面对贫穷的现实。这种适应使得社会团结几乎丧失殆尽。

对于艾克人来说，以任何方式彼此帮助都是极不寻常的，特别是不求任何回报的帮助。因为多数老年人体力不支，而体力又是这个社会非常看重的个人特征，因而他们只能获得很有限的帮助，必须自己解决生计问题。因此，不要说不帮助老人，即使是羞辱、虐待甚至暗害老人，都不会受到任何惩罚。

五、美国的健康与医疗保健

在美国及其他发达国家，老年人的死亡率迄今为止是最高的。这个事实似乎再明白不过，以至于没有必要去注意它。但是在前工业社会，也包括很多现存社会，年轻人的死亡率却是最高的。美国的老年人多数死于“老年”病：慢性的、非传染的疾病，明显的中风，心脏病和癌症（National Center for Health Statistics，1998），这些疾病也是全部人口中引起死亡的主要原因。然而，在前工业化社会，引起死亡的主要原因却是传染病和饥饿，特别是在年轻人中。总之，健康与疾病是社会事实，除了生物因素以外，它们还受到社会因素的影响。

下面我们就将把健康与疾病看作社会现象来讨论。首先让我们看一下当前美国的健康与医疗保健情况。

应用社会学 278

医疗保险中的基因歧视

20世纪90年代，医疗保健问题成为美国人最关注的公共问题。事实上，盖洛普民意测验所在1991年的民意调查表明，超过90%的美国人认为我们面临着严重的医疗保健危机。其中医疗成本的上升被认为是最严重的问题。85%的人认为美国的医疗保健体系需要改革（Gallup Monthly Poll，August，1991）。

但是，10年之后问题并没有得到什么改变。克林顿总统的提议被否决了，也没有其他的人再提出新的计划。许多美国人依然缺少医疗保险——1997年，估计有4 340万人，占全部人口中16.1%的比例（U.S. Bureau of the Census，1998）。超过三分之一的美籍拉美人（Hispanic-Americans）缺少保险，而非白种拉美人（non-white Hispanic）的比例是12%，黑人的比例是21.5%，亚太裔是20.7%。

当美国人表达自己对没有医疗保险的人的关切的时候，他们肯定希望自己不是其中的一员，然而，他们其实并不能置身事外。当我们了解到越来越多的重大疾病的起因时，医疗保险起点的不平等可能会有所改变。具有讽刺意味的是，医生对救治更多病人的承诺很可能成为否定一部分人医疗保险或增加保险费率的理由。对重大疾病，如胸部癌、糖尿病、唐氏综合征等基因因素的辨别能力，同样可以被保险公司用来确定医疗保险的风险，这可以使保险公司很容易地对被保险人进行筛选并降低自己的成本［霍洛韦尔（Hollowell），1999］。

很多美国人赞同那些因自己的某种行为而可能导致严重疾病的人应该缴付更高的保险费率。例如，1999年盖洛普调查显示，55%的人认为吸烟者应该比不吸烟者缴更多的保险费，

42%的人持相反意见。但是，绝大多数的美国人不赞同基因成为缴付更多保险费的决定因素。88%的人表示，不能因为某个人的基因可能导致某种疾病就让他缴纳高额的保费，90%多的人表示，保险公司未经允许不能获得个人基因或DNA记录，95%的人表示，雇主未经允许不能得到雇员的基因或DNA记录。

就在许多保险公司声称自己不会实行基因歧视的同时，许多州已经颁布了禁止基因歧视的法律（Hollowell，1999）。根据基因责任协会的数据，已经有超过30个州通过了在就业或保险方面反对基因歧视的立法，超过70项基因歧视条款正在24个州的制定之中。虽然1996年的医疗保险法禁止因为基因等先天性因素而拒绝上保险的行为，但在一些州，保险更新的时候提高有关费率是合法的。而且，虽然进行基因测试是违法的，但获得现有的医疗记录却是允许的。

保险公司是基于健康人为生病的人付费的基本假设而运行的，因此，它们将通过向更多的人转移风险而赚钱。于是，在更新保险政策的时候对处在某种健康状态的人提高费率是法律所允许的。这样，基因检测固然具有拯救生命的潜在可能，但同时也成为保险公司对那些高风险人群提高费率的依据。

尽管不是所有的人都想知道自己是否在基因方面具有导致某些年老以后发生疾病的可能性，但也有很多人希望知道。盖洛普1999年的调查显示，64%的人希望知道这些。还有64%的人希望知道他们的孩子是否也存在一些诱发疾病的基因结构（参见表12—1）。正像一般所说的那样，专家建议人们一定要确保在自己已经有医疗保险的情况下再去进行基因检测。

表12—1　哪里会出错：一些能够在出生前检查到的遗传性疾病

疾病	发生率
膀胱纤维肌炎	1/2 500 白种血统
唐氏综合征	1/800到1/1 000
杜兴肌营养不良	1/3 300 男性
脆裂X染色体综合征	1/1 500 男性
	1/2 500 女性
血友病	1/8 500 男性
宫廷顿舞蹈症	4/100 000到7/100 000
多囊肾脏疾病	1/3 000
镰状细胞贫血	1/400到1/600 黑人血统
黑蒙性痴呆	1/3 600 中欧犹太人血统

资料来源：Based on *Time*，January 11，1999，and The Gallop Polls.

（一）健康的社会分布

根据对预期寿命的测量，美国人从来没有像今天这样健康。1900 年，普通人出生时的预 278
期寿命是 47.3 岁；1996 年，这一数字是 76.1 岁。某些人预期寿命的变化更大，像黑人妇女出生时的预期寿命，从 20 世纪初的 33.5 岁上升到 1996 年的 74.2 岁（U. S. Bureau of the Census，*Statistical Abstract of the United States*，1998）。生命周期的扩展，主要是（但不全是）由于医学的进步。

虽然数字表明美国人的健康状况有了很大的改善，但与许多工业化国家相比，仍不尽如人意。1997 年，有 19 个国家，包括日本、瑞典、以色列、加拿大、希腊和澳大利亚等，其预期寿命都要长于美国。同样在 1997 年，作为一个国家总体健康水平的重要标志之一的婴儿死亡率，至少有 17 个国家的这一数字要低于美国（Brunner，1998）。

1. 社会流行病学

每一个社会里，健康与疾病的分布要么是不平等的，要么就是非随机的。一些人比另一些人更容易得病，很多疾病在某些人群中要比别的人群中更常见。例如，肺癌，在吸烟人群中较为普遍；黑肺病是煤矿工的一种特殊疾病；一般来说，穷人比富人的健康问题要多。

研究疾病的社会分布，以及这种分布与社会和环境状况的关系的学科，称为社会流行病学
(Social Epidemiology)。社会流行病学家，主要采用社会学方法，试图了解某些特殊疾病患者 279
的共同特征，以此确定这些疾病的诱因（Cockerham，1998）。这些知识是疾病防治的重要因素。

究竟有哪些因素决定了一个人会染上某一种疾病？有一些是基因性的，即对某种疾病容易感染或具有抵抗力的遗传，它同人们的眼睛和头发的颜色的遗传方式一样。但是，有一些重要的因素是社会性的。收入水平、职业、居住地区、生活方式——所有这些因素及其他更多因素影响着患病的可能性［格雷厄姆和里德（Graham & Reeder），1979］。社会流行病学家提供的信息，即确定某些疾病与上述因素的关系，在公共卫生系统的形成过程中所起的作用是不可低估的。

社会流行病学的一个主要假设是，染上疾病仅仅是患者与疾病源相接触的一系列复杂事件的最后一个环节。最早证明这一因果链的研究者大概是普契瓦·波特爵士（Sir Percival Pott），在他 1775 年出版的研究中证明了这一问题。波特对英国的一些特殊职业群体很感兴趣，他发现，打扫烟囱者患阴囊癌的比例远远高于其他职业群体。正是波特揭示了感染这种疾病的一系列社会因素。冬天人们需要热量，为了获得热量，人们使用管道加热器。这些加热器烧燃料产生了大量的烟灰，于是，烟囱就需要经常打扫。这样一来，产生了对烟囱打扫者的需求，他们是经常与烟灰接触的人，而烟灰可以导致阴囊癌（Graham & Reeder，1979）。

在戏称为“流行的流行病学”中，社区成员——而不是健康事务官员——寻找到了危害他

们生命的疾病的社会和环境诱因。比如在马萨诸塞的沃本，许多家庭提醒科学研究者，把倾倒于城镇饮水源的工业致癌物和社区孩子白血球过多症的高发率联系在一起（Brown，1987）。
280 具有高度责任感的居民积极分子也把其他环境危险——如杀虫剂、石棉——从不被人注意的角落引到公众的视野中。

2. 健康与疾病的不均衡分布

社会流行病学的一个重大发现是：医疗与疾病在年龄、性别、种族和社会经济地位之间的分布是不平等的。

年龄　如上文提到的那样，在美国，导致死亡的疾病更多地发生在老年人身上。从婴儿期成活下来的人一般都能活到老年，5 岁至 12 岁之间的死亡率（千分之三）是各个年龄段中最低的，此后，死亡率的比例缓慢上升，直到 50 岁时开始快速增加，这时，身体对疾病的抵抗力不断减弱。

性别　在美国以及世界的大多数国家，妇女往往比男性的寿命长［胡佛和西耶热格（Hoover & Siegel)，1986］，妇女的死亡率在各个年龄段都低于男性。例如，1996 年美国妇女的平均寿命比男性长 6 年。男性的较高死亡率有生物与社会两方面的原因。很多功能紊乱，包括循环系统疾病和严重的细菌感染，在男婴中要比女婴中更常见。一般来说，成活下来的男性要承受巨大的社会压力，如工作压力等，并且吸烟与酗酒的比率，男性也要比女性高。

尽管已经把生育的医疗保健排除在外，女性仍然认为自己患病和使用医疗设施的比例要高于男性。一些研究认为，这主要是因为女性更愿意了解病情，而且愿意寻求帮助（Cockerham，1998）。

种族与社会经济地位　除了亚裔人以外，美国其他的非白人种族的寿命一般都比较短，并且健康问题也比白人多。例如黑人，在美国所有较大种族中的健康状况最差。实际上，十年来美国人口健康状况最大的变化正是黑人健康的急剧下降（Cockerham，1998）。全美健康状况最差的是黑人男性，其预期寿命从 1987 年的 65.2 岁下降到 1988 年的 64.9 岁，尽管 1996 年又回升到了 66.1 岁。与此相比，白人男性 1996 年的预期寿命是 73.8 岁，黑人女性为 74.2 岁，白人女性为 79.6 岁。导致黑人健康状况如此糟糕的真正原因尚未有定论，但是很多证据表明，黑人因为吸烟、高血压、高胆固醇、酗酒、超重以及糖尿病，而处在一种健康受到危害的境地，这些疾病因素通常又与低收入和高压力生活环境息息相关［奥滕等（Otten et al.），1990］。

亚裔美国人代表了相反的另一种极端状况，他们通常获得了比美国其他少数民族群体都高的社会经济地位——有些数据表明甚至超过了白人——平均来看，他们的健康状况很不错，死亡率（包括婴儿与成人）也低于所有的种族。

这些事实说明，如果把种族中的收入和与其相关的环境差异抛开，许多健康问题也就不复存在了。穷人对疾病的易感性高，相当大的程度上是由于他们的生活条件较差。穷人大多居住在拥挤的住房里，不具备基本的卫生条件，并且处在犯罪发生率较高的社区中——这里酗酒、吸毒的亚文化盛行。营养不良加上与贫穷相伴而来的身体与心理压力，不断削弱着他们对疾病的抵抗力，或者加重已有的健康问题。与富人相比，穷人不仅仅更有可能感染疾病，而且由于缺少必要的高质量医疗条件，他们感染疾病后也更难于得到彻底的根治［达顿（Dutton），1989］。

（二）医疗保健系统

医疗保健系统（The Health-Care System）包括所有承担、资助、规范医疗问题的人员与正式组织。拥有成千上万名医生、护士、值班医生、技师以及千百个诊所、医院、医学院、护理院的美国医疗保健系统，只不过是最近几年才有的事。因此，回顾一下其发展历程和形成因素将有助于我们更好地了解这个系统本身。

1. 医疗保健的简短历史

在 19 世纪的大部分时间里，医疗活动几乎不受任何限制。大量的行医人，包括受过正式训练的医生、草药医生、顺势医疗论者（homeopaths，相信对疾病本身的医治才是对症的治疗）都能够合法地为挣患者的钱而自由竞争。许多公众不相信那些受过训练的医师，因为他们对科学知识只是一知半解，常常用一些相对野蛮的方式为人治病，把病人弄得很痛苦，甚至致死。这些医师所喜欢的药方不过是放血、猛泻以及诱人致呕的化学物品。

20 世纪初期，医学取得了长足进展。受过良好专业训练的医生排除了多数非科学的竞争， 281
并取得了对医疗的控制权［斯塔乐（Starr），1982］。医生治愈患者的能力不断增强，这使他们具有了超过其他行医人的优势，而且改善了在大众眼里的形象。医生开始被美国各个阶层当作治病救人的象征［弗里德森（Freidson），1979］。

医生成功的关键因素是职业化。一个职业，之所以能够成为提供专门服务且地位较高的职业，与他们接受了一系列专门知识的训练有关，这种专业知识既包括理论知识，又包括实践知识（Goode，1960）。职业化无一例外地包括：设置本职业成员的资格条件和绩效的标准，培训新成员，剔除不合标准的成员。职业组织通常能够成功地保护成员的经济地位和社会声望。

1847 年，医生建立起职业组织，即美国医学联合会（the American Medical Association，AMA）。到 19 世纪 20 年代，医学联合会已经成为美国医疗保健领域最具影响力的组织。医学联合会之所以赢得如此大的权威，主要是由于它在医学教育改革中扮演的重要角色。1900 年前，任何能够负担医学院费用的人都可以成为医生，除了少数学校外，大多数医学院的教育质量非常差。1910 年，阿尔伯特·弗莱克斯纳（Albert Flexner）写了一份报告，对美国的医学教育提出严厉的批评，并要求进行改革。从此，医学联合会掌握了医学教育资格的审批权力，并由此几乎完全控制了整个医学教育。

医生的职业化产生了两个重要的后果——医学教育和医疗保健体系的明显改善，以及医生和医学联合会声望与权力的加强。医学联合会通过剔除那些不适合从医的人员，产生了约束成员的规范与纪律。成为医学联合会的成员，而不是靠引见或其他职业联系，是取得职业成功的重要因素。

医院的增加 医院的发展与医学技术的进步有明显的联系。直到19世纪末，医院还是穷人踏上不归路的代名词。由于污秽的环境、广泛传播的细菌，以及粗糙的医疗技术，医院内病人的死亡率非常之高。对医院护理的需求如此之少，以至于1873年全美仅有178所医院（Cockerham，1998）。

医学的进步极大地改善了去医院的人们的健康状况。由于私人医生无法获得和拥有医学新技术，医院就成了医疗技术和医学研究的中心。而且，在医学联合会的压力下，医学院开始把自己的教学更多地与医院结合起来。这样一来，医院就逐步成为医学研究与教育和患者治疗并重的场所［罗森贝格（Rosenberg），1987］。到1996年，美国的医院数量已增至6 201所［《健康》（*Health*），1998］。

医疗保健资助的转变 20世纪早期，患者要么自己向医生和医院付费，要么受到慈善机构的帮助，政府很少参与医疗保健的供应、立法和资助。

伴随着大萧条时期医疗保险费用的上升，医疗服务由第三方付费开始流行起来。同时，医生组织的保险计划覆盖到去医院就诊的人（称为蓝盾计划，Blue Shield），和去私人诊所就诊的人（称为蓝十字计划，Blue Cross）。这些保险主要由中产阶级和雇主购买，穷人和老人很少受到这一计划的保护。

1965年，国会修正了社会保险法案（Social Security Act），通过了老年医疗保健制度（Medicare）和医疗补助制度（Medicaid）。老年医疗保健制度为65岁以上的老人提供医院服务和减免医疗保险费用，无论他们收入多少（一些65岁以下的残疾人也包括在这一计划中）。医疗补助方案把联邦津贴用于国家开办的项目，用来为穷人支付医院和医生的费用。这两个方案使国家较深地——也是第一次——介入医疗保健系统的资助、管理和立法，尽管其对象大多数是老人和穷人。

政府在其他医疗保健事务中的作用也不断扩大。20世纪早期，大多数州政府都负责传染病的防治，他们提高了公共场所和工业的卫生标准。除了被医生忽略的某些方面，例如慢性精神病之外，州政府很少提供直接的患者保健。60年代中期，通过老年医疗保健制度和医疗补助制度，联邦政府成为医学研究的最大资助者，成为私人医疗机构和人员的主要影响者。同时，联邦政府在力所能及的范围内，通过控制退伍军人管理局所属的170多家医院，成为大规模的医疗保健提供者。即使如此，美国的医疗保健任务仍然主要是由相对自由、不受政府控制的私人医生来承担的。

今天，这种或那种私营的或政府的医疗保险涵盖了大多数美国人（约83%）。超过65岁
282 的老年人仅有1%不在其中（U. S. Bureau of the Census，*Current Population Reports*，1998）。对于那些没有健康保险的人员——占总数的16.1%，大约4 340万人口——医疗保健的花费可能是巨大的（参见图12—1）。存在大量没有医疗保险的人口是美国主要的社会问题之一。

283

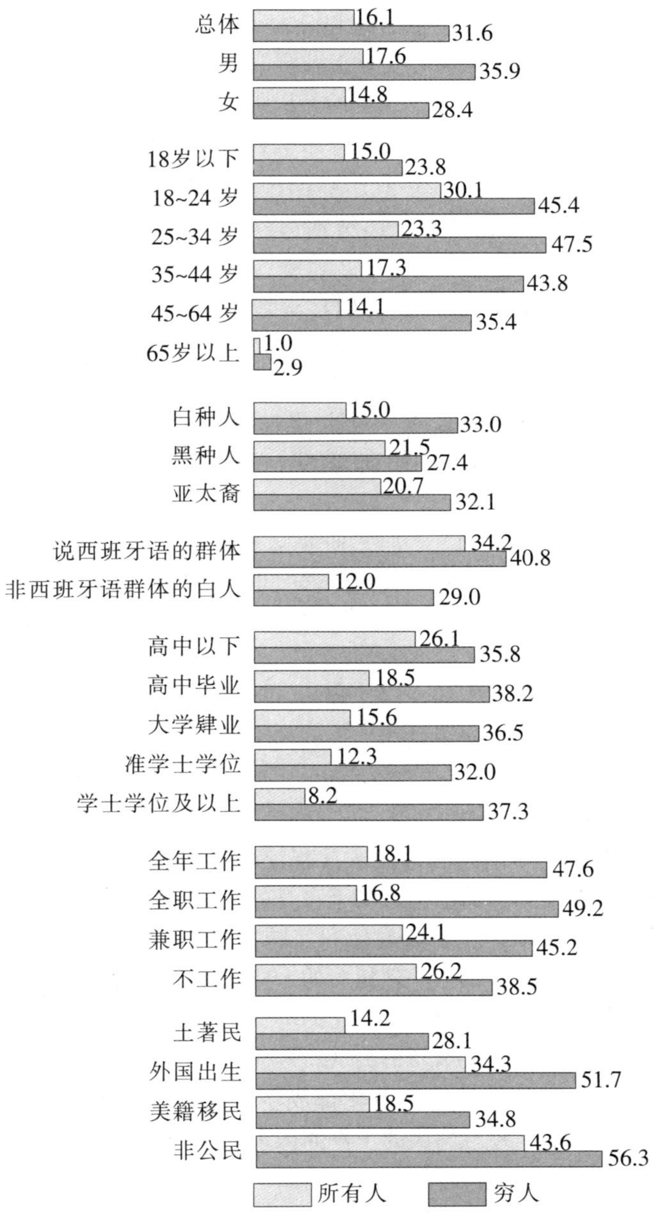

图 12—1 不享受健康保险的美国人的百分比（%）

注：说西班牙语的人可能属于不同种族。图中比例是由某一特定类别里未参加保险的人除以类别内总人口数得到的。

资源来源：U. S. Census Bureau，March 1998 Current Population Survey.

282 **2. 医疗保健组织**

美国的医疗保健体系由大量的自治组织和个人承担。对医疗保健系统的各种要素，没有中央机构来协调、控制和计划，结果，在美国医疗界，许多群体都卷入了大量的冲突之中。要了解美国的医疗保健系统，必须区分这一系统的一级提供者和二级提供者。

直接参与医疗保健活动的人员和组织是一级提供者，包括医生、医辅人员和医院。

二级提供者是指发明和出售直接医疗活动使用的技术，并培训医护人员的那些组织。这一类的组织包括医学院、护士学校和其他培训医疗工作者的机构，还有药厂和医疗设备供应商。

医生 医生是人们再熟悉不过的医疗保健人员，在为患者提供的医疗服务中，大约 80% 是在医生的诊所里进行。1996 年，美国约有将近 737 764 名活跃的医生在自己的办公室外工作。其他还有实习医生、常驻医生、医院和诊所的全职工作人员。

进入医学领域工作的女性在过去的 20 多年里在逐渐增加。在 1980—1981 学年度，医学院注册的学生当中只有 27%的是女性，而在 1995—1996 学年，医学院女生的注册比例上升到 42%（*Health*，1998）。

20 世纪早期，多数医生是通才（GPs）而非专家。通才能治疗“所有的患者”；他们熟悉患者的所有医疗问题，帮助照顾患者，并在必要时推荐他们去见专家。当然，今天的大多数医生都是专家。有 50 多个医学专门领域，患者可以根据自己的症状去看相应的医生。一般没有一个医生熟知所有的病症。

有几方面的原因可以解释医生的专门化倾向，最主要的一种解释是，医学知识正变得越来越复杂，一个人不可能了解全部知识且达到很高的水平。另一种观点认为，成为专家比只做普通医生有更好的声望和更多的收入（Cockerham，1998）。结果，甚至是普通的医疗活动也变成了专门的活动，如家庭医生。

医生在美国社会拥有十分优越的地位，具有较高的职业声望和比其他职业都高的收入水平。位于医疗保健等级系统上层的医生，对于自身的工作条件具有非同一般的控制力。

医辅人员 医辅人员包括护士、药剂师和实验室技师，他们一般在医生的管理监督下工作。医辅人员负责照顾患者或从事与护理相关的一些工作，但比医生的声望要低。这种状况挫伤了医辅人员持之以恒地推进自己职业专门化的努力。而且，很多医辅人员来自少数民族、低收入阶层和工人阶层背景（Freidson，1970；Cockerham，1998）。

护士的职业化比其他医辅人员的职业化都成功。约有 75%的护士在护理院和医院工作，在这些地方，他们成功地把一些不愉快的工作如床边护理，转移给了声望较低的工人。近几年来，护士进一步拓宽了工作空间，进入许多以前属于医生的领域。护士已经获得管理者和护士开业者的角色，并接受训练去进行体格检查、管理实验室实验、提出参考建议，以及执行其他通常由医生完成的日常任务（Fox，1989；Cockerham，1998）。

医院 医院是当今最重要的制度化医疗保健场所，担负着治病救人、医学研究、医护工作人员的培训和为公众提供预防性医药等众多功能。尽管大量的医疗服务工作是在医生的诊所里完成，但医院获得了医疗收入的最大份额——占全部份额的 35%左右，而医生仅占 20% ［美国医疗融资管理局（U. S. Health Care Financing Administration），1997]。医院收费一直是消费价格指数中上升最快的项目之一。

美国主要有三种供短期住院的医院：政府所有的医院（占全部的31%）可能是人员和装备最薄弱的一类，通常位于城市的贫民区，是穷人依赖的医院；志愿非营利医院（占总数的50%）位于郊外，为中产阶层和上层提供高质量的服务；私人营利医院（占总数的18%）为收入较高的人提供高品质的服务，一般位于住家的附近，规模比其他医院都小。 284

几种新动向可能影响到美国医院的发展。一个是美国住院病人的入住率不断下降，最近这种情况还在持续。另一种倾向是住院平均时间的缩短，许多患者出院的时间比以前提早了许多。这两种倾向已经使一些低利用率医院不得不关闭。医院利用率下降的另一个主要原因是院外医疗保健的增长［布伦登（Blendon），1985］。

其他的医疗保健系统　除了医院以外，还有很多组织提供医疗保健服务。它们是护理院、收容所、流动医疗中心、急救中心、康复机构、诊断中心、外科中心、健康维护组织，以及社区健康中心。

健康维护组织（the health maintenance organization，HMO），是一种需要预先付费的组织，其成员每月付费，可以获得综合性的医疗保健服务。它是一种快速增长的医疗保健类型。参与的医生得到自己的年薪，或是从每一个患者的保健费用中获得固定的报酬。这样的安排激励医生尽可能通过预防为主的方式保持患者的健康。健康维护组织的医生一般不会做那些不必要的治疗，以避免组织利润的减少。到1997年，加入这些组织的成员已经达到6 700万——比1991年增加了2倍（*Health*，1998）。

社区健康中心（neighborhood health centers）是联邦政府资助的诊所，目的是为居住在贫民区的人们提供医疗保健服务。虽然它们已经使穷人可以看得上病，但其工作人员的素质一般比其他医疗机构的要低一些。

除了依靠医疗机构以外，现在约有400万美国人能够在家里接受一些医疗保健服务。新技术的发展使得患者所希望的一些治疗，如化疗、透析、静脉抗生素或者特殊止痛剂和营养素注射等，可以在家里进行。这样的患者服务一般是由营利或非营利的家庭保健机构承担，其费用大约只相当于住院治疗的30%～70%。

与其他国家的比较　大多数国家的医疗保健系统与美国不一样［莱茜、莱茜和金克斯（Lassey，Lassey & Jinks），1997］。美国与南非是唯一没有任何国家医疗保险的工业化国家。许多国家，例如瑞典和英国，都有政府经营的国家医疗服务系统。这些国家的医疗保健由税收来支持，免费向全体国民提供，几乎全部的医生都是为政府工作。

其他国家，像德国和日本，是非集中性的国家医疗系统，根据个人的职业与雇佣地区的不同，强制保险和医疗服务的内容也不同。这种医疗保健系统主要由雇主和雇员所缴纳的费用来维持，政府只起管理者的作用（Cockerham，1998）。

六、医疗保健问题

医学技术的发展、医疗成本的上升、公共医疗支出的减少等问题产生的压力使得美国医疗保健系统必须进行变革。现代医学和一些新疾病也提出了许多闻所未闻的社会与道德问题。因此，这一节我们将探讨一些主要的、目前仍有争议的医疗保健问题。

（一）生活的医学化

不久以前，人们吃的食物、锻炼身体的方法、抚养孩子的方式以及性生活的质量等还被绝大多数人认为纯属个人私事。今天，在不同程度上，这些生活事务以及其他许多事情已经属于医学的管辖范围了。也就是说，医学专家研究人的饮食、锻炼、孩子抚养和性等问题，并为医生提供了多方面的知识，医生可以在这些方面向人们推荐合适的行为方式，帮助处理这些领域的“问题”。这种医学向原本不属于医学领域问题扩张的现象，被称为生活的医学化［伊利克(Illich)，1976］。

对某些具有负面影响的个体行为的医学化尤为迅速，这一过程被称为越轨行为的医学化（参见第 8 章）。酗酒和精神病曾经被普遍认为是邪恶的，现在则被认为是“病态”。虐待孩子、吸毒和许多与犯罪有关的行为也被部分地确定为病态。一旦一个人被认为是病态的，医生就要
285 强制治疗。医生实际上就转变成社会控制者，负责“治疗”越轨行为［左拉（Zola），1972］。即使医药无法产生功效，医生把问题定性在医学范畴的垄断地位，也使得越轨行为能够被重新定义为病态，以确保这些问题处在医生的控制范围内。

酗酒等越轨行为不再被看成道德问题，不再受到道德的谴责，而是被当作需要医学治疗的疾病，这种变化多少显得人道了一些。但是，把越轨行为定义为病态并没有消除对它的道德状况做出判断，仅仅是把道德判断转移到了医学领域。虽然“健康”、“疾病”、“症状”等词语是道德中立的，但这种医学术语的使用却具有更深远的影响。例如，近几年来，女权主义的批评家反对把经前综合征医学化，他们认为这种医学化似乎暗示着妇女是“危险人物”，因为每月的某个时间，她们的身体和情绪总会出毛病［康拉德和克恩（Conrad & Kern），1990］。这种想法将给职业歧视以及其他类型的歧视提供合理的借口。

而且，从患者的角度来看，医学化把个人问题转化成了社会问题。当医生处理越轨行为时，患者成为用医学方法进行社会控制的受害者，包括使用麻醉药。这种方法实际上是用药丸或注射来制止非遵从行为（Conrad & Schneider，1980）。

（二）用医学技术保存生命

20 世纪，相对低廉的药品和疫苗被发现和制造，医学科学从而征服了大多数感染性疾病——其中很多曾经是置人于死地的疾病。但是，有人指出，“对一种疾病用廉价的方式加

以消灭只不过又导致了其他更昂贵的疾病”[莫里林(Morison),1979,p. 282]。由于那些易于治疗的疾病下人们很容易存活,于是医药资源就被更加集中地用来对付那些难以治愈的疾病。结果,医学发展出很多可以延长危重病人生命的技术,尽管有时这种技术的费用十分昂贵。

对于那些已经病入膏肓,或者忍受剧痛以至于自己都不愿活下去的病人来说,治疗面临着几个伦理问题。例如,用于照顾危险期婴儿和早产儿的新生儿护理室,要为婴儿提供不间断的护理。复杂的技术和高度专业化的医务人员治疗数量相对较少的婴儿,其花费相当高,已达到至少每年 15 亿。考虑到有限的医疗设备和财政资源,问题自然就出来了:他们是否应该仅仅治疗少数婴儿的疾病,而不是服务于其他使更多人受益的医疗和社会目标呢?比如疾病预防或良好的营养。

如果试图确立拯救生命的医学技术分配的规则,人们必须考虑到社会平等这一基本问题。在当今美国,医生和医疗设备的制造商对开发何种医学技术拥有巨大的影响力。如此重大的权力是否应该集中在这部分人手里?哪一部分人的医疗问题更重要?病情最严重的、年老的还是年轻的?在某种程度上,市场决定了谁能负担得起医疗技术费用,谁就是受益者。某种意义上说,正是各种不同类型的私人和公共保险使人们能够平等地享用昂贵的医疗。但是,谁有最大的优先权使用昂贵的医疗设备呢?是能够负担得起费用的人,还是最需要的人?是那些对社会有用的人,还是那些受过社会伤害的人?这些问题是很难回答的。

(三)医疗费用上升的危机

美国的医疗保健系统是世界上最昂贵的。1996 年,整个国家的医疗保健支出大约是10 351 亿美元——相当于全国 GDP 的 13.6%还多。这个数字是最近几十年增长起来的,1960 年,医疗开支只占 GDP 的 6%。其他任何国家的医疗保健都不像美国这样拥有如此高的 GDP 比例或人均费用(*Health*,1998;Lassey,Lassey & Jinks,1998)。参见图 12—2。

为什么美国的医疗保健如此昂贵?最主要的原因是医疗系统本身的一些机构——如医院和护理院——对昂贵医疗的内在偏好。医疗照顾和医疗补助方案都慷慨地把费用花在这样的医疗上,而没有用于更廉价的家庭服务。某些情况下,尽管医生认为患者待在家里更好一些,然而,医疗照顾和医疗补助的政策规定却使得人们不得不把昂贵的机构医疗作为唯一的选择。

由公共医疗项目和私人保险公司向医生和医院付费,作为他们提供服务的报酬,这种第三方付费制度也助长了医疗费用的居高不下。医生建议病人接受昂贵的治疗方案的原因,部分在于保险费将分摊这笔费用,即使是税收和保险费最终将达到与支出相同的水平。虽然保险公司经常向医院和医生施加压力,要求他们削减成本,但是,保险公司提高保险费毕竟更容易一些,也不用冒着被医生和医院要么联合抵制,要么撤销使保险公司受益的折扣等报复的危险。

287

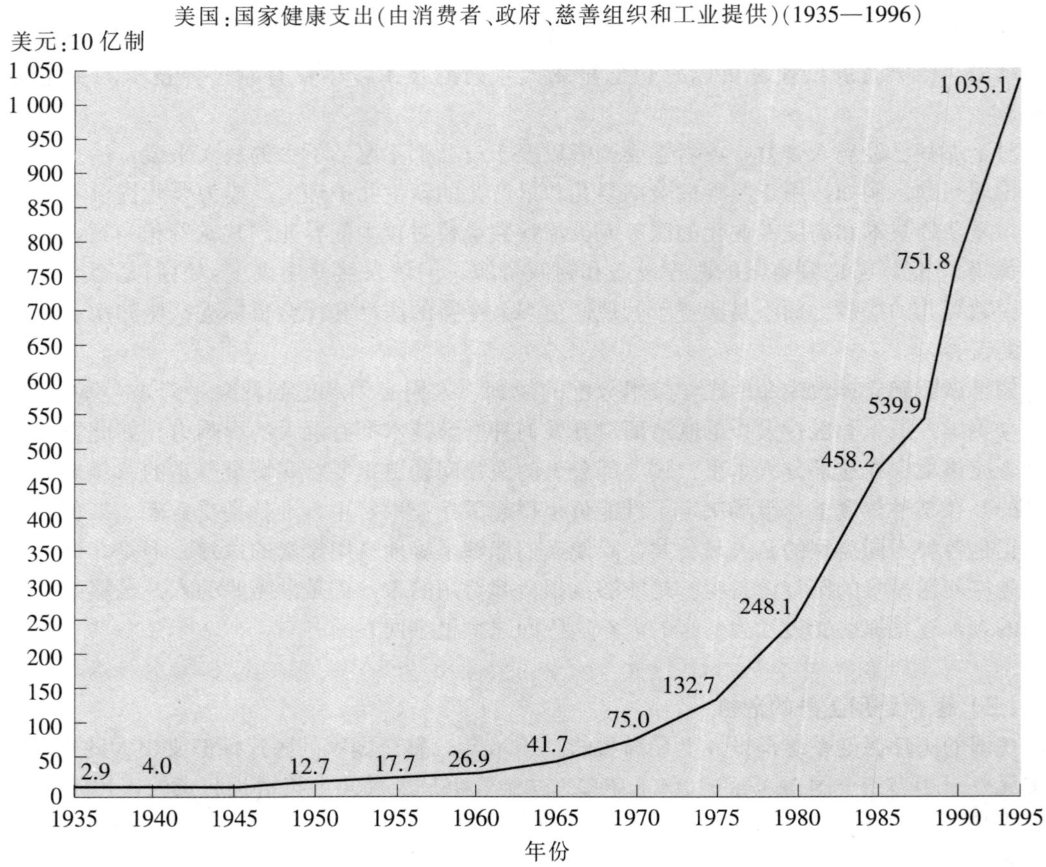

图 12—2　1950 年以来美国每年用于健康护理的资金成指数增长

资料来源：U. S. Department of Health and Human Services，Public Health Service，*Health*：*United States 1990*，p. 184，and Table 103，Washington，D. C.：Government Printing Office，1984，1991，p. 177，Table 66；U. S. Health Financing Administration，*Health Care Financing Notes*，September 1986；U. S. Bureau of the Census，*Statistical Abstract of the United States*，*1993*，Washington，D. C.：U. S. Government Printing Office，1993；U. S. Department of Health and Human Services，*Health*：*United States 1998*，Washington，D. C.：Government Printing Office.

286

.NET 互联网/技术

青春之泉

很多年来，人们一直都在寻找青春之泉。1513 年，西班牙探险家庞西·德莱恩（Ponce de Leon）出发去寻找印度人提到过的能够使人返老还童的泉水。但是，他只是发现了佛罗里达。

今天，不管人们怎样说，没有人知道如何能够使生命逆转。但是，返老还童的可能性似乎不再是那么遥不可及。

1991 年，科学家们在对人是如何变老的了解方面取得了突破性进展。他们发现，当细胞分裂繁殖的时候，组织细胞里染色体的尖端变短了——这个过程在细胞 50 次的分裂繁殖里一直在持续。到了被称作是“急速限制点”（the Hayflick limit）的时候，细胞完全停止了分裂（*Time*，January 11，1999）。

多年来，科学家一直致力于激活一种名字叫“泰罗莫瑞斯”（telomerase）的酶，以拉长染色体的尖端。最终在 1998 年，格荣（Geron）公司的一个研究团队取得了成功。通过激活“泰罗莫瑞斯”，他们在“急速限制点”外延长了人体两种组织细胞的寿命。皮肤细胞在如此实验后可以在那些没有进行实验的细胞停止分裂后重新分裂 40 多次。

在这个过程中，“泰罗莫瑞斯”里的一个关键成分——可以用在卵巢和精液细胞里以延长年轻的周期——被刺入组织细胞内。人体所有的细胞都含有制造这种成分的基因，但在大多数的正常细胞里，它被关闭了。癌细胞是个例外，把这个基因给打开了，使得细胞不确定地生长着［瓦德（Wade），1998］。

虽然这个过程还只是在试管里进行，但这种新技术的发明者相信它能够被用在许多老年病的治疗上（Wade，1998）。通过使用患者自己身上的一个细胞，科学家们可以修补“泰罗莫瑞斯”并替代原来的老细胞。这种新技术最有希望应用在治疗皮肤萎缩、视力衰退和动脉硬化方面。研究者们也希望这项技术能够用在严重烧伤患者的新皮肤生长方面，他们相信自己将会知道如何关闭癌细胞里的“泰罗莫瑞斯”。当然，最大的希望还是逆转人们变老的过程，延长人类的寿命。

尽管怀疑论者并不相信这种新技术能够使所有类型的人体细胞都变得年轻，格荣公司另一项大的进展却表明这是可能的。1998 年 11 月，格荣公司的研究者重新组合了胚胎根细胞的“泰罗莫瑞斯”，它能转变成任何种类的细胞。这使得任何有机体的组成部分通过穿刺就能实现年轻化的可能性，更具有了现实性。

无论表面上取得的成就有多大，科学家们要想发现真正的青春之泉，恐怕还得克服很多的障碍。到目前为止，所有这些研究还只是在试管里进行，现在他们必须证明这样的实验在人体里也同样有效。如果真是可能的话，我们的社会将面临一系列全新的问题，例如，人类延长的寿命会怎样影响我们现在已知的生活。

医疗费用居高不下的另一个原因是服务和支撑医疗系统的资源成本的快速增长，特别是劳动成本的增长。而且，从专门的化验测试到先进的医疗设备，可采用的新的技术手段也往往并不便宜。医生经常用医疗失误保险费的上升来解释医疗成本的增长。从更深的层次来看，除了健康维护组织以外，美国的医疗系统基本上是在付费服务的观念指导下运行的，为患者所做的任何一件事都要单独收费，而不是针对一些特殊情况统一收费。这种做法实际上也助长了医疗费用的上涨。医疗费用较高的最后一个原因，大概可以归咎于作为服务供给方的群体所处的特殊地位。医生作为一个群体要求高工资，药品公司要获得比其他行业高的利润。只有消费者 *286*

对削减医疗费用的愿望最强烈，但是他们却不能有效地组织起来，也就无法实现降低价格的愿望。

政府最近建立了相关诊断组（diagnosis-related groups，DRGs）系统，以控制政府医疗保险制度覆盖下的病人的医疗费用。根据这一系统，医院依据460种医疗诊断的预定费率收费，如果患者的实际花费低于相关诊断组所付给医院的费用，医院就赢利；否则，医院就要承担亏损甚至破产的风险。

相关诊断组系统引起了极大的争议，这丝毫不令人奇怪。反对最激烈的是美国医学联合
287 会，它害怕医生会因此而失去在医疗保健系统的地位及控制权［麦金利和斯托克利（McKinley & Stoeckle），1988］。其他人担心患者会在相关诊断组系统蒙受“损失”。比如说，相关诊断组对同一病症的严重程度没有做出相应的区分。医院是否会拒绝接收病情重（因而花费也更多）的患者？或者相反，医院将接收更多患者（但只是短期住院），仅仅因为这样能带来更多的利润［戴维斯（Davis），1986］？

可以毫不夸张地说，高昂的医疗费把一些美国人从医疗市场中排挤出去。这些人主要是占总人口16.1%的没有医疗保险者。他们是准贫困人口而非赤贫人口（赤贫人口可以享受国家医疗补助计划），准贫困人员拥有低收入的工作，但工作本身不提供医疗保险福利。这样，一方面，他们的收入水平对于获得医疗补助来说是太高了；另一方面，对于购买私人医疗保
288 险来说又太低了。墨西哥裔美国人在没有保险的人口中所占比例最高（34.2%），接下来是非洲裔（21.5%）和亚太裔（20.7%）（U. S. Bureau of the Census，*Current Population Survey*，1998）。

（四）艾滋病：社会、经济和道德问题

近年来，没有什么医学问题比艾滋病（获得性免疫功能缺乏症）（AIDS）更能引起人们的关注的了。自从1981年艾滋病被首次确认以来，人们已经把它和瘟疫或黑死病——14世纪肆虐欧洲的疾病，短短的四年内夺去了一半欧洲人口的生命——相提并论［普拉特（Platt），1987］。艾滋病比瘟疫发展得缓慢，感染率也较低。

截至1997年底，美国有641 086人声称自己感染了艾滋病毒（Centers for Disease Control，1998）。他们中间至少有60%的人目前已经死去。在艾滋病流行的早期，感染病毒的个案曾经以每年65%至95%的比例增长，目前，由于针对HIV的混合治疗方法的引入，艾滋病感染的比例已经明显放缓。1996年艾滋病的感染率首次出现下降的趋势，比前几年约下降了6%；由艾滋病引发的死亡人数也已在1996年首次出现下降，大约为25%。

然而，随着延长艾滋病患者生命的新的治疗方法的出现，艾滋病的感染率继续上升。专家们估计，美国携带HIV病毒的人目前已有65万至90万。而且，每年还将至少有4万新感染者加入。艾滋病战略学家认为，由于我们没有治疗艾滋病的方法，也没有能够抵抗艾滋病的疫苗，我们有必要告诉公众，尤其是年轻人，艾滋病毒是怎样感染的，也要劝说他们适当规范自己的行为。

艾滋病教育的主要目的是帮助人们控制病毒的传染、克服不理性的恐慌。人们还提出了其

他控制行为的做法，但这些做法也同样带来了一些问题，引起实用主义与道德观念的冲突。比如静脉注射毒品者，他们是在人群中传播艾滋病毒的高危群体。到目前为止，单是教育的力量还无法说服他们停止共用针头。因此，是否应该把干净的针头分发给他们？支持者认为，这样做有助于防止艾滋病毒的传播；而反对者则认为这是在鼓励不法行为。虽然有不少的反对者，然而干净针头计划已经开始在几个地方实施，不过其效果仍有待检验。

注射器清理项目在戒毒中心城市社区里是有效的。你认为该项目有助于制止艾滋病的扩散吗？或者你认为他们会鼓励非法活动？

公共医疗部门的官员们（以及作为一个整体的社会）还必须应对由这种疾病带来的巨额经济负担。许多艾滋病患者无法负担医疗费，一方面是因为医药费昂贵，另一方面则是因为疾病严重损害了他们工作的能力（*Newsweek*，December 2，1996）。因此，联邦政府的医疗保险制度和地方政府的预算必须承担病人或商业保险公司所不能负担支付的费用［埃尔加（Ergas），1987］。这引起了各种伦理与法律问题。社会是否应该承担那些已经得到警告但依然我行我素的患者的医疗费？由于血液的污染而感染上艾滋病的人们能不能起诉？如果能的话，他们应该起诉保险公司、医院，还是政府？同样的，谁来为感染艾滋病的无辜的孩子们付医疗费呢？

艾滋病已经引发了大量的、有关私人权利与公共利益的伦理问题。例如，对艾滋病毒的检测应该不应该是强制性的？一些民权自由主义者认为不应该，但是，当一个被怀疑感染了艾滋病毒的人需要医治而又拒绝检测时怎么办？这种情况下，医务人员的权利有哪些？军队（或者其他组织在这种情况下）是有权利对其成员进行检查呢，还是这样做会侵犯个人的隐私权？秘密是否应该不惜一切代价地保留呢？还是应该通知艾滋病患者的家人，以及其他可能感染或已经感染的人？一个州可以隔离艾滋病患者，还是这种做法损害了他们个人的权利？

公开的民意测验表明，美国人对待此类问题有许多非常不同的意见，而且在过去的十年里发生了不少的改变。事实上，美国人现在已经明显没有20世纪80年代末期那样关注艾滋病问题了。1987 年，盖洛普民意调查显示，68%的美国人认为艾滋病是美国面临的最急迫的健康问题；而到了 1997 年，只有 29%的人还如此认为［穆尔（Moore），1997］。而且，公众对感
289 染疾病的关注也已经下降了。1987 年，42%的人表达了自己对感染艾滋病的担心，1997 年的时候只有 30%的人有类似想法。

但是，过去的十年中，关于艾滋病的一些态度却并没有发生太大的变化。将近一半的美国人认为政府在对待艾滋病的问题上做得很不够，1987 年的时候同样是有半数美国人持有这样的观点。20 世纪 90 年代末期的时候，不到一半的美国人认为那些感染艾滋病的人应该挂上一个牌子以表明自己已经感染；而十多年前有 54%的人是这样想的。美国人希望那些感染艾滋病的人应该对社会承担一些责任。1997 年，10 个人里面有 4 个人认为感染艾滋病是由于个人的错误；十年前的 1987 年，10 个人里面有 5 个人如此认为。另外，1997 年有 31%的人认为感染艾滋病是对那些道德标准下降的人的惩罚；1987 年则有 43%的人如此认为。

20 世纪 80 年代末期以来，变化最大的可能要算美国人对待防止感染艾滋病的态度了。1987 年，43%的人表示他们将不会与那些被怀疑感染艾滋病的人交往；42%的人说自己将尽量避免需要输血的外科手术；28%的人认为自己将尽量避免使用公共设施的休息间。而到了 1997 年，采取上述措施避免感染艾滋病的人数大大下降了，对上述问题的回答比例分别为 15%、33%和 12%。最后，只有 7%的人在 10 年后仍然认为艾滋病人应该与社会相隔离，1987 年持如此看法的比例是 21%。

今天，艾滋病已经不再排在美国前十位导致死亡的疾病里，但是，谁也不清楚这场危机是否已经结束。当科学家在对抗艾滋病的战争中已经取得进展的时候，随着艾滋病而来的一些道德、伦理和法律问题却在不断提出，而且它们很可能将在彻底治疗艾滋病之后的很长一段时间内仍然伴随着我们。

复习与思考

1. 随着美国人口的老化，预计将出现哪些社会和文化方面的变化？
2. 区分并讨论美国人对待不同生命阶段的几种态度。
3. 描述不同生命阶段的地位、规范和角色特征，举例说明不同年龄段的年龄越轨及年龄地位不一致现象。
4. 媒体在年龄歧视方面是如何推波助澜的？
5. 比较社会老年学不同理论流派在解释老化过程中的异同点。
6. 你希望 21 世纪实行强制退休政策吗？如果是的话，为什么以及应该怎样改变政策？
7. 过去的 30 年中，老人对住房的需求发生了哪些变化？
8. 社会流行病学是如何解释医疗保健系统中的文化差异的？
9. 描述美国医疗保健系统自 19 世纪以来发生的种种变化。
10. 医学技术的发展带来了哪些伦理问题？

网上练习

第 12 章的网站涉及社会中的年龄和健康问题的各个方面。在搜索之前，请登录 Prentice Hall Companion 的网站：http：//www. prenhall. com/popenoe 。然后选择第 12 章（社会中的年龄和健康问题）。接着就可在屏幕左侧的菜单中选择网站，你会发现有许多可供选择的有趣网站。我们建议你首先使用 The HMO Page 和 the Humana Organization。HMO page 由一个支持私人医学实习的非营利组织——*Physicians Who Care*，*Inc.* 管理。显然，这个网站的内容包括了一些对保健组织的特别批评和对管理照顾的总体批评；他们的格言是“你永远不要从一个公司中期待公正，不是吗?”相反，Humana Organization 是一个众所周知的、在美国有许多分支机构的管理照顾协会。在你搜索完这两个网站之后，回答下面的问题： 290

- 围绕管理健康照顾的核心问题是什么?
- 你对 HMO Page 网站上关于管理照顾的批评有何反应? 你同意或不同意这种批评吗? 你对管理照顾的总体观点是什么?

关键术语

age status	年龄地位	gerontology	老年学
age roles	年龄角色	health-care system	医疗保健系统
age norms	年龄规范	paramedicals	医辅人员
age status inconsistency	年龄地位不一致	age deviance	年龄越轨
ageism	年龄歧视	social epidemiology	社会流行病学

第13章 性别

292 1993年秋季，俄亥俄州耶洛斯普林斯市安蒂奥克学院的新生除了像往常一样，了解学校周围的道路、搬进寝室、报名上课以外，他们又接受了一项少有的社会化教育：关于大学中性侵犯对策的介绍。

针对一般的性犯罪和特殊的约会强暴的问题，安蒂奥克学院制定了一个授权于女性的行为准则。这些女性一般是性犯罪和性骚扰的对象。行为准则明确说明了学生约会时合理的行为。

这个准则强调，所有的性接触必须是双方完全同意的。含糊同意的理由是不充分的：任何性行为发生之前，必须进行明确的讨论。与之相类似，在性接触发展到一个更亲热阶段之前，比如说，从接吻到身体抚摸，从爱抚到真正的性接触——双方都必须表示明确的同意，当一方希望将两人的亲密关系升级时，有责任征求对方的同意。

安蒂奥克学院的新政策引起了全国的关注。主要是这个政策的古怪震惊了许多观察家，但同时大家也认为这个政策是很难执行的。这也反映了当代美国生活中一个严肃而真实的问题。

如果问一下为什么像这样的政策会在20世纪90年代产生，社会学家会引用埃米尔·涂尔干的经典著作来解释：在价值和行为准则高度认同的社会，很少有正式、精确的法规，因为每个人都知道他（或她）应该做什么，没有必要把任何事情都规定下来，与此相反，缺少强有力的道德认同感的社会，则通常有一个广泛而正式的法规（Durkheim，1969）。运用于安蒂奥克学院的约会政策，涂尔干的洞见揭示了一个众所周知的事实，那就是两性间的关系正经历非常快的变化，许多现代社会的人正对如何对待异性感到极为困惑。

男性和女性的行为通常是由先天生物因素来解释的。人们认为，女性天生就具有母爱、合群，认为她们生来就适合于管理家庭、照看孩子；而男性则被认为是勇敢、富有竞争力、有理性的，不易被感情所摆布，所以说男性适于管理国家、参与战争和商业活动，如果男性试图控制女性，甚至用暴力达到他的目的，都被认为是男性的本性所致。

但如果男人和女人的行为都是由生理因素决定，那么人的行为在几十年里就不可能发生巨大的变化。基于这个研究，许多社会科学家都认为社会化是性别角色差异的主要原因，他们认识到传统的性别差异受到社会条件和人们认识自我的社会环境的深刻影响，因此他们认为人们有可能不断改变这些角色，以达到两性间的平等。改变性别角色的结果并不像安蒂奥克学院的约会政策那么极端，但就算是一个粗心的观察者都会认识到当代美国人的性别角色正在经历巨大的变化。

在这一章里，我们首先讨论存在于两性之间的生理和心理差异的表现，然后回顾一下性别角色社会化的历史，考察性别不平等的模式是如何深入到美国社会的。最后，我们将简要论及目前一些致力于改变传统性别角色模式的做法。

一、两性在生理和心理上的差异

在何种程度上，男性和女性采取的不同行为方式可以用生理和心理因素来解释？这是一个很重要的问题，最近许多学者都开始关注这个问题。在这一部分里，让我们先来看一看生理学、心理学和人类学等学科在“性和性别差异”这一问题中的研究发现。

（一）生理差异

生理因素对男性和女性行为的影响是复杂的，我们至今也没有完全弄懂。尽管我们知道男人和女人具有基因、荷尔蒙和生理的差异，但这些差异对行为的影响程度我们还知之甚少。

研究表明，灵长类动物的行为明显是由性别来划分的，甚至在没有受到文化影响的情况下也是这样。比如猕猴在人造的假“妈妈”的抚养下，它们在两个月大的时候仍具备了性别的基本社会特征（参见第6章），雄性较具侵略性，而雌性则更被动些［哈洛（Harlow），1962，1965］。

性别角色在不同的方面有着广泛的差异，雄性猕猴一般对做父亲并不感兴趣，而有一种猫 293
脸猴却十分关爱其幼崽；狒狒中雄性的地位高于雌性，而一些猕猴却是由一对母子作为统治者，因此，尽管雌性灵长类的行为与雄性不同，但差异的性质并不是总能预见的［阿博特、基托维切-温内和沃勒尔（Abbott，Kitovitch-Winer & Worell），1986］。因为灵长类动物之间在性方面的行为差异很大，人们在把这些发现推广到人类时，应十分慎重。

为了弄清生理学和行为的关系，有必要区分出生前的生理差异和出生后经培养而形成的生理差异。这种差异受以下两个基本生理成分——染色体和荷尔蒙——的影响。

1. 染色体

当一个孩子出生时，我们通过看其生殖器就可以立即判断出其性别。但在其他生理方面，两性是非常相近的，人们一般只能通过约定俗成的“粉色和蓝色”这样的标准来判断一个穿尿布的婴儿是男是女。否则经常会弄错。

两性生理上的差异在出生前的很长时间就由基因决定了。人类胚胎的每一个细胞都带有23对染色体，这种位于细胞核内的线型结构中就包含着基因。它携带着所有的遗传特性，除了决定这个孩子性别的染色体之外，其他每对染色体的外形都是相似的。由男性排出的精子细胞，一半含有一个X染色体，一半含有一个Y染色体，而母体卵细胞往往只含有一个X染色体，两个X染色体结合产生一个女孩，一个X染色体和一个Y染色体结合产生一个男孩。

无论是一个XX组合还是一个XY组合，这个胚胎在妊娠六个星期后才能显现出其性别特征。与此同时，一个男性胚胎的Y染色体与一个X染色体，规定着睾丸的生长，而女性胚胎的两个X染色体则规定着卵巢的生长［金（King），1996］。

2. 荷尔蒙

性器官一经形成便开始产生荷尔蒙。这种化学成分增进或抑制着生理过程的活力和身体功能。有三种主要的性荷尔蒙：睾丸激素即男性荷尔蒙，黄体酮即妊娠荷尔蒙，以及雌激素（estrogen）即女性荷尔蒙。这三种荷尔蒙都是由男性或女性的性器官产生的。一种特殊的荷尔蒙混合体刺激胚胎组织形成男性或女性的内部或外部的性器官。男性睾丸产生大量的雄性荷尔蒙，女性的卵巢产生雌性荷尔蒙和妊娠荷尔蒙，以及少量的雄性荷尔蒙。

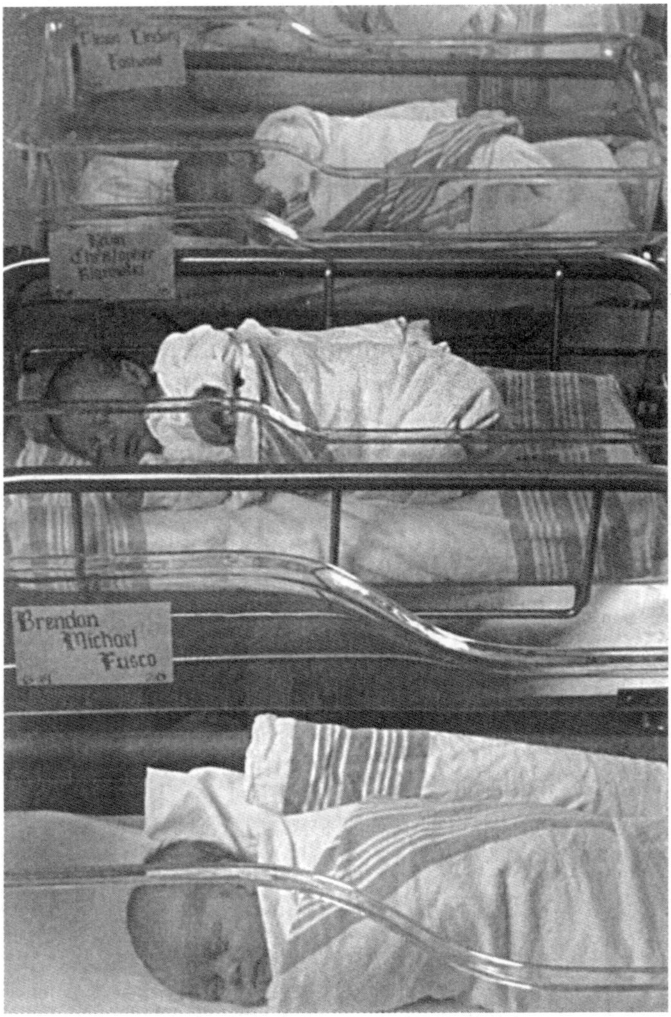

离开了相似的“粉色和蓝色”的编码来区分婴儿尿布，很容易发生识别的错误。

进入青春期后，卵巢开始产生更多的雌性激素，而睾丸则产生更多的雄性激素，伴随着生殖能力的具备，这也促发了第二性特征的出现，如乳房、体毛、变声。青少年时期，荷尔蒙引起了生理的快速变化。许多研究者认为，它也引起了心理和行为的变化，青少年时期，孩子向成人转变至少有一部分是由于荷尔蒙的变化引起的。

294 在生命的后期，当妇女绝经时，这些由卵巢产生的雌性激素的数量明显下降。同样的，老年男性的雄性激素的分泌也有所减少。

在哪些情况下荷尔蒙影响人的行为呢？一些证据表明，荷尔蒙影响某些由性决定的行为。

男孩子似乎比女孩子更富活力，尤其是在一些室外活动和体育项目上，男孩子表现得更具征服欲，更多地占据竞争中的统治地位，相反的，女孩子更愿意扮演父母的角色［莫尼（Money），1977］。但是，应该注意到，两性都可能采用同样的行为模式，只是某些模式在某种性别中更普遍些。

性学专家莫尼认为，男性和女性中的荷尔蒙差别仅仅是预定了他们的某些行为倾向，也就是说，使他们对环境诱因的反应在敏感度上存在差别（Money，1988）。他认为，这种天性在某种程度上会被社会化所改变。

3. 生孩子与母性的本能

生孩子与喂养孩子的能力显然是两性在生理上的差异所在。事实上，它代表了更明显的性的二态性（sexual dimorphism），或是一个物种的两个不同的存在形式。一些人，如玛格丽特·米德（Margaret Mead，1949/1975）认为，男人不能生养孩子是对原始社会中男子间的独特习俗的最好解释，米德把这种习俗视作男人补偿他们在创造新生命这种神秘事件中受到限制的一种尝试。

生孩子的生理能力是否与某些母性本能有关，这一直是一个有争议的问题［林赛（Lindsey），1997］。一些研究表明，在满足一个18个月左右大的婴儿的要求上，女性比男性做得要好。因此，新母亲很快能与一个尚无语言能力的婴儿交流，而新父亲甚至是第二次做父亲的人，也不能与新生儿交流，而他们善于与能用语言交流的稍大些的孩子交往，这些孩子不需要太多的身体关爱［罗西（Rossi），1984］。

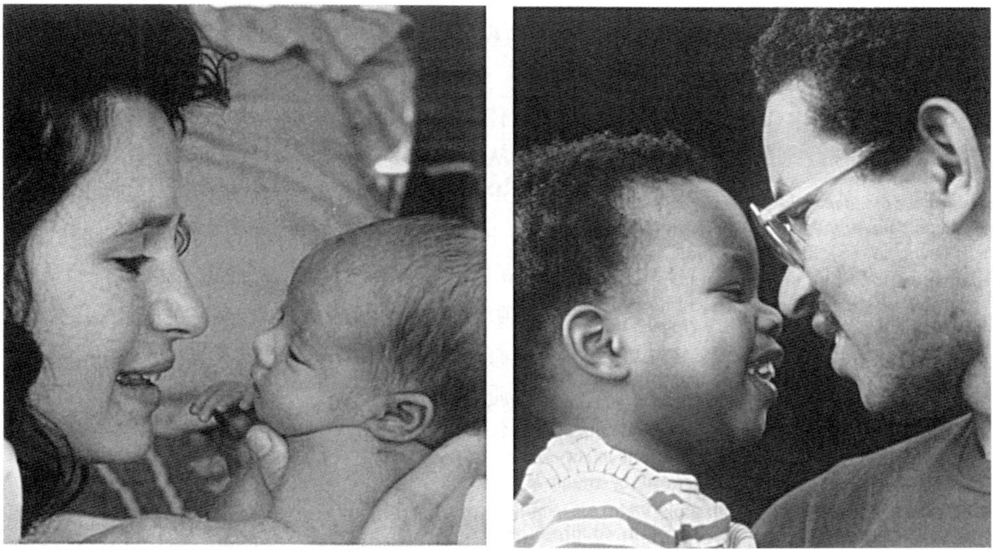

一些研究者认为新妈妈们很快获得了感觉通过非语言的方式与小婴儿进行交流，
而相反爸爸们更喜欢和稍大一点的孩子交流，这些孩
子可以理解语言并且不太需要身体照顾。

但是，另一种研究认为，后天形成的行为受到社会期望的影响，在斐济，性别区分就不明显，所以父母双方都乐于照看孩子［巴苏（Basow），1984］，在巴厘岛也是这样［科尔特朗（Coltrane），1988］。

295 总而言之，目前的现象表明，两性间虽然存在生理差异，但是基因和荷尔蒙绝对不能完全解释性别角色的差异，社会因素和心理因素也是至关重要的。

（二）心理差异

对于两性之间心理差异问题的争论是很激烈的。社会学家认为“心理差异”主要是行为、智力和个性上的差异。这种心理差异在多大程度上是遗传的，而不是社会化影响的结果。

回答这个问题的一个办法就是运用跨文化的理论。如果大部分的文化中都体现着某种特定差异，那他们就可能是遗传，而非后天习得。但是，因为社会化进程是从出生时就开始了，我们就不能确认是什么引起了这种差异。我们最好这样说，这种差异出现得越早、越普遍，它越有可能是天生的。

跨文化研究表明，一方面，女孩子一般比男孩子更愿接近和寻求帮助，更具养育的天性和忍耐力；另一方面，男孩比女孩更愿吸引别人的注意，维护自己的统治，并采取具有侵犯性的行为。在这些行为中，男孩的侵犯性行为和女孩的感性行为出现得很早，因此更像是生理原因所致。女孩的养育本能和男孩维护统治的行为出现得稍晚一些，因此也就更可能是受到社会化的影响［巴里、培根和蔡尔德（Barry，Bacon & Child），1957；斯托卡德和约翰逊（Stockard & Johnson），1980；怀廷和爱德华兹（Whiting & Edwards），1973；怀廷和怀廷（Whiting & Whiting），1975；威廉斯（Williams），1987］。

心理学家埃利诺·麦科比和卡罗尔·杰克林（Eleanor Maccoby & Carol Jacklin，1974）试图辨别两性间的心理差异，他们研究和阐释了从 1 600 多个研究中得到的数据。他们的目的是提供一个清晰、公正的研究，以超越原有的关于男性和女性的陈旧观念，他们研究的结果在第 13 章第 1 节中有论述。麦科比和杰克林发现，旧理论没有得到有效的证实，例如男性的竞争
296 性和女性的被动性 。然而他们确实找到了男孩具有攻击性的强有力证据，以及两性在母性方面有差异的强有力论据。但是，在后来的研究中，由于发现男孩的攻击性只与特定的情形相联系，麦科比和杰克林对男孩具有侵犯性的结论有所削弱（1980）。

麦科比和杰克林的工作并不是没有人提出质疑。有一个学者认为他们进行的大部分研究并没有揭示更多的性别差异［布洛克（Block），1976］。比如说，很多调查显示男性比女性更少具有合群的倾向［麦科比（Maccoby），1966；特曼和泰勒（Terman & Tyler），1954；泰勒（Tyler），1965］。很显然，我们在得出有关两性间心理差异的科学结论之前，有必要做更多的调查研究（Stockard & Johnson，1980）。表 13—1 列出了男性与女性之间一些重要的性别差异。

表 13—1　一些重要的性别差异

有强有力的证据支持的	模棱两可的或有问题的
在可以观察到大量侵犯性行为的文化中，男孩比女孩更具有攻击性，无论在生理上，还是在语言上都是如此。	一些研究发现男性在社会活动中比女性更活跃，然而另一些研究的结论却与此相反。要了解终身的差异必须进行更多的研究。
从少年期到成年期，男性的视觉空间能力一般强于女性。这一能力涉及对空间中物体的视觉观察，以及对这些物体之间是怎样的一种关系的判断。	一些研究发现男性比女性更好竞争，另一些研究则不然。
大约从 12 岁开始，男孩的数学技能的增长比女孩要快一些。	男性之间为了控制对方要付出更多的努力。存在于性别关系中的统治权是一个复杂的问题，关系越持久，影响力就越平等。
大约从 11 岁到 18 岁这一阶段，女性的语言能力开始超出男性，这种优势可以在今后的整个生命过程中持续下去。	多数研究表明女性并不比男性更被动。两性都愿意探索新环境，涉入社会场合。尽管男孩更具有攻击性，但是女孩成为受攻击的被动受害者的次数并不比男孩多。

资料来源：Eleanor Emmons Maccoby and Carol Nagy Jacklin，*The Psychology of Sex Difference*，Palo Alto，Calif.：Stanford University Press，1974.

二、性别角色

我们都能很清楚地区分男人和女人，但是如果有人问我们什么是男子气或女性特质时，我们可能首先从性开始：我们可能会提到生殖器有明显差异（即最原始的性特征），或者是第二性征的变化，如肌肉组织、体毛。但是我们知道，身为男人或女人的体验包含比生理特征更多的内容。区分性（sex，男性与女性作为生物个体的生理特征）与性别（gender，与男性特质和女性特质相关的社会、心理特征）是很重要的。事实上，作为生理特征，性是人类每个个体所固有的，但是在很大程度上受社会和文化的影响，虽然只有两种性别，但却有多种有关性别的概念，那些影响男子特质和女子特质的社会意识，在历史发展中发生了很大的变化。

一个社会是通过分配给两性不同的任务来体现其性别的概念的。如第 4 章所述，社会角色是一个社会或群体中占据特殊位置的人应有的行为，性别角色就是与作为男性或作为女性相联系的社会角色。

我们很难认识到自己关于性别角色的文化假定。我们经常想当然地把什么是男性特质和什么是女性特质直接归结于男人和女人的生理差异上，但是更多的研究者认为性别角色不一定是由性来决定的。人类学家玛格丽特·米德早在 1935 年就得出这样的结论，那时她的研究表明，一些原始部落中的性别角色与大多数现代化社会有很大差别。比如，新几内亚的千布里（Tchambuli）人，性别角色就“反过来”了。在那里，妇女是经济来源的主要提供者，而男人则在家照看孩子。千布里人视妇女为统治者和权威，而把男人看作是极富感情和创造力的人（Mead，1935/1963）。

但是，在大多数社会中，男人和女人承担着——并将继续承担——多数美国人所熟知的性别角色。一般情况下，这种角色是显而易见的。比如，一个女人在舞会上扮演着既娇气又无助，或极富魅力等所有被动的角色，然而她今天可能刚刚参加了一个复杂的商业谈判；同样的，一个男人可能具有温柔的天性，但他不得不表现得“坚强”或“强壮”，以达到社会对他的期望。

传统的社会角色期望塑造了我们的许多日常行为，一般地，人们希望一个男人应该努力工作，养家糊口，要富有竞争力、进取心和成就感。在一定程度上人们还是希望女性承担与传统女性角色相关的母亲、妻子、教师、秘书等角色——强调养育作用——而不是那些诸如足球裁判或建筑工人这样的角色（有必要指出，并不是所有的民族和社会经济组织中的女性都这样，许多非洲裔美国妇女和工人阶层的妇女传统上也是外出工作的）。

由于性别角色由文化决定，它的变化跨越时代，从一种文化到另一种文化，甚至在同一个社会的不同种族和社会经济阶层之间也不相同。但无论我们担任何种社会角色，我们通常维持单一的性别身份——我们对作为男性或女性的自我认识。性别身份甚至与性倾向无关（即人们经历的性唤起和性快感），同性恋的男人、喜欢抚养孩子的异性恋丈夫和那些持传统观念的男人都具有男性的性别身份，尽管他们承担不完全一样的性别角色或具有同样的性偏好。因此，作为一个男人或女人，包含着对性别的个人感受，以及扮演由文化所定义的角色。

297 **全球社会**

性别的文化差异

在任何一个已知的文化中，性别都是组成社会关系的一个重要特征（Andersen，1997）。尽管对性别角色的期待在不同文化中有所差异，但大多数的社会都认为性别只有两类——男性与女性。而且，在多数西方文化中，男性与女性成为互相对立和互相排斥的两个类别。但也有一些文化认为性别分类要多于男性与女性两个类别，不同性别甚至有时候是相互重叠的。

在很多北美印第安部落中，“布达奇”（Berdache）这个词非常流行，它是用来形容第三性的［邦维兰（Bonvillain），1998；金（King），1996］。这个词的词源可以追溯到中世纪的法语词“男同性恋”，但是这样的表述却不足以反映出美国土著社会对第三性的概念描述。更好的翻译应该是“半男半女”或“男女人”。当前对这种性别更多的一种称呼是叫做“双性人”（two-spirit）。

凯莱德和科克恩（Callender & Kochems）把“双性人”描述为“一个人，常常是男性，在生理上是正常的，但是具有另一性别的服装、职业和行为特征，从而影响到性别身份的改变”（1987，p. 443）。如果“双性人”与其他的非“双性”男人结婚，美国土著人不会按照当代西方标准将其视为同性恋关系。双方都会被当作是正常男人，只是将“双性人”看成为第三性。

有人指出，一个男孩愿意成为“双性人”(two-spirit)，主要是由于他童年时期对女性职业的特殊兴趣。在稍后的少年时代，他在性别身份上向“双性人”转变，一般受到超自然想象力的肯定。这种新的性别身份给个人带来的是尊敬和荣誉，而非卑贱和羞耻。事实上，“双性人”具有很高的地位，因为他们能够在两种不同性别之间游刃有余，当男女两性产生冲突的时候，他们常常被找来充当仲裁者［罗斯科（Roscoe），1992］。这种能力，再加上他们在从事供养与生活照料方面的工作时优于传统女性，使得他们在美国土著社会中享有很高的声望。

印度的海吉拉斯（Hijras）给我们提供了另外一个性别角色概念的跨文化差异（Andersen，1997）的例子。与“双性人”类似，海吉拉斯也是一个第三性。出生时是男性，海吉拉斯选择把自身的性别身份改变为非男非女的性别。标志着转变为海吉拉斯身份的仪式通常包括少年时期的一个文化仪式，把男孩的阴茎和睾丸割掉。尽管这样使得他们失去了一些能力，但他们却被认为同时拥有男人和女人的权力。

印度教宗教社区中的海吉拉斯，代表着印度教的一种信念，即每个人都拥有男性与女性的权责。他们在性别方面的模糊性是印度神的一个特征，是很重要的。海吉拉斯在印度人的婚礼中扮演着重要的角色，他们保佑新娘能够多子多孙，并且在男婴出生的时候主持庆典。

虽然大多数的第三性是由具有男性生理结构的人承担，但生为女性者承担的也不少［Andersen，1997；洛伯（Lorber），1994；南达（Nanda），1990］。一些“女男人”，被描述成“男人心的女人”，存在于一些非洲和美国土著社会中。不像“双性人”或海吉拉斯，“女男人”既不需要在穿着方面、也不需要在行为方面表现得像一个男性，他们需要的只是有足够的钱来买一个妻子。

（一）性别角色的社会简史

我们每一个人都接受着性别角色行为的长期训练，这种行为被我们的文化、社会和历史阶段所肯定。回顾一下性别角色的发展历史，可以帮助我们理解正在塑造这些角色的影响因素。297
［坦纳希尔（Tannahill），1980］

西方社会对性别角色的定义反映了两性相似与两性相异两股对立力量之间的张力（Bloch，1978）。性别角色在英国和美国中产阶层中发生显著变化的过程可以分为两个阶段。第一阶段是十六七世纪的新教改革和前工业化资本主义及纺织工业的兴起，这一阶段赋予了男性与女性性别角色之间相似性的增长。随着资本主义取代了封建主义，家庭渐渐成为宗教、教育和商业活动的中心，这种向家庭集中的趋势加强了妇女地位的重要性，人们认为两性间天生的差异相对较少，但是女人仍要从属于她们的丈夫。

尽管妇女们仍依附于她们的丈夫，但在经济生活中明显可以看到，女人已进入到更高一层
的社会生活。妇女经常参与生产活动，虽然还是在丈夫的指导之下，比如说，一个女人嫁给一 298
个陶工，她在作坊里可能和她丈夫干得一样辛苦，甚至在丈夫死后接管生意，但是她却永远无法得到与丈夫平等的社会地位，因为女人不能获得正式的学徒资格和成为手工业行会的成员。

性别角色的第二次变化发生在十八九世纪。这时人们开始强调两性性格上的差异。人们认

为男人是“理性的”，女人则是“感性的”。男人在更具竞争性的经济、政治生活中执掌大权，而女人们则主管宗教祭典、道德和情感方面的事，尤其在家庭中。

经济动力促成了这些变化，家庭中生产力下降，家务劳动转化为一种无商业价值的活动。这时妇女们开始了家庭生活，不断地从支付劳动力费用的工作中离开，做母亲便成为了理想的女性角色。当经济动力迫使越来越多的男人离开家庭后，妇女们几乎完全承担了抚养孩子的责任。

尽管19世纪维多利亚时期的性别角色概念继续影响着20世纪的社会规范，但早期强调性别相似的观念重又获得了相当程度的影响力。两种观念模式谁也没有将谁完全摒弃，它们至今都还继续影响着对性别角色的区分。

（二）性别角色的社会化

一个人从出生之日起，就开始通过社会化接受和强化性别角色期望。区别对待和对角色模型的认同是影响性别角色社会化的两种不同的机制。

婴儿时期，性别角色社会化的主导机制就是区别对待模式。事实上，当一个孩子出生时，他父母问的第一个问题就是“是男孩还是女孩?”。当亲戚、朋友重复这个问题时，一连串相关的问题就产生了，他长大了是当牙医、农民，还是矿工呢？他聪明吗？她能照顾好自己吗？她漂亮吗？此时，社会交往和社会期望就开始影响一个新生儿了。

当父母知道孩子的性别时，性别角色的社会化就开始了。尽管男婴和女婴在长相和行为上非常相似，但成人却常常用固有的想象来对待他们。比方说，男婴哭，我们就说他生气了，而女婴哭，我们则认为她害怕了。父亲们对待男孩往往比对待女孩要粗鲁些［福斯托—斯特林（Fausto-Sterling），1986；杰克林、迪普雷特和麦科比（Jacklin，DiPietro & Maccoby），1984；西格尔（Siegal），1987］，父母们也用固有的方式来描述他们的新生儿，一项研究表明，父母形容女孩时常用小巧、美丽、聪明、长得像妈妈等语句，而很少这样形容男孩。甚至实际长相并非如此时仍然是这样［鲁宾、普罗文扎罗和卢瑞（Rubin，Provenzano & Luria），1974］。

早期的性别角色社会化有多重要呢？最有趣的是关于一对孪生男孩的研究案例。两个7个月大的孪生男孩接受包皮切割手术（用电烙术做的外科手术），其中一个男孩的阴茎意外地被损伤，几个月后，他的父母决定用外科手术来解决这个难题，把这个男孩变成女孩来养。当这对双胞胎5岁时，每个人都按照各自传统的性别角色行事，人们提供给他们的都是符合他们性别特点的衣服、玩具和活动方式。女孩就干净、整齐，而男孩就乱七八糟的［莫尼和埃拉尔特（Money & Ehrhardt），1972］。20世纪70年代的一些研究者把这个案例当作后天教育的影响远远超过天生因素的无懈可击的证据。（参见第6章）

但是，后来的研究结果表明，生理因素在性别角色形成的过程中与社会化的作用是同等重要的。当这个“女孩”13岁时，她体会着作为一个女性的严重心理问题。她走路的样子很男性化，而且希望成为一名技师，她认为男孩子比女孩子有更好的生活。她并不知道那个手术，也不记得她生来是个男性，但她看上去是一个不快乐的人［戴蒙德（Diamond），1982］。在这个重要的案例中，并根据以后发生的情况来看，得出这样的结论是很有道理的：那就是性别行为的决定因素既不是先天性的，也不是后天养成的，在一个人成长的重要时期里，与性别差异有关的行为是这两种因素共同作用的结果（Money，1986）。

不论怎样，孩子在成长的过程中还继续被区别对待。例如，父母通常体罚男孩多于女孩，尤其当男孩玩“错”了类似洋娃娃这样的玩具时，会更让人感到失望［贝斯特（Best），1983］。不论是性别角色的期待，还是社会化对孩子在成长中的强化作用，都是来自于家庭的态度和外部世界的其他因素对他的影响，但孩子的第一性征一旦形成，他或她就很快能够明白人们所的说“男子汉气概”和“女性化”的含义。

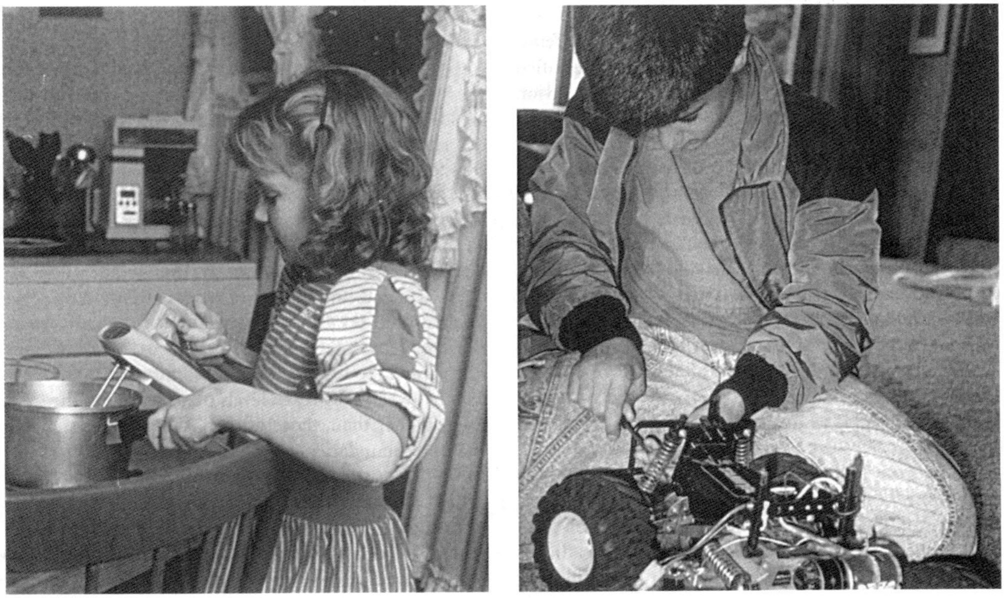

这些儿童习得了很多他们文化中有关男性和女性行为期望的传统标准，在随后的人生中，伴随着家庭和职业选择的劳动力分化往往被这些标准微妙地引导着。

一段时间之后，对角色模式的认同便成为社会化过程中越来越重要的一种形式。最有影 299
响力的角色示范就是孩子的父母，但在现代社会，大量媒体，尤其是电视所宣传的人物，其影响力也是很重要的。孩子们在电视中看到的偶像对他们了解自己有很强的影响力。

在学校，孩子们可能也得到了老师的区别对待，尽管学校政策要求对待男孩和女孩要平等，但要求和事实却往往不同。由于老师们个人的价值观和偏见，他们关于性别角色本质的或多或少有些微妙的信息，都会传递给学生们。研究表明，对于取得同样成绩的学生，老师们（家长也是）表扬男孩要多于表扬女孩，而不论老师是男还是女［李普曼—布鲁门（Lipman-Blumen），1984］。男孩也经常比女孩多挨批评，但这能产生出积极的效果，因为男孩子们学会了如何对待批评［塞科和塞科（Sadker & Sadker），1988，1994］。

老师们对男生和女生的态度和期望已被称作是“隐课程”，它们常常强化了传统的性别角色模式。由于老师们认为男孩比女孩更活跃和更难以控制，所以，很多课堂时间典型地以迎合男孩子们的兴趣这样的方式度过，并试图以此征服他们［Sadker & Sadker，1994；塞科、塞科和克莱因（Sadker，Sadker & Klein），1986］。当女孩在学业上比男孩做得更好的时候——她们经常这样，至少到高中——老师们可能会认为她们只是更尽责、更勤奋些，与女性的方式相符。相反，如果男孩获得了成功，他们则可能被认为具有“真正的”创造力，比女孩更能引起老师的兴趣。这样，如果一个女孩完成了她做的事，她没有被给予与男孩同样的承认。这些习惯可能会影响孩子在学术上的自我认识［恩特威斯尔等（Entwisle et. al.），1987］。

在学校这个环境中，一个孩子对角色模型的认同受到老师和学校官员中性别比例的影响。在1996年，所有公立学校的老师中有74.4%是女性［美国教育部（U. S. Department of Education），1997］。尽管孩子的日常教育由女性负责，但最后的决策权几乎都掌握在男性手中。在所有层次的学校里，公立学校绝大多数的校长是男性，其中公立高中的比例是最高的，达到86%（U. S. Department of Education，1999）。

由于女性教师在中学和大学中拥有的权力比男性教师要少，所以传递给学生这样一个观念：女性在职业能力上不如男性，这个观点反过来又有意识或无意识地影响到女学生对她们自己的期望［费尔马（Fennema），1976；或参阅巴苏和西尔伯杰（Basow & Sirlberg），1987；多宾斯、卡尔迪和特西罗（Dobbins，Cardy & Truxillo），1986］。

300 **（三）成人的性别角色**

尽管今天美国社会中的性别角色正在转换，特别是在大城市受过教育的中产阶级中间，但下列关于成人性别角色的描述依然为我们社会中许多人所确信。随着女孩子们从高中升入大学，通常在青春期形成的认为自己缺少能力去做需要充沛精力和较高智力的工作的自我认识，有时成为了现实。甚至那些在学术工作方面有天赋且有兴趣的女性都可能会对自己的才能缺少信心。她们可能看到男人们经常因学术成就而获奖，而女人们则很少获奖。一些妇女还感到，当她们达到或超过了男人的成就水平的时候，她们被认为超越了“天生的”界线。

这些观点在大学持续存在甚至可能得到了进一步强化。一项研究发现，在男女同校的大学的课堂中，女生的发言要比男生少得多，并且她们还经历更为明显的自信心下降过程（American Association of University Women，1992）。另一项研究发现，大学女性非常容易丧失在科学领域工作的积极性［霍兰和艾森斯塔德（Holland & Eisenhart），1990；马斯特斯（Masters），1994］。

我们的文化就像传统地把低智力与女人等同起来一样，也把非感情化的行为与男子气等同起来。媒体经常塑造一些坚韧不屈的“牛仔”形象来鼓励男人把他们自己看成是坚强的、沉默的，或者看成性征服者。作为这些为社会所构建的形象的结果，那些温和的、易动感情的、对性负责的男人就可能被认为缺少阳刚气［参见布里坦（Brittan），1989］。那些试图克服这些模式化形象的男人可能会发现他们被别人认为“友好但懦弱”，“不可能取得很大成功”。这样，人们会带着怀疑的眼光来看待那些大胆哭泣的男人，以及那些可能优先考虑家庭生活、牺牲自己的工作来支持妻子的工作的男人。而妇女表现出同样的态度或做出同样的行为则被认为是

"正常的"。

当男人和女人继续他们的生命历程时，他们会不断地碰到不同的角色期望。社会通常认为一个40岁的妇女已到了"中年"，但一个同样年龄的男性却被认为正处于"壮年"。当女性发现自己的头发开始"变得灰白"的时候，她们有时可能会去染发，而男人则把"少许白发"看作是"有智识"的象征。这些观点常常被那些极力鼓动女性保持青春的大众媒介所强化。虽然人们也同样期望男人表现出青春活力，但人们主要还是鼓励他们走向成熟、获得成功，而成熟和成功往往是随着年龄的增大而获得的。感到自己变老的想法可能会导致一些年过40的妇女隐瞒自己的真实年龄，即使她们充满了活力、有魅力、造诣颇高。

离婚或丧偶的男子能够与非常年轻的女子结婚，而不需要经过多少社会认同过程。而妇女在选择配偶时一般局限于同龄人或年龄比她们大的人中，尽管现在对妇女选择比自己年龄小的男性作为配偶已较容易为人所接受了。离婚的男性常常可以从大量年轻的单身女性中选择伴侣，但社会的压力往往迫使离婚的女性只能在有限数量的离婚男子和老年鳏夫中选择伴侣。

在老年人中，再婚主要是男性的特权：老年男性再婚的比率要比老年女性高出8倍。虽然这主要是与男性比女性更容易找到配偶有关，但同时还与收入和教育状况有关。如果一个老年女性的收入越高、受教育程度越高，那么，她再婚的可能性就越小；对于老年男性，情况则恰恰相反［班诺凯迪斯（Benokraitis），1999］。

那些重新进入劳动力市场的老年女性还面临着另外一个困境。由于许多离婚或寡居的老年女性缺少商业经验，因此她们必须与雇主那种更愿意雇用"女孩们"而不是成熟女性的偏好作斗争，一个40岁或50岁的妇女会无奈地感到自己的"有用之年"已经结束，但一个相同年龄的男子却知道自己仍有15年到20年的创造力。

三、性别与不平等

正如社会具有种族和民族不平等的特征一样，它也同样具有性别不平等的特点。性别是不平等的一个主要源泉——不仅仅由于男人和女人承担着不同的角色，更大程度上是因为这些角色受到了不平等的评价和对待。由于受到区别对待，男人与女人获得社会报酬的机会也不平等。

性别上的社会不平等反映在一个社会的语言和大众媒体中。实际上在所有社会中，这都反映了男性统治的基本假设。所谓男性统治是指这样一种社会状态，即男性比女性拥有更多的权力和声望。男性统治并不表示所有男人都故意压迫女性，或者个别女性不能改变她们的境况取得与男性同等的成就。但是男性统治已深深地植根于各种文化中，它潜移默化地塑造着社会成员的认知和日常交往。

由于语言是文化的基本要素，因此英语（还有其他许多语言）中发音和用法反映出男性统

301 治就毫不奇怪。在那些把代词分成阳性和阴性的语言中，阳性代词通常是更基本的——只有阳性形式才能被用来指一群男女。英语也不例外："he"在传统上用来代表单个人，无论是男性还是女性。而单词"man"（人或男人）用来表示所有的人，例如在"mankind"（人类）和"all men are created equal"（所有的人生来都是平等的）中。近几年来，许多专业组织试图把带有性别歧视的语言从它们的报告或刊物中删除，但要实施这样无性别歧视语言的政策往往不是那么容易的。一项研究发现，尽管 32 家专业的社会工作期刊中有 24 家力图消除带有性别歧视的语言，但只有 10 家期刊一直成功地做到了这一点［埃尔斯和桑福特（Else & Sanford），1987］。

男性统治还反映在诸如电视与广播的节目和广告、杂志、流行音乐以至课本等大众传媒中，尽管现在这种情况正在逐渐改变。长久以来，妇女在电视上出现的频率一直很低。直到 20 世纪 80 年代早期，只有 30%～45%的电视演员是女性［布雷特昂和坎托（Bretl & Cantor），1988；当布罗、里普和贝尔（Dambrot，Reep & Bell），1988；约翰逊（Stockard Johnson），1980；塔奇曼（Tuchman），1979］。儿童节目也同样存在这种现象，由男性主演的节目是由女性主演的节目的两倍。而且，男女演员所扮演的角色也是男性统治的典型反映。对电视里角色特征和形象的一系列调查发现，在荧屏上，女性常常被描绘成年轻、担当传统角色，在低层次职业中工作的形象［西格诺雷利（Signorielli），1985，1989］。

然而，电视台不愿意在黄金时间播出塑造坚强女性形象的节目，近来已不得不让步于一个更迫切的需要：吸引目前在劳动力中数量逐渐上升的美国妇女作为观众和消费者。现在，电视台开始在黄金时间更多地上演以精明能干的女性为主角的电视剧，唐娜·李德（Donna Reed）已经被爱利·麦克比（Ally Mcbeal）、斯嘉丽（Scully）［《X 档案》（*The X-Files*）］和卡罗·哈萨维（Carol Hathaway）（*ER*）所代替。

印刷品的内容也同样反映了传统的性别模式。例如，直到最近，妇女杂志中所刊登的小说，像《麦克卡尔一家》（*Macall's*），《红书》（*Redbook*）和《女士家庭杂志》（*Ladies'Home Journal*），常常把女性塑造成以男人为生活中心的传统角色。但是这些小说已经受到了那些玫瑰色稍少、但更具现实性的小说的冲击。那些小说中，职业女性被描绘成"双重身份"——8 个小时在办公室，然后几个小时在家中做家务［亨利（Henry），1984］。杂志广告现在也比过去更为精确地反映妇女社会和职业角色的多样性［西沃卡（Sivulka），1998；沙利文和奥康纳（Sullivan & O'Connor），1988］。

当然，性别不平等并不局限于语言和大众传媒中。在这一节的剩下部分，我们将讨论性别分层的社会学理论和性别歧视的意识形态，然后我们来思考性别和一些主要的社会设置：婚姻、工作和政治之间的关系。

（一）性别分层的社会学理论

研究性别不平等的社会学家对性别不平等的起源，特别是对人类社会中男性统治的客观普遍性进行了探索。这里我们将要讨论社会学家用来解释男性统治和性别不平等的两种主要理论方法：功能论和冲突论。

1. 功能论

功能主义理论把社会看成是一个由各种相互关联的地位和角色构成的系统。这些地位和角色建立在广泛接受的价值观、信念和期望的基础之上，并被安排进各种社会制度中。功能主义者认为，社会有一种均衡的基本趋势，并且各种角色和地位之间在正常情况下处于和谐和互补的状态。这样，功能主义者往往把传统的性别角色看成是有助于社会的有效运行。

根据功能主义的观点，一方面，现代男性和女性的性别角色源于早期社会中所形成的劳动分工，这种分工是建立在性别差别的基础之上的。妇女所具有的生育孩子的能力决定了她们的工作角色；她们的大部分时间是在家庭范围内度过的，职责是喂养和照料孩子。在相当长的历史时期内，大多数婴儿都不能长大成人，这就要求每个妇女一生中要生育和照料 6 到 8 个孩子，以保证这个社会的人口不会下降。上述原因，加上传统社会中人们的寿命很少超过 35 岁～40 岁这个事实，严格地限制了妇女的工作选择。另一方面，由于男人没有受到必须待在家庭附近的约束，也由于他们拥有更强壮的体力，因此在早期社会中，男人的工作是打猎和帮助部落反击食肉动物与敌人的侵袭。他们这种获得食物的能力使得男性成为占统治地位的性别。这种统治地位慢慢地在全世界的社会价值观、行为规范和社会角色中变成一种制度化的安排。

传统的以性别为基础的劳动分工在前现代化社会中可能是最有效率的或最实用的制度安排。但在现代社会中它还仍然实用吗？在一个有关家庭的经典分析中，塔尔科特·帕森斯和罗伯特·贝尔斯（Robert Bales，1955）得出结论认为，男女之间传统的、泾渭分明的分工仍然是一种有效的社会安排。他们分析的基础建立在源自小群体动态研究的原则在家庭中的应用。 302

在较早的一部著作中，贝尔斯（1953）发现，如果想要使一个小群体有效地运转，两种形式的领导是必需的（见第 7 章）——工具型的领导和表意型的领导。工具型的领导的职责是指挥群体去实现它的目标。与此相对，表意型的领导的职责是解决群体内部的冲突，促进群体内部的和谐和团结。

1955 年，帕森斯和贝尔斯（1955）共同发现，大多数家庭都按照工具型—表意型这样的模式来组织，正如它对保持任何其他小群体的有效运转一样。这样的组织方式对保持家庭的有效运转是必需的，通过在家庭外面工作，男人为他的家庭提供了经济支持而承担工具型的角色。由于生育和喂养孩子这些生活上的限制，妇女往往待在家里从事家务劳动，为家庭提供感情需要。

美国传统核心家庭中的性别角色结构与帕森斯和贝尔斯的观点很相似。但帕森斯和贝尔斯还同时声称，这种性别角色结构的特征是普遍的，它是核心家庭能够有效运转所必需的。他们认为，这种结构已发生了变化，因为工具型角色对男人来说是最自然的，而表意型角色对女人来说是最自然的。尽管越来越多的妇女正在进入劳动力市场，帕森斯和贝尔斯仍认为，妇女在家庭中的首要角色是作为一个“感情型的”家庭妇女。

最近的功能主义分析者们继续强调一个由夫妇双方和孩子组成的完整家庭对社会的重要性。他们认为，由母亲扮演传统的性别角色，有可能使孩子形成稳定的联系，并从稳定的角色模式中获益。在早期生活中，如果没有紧密的母子联系，孩子很可能成长为一个没有目标、孤独和焦虑的人，可能无法形成良好的自我认识。这样的孩子可能会更重视物质而不是人际关系［伯杰和伯杰（Berger & Berger），1983；或参见格尔森（Gerson），1984］。

2. 冲突论与女权主义：权力与统治

尽管大多数冲突论者同意功能主义者关于传统性别角色起源的说法，但他们坚持认为这些角色在现代社会已经过时了。冲突主义理论强调，文化是由经济力量和技术力量形成的。从古至今，经济和技术的发展已导致了性别角色安排的改变。例如，人们认为妇女更早接受家庭角色，部分原因是当时缺乏现代药品和有效的生育控制方法，以及当时还不存在能够取代男子体力的技术［伦格曼、马科尼和华莱士（Lengermann，Marconi & Wallace），1978］。但是随着时间的流逝，这种情况已经发生了改变。

在工业革命时期，随着家庭已不再是一个生产的中心，妇女的角色也变得越来越窄，最后缩小到只剩下家庭妇女、母亲、妻子三个角色。但是，工业经济是以周期性的额外劳动力需求为特征的，因此妇女逐渐被允许进入市场经济［班纳（Banner），1984］。最早进入劳动力市场的妇女来自于下层阶级；中产阶级的已婚妇女仍然被要求待在家中［沃特海姆（Wertheimer），1984］。然而，随着阻碍妇女完全进入劳动力市场的经济、社会和技术障碍的消除，妇女角色发生重大改变的可能性就出现了。

冲突论者还强调，男性统治是我们这个社会的主要特征。作为统治集团，男性可以限制妇女接近由男性分享的社会经济和政治权力的机会，以减少来自女性的竞争［雷斯金（Reskin），1988］。只有社会结构发生根本的转变才能改变这一模式（Jacobs，1989）。

分析性别角色的冲突主义理论家中，有些是马克思主义女权运动者，他们把性别不平等看作是更广泛的社会分层现象的产物［伦格曼和华莱士（Lengermann & Wallace），1985］。这些学者指出，当早期农业社会刚刚开始的时候，男人宣称原始公社的经济资源和妇女都是他们的私有财产。随着这种社会分层体系的进一步加强，性别不平等也就变得不太可能改变。根据这一理论，只有推翻生产资料私有制，才能改变这种情况［查菲茨（Chafetz），1988；华莱士（Wallace），1989］。

（二）性别歧视

如前所述，社会不平等通常被某种意识形态证明是正当的。所谓意识形态，就是支持某个特定社会观念的一整套信条。支持性别不平等和认为男性统治是正当的那种意识形态就是性别歧视。与种族歧视（参见第 11 章）和年龄歧视（参见第 12 章）一样，性别歧视通常以男女生
303 理条件不同这个事实为理由，认为男性对女性的统治是正当的。性别歧视是建立在一些广泛流行的观点之上的，尽管存在与此相反的证据，人们仍然认为男女之间天生的差异必然导致他们之间的不平等。而这些流行的观点通常是从关于性别的刻板印象和对男女性格特征过于简略的、不正确的认识发展起来的。

只有支持社会不平等的意识形态在一定程度上得到统治集团与被统治集团的接受，社会不平等状态才有可能维持下去。在我们这个社会中，许多妇女长久以来一直认为接受她们的传统角色是很“自然的”，这主要是因为她们几乎没有别的选择，并已经在这个狭窄的框架中完成了社会化。尽管这种观点正在变得不那么普遍了，但一些妇女仍然认为她们因“天生的低人一等”而受害。

对单个女性来说，向性别歧视发起挑战是非常困难的。与少数民族、老年人和穷人一样，

妇女们可能会发现，她们的生存取决于她们对流行的意识形态至少是在表面上的接受。对于妇女来说，就是性别歧视的意识形态。此外，性别歧视的观念和假设通常被纳入了主要的社会设置之中。

（三）性别和婚姻

绝大多数美国人——大约 85%——都会在他们一生中的某个时候结婚。因此，尽管对婚姻这项设置存在众多争论，然而很明显，在美国，结婚仍然是人们首选的生活方式。

一些研究指出，尽管男性有可能对婚姻不是那么负责，但他们从婚姻中得到的东西却比女性要多［贝纳德（Bernard），1982］。这种情况在传统的婚姻中尤其真实。为什么说更真实呢？一个理由是：按照传统，妻子的职责是照顾丈夫的生活和心理需要，使他们能在外面更好地工作。妇女虽然可能从婚姻中获得相对的经济安全保障，但作为代价，她们除了满足自己的生理和心理需要外，还必须担负起满足丈夫和孩子生理、心理需要的职责。

许多在外工作的已婚女性面临着双重困境。有自己职业的妻子们发现她们同时需要做两份工作，并且通常很少从她们丈夫那儿得到生理和心理支持［贝诺克瑞提斯（Benokraitis），1999；克劳特和佩里-詹金斯（Crouter & Perry-Jenkins），1986］。当一个疲惫的丈夫结束一天的工作回家时，他希望吃上妻子已经准备好的饭菜，并且与孩子们一起玩耍。而一个疲惫的妇女工作回来后，她必须准备好上“第二个班”。在这段时间里，她要为丈夫和孩子准备饭菜，要检查孩子的家庭作业，以及倾听丈夫讲述这一天他所做的事情［霍克斯希尔德（Hochschild），1989］。最近的一项研究指出，许多大学生仍然不希望自己陷入职业男女分担家务责任这样的关系中［斯帕德和里斯（Spade & Reese），1991］。

更多的妇女进入劳动力市场，丈夫们则逐渐开始承担家庭的责任。

然而，近几年来，情况已经开始变化。随着越来越多的妇女进入劳动力市场，丈夫们逐渐开始与他们的妻子一起分担家务劳动［Benokraitis，1999；卢因（Lewin），1998；普雷克（Pleck），1985；普雷克、拉姆和勒维纳（Pleck，Lamb & Levine），1986］。家庭与工作研究所的一项调查显示，1977 年时，男人在家务劳动中花费的时间只有女人的 30%；而到 1998 年，这一比例已经上升到 75%（*New York Times*，April 15，1998，A18）。这个数据表明，与 20 年前相比，今天的父亲们正在花更多的时间与孩子们在一起。

但是，当各种利益之间出现冲突时，一个妇女仍然很可能把自己的利益置于丈夫和家庭的利益之下。一个在外工作的妻子还可能认为，她应对孩子们可能遇到的任何问题承担绝大部分责任。尽管一些妇女可能会因为自己不能整天留在家中照顾孩子而感到内疚，男人们却有可能认为，对他们来说，不留在家中是正常的、自然的。

（四）性别和工作

通常，男女之间工作报酬的差别非常明显。为了了解这种情况是如何形成的，以及为何会形成这样的情况，简短地回顾一下过去的历史是有益的。

304 正如前面提到的那样，维多利亚时代认为男女有本质区别的观念产生的部分原因是由于工业革命的开始。随着男人的工作逐渐从家庭脱离，妇女的工作变得更加集中，并丧失了其商业价值。尽管妇女的工作被认为是“有用的”，但由于男人的工作促进了市场经济的发展，因此有明显的货币价值和交换价值。既然在市场体系中，权力和声望主要是通过挣钱这条途径获得的，那么那些最具挣钱能力的人就得到最高的社会地位。因此，男人的工作往往被认为比妇女的工作重要得多。

但是在 20 世纪，特别是在过去的几十年，情况已经开始发生了变化。今天，妇女在劳动力市场中已占相当大的比例，部分原因是面临越来越大的经济压力，同时也由于妇女获得了更多的教育。1950 年，16 岁以上的妇女在平民劳动力中所占比例为 29.6%，到 1997 年，这个数字已上升到 59.8%（U.S. Bureau of the Census，*Statistical Abstract of the United States*，1998）。然而，尽管妇女更多地进入了劳动力市场，但在报酬和地位方面她们仍落后于男性。

在过去 20 多年里，男女平均工资之间的“收入差距”已逐渐缩小。1960 年，女性的收入只有男性收入的 61%；今天，女性的收入大约相当于男性收入的 65%（见表 13—2）。然而，由于妇女主要从事那些地位低、收入低的工作，因此男女平均工资之间仍存在一个相当大的缺口。在 1997 年，学龄前学校和幼儿园的老师中有 98%是女性；秘书中有 99%是女性；注册护士中 94%是女性；保姆中女性的比例是 95%；接待员的女性比例是 97%（U.S. Bureau of the Census，*Statistical Abstract of the United States*，*1998*）。即使在同一职位上，女性的平均收
305 入也要比男性的平均收入低得多。这种情况在那些男女都接受了相同的教育和培训的职位上表现得更为明显。

表13—2 不同职业和不同性别的收入（1997）

职业	每周的中等收入	
	男	女
管理和专业人员	875	632
主管、行政和管理人员	868	605
专业人员	883	662
技术、销售和行政辅助人员	598	403
技师和相关辅助人员	667	498
销售职位	603	352
行政辅助人员，包括办事员	514	403
服务业	372	282
私人管家	—	213
保安服务	575	451
服务人员（除去上述两类的其他服务）	317	280
精密产品生产、工艺和修理	569	382
技术工和修理工	581	489
装配工	538	445
其他精密产品的生产和修理人员	588	362
操作员、纺织工和劳工	436	313
机器操作员、装配工和检验员	449	313
运输员和物资搬运工	505	373
驯兽员、设备清洁工、帮工、劳工	343	299
农业、林业和渔业	302	257

注：服务业中男性私人管家从业人数少于50 000，未显示数据。

资料来源：*Statistical Abstract of the United States*，1998.

然而，妇女在专业学校的入学率取得了很大的进展。从20世纪70年代早期以来，进入药科学校的妇女增加了2倍，进入医科学校的妇女增加了3倍，进入牙科学校的妇女增加了25倍。

即使在对妇女最开放的职业中，男性也往往占据那些地位和报酬更高的职位。例如，在零售行业，采用回扣方式买卖和销售贵重物品的男性比女性要多；女性一般是出售衣服等小商品，获得较低的小时工资。与此相似，尽管社会上的女服务员要比男服务员多得多，但在那些最高档、最昂贵的酒店，几乎没有女性在这个领域工作。此外，高中和大学的老师往往是男性，而初中和小学的老师往往是女性。男性一般教授理科，而女性往往教文学和语言。

当妇女进入诸如医药、法律等高报酬、传统上为男性控制的领域时，她们往往被安排在这些领域中地位相对较低的职位上［贝拉斯（Bellas），1993；福克斯（Fox），1995；考夫曼（Kaufman），1995］。女外科医生绝大部分被安排在麻醉科、产科、妇科和儿科等这些较低级的职业岗位上，同样，女律师往往被安排去从事家庭法律服务工作或信托和不动产的法律事务

[波洛克和拉米雷斯（Pollock & Ramirez），1995]。前者是男性很少选择的一个领域，因此被看作是“女性的领域”。后者是一个需要大量的调查研究而且客户相对较少的领域[爱泼斯坦（Epstein），1988]。这种情况经常阻碍妇女在律师事务所的发展，因为与客户建立联系通常是晋级的必要条件。

此外，妇女进入传统上为男性控制的领域工作后，她们常常集中于这些领域的较低层次中。例如，当妇女进入药科这个领域，她们一般都被医院雇用，而男性药剂师则继续在零售药店工作（那里的收入高）。同样，尽管驾驶公共汽车现在是一个“整合的职业”（integrated profession），但许多妇女只能为学校开车，并且是一个非全日制的工作；而收入较高的城市公共汽车的司机则大多数是男性[英格兰和麦克里里（England & McCreary），1987]。

一些社会科学家指出，男性往往在一级职业[①]工作，这些职业支付的工资高，提供的工作条件好，有较多发展机会，并且工作也比较有保障。妇女，还有少数民族工人，则更可能在二级职业里工作，工资低、机会少、缺少保障[布劳和居森琉斯（Blau & Jusenius），1976；Rossides，1997]。有学者曾指出，在那些高收入、高声望的工作中，妇女很少能够替代男性，因为妇女的工作只能导向另一些传统的女性工作岗位[迪普雷特和苏莱（DiPrete & Soule），1988]。只有当某些工作对男性失去了吸引力后，它们才对妇女开放[塔夫里斯和瓦德（Tavris & wade），1984]。例如，当银行出纳员这个工作是通常能带来前途的入门职位时，它几乎完全被男性所占据。今天，这个工作通常没有发展前途，就主要由妇女和少数民族来从事。然而，或许有一些理由让我们感到乐观，因为目前已有 20 多个州颁布了废除对性别的工资歧视法令[伯恩斯和纳尔逊（Burns & Nelson），1989]。

那些经过努力取得了职业成功的妇女们的典型经验是什么呢？研究表明，这些女性拥有适合在现代公司工作的品质[赫尔吉森（Helgesen），1990]。与典型的男性领导风格相比——具有公司的等级制特点——女性管理者往往表现出网络状的领导方式。根据莎利·赫尔吉森（Sally Helgesen）的观点，这种领导方式主要取决于工作场所中有价值的技能和态度（1990，p. 37），而且它尤其适合于当前那些依靠变革与创新取得成功的组织。

男性与女性管理风格的差异反应在文化上的不同[Helgesen，1990；Lindsey，1997；罗森内尔（Rosener），1990]。女性管理者更倾向于在组织的不同层次上鼓励参与，分享权力与信息，发展良好的雇员关系。

1. 工作场所性别不平等的解释

为什么妇女在工作场所一直处于不利地位？对此，人们提出了几种解释：人力资本模式、理性选择模式和歧视模式。

人力资本模式（human capital model）指出，工作场所中的性别分层是男女给劳动力市场带来的资源不同的结果。换句话说，妇女之所以比男性挣得少，是因为妇女提供的“人力资本”比男性提供的少。例如，妇女拥有的工作经验常比男性少，她们的变动率也比男性高，因

---

① 一级职业（prinary occupation）与二级职业（second occupatien）的划分，是一种二元劳动力市场的经济社会学观点。这种观点的一个重要特征是根据工作岗位报酬的高低和工作条件的优劣分成两个级别。——译者注

此，在雇主看来，她们的价值就相对较低（Blau & Jusenius，1976）。这个理论得到了一定的支持。即使男性和女性在经验和培训方面没有什么差别，妇女挣得仍然比男性少。此外，当妇女由于教育程度提高或工作经验更丰富而使得收入增长时，其增幅也往往低于男性在同样情况下所能得到的［李普曼—布鲁门（Lipman-Blumen），1984］。

第二种解释是理性选择模式（considered choice model）。这种理论认为，妇女之所以在工 306
作场所处于不利地位是由她们所做出的决定（或被迫这么做出的决定）引起的。由于妇女承担双重角色——家庭和工作，因此她们往往选择那些能使她们可以兼顾家庭与工作的职业。一般来说，这些职业工资很低，并且没有什么前途［富克斯（Fuchs），1988；霍克斯希尔德和麦克琴（Hochschild & Machung），1989］。

歧视模式（discrimination model）认为，妇女被安排从事隔离性的工作，同样的工作给予不同的报酬和职位，并因不平等的提升机会而受到阻碍［巴伦和比尔比（Baron & Bielby），1986；比尔比和巴伦（Bielby & Baron），1986；雅克布斯（Jacobs），1989］。导致这种歧视的原因多种多样：从对性别的刻板印象到公然的性别歧视。一名学者指出，工作场所中的男性不允许他们的工作受到女性的威胁，只有很小比例的男性（不到 10%）真正支持在工作中的男女平等［阿斯特拉汉（Astrachan），1986］。

2. 跨文化视角

大量的社会学研究证明，工作中的性别不平等不是美国特有的现象。正如联合国的一份报告所指出的那样：

> 如果把妇女未获得任何报酬的家务劳动计算在经济产值里的话，世界每年的经济产值将因此而增加三分之一（约 4 万亿美元），同样的，如果把工资歧视也加进去的话，总产值将达到 11 万亿美元（转引自 Lindsey，1997，p. 127）。

全球工业化社会的比较研究指出，性别不平等的问题主要集中在两个方面：（1）妇女极少在政府、商业和银行的管理或经理职位从事工作；（2）尽管许多妇女从事全日制工作，但是这些妇女中的大多数仍然承担着抚养孩子和照顾家庭的首要责任［科尔特朗（Coltrane），1988；罗斯（Roos），1985］。

在苏联的国营经济中，妇女的待遇与美国妇女在市场经济中的待遇非常相似。尽管妇女在苏联的劳动力中所占的比例是所有工业化社会中最高的，但职位和报酬不平等的现象仍是很普遍的。在苏联所有的工程师中，妇女只占 35%，并且在工程生产和工程设计的技术员中占到 71%。后者的地位和收入比前者要低得多（Roos，1985）。大部分苏联妇女被安排从事那些低收入、办事员性质的服务工作，而很少在经理职位工作［皮尔斯（Peers），1985］。与此同时，苏联的职业女性还承担着大部分家务劳动［阿洛特（Allott），1985；格雷（Gray），1990］。今天，俄罗斯的女性在法律、医药、工程等行业工作的比例，与西方国家的妇女相比，要更高些。尽管如此，大部分女性仍然还是更多地从事那些低收入和事务性的工作。

很难预料，取代苏联的独联体国家 1992 年初所引入的市场原则将会有什么后果。在匈牙利国营经济向市场经济的转变中，妇女在劳动力市场中的地位得到了提高。一项研究发现，匈牙利 32%的新办小企业的所有者、经理和雇员是女性［莎赖（Szalai），1991］。与此相反，在德意志民主共和国，自 1990 年与德意志联邦共和国统一后发生的相似的转变却恶化了妇女的地位，她们承担了大量不应由她们承担的失业代价，并且在寻找新工作的过程中遇到了比男性更大的困难（Rosenberg，1991）。在苏联共同体这些新独立的国家中出现的情况，与在原民主德国出现的、而不是在匈牙利出现的情况更为相似，对于这些国家中渴望更平等的劳动力市场机会的妇女来说，这不是一个令人鼓舞的迹象［桑坚（Sanjian），1991］。

同样，在印度，妇女继续在社会各个方面面临着不平等的待遇，尤其是在教育和就业方面。大部分印度妇女都是文盲，受雇为农业劳动力和临时工（day workers）［德索扎和纳塔坚（D'Souza & Natarjan），1986；杜利（Duley），1986］。但是，性别不平等可能在拉丁美洲国家中表现得最为明显，在那里，妇女们生活在一个与男人完全不同的世界中，没有工会组织，没有丝毫前途。尽管在家中从事商品生产非常普遍，但对妇女们来说，这并不能让她们感到稍微轻松些，许多拉丁美洲妇女除了照顾家庭和孩子外，每天工作多达 15 个小时［纳什（Nash），1986］。

最后，工业化社会一般不把男人的世界与女人的世界区分得那样明显，非常有趣的是，在不发达社会却并非如此。例如，在亚马逊河流域的蒙杜鲁奇（Amazonian Mundurucu），男人甚至不在他们的妻子的房间里睡觉［布雷恩和巴考（Blain & Barkow），1988］。阿拉伯半岛北部的贝都因人（The Bedouins）把男人的工作和女人的工作严格地区别开来，不同性别之间甚至连吃喝都是分开的（Coltrane，1988）。

（五）性别和政治

就如同女人和男人在工作场所没有同等的地位一样，他们也无法平等地参与我们这个社会

307 的政治生活。研究表明，美国的妇女与男性持有相似的政治观点，并且参加投票的女性的比例要高于男性的比例（58.3%比 56.4%）。此外，妇女与男性一样也是各种运动的积极参加者。但是，是男性而不是妇女以绝对优势控制着政府机构。

尽管许多女候选人被选举进入政府工作，但这些政府机构往往属于地方层次，而不是全国层次。在 20 世纪 70 年代以前，仅有三位妇女曾被选举担任政府首脑，并且这三位妇女继承的都是她们丈夫的职位。

1997 年，美国众议院中仅有 47 名女性议员，参议院中仅有 10 名女性议员。在国会服务的妇女通常不像男性那样有权力，因为她们常常缺少进入主要委员会或其他有影响力的职位所需的资历。出现这种情况的一个原因是：男性候选人能够比女性候选人更早开始其政治生涯，而妇女一般必须等到她们的孩子长大以后才能开始她们的政治生活，因为这样她们才能避免在竞选公职时被贴上“失职的母亲”这个标签［林恩（Lynn），1984］。

1991 年，桑德拉·戴·奥康纳（Sandra Day O'Connor）被任命为美国最高法院的大法官。在此以前，没有女性在最高法院服务过。1993 年，第二位女性——鲁斯·巴德·金斯伯杰（Ruth Bader Ginsburg）也加入了最高法院。妇女在政治事务中取得突出成就的恐怕还是被任命为内阁高级官员的数字，1999 年，这些人有国务卿（Secretary of State）马德琳·K·奥尔

布赖特（Madeleine K. Albright）、司法委员会主任（Attorney General）杰内特·雷诺（Janet Reno）、劳工部长（Secretary of Labor）阿里克斯·M·赫尔曼（Alexis M. Herman）、健康与公众服务事务部长（Secretary of Health and Human Service）唐娜·E·莎拉拉（Donna E. Shalala）。

除了这些最近的成绩以外，我们必须要问一下，为什么在参与选举的妇女人数和被选入政府的妇女人数之间存在着如此大的差距？人们提出了三种理论来解释这一现象。第一种解释认为，妇女基本上天生对政治没有兴趣。第二种理论认为，妇女的个人生活结构不允许她们轻易地参与政治活动。因为她们为扮演好妻子、家庭妇女、母亲以及经济提供者等角色花费了如此多的时间，以至于没有时间去参与政治活动。第三种理论认为，与男性相比，在政治上，妇女在社会化的过程中被确认为一个相对被动的角色［诺克和金斯顿（Nock & Kingston），1989］。

第一种理论带有明显的性别歧视，并且第一种理论和第二种理论都忽视了一些与此相反的重要调查结果。大多数研究赞成第三种理论。例如，一位学者指出，男孩和女孩看起来对政治拥有相似的兴趣［萨皮罗（Sapiro），1983，1988］。然而，由于他们后来习得的性别角色，男孩比女孩更有可能从事政治职业。

（六）女权运动

在20世纪60年代早期，贝蒂·弗里丹（Betty Friedan）出版了一部名叫《女性的奥秘》（*The Feminine Mystique*）的书。按照常规的说法，女权主义运动诞生了，这一运动的目的是为了提高妇女的地位。然而，尽管弗里丹的著作非常重要，但事实上女权运动开始的时间要更早一些。1792年，英国一位名叫玛丽·沃斯通克拉夫特（Marry Wollstonecraft）的作家写了一篇文章《妇女权利的辩护》（A Vindication of Rights of Woman）。1848年，伊丽莎白·凯迪·斯坦顿（Elizabeth Cady Stanton）在美国纽约塞尼卡福尔斯（Seneca Falls，New York）组织了第一次妇女权利大会。南北战争结束后，斯坦顿在苏珊·B·安东尼（Susan B. Anthony）的帮助下继续她的工作。两位妇女共同发起建立了全国妇女选举权协会（National Woman Suffrage Association），把赋予妇女选举权看作是走向男女平等的第一步。1923年，艾丽丝·保罗（Alice Paul）起草了美国宪法的第一个平等权利修正案。

20世纪60年代确实是女权运动的转折点。在《女性的奥秘》出版的前两年，约翰·肯尼迪总统成立了一个妇女地位调查团。调查团的报告表明：与男性相比，妇女的地位无疑是相当低的。部分是作为对肯尼迪报告的回应，弗里丹写了《女性的奥秘》（1963）一书来探讨“女性没有自己的身份的问题”。在弗里丹看来，妇女面临的中心问题是，妇女没有属于自己的独立身份，只能按照与男性的某种关系来确定身份，而这是一个永无休止的难题。

三年后，即在1966年，作为参加过肯尼迪调查团的妇女们正在发起的妇女联系网络的一个结果，全国妇女组织（the National Organization for Women，NOW）诞生了，由弗里丹担任首任主席。全国妇女组织的成员主要来自于白人中产阶级，她们努力的目标是，使妇女在社会中的地位发生根本性的变化。

到20世纪70年代初，美国的女权主义运动出现了两个发展方向。全国妇女组织和其他一

308 些相对温和的组织继续把改变政治和经济制度、使妇女获得更多的平等机会作为目标。其他一些女权运动者则选择了一条更为激进的道路。这些女权运动者大部分为年轻人，曾经积极参加过民权运动和反越战运动。女权运动的这第二个发展方向非常重视唤醒单个妇女的自我意识，反对全国妇女组织那种“自上而下”的社会变革方式。许多更激进的女权运动者指责说，全国妇女组织那种传统的科层制结构限制了其成员从男性统治社会中获得彻底解放的自由。然而，女权运动的两个流派在许多特殊的政策目标上取得了一致意见，其中包括增加妇女在政治进程中的参与机会。

20 世纪 70 年代，女权主义运动开始走向世界。联合国宣布 1975 年为“国际妇女年”，宣布 1975—1985 年为“联合国妇女十年”（The United Nations Decade for Women）。三次重要的妇女大会先后召开：第一次于 1975 年在墨西哥召开，第二次于 1980 年在哥本哈根召开，第三次于 1985 年在内罗毕召开。这些大会不是没有它们的困难：某些参加者有不同的意见，而一些保守组织则试图中止会议的召开。但到了内罗毕大会召开的时候，参加会议的妇女明显地增强了团结意识，并在对世界范围内的妇女问题的理解方面取得了一定的进展（Lindsey，1997）。

10 年后在中国的北京（1995 年），举行了联合国历史上最大规模的有关妇女问题的会议。参加会议的人超过了 5 万，它表明，有关妇女问题的一些争论再也不能受到忽视了。这次会议传递出来的信息是十分清晰的，即国家应该为结束性别不平等承担更多的责任。

308 **媒体社会学**

世纪访谈

媒体极力宣称这是一个世纪访谈。自从媒体报道这是一个龌龊的政界性丑闻以来，她已经保持沉默长达一年之久了。现在她希望说点什么了。将近 7 000 万人把频道转过来听莫妮卡·莱温斯基讲述她和克林顿总统之间发生的事情，这创下了收视率的历史之最。访谈节目结束后，总统的历史学家麦克尔·贝可洛斯（Michael Beschloss）评论道，在美国广播公司“早安美国”的访谈节目中，莱温斯基已经改写了历史，她几乎使克林顿失去自己的总统职务，如果美国公众早已经知道这些事情的话，1996 年的总统选举，鲍勃·多尔（Bob Dole）很可能将赢得大选。

芭芭拉·沃特（Barbara Walter）对莱温斯基的访谈，并没有使公众对整个丑闻有更多的了解，虽然这个丑闻是美国历史上唯一一个足以对选举总统产生影响的危机。但是，访谈还是披露出一些有趣的事情。莱温斯基知道两性之间哪些是可接受的，哪些是不可接受的。作为对其中一个问题的回答，莱温斯基说自己知道与有妇之夫有染的规则，但是她似乎根本不知道与一个有妇之夫保持暧昧关系的规则，她还不知道与上司纠缠不清的规则，以及告诉真相的规则。

然而，对两性关系之间规范的迷惑却并不新鲜。很多年来，新闻里一直都是要证明这一点的故事。实际上，早在媒体关注克林顿与莱温斯基的事情之前，另外一个妇女的故事已经是家喻户晓了，她就是凯利·福林（Kelly Flinn）。1997 年，在军方指控她通奸、撒谎、不服从命令之后，她离开了空军部队——一个她投入了全部身心的职业（*Newsweek*，November 24，1997）。福林，一个毕业于空军院校的研究生，作为中尉严格履行职责地在空军服役了四年。她为自己作为第一个驾驶 B—52 战斗机的女飞行员而骄傲。

福林自己讲述的故事听起来似曾相识。在她所写的《我自豪》（*Proud to Be*）一书中节选的一段里，她问道："为什么我爱上了一个爱撒谎的男人？他的母亲都说他是一个病态的撒谎者。但是谁会相信呢？"（*Newsweek*，November 24，1997）媒体摘选的故事片段告诉我们，军方指控福林通奸的事情说明了他们对待男兵和女兵的双重标准，即因性别而异。但是，福林知道这种规则。军方向士兵们表明这种发生在不同军衔之间的关系是不适当的。军方对这件事情有非常不同的看法。根据荣·弗格曼将军（General Ron Fogelman）的说法，它卷入了谎言事件中（*Newsweek*，November 24，1997，p. 60）。事情的真相是福林拒绝为自己的行为承担责任，军方需要建立对影响他人生命做决策的人的信任。但是当这件事情快要水落石出的时候， 309
它被淡忘了。媒体又卷入了另外一个性丑闻事件——能够引起更多关注的、最高指挥官克林顿总统的性丑闻事件。

媒体在这些丑闻中繁荣起来，但是，除了这些铺天盖地的新闻以外，我们是否从中得到了些什么呢？一直在增多的性丑闻和性骚扰新闻给予了我们否定的答案。类似保拉·琼斯（Paula Jones）的例子只给我们留下了迷茫，采取一种解决方法并不意味着完全的胜利。我们并不清楚到底什么才是性骚扰。而且，越来越多的媒体新闻似乎让人们以为，妇女已经多多少少地终结了自己成为牺牲品的可能性。

这多少令人感到惊讶。媒体炒作这些事件居然产生了实际的正面效应，例如，安尼塔·希尔（Anita Hill）对克莱伦斯·托马斯（Clarence Thomas）的案例。布什总统任命克莱伦斯·托马斯法官，一个耶鲁法学院的毕业生，来接替最高法院的舍古德·马歇尔（Thurgood Marshall）。但托马斯的任命是极具争议的，他必须证明自己适合这个职位。接下来就是安尼塔对他性骚扰的起诉。

这件丑闻很快引起了全国的注意，根据 CBS/《纽约时报》的调查，80%的被调查者全部或部分地观看了三天三夜的电视直播［帕雷兹（Paletz），1999］。参议院对托马斯是否能够满足职位要求的投票结果是 52 对 48，这表明大众媒体热炒的结果增加了参议员们投票的激烈程度。

但是，大卫·波利茨（David Paletz）指出，当性骚扰的斗争失败时，媒体在大获全胜中扮演了一定的角色。安尼塔·希尔成为了性骚扰问题的象征，她不仅引起了公众对此类问题的关注，而且使之进入法律程序。在司法委员会听证会之后，归到平等就业机会委员会的性骚扰案例数字直线上升。相关的法律得以颁布，妇女对雇主就业歧视的起诉更容易，而且受到伤害的人最高可以获得 30 万美元的赔偿。波利茨还指出，媒体对参议院审判委员会有关克莱伦斯·托马斯和安尼塔·希尔的听证会的报道，对很多女性去竞选议员是一个促进，使之达到了 1992 年的创纪录水平。最后，波利茨还把女权组织活动资助的增加归功于媒体对这些全国性问题的宣扬。

我们很难说媒体在克林顿与莱温斯基的性丑闻里面扮演着怎样的角色，但是《时代》杂志宣称自己教给了美国人很多重要的东西，包括讲真话的重要性。(February 22，1999，pp. 32—37)

美国女权运动的中心任务之一是支持平等权利修正案（Equal Right Amendment，ERA)。这项立法提案的目的是为了结束对妇女的各种形式的歧视：如果该提案被批准，它将是第27个宪法修正案。然而，尽管这项提案于1972年在国会获得了通过，但它没能获得75%的州立法机构的支持，从而未被批准。近年来，这项修正案每年都被提交到国会讨论，但都遭到了国会的否决。

309 20世纪80年代初期，一些女权运动领导者指出，现在是调整目标，帮助妇女把职业和满意的家庭生活有效统一起来的时候了。在一本名叫《第二阶段》(*The Second Stage*) 的书中，弗里丹写道，许多在工作中获得了很好回报的妇女担心，她们没能留出足够的时间，以使自己同时也能成为一个好母亲。一些妇女感到她们陷入了与男人同样的职业陷阱中。她们推倒了牢笼，同时是不是又给自己设立了障碍？弗里丹认为（有很多人也同意），现在是男性和女性共同努力重建社会体制，以使男女双方都能更好地协调工作与家庭生活的时候了。

在里根时代，女权主义运动曾丧失了某些活力。但到了20世纪80年代末，伴随着全国范围内对堕胎合法化的争论，妇女组织开始联合起来，女权运动也重新活跃起来（参见第21章)。

女权主义运动取得了哪些成果呢？尽管性别平等仍远未实现，但在过去的几十年里，妇女取得了许多重要的进步［戈尼克（Gornick)，1990］。例如，在美国和加拿大，妇女创办自己的企业的概率要比男性高出两倍。许多曾经反对女传道士的基督教堂，现在已变得更“开放了”，现在美国教堂中有21 000名女牧师。在许多国家，妇女已担任了总理和首相；1989年，日本自民党任命了它的第一位女性内阁长官［奈斯比特和阿伯登（Naisbitt & Aburdene)，1990］。对收入平等的预测看来也正在取得进展：1989年，妇女所挣收入仅为男性的65%，到了1997年，全职工作的妇女的收入已经达到男性平均收入的75%（*New York Times*，February 9，1989；*New York Times*，September 5，1997，p. A20)。

复习与思考

1. 两性在生理方面的差异是如何影响他们在角色方面的假设的？
2. 跨文化的研究显示了男孩、女孩之间的哪些差异？
3. 解释下面概念的区别：性别角色，性别身份，性取向。
4. 工业革命对性别角色产生了哪些影响？
5. 描述性别角色期待的获得机制。
6. 请举例说明语言和媒体是怎样影响性别角色的。
7. 请说明功能论者是如何使用工具性和表意性两种领导风格来解释家庭中男女性别角色的。

8. 21 世纪经济和技术的变化将如何影响性别不平等？

9. 性别歧视在当代美国是怎样表现的？

10. 为什么女性从婚姻中得到的比男性少？这种状况会发生改变吗？

11. 为什么传统上妇女一直从事那些低收入和低地位的职业？为什么即使在声望较高的专业领域也很难有所提高？

12. 讨论：女性参与政治事务有哪些障碍。

13. 你会怎样描述当前的女权运动？

网上练习

第 13 章的网站涉及性别和性别不平等的各个方面。在搜索之前，请登录 Prentice Hall Companion 的网站：http：//www. prenhall. com/popenoe 。然后选择第 13 章（性别）。接着就可在屏幕左侧的菜单中选择网站，你会发现有许多可供选择的有趣网站。我们建议你首先使用 Introduction to Sexual Harassment Site 。这一网站提供了许多关于性骚扰实例的法律定义、背景知识、相关理论和分析，以及大量的与此话题有关的其他网站链接。当你搜索完 Introduction to Sexual Harassment Site 之后，回答下面的问题：

- 当前被接受的性骚扰定义是什么？
- 什么样的行为可能构成性骚扰？
- 如果人们感到他们已被性骚扰，他们的合法权利和合适的诉讼途径是什么？

关键术语

chromosomes	染色体	gender role	性别角色
hormones	荷尔蒙	gender identity	性别身份
sex	性	male dominance	男性统治
gender	性别	sexism	性别歧视

第四部分

社会设置

第14章 家庭

如果你在考虑参加政治竞选，那么说服人们给你投票的一个可靠的办法就是表明你对美国人家庭"崩溃"问题的关注，强调你将努力重建"家庭的价值"。不过如果你要在社会学家群体中开展竞选活动，那你最好准备好回答一些尖锐的问题，譬如你所谓的"家庭"到底是指什么。 312

几代人以前，这是一个很简单的问题。大家普遍认为家庭由一对成婚的男女和几个孩子组成。而且，家庭里的大部分决定都由丈夫做出。除非是在较低阶层的家庭中，一般而言，丈夫是唯一挣钱养家的人，而妻子则待在家里照看孩子。

近几十年来，家庭是所有社会设置中变化得最快的。例如，在1970年至1996年期间，女性为家庭户主的单亲家庭占全部有子女家庭的比重已由11％上升到24％。1960年，31％的已婚妇女拥有挣薪水的工作，到1997年，这一比例超过了61％（U. S. Bureau of the Census，1998）。呈现在现代观察家面前的是多种令人眼花缭乱的家庭形式：有子女或无子女的同居伴侣；夫妇双方，其中妻子工作而丈夫在家；想要收养孩子的同性恋伴侣，等等。而且选择单身生活的人数每年都在增加。

这种日益多样化的家庭形式令许多观察家，特别是那些强烈支持传统家庭模式的人，为家庭设置正在急剧减少而担惊受怕。本章研究提到的有些事实，如美国人居高不下的离婚率，就证明了这种担心。然而，另一些证据，如很高的再婚率，却又驳斥了这种观点。不管怎样，要解决有关未来家庭的一些关键问题，我们需要了解改变现代家庭的各种社会力量。将来家庭还会是——如果它现在仍然是的话——儿童社会化、性满足、普遍的人类亲密关系的基本单位吗？21世纪家庭会是什么样？本章将探寻这些问题及其相关问题的答案。其他重要的社会设置（social institution，即组织起来以满足一个社会的基本需要的相对稳定的社会结构丛）——教育、宗教、政治和经济等——则是后面四章的主题。

一、社会中的家庭

在每个历史时期、每个已知的社会中，家庭都呈现出这样或那样的形式。所有别的社会设置，包括宗教、政府和教育都是在早期家庭体系里形成和发展的。只是在文化演变的后期，这些设置才成为了不同的社会部门。

（一）功能主义的观点

在许多小型的、无文字的社会里，家庭基本上是自给自足的，因而能满足大部分家庭成员在生理上和感情上的需求。全部家庭成员合作制造工具、修建房屋、狩猎、采集或从事种植等活动。父母或其他长辈教给孩子们长大后必需的技能，并帮助他们培养是非感。宗教活动被融入日常家庭生活。家长决定劳动分工，并裁决家庭争议。

与无文字的社会相比，在现代复杂的社会中，家庭更为专门化了，所提供的功能也更少了。学校与教师主要负责正式教育，教会和牧师掌管宗教事务，政府和警察负责社会控制。但是功能主义者强调家庭所保留的功能——社会化、情感支持和相互陪伴、性规则及经济合作等——对整个社会的福祉（及平稳运行）非常重要。让我们来仔细看一下家庭的这四种功能吧。

1. 社会化

社会化始于家庭。在家里，孩子们学会认识自己，应该怎样去期望生活，应该怎样对待别人，等等。在许多方面，家庭都是承担社会化任务的理想场所。它是一个小群体，在这里群体成员享有很多面对面接触的机会。孩子们的进展情况能得到密切的关注，其行为可以得到必要的调整。而且，家长通常有很强的动力去教育他们的后代。父母把孩子看作是他们生物体和社会体的延伸，因而在培养孩子上也就投入了很多感情。

但是，并不是所有的家庭都是有效的或高效率的社会化主体。父母们很少接受过明确的训练来对孩子进行社会化。实质上，大部分家长只是利用他们所记得的自己的成长经历，加上从别人那儿获得的信息（往往并不全面），来对子女进行社会化。这就是为什么今天的社会化越来越成为学校、专业服务（如心理咨询和社会工作）以及其他社会机构的责任的原因之一。事实上，在现代工业化社会中，家庭以外的社会化主体的角色已十分重要，以至于有时人们指责是这些社会化主体弱化了家庭的社会化作用［拉斯卡（Lasch），1977；Berger & Berger，1983］。

313 然而家庭的替代品被证明并不十分成功。社会偶尔尝试用新的办法进行社会化，试图产生剧烈的变革，一开始这些试验看起来是比传统的家庭结构提供的社会化更有效。例如，在早年苏联共产主义政权下，政府官员为了政治原因试图大大削弱家庭的作用（家庭被视为是资本主义的堡垒），因而引入了集体养育孩子的新模式。这种尝试最后失败了［佩雷温登（Pereven-

dentev)，1983]。事实上，与别的工业化国家相比，苏联几十年来的家庭体系是相对较强的[伊布洛格和伊布洛格（Imbrogno & Imbrogno），1986；拉皮德斯（Lapidus），1982]。可是，到了20世纪80年代后期，由苏联的改革与开放所引发的巨大变革中，就有离婚率跃升为欧洲之最这一项。苏联社会学家认为这种婚姻和家庭的不稳定是造成当时少年犯罪增多的主要原因（Sanjian，1991）。

得到最为广泛的研究的替代性家庭试验发生在以色列。集体农庄（kibbutzim）中的孩子们与父母分开居住。在这里，年龄相仿的孩子分成小组与经过专门训练的集体农庄的成人生活在一起。一些研究表明，这种社会化的方法在传授以色列社会的价值观念方面是成功的[鲍斯（Bowes），1989；贝特尔海姆（Bettelheim），1969；斯皮罗（Spiro），1958]。

然而集体农庄很特殊。它很小，是一个成员共享共同价值观的、整合性很强的社区，经常担心受到恐怖分子的袭击。而且，虽然孩子们和父母不睡在一起，但他们每天下午都去父母家，与父母一起在社区食堂吃晚饭、并一直待到晚上才返回到孩子们睡觉的房间。而且，有证据表明，集体农庄的家庭关系正在增强；越来越多的集体农庄的儿童现在和父母生活在一起，并且许多母亲都想承担更为重要的家长角色[帕奇等（Palgi et al.），1983；蒂热和谢菲尔（Tiger & Shepher），1975]。

2. 情感和陪伴

当今家庭的第二个主要功能就是为其成员提供爱和情感支持。感情对孩子就如同学习一样重要，而且在人的整个一生中始终都很重要。有证据清楚地表明，一个缺乏亲情关怀的孩子，其身体、智力、情感的成长以及其社会发展都会受到伤害（见第6章）。

成年人虽然不会因为缺少爱就死掉，但也需要感情和他人的陪伴。过去，许多人一生都生活在出生和养育他们的社区里，结婚之后有了自己的孩子，但仍然和父母、兄弟姐妹生活在一起或是住得很近。像这样始终生活在熟悉的社区里，亲戚住得也很近，家庭成员就有充分的机会保持友好往来，获得情感支持。

多数社会学家都赞同，现代社会中人们更少会有机会从直接家庭（immediate family）以外的亲属那里获得友谊和支持。父母与子女通常与别的亲属分开居住，只是偶尔走动。同样，当父母一方在另一地点找到了新工作或父母在别处买了房子，多数家庭都会搬家。这种趋势迫使直接家庭成员在情感和陪伴方面都深深地彼此依赖[梅尔维尔（Melville），1988；Parsons，1955]。

尽管单身男子和单身女子保持活跃的婚外性生活已日益为社会所接受了，但是由于家庭是现代社会中提供感情和陪伴关系中不多的几个来源之一，所以人群中仍有很高的结婚率。而且，正因为情感和陪伴关系变得如此重要，所以当夫妻中任何一方的感情需求不能在家庭内部得到满足时，家庭就很有可能破裂，尽管有时家庭的其他功能仍然在很好地发挥作用。从这个意义上说，提供感情和陪伴关系已成为现代家庭的核心功能。这对于男性来说尤为如此，而对于在经济上依赖丈夫的无职业的妻子来说，就不大可能因为家庭无法满足她的感情需要而设法去结束婚姻[贝纳德（Bernard），1982；布卢姆斯坦和施瓦茨（Blumstein & Schwartz），1983]。

3. 性规则

就我们所知，没有一个社会提倡完全的性滥交。但是支配性行为的观念在不同的社会中、不同的历史时期却有极大的不同［霍华德（Howard），1986；斯通（L. Stone），1985］。例如，丹麦和孟加拉国对年轻人性行为的态度就代表了两个极端。丹麦人赞成男女青少年的性行为。考虑到艾滋病的传播，丹麦的学校在20世纪80年代后期开始向14岁以上的青少年免费发放避孕套［乔勒、汉森和塞奇斯特（Kjoller，Hansen & Segest），1989］。可是，在孟加拉国，未婚女青少年的性行为是被禁止的。如果年轻女子不是处女，她就会被贴上“贱人”的标签，是不值得迎娶的。即便她是被强奸的，情况也是如此。

314 虽然全世界的性观念多种多样，但没有一个社会将性看成完全是个人的事。社会对性行为如此关注，一个重要原因就是怀孕的可能性。因为孩子需要得到多方面的照顾，所以这是社会的最大利益，即：一旦一个婴儿降生，他的生身父母或是受命父母就有明确的责任为他提供食品、居所和爱。性行为的制度化观念就是将保证儿童获得良好的照顾和代际之间的平稳过渡作为其最主要、最根本的目的。因此，大多数社会就强烈提倡合法生育（legitimate birth，指婚内生育）而不是非法生育（illegitimate birth，指非婚生育）。

合法性的社会压力同样有助于确保每个孩子都能获得适当的社会定位（social placement）。这意味着孩子所继承的或先赋的社会地位不会或几乎不会模糊不清。合法生育授予孩子明确的宗教、伦理、阶级身份，以及作为父母双方扩大的家庭成员，也具有明确的地位。而非婚生育的子女，其社会地位通常就不太明确，这就导致了在应该如何对待这个孩子的问题上产生了实质性的含混。

在美国，传统的性观念是很严格的，这首先是清教徒的遗风，其次是维多利亚时代道德观念的影响。这些性观念和宗教信仰密切相连，许多还靠法律强化；例如，有些州禁止婚外性关系，有些州把夫妇间的性行为限制为生殖器性交。有24个州的法律还明文禁止同性性行为（“非自然”的性行为）［《西部联邦实践文摘》（*West's Federal Practice Digest*），1987］。

但是，在现代社会，人们对于性或是在更轻程度上对实际的性行为的态度正在改变［Blumstein & Schwartz，1983；威尔逊（W. C. Wilson），1975；泽尼克、坎特纳和福特（Zelnik，Kantner & Ford），1981］。过去，男人比女人有更多的性自由，但是最近几十年，这种双重标准至少部分地有所削弱。一个研究小组认为，这种双重标准的淡化代表了美国性观念最为显著的变化［克拉森、威廉斯和莱维特（Klassen，Williams & Levitt），1989］。在过去20年中人们对婚外性行为的容忍态度不断在波动。1982年的一项调查表明49%的美国人不赞成婚前性行为，92%不赞成婚外性行为；可是到了1988年，这两个数字分别降为38%和67%［社会大众调查（General Social Survey），1988］。但是1998年，美国人对通奸的态度有朝着保守的方向回归的倾向。根据盖洛普的民意调查，80%的被调查者认为婚外性行为总是不对的（Gallup Poll，1998）。

这些变化将会对家庭产生什么样的影响还有待于观察。如果所有限制婚外性行为的规则都取消了，那人们可能就不会再需要结婚了，或者是，如果已经结了婚，也不再会与配偶待在一起了。那么，儿童社会化就可能发生严重的问题，同样，家庭作为感情和陪伴关系的稳定来源也很成问题了。但是，这种可能不大会发生。部分由于艾滋病风险的存在，最近以来在性方面的趋势已经远离了与20世纪六七十年代性革命相联系的那种随随便便和性滥交。

4. 经济合作

家庭被经常部分地定义为一群人为追求经济目的而合作所形成的经济单位。在乡土农业社会，家庭过去是，现在仍然是生产的主要单位。这些社会里的家庭通常从事农业生产或小手工业，如制陶、针织或冶炼等。

在现代社会，大多数生产性活动在家庭之外进行，但是，家庭仍然是经济活动的重要单位。然而家庭的主要经济行为已由生产转为了消费。以家庭为单位，它们进行着最主要的购买消费，如购买房屋、汽车、电视等。

在经济学意义上，女人和男人与家庭的关系有着典型的差异。不工作的妻子在经济来源上主要依赖丈夫的支持。有工作的妻子，通常挣得比丈夫少，更多地也是在经济上依赖丈夫。然而，这种状况正随着已婚妇女大量进入劳动力市场以及单亲家庭的增多而发生变化。

（二）冲突论的观点

到现在为止，我们已经重点讨论了功能主义从社会整体利益来强调家庭功能的观点。冲突论的理论家们则从另一个角度来看家庭。他们强调，两性以不同的方式彼此竞争，在这一过程中，有些家庭成员比另一些人从家庭的获益要多。他们指出，家庭的历史，同样也是女性被男性统治的历史。

女权主义冲突论者注意到，许多法律、观念或政府的政策都支持男性统治［罗思曼（Rothman），1989］。他们认为，男性统治的观念已深深植入美国的文化之中，以至于大多数 *315*
人把家庭中女性传统的次要角色，看作不但是可以接受的，而且也是自然的。这种从属角色清楚地表现在传统的婚姻仪式中。虽然越来越多的男女选择更平等的结婚仪式，但传统仪式上牧师总是问新娘是否会“尊重并服从”她的丈夫。然后，牧师宣告一对新人结为夫妇时，称的是“男人和妻子”（而不是“丈夫和妻子”）。女子的称谓由“小姐”变为“太太”，并且放弃了她们的父姓。女权主义者认为这些仪式传统便是一桩不平等婚姻关系的象征性开端。

虽然关于人类家庭起源的确凿信息不多，但一些证据还是表明家庭内一直存在建立在性别基础上的劳动分工。这种观点认为，在人类历史早期，妇女由于怀孕和照顾幼儿，与男人相比外出活动较少。妇女通常和孩子待在家里，在近处采集食物。而男人则到较远的地方狩猎捕食，往往是主要的经济提供者。他们还从事一些战事活动［高夫（Gough），1975；哈里斯（Harris），1988］。

家庭内这种劳动分工可能就是性别不平等的最初根源，而且在很大程度上这种分工和不平等今天仍然存在。因此冲突论者把家庭看作是性别不平等发生的主要舞台。这种不平等反映在母亲、父亲（及女儿、儿子）所扮演的不同社会角色上，也反映在家庭内部的权力分配方面；多数情况下，父亲仍处于统治地位。

一些女权主义者对家庭中权力平衡的分析表明，男性统治地位只是在农业出现后的早期人类社会才出现。当人们还在狩猎和采集时（这是一段包括大部分人类历史的时期），一种更加平等的两性工作关系可能一直占主导地位。作为主要的食物采集者，女人，而不是男人，是经济的主要提供者。同样，部落（而非家庭）是那时的基本经济单位；而且，人们对男性在再生产中角色的理解是不完整的［坎贝尔（Campbell），1988］。根据这个观点，男性的统治地位不是源于男性作为食物提供者的角色，而是在农业（和战争）出现之后才建立起来的［Blumberg，1978；艾斯勒（Eisler），1987；哈里斯（Harris），1977；Lipman-Blumen，1984］。

马克思主义者也特别关注现代家庭与资本主义的关系。他们认为，男性主导的家庭，通过为社会提供一些重要的、不用付工资的劳动形式，如人口再生产、照顾儿童、准备食品、日常健康护理等（传统上都是妇女的责任），极大地促进了资本主义的兴起［扎雷斯基（Zaretsky），1978］。这些免费的劳动使得男人能够保持他们的权力地位，并固化了妇女的从属地位。想方设法保持家庭中现存的性别不平等便是资本家的最大利益（Zaretsky，1976）。许多马克思主义者认为，如果资本主义体系不变，不平等的性别关系就不可能被改变［弗尔斯通（Firestone），1971］。

二、家庭结构

虽然世界上的家庭具有许多相同的功能，表现了许多相同的不平等关系，但是，不同社会甚至不同群体的家庭结构却有着显著的差别。由于家庭结构是前现代社会中如此重要的一个方面，因此，它一直是社会人类学一个专门的关注焦点。不过在现代社会中，家庭结构也存在广泛的差异。

（一）亲属与家庭

虽然家庭和亲属网络（family and kinship network）在英语中通常都被称作“家庭”（families），但社会学家和人类学家在两者之间还是做了重要的区分。亲属（kinship），是指一些有着共同的祖先或血缘的人，或是靠姻亲关系或养育关系联系在一起的人组成的社会网络。亲属可以包括父母、兄弟姐妹、姑姨叔舅、（外）祖父母、姑舅祖父母、叔伯祖父母，以及第一、第二、第三顺序的堂（表）兄弟姐妹，等等。亲属网络中的确切成员关系是由特定的文化规范决定的。某些社会的亲属关系比其他社会所包括的范围要更广一些。

亲属并不总是生活在一起并以群体的形式发挥作用。但是，他们确实承认彼此之间拥有的权利、责任和义务。在美国，亲属可能会在感恩节或圣诞节聚在一起，或是一起参加婚礼、葬礼，也可能大家一生中只聚会过一次。

由于家庭具有如此多样的形式，因此一直很难给家庭下一个定义。家庭（family）是亲属关系中（或类亲属关系中）相对较小的户内群体，是一个相互合作的单位。在美国，家庭通常是一个由父母和子女组成的小群体。然而，在许多社会里，家庭包括了三代或三代以上的亲属。例如，有的家庭包括兄弟及他们的妻子，他们的儿子儿媳妇、未出嫁的女儿、孙子等都生活在一起或住得很近。大家共同提供食物、维持家计、照顾小孩和老人。如果这些个体作为一个单元发挥作用，社会学家就把他们看作是同一个家庭的成员。但是，如果他们只是住得很近，但并不共享资源，那他们就是不同家庭的成员，不过仍属于一个亲属群体。 316

在人的一生中，大部分人都属于两种不同的家庭。他们在其中出生并接受大部分社会化的家庭是出身家庭（family of orientation）；而结婚生子后建立起来的家庭是生育家庭（family of procreation）。不同的社会在两种家庭上的文化侧重不同。例如，在普韦布洛（Pueblo）印第安人中，出身家庭具有特殊意义，而生育家庭则是更随便的一种安排。一对普韦布洛印第安男女结婚后，女方仍住在她母亲家里，男方搬来一起住。如果夫妇不和离婚，那丈夫搬回他母亲家里住。甚至夫妇婚后在庆祝和收获的季节里还要分开；妻子待在她的出身家庭里，丈夫也暂时回到自己的出身家庭。对双方来说，出身家庭始终是最重要的家庭。

美国人把出身家庭和生育家庭都看作是“家庭”，但是典型地说，我们主要还是更加重视生育家庭。例如，现代美国家庭中丈夫和妻子很少在假期分开而返回他（她）们各自的出身家庭去。

.NET 互联网/技术

美丽新世界

1997 年 11 月 20 日，博比·麦考伊（Bobby McCaughey）生下了 7 个健康的孩子，立刻成为全世界媒体的头版头条。媒体等待这一历史性的时刻已经有好几个月了。麦考伊夫妇称这次多胞胎生育是一次奇迹，但是医学伦理学家质疑科学是否走得太远——像这样的多胞胎生育是否是对高科技药物的滥用。

当药物使许多夫妇可以拥有他们曾强烈渴望得到的家庭时，批评家们怀疑人类扮演上帝的道德伦理。一些受孕专家承认药物对母亲和孩子的风险，并遵循自愿的原则来开展治疗。但是另外一些专家则不然。麦考伊的成功令许多受孕专家很迷惑，他们原本相信想要孩子的夫妇应该将多胞胎中的复杂性减至最小。事实上因为多胞胎婴儿往往早产，他们会有很多健康方面的危险。而且估计每个婴儿的花销要达到天文数字——在出院前每个婴儿的费用就高达 25 万美元。

麦考伊夫妇很清楚麦考伊太太会产下多胞胎。她服用了刺激卵子排放的药物 Metrodin。医生们通常用阴道超声波来确定产生了几个卵子。如果产生卵子太多，医生通常会建议夫妇俩先不要有性生活。在这个病例中现在尚不清楚是怎么回事。唯一的线索来自麦考伊太太的内科医生，她反问记者：“我们这个社会难道要替个人决定他们的家庭规模以及他们自己的生育选择吗?”（*Newsweek*，December 1，1997）

就在大家还在试图解释这个病例时，另一个妇女（Nkem Chukwu）宣布她怀了 8 个孩子——她创造了又一纪录。和麦考伊太太一样，她也使用了高科技的受孕手段来怀孕。不幸的是，她和她丈夫并不像麦考伊夫妇那么幸运，有一个孩子没能活下来。

多数父母不会遇到多胞胎的问题，但是很快在计划家庭的时候他们就有了几种选择。他们更多会考虑的问题是：你想让你的孩子具有什么样的特征？

这个看起来还有点遥不可及，但是科学家预计在未来几十年里就会解决这个问题（*Time*，January 11，1999）。事实上，民意测验专家已经调查了美国人是怎么想的。根据 CNN“时代”栏目 1998 年 12 月所做的民意测验，60%的美国人会采用基因工程来治疗致命疾病。三分之一的美国人会用它来提高智商。大约 10%的人会用它来决定婴儿性别或影响身高、体重。

这可能会让人一下就想到赫胥黎 1932 年的小说《美丽新世界》。但是这两者有一个很大的不同。在赫胥黎的乌托邦社会里，政府控制着优生的过程。而在美国，是每一对夫妇在控
317 制着，而且这可能会产生一场灾难。更具讽刺意味的是，唯一能阻止的就是靠政府控制（Wright，1999），但是今天的公共意见表明政府控制是不可能的。CNN“时代”栏目的民意调查还表明，当问到政府是否应该规范用基因测试来选择未出生婴儿的特征时，美国人认为不应该。事实上，两种不同意见几乎旗鼓相当：46%的人认为应该，49%的人认为不应该。

社会如何随着遗传学而改变？使我们与他人相区别的特征会消失吗？你怎么看待基因工程？

(二) 核心家庭与扩展家庭 317

虽然理想的美国家庭是核心家庭（nuclear family，由一对夫妇和子女两代人所组成的家庭，通常不和别的亲属住在一起），但是以这种家庭模式为基础，又发展出许多其他的模式。死亡和离婚使许多家庭只剩下父亲或母亲；年迈的祖父（母）可能搬来和这一家住在一起；由于经济原因可能使已婚子女带着自己的家庭回到出身家庭里生活；也可能未出嫁的女儿已生了个孩子，等等。如果一个家庭包括了三代及三代以上的成员，就叫做扩展家庭（extended family）。因为典型的核心家庭主要强调夫妻关系，所以它又叫做夫妇家庭（conjugal family）。如果家庭（通常是扩展家庭）主要强调与不同亲戚的“血缘纽带”，那它又可以叫做血亲家庭（consanguine family）。

核心家庭由丈夫、妻子和孩子们组成，联合家庭是一个由三代或更多代人组成的群体。

“完整”的核心家庭在美国中上层阶级中最典型。单亲家庭虽然在各个阶级都存在，但在下层阶级中更为普遍。单亲家庭通常是由于离婚、分居、未婚生育或丈夫失业造成的。 318 主要由于经济原因，扩展家庭也是在下层社会中更普遍。

大多数中产阶级的核心家庭都能雇得起人照看小孩、帮他们迁往新居、照顾病人等。有急用的时候他们还能从银行贷到款，也买得起新车。这样看来，就没什么经济理由让中产家庭非扩展不可了。

购买许多这样的产品或服务对于贫穷的家庭来说简直就是奢侈。这样的家庭通常必须依靠家庭成员和亲戚来提供他们买不起的产品和服务。妹妹来照看小孩；祖母来照顾生病的父亲或母亲；哥哥借给妹妹 50 美元，下次发薪的时候再还；如果需要的话，表哥还要带孩子去看牙；搬家那天家里所有能动的人都要帮一把手……没有这种相互帮助的网络，低收入的家庭就无法满足自己的需求，无法应付各种紧急情况。可利用的家庭成员越多，个人就越有可能得到帮助（Harris，1989；Stack，1974）。这样，对于穷人来说，大家庭、扩展家庭和关系密切的亲属群体就是一种实实在在的优势——事实上，是一种必需。

全世界的家庭结构正在逐渐朝核心家庭的方向发展。全球家庭发展趋势的这种转变，是从英国开始的（Goode，1963）。在前工业社会的英国农村，三代或更多代生活在一起的家庭已经是极少数了，而那时欧洲大部分地区扩展家庭仍很普遍［古迪（Goody），1983；拉斯莱特（Laslett），1972；拉斯莱特和沃尔（Laslett & Wall），1977］。

今天，这种朝核心家庭方向发展的趋势看来是与城市化、工业化以及全世界的社会现代化密切相关的［Harris，1983；Moore，1979；克尔等（Kerr et al.），1964］。当工业取代农业成为生产的主要形式时，比较普遍的情况是，家里的年轻人离开土地和乡村，搬到城市去，在那里找工作。这往往削弱了他们与留在乡村的家人的联系。一旦到了城里，家庭就会为了求职或别的原因（如好的居住条件、退休、更适宜的气候等）不断地搬迁［明茨和凯洛格（Mintz & Kellogg），1988；滕斯特朗（Thernstrom），1973］。因此，农业家庭很可能是扩展家庭，与一块土地紧密联系，而工业家庭则是核心家庭，有更大的流动性。

扩展家庭的减少就是这样由于工作性质的改变促成的。与在工业社会中的穷人一样，在农业社会里扩展家庭提供了一种经济上的实惠。家庭的每个成员都从事一些生产性的工作。儿童、老人、残疾人，虽不能与健康成人干同样的活，但每个人都能为整个家庭单元的经济福利贡献自己的力量。可是，在工业社会，儿童、老人、残疾人更多的是经济上的消费者，他们只是在特定条件下才被雇佣（如劳动力短缺时期）。因此他们几乎不为家庭单元贡献什么，却和生产者同样消费。因此，在工业社会扩展家庭就成了一种负担而不是优势了。

伴随扩展家庭向核心家庭转变，个人有了更大的自由和流动性。在扩展家庭里，个人需求往往从属于大家庭的需求。例如，很难有什么个人隐私。

但是，核心家庭也有弊端。虽然个人从很多责任、义务中解放出来，但是反过来，别的家庭成员也不再对他负有责任义务了。由于现在家庭单位更小了，所以感情和经济支持也就更有限了，每个人可以从中获得满足、感情、陪伴、帮助的家庭成员也就更少了。结果就可能导致
319 社会孤独感的增加（Popenoe，1988；Zaretsky，1976）。

（三）家庭中的权威

综观西方历史，家庭权威一直由男性执掌。在父权家庭（patriarchal family）这种家庭结

构中，大部分权威由最年长的男性拥有。这位男性家长可能是扩展家庭中的祖父或叔父，或是核心家庭中的父亲。他在各种家庭事务中做最后裁决——如住在哪、如何消费各种用品、孩子与谁结婚等等。在父权家庭中，妇女通常有她们自己的权力范围，主要是涉及家务事和孩子，但是即便是这些领域，最终的主意还是由男人来拿。例如，日常厨下工作都由妇女来做，但主要的采购（如一只新炉子）却需要得到家长的许可。

相反，母权家庭（matriarchal family）则是大部分权威掌握在最年长的女性手中的一种家庭结构。一些社会科学家认为，在人类历史上的一个非常早的时期，母权家庭是主要的家庭形式。这种认识主要是在19世纪产生的［巴霍弗（Bachofen），1861/1967；恩格斯（Engels），1884/1977］。但多数现代学者并不同意这个观点［班伯杰（Bamberger），1974；哈里斯（Harris），1989；韦伯斯特（Webster），1975；韦斯特马克（Westermarck），1894/1901］。还没有确凿的证据表明妇女曾同样拥有过现在的男人所具有的这样对家庭乃至社会的权威。

在父系社会里，个别家庭也可能由于没有男性而由妇女领导。妇女成为家庭的核心和最重要的成员，这种家庭叫做母主家庭（matrifocal family）。母主家庭往往是由于战争、外出工作，或是现代社会中更普遍的因为高离婚率、非婚生育，因而家里没有男性的时候出现的。然而，许多这种家庭只是形式上的母主家庭，而同居的男友或是前夫、外出的丈夫等实际上还行使着相当的权力。

虽然大部分美国家庭仍倾向于是父权家庭，但一种新的模式已经在现代社会出现了：平权家庭（egalitarian family）［马尔毛德（Malmaud），1984；扬和威尔莫特（Young & Willmott），1974］。这样的家庭里丈夫和妻子在权力和特权上大致平等。就像家庭的许多其他发展趋势一样，平权家庭的增多也与工业化相联系。在现代社会里，每个工作日男人通常在外8～12小时，这必然削弱了他们的权力。另外，由于越来越多的女人也开始工作，所以她们在经济上对丈夫的依赖性减少了，这提高了她们在家庭中的地位。正是由于这些变化，越来越多的丈夫和妻子开始平等地拥有家庭权力。

然而，即使在相对平权的家庭里，许多重要的决定还是由丈夫做出的。例如，丈夫的职业往往决定了家庭在哪里生活，怎么生活。只有极少数家庭的搬迁是由于妻子变换工作或妻子在另一城市有了更好的工作。许多双职工今天已成为了“通勤夫妇”（commuter couples），他们在不同的城市里工作，周末在其中一方的住处度过［泰勒和克恩斯伯里（Taylor & Lounsbury），1988］。

（四）婚姻居所

在不同的社会中，家庭模式的另一个重要的不同之处就是婚姻居所——即夫妇婚后居住的地方。有些社会的传统是从夫居（patrilocal residence）。婚后夫妇俩住在丈夫父母的家里或与他们住同一个社区。这种文化中，儿子带新娘住父母家或与父母住得很近，女儿则搬到丈夫家住。而在从妻居（matrilocal residence）的社会里一切都要反过来。婚后夫妇住在妻子的父母家或同一个社区中。女儿一直住父母家，儿子搬去与妻子和她的父母住。例如，美国西南部的普韦布洛印第安人和纳瓦久（Navajo）印第安人是从夫居，而东北部的易洛魁（Iroquois）和休伦（Huron）部落则是从妻居。

虽然许多美国人要么从夫居，要么从妻居，但是多数新婚夫妇还是建立起自己独立的新家，特别是那些第一代、第二代移民。婚后夫妇俩不与任何一方父母或亲戚住在一起的方式叫单居制（neolocal residence）。这使得夫妇俩有了更多的隐私、流动性和个人认同感，但是也更有可能使得这个家与整个亲属网络割裂开来。

（五）世系与继承

亲属和血缘关系世代相连的方式就是世系（descent）。世系相传和财产继承有三种方式。父系继嗣（patrilineal descent），即家庭中父亲这一边的叫做亲属。在父系体系中，男性沿男性一边继承财产；女性通常没有权利继承。而母系继嗣（matrilineal descent），是指家庭中母亲这一边的叫做亲属；世系沿女性一边传承，财产也是由母亲留给女儿。还有一种是双系继嗣
320 （bilateral descent）——包括美国在内的大多数工业化国家都是这种体系——孩子们的亲戚与父母两边家庭都有联系，无论男孩还是女孩都有权继承。

三、婚姻、离婚和寡居

在扩展家庭中，子女婚姻伴侣的选择对整个家庭都很重要。配偶很懒，或是配偶唆使子女离开扩展家庭，这些对于家庭的稳定性来说都是一种严重的威胁。同样，因为婚姻在建立整个家庭的经济、社会地位方面扮演着重要的角色，所以配偶的选择就成为一条在亲属群体之间建立联系的途径。在这种社会里，选择配偶太重要了，以至于不能让个人自己解决，而一定要由父母或村里的长辈们来安排才行。有时这种配偶的选择会与孩子们自己的意愿相冲突。

现代社会里的年轻人可能会很难理解这样被安排的婚姻，更不用说接受了。可是要意识到，在这些扩展家庭中婚姻更多的是一项经济活动而不是出于爱情的考虑。同样，一位“不太完美”的配偶在大的扩展家庭里并不像在孤立的核心家庭里那样十分要紧。在扩展家庭里婚姻关系只不过是许多亲密的个人关系中的一种。

在现代西方社会里，罗曼蒂克式的爱情和个人的选择，已经成为婚姻的基础，而非出于经济考虑和父母的安排［戴维斯（Davis），1985；古德（Goode），1959］。因为在这样的社会中，婚姻的主要功能是提供伴侣关系和人与人之间的亲密关系——这可能是人们所知道的最亲密的关系——所以个人自己的选择尤为重要。家庭之间的联盟相对不那么重要，而且婚后夫妻通常都不与亲属一起住。所以，婚姻伴侣的选择就不会那么直接地影响到其他人，除了夫妇俩自身和他们未来的孩子外。

（一）选择婚姻伴侣

所有的社会都对性伴侣和婚姻伴侣的选择有所限制。乱伦禁忌（incest taboo，一种很强的

在一些社会中，父母或村庄中的年长者安排伴侣选择。这种安排确保了家庭的经济社会地位。

道德禁律，它禁止特定范围内的亲属之间发生性关系）就是一种很普遍的禁律。乱伦禁忌主要是针对核心家庭的成员，但是有时也针对更远一些的亲戚。在美国，父母与子女之间以及兄妹之间的性关系和婚姻都被严格禁止。有些州还把第一代的堂（表）兄妹之间的婚姻关系确定为非法关系。有的社会甚至禁止六代以内的堂表兄妹之间通婚。

历史上官方还几乎从没对兄妹之间的性关系禁忌有例外。但是古埃及和夏威夷的皇家曾有兄妹结婚的两个例外，因为他们是那个等级门当户对的仅有成员了。然而这种例外只能发生在皇家，乱伦对其他人仍是被严格禁止的。另一个例外发生在现代瑞典，在那儿兄妹乱伦的刑罚已被取消（Harris，1989）。

许多理论试图对近乎普遍的乱伦禁忌寻找根据（Murdock，1949）。生物学理论认为近亲繁殖会导致精神和肉体的退化。但这一理论有两点值得怀疑：第一，近亲繁殖并不必然会导致退化；第二，近亲繁殖的负面效应通常发生得非常缓慢，要经过几代人的时间才能表现出来。因此，许多社会科学家认为乱伦禁忌是由文化决定的（Harris，1989）。一个比较常见的解释就是乱伦禁忌有助于防止亲属群体之间的冲突。如果没有这个禁忌，竞争会严重破坏家庭的稳定。例如女儿为得到父亲的爱可能会与母亲竞争，兄弟之间也可能会因为追求同一位姊妹而彼 321

此敌对。

除了乱伦禁忌外，有些文化要求实行内婚制（endogamy），即必须是同一群体中的人才能结婚。在美国，内婚制仍是有些种族群体的传统。例如，正统的犹太人当自己的子女与非犹太人结婚时会按传统为他们哀悼，就像他们已经死了那样。许多在美国的希腊人也鼓励内婚制；他们认为与非希腊人结婚会削弱他们的文化，因为美籍希腊人如果和非希腊人结婚，就不大可能让孩子学习希腊的语言和传统［舒尔茨（Schultz），1981］。

另一些文化则鼓励外婚制（exogamy），即规定要同自己群体之外的人通婚。这通常是比较小的社会遵循的规范，因为在小社会里，几乎每个人都与别的人有着或远或近的血缘、姻缘关系。在这样的社会里，配偶必须是另一个村子的人。这种做法有助于加强比邻群体间的联系，因为每个配偶都有亲属住在另一个村子里。建立在这些亲属联系之上，村与村之间的联盟就会通过物品与服务的交换而使经济关系得到强化［列维-施特劳斯（Lévi-Strauss），1969］。外婚制的观念在传统基督教教义中也能找到，即禁止三代以内的堂表亲之间通婚。

在美国，只有一些婚姻选择的方式是被禁止的。准备结合的双方不能已婚；必须达到法定年龄；不能是近亲；必须是不同的性别；不能是做出独身承诺的宗教团体的成员。除此之外，所有其他婚姻都是合法的。名义上，白人可以和黑人结婚，犹太人可以和基督徒结婚，社会名流可以和下等人结婚。但事实上，大部分美国人都选择那些经济、人种、种族和宗教背景与自己基本一致的人结婚。这种具有共同社会特征的人彼此结合的婚姻模式叫同类婚（homogamy）。

同类婚部分地是建立在许多美国亚文化对外婚制的微妙抵制之基础上的。例如，通常天主教徒要想在教堂里与非天主教徒结婚是很难的，除非双方保证今后教养孩子信奉天主教。来自父母的压力以及可能会被取消继承权的威胁等，都曾阻止过许多上层社会的后代与下层社会的人的婚姻。而且，种族之间的通婚会遭到广泛的社会反对，所有种族都如此，这也减少了外婚制发生的几率。

同类婚有两种重要的功能。第一种，也可能是最重要的一种，就是使孩子接受前后一贯的社会化教育的几率增大了。如果夫妻双方差异很大，他们很可能在如何教养孩子方面出现许多争议，会对下一代产生许多负面影响。同类婚婚姻还有一个重要功能，就是除了孩子社会化以外，夫妻在其他事情上的争吵也会大大减少。因为社会特征类似的人往往会有共同的价值观，所以同类婚会使相对幸福的婚姻机会增多，减少离婚的几率。

传统社会里，同类婚通常由父母之命、媒妁之言所安排的婚姻来保证。而在现代生活中，同类婚是大多数人倾向于与“同类人”交往这一事实的典型反映。即便他们不是都有这种偏好，但是他们与自己群体成员相遇、相处的机会还是要远远大于与“外群体成员”交往的机会。

美国人倾向于同与自己有共同宗教信仰、同一人种的人结婚。尽管不同人种之间的通婚率一直在上升，但这一比例在 1998 年全美国近 5 500 万对的夫妇中也只有 2.4%。在黑人与白人结合的夫妇中间，有三分之二是黑人丈夫与白人妻子的组合（U. S. Bureau of the Census，*Cur-*

rent Population Reports，January 7，1999）。

在美国，虽然不同经济地位间的婚姻比不同信仰、不同种族间的婚姻要普遍，但尽管如此，人们还是倾向于在同一阶级内部通婚［Benokraitis，1999；克莱顿（Clayton），1975；西蒙（Simon），1987］。人们通常还同相同年龄段的人结婚。美国夫妇间的年龄差平均只是约两岁，大多数丈夫比妻子大（U. S. Bureau of the Census，*Statistical Abstract of the United States*，1998）。

虽然人们倾向于同与自己相似的人结婚，但另一种趋势也很明显，这就是婚姻梯度（marriage gradient），即男人倾向于同比他们年轻的、文化水平比他们低的、职业声望不如他们的女性结婚。

（二）求爱和罗曼蒂克式的爱情

大多数美国人相信"爱情"是最重要的婚姻基础［康西安（Cancian），1987；沃尔斯特和沃尔斯特（Walster & Walster），1978］。人们谈论爱情、歌唱爱情，把它写在小说里、戏剧里、诗歌里。作为婚姻最本质基础的爱，是一种包括性吸引、激情甚至狂喜的感觉，以及把对 322
方理想化的混合体。围绕婚姻的全部复杂观念都与这种罗曼蒂克的爱情理想相联系。许多人甚至相信离婚的原因就是缺少这种爱。

不过，罗曼蒂克爱情并不总被认为在婚姻中很重要。就像我们已经看到的，在传统社会里，个人根本不能选择他（她）的婚姻对象，更不用说因为爱情而选择伴侣了。个人需要首先考虑家庭或部落的需要、愿望，而不是个人自己的。如果对家庭来说，这个婚姻对象是一个好的选择，那他（她）对个人来说，也是好的选择。

然而在西方工业社会里，个人的权利受到绝对尊重。人们选择婚姻对象主要是建立在个人满足的基础上（尽管经济上的需要仍是许多夫妇考虑的重要因素）。

这种文化价值对婚姻制度有什么影响？仅有罗曼蒂克爱情还不能成为建立持久婚姻的理想基础。许多人相识、疯狂相爱，然后迅速结为夫妻。他们希望这种令人兴奋的爱情能在多年的日常家务与经济活动中还能历久不衰。可是当伴侣罗曼蒂克式的感情渐渐消退的时候，他们会觉得受骗了。那种认为激情应该永远持续的观念对双方都是一种压力。最终失望会导致婚姻中的种种苦楚，导致通奸，还可能会引起离婚。

相互的支持以及相似的社会背景，而非浪漫激情，对于持久的婚姻爱情来说，看来是最重要的。一位学者这样描述一桩好的婚姻："一种两人之间的最有助于双方最佳发展的关系"［富特（Foote），1953，p. 247］。要想在感情上令对方满意，夫妇双方必须认识到对方的需求，共享经历，尊重对方的个体价值。这种爱不仅与夫妻双方个人的成熟程度密切相关，还与双方的相似程度，或者说至少是与他们的基本价值观和信仰的相容程度密切相关。就像一位学者所说的，"罗曼蒂克"式的爱情必须发展成为"理性"的爱情——一种对对方的真实的接受、交流以及给予和接受的爱［扎斯特罗（Zastrow），1986］。

有很明显的迹象表明，这种相互的包容性可能是影响婚姻稳定的最重要的社会因素［齐默尔曼和塞万提斯（Zimmerman & Cervantes），1960］。许多研究已经表明，婚姻中彼此相异的两个人是不会相互吸引很长时间的。例如，一项对 331 对军人夫妇的研究发现，对婚姻最不满意的夫妇是那些丈夫对性角色持传统态度、而妻子持现代态度的夫妇［鲍恩和奥尔托内 (Bowen & Orthner)，1983］。另一项研究得出的结论是，具有类似性情的夫妇通常幸福感会更强，婚姻更稳定。在渴望亲近、性格外向、喜欢娱乐活动、人际间的交往与喜好争论的方式等方面的相似性，对夫妇之间的相互包容起很大的作用［巴斯（Buss），1984］。最令人满意的男女婚姻关系看来是以容貌、个人魅力、影响力、智力、财富和其他资源方面大致相当的搭配为基础的。

（三）婚姻

婚姻（marriage）在社会学上被定义为一种社会所赞许的配偶约定，通常包括一男一女之间的性行为与经济合作。美国的婚姻体系以一夫一妻制（monogamy，即一个男人和一个女人之间的结合）为基础。而婚姻里同时涉及不止一个男人或女人的叫多偶制（polygamy）。最常见的多偶制婚姻是一夫多妻制（polygyny），一个男人同时有几个妻子。相反，如果一个女人同时有几个丈夫，就是一妻多夫制（polyandry）。

一夫多妻制在世界上广泛存在。乔治·默多克在对 238 个社会（大部分是前现代社会）的经典研究中发现，有 193 个是一夫多妻制，43 个是一夫一妻制，2 个是一妻多夫制（Murdock，1949）。在非洲和亚洲的部分地区以及中东的部落社会里，一夫多妻制至今仍很盛行。在中东，穆斯林男人可以同时有四个妻子。所有的妻子和孩子通常都住在一起，共同承担家庭责任。这是典型的建立在经济需求基础上的婚姻制度，它有助于增加社会的人口出生数，或是有助于弥补由于战争造成的男人短缺。

绝大多数美国人都会结婚，并在家庭中度过他们一生中的大部分时间。事实上，美国的结婚率比其他任何一个现代社会都高。1990 年，40 岁以上的妇女中 92%在婚或曾结过婚；所有子女年龄在 18 岁以下的美国家庭中，约 75%的家庭中丈夫和妻子住在一起（U. S. Bureau of the Census，*Statistical Abstract of the United States*，1998）。

但是目前流行的趋势是推迟结婚年龄。现在妇女首次结婚的年龄中位数是 25.0 岁，是政府自 1890 年开始保留统计数字以来的最高年龄。对男性来说，首次结婚的年龄中位数是 26.7 岁（U. S. Bureau of the Census，*Current Population Report*，January 7，1999）。而且选择根本
323 不结婚的人数正不断增加。从 1970 年到 1997 年，单身家庭的数量翻了一番，从 1 090 万增长到 2 540 万。单身家庭现在占全部家庭的 25%。数量增长最多的是单身女性，她们占单身家庭的 58%。1990 年，25 岁至 29 岁的女性中有 31.0%从未结过婚（U. S. Bureau of the Census，*Statistical Abstract of the United States*，*1998*）。妇女有了接受教育和就业的新机会可能就是解释这些趋势的原因。

那些不结婚或是推迟结婚的年轻人普遍担心他们的婚姻可能会不幸福。那么在美国有多幸福才能达到婚姻幸福的平均水平呢？我们很难获得婚姻生活的情感质量的准确数据，而且人们可能倾向于把他们的婚姻说得比实际上幸福。不过，还是有证据表明，理想的婚姻和现实差距很大，特别是在工人阶级中间。

在一项开拓性的研究中，米拉·卡莫罗夫斯基（Mirra Komarovsky，1964）从 58 对工人阶级的婚姻中发现，夫妇俩并不期望从对方那里得到什么。丈夫和妻子倾向于各过各的生活。丈夫通常和哥们儿待在一起，妻子则和女性亲戚朋友待在一起。总的来说，这些人好像并不认为亲密关系和伴侣关系特别重要。样本中大约三分之一的夫妇认为他们的婚姻是幸福的，另有三分之一认为不幸福。只要家庭保持完整，经济上稳定，那么夫妇俩或多或少就还是满意的。大多数人认为婚姻是一种必需的和有用的关系。

另外一项关于工人阶级家庭生活的著名研究是林兰·布里斯罗·鲁宾（Lillian Breslow Rubin）主持的。在她的书《痛苦的世界》（*Worlds of Pain*，1976）中，鲁宾得出的结论与卡莫罗夫斯基的非常相似：工人阶级通常结婚比较早，求爱的时间很短；这种婚姻中的夫妇往往很少注重相互的交流、亲密关系或能否同甘共苦等；他们认为婚姻中最重要的目标就是能够过上好日子，并且“对孩子有好处”。然而，最近对美国中西部一个城镇 58 年来（1920 年至 1978 年）的家庭情况调查则描绘了一幅不同的图景。这个城镇中工人家庭的态度与商业阶级的家庭并没有明显差别。两个阶级的夫妇对他们的婚姻关系都表示满意，并认为开诚布公的交流和相互的支持是婚姻幸福的主要因素（Bahr et al.，1982）。

美国的结婚率要比其他现代社会的结婚率更高。

一个有代表性的人口横截面调查发现，美国人的婚姻幸福感水平相对较高［美国全国民调中心（National Opinion Research Center），1992，1994；格伦和韦弗（Glenn & Weaver），1988］。一项对已婚夫妇的调查表明，60%的夫妻认为他们的婚姻非常幸福，36%的夫妻认为很幸福，只有 3%的夫妻认为不太幸福（General Social Survey，National Opinion Research Center，1994）。另一项研究表明，如果要再选择一次的话，超过半数的夫妇还会与现在的配偶结婚［帕特森和金（Patterson & Kim），1991］。研究还表明，对大多数美国人来说，整体的幸福感更多的是取决于有一个好的婚姻，而不是其他变量，如工作满意程度或家庭关系等（Glenn & Weaver，1981）。

（四）离婚和再婚

19 世纪的时候离婚还不是很普遍。而进入 20 世纪后离婚率开始稳定增长。1970 年，每 1 000个已婚者（且与配偶住在一起）中有 47 个离过婚。这一数字在 1980 年上升到 100，1989 年上升到 138——几乎是 1970 年的 3 倍（U. S. Bureau of the Census，1990b）。到 1990 年止，每年的离婚数字是 1 182 000。最近几年，离婚率有微弱的下降。1997 年，离婚数字为 1 163 000，是最近 20 年来最低的。

最近以来，那些有未成年子女的家庭的离婚数量在增长，许多研究家庭关系的专家对此感到很震惊。在 1956 年，离婚涉及的孩子是 361 000 名。到 1988 年这个数字大约增长了两倍，达 1 091 000 名（National Center for Health Statistics，1989）。据估计，约 41%的孩子在 15 岁以前经历过父母离婚（National Center for Health Statistics，1989）。

324 有研究表明，离婚对孩子所造成的某些负面效应会持续相当长的时间。与这些后果有关的因素包括：缺少父亲或母亲（的关爱），家庭收入低，学习成绩不好，孩子的年龄与性别，以及外界的反应（Benokraitis，1999）。有一项研究认为，与完整家庭中的孩子相比，离婚家庭中的孩子认为他们与父母的关系不是很积极——也就是说，更为疏远，缺乏爱与交流［法恩、莫兰和施韦贝尔（Fine，Moreland & Schwebel），1984］。另一项研究表明，从长远看，离婚在感情上对年长的孩子比对年幼的孩子造成的不稳定感更强一些，因为年幼的孩子对家庭破裂前的记忆要少一些，而且不像年长的孩子，他们并不感到自己对家庭破裂负有什么责任。年长的孩子比年幼的孩子还更可能把被抛弃的恐惧带入自己今后的人际关系中去［卡马拉（Camara），1986；沃勒斯坦和凯利（Wallerstein & Kelly），1981］。

研究发现，不管离婚时孩子的年龄大小，离婚确实会伤害到孩子［比布拉兹和拉弗蒂（Biblarz & Rafferty），1993；沃尔瑟（Walther），1991］。离婚家庭里的孩子比完整家庭里的孩子更容易在学校出现问题，更容易封闭自己或是对毒品和酒精上瘾。而且他们也更有可能饮食紊乱、偷窃和性滥交。

离婚的时候，孩子会经历一系列情感变化，多数是恐惧、被抛弃感、被拒绝感、悲伤、焦虑、孤独、冲突的忠诚感、愤怒、内疚等。然而，离婚对孩子所造成的长期心理后果很难在其早期反应中预见到。有些心理效果可能一直潜伏着，只在往后的发展阶段上甚或成年期才表现出来。对父母离婚 10～15 年后的孩子进行访谈调查表明，50%的孩子认为父母的离婚在感情上一直对他们起着核心的作用［沃勒斯坦和布莱克斯利（Wallerstein & Blakeslee，1989)］。

离婚后家庭关系的质量对孩子如何进行心理调试有很大的影响。如果离婚后父母保持积极的交往，彼此尊重，没有大的冲突，那么孩子就有较好的心理调试机会（Bohannan，1985）。不过，对于离婚后孩子如何认识他们自己，以及他们在生活的不同方面如何发挥作用而言，母亲与孩子之间关系的质量是最关键的因素（Wallerstein & Blakeslee，1989）。

虽然离婚通常被认为是有负面影响的，但是在某些情况下对孩子还是有积极作用的，特别是对那些父母虐待子女或父母间有暴力冲突的孩子来说更是这样［戴默和阿科克（Demo & Acock），1988］。事实上，有研究表明父母离婚后那些最痛苦的孩子正是父母在家里没有暴力行为或并没有感到痛苦的孩子（Bohannan，1985）。

在美国，离婚带有子女的单亲生活境遇，要比在其他现代化社会更艰难。多数西欧国家通过广泛的社会服务和福利来支持家庭，包括各种家庭津贴（发给所有有未成年子女的家庭的津贴），住进公共住宅的优先权，以及为工作母亲提供儿童看护的项目（Kamerman & Kahn，1981；Morgan，1986）。这些服务有助于减轻家庭破裂后的各种压力。

相比而言，在美国，家庭普遍被看作私人空间的一部分，这样，就不是一个完全适合政府行为关注的焦点［斯泰纳（Steiner），1981］。如果要提供家庭服务，那通常只是在家庭已经破裂后。

在美国，离婚者的子女通常必须特别依赖于父亲提供的子女抚养费。但是几乎50%的父亲并不能提供这种资金支持［休利特（Hewlett），1990］。是否需要支付抚养费通常依赖于母亲的社会地位。1991年，与21岁以下的子女生活在一起（但孩子的父亲都住别处）的990万妇女中，56%的人都有合法协议可以从孩子的父亲那儿得到子女抚养费（U.S. Bureau of the Census，*Statistical Abstract of the United States*，*1998*）。有68%的白人妇女与孩子的父亲签有抚养费的协定，但只有41%的美籍拉美裔妇女和35%的黑人妇女签有这样的协议。还有，大学学历的妇女得到孩子抚养费的人数要比只受过高中教育的妇女多。而且，在法庭上获准得到子女抚养费并不一定意味着事实上就能得到这笔费用。1989年获准得到子女抚养费的妇女中只有75%确实从孩子父亲那里拿到了钱（U.S. Bureau of the Census，1993）。

1. 再婚

绝大多数离婚者都又结婚了。事实上40%的婚姻中都有夫妻中的一方或双方是离过婚的（Benokraitis，1999）。离过婚的男女通常会在离婚后三到四年内再婚。大约10对再婚婚姻中有8对的子女是以前婚姻中的子女［坎特罗威茨和温格特（Kantrowitz & Wingert），1990］。某些个人特征会影响再婚的可能性：年轻人、白人、富有的男人和贫穷的女人最有可能会再婚（Benokraitis，1999）。不过，第二次婚姻成功的几率没有第一次婚姻那么高。总的来说，60% 325
的再婚婚姻会失败；如果还有孩子，那失败的几率就增大到75%［迪卡尼奥（DiCanio），1989］。

对第二次婚姻离婚率很高的一种解释是，与首次婚姻相比，再婚夫妇会更加密切地监测他们的夫妻关系。因为他们对婚姻破裂前的警报更为敏感，所以他们更可能会在预期的痛苦的婚姻结束之前自己放弃这次婚姻［小弗斯滕伯格（Frank Furstenberg，Jr.），见Cox的报道，1983］。经历了一次离婚会更容易预料到另一次离婚。而且，把第一次婚姻中的感情和问题带进来，也会妨碍新婚姻关系的成功发展（DiCanio，1989）。与继父母相关的问题也是导致再婚失败的因素［谢林（Cherlin），1983］。

结婚、离婚（或寡居）和再婚可能会在一个人的一生中多次重复，这使得一些社会学家把美国人的婚姻体系概括为“一夫一妻系列制”（serial monogamy）或“连续多偶制”（sequential polygamy）。也就是说，许多美国人在他们一生中有几个配偶，但是在一次婚姻中只有一个配偶。一位有名的学者指出，“很可能在我们的社会中实践多婚制的人数……要比那些公开承认是多偶制的社会还要多”［伯纳德（Bernard），1956］。

2. 离婚率分析

对结婚、离婚和再婚的统计数字可能暗示了许多美国人对婚姻生活的消极态度。但是相反的情况可能与事实更为接近。虽然某些个体可能会放弃一段婚姻，但是作为一个群体的美国人仍强烈地忠实于婚姻这种制度。很高的结婚率和再婚率就证明了这一点。

人们已经发现了离婚者的一些主要的社会特征：那些十几岁就结婚的人；婚前认识时间很短的人；不参加宗教活动的人；以及住在城市的人离婚率会比较高［基德森、巴布里和罗奇（Kitson，Babri & Roach），1985］。另一些研究者发现，朋友或家庭成员对婚姻的反对态度是婚姻不稳定的一个重要预示，因为这种反对不只代表了那些认识夫妇双方的人们的一种预见，而且代表了那些可能会帮助维系夫妻关系的人对婚姻的不信任票（Goode，1982）。早期的研究发现，下层社会和工人阶级中的离婚率要比中产阶级和上层社会中的离婚率高。这种情况通常被认为是由经济压力所造成的。但是最近几年社会阶层较高者的离婚率的上升要比较低阶层的离婚率的上升更快，不同阶级之间的离婚率差别几乎已经消失。

有些研究者认为，丈夫和妻子的工作境遇对婚姻是否能持续下去有显著的影响。如果丈夫很难找到工作或者保不住现有的工作，或是妻子有能力挣钱养活自己，夫妇俩就易于离婚。妻子的职业状况非常重要。要是妻子能养活自己，而不用依赖丈夫的收入，那么妻子看来就没必要待在不幸的婚姻里了，这样他们的离婚率一般就比较高［（Blumstein & Schwartz），1983；里克斯（Rix），1989；罗斯和索希尔（Ross & Sawhill），1975］。

要判断为什么某一桩婚姻会失败就更难了。离婚的原因通常包括个性冲突、经济困难、养育孩子中的分歧、宗教差别、与姻亲的矛盾，以及性生活不和谐等。

在更广泛的层次上，美国的高离婚率与我们社会的多样性特征相联系（Cherlin，1983）。有一些社会特征在前面已经讨论过了，像核心家庭的相对独立等。另一些特征包括，如：居住地的变动率高（从一个家搬到另一个家）、不断地重新定义家庭成员和性别角色；还有，美国社会极具民族多样性，这意味着有不同背景和价值观冲突的人有很大可能性相识并结婚。

这些年来，美国有关离婚的法律已经变得更自由了；也就是说，离婚更容易了，因为离婚的法律依据更广泛了。许多离婚案件不再需要证明是否有过错了。1970 年，加利福尼亚成为接受“无过错离婚”概念的第一州。这一观念使双方在自愿的基础上达成协议，减少了昂贵、痛苦的法庭战争。这已为其他许多州所采用。法律上的这些变化可能对离婚率的上升也起了作用，但是它们也是对离婚态度发生变化的一种反映。

（五）寡居

在美国大约有 1 370 万鳏夫和寡妇。其中妇女占了相当大的比例，因为通常女人比男人活得长，而且女人往往与比她们大几岁的男人结婚（U. S. Bureau of the Census，*Statistical Abstract the United States*，*1998*）。寡妇再婚并不像鳏夫那么多，所以许多寡妇在余生中始终是孑然一人。

在美国，许多年老的寡妇的处境非常艰难。虽然有些搬去同已婚的儿子女儿住，但仍有一些过
326 着非常孤独的生活，切断了与家庭和已婚朋友（他们更愿意同其他夫妇交往）的往来。不像鳏夫，

寡妇还会遇到严重的经济困难。由于许多寡妇以前一直依赖她们的丈夫作经济后盾，所以她们并没有为进入劳动力市场做好充分的准备。随着生活费用的增加，寡妇的主要生活来源如养老金、社会保险、生活保险等，都不足为继。受过良好教育的寡妇要比没受过什么教育的寡妇日子好过些，失去丈夫后，在经济和社会方面重建新生活要更容易［洛帕塔（Lopata），1986，1987］。

四、变迁中的美国家庭

美国家庭在朝什么方向发展？人口变化的趋势、单亲家庭和继父母家庭数量的增多、家庭与工作关系的变化、家庭暴力和虐待儿童，以及婚姻和核心家庭的种种变化，都对今天的美国家庭产生着影响。

（一）人口趋势

家庭中的许多变化都源于所有现代社会都存在的人口变化趋势。1920 年出生的人的平均预期寿命是 55 岁。可是，今天，男人的预期寿命达到 73 岁，女人是 79 岁（U. S. Bureau of the Census，*Statistical Abstract the United States*，*1998*）。另外，生孩子和养孩子也不再是整个一生要做的事，不像以前，父母很年轻就生了第一个孩子，养活一大家人，去世很早。越来越多的第二次世界大战后出生的妇女推迟了她们生头胎的年龄，都是二十好几才生。而且许多都只生一胎，最多生两个孩子［Rix，1989；威尔基（Wilkie），1981］。事实上，还有越来越多的夫妇选择不要孩子。

这些趋势极大地延长了妇女在家庭生命周期开始和结束时不用养育子女的年头。尽管妇女生头胎子女的岁数已经增长了，但是大多数只有两个孩子的妇女在 40 多岁的时候进入所谓的空巢期。已婚妇女在一生中用于养育子女的时间明显减少与妇女就业有密切关系。

（二）单亲家庭和继父母家庭

离婚和再婚的流行已经导致在过去几十年中单亲家庭和继父母家庭数量的显著增加。今天单亲家庭占全美所有家庭的四分之一强。大多数这些单亲家庭（84%）是母亲维持的。而且据估计，今天出生的美国孩子中有一半（45%的白人孩子和 86%的黑人孩子）将在由母亲维持的家庭中度过至少是部分童年，这位母亲可能离婚、分居、未婚或寡居［加芬克尔和麦克拉纳曼（Garfinkel & McLanahan，1986）］。

单亲家庭要克服许多经济的、社会的和感情的问题。这些家庭经常会遇到经济不稳定、阶段性无收入、迁移、家庭角色和责任的改变、情感紧张等问题。一项研究表明，单亲父（或母）经常报告说遇到了儿童教育、犯罪、缺乏安全感、前夫（妻）、生活标准的降低以及抑郁等问题（Garfinkel & McLanahan，1986）。此外，单亲无论是父亲还是母亲都要面临同时扮演父和母两个角色的挑战。

单亲家庭需要处理经济、社会和情感问题。挑战之一是履行双亲的功能。

327 因为多数离婚者都再婚了，所以有了越来越多的继父母家庭（stepfamilies），或曰混合家庭（blended families）。这些家庭里的孩子可能是从以前的婚姻中带来的，也可能是目前婚姻所生，大人则既是有些孩子的父（母），又是另一些孩子的继父（母）（Bohannan，1985；DiCanio，1989）。可获得的最新数据表明，在1991年有将近10%的孩子生活在继父母家庭（Benocraitis，1999）。1970年以后出生在美国的孩子，大约有一半在一生中的某段时间会生活在继父母家庭中，其中大多数孩子父母离异。继父母家庭往往变得很复杂。不幸的是，目前没有什么建议能帮助成功地建立一个混合家庭，而且在努力建立新的家庭单元时，子女和成人之间的紧张情绪往往会导致仇恨、妒忌、不安全感和竞争。"真正的"父母和继父母的角色往往会使成人很迷惑，也搞得孩子很不愉快。

一般的，混合家庭的成员通常会说，要花3年到6年的时间才可以建立起新家庭的稳固联系。如果让孩子有机会表达自己的感情、参与做出决定，那他们对新家的适应会更快。

离婚的夫妇通常面临的另一个重要问题是孩子的监护问题。一个越来越流行的解决办法就是联合监护（joint custody），即父母双方共同监护孩子［阿特金斯（Atkins），1986］。这样安排，孩子每周或每月，甚至每半年分别居住在父亲家或母亲家。父母必须保持友好态度以便使联合监护能顺利进行，而且他们必须做出额外的努力让孩子获得安全感。

（三）工作与家庭

已婚妇女就业被认为是 20 世纪最重大的社会变革之一［施里夫（Shreve），1984；史密斯（Smith），1979］。现在全美有薪劳动力中妇女占 45%强。子女不满 6 岁的已婚妇女中 64.8%在工作，这比 1975 年 36.7%的比例有了明显增长（U. S. Bureau of Labor Statistics，1998）。

已婚妇女就业改变了许多家庭中传统的性别角色分工。这种变化比较广泛地出现在较高阶级的家庭中。在这些家庭中，妇女就业的比率上升最大，而且这些妇女比工人阶级或较低阶级的妇女更倾向于走向职业化。在工人阶级和较低阶级的家庭里，性别角色则更加抗拒变迁。

关于正在变化的性别角色，有一个未曾预见到的后果就是大约 210 万年龄在 5～13 岁的儿童放学后没有成人监管［儿童、青年和家庭特别委员会（Select Committee on Children, Youth, and Families），1989］。这些"脖子上挂钥匙的孩子"（latchkey child）在家里发生意外的比率要高于平均水平，而且在学校也更容易出问题。有些情况下，地方图书馆成了代替昂贵的日托、雇佣保姆或把孩子单独留在家里的一个办法。图书馆报告说，在过去的几十年中，放学后在那儿等着被父（母）接走的孩子越来越多了［德坎迪多（DeCandido），1988］。

为了适应就业母亲人数上升的趋势，美国社会在某些方面已经发生了变化。越来越多的夫妻双方（特别是在中产阶级中）共同承担家务劳动并照顾孩子，不过这一数量仍很少。还有，虽然大多数就业母亲的子女仍由朋友或亲戚等非正式关系照看，但日托机构也越来越多了。1997 年，美国有 98 000 多家注册的托幼中心（U. S. Bureau of the Census，1998）。不过，许多托幼中心是私人设施，是工商企业为自己的雇员所建。在美国到现在为止，相对来说几乎没什么公立日托中心，也几乎没有日托公共基金。事实上，一项调查发现，极度缺乏能利用得上又支付得起的日托中心，是今天城市面临的第三大问题［美国市长会议（U. S. Conference of Mayors），1988］。

这种状况与世界上许多国家的儿童看护体系（child-care system）形成了鲜明对比。有 100 多个国家制定了儿童看护政策，许多欧洲国家在实施广泛的日托项目。例如在丹麦，44%的 3 岁以下的孩子和 69%的 3～5 岁的孩子都加入了公立日托机构。

改善美国儿童看护体系的努力收到了不同的效果。在州一级，加利福尼亚州、明尼苏达州、马萨诸塞州、纽约州和康涅狄格州成了提供日托机构基金的领先者，但许多州却根本没有制订计划。旧金山市最近启动了一项革新计划：现在，所有商业写字楼的开发商要么必须在同一地点建一个儿童看护中心，要么就必须为整个城市的儿童照料计划有所贡献。

从全国来看，要通过一项建立联邦日托服务体系的法律几乎不太可能。然而，比尔·克林顿总统在 1993 年 2 月签署的家庭和医疗休假法案（the Family and Medical Leave Act）确实代表了一种很有意义的努力，试图解决有就业妇女的家庭所面临的特殊问题。这项法律要求有 328

50 名以上雇员的公司应允许雇员（无论男女）有 12 周不带薪的假期，去照顾刚出生的或刚领养的婴儿，或是当自己或家庭成员生重病时休息照料。休假期间，雇员有权享受连续的健康保险，当他们回来工作时，应得到原来的工作或同等的一份新工作。可是，这项法律只能使大约 40%的美国劳动力得到好处；小公司的雇员、兼职工人、在公司工作不满一年的人，以及公司中 10%的薪水最高的人处于法律的覆盖面之外［斯坎伦（Scanlan），1993］。

在美国，由于母亲对孩子的照顾减少，又没有父亲或公共服务来代为照料，这可能会对下一代产生持久的影响。于是，许多关注此事的人，正在想办法以使父亲更多地担负起养育孩子的责任。他们还试图为子女尚小的父母提供更灵活的工作日程安排，并扩大儿童看护和发展的社区服务［亨特和亨特（Hunt&Hunt），1982；加林斯基（Galinsky），1986］。

许多已婚妇女仍然只做兼职工作或是有时工作有时不工作。但是，现在双职工家庭（dual-earner families）数量越来越多，即夫妇俩在一个连续时间段里都持续从事全职工作。这些家庭中尽管妻子的时间安排可能与丈夫的不同，但通常是夫妇共同分担家务劳动，双方的职业得到同等的重视［法瓦和吉诺维斯（Fava & Genovese），1983；赫茨（Hertz），1986］。

双职工家庭有几大优点。它为妇女提供了更广泛的就业领域，为孩子建立了更积极和平等的角色模型。它可以满足家庭成员“打破一成不变的角色关系使每个人都能通过努力获得个人成就”的愿望［拉波波特和拉波波特（Rapoport & Rapoport），1978］。而且双职工家庭的收入肯定也更多。

双收入家庭有几个优势。除了更多的收入外，双收入者还可以为孩子展示出积极的和平等的角色模式。

不过，这些优点往往伴随着紧张忙碌和压力很大的生活方式，特别对母亲来说［约翰逊和约翰逊（Johnson & Johnson），1980］。虽然传统的性别角色期望已经发生了微小的变化，但是有研究表明，职业妇女仍继续承担着家务劳动、照顾子女和社会事务的主要责任［比尔比和比尔比（Bielby & Bielby），1989］。在美国从事全职工作的母亲平均每周工作 40 个小时，照顾家庭和孩子用 36 个小时［克劳特和佩里-詹金斯（Crouter & Perry-Jenkins），1986］。因此，当

“既为妻又为母”的妻子，在照顾孩子、处理社会事务、做家务之间无法分身的时候，或为其他日常生活要求所牵扯的时候，双职工夫妇就需要想出一些办法来解决这些所面临的特殊家庭问题［霍克斯希尔德（Hochschild），1989；纳德尔森和纳德尔森（Nadelson & Nadelson），1980］。

为了在就业与家庭之间取得平衡，有些妇女采取了“按顺序”变换角色的做法［卡多佐（Cardozo），1986］。典型的顺序就是：首先，妇女花几年时间建立自己的事业。然后她回家做全职母亲，这又是几年时间，之后她可能又开始做兼职工作。最后，将职业又重新融入家庭生活。这种方式使妇女可以“拥有一切”，但是当她离开就业岗位去养育子女时，也需要冒牺牲事业成就的风险。按顺序变换角色之所以成功，某种程度上还有赖于雇主能够允许妇女离开工作岗位。

（四）家庭暴力

今天家庭暴力的增加是因为今天的美国家庭比早期更有暴力倾向，还是因为只是现在才对家庭暴力给予了更多的重视，这点还不确定。不过，有一点很明确，就是家庭暴力问题的范围很广，报道案件的严重性和死亡数字都在升级，见表 14—1（Benokraitis，1999）。根据一份
1994 年盖洛普的民意调查，有七分之一的美国人报告曾是儿童暴力的受害者（Moore，1994）。 329
这项全国性的调查还表明，13%的被访者曾受过父（母）或成年的监管人的殴打、脚踢或是被致窒息。有 5%的人甚至报告受过更严重的暴力虐待。1995 年，儿童保护机构收到约 300 万份儿童虐待报告。据估计每年有 900 万美国儿童受到虐待［凯利等（Kelley et al.），1997；威斯和达罗（Wiese & Daro），1995］。

挨打的孩子并不一定是婴幼儿。1995 年，25%的受害者只有 3 岁或更小，超过一半的还不
到 8 岁，有 25%在 8 岁和 12 岁之间，有 20%的受害者是十几岁的青少年［美国健康与人力服 330
务部（U. S. Department Health and Human Services），1996，1997］。女孩子受到性虐待的比例比男孩子高，但是男孩子受到严重伤害的风险更高。

虐待儿童并不是家庭暴力的唯一形式。兄弟姐妹之间也互相殴打，事实上这是家庭暴力最普遍的形式。有些丈夫打妻子，有些妻子也虐待丈夫［Straus，Gelles & Steinmetz，1980；盖洛普月度民调（*Gallup Monthly Poll*），October 24，1997］。

子女虐待父母或年长的家庭成员是家庭暴力的又一形式，现已受到了越来越多的关注［科斯塔（Costa），1984］。虐待长辈有许多形式：体罚、精神上的侮辱、忽视、经济剥削，甚至还有性虐待（Crouter & Perry-Jenkins，1986）。据报告，十位父母中就有一位遭受过子女的拳打脚踢，3%的父母报告至少有一次遭受过子女的暴力。这也就是说，每年有 90 万个受害者受到晚辈的虐待（Gelles & Straus，1988）。

对儿童的性虐待，直到最近还是一个禁忌话题，现在正被广泛报道。估计在美国至少有 22%的孩子是性虐待的受害者［克雷德森（Crewdson），1988；范哈赛尔特（Van Hasselt et al.），1988］。虽然大部分案件发生在孩子自己家或邻居家，但有几件日托中心的性虐待案也已被发现了。至今最常见的情形是父亲对女儿，特别是对继女实施性暴力。最近一项关于父亲施加性暴力的研究发现，他们是典型的被社会孤立的、危险的人，他们对冲动的控制能力很

弱，判断力差，对他们行为的后果极不敏感［卡可克兰和鲍尔（Karen Kirkland & Chris Bauer），见勒旺森（Levenson）在1984年的报道；又参见克雷德森（Crewdson），1988］。

家庭暴力并不是在整个社会中平均分布的——有些群体比另一些更有可能诉诸暴力（Straus，Gelles & Steinmetz，1980）。尽管非裔美国人兄弟姊妹之间的暴力相对很少，但是黑人家庭中虐待妻子的比率最高。年轻夫妇比年长者有更严重的暴力倾向。

家庭暴力与收入有关。通常，家庭越贫困，就越可能诉诸暴力。收入与兄弟姊妹间暴力的相关性不太明显，但与虐待儿童高度相关。收入水平是影响配偶之间暴力事件发生率的最重要因素，很贫穷的家庭中的发生率是富有家庭的5倍（Straus，Gelles & Steinmetz，1980）。不过，收入水平在性虐待中相对来说就不那么重要了，性虐待在中等或较高收入的家庭中发生得更多些。除非医生和其他专家，特别是私人医院里的医生，更愿意报告出中等或较高阶级家庭中儿童受虐待的病例，否则关于收入与儿童受虐待之间的相关度的信息就还是不全面的。

只是到最近人们才试图认真地理解家庭暴力发生的原因。人们已经观察到，受虐待的儿童长大后通常也会虐待他们自己的子女，但是这种循环方式并不能告诉我们家庭暴力最初是怎么产生的。与经济困境相伴随的紧张无疑在家庭暴力中起了重要的作用，但是我们需要强调有数百万靠公共救济的失业人员从没有伤害过他们的孩子。滥用钱财和神经病症因素也会导致施虐（Van Hesselt et al.，1988）。美国人教育孩子的方式可能也间接地导致了对儿童的虐待，因为人们承认甚至鼓励对儿童进行体罚。如果太过分了，体罚就变成了虐待。核心家庭的相对隔绝使得虐待可以相当隐秘，这也纵容了家庭暴力［卡泽纳夫和斯特劳斯（Cazenzve & Straus），1979；盖利斯（Gelles），1978］。

自从20世纪60年代早期以来，公众越来越意识到了家庭暴力的存在，人们正在采取一些措施以减少它的发生率，减轻其后果。妇女组织为受虐待的妇女和儿童建立起庇护所。1977年，只有4个妇女庇护所；到1987年有超过1 000个。儿童虐待热线现在在多数大城市都开通了，通过它可以匿名地报告对儿童实施的暴力事件。有一些机构提供了托儿所，并为那些想不再虐待子女的父母提供咨询服务。而且定期在公共场所也会刊登关于这个问题的广告。禁止虐待儿童全国委员会相信，广告、热线和公众觉醒运动对于虐待儿童报告数量急剧增加起了作用。1986年，每1 000个孩子中就有33个报告；到1995年，报告数量上升到每1 000个孩子有46个，增长了49%（Benokraitis，1999）。然而，资助这些计划的公共基金前景并不确定。

最后，应该指出家庭暴力并不是美国所独有的社会现象。一份报告指出，殴打妻子是世界上家庭暴力最普遍的形式，所研究的90个国家中85%都有殴打妻子的现象，75%有对儿童身体虐待和惩罚的现象，而只有7%社会中报告丈夫挨过打。这些统计分析使学者猜测，受文化
331 赞许的男性主导地位是殴妻的根本原因；并且，在相信邪恶的超自然精神的社会中，孩子最有可能成为被严重虐待的对象［范哈赛尔特、莫里森和贝拉克（Van Hasslet，Morrison & Bellack），1988］。

329

表 14—1 家庭暴力梗概

	暴力种类	估计每年发生频率	受害者	施虐者
对儿童的暴力	身体上的虐待和忽视	报告数字超过 310 万；可能高达 900 万，每 1 000名儿童中有 46 名	52%的受害者是女孩；47%的是男孩。26%的受害者只有 3 岁或更小。超过 50%的孩子不到 8 岁；26%的孩子在 8 岁和 12 岁之间，另有 21%是青少年	十几岁的母亲比年纪大的母亲更容易施暴。虐待女人的男人中有 70%也会虐待子女
	性虐待（从爱抚到性交媾）	比例估计在每 1000 名儿童中有 0.7～1.4 个	1995 年有 346 000 个案件。女孩比男孩被虐待的比例高 3 倍	25%是生身父母；25%是继父母；50% 是亲戚或熟人
	乱伦	不详，但并不少见	一项调查表明，15%的成人在儿童期有过被性虐待的经历	大多数乱伦发生在父亲和女儿之间或继父与继女之间
	死亡	1995 年有 2 000 名	平均年龄 2.8 岁	母亲最有可能是杀害两岁以下儿童的凶手。25%～33%的儿童凶手是单身母亲的男朋友
对成人的暴力	殴妻（踢、打、咬、恐吓、使用武器）	200 万～400 万	所有社会阶级和各个教育水平的妇女	所有社会阶级的男人，虽然更多的是低收入者。有很高的比例是失业者。33%在 6 个月内重复使用暴力。每年 8 个丈夫中有一名承认使用过较“温和”的虐待——推、抓、撞
	婚内强奸	最常见的强奸形式；估计有 120 万	所有社会阶级和受教育水平的妇女。大多数还经常遭受非性虐待。往往是与社会隔绝的，典型地在经济上有依赖性	所有阶级和各个教育水平的男性
	虐待丈夫（打、推、扔东西、用东西砸、很少但有时也用武器恐吓）	通常未见报道。估计都不相同；一项研究表明有 49 000 个案例	许多情况下，男人也具有施虐倾向；两人组成一对暴力夫妇	许多情况下，是自我防卫行为
	虐待老人	50 万～200 万之间。估计 5%的老人受到虐待	多数是妇女，75 岁或更老；许多在体力上或精神上受到损害	主要是老人的赡养者。多数是女性。还有少数是儿子和孙辈

资料来源：Garbarino，1989，Kelley et al.，1997；Kurz，1993；McCormick，1994；Moore，1994；Patterson & Kim，1991；U. S. Advisory Board on Child Abuse and Neglect，1995；U. S. Department of Health and Human Services，1996；Violence Against Women，1994；Wiese & Daro，1995；Zawitz，1994。

（五）婚姻与核心家庭的变化

保持单身一直是相对婚姻而言的又一种变化，在今天的美国已越来越普遍。自愿保持单身有许多理由，特别是自从婚外性关系不再受到广泛谴责以来。有些人认为他们无法兼顾事业和婚姻，他们选择了事业。另一些人保持单身是因为他们对父母有很强的责任感，或是因为不想要孩子，而且又找不到别的理由结婚。还有一些人不结婚是因为他们是同性恋。虽然已经做出了一些努力允许同性恋结婚，但这种结合仍不被法律承认，不过现在美国有 7 个城市（包括洛杉矶和西雅图）通过了“家庭中的伴侣关系”法律，为登记注册的同居同性恋伴侣确认了许多配偶权利（包括保险受益、丧偶的遗产和税务信用等）（*Newsweek*，May 12，1990）。

异性同居作为相对于婚姻或保持单身的又一种变化，也越来越普遍。从 1970 年到 1996 年，未婚同居的数量已经从 52.3 万对增长到 395.8 万对，增长了近 7 倍（U. S. Bureau of Labor Statistics，*Statistical Abstract the United States*，1997）。根据盖洛普 1996 年的一项全国性民意测验，18 岁至 29 岁的被访者中有一半曾和配偶婚前同居过［纽波特（Newport），1996］。

正如人们所料，研究已经表明，未婚同居者通常不接受传统的社会价值观［Blumstein & Schwartz，1983；马科斯基、克罗克和凯勒（Markowski，Croake & Keller），1978；彼得曼、里德利和安德森（Peterman，Riddley & Anderson），1974］。不过，同居往往是婚姻的前奏。在一项对约 300 名男女做的调查中，约一半认为同居是对两人是否合适的一种检验，是迈向婚姻的一个步骤［西梅瑙尔和卡洛尔（Simenauer & Carroll），1982］。

婚前同居是否降低了拥有一个好婚姻的机会呢？有一些证据表明确实是这样的。使用瑞典数据的一项研究发现，婚前同居的妇女婚姻破裂的比率要比那些不同居的妇女高约 80%［贝内特、布兰克和布卢姆（Bennett，Blanc & Bloom），1988］。主要原因可能是同居者首先就不大会遵从婚姻的传统习俗。不过婚前同居的人在婚姻中也报告幸福感比较低（Newport，1996）。

有些年轻人尝试群婚，就是三个或更多的个体在一个家庭单元中生活，共同享受性生活和个人的亲密关系。虽然除了多种性关系外，这种形式有一些同扩展家庭类似的优点，但群婚很少有成功的，这主要是因为个人之间有很强的冲突倾向（像嫉妒等）［康斯坦丁和康斯坦丁（Constantine & Constantine），1973］。

（六）家庭的未来

就像本章所描述的，家庭这一设置在过去 30 年中已发生了巨大的变化。越来越少的人结婚了。那些选择结婚的人也很晚才结婚，并且也不生那么多孩子了。更多的婚姻以离婚而告终，单亲家庭的数量有了相当可观的增长。由于越来越多的人独自生活或是未婚同居，因而“非家庭”户的数量急剧增长。1990 年大约 2 300 万人独居，比 1980 年增长了 20%强（U. S. Bureau of the Census，1990a）。因为家庭更不稳固，且比以前持续时间更短，所以今天人们生活在家庭单元中的时间在他们一生中所占的比例就更小了。总体来说，有些人认为，这些趋势表明家庭这一设置已经处于死亡的边缘了。

虽然社会学家相信家庭仍很有活力，但是越来越多的证据表明它在多数人生活中的重要性在下降（Popenoe，1988）。随着生育率出现负增长，以及越来越多的夫妇选择不要孩子（这已为社会所广泛接受），家庭作为生育单元的重要性已经消失了（Rix，1989）。家庭曾经是儿童社会化的主要机构，今天已只是许多社会化主体之一了。一些学者甚至认为，与家庭相比，电视和其他大众传媒，还有学校和国家，对孩子都产生着更为重要的影响（Meyrowitz，1985）。

照顾老人是家庭的另一项传统责任，但其重要性也下降了。与以前相比，今天有更多的老人独住。许多老人还搬到新开发的、以年龄隔离的退休社区去住。还有一些老人在护理院或日间护理中心接受照料。

从这些发展变化来看，家庭成员个人变得更加自主，更不为家庭群体所束缚，就并不奇怪
了。家庭的一些权力和权威也已经让渡给了其他的设置，特别是国家及其机构。因此许多人已 332
经有些不大情愿在家庭生活中投入时间、金钱和精力（Goode，1984）。

不应该把这些变化完全看作是负面的。许多变迁来源于妇女地位的改善，并且在婚姻中创造了一种新的心理氛围，它可以在感情上使夫妻双方受益。不过，许多人还是关心近来的家庭变化对特殊群体（特别是孩子）所造成的负面效果。有些家庭变迁已经同儿童贫困、少年犯罪率上升、青少年抑郁症的增多联系起来了。因为孩子代表着社会的未来，对他们的任何负面影响都特别重要。

最近家庭发展的趋势是否会在将来继续保持下去，这一点并不确定。今天大多数年轻人仍认为，包括孩子在内的持久的一夫一妻制的婚姻关系才是主要的生活目标。而且，家庭观念仍相当强烈，特别是在美国。寻找核心家庭的各种替代仍会继续，但是人们也同样会意识到，家庭仍是塑造人格、价值观和促使人把握机会的推动力量。

复习与思考

1. 辨析家庭最主要的功能。讨论能够表明家庭并不总是按照社会的利益发挥功能的社会问题。
2. 你如何看待关于家庭的冲突论观点？家庭是现代资本家为了最大限度地维持家庭中的性别不平等的工具吗？为什么是或为什么不是？
3. 长期以来社会变迁是怎样影响家庭结构的？描述在你有生之年你所期望见到的美国家庭结构。
4. 仔细思考用于描述不同家庭结构的概念，如父权家庭、母主家庭、双系继承等。他们说明了家庭内部和家庭之间怎样的关系？
5. 为什么乱伦禁忌实际上很普遍？
6. 解释内婚制和外婚制的优缺点。
7. 为什么介绍婚姻比建立在浪漫爱情基础上的婚姻更稳固？
8. 你会怎样改变多数美国人今天看待婚姻的方式？
9. 21 世纪美国人工作方式的变化会怎样影响家庭？
10. 美国社会中的哪些变化会降低很高的离婚率？
11. 仔细思考美国家庭暴力。在你的有生之年这个社会问题会改善还是会更糟？为什么？

网上练习

第 14 章的网站涉及家庭的许多不同方面。在搜索之前，请登录 Prentice Hall Companion 的网站：http：//www. prenhall. com/popenoe 。然后选择第 14 章（家庭）。接着就可在屏幕左侧的菜单中选择网站，你会发现有许多可供选择的有趣网站。我们建议你从 The Fertility Network 和 Strohecker's Pharmacy 开始。这两个网站都是和不孕症与受孕药物有关的。你会发现可获得的受孕药物有哪些，各种咨询服务，以及许多关于这些产品如何使用的有关事宜等等许多有意思的信息。浏览过这些网址后，回答以下问题：

- 联系本章中的“互联网与技术”栏目思考一下，与不孕和受孕药物有关的主要社会问题是什么？
- 受孕药物很显然是一宗“大买卖”，它对于今天的家庭关系有哪些意义？
- 你个人认为支持和反对使用受孕药物的意见各是什么？

关键术语

kinship	亲属	matrilineal descent	母系继嗣
family of orientation	出身家庭	bilateral descent	双系继嗣
family of procreation	生育家庭	incest taboo	乱伦禁忌
nuclear family	核心家庭	endogamy	内婚制
extended family	扩展家庭	exogamy	外婚制
patriarchal family	父权家庭	homogamy	同类婚
matriarchal family	母权家庭	marriage gradient	婚姻梯度
matrifocal family	母主家庭	marriage	婚姻
egalitarian family	平权家庭	monogamy	一夫一妻制
patrilocal residence	从夫居	polygamy	多偶制
matrilocal residence	从妻居	polygyny	一夫多妻制
neolocal residence	单居制	polyandry	一妻多夫制
patrilineal descent	父系继嗣	dual-earner families	双职工家庭

第15章 教育

是否有一度你好像一直都在上学？特别是，如果你刚结束高中生活就进入大学，那么你可能就会习惯于按照校园的生活节奏安排你自己的生活，以至于毕业后当意识到9月份并不是新一年的开始，5月也并不是这一年的结束时，就会觉得很奇怪。接受广泛的教育在现代社会中非常重要，几乎每个希望得到一份体面的工作或是想拥有我们社会所认为的正常生活标准的人都需要接受教育。 335

广泛的正式教育在相当近的时间内才发展起来。在工业化之前，教育只在小范围内由精英群体享受，而大多数人都不上学，没有文化。不过，现代劳动力市场性质的改变大大增强了正式教育的重要性。几乎82%的美国人受过高中教育，超过23%的美国人有大学学历(U. S. Bureau of the Census，*Statistical Abstract the United States*，*1998*)。事实上，就像你可能已经意识到的那样，如果希望在广阔的专业领域有更大的机会获得成功，那就需要在获得本科学历之后继续攻读学位。而且我们进入学校的诸多理由之一就是使我们更容易找到工作。就像功能主义者指出的，学校传授我们文化中的主要价值观，帮助我们学会如何与他人交往，为我们提供首次与科层组织接触的经验，而且学校把我们看住了，这样父母就可以去工作，而不用在家里照顾我们。

但是除了上面列出的作用外，教育甚至还扮演着更为重要的角色。美国人倾向于认为，学校还是一个能治愈许多棘手的社会问题的有效手段。也许一个最明显的例子就是为增加少数民族的机会所做的斗争，这种努力在过去40年中改变了多数美国人的公众生活。尽管在几乎所有的社会领域中，少数民族已经获得了更多的机会，但是人们还是特别关注于确保学校能够通过诸如乘坐校车、吸引不同种族同校学习、多元文化课程，以及赞助性行动等有争议的社会计划来推动实现机会均等的目标。

另外，我们还试图利用学校来解决许多实际问题。例如，通过像D. A. R. E. 那样的信息课程以及反对酒后驾车那样的学生组织来解决浪费钱财的问题，通过性教育课程和在高中分发避孕套来解决青少年怀孕问题，通过为家长提供特殊的课程来提高为人父母的技能，甚至通过澄清价值观的课程来解决失范问题，等等。并且，为确保贫困家庭的孩子也有平等的（或至少是体面的）机会与其他人竞争去获得经济上的成功，我们还为这些孩子设立一些专门的奖学金或提供类似的援助，而学校正是这个方面的主要工具。

不用说，就完成这些任务而言，美国的学校比其他机构更有效。在这一章中，我们将讨论这些问题及相关内容。我们先比较功能主义与冲突论关于教育的不同观点，然后考察美国及其他后工业化国家教育安排的一些独特方式，并仔细考察有关现代教育的多种重要趋势和相关事务。最后本章考察教育对收入和价值观、态度的影响。

一、关于教育的社会学观点

学习（learning）是一项终生的社会和个人经历，它将改变一个人的知识、态度和行为。没有一个社会会让这样的经历任其发展。教育（education）就是一个社会指导许多这样的学习经历的正式设置。

教育活动的范围很广，小到父母教孩子骑自行车，大到一名教授给 800 名学生上物理课。现代社会建立了复杂的正式教育组织，并雇佣了受过专门训练的专业人员。大量的资金投入到教育活动中，没有一个人可以免除正式教育的义务。事实上，在许多方面，教育这种设置已经成为现代社会中强大的控制力量之一。

像家庭一样，教育也非常适于用功能论来进行分析，我们就从这一视角来开始对教育的讨论。

（一）功能主义观点

在组织上和内容上，世界上的正式教育都呈现出多种形式。例如英格兰的夏之山（Summerhill）（一所世界著名的“宽容”学校），结构就很松散。孩子们可以自由漫步，只上那些感兴趣的课程。相反，在法国一所严格组织起来的大学预科（lycée）中，孩子们有时得背诵法国古典戏剧中的大段篇章，并且每天要花几个小时进行书面练习。在中国，教育往往与有组织的练习、去工厂进行劳动实践和打扫学校等“对社会有用的劳动”联系在一起。

336 尽管有这些不同，三个国家中的学校都有非常类似的社会目的或功能。教育有五个主要的社会功能：（1）社会化；（2）社会控制；（3）筛选和分配；（4）对外来人员的同化作用；（5）社会革新和变迁。

并不是每个教育组织都具备所有这些功能；有些学校更专门化。这种专门化与该组织在教育等级体系中的位置有关。一个极端是幼儿园，其主要目的是社会化；另一个极端是以研究为目的的博士后流动站，主要强调革新与变革。

媒体社会学

教育电视 336

电视是美国最有效的教育工具之一。事实上，40 多年来研究者已经发现儿童很容易从电视上学会各种观点，并迅速地把学到的东西应用到自己的行动中去［班杜拉（Bandura），1973］。具有讽刺意味的是，这就恰恰是为什么电视受到众多家长和教育工作者关心的原因。1961 年威尔伯·施拉姆、杰克·利丽和艾德文·帕克（Wilbur Schramm，Jack Lyle & Edwin Parker）就道出了我们今天仍然存在的这个问题的关键：

> 在公众心目中，"孩子从电视上学到了什么"，是仅次于"孩子从学校学到了什么"的第二大问题。尽管一直担心孩子在学校学到的东西不够多，但同时还存在着另一相应的疑虑，就是担心他会从电视上学到太多的东西和错误的东西。（1961，p. 75）

这些年来，联邦通信委员会（Federal Communications Commission，FCC）一直在试图从不同的途径影响儿童电视的内容。联邦通信委员会关心的内容包括儿童节目的质量、对暴力的描写、广告对儿童的影响，以及儿童节目的数量等［孔克尔（Kunkel），1998；瑞安和温特沃思（Ryan & Wentworth），1999］。经过反复的立法努力以改善儿童节目的数量和质量，我们已经取得了一些进展。1990 年儿童电视法案明确规定，要想取得广播许可书，广播电视台必须每星期为儿童播放三小时的教育节目。但是这项法律在孩子会从电视上看到什么的问题上并没有多大作用。广播电视人这样解释"教育节目"，他们把诸如"燧石"（*The Flintstones*）、"杰特森一家"（*The Jetsons*）、"皇家墨菲护林队"（*Mighty Morphin Power Rangers*）、"瑜伽熊"（*Yogi Bear*），以及"顶级美国家庭搞笑录像"（*America's Funniest Home Videos*）这类节目都包括在教育节目中了。1996 年联邦通信委员会明确界定了什么是教育节目。

你认为政府应该对电视节目进行管制吗？教育片教育或娱乐了儿童吗？当你还是孩子的时候曾经被所看的电视影响过吗？

关于教育电视的持久战争表明，制作适合儿童的教育节目如果不是不可能，那也是一项很难的工作。但事实上，有些教育节目的成功表明并不是这样，而且绝不会比制作“燧石”或“顶级美国家庭搞笑录像”更难。例如，ABC 公司的“学校摇滚”（*SchoolHouse Rock*）节目，学生们就很难分辨这是卡通节目还是以娱乐为主的节目。通过模仿一个典型的卡通形象，学校摇滚带着孩子们到“连词连接餐厅”，在这里他们可以随着音乐唱“连词连接，你的功能是什么？连起单词、词组和从句”，或是“劳莉，劳莉，劳莉，把你的副词放在这儿”。乘法摇滚教孩子基本的算术，美国摇滚教孩子美国的历史和政府。也许孩子们并没有注意到，“学校摇滚”与大多数周六早上的卡通节目都不同，它并不是要卖给孩子们玩具。

“芝麻街”（*Sesame Street*）一直是好的教育电视的典范［亨德肖特（Hendershot），1998］。与以前的那些节目强调创造性表演，如“嬉戏屋”（*Romper Room*），或是情感发展相比，如“罗杰斯先生的邻居”（*Mister Rogers' Neighborhood*），芝麻街强调孩子的认知发展。琼·库尼（Joan Cooney），芝麻街的首创人，所遇到的挑战就是，如何用一种完全不同于教育电视的观念来设计一种孩子们的娱乐电视。与当时低成本、当地制作的教育节目（这些节目靠老师在黑板前面解释概念）不同，库尼创造的这个电视节目具有网络电视的效果。这反映了她对观众群体的独到理解，她说：“孩子们习惯于期望从电视上看到砰、乓及快速的动作与惊险，高度视觉
337 效果，华丽而光滑的物体”（Hendershot，1998，p. 144）。很少有人注意到库尼为芝麻街设计的模型就来自于20世纪60年代很流行的一个电视节目，即罗万和马丁（Rowan & Martin）的 *Laugh-In*，它靠短小幽默的插图画面来娱乐观众。

当“芝麻街”首次上映时，预算达到了教育电视节目的最高额 8 191 100 美元。巨额投资无疑是它成功的重要因素，但是另一个电视节目说明小额投资也能成功。而且这些卡通片也可以是教育性的。由比尔·科斯比（Bill Cosby）创作的“肥胖的阿尔伯特和科斯比的孩子们”（*Fat Albert and the Cosby Kids*），里面的人物就来自于科斯比自己的童年生活，即居住在老城区的贫穷黑人孩子。科斯比在每一段卡通情节结束后都揭示一个道理，例如不要偷窃，不要撒谎，不要逃学等。有些节目甚至涉及严肃的社会问题如毒品等。有一集的标题是“讲道理，不要打架”，就表述了群殴的暴力后果——胖阿尔伯特的一个朋友被杀，他是去救牵涉群殴事件的哥哥时被枪射中的。由于它传达了许多与社会亲和的信息，这部电视剧受到了赞许，被认为是一部教育卡通剧。而这至少部分地是因为有许多社会学家、心理学家和教育学家审查过剧本内容（Hendershot，1998）。

像“芝麻街”和“肥胖的阿尔伯特和科斯比的孩子们”这样的节目，说明为孩子创作高质量的教育电视节目是可以达到目标的。这种作品使家长不再担心孩子从电视上学到太多或学到错误的东西。这类节目的成功也表明这类教育电视是有市场的。那么我们的疑惑是，为什么现在优秀的教育电视节目这么少？

1. 社会化

人们对教育最为熟悉的社会化功能是传授知识和技能。从最狭隘的意义上说，这可以是职业训练。例如，在非洲马布提（Mbuti），父亲教儿子怎么做出笔直的箭杆，怎么把箭头安全地

安在箭杆上，怎么用箭射中移动的目标。美国的职业高等学校教学生怎样修汽车引擎或如何开动钻机。马布提男孩学习如何当一名猎人，美国人学习怎么成为一名机械师，他们学的都是能帮助他们生存并对社会有用的技能。 337

在依赖那些接受过高等教育的专业人才的现代工业社会中，让新一代人学会大量知识和技能非常重要，尽管多数知识和技能并不专门与某个职业有关。因为这些知识非常广泛，所以在这些社会中接受正式教育要花许多年的时间。而且因为知识内容更新频繁，所以父母很难给孩子教授这些知识。这样，就需要专门的人员（如一名八年级的理科教师）和专门的教育机构（如工程学校）来传授知识。

知识的传授就像是一座冰山的顶端，这就是大家都熟悉的那一部分教育。学校中的大部分活动，读课本、做报告、参加考试、收到成绩单，都被认为是传授知识。在学校"表现出色" 338
往往意味着学会了课堂上所传授的东西。但是，就像我们曾经指出的，学生在学校里学到的远远比这些要多。他们还学到文化价值观和规范，这个过程有时被叫做隐藏课程［布劳迪（Broudy），1987；里科那（Lickona），1988］。

人们期望学校教会学生诸如民主，法律规则，甚至包括关于一夫一妻制婚姻的重要性等价值观［瓦莱（Waller），1932/1961］。规范的社会化（即传授价值观和观念）也暗含在孩子阅读的材料以及被允许的行为中。

例如，当大学英语课上学生们阅读海尔曼·麦尔维尔（Herman Melville）的《莫比的誓言》（*Moby Dick*），学习 19 世纪新英格兰人的航海亚文化时，当他们阅读阿柏船长（Captain Ahab）苦苦追逐大白鲸的故事时，他们同时也学到了美国人的善恶观。老师可以让同学们讨论其中的一些观点，另一些观点留给学生去推断。无论哪种方式，结果都将是越来越熟悉美国的一些重要价值观。

2. 社会控制

教育的社会化功能远不仅限于传授价值观和观念。大家认为学校还应该教导学生必须按照这些规定行事［戈斯森（Goslin），1965］。事实上，给学生评分并不只是由他们学得有多好所决定，还取决于他们合作得怎么样，是不是遵守秩序，甚至包括是否讲卫生。这也是隐藏课程的一部分。在学校的头几年里，这些通常是他们评分的唯一标准。如果孩子在上二年级或三年级前不能按特定的规则行事（如那些要求合作和卫生的规则），那无论他们功课有多好，在学校的日子也很可能不好过。通过这样的社会化过程，学校就直接参与了社会控制。他们试图给学生灌输忠诚的观念，要服从权威，甚至是屈从［拉斯坎（Raskin），1972；罗特斯坦（Rothstein），1987；威尔斯（Willis），1981］。

学校进行社会控制的一个办法，就是教孩子将国家元首理想化。当权者以一种不容置疑的权威形象出现。冲突论者认为，这就是资本主义社会首先发展大众教育体系的一个重要原因［鲍尔斯和金提斯（Bowles & Gintis），1976］。

对教育来说，这种功能是否合适？当然，如果要将人们适当地整合在一个社会中，任何国家的人民都需要对它的核心政治设置有一个合理的认同。另一方面，对某个领导人盲目的忠诚会妨碍政治变革的阶段性需求，以及消除腐败和低效所做的努力。

教育的社会控制功能大大地超过了社会化的功能。学校也作为年轻人的“监护”机构，在一年中的许多日子里，在一天中的许多小时里，使孩子们不是在街上到处游逛。另外，放学后的活动经常使这段监护时间延长到更晚。

学校还试图引导年轻人从事社会认可的活动。当孩子表现出在不被认可的领域感兴趣或被认为有“行为问题”时，那么学校可以严密监视他们好几年——例如在每升一个年级时都提醒他们的老师。

3. 筛选和分配

将人们筛选、分配到特定的职业岗位上去的责任落在了学校身上。这在现代社会中是一个特别重要的功能。因为现代社会有成千上万个高度专业化的职位角色，如果没有合格的人，那工作就没法干；如果合格的人太多了，那失业率就会上升，人们的才能就浪费了。

在中国，过去实行集中的计划经济体制，那时多数挑选、分配的工作由国家来做。有时学生直接被政府吸收入学，学习某个专业，因为这个领域需要更多的工作人员。他们的学费由国家支付，毕业后就去已为他们选好的领域工作［霍金斯（Hawkins），1988］。然而，在中国并不是所有的教育体系都涉及学校。比如说，在一个村子里，政府付钱给某些“专业户”去传播科学技术知识（如现代农业技术等领域的知识）。

在美国，商业性质的中学和大学选择所开设的课程很大程度上是依赖于供需关系。如果对某个特定专业的需求降低了，那么就应该减少或是删掉这个专业的课程。而对需求大的领域，就应该添加新课程。过去20年中与计算机相关的教育课程急剧增加，就是一个很好的例子。

339 然而，要知道到现在仍需要许多计算机程序员，以及对他们提供训练课程，可这并不能解决该挑选哪些人来从事这项工作的问题。虽然最终要由个人决定是否准备从事并接受某一项工作，但是教育的主要功能仍是挑选人并将他们输送到各个岗位上去，以及帮助学生学会有用的、合适的工作技能［莱尔施（Lersch），1988］。

高中和大学都雇用了受过专门职业指导训练的职员。大学设置了就业部门，在那里学生可以获取关于就业和工作机会的信息。大学还对政府和产业部门的新成员敞开大门。

4. 同化

在像美国这样的文化多样化社会里，教育的另一项主要功能就是在同化（assimilation）过程中起作用——将新成员融入主流社会。教授英语、美国历史和美国传统是同化的一种办法。更为微妙的同化方式是传授爱国主义。通过面对国旗举行宣誓效忠的仪式、展览总统的照片、在集会或体育赛事之前演奏国歌等办法来灌输爱国主义。

通过教育，许多移民已经完全参与到了美国生活之中，教育是同化的主要工具之一。今天学校的同化作用不只是针对新近的移民，也包括将穷人、弱势群体融入主流社会。

有一些反对者认为，美国教育的同化目标被过分强调了，现在需要保护文化多样性［麦科迈克（McCormick），1984］。这些批评者呼吁，不应把文化少数派成员看作“问题”，美国应该尝试更加有力地保护自己的亚文化。许多大学、学院中对种族研究的浓厚兴趣就反映了这种立场，就像在许多小学、中学中试图开展双语教学那样。

5. 革新和变迁

从对教育前四个功能的讨论中大概可以看出，教育这种设置的主要效果之一就是维持现状。确实是这么回事，教育更多的是一种保守的社会力量。然而，在某些方面教育确实促进了社会变迁。而教育促成这种变迁最重要的途径之一就是创造、传播新的知识、价值观和信仰。

最为人们所熟悉的创造知识的例子就是大学教授所做的研究。除了教学，教授领导一些研究，这会在他们感兴趣的领域里增加新的知识。这种研究通常是受政府的支持或接受私人基金会的资助。

有些研究是基础性的，即它并不是应某个特定的实际需要而展开的，而是要揭示现实的最基本规律。社会学中的一个例子就是研究小群体行为的一般动力学。另外一些研究则是应用性的，即要解决某个现实世界中的问题。例如，社会学家做一些研究以便发现教导学生避免尝试毒品的最有效的办法。无论是基础性研究还是应用性研究，一旦研究完成，获得的知识通常都会通过文章和书在学术机构之外传播开来。

一些对高等教育持批评态度的人认为，美国的大学太注重研究了。他们感到这种强调使得大学远离了其他应有的功能。例如，教授有时只是由于他们的研究能力而受雇，而导论性的课程经常是由没什么经验的或是负担过重的研究生来上。这已经在美国每一所大规模的大学中成了一个问题。

不过，还是有几条理由来为大学之所以强调研究进行辩护。在一个高度工业化和知识主导的社会中，创新研究很重要。而且虽然多数学生没有亲身参与研究活动，但是他们间接地从研究给大学所带来的不断增长的智力促进中获益。而且，从实用的观点来看，研究项目为大学吸引来了经费，这些经费使学院可以雇用更多更好的研究人员，拓宽课程设置并改进教学设备。公司和基金会给予的最大捐赠通常是给那些拥有最具影响力的研究项目的大学。无论是好是坏，一所现代美国大学的经济状况都极大地依赖于它的研究能力。

除了新知识以外，教育组织还创造并传播新的价值观和信仰，这些可能是社会变迁的潜在发动者。例如，科学作为一个信仰体系，在社会上的广泛传播很大程度上依靠了学校体系这个媒介。

教育促进社会变迁的另一条途径就是它鼓励一种批评的氛围，这种环境中人们可以批评或者背叛原来的社会制度。这种氛围在许多学院和大学中都存在，例如，贝宁顿学院的一项经典研究发现，学生越接近毕业，就越倾向于接受老师自由主义的社会观、政治观［纽科姆 *340*
(Newcomb)，1943］。

另一方面，在20世纪70年代晚期和80年代，多数校园里学生的观点则更加保守，更倾向于接受社会现状。威廉姆斯学院的一项对男生的长期研究发现，在70年代中期以后，学生很明显不太关心社会和政治事务了，而且在道德和宗教上也更为保守［黑斯廷斯和霍根（Hastings & Hoge)，1986］。另一项研究发现，新生的态度在1970年和1987年之间变化很显著。认为自己是“自由派”的学生人数从1970年的34%降为1987年的22%。认为自己是“中间派”的人数则从45%上升到56%（U. S. Bureau of the Census，1989)。近年来有些迹象表明，钟摆现在开始朝着更自由的方向往回摆动了，但是立即回复到20世纪60年代和70年代早期许多校园中广泛流行的左翼观点，好像还不大可能。

（二）冲突论观点

我们已经用功能主义的观点考察了教育和教育体系。但是功能主义的观点倾向于将教育在社会冲突中的作用最小化。要讨论教育的“另一面”，我们必须转向冲突论，这种理论认为教育是统治者维护自己地位的主要手段之一。

冲突论者并不去确定教育在社会中的正式或非正式目的，而是把教育看作是统治阶级的工具，通过控制入学资格［巴兰坦（Ballantine），1997］和训练出驯顺、守纪律的工人［罗特斯坦（Rothstein），1987］使社会不平等永远存在下去。达到这些目的有两个重要途径：分班和文凭主义。

1. 分班

就像功能主义者所指出的，学校的主要作用之一就是选择学生并分配到不同的专业领域去。这么做的主要手段之一就是分班（tracking）——依据学习能力把学生分成不同的组或班级。事实上从孩子一入校门起这个选择过程就开始了。早在一年级，学校就开始进行常规正式考试和评分。那些考试成绩好的学生通常比普通班以更快的进度、更丰富的材料上课。他们也许还要做附加的独立功课——读书或准备报告。学生考试成绩不好可能就会被安排在慢班。这些学生通常学习不太难的功课，得到老师的特别关照。表面上看分班的目的是保证每个学生按照自己的进度学习，避免使学得快的学生感到枯燥、学得慢的学生有挫折感。

分班在初中和高中尤其普遍，在这里分班往往采取与大学或就业相联系的形式。虽然这些项目都是好意，但是冲突论者指出分在慢班的学生往往会感到他们在任何需要广泛教育或专门
341 知识的事情上都不可能成功。他们的职业渴望渐渐消失，当他们到一定岁数时，他们往往会辍学。

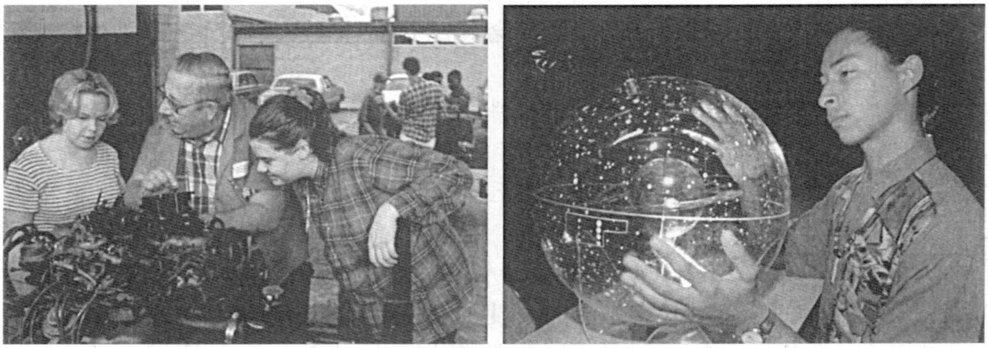

学生们对成功的定义有先见之明吗？冲突理论认为“低度接触”的学生通常感到自身很难对要求广泛教育的任何事情取得成功。

对冲突论者来说，有大量证据表明，分班真正的问题在于慢班中少数民族学生和来自较低

阶级的学生，与人口构成不成比例［李和埃克斯特罗姆（Lee & Ekstrom），1987；奥克斯（Oakes），1986；帕索（Passow），1988；索伦森（Sorensen），1989；范福森、琼斯和斯帕德（Vanfossen，Jones & Spade），1987］。因此，分班制度倾向于保护现存的不平等，而不是帮助弱势学生不断向上流动。贫困的学生在慢班中不大可能受到鼓励和接受高质量的教育，而且往往支付不起继续上大学的钱。这些学生因此也不能竞争到高薪水、高声望的工作——这些工作通常都被那些在学费昂贵的大学里获得了学位的人占据着。这样看来，贫穷和不平等的再生产通过教育体系得到了强化。

2. 文凭主义

文凭主义（credentialism）指某职位对申请者必须拥有高学历的要求。功能主义认为，文凭主义是确保最有能力的人受雇于重要岗位的一种办法。而冲突论者则相反，他们认为越看重学历，就越忽视实际工作能力。一项在加拿大安大略省的研究发现，虽然教师的平均学历水平上升了，但是影响所有工作的文凭“通货膨胀”现象事实上降低了教师的地位［菲尔森（Filson），1988］。同时，虽然研究表明那些拥有高学历的人平均收入要高于只受过基础教育的人，但是这种区别可能相对来说不是本质的。

文凭主义也曾因为强化了关于教育的神话而受到批评，例如，拥有较高学历必然表明更智慧，而不仅仅是接受了更高一级的教育而已。另一些批评者认为，有些有能力甚至是很出色的人也会被某个工作岗位拒绝，就因为没有必需的学位，这就是当代对文凭过分信赖造成的后果。最后，许多冲突论者认为，获得较高学历所需的时间和费用，几乎就保证了传统上需要多年学习的一些高薪职业（如法律和医学）始终不公平地集中于那些能支付得起这种多年学习费用的精英阶层中。

因此，冲突论者认为，美国教育本质上是一个范围很广的、常常是不公平的过滤体系。在每一个层次中，较低阶层的学生和少数民族学生很可能退学比例很高，而中产阶级和白人学生则被鼓励继续学下去［阿普尔（Apple），1993；吉鲁（Giroux），1994；霍奇基斯和埃贝斯特（Hotchkiss & Eberst），1987；詹克斯和里斯曼（Jencks & Riesman），1977；李和布里克（Lee & Bryk），1988；帕森斯（Parsons），1959］。

冲突论者认为美国教育体系还有其他缺点，包括以下几点：

（1）学校和学院对诸如记忆力好和超常的考试技能都给予很高的奖赏。可是在许多地位很高的职位中，这些特点并不如创造性或领导才能那么实用。

（2）考试是用来测量智力和能力的，但往往不是这样。除了低智商，有许多理由（如动机水平低、由于紧张而分神）使得孩子在标准智商测验中得分很低。因此孩子的真实智力水平不能完全由这样的考试来反映。

（3）有时教育体系阻碍了那些大器晚成者的发展。因为他们已经被分在慢班，被引导去地位低的岗位工作，所以这些人获得很高的职业目标就非常难。

美国教育体系并不是唯一不平等的教育体系。冲突论者指出，例如，英国“公学”（与美国的私立学校类似）——这样的学校强调很高的学术标准，并赋予他们的毕业生很高声望——的位置大多被来自较高阶级的学生占据着。能进入这样的学校是被名牌大学接受的很重要的第一步。因为较低阶级的成员支付不起这种学校的学费，他们的社会关系网络中也没有这样的相关机会，所以较低阶级成员进入高等大学，进而获得高收入工作的机会就很有限。事实上，很多研究都表明社会阶级是教育中的一个因素，全世界都一样［达西尔瓦（da Silva），1988］。

二、教育组织

在这一部分，我们将考察当代美国教育结构的几个方面的内容。首先简要讨论教育普及的一些后果。然后考察教育组织的基本逻辑，其后讨论关于政府支持和父母选择的一些问题。这一部分最后以分析教师和学生的角色，并以对学生表现的评估手段作出评论来结束。

342 ### （一）教育的普及

教育不再是少数人的特权了。越来越多的美国人完成了越来越长的正式教育。1959—1960学年，在所有美国教育机构注册的人数是 4 520 万人。到 1996 年，这一数字上升到 7 030 万人，上升了 55%。这种增长部分地是由于学龄人口的增加，但也反映了教育普及程度的提高。

美国人口中完成高中教育的人数比例增长了，这可能是最明显的教育普及的标志。1900年，只有约 7%的年轻人完成高中教育。今天人口中的大多数（约 82.1%）高中毕业。1990 年25 岁或再大一些的人接受教育年限的中位数已达到了 12.7 年（U. S. Bureau of the Census, *Statistical Abstract the United States*, *1993*）。见图 15—1。

343 虽然并不是每个念大学的人都能拿到学位，但是大学毕业生人数在 20 世纪已经增长得很快了。1900 年，3 万人获得学士学位；1940 年这一数字上升到 36.2 万人；到 1990 年就达到了 105 万人；1995 年这一数字达到 1 160 134。获得更高级学位的人数也增加了。1995 年397 629人获得硕士学位，44 446 人获博士学位。

要实现教育普及，学校就不得不放宽学术标准，特别是中学和大学。标准的降低，伴随着课程也重新定位在对更多学生有用的专业上，这一过程始于 20 世纪 20 年代，那时在校注册人数首次开始迅速增长。

在过去的几十年中，学术标准的持续降低已经引起了广泛的关注。许多美国人由于 20 世纪 50 年代苏联在空间领域取得的成就而惊慌，害怕我们的大众教育系统会导致质量的降低。因此，全国范围内做出了许多努力来提高公众教育水平，主要是通过增加政府财政支持这个办法（见图 15—2）。最近几年语言和数学能力标准化考试分数的下降已经引起了更多的关注。

既要提供普及教育，又要提供高质量的教学水平，这个两难困境始终没有解决。一个现实的解决办法就是在智力天才和智力障碍学生的课程之间取得平衡。但是这个平衡点并不是那么容易确定的，而且落在这两个极端之间的学生往往有被忽视的危险。

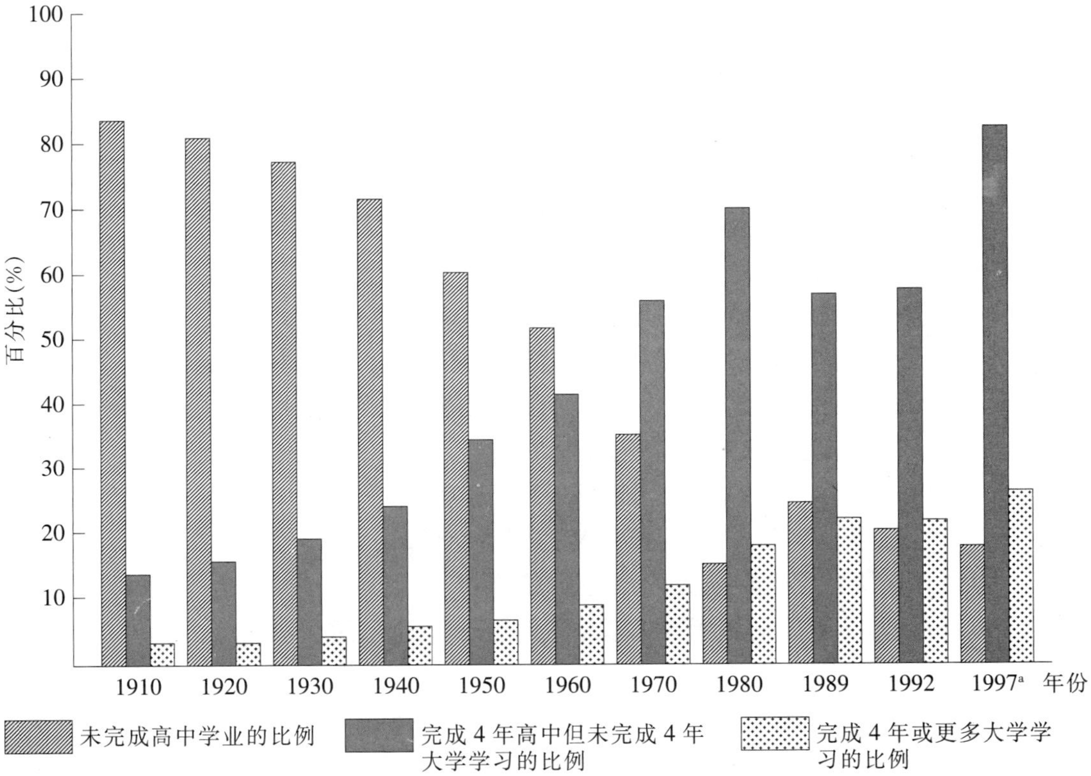

图 15—1　25 岁及以上人口中完成的教育年限（1910—1997）

注：a. 始于 1994 年，高中毕业生和有学士学位或更高学位的人。

资料来源：Thomas D. Snyder，*Digest of Education Statistis*，*1987*，Washington，D. C.：National Center for Education Statistics，1987；U. S. Bureau of the Census，*Statistical Abstract the United States*，Washington，D. C：U. S. Government Printing Office，1993，1998.

全球社会 344

教育中的跨文化差异

当今，许多美国学校为使学生为将来做好准备而奋力拼斗。对许多学校来说，就是让学生掌握哪怕是最基础的教学要求也是一项很大的挑战。既没有经济支持，又不能很好地解决学生面临的问题，有些学校已经毫无希望地落在了后面。而且这种状况不大可能在不久的将来就有所改善。进入 21 世纪后，这些学校将面临更加激烈的竞争。它们不但要和美国其他学校相比，还要和世界上的其他学校相比。

事实上，第三届国际数学与科学研究的结果已经表明，在一些高级课程例如物理和数学的测试方面，即便是美国最好的学生也比其他国家的学生表现差［布朗纳（Bronner，1998)］。

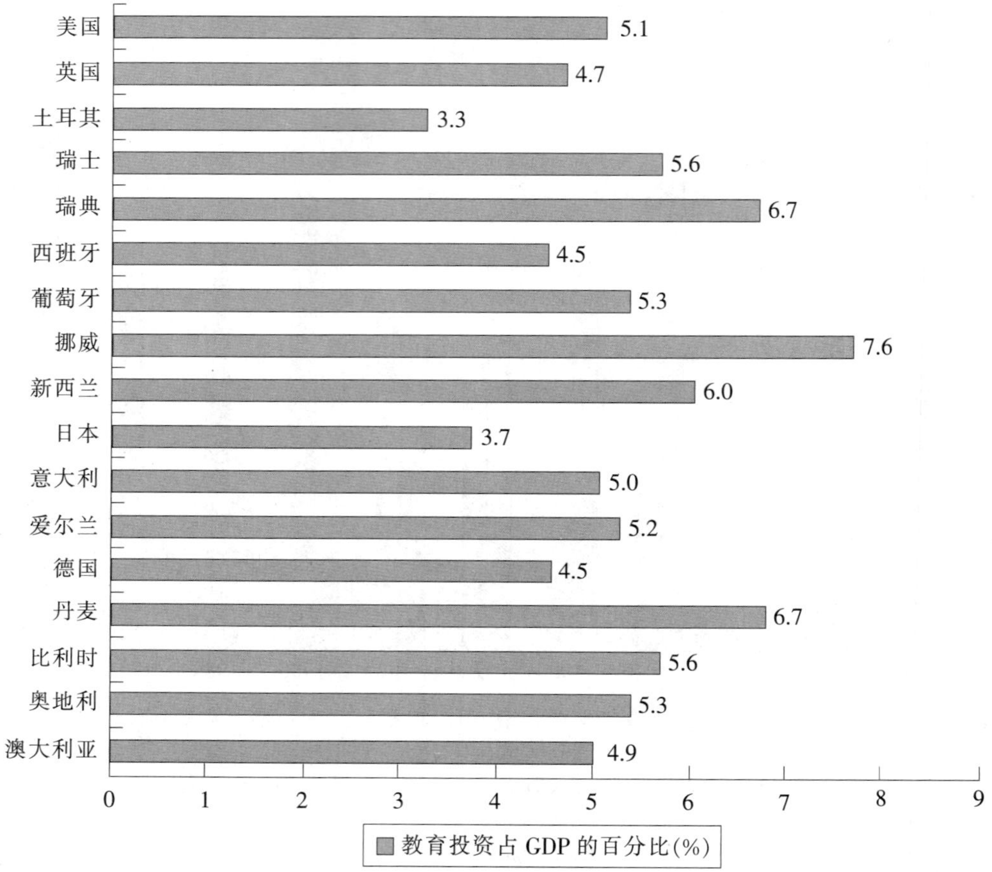

图 15—2　高收入国家的教育投资也更多

资料来源：Orgnization for Economic Cooperation and Development，Education at a Glance，1996；and unpublished data.

荷兰、瑞典、丹麦、瑞士、冰岛和挪威的学生数学上的得分超出国际平均值，美国学生得分接近国际平均分。美国学生高等数学的得分甚至更差。他们不但低于国际平均分，而且就是那些从不太富裕的国家来的学生，如塞浦路斯、立陶宛、俄罗斯的学生得分也要高于平均分。美国学生的物理得分也低于国际平均分。挪威、瑞典、俄罗斯和丹麦的学生得分高于平均分。

这样的结果令美国的教育家和政治家们非常头疼，因为他们知道要在 21 世纪全球经济竞争中保持领先地位，取决于人口的数学和科学水平。但是评估能否产生数学和科学明星的教育体系并不容易。以不同国家花在教育上的经费差异为例，总的来说，高收入的国家花在每个人身上的教育经费要比低收入国家多。按不同年级每个学生的花费来分，美国处在工业化国家的顶端。1993 年，花在每个小学生身上的钱是 5 492 美元，每个初中生 6 541 美元，更高年级的钱数是 14 607 美元。只有瑞士花费更多，分别是 5 835 美元，7 024 美元和 15 731 美元。但是经费并不能解释一切。

那么班级的规模、家庭作业、社会生活、看电视的时间又如何呢？就是这些也并不能说明什么（Bronner，1998）。专家们说，全世界的孩子每天都花几个小时看电视。八年级孩子娱乐活动的数据就说明了这个结论。

有些研究说明，国际数学与科学测试中的不同表现是和文化价值观密不可分的，它影响到
对教育的认识，并最终影响学生的表现。例如日本社会对学生施加很大的压力要取得成功，他 345
们在上初中前就要参加激烈的竞争进入最好的中学。不像美国学生，日本人一生的机会取决于他们进入哪所中学。这一点年轻的学生知道，他们的家长也知道。每年家长要花几千美元送他们去专门的私立备考学校，叫做“居库斯”（*jukus*），去准备将决定他们未来的中学入学考试［史密斯（Smith），1995］。

如果这一点解释了日本学生的超凡表现，那么美国的教育家们就没什么希望了。这表明日本学生的成绩取决于居库斯和家庭，而不是日本的公共教育体系［沃特斯（Walters），1993］。改变一个民族的文化，所需要的远远比对教育体系做具体变动要多得多。而且多数美国人不大可能采用日本人的办法来提高教育水平。

但是在教育家和政治家对美国教育体系做出任何改革之前，他们应首先找到国际学术表现比较研究的合理解释。尽管美国学生在数学和科学的国际测试中表现不好，但是美国仍然主宰着越来越依赖信息和技术的全球经济（Bronner，1998）。

有些专家认为是美国学生在大学里渐渐赶上来了。而且事实上美国获得学士学位的人数很可观。1994 年美国每 100 名 22 岁和 23 岁的人中获得学士学位的人数是 32 名。而相应的，意大利只有 1 名，葡萄牙是 2 名。不过教育专家还特别注意了数学和科学领域的毕业生比例。1994 年，这些领域的毕业生超过 30％的国家有德国、芬兰、比利时、瑞士、日本和奥地利。与此相比，美国只有不到 20％的毕业生是这些领域的。

教育体系的跨文化差异使我们更了解为什么不同国家的学生在国际性测试中有不同表现。但是没有人认为对这种差异的解释简单明了。而且没人能理解为什么美国学生的数学和科学表现如此之差，而美国却始终统领全球市场。除非我们这样做，否则美国的教育家们不大可能采用其他国家的方法来提高学生的数学和科学技能。

（二）美国的教育组织 344

在美国，公立小学和中学的正式组织包括两个主要群体：直接负责学生教育的教学人员和负责协调教师行为的行政人员（即校长和行政助理）。在校长之上是学监，即必须协调本地区所有学校行为的行政长官。学监受雇于校董事会或教育委员会，并对其负责。委员会成员通常由每个地区的选民选举产生。有些情况下，由选举产生的城市长官（如市长）任命委员会成员（Ballantine，1997）。

在教师和校长层面上，私立学校和公立学校有同样的组织。但是在责任链上再高一级的环节是资助学校的组织——如教堂（如果学校是教区的）或董事会（如果学校是一所独立的私人机构）。

美国学院和大学的组织与小学、中学教育体系中的组织大相径庭［帕森斯和普拉特（Parsons & Platt），1973］。在高等教育中，教师组织有更明确的等级制度，顶尖级职位的薪水更多，特权也更多。其结果是，比起小学和中学教师队伍的一般情况，大学教师的职位更具有竞
345 争性。另外，大学中的教员有更大的自由。行政人员——校长、财务主任、系主任和注册主管人——集中关注募集和分配资金、录取和管束学生、修建新宿舍和教室等事项。不像中学的校长，大学校长很少直接监督教师。课程设置、教学责任的划分以及雇用新教师等通常都由教学成员自己决定。

在一所学院或大学中，对运转和政策做出决策的最高责任往往并不像较低教育层次那样被清楚地界定出来。因为州政府支持的学院和大学使用公共基金，所以他们必须向州立法机关和州长负责。但是在私立学院，校长对制定政策的校董事会负责，这与商业公司中的组织模式相类似。不过，在公司里，董事会最终对股东负责，只要多数票通过，股东就有权撤掉不满意的官员。私立学院的董事对任何外部组织（大概除了给学校捐赠的校友或别的什么人之外）往往没有明确的责任。

（三）教育组织模式

在现代社会里，多数教育组织的结构变得相对官僚化了（见第 7 章）。所有活动按其功能被区分开来：教师教学，而行政人员监督。人员的雇用和升职以专业技能为基础。从学校董事
346 会或管理委员会到监护人，其权力划分非常明确。而且学校按照必须严格遵守的固定规章行事［比德韦尔（Bidwell），1965］。

这种科层结构引起许多争议。有些人认为教育组织是有效的、合理的，因为它对贡献最多的人给以回报。事实上，有些观察家甚至认为还需使教育进一步科层化，这样学校才能像“不漏水的船”那样运行［帕雷利于斯和帕雷利于斯（Parelius & Parelius），1987］。可是，另一些人认为教育的科层机构很不灵活，效率也不高。他们认为，这些组织并不能很有效地对社会变革做出反应或适应当地需要，而且科层机构遏制了创造性，将自身淹没在毫无意义的、无尽的文书当中［罗特斯坦（Rothstein），1987］。

教师经常抱怨公立学校体系的官僚机构妨碍他们充分进行真正的教学。他们认为，文书工作往往把教学时间变成行政时间，教学时间经常被占用来填写座位表、签到表、缺席和扣留报告等，高等教育中还有委员会工作。而且行政管理人员和办事员事实上经常决定应该教什么以及怎么教［Ballantine，1997；戈斯林（Goslin），1965；罗杰斯（Rogers），1969］。

不过认为教育组织过于科层化的观点可能言重了。很明显，教育组织与政府、商业、工业组织有本质区别。有些学者认为教育组织是一个“松散地结合在一起的体系”［韦克（Weick），1976］，这其中不同的部分（如不同的系、所）都有相当大的自主权，只不过是松散地结合在了一起［古德兰（Goodlad），1987；泰勒（Tyler），1985］。另一种模式认为，学校是按照棒球队的结构组建起来的——其中团队整体的努力与个人表现同等重要，而且“经理”（学监、校长等）可以自由地、最大限度地发挥“队员”（教师和教辅人员）的才能［蒂马（Timar），1989］。

（四）政府的支持和父母的选择

公立学校和私立学校都受政府支持，只不过是在不同的方面。公立学校的大部分资金来自于地方政府，地方财政要负担教师工资、教学楼和教学设备等。部分地为了平衡地区间的差异，州政府和联邦政府已经越来越多地介入了公立教育。这两级政府的资金用于：提供在校午饭，改善数学和理科的教学，为低收入学生购买上学的必需品，还有建造新教学楼等。另外，多年来联邦政府已经建立并资助了一些专门项目，以解决低收入学生、残疾学生和少数民族学生的社会问题。启蒙工程（Project Head Start）就是一个例子，其目的在于加强学前儿童的基本学习技能。

虽然私立学校的经费主要来源于学费和私人捐赠，但也得到了一些政府资金，用于公车交通和供给残疾儿童等。多年来，非公立学校的政府资金一直是个有争议的问题。一个原因就是多数非公立学校与教会有关，政府资助它们会破坏政教分开的原则。占优势的看法是，虽然政府可以为教会学校提供额外福利甚至还有课本等，但政府不能直接捐助宗教项目。

因为几乎所有的美国公立小学和中学都得到了州政府和联邦政府的某项支持，所以它们也不得不接受政府越来越多的监督和控制。政府机构制定了教师资格的标准，还坚持要把某些政策——如反种族隔离——作为财政支持的条件。因为有时也只有某些科目能得到政府资助，所以州和联邦政府也间接地影响了学校开设的课程种类。

公立学校有时被较高一级的政府当作实现重要社会计划的一个舞台。融合美国黑人和白人就是一项这样的计划。另一例子是为残疾儿童提供补偿教育的计划。同时，公立卫生机构还利用学校广泛接种疫苗，开展免疫工作以防止传染病。

一些美国公司现在也为公立教育提供资金，这成为政府资金很小的一个补充，然而却是潜在的重要补充。它们还游说议员以使政府增加教育资金，目的在于创造不仅能识字而且也能进行创新思维的劳动力大军。

在大多数现代社会里，有关教育的多数决定通常都由中央政府部门做出。而美国模式则相反，它强调社区控制（community control）这一传统，即社区居民可以直接影响他们孩子所在 347
公立学校的行为。但这种控制模式争议很大。

一般地说，美国公众更喜欢社区控制而不是华盛顿或州首府的投入［盖洛普和克拉克（Gallup & Clark），1987］。有些社区居民抱怨，当地公立学校并没有听取他们关于该给他们的子女教什么和怎样教的建议［安德鲁斯（Andrews），1987；格林和雷维德（Green & Raywid），1987］。例如，许多少数民族和种族群体，希望有更多的针对他们特殊需要的课程。他们希望学校在该安排哪些课程、雇用什么老师、该采取何种纪律手段等问题上征求他们的意见。因为有相当多的人认为，成功的教育是地位较低的群体向上流动的关键所在，所以这个问题引起了许多共鸣。

不过，多数老师和学校行政人员反对不断扩大的社区控制，他们认为，要做出有关教学方法和教学政策的重要决定必须要有专门知识。他们还说，使“政治”远离学校很重要。市政官员也经常反对扩大社区成员对教育的影响。他们认为学校的集中管理对效率来说是必要的，而

社区控制要求父母和社区在与学校有关的问题上发挥更大的作用，譬如迈阿密有关学校凭证的争论。

且他们担心社区控制会加大教育成本，给预算带来压力。

父母、学校官员和市政府之间的冲突有时会变得很激烈，特别是在大城市里。有时它表现为黑人和白人之间的种族问题，这使美国教育中始终没有解决的这一问题更加恶化（Andrews，1987）。

（五）教师和学生的角色

1. 教师

教师的角色会如此复杂，不禁令人惊讶。教师对校董会来说是雇员，对校长来说是下属，对别的老师来说是同事。对学生来说，教师肯定不只是维持纪律的人、裁判、知己、提供道德标准的人和父母的代替者，还是一个能有效交流的、有知识的人。

一段时间以来教师的公众形象已发生了急剧变化。在美国历史的不同时期，教师是手里拿着教鞭的严厉的老师，毫无幽默感、古板严谨的女学究，心不在焉的教授，受人尊敬的学者，以及富有同情心的青年导师。在一篇关于教学的经典社会学报告中，维拉德·沃勒（Willard Waller，1932/1961）分析了作为工头的教师，以及师生之间统治与服从的制度化关系。

无论在哪个特定时点上什么形象会占主导地位，美国人对教师的认识都是不现实的。父母希望教师参与社区生活，但又不能具有社区中的缺点［哈维格斯特和纽加顿（Havighurst & Neugarten），1978］。他们还希望教师有强烈的价值观，但又要在有争议的公共事务上保持中立、客观。

另外，今天的教师必须面对越来越广泛的质疑，即认为他们并未受过良好的训练和教育。最近几年，打算念教育专业的高中高年级学生在学习能力测验（Scholastic Achievement Test）中的平均分是812分（数学和语言）（满分为1600分）。这个分数比全体高年级学生的平均分893分要低。同时，教育专业的学生还受到普遍嘲笑。有些教育工作者自己也认为，他们所受的训练并不足以使他们进行很好的教学（Harris & Associates，1991）。许多教师回到大学重新接受更高学位的教育［美国全国教育统计资料中心（National Center for Education Statistics），1995］。

当然还是有不少有知识、受过良好训练的老师。尽管如此，教师的公众形象仍然直线下降，相伴随的便是愿意从事教师职业的学生人数也直线下降。1970年，20%的大学新生愿意教书。这一比例在过去20年中一直在下降，只是到最近才有所增长。面对教师短缺的局面，各个学区都采用各种办法吸引优秀教师（Ballantine，1997）。但是将会很难录用到过去加入教师队伍的那些人。另外，最优秀的女生，曾被认为是进入教师这一职业的最佳人选，现在已经转向从事其他职业，如法律、医学和工程学［威廉斯（Williams），1984］。 348

2. 学生

在一所典型的学校里，学生角色的主要特征是什么？有些学者认为独立性和成就是主要特征［迪里班（Dreeban），1968；Parsons，1959］。另一些人对此则不那么理想化。一位人类学家认为，做一名好学生的关键就是简单地"满足老师的要求"［亨利（Henry），1955］。在一篇很有影响的文章《像海军新兵训练营一样的幼儿园》（Kindergarten as Academic Boot Camp）中，作者提出一个观点，即学生角色最重要的方面就是"默默地服从"［格雷西（Gracey），1970］。孩子们最早在幼儿园里学会这么做，很像新兵在海军新兵训练营地学会如何当一名好战士那样。沿着类似的思路，还有一些别的学者指出，学生角色中最突出的特征是耐心［布科克（Boocock），1980］。

无论我们怎样描述学生这个角色，按照学校的观点，学生能适应这个科层体制才是重要的。这意味着学生必须学会诸如准时、尊敬师长、学术上不弄虚作假等这些规范。

学生亚文化 学生通常会形成他们自己的亚文化，部分是出于对学校科层设置的一种反应，部分是由于学生们会遇到许多共同的经历和问题。事实上，通常任何一所学校中都有许多学生亚文化。这些亚文化所采取的确切形式与学校及其所服务的社区的特征有关，也与学生对自身角色的认识有关。

詹姆斯·科尔曼所做的一项经典研究（1961）指出，许多学生亚文化系统地拒斥成人的学术价值观，而且其对同伴的影响要远大于老师的影响。科尔曼发现，大多数男孩认为运动上的成功比取得好的学习成绩更有意义；女孩则会通过假装不太聪明、不太用功来吸引男孩。

另一个著名的研究项目揭示了一所医学学校里的学生亚文化是如何发展形成的。在这所学校里，所有学生在很大程度上是被当作单个群体来对待的。每个学生都上同样的课，交同样的作业，参加同样的考试。而且似乎每个学生的负担都太重了。因为这些学生都承受着同样的压力，所以他们互动非常多。经过讨论，他们决定采取集体行动——只交那些他们认为合理的报告和其他作业。这一集体行动最终被老师接受了。这样，通过形成一种强大、积极的学生亚文化，这些学生实际上能够调整他们的教育计划［休斯、贝克尔和吉尔（Hughes，Becker & Geer），1962］。

但是这所学校的环境并不典型。在组织化程度不那么高的学校里，学生亚文化可能不太积极或没有很强的目的性。在大多数学校都有多种学生亚文化。在过去几十年中，有三种青少年亚文化在全美几乎所有中学都出现过，即学术亚文化、娱乐亚文化和违法亚文化［科恩（Cohen），1979］。

学术亚文化（academic subculture）群体由那些学习刻苦、成绩优秀、想上大学的学生构成。作为学校学习的带头人，他们参加许多学生会的工作，编辑学生报纸、文学杂志，参加辩论队以及其他类似的学生组织。

娱乐亚文化（fun subculture）群体由那些热心于体育、约会、聚会和学生组织的学生构成。他们社会活动很频繁，是学校最受欢迎的学生（主要是因为他们参加体育运动和学生会），而且，通常取得相当好的学习成绩。

违法亚文化（delinquent subculture）群体由那些拒斥学校中一些学术和社会价值观的学生构成。多年来，他们曾被称作“长发飞车青年”、“嬉皮士”或朋克等（这些标签每几年就会发生变动）。这些违法群体普遍有一种反叛态度，指向权威、结构、遵从社会习俗的行为以及中产阶级价值观（他们认为这种价值观过分强调上学的重要性）。他们强烈反对规则，但他们自己群体制定的规则除外。这个亚文化的成员常常对行为规则严格执行，例如对朋友忠诚，另外他们有自己的服装标记以标明他们群体成员的“标新立异”、独树一帜。

就像在较大的社会中一样，等级制度往往会在学生亚文化中形成。每个群体拥有或是被认
349 为拥有的权力越大，那它在等级制度中的地位就越高。这些亚文化群体之间的关系可以反映出学校之外的社会中各因素的关系，其中的界限往往根据种族、性别、性取向、宗教和政治信仰等来划分。但是学生看待校内这些划分标准的方式并不必然反映他们在校外（如从父母那里）所学到的。有一项研究发现，学生比他们父母更能接纳其他种族［格兰特和斯里特（Grant & Sleeter），1988］。另一项目主要研究了一所澳大利亚高中的四种亚文化之间的关系，其中三种分别代表其成员都很在行的三项体育运动，第四种叫“三个朋友”，被蔑称为“娘娘腔男人”。研究者发现，前面三个亚文化群体对第四个群体容忍程度最高的是种族最混杂的那个群体，这就意味着多样化的个人经历使人们对个人或群体差异有更大的容忍度［沃克（Walker），1988］。

（六）对学生的评估

从幼儿园到研究生院，学生一直都在受到评估。这个过程的细节因年级不同而不同，但目的是一样的：测量，分类，往往还要贴上标签。从幼儿园开始，孩子们玩耍的时候就有人观察他们。老师对每个孩子能力的印象都记录在一份永久档案中。指导顾问和老师写下评语。随着学生年级的增长，就运用其他一些评估方法。学生的档案伴随他们从一个年级升到另一个年级，往往还从一所学校到另一所学校。

除了这种正式的书面记录外，学生还有一个非正式评语，在老师之间传递。学生被认为是

科罗拉多州利特尔顿，耧斗花高中，军用雨衣黑手党。
在学校里发展出了很多亚文化。多数都符合三类情况：学术性、娱乐性或是违法性。
你认为学校应该更严格地管理这些亚文化吗？

“领导人物”、“喜欢专权”、“热心肠”或是“多愁善感”，等等。这些标签会伴随他们直至校园 350
生涯结束。

这种评估过程的两个根本方面对学生至关重要。第一个方面就是教师对学生的评价会反映出多少文化定势的影响。就像教师周围的社会成员一样，教师很可能同任何别的人一样受定势的影响。这一点会对学生产生什么影响？假定教师在对两个不同的孩子（一个是白人，一个是黑人）所做的同样行为进行评价。假设两个孩子都没有按顺序发言，老师是否会认为白人孩子“很活跃”而黑人孩子“不遵守纪律”呢？一名男孩对同学发号施令会被看作是“有领导才能”，而女孩这样做就被认为是“喜好专权”吗？这些例子只是暗示评价会反映文化的定势。

对学生评估的另一个重要方面就是，这些评价本身能对学生行为方式产生多大影响。在一个广泛报道的研究中，所有从一年级到六年级的学生参加了标准智商测验。可是老师被告知这是一个特殊的测验，能够预测出极端聪明的人。然后随机选择一些学生（而不是根据考试成绩选择），同时告诉老师这些选出的学生会成为成功的人。几个月以后这个智商测验重复了一次，第二年又重复了一次，结果表明那些被期望取得好成绩的学生确实学习很好［罗森塔尔和雅克布森（Rosenthal & Jacobson），1968］。

这项研究在学术界内外引起了一阵轰动。后来，试图重复试验结果的尝试并不成功，这便引起了对首次试验结果效度的怀疑。不过另一些研究得出了类似结果。另外，小学时教师对学生形成的刻板印象尤其重要，因为它们往往形成了学生今后被分在快班和慢班所依据的重要基础，这种班级的分配往往会成为自证预言。这样，每个学生在教室里被对待的方式就会影响他们自我认知的方式，以及他们在考试中的表现。研究已经表明，这种认知与学生辍学的可能性有着密切的相关关系［那特罗、帕拉斯和亚历山大（Natriello，Pallas & Alexander），1989］。

1. 评分

使用数字或字母来评价学生表现的方法，早已因其僵化、不公平而受到批评。人们提出许多代替传统评分体系的办法，但没有一个得到普遍响应。其中有及格/不及格评分办法、协议评分法和不评分等。及格/不及格评分办法有限地在一些大学使用。而协议评分法则是指学生和老师在要获得某一评分等级该学什么以及该学多少上达成协议。在完全取消评分即不评分的办法中，比较典型的就是老师为每名学生写很长的评语。

所有这些代替通常评分体系的做法，都是以对学生和相关老师具有某种含义的方式来评价学生的表现。问题在于怎样把这种含义传递给外人——例如，对高中学生来说就是要传递给大学，对大学学生来说就是要传递给研究生院。接下来这又与教育设置的科层特征相关联。作为科层机构，大学和研究生院很难处理特殊情况——即，对学术表现没有标准化测量的申请人进行评估。这就是为什么这些替代办法无法被广泛接受的一个主要原因。

2. 标准化考试

最近关于窃取考试信息的丑闻使公众的注意力更多地集中于全国性考试所公布的分数的有效性，以及这些考试准确估价学生水平的能力。这一关心又重新激起了20世纪80年代早期首次兴起的那场争论。

1980年，拉尔夫·纳德和阿兰·奈尔恩（Ralph Nader & Allan Nairn）出版了《在ETS控制之下》（*The Reign of ETS*），对教育考试服务（Educational Testing Service，ETS）做了批判性的研究。教育考试服务创造了学习能力考试（Scholastic Achievement Test，SAT），由此产生或破灭了许多学生的大学梦。这篇报告出版之后引发的争论又引出了另一项研究，该研究认为学习能力考试完全没有必要。研究者认为，虽然学习能力考试可以相当准确地预测大学的成功与否，但它只是补充了从高中就已经可以获得的关于学生功课和成绩的信息，并不必然能提高这一预测的准确性［克劳斯和特那舍姆（Crouse & Trusheim），1988］。

不过，教育考试服务的考试由于只能测验有限范围的能力（例如学习能力考试就是测量语言和数学才能的），同时这些能力又很容易因训练而提高，因此受到批评。但是研究者通常并不建议取消所有的标准化考试。他们引用大学董事会的高级定位项目（Advanced Placement Program）作为模式，这一项目的特点是考试内容与教学内容更为匹配，因而产生更准确的考试分数。自从高级定位考试的题目以大学和高中联合设计的高中课程为基础之后，分数就能更准确地预测学生在大学里成功与否了（Crouse & Trusheim，1988）。

351

社会学之窗

教育的终结

教育一直是令美国人头疼的问题。每年美国人都给教师和公立学校打很低的分，并写出一串长长的抱怨。根据1997年盖洛普民意调查，只有40%的美国人还对公立学校抱有信心——这一数字比1987年下降了10个百分点，比1973年下降了近20个百分点［穆尔和萨德（Moore & Saad)，1998］。1996年公众提得最多的问题就是纪律松弛、缺乏财政支持、毒品和人满为患（U. S. Deparment of Education，1997，“The Annual Gallup Poll of the Public School”)。然而，教师却从另一个角度看这些问题。在1993年至1994年度，他们认为最严重的问题包括：学生并没有准备好去学习，缺乏家长的支持，学生的冷漠、贫困，以及学生对老师的不敬等(U. S. Deparment of Education，1997，“Schools and Staffing Survey”)。

作为对这些关注的回应，教育工作者提出一些解决办法来解决教学手段问题［博斯曼(Postman)，1995］。有些人建议我们应当将学校私有化。有些人认为国家的评估标准还是必需的。有些人在考虑如何教阅读的问题，而有些人则在考虑应该怎样运用电脑的问题。按照尼尔·博斯曼的观点，所有这些可能的解决办法有一个共同点，即它们都没能解决学校的目的问题。因此它们都不能解决问题。

在博斯曼的《教育的终结》(*The End of Education*）一书中，他提出，学校缺乏那种共享的叙事故事来激励学生学习（1995)。过去有一些很著名的美国叙事故事，包括关于民主的故事。在一些外国人的眼中，托克维尔（Alexis de Tocqueville）说民主是“公众参与的基本原则”，米达尔（Gunnar Myrdal）认为民主是“美国人的信条”。博斯曼自己认为杰斐逊(Thomas Jefferson）是民主的摩西——神。而且因为杰斐逊帮助写下这个故事，所以博斯曼认为他知道学校的目的，即“保证公民了解什么时候以及怎样保护他们的自由”(p. 13)。另一个激励美国学生的故事是新教徒的职业伦理。这个故事激励了成千上万的美国人，它认为勤奋的工作、自我约束以及延迟的回报都是上帝宠爱的标志。

这一类故事激励着人们，学校也可以用它们帮助学生来理解教育的目的。这类故事能唤起好奇心，激发学生，并帮助他们集中注意力。但是最重要的是，它能在学生心目中树立起共同的“神”。博斯曼认为，“神”比共同的目标更加重要。而且因为公共教育不是服务公众，而是创造一个公众，那么他要创造一个什么样的公众呢？博斯曼反问自己：

> 放纵的消费者群体？愤怒的、没有灵魂没有方向的大众？冷漠的、困惑的市民？还是自信的、有目的的、好学的、容忍的大众呢？(p. 18)

就像前面引用的全国教职工调查中所说的，教师认为学生对学习没有做好充分准备、冷漠以及不尊重教师等，都表明学生没有认识到教育的目的。博斯曼认为他们是孤立的，他们把教育看作一项毫无意义的投入。那些强调通过改善学校管理细节来解决教育问题的教育工作者和政治领导人是在朝着错误的方向努力。国家考试、教师的责任心、班级规模，以及电脑都不能解决美国教育问题。只有那些认识到帮助学生理解教育目的十分重要的人才是找到了问题的关键。

博斯曼的书名，《教育的终结》，可以被看作是关于未来教育的一种悲观观点。但是，事实上，他有意选择这个题目却有另一个含义，可以看成是乐观的未来。因为“终结”可以是达到了一个非常重要的目标——即激励学生，激发他们的好奇心，以及集中他们的注意力。体现在21世纪现代“神”的叙事故事中，博斯曼希望学生能够从学习的精神和智力因素方面思考教育的目的。这才是美国教育问题的真正出路所在。

351

三、美国教育的趋势和议题

作为美国社会中最强大、最重要的设置之一，教育受到了许多批评，现在正采取一系列改革以纠正失误。这一部分我们首先介绍美国教育的一些主要缺陷，然后讨论对这些问题的解决办法，如在教室里增加计算机和电视的使用、重新强调基础课程以及凭证计划等。之后我们考察一下私立学校的特征，其中有一些做法值得公立学校借鉴。最后我们考察与少数民族教育以
352 及学校为其毕业生创造更多机会的能力有关的一些问题。

（一）对美国教育的批评

最近几年，美国公众对学校的关注始终是：缺乏纪律约束，缺乏适当的财政支持，校园暴力，毒品，难于录用有资质的新老师，课程设置不合理，学术标准过低，以及人满为患等（U. S. Department of Education，1997，“The Annual Gallup Poll of the Public School”）。

这些关注引发了20世纪80年代初对公立学校的一些全国性调查。其中最重要的调查报告有：《国家处在危险中》（*A Nation at Risk*，1983）；由“教育对经济增长之影响”专题研究小组提交的《为寻求卓越而行动》（*Action for Excellence*，1983）；由“专业化教学”小组提交的《全国总动员：为了21世纪而培养教师》（*A Nation Prepared：Teachers for the 21st Century*，1986）。所有这些报告有一个共同的主题，即研究科学技术的教育与国民经济之间的关系。这些报告认为，未来发达的经济严重依赖于只能靠教育提供的高水平技能。而且，报告认为，美国学生在这些技能上有严重缺陷，特别是与日本——美国的主要经济对手相比。图15—3显示出美国学生与日本学生相比在数学、自然科学成就上的差距。

报告还研究了现在进入教师行业的那些素质相对较低的学生，提出将来吸引更好的教师的
353 一些办法。给教育者付更高的工资看来可能是显而易见的解决办法，但是在政府资金削减的时期，报告倾向于强调其他的一些解决办法。有两个较受大家赞成的建议是：对教师制定最低程度的能力考试和给那些有特殊教书才能的人发奖金（而不是普遍提高教师工资）。后者引起很大争议，反对意见认为，奖励工资会起到降低教师普遍工资水平的作用［奥恩斯坦（Ornstein），1988］。另一个建议是“延长准备期”，即要当教师必须受五年教育而不是四年［霍利

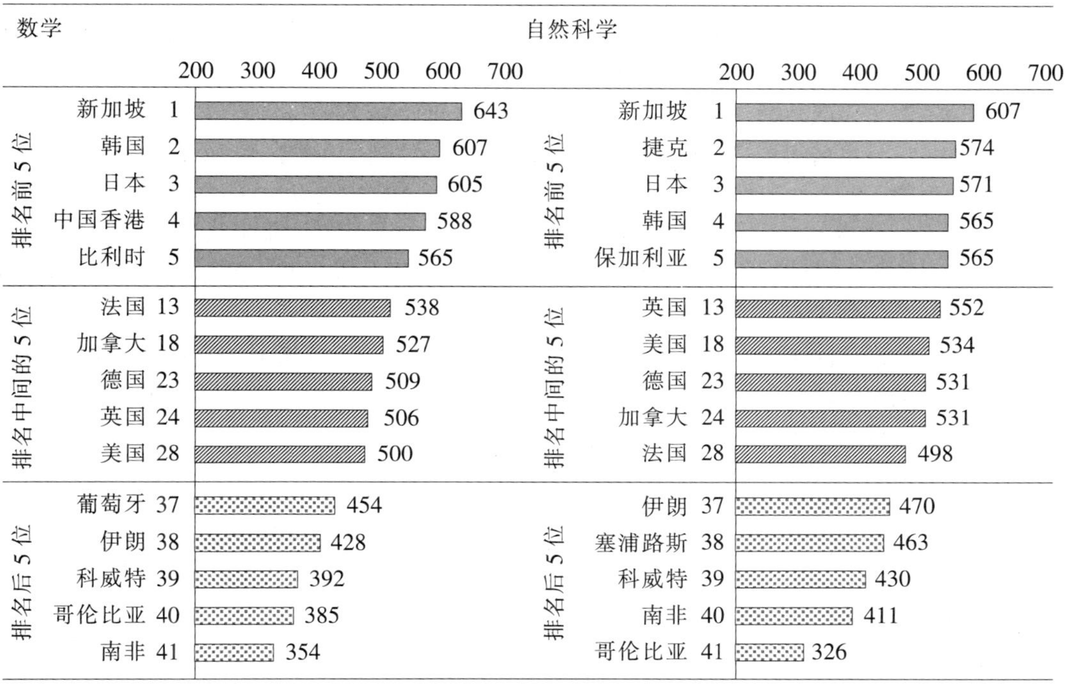

图 15—3　数学和科学技能排名

注：对来自 41 个国家的学生在数学和自然科学方面的成就进行了分等排名，得分尺度在 200 分和 800 分之间。

资料来源：International Mathematics and Science Study，1996，courtesy of William Schmidt.

(Hawley)，1989]。这条建议的批评者认为，这样一个项目的成本对许多有前途的教师来说太昂贵，而且还会使公共基金从别的更有创造性的教育项目中抽走。

另一个由卡耐基教学促进基金会所提供的报告《贫穷的一代》（*An Impoverished Generation*）呼吁，改善教育的努力应集中在城市中心区的学校。报告认为，这些学校中的问题与郊区发现的问题不同，它们的问题是贫穷、营养不良、种族主义、毒品和恶化的设施。报告说如果没有额外的帮助，努力提高这些学校的教学水平就会没有效果 [《华盛顿邮报》(*Washington Post*)，March 19，1988]。民意测验显示，为了达到这个目标，大多数美国人愿意交更多的税 [伊拉姆和盖洛普（Elam & Gallup)，1989]。

（二）教学革新

在 20 世纪六七十年代，人们对许多教育革新抱有很高的希望。尽管有些革新为过去几年的发展奠定了基础，但并不是所有的革新都获得了成功。

教育者曾对教学机器和闭路电视作为教学辅助手段抱有很大期望。教学机器通过给予学生即时的反馈，而能使老师的指导更个人化；闭路电视可以拥有范围更广的学生观众，而且提供了多样化的教育。但是人们发现购买和维护这些设备太花钱了，而且教师并不情愿使用它们，大概是害怕教学过程可能会变得非人格化。另外，关于如何使用这些设备也缺乏足够的训练，也没有对怎样才能有效地在教室中利用它们进行研究。

另一项革新是团队教学（team teaching），几个老师负责一个班级。这意味着给学生提供了具有多种技能且更精通专门科目的老师。但是因为这个教学技术需要太多的计划和分析，而且因为老师习惯于对一个班级行使自己专有的权力，所以集体教学并不成功。

开放教室（open classroom）是一个非正式的环境，其中学生被单独教学或以小组为单位进行教学。虽然在一些欧洲国家已经获得成功，但是在美国从未普及。只有经过大量计划，在开放教室中每个学生才有可能被赋予更大的自由。

学业成绩合同（performance contracting）是雇用私立机构来教授学生诸如阅读和数学这样的课程。很典型地，这些组织依赖不同种类的教学工具。这种方法只是在最低程度上提高了学生的考试成绩。许多这种试验已经中断了。

虽然这些革新中没有一项非常成功，但另外一些进展得比较好，而且已经成为美国教育的一部分。一个例子就是在学校中广泛使用“准专业人员助手”（paraprofessionals），他们并没有接受教师所必需的全部专业训练。使用准专业人员助手可以减轻教师的工作负担，而且还能为处于劣势位置的母亲们提供工作，并为其以后成为真正的专业人员提供机会。

1. 教育中的电脑

另外一个最近才出现的重要革新是作为学习工具的个人电脑的使用。这些书桌般大小、并不昂贵的设备在美国学校已经很普遍了。1995 年，每所公立学校平均拥有 72 台电脑。截至 1996 年，三分之二的学校可以上互联网（U. S. Department of Education，1997）。

学校使用电脑一方面是为了指导学生自己使用电脑——换句话说，为了电脑教育——另一方面是为了教授其他课程。用电脑教育的这两个用途并没有太大争议，因为如果无法接触电脑却又要学会如何操作它是不可能的。不过，在这里还是存在争议。多数学校强调程序技巧——怎样写出程序告诉电脑做什么；另一些学校更愿意教学生利用现有的许多可以通过商业渠道得到的程序。

无论有什么样的优点或缺点，电脑作为一项教学媒介已经成为学校课程的一个基础部分。由于担心学生会在这个电脑时代落伍，所以中学教学体系都赋予电脑一个很重要的位置。大多
354 数美国人都支持这种态度，他们感到电脑训练应该是高中教育的基础，无论是对能上大学的学生来说，还是对不能上大学的学生来说都是如此（Gallup & Clark，1987）。

在过去十多年的时间里，关于电脑在教室中的使用一直存在相当大的争议。一些专家认为，在所有东西都通过电脑来学习的班级中，现在离开电脑就没法学习了（*New York Times*，August 6，1989）。约翰·霍普金斯大学的“学校社会组织研究中心”认为，电脑在改善教学上并没有被充分利用（*New York Times*，August 9，1989）。另一些人发现，电脑在有些教室具有明显的效果。他们指出，在学校使用电脑最大的益处并不是由于电脑本身，而是由于学生在学习使用电脑时从老师那儿得到的个人指导和关注（Walker，1987）。而且，看到如此多的美国学生甚至不能解决最基础的算术问题，批评者们最近又质疑互联网的教学价值（*New*

York Times，October 25，1997）。

2. 教育中的电视

电视作为一个教学工具可以与电脑抗衡，甚至超过电脑。虽然电视很久以来被认为应对智商水平下降和注意力分散负责，但是最近的研究已经发现如果正确使用，它会是一个有效的教学工具。电视现在被认为是介绍学生接触社会、鼓励新思想、增强教室里动机水平的一个很好的办法［丰塔纳（Fontana），1988］。电视给青少年提供他们自己的生活中所没有的替代性角色模型和社会互动，因而它在教授青少年时具有特殊的意义［卢克和约翰斯顿（Luker & Johnston），1988］。

从为很小的孩子制定的节目（如“芝麻街”），到那些可以让大一点的学生获得高中学分的节目，再到那些促进阅读和数学技能的节目，电视作为教育媒介的潜能几乎无法被抹掉。国际电视会议被一些社会学家看作是未来的浪潮。在未来，全球性的电子教室可以从世界各地进入相同的教学项目［佩尔顿（Pelton），1988］。

资料来源：© 1970，Janice and Stanley Berenstein. Source：Gerald Lesser，*Children and Television*：*Lessons from Sesame Street*，New York：Random House，1974.

3. 重新强调基础训练和更高的标准

按照当今许多批评者的观点，美国教育体系必须建立更高的标准，并回到强调阅读、写作和算术这些传统领域上来。为了实现这些目标，批评者建议学校在诸如艺术、音乐欣赏、种族关系、驾车训练、体育等“虚饰”上花的时间要少一些。保守主义者相信学校为了培养“全面发展的儿童”，负担已经过于沉重了；他们认为，这是学校在进行充分的基础教育方面失败的一个主要原因。而且这些批评者相信，对学生的社会调试给予了错误的关注，因而使得许多年轻人在没有掌握好基础性学术技能的情况下被不断地升到下一个年级。他们认为，精通传统科目比“自我发现”更重要。

《国家处在危险中》是全国优秀教育委员会（the National Commission on Excellence in Education）在 1983 年发表的一篇有影响的报告，它主张对学生和学校执行更严格的标准和更激烈的竞争。沿着这些思路已经进行了一些适度改革。大多数州最近已经提高了对高中毕业生的要求，而且许多州现在需要学生通过最低程度的能力测试才能毕业。

4. 凭证体系

在政府对教育的支持中，凭证体系（voucher system）是经常被讨论的一项革新。在该计划中，家长会拿到一张“凭证”，用它来选择他们想选的学校（公立或私立）。公立学校根据获
355 得的凭证数量得到财政资助，而不是直接靠税收支持。这个体系主要是保守人士的主张（但不完全是保守人士），用以增加学校间的竞争，并提高教育水平。联邦政府已经尝试性地在一些领域资助凭证体系。

许多教育专家批评这种凭证项目。一些人认为凭证会使学校间的距离拉大。另一些人则担心，由于那些无法在别处上学的学生只能到公立学校来，因此公立学校会变成“一个倒垃圾的地方”。公众对凭证系统的反应多种多样。1995 年的盖洛普民意测验表明，69%的美国公众认为，不管他们住在哪儿，都应允许学生和家长来选择学生上社区里的哪一所公立学校。但是只有 33%的人支持允许学生和家长选择以公立价格上私立学校（U. S. Department of Education，1997，“The Annual Gallup Poll of the Public School”）。

（三）私立教育

现在的美国，上公立小学或中学的儿童超过 4 400 万，上私立学校的儿童不足 600 万（U. S. Department of Education，1997）。天主教学校的招生占私立学校的大多数，但这一比例已经有所下降。1967 年，87%的私立学校学生就读于天主教学校；到 1994 年，这一比例下降到将近 51%（U. S. Department of Education，1997）。正统新教学校最近几年人数增长很快。

私立学校注册人数的增加是否能告诉我们关于私立教育与公立教育相比的质量情况呢？按照社会学家詹姆斯·科尔曼（Coleman，1987）的观点，学生聚集到私立学校来是很有道理的：因为他们在这儿得到了更好的教育。受全国教育统计资料中心（一个联邦机构）委托，科尔曼在全国 1 015 所公立和私立高中约 59 000 名学生中进行了调查。在他那篇受到广泛讨论的报告《公立和私立学校》（*Public and Private Schools*）中，他得出结论说，即便考虑到家庭背景的不同，私立学校学生教育的平均水平也比公立学校平均水平高。

科尔曼认为，私立学校的教育更为有效是由几个因素决定的。他指出私立学校比公立学校纪律严；例如公立学校的二年级学生打架、不服从老师、故意破坏学校公物的数量往往是私立学校的两倍。而且私立学校的学习挑战性更强；全国 130 万私立高中学生在基本阅读、写作、算术，以及自然科学、公民学和词汇量上都比公立学校学生强。科尔曼发现，多数私立学校学生老师的比率较低，这也是导致这些积极结果的原因。而且少数民族和白人学生从私立教育中的受益情况是同等的。虽然黑人学生在私立学校中所占比例比在公立学校中要低，但是私立学校中种族隔离却更少，这一事实也许部分地解释了私立学校中少数民族和低收入学生获得好的功课成绩的原因。

最近科尔曼对数据又进行了再检验，发现天主教学校学生辍学率非常低，甚至与其他私立

学校相比也是如此。他把这归因于天主教学校周围的社区的支持（*New York Times*，March 30，1988）。

很自然的是，科尔曼的报告激起了一些公立学校官员的愤怒，他们指责这篇报告调查不严谨、有偏见、不准确。批评者特别指出公立学校和私立学校人员的可比性（或由此而来的缺乏可比性）问题。他们说，70%的私立学校学生将上大学作为目标，但是只有约 33%的公立学校学生追求类似的学习目标。这样私立学校的学生肯定会比公立学校的学生表现出色。

针对科尔曼的研究还有许多别的批评。有些人对能力考试（科尔曼用来测量学习表现的考试）的效度，以及他认为私立学校比公立学校种族隔离程度低的观点提出疑问。他们还攻击他将社会经济地位变量加以控制的方法［帕日（Page），1981］。有一位研究者认为，通过控制科尔曼忽视的一些变量（性别、身体残疾、居住地区和上大学的意愿），他能表明天主教私立学校的学生“并不比公立学校的学生做得更好或更坏”［诺埃尔（Noell），1982］。

在美国，除了学术质量的争论以外，在平等问题上私立学校有时也受到一些指责。由于它们的学费高，相当多的美国年轻人没法上私立学校。一些学者认为，尤其是有很高学业声望的学校，特别是寄宿学校，它们永远被美国上层阶级所垄断［库克林和佩塞尔（Cookson & Persell），1985］。增加进入私立学校机会的一条途径就是，采用前面讨论过的凭证计划，这可以覆盖部分或甚至是全部学费。不过，许多观察家相信，使用政府凭证来付天主教学校的学费是对宪法规定的政教分离原则的违背。

（四）教育和少数民族 356

今天几乎没有比少数民族学生教育更重要的问题了。在这一部分，我们研究两个问题：一是少数民族的特殊教育需求，特别是那些贫困家庭中的问题；二是为了消除学校中的种族隔离现象所付出的努力。

1. 教育少数民族学生

因为较低阶级的少数民族学生往往上学时缺乏多数中产阶级学生已经在家里学会的语言、价值观和技能，所以他们给教育者提出了一个特别严峻的挑战。通常认为最有辍学危险的孩子来自贫困家庭、由单亲家长抚养、不懂什么英语，往往同一个个体身上具备这些特征中的好几个。

多数教育者都同意，语言往往是少数民族学生的一个重要难关。例如，我们经常能见到，来自波多黎各、墨西哥以及诸如越南之类的亚洲国家的孩子，在上一年级时只懂几个英语单词，可是英语又是所有课程讲课用的语言。而且不同种族背景的孩子有不同的口音，使用的语言老师也不理解。这样导致的挫折感就会使孩子甚至在很小的年纪就认为，在学校他们不可能有希望获得成功。因此，他们有时就放弃尝试甚至放弃上学。

我们应该怎样教育那些母语不是英语的孩子呢？1974 年，美国最高法院要求所有学校为这样的儿童提供专门帮助，但是它并没有说明应该能让学生获得什么样的帮助。联邦政府人权办公室解释说，这一决定是呼唤过渡性的双语教学：用母语指导学生，直到他们能上用英语教授的课程为止。提议者认为，用这种办法教学生可以使学生在掌握英语的过程中继续学习其他课程，而且他们在英语和其他领域取得的进步要比强迫他们在还不能完全听懂时就接受英语授课取得的进步快。他们还说双语教学可以帮助说外语的学生保持与其原来文化的联系［参见余和阿特金斯（Yu & Atkinson），1988］。

双语教学项目的效果并不很清楚。有些研究好像表明这些项目很有效果；可另一些研究表明它们根本没有任何效果；还有一些研究报告说这些项目有负面影响［贝克和德康泰（Baker & de Kanter），1983；勒维纳（Levine），1996］。而且，并不是每个人都认为应该鼓励外国学生保持他们原来的文化和语言。有一个拥护派，即“美国英语”群体，一直奋斗着要使英语永远成为这个国家的官方语言。迄今为止，超过三分之一的州已经通过了这个立法。

另一个与对少数民族群体教学有关的项目是，决定选用哪种合适的教材。直到最近，小学的典型阅读教材都是关于白人、中产阶级和小城镇的美国家庭生活的。对于芝加哥南区的非裔美国孩子或南加利福尼亚的墨西哥裔美国人来说，这样的家庭好像是完全陌生的。由于受到来自不同种族群体的压力，教育者和出版社最近开始编辑更为合适的教材。许多初级读物现在描绘非裔美国人和亚裔美国人与他们描述白人的频繁程度和正面程度一样，包括描绘城市与乡村一样，而且他们试图以一种更现实的方式描述童年。

然而，经济剥削这个现实仍然对一些来自较低阶级的少数民族儿童不利。有些孩子没有父亲，母亲晚上还要工作，他们就没法让父母参加诸如家长之夜或学校演出这样的特殊活动。这会使这些学生感到尴尬或沮丧。老师往往无法与这些孩子的家长就孩子在学校的问题交换意见——这些家长也不能辅导孩子完成家庭作业。

357 而且，这些老师，通常是白人、中产阶级，可能不知道怎样激发少数民族学生在学校努力学习。例如墨西哥裔美国学生或印第安学生，不太愿意直接对老师的批评做出反应，老师就可能误解这种态度，认为是反抗的表现。或者，一个波多黎各学生习惯了备受呵护和富有感情的家庭环境，可能会由于老师的冷淡而感到失望、受伤害，但老师的本意是尽量顾及这个学生，只是学生不理解老师采用的方式。

少数民族学生可能由于同学或更为严重地由于老师表现出的偏见和歧视而受到伤害。有些老师故意歧视少数民族学生——不给他们提供额外帮助或参与机会，无视他们的举手发言，或给他们打分更严格。不过更多的歧视是无意识的或更细微的。例如，有偏见的老师可能会认为非裔美国孩子数学学不好是意料之中的，白人孩子学不好则是没有完全发挥潜力。因此，白人孩子得到了额外的辅导。这样，由于老师期望白人孩子会学得更好，所以白人学生就比具有同样能力的黑人学习了更多的数学。

不过在美国学校中少数民族学生并不总是学得那么差。一项研究表明，在英国和加利福尼亚的锡克族年轻人比白人要学得好［吉夫森和哈楚（Givson & Bhachu），1988］。高中的亚裔美国学生，整体来说，在标准化考试中往往比其他少数民族和白人分数高［索奥（So），1986］。美国高中的亚裔学生比其他学生学习更多的数学、自然科学和外语类课程，而且在大学预科和给有天赋的学生开设的课程中表现超群（Ornstein，1985）。大学一年级新生中，多数少数民族学生在两年制学院中比四年制学院（公立或私立）中人数多。亚洲人是唯一在四年制大学中注册人数比两年制大学多的少数民族群体［美国大学考试计划（American College Testing Programe），1986］。

今天老师们所要面对的很多困难是必须知道如何与不同的学生个体交往并对其进行激励。

2. 种族整合

在美国，只招收或主要招收非裔美国儿童的学校，平均来说，质量比那些招收白人儿童的学校差。这些学校教室大，设备过时或早已损坏，图书馆的藏书也少。这种条件使许多高水平的教师不愿在这儿教书。因此，种族隔离往往意味着教育质量的低劣（Coleman et al.，1966）。

美国许多公立学校体系历史上执行着法律上的隔离政策（de jure segregation）或以地方法律为基础的隔离政策。1954 年，根据最高法院的对“布朗诉教委”案的法律裁定（Brown vs. Board of Education），法律上的隔离政策被宣布为是违宪的。

但是绝不要相信奉行种族隔离政策的学校就不存在了。一个更为复杂的问题由事实上的隔离（de facto segregation）引发出来，这个隔离是由居住方式所导致的。比较典型的是，非裔美国人和其他少数民族收入较低，而且一直受到歧视，因此他们往往在选择住所方面受到很多限制。这样，他们通常会居住在黑人聚居区。由于多数美国公立学校为附近居民服务，所以这些地区的学校就很少招收到白人的孩子。这样种族隔离就一直以事实上的隔离形式存在着——主要是在小学［柯比等（Kirby et al.），1973］。由于中学和社区大学的学生来源不局限于一个居住区，所以这些学校往往隔离程度轻一些。

事实上，学校隔离是一个严重的全国性问题。因为居住方式不会轻易改变，所以减轻隔离的唯一办法就是部分或全部取消学校为附近社区服务的特点。一些社区已经照此办法重组了它们的学校体系。例如，一个拥有三所小学的城镇，就可以让一个学校专教一二年级，另一所专教三四年级，而第三所学校专教五六年级。这个计划使同一年龄的所有孩子在同一所学校学习。

但是，这个办法以及其他类似的办法，必须具有送孩子到本居住区以外去上学的交通条件。这种为大家所熟知的班车接送办法遭到强烈反对，特别是在有很强地区认同的白人居住区［比尔（Buell），1980］。家长有时是反对班车接送，而并不是反对种族整合，他们提出的理由是：孩子们穿过城镇上学太辛苦，可能会迷路或弄混该坐哪趟班车，以及家长与老师的交流会越来越少等［阿莫尔（Armor），1989］。但是有证据表明，白人反对班车接送其实是种族和政治态度的一种反映，这至少与关心社区认同和班车本身的问题所引起的反对是一样的［西尔斯、亨斯勒和斯皮尔（Sears，Hensler & Speer），1979；韦瑟福德（Weatherford），1980］。

一些研究（Coleman，Kelly & Moore，1975）对强迫性的班车接送是否长远有效提出强烈质疑。例如，20 世纪 70 年代早期，为在教育体系内消除种族隔离，波士顿采用了班车接送小
358 学生跨地区上学的办法。虽然一开始波士顿的白人反对这样做，有时还很强烈，但到了 80 年代中期这种反对的声音就消失了。不过，同时波士顿公立学校中白人学生的数量和比例都有明显下降，大概是由于白人家庭选择搬离该区域的原因吧，这种趋势就是所谓的“白人大逃亡”。因此，学校的种族隔离最终变得比以前更严重了。今天，波士顿和许多其他城市都取消了作为一种教育策略的班车制度。

班车接送的替代方案：几种可供选择的办法　还有一些旨在消除种族隔离但并不用班车接送的办法已经开始实施。这些所谓的可供挑选的办法包括两个主要的内容。第一个是多数向少数转学（majority to minority transfer）的计划，或曰开放招生，即从其人种为多数的学校转到其人种为少数的学校的学生可以获得免费交通的待遇（Armor，1989）。另一个更显而易见的计划是磁石学校（magnet school）：往往在市中心区，学校用特殊的课程吸引那些可能会上私立学校或搬往郊区的中产阶级学生。

第一批磁石学校建于 20 世纪 70 年代早期，到 80 年代，它们已经成为实现学校种族整合的重要工具：达拉斯、休斯敦、洛杉矶、密尔沃基和圣地亚哥等城市都接受法庭的指令要修建这样的学校；芝加哥、辛辛那提、印第安纳波利斯和西雅图也建立了类似的学校，希望能避免法律上的麻烦；还有一些城市包括剑桥、马萨诸塞等，甚至还没有接到法庭命令就已经建设这种学校了。到 1992 年，美国全国有 5 000 所这样的磁石学校（Ballantine，1997）。

尽管磁石学校在全国不断增加，但是它们也并非没有问题。一项批评就是，磁石学校特意地招收最聪明的学生和最有才能的老师，这样会导致本地区其他学校质量的降低。一项分析学校录取政策的研究发现，磁石学校经常让考试成绩好、牢固掌握英语、没有学习困难的学生入学，而拒绝来自低收入家庭、阅读水平低于平均水平、有出勤和学习困难、母语不是英语的学生来学校注册［穆尔和达文波特（Moore & Davenport），1989］。况且，磁石学校的建设和运转往往比普通学校开销大。此外，法律和财政的限制也使得跨区转学不大可能，这正如将少数民族学生安排到白人占绝对优势的郊区学校里那样（Armor，1989）。不过研究表明，磁石学校给学生提供了更多的选择，改善了种族隔离状况，教学质量也提高了［布兰克和阿奇博尔德（Blank & Archibald），1992］。

可供选择的这些方案前景已远不再模糊了。美国几个大区已经成功地运用这些策略实现了多种族的混合。在圣地亚哥，7 000 名少数民族学生参加了多数向少数转学计划，近 3 万名白人和少数民族学生在磁石学校上学。在佐治亚州萨瓦那，代替班车接送制度的磁石计划吸引了近 1 000 名白人学生从私立学校回到公立学校［Armor，1989；里斯特（Rist），1989；罗塞尔和格伦（Rossell & Glenn），1988］。

（五）教育和平等

美国的学校经常被指责为造成了生活中所有领域的不平等。人们声称，只需每个学校都拥有同样的资源、设备和教师，那美国就走上消除不平等的正确道路了。不过在过去几十年中，几项大的全国性调查对这个前提提出了很大的质疑。

首先是著名的《科尔曼报告》(Coleman et al.，1966)。詹姆斯·科尔曼开始是研究在多大程度上黑人和白人的不平等地位能用他们所获得的不同教育质量来解释。科尔曼发现，“学校对孩子的成就影响不大，后者与……家庭和总体的社会环境无关。”科尔曼所说的家庭背景和总体社会环境，特指孩子的家庭经济地位、家庭的文化生活、邻里条件以及和同龄人之间的关系。

家庭环境受家庭经济地位的影响很大，它有助于塑造在学校中很重要的认知技能。来自“文化富有”家庭的学生——例如，家里书很多——就比那些“文化剥夺”家庭的学生更有可能获得学习上的成功。而且，家庭对教育的态度也有助于决定学生受教育的程度。中产阶级高中毕业生，尽管他们并不特别喜欢学习，也往往会上大学；而来自工人阶级或较低阶级家庭的学生，如果他们不喜欢学习，就更可能辍学。

科尔曼的发现总体上得到了克里斯托夫·詹克斯所领导的另一项研究的进一步证实［詹克斯等（Jencks et al.），1972］。詹克斯的结论是，“有证据表明平等的教育机会并不能使成人更加平等”。原因在于，“学校产出的特点广泛依赖于单个投入，即入学学生的特点”。

这些研究人员认为，美国人对他们的学校抱有不现实的期望。詹克斯建议，如果美国人想要更多的平等，最好的办法就是通过税收重新分配国民收入，这虽然在政治上可能不可行。 359

不过并不是所有的研究都支持这种观点。一个例子就是高质量的学前教育对贫困的非裔子女后来的学习与职业生涯影响的研究。该研究持续了 16 年。这些孩子来自密歇根州伊普西兰蒂，智商很低［贝吕埃—克莱芒等（Berrueta-Clement et al.），1984］。他们三岁时开始接受学前教育，（其结果）相对控制组（未接受学前教育）而言，后来他们上初中、高中时只需要较少的矫治帮助，辍学者和失足者人数也较少，继续接受高等教育或全职工作的人数也比控制组多一倍。不过，尽管这一研究首次报道时就受到广泛的欢迎，但是至今仍没有使这些孩子达到中产阶级学生的知识水平。

（六）教育和收入

每个人都听说过有人连小学都没上完却成了百万富翁的事，也听说过博士们不得不开出租车或在超市工作的事。然而，这些例外掩盖了教育和收入的一般模式，即：比较典型的是，上学时间越长，收入越多。表 15—1 记录了不同领域大学毕业生和更高学历毕业生的收入情况。

表 15—1	不同学历的年收入比较（1997）		单位：美元
领域	学士学位	硕士学位	博士学位
人文学科	25 078	—	—
社会科学	25 103	—	—
会计学	30 154	33 636	—
计算机科学	37 215	44 331	63 058

资料来源：U. S. Bureau of the Census，*Statistical Abstract of the United States*，*1998*，Washington，D. C.：U. S. Government Printing Office，1998.

下面一段摘录概括了一些关于大学教育是否值得的不同研究结论（Jencks et al.，1979）：

所有这些研究表明，受教育程度越高，职业地位就越高，收入也越多。当然，所有这些差别并不与在校学习时间长短有必然联系。那些待在学校上学的人，往往是已经具备了雇主们所看重的素质和技能的人，他们上几年学无关紧要。而且他们很可能来自富裕家庭，不管他们学问上有多成功，经济上本身就有优势。

然而，即便来自同一类型的家庭，考试成绩一样，最初职业相似，大学毕业的人最终获得的职业地位也比只上完高中的人要高。研究还表明，获得学士学位对收入有很大影响。高中毕业生可能比具有同样背景但没念完高中的人收入高约 51%。而大学毕业生可能比具有同样背景但大学没毕业的人收入多 76%。

上一所“好”大学有什么优越性呢？一项研究表明，有着同样背景的人，学校声誉的差别对职业地位——即最终获得的工作声望——影响不大。不过，考虑到收入，大学的选择就重要了。这项研究发现，“重点”大学的毕业生比“非重点”大学的毕业生收入多 28%。

360

复习与思考

1. 学习和教育有什么不同？
2. 辨别并讨论教育有哪些功能。
3. 分班和文凭主义怎样固化了教育中的不平等？
4. 教育工作者是怎样解决既要保持学术上领先，又要为每个人提供平等的教育机会之间的冲突的？
5. 为什么多数教师和行政人员都反对教育的社区控制？
6. 描述一所典型的美国学校的校园文化。对冲突的角色、规范和价值观进行分析。
7. 讨论为改善美国教育质量所提的各种不同建议。辨别这些不同建议的优缺点。
8. 私立学校的教学质量比公立学校高吗？为什么私立学校受到批评？
9. 美国学校的种族隔离是否导致了少数民族学生学习质量的低下？如果是，你有什么建议？
10. 学生的受教育程度是怎样影响他或她的一生的？

网上练习

第 15 章的网站涉及与教育有关的各种问题。在搜索之前，请登录 Prentice Hall Companion 的网站：

http：//www. prenhall. com/popenoe 。然后选择第 15 章（教育）。接着就可在屏幕左侧的菜单中选择网站，那里有几个网址供选择。我们建议你从 National Center for Education Statistics（NCES）开始。这个网址包括美国教育的一些很有意思的事例和统计数据。例如，*National Assessment of Education Progress*（*NASP*）*1998 Reading Report Card for the Nation and for the States* 就提供了国家和各州的阅读报告卡片。其中包括对国家和各州或选区阅读水平的评估。浏览过 National Center for Education Statistics 后，请回答以下问题：

- 根据教育进展国家评估网站（NAEP）上的内容，你认为美国在教育方面仍是“一个充满风险的国家”吗？
- 你认为让所有的公立学校和教室都联上互联网是个好主意吗？为什么是或为什么不是？

关键术语

learning	学习	credentialism	文凭主义
education	教育	community control	社区控制
assimilation	同化	de jure segregation	法律上的隔离
tracking	分班	de facto segregation	事实上的隔离

第16章 宗教

362 如果社会设置运作正常的话，它们可以满足重大的社会需求。否则，就会像一所学校未能成功地教育好学生、某个经济部门未能维持或创造出急需的工作岗位那样，导致巨大的危害。然而，在所有具有反功能的社会组成部分中，没有谁能像误入歧途的邪教那样，造成如此巨大的混乱。

你可以就这一问题请教一下吉姆·琼斯（Jim Jones）的“人民圣殿教”中那些仍活在世上的追随者们。琼斯是一个来自印第安纳州的巡游牧师，20世纪60年代中期，他把其教众迁到了加利福尼亚，由于害怕政治迫害，1977年又迁徙到南美的圭亚那。在与外隔绝和日益增长的偏执状态下，琼斯强迫他的追随者们长时间地劳动，为他们的“琼斯镇”修建房屋。工作之余，信徒们受到持续4～6小时日益语无伦次的日常说教，并且，考虑到那些因病不能亲自参加布道会的人，他们还通过麦克风将声音传至这个四周用围墙圈起来的聚居地的每一个角落。

琼斯确信，他的敌人正随时准备破坏这个宗派，因此，他制定了一种叫做白夜（White Night）的仪式。在这一仪式上，追随者们心甘情愿地喝下被告知可能有毒，但也可能没有毒的饮品。1978年，国会议员雷奥·瑞恩（Leo Ryan）在访问过琼斯镇之后即被琼斯的信徒所暗杀，他此行的原因是为了调查有关“人民圣殿教”对其成员进行胁迫的申诉。琼斯意识到外界不会对这一事件善罢甘休，于是举行了最后一次白夜仪式，在这次仪式中他用了真正的毒药。912名男女老少喝下了掺有氰化物的饮品。这一事件引起了全世界的震惊，人们开始对宗教能够驱使其信徒达到的种种极端状态进行反思［米尔斯（Mills），1979；班布里奇和斯塔克（Bainbridge & Stark），1979；约翰逊（Johnson），1979；纳泊尔（Naipaul），1980］。

15年后，当圭亚那集体自杀的记忆才刚刚退逝，历史又重演了。这一次则令人难以置信地发生在得克萨斯州一个叫做瓦口的地方。这个团体叫做“大卫宗”，是“第七日耶稣复临论”中的一个分支的分支，其领袖是一个33岁的前摇滚音乐家和自称是先知的男子，他出身于维农·豪威尔（Vernon Howell）家族，却谎称自己是大卫·科内什（David Koresh）家族的成员。

与“人民圣殿教”的成员一样，大卫宗的成员们从现实世界中隐退，过着一种封闭的、共同体式的生活。这两个团体都有一些在外部的观察者看来十分古怪的行为：科内什，这个上到九年级就辍学的男子，竟以他的一些女信徒为妻，其中有些妻子才12岁，他们在大卫宗聚居地中还生育了不少孩子。与琼斯一样，科内什也担心他的敌人们会采取某些行动，他也为抵御攻击做好了准备，只是他采用的方式是囤积相当数量的军事武器以备日后之用。

1993年2月28日，联邦酒精、烟草和武器管制局（Federal Bureau of Alcohol，Tobacco and Firearins）的特工试图对大卫宗用围墙圈起来的聚居地进行偷袭，但是行动失利，4名特工和6名教徒在此次交火中丧生。双方僵持了51天后，4月19日，由联邦调查局（FBI）和装甲兵训练部队采取的联合进攻，为该事件画下了一个不幸的句号。在抵抗过程中，科内什的宗教团伙点火烧毁了他们的聚居点，86名信徒，其中至少包括17名14岁以下的孩子，以及科内什本人均被焚于这场大火之中。［贝克（Beck），1993，坎特罗威茨（Kantrowitz），1993a，1993b］。

在接下来的五年中，另一个叫做“天堂之门”的宗教团体的集体自杀事件，又成为头条新闻。在加州圣达非的一幢巨宅里，发现了21女、18男共39具尸体。死亡现场非常离奇。每具尸体都是被一张紫色的菱形裹尸布包扎起来，脚上都穿着一双崭新的黑色耐克跑鞋。验尸官后来发现至少有6名男子都做过阉割手术，包括这个邪教的领袖马歇尔·赫夫·爱普怀特。尸检显示爱普怀特的追随者们死于服用过量的安眠药，其中的一些人其实是因为在服用安眠药和酒精之后在头上覆盖了塑料袋而窒息身亡（*Newsweek*，April 7，1997）。

他们的死亡从技术上可以定义为自杀。但是爱普怀特作为极富技巧的操纵者，在劝说其追随者结束自己生命的过程中扮演了决定性的角色。大量的录像带、书面文件和互联网上的帖子表明，“天堂之门”的成员们是为了进入一个更高的国度。沉迷于“星级战警”和“X档案”的他们，确信一艘太空飞船正向他们飞来，把他们带入另一个世界。他们把哈雷彗星的回归当成飞船到达的征兆。爱普怀特向他们保证，死亡将使他们得到解脱并进入更高的国度。

专门研究宗教的社会学家经常试图去解释发生在琼斯镇和瓦口的这类悲剧。本章的一些内容会有助于你去理解，信徒们是怎样发展到对其宗教如此痴迷，以至于心甘情愿为信仰而献身的。不过，宗教社会学的注意力更多的是放在了美国社会中更加传统的各种宗教表现形式上。

研究显示，作为一个群体，美国人事实上比绝大多数的工业化或后工业化社会中的公民更信奉宗教。最近的一项研究发现，96%的美国人信仰上帝［肖图（Shorto），1997］。成为正式的教会成员在美国不仅司空见惯，而且这一长期形成的历史传统在今天仍保持着上升趋势，在1861年，仅有37%的美国人归属于各种教会，而到1997年，这一数字已上升为68%以上。 *363*

如果这些数字是准确的，那么，为什么还有如此多的人会认为，美国是一个宗教正在逐渐丧失其重要性的世俗社会呢？也许，问题在于如何定义“信奉宗教”。我们可以把所有宣称具有某个正式宗教组织成员资格的人都看成是虔诚的宗教教徒吗？又或是，宗教作为一种更加强烈的个人体验，不能以是否加入某个宗教组织作为测量的标准？这些都是我们在本章将探讨的部分问题。下面，我们将透过理论的视角，就宗教与社会关系、宗教组织、美国人生活中的宗教，以及世俗化等问题进行一番考察。

一、宗教与社会

社会学家和神学家都认为，宗教（religion）这个术语可以被用在很多行为上面。某本词典是这样来定义宗教的："以崇拜的形式、对圣命的遵从……以及对被认为是真正信仰者采纳的生活方式的追求等方式，表达出对上帝或神的礼拜和敬慕。"但是这一定义过于狭窄，未能完全涵盖某些宗教行为和宗教体验。也正是因为宗教表现形式的这种多样化，才使得对宗教下定义非常困难，社会学家们在宗教的定义问题上也各有看法。其中一个较好的社会学意义上的操作化定义把宗教看成是"一种信仰和实践的体系，通过这一体系，某群人对其感受到的神圣之物、通常还包括超自然的东西，进行阐释并做出反应"［约翰斯通（Johnstone），1988，p. 13］。

不管这一术语被如何定义，大多数观察者认为宗教主要是与超自然的现象相关［哈蒙德（Hammond），1985；斯塔克和班布里奇（Stark & Bainbridge），1979，1985］。与这一着重点相对应，宗教几乎总是涉及信仰，即一种不被或不能被科学证据或材料证实或证伪的信念。

（一）宗教的类别

有神论（theism），即对一神或多神的信仰，是西方社会中最为常见的宗教类型。在西方，有三种主要宗教具有历史重要性，它们是基督教、伊斯兰教和犹太教。这几种宗教都是一神教（monotheism），即只信仰一个神。它们都拥有正式的宗教组织、神圣仪式、圣典，以及牧师或教士制度。

基督教包括罗马天主教、各个新教教派和东正教三大部分，信徒已超过 19 亿人，是世界第一大宗教。其次是伊斯兰教，拥有 11 亿信徒，它同时还是发展最迅速的宗教［《世界年鉴与纪事》（*World Almanac and Book of Facts*），1988］。犹太教是世界主要宗教中规模较小的宗教之一，将近有 1 500 万教徒。关于世界各宗教信徒的估计人数，参见表 16—1。

表 16—1　世界各宗教的成员人数估计值（1997）

宗教	成员数	
	千	百分比（%）
基督教徒	1 929 987	33.0
罗马天主教徒	1 040 354	17.8
新教徒	360 913	6.1
东正教徒	223 204	3.8
英国国教徒	54 785	1.0
其他基督教教徒	287 857	4.9

续前表

宗教	成员数	
	千	百分比（%）
伊斯兰教徒	1 147 494	19.6
非宗教人士	760 280	13.0
印度教徒	746 797	12.8
佛教徒	353 141	6.0
无神论者	146 615	2.5
中国民间宗教信仰者	363 334	6.2
新宗教信仰者	98 699	1.7
部落宗教信仰者	231 694	4.0
印度锡克教徒	22 518	0.4
犹太教徒	14 890	0.3
信灵论者	11 467	0.2
儒教徒	6 112	0.1
巴哈教徒	7 666	0.1
耆那教徒	4 016	0.1
神道教徒	2 672	0.1
其他宗教信仰者	1 357	0.0
总人口	5 848 739	100.0

注：由于舍入运算，总人口数不是精确值。

资料来源：Adapted with permission from the Encyclopaedia Britannica *1998 Britannica Book of the Year*；© 1998. Encyclopaedia Britannica，Inc.

主要流行于印度的印度教是一个多神教（polytheism）的例子，它信仰多个神。印度教是成百上千个地方化的信仰和仪式体系组成的松散集合，据称有7.5亿信徒。在印度，每个村庄和种姓都有自己的神，在宗教节日上，这些神会受到人们的敬奉。某个特定的地方，比方说一座神殿、一眼圣井、一棵圣树或者是一块圣地，会被保护起来专供祭祀之用。其他村庄或种姓 364 的神如果被认为具有特别强大的威力，或是被认为护佑着人们生活中的某些重要方面的话，例如农作物的收成或生儿育女等，那么这些神灵也会受到人们的普遍崇拜。

对西方人而言，世界上其他的一些主要宗教，例如佛教、儒教、神道教以及道教等，就显得比较陌生。这些超验唯心主义宗教并不崇拜某个神灵，而是以一套伦理、道德或哲学原则为中心（在实践中，许多佛教徒的确也把佛当作神来敬仰，不过这并不是正式的教义）。

佛教、儒教和道教都致力于达到一种道德或精神上的启迪。这意味着达到佛“途”或孔子的“礼”是这些宗教的中心目标。主要盛行于日本的神道教，是一个关于光宗耀祖的行为准则和仪式的体系。它使得对父母的责任（这也是包括基督教在内的许多宗教的组成部分）成为宗教情感和奉献的核心内容。儒教中没有专门的神职人员，不过在其他东方宗教中，则拥有一个负责行使宗教职责、维护宗教价值观念的特殊群体。所有这些东方宗教都拥有一些仪式和圣典。

上述宗教都有悠久的历史（印度教也许是最古老的宗教，发轫于大约 6 000 多年前），经历了数世纪的演变，它们已经发展成了信仰和行为上的复杂体系。在世界各地，它们为了能够适应 20 世纪的人类生活境况，已经对自身做了一定的调整，因此从某种意义上而言，它们同时也是“现代的”。

比较而言，前文字社会的宗教在遇到必须顺应现代的环境而改变自己的情况时，它们常常面临着艰难的挑战。前文字阶段的人类宗教的一般形式是图腾崇拜（totemism），即把某种动物（在极少情况下，也把植物）作为神或祖先加以崇拜。那些被称为图腾（totem）的圣物往往在人们的生活共同体中占有非常重要的地位，比如说食物的来源或是某种危险的食肉动物。在宗教仪式中，人们学习并表演以模仿图腾的动作为特征的独特舞蹈，并且穿戴着特定的服饰和其他图腾象征物。人们还可能在公共的仪式宴会上享用图腾动物，或者沉浸在与图腾的某种交流形式之中。一些社会学家认为图腾崇拜是最初的宗教形式，其他形式的宗教组织则是从它演变而来的（Durkheim，1915）。

前工业化社会中的其他宗教形式包括简单的超自然崇拜和泛灵论。作为一种宗教类型，前者是指该宗教没有确定特殊的神或精灵，但是相信有影响人们生活的超自然力的存在；后者则认为有活生生的精灵在操纵着这个世界。在西方世界，简单的超自然崇拜的一些形式包括了诸如幸运的四叶苜蓿[①]和不幸的星期五、13 号等迷信。泛灵论的宗教通常认为在风、雪、雨等自然力量背后存在某种精灵，因此常常集中于旨在影响这些自然力量的巫术仪式上。祈雨舞，就是泛灵论仪式中最常见的形式之一。

今天，图腾崇拜在澳大利亚土著居民和新几内亚的一些部落中依然存在。在包括美国西北海岸一些部落在内的美洲土著人中，他们过去常常也会雕刻出一些精美的、装饰性的木质“图腾柱”。而简单的超自然崇拜在南太平洋群岛上还依然存在。在一些非洲部落中，泛灵论也还很普遍。

（二）宗教与人类境况

像家庭一样，宗教是最普遍存在的社会设置之一，它也同样展现了人类境况的一些基本方面。以下几点则表明了宗教给信奉者的生活带来的用处：

（1）宗教提供的支持和慰藉，有助于人们克服对未知的恐惧和对未来的焦虑。生活总是难以预料的，因此人们常常感到焦虑和恐惧。宗教帮助我们去面对生活的不确定性。通过对来世的承诺，大多数宗教为死亡，这一最终的未知领域，提供了特定的安宁和希望。

（2）宗教为人类的存在赋予了意义和目的。几千年来，人类一直在苦苦追问：“我为何在此处？”宗教通过在更宏大的、神圣或超自然的事物体系中解释人类的角色，来帮助人类回答这个问题。此外，在对生命意义的探求中，也包括了对绝对的道德内涵和标准的追求，这也可

① 四叶苜蓿（four-leaf clovers），也叫幸运草，极少见。传说中认为可以给发现者带来好运。——译者注

以从宗教中得到解答。因此，宗教同时也充当了评判各种行动、目标、理想、观念，甚至社会本身的准绳。

（3）宗教使人们可以超越日常生活。大多数人似乎渴望与超出了日常生活界限的“他者”建立某种关系。宗教通过其神圣“他者”或“超凡”的信条，帮助人们实现这一愿望。这些信条还培养和鼓励一种超脱凡尘和超越自我的感受。

（4）宗教帮助人们发展出一种认同感。宗教通过向人们提供某种特定组织中的成员资格，帮助人们回答“我是谁?”的问题。较之其他组织，宗教组织提供了更强的认同纽带，因为它鼓励人们去分享一些“终极”的价值和信仰。

（5）宗教帮助那些处于生命转折阶段的人们。所有宗教对人类生命周期中的主要事件如出生、青春期、结婚以及死亡都进行了注释，并围绕这些事件发展出了一套仪式体系，人类学家把它称作通过仪式（rites of passage）。人生中的这些转折阶段总是给人们及其家人和朋友带来紧张，而宗教所提供的“通过仪式”（婚礼、洗礼和葬礼），则有助于人们消除这种紧张。在与丧礼和临终告别相关的一些仪式中，它还能带给人以安慰。在另外一些情形下，它还能为人们适应一些新的角色而提供指导，有关青春期和结婚的“通过仪式”（例如犹太教中为庆祝青少年进入成人期而举行的庆典以及婚礼等）就发挥了这种作用。 365

除了家庭外，没有其他机构可以像宗教一样有效地帮助人们解决生活的意义和价值的问题。由于飓风破坏了家园，人们在阿拉哈马的社区聚会来为自己和邻居祈祷。

宗教并非是能够帮助人们处理人类存在问题的唯一的社会设置。强烈的职业责任感也能发挥同样的作用。家庭、邻里关系、工作组织或国家，都能建构起一种认同感。社会和政治运动也能够带给人一种超越自我的感觉。然而除家庭之外，没有任何别的设置能像宗教那样，有效地帮助人们解答生命的意义和价值的问题，也没有一种设置能够像宗教那样成功地创造出一种强烈的忠诚感和参与感。

366 **媒体社会学**

黄金时间的宗教节目

在好莱坞充满嬉笑怒骂的夜间娱乐节目单中，谁能想象得到一个关于上帝的节目能够获得如此成功？在黄金时间播出宗教节目的想法听起来的确有些荒谬。谁不知道那些黄金时间档是为了圣经中所描述的罪恶，而非为圣洁之物所预备的？很显然，那个人就是电视栏目“天使的触摸”（*Touched by an Angel*）的制片人，马萨·威廉姆森。虽然这个栏目在试播时不是那么让人看好，威廉姆森仍然对它抱有信心［《人物》（*People*），February 22，1999］。该节目在第一季播出的时候效果差强人意。这也不是出人意料的结果，因为它被安排在了当时极其受欢迎的栏目 *Roseanne* 的同一时段。威廉姆森向电视台的主管放映了一期因患癌症即将逝去的一位棒球小联盟队教练的感人故事，说服他们让这个栏目进入下一季。当这个栏目被移到另一个时间档时，其收视率飙升直上。到 1999 年的第一个星期，它的收视率甚至超过了另一个王牌栏目“六十分钟”，吸引了1 600万观众。

“天使的触摸”栏目的成功促使电视台的主管们开始制作其他以宗教为主题的栏目。在 1997 年秋天，有四个黄金时间的节目与宗教相关［古德斯坦（Goodstein），1997］，包括“佳音”（*Good News*）、“第七天堂”（*Seventh Heaven*）、“永恒之人”（*Soul Man*）和“无所畏惧”（*Nothing Sacred*）。劳瑞·古德斯坦认为，“电视制作人错过了一个将观众带入有史以来最神秘、超验的宗教领域的机会”（1997，p. 37）。

然而这些栏目并非为了达到这个目标而制作。与“天使的触摸”中把天使作为主角不同，上述栏目讲述的都是神职人员作为普通人的一面，他们同样易受人间烟火的诱惑。像“永恒之人”和“第七天堂”这样的节目，虽然开始关注的是为人父母的牧师，但后来较少涉及宗教精神，更多地侧重于家庭价值观。“无所畏惧”描绘了一个天主教牧师叛离教会的故事，它正面临被取消的危险。事实上，由于有关宗教团体的抗议，一些广告商已经撤回栏目广告（Ryan & Wentworth，1999）。

“天使的触摸”无与伦比的成功反映了它所传达的信息在观众中的共鸣。观众的来信反映了这个节目在激励人们走出绝望方面所起的作用。一个女性观众写道：

> 我是一个有着痛苦经历的戒酒者。我已经有十年没有酗酒了，但戒酒其实并非是最困难的问题。最困扰我的问题是负罪感、低人一等的感觉以及如何从过去得到解脱。因为对生活失去信心，我曾经企图自杀过两次。当你们的节目在周日的晚上播出时，让我觉得就好像是上帝在房间里和我说话一般。那些特殊的天使们给予我希望，让我相信我会找到快乐的真谛。虽然对我来说不容易，但最近我已经在开始接受教会的心理治疗。我向上帝祈祷，希望你们的节目能够经久不衰。（*People*，February 22，1999，p. 86）

另一位年轻的观众写道：

我最喜欢的一期是关于那个警官的故事。他在被枪击之后对止痛药上了瘾。他常常把使他受伤的那颗子弹带在身上。但后来他吸毒上瘾。那期节目传达的信息是，上帝是爱你的，世上所有的药物都不能替代他的爱。我今年14岁。你们的节目每周都在谈论上帝是如何地爱我们，甚至爱我们的错。茫然无助的时候，你要向上帝祷告，祈求答案。当时机来临时，你将会得到答案。上帝总会恰到好处地掌握好这个时机（我从“天使的触摸”中学到了这一点）。（*People*，February 22，1999，p. 86）

正如这封信中所说的，“天使的触摸”成功地传达了“上帝爱你”这个信息。这句话在剧中被化成一个社会工作者的天使莫尼卡不断重复。在其他天使的帮助和指引下，莫尼卡走进了处于困境中的人们的生活，其中有未婚母亲、吸毒者和其他陷入绝望的人。这些天使并没有为这些尘世中的问题提供便捷的答案，她们也没有祈望如此。但她们回答了有关生命终极意义的问题：

（1）我们为什么在这里？

（2）生命的目的是什么？

（3）为什么我们要遭受痛苦？

（4）世间是否有公正存在？

（5）我们死后会怎样？

没有人知道这些问题的答案，“天使的触摸”的制片人也是如此。他们聪明地把寻求答案的任务留给了观众。

（三）功能主义视角：宗教与社会稳定

大多数社会学家对宗教满足特殊个人需求的方式并不太感兴趣，他们更多地关注宗教对整体社会而言所具有的功能。功能主义的视角强调了宗教在促进社会稳定方面所发挥的重要作用。宗教至少通过以下四种方式维护了社会现状：

（1）通过神圣仪式，宗教把社会成员联结在了一起。涂尔干（1915）注意到，那种共同的忠诚感是潜伏在人们的宗教仪式和信仰中的一种巨大而神奇的力量。一个神学家可能用超自然力来解释这种力量的源泉，认为那是崇拜者们所敬畏的神的力量。而社会学家则不能用神学术语来对其进行解释，人们希望他们提供的，是对这些社会现象的经验性的解释。在对澳大利亚土著部落阿龙达（Arunta）的神圣图腾进行分析的基础上，涂尔干指出：信仰者们在参加宗教活动时所感受到的那种令人敬畏的力量，其实质是社会对其成员所施加的一种强制力。作为宗教社会学的重要观点，涂尔干指出，在对神圣力量和超自然力的颂扬中，人们实际上是在建构某种类似物，通过这种建构，人们表达出了潜意识中对社会加在个人身上的强大力量的感知。

涂尔干进一步指出，当与我们同样虔诚的其他人也在场时，尤其是当我们在参加以赞颂对他人承担责任为主题的宗教仪式时，我们会更加敏锐地感受到这种力量的存在。因此，阿龙达人为了表示对他们的图腾的敬意而跳的仪式性舞蹈，同时也是对其部落统一的象征性表达，它使人摒弃个人私利，并产生一种可以共享的、被放大了的部落成员间的团结感。图腾成为社会所拥有的某种能力的外显象征物，这种能力使得社会可以接受或拒绝个人，以及改造和塑造个人。

（2）宗教强化了社会的基本规范和价值观念。社会规范是所有社会组织的基础。宗教通过被赋予了道德含义的规范和价值观念，通过将这些规范和价值的某些部分神圣化，从而才能在人们的个人愿望与社会需要发生冲突时（例如在战争年代中），使个人毅然面对必须做出的牺牲。

尊敬父母是在家庭和学校中教导的一条社会规范。对于基督徒和犹太教徒来说，这条规范因为圣经中"要尊敬父母"的戒律而被神圣化。同样，禁止婚外性关系的规范也因为圣经中"不许奸淫"的戒律，而被给予了强大的道德支持。

表达这种功能的另一种方式是指出宗教有助于控制越轨行为。世俗社会通过人为的报酬和惩罚来鼓励遵纪守法。宗教则增加了另外一种尺度：超自然力。那些服从宗教戒律、遵从社会
367 规范的人，被许诺将会得到人力所不能及的回报：例如在危急时刻神的相助、保护虔诚的信徒不受敌人伤害、生命将会永恒，等等。而那些背离了戒律和规范的人，则会受到超自然惩罚的威胁，比方说时运不济或者是备受折磨，等等。

此外，宗教还为社会控制过程增添了超自然的"侦察"力。犯下越轨行为的人只有在有人看见并举报的情况下，才会受到社会的制裁（参见第 8 章）。通过将控制力延伸到未能被人察觉和报告的情况，宗教将应有某人来充当观察者的需要降至了最低点。神灵，或者是信徒们虔信的超自然力，自会明辨是非、扬善除恶。一些宗教在这一点上走得太远，以至于去谴责仅仅是想法上的偏离；即使是在预期中的受害者一点没有受到伤害的情况下，计划要杀某人或是希望别人遭遇灾祸，都要受到宗教的惩罚。因此，宗教对个人的良知有着很大的影响。

宗教也为越轨者提供了赎罪并重新加入社会的方法，例如洗罪仪式。在许多现代宗教中，赎罪常常还伴随着某种适当的自我惩罚形式，例如更经常地去教堂、严格的斋戒，或者是取消某种休闲娱乐活动。由于大多数越轨者都清楚地知道怎样赎罪，同时也明白他们何时才能重新被社会所接纳，这种赎罪体系因此卓有成效，从而减缓了社会紧张，使社会控制得以维持。

（3）宗教可以使政府权威合法化。如果社会中的人们完全接受了政治权威的合法性的话，那么社会稳定就会得到巩固，因为这种接受使得人们更愿意遵守政府的法律和规章制度。在早期的政治体系中，宗教的这种功能表现得十分充分。例如古埃及的法老就同时被看作国王和神灵。任何违抗法老权威的人都有受到世俗和超自然双重制裁的危险。欧洲历史上的专制君主虽然没有被当作神灵看待，然而人们相信他们的统治是蒙荫于上帝的保佑之下的，对君主的不服从就等于是对上帝意志的违背。虽然英国在 1869 年就实行了政教分离，但是英国国王和王后的就职典礼仍是由教会领袖坎特伯雷大主教来主持。像伊朗等国家至今仍在实行神权统治（theocracy），教会和国家在那样的社会中至少是部分重叠的。

甚至在美国这样高度世俗化的社会中，仍保留着这种功能的某些方面。在美国参众两院中任职的牧师的薪水是由公共基金来支付的，人们在宣誓就职时会习惯地将手放在圣经上，在我们的硬币和纸钞上印有"我们信仰上帝"（In God We Trust）的箴言。

（4）宗教有助于人们妥协于艰苦的生活和社会中的不平等。穷人和被压迫阶层往往更加坚守某些形式的宗教信仰。这些信仰可能包含了对获得救赎和来世的强调，以及与其相关的极严厉的道德戒律。让穷人们遵从于将他们置于社会底层的社会秩序所发出的指令，终究需要一个特殊的理由。由于他们不能从日常参与社会的方式中获得很好的补偿，因此他们就需要对他们的社会遵从有其他形式的回报。

而宗教正好能提供这些必需的原因和回报。任何宗教都给其信徒们提供达到较高道德地位的机会，这有助于弥补他们社会地位的低下。一些宗教强调所有信徒一律平等，一些宗教则把其拥护者们看成是特殊的精英。

宗教还试图通过影响上层阶级的行为来解决不平等问题。宗教一般都提倡仁慈、宽恕、友好、帮助不幸者，以及放弃傲慢和虚荣。虽然这也许无助于改善贫困者和无权者的现实境况，然而这些主张却有助于减缓社会中的受压迫者和弱势者的不满情绪。

1. 宗教的反功能

尽管宗教所具有的促进社会稳定、维持社会现状的能力通常被认为是积极的，然而在某种环境下，宗教保守的本性将为社会中的一些或所有群体带来一些难题。从这个意义上讲，宗教在以下两个方面可能发挥反功能。

（1）宗教可能会阻挠必要的变革。马克思将宗教比作“麻痹人民群众的鸦片”，就已经很清楚地指出了宗教的反功能。马克思认为宗教是已经确立的资本主义社会秩序的积极同盟军［马克思和恩格斯（Marx & Engels），1848/1969］。他论证道，就像鸦片使人对身体的伤痛感觉迟钝一样，宗教使人们，尤其是使被蹂躏的穷人们，受到麻痹，从而接受社会中的不平等。因此，马克思认为宗教降低了人们追求必要的社会变革的意志力。

同样，宗教也会延缓思想领域的变革。当强有力的宗教组织在致力于帮助维护现行的规范
以及文化中的其他要素时，就会将这些文化特质变得神圣化，从而对变迁产生更大的阻力。一 368
个明显的例子就是中世纪的天主教教会对伽利略的天文发现的排斥。伽利略发现，并不是太阳在围绕着地球运行，而是地球在围绕着太阳运行。由于教会致力于维护前一种认识，因此它勒令伽利略推翻自己的发现，这样就明显地阻碍了天文学的发展。表明宗教具有反功能的例子还有：今天美国社会中对达尔文进化论的拒斥，以及一些信奉正统基督教的新教教会相继表示对上帝造物说的肯定。

（2）宗教能使政治冲突更难解决。绝大多数的政治斗争最终都是为了获取稀缺资源，例如 369
土地或职位等。然而当斗争双方都给对方贴上宗教的标签时，冲突的解决就会变得更加困难。用世俗的眼光来看待对手，较之用宗教的眼光、道德的眼光，会更易达成妥协。北爱尔兰的新教与天主教之间之所以存在长期的纷争，也主要是因为这个道理［比奇（Beach），1977］。在印度次大陆的印度教徒和伊斯兰教徒的斗争中，以及中东阿拉伯人与以色列人的长期冲突中，宗教因素都在发挥着作用。

2. 宗教和家庭

对家庭这种社会设置而言，宗教在维护社会稳定方面的作用表现得尤为突出。宗教有可能就是作为家庭的一种活动产生的。直到现在，家庭也仍被深深嵌入了宗教的意义。

宗教对家庭的影响首先是关于婚姻的概念。通过强化贞洁规范以及对合法婚姻之外的性行为进行谴责，宗教增强了婚姻的圣洁性。此外，宗教还影响着个人对婚姻伴侣的选择。尽管美国绝大部分的主要宗教都放宽了与不同宗教信仰者结婚的禁令，但是这些宗教团体仍然鼓励其信徒与信仰一致的人结婚。

一些研究还发现，宗教参与和婚姻稳定及低离婚率呈相关关系［阿尔布雷克特、巴尔和古德曼（Albrecht，Bahr & Goodman），1983；希顿和普拉特（Heaton & Pratt），1990；盖洛普（Gallup），1988d；肯德森、巴布里和罗奇（Kitson，Babri & Roach），1985］。对其进行解释的一些理论也相继被提出。一种观点认为参与某种宗教会鼓励人们遵从于社会的期望；即宗教能使人们更加坚守社会关于婚姻的理想形式。另一种看法认为，具有宗教信仰的夫妇分享同样的规范和伦理信念的可能性更大。此外，宗教团体公开反对甚至禁止离婚，这也能有助于保持其成员婚姻的完整性。

大多数宗教里的神是家庭网络的成员。像这里的雕像一样，印度教中的湿婆和卡里就是一对夫妻。

宗教还影响着孩子们的社会化过程，因此它对家庭还有更深远的影响。宗教一方面大张旗鼓地开办教区学校，制定教育课程，另一方面还大力宣传特定的关于子女抚养和教养的社会规范，从而直接或间接地参与了孩子们的社会化。

许多宗教都把自己的神灵想象成家庭中的成员，这也具有重要的意义。一些宗教里的神是以丈夫和妻子的身份出现的，例如印度教中的湿婆（Siva）和卡里（Kali）。一些宗教里的神则是以兄弟姐妹的关系出现的，像古希腊宗教中的阿蒂弥斯（Artemis）和阿波罗（Apollo）。埃及人的神奥斯利斯（Osiris）和伊斯（Isis）既是夫妇，又是兄妹。父母—儿女关系在神灵中也很普遍，像基督教中的上帝和耶稣就是父子关系。被一些研究者认为是最古老的宗教形式的母性崇拜，在史前的宗教艺术中有大量的反映。在今天仍旧存在的母性崇拜包括对印度教中的女神以及对圣母玛利亚的崇拜。然而目前最普遍的神灵仍然是以父亲的形象出现的，他对孩子们（即信徒们）既仁慈又严厉。

社会学之窗

不同宗教信仰者之间的婚姻 368

具有不同宗教信仰的人可以结婚吗？在历史上跨信仰婚姻常常受到阻挠。美国人在事实上也更容易与具有相同宗教信仰的人约会和结婚。这种状况已经存在多年。在 40 年前的研究中就发现，人们更容易与同宗教信仰的人结婚［克罗恩（Crohn），1995］。那时，只有 6％的犹太人、12％的天主教徒、17％的浸信会教徒和其他信仰的人通婚。最近的数据表明，浸信会教徒在这方面并没有变化，21％的天主教徒和 32％的犹太人与不同宗教信仰的人结婚。在其他宗教团体中，跨信仰通婚的状况也不一而足。在印度教中只有 5％，路德教为 30％，圣公会教为 31％，穆斯林为 40％。佛教徒处于另一个极端，60％的人跨信仰通婚。

目前，有 3 300 万的美国人跨信仰通婚。虽然绝大多数的美国人是与具有同样信仰的人结婚，研究表明跨信仰婚姻在日益增加。卢曼（Laumann）和他的同事们（1999）在对约会和婚姻中的性关系研究时发现，在长期性关系中，只有 56％的人具有相似的宗教背景。

虽然宗教在择偶方面正在失去影响力，跨信仰结合的夫妇应当意识到他们会遇到很多问题。研究表明，跨信仰婚姻的离婚率更高，同时对婚姻的满足感也略低一些［格伦（Glenn），1982；希顿和普拉特（Heaton & Pratt），1990；普赖斯-博纳姆斯和巴尔斯韦克（Price-Bonham & Balswick），1980；施瓦茨和斯科特（Schwartz & Scott），1997］。不利于跨信仰婚姻的因素还包括缺乏来自于家庭、教会和社会的支持。文化上的敌意也不利于这种结合的稳定。

在《跨信仰通婚》（*Mixed Matches*）一书中，乔尔·克罗恩（Joel Crohn）讨论了来自不同文化背景的婚姻可能面临的种种问题。他描述了下面这个典型的例子：

> 一个犹太教美国女性和一位意大利裔美国人结合了：妻子认为丈夫对孩子管教太严格，丈夫却觉得她对孩子过分纵容。虽然当初因为他不是犹太人而差点不能结婚，但在丈夫皈依犹太教五年之后，妻子却因为他太受宗教影响而生气。妻子认为自己仅仅是文化意义上的犹太人，而不愿意丈夫常常带着他们的孩子去教堂。(1995，p. 4)

今天，年轻人在择偶时不太会考虑宗教因素［阿斯姆森和希恩（Asmussen & Shehan），1992］。但宗教信仰决定了我们是什么样的人，它包含了一些最不易改变的思考和感受的方式（Schwartz & Scott，1997）。当跨信仰通婚的夫妇在计划要小孩时，一些问题也可能随即出现（Crohn，1995）。他们要决定孩子应该跟随哪种宗教，哪些节日应该庆祝。夫妇双方还要考虑如何延续各自的文化传统，如何面对来自朋友和家庭的反应。另外一个最具挑战性的问题就是如何给孩子们一种认同感。

按照克罗恩的研究，跨信仰婚姻能否成功，取决于夫妇愿意迎接挑战的意愿。他指出有五个任务需要解决，包括：

（1）面对问题；

（2）弄清楚与配偶在文化上存在的差异；

(3) 列出在文化认同上存在的困扰；

(4) 了解社会环境；

(5) 找到自己的解决方法，帮助孩子找到他们的解决办法。

宗教的差异不应该将相爱的人分开。但夫妇必须要做好准备，解决因不同宗教背景带来的问题。

（四）冲突论视角：宗教与社会变迁

对社会稳定的促进可能是宗教在社会中发挥的最重要的作用。这当然也是社会学家分析得最多的地方。但是宗教并不总是维护现状的。正如以韦伯为传统的冲突论中所强调的那样，宗
370 教也可以成为一种造成纷争的力量。当对现状不满的人攻击现存制度，寻求社会变革时，宗教往往是一种号召力。一个宗教团体可以将不满的市民们召唤到一起，给予他们共同的利益，提供一种组织化的力量。宗教还能赋予这些反叛者一种神圣的意识形态，从而使对社会变革的要求合理化。简言之，宗教可以成为改变社会秩序的现成基础。纵观人类历史，宗教的狂热和理想已经导致或加剧了多起全国性革命和国际纠纷。两个重要的例子就是16世纪的新教改革和当代的伊斯兰战争。

1. 新教改革和资本主义的兴起

在16世纪，欧洲社会的性质发生了巨大的改变。伴随着这一变化的一个主要因素，就是基督教中一种新的制度形式——新教的兴起。这场影响了欧洲生活各层面的新教运动，从两个方面对这场社会变迁的产生发挥了尤其重要的作用：一个方面是这场运动将社会中的各个组成要素统一到一起，另一方面是新教伦理对资本主义的发展给予了支持。

1500年，欧洲处于封建制度的统治之下。经济仍处于农业阶段，物物交换还很流行。中产阶级的数目极少，几乎没有任何地理上的和社会的流动。仅有比例很少的一部分人生活在城市里。几乎所有欧洲人的生活都被对社会上层的依附和对社会下层的责任所桎梏着。

罗马天主教会的内部结构与世俗世界中的封建组织极为相似，它对当时的社会和政治系统给予了极大的支持。教皇对反叛者以逐出教会相要挟，帮助不止一个国王镇压了反叛和起义，保住了其统治。

到了1600年，事情发生了很大的变化。商业和制造业经济稳步成长，城市逐渐扩展，并开始在国家事务中扮演更加重要的角色。越来越多的赢利机会出现，并且不再需要投资农业时所需的巨大资本，中产阶级的规模得到了迅速扩大。在新的宗教发展的推动下，封建体系开始瓦解了。

新教改革发生在16世纪，源于德国偏远地区天主教牧师间的一场教义之争。然而不久，新教的思想便吸引了许多对现存社会制度不满的人们，其拥护者遍及各行各业。在新教的宗教信仰的感召下，不管是来自乡村还是城市，不管是来自上层阶级或是社会底层，不管是来自经济中的资本主义成分还是封建成分，那些持异议者都被团结在了一起。新教成为能使他们联合起来的唯一的、充满激情的事业。宗教的结合力将这些人凝聚成重建社会的主力军。

在经济领域的变革中，在向资本主义的转换中，新教是一个极其有效的动因。韦伯在其划时代的研究《新教伦理和资本主义精神》（*The Protestant Ethic and the Spirit of Capitalism*，1930）中指出，在新教的价值观与获得资本主义经济的成功之间，有着非常紧密的联系。新教信仰对勤奋工作大加赞誉。其教义认为，尘世间的繁荣是上帝宠爱的标志，这些思想与资本主义所推崇的勤俭、主动、竞争、进取的价值观十分吻合。

韦伯关于新教伦理在资本主义发展过程中所起的作用的观点并非没有受到挑战。一些批评者认为是资本主义的发展激发了新教的出现，而不是相反。这一立场的支持者们认为，新生资本家的强大经济力量足以使教会沿着能够支持他们经济活动的方向发展。

毋庸置疑，在 16 世纪重大的经济和社会变革中，许多力量都发挥了作用。《新教伦理与资本主义精神》一书令人信服地提出了新教信仰促进资本主义兴起的论点。然而正如韦伯自己也相信的那样，资本主义的发展也同样促进了新教的壮大。一种新的宗教体系与一种新的经济体系齐头并进，彼此支持，促进了对方的发展。

2. 伊斯兰军事主义和伊朗革命

1979 年，伊朗的君主政体解体，一个新的政府和剧烈转型的社会随后建立。这是宗教作为革命性的社会力量而发挥作用的一个较近的实例。在这一事件中，作为伊斯兰教的一个分支及伊朗国教的什叶派，是革命的载体。什叶派为沙阿王朝[①]的反对者们提供了通信网络、制度化的结构、思想观念和人员的准备，使革命得以传播和发展壮大。什叶派牧师中的一个重要领袖霍梅尼，成为这场革命的领导者。霍梅尼把宗教与革命运动融合在一起，终于实现了推翻国王的梦想。在此之前，尽管不少人都曾经做过推翻国王统治的尝试，但均以失败而告终。［贝 371
纳德和哈里扎德（Benard & Khalilzad），1979；迪里普（Dilip），1985；诺里扎德和贝纳德（Khalilzad & Benard），1984］

显而易见，如果伊朗人民不是前仆后继地献身于这些滋生了革命的宗教理想的话，伊朗革命就不会产生如此深远的影响。对穆斯林来说，伊斯兰教远非仅仅只是一种宗教。它是对整个生活方式的规定。穆斯林认为，他们的真主“安拉”授意他们过一种简朴的生活。这种简朴性涉及对他们的先知穆罕默德的生活方式的效仿，提倡过一种平静的生活，避免极端的贫穷和富有。西方的物质主义的价值观、性解放和军事强权被视作对伊斯兰宗教完整性和传统的威胁。因此，伊朗革命不仅表现为新旧事物之间的紧张关系，它还意味着延续至今的神圣与世俗之间根深蒂固的冲突。

迄今为止，伊朗的伊斯兰教政府的首要目标一直是希望按照伊斯兰教的教规建立一个公正的社会，不仅要反抗压迫，消除腐败，还要抵御外来势力干涉穆斯林的事务。新政府在这些方面已取得了一定进展，但是它所采取的一些行动在外界看来却过于极端。1989 年，霍梅尼在临终前发出了对拉什迪的暗杀令。因为拉什迪的小说《撒旦诗篇》（*The Satanic Verses*）被视为异端邪说，并且冒犯了伊斯兰教的信仰。这一追杀令的发出震惊了全世界。许多领导人都对拉什迪表示支持，强烈抗议伊朗宗教领袖的这种做法，认为霍梅尼没有权力宣判一位他不赞同

---

① “沙阿”（Shah）是伊朗国王的称号。——译者注

的作家的死刑。

伊朗的宗教与政治之间的紧密联系表明了非常重要的一点：当一个国家在为自由或独立而奋斗的时候，这两种社会设置有可能紧紧交织在一起。伊朗革命最终会胜利吗？伊斯兰的宗教又会在多大程度上影响其他国家的政治和社会系统呢？对这些问题做出解答还需一些时日，然而不容置疑的是，激进的伊斯兰教已把自己看作是一支强大的力量，容不得当今世界的忽视。

二、宗教组织

到现在为止，我们已经讨论了宗教的各种类别，以及宗教影响个人和社会的一般方式。但是，我们还必须把宗教本身当作一种设置来理解。了解宗教的重要要素和宗教组织的主要类型，有助于我们更好地理解作为一种社会设置的宗教的性质。这种社会设置已是许多人生活中最重要的组成部分。

（一）宗教的要素

绝大多数的宗教都包含了四个基本要素：圣物或圣地、仪式、信仰体系，以及信徒组织。

1. 神圣物

按照涂尔干的观点，世俗（the profane）是由日常生活中被看成普通物质（自然）世界组成部分的一切要素所构成的。而与它相对的神圣（the sacred）则是由与日常生活相分离的、能够唤起由衷的敬意和敬畏的事物。不管人们认为敬畏感的最终源泉是超自然力或超然之物，还是同意涂尔干的理论，认为对社会加在个人身上的力量的下意识认知是对信仰者敬畏感的最好解释，这种由神圣所引发的敬畏感总是潜在的、最基本的宗教动力。只要面对神圣之物，人们通常就会感到触及了生命永恒的源泉，并且相信他们正在体验一种不能仅仅用理智就能理解的特殊力量。神圣之物是如此令人神往，它有着巨大的吸引力。由于它的威力巨大，人们也不禁对它感到畏惧。

对神圣事物的体验常常与物质实体相联系，像祭坛、神像、十字架等。几乎任何东西都能被看成是神圣的。它可以是特定的地点，例如一片树丛、一股喷泉，或是一个洞穴；也可以是特定的时间，例如日出时或复活节；还可以是动物或植物，像牛、响尾蛇或树等。有时，神圣是与一些不同寻常的事件联系在一起的，例如火山喷发或是河水泛滥。一些具有超常能力的人和异常事件发生的日期也能被看作是神圣的。

例如，橄榄树是伊斯兰教的圣物。对基督徒来说，圣餐仪式上的饼和酒象征着基督耶稣的身体和血。在印度，印度教的教徒们认为在恒河里沐浴可使身体和灵魂都得到净化。犹太教徒为了祈拜耶路撒冷的圣地“哭墙”，不远万里地从世界各地去那里朝圣。

2. 仪式

宗教仪式（ritual）是与对神圣事物的体验密切相关的、已确定的行为模式。仪式常常出现在表达或唤起对神圣事物的强烈体验，或向圣物祈求神力相助的时候。例如，通过在尼罗河沿岸举行特定的仪式，古埃及人认为他们是在引致或象征性地参与给他们的土地带来必需水源和淤泥的一年一度的河水泛滥。仪式还是保护圣物免遭世俗玷污的一种方式。例如圣餐杯就不 372 能作为日常的饮具。它只能被用于一些特定的典礼，装满特殊的酒水供人们轮流饮用。

仪式是一种组织宗教信徒的手段，它将信徒们集合为一个群体。心理学家认为，仪式的重复有助于恢复人们的整合感、认同感和安全感。例如，通过在正式仪式上祭拜鳄鱼，一些非洲部落认为他们正在保护自己免受这些可怕动物的攻击。

仪式自身通过与神圣事物的联系，也能变得神圣起来。在仪式中用到的一些物品，例如使用的草药或药剂、参加者穿戴的衣服、举行仪式的场所，都能令人产生敬畏感。由于这一原因，礼拜地或宗教仪式举行的场所，都被赋予了神圣的含义。

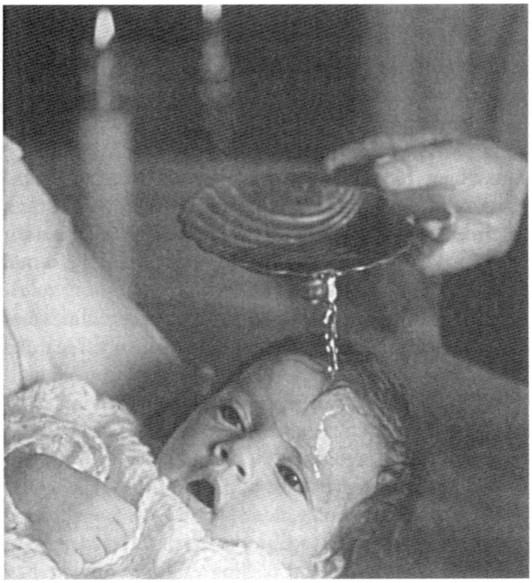

仪式是宗教性的经验的行动的确立方式。在印度教中，朝圣者通过在恒河里沐浴来净化自身。在基督教的洗礼中，新成员通过象征性的洗礼而被教会接纳。

3. 信仰体系

宗教信仰体系是宗教的各要素中经历了最多演变的部分。在传统的宗教中，信仰体系的主要功能就是把圣物和宗教仪式联系起来，并且界定和保护这些神圣事物。例如在《旧约全书》中，上帝被描绘成能用人类的语言来理解的一位神通广大的人物。上帝的抽象概念被转化成了人们可以认同并产生联系的象征符号。

信仰体系还对宗教仪式的意义和目的加以阐释。例如，穆斯林都知道在做晚祷前必须清洗自己，因为身体的干净象征着道德的纯洁，而在真主面前，一个人在道德上必须是纯洁的。在这里，清洗仪式就变成了一个有意义的事件。

大多数现代的宗教信仰体系已不只是仅对宗教的其他要素提供支持，它们常常还包括一些被认为是重要真理的道德主张，例如人人平等的思想。尽管这些信念并不一定被信徒们看成是神圣的，但它们的确带有神圣的性质。由于它们常常被纳入宪法、政治意识形态和教育上的学说中，这些信条不仅对宗教本身，而且对一个社会中的非宗教性事务来说都是非常重要的。

4. 教徒组织

教徒组织是为了确保宗教经历的连续性和有效性而必须建立的。指导宗教仪式、建造祭拜
373 场所以及挑选专司保护圣物之职的牧师、僧侣和教士，都需要某种形式的组织。例如，蒙大拿州大瀑布区第二卫理公会就修建了教堂，选聘了牧师，购买了赞美诗集和管风琴，并且征募了唱诗班。这些举措的最终目的就是使信徒们能够在礼拜天上午来到教堂，共享对神圣事物的体验。

（二）宗教组织的类型

社会学家一般把宗教组织划分为四种类型：国教（ecclesia）、教堂（church）、教派（sect）、宗派（cult）。韦伯（1922/1963）曾对教堂和教派进行了区分，他的学生托尔茨（Troeltsch，1931）第一次在宗教社会学研究中赋予这种分类法以重要意义。尽管在概念上我们能够区分这些组织类型，但在现实中要把它们区分开并不是一件容易的事情。

国教是一种宣称社会中的所有人都是其成员的宗教组织。通常，国教被认作是国家的官方宗教，在有些情况下，它对于政府的政策制定和实施有着强大的影响力。国教成员资格的获得是非自愿性的，作为一个公民自然就成为了国教成员。尽管在当今世界中也许没有真正的国教，但是爱尔兰共和国的罗马天主教和伊朗的伊斯兰教可以被当作近似的实例。

教堂是一种由宗教信徒组成的相对稳定、制度化的宗教组织。其特征包括了明确的管理和教职等级制，以及详细阐述的教义或教条（dogma，它们通常覆盖了大多数一般的人类境遇以及详尽的仪式体系）。一些社会学家在提及韦伯指的教会时，倾向于使用另一个相对不容易产生混淆的概念，即教会（denomination）。与国教不同的是，教会与社会上的其他类型的有组织宗教是一种和谐共存的状态，即我们通常所指的“宗教多元化”。

教会还有另外几个特征：他们吸收的新会员大多是现有成员的子女，这一举措保证了其成员的连续性，但也有可能使那些不是那么真心实意的教区居民也混入其中。其次，教会的领导人往往是经过正式培养并被授予证书的。最后，大多数教会从中产阶级和工人阶级那里得到的支持，比从穷人那里获得的支持更多。这一事实有助于解释这样一个现象：虽然教会在一定程度上把社会看成是罪恶的，然而它们却常常劝告其成员要积极参与社会，使世界变得更美好。这与一些教派所宣扬的遁世哲学形成对照。

教派在正规组织化程度上比教会要低一些。它的领导人通常缺乏正式的培训，在一些情况下主要是依靠其个人魅力作为权威的基础。在典型情况下，在教会中需要由宗教专职人员来执行的功能，教派中的普通成员就能行使：他们可以招收和指导新成员，主持礼拜和其他仪式，甚至可以对神圣信仰和实践进行阐释。因为教派成员积极地参与组织的各种活动，他们比教会

成员更忠于自己的组织。

教会的新成员主要来自现有成员的子女，而教派则不遗余力地网罗改变宗教信仰的人。加入教派者的职业和教育地位一般比教会成员低。他们对其生活现状更有可能不满，这一因素也使他们对其宗教更加忠诚（Johnstone，1988）。

许多教派强调宗教感情的深入和纯洁。忠实和激情是重要的教派价值观。由于教派坚决反对在宗教原则方面有所妥协，他们常常在信仰的问题上与其他社会设置发生冲突。按照一位观察家的说法："教堂是接受其存在的社会环境的一种宗教团体。而教派是排斥其生存环境的一种宗教团体。"（B. Johnson，1963）

教派通常由一些拒绝现有宗教某些方面的人所组成。新团体一般是从旧有的、已确立的宗教实体中分离出来的，并且攻击旧的实体认为它离经叛典。教派还通常以回归到原初形式的"纯洁性"作为口号。

一些宗教团体，像长老会、浸礼会以及"七日耶稣复临论者"在成立之初都是以教派的形式出现的。幸存下来的绝大多数教派都企图抛弃其纯粹状态，而成为新的教会。在他们的演进过程中，教派甚至与他们最初分离出的宗教组织重新合并。当教派的规模日益扩大时，它们也日趋官僚化；其结果是使教派原先所具有的自发性和灵活性开始消失。当一个教派变得越来越像教会时，对其学说和教条不满的一些分子就会从中分离出来，建立新的教派［尼布尔(Niebuhr)，1929；Stark & Bainbridge，1985］。

最后的一种宗教组织类型是宗派，这一术语近年来为媒介和普通公众所广泛使用。在社会学中，宗派传统上被定义为与教派相似的一种团体，它们拒斥现有宗教的某些方面。它们还在
其他几个方面具有教派的一些重要特征，然而它们与教派组织的不同之处在于，它们不是从现 374
存宗教实体中分离出来的，而是或多或少建立起了一些全新的宗教。因此，它们不是为了号召对旧有形式的回复，而是常常设计出新的神圣标志、仪式和信仰体系。宗派通常尤其强调个体，集中关注使其信徒能够获得所渴望的精神体验。

然而，在通常的用法中，"宗派"这一术语具有多种含义。它常常被用来描述一些小型的、非传统的、引起了广泛社会不满的宗教，因为据称它们使用了洗脑术以稳固其新成员。流传的关于宗派的主要消息称，其成员是一些受一个宗教骗子所摆布的怪人。一些通常被认为是宗派的宗教，包括大卫宗（the Branch Davidians）和克利须那教（the Hare Krishnas），实际上都是从现有宗教中分离出来的宗教团体，把它们称为教派其实更合适。另一方面，一些在社会学家看来应归到宗派中的相对主流的宗教团体，例如基督科学派等，却普遍被认为是宗派甚至是教会。由于这些原因，许多社会学家感到"宗派"这个术语太易混淆，又带有价值判断的色彩，所以我们应干脆抛弃这一概念，将那些小型的、非正规的、相对非传统的宗教统称为"教派"。

在任何情况下，传统上被社会学家贴上宗派标签的宗教团体通常都建立在一种新的启示、一位新先知的洞察或是一份不为人知的经文片断的发现等事件基础上。它们在历史上都是由强硬的、神气十足的领袖所领导，例如，神父迪威尼（Devine）、玛丽·贝克·埃迪（Mary Baker Eddy）、艾密·赛普·麦克芬森（Aimee Semple Mcpherson），牧师吉姆·琼斯（Jim Jones）、

大卫·克利史（David Koresh）和赫夫·爱普怀特（Herff Applewhite）。由于其非正统的生活方式，宗派常常处于社会主流之外。它们中的绝大多数都很短命，但是其中的一些发展成了主要的教会。

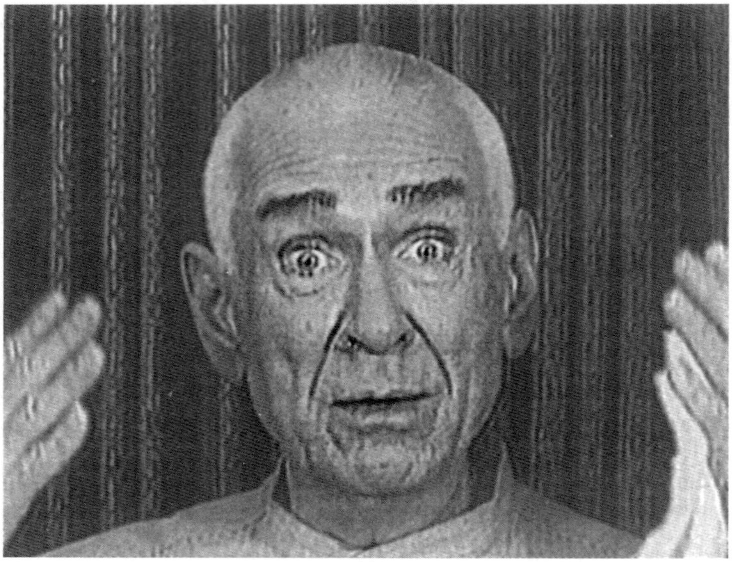

赫夫·爱普怀特是“天堂之门”的领导人，这是一个根植于佛罗里达的Rancho Santa Fe的宗教团体。大多数成员死于集体自杀，因为爱普怀特承诺他们，这样就可以使自身获得自由，并且升入更高的境界。

教派和宗派为什么会形成，它们又是怎样形成的呢？按照一种理论的说法，人们之所以被驱使去建立一个新的宗教团体，是因为他们希望以此来减轻自己的被剥夺感［戈洛克（Glock），1964；巴克（Barker），1982；Stark & Bainbridge，1985］。下列几种类型的剥夺感会促进新宗教的发展。一种可能是经济上的，那是因为人们没有足够的收入，而且获取物质产品的途径又受到限制；也有可能是社会性的，那是因为人们缺乏地位、权力和声望，而且也不具备加入某些组织或参加某些活动的能力；剥夺感还可能是心理上的，在这种情况中，即使某人获得社会给予的一些物质回报，也会感到对社会不满或被社会所排斥。

按照这一理论，在经济剥夺感的刺激下，宗教运动会发展为教派；在心理剥夺感的激励下，社会运动则会发展为宗派。运动的进一步发展会受到这些团体处理剥夺感的方式的影响，同时也取决于这种剥夺感是否会波及更大社会范围并且能否吸收更多成员。比方说，那些在萧条时期由经济剥夺引起的宗教运动，它们或许很快就会消失，或许为了生存而改变其组织形式。它们选择那样做，可能是因为剥夺本身已经不存在了，也可能由于这个团体已经成功地帮助其成员战胜了它。

三、美国生活中的宗教

在这一节里，我们将考察美国社会中宗教和宗教生活的一些特征。美国人的宗教态度和宗教设置充分反映了犹太教与基督教所共有的传统。但是美国的宗教设置还受到美国所独有的社会和文化因素的影响。政府的民主制架构、广为接受的诸如宽容和乐观等价值观念，以及人口中混合的民族和种族构成，都对美国宗教产生了一定的影响。

（一）宗教与美国文化

美国的宗教生活所具有的显著特点是它的多样性。目前，美国大约有78个至少拥有5万名成员的有组织的宗教教会，而拥有较小成员规模的教会则成百上千［《美加教会年鉴》(*Yearbook of American and Canadian Churches*)，1999］。宗教的多样性反映了美国文化的多元化，后者的传统可以追溯到这个国家的历史源头。这与那些只有一种宗教占据统治地位的国家、有官方宗教或国教的国家或教会和国家尚未分离的国家，形成了鲜明的对比。 375

因为美国许多最初的定居者都是来自欧洲的宗教反叛者，所以甚至早在《民权法案》颁布之前，宗教宽容性已成为了美国文化的一部分。只是在早期的移民定居点中，这种宽容性相对要少一些。因为大多数的宗教异议者都想使他们的宗教成为官方的或占统治地位的宗教信仰。然而随着殖民地的发展，宗教的多样性变得更为明显，人们最终不得不学会以宽容的态度来对待其他宗教。没有一个宗教团体能够占据统治地位。到18世纪末，宽容的价值观已成为社会的基本组成部分，从而被写进了美国宪法。

美国是建立在政教分离的基础上的。作为宪法的一部分，这一原则得到了严格的遵守。与英国、意大利等其他国家不同，美国没有官方的宗教。而且，政府既不会支持，也不会压制任何特定的宗教。尽管有人认为最高法院对这一分离原则的阐释过于极端，例如制定了禁止在公立学校中祈祷的规定，但是从长远来看，这条原则会起到保护这个国家中各个宗教的作用。

美国宗教生活中的另一个重要特点就是其乐观性。那些对自我克制和自我牺牲大为赞赏的宗教在美国很少能够稳固住其成员。美国的宗教信仰通常更加关注宗教生活的积极回报（例如安全、心灵的平静和天堂般的来世），而不是诸如诅咒和永恒的痛苦之类对宗教过失的惩罚。彼得·伯杰（1967）认为，美国宗教中的这种正面性的强调源自于宗教的多元化。所有的教会都在与其他教会争夺成员，因此它们的教条从总体上来说必须是吸引人的。伯杰用市场化的语言来表述了这种吸引力：

> 用一种更为简单的方式来说，宗教设置的“产品”必须是“卖得出的”。用地狱炼火和诅咒来威胁中世纪农民之类的任人摆布的听众是一回事，要向郊区“通勤族”和家庭主

妇们兜售这种教义则完全是另一回事。换言之，现在是必须考虑顾客“需求”的时候了。(p. 375)

美国宗教的另一个正面特征是它受到反教权主义（anticlericalism）的影响较小。反教权主义是指人们对牧师和教士的厌恶和不信任。在那些封建社会时教会曾拥有大量土地和其他财产的国家中，反对教权的倾向尤为明显。在那些社会中，普通老百姓惧怕和厌恶那些属于富有、暴虐的上层阶级的圣职人员。对于建立在封建体系已经终结之后的美国来说，这些事情则从来没有发生过。

罗伯特·贝拉（1967，1970）指出，尽管美国具有宗教多样性，并且政教分离，但是有一种十分精细的国民宗教（civil religion）已被大多数的美国人所接受，并且已经整合到了公众生活中的许多方面。按照贝拉的说法，这种国民宗教是建立在建国者们的基督教取向基础上的。虽然乔治·华盛顿、约翰·亚当斯和托马斯·杰斐逊等人避免公开地提及耶稣基督，但是他们常常提到上帝。国民宗教中的神大体说来是犹太教和基督教所共有的，但他绝不能特指天主教或浸信会、犹太教或是卫理公会的神，因为这个神是所有美国人的，而不仅仅是某些人的上帝。这个上帝才是总统和其他的政治家们经常在重要的政治讲演中提到的，才是我们在硬币和纸钞上所印的那句箴言所说的：我们所信仰的上帝。

在美国的国民宗教中，民主制和美国社会的其他特色形式已近乎获得了神圣的地位。就像十字架和教堂建筑在基督教中被视为神圣之物一样，国旗及白宫、阿灵顿国家公墓等场所对所有美国人来说都负载了神圣的意味。国民宗教的上帝被认为对美洲有着特殊的兴趣，因此美国也被认为赋予了特殊的、崇高的圣命。在某种意义上，美国被看成了新的以色列，而美国人则被看成了上帝新的选民。这些信仰被用于，也有的人说是被误用于，使“显耀圣命”的教条合法化，从而支持了19世纪中叶美国在整个北美大陆的扩张，以及20世纪90年代发生的对科威特、科索沃的军事干预，其目的就是为了追求自由民主等美国的神圣价值观。实际上，美国的国民宗教促发了某种形式的国家主义，使得国家本身获得了至少是“准”神圣的地位，成为宗教信仰的目标。这就是所谓的爱国主义或宗教狂热［切斯特(Chidester)，1988］。

一些学者指出宗教对美国社会的影响正在减弱。但在许多方面，美国人比任何时候都信
376 仰宗教。1997年的调查表明，96%的美国人信仰上帝，这一数字在1947年为95%。在宗教行为方面，与1947年相比也鲜有变化。在1947年，90%的人祈祷，43%的人在饭前祈祷。半个世纪之后，祷告人数的比例没有什么变化，而饭前祷告的比例则增加至63%（Shorto，1997）。

研究教堂敬拜的跨文化比较也表明，美国是最信奉宗教的国家之一，尤其是与其他的工业化国家相比较。每周去教堂比例较高的国家有尼日利亚（89%）、爱尔兰（84%）和菲律宾（68%）。美国为41%。加拿大（38%）、法国（21%）和澳大利亚（16%）则是属于参与率较低的国家（见图16—1）。

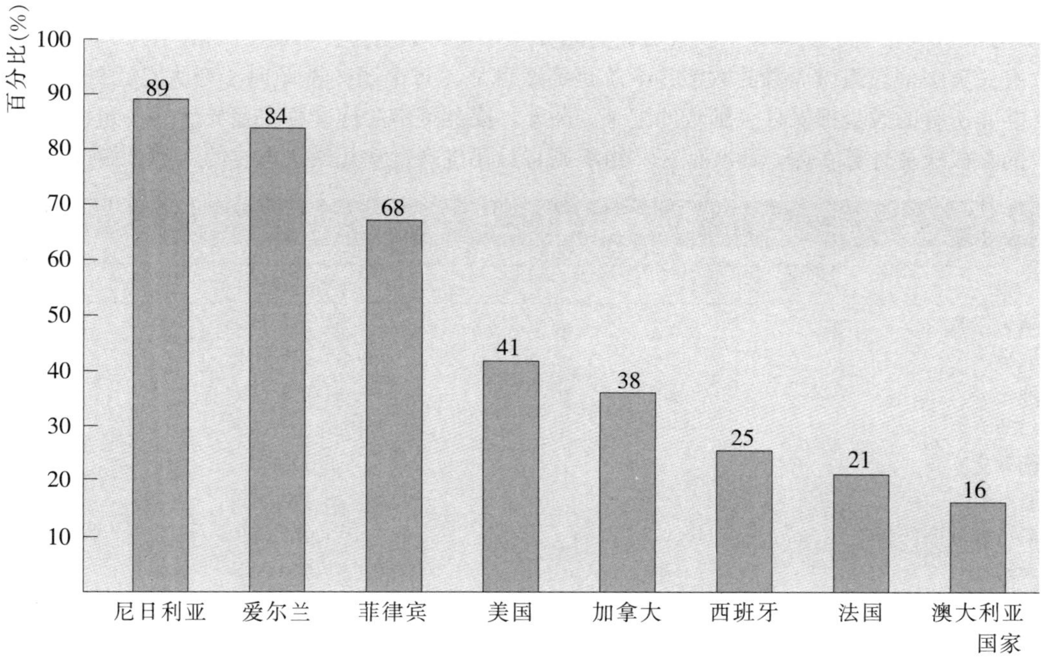

图 16—1　8 国每星期参加教堂活动的比例

资源来源：Russell Shorto，"Belief by the Numbers，" *New York Times Magazine*，December 7，1997，pp. 60 - 61. Copyright © 1997 by The New York Times. Reprinted by permission.

另一些指标却显示出宗教在美国衰退。例如，在 1997 年，有 68％的人口属于某个教会，1947 年时这一数字为 76％。但是，这与美国早期相比，已经很高了。在 1776 年时，美国人口中只有 17％的人归属于教会。

尽管如此，一些证据显示，宗教在美国的重要性在下降。1957 年时，82％的美国人认为"宗教能够对当今所有或绝大多数的难题做出回答"。到了 1997 年，这一比例下降到 61％。在 1965 年，70％的美国人认为宗教在他们的生活中尤其重要。而 1997 年这一数字已降到了 61％。同样，在 1997 年，有 57％的人认为宗教作为一个整体在衰退，而在 1957 年的调查中，只有 14％的人这样认为（Newport & Saad，1997）。

（二）宗教成员资格及宗教倾向

1997 年，有 1.57 亿以上的美国人声称自己属于某个宗教组织（*Yearbook of American and Canadian Churches*，1999）。这一数字占了全国人口的 60％强。如果将宗教组织以三种宽泛的 377
信仰（新教、罗马天主教和犹太教）来划分的话，新教徒的人数最多。如果按教会来划分的话（参见表 16—2），则会出现大不相同的分布。罗马天主教的信徒比第二大的浸信会的信徒人数多出一倍以上。尽管浸信会分为 15 个不同的教会组织，例如美国浸信会教友协会、美国保守浸信会教友协会、自由意愿浸信会等，然而罗马天主教依然是美国最大的单个宗教团体。拥有1 400万成员（相当于罗马天主教成员数的四分之一）的卫理公会，则位居第三位。

有关美国宗教组织人数的数字并不总是那么可靠。每个团体都倾向于夸大自己的成员数，而且并非所有的教会都保存了细致的记录。此外，成员资格的标准存在差异。一些组织只将圣会中的积极成员计算在内，而其他一些组织则将只要进行过洗礼或决志过的人都算做成员。

表16—2　美国宗教成员人数估计（1998）

宗　教	成员数
罗马天主教[a]	61 207 914
浸信会	33 209 484
卫理公会	14 183 130
五旬节会[b]	11 122 982
路德教会	8 302 584
伊斯兰教	3 332 000
后期圣徒（摩门教徒）	4 977 779
犹太教	3 500 000
长老会	4 160 154
圣公会	2 536 550
东正教	5 013 821
耶稣会	2 250 000
耶稣联合会	1 452 565
基督教会（耶稣信徒会）	910 297
耶和华见证者会	975 829
基督复临安息日会教友	809 159
改革会	522 079
拿撒勒教会	608 008
救世军	453 150
上帝会	281 673
门诺派	350 547

注：a. 虽然新教徒组成了美国最大的宗教共同体，但是天主教是最大的统一宗教组织。

b. 包括上帝大会（2 235 000）和上帝基督会（5 500 000）。

资料来源：Reprinted with permission from *The World Almanac and Book of Facts*，1999. Copyright © 1998 Primedia Reference Inc. All rights reserved.

在美国，宗教倾向的分布多少有些不同。在1997年，93%的被调查者表示对某种特定的宗教具有倾向。但是这种回答并没有告诉我们多少有关宗教参与度或忠实度的信息。对某些人来说，宗教倾向意味着全身心地投入到某个宗教组织中去；对另一些人而言，它仅仅意味着对某种宗教信念的个人信仰，而不需要任何有组织的参与。同时，一些人对宗教倾向的确认也许仅仅是因为他们的父母、亲戚或所属的民族群体信仰这一宗教。例如一些认为自己是犹太教徒的人，仅仅把这当作一种民族认同，而不是意味着要积极参与宗教生活。

年龄较大的人更倾向于加入宗教［格里利（Greeley），1989；德泰尔法诺（DeStefano），1990］。宗教的地区差异也十分明显。犹太教、天主教、圣公会教以及一神教等教会的教徒多集中在美国的东北部地区，而卫理公会和浸信会的教徒则集中在南部和中西部。犹太教和天主教徒更多地居住在城市，而大多数的乡村居民则是新教徒。

最后，宗教教会的社会地位也存在差别：圣公会教徒的声望一般位于最高的水平上，而犹太教徒的收入和教育水平最高。在美国历史上，天主教徒的职业地位较低，然而天主教徒和新教徒的相对社会地位在近几十年来已发生了很大的变化，天主教徒开始赶上甚至超过新教徒的社会地位，见表 16—3［科斯明和拉赫曼（Kosmin & Lachman），1993；鲁夫（Roof），1979；鲁夫和麦金尼（Roof & McKinney），1987］。

表 16—3　宗教群体与收入　单位：美元

宗教群体	家庭年收入中位值
犹太教	36 700
一神教	34 800
不可知论者	33 300
圣公会教徒	33 000
东正教徒	31 500
公理会信徒	30 400
长老会教徒	29 000
基督徒	28 800
佛教徒	28 500
印度教徒	27 800
天主教徒	27 700
无宗教信仰者	27 300
耶稣会徒	26 600
路德教徒	25 900
基督教科学派	25 800
摩门教徒	25 700
卫理公会教徒	25 100
穆斯林教徒	24 700
基督复临安息日会教友	22 700
五旬节派教会	22 200
福音派新教会	21 900
拿撒勒基督徒	21 600
耶和华见证者会	20 900
浸信会教友	20 600
圣灵降临节集会教徒	19 400
兄弟会	18 500
罗马天主教	13 700

资料来源：From *One Nation Under God* by Barry A. Kosmin and Seymour P. Lachman. Copyright © 1993 by Seymour P. Lachman and Barry A. Kosmin. Reprinted by permission of Harmony Books, a division of Crown Publishers, Inc.

在美国，没有能够反映宗教信仰及忠诚度的长期历史性变化的资料，但是有关组织成员的统计却显示了明显的趋势。在1997年，超过68%的美国人归属于宗教组织，而在1861年时，这一数字仅为37%，1900年为50%，1947年为76%（Shorto，1997）。显而易见，在过去的一个世纪里，宗教成员人数有了显著的增长。

专家们对这些数字的意义发表了不同的意见。在一个世纪以来，并没有证据表明对超自然
378 力的信仰有所增加，或者是宗教价值观念进一步地深入到了美国人的日常生活中。而且神职人员与总人口的比例，以及教会收到的人均财政资助都有所下降。此外，近些年来的许多“宗教”活动比几代人以前的善男信女们所经历的宗教活动，要世俗化得多。一些观察者相信，宗教成员的增加仅仅只是对渴望获得地位的一种反映。在获得更高经济地位的同时，人们将注意力放在了获得更高的社会地位上。他们通过加入社会声望较高的宗教团体来达到这个目的［德梅那斯和哈蒙德（Demerath & Hammond），1969］。

然而，近几十年来的宗教成员变化展现了另一种趋势。宗教组织的规模在第二次世界大战后得到增长，在20世纪60年代末达到了最高点，自那以后，成员人数均呈现下降趋势。一位研究者指出，教会具有的影响个人在世俗社会的认同和地位的能力，近些年来也许已经在减小。因此，很少再有人试图通过宗教成员资格来提高他们的社会地位［哈蒙德（Hammond），1988］。大多数历史悠久的教会在规模增长方面显得进展缓慢，招收新成员一直是它们长期关注的问题［Roof & McKinney，1987；Shorto，1997；伍斯诺（Wuthnow），1988］。

事实上，最近在传统的“高地位”教会中出现的成员数目下降已创造了历史最高水平。与其相对照，天主教在整个20世纪都在持续增长。一些在传统上对蓝领和中下层阶级具有吸引力的保守新教团体，例如南部浸信会、上帝会、耶和华见证者会以及五旬节会等，过去20年间在成员数和影响力方面都有所增长。这些变化出现的原因尚未完全清楚。一些社会学家认为，面对日益混杂的世俗文化，那些加入保守教会的人们受到了它们所提倡的清晰一贯的信条和实践的吸引。与其相对照，其他教会为了适应现代世俗世界所采取的一些举措反而降低了其吸引力。

越来越多的美国人在其生命历程中改变了其宗教信仰。大约43%的美国人已经脱离了伴随他们成长的宗教团体（Roof & McKinney，1987）。出现这一现象的主要原因大概有如下几个方面：希望与那些具有相似社会经济地位的人有共同的信仰；决定加入配偶所信仰的宗教团体；以及青年人对现有宗教的抛弃。而在那些脱离了伴随他们成长的宗教团体的人中间，有27%的人宣称他们目前没有任何宗教信仰（Gallup，1988d）。

（三）宗教参与

区分宗教参与和宗教成员资格及宗教倾向是很重要的。仅有四成的美国人宣称他们每周都要参加宗教仪式。20年前，则约有一半人声称这样做（见图16—2）。每周都去教堂的罗马天主教徒的人数在急剧下降：1989年为52%，而1958年为74%（Gallup，1989）。有多种原因
379 使得这一下降发生。在调查中，许多人都表示要做一个虔诚的基督徒或犹太教徒，并不一定要参加宗教仪式。而许多社会学家认为，天主教仪式参加人数的急剧下降，表现了天主教徒们对罗马教廷在生育控制问题上采取强硬立场的不满。

如果对真正参加礼拜的人进行测量的话，下层阶级和上层阶级的出席率都相对较低。至少在新教徒中，上等蓝领阶级和中产阶级的出席率最高，其中携子女参加的人尤为如此。从犹太教的传统来看，下层阶级的宗教参与率一直较高［穆勒和约翰逊（Mueller & Johnson），1975］。最近的趋势还表明，上层阶级的参与率也在逐渐增加（Greeley，1989）。在天主教中，社会阶级与宗教参与的关系则不太明显。

一些原因被用于解释各阶级的新教徒在宗教参与方面的差异。例如，有人认为，上层阶级之所以对宗教参与不太热衷，是因为他们不太需要宗教所能提供给他们的个人和社会方面的益处。下层阶级不参与的原因部分归因于他们对家庭和直系亲属以外的一切设置和机构持怀疑态度。当然，他们也可能是受到经济因素的限制，如买不起体面的衣服参加教会仪式，或是无力给教堂提供经济资助。

然而越来越多的研究者认为，社会阶级特征并不能充分解释宗教参与的群体差异［奥尔斯顿与麦金托什（Alston & McIntosh），1979；Roof & McKinney，1987］。个体所具有的特质比阶级地位所能表现的要复杂得多。他们建议，更好的方法是去考察个人在宗教虔诚方面的本性。

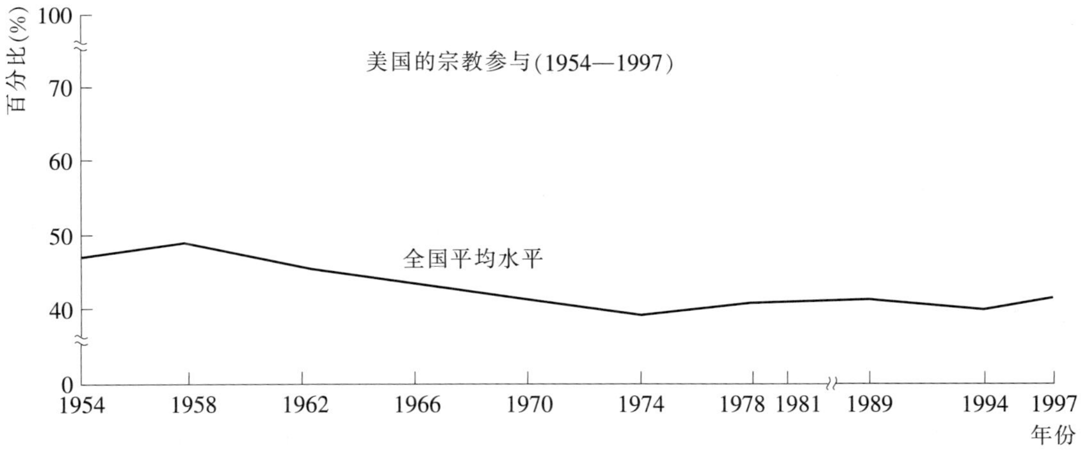

图 16—2　20 世纪 50 年代中期以来美国宗教服事的参与水平呈下降趋势

资料来源：The Gallup Poll，*Public Opinion*，annual reports.

如何定义和测量个人在宗教体验或宗教虔诚（religiosity）方面的本性？这一问题已引起了社会学家的广泛关注。宗教虔诚之所以难以考察，是因为宗教体验在每个人那里都有不同的含义。某个宗教实体的成员资格并不是一个可以正确测量宗教虔诚的指标。同一宗教中的成员，甚至是同一教区里的信众，通常都表现出了对其信仰的不同忠诚程度。某个人可能对宗教信条了如指掌，但有可能对其中一些表示怀疑。某个人也可能对其宗教忠心耿耿，但却疏于参加宗教仪式。

社会科学家认识到，人们可以通过不同方式来信奉宗教。约瑟夫·菲克特（Joseph Fich-

ter，1951，1954）的开创性研究提出了罗马天主教徒的四种类型：核心型、常态型、边缘型及
380 隐匿型。核心型（nuclear）天主教徒是最理想的教会成员，他们已超出了对其忠诚程度的最低要求。他们积极参与教区生活，每周参加一次以上的宗教活动，并且把自己的子女送到教区学校上学。与核心型相对应的另一个极端是隐匿型（dormant）天主教徒，这些伴随着宗教长大的人从不以任何方式参加宗教仪式或实践宗教信仰。常态型和边缘型处于中间状态。常态型（modal）天主教徒定期去教堂，但对宗教或教区活动没有强烈的兴趣。边缘型（marginal）天主教徒将自己看作这一宗教的成员，但很少参加宗教仪式。

在更抽象的层次上，可以从四个近乎相互独立的维度来分析宗教虔诚［戈洛克（Glock），1959］。经验（experiential）维度是指信徒对超自然力的情感依恋程度。仪式（ritualistic）维度指的是信徒对祷告和宗教仪式的参与水平。意识形态（ideological）维度是指个人对宗教信仰的忠诚度。最后一个是结果（consequential）维度，是由个人行为受到宗教信念和宗教参与影响的各种方式所组成。

托马斯·卢克曼（Thomas Luckman，1967）曾提出，一些对组织性宗教持批判态度的人（他们因此也不参加宗教仪式）可能是深深信仰着宗教的人。卢克曼用无形的（私人）宗教来指称一种广为流传的想法，即宗教是个人或主体的体验，而不是群体或共同体的体验。这种类型的宗教之所以是“私人的”，是因为它发生在个体的心灵中，而不是发生在用于礼拜或拜祭
381 活动的公众场所中。这种私人宗教的存在有助于解释为什么尽管有96%的美国人宣称信仰上帝，却仅有41%的人定期参加宗教仪式（Shorto，1997）。

（四）新宗教意识

在过去的几十年间，尽管宗教面临着宗教成员、宗教参与和信仰等方面在美国社会各部分中的全面衰退，但它还是显示出了令人惊讶的生命力。事实上，一些民意调查已经发现了一种“新宗教意识”的迹象（Gallup & Newport，1991）。

这种宗教体验尤其与“福音派”（evangelical）基督教的发展有关。一般而言，福音派的教徒对《圣经》上的每字每句都深信不疑，他们都经历过灵魂上的再生，并且致力于传播使他人能够获得拯救的信息。一些人估计，当今美国可能有4 000万左右的福音派基督教徒［鲍尔默（Balmer），1989］，并且宣称道：这是一个在美国增长较快、最显著的、雄心勃勃的、政治上积极参与的宗教团体（Roof & McKinney，1987）。

越来越多的福音派的牧师出现在电视中传播他们的信息。在1997年，全美有257个宗教性电视栏目，在所有电视栏目中，16%都是宗教性的（Shorto，1997）。节目内容从福音传道者比利·格雷厄姆（Billy Graham）传统性的讲道，到雷克斯·亨伯德（Rex Humbard）娱乐性和脱口秀取向的节目，不一而足。这些节目在复杂的市场推广技术的支持下，使得电视福音
382 传道者进入了全国的每一个家庭，并且每年都能筹集到数百万的捐款。

福音会运动在20世纪80年代对国家的政治生活有着显著的影响。直到现在，仍还在以一种较温和的方式在继续发挥作用［马西森和马西森（Mathisen & Mathisen），1988；西尔克（Silk），1988］。福音派基督教团体已成为右翼政治运动中一股强大的力量，这一政治运动是以

“反冲式的道德政治复兴”为特征的［利普赛特和拉布（Lipset & Raab），1981；维迪奇（Vidich），1987；Balmer，1989］。

尽管这些信奉正统基督教的团体还未能说服国会，让国会接受禁止堕胎和允许学校祷告的宪法修正案，但它们参与发起了促使1984年的一项法案成功通过的活动。该法案规定，在其他与课程无关的集会也被允许的情况下，学生们有权在非上课时间组织宗教集会。这些团体的一些意见还获得了普通公众的青睐。在1988年的一次全国性民意调查中，68%的被访者赞同关于允许学校祷告的宪法修正案，而只有26%的人对此表示反对（Gallup Organization，1988a）。按照某些分析家的说法，这些正统基督教的信奉者们成功地将美国公众舆论的关注点，部分地从社会公正转移到了公共道德问题上来［贝克、莫兰和斯蒂德（Baker，Moreland & Steed），1989］。一些人认为，这些努力会增大宗教保守主义者与宗教自由主义者之间的两极分化［亨特（Hunter），1991；Wuthnow，1988］。

为了试图说明这一新的政治—宗教联盟，人们指出了基督教正统派运动与右翼政治观点的许多相似之处。例如，二者都倾向于接受一种共谋的世界观并对世俗主义持有强烈的批判态度。它们都建立在绝对的哲学观之上：认为只有绝对的善与绝对的恶，而几乎没有中间阶段。它们还强调个人的努力，不管是为了精神上的目标还是经济上的目标。因此，它们对社会福利工程和政府对私营企业的干涉有一种保守性的指责（Balmer，1989）。尽管基督教正统派的影响有所增长，但是一些社会学家仍认为右翼的宗教正统处于衰退之中，因为新一代的福音会领导人正面临着家庭、工作、道德和政治情境下组织自身的问题（Hunter，1987）。

新宗教意识的另一个方面就是宗教教派和宗派的流行和壮大。现在已有21个美国教派的成员数超过了50万，而规模相对较小的教派则成百上千，其成员常常不超过2 000人。宗派的成员数通常比教派更少（参见应用社会学专栏“基督教科学派”，它描绘了一个当代宗派是怎样招募其新成员的）。宗派可以被分为三个不同种类：反文化型、个人成长型和新基督教型。反文化的宗派通常是非西方或非基督教的宗教传统的分支，例如佛教中的禅宗、印度教中的克利须那宗，以及伊斯兰教中的苏非宗（Sufism）。看起来，亚洲宗教是绝大多数反文化宗派的源泉。它们通常有个人魅力型的领袖，并强调直接的宗教体验。它们通过宗派箴言以及与主流美国文化的对立，为信徒们提供了完整的生活方式［格勒克和贝拉（Glock & Bellah），1976；盖兰特（Galanter），1982］。

新基督教宗派包括例如“上帝之子”和“爱耶稣的犹太人”之类的团体（Wuthnow，1976；Stark & Bainbridge，1985）。美国历史中充斥着这一类团体的盛衰史，像“奥尼达至善论者”、“震教”和“火柱教”等等。而其中的一些宗派仍长盛不衰，“耶和华见证者会”就是其中之一。

个人成长型宗派在起源上是西方的，从性质上来说是准宗教性的团体。它们对基督教传统保持中立态度，试图让信徒能够体验到某种形式的终极意义。例如“基督教科学派”和“超验冥想派”就是此类宗派的例子。一些个人成长型宗派是以具有个人魅力的领袖为核心的，但由于信徒们不需要在宗派资助的社区中隔世而居，所以较之反文化型和新基督教型的宗派，个人成长型宗派的领袖对其信徒个人生活的控制较少。一些成员并不把他们的生活托付给宗派团体，而仅仅是为了解决一些个人问题或为了更好地把握自己的生活，才参与了个人成长型宗派的活动［格勒克和贝拉（Glock & Bellah），1976；莫萨克（Mosatche），1983］。

一个在近年来传播较快的个人成长型宗派是“新时代运动”［乔斯塔德（Jorstad），1990］。它并不是传统意义上的宗派，而是一项具有一些宗派特色的宗教运动。与此处提及的绝大多数宗教团体不同，它希望处于社会的边缘地位。这项运动在中产阶级中尤其受欢迎，许多商业经理和企业行政人员都是它的信徒。这些信徒借用了东方神秘主义和玄宗里的一些宗教仪式，认为当足够数量的人经历了“内心改造”的过程之后，巨大的社会变迁就会出现。金字塔、水晶体和宝石是“新时代运动”仪式中不可分割的部分，它们被认为具有特殊的医治能力。

380 **应用社会学**

基督教科学派

封面上印着好莱坞影星照片的杂志在遍布全国的书报摊兜售。那么，当巨星约翰·特拉沃塔的照片出现在《名人》杂志上的时候，有什么值得稀奇呢？这是因为这个杂志不是专门为娱乐业制作的，而是由一个极富争议的名叫基督教科学派的宗教组织出版的。

一个教会用“名人”作为其杂志的名字看起来有些奇怪，但是这个教会的信徒的确主要来自于好莱坞。其中不乏巨富显贵之人。除了约翰·特拉沃塔之外，还有汤姆·克鲁斯、柯斯迪·艾黎、伊萨克·海斯、奇科·瑞亚、珍娜·艾夫曼、安妮·阿彻，以及莉莎·玛丽·普莱斯利［弗朗茨（Frantz），1998］。于1954年创建该教派的罗恩·哈伯德（Ron L. Hobbard）认为，这些明星教徒会让他新创的教会得到更多的关注，有助于其成为具有合法性的教会而被公众接受。因此，在20世纪60年代末，他修建了名人中心，用以接待艺术家和演员。

基督教科学派成功地帮助了一些明星。1975年加入教会的约翰·特拉沃塔认为，他在教会里学到的东西有助于他应付人生的挑战。事业如日中天的电视明星珍娜·艾夫曼也宣称，她在教会里学会了如何关注于事业目标。柯斯迪·艾黎指出，教会帮助她戒掉了毒瘾（Frantz，1998）。但这些证词都不能使基督教科学派获得合法性教会的地位。一些批评者指出，基督教科学派只是一个“通过向成员收取高额会费而赚钱的企业”（Frantz，1998，p. A18）大部分成员也许都会同意这一点。例如，一位名叫莉莎的36岁的女教徒在1994年花费了55 767美元用于基督教科学派的课程，在1995年花了41 924美元（Frantz，1997）。具有讽刺意味的是，她是用为教会工作的收入来支付学费的。她的工资相当的高，在1994年是136 812美元。然而她似乎很难保持收支平衡。为了付学费，她常常从雇主那里借钱，在1995年她借了33 000美元。

1997年12月1日，在莉莎去世两周年后，《纽约时报》的头版揭露了她和教会之间发生的事件。在一次小车祸之后，她被送入了本地的一家医院。报纸报道她不是由于她的任何伤痛，而是因为她奇怪的举止。医护人员刚给她做完检查，她就脱光了衣服在大街上乱逛，坚持说自己需要帮助。医护人员就将她送进了医院。按照教义，她拒绝任何心理治疗，而后被一位教友送到了教会。三周后，她去世了。她的家人提出法律诉讼，声称莉莎在违背自己意愿的情况下被关在了教会的有关机构，在未接受适当的医学治疗的情况下身亡。

这并不是基督教科学派第一次当被告。1981 年，九名教徒被一个联邦上诉法庭宣判有罪，罪名是他们企图盗窃有关该教会的政府文件［辛格（Singer），1996］。在 1992 年，该教会在加 381
拿大面临更多的犯罪诉讼。法庭认定它违反信托约定，对它处以 250 000 美元的罚款。

这些法律问题引发了基督教科学派是宗教，还是宗派，或是营利性组织的讨论。事实上，在 25 年的时间里，美国国税局都拒绝给予基督教科学派其他教会组织都享受的免税待遇，而认为它是一个商业组织（Frantz，1997）。当 1993 年该教会最终争取到该待遇时，被认为是一个巨大的胜利。

多数争论产生于科学派的教堂里。它是一种
宗教、宗派或者是营利性组织？

基督教科学派是一个宗教还是一个宗派？或者像许多批评者认为的那样，是一个营利性的商业运作组织？在许多方面，它看起来像一个宗教。和其他宗教一样，它解释了我们从哪里来。按照它的创世说，人类是于 7 500 万年前被一个外星球的统治者发配到地球上来的。从那时候起，被认为是具有不朽灵魂的人类，开始进化，从每一次生命过程中学习。基督教科学派还有由教会的创始人罗恩·哈伯德撰写的圣经。在书中有大量关于怎样才能快乐而充实的生活训导。

但是有些专家则指出基督教科学派不是宗教，而是一个邪教，对教徒造成危害，并且把他们与朋友和家人隔离开来（Singer，1995）。这些批评认为，与主流宗教不同，该教会企图控制它的成员。深入研究过这个教会的施蒂芬·肯特（Stephen Kent）是这样来描绘它的：

> 对那些参与程度较深的教徒来说，基督教科学派是一个极权主义机构。它为这些教徒提供职业、虚假的医疗、娱乐、司法系统，一直到生命的终极目的。（Frantz，1997，p. A14）

社会学家和神学家都同意宗教这个词可以用来描述很多行为。那些名人们描述中的基督教科学派与学者们定义的“现世肯定宗教”相吻合。后者提供了帮助人们在现世，而非来世，获得成功的一种哲学（Frantz，1998）。强调这一点也许解释了为什么许多公众并不把基督教科学派当作具有合法性的宗教的原因。

四、社会中的宗教：一种长远的观点

383 为了对宗教社会学有一个全面的理解，我们十分有必要在一个宏大的历史框架下来考察宗教。我们关心的是宗教的起源和发展，以及当前的世俗化趋势。

（一）起源与发展

在人类社会的初期，宗教主要是在扩展家庭中存在（Johnsone，1988；Wallace，1966）。神圣物都是那些对家庭有特殊意义的东西：提供水源的井、墓地、祖先的遗物等。宗教仪式是由家庭成员创建和履行的。神灵被认为存在于家庭拥有的住所和土地中，护佑着一家大小。

宗教的这种家庭取向在西方罗马文明的初期仍十分重要。那时，每个扩展家庭都有自己的神，其中的一些在后来成为全社会都崇拜的神。在东方，相似的取向到现在仍很明显，许多日本家庭仍以神道教神龛的形式，敬奉着他们的祖先。

宗教组织的主要单位后来终于扩大至整个部落或村庄，但是宗教更多的仍是作为其他社会设置的内在组成部分而存在的。家庭中的首领，后来是部落中的首领，通常被要求学习举行关键性宗教仪式的正确方法，然后再传授给继任者。但这并不意味着这个首领比群体中的其他成员更信奉宗教。他也与其他人一样从事其他非宗教活动，而且他也不是一个真正的宗教专职人员。

在这些早期社会（以及今天的一些社会）中，不存在宗教多样化。每个人类共同体就只有一种宗教，所有的小孩子都被要求参加宗教仪式，并在年龄很小时就被灌输这一宗教的信条。宗教与家庭、家族和共同体不可分割，它几乎在人们生活的每一方面都发挥着作用。种植、收获、狩猎、进入成年期、结婚、生病、建新房子、准备食品和吃东西，几乎每一种人类活动都与某种宗教仪式或信仰相联系。宗教提供了物质世界与“其他”世界的一种连接，“他者”与日常生活的一种综合。在这样的环境中要放弃宗教，就无异于放弃他（她）的整个社会身份。

在历史的长河中，很多社会设置都试图从家庭中脱离出来。宗教也从未将自己排除在这一潮流之外。随着时间的流逝，宗教已成为一种独立的社会设置，有自身的专门组织和角色，也出现了宗教活动与世俗活动的分离。在现代社会中，参加宗教活动，甚至选择宗教信仰，也越来越成为一种个人的选择［德梅那斯和哈蒙德（Demerath & Hammond），1969；Roof & McKinney，1987］。

牧师角色的发展也许是宗教的制度性分化的第一步。当教义变得更加精深，仪式变得更加复杂的时候，一些人（牧师）开始专门从事阐释和解释它们的工作。牧师们不再把自己的注意力放在其他事务上，而是全身心地从事宗教活动。最终，宗教发展出了神职人员体系来管理宗教事务。例如当今美国的圣公会就拥有数百位主教和数千名牧师。

专任牧师的出现引起了第二个变化，即世俗领域和神圣领域的进一步分离。牧师们作为宗教的专职人员，不再被允许对其他领域行使领导权和指导权。而从前，村庄的首领不仅决定春天何时插秧，而且还会举行一些宗教仪式，作为庄稼种植过程的一部分。到后来，世俗的种植活动与宗教仪式相互分离。村庄首领发布种庄稼的指示，而由牧师来主持宗教礼仪。这种划分既象征着又促进了宗教对日常事务影响力的衰减。

一旦神圣与世俗分裂为两个不同的世界，第三个变化就不可避免了。人们开始选择他们是否该加入宗教。因为在宗教和世俗活动完全交织在一起的时候，人们无法避免涉入宗教。但是随着它们的相互分离，人们可以拒绝参加宗教活动，甚至可以放弃宗教本身［贝拉（Bellah），1964］。

（二）世俗化讨论

与所有的社会设置一样，宗教也不得不去适应现代社会不断变化的环境。许多学者认为，这种适应过程导致了宗教影响力长期的持续减退（Martin，1978；Hammond，1985）。作为对这种观点的支持，彼得·伯杰（1970）认为，宗教影响力还能继续维持的唯一重要领域就是家庭。今天的宗教在很大程度上与政府、教育和市场没有什么关联。它不再是社会的主要凝聚力，因为它已经开始被民族主义和其他世俗的、政治的意识形态所取代。这种宗教逐渐滑向社会和文化边缘的过程，就叫做世俗化（secularization）。

随着宗教作为一种社会设置而衰落，有人认为宗教规范和价值已经失去了不少影响力。宗教日历中的重要日期不再是神圣的日子，而仅仅被当成了节日。天堂与地狱、罪恶和救赎，已经失去了重大意义。曾经以严厉宗教制裁为后盾的有关不同信仰间的通婚、离婚、性关系的道 384
德戒律，早已松动。宗教信仰从总体上来说已变成了个人的事情，而不再是社会的信念。

世俗化过程中最重要的方面也许要算对超验物信仰的减退，以及在世俗信仰和设置中，超自然惩罚的消除。正如一位观察家所指出的："就宗教的现状而言，所有的评论家都会同意这个观点，即超自然力已经脱离开了当今世界。"（Berger，1969）1997年，57%的美国人认为，宗教正在丧失它在美国人生活中的影响力。

与绝大多数的社会潮流一样，世俗化也必须要与反对它的倾向作斗争。我们已经提到了20世纪宗教参与的显著增加，以及像五旬节派这样的宗教派别在蓝领阶级和中下层阶级中所焕发出来的勃勃生机。世俗化的另一股反对力量就是对东方宗教的广泛兴趣，以及与"个人发展"运动和"新时代运动"相联系的一些准宗教活动。第三种反对力量则来自于美国政治生活中新兴的保守宗教。

这些逆潮流是会减慢世俗化进程呢，还是甚至会扭转这一趋势，尚有待观察。伯杰（1977）认为，用一种世俗化的眼光来看世界，人们是不会感到快乐的，因为它不能为人类的苦难、不公正以及死亡提供可以接受的解答，他预言道：作为对世俗化的反击，宗教的复兴将在不久的将来发生。一些学者对伯杰的观点表示赞同，他们也认为不久将会有一场深刻的宗教觉醒，以及对神圣世界的回复。届时，科学和技术作为个人和世界难题的解决之道，将失去其可信性［Cox，1988；福尔克（Falk），1988］。另有一些学者持有更宏大的观点，认为宗教的边界正在日益模糊，世界会演进出一种"新全球意识"，在这种观念之下，东西方之间的障碍将被打破［金（Kung），1986］。还有一些人把美国社会的世俗化看成是一种荒诞的说法，认为对组织化宗教的全面参与在过去50年间几乎没有什么变化［乌特和格里利（Hout & Greeley），1987］。

其他一些学者则认为，美国人生活的世俗化会继续深入，并且把欧洲一些国家发生的宗教生活的衰败作为例子，认为这些现象在美国也会出现。他们预测会出现一个分崩离析、人人疏离的美国社会，极端的个人主义和自我关注将导致共同价值观念和人类共同体的不断崩溃。

而站在中间立场上，用一位社会学家的话来表述，即"全民的宗教虔诚和完全的世俗化一样，都不具有永恒的历史可能性"［威廉斯（Williams），1970］。我们完全有理由相信，与传统社会中一度存在的状况不同，宗教将不再会成为现代社会的中心。但是宗教也许将继续给予人们以情感上的支持，并且为人的生命提供意义。

复习与思考

1. 你如何来定义宗教？宗教与科学是互不相容的吗？
2. 宗教能够发挥什么功能？
3. 宗教可以成为稳定或者是变革的工具。你能否举出这两方面的例子？
4. 为什么宗教和家庭紧密相连？
5. 指出并讨论宗教的四个基本要素。其他的社会群体拥有类似的要素吗？如果有，是哪些社会群体？它们有着哪些功能？
6. 指出宗教组织的四种主要类型。对现代社会来说，这种分类有用吗？为什么？
7. 教会与国家的分离对美国社会产生了什么样的影响？
8. 你会怎样来描绘当今美国社会的宗教状况？哪些因素在影响日益变化的宗教成分？
9. 如何解释宗教信仰和社会阶层的关系？
10. 你认为宗教只是政治的另外一种形式吗？为什么？
11. 21世纪的宗教会如何变化？

385 网上练习

第16章的网站涉及宗教的各个方面。在搜索之前，请登录 Prentice Hall Companion 的网站：http：//www. prenhall. com/popenoe 。然后从屏幕左侧的菜单中选择第16章（宗教）。那里有几个可供浏览的网站。我们建议你首先使用 Scientology and Dianetics Field Auditors 和 Scientology Lies。前一个网站是由守田小组（Vigil Field Group）所创建，是一个被授权宣传与基督教科学派有关的产品和信息的机构，包括由罗恩·哈伯德所写的书。后一个网站是由克里斯蒂·沃彻尔（Kristi Wachter）所组织管理的，本质上是一个反对基督教科学派的正式抵抗者。通过比较这两个网站，你应该能够客观地评价基督教科学派。在你做完这些后，回答下面的问题：

- 基督教科学派是一个宗教吗？根据你的判断，为什么是/为什么不是？
- 你认为基督教科学派对我们的社会构成了威胁吗？为什么/为什么不？

关键术语

religion	宗教	profane	世俗
theism	有神论	ritual	仪式
monotheism	一神教	ecclesia	国教
polytheism	多神教	church	教堂
transcendental idealism	超验唯心主义	dogma	教义
totemism	图腾崇拜	denomination	教会
totem	图腾	sect	教派
simple supernaturalism	超自然崇拜	cult	宗派
rites of passage	通过仪式	religiosity	宗教虔诚
sacred	神圣	secularization	世俗化

第17章 权力、政治和政府

387 假如你是一名聋人学校的学生，你希望学校校长是一位聋人，还是一位听力正常的人？

华盛顿格劳德大学（Gallaudet University in Washington，D. C）的多数学生认为，一位聋人校长会对该校有听力残疾的学生的需要更负责任和更具同情心。1988 年，曾经任命一位没有听力残疾而且不熟悉手势语言技巧的妇女担任校长，这引起了许多学生和教师的愤怒。格劳德大学的学生在国家聋人委员会的支持下，发起了一场运动，要求用一名有同样资格的、听力残疾的人担任新校长。在提出抗议一周后，乔丹（I. King Jordan）博士，一位聋人，被任命为校长。

对于乔丹博士的任职，该校学生和教师的运动起到了一定的作用。但是，如果这一运动没有重要的政治支持，那也是不会成功的。当然，这并不是说，要求政府来决定问题，或者要求公民投票决定某事。只是说，格劳德大学的学生和教师运用了他们可支配的政治资源来表达某种情感，并且采取措施确保其愿望被大学管理部门尊重而得以实现。迫于这种政治压力，教工和学生的要求实现了。

在小团体中，政治程序是非正式的。而在大团体中，如国家，政治程序体现为高度结构化机构——政府的一部分。在某种程度上，我们很少有人意识到，政治活动产生的政策规定着人们的权利和义务，影响着人们的机会，控制着人们获取和利用的资源。现代社会主要的政治系统就是国家或政府，在这一章，我们将集中讨论这个主题。首先，我们在一般意义上讨论权力、权威和国家，然后将分析政府的具体类型和形式。进而继续详细讨论美国政治和政府，最后以关于社会和国家的人文观点而结束。

一、权力、权威和国家

如果人类和社会团体的各种利益从来不产生冲突，如果可利用的资源是无限的，那么政治系统将无须存在。然而事实上，每个社会必须调和人的欲望和利益之间的冲突，必须调整匮乏的资源与人们需求之间的冲突。人们总是需要有办法来决定谁得到什么，何时得到以及如何得到。这就是政治系统，或者说政治活动（Politics）的功能。正是在政治活动的过程中，某些人和团体因此而获得权力和运用权力。

显然，政治是关乎公众的事情。通常影响我们组织社会生活的决定就是政治决定。政治可以被认为是一种活动，通过这种活动达成并且实施集体的决定。然而只有那些有权力的人才能做决定并进而运用和实施这些决定［博格达诺（Bogdanor），1987；米勒（Miller），1987］。

（一）权力

政治的精髓在于权力。权力（power）是指个人或团体控制或影响他人行动的能力，不管这些“他人”是否愿意合作。尽管个体的单独行为也能运用权力，但大部分情况主要是个体代表某个团体来实施权力。比如，权力的拥有者作为某团体的官员而行动，权力是被赋予这个职位或职务的，而不是赋予某次偶尔占据这个位置的个人。因此，一旦那人不再拥有这个职务，他也就失去了随之而来的权力。

控制他人行动主要有三种机制。首先，某种有价值的东西作为一种奖赏（reward）提供给服从者。一位父亲可能会因为他的孩子们在某次购物中的听话行为而奖给他们一份本国制作的小甜饼和奶油巧克力。轮胎厂的工人们可能会因为满勤和高出产率而得到一笔丰厚的圣诞奖金。支持总统选举成功的人可能会在新政府中得到工作。

第二种机制是威胁不遵从者，给他以惩罚（punishment）。犯规的足球运动员知道他会被罚款或被罚退出比赛。考试作弊的学生可能被学校开除。直言批评一个专政者的人知道自己在冒生命危险。

权力还可以通过控制和操纵信息、态度和情绪等而间接地发挥作用。不管信息是由国家还是私人组织所控制，流向公众的信息就是对其观点和行为产生影响的潜在力量。例如，许多国家的领导人为了维持其统治权力，他们会做出一些符合听众政治态度的承诺。类似的，电视新闻节目的编辑运用权力，选择哪条新闻可以报道，甚至更关键的，这些新闻以何种形式报道。有时，我们把这种间接的权力称为影响力（influence）。

由于权力不能直接观察和测量，因此，研究它很困难。一位社会学家发现，社会中的权力和物质世界的能量有类似之处：

> 无论我们在哪观察（能量的）效果，所有的活动都只是能量的表现。我们可以自由谈 388
> 论能量和权力的作用，但当我们想更具体准确地说明它们究竟是什么时，我们却遇到了困难。主要原因在于能量和权力都无法直接观察和测量。它们的存在、性质和力量只能从其影响中推断出来。［奥尔森（Olsen），1968，p. 72］

388 媒体社会学

媒体权力

在《谁在驱动着美国？——克林顿时期》(*Who's Running America? The Clinton Years*）一书中，托马斯·戴（Thomas Dye，1995）认为，在美国大众传媒具有非常大的权力。他写道：

> 对绝大多数美国人来说，电视是他们获取信息的主要渠道，控制这种信息传播方式的人就是这个国家中最有权力者中的一员。事实上，如今大众传媒的领导者已成功取得了与国家公司和政府的领导者同等的权力。(1995，p. 108)

当你思考谁拥有媒体之时，戴的观点尤为令人赞同。最终，这些所有者掌控了媒体的内容：他们有权雇用和辞退报道新闻的人，他们决定哪个项目能拿到基金，他们能为他们所选的代言人提供一个媒体平台（Croteau & Hoynes，1997）。另一种看待这一问题的方式是依据媒体是如何确定人们的议事日程（White，1973）的。这就是说，媒体有权决定美国人想什么和谈论什么。根据迪尔多·怀特（Theodore White）的观点，这类权力是“专制君主、牧师、党派和官僚”所独有的。

媒体日益集中在越来越少的人的手中，使我们有更多的关注理由。例如，试想本·巴格迪肯（Ben Bagdikian，1992）所描述的趋势。在 1992 年，主导媒体工业的有 20 家国内公司和跨国公司。尽管在美国有 3 000 多家图书出版公司，但其中仅 5 家出版公司就控制了图书市场 50%以上的份额。两家公司获取了杂志的大部分利润，11 家公司掌控着大部分的美国新闻日报。

与媒体日益集中相伴的是另一个糟糕的趋势——由公司所运营的媒体所获得的东西里面带有各种各样的商业利益（见表 17—1）。今天，在美国每个主要的电视网络都由一个大的公司集团所拥有（Ryan & Wentworth，1999）。西屋（Westinghouse）公司吞并了哥伦比亚广播公司（CBS）一天后，迪斯尼（Disney）公司就收购了美国广播公司（ABC）。在国防工业中有重大利益的通用（GE）公司拥有了国家广播公司（NBC）。

这些总公司会对晚间新闻报道施加影响吗？由于是国防工业，通用公司对国家广播公司的拥有权使得这一问题变得十分棘手。很难断定这些强大的公司是否真的具有这种影响。那些高薪网络记者，认为他们控制着他们所报道的内容，是不大可能承认这一点的。但是，有迹象表明，公司的所有者期待表达他们的想法，并且这已造成了一些冲突［欧列塔（Auletta），1991］。例如，当通用公司购买国家广播公司后，新的所有者并不明白为什么新闻部门要与公司的其他部门保持一定的距离。从商业的角度看，所有部门间的合作才是更合理的。通用公司的主席杰克·韦尔奇（Jack Welsh）想让国际广播公司《今日》节目的天气预报员韦勒德·斯科特（Willard Scott）在节目播出当中提及通用公司的电灯泡。但对记者来说，这种合作会引起对客观性、利益冲突和电视新闻的恰当角色的严重担忧。在这种情况下，事实最终表明媒体所有者的意志会压倒记者们的意志。即使是媒体所有者的影响不能被直接树立起来，例如，无法通过命令去禁止刊登一篇可能损害公司商业利益的报道，但我们仍需想到记者出于他们工作的考虑会做出一些自我审查。

表 17—1 主要电视网络的市场份额和股份

公司	市场比例（%）	媒体股份
西屋/哥伦比亚广播公司（Westinghouse/CBS）	31	无线电广播网，哥伦比亚广播公司电视网，82 个电台，艾马克（Eyemark），马科希姆娱乐（Maxam Entertainment），格洛普 W 产品（Group W Production），格洛普 W 卫星通信（Group W Satellite Communications），西屋国际广播
通用/国家广播公司（GE/NBC）	25	国家广播公司电视网，国家广播公司财经频道（CNBC），微软国家广播有线电视（MSNBC），翰时（A&E），历史频道［与赫斯特（Hearst）和迪斯尼/美国广播公司（Disney/ABC）合资］，美国经典电影［与有线电视网络公司（TCI）和有线电视（Cablevision）合资］，新运动（NewSport）和极佳体育（Prime Sports）频道网［与自由媒体（Liberty Media）和彩虹股份（Rainbow Holdings）合资］，国家广播公司欧洲超级频道（NBC SuperChannel Europe），国家广播公司亚洲台（NBC Asia），国家广播公司欧洲台（NBC Europe）
迪斯尼/美国广播公司（Disney/ABC）	24	美国广播公司无线电广播网，美国广播公司电视网，沃尔特·迪斯尼图片（Walt Disney Picture），触石图片（Touchstone Pictures），好莱坞图片（Hollywood Pictures），卡偌万图片（Caravan Pictures），弥勒马科斯电影（Miramax Films），沃尔特·迪斯尼电视（Walt Disney Television），伯纳·韦斯特电视（Buena Vista Television），触石电影（Touchstone Television），迪斯尼频道（Disney Channel），21 个电台，青年广播（Young Broadcasting）的 14%（第 14 大电视台所有者），有线体育节目网/有线体育节目网 2（ESPN/ESPN2）的 80%［它拥有创造体育（Creative Sports）市场，体育心脏（SportsTicker）的 80%，欧洲体育的 33%，日本体育网的 20%］，翰时（A&E）和历史频道的 37.5%［与赫斯特（Hearst）和国家广播公司合资］，赫斯特—美国广播公司影视服务（Hearst-ABC Video services）［与有线电视网络公司（TCI）和有线电视（Cablevision）合资］，7 家新闻日报［包括《堪萨斯城市星报》（*The Kansas City Star*）和《沃斯堡明星电讯报》（*Fort Worth Star-Telegram*）］，各种各样的出版机构（超过 100 种期刊），伊利诺伊州、密歇根州、俄勒冈州和宾夕法尼亚州的新闻周报，好孩子出版物（Fairchild Publications）（12 种期刊），机构投资者（Institutional Investor）（4 种出版物），国际医学新闻小组（6 种出版物），齐尔顿（Chilton）企业，德国特利-孟琴（Tele-Munchen）（50%）和 RTL－2（20%）的利润，法国哈姆斯特（Hamster）产品和法国电视体育，西班牙特斯奥罗（Tesauro），斯堪的那维亚（Scandinavian）广播系统（23%）

资料来源：John Ryan and William M. Wentworth, *Media and Society: The Production of Culture in Mass Media* (Boston: Allyn & Bacon, 1999).

（二）权力与权威

马克斯·韦伯（1919/1946）将权力分为两种，一种是暴力权力，一种是人们认可的合法权力。有一个例子可以说明二者的差别。以暴力威胁店主，要求店主给予保护金，并且得到这
389 笔钱的黑帮就是在使用暴力。而政府机构向同一店主要求并且收取零售税，就是在运用合法权力，或者是韦伯所说的权威。

为什么人们自愿地让其他人对自己使用权力，韦伯对此非常感兴趣。这使得他将权威的主要来源分为三种：

（1）传统权威（traditional authority）是由习俗和已接受的行为所授予的。在世袭的君主国里，政府首脑的权力天生是合法的。因为其父母或其他祖先以前统治过而成为君主的个人才享有这种权力。古代中国，人们认为他们那个社会的高贵统治者（称为达官贵人）获得来自上天的权力，这种权力允许他们依据流行的儒教道德规则进行统治活动。

390 （2）魅力权威（charismatic authority）是指一位领袖建立与其追随者之间特殊关系的能力而导致的权力。这样一位领袖被认为是具有异常优秀的甚至是上帝赐予的能力。许多重要的社会运动和政治运动的领袖——乔治·华盛顿、马丁·路德·金、霍梅尼和曼德拉——都是例子，他们的权威一定程度上来自个人魅力。魅力的原意是指授予特殊个人的恩赐。

（3）法理权威（legal-rational authority）的基础在于理性建立的规则，这些规则反映了组织依据制度未达到目标的想法。选举和任命的政府官员以及一个正式组织的官员都拥有这种类型的权力。在美国，政治合法性的基础在于通过类似于宪法和公众类型的选举这样的“合理”机制而产生的人们对这种权力的基本赞同。

在大多数社会，通常只有一种类型的权力占主导地位，例如在美国就是法理权威，但三种类型都是存在的。教皇保罗二世就是一例，他的权威合法化有三种来源。作为长男，他有一定的传统权威；作为一个大而复杂的宗教组织——罗马天主教的首脑，他具有法理权威；而作为一个具有智慧和个人魅力的人，他具有魅力权威。即使在以法理权威为主的社会里，通常，政治领袖的极大成功也有某些魅力权威的因素。这点已经被证实，现代，温斯顿·丘吉尔、查尔斯·戴高乐、约翰·肯尼迪和罗纳德·里根都是具有成功的政治生涯的例子。

（三）国家

在每个团体或组织中都会发现某种权威。但是，在现代社会，国家是拥有至上权力并且可以合法使用暴力、拥有垄断权的机构（Weber，1919/1946；Williams，1970）。它决定何时、何地以及多大的物力可以被合法使用。

早期人类社会主要是以家庭和家族为组织的，那时，国家还没有成为一种特别的机构。国家的特殊功能在于它紧密联系着社会各方面：宗教、经济和教育。所有机构和大部分活动都由同一个人来规范，这个人既是家庭（族）的首脑，又是宗教和文化首领，还是重要的教导者。

大约公元前 3 000 年到中世纪末（公元 1 500 年），城市国家（由独立城市及被该城市直接控制的领土组成的政治单位）是西方世界政治组织的基本形式。城市国家的管理权一般都延伸

约翰·保罗教皇的权威在韦伯的三种权威类型中都具有合法性：传统型，法理型和个人魅力型。

到周围的农场，这些农场为城市提供食物、劳动和税收。即使是帝国，如罗马帝国和波斯帝国，也只是由许多城市国家松散结合而成，这些城市国家由于军事强权和对当地权威的政治让步才结合在一起的。当帝国灭亡时它的城市国家继续独立存在，从而不再需要向外国封建君主进贡，当然也失去了帝国提供的保护、贸易、机构和技术。

尤其是在中世纪的最后几个世纪里，欧洲城市国家逐渐演变为民族国家［本迪克斯（Bendix），1964；蒂利（Tilly），1975］。民族国家的形式取决于具体的社会和政治环境。首先必须有地理意义上的国家以及保卫国家的能力；还必须有各民族间进行贸易和交流的方式（关于这 391
一点，技术进步有助于加速一个民族的政治组合）。一个民族国家内部不同地区的人们必定有某种忠于对方的意识，而且，一般来说，有一种共同语言。政治组织的更早形式，如家庭或独立的城市国家，必定受民族组织的管辖。民族国家的各组成部分不仅促进了强大中央政府的出现，而且反过来，民族国家也促进了各组成部分的成长。

民族国家的出现是现代世界最重要的发展之一［卡努瓦（Carnoy），1984；斯科波尔（Skocpol），1979］，民族国家以及民族主义的意识形态已成为城市工业时期强大的刺激和组织力量［斯科波尔和阿门特（Skocpol & Amenta），1986］。而且它们对于以技术为取向的复杂社会的成长以及在民族冲突的严重时刻都起了关键作用。

近期的发展让一些学者开始问这样一个问题：民族国家是否就是现代社会的基本政治单

元？欧盟，一个欧洲大多数国家的经济联合体逐渐使这些国家处于一套共同的法律和协议体系之中。相比之下，当东欧民族国家各个不同种族部分的人口宣告独立时，共产主义的瓦解已经显示了这种不统一。

其中有两个民族国家，捷克斯洛伐克和南斯拉夫，已经分崩离析，成为好几个更小种族的国家。捷克的解体是和平的，但南斯拉夫的分裂导致了根深蒂固的种族仇视的再现以及持续的血淋淋的冲突的发生。这些事件可以被解释为两个民族国家的分裂，但更值得强调的是，捷克，尤其是南斯拉夫都是人为组成而非自然生成的国家，他们是由于苏联的强权而组合在一起的，并不具有真正意义上的民族认同的基础。也许我们现在看见的就是好几个民族国家的再现，他们曾经不愿意地组合成一个不稳定的联邦。

苏联的瓦解也是如此。一度统一的苏联国家分裂时，俄罗斯以外的各国纷纷要求坚持政治自治。三个波罗的海沿岸的国家，拉脱维亚、立陶宛和爱沙尼亚完全分裂出去；剩下的 12 个国家中大部分和俄罗斯有经济上的联系，并且与这个独立联邦形成松散的政治联合。另外，许多以往长期受压制的种族也开始要求部分独立。这些冲突的结局仍然是十分难确定。

（四）政治权力分配的分析视角

民族国家对其公民的生活发挥着重要的控制作用。它们有权收取税收、制定法律并惩罚违反者、与其他国家进行斗争。在考察社会中国家权力和政治权力的分配中，有三种观点，形成三个学派：多元论、精英论和阶级冲突论。

1. 多元论视角

多元论者把社会看作是由不同利益群体组成的，包括社会阶级、政治党派、工会、经济组织和消费者。这些不同群体不断地提出要求，试图影响国家领导人及官员。多元论者假定，每一利益集团多数时候或任何时候，都不是独自行动的。国家的作用就是斡旋于利益群体之间，听取公众舆论，通过反映公众意见的法规，从而维持社会秩序。国家通过政治体系来完成这些任务，这被看作是利益群体间讨价还价或者说是交换意见的连续过程［达尔（Dahl），1961；罗斯（Rose），1967］。

在某些情况下，不存在讨价还价的问题。例如，在大多数社会，强烈的公众舆论认为不应该容忍谋杀。这样，国家也很容易宣告谋杀非法，并且保护它的公民不受谋杀的危害。但是在其他一些情况下，舆论并不是那么容易形成的。美国的奴隶制问题就是这样。在国家刚建立时，一些利益群体试图迫使国家取缔这一制度，而其他一些有同等权力的利益群体却坚决维护它。政治领导人不能成功地调解这些不同的要求，而且也没有任何公众舆论出现。最终，国内战争解决了这个问题，付出了极高的血淋淋的代价。

多元论者认为，国家是由机构和机关组成的，国家和各利益群体之间的讨价还价的结果产生了机构。这些组织拥有一系列的司法权，并且经常处于争夺如人事和金钱资源的竞争中。每个组织必须对它服务的利益群体、管辖它的组织以及国家的民主政治程序负责。如果国家机构或机关严重违背了社会舆论，那么最终它会被迫改换。

2. 精英主义视角 392

多元论者认为，现代民主社会的复杂性产生了对妥协与合作的需求。然而，精英论者却认为这种复杂性至少在某个基础意义上是一个假象。他们认为，在许多的利益群体之中突出存在着一个事实，即所有的人总是由一个小的甚至极小的少数人群体来控制的。

所谓的阶级精英论者，尤其是米歇尔斯、莫斯卡和帕累托（Robert Michels，Gaetano Mosca & Vilfredo Pareto），倾向于认为大众是“无动于衷的、无能的，并且不愿意或不能管理自己的”［马杰（Marger），1981］。他们认为，这些必然导致寡头统治或少数杰出者的统治。著名的“寡头统治铁律”宣称，精英统治最终将大规模流行，无论多么民主，依然会出现官僚集团。

最早提出这一“铁律”的正是米歇尔斯，他与马克斯·韦伯同时代并且是好朋友。在他的经典研究《政党》（*Political Parties*，1911）一书中，米歇尔斯首先分析了德国社会民主党，尔后分析了世界上最强大的社会主义力量，以表明铁律是如何运作的。党派的民主目标和非民主的日常工作之间的差距使米歇尔斯的幻想破灭了，他认为，党派就是极少数工会领袖和知识分子所支配的，他们根本不代表普通百姓的想法和愿望。根据这个例子，他认为，任何官僚组织的领导人倾向于依恋其负有职责的高层位置，并且通过控制组织的运转，使用一些幕后技巧牟取私利，尤其为了保持其有权有影响的职位。在最后的分析中，米歇尔斯指出，少数人控制多数人的权力依赖于多数组织成员的淡漠、缺乏参与，他们不愿意花时间和精力去向官僚统治挑战。

当代精英论者的理论大都认为，虽然大众能够管理自己，但他们“被精英所控制和剥削，而精英是从自己的利益出发进行统治的，并不代表更大社会的利益”（Marger，1981）。在马克斯·韦伯的科层制理论基础上，现代精英论者指出：大而复杂的组织，如大学、公司、政府机构、工会和政治党派，支配着现代生活的方方面面。一位以特别知识为武装的精英控制着这些组织及其巨大资源，从而统治着社会。

现代精英论者像多元论者一样，否认不同组织之间精英的相互竞争［多姆霍夫（Domhoff），1990，1988；戴伊（Dye），1995］。相反，这些人通常有着大致相同的教育背景和教养，他们总是从官僚到官僚；而且，像某个大公司的头儿变成一位内阁官员或一位内阁官员在某私人企业中占极高的位置这样的情况也不少见。多元论者认为有许多精英，而精英论者却倾向于认为只有一个，而且这一群体紧握权力，把社会塑造得符合自己的需要，而且使人们认为它是必不可少的。上述观点和米尔斯（C. Wright Mills）的观点是相联系的，极有影响的《权力精英》（*The Power Elite*，1956）一书是最早对多元主义进行的一种学术攻击。

3. 阶级冲突论视角

国家的阶级冲突论源于卡尔·马克思的著作。在《共产党宣言》（*The Communist Manifesto*）中，马克思和他的同事弗里德里希·恩格斯（1848/1969）指出，全部历史可以描绘成统治者和被统治者之间的斗争：

> 迄今为止，人类社会的历史就是一部阶级斗争史。自由人和奴隶，贵族和平民，地主和农奴，一句话就是压迫者与被压迫者总是处在相互对立的立场上，他们之间总是在进行一场无休止的、有时是隐藏的、有时是公开的斗争，这场战争每次结束的时候，要么以整个社会的革命性重构而告终，要么以斗争阶级的毁灭而告终。（p. 9）

当马克思提到地主和农奴或贵族和平民时，他是在把人分成不同的经济阶级。马克思认为，人类历史上基本的阶级差别是以经济地位的不同为基础的。例如，在中世纪时代，经济实行封建庄园制，因此，主要的阶级就是地主或封建领主和农奴或农业工人。

在马克思自己生活的19世纪，西方经济已经主要是以工业生产和商品贸易为基础。根据马克思的说法，通过巩固掌握在那些拥有生产方式的人（即“资产阶级”）手中的权力，工业时代带来了古老的阶级斗争的简单化：

> 我们的时代……已经使阶级对立简单化。作为一个整体的社会越来越分成两大敌对阵营，两大直接对立的阶级——资产阶级和无产阶级。（Marx & Engels，1848/1969，p. 9）

马克思说，当资产阶级成员在经济萧条期失去他们占有的土地时，无产阶级或产业工人阶
393 级将会继续增长。当土地所有者数量减少以及不断下降的利润率迫使雇用者更加严酷地对待他们的被雇用者时，无产阶级的数量将会增加，政治觉悟将会提高。马克思预测其结果是工人革命的爆发、新经济秩序的建立、共产主义的诞生，在这样的社会中，工人阶级掌握生产方式。在马克思之后的一个多世纪里，我们可以看见，他的预测并不准确。然而，他的思想却为我们提供了分析阶级冲突和政治斗争性质的洞察力。

按照马克思的观点，政治冲突基本上是经济斗争：“政治权力……只不过是一个阶级压迫另一阶级的有组织的力量。”他认为，对财产所有制的控制意味着对国家的控制。恩格斯更生动形象地指出国家就是资产阶级的执行委员会。政府制定所有制的规则，给控制财产的人以合法权利。

当广泛接受了马克思主义的基于经济冲突的政治观点后，现代新马克思主义理论家根据自马克思时代以来发生的经济和政治发展，试图构建阶级冲突理论［米尔班德（Miliband），1969；鲍兰扎斯（Poulantzas），1973；奥费（Offe），1984］。最近，这种发展表现为大公司和垄断集团的增加以及他们在工业、金融和商业生活中的统治地位——新马克思主义者将这种发展看作是掌握在极少数人手中的经济权力进一步集中。这种发展的另一个重要倾向涉及现代国家不断变化的特征。新马克思主义者认为，现在国家对许多活动负责，而不仅仅是经济事务，同时，国家也获得了独立于经济统治阶级之外的自治权。然而，新马克思主义理论家依然把西方社会中的国家看作是主要代表经济统治阶级的利益，并且总体上拥护资本主义的直接或间接的运作［帕朗蒂（Parenti），1978，1988］。

二、政府形式

国家通过政府机构（government）控制社会。有些社会区分国家与政府。例如，在英国，女皇伊丽莎白二世是宪法规定的最高统治者，是国家的元首，但是政治选举产生的领导即首相，却是政府首脑。然而在许多社会里，如美国，都是一个人即总统，既是国家元首又是政府的首脑。

历史上有过许多种不同的政府形式。今天，最重要的三种政体是：民主政体、集权政体、独裁政体。

（一）民主政体

民主（democracy）的字面意思是“人民统治”。“民主的”（democratic）这个形容词已经变成了一种普遍流行的标签，各不相同的政府都被他们的首脑称为“民主的”政府。但是，真正的民主政体有两个特征可以使之与其他种类的政府区分开来：在一个真正的民主国家里，政府的权力源于被统治者的正式认可，而且公民有权以一种有意义的方式参与决策过程。

代议制民主政府（a representative democracy）是最普通的形式，公民投票选举官员来代表他们。一旦执政，代表者就依照民主决策程序做出政治决定。这种民主制的成功是基于对多数人统治原则的普遍接受。

国会选举是民主政府的代表性的证明，在这里公民投票选举代表他们的政府官员。

一个民主政府并不要求它的公民对自己实行排他性的服从。相反，人民被允许对他们的家庭、宗教以及任何的其他群体怀有强烈的感情。因此，一个民主的社会有许多权力中心。

理想上，在实行代议制民主的社会里，公民之间的公开自由的讨论会导致对公众利益极为
394 有利的政策的采纳。然而，某些讨论一旦展开，代表们就被授权做出政治选择。这实际上就保证了做出重要的决定，而不仅仅是无休止的讨论。

只有在极小的民主体系中，每一个公民才能通过直接的参与影响到政府；这种民主制称为参与式或直接民主制（participatory or direct democracy）。新英格兰的镇会议就是一个例子，在这种会议上，对民主过程的直接参与是可能的。在古希腊城市国家，虽然那时的政府并不反映所有成年人的观点，因为妇女和奴隶禁止参与政治，但是，也存在过类似的民主类型。

在大多数西方社会里，包括美国，已经存在的民主制被称为自由民主制（liberal democracy）。自由民主制既支持自由原则，即个人拥有某种社会不可侵犯的权利；也支持民主原则，即社会应该确保所有人在影响其生活的决定中有平等的发言权［鲍尔斯和金提斯（Bowles & Gintis），1986］。当然，这些原则经常发生冲突，因为对个人来说最有利的并不总是对作为一个整体的社会来说也是最有利的。

在自由民主制的社会里，自由和民主的原则都运用到国家（即运用到政治的公众领域，这涉及所有公民的共同利益），但是只有自由原则运用到经济上（即私人领域，人们自由追求个人的、有时甚至是自私的利益）。这样，自由民主制就只是政治的而非经济的民主。结果，许多重要的决定并不是民主地做出的，即使这些决定的结果会影响到许多人的生活，如某工厂雇用的成千上万的工人的重新安置或某公司的投资策略。私有制社会才赋予人们做出那样的决定的权力。工厂或公司的所有者自由地决定那些问题，从不考虑公众的意愿。另一方面，现代自由民主制社会为了促进公众利益，发现必须在某些方面严格限制财产所有权。这样的例子有：法律严格限制雇主有差别的雇用行为的自由，法律严格规定了在最近几十年内已经合法化的环境规则的范围。

（二）集权主义

集权主义（totalitarianism）是指由一个政党所统治的政府形式，政府对生活的方方面面进行监督和控制。集权主义不是一个新概念；罗马帝国的许多皇帝都试图建立集权主义国家。由于进行广泛控制的技术手段还不具备，直到 20 世纪高水平的集权主义才成为可能。随着现代沟通技术以及宣传和监视技术的提高，几乎可以做到对整个社会的完全控制。的确，有好几个 20 世纪的国家，尤其是希特勒统治的德国和斯大林时代的苏联，几乎达到了完全的集权主义统治。

集权主义国家创造了一种官方的意识形态、一个整体的世界观和一套行为规则。敌对的世界观受到压制，宗教团体受到迫害，艺术家和知识分子的作品受到严格审查。由于看不到集权主义缺陷而形成了盲目的爱国主义，使民族主义（即认为本民族利益和安全比国际考虑更重要）通常成为这种政府形式的重要方面。

传统的政府组织不足以确保集权控制。一个有效的集权主义国家必须建立特殊的控制机制。其中一种机制就是官方政党，它成为多数政治活动的中心场所。政党训练、挑选并使政治统治精英合法化。绝不允许组织任何其他政党，成立政党的企图被谴责为背叛。在希特勒统治时期的德国，民族社会党（纳粹党）是唯一政党，是合法的政治表达的唯一渠道。在苏联，从 1917 年十月革命到 1990 年 5 月，只有共产党能合法运作。

古巴的卡斯特罗在政府里进行集权统治。集权政府滋生了官僚意识，这是一个常见的全球性现象，也产生了一系列的角色行为。

在苏联体制下，选举活动按常规举行，但不允许选民选择提倡不同政策的其他党派的候选人。相反，他们只有机会官样文章式地通过共产党领导人做出的决定。因此，这种集权体制的合法性基础并不在于公开民主的选举表达的普遍赞同，反而它宣称这种合法性的基础在于“这是共产主义革命的遗产承受人……历史的博物馆……国家中最理性和最有效的力量，（并且）代表了民族传统的最好和最进步的因素”［朔普夫林（Schöpflin），1990，p. 6］。自 20 世纪 80 年代中期以来发生在共产主义阵营的事件削弱了上述宣称，党对垄断政治权力的捍卫极为虚弱。 *395*

苏联共产党崩溃的最直接的原因是严重的经济危机。苏联经济是由中央计划体系控制的，完全由共产党来负责，缺乏效率和创新能力，而这些因素对在迅速变化和复杂的技术世界市场的竞争取得成功却是至关重要的。这种经济的迅速崩溃是与威胁集权统治基础的政治支持受到深深的侵蚀相联系的。

1985 年，戈尔巴乔夫（Mikhail S. Gorbachev）作为共产党领导人上台执政时，他发誓要优先处理经济问题。作为这种努力的一部分，他采取提倡改革（*perestroika*）或称为社会的“重组”的主张。这种重组最显著的表现就是逐渐引进私有企业和市场机制以及对苏联经济的刺激。另外，在 1986 年，戈尔巴乔夫又引进了新的开放政策。这一政策鼓励人们对政府官员、组织和政策展开公开的讨论和批评［诺夫（Nove），1989］。

在戈尔巴乔夫的支持下，受苏联影响的集权国家，如波兰、捷克斯洛伐克以及前德意志民主共和国都实行了自由选举，这削弱了这些国家的共产主义政权。在 20 世纪 90 年代初期，遍及苏联国内的相同的反党情绪一浪高过一浪。当紧张达到顶峰时，1991 年党的领导人逮捕了戈尔巴乔夫并且控制政府。他们重建集权统治的努力，因为俄罗斯总统叶利钦（Boris Yeltsin）领导大众予以抵制而受到削弱，仅仅维持了三天。

作为政变失败的后果，曾经是苏联集权主义中心的共产党被粉碎了。戈尔巴乔夫辞去了党的总书记职务（虽然他还是苏联领导人）；共产党中央委员会被撤销，它的其他支持物包括出版、新闻报纸和私人医院被占用［《经济学家》（*The Economist*），August 31，1991］。在1991年12月份，尽管戈尔巴乔夫反对，但叶利钦还是与其他两个共和国的领导人发表了联合声明，声称“苏联社会主义联邦共和国，作为国际法律和地理政治现实的主体已不复存在”（*Times*，December 23，1991，p. 19）。全世界的人们都认为，苏联的坍塌将带来和平与繁荣，但是，今天，许多原苏联的加盟共和国其人民的生活水平都远远低于发达资本主义国家，而且，全球范围内不同地区的种族间冲突表明全球的和平还有很长的一段路要走。

时间实在太短了，以至于我们无法知道15个原来苏联的加盟共和国的情况将会怎样，这15个共和国的3亿人民居住在世界六分之一的陆地面积上。然而，苏联所发生的事件却具有重大的历史意义。尽管集权主义政权继续存在（在朝鲜和卡斯特罗的古巴都极为明显），但集权统治再也不像十年前一样是现代世界的主要力量。

（三）独裁主义

独裁主义（authoritarianism）是指一个人集所有权威于一身的政府形式。统治者要么可能是君主（等级体系中的统治者，monarch），要么是一个独裁者（一个主要通过暴力掌权的人，dictator）。独裁主义政权中，意识形态和政党并不占有重要地位。相反，政治变成了一种向主要权威人物效忠的表达［安德伦（Andrain），1970］。

独裁主义政权缺乏宪法的和程序的民主基础。在独裁主义体制中，显然不存在常规的选举、代议制政府和基本的公民权（如选举权）。反对派通常受到武力的迅速镇压，这也是大多数独裁主义政权相对脆弱的一个原因。独裁主义和集权主义政权之间存在重要的差异：

> 独裁主义政权不能容忍政治反对派，但愿意让社会机构和其他部分独立于国家而运作，前提是他们不从事政治活动。而集权主义政权寻求对社会的每一个机构实行国家控制，不管他们从事政治活动与否，就是试图按照一个包括一切的政治方案来把社会整合成一个整体。（Berger，1986，pp. 83—84）

因此，独裁主义体制不像集权主义那样是包揽一切的。的确，许多独裁主义政府曾经伴随资本主义经济存在过。今天，独裁主义的政治统治和资本主义经济自由化的结合仍然存在，尽管以一种相对温和的形式存在着，比如新加坡就是这样。

三、美国的政治与政府

396 1990年3月18日，那时还是德意志民主共和国的德国公民在他们国家从1933年以来首次实行的民主选举会上投票选举时，《纽约时报》开始登载一系列关于美国政治的文章。这些报道这样开篇说："当美国的民主价值观似乎在全世界取得胜利的时候，在美国国内却出现了令人不快的舆论，国内政治已经变得阴暗、卑鄙甚至毫无意义，以致无法产生在这个不断变化的世界中可以引导美国前进的思想观念和领导人……美国政治体制不能解释和争论一些关键性问题，更不用说解决这些问题了。"

这样的批评有效吗？美国是最古老的、最稳定的、最开放民主的国家之一，这是人所共知的。它的政治体制一直都是作为其他国家通向民主政府之路要仿效的模式。但是，强大的民主却需要公民积极的政治参与，需要强大政党对自己成员的培养和动员，还需要持久的政治讨论和争论，以及一种压倒或至少是调节自私利益的共享的共同利益感。许多美国社会科学家和政治学家都认为，上述条件在美国的今天并不像他们的过去那样实现得更充分、更完全。

（一）历史和文化背景

美国人是最具个人主义特征的现代人。自由权和个人自由在美国人的价值模式中占有非常高的地位，部分原因在于这个国家的背景，它是接受了从其他社会中逃避迫害的难民而组成的一个民族。美国人知道，他们有权经营自由企业，读未受审查的报纸，为任何事业而和平地组织在一起，并且可以不用担心不必要的搜查或逮捕而自在地生活。同时，他们真正担心的是政府、当地社区甚至是他们的邻居将告诉自己该做什么而统治着自己的生活。

这种强烈的个人主义使美国成为政治上最保守的先进国家之一。许多美国人依然坚定地相信资本主义和"自由市场"，并且希望避免"政府解决方案"和政府尽可能多地控制。经常可以听到（而且是普遍相信的）这样的话，如："政府本身是问题，而不是解决问题的方案"，"管得最好的是管得最少的政府"。

尽管这种强有力的个人主义潮流已经帮助美国成了世界上经济最成功的国家之一，但是，有些人认为，这种个人主义也将削弱公民自豪感和义务感。当政府被看作是"必要的邪恶"（在美国情况经常就是这样）时，为公共利益而尽义务恐怕就非常少，而且公民的义务也不会被认真对待。因此，强烈的个人主义会产生一个学者曾经称为的"虚弱的民主"［巴伯（Barber），1984］，在这种民主中，公民的隐逸主义（自私性）——集中体现在对自己家庭、职业和休闲的自私追求中——代替了公民对所有人享有的共同生活价值观的关心和欣赏［哈贝马斯（Habermas），1973］。

公民的自私自利可能导致他们广泛拒绝参与政治程序的许多方面。《心灵的习性》（*Habits of the Heart*）一书最近对美国社会和政治生活作了一次考察（参见第 3 章），书的作者们发现，美国中产阶级都明显地将政治氛围看作是使人害怕的、无吸引力的和无意义的。结果，人们普遍避免政治参与。相反，大多数人只是因为关心对他们的私人生活的威胁和挑战而参与政治，除此都是极勉强的（Bellah et al.，1986）。在这种强烈的个人主义情势下，民主只是成为一种个人或群体寻求表达和满足自身特殊利益的途径。

（二）政治参与

经典的民主理论都非常重视政治决策过程中公民的普遍的、正式的参与。经典理论家认为，积极的政治参与能使公民保护自己及自身利益不受那些不负责任的国家的侵害。然而，更重要的是，对政治过程的常规参与被认为是为了使人们更正义、更通情达理、更能容忍，以及更加熟练自我管理的艺术。

然而，这一理论现实吗？最近有人提出一种民主理论的说法，认为这一理论对政治参与做了准确得多的评价。这一现实的或经验性的民主理论警告人们，不要大肆鼓励公民对政治的积极参与，主要有以下一些理由：第一，普通公民并不都是很有知识的人，他或她的积极参与有可能为政治过程注入非理性的因素；第二，现代政府遇到的许多复杂而又极具技术性的问题，最好由那些与未受教育的选民带来的压力相隔离的、并且受过训练的专业人士来处理；第三，考虑到已经提高了的公民参与有可能会对负担已经过重的政府提出关于特殊服务、利益和做法的更高要求，那么公民某种程度上的冷漠是有其道理的。美国在过去的 25 年间政治参与率的下降将肯定使经典民主理论家感到难过，但却使现实民主理论家感到高兴。

397 政治参与总体上可以分成三类。争斗活动（gladiatorial activities），包括对某项运动投入时间、担任公共职务等，要求最大限度的公众参与。过渡性活动（transitional activities），包括与公共官员接触、参加政治会议或集会等，要求较少的参与。旁观者活动（spectator activities），如投票选举、从事政治讨论等，要求最少的参与［米尔伯勒斯（Milbrath），1965］。20 世纪 60 年代的一项著名研究发现，美国选举年龄人口中约三分之一的人对世界政治淡漠、不知道或漠不关心。只有 1%～3%的人从事斗争活动，只有 7%～9%的人参加过渡性活动。几乎 60%的属于低参与度的旁观者类［米尔布雷思（Milbrath），1965］。后来的研究也得出了几乎完全相同的结果［戴维斯和史密斯（Davis & Smith），1986；维巴和尼（Verba & Nie），1972］。

测量显示，近年来的政治参与一直在下降。1993 年的研究结果表明，“参加公共集会或市镇集会”的美国人比例从 1973 年的 23%下降到 1993 年的 16%（Lipset，1997；Putnam，1995）。而且由国家民意研究中心收集的资料显示，“参加政治集会或演讲、服务于某委员会或者某俱乐部或某组织的官员之比例也在这 20 年间有所下降”（Lipset，1997，p. 280）。

公民参与受到许多社会因素的影响。最重要的就是社会经济地位（SES）。当人们在等级体制中上升到更高层时，其政治参与率会增加。这一观察的结论适用于用来使社会经济地位操作化的三个个人因素，即职业、教育水平和家庭收入，并且适用于这三个因素结合使用［奥鲁姆（Orum），1988］。阶级与公民参与之间关系的最一般的解释就是，高社会经济地位伴随着提高政治兴趣和政治参与的要素，如：对政治和政府的运作和影响的较好的理解；与社会有更大的利害关系，与保留或改变已经确立的协议的政策有更大的利害关系；以及更多的经济和教育资源［贝内特（Bennett），1986］。

公民参与还随性别、年龄和种族的变化而变化。人们总是发现女性的政治参与率低于男性。有人认为，这是对妇女参与公共事务的传统敌视造成的结果，而且还受妇女主持家务及生育后代责任的限制，这些责任仍继续落在妇女身上。这也就是妇女在社会化过程中很少参与政治的原因（参见第 13 章）。

年龄也会造成政治兴趣及参与度的差异。研究表明，在中学期间政治兴趣和参与度上升，在青年时代政治兴趣明显下降，随后成熟期又有一次迅速的、持续的实质性提高，最后，在退休以后兴趣又下降（Bennett，1986）。今天，对政治淡漠的人中比例最高的是青年人。

最后，美国政治参与随种族不同而变化。总体上说，白人比黑人表现出更高程度的政治参与。然而，这一现象却是与社会经济地位相关的；与相似等级层次地位的白人比较，黑人显示出更高的参与率。

在社会经济地位三个维度中（职业、收入和教育），教育对政治事件的参与和兴趣有最大的影响。的确，当把教育水平考虑进去以后，女性和男性、黑人和白人之间的参与水平的差别几乎就不存在了（Bennett，1986；Sapiro，1983）。更具体地说，教育对选举来说是唯一重要的强有力的预测因素：一个人受教育越多，他或她参加选举的可能性越大［刘易斯、麦克拉肯和亨特（Lewis，McCracken & Hunt），1994；Putnam，1995］。因此，当人口的受教育程度越高时，可以预期选举人口会相应增加。然而，自1960年以来，情况并非总是如此。

当把教育水平考虑在内时，男人和女人、黑人和白人政治参与的差异实际上就消失了。

选举是政治参与的最基本的形式之一。然而依然有统计数据表明，在过去的三年里美国选举人口出现下降（参见图17—1）。许多学者把参与选举的下降趋势看作是越来越多的人不愿意承担民主公民的义务的表现之一，其实这是一项很小的而且耗时很少的但仍是最重要的义务。 398

参与总统选举的投票活动和人数一般都高于中期选举的一半，但从1960年以来仍呈锐减趋势，那时接近63％的达到选举年龄的人口投了票。1996年，只有49.1％的人口参加。

人们提出好几种理论来解释选举人口下降的原因。利普塞特（1994，1997）认为，这在一定程度上可以归因为他所称的“民粹主义”（populism）。他写道：

拖延不决、持续多年的运动，要求美国民众参加民意调查的频率……竞选所固有

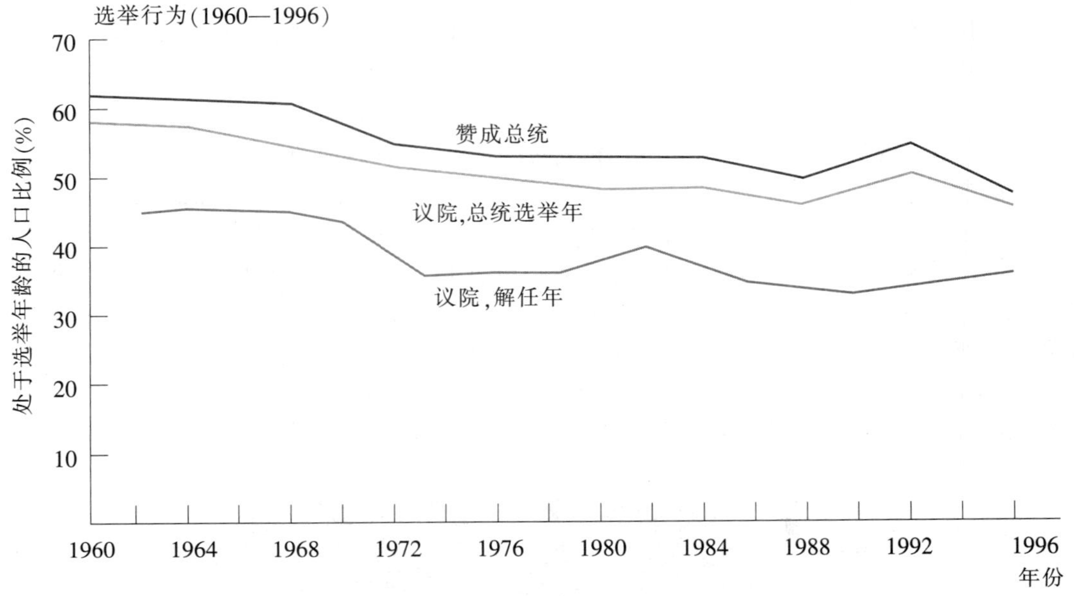

图 17—1　1960 年以来参加总统和议院选举的适龄人群比例有所下降

（仅在 1982、1984 和 1992 年有轻微增长）

资料来源：U. S. Bureau of the Census，*Statistical Abstract of the United States*，*1993*，Washington，D. C.：U. S. Government Printing Office，1993；Normal J. Ornstein，Thomas Mann，and Michael J. Malbin，*Vital Statistics on Congress*，Washington，D. C.：U. S. Government Printing Office，1989，p. 46；U. S. Bureau of the Census，*Statistical Abstract of the United States*，*1998*，Washington，D. C.：U. S. Government Printing Office，1998.

的、针对个人而非削弱党派的诽谤、暗杀策略等等，都表明有碍于民众的参与。（1995，p. 45）

另一种解释认为，这是由于美国相对烦琐复杂的登记程序造成的，这种登记程序把美国选
399 举体制与其他西方民主国家的区分开来。根据这一观点，有人提议简化登记程序，使这一程序更可行，例如，允许邮寄登记、允许人们在登记投票的同时可以为他们的汽车注册，或允许社会服务机构去鼓励和帮助他们的顾客进行登记，这些都将真正增加选举人（Piven & Cloward，1989）。

但是，这种解释最近受到了挑战（Lipset，1997；Putnam，1994）。利普塞特认为，从 20 世纪 60 年代以来，许多州的登记程序的严格度在下降，这也没有提高选举人的参与度。而马丁·华滕伯杰（Martin P. Wattenberg，1998）引用数据表明，从 1964 年以来，登记的选举人比例已经增加，而投票的美国人比例在下降（参见图 17—2）。关于近期增加投票人注册登记的努力，华滕伯杰说道：

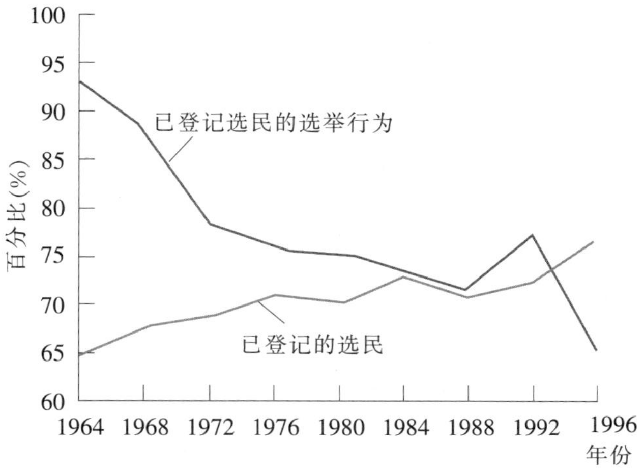

图 17—2　选民登记和已登记选民的选举行为

资料来源：Federal Election Commission；Martin P. Wattenberg，*The Decline of American Political Parties 1952—1996*，Cambridge，Mass.：Harvard University Press.

> 尽管《促进投票法案》(Motor Voter Act) 使四年一度的登记注册的人数增加到历史最高水平，但是，登记的选举人参加投票的比例却急剧下降——这表明，1996 年，许多新的登记者并不去参加投票。(1998，p. 236)

第三种解释根据美国人口变迁提出。自 1960 年以来，美国人口变得更单一、更具流动性，这两个因素共同作用使选举人减少。虽然，也就是在这段时间，总人口的受教育程度也在提高，这个因素和政治参与度的提高有极大的相关关系。为了解释这种表面上的反常现象，第四种解释将注意力放在自 20 世纪 60 年代以来发生的态度变迁上。研究表明，今天的美国人比 60 年前更不可知和更难捉摸，并且他们表现出更弱的党派身份和更弱的政治竞争感［瓦雷利(Valelly)，1990］。 400

1964 年，在密歇根大学进行的选举研究调查中，29%的美国人认为，美国政府主要由少数寻求自身利益的大利益集团所掌控（Lipset，1997，p. 282)。1992 年，10 个美国人中有 8 个表达了这种犬儒主义的态度。利普塞特认为，这种态度不仅仅导致低投票参与率，而且也将导致两党政治体制的削弱。

政党本身提供了对低政治参与率的另外一种解释。从 20 世纪初以来，美国政党已经花越来越少的资源和时间去动员和组织潜在的及已有的投票人（Wattenberg，1998)。在国内战争期间及大萧条时期形成的党派忠诚一直延续到 20 世纪 70 年代，就跟民主党和共和党的意识形态的真正差异一直存在一样。然而，自 70 年代以来，由于民主党派逐渐趋向于共和党的更保守的政治，这些差异已经缩减。民主党人在这样做的同时，可能失去穷人和工人阶级的大力支持，而且这些人将成为“投弃权票者”(Valelly，1990)。

398

应用社会学

票站调查

如果民意测验显示他们的候选人将远远胜出，选民会不会不大可能投票？如果他们的候选人毫无希望地落在后面，他们该怎么办？是民意测验的结果改变了选民对他们候选人的看法吗？他们是不是更有可能追随期望中的获胜者？或者转向支持不利的那一方？

这类问题已引导研究者去研究政治民意测验如何对选民产生影响［欧文（Owen），1991］。他们引起人们的关注是因为选举之前所进行的民意测验在一定程度上凭借的是猜测。而且，尽管民意测验方法取得了科学进步，但不能忘记它的预测最终会有偏颇。例如，1936年《文学文摘》杂志（*Literary Digest*）民意测验预测共和党候选人奥伏·兰顿（Alf Landon）将会以较大的优势获胜。然而，事实上是民主党候选人罗斯福（Franklin D. Roosevelt）以62%比32%的压倒性多数票获胜。

但是有一种在选举过程中进行的民意测验具有较高的可信性［萨巴托（Sabato），1997］。它是票站调查（exit poll）。它不是预测美国人如何去投票，而是解释为什么他们以某种方式投票。这种民意测验的调查对象是由在离开民意调查地点的选民中随机抽取的一个样本组成。这些民意测验是由媒体组织所进行的，特别是电视网络，它们用调查结果去做报道，试图解释为什么公众会选某个候选人。

为了说明票站调查如何使用，请看1996年总统竞选票站调查的结果（见表17—2）。交叉量表显示比尔·克林顿得到了女性选民的支持赢得了他的第二任期（Sabato，1997）。与以较多票数支持多尔（Dole）的男性选民相比（44%比43%），女性选民以较多的票数支持了克林顿（54%比38%）。非裔美国人也给了克林顿巨大的支持。他们选票的统计结果是84%的人支持克林顿，12%的人支持多尔，4%的人支持佩罗（Perot）。

除了显示特定人口统计学意义上的群体是如何选举的，票站调查也能对重大问题是如何影响全体选民的有所了解。1996年，最重要的问题原来是经济。不仅较多的选民在他们的选举中将其视为首要问题，而且他们对许多其他问题的回答也表明经济状况影响了他们选举的方向。例如，一个对票站调查数据的分析显示，在支持克林顿的64%的选民中，有55%的人对国家的经济评价是“出色”或“好”（Sabato，1997）。在认为经济是“不好”或“糟糕”的选民中，多尔只拿到了52%的选票。差不多有一半以上的选民认为国家“总体上走的是正确方向”，克林顿拿到了他们69%的选票。大约有40%的选民认为国家“走向严重错误的道路”，在这些选民中，61%的人支持多尔，23%的人支持克林顿。

表 17—2 总统选举票站调查结果样本

问题	百分比水平（%）				问题	百分比水平（%）			
	全体选民	克林顿	多尔	佩罗		全体选民	克林顿	多尔	佩罗
选民性别					克林顿诚实				
男	48	43	44	10	和可信吗？				
女	52	54	38	7	是	41	88	6	4
选民种族					否	54	18	67	12
白人	83	43	46	9	克林顿和怀特沃特				
非洲裔美国人	10	84	12	4	讲了真话	33	89	6	4
拉美裔美国人	5	72	21	6	没讲真话	60	24	62	13
亚裔美国人	1	43	48	8	哪个更重要？				
其他	1	64	21	9	问题	58	69	20	8
政党身份					品质	38	18	71	10
民主党	39	84	10	5	是否在意克林顿				
共和党	35	13	80	6	的丑闻				
无党派	26	43	35	17	是	49	24	64	10
国家					否	49	73	20	6
经济状况					选举中首要问题				
出色	4	78	17	4	税收	11	19	73	7
好	51	62	31	6	医保	15	67	26	6
不好	36	34	52	12	外交政策	4	35	56	8
糟糕	7	23	51	21	联邦赤字	12	27	52	19
国家方向					经济/工作	21	61	27	10
正确方向	53	69	24	5	教育	12	78	16	4
错误道路	43	23	61	13	犯罪/毒品	7	40	50	8

资料来源："Presidential Election Exit Poll Results," CNN/Time AllPolitics，1996，http：//allpolitics. com/elections. /natl. exit. poll/indexl. html（November 8，1996）. The Voter News Service interviewed 16 359 voters at 300 precincts across the United States to produce this exit poll，which has a margin of error of plus or minus about 1. 3 percent.

（三）政治党派

按美国的传统，政治参与主要以政党为中心。政党（political party）通常是由具有类似态度和兴趣的人形成的一个组织，它的目的就是为了争取并真正合法控制政府。在追求这些目标 401
的过程中，政党首先进行执政候选人的提名［道斯和休斯（Dowse & Hughes），1972］。

非常令人吃惊的是，美国宪法的制定者强烈反对政党。然而，尽管受到这种歧视，党派在19世纪早期仍然发展迅速。到19世纪中叶，党派一般被看作是美国民主进程的"灵魂"。在19世纪末的25年间，党派是大部分美国人政治认同的主要方面，而且，由于强大有效的党派组织，使得参与总统选举的人数达到了有资格选举的人口的78%～82%这样的高记录。

然而，在19世纪末期，上层阶级的主要成员（以及支持更有效率的管理的那些人）开始受到由政党取得的公民参与的高水平的威胁。公民参与总是威胁财富的集中，当那些对政府等表示不满的群体，如劳动骑士团和农民联盟转向用政治选举来解决他们的经济问题时，这种危险就变得越来越大（Valelly，1990）。

为了削弱党派势力并因此而使选举过程变得更可预测，美国在接下来的几十年颁布了一系列的法律修正案。选举人登记变得更困难；在进行更加有效的管理的名义下，党派受到国家更严格的规定；并且党派控制的提名过程因为直接的候选人选拔会的引入而受到削弱。这些变化使得美国在随后一些年里政党力量、效率、忠诚度和认同感开始下降［伯纳姆（Burnham），1984］。

当政党影响力下降时，党派成员也开始减少（Wattenberg，1998）。在那些继续认同两个主要党派之一的人中间，对党派的感情也大大削弱了。另外，现在的无党派人士占美国选举人的 35%（U. S. Census Bureau，*Statistical Abstract of the United States*，*1998*）。伴随着这些变化，人们对政治和政治家的不满情绪越来越大，在 1996 年的总统竞选运动中，这种不满情绪明显地表现出来。

1. 新政治技术

当党派的组织力量受到削弱时，他们曾经为追求政治权力而依赖的资源——党派工作人员及动员支持选举的能力——都渐渐地被选举的宣传技术所取代。新政治技术的主要形式可以归纳如下［艾伦（Allen），1996；金斯伯杰（Ginsberg），1984；帕雷兹（Paletz），1999］：

（1）民意测验（poling）。对选举人观点的调查是最基本的，在调查的基础上，制定适当的竞选策略，并选择和提出一些问题。

（2）广播媒介（broadcast media）。专为提高候选人的知名度、候选人的积极形象以及对手的不良形象而设计的电视广告，是一项主要的媒介技术。

（3）电话银行（phone banks）。为加强与竞选运动的“个人接触”，候选人使用计算机化的拨号系统及早已准备好的广播稿，以顺从民意取向的语言来阐述自己对某些问题的看法，从而与目标群体的成员取得联系。

（4）直接邮寄（direct mail）。使用计算机处理的邮件名单来选择可能同情该候选人的选举人。这些选举人会收到正规的、表面上像是个人化的要求经济资助和选举支持的请求。

（5）专业化的公共关系（professional public relation）。专业管理人员和顾问实际上是国家和民族政权竞选运动的主要依靠人员，可以利用他们的专业知识来做民意测验并分析测验结果；特意安排媒介报道、制作电视中的广告节目；还可以命中那些个人电话和直接邮寄请求的接受者。

（6）网络。网络提供了关于政党候选人的即时信息——他们的简历、他们在关键问题上的立场、他们的讲演稿、新闻发布甚至竞选广告。

新政治技术使候选人比以前更少地依赖政党。候选人知道，要获得普遍的支持，不是依靠
402 传统党派的组织力量，而是要求有采用新政治技术所必需的大量的现金储备。一位学者指出，“曾经是由大量党派工作人员及少量金钱来完成竞选运动的任务，现在需要的工作人员越来越

少，但却需要多得多的金钱来完成新政治风格所依赖的民意测验、配备计算机和其他的电子设备。”（Ginsberg，1984，p.170）根据一些学者的说法，美国政治过程中党派的作用不仅受到实质性削弱，而且美国政治明显向右翼或保守派转变［埃兹尔（Edsall），1984］。由于国家财富集中于那些带有保守政治倾向的人中间，因此，新政治技术的高额费用已迫使传统上以数量取胜但美元很少的民主党为筹集竞选所需的足够金钱而变得更加保守。

2. 向右的转变

在美国，“保守的”政治观点和“自由的”政治观点之间存在的差异部分地和区分世界的习惯有关：一方面是商业和经济的私人领域，另一方面是政府和政治的公共领域。一般说来，繁荣、通货膨胀、失业、投资、生产率、经济增长和个人存款问题都是和私人领域相联系的。而司法、社会安全、福利、公民权和机会均等问题被认为是公共领域的内容。传统上，共和党是私人领域的保守的保护者，提出一些专为减少政府强烈干预经济而设计的政策。相对照，民主党却是公共领域的自由的保护者，拥护更大和更积极的管理，有助于减少经济变迁对个人和家庭带来的不良后果。一般地说，那些从减少政府开支、降低税率中受益最大的人，也就是获得经济利益的人倾向于支持共和党人。而那些受益少的人，如穷人、受歧视的人、工人阶级等倾向于支持民主党人［赖克（Reich），1983］。

然而，从20世纪70年代开始，民主党变得越来越不解放，而共和党变得更加保守。在这段时间里，更多的人把自己说成是“保守的”，而越来越少的人把自己说成是“自由的”。确实，到1988年的总统选举时，自由主义对许多人来说代表一种强烈的否定内涵。乔治·布什（George Bush）竞选成功的关键因素就是他把对手米歇尔·道格拉斯（Michael Dukakis）这位民主党人描绘成自由主义者。正如一些批评家指出的，无论民主党和共和党是否靠得那么近，甚至于它们对许多问题不提出选择而只是对对方作出回应，美国政界存在的明显的右倾趋势已经使得政治图景比以前更狭窄（当然以前也不是特别宽）。

许多人认为，在过去20年间，美国政治上的保守价值观的普遍流行已经使得美国全体选民走向了一个极端，纳税者反对发放救济金，自由市场的支持者反对实行福利国家，白人反对黑人，一位研究者指出：

> （种族极端化）有助于产生一种倾向于保守经济政策的政治气候。一方面，政府大大增加对经济金字塔顶端的那些人及其利益的刺激和回报；另一方面，不支持塔底层的那些人，这样来刺激经济的扩张和增长。当黑人与白人之间的差异与穷人和富人、受赡养者和继承人、城市和郊区之间的差异达到一定程度时，种族就和保守主义者结成了同盟。（Edsall，1991，p.158）

换句话说，种族极端化使富有的白人中间阶级和工人阶级克服了阶级差异，联结成为一个坚固的保守的大多数人群体。

有些学者开始了用经济变迁来解释政治态度的右倾转变。一位经济学家认为，当效率和成本问题变得明显时，比如20世纪70年代和80年代情况就是这样，选举人倾向于支持市场方案及与这些解决方法相一致的保守政治。而当市场强化了不公正及不平等问题时，自由政治就会获得支持并变得流行，只有等效率、成本与经济增长再度成为问题时，人们又会倾向于保守政治［赫希曼（Hirschman），1982］。然而，无论如何，考虑到90年代经济繁荣，还很少有迹象表明右倾转变已经终结。

403 **.NET 互联网/技术**

网上政治

21世纪的政治看起来会是什么样子？就像其他任何事物一样，它最大的变化有望与互联网有关——能够创造虚拟政治。实际上，互联网已改变了政治家与政党间的交流方式。在1996年的国家提名会议期间，网站提供了即时信息，包括现时投票计数、讲演文章、新闻发布、与会代表传记和国家值勤人员名单（Allen，1996；Paletz，1999）。总统候选人比尔·克林顿和鲍勃·多尔的网站上有他们在重要议题上的立场以及他们的一些广告。这些网站还被用来拉赞助和招募志愿者。

网站为那些没有资源去做昂贵媒体宣传的候选人在国内和当地的处境提供了特有的支持。通过他们的个人主页，选民现在可以直接获取候选人的信息：他们的经历、记录、政纲和讲演文章。反过来，电子邮件允许选民与候选人直接交流。在选举当晚，选民无须等待通讯网发布选举结果。互联网提供了一个可供选择的信息渠道，它是为所有的民族而设计的，而非仅为那些强大的民族。

虚拟政治重要的下一步是网上选举。而且它必然会比你想象的要来得早。凯文·菲利普斯（Kevin Phillips，1995），一个令人尊敬的政治分析家，预言网上选举将在2020年实现。他的这一预言是基于这样的假设：能够辨别合格选民的全国身份确认系统要在近几年里建立起来。先进的技术，如声音身份证、脸部扫描和指纹将会防止选举欺骗。这一系统能使选民在总统竞选时的出席率从当前的50%～55%增长到65%～75%。菲利普斯还预言，互联网技术将使美国人就所选中的主要国家问题展开选举成为可能。

然而，互联网在多大程度上允许美国人参与政策制定可能比菲利普斯所想象的要更为复杂。尽管白宫网站允许美国人表达他们对总统政策决议的看法，但有一些问题可能过于复杂而无法通过互联网来表达（Paletz，1999）。例如，1995年联邦核管理委员会（Nuclear Regulatory Commission）创建了一个网站来从电力设施部门、安全公司、反应堆制造商和感兴趣的美国人中收集意见。不幸的是，网站所使用的法律术语和技术术语使普通人难以参与其中。在互联网上进行市镇会议可能会涉及较少的术语，它能提供一个辩论论坛和针对重要议题的选举。但辩论论坛和议题选举的价值最终要取决于问题和答案的处理方式。而且，一些批评家怀疑电子论坛是否会促使加强民主的这种纽带的形成。政治科学家罗伯特·普特南已表达了他的疑虑，他写道：“我的直觉是电子论坛中的会议与保龄球馆或甚至是沙龙中的会议是不同的。”（1995，pp. 65—75）

新技术毫无疑问地会带来很多意料不到的问题。但是菲利普斯对互联网在政治进程中作为一种工具持乐观态度，他期望网上政治能带来许多积极效果。或许，最重要的是，菲利普斯相信美国人会经历过去那代人所感受到的那种政治热情。通过互联网的积极政治参与能够改变人们冷漠的态度和无能为力之感。如果公民手头有关于重大问题的信息，包括他们代表人的立场，互联网就能激活民主——使公民感受到他们的声音在华盛顿被听到。按照菲利普斯的说法，这甚至会使华盛顿再一次受到美国人的欢迎。

（四）利益群体与院外活动

利益群体（interest groups）是指代表某成员的利益并试图影响政府的政策和法律的组织及社会运动。利益群体通常通过院外活动（lobbying）来寻求其施加影响的途径。院外活动（通常由职业游说者来操作）是一个与立法委员会及其成员直接沟通、动员一般人民的支持， 403
并且通过政治行动委员会为竞选运动捐款的过程（下面还会讨论）。

所有有组织的群体，包括宗教组织、大学、公司、军队等都会有政治利益，并且会采取行动迫使政府以支持各自利益的方式进行活动。从这个意义上讲，美国存在大量的院外活动。最有影响的就是由大公司、商业协会、工会、公共利益群体和单个问题群体（single-issue groups）所组织的院外活动。

另外，为支持代表产业范围内的利益而进行游说的商贸协会的活动，大多数大公司会在华
盛顿雇用一群专职游说者来代表自己公司的具体事务。制造商国家委员会代表了约 13 000 家 404
大公司。每个较大的工会都资助大规模的游说活动，如美国劳工联盟—工业组织代表会（the American Federation of Labor-Congress of Industrial Organizations，AFL-CIO）、汽车工人联合会、卡车司机协会。

公共利益群体（public interest groups）声称自己代表的不是社会某个特殊部分的特殊利益，而是全体公众的利益，如共同事业协会、由拉尔夫·纳德（Ralph Nader）开创的各种消费者和环境协会。这些群体都为诸如免遭破坏的野生环境、消除腐败的政治过程、有安全的消费产品等目标而工作。

单个问题群体（single-issue groups），其数量在过去 30 年间已大大地增加了，它们主要以一个相对狭窄的限定范围内的利益为主。在美国最活跃的两个单个问题群体，一是国家枪支协会（the National Rifle Association，NRA），它因极成功地抵制控制枪支的立法而著名；另一个是美国退休者协会（the American Association of Retired Persons，AARP）。所有的利益群体都试图通过使用金钱、选举和信息运动来影响政府政策和立法活动［斯通和巴克（Stone & Barke），1985］。

一些观察者认为利益群体对民主政府来说是基本的。根据这一观点，那些群体完成许多有用的功能，它们使人们能在选举时表达自己的观点，从而迫使被选的官员对公众意愿负责。另外，人们认为，利益群体还可以促进以知识丰富和活跃为特征的公民的技能、态度、知识和觉悟的发展［埃斯欧尼（Etzioni），1984］。

国家枪支协会是美国最活跃的单个问题群体之一，
因极成功地抵制控制枪支的立法而著名。

社会学家埃斯欧尼提出了一种极不相同的观点。他认为，自 20 世纪 60 年代以来利益群体大增反映了美国政治体制的基础行将动摇：

> 如果不加约束，利益群体将妨碍国家共识和共享政治的发展；而且它们将促使那些忽视非利益群体者需要、忽视公共利益的政策的产生；将增加群体间冲突，如果说不是极其猛烈的话，也会使整个系统无法有效运作，从而逐渐变得无效和分散。美国好像是一直在朝着这个方向转变。(Etzioni，1984，pp. 187—188)

很多人，包括一些对利益群体政治持总体赞成观点的人，都把利益群体的负面作用归因于政治行动委员会的建立。政治行动委员会（Political Action Committees，PACs）是工会首先建立起来的，但是，在过去的 15 年间，由商业团体和为商业团体而建立的 PACs 在美国政界发挥着尤其重要的作用（参见表 17—3）。利益群体的成员自愿向 PACs 捐款（通常较少），然后等资金筹集达到 5 000 美元的时候，就捐给各个参议员和国会议员候选人。

近年来，有两个因素使得 PACs 筹集和分配大量资金的能力越来越重要。其一是对个人可以捐献给某次政治竞选的资金数量的限制：给每个候选人 1 000 美元，每年给所有候选人总共约 25 000 美元。其二是由于新政治技术而引起的不断上涨的竞选费用。

表 17—3　政治行动委员会的数目（按种类划分，1974—1996） 405

年份	总数	商业团体	工会	其他[a]
1974	608	89	201	318
1976	1 146	433	224	489
1978	1 653	785	217	651
1980	2 551	1 206	297	1 048
1982	3 371	1 469	380	1 522
1984	4 009	1 682	394	1 933
1986	4 157	1 744	384	2 029
1988	4 268	1 816	354	2 098
1990	4 172	1 795	346	2 031
1992	4 195	1 735	347	2 113
1994	3 954	1 660	332	1 961
1996	4 079	1 642	332	2 105

注：a. 包括贸易协会/会员/健康协会，不相关的、合作的和没有 PACs 股票的公司团体。

资料来源：U. S. Bureau of the Census，*Statistical Abstract of the United States*，Washington，D. C：U. S. Government Printing Office，1993，1998.

政治反应研究中心（the Center for Responsive Politics）指出，1996 年总统竞选费用为 8 亿美元——3 倍于 1992 年总统竞选的费用。另外还有 8 亿花费在国会议员选举上［巴格比(Bagby)，1997］。为政治运动所筹集的所有经费中，商人筹集了 2.424 亿美元，这些钱大部分捐给了共和党（参见表 17—4）。另外 0.35 亿是由工会筹集，主要捐给了民主党。

表 17—4　前十名全部政治运动的捐资者（1996）　单位：美元

排名	捐资者公司	总数[a]	民主党	共和党
1	菲利普・莫里斯	2 741 659	608 704	2 131 955
2	AT & T 公司	2 130 045	858 462	1 270 583
3	美国陪审律师协会	2 106 325	1 747 725	353 600
4	卡车司机协会	2 097 410	2 005 250	87 160
5	工会	1 938 250	1 778 750	153 500
6	电工国际兄弟联谊会	1 821 710	1 785 260	31 950
7	RJR Nabisco	1 765 306	341 406	1 423 900
8	国家教育协会	1 661 960	1 618 110	38 850
9	美国医学协会	1 633 530	321 114	1 309 166
10	美国国家/县/市雇员联合会	1 616 125	1 578 700	32 425

注：a. 包括捐助国家政党的少部分钱、PACs 捐助候选人的钱、PACs 和个人对克林顿和多尔政治运动捐助的钱，以及个人运动对所有联邦候选人捐助的钱。

资料来源：Center for Responsive Politics. With permission.

在过去的 20 年间，PACs 贡献的捐款也呈急剧的上升趋势：1978 年，1 653 个 PACs 共捐资 0.341 亿美元。1996 年，4 000 多个 PACs 捐资超过 2.179 亿美元（U. S. Census Bureau，*Statistical Abstract of the United States*，*1998*）。1996 年，1.59 亿美元被捐给了参议院候选人竞选。民主党和共和党都没有从 PACs 的捐款中受益，因为这两个党派实际上得到来自 PACs 相同的捐款。但是，在毫无偏爱的情况下，PACs 的捐款也是绝不捐出的。参议院的候选人收到 1.17 亿捐款，而他们的对手只收到 0.214 亿捐款。参议员得到同样的捐款利益。竞选参议员的候选人得到 PACs 共 0.55 亿美元的捐款，而对手只得到 750 万美元的捐款（U. S. Census Bureau，*Statistical Abstract of the United States*，*1998*）。

有学者认为，PACs 在好几个方面破坏了美国政治的民主性。第一也是最重要的就是，对于一个群体的影响力来说，金钱变得比该群体全体成员规模或群体的客观的位置优势更重要，它已经成为一个重要的决定性因素。第二，PACs 使国会和参议院的代表对他们的政党和选民的依赖更少，也更不负责任。最后，也可能是极重要的，受 PACs 影响的政策把大量的费用加在全体人口身上。例如，1985 年，众议院以 78 票的优势通过了一项对养牛场进行补贴的法案，
406 这项法案将使美国消费者每年耗费 300 万美元。由于牛奶场的游说活动而连续多年都得到超过 3 万美元的所有众议员、得到 2 万～3 万美元的 97%的人，以及得到 1 万～2 万美元的 81%的人都赞成这项法案。而没有得到牛奶场的 PACs 的钱的人，只有 23%投票赞成这种补贴［斯特恩（Stern），1988］。一定程度上，PACs 使政治过程只对某些具有特殊利益的金钱负责，他们削弱了代议制政府的基础。

（五）谁统治美国？

那些被选举和被任命的官员主要对谁负责呢？谁真正统治美国？为了回答这些问题，我们运用这一章的前面部分介绍的关于权力分配的理论观点以及新近出现的第四种观点对它进行分析。

1. 多元主义者的观点

多元主义者的观点认为，美国政治权力由许多利益群体所掌握，每一个群体都代表一套不同的利益和价值观。由于每个群体都试图得到更广泛的公众支持，因此，极端主义通常行不通。然而，如果存在一个极权的利益群体打破了竞争的平衡，如果群体间的僵局导致管理无效，那这种多元主义体系就可能被破坏。

美国宪法体现了多元主义体系的框架。宪法的检查和平衡功能使每一个管理机构包括立法、司法、行政部门都不能享有太多的权力。这种分权至少在理论上形成了分散的政治控制。这样，不同的政治派别都有机会影响政府决策。

美国社会存在许多以职业、种族、宗教、人种和地理界线划分而形成的次群体。多元主义理论认为，那些群体都形成了自己正式的协会作为政治程序中的代表。比如，职业次群体组织工会或职业协会；地方社区成立街道委员会和社区俱乐部。所有这些协会都为追求成员利益而努力，同时防止成员利益不受他人侵害。

因此，多元主义把政治看作是国家对各竞争的利益群体的监督而形成的相互影响。当情况需要时，国家就以中立调停者、裁判员或调解者的身份介入政治竞争，为制定对有组织的公民群体的要求负责的政策而努力（Dahl，1961）。

2. 精英主义者的观点

米尔斯有关阶级的著作《权力精英》对多元主义理论进行了最强有力的批评。米尔斯认为，美国的大部分权力是由一个精英群体所掌握，这一群体包括最大的公司的领导、行政部门的高级官员以及重要的军队官员。大部分权力精英都来自相同的社会背景，都在相同的大学念书，都是同一俱乐部的成员，并且因此而具有基本相同的世界观。更重要的是，他们的职业经常在公司、政府、军队部门的重要位置上更换，以至于表面上看起来有一定区别的这三个群体实际上是一个同质性很强的精英群体。米尔斯认为，这个不超过几千人的小群体决定着“国民经济的规模与发展，决定着就业、顾客购买力、广告价格以及投资水平”（1956）。他们基本上统治着整个国家，并且做出所有重要的决定。当然，米尔斯并不认为权力精英必然是邪恶的，但他认为权力精英所做的确实只为达到自己的目的，他们的行为有可能有益于也可能根本无益于普通公众。

最近更多的分析家扩充了权力精英的内涵，认为权力精英包括那些大机构的上层人物，如集中了美国权力和资源的公司、银行、公用事业部门、政府官僚、广播网站、法律公司、大学、基金会、文化组织及公民组织——美国的权利和资源集中在这些组织中（Domhoff & Dye，1995）。尽管米尔斯把权力精英说成只是“一小部分人”，但托马斯·戴却列出了 7 314 个精英职位。正如米尔斯所说，占据这些位置的人（大部分是富有的白人，另外他们还有相似的价值观和信仰）很容易相互间建立正规的交往，并且通常能相互了解和熟悉。根据这一观点，国家总是反映出权力精英的利益，许多权力精英的成员曾经占据、现在正占据着或者不久的将来将占据着州和联邦政府的上层位置。

3. 阶级冲突论观点

受马克思主义理论的影响，阶级冲突论认为，美国是个阶级国家，它几乎总是自觉地去维护资本主义制度。阶级冲突论者认为，权力不是以上层建筑为基础，而是以生产方式的所有制为基础的，而且，权力不是由权力精英来操作而是由占统治地位的资产阶级来行使的。为了促进资本积累、减少次属阶级的对抗、缓解资产阶级内部矛盾，国家制定政策和分配资源时总是 407
有利于经济上占统治地位的阶级。

但是，由于国家有两个主要的职能，即维护社会秩序和增加有利于资本积累的机会，因此，国家并不仅仅是掌握在资产阶级手中的被动的工具（Milibahd，1977）。为了完成这两项任务，国家有时候必须采取违背统治阶级的当前利益的做法。由于国家在一定程度上并不依赖这个阶级，所以，为了采取符合资本主义制度长期稳定发展所需要的措施，国家可以无视资本家的短期利益。因此，在经济大萧条时期采取的新经济政策虽然违背了资产阶级的愿望，促进了工会组织发展，制定了高要求的商业规则，提高了社会福利水平，但是，通过发展经济并安抚了越来越富战斗性的次属阶级，这一政策却有利于统治阶级的长期利益（Skocpol，1980）。

4. 主张中央集权下实行经济统制者的观点

经典的多元主义者、精英论者和阶级冲突论者都认为，国家的行为与有组织的群体利益相关，与权力精英的利益或与统治阶级的利益相关。相比较而言，最近才出现的主张实行中央集权下经济统制的观点认为，美国是一个有权威的、富有资源的强大组织，它有着自己的特殊利益，即使在违背其他的群体、精英或阶级利益时，它也有采取行动的能力。赞成这种观点的人认为，国家是一个独立的、自私的并以自己的方式行事的强大的行动者。国家官员使用国家授予的权力和资源来制定有利于国家自身的政策［诺德林格（Nordlinger），1981］。这些官员并不以权谋私，他们只是代表国家行动，他们深知他们的职权来自国家的力量。

四、社会学与国家：一种人文观点

保守主义者和自由主义者都认为，社会作为人们学习和实践他们对他人的社会义务和责任的场所，已经被现代的自由民主所削弱。保守主义者认为这种削弱是由于国家的扩张。而自由主义者认为，市场的日渐增长的重要性破坏着社会契约。二者也许都是正确的。社会正被国家和现代市场所侵蚀（这正如我们在下一章将看到的）。自由民主社会中的人们逐渐地越来越少地依赖自己、朋友、家庭及社区，越来越多地依靠市场和国家的非个人化的结构（Putnam，1995）。如果我们希望加强社会的力量，我们就可能不得不限制市场和国家。

在所有的现代自由民主社会里，包括美国在内，国家的规模、范围、权力和权威都得到了长足的发展。当国家成长时，它也渐渐承担了许多责任：照顾老年人、年轻人、病人及被抛弃的人，而这些曾经都被认为是家庭和朋友的责任。这既是必须的，也是人道主义的。

当国家扩张而社会削弱时，基于国家强权的政治义务逐渐取代了基于合作的社会义务。正当社会义务的基础削弱时，我们发现，相互依靠、信任和合作变得越来越困难。当社会义务的力量消退时，国家的权力却逐渐增强。由于社会没有管理和控制好自身，非个人化的强制的政治控制进入到这一真空领域。通过这种方式，国家承担了越来越大的规范公民生活的责任。

复习与思考

1. 利用当前事件中的例子，区分和讨论一下马克斯·韦伯提出的三种不同的权威。
2. 比较用于分析国家权力及社会中政治权力分配的三种观点。
3. 区分集权主义或者独裁主义的政府形式。如果一个国家的公民想要一个民主政府，那么他们不得不解决哪些问题？
4. 描述当代美国政治参与的性质。为什么有些人更愿意在政治中发挥积极的作用？

408 5. 评估一下用于解释美国低投票率的理论。对于一位想要获得美国 18 岁至 22 岁之间的投票人支持的政治候选人，你将给予他什么样的建议？

6. 描述导致美国过去半个世纪中政党削弱的因素。媒体组织承担了任何以前由政党承担的功能吗？如果是，有哪些？
7. 今天的共和党和民主党有何不同？利用当前有争议的问题来阐述你提出的区别。
8. 利益群体对于民主进程是必须的吗？抑或它们威胁着国家的统一和稳定？
9. 谁统治美国？利用本章中提出的观点之一来支持你的观点。

网上练习

第 17 章的网站包含了权力、政治和政府的各个方面。请首先登录 Prentice Hall Companion 的网站：http：//www. prenhall. com/popenoe。然后，选择第 17 章（权力、政治和政府），在屏幕左边的菜单上选择网站。有几个地址可以选择，我们建议你从 Right Magazine 开始，这个网页与一个同名的极端保守的出版物链接，而且你将会发现各种与当代政治问题相关的主题文章。你肯定会进入“Bob Lang's Edition Cartoons ”和“Letters to the Editor”。你还将发现与其他政治保守网页的链接。当你浏览完 Right Magazine 后，请回答以下问题：

1. 在本章中，有一处题为“向右的转变”，它讨论的是自由政治和保守政治。你同意美国在政治上变得更加保守这一评价吗？为什么/为什么不？

2. 在自由—保守的政治谱系中，你将自己置在何处？

关键术语

politics	政治学	democracy	民主
power	权力	totalitarianism	集权主义
legitimate power	合法权力	authoritarianism	独裁主义
authority	权威	civic privatism	公民个人主义
traditional authority	传统权威	political party	政党
charismatic authority	魅力权威	interest groups	利益群体
legal-rational authority	法理权威	lobbying	院外活动
state	国家	political action committee	政治行动委员会
oligarchy	寡头政治		

第18章 经济与劳动

410 一位来自马来西亚塞梅（Semai）部落的猎人费了很大的劲英勇地杀死了一头凶猛的野猪，他把野猪拖回村庄，平均分配给人们。他得到的不比其他人多也不比其他人少。甚至没有人会因为他的贡献而感谢他，因为如果那样做的话，就违背了塞梅部落的一个重要的规矩。

在哥伦布还没有发现美洲大陆之前，生活在太平洋西北岸的当地美洲人经常举行一种称为冬节的竞争性活动。当地富人的社会地位就是由他能为大家提供多少食物和有价值的东西为标准来确定的。所以，一些人实际上是在努力使自己破产。

同时，美洲北部的部落如豪比（Hopi）与祖尼（Zuni），与居住在现今墨西哥的其他部落之间建立了长期的贸易关系。他们主要以颜色好看的金刚鹦鹉和北热带水果来换取绿宝石和玉米粉。

杰西卡在麦当劳店站了一天的柜台后，脱下她的围裙，收起她的小费，准备回家。

傅雷德为他的邻居杰里修好了汽车发动机，明天杰里将用自己的木工技术来为傅雷德修缮后阳台，以作为交换。在这场交易中不涉及金钱。

莎娜打开了她的视频显示终端，给纽约股票市场的联系人打了一个预售电话。在接下来的两小时内，她将为她的委托人赚得好几十万美元，为自己也赚得一笔可观的收入。

上述例子是人们参与经济活动的不同方式，也可以定义为商品和服务被生产和分配的组织过程。经济制度千差万别。一些只是以简单的交换和交易为基础，而另一些则涉及复杂的再分配制度。正如我们所知道的，一些不用金钱就可以进行，而另一些若没有精密的财务运算则无法进行。每一种社会中都存在某种经济制度，经济是人类文化中最重要的范畴之一。

经济范畴是极其重要的。举个例子，如果一群随机的人们被问及五种最基本的社会设置中（宗教、政府、经济、家庭、教育）哪一个最重要，大部分人可能会说是家庭。当然，这种回答是有道理的，因为我们的日常生活基本上都是在家庭范围内度过的。但是，如果我们以另一种方式想想“最重要”这个词，问一问哪一种主要设置对整个社会产生最大的影响，那我们可能会得到不同的答案。许多社会学家，尤其是那些冲突论传统的信守者会认为，经济是所有社会制度中最重要的。

像其他设置一样，经济制度必须解决许多问题。资源，包括人和自然，都是有限的。谁来决定生产哪些商品和服务？谁来生产这些产品？

每个社会都有自己的经济体系来回应这些问题。一些经济制度要求每个人都有自己的具体工作；而另一些则允许人们选择；还有一些为人们提供了无限的机会。反过来，个人的工作生活有助于确定自己的身份和社会价值。经济制度也影响人与人之间的关系；经济不平等经常发生，而且这种不平等会导致社会阶级、种族、人种和性别之间的社会不平等。

这些主题在前面的章节中已经讨论过多次。这里我们集中讨论经济制度的构成，它们是如何形成、由什么构成以及如何运作的。然后转向对美国经济的主要特征进行广泛讨论。最后，我们从“工作社会学”（sociology of work）的角度得出结论，并以一种关于社会和市场的人文观点来结束本章。

一、经济

（一）经济的历史演变

历史上，在最简单的社会里经济制度很少有超出家庭范围的。家庭成员之间进行劳动分工：谁打猎、谁采集食物或者谁种植和收获庄稼，以及谁生产生活所需的必需品。在满足了家庭的生存之需后，如果说还有产品剩余的话，那也是极少的。在这种生存性经济（subsistence economy）中，贸易、市场和税收都不存在。社会角色是以年龄和性别为基础的，而不是以经济来区分的。

随着种植作物和饲养动物的开始，人们生产剩余产品的能力提高了。越来越多的土地用于不同的目的，比如，种植农作物和饲养动物。很多家庭发现，通过集中种植某种作物，可以生产出更多的东西，而且剩余产品可以用来交换。然而，在简单的农业社会里，大部分物质产品仍在家里生产。牧师、医生和金属制造者是极少数人，他们主要为社区提供服务。

当专门化的生产优势变得越来越明显时，家庭就可能生产剩余产品，如酒、羊毛或陶瓷。
市场经济的最初阶段体现为一种经常的或每周一次的剩余产品交换的集市。这些交换中心逐渐 411
演变成一种新的社会生活中心。渐渐地有些人开始从事一些特殊的工作，他们依靠为市场所在地的人服务而谋生。在这种情况下，劳动分工超出了家庭，跨越了村庄甚至整个地区。人们的社会角色更多的以他或她参与经济的性质来决定。

上述制度最终演变成一种高度复杂的经济秩序。地主租土地给手工工人，统治者收取贸易税来养活专门的军队，保卫这个日渐复杂的社会不受其他的统治者和敌人的侵犯。奢侈贸易，如调味品或进口的布匹，就成为经济的一般特征。人们还发动征服战争来满足更活跃的市场需求。终于，商人阶级有了重要的地位。这些商人本身不生产任何产品，但他们在商品富足的地方买进，又在商品短缺和昂贵的地方卖出，以谋取利润。

（二）现代经济的构成

关于商品和服务的生产与分配，现代经济必定面临几个基本的问题：生产什么和生产多少，用于生产的资源和技术，以及分配方式的选择［萨缪尔森（Samuelson），1970］。一种经济制度对这些问题如何做出回应取决于五个基本因素：可利用的资源和技术、经济权力集中的程度、经济是在市场体制还是在计划体制下运作、主要的产权所有制及经济所倚重的刺激生产和分配的手段。

资源和技术 经济学家把经济分成三部分：第一产业，主要是农业；第二产业或制造业；第三产业或服务业。在前工业经济中，第一产业占主导地位，原材料是主要的经济资源。用于开发自然资源的技术，如种植、打鱼、挖矿都是劳动密集型的（即主要依靠人力）。在工业化经济中，第二产业成为社会财富最主要的来源。制造业和加工业依靠的技术是资金密集型的（即依靠机器生产）。因此，工业经济的关键资源是能源。在后工业经济（postindustrial econo-
412 my）中（参见第22章），第三产业是工作和社会财富的主要来源。第三产业的工人提供的是服务而不是工业品。银行家、作家、科学家、广播人员、教育工作者都属于服务行业，安全保卫人员、医院护理员、建筑管理人员、理发师和侍卫也是如此。在后工业社会里，信息是主要资源，信息加工和知识密集型技术（计算机、机器人技术、无线电通信）是最重要的［贝尔（Bell），1973］。

经济权力的集中和分散 经济的基本特征也受到经济权力分配的影响。如果经济决策权掌握在大多数个人、家庭和公司手中，那这种经济就是分散型的。如果那些权力是由少数个人或公司所掌握，那这种经济就是集中型的。理想化的集中型经济只对一个中心负责，通常是管理机构。相反，完全分散化的经济对积极参与的个人喜好负责［埃利奥特（Elliott），1985］。

市场经济与计划经济 在市场经济中，消费者是关键的决策者：市场经济必须对消费者的喜好有所反应。在计划经济中，最终的决策者是计划者：计划经济对计划机构负责并与计划相一致。

市场经济不如计划经济集中。然而，没有计划的经济也可能相当集中。在许多发达的市场经济中，如美国，大部分决策权集中于少数大公司手中。在日本，公司也存在类似的集权现
413 象，国家制定民族工业政策，国家在经济中发挥积极的重要作用。因此，美国和日本都是高度集中的市场经济［格雷戈里和斯图尔特（Gregory & Stuart），1989］。

产权所有制 经济行为还受到财产、资源和技术所有制的影响。产权所有制包括几项重要的权利：财产转让权、财产使用权，以及财产带来的产品、服务和剩余财产的完全使用权。在私有制体制中，这些权利属于个人或群体。在公有制体制中，这些权利属于政府。在集体所有
414 制体制中，这些权利由合作企业所拥有，它是一种自愿的互惠互利的经济联合体，当然，它是否拥有财产有待讨论。集体所有制是集体所有（类似公有制），而不是非政府的（类似私有制）（Elliott，1985；Gregory & Stuart，1989）。

经济通常分为三部分：以农业为代表的第一产业，生产工业产品的第二产业，提供服务的第三产业。

刺激 影响商品和服务的生产的最后一个经济因素是经济制度的报酬结构或激励体系。在不存在暴力的情况下，人们必定有行动的愿望，去买和卖、去生产和消费、以特殊的方式和为特殊的目的来使用他们的资源和技术。一般说来，一种经济制度要么以物资刺激要么以道德刺激来激活有目的的行为，物资刺激包括工资、利润、奖金和其他的金钱报酬，而道德刺激主要是呼吁人们对社区、社会或宗教的责任感。

市场经济几乎完全依靠物质刺激。社会主义的计划经济既想降低物质刺激对人的控制，又想减少由于收入差异而带来的不平等，因此试图使物质刺激服从道德刺激。例如，在毛泽东时代的中国，主要的道德刺激就是“为人民服务”的口号；在卡斯特罗时期的古巴，则是强化的团结感和手足情深的信条［Elliott，1985；Gregory & Stuart，1989；林德布朗（Lindblom），1977］。

412 **.NET 互联网/技术**

让你的手指购物

自资本主义早期，商人们就认识到公司的成功取决于他们市场的大小。19世纪，施尔斯、罗布克和蒙哥马利·沃尔德（Sears，Roebuck & Montgomery Ward）提出了一个相似的想法来实现这个目标。为了壮大生意，他们都设计了关于他们产品说明和介绍的目录册，并把这些目录册分发给乡村中未来的顾客。起初，他们都努力游说顾客去买他们的产品［瑞安和温特沃思（Ryan & Wentworth），1999］。尽管一个工业社会依赖产品的消费，但要说服那些已被农业社会艰苦生活所塑造的美国人将会是个挑战。方便乡村顾客购物是他们使用的一个很奏效的策略。

商家会从这一想法中不断获利。在20世纪中叶，电话已成为一种省时省力的工具。于是，美国人就被铺天盖地的丁当声提醒最方便的购物方式：“让你的手指通过黄页来走路”。

如今，互联网正在迅速取代电话而成为最方便的购物方式。尽管网上销售额只占美国经济中的很少一部分，但随着互联网使用者更加熟悉商业网站，这一销售额有望上升。1997年，美国运通公司（American Express）估计消费者会在互联网信用卡购物上消费40亿到60亿美
413 元，互联网销售额将以每年超过400%的比例增长［汉瑟尔（Hansell），1997］。美国人通过互联网购买到各种各样的商品和服务（见图18—1）。在福利斯特研究（Forrest Research）调查的人中，多一半的人表示他们通过互联网购买书籍。将近有一半的人说他们买过软件或音像制品，40%的人购买过机票，25%的人购买过衣服。

一些直销公司如安利（Amway）、玫琳凯（Mary Kay）和伊莱克斯（Electrolux）劝说他们的销售员工不要在网上推销产品。这类公司认为，尽管互联网会是一个不错的信息获取途径，但它不能提供个人接触或它们所看重的服务。然而，你可以自行定夺。这里列举一些流行的购物网站［弗里兹和弗里兹（Freeze & Freeze），1998］：

在 21 世纪，国际间消费迅速演变为“目录式”消费。

互联网购物中心：
www. internet-mall. com
www. realmalls. com
录像带、电脑游戏、音频 CD 和磁带：
www. columbiahouse. com
贺卡：
www. cyberpanda. com/postcard
旅行：
　　飞机
　　www. travelocity. com
　　www. flifo. com
　　www. amtrak. com
　　宾馆
　　www. travelweb. com
　　www. traveler. net/htio
　　www. kidsutes. com
图书：
www. amazon. com
www. barnesandnoble. com

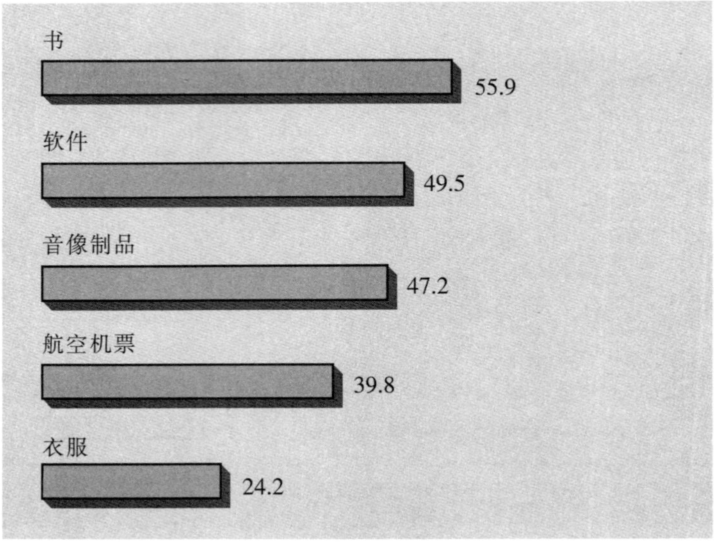

图 18—1　美国人通过互联网购买商品（服务）的比例（%）

资料来源：Forrester Research，Inc.

二、经济制度

现代经济的上述五个因素对于理解现代世界经济制度来说是最基本的，这些经济制度可分为资本主义制度、社会主义制度和混合经济（Elliott，1985；Gregory & Stuart，1989）。

（一）资本主义制度

1. 资本主义的兴起

资本主义制度（capitalism）是一种以财产私有制为基础的经济制度。资本主义制度最早始于一种简单的农业市场经济，到中世纪晚期在西方才开始采取现代形式［沃勒斯坦（Wallerstein），1979］。尽管资本主义制度的所有要素在那个时候都已经出现了，但商品仍以农业产品为主。可用于销售的商品主要来源于社会之间的贸易，而不是工业制品在一个社会中的流通。由于那时大部分人口仍依靠小规模的农业生产，“资本家”也主要是商人和金融家。他们的经济权力不得不与封建经济秩序中的固有的权力同时存在。

工业形态的资本主义是随着非人力的能源资源的发现而逐渐形成的。蒸汽机的使用是一个重要的转折点，因为它第一次使大规模的工业生产的集中成为可能。从此，商品生产从家里移到了工厂。同时，欧洲国家大幅度的人口增长为工业生产提供了大量劳动力，不管他们是否欢迎这种新的秩序，为了生存这些劳动力不得不转向工业制造业。成千上万的人离开了再也无法直接满足他们生存的土地，纷纷移向了工业生产中心。

现在普遍认为，资本主义为世界带来了前所未有的财富。正如彼得·伯杰（1986）指出的，从为大多数人提高物质生活水平的角度来说，资本主义也许是最成功的经济机制。世界上一些社会主义国家，如中国，甚至都开始研究借鉴资本主义的成功之处。而且东欧的前社会主义国家，包括苏联的许多前共和国在内，目前也正在努力建立资本主义经济基础。然而，资本主义也产生了许多无法解决的问题，其中一些我们下面将加以讨论。

2. 资本主义要素

私有财产是资本主义制度的基石。在资本主义社会里，几乎所有的财产都归个人或群体所有，他们是与作为一个整体或政治统治者的社会相对立的。由于个人或群体拥有这些财产，如房地产、用于生产商品的物质以及产品本身，因此他们有权以最有利于自己的方式来使用这些商品。在纯粹的资本主义制度下，资本所有者为了从所有物中谋取最大限度的个人利益，他们可以用自己的聪明才智去与竞争者争名夺利而不受任何限制。

利润是掌握和管理生产方式者的目标。按照资本主义的理论，所有者有如何使用自己的利润的自由。他们可以立刻提高生活水平、扩张自己的企业或者在其他经济领域投资，这取决于他们是否想保证现在的或将来的舒适。原则上，能够赚得的利润数量不受政府的限制。

某种商品的不同生产者通过竞争来努力吸引最多数量的顾客。竞争者不断地改变商品的价格，而且为了获取更多的市场份额可以改变商品的性质。在理想状态下，当生产者试图胜过对手时，竞争可以刺激技术进步。但同时，他们总是小心地不去胜过自己，因为一种商品连续而渐进的改进比激烈的改变更能确保它在未来受人欢迎的地位。公司在获得巨大利润的同时也蒙受了巨大的损失，他们惊奇竞争者和顾客对待“革命性”的商品的态度是如此的相像。看一看 415
可口可乐公司改变它的被实践证明了的配方时所发生的一切就明白了。当时公众大声疾呼，要求公司停止损害那些最重要最成功的产品形象。

法语 *laissez-faire* 一词，大意是说“让人们做自己想做的事”，它概括出了这样一个共识，资本主义制度在那些政府干预市场最少的社会里运作得最好。按照这种观点，在资本主义制度中，有着密切联系的竞争力与消费者需求被认为是可以充分规范经济运行的“自然控制”手段。

现代资本主义制度的基本单位是有限公司，它是一种由政府许可的完成某些功能或服务的企业。有限公司由股份持有者群体所拥有，他们通过法律限制对公司债务的连带责任从而保护个人资本。股份持有者在决策过程中享有发言权，在实际操作过程中，多数大公司都实行所有权和经营权相分离，经营权授予专门的管理部门。

在 20 世纪中，资本主义最明显的特征就是特大公司。不断的竞争使生产者努力争取控制更多的原材料和更广阔的产品销路。弱小的生产者通常被更强的竞争者所吞并，然后强者则从不断增加的市场份额中获利。这些大生产者利用利润来资助自己公司的进一步发展和增长。许多人提出了关于允许数量极少的公司领导人控制大笔资产是否公正的问题。

3. 资本主义：议题与问题

马克思主义者对资本主义制度的批评　在 19 世纪，卡尔・马克思提出了对资本主义制度的最有影响的批评。虽然他的经济观点在许多方面存在缺陷，但它们还是对我们分析资本主义制度存在的问题有很大的启发。马克思认为，资本主义制度充满了将最终导致自身灭亡的矛盾。他指出，资本主义的主要矛盾在于，当生产扩张时利润水平却倾向于降低。因此，工业家只能通过更残酷地剥削劳动力来维持高利润。

例如，工业家为了生产更多的商品而购买节省劳动力的机器。使用机器增加了产量，但是由于自动化生产而使许多劳动力剩余下来无事可做，因而购买剩余产品的消费者也越来越少。由于工业家们互相竞争这一越来越小的市场，他们为了降低商品的销售价而必须降低付给工人的工资。

在这种情况下，管理者也能接受不断下降的利润，有时他们也必须这么做。但是，不断减少的利润可能引起大批资本家破产，从而造成很大的危机，反过来这种危机导致更多的失业或更大规模的萧条。无论如何，最终是工人遭殃。马克思认为，经过一系列严重的萧条以后，穷困的工人会起来反抗并控制国家。一旦他们掌握了政治权利，他们就会剥夺资本家的财产并收归集体所有，也就是说，他们将私有财产社会化。然后，劳动阶级将控制生产方式，这样工人就不再受剥削。

正如前面所指出的，马克思对资本主义的分析存在缺陷。马克思曾预言，工人阶级的大部分成员将会受到残酷剥削，最终沦落到一个悲惨的境地，但是这一预言至今未曾实现。重要的是，马克思没有料到工会仍继续倾向于改良而不是进行革命。在西欧和美国，工人阶级接受了资本主义制度的基本合法性，那里的工会已经帮助工人阶级争取到了更高的工资和更好的工作条件。况且，马克思认为利润不能通过机器制造出来的观点，现在看来好像也是错误的。节省劳力的自动化机器的引入，已经带来了高得多的生产力，而且并没有减少利润。实际上，在过去的 200 年间，满足消费者需求的生产已经有了巨大的增长。从这个意义上来说，资本主义的发展是马克思所没有料到的。

马克思主义者对 20 世纪资本主义经济的不断成功提出了许多不同的解释。其中最重要的一种解释就是由列宁在 1917 年提出的，他认为资本主义之所以能生存，是因为西方工业国家能在发展中国家倾销剩余产品。在不发达国家倾销其剩余产品能够帮助工业家维持高价格和高利润。但是马克思主义者普遍认为，那种倾销只能为西方资本家提供临时的解决方案。最终整个世界将工业化，这样资本主义制度的矛盾将不可避免地显示出来。根据这一观点，工人阶级的革命只是推迟了，但最终仍将发生。

当代资本主义制度存在的问题　马克思对 19 世纪资本主义制度的批评对劳工运动的兴起
416 产生了很大的影响。后来，苏联、中国及东欧国家对马克思主义的观点略作修改，把它作为本国经济和政治制度的基础。但是，要理解资本主义制度在今天面临的许多问题，我们必须在马克思主义者的观点之外重新加以思考。

英国经济学家约翰・梅纳德・凯恩斯（John Maynard Keynes）的观点为 20 世纪资本主义制度的经济和政治组织带来了重要的改变。凯恩斯提倡在经济低迷时期政府应增加开支。美国总统富兰克林·罗斯福根据凯恩斯的观点制定了减轻大萧条时期影响的政策，而且许多国家在那时也颁布了类似的政策。从那以后，凯恩斯的理论在美国的经济政策中占有重要的地位，虽然现在有所减弱。

"凯恩斯革命"导致了最近几年的一个日渐重要的问题，即赤字开支或政府开支超出税收的倾向。到 1998 年，美国国债达到历史空前水平，超过了 5.4 万亿美元。有些学者把这一巨大的赤字看作是资本主义制度的内在缺陷［奥康纳（O'Connor），1973］。还有学者认为这是美国政治体制的失败：在政治上，通过增加政府开支的法案比增加税收要容易得多。在许多资本主义国家，预算赤字已成为一个重要的政治问题。

一些学者认为赤字是资本主义的固有缺欠，
其他人则认为这是美国政治系统的一种失败。你怎样想？

如果税收不能维持政府开支，政府就要借钱。人们认为这会导致通货膨胀（即商品和服务的价格水平普遍提高）。自 20 世纪 60 年代以来，通货膨胀一直是西方工业化国家存在的问题。这有许多原因，包括要求高工资、原材料（如石油、天然气）费用的大幅度增加等。

要区分通货膨胀的原因和结果是很困难的。是工人要求高工资导致了通货膨胀，还是他们为了赶上不断上涨的生活费用而要求高工资？到目前为止，美国商业领导人责怪劳方要求额外的工资刺激了通货膨胀，而反过来，劳方指责商人使价格的增长超出了合理水平，这种相互指责的情景已是司空见惯。

失业是资本主义国家的另一长期问题。尽管第二次世界大战后几十年内总体上处于繁荣阶段，但失业率仍然相当高。有些国家，包括美国，有时候同时受到高失业和高通货膨胀的困扰。这种双管齐下的情况，又称为滞胀（stagflation），已经困扰了整个 20 世纪 80 年代早期的美国经济。虽然在这个十年的后五年二者的比率都下降到了一个相对较低的水平，但是当美国经济经历又一次不景气（recession，经济低迷时期）时，失业率在 20 世纪 90 年代又开始上升。

在海湾战争之后，美国经济开始了一段扩张时期，形成了 20 世纪和平时期最长的持续增长期之一［巴格比（Bagby），1998］。20 世纪末美国经济的稳定性看起来令人鼓舞，但是，专家预测，当我们进入 21 世纪时，像我们现在这样的高技术社会有可能经历一种新的失业［里夫金（Rifkin），1996］。许多工人因为他们的技术跟不上生产过程的进步而被“落下”。这些结构性失业的受害者可能产生痛苦和敌对的情绪。由企业和政府资助的再培训工程，已经部分解决了结构性失业的问题，这在欧洲表现得尤其明显。但是人们逐渐认识到，可能再也不会存在充分就业。由于工作的高技术要求以及失业者典型的低技术水平，资本主义经济可达到的最低失业率至少为 3%或 4%，这一水平已经被大多数人所接受。

资本主义生产是以市场需求为依据的。但是这些经济中的市场并不一定满足广泛的社会需求。例如，可能出现这种情况，美国作为一个整体将受益于不断进步的城市间铁路网和高度发达的城市快运体系。然而由于市场需求，许多资金被投资到汽车生产中，可用于公共交通的钱越来越少。在资本主义经济中，高利润商业活动总是吸引最多的投资。不幸的是，这一原则意味着许多重要的产品和社会服务经常被忽视。许多钱被用于资助大型的新兴企业或快餐企业的发展，例如，试图发展太阳能体系的公司必定经常依靠政府的资助。

417 也许人们对资本主义社会里，尤其是美国存在的问题讨论的最多的，就是贫穷和财富分配不平等（这些问题在第 9 章和第 10 章详细讨论过）。人们应该认识到，对于资本主义国家中存在的穷人的数量及收入不平等的程度来说，美国是尤其明显的。在那些采取了越来越完善的福利措施的资本主义国家里，例如北欧的许多国家就是这样，收入分配更加平均，而严重的贫穷几乎不存在［艾森斯塔德和艾梅尔（Eisenstadt & Ahimeir），1985；斯皮罗和于兹曼-雅阿（Spiro & Yuchtman-Yaar），1983］。

（二）社会主义制度

社会主义制度（socialism）经常被看作是与资本主义相对立的经济制度。在社会主义制度下，社会生产和分配方式是集体所有而不是私人所有。国家是典型的集体所有者，但是在某些社会主义制度形式中，所有者有可能是一个小社区或者是在某个企业工作的全体成员。社会主义者的理论认为，价格应由集体而不是由市场机制来确定。这明显意味着，至少是主要商品和服务的价格是由政府机构来确定的。

资本主义者认为，最大的公众利益来自于市场中追求自私利益的不规则的个人行为，但是社会主义者拒绝这一看法。相反，他们认为，在经济活动中（就像在社会和政治活动中一样），重要的决定应由全体人民的代表来做出，而且应该协调起来促进国家的更大的社会目标。

社会主义制度最初是以马克思和几位 19 世纪法国思想家的著作为基础的，但是在现代国家中，社会主义制度已经不再严格依据马克思主义者的理论和意识形态了。今天的社会主义党派在方法上经常是更现实的而不是更理论化的。尤其是在第二次世界大战结束后，社会主义制度的理论和实践已经发生了巨大的改变。

社会主义制度最近的两个重要的发展应该受到重视。第一，通常，随着殖民统治的结束，社会主义制度在非常穷的农业国家建立起来［佩奇（Paige），1975］。马克思怀疑社会主义革命能在那样的社会中发生。他把农民看作是反动的（即极其保守的）力量，因为他认为，农民主要是对保护自己的财产权利感兴趣。按照马克思的观点，只有越来越多的发达国家中的产业工人才会起来推翻资本主义制度。但是在 20 世纪 20 年代，毛泽东开始组织中国农村的农民。这一运动是成功的，而且在中国社会主义国家的建立的过程中，农民构成了最重要的政治力量。自从 20 年代以来，发生在其他发展中国家的社会主义运动经常是以吸引农民的政治纲领为基础的。古巴、阿尔及利亚和越南就是很好的例子，农民取向的社会主义运动为他们赢得了政治权利［沃尔夫（Wolf），1970］。

社会主义在 20 世纪的另一个重要的发展就是东欧和苏联社会主义国家的坍塌，苏联曾经是世界上最大的计划经济国家。在 20 世纪 80 年代晚期，所有东欧国家由于受到了严重的经济停滞的困扰，都从中央政府管制的经济转变为市场取向的经济体制。这一转变在很大程度上是由于戈尔巴乔夫引入苏联的社会和经济重构政策（*perestroika*）所引发的。尽管这一政策本想通过改革来挽救苏联社会主义，但它最终失败了。

1992 年初，苏联 15 个共和国宣布苏联的灭亡。其中大部分也开始引入市场经济，包括财产私有制、利润刺激及市场定价。这些深入的改革使这些国家出现了通货膨胀、失业及食物、燃料和住房的短缺。

为什么苏联经济体制会坍塌呢？在 20 世纪 80 年代末期，苏联是世界第三大经济强国。它拥有最多的科学家和工程师；它是世界最大的石油、天然气及原钢的生产国；而且拥有世界第二强的军事力量。然而另一方面，苏联经济生产率在近 20 年内没有增长。另外，其生活水平（在世界排第 60 位）在逐渐下降，越来越多的苏联人民处于饥饿状态（Bell，1991）。苏联经济的惨淡景象主要是由于中央政府的无力，它不能有效地协调成千上万的相互依赖的现代经济因素。

苏联的社会主义经济取决于政府庞大的生产计划。实际上，在某个地方增加生产的决定通常引起另一个地方不可预测的后果。因此经常产生无效。正如两位经济学家所指出的：

> 如果派给公司的任务是生产一万件衬衣，那它可能会使用一些粗糙的布料而且会把线缝缝制得弯弯曲曲。运输企业也是这样，他们为了完成指定的吨公里数的运输目标，有可能来来回回地运输满卡车的水。［萨缪尔森和诺德豪斯（Samuelson & Nordhaus），1988，p. 775］ 418

由于生产几乎完全由政府计划的目标所制定，苏联管理者很少注意产品的成本和质量以及生产的效率。对于满足经济变化的要求而创新的方法经常被蠢笨的计划工具所压制。在 20 世纪七八十年代遭遇到的一系列歉收、急剧上升的军事开支以及以弹性创新为价值标准的新型国际市场的出现（以下要讨论），都使苏联经济的增长无法满足苏联人民的基本需求。

（三）混合经济

资本主义制度和社会主义制度是经济制度的两种理想型模式；在实际世界中，既没有纯粹的资本主义也没有纯粹的社会主义存在。相反，几乎所有实际存在的社会都是以混合经济（mixed economies）为特征的，它是资本主义制度和社会主义制度原理的结合。混合经济的两种特殊类型是市场社会主义和民主社会主义，前者相对接近社会主义模式，后者含有更多的资本主义成分。

1. 市场社会主义

在市场社会主义经济中，以利润为目标的企业为满足市场需求而使用公共拥有的资源。因此，市场社会主义（market socialism）表现出了将社会主义制度的一些特点（例如，公有制和相对平等的收入分配）与资本主义经济特征中的市场力量及分散决策结合起来的一种努力（Gregory & Stuart，1989）。有计划的社会主义经济中的生产是由政府控制的，与之相对照，市场社会主义制度下的企业是根据期望获得的利润来决定生产商品和服务。与资本主义经济一样，市场社会主义经济中的生产是以市场需求为导向的。但是在市场社会主义制度中，利润属于国家，国家拥有资源和技术。这些利润的一部分被用来促进社会的更大平等。

市场社会主义者认为，市场是一种规范商品和服务的生产的有效工具。然而，他们认为，在完全的资本主义制度下，市场产生了严重的不平等，它不能为许多想要工作的人提供工作，它制造了所有者和被雇用者之间的巨大收入差距。他们认为市场社会主义可以防止那些不公正，“通过对投资进行公众规范以保证充分就业，鼓励企业形式的发展（尤其是工人合作企业）以达到主要收入更平均的分配，而且，通过使用税收制度进一步实施博得全体赞同的再分配措施”（Miller，1989，pp. 31—32）。

使整个经济以这些原则为基础的最系统化的做法是由前南斯拉夫（Yugoslavia）在1950年提出的，并且在25年内被证明是可行的（Lindblom，1977）。然而，在东欧共产主义坍塌和苏联解体后，南斯拉夫（由于好几个共和国的脱离而受到削弱）在坚持资本主义原则的基础上加入了该地区其他国家的行列。

许多人认为，这些事件意味着社会主义在欧洲的结束。然而，另外有些人非常小心的把官僚、集权的苏联社会主义与市场社会主义区分开来。一些西方学者仍把市场社会主义看作是资本主义和社会主义制度的有效的替代物［海尔布伦（Heilbroner），1991；诺夫（Nove），1990；勒格朗和埃斯特林（LeGrand & Estrin），1989］。

2. 民主社会主义

自第二次世界大战后的大部分时间里，许多欧洲国家包括瑞典、挪威、丹麦及荷兰等，都是由民主政府统治，它们把社会主义的一些原则移植到资本主义经济制度中去。这些民主社会主义（democratic socialist）政权把它们的主要责任看作是消除不受管制的资本主义制度所带来的不良后果。结果，社会民主主义社会比更加资本主义化的社会的福利开支要高得多，社会服务措施也要复杂得多，而且政府对公民的保护也更实在。然而，尽管这些国家的公有制范围比美国更广泛，但其全部经济财富接近90%仍是私人所有。因此，从这个角度说，民主社会主义与市场社会主义之间的区别是巨大的［厄斯平—安德森（Esping-Andersen），1985；斯蒂芬斯（Stephens），1979］。

社会民主主义政府的指导性目标就是修正市场（decommodification）对医疗、住房及就业等领域的影响（即减少市场因素的作用）。这种修正“要想达到一定程度，使得个人和家庭能够不管自己在劳动力市场中的作为而能够维持一种正常的社会可接受的生活水平”［厄斯平—安德森和科彼（Esping-Andersen & Korpi），1984，p. 183］，这就要求建立极其全面的公民权及广泛的社会服务来满足这些权利。在这种情况下，基本商品和服务（例如，保健）的分配就很少依赖市场原则（即人们得到他们付钱购买的商品），而是以公民权为基础（即不管人们是否有支付能力，他们有权得到自己所需要的商品，如充分的医疗）［罗森布卢姆（Rosenblum），1991；雷（Rae），1991］。 419

西方欧洲社会民主主义制度在政治上是完全民主的。他们实行有许多党派参加的自由选举。西方没有一个社会民主党派是通过马克思所赞成的暴力和剥夺私有财产的方法而上台执政的。

三、美国的经济制度

（一）历史和文化背景

美国文化的一个最明显的标志就是强烈的个人主义（参见第17章），本杰明·富兰克林（Benjamin Franklin）在给他18世纪的同时代人提出建议时明确阐述了这一点。富兰克林呼吁道：应该好好利用美国提供的最特殊的礼物，即美国为每个人提供了通过坚持不懈的努力工作及主动性而取得成功的机会。

很明显，许多美国人把富兰克林的建议牢记在心。到20世纪初，对个人主动性的强调在美国人的思想中占有中心的地位。有成千上万的人读过阿尔杰（Horatio Alger）的故事，虽然这个故事只是虚幻地描述了从乞丐到富翁的经历，但是人们却认为通过艰苦努力和坚定的决心，这是完全可以做到的。正如一个学者所指出的：

> 这个世纪初的美国人亲眼见到了阿尔杰的故事在他们的身边变成现实。艾德华·哈里曼（Edward Harriman）最初是一个办公室的勤杂员，每周薪水是五美元，后来他统治着一个强大的铁路帝国；约翰·洛克菲勒（John D. Rockefeller）从一个委托商办公室的办事员变成了世界上最富有的人之一；安德鲁·卡耐基（Andrew Carnegie）最初是匹兹堡棉纺厂的一个绕线工人，每周赚取1.2美元，后来他成为美国最大的钢铁大王。20年后，当孩子们仍在读阿尔杰的传说时，亨利·福特（Henry Ford）通过成批生产“T”型车发了大财，并且成为了一位民族英雄。（Reich，1987，p.106）

这些现实生活中的模范都是自力更生、白手起家的人。他们的成功，如阿尔杰，并没有依靠政府的帮助，而是在一个开放、竞争的市场中取得成功的。洛克菲勒、卡耐基及福特的生活经历似乎使不受政府干预的经济合法化了。

令人啼笑皆非的是，阿尔杰的故事达到顶峰，不是在19世纪流行的高度竞争的资本主义时期，而是在这种制度让位于一种越来越少竞争的、更多依靠政府干预的受管制的资本主义制度时期。自从19世纪末以来，政府的规模和权力以及它对市场的影响与日俱增。19世纪的不受约束的资本主义的发展已经使得许多工人受到剥削，并且最终导致政府制定规则来结束这种糟糕的情况。1913 年累进制所得税的引进是政府权力不断扩张的又一标志。然而，20 世纪 30 年代部分地为了消除大萧条而制定的经济和社会计划才是更重要的。当大萧条结束时，这些方案的大部分仍然存在。另外，大政府扩张的其他时间还有第二次世界大战期间及 20 世纪 60 年代，60 年代是以新的社会方案的制定而著名的。

（二）合作资本主义

美国 19 世纪的相对不受限制的自由企业制度逐渐让位于一种更现代的工业国家，在这样的国家里，政府逐渐规范经济的某些方面。技术进步使得生产过程逐渐复杂化，而且，在一定程度上，为了应付这种复杂性，大规模的组织应运而生。在 19 世纪资本主义制度时期，关键人物是一些个人企业家，他们要么通过精明的投资（如铁路），要么资助一种聪明的发明（如汽车）而发了大财。但是在 20 世纪晚期，关键的表演者却是股份公司。

在 1900 年到 1920 年间，合作公司在成批生产企业中变得非常强大。批量生产（mass production）是以大量投资为基础的，对专业设备和工人的投资是为了适应某种商品的大量生产。然而，当人们对这些产品的需求下降时，公司就会有很大的风险，因为它无法用其他方法处置它的原料。因此，早期的成批生产只有在这样的市场中才是有利可图的，这个市场必须“足够大，可以吸收某种单一的、标准的商品的大量生产，而且足够稳定，可以确保用于生产那种商品的原料不断被使用”[派奥和萨贝尔（Piore & Sabel），1984]。为了应付这些问题，现代公司做了不懈的努力：（1）减少因强烈竞争带来的市场风险及市场波动；（2）发展它所需要的稳定的大市场。

420 公司合并的风潮发生在 20 世纪头十年，为了稳定和扩大自己的市场，许多公司纷纷与竞争者联合起来。美国最早的大公司都是以这种方式形成的，如美国钢铁公司、通用电公司、美国电话电报公司、标准石油公司、通用汽车公司等（Reich，1983）。一旦合并，大公司就努力寻求合作项目（例如，供给和分配），而这些以前都是外在于公司的。结果，大公司所运行的
421 企业环境经常变成少数制造商控制市场（oligopolistic）（参见第 17 章）。这种由少数大公司控制市场的企业环境因为被极少的大公司所占据，从而使其他公司的进入遇到了强大的壁垒，这样使得他们长期遇不到竞争者。

第二次世界大战后，许多垄断性公司由于拥有相当的投资资金并且容易得到贷款，它们采用两手的变化策略来稳定和扩大市场。第一种变化策略就是产业多样化（industrial diversification），即通过建立或取得不同的生产线而进入新的企业。例如，钢铁公司可以通过获得化学公司、石油公司或器具制造厂而使产业多样化。结果，集团产业（conglomerate）的形式就出现了，即大公司包含了许多小公司，这些小公司通常提供各种不同的商品和服务。通过这种方式，母公司在市场对某种产品的需求下降时，可以保护自己不受灾难性打击。第二种变化策略就是对外国市场的渗透：美国公司通过在全世界建立分公司而成为跨国公司（multinational corporations）[赫恩（Hearn），1988]。

跨国公司有许多优点。这些公司可以在劳动力廉价的地方如韩国以及中国如台湾、香港等地生产产品。所以，美国国内一些公司在远东制造产品，然后再运回美国。许多跨国公司的建

立在某些方面既有利于外国投资者又有利于东道主国家。尤其是发展中国家通过这种方式可以得到额外的技术培训及收入。

然而，一些批评家很担心这些公司的巨大力量。他们认为，跨国公司因为在东道主国家投资而可能给这些国家带来一些影响，但它们经常逃避这种责任。在南美洲、非洲及亚洲的发展中国家，跨国公司可能榨取当地的资源、剥削廉价劳动力，这对独立的国民经济的发展毫无益处。那些国家的经济可能变得依靠单一产品或单一产业，从而使得易受外国投资者政策变化的影响［哈里森（Harrison），1984］。

媒体社会学 420

“必须有它”

在20世纪末，广告业不仅实现了令人意想不到的事情，而且也实现了事实上在19世纪初就引起人们道德上疑虑的事情。它已使美国人确信消费对他们来说是好的——你“必须有它”，只要确信，“VISA就能带你去任何地方”。

19世纪末20世纪初，唯一与广告口号相似的东西或许是格言，它鼓励勤劳、克己、节约和俭朴生活。本杰明·富兰克林写出了许多这些常见的词句，抓住了马克斯·韦伯所称的新教徒工作伦理（1930）。尽管这些词句在今天的消费社会中看起来过时陈旧，但有许多词句还被人们一字不差地记着或变成更通俗的说法。它们包括：

> 挣一分就是攒一分。
> 最大的缺点是负债，其次是撒谎。
> 勤劳、坚持不懈和节俭能生财。

这种智慧所塑造的“存钱而不是花钱”的行为具有讽刺意味地导致了工业资本主义的出现和我们今天的消费社会。

说服那些在农业社会中出生和成长的人去购买他们并不需要的商品是困难的（Ryan & Wentworth，1999）。这些人事先经历过困苦和贫乏。“不要浪费、不要奢求”对他们的生存至关重要。然而，只有扩大市场，资本主义工业才能发展，这意味着人们不得不购买多于他们实际生存所需的产品。说服公众去消费已成为一种新兴工业——广告的唯一主旨。

多年来，广告商们尝试过许多策略去说服消费者购买某种产品。许多这些方法表明，基本策略并无多大变化。比如说，广告商用结婚时所想象的东西来吸引维多利亚时代的女性。紧身透孔内衣、时尚服装和香水的广告是他们这么做的一种方式…… 推销美容香皂、化妆品和奶油也意味着作为结婚前奏的爱和浪漫［西沃卡（Sivulka），1998，p. 53］。1925年，李斯特林（Listerine）以口臭的警告来吸引渴望结婚的年轻妇女。他的名言是这么说的“宁当伴娘但别做新娘”（Sivulka，1998，p. 161）。甚至今天的年轻新娘也在大量模仿——从李斯特·劳德（Estee Lauder）的爽心香水广告（它把伊丽莎白·赫尔丽描绘成一个性感的新娘）到（Diet Pepsi）的广告（它展现的是一个被搁在祭坛上的新娘，她泪流满面地问道：“这真的是日常食物吗?”）。

你认为广告把我们引入到了一个错误的方向吗？公司销售的是一个想象还是一个产品？如何获得产品的公共利益？

如今的广告清楚表明，自资本主义早期“我们已走得很远”。但有多远？走的是正确的方向吗？批评家认为，广告已把我们带进了一个错误的方向，广告的害处大于益处。把美丽、年轻和性感与美国希望和梦想联系起来使消费者确信，他们“必须有它”——如果他们想有这种归属并想得到幸福。但是他们做到了吗？饮用合适的啤酒不会产生无数美女；如果你被搁在祭坛上，一瓶苏打不会使你多么的舒服；尽管吸烟可能有助于你减肥，但它更有可能使你的寿命减少。正如批评家所言，广告在催生一个消费社会中所发挥的作用可能使美国人付出了超出他们所想象的代价。

（三）经济集中及二元经济

在19世纪，垄断企业（monopolies）（即控制一种产业和市场的单个企业）经常可以人为地抬高价格，因为它们没有任何竞争者。这种情况导致政府“解散托拉斯”，即开始阻止企业垄断。第一个反托拉斯法案是1890年的谢尔曼法案（Sherman Act），这一法案禁止“受规定的商业的联合”，而且规定“凡是垄断或企图垄断任何国家间或外国商业的活动”均属非法。在20世纪早期，凡是限制竞争的价格歧视、排他性合同、在竞争对手的公司取得股份以及其他不公平的行为都是法律所禁止的。第二次世界大战后，通过了一些法律来阻止公司间垄断形式的合并。

尽管做出了这些努力，但是今天美国经济仍然比20世纪初任何时候都更集中。公司权力和财富已经变得高度集中。自大萧条结束以来，经济集中（economic concentration）程度稳步上升，已经达到比例极不相称的程度，国家经济资源的很大一部分由相当少的公司所控制。据估计，大约只有 4 300 个人（美国总人口的 0.002%）控制了全国产业资产的一半、银行资产的三分之二强、所有通信交通设施资产的一半多、所有保险业资产的三分之二强［戴伊(Dye)，1995］。

尽管美国经济由相当少的大公司所控制，但在竞争市场中也存在成千上万的小规模和中等规模的商业活动。这样，美国经济实际上是一种二元经济（dual economy)，由两个不同部分组成：由大公司组成的高度集中的并受到管理的部门以及由小得多的公司构成的高度竞争的部门。这两个部门可以分别称为核心（center）部门和边缘（periphery）部门［埃夫里特（Averitt)，1968］。外围公司很少与中心的公司竞争。的确，更小的公司通常不和大公司竞争相同的工人，因为随着双重经济的形成，劳动力市场也分割成不同部分。

劳动力市场把寻找工作的工人与雇用工人的雇主带到了一起。分割劳动力市场（segmented labor market）是指，劳动力市场被分成不同的部分，各自有自己的工人和雇主。在这个市场中提供和雇用劳动力的人，不会与另一个市场的人竞争。美国现在的劳动力市场被分成三个相互区别的部门：次级劳动力市场，与外围经济接近；初级劳动力市场的附属市场；以及独立的初级市场。后二者主要与中心经济紧密相连。

次级劳动力市场提供的工作稳定性最差，工作条件最糟糕，发展机会最少。主要包括一些小的、非联合性企业所提供的低工资、低技术工作，以及核心经济中的大公司所提供的办事员 422
一类工作。在这个市场中，劳动力的供应者绝大部分是妇女、少数民族群体、愿意或被迫兼职的人，以及在两个主要劳动力市场中等待机会的新来者。

初级劳动力市场的附属市场提供的工作安全系数较大、工资较高、较稳定，而且发展机会较多。这些优点主要是因为在这一部门有较高的联合性特征。联盟性产业（如汽车制造业和钢铁制造业）所提供的生产工作，以及核心经济部门的一些联合性办事员工作、管理工作，都可以归入此类。

独立的主要劳动力市场所提供的工作工资相当高、安全系数大、发展机会多。这些工作一般要求有经过专门训练的技能和知识。技术工人（例如机械师和电工）、专业人员（会计师、律师和工程师）以及那些占据大公司销售和技术职位的人，一般在这一市场中寻找工作（Rossides，1998；Rothman，1998）。

有研究发现，在初级劳动力市场的雇用、选拔入学、培训以及其他资格认证制度中，经常出现性别和种族歧视［鲍尔斯和爱德华兹（Bowles & Edwards)，1985］。在次级劳动力市场中，妇女和少数民族群体工人占绝大多数，因此，他们就不可能与白种人一样有相同的机会进入核心经济部门，得到大公司提供的更稳定、发展机会更多、工资薪金更高的工作。

尽管一些有家庭责任感的白种人妇女确实选择低收入、要求不高的工作，但是对妇女和少数民族群体来说，机会受到限制的最重要的因素还是核心经济对那些愿意并且能够做出长期承诺的工人有特殊的偏好。以这种偏好为基础的招募标准势必导致对妇女的歧视，因为她们有了孩子就可能离开工作，也势必排斥少数民族工人，因为像其他在次级劳动力市场中找到过低级工作的受雇者一样，他们的雇用史中通常有污点记录［卡茨（Katz)，1989］。

（四）政府与劳工组织的作用

美国公司为创建更大、更稳定的市场所做的早期努力得到了政府及劳工组织必要的帮助。的确，从大萧条结束到20世纪80年代初的40年间，公司利益与政府和国家最强大的工会利益一直紧密联系在一起。

政府 大萧条的重要教训之一就是资本主义经济不能完全规范、矫正以及稳固自身。如果完全根据资本主义经济本身的机制运行，那它将会有规律地在通货膨胀和萧条之间急转突变。从1930年罗斯福的新经济政策开始，美国政府采纳了凯恩斯的主张，开始对稳定经济负有越来越大的责任。通过控制货币供给和利率、增加税收或减少政府开支、改变失业救济金和福利供给水平，政府可以在一定程度上使经济保持稳定。

当政府扩张时，它渐渐成为一个比过去更积极的消费者。政府支持住房和高速公路的建设工程实质上增加了对建筑材料、消费品、汽车、天然气及石油的消费需求，而这些市场主要由大公司所占领（Piore & Sabel，1984）。另外，美国政府为跨国公司提供便利条件，为它们在海外投资提供军事保护。

劳工组织 1935年的《瓦格那法案》（Wagner Act）经常被认为是“劳工权力法案”。《瓦格那法案》是大萧条时期所采取的新经济政策之一，它为集体谈判（collective bargaining）（即有组织的工人和他们的雇主之间的关于工作条件、报酬及其他利益的谈判）制定了一个合法的框架。《瓦格那法案》保护工会的支持者不受雇主的报复，使某些类型的罢工活动合法化，而且要求公司诚恳地与代表被雇用者的工会进行谈判，这一法案鼓舞了工会运动的发展。

在由大公司所控制的企业中，工会得到迅速发展。由于那种公司往往把工人集中在一个地方，所以把工人组织起来相对容易。然而更重要的是，因为这些公司很少有竞争，它们也很容易把工会赢得的增加的工资以更高的价格形式转嫁给它们的消费者。工会为它们的成员赢得了越来越高的工资、越来越好的福利，也提高了工作环境及工作稳定性。当然，工会也代表大公司的利益，为它们提供更少分裂的、更稳定的劳动力（Hearn，1988）。

大公司与政府及劳工组织的对抗 在20世纪70年代后期，大公司开始采取行动，经常协同努力，共同去削弱政府对经济的影响，减少劳工组织的力量。一旦合作部门认识到大公司对
423 庞大而稳定的市场所做出的贡献，政府和工会就被当作产生利润的绊脚石。这些大公司成功地降低了税收、政府的国内开支，减少了政府调节。公司的游说活动及资助活动在前总统里根的竞选中也是有效的，里根政府的劳动政策在目的和结果上都被认为是反工会的［布卢斯通和哈里森（Bluestone & Harrison），1982；埃兹尔（Edsall），1984］。

工会成员数量在《瓦格那法案》通过以后稳步增加，在1956年达到了非农业劳动力的34%的高峰。尽管这个数字在1960年下降到31.5%、1980年下降到25.2%，但是有组织的工人总数从1960年的1 800万略有上升，到1980年接近2 300万。在这段时间里，工会运动仍然是政治和经济活动中的主要力量。但这一切在80年代有所改变。到1998年，所有工人中只有13.9%是工会成员。如果按这种趋势继续下去，到2000年，工会成员占非农业劳动力的比例将低于13%，比《瓦格那法案》通过之前还要低（Ford，1988；Hearn，1988）。

工会力量的降低导致了劳工组织谈判地位的削弱。整个 20 世纪 80 年代和 90 年代，工会工人被迫接受工资和利益的减少，被迫接受对以前赢得的利益的“回缩”，例如，放弃保护性的工作规则（这些规则保护工人不受资方专横的对待）以及生活成本协议（在这些协议中，工资随通货膨胀率自动增加）。

造成这种下降趋势的主要原因之一就是，在 20 世纪 80 年代许多大公司采取的有效的“工会回避”策略。反工会的公共关系运动、非法解雇企图组织工会的雇员、不断威胁并解雇工人并威胁把工作机会和生产设施移到世界上其他无工会组织的地区去，等等，这些策略使得大公司很容易减少工会的规模及影响（参见表 18—1）［弗雷曼和梅多夫（Freeman & Medoff），1984；布卢斯通和哈里森（Bluestone & Harrison），1982］。

表 18—1　所选美国工会中的成员（1975—1991）

劳工组织	1975	1985	1991	劳工组织	1975	1985	1991
总数（单位：千）	14 070	13 109	13 923	工人	475	383	406
演员与艺术家	—	100	99	邮递员（NALC）	151	186	210
汽车、航空和农业工人				机械师和航空技术人员（LAM）	780	537	534
（UAW）		—974	840	办公室和职业			
面包师、糕点师				雇员	—	90	89
和烟草工人	149	115	101	石油、化工			
锅炉制造者，				和原子工人			
铁制轮船建造者	123	110	66	（OCAW）	145	108	90
砖瓦匠	143	95	84	油漆工	160	133	124
木匠	712	616	494	国际文秘	275	232	202
服装和纺织				管道装修工	228	220	220
工人（ACTWU）	377	228	154	邮局工作人员	249	232	228
通信工人				零售、批发			
（CWA）	476	524	492	百货商店工人	120	106	128
电工（IBEW）	856	791	730	橡胶、软木、麻胶、			
电子、电器				塑料工人	173	106	89
和领薪水的工人	255	198	160	水手	—	80	80
工程师、程序员	300	330	330	服务雇员			
消防员	123	142	151	（SEIU）	490	688	881
食品和商业				金属薄板工人	—	108	108
工人（UFCW）	1 150	989	997	国家、县、市工作人员			

续前表

劳工组织	1975	1985	1991	劳工组织	1975	1985	1991
制衣工人（ILGWU）	363	210	143	（AFSCME）	647	997	1 191
玻璃、模型、陶器				钢铁工人	1 062	572	459
和塑料工人	—	104	80	教师（AFT）	396	470	573
政府、美国				卡车司机	—	X[a]	1 379
联邦工作人员（AFGE）	255	199	151	运输协会	—	94	98
文字通信工人	198	141	113	交通工作人员	95	85	85
宾馆雇员和				交通/			
餐馆雇员	421	327	269	国际通信			
钢铁工人	160	140	101	工作人员	—	102	73

注：a. x表示数据不详。

资料来源：U. S. Bureau of the Census，*Statistical Abstract of the United States*，*1993*，Washington，D. C：U. S. Government Printing Office，1993.

为什么曾经依靠政府和劳工组织的大公司会变得与这二者对抗呢？原因是非常明显的。在20世纪70年代，美国大公司开始面对日益激烈的国际竞争。福特公司、通用汽车公司和克莱斯勒公司现在都必须与日本汽车制造商竞争。最大的钢铁制造商也被迫与德国、日本、韩国的钢铁制造商竞争。政府和工会对于稳定这种竞争及随之而来的风险都表现得无能为力。一旦大公司联合起来，大多数公司管理者就认为政府和工会是他们在日益竞争的全球市场中获得利益的障碍。

（五）经济全球化

第二次世界大战后的30年间，美国大公司不仅控制了国内市场，而且很容易地得到了廉价的外国资源和市场。然而，在20世纪70年代，美国公司所占据的领导地位受到了来自好几个方面的挑战。受到战争摧残的日本和欧洲经济发生了很大的反弹，成功地进入了世界市场和美国市场参与竞争。同时，许多第三世界国家也采取了进攻性的发展策略。太平洋沿岸地区，如韩国和中国台湾，都采用了出口取向型的战略，与美国公司在国内外市场上直接竞争。一些拉美国家企图发展自己的产业，坚持要求美国跨国公司在生产过程中使用更多的拉美产品。最后，第三世界国家是主要的原材料出口国，它们成立了卡特尔（cartel）（即组织起来的使其产品在市场上占据有利地位的制造商团体），真正提高了基本资源的成本［鲍尔斯（Bowles），戈登和魏斯科普夫（Gordon & Weisskopf），1983；派奥和萨贝尔（Piore & Sabel），1984］。这些卡特尔中最著名的就是OPEC（石油输出国组织），它是由石油出口国家组织起来的。

这种发展的结果是，美国公司发现自己是新近出现的全球市场的一部分，在全球市场中商品可以在最廉价的地方生产。最廉价、最有效地大批量生产各类民用产品的地方就是第三世界国家。这些国家不仅提供廉价劳动力、严格的工会限制和低税率，而且像用具和炭钢制品这类市场的增长也是最快的。为了在规模化、大批量生产领域保持竞争力，由此发家的那些美国大公司不断地将它们的生产设备转移至发展中国家（Reich，1983）。

对于全球市场来说，国际劳动分工是最重要的因素。在全球市场上，发展中国家正成为生产中心，而越来越多的发达国家转变成了制定公司策略与计划的国际中心，以及国际金融中心。在美国，“一种新型的公司出现了：有些制造商很少进行生产或根本不生产……他们有可 424
能完成从设计到分配的一系列的利润制造功能，但他们缺乏自己的生产基础。与传统的制造商相比较，他们是一种空心公司”［《商业周刊》（*Business Week*），March 3，1986，p. 57］。

随着生产设备的全球化，仍然从事生产的那些公司在全球范围内经营。因此，这些公司更注重自己在世界市场中的地位，而不是在美国市场中的地位；他们更关心世界经济的变化，而不是美国国内经济的变化（Cohen，1988）。然而，由于当代美国经济是全球市场中如此重要的组成部分，因此它对整个世界的政治、社会、经济的发展仍然相当重要。

四、工作社会学

不同时代对工作的看法也极不相同。古希腊人把劳动看作是必要的灾难，尽可能地留给妇女和奴隶去做，而男人从事高尚的政治和哲学讨论。早期基督教徒把劳动看作是人们由于原罪而遭受的惩罚。相比较之下，17 世纪新教改革运动的领袖们所信奉的劳动伦理并不把工作看 425
作是惩罚，而是看作对上帝的义务，是上帝在人间建构王国的主要方式。这个概念世俗化以后，在早期资本主义的创立者中间相当流行，工作成为个人及家庭的天职。

在现代社会中，仍然存在类似观点。有些人把劳动看作是一种灾祸或一种惩罚；另一些人却认为劳动是自己、家庭、社区的责任或将其看作是一种事业；还有人把它看作是自我表达的方式，是内在满足感的源泉。

1973 年，美国的卫生部、教育部和公共福利部门（U. S. Department of Health，Education and Welfare）联合发表了一篇极有影响的报告《美国的工作》（*Work in America*）。该报告认为，工作会产生明显的经济和社会后果，但除此之外，工作是大部分人生活意义的主要源泉。该报告一开始就指出，工作对自尊有两个重要的贡献：

> 首先，人们在工作的过程中，会不可避免地意识到自己对劳动对象的处理能力，这样，人们就可以获得一种满足感，认为自己既能控制自己又能控制环境。其次，有人认为，人们从事的某些活动就是在劳动，在这些活动中他会生产出一些被别人认为是有价值的东西。也就是说，工作会告诉那个日夜辛勤劳动的人，他能为别人提供一些东西。（pp. 4—5）

在现代社会中，工作在多大程度上起到上述作用？劳动到底是使人感到满意还是使人不满意？这些是下面部分要回答的问题。

（一）工人的异化与满意度

多数社会学家对劳动的分析受到马克思的影响。马克思猛烈地抨击了资本主义制度强化了劳动异化（alienation of labor）。马克思是这样描述令人不满的、异化的劳动的：

> （工作）外在于工人，也就是说，不附属于人的基本存在……因此，在劳动过程中，（工人）并没有肯定自己而是否定自己，他没有感觉到满意而是觉得不幸，没有自由发挥他的体能和智能，反而伤害了他的身体，损坏了他的脑力……因此，他的劳动并不是自愿的，而是强迫的；这是一种强迫的劳动……最后，劳动对工人来说是外在的，它不是自己的而是别人的，它不属于他，在劳动中他不属于自己而是属于别人。［马克思（Marx），1964，pp. 110—111］

换句话说，马克思认为，工业社会中的工人没有控制他们的劳动。他们使用的机器是别人的，他们制造的产品也是别人的，而且，他们的生产过程也是在别人的指令下完成的。在这种意义上说，工人是异化于他们的劳动以及他们生产的商品和服务的。对马克思来说，令人满意的、没有异化的劳动，即自由地、合作进行的劳动，并且劳动本身就是目的的劳动，只有在共产主义制度下才能普遍存在。然而，尽管今天几乎没有人与马克思一样，把资本主义制度看作是工人异化的根本原因，但是他的观点继续影响人们对什么使劳动更令人满意或更不满意的原因的探索。

工人异化　工人异化的定义很多，但最基本的含义包括四个方面。第一个层次是无能感（powerlessness），即工人无法控制劳动过程、无法控制自己的工作性质。第二个层次是无意义（meaninglessness），指的是缺乏目的感：工人不能把他或她的工作与个人目标和组织的更大目标结合起来。第三个层次是孤立感（isolation），即工人缺乏对组织本身的归属感、不能将自己与他或她的同事结合在一起。第四个层次就是自我疏远（self-estrangement）或称自我异化，工作使工人无法表达独特的个性，如创造力和独立的判断力［西曼（Seeman），1961；布洛内（Blauner），1964；伊斯雷尔（Israel），1971］。

关于工作组织模式与工人异化之间的关系的社会学研究普遍发现，无能、无意义、孤立感、自我疏远，在大的科层制公司中表现得更加强烈（参见第7章）。虽然不一定总是这样，但一般说来，工作组织规模越大，工人异化的程度越高。当工作变得越来越简单化时，当工人参与劳动过程的影响降低时，当工作关系和工作任务变得越来越正式时（即越来越受到公开严密表述的规则的限制，规则减少了个人的自由处置权），异化程度就更厉害［Seeman，1961；Blauner，1964；利茨尔和瓦尔扎克（Ritzer & Walczak），1986］。

工作不满意的代价是很高的。工人异化经常导致工人极低的自尊心、糟糕的精神风貌、在工作场所的故意破坏、很高的缺席率，以及需要补缺的工人的比例也很高。所有这些因素都会
426 降低生产率。因此，许多大公司因为在一定程度上受到全球经济越来越激烈的竞争的刺激，开始寻求更低异化的、更令人满意的、更多产的工作安排。

工人满意度　前文引用过的《美国的工作》报告中列举了与工人满意度相联系的8个重要方面：

（1）能提供声望、控制力和个人满意度的高地位的工作；

（2）具有多样性和自主性的挑战性工作；

（3）考虑周到的、替人着想的、商量性的监督行为；
（4）可以平等交流的工作；
（5）高工资；
（6）明显具有一定提升机会的工作；
（7）良好的劳动条件；
（8）就业保障。

部分地出于对这一报告的回应，同时也为了努力提高生产率，一些美国公司重新调整了工作安排，其中包含了促进更大工作满意度的条件。这种努力主要包括三次改革：扩展工作、丰富工作及建立相对自主的工作群体［德贝尔和施瓦茨（Derber & Schwartz），1988；坎特（Kanter），1983；米勒和福姆（Miller & Form），1980］。

许多现代的工作，尤其是那些工厂和制造厂的工作，都已经高度常规化了，即这些工作已经简化为许多套简单的重复性行为，几乎不要求有经验、培训、知识和技巧［鲍尔（Baul），1974］。工作扩展（job enlargement）是为了克服因常规化造成的分散化及工作简单化。工作扩展增加了工人期望的任务量，使工作经历更加丰富，工人也可以参加范围更大的工作活动。

工作丰富（job enrichment）是指给工作增加更大的权力和责任及额外的任务。丰富的工作为工人的创新能力、判断力、创造力及自我监督提供了更大的空间。与工作扩展一样，工作丰富创造了更复杂、更具挑战性的技术性工作，而且使每个工人对他或她的工作有更大的控制权。

自主工作群体（autonomous work group）制度将成员分为许多相对独立的 7～12 人的群体，对每个群体布置一套完整的任务，他们必须完成工作程序中的每个部分。他们在不同具体工作（包括监工）间轮换，在群体内部有规则地进行。另外，每一个群体在招募新成员、培训、工作评估、纪律、工作设计、质量监督等方面有相当大的决定权。

社会学研究表明，这些改革使工作满意度、工人的表现及生产率都有了很大的提高。许多研究都强有力地支持了这样一个假设，即这些改革“提高了工人的工作控制力、增加了工作满意度、降低了工人异化的程度。这与工人表现及生产率的提高有很大的关系……（工人）独立性和参与性的提高、缺勤率和补缺率的降低，与劳动生产率和生产质量的提高之间，有极强的相关关系。”（Derber & Schwartz，1988，p. 221）

（二）美国的工作倾向

1. 女性劳动力的参与

第二次世界大战后，加入劳动大军行列的妇女数量有了极大的提高（参见第 13 章）。1970 年，16 岁以上的妇女中只有 43.3％的人进入劳动力市场。1980 年这一数字上升到 51.5％，1997 年为 59.8％。相比较之下，男劳动力的参与率在逐渐下降，1970 年为 79.7％，27 年后降为 75％。让人更觉得惊讶的是，已婚妇女和有小孩的母亲参加到劳动力市场中的人数却急剧上升。劳动力市场中已婚妇女的比例从 1970 年的 40.5％上升到 1980 年的 49.8％，1997 年为 62.1％。1975 年，有 6 岁以下孩子的已婚妇女的参与率只有 36.7％，1997 年，这一数字已经达到了 63.6%（U. S. Bureau of the Census，*Statistical Abstract of the United States*，*1998*）。

女性劳动力参与率的提高反映了美国社会性别平等程度的增加。尤其在过去的 20 年里，女性的职业机会已经有了极大的提高。然而，妇女在劳动力市场上的参与率水平的上升也标志着范围更广的人口和就业变迁。妇女参与率水平的上升伴随着单亲家庭和以女性为主的家庭的增加，表明越来越多的妇女认为加入劳动大军是必须的。同样的压力来自于这样一种情况：工资相对较高的制造业工作减少，代之出现的是低工资的服务行业工作，这使男性工人收入减少，因而迫使许多妻子和母亲进入劳动力大军。

你认为妇女更多地参与劳动是性别平等的一个表现吗？
或者更多地反映了经济的状况？

2. 去工业化

427 去工业化（deindustrialization）是指美国经济在 20 世纪 70 年代早期爆发的私人投资从制造业中有组织地撤出的行为，这一过程在 20 世纪 80 年代继续加速进行［Bluestone & Harrison，1982；米什尔（Mishel），1989］。去工业化已经严重削弱了经济的工业基础。1989 年以来，100 多万份制造业、采矿业和建筑业的工作机会消失了［米什尔，伯恩斯坦和施米特（Mishel，Bernstein & Schmitt），1997］。

美国工业经济基础的破坏是由于经济全球化的发展所造成的。在以全球市场为特征的国际劳动分工中（前面已讨论过），劳动力和原材料都在最便宜得到的地方去寻找。因此，美国制造商为了降低成本，要么把生产设备和工作机会移到低工资的发展中国家去，要么完全淘汰掉无竞争力的生产线。另外，有证据表明，去工业化由于公司管理人员削弱工会的极大努力而得到加强（Bluestone & Harrison，1982）。由于去工业化，在初级劳动力市场的附属市场中，大量薪水中等、有工会组织的工作机会消失了。

3. 服务行业的扩张

尽管制造业工作有所减少，但在 20 世纪 80 年代和 90 年代，美国经济仍然经历了一个工作机会增加的时期。在这段时间里出现的新工作大部分属于服务行业。今天，服务业工作机会远远超出了制造业工作机会。美国劳动统计局指出，在 1996 年到 2006 年间增加到美国经济中的 1 860 万份新工作中有 1 760 万份工作由服务领域产生（参见图 18—2）。

热门工作	年收入(美元)
首席信息官(CIO)	100 000~200 000
无线设备工程师	80 000~120 000
软件开发经理	60 000~100 000
计算机系统员	60 000~100 000
数据库管理员	60 000 ~80 000
电子商务主管	50 000 ~80 000
网站管理员	50 000 ~70 000
模具工	40 000 ~70 000
教师培训者	35 000 ~60 000
电话销售人员/客户代表	20 000 ~35 000

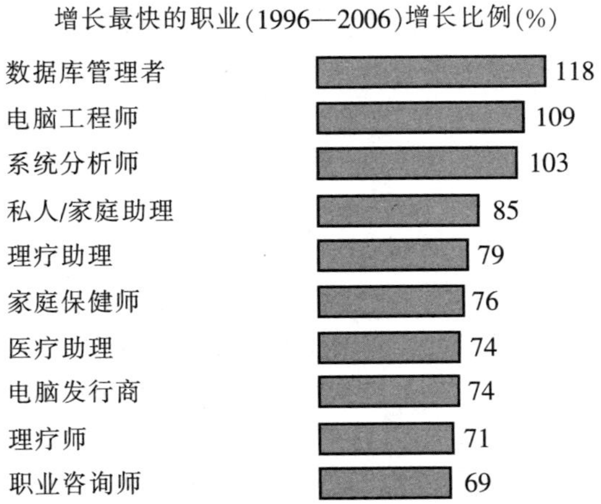

图 18—2　21 世纪初服务部门就业机会的增长与薪资水平

资料来源：From *Newsweek*，February 1，1999，p. 44. © 1999 Newsweek，Inc. All rights reserved. Reprinted by permission.

服务行业包括的工作范围很广，其中有一些工作的报酬相当好。例如，1997 年，系统分析师的平均年薪是 51 360 美元；数据管理员的平均年薪为 47 960 美元。但是，另一端的服务工人如销售员和快餐工人等却赚很低的薪水（U. S. Bureau of Labor Statistics，1999）。

由于去工业化造成的从产品制造经济向服务经济的转变已经使高收入的工作有所增加，然
428 而，报酬明显低于原来的制造业工作的低工资工作却有了更大的增长。这种转变使低工资工作在整个经济中占的比例增加。

多数专家认为，美国经济中制造业基础削弱的副作用，已被服务行业就业机会的大幅度增长所带来的好处所抵消。他们认为，美国将来经济的繁荣要靠服务业的不断扩张。然而，也有人认为这种想法是错误的，因为这种想法在一定程度上挫伤了复兴国家工业的努力，而这是非常危险的。因此，这种观点认为，服务业只能作为工业的补充成分，而不能取代工业。

在美国，近70%的服务业就业与制造业直接相关。更重要的是，大部分服务业在最靠近工业设施的地方最为发达，因为这些服务业利用了工业设施。因此，工业经济基础的继续收缩将很可能意味着服务业工作的最终丢失。这种情形在钢铁业和电子业中已经出现。美国曾经在这两个领域的高水平出口服务中占据领先地位，而现在，美国却从日本和欧洲进口这种服务[科恩和兹斯曼（Cohen & Zysman），1987]。

4. 弹性生产组织

美国工业经济基础的复兴可能需要依靠不同于20世纪的大公司所采取的生产组织原则。
429 将来，生产有可能必须以一种有利于促进更专业化生产、更高质量产品的方式进行组织。

美国在国际劳动分工中的优势就在于它能够生产高技术要求的产品，从而能够保证不受低工资的竞争。类似的产品有：高精密度的管芯及工具，这要求精确的工艺、测试及维修技术；用户化的产品，如用于满足特殊需要的机器工具及多功能自动装置；还有以技术带动的产品，如计算机、光纤光学及激光产品。这些类型的产品都要求传统上分离的商业功能（研究、设计、工艺、购买、制造、分配、市场及销售）形成一个高度统一的体系，以便能够对新机会做出迅速的反应（Reich，1983）。

许多学者认为，这些专业化的、精密的、高质量的产品生产需要弹性生产制度（flexible-system production）。弹性生产制度具有从一个项目向另一个项目快速转变的能力，它主要依赖于：（1）适用于大范围产品生产的新型计算机技术；（2）潜心钻研技术的劳动力可适用于大范围的生产任务。与大型科层制公司相对照，弹性生产组织表现出相对较少的劳动分工特点。这
430 种组织鼓励集体的合作，而且技术知识得以扩散；它有一种更好的等级结构，这种结构在许多方面模糊了管理者与工人之间的责任差异；而且它有少得多的正式规则与条例，这使工人有更大的空间去发挥自己的创造力及判断力（Hearn，1988）。

不同产业的公司，如钢铁业、造纸业、纺织业、金融业、化学及计算机业，都已经转向了弹性生产制度[佐伯夫（Zuboff），1988；赫希曼（Hirschhorn），1984；贝利（Bailey），1990]。另外，美国的一些大公司，包括美国电话电报公司、强生公司、惠普公司在内，都已经朝着这个方向进行了大规模的重组活动。弹性生产制度在一定程度上将成为主要的模式，然而，这也是一个值得讨论的问题。

全球社会 428

21 世纪中的竞争

随着 20 世纪结束，全世界的国家都已知道经济全球化这个事实。当韩国的经济在 1997 年近乎崩溃时，国际社会成员共同出资价值 550 亿美元的贷款试图避免这一灾难 (Bagby，1998)。三个世界借贷机构：国际货币基金组织、世界银行和亚洲发展银行出资 350 亿美元，剩下的 200 亿美元来自美国和其他许多国家。日本的经济从 1992 年开始走下坡路，在 1997 年，当银行困难导致它的经济陷入困境时，日本引起人们格外的关注。

一连几个月，美国人焦急地盯着股市，生怕美国会受到亚洲经济危机的冲击。然而，美国经济仍很强大，推进了自 1991 年 3 月在海湾战后余殃中的经济扩张。很多分析家认为，美国经济欣欣向荣，这附和了克林顿在 1997 年 7 月向七国峰会领导人的吹擂：“美国经济在这代人期间是最健康的，在全世界是最强大的。”(Bagby，1998，p. 49)。

但美国人还没忘记十年前那场糟糕经济所带来的问题。1982 年，美国的失业率达 9%之高。美国公司为努力跟上国外的竞争，就对它们的员工进行裁减。日本成功进军汽车市场使美国的汽车工人遭到尤为严重的打击。汽车工人不会很快忘记以大批失业和工厂关闭为特征的 20 世纪 80 年代末期。

并不单是美国人感受到了全球竞争的后果。其他工业化国家的失业率水平已是美国的两倍(见图 18—3)。但要寻求解决高失业率的办法是不容易的。尽管所有的国家都面临同样的全球竞争者，但各国不同的经济体系说明，适合一个国家的方法对另一个国家来说可能行不通。比如说，各个国家每周的平均劳动时间是不同的。对产业工人来说，德国每周的平均劳动时间是 29 个小时，但美国是 37.9 个小时。这些工人平均每小时的报酬也有很大不同，在德国每小时能拿到 31.87 美元，但在美国只有 17.74 美元。

一种解决高失业率的办法是通过减少周工作时间来增加工作数量［塔利亚布 (Tagliabue)，1997］。这种观点在意大利和法国都很流行，两国政府计划减少法定周工作时间中的小时数。出于这一方案的考虑，大众 (Volkswagen) 公司与一个工会的谈判协议是：平均周工作劳动时间从 36 个小时减为不到 29 个小时，相应地，工资减少 15%。协议书还规定了大众公司可以增加周工作时间到 35 个小时，而不用付加班费。这一协议从 30 000 个工作中节省出了 20 000 个。

另一种解决高失业率的办法受到一些欧洲国家的欢迎，它通过实行弹性工作时间来降低成 429
本，提高生产率。尽管这种方法可能对具有刚性社会结构和强大工会组织的国家来说难以适用，但它确实反映了全球经济竞争的现实——需要对瞬息万变的市场做出反应 (Tagliabue，1997)。

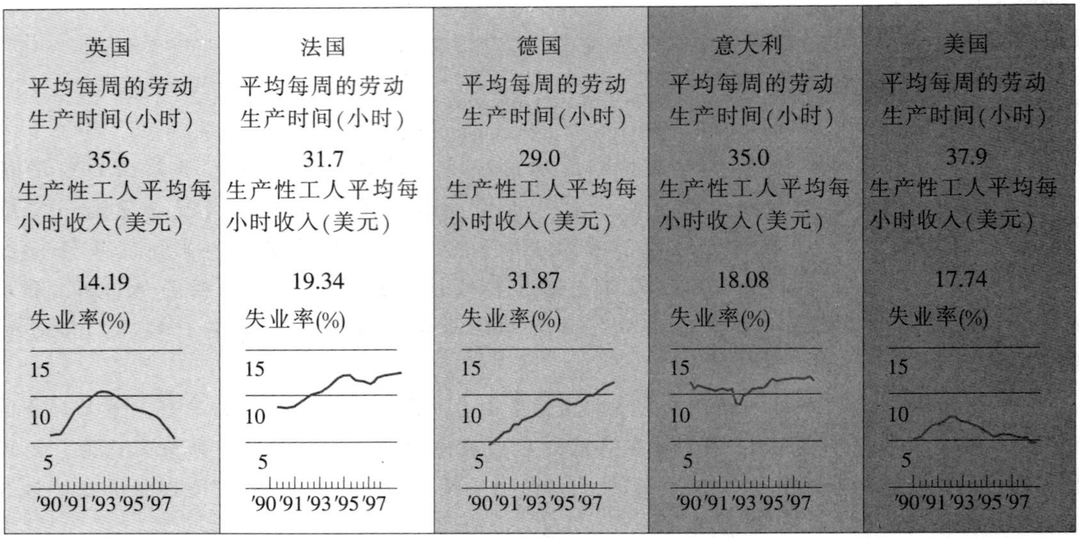

图 18—3　全球经济对世界各国工作条件的影响

资料来源：Bureau of Labor Statistics；DRI/McGraw-Hill；*New York Times*，November 12，1997，p. C1.

（三）跨文化观点：日本经济与劳动

当美国从第二次世界大战中成长成为世界经济政治强国时，日本却处于一片废墟中。然而，到 20 世纪 80 年代，日本已经成为世界上第二大经济强国。造成日本经济迅速发展并取得非凡成就的因素有许多，但最主要应归结为日本的生产组织原则。

直到 19 世纪中期，日本还是一个政治上和经济上相对封闭的国家。日本的民族特征强调合作和公共事业，这一定程度上可以追溯到那种封闭主义传统上。但是，在 19 世纪晚期，西方开始侵入日本，在海军准将佩里（Perry）的率领下，美国炮船迫使日本对美国打开了贸易的大门。由于受到西方的直接影响，日本的现代经济形成了。西方的经济模式及技术很快传入了日本，并被日本领导人所采用。到 20 世纪 30 年代，日本已经成为一个重要的次工业强国。第二次世界大战毁坏了日本的一部分生产能力，而且剥夺了日本从亚洲获取经济利益的权力。但是在西方国家尤其是美国的帮助下，日本采用了最新的技术，这使得战后的日本创造了一种强大的工业动力。

今天，日本经济结构以许多大型产业集团为特征，这种松散联合的组织一般由 20 个至 30 个大公司组成，它们以一个主要的银行为中心，银行为它们提供必要的资金。一般来说，每一个集团的公司都代表了一种主要的产业活动，如运输业、电子、钢铁生产或保险业。而每一个主要的公司周围又有许多更小的公司，这些小公司为更大的公司提供某种特殊的产品和服务

[摩根（Morgan），1997；乌奇（Ouchi），1981]。

尽管日本的公司主要是以赚取利润为取向的，但是大部分公司很少注重短期利益，这一点与美国的公司很不相同。日本采用的是使公司长期成功、工人连续就业的计划。为了使资源能用于为将来建立坚固的基础，从而不断地取得成功，日本公司很可能牺牲短期利益。日本公司很乐意为员工培训而投资，它们帮助员工提高技术以便在将来需要的时候使用。如果有很好的机会，如果技术有利于公司将来的发展，那么，为引进和发展技术它们会不惜代价。尽管目前的生产也需要资金，但为了满足将来的需要，资金仍有可能被用来使工厂现代化［沃格尔（Vogel），1979］。另外，日本管理层被培养成为公司稳定、为公司长期和总体的发展而工作。他们能达成这些目标，才有报酬，而不会因为他们为公司赚取了短期利益而得到奖励。

日本政府密切地关注贸易及经济。虽然日本贸易由私人领域拥有和操作，但是日本政府竭力为繁荣贸易而提供框架。为达到总体经济成功，为确保经济发展，公共机构完成许多与贸易密切相关的特殊的计划功能和工作。重要的政府官员随时准备帮助贸易发展，而且他们也很愿意帮助公司选择地点、组织资源或者获取关键的新技术。而且政府并不依靠采取法律行动，如反托拉斯法，因为那样有可能损坏公司有效运作的整体能力。

正如前文指出的，日本的生产组织与美国的极不相同。日本的劳动是以一系列的集体合作为组织特征的。在日本，决策过程向大多数人公开，有相对广泛的人参与，这样，以多数人意见为特征的管理模式形成了。组织的各层次的团队合作使得分散的劳动分工很少发生，而且专为提高工人技术和管理人员水平的持续的培训活动也能达到这种效果，然而在美国，劳动分工的分散化却是极为典型的。所有这些是与终身就业行为紧密联系在一起的，终生就业创造了高水平的雇员信任感和责任感。在这种环境下，日本从来不会发生像美国工人那样抵制技术改进的行为。

但是，我们并不应该过分强调日本制度的积极方面。具有高度公共化特征的日本生产组织只拥有 30%的劳动力（这些劳动力被 1 000 个左右的大公司所雇用）。剩下的 70%仍在低工资、 *431*
低技术的小公司就业，而这些小公司没有提供终身就业保障、以多数人意见为特征的管理模式或者连续的职业培训。另外，占日本劳动力 40%的妇女在这些人们不愿从事的工作中占了绝大部分。而且，即使被大公司雇用的妇女通常也只能得到一些不重要的工作，她们的提升机会受到限制，她们也不能得到男性可以得到的相应部分，如保险规定、职业培训等（Hearn，1988）。

另外，日本经济也不像它过去那样强大了。在 1987—1991 年间，日本是世界经济增长最快的国家（*The Economist*，March 24，1992）。然而，1992 年它经历了全球经济萧条时期，而且在整个 90 年代，它陷入了严重的经济滑坡。日本经济将如何被重新设计以对这一滑坡做出反应，仍须拭目以待。

五、社会与市场：一种人文观点

正如我们所见到的，在市场上，人们不是以利他主义精神（不自私地为他人着想）为导向的，而是以对利益的理性的自私计算和企图为目标的。因此，市场并不滋养反而破坏了强烈的道德契约和深厚的感情联系，因为这些都不可能产生于对自私利益的理性计算中［沃尔泽（Walzer），1986；沃尔夫（Wolfe），1989］。

普遍被接受的诚实、信任、合作和社会义务的标准是依靠强烈的利他感和团结感建立起来的，这些因素曾经"为个人主义的、无利他主义的市场经济提供了必要的社会契约"［伊尔希（Hirsch），1976，p. 142］。如果缺乏这些社会契约，市场就会逐渐变得无情，市场关系就会变得不可靠，市场的参与者就很少会去考虑他们的行为后果。的确，社会学研究已经表明，当越来越多的人以理性的、自私的市场逻辑作为生活导向的时候，要保持市场经济就会变得越来越难（Etzioni，1989）。

在"公民社会"中，如在家庭、朋友、亲属网、非正式的工作及宗教团体、自愿者协会中，我们能感受到信任、同情、利他主义及团结感。我们知道如何关心自己及互相关心。但是，现代国家（正如我们在第17章所见到的）和现代市场已经侵入并且削弱了公民社会。社会义务渐渐失去了它们的力量。

> 国家和市场都不讲求把他人仅仅作为人来对待的义务，而是把人当作公民或当作机会。实际上，人们希望联结在一起，而不要考虑短暂的自私利益或者那些有权执行那些契约的外在权威。但是，国家和市场都不注重人们所希望的那种契约。最后……二者都不愿意承认……人民是有能力参与制定他们自己的道德规范的。（Wolfe，1989，p. 12）

社会义务的复兴以及要使意义丰富而深远的公民社会实实在在地持续下去，需要做出新的努力，以减少市场和国家的侵入。

复习与思考

1. 请述说一下三个主要的经济部门。
2. 举例说明下列概念：市场经济、计划经济、混合经济、私人所有制、公共所有制、合作所有制。
3. 区分并讨论资本主义制度和社会主义制度之间的主要不同点。
4. 美国强大的个人主义传统如何塑造美国经济事务中的观念？
5. 描述当代美国经济集中的状况。
6. 经济全球化如何改变工作运作方式？
7. 雇主如何能够降低工人的异化？
8. 描述美国最新的工作趋势。这些趋势将如何塑造21世纪的社会？

网上练习 432

第 18 章的网站涉及经济与劳动的各个方面。请首先登录 Prentice Hall Companion 的网址：http：//www. prenhall. com/popenoe。接下来，选择第 18 章（经济与劳动）。然后，从屏幕左边的菜单中选择网站。在这里，你将发现各种网址。我们建议你从 American Federation of Labor－Congress of Industrial Organizations（AFL-CIO）的首页开始。AFL-CIO 是美国最大的工会之一。文章指出，过去 20 年工会力量的减弱已经导致有组织的工人组织在谈判中力量的削弱。进入 AFL-CIO 网站，你将能够探讨影响有组织的工人组织的各种问题。尤其是，你还有望将你的注意力放在"union membership and pay"上。在你浏览了 AFL-CIO 网页后，回答下列问题：

1. 文章指出，工会力量减弱的主要原因之一就是 20 世纪 80 年代许多大公司采取的"避开工会"的有效策略。那么，像 AFL-CIO 这样的工会组织已经利用了哪些策略来同这种倾向作斗争？

2. 你认为美国工会的未来将如何？

关键术语

economy	经济	mixed economy	混合经济
primary sector	第一产业	market socialism	市场社会主义
secondary sector	第二产业	democratic socialism	民主社会主义
tertiary sector	第三产业	economic concentration	经济集中
decentralized economy	分散型经济	alienation of labor	劳动异化
centralized economy	集中型经济	job enlargement	工作扩展
market economy	市场经济	job enrichment	工作丰富
planned economy	计划经济	autonomous work groups	自主工作群体
capitalism	资本主义	deindustrialization	去工业化
socialism	社会主义	flexible-system production	弹性生产制度

第五部分

社会环境和社会变迁

第19章 人口与生态

我们的地球已经拥挤不堪了，但总人口仍在以每秒3人的速度增长，也就是说每天增长25 434
万人，而每年增长9 000万至1亿人［联合国人口基金会（United Nations Population Fund），1990］。全球人口在20世纪的增长速度令人非常惊愕。人类从开始一直到1815年才达到了10亿人，100年后人口增加到20亿，再过了35年则达到了30亿，而第四个10亿只花了14年，第五个10亿仅仅用了12年。而现在，全球的人口达到了59亿，而且这个数字还在持续增长，速度没有丝毫减退。

美国人已经很熟悉“人口爆炸”这个字眼，但这一威胁对我们大多数人而言多少有些抽象，因为美国并不像大多数别的国家那样人口过多。全球人口增长的94%来自于第三世界的发展中国家。在美国，人口的增加也许仅仅意味着我们要花费更多的时间才能在路边找到一个停车位，而一项关于香港的研究表明，即便是在30年前，香港的人均居住面积也只有43平方尺，39%的香港居民要与非亲非故的人合住一所房子，28%的人要三个人合用一张床，而13%的人甚至四个人或更多人合用一张床［米歇尔（Michell），1971］。

拥挤会产生什么后果，研究的结论是相互矛盾的。一些关于动物的研究表明，在过度拥挤的环境下，幼小动物的死亡率会大大增加，而且还会引起其他形式的病理反应［卡尔霍恩（Calhoun），1962］。关于人类的研究没有得出明确的结论，但毫无疑问，越来越多的人口使得一些国家，尤其是非洲国家越来越难以找到足够的粮食、建造足够的房屋以满足人民的生活。由于人们总是向往富有的国家，人口的增加还刺激了国际间移民的增多，而增多的人口必然又加速了清洁空气、水以及燃油等自然资源的枯竭。

由于这些以及其他众多的原因，弄清在现代化和前现代化国家里人口的增加与减少的变化规律、人口与周围环境的相互关系在当今显得尤其重要。在本章，我们将介绍人口变化的基本概念，并将讨论它对整个社会的影响。最后，我们将依照生态学的观点来研究人口与其生存环境和非生存环境的关系。

一、人口研究

仅在一个世纪前，研究人口的还是数学家、经济学家和政治家，而不是社会学者。然而随着社会学的出现，人们越来越注意到影响人口的数量、结构、分布和变化的社会因素。而且，社会学家还认识到人口对于个人行为、社会结构以及文化的重要影响。尽管关于人口的研究——人口学——本身还包括很多个学科，但它已经成为社会学中发展最完善的、最重要的研究领域之一。

人口学研究在很大程度上是数量上的，而且在这方面，人口学可能是整个社会学领域发展最完善的学科。但对于人口进行科学的研究也是不久前才开始的。早期的人口学家研究用的数据往往是不可靠的，仅仅是依靠猜想或想象，而不是通过科学的程序获得的。而现在大多数国家定期地、系统地收集人口数据，尽管这些数据，尤其是在发展中国家，还远不是精确的。此外，计算机的发展也极大地推动了科学的人口研究，它使得人口数据的收集、分析工作比以往进行得更容易、更快、更精确。

（一）人口研究的数据来源

最重要的数据来源就是人口普查，即定期的人口统计，包括年龄、性别、职业等数据的调查。人口普查在很久以前就有，古罗马帝国就曾试图清算出整个帝国的人数。著名的《英格兰土地清账手册》则是在 1086 年，由于征税的需要，由征服者威廉一世下令编辑的有关财富和人口的统计资料。在现代，人口普查是定期进行的。美国联邦宪法规定，政府有义务对“除了不纳税的印第安人以外，所有的自由人，包括所有有义务服兵役的人”进行人口普查。自 1790 年起，全国范围的人口普查每十年进行一次。

进行人口普查是一项耗资巨大的工程。在发达国家，人口普查是定期举行的常规活动。而在欠发达国家，由于缺乏资金和训练有素的人员，人口统计工作很难开展。尽管联合国以及美国、英国、法国、瑞典等国家一直在帮助发展中国家进行人口普查工作，但这些国家仍然难以获得准确、及时的统计数据。

美国的人口普查是由人口普查局完成的，调查内容包括全体美国公民及其他在美居民的年
435 龄、性别、住址、婚姻、种族和民族。对于职业、住房、收入和受教育程度等附属信息也进行抽样调查，并以此为准对全部人口的状况进行测算。1990 年人口普查的总花费超过 26 亿美元，即被统计的人人均 1 040 美元，这是美国有史以来最深入的一次社会调查。调查问卷寄往 1 亿套住宅，而对那些没有回复问卷的人进行访问，访员就足有 315 000 人。

美国人口普查的最大挑战是获得并保持较高的精确性。可靠的数据是非常重要的，是确定众议院和立法机关中代表人数的依据，也是联邦和州立基金在教育、健康及其他服务方面进行分配的依据。人工统计曾是造成人口普查误差的主要来源之一，但在最近几十年，计算机系统

的应用大大减少了这种误差。

人口普查的准确性的最大障碍也许是会有部分人口在普查中遗漏。1990年的人口普查涉及了全部人口的98%，被认为是所有人口普查中最精确的，但遗漏情况仍然存在(U. S. Bureau of the Census，1992a)。人口普查局认为之所以造成遗漏有以下几种原因：通过非法途径进入美国的人及那些有可能被起诉的人对普查的害怕和疑虑；从一个地区前往另一地的人担心迁移要交纳费用；由于不了解人口普查的重要性而采取漠不关心的态度。

遗漏情况更多的是出现在城市里。人口普查局估计，在1990年的人口普查中，有4.8%的非裔美国人、5.2%的拉美裔美国人、3.1%的亚太裔美国人、5.0%的美国土著被遗漏了（U. S. Bureau of the Census，1990c)。而且毫无疑问，这些人都属于那些最需要外界资助的群体。如果少数民族地区由于人口统计的遗漏而失去部分选举权，那么这个地区的医疗和福利就会受到严重的影响。

除了人口普查的数据外，人口学家还利用州与联邦政府的动态的人口统计——出生、死亡、结婚、离婚的人数——来统计和研究人口的变化。同人口普查的数据一样，这些数据的准确性也随着各州与国家的不同而不同。在瑞典等国家，准确的人口统计记录已经进行了一个多世纪。而在许多第三世界国家，这些数据却不那么可靠。在美国，到1933年才开始所有的州都进行人口统计。如今，美国的人口统计资料（由各州分别编辑）是非常可靠的。

应用社会学 436

测量种族

每十年，人口普查局都要求我们来描述一下我们自己。通常，我们无须对普查局所问的问题多加思考。答案是简明直接的——性别：男或女，年龄和出生年份，婚姻状况：现已结婚，寡居，离婚，分居，从未结婚。但对很多美国人来说，种族是一个很难回答的问题。

1990年的人口普查允许美国人只能填写一种种族（见图19—1)。这对许多父母是不同种族的人构成了难题。事实上，1990年有260万儿童是生活在父母来自不同种族的家庭，或是一个西班牙语系的人与一个非西班牙语系的人结婚的家庭[奥黑尔（O'Hare)，1998]。

如果你不知道为什么人口普查局一定要问种族，这里会告诉你许多的原因。其一，有关种族的数据对司法部的国会选区重划报告是必需的。抵押借款和废除种族隔离也需要这些数据[罗伯茨（Roberts)，1995]。

但种族的划分类别存在诸多问题。1990年的人口普查只有一个种族类别：“黑人或非洲黑人”。由于“Negro”一词已不受欢迎，一些黑人就完全跳过这一分类，而在“其他”类别一栏填写“非裔美国人”。

推动修改种族和民族划分类别的大多是来自混合种族学龄儿童的家长。他们担忧的是，允许只能填写一种种族的学校机构会使儿童处于选择父母中一方的种族而不选另一方的窘境(O'Hare，1998)。由家长所推动的修改联邦调查和人口普查中的种族划分类别活动已获得成功。1997年，联邦中介机构委员会种族和民族标准报告建议，调查和人口普查的调查对象能做出多于一种种族身份确认的选择。事实上，2000年人口普查所设计的表格允许美国人选择多于一种的种族类别（见图19—1）。其他对种族类别设计的修改包括：把“黑人”这一类别修改为“黑人或非裔美国人”，把“西班牙语系”修改为“西班牙语系或拉美人”，把亚洲人或太平洋岛民这一个类别划分成两个：夏威夷土著人和其他太平洋岛民，亚洲人。

2000年人口普查

第二个人

Census information helps your community get financial assistance for roads hospitals,schools, and more.

● 姓名(把名字填写在下面)
姓
名:　　中间名:

● 与第一个人的关系(在一个适当的方框里打“×”)
□ 丈夫/妻子
□ 亲生儿子/女儿
□ 养子/女
□ 继子/女
□ 兄弟/姐妹
□ 父亲/母亲
□ (外)孙/孙女
□ 女婿/儿媳
□ 岳父母
□ 其他亲属—请写出确切关系

如果和第一个人不是亲属关系
□ 房客/寄宿生
□ 同居者,室友
□ 未婚伙伴
□ 养子/女
□ 其他非亲属关系者

● 性别
□ 男 □ 女

● 年龄,出生年月(在下面写出具体数字)
到1998.4.4的年龄　出生月　日　年

● 注:请同时回答第5、第6题

● 是西班牙/西班牙语系/拉美裔吗?(如果不是请在相应框中打“×”)
□ 不是,不是西班牙/西班牙语系/拉美裔
□ 是的,波多黎各人
□ 是的,墨西哥人/在美国的墨西哥人/墨西哥裔美国人
□ 是,古巴人
□ 是,其他西班牙/西班牙语系/拉美裔(请写明)

● 您的种族(可多选)
□ 白人
□ 黑人,非裔美国人或非洲黑人
□ 美洲印第安人或阿拉斯加土著(并写出所属的主要部落名称)
□ 亚洲印第安人 □ 日本人 □ 夏威夷土著
□ 中国人 □ 韩国人 □ 关岛或查莫罗人
□ 菲律宾人 □ 越南人 □ 萨摩亚人
□ 其他亚洲民族　其他太平洋岛民
□ 其他种族

● 如果有更多人住在这里,请继续填写“表3”

1990年人口普查

	姓: 第一个名:　中间名:
2.与第一个人的关系	如果是第一个人的亲属: ○ 丈夫/妻子 ○ 亲生/领养的孩子 ○ 继子/女 ○ 兄弟/姐妹 ○ 父/母 ○ (外)孙 ○ 其他亲属(请写明如:岳母,祖父,女婿,侄女,外甥(女)等) 如果和第一个人是非亲属关系(请选择) ○ 房客,寄宿生 ○ 未婚伙伴/养子 ○ 同居者,室友 ○ 其他非亲属关系者
3.性别	○ 男 ○ 女
4.种族 (在下面选项中选取一个你自己所属的种族)	○ 白人 ○ 黑人/非洲黑人 ○ 美洲印第安人(写出所属的部落) ○ 爱斯基摩人 ○ 阿留申人 亚洲或太平洋岛种族 ○ 中国人 ○ 日本人 ○ 菲律宾人 ○ 亚洲印第安人 ○ 夏威夷人 ○ 萨摩亚人 ○ 韩国人 ○ 关岛人 ○ 越南人 ○ 其他亚洲或太平洋岛种族 ○ 其他种族(请写明)
5.年龄和出生年份	a.年龄　b.出生年份 0 ○ 0 ○ 0 ○　0 ● 0 ○ 0 ○ 0 ○ 1 ○ 1 ○ 1 ○　1 ○ 1 ○ 1 ○ 2 ○ 2 ○　2 ○ 2 ○ 3 ○ 3 ○　3 ○ 3 ○ 4 ○ 4 ○　4 ○ 4 ○ 5 ○ 5 ○　5 ○ 5 ○ 6 ○ 6 ○　6 ○ 6 ○ 7 ○ 7 ○　7 ○ 7 ○ 8 ○ 8 ○　8 ○ 8 ○ 9 ○ 9 ○　9 ○ 9 ○
6.婚姻状况	○ 已婚 ○ 分居 ○ 丧偶 ○ 未婚 ○ 离异
7.是西班牙/西班牙语系血统吗?	○ 不是(不是西班牙/西班牙语系) ○ 是,波多黎各人 ○ 是,墨西哥人,美国的墨西哥移民,墨西哥裔美国人 ○ 是,古巴人 ○ 是,其他西班牙/西班牙语系人(请标明具体群体如:阿根廷、哥伦比亚等)
人口普查用 →	○ ○

图19—1　相对1990年普查，2000年人口普查表格提供了更多的种族划分选项

资料来源：*American Demographics*，April 1998，p. 43.

当涉及人口的纵向比较时，种族类别修改会产生一些问题。例如，1990 年人口普查数据中的种族表格有五个单元格：白人，黑人，美洲印第安人、爱斯基摩人或阿留申人，亚洲人或太平洋岛民，其他。2000 年人口普查对种族数据的列表需要 64 个种族单元格。这些差异会使计算黑人人口从 1990 年到 2000 年的增长变得困难。而这毫无疑问地会引起政治选区重划的分歧。与此同时，这些新的种族和民族划分标准可能会提供有关日益多样化的美国人口的丰富信息。

（二）人口的结构：性别与年龄 435

人口结构是指人口显著的生理和社会特征，比如性别、年龄、种族、居住地、婚姻状况、家庭规模、职业和收入等。人口学家特别注重性别和年龄这两个生理特性，因为它们对于研究出生率和死亡率、人口的工作能力、不能独立生活的人口（幼儿、年少及年老的人）的情况都是至关重要的。人口学家利用性别与年龄等数据来研究社会的需求，预见可能出现的问题，确定人口的增长率，制定人口规划。

1. 性别比

在人口普查中，男性与女性的人数通常用性别比（sex ratio）或者每百人中的男性人数来表示。如果两性比例恰好为 100，说明男女人数相等；如果大于 100，说明男性多于女性；相反如果小于 100，则男性比女性少。例如，性别比为 105，说明男女比例为 105∶100，如果为 87，则说明男女比例为 87∶100。

在美国，同世界上大多数地区一样，新出生婴儿的男女比例比较高。1990 年出生了 200 万个男婴和 190 万个女婴，新生儿的男女比例为 1.05（U. S. Department of Health and Human Services，1991）。尽管开始是男婴比女婴多，但逐渐的男女比例会变小。在每个年龄组中，男性的死亡率都比女性高，结果，全美国的女性总数反而明显高于男性。1990 年的人口普查表明，65 岁以上的女性比男性多了将近 2 100 万人（U. S. Bureau of the Census，1990）。

由于女性的寿命高于男性，许多研究者认为，从生理上讲女性比男性要更健康和强壮，但是非生理的原因也起到很大作用。战争及其他危险的体力活动从传统上讲更多是男性的领域，甚至拒绝女性参与，因此受害者绝大部分也是男性。所以一场战争过后，男女比例经常会失调。还有，在整个 19 世纪和 20 世纪的某些时期内，由于更多的男人从国外移民到美国，使得 436
这些时期内男性的数量多于女性。事实上，直到第二次世界大战结束以后，美国的女性才开始多于男性。1920 年两性比例为 104.1，1940 年降至 100.7，第二次世界大战后的 1950 年这个比例则变为 98.6，而 1980 年仅为 94.5，1990 年为 95.1，预计到 2000 年的人口普查时是 95.5（U. S. Bureau of the Census，*Statistical Abstract of the United States*，*1998*）。

性别比例也有地域不均衡性。在阿拉斯加州，这个在某种意义上还是处女地的地方，有 437
30.1 万个男性和 27 万个女性。而在佛罗里达州，则有 640 万个男性和 685 万个女性（U. S. Bureau of the Census，1992a）。一般来讲，经济发达地区的性别比例比欠发达地区低，

438 因为城市的就业机会对女性的吸引力更大一些。而在重工业中心地区，男性一般比女性多一些。而在印度等发展中国家，性别比例则比较高。

性别比例的一个含义就是人们可以找到婚姻伴侣的可能性。某一年龄组的婚姻数量部分取决于本年龄组可以结婚的男女人数。这一点在老年人口中表现得更为明显，由于女性的寿命比较长，使得在老龄人口中寡妇的数量远远多于鳏夫。

2. 年龄

由于历史的原因，美国的人口中年轻人的比重一直比较大。在 19 世纪，由于出生率和死亡率都很高，绝大多数人口集中于低年龄组。1900 年以后情况有些变化，出生率和死亡率都有了明显下降。现在，美国人的中位年龄为 34.9 岁，这个年龄现在逐年增长。1980 年的中位年龄为 30 岁（U. S. Bureau of the Census，1998）。

一个国家人口的年龄结构（不同年龄组的相对比例）可以用人口金字塔（population pyramid）来表示，图 19—2 给出了美国和墨西哥两国的人口金字塔。人口金字塔上的每个横条表示一个年龄组（age cohort）——某一特定年龄段的人口全体。在本图中，年龄组是以每五岁为单位的，每年龄组的百分比指的是相对于总人口（包括男性和女性）的百分比。在图中，女性在右半部，男性在左半部。

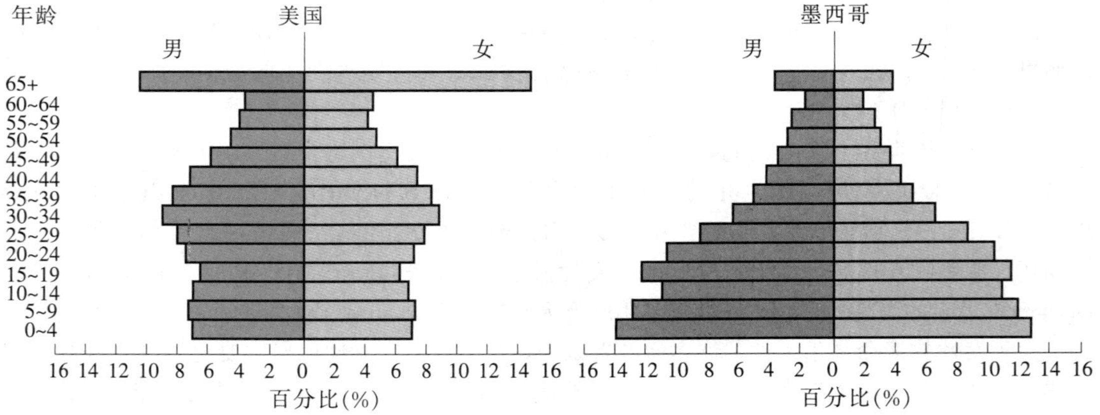

图 19—2 美国与墨西哥人口的年龄结构（1992）

资料来源：U. S. Bureau of the Census，*International Data Base*，*1992.*

人们预计美国的人口金字塔的形状会发生变化。从外形上讲，它正迅速地向矩形发展，这一现象被称为“人口金字塔矩形化”。这是由于美国人在年轻时死去的人越来越少，所以平均寿命就越来越长。如果这种趋势持续下去，那么到 2030 年，美国的人口金字塔就会变成近似标准的矩形（U. S. Department of Health and Human Services，1991）。然而，人口金字塔形状的变化还不可避免地受到移民现象的影响，这种因素使得未来不那么容易预测。

某一年龄组的人在其一生经历中会有很多相同之处［伊斯特林（Easterlin），1980］。比如在美国人口金字塔中膨胀部分所代表的从 25 岁到 39 岁的人都出生于二战后的“生育高峰”(baby boom) 时期，由于这一年龄组的人数众多，这些人都经历着工作机会竞争和住房缺乏等特别的问题。

人口的年龄结构对社会的经济生产力水平，或者说生产商品和提供服务的能力有重大影响。在工业化社会里，年幼和年老的人是没有多少经济生产能力的，如果说他们在农田里还能干点农活的话，在工厂和办公室中他们却几乎帮不上忙。事实上，许多发达国家还专门立法在很多劳动部门中禁止使用童工。某些年龄组的人越来越依赖于他人的劳动，如果依赖别人的人 439
数相对于被依赖的人来讲太多的话，就会产生严重的经济问题。

1990 年的人口普查数据表明，美国人口中 21%的人不足 15 岁，而大于 65 岁的人占 12%。此外，没有劳动能力的人还要加上占人口 13.5%或更多的 15 岁至 24 岁的人，他们由于上高中、大学、参加职业培训或做学徒而经济上尚未独立。加起来，美国总人口中有 46.5%的人在经济上不能独立 (U. S. Bureau of the Census，1992a)。

这个比例看起来似乎很惊人，却还远比不上某些发展中国家。可以回忆一下图 19—1 中显示的美国和墨西哥根本不同的人口金字塔形状。在墨西哥，1992 年有 38%的人在 15 岁以下，而美国仅为 21%。在墨西哥，15 岁至 19 岁这一年龄组是所有单一年龄组中人口最多的，而美国人数最多的年龄组为 30 岁至 34 岁年龄组 (U. S. Bureau of the Census，1992a)。

庞大的年轻人口给墨西哥带来很多现实和将来的问题，最有可能的是人口在 21 世纪初将持续增长。人口结构的年轻化所带来的动力是一种非常强劲的社会力量，即便是一对夫妇只生育两个孩子，墨西哥的人口增长也将持续到 2075 年［梅里克 (Merrick)，1986］。

二、人口变化的要素

就像从连续动作中摄取一个静止图像一样，十年一度的人口普查也抓拍下某一时刻的人口情况。人口学家为了弄清人口数量与结构的变化，他们设法将得到的数据进行推算，以得到普查前并预测普查后的人口情况。

人口学家通常使用投影法 (population projections)，即外推法来预测未来的人口走势。比如，1950 年和 1960 年的人口普查表明这一期间美国人口增长了 18.6%，所以基于这种增长速度，1960 年的一项测试认为，美国人口到 1970 年会达到 2.2 亿。然而，由于 1960 年后人口出生率的大幅度下降，1970 年的人口仅为 2.03 亿，那个预测显然太高了。

与人口投影法不同，人口预测 (population forecast) 则是通过设想社会、经济、技术的发展会怎样影响人口的变化来预计未来人口情况［彼得森 (Peterson)，1975，1985］。比如，如果认为医学进步会使美国人的人均寿命继续延长的话，预测的未来人口数将会比假定寿命不再变化的预测人口数要大。

影响人口增减的基本因素有三个：出生率、死亡率和移民，它们是解释过去和预测未来的关键，下面我们将逐个进行分析。

（一）出生率

人口的出生率，即出生的比率，同时受到生理和社会因素的制约。最重要的生理方面的因素是人口中育龄妇女的数量。为了确定出生率，人口学家选择与妇女的生育年龄大致相对应的年龄组——14 岁至 44 岁或 15 岁至 49 岁——为研究对象，通过计算这一年龄组的妇女数来推测潜在的婴儿的数目。

影响出生率的另一项生理因素是育龄妇女的平均健康水平。打个比方，如果某个地方流行风疹（德国麻疹病），那么，更多的妊娠会以流产而告终，出生率因而也就下降。类似的，严重的饥荒也会从生理上降低妇女的生育能力。

然而，影响出生率最重要的因素在于人们对生育的社会态度。从来没有一个社会的出生率达到或接近其繁衍能力（fecundity），即妇女生育的生理极限。人口学家将控制出生率的方法归纳为三类［戴维斯和布莱克（Davis & Blake），1956；伊斯特林和克里明斯（Easterlin & Crimmins），1988］。第一类包括限制人们性行为的因素，比如社会认可的结婚年龄、对婚前性行为的限制以及对贞节的推崇。第二类是减少怀孕的因素，包括各种计划生育措施和人们心目中最理想的家庭规模等。第三类是指影响实际的生育和婴儿存活的因素，比如流产、杀婴等。

在历史上，人类社会几乎总是在努力避免过高的人口死亡率和人口数量下降。绝大多数传
440 统社会总是鼓励达到最高的繁衍能力，圣经上的“多子多福”在许多社会准则上都有体现，只是到了最近情况才有所变化。由于医疗手段的进步，人类的寿命得以延长；由于技术的发展，人类更容易同大自然相处，地球上许多国家的人口都变得很庞大，而且增长速度依然很快。尽管一个国家不希望有过高的人口出生率，但在许多地方，人们的思想和社会规范中还都没有接受降低生育率的概念。如何扭转这种观念是发展中国家当今面临的最为严重的问题之一。

在美国和其他发达国家，这种观念变化已经基本上被普遍接受。实行计划生育的人越来越多。大多数美国人认为两个孩子是理想的家庭规模。而且，由于结婚年龄不断地提高，育龄妇女的人数就越来越少（然而由于在生育高峰出生的为数众多的女性正值生育期，上述效应被暂时抵消）。

出生率一般用总人口中平均每 1 000 人每年出生的婴儿数来表示，成为粗出生率（crude birth rate）。而某一年龄组的出生率（age-specific birth rate）是指某一年龄组内（比如 20 岁至 24 岁）每 1 000 名女性生育的婴儿数。

当前使用较多的一个人口统计指标为总和生育率（total fertility rate，TFR），是指每一名妇女在生育年龄内（大约 15 岁至 49 岁）都保持当前各年龄组的生育率时，她所生育的婴儿数目。1999 年美国的总生育率是 2.0，也就是说如果以当前的生育率计算，一位美国妇女一生将生育两个孩子［人口资料局（Population Reference Bureau），1999］。在最近十年中美国的总生育率仍然保持稳定。

人口中各部分的生育率是不同的，例如，在美国，由于人们对于生育以及家庭规模的观点的不一致，以及由于人们的知识文化的差异而导致的对安全有效的控制生育手段的运用程度不

父母规划诊所帮助数百万的美国妇女来控制自身的生育生活。

同，低收入者的家庭规模就比中产阶级和高收入家庭的家庭规模要大，另外，农村人口的生育率总是比城市的生育率要高一些。天主教徒也一直比新教徒和犹太教徒的生育率要高，尽管这种差异在最近几十年已经大大缩小。黑人家庭的规模总比白人家庭的规模要大，尽管这种区别或许更多地反映了阶级的差别。不参加劳动的妇女比有工作的妇女要生育更多的孩子。所有这些因素也有助于人口学家预测未来的人口趋势。

（二）死亡率

一个国家的人口死亡率取决于该国的科技和医疗水平，以及它是否愿意将这些技术用于人们的健康和医疗保障。美国投入巨资致力于控制导致死亡的因素，在这方面的投入实际上比对生育问题的投入要大得多。这就使得美国的死亡率逐年下降。

同生育率一样，死亡率也随着人们的收入不同而不同。由于恶劣的生存环境以及得不到好的医疗保健，低收入阶层者的死亡率是最高的（见第10章）。

在20世纪，导致美国人死亡的主要原因发生了巨大的变化，从流行性疾病转移到人体的衰竭和人为的疾病。在1900年，导致死亡的主要的原因为肺炎、流感、结核、腹泻。到1997年，主要的疾病变为心脏病、癌症、中风（National Center for Health Statistics，1998）。所有的这些疾病都与生活环境和生活方式有关。吸烟、酗酒、紧张、缺乏锻炼、饮食和污染与一些疾病有关，而正是这些疾病决定了大多数美国人的寿命（见表19—1）。

用于测量死亡率的方法有很多，在这里我们介绍三种。

粗死亡率　粗死亡率（crude death rate）是指人口中平均每1 000人每年的死亡人数。例如，一个国家的总人口是10 000 000人，每年死亡110 000人，那么它的死亡率就是11‰ 441
$\left(\frac{110\,000}{10\,000\,000}\times 1\,000\right)$。粗死亡率并不是非常科学，因为它没有考虑到人口的年龄结构。一个老龄化的社会其死亡率自然比年轻化的社会的死亡率要高。

某一年龄组的死亡率　某一年龄组的死亡率（age-specific death rate）是指在某一年龄组内，人口中平均每1 000人中每年的死亡人数。这个死亡率可以显示在发达国家中普遍存在的现象。在出生后的第一年，人往往处于一个特别危险的阶段，而此后的死亡率就迅速下降。最低的死亡率出现在 5 岁至 14 岁年龄组，此后死亡率随着年龄的增加而逐年增加，至 60 岁，死亡率回到 1 岁时的情况。60 岁以后，死亡率会急剧增加。

婴儿死亡率通常被认为是表明一个社会普遍的健康水平和医疗保健水平的重要指标。另一个常用的指标就是不满一月的新生婴儿的死亡率，在这段年龄里，婴儿死亡的危险性很大。最常用的指标是粗婴儿死亡率（infant mortality rate），是指某一年中出生的 1 000 个婴儿中不满 1 岁就死亡的人数。

尽管美国的婴儿死亡率从全球的标准来看较低，但绝对不是最低的。1997 年，美国的婴儿死亡率是 7.0‰，但日本是 3.7‰，瑞典是 3.6‰，加拿大、澳大利亚、爱尔兰和英国的婴儿死亡率都比美国的要低（U. S. Bureau of the Census，1999）。人们认为，美国婴儿死亡率较高的原因主要是没有完善的公共医疗保健体制，以及人们不能够获得同等的医疗护理机会（见第 12 章）[韦伯（Weber），1988]。

发展中国家往往饱受高婴儿死亡率的困扰。印度的婴儿死亡率是 72‰，而埃及为 52‰。在某些亚非小国，竟然会超过 100‰，阿富汗的婴儿死亡率高达 150‰，赞比亚为 130‰，索马里为 126‰（Population Reference Bureau，1999）。

预期寿命 预期寿命（life expectancy）是指现存人口中某一年龄组的人的剩余寿命。世界上年轻人的剩余寿命相差巨大，反映了每个国家对婴儿和青少年疾病的防治的进展情况。而对于老年人，各国的预期年龄相差不大，例如对于 70 岁的男性，各国的情况基本一致。

预期寿命应当与生命跨度的概念区别开来，生命跨度是指某一物种的最长的可能寿命。人类的生命跨度对于各国来讲相差不大，仅有很少的人能够活过 100 岁。而新生儿的预期寿命，却有了很大的增长，尤其是由于 20 世纪以来传染性疾病的攻克。有关美国这方面的数据见表 19—2，从中可以看出女性的寿命高于男性，白人的寿命高于黑人。在全世界的范围内女人的寿命都超过男人。

表 19—1　　1900 年与 1990 年导致死亡的十大原因

1900 年排序	所占比例（%）	1990 年排序	所占比例（%）
1. 肺炎与流感	11.8	1. 心脏病	33.5
2. 肺结核	11.3	2. 癌症	23.4
3. 痢疾与肠炎	8.3	3. 中风	6.7
4. 心脏病	8.0	4. 意外事故	4.3
5. 中风	6.2	5. 慢性动脉障碍疾病	4.1
6. 肾炎	5.2	6. 肺炎和流感	3.6
7. 各种意外事故	4.5	7. 糖尿病	2.3
8. 婴儿早期疾病	4.2	8. 自杀	1.4
9. 癌症	3.7	9. 他杀	1.2
10. 年迈	2.9	10. 慢性肝病及肝硬化	1.2

资料来源：U. S. Bureau of the Census，*Historical Statistics of the United States*，*Colonial Times to 1970*，Washington，D. C.：U. S. Government Printing Office，1976；U. S. Department of Health and Human Services，National Center for Health Statistics，1991.

表 19—2　美国不同种族、性别的预期寿命（1900—1990）

年份	白种人		黑人及其他	
	男性	女性	男性	女性
1990	72.6	79.3	68.4	76.3
1980	70.7	78.1	65.3	73.6
1970	68.0	75.6	61.3	69.4
1960	67.4	74.1	61.1	66.3
1950	66.5	72.2	59.1	62.9
1940	62.1	66.6	51.5	54.9
1930	59.7	63.5	47.3	49.2
1920	54.4	55.6	45.5	45.2
1910	48.6	52.0	33.8	37.5
1900	46.6	48.7	32.5	33.5

注：1900 年以来，美国群体出生时的预期寿命已有大幅度上升。

资料来源：同表 19—1。

（三）移民 442

移民（migration）是指人们在地理位置上的迁徙，一般分为国际移民（从一个国家移民到另一个国家）和国内移民（在一个国家内不同地区之间的迁徙）。当人们从一个国家迁出并在国外永久定居时，他们的迁移就称为出境移民；而当迁入一个国家并永久定居时，称为入境移民。年移民率（migration rate）（有时称为净移民率）是指每年每千人中，入境移民与出境移民的差。

1. 国际间移民

最早的大规模移民之一发生于罗马帝国灭亡及之后的一段时间里，来自东欧及中亚的游牧部落大举西进，经常把他们占领的地域上的居民驱赶到更远的地方。某些专家相信，旱灾和中国的兴盛引起了这场大规模的移民。

发生于 17 世纪至 19 世纪的从欧洲和非洲到南北美洲的移民是人类历史上最重要的国际间移民活动之一。据计算，300 年间有超过 6 000 万的欧洲人移居海外，尤其是到美洲定居［希尔（Heer），1975；卡梅伊尔和吉恩（Kammeyer & Ginn），1986］，这次移民在 1901 年至 1910 年间达到高潮（这期间有 900 万欧洲人移居美国），之后还一直不断地有移民进入美国。最近的一次国际间移民高潮开始于 1947 年，即穆斯林占多数的巴基斯坦从印度教徒占多数的印度正式独立出来后。随后的三年时间内，1 000 万印度教徒和锡克教徒从巴基斯坦迁居印度，750 万穆斯林从印度迁居巴基斯坦［萨顿（Sutton），1987］。

从 1820 年起有 5 700 万人移民到美国。进入美国的移民比进入任何其他国家的都要多，但某些国家的移民数量对他们的人口来说占了更大比例。出生于国外的美国人仅占总人口的 6%，而在加拿大和新西兰却占到了 16%，在澳大利亚占 21%，而在以色列则超过了 40%

（Population Reference Bureau，1989）。

移民并不全是永久性的。男人经常抱着外出挣钱的目的一个人离开家，而当他们达到了目的以后就返回家乡。有时移民会发现并不能适应在新国家的生活，就会重返家乡。故国的社会及经济情况的变化也会使曾经不得不离开的人回国。一项关于世界人口流动的研究表明，在1821年至1924年间进入美国的移民中有30％回到原来的国家［卡尔-桑德斯（Carr-Saunders），1936］。

移民能够给故国和接受国带来一些好处，但同样也会带来问题。移民最主要的动机是经济状况的改善，所以在新的国家，移民总是心甘情愿地出卖自己的劳动力。然而在失业率较高的时候，移民就会同本国人争夺就业机会。由于没有得到体面工作所必需的技能，新移民经常会发现自己不得不依靠救济生活。所以大多数国家都限制每年迁入移民的数量。

444 美国限制移民进入的历史已有几百年。1789年通过的一项法案授权总统可以驱逐“危险的”移民，1790年通过的《国籍法》规定只有“修养良好的”、在美国居住两年以上的自由白人才能成为美国公民［布维尔和加德纳（Bouvier & Gardner），1986；左尔伯杰（Zoeberg），1987］。1882年一项臭名昭著的法案规定，禁止没有技术的中国工人移居美国（不禁止有技术的），该法案至1943年才废除，当时美国和中国为第二次世界大战时的同盟国。20世纪20年代，面对日益增长的反移民浪潮，美国实行了移民配额制度。各国的移民数额根据1910年时美国人口的组成来分配。这就意味着，在20年代后期，82％的移民来自北欧和西欧，16％的人来自东欧和南欧，仅有2％的移民来自其他国家。亚洲人尤其遭到排斥。

20世纪30年代及第二次世界大战期间的移民数量很少，战后又重新掀起高潮。1952年通过的一项法案重申了移民配额制度并规定，配给每国的签证中，“美国急需的”技术移民（包括他们的家属）必须要占到50％。此后，又规定在移民配额以外，允许政治难民、移民的配偶及孩子移居美国。在保持总的移民限度的同时，1965年通过的新法案废除了有关来源国的规定，结束了对亚洲人的歧视。从那时起，亚洲和拉美成为美国移民的主要来源。在1981年至1990年间，仅有10.4％的移民来自欧洲，而来自亚洲的占37.3％。约有一半的移民来自中美洲和南美洲（*World Almanac and Book of Facts*，1991）。1990年的《移民法》将每年进入美国的移民数量增加到714 000。

数量惊人的非法移民仍在继续进入美国。美国人口普查局估计，在1996年非法居留美国的人约有500万（U. S. Bureau of the Census，*Statistical Abstract of the United States*，*1998*）。与合法移民一样，大多数非法移民离开祖国是为了获得好工作、政治自由、学习及更理想的生活方式。非法入境的渠道很多，从与美国人假结婚到从途经美国的船上跳海然后游到美国。多数是通过短期的留学和旅游签证进入美国，然后逾期滞留。还有很多人从墨西哥和加拿大穿越边界进入美国。

大多数非法侨民来自墨西哥，他们由于在本国找不到工作或者工资太低而驾车来到美国。穿过里奥格兰德（Rio Grande），墨西哥的农场工人就可以期望获得比在家乡多得多的收入［布鲁克斯（Brooks），1989］。大多数非法侨民一般留在边界附近，或者到阳光地带的大城市居住，例如休斯敦、迈阿密、旧金山、洛杉矶等地。也有很多人聚集到纽约和芝加哥。他们大

南斯拉夫科索沃的动乱迫使很多家庭离开故土。
这些难民暂时来到了新泽西的福特迪克斯。

多数从事体力劳动，也有不少从事半技术类的工作。

非法移民是一个非常复杂的问题，因为它带来很多经济、社会和民族问题。一些农业和工业部门希望能利用这些廉价的劳动力，阻挠对移民法规的严格实施。另一些人指出，完全取缔非法移民会导致很多负面效应：迫使更多工业部门转移到国外劳动力廉价的地区、导致通胀率上升、破坏外交关系等（Sutton，1987）。工会则担心会使本国人失去就业机会，因而极力主张禁止非法移民。而非常在意人口数量的组织认为，移民的进入会抵消近些年人口出生率下降带来的好处。

今后，想移民到美国（及其他发达国家）的人有增多的趋势，特别是在第三世界国家。这些国家的人口增长速度超过了经济的增长，使得人们到别处去寻求更好的生活。

政治难民是移民中很特殊的一类。联合国高级难民专员认为，难民是指“离开自己的祖国并‘有充分的理由’害怕回国后会遭到迫害”的人。据估计，世界上的难民总数为1 350万(*World Almanac*，1998)。中东地区是世界上最大的难民聚集地，其次是非洲。

443

.NET 互联网/技术

我们是谁？互联网提供了一些答案

如果要求你来描述一下美国人口，你会从哪里开始？你会关注哪些特征？你从哪里可以找到一个有关目前超过2.5亿人的可靠人口信息的现成渠道？当然是人口普查局，它被法律许可每十年进行一次全国人口普查。

正如你所想象的，收集美国人口数据是一项复杂、花钱的工作。1990年，为收集国家重大统计数据，就动用了50万人，花费26亿美元。

如果你想问美国所花的钱是否价有所值，试想这些问题——其数据是从要求我们作答的人口普查中收集的：

- 在美国，平均家庭收入是多少？
- 你期望活多久？
- 有多少美国人超过100岁？
- 你最有可能因何而死？
- 初次结婚的平均年龄是多少？
- 普通的家庭规模有多大？
- 有多少美国人完成了四年以上的大学学业？
- 有多少美国人生活在贫困线以下？
- 有多少美国人没有健康保险？
- 在美国，每年的医疗花费有多少？
- 有多少美国人使用互联网？

你可以完全根据人口普查的数据来写一本书。事实上，有许多人就已这样做了。在《我们是谁?》（*Who We are*）一书中（一项对每200年一次的人口普查的分析），萨姆·罗伯茨（Sam Roberts，1995）揭露了一些有关美国人的令人惊讶的事实。例如，你是否知道从1970年到1990年，在单亲家庭中成长的儿童比例增长了两倍多？你可能没意识到，尽管黑人妇女中的单亲家庭数量较多，但单亲家庭最根本的变化是发生在白人妇女当中。你是否知道，有一半的穷人在工作，但他们中有25%以上的人拿不到政府福利？你或许也会惊讶于得知每250个美国人中就有一个住在监狱。这几乎与居住在大学寝室和疗养院中的美国人的数量相等。

如果你需要关于美国人口的最新信息，你不必去等下一个人口普查。人口普查局也在每个月对美国人口进行调查。而且这些信息刊登在人口普查局的网站上（http：//www.census.gov/），对外发表，你可以进行检索。

浏览这个网站非常容易。主题是按字母顺序排列的，而且通过点击“A到Z”主题按钮就能找到。例如，你对男女结婚的平均年龄感兴趣，你只用点击婚姻状况，然后选择你所需要的具体信息——或许是这个变量的历史趋势。在某些情况下，表格必须下载而且需用Abode Acrobat Reader来打开。尽管这听起来很复杂，但其实不是。它只需要一个不用花费你任何东西的简单程序。

人口普查局网站上最有价值的资源是每年的美国统计摘要（*Statistics of the United States*）。你可以在“A 到 Z”的主题按钮中的“S”下找到这些资源，或直接找到它（http：//www. census. gov/stat _ abstract/）。

如果你发现人口普查局的网站很有趣，你可能想查看许多别的提供美国人口数据的网站。其中最好的一个是联邦机构数据（Fedstats）（http：//www. fedstats. gov/），在那里你会发现有几乎每个联邦机构所收集的数据——从联邦调查局到疾病控制中心。

最后，有两个网上出版物提供了不一定被政府收集到的许多主题的信息，包括《美国人口统计学》（*American Demographics*）杂志的网站（http：//www. demographics. com/publications/ad/index. htm）和《人口统计学期刊》（*Demographics Journal*）的网站（http：//www. amicty. com/journal/demographics/）。

---

2. 国内移民

一个国家内部也有移民现象。历史上的西进运动就是美国经历的一次非常浩大的国内移民运动。美国人有到西部去寻找更好的机会和生活条件的传统。现在美国许多西部州的人口大部分来自别的地区。

美国另一次重要的国内移民是南部的黑人向北向西的迁移。这次移民开始于第一次世界大战时期，由于战争的原因，北部的工业区不再能够从外国移民中得到足够的工人，因而向全国募集劳动力。第二次世界大战以后，移民速度更快。到 1970 年，出生于南部的黑人中有 24% 445
生活在别的地方。在 30 岁至 34 岁的年龄组，比例达到了 51%（U. S. Bureau of the Census，1978）。1990 年的人口普查结果却表明，人口开始反向流动，越来越多的黑人现在正离开北部的大城市返回南方。

阳光地带，包括从弗吉尼亚到加利福尼亚美国沿边境的各州，一直吸引着北方和东方的人迁入。从 1930 年起，西南部的阳光地带的各州人口增长比北部要快，20 世纪 80 年代，西部人口增长了 22.3%，南部增加了 13.4%（U. S. Bureau of the Census，1991）。佛罗里达的人口增加了 32.7%，而纽约只增长了 2.5%。根据 1990 年的人口普查，人口增长最快的五个州是内华达（50.1%）、阿拉斯加（36.9%）、亚利桑那（34.8%）、佛罗里达（32.7%）、加利福尼亚（25.7%）。加利福尼亚、佛罗里达、得克萨斯三州的人口增长占全国人口增长的一半还多。

移居阳光地带的人包括原本住在此地又返回来的人、大公司雇用的白领职员，以及退休后来此养老的人。这种人口的迁移，使得政治经济权力的地理分布发生重大变化。比如在联邦众议院，东北部的议员逐渐减少，而西部和阳光地带的席位逐渐增多。

3. 移民的原因

正反两方面的许多原因使得人们做出移民的决定。最普遍的动机是希望获得更好的就业机会。另一个就是对宜人气候的偏爱，这是人们迁往阳光地带的主要原因。更好的住房条件和学校使得许多城市居民迁往郊区。而宗教信仰自由和政治压迫则是国际间移民的主要动因，有时也是国内移民的原因之一。

移民的原因可以理解为“推和拉”两方面的力量。“推”是指原居住国或居住地的不好的条件，包括人口过多、恶劣的气候条件、居住条件不好、缺乏机会、宗教迫害等。“拉”的力量是指吸引移民迁居别地的因素，包括丰富的就业机会、适宜的气候、吸引人的生活方式、廉价的土地和政治自由等［布维尔（Bouvier），1977；卡梅伊尔和吉恩（Kammeyer & Ginn），1986］。

许多别的因素可以调节这些推和拉的因素［斯道夫（Stouffer），1940；World Bank，1985］。距离、搬家的费用、欲迁居者的身体状况、家庭纽带的强弱等都会最终影响迁居的决策。法律及物理的因素也会起作用。1989 年底，分割东西欧的柏林墙打开了大门，移民被这面墙实际上阻止了 28 年。自由旅行重新被允许，成千上万的民主德国人离开。1990 年初，这面墙被彻底推倒，碎块被当作礼品在机场和纪念品店出售。

三、人口增长与社会

人口的规模、结构、变化的速度会对社会的性质产生深远影响。反过来，社会的性质也会
446 对这些人口因素产生影响。社会学家和人口学家对这种相互依赖的关系关注已久。本节我们讲
述其重要的一个方面：人口增长。

（一）世界人口增长

1. 托马斯·马尔萨斯

第一位提出引起广泛争论的、关于人口增长的可能后果的理论的人，是英国牧师和经济学家托马斯·罗伯特·马尔萨斯（Thomas Robert Malthus，1766—1834）。在 1798 年发表的一篇经典论文中，马尔萨斯论证人口是按指数（2、4、8、16）增长的，而粮食产量仅仅能按序数（2、3、4、5）增长。当人口的增长超过粮食供给时，饥荒、瘟疫、战争就会使死亡率上升、出生率下降，将人口调整到粮食供给可以保障的规模。马尔萨斯把那些通过死亡率上升使人口下降的因素称为“积极的抑制”（positive checks）。尽管马尔萨斯总是对未来持悲观态度，但他还是希望将来人口能够主要通过“预防性的抑制”（preventive checks）来控制，例如晚婚、节欲等方法，这样人口的增长主要是通过出生率的下降来控制，而不是死亡率的上升。

尽管马尔萨斯对人口研究的影响是巨大的，他的理论却不完全正确。马尔萨斯没能够预见到生育控制技术的发展。他也没能够想到农业技术的发展会如此大地增加粮食产量。一个当代的学者与马尔萨斯的观点不同，他认为人口的增长和不断增加的个人收入，会使得自然资源的价格提高，反过来当资源稀缺的时候，就会刺激人们寻找新的资源来替代。最终，新的资源总会找到，世界会更加富有（Simon，1990）。

2. 人口转型理论

人们对于美国和西欧在现代化过程中的人口增长模式进行了深入的研究。这个时代的基本模式特征被称为人口转型（demographic transition），可以归纳如下：

> 前现代时期的人口通过在较高水平浮动的死亡率与高出生率之间的平衡来保持数量的稳定。现代化初期，人们的营养及健康水平的提高使得死亡率下降，而出生率还维持在较高水平，因而引起人口的快速增长。后来，工业化的成熟带来的城市化和其他社会变革产生的压力，使人们更愿意保持较小的家庭规模，出生率就随之下降，最终出生率和死亡率在仍存在波动的较低水平上重新达到平衡。（Wrong，1964，pp. 18—19）

一个国家在人口转型初期，总是呈现出高出生率和高死亡率，人口的自然增长即便是有，也是处于极低的水平。然后，死亡率下降而出生率不变，引起人口的爆炸性增长。再往后出生率逐渐下降，人口的增长放慢，最终出生率和死亡率在较低的水平上重新平衡，人口的增长呈现出低增长甚至负增长。最后的低出生率和低死亡率的阶段，就是典型的现代化的工业社会的阶段。图 19—3 给出了人口转型理论的形象描述。

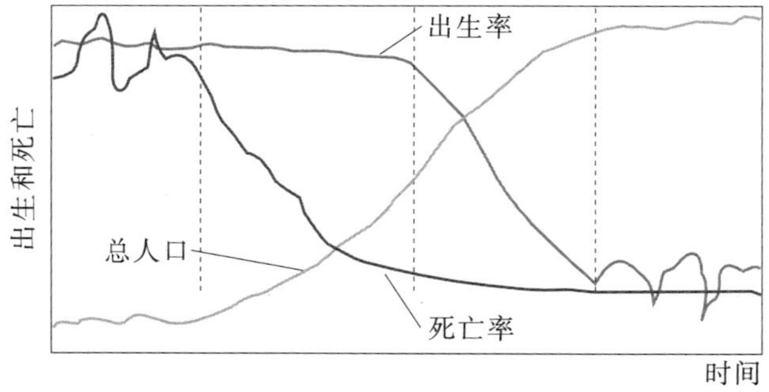

图 19—3　人口变迁

注：尽管人口转型理论广泛适用于西方国家，但是并不同样适用于非西方社会的人口增长模式。

资料来源：copyright © Harry Robinson from *Population and Resources* by Harry Robinson. Reprinted With Permission of St. Martin's Press，Incorporated.

人口转型理论依据的是西方工业化国家在第二次世界大战以前 200 年的历史。在这段时间末期，西方各国呈现出上述最终时期的特征。然而随着第二次世界大战以后经济的高速增长，这些国家的出生率也迅速增长，并保持了 20 年的高出生率。人口学家们就开始怀疑出生率和死亡率与工业化的关系是否像模型表示的那样简单。

人口转型理论对关于这个问题的解释进行了修正，强调了工业发展和经济增长的长期作用与短期作用的区别［希尔和鲁宾逊（Heer & Robinson），1975；1981］。这种观点认为，在经济增长时期人口的出生率会有短期的上升。但是从长期的观点来看，这种增长会带来很多使出生率下降的因素。比如，家庭规模会变得更小，因为更多的子女能够长大成人，而且父母希望 447
赋予孩子们一些花费很大但在工业化社会里非常重要的优势，比如大学教育等。而且，经济发达国家提供了完善的社会保障体系，父母不再必须依靠子女来养老。在工业社会里还经常出现城市人口过度密集的情况，家庭的居住条件很拥挤，自然就不想要更多的孩子。

人口转型理论一度被认为会普遍地伴随现代化的过程，但人口学家现在对此产生了怀疑。现在处于工业化过程中的国家呈现出了不同的出生率和死亡率，许多与西方的模型相去甚远。

3. 人口与经济增长

人口增长对国家的经济增长能力的影响与经济增长对人口的影响同样重要。现在许多发展中国家的人口对它们的经济增长来说增加过快。经济几乎不能，甚至完全不能跟上人口的增长。比如，在瑞士、比利时等人口呈现不增长或负增长趋势的国家，如果经济以 2%的速度增长，它们的人均收入也会实现同样的增长。在撒哈拉以南的非洲国家，情况就大不一样，它们的人口在未来的二三十年至少会翻一番。例如尼日利亚，人口在以每年 3%的速度增长（Population Reference Bureau，1999）。那么经济以 2%的速度增长就意味着人均收入和生活水平的持续下降。

人口过多的一个主要经济后果就是会占用资本投资所需的大量资金。每个国家都需要资金以建设和维护高速公路、通信系统、工厂、电站等设施。国家的投资资本通常都来自人民的存款。而当工资要用来维持一个大家庭时，就没有什么钱能节余下来。当劳动力过剩时，失业者难以糊口度日更不会有存款。结果，许多发展中国家只好依靠外国投资和贷款作为资金来源。但是外国投资将利润拿走，而贷款利息又会加重国家的债务负担。

在许多正在进行工业化的国家，人口的高速增长会严重阻碍经济的发展。巴基斯坦就是这样，1997 年，它的人口据估计为 1.351 亿，是世界上人口最多的国家之一（*World Almanac and Book of Facts*，1998）。高达 43‰的出生率及 11‰的低死亡率使得巴基斯坦一直处于严重的人口过多状态。

巴基斯坦的经济问题不仅是由于人口的庞大，而且还因为有太大比例的人要依靠其他人生活。人口的半数在 15 岁以下，如此众多的年轻人和现代化带来的低死亡率导致了人口的迅速增加。如果这种增长持续下去，2050 年以前巴基斯坦的人口就会再翻一番（*World Almanac*，1998）。要养活两倍的人口，农业产量就要充分增加，就要有庞大的资金来提高农业生产水平及开垦荒地。结果这个国家就没有钱实现工业化、创造就业机会、提高人们的收入和生活水平。

而工业化国家不同，它们可以从人口增长中获益。更大的家庭意味着要消费更多的商品，而这种消费的增加会刺激商业发展。商业专家和经济学家把第二次世界大战后的生育高峰带来的繁荣作为人口增长带动经济发展的事例。

4. 世界人口变化趋势

发达国家的平均人口增长率远远低于 1%，而发展中国家的增长率一般都高于 2%。事实上，近些年亚洲、非洲、拉丁美洲的非工业化国家还出现了人口爆炸。死亡率的下降是人口急剧增长的主要原因，死亡率从 1950 年的 23‰下降到现在的 11‰或 12‰。现在，发展中国家的人口增长占世界总人口增长的 94%以上。

有效的药物、保健服务的普及、医疗设施的改善、食物及饮水条件的提高使得发展中国家的死亡率迅速下降（United Nations，1988）。其中主要是由于青少年死亡率的下降，一般认为，这个年龄组的人很容易传染以下疾病而导致死亡：疟疾、黄热病、天花、霍乱等。现在的公共医疗手段已经可以控制这些疾病，其中，天花已经完全消灭。 448

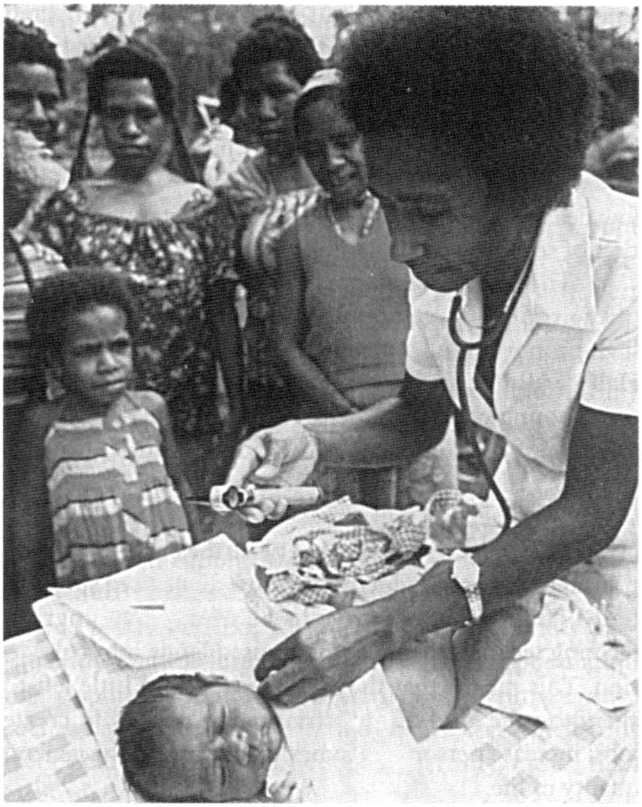

近几十年来医疗技术的进步使得发展中国家的死亡率降到了正常水平。
结果世界人口增长率自1940年以来增长了一倍。

由于死亡率的下降，世界人口的年增长率，即出生率与死亡率的差（一般用百分比来表示），从1940年至1950年间的0.9%迅速增加到1950年至1960年间的1.8%。人口翻番期（doubling time，人口增加一倍所需要的年数）从1940年至1950年推算出的77年下降到1950年至1960年的39年。

20世纪70年代中期，人口的增长率稳定在1.8%，目前下降到大约1.4%。这被一些人口学家称为人类历史的一个重要转折点，因为在这之前世界人口的增长速度一直呈稳步上升趋势。现在世界总人口为大约59亿，人口翻番期为49年（U.S. Bureau of the Census，1991f；*World Almanac and Book of Facts*，1998；Population Reference Bureau，1999）。形成这个历史性转折的具体原因还不很清楚，但一个重要的因素似乎是某些发展中国家的生育控制工作取得了成功。

尽管第三世界国家人口爆炸有这些正面意义，但其负面影响在数年以后还是会出现。过去的高出生率意味着现在进入育龄的妇女占发展中国家总人口的比例非常大。所以，即便这些国家的出生率降下来，即每个妇女生育较少的孩子，由于育龄妇女的数量非常庞大，总的婴儿数量依然会增加。例如，巴西的生育率从1965年的5.8下降到1980年的4.0，下降了30%，而每年新生婴儿数量从20世纪50年代末的290万上升到80年代初的370万（Easterlin & Crimmins，1988）。

（二）生育控制

1. 生育控制方法

大多数人口学家都认为，生育控制的普及是减少世界人口的关键手段。现在采取的一些生育控制措施在几千年前就有了。而其他方法在20世纪才发展起来并被采用。现在还在试验其他方法。但很遗憾，至今还没有完美的方法。

弃婴与杀婴可能是世界上最古老的控制人口的办法，在古代就被采用。有的社会在抚养婴儿的两三年间禁止性生活。在工业革命后的欧洲国家，晚婚逐渐成为习惯。

节育器具的广泛采用则没有多少年。现在有很多种避孕器具，大多数是女用的。避孕药丸是最有效的单独使用的避孕措施。如果照章使用，有效率接近100%。避孕药是方便有效的，但有副作用，长期使用会产生不良后果。其他女用避孕措施包括宫内避孕器、避孕隔膜、棉球、杀精泡沫、杀精凝胶及霜剂。在发展中国家，避孕药和宫内避孕器的使用占一半以上。

449 对于男性，避孕套是最常用的节育工具，特别是在欧洲。避孕套还可以避免性病传染，在艾滋病流行以后，其使用大大增加。新兴的男性节育措施，比如避孕药，可恢复的截断精子通道的结扎手术，都还处于试验阶段。但已婚美国男性采用最多的方法是输精管切除手术，或绝育手术。

人们曾经认为男性和女性的绝育手术太过分，一般不能够接受。而现在已成为美国已婚夫妇最常用的避孕方法。这种方法的使用比其他方法的增长都要快。有960万已婚妇女采用结扎手术作为节育手段［哈彻等（Hatcher et al.），1994］。

在其他西方国家和发展中国家，结扎也很快流行起来。事实上已成为世界上最流行的避孕方法。至1990年，全球大约有1.38亿妇女已经接受了结扎手术。韩国的比例是最高的，育龄妇女的37%接受了结扎手术。中国的比例是30%，印度为21%。在近东及非洲地区，人们不太愿意选择这种方法（Johns Hopkins University Population Information Program，1990）。这些数据表明全世界的人都越来越愿意控制生育。但还是应当注意，女性主要是在生过孩子以后才采用结扎手术，而且大多数是在已经有了她们所希望多的孩子以后（U. S. Bureau of the Census，1989）。

流产是另一种广泛采用的节育手段。从全球看，大约有25%的妊娠是通过流产结束的

[弗朗科姆 (Francome), 1984]。几百年以来，流产即便不能算作最流行的节育方式，也该是非常普遍的。流产有多种方法，比如喝草药等，但不那么有效。其他方法，比如针刺、服用猛烈药物等，对妇女的身体都会带来危险，甚至死亡。

在 20 世纪 70 年代初，流产在美国许多地方都得到了法律的许可。开始的时候，仅仅在某些特殊情况下才可以流产，而且必须要医生证明，继续妊娠会给妇女的身体和精神造成严重损害。1973 年最高法院规定，是否流产主要由母亲自己决定。1989 年，最高法院又允许各州对妇女在流产的决定权上做一些限制。两法案都引起了很大的争议。许多人从宗教和道德传统出发，谴责流产合法化的“反生命”性。其他人则坚信，流产带来的社会效益比道德上可能的损失要大得多。

1996 年，美国共进行了 140 万例流产手术 (U. S. Bureau of the Census，*Statistical Abstract of the United States*，*1998*)。意味着在 15 岁至 44 岁的育龄妇女中每 1 000 人有 22. 9 次。1994 年，有 25%的流产妇女的年龄小于 20 岁，当然这并不奇怪，另外还有 32. 8%的流产妇女的年龄在 20 岁至 24 岁之间 (*World Almanac and Book of Facts*，1998)。

2. 发展中国家的生育控制

许多发展中国家也认识到人口过多的严重后果，纷纷采取“降低出生率计划”(antinatalist programs，即通过政策来惩罚生育) 来控制人口。这些计划的实施往往非常困难并且耗资巨大。发展中国家的人口大多没有文化、贫穷、迷信，这些对政府实行生育控制政策非常不利。所以，只有符合当地人的已有的传统和生活方式的生育控制政策才是有效的。比如在印度，多数人认为医院是一个去等死的地方，如果绝育诊所设在人们聚集的火车站旁，生意就会好得多 (Easterlin & Crimmins，1988；Ehrlich & Ehrlich，1972)。此外，还专门设立了计划生育日，其间实行绝育手术并宣传其他避孕措施。主动绝育会得到奖金或礼品，比如收音机，这种东西对于穷人来讲是非常有诱惑力的。

印度尼西亚和泰国是很多成功实施了生育控制政策的国家中的两个。在 20 世纪 60 年代泰国就率先实行了计划生育政策。从 1969 年至 1984 年，15 岁至 44 岁的泰国妇女中采取避孕措施的比例从 15%增加到 65%；同时，生育率从 6. 0 下降到 2. 4。在印度尼西亚这个世界第五人口大国，生育率在 15 年的时间里下降了三分之一还多，从 70 年代初的 5. 6 下降到 1987 年的 3. 4。在印尼 15 岁至 44 岁的妇女中，有 42%的人采用了现代避孕措施 (Easterlin & Crimmins，1988)。

对生育控制的态度受到政治、宗教、社会意识形态的影响。比如，过去的基督教会坚信结婚的主要目的就是繁衍后代，所以一直对生育控制持反对态度。然而近 50 年来，大多数新教 *450*
教会开始对这个问题持自由态度。其他在传统上对生育控制没有严格规定的宗教，也逐渐从过去的教条中走出来，近些年开始支持计划生育工作。比如在泰国，佛教徒鼓励和推崇妇女的自主权，所以认为她们有权利对生育控制做出自己的选择。

但是并不是所有的宗教都对生育控制持自由的态度。在有家长传统的伊斯兰教国家，人们认为计划生育是有悖习俗的，鼓励多生育，认为妻子和母亲的角色的融合才表明了妇女的主人地位。然而传统的穆斯林信条已有所松动，在埃及和巴基斯坦这两个人口问题非常严重的国家，已经着手进行有效的计划生育工作［诺德尔、阿菲恰特和德布维亚（Knodel，Aphichat & Debevalya），1987］。

罗马教廷对人工控制生育一直持有强硬的反对立场。而调查表明，美国的天主教徒在这方面对教会的教诲却置之不理。调查者甚至还发现，在这个问题上天主教徒和新教徒没有什么差别。然而在天主教风气较重的拉丁美洲，计划生育的提倡者认为，教会的立场使得该地区人口过剩的问题更加严重。

政治意识形态和国家政策也会对人口控制产生很大的影响。中国政府就是一个很好的例子，它发动了一场全国性的运动，以保证在2000年前实现人口不继续增长的目标。只有一个孩子的夫妇如果保证他们不再生育，并证明确实采取了计划生育措施，在孩子年满14岁之前，每月都能够得到一定的补贴；并且在住房、孩子入学及安排工作等方面都享有优惠；退休时也会得到更多的退休金。

作为人口控制成果的一部分，中国政府在广告中强调保持家庭小型化的重要性。

451 全球社会

21世纪的老龄化

1968年，生态学家保罗·艾里奇（Paul Ehrlich）写了一部题为《人口爆炸》（*Population Bomb*）的书，他在书中预言，快速的人口增长率会导致全世界的灾难。他写道：

> 为维持目前不足的生活水平，人们所需的食物必须翻一番……电量必须翻一番。交通系统的容纳量必须翻一番。受过训练的医生、护士、教师和行政人员必须翻一番。这对有

良好农业体系、庞大工业和丰富自然资源的富强国家——美国来说将是个极为困难的事情。试想对于一个没有这些资源的国家来说，这意味着什么。(pp. 22—23)

事实上，第二次世界大战后快速增长的世界人口已引起人们的关注。尽管人口增长率在工业化的发达国家降低了，但在欠发达国家，它却不断迅速上升。若以每年2%到3.5%的比例增长，这些国家的人口可能会每20年到35年翻一番。这一“人口爆炸”引起人口学家、生态学家和经济学家的担忧，他们发出全球灾难的警告。1972年，另一本有影响的书题为《增长的极限》(*The Limits to Growth*)［梅多斯等（Meadows et al.)］，它预言世界的原料将会在几年内耗尽，全世界会遭遇大规模的饥荒和能源短缺。

然而，这些预言从未应验过。实际上，人类行为的变化导致了全世界生育率的下降，使生育率在61个国家保持在生育更替水平或其之下（*U. S. News & World Report*，March 1，1999)。今天，世界的人口构成正发生着另一种变化——我们越来越老。1972年，全世界的平均寿命是49.5岁，如今已超过63岁。根据联合国的预测，这意味着在以后的50年里，世界人口将以平均每年1.3%的比例增长。如果生育率持续下将，那么全世界人口在21世纪中叶会开始减少。

2000年，年龄超过60岁的人的数量在历史上首次超过年龄在14岁和14岁以下的数量。随着新技术不断延长人类的寿命，工业化国家开始寻思他们该如何支付伴随老龄化而至的医疗费用。在如今的发达国家，全部公众在一个老年人身上的花费是在一个儿童身上花费的两到三倍。

有的国家正在提高享受福利的年龄资格，有的国家也已提高了养老给付比例。中国可能在今后的20年里面临一个十分严峻的局面。始于20世纪70年代末的一个家庭一个孩子的生育政策，意味着一个孩子将不得不供养两个父母和四个祖父母。随着中国市场经济转型，很多人担忧一个孩子甚至会没有时间来照看他或她的父母。

唯一不面临老龄化危机的是那些北非和中东的穆斯林国家。但有很多人不愿意重视这一问题。他们问道，为什么我们要相信人口学家的预言——当他们的预言在过去没有被应验？在《老年潮》(*Gray Dawn*）一书中，彼得·彼得森（Peter Peterson，1999）认为我们现在应当对人口学家表示关注，因为人类生育并不影响目前的财政预测（它预示一场危机迫在眉睫）。尽管他声称社会和文化变迁会改变一场老龄危机的预言，但他认为谨慎行事和听取专家意见将是明智的。

（三）美国的人口增长与变化

美国在1790年进行的第一次人口普查揭示了一种完全不同于今天的生活方式。那时，家庭规模很大，平均每家有5.79人，仅有10%的人一个人生活。1997年，平均的家庭规模为2.64人，而且25%的家庭都是一个人（U. S Bureau of the Census，*Statistical Abstract of the United States*，*1998*)。

其他方面的对比也很明显。在 1790 年，仅有 20%的人生活在城市。纽约是当时最大的城市，人口重心在巴尔的摩附近。此外只有 3 个重要的中心城市：费城、波士顿、查尔斯顿。在 1996 年，70%以上的美国人口居住在 100 万人以上的巨型城市中。所有的城市居民超过总人口的 75%。最大的 6 个城市是纽约、洛杉矶、芝加哥、休斯敦、费城、圣地亚哥（*World Almanac and Book of Facts*，1998）。1790 年，人口重心在巴尔的摩以东 23 英里，现在却移到 818.6 英里以外，大约在密苏里州斯蒂尔维尔西北 9.7 英里处（U. S. Bureau of the Census，1992）。

451 在第一次人口普查的时候，美国人口非常年轻，平均只有 16 岁。由于很多妇女处在生育年龄，粗出生率高达 55‰，比现在的印度还要高得多。那时人口的预期寿命为 35 岁。现在的美国人口年龄则大得多，平均年龄为 34.9 岁，出生率为 14.6‰（U. S. Bureau of the Census，*Statistical Abstract of the United States*，*1998*）。

这种人口的变迁，既引起又反映了美国人生活及价值观念的变化。现在有些妇女为了工作而不要孩子，还有很多推迟婚期。老年人口的增多带来了很多新问题，比如退休政策、社会保障、医疗保健等。人口的过度城市化给城市带来了许多特殊困难，这些都是早期的美国人所不曾遇到的。下面让我们来仔细关注一下当代人口的发展趋势。

452 **1. 不断变化的出生率**

根据我们前面讨论的人口转型理论，经济增长通常伴随着出生率的下降。但这种规律只在长时间段内才能体现出来。在短时间内，生育率的急剧波动可能而且经常发生。20 世纪美国的经济高速增长，从这段时间美国人口生育率的变化中，我们可以清楚地看到这一点。在最初十年，出生率逐渐下降，到经济大萧条的 30 年代达到最低点，每 1 000 个育龄妇女生育 75.8 个婴儿。第二次世界大战以后，生育率出人意料地急剧上升，到 50 年代的生育高峰时期，上述数据增加到 122.7。在 60 年代中期，生育率又迅速下降，之后虽然稍有波动，但这种趋势一直持续到现在。1995 年每千名育龄妇女的生育数是 61.4。

为什么会发生这样的波动呢？一些经济学家认为，这种生育率的变化主要是由于处于育龄年龄组的妇女人数变化造成的［舒克里（Choucri)，1984；伊斯特林（Easterlin)，1980；西蒙（Simon)，1986］。经济大萧条时期生育的人数较少，所以到临近第二次世界大战结束的 1945 年，就业机会就显得较多。到经济繁荣的 50 年代及 60 年代初，许多妇女在还很年轻的时候就结了婚，并生育了很多孩子。而她们的孩子到 70 年代及 80 年代初成年时，就业机会就相对缺乏。由于生育高峰带来的人口过多使就业机会严重不足，许多年轻人不知道到底能挣多少钱，只好不要孩子或尽量少要孩子。

其他社会学家强调，妇女对生育的态度反映了她们个人的青春期经历［卡逊（Kasun)，1988；马斯尼克和麦克福尔斯（Masnick & McFalls)，1978］。这种经历取决于通行的社会规范和经济条件。在经济大萧条时期，经济条件的限制迫使人们尽量限制家庭规模，所以大多数夫妇都切实采取了生育控制措施。这种情况一直持续到第二次世界大战期间。然而在从战后直到 20 世纪五六十年代的经济繁荣期，由于经济条件的优越，人们对避孕节育又放松了警惕。

我们并不能肯定，生育高峰是经济大萧条和第二次世界大战后的自然反弹，还是战后惊人的经济繁荣本身的必然结果。也许两种原因都有，也可能还有别的原因。但无论如何，从长时间来看，美国及其他工业化国家的人口增长率还是呈下降趋势。这些国家出生率下降的趋势已经有 200 年的历史，而不是从 20 世纪才开始的［布朗和雅克布森（Brown & Jacobson），1987；韦斯托夫（Westoff），1978］。

最近几十年出生率的下降越来越多地是由于参加工作的妇女的增加。在美国，妇女参加工作的比例从 1960 年的 30％上升到 1990 年的 57.5％，而且这种趋势还会继续（U. S. Bureau of the Census，1991）。此外，避孕药等有效而廉价的避孕措施的更加普及也是出生率下降的重要原因。

2. 人口零增长

20 世纪 70 年代初，美国的总和生育率下降到每个妇女生育 2.1 个孩子的人口更替水平，这个水平是指人口要保持繁衍，每个妇女应当生育的最少的孩子数目。这个数目应当大于 2.0，因为并不是每个孩子都能够活到生育年龄；在婴儿死亡率较高的国家，必须远大于 2.0。如果这一更替水平要永远持续下去，那么就意味着人口零增长（zero population growth，ZPG），即人口不再自然增长。

20 世纪 80 年代初期以前，美国人口的生育率一直下降到 1.8。之后稍有回升，1999 年为 2.0。但是美国在相当长的时间内仍然不能达到人口零增长。生育高峰时出生的人现在正处于生育期。尽管生育率很低，但她们人数众多，这使得在未来几年里新生人口数仍大于死亡人口数。

即便是实际的出生率达到了零增长点，移民仍然可能使人口继续增长。1997 年，2 600 万人是在美国以外出生的，这是 1930 年以来的最高值。如果这种移民速度继续下去，即便是生育率下降到 1.6，美国还要经过 50 年才能够达到零增长点。

3. 美国人口爆炸的结束

许多观察家预测，美国持续下降的出生率在将来会带来惊人的变化［彼得森（Peterson），
1999］。几乎社会生活的各方面都将受到影响，包括经济、时尚、土地使用、娱乐、教育、医 453
疗保健、退休政策、音乐等。由于超过 20％的选民大于 65 岁，美国的政策将特别反映出“老
龄化的美国”。

有一些变化已经很明显了。大学越来越注重成人教育。玩具厂商和婴儿食品公司开始把它们的产品线转向新的商品和服务，比如保险业、化妆品、成人游戏等。社会保障体系将由于退休人员的增多而发生较大变化，因为他们的福利要由越来越少的工人来保障。因为生育高峰时出生的人正处于生育期内，他们生育的孩子将使得上述某些趋势不会很快表现出来。这种现象被称为“生育高峰的连锁反应”。但是这种反应最终还是会逐渐消除，人口老龄化的趋势还是将继续。

美国老年人将变得迟钝、缺乏创造力而且保守吗？在老龄化的国家里还会保持快速的经济增长吗？在老年的熟练工人为主的劳动力市场上，年轻人还会有机会获得发展吗？这些问题困扰着人口学家和社会规划的制定者。

四、生态学和环境社会学

生态学（ ecology）是研究有机体与其环境的相互关系的学科。它是作为生物学的一个分支在19世纪发展起来的。查尔斯·达尔文的进化论及适者生存规律对这门学科的发展起到了极大的促进作用。

1893年，埃米尔·涂尔干开创了“社会形态学”，以研究人口与环境对社会结构的影响。但直到第一次世界大战后，美国社会学家才真正认识到社会行为可以被看作对环境的适应，开始把生态学的许多观点应用到社会学中。在适应社会及自然的过程中，为了占有有限的资源，人与人之间、人与自然之间不断地相互合作、相互竞争。人的这种适应性与生物生态学家研究的动物行为在某些方面非常类似。

在美国，首先是罗伯特·帕克在芝加哥大学把生态学的观点引入到社会学当中。在两次世界大战之间，即20世纪二三十年代时，芝加哥在该学科处于领先地位，许多工作都是面向生态学进行的。对许多城市的生态行为、生态过程的研究就是最重要的例子。第20章将对此做进一步的讨论。

第二次世界大战以后，社会学界对生态学的兴趣减弱了。《人类生态学》（Human Ecology，1950）是一个例外，这是艾莫斯·霍利（Amos Hawley）的一部研究社会共同体结构的具有开创意义的著作，研究是基于“所有有机体的生活方式都有一定的一致性”的假设。然而最近人们对生态学及即将被称为环境社会学（environment sociology）的学科重新产生了兴趣。这种复苏主要是由国内外对环境问题的关注引起的［邓拉普和卡托（Dunlap & Catton），1979；鲁宾逊（Robinson），1981］。

社会生态学家和环境社会学家关注的问题不完全相同。社会生态学家一直更关注社会和文化现象的空间分布。比如，他们曾经仔细研究了自杀及精神病等“社会事实”在地域上的分布情况［哈福（Harf），1986；肖特（Short），1971］。社会生态学与人口学密切相关。它们在研究社会问题时都强调定量分析，并且采用的方法和数据来源也大都相同。

环境社会学是最近才发展起来的。与社会生态学家一样，环境社会学家也比其他社会学家更少关注文化价值与规范。环境社会学家更加关注环境对社会组织及社会行为的影响。比如，一位学者曾经研究某次特定的自然灾害（发生在孟加拉的一次迫使灾民迁移的严重洪灾）对村民的影响［扎曼（Zaman），1986］。其他有关环境的研究还仔细考察了苏联的切尔诺贝利核设施泄漏造成的大灾难的危害，以及人们对核武器及核辐射的恐惧［盖尔（Gale），1987；罗萨，米切尔和基廷（Rosa，Michilis & Keating），1988］。另一位环境社会学家还研究了海地人民对这个岛国越来越稠密的人口造成的生态后果的反应。拥挤的人口使得海地每年损失10%的森林，这对于主要依靠木材做饭和取暖的海地人来说无疑是一种灾难［伍德沃德（Woodward），1983］。

（一）人口密度与人类行为

社会学领域的生态与环境方面的研究的另一个焦点是人口密度与人类行为之间的相互关系。动物试验表明：过度拥挤会导致病态行为。一项著名的实验研究了过度拥挤对耗子行为的 454
影响。在试验中，人们给这些老鼠充足的食物和水，但密度要比自然条件下大得多。试验中产生了以下反应：不断增加的死亡率，尤其是在幼鼠中更为严重；生育率下降；母鼠不再关心幼鼠；过度好斗，甚至出现了老鼠吃老鼠的现象；性失常；等等［卡尔霍恩（Calhoun），1962］。

尽管有人坚持在动物试验中的结论不能应用到人类中来（Simon，1981），但如此令人震惊的试验现象，以及人们对许多大城市中不断恶化的环境的日益关注，还是促使人们进行了许多调查，以研究有关密集的城市人口对人类行为的影响。

社会学家一般要区分人口密度（density）（某一给定空间的绝对人口数）与拥挤（crowding）（人们对是否人口过多的主观感受）。一些研究表明，尽管较高的人口密度会使人感觉不舒服，但一般不足以导致社会病态反应［弗希尔等（Fischer et al.），1975；弗里德曼（Freedman），1975］。然而这种说法遭到其他社会学家的猛烈抨击。有些研究发现，家庭中人口过度密集会产生一些不良反应，包括生理和心理上的退却，让人普遍有一种“精疲力竭”的感觉［戈夫、休斯和加利（Gove，Hughes & Galle），1979］，还让人产生越来越强的敌对情绪［兹戴克-雷安和史密斯（Zeedyk-Ryan & Smith），1983］。在芝加哥进行的一项开创性的研究发现，高人口密度伴随着高死亡率、高出生率、家庭关系紧张、对婴儿的关心下降，以及青少年行为不端的产生（Galle et al.，1972）。另一项研究认为，人口密集会导致对有限资源的竞争，从而产生紧张情绪［然（Jain），1987］。

（二）生态系统

社会生态学中最重要的概念之一就是生态系统（ecosystem），即生物及其环境之间的复杂的相互关系网。著名社会生态学家邓肯（Otis Dudley Duncan，1959）称之为“生态联合体”，认为包含以下四要素：人口、组织、环境、技术（一般简称为 POET）。对这些要素相互关系的分析在生态学著作中占有重要地位。

邓肯曾经以分析南加州洛杉矶盆地的烟雾问题为例，来说明生态系统复杂的相互作用（1961）。在第二次世界大战及以后的时间里，有大量的人口涌入洛杉矶地区，并兴建了很多工业设施，居民开始注意到有一种蓝灰色的薄雾妨碍人们的视线，并刺激他们的鼻子和眼睛。这种烟雾后来越来越严重，对人们的健康造成了很大危害，也对本地的农作物造成了极大影响。科学家最终发现，是由于太阳光将燃烧的废弃物，尤其是汽车尾气产生的废气转化为有毒的化学物质。在洛杉矶，由于四面环山，空气不易流通，废气就不能散发到大气中去，情况就更为严重。邓肯（1961）注意到烟雾问题与洛杉矶地区的人口规模及居住方式有密切关系：

> 问题在开始就非常严重，洛杉矶地区急剧增加的人口虽然分散到周围较为广阔的地区内，对此也没有丝毫帮助，反而加重了对已经无处不在的汽车作为交通工具的依赖。人们

为了逃避汽车产生的烟雾在高速公路上不停加速，谁还能找到比这更能体现循环因果关系（生态学理论中的中心定理）、更令人痛苦的事例呢？(p. 9)

（三）地球生态系统

生态系统的概念可以推广到整个地球，像其他动物一样，人类也需要充足的洁净水和空气、直接或间接来自绿色植物的食物，因为只有它们才能利用太阳能合成碳水化合物。此外，人类还需要一定的活动空间。

人类曾经以为地球可以无穷无尽地提供这些自然资源。然而现在，环境的有限性越来越明显，许多自然资源很快就将耗尽。大气、水、土壤已经被化学药品、放射物质、垃圾所污染，显然，最终还会超过地球的自然资源的再生能力。

肯尼斯·博尔丁（Kenneth Boulding）这样比喻这种最终到来的两难境地：我们将不得不从“牛仔”经济转向“太空人”经济。“牛仔”经济认为世界很大、没有边界，鼓励毫无顾忌地开发。“太空人”经济把地球看作一艘巨大但有限的飞船，一个整体的生态系统，人类也是
455 其中的有机组成部分。“太空人”经济的核心就在于强调节约地球重要的自然资源宝库。这与“牛仔”经济提倡的持续增长的经济生产形成鲜明对照（Boulding，1966）。

具有讽刺意义的是，许多改善自然的尝试最终还是对自然环境造成毁灭性的打击。例如，以增产为目的的施肥会破坏水源附近的生态平衡。类似的，将绿地变为城市会减少空气中的氧含量。

联合国的一项研究报告指出，在非洲、印度、南美，许多以前肥沃的土地由于几百年来的过度耕作正在沙漠化。联合国另一项报告得出结论，“地球上容纳了 8.5 亿人口的占陆地总面积 35%的土地正在受到沙漠化的威胁，而占全球人口将近 10%的多达 4.07 亿的人已经受到部分沙漠化的影响”，这些地方的土地已经丧失了 25%的生产能力（United Nations，1988）。就像 20 世纪 80 年代在埃塞俄比亚发生的灾害一样，当人们不当利用的土地遇到周期性的干旱时，就会造成饥荒，成千上万的人将被饿死，无数人受到威胁［科雷亚、托尔基和沃尔（Gorrea，Torky & Were)，1989；沃森（Waston)，1984］。

麻省理工学院的一个研究小组公开发表的一项报告预计，如果现在的人口增长、污染、食品生产趋势持续下去的话，到 21 世纪末，世界的增长将达到极限。最终就可能是人口和工业生产的突然的、大幅度的下降。报告中并没有预计这些情况一定会发生，但作为对制定经济、政治、社会政策的警告和建议，它根据现在的趋势进行了预测和分析，是为了保证这种灾难不会发生［泰勒（Tyler)，1975；劳里卡和黄（Raunikar & Huang)，1987］。根据这个报告，避免这种黑暗未来的唯一途径就是，趁还来得及，尽快约束我们的扩张行为（Meadows et al.，1972)。

即便是这种“增长的极限”的观点有些过于悲观，自然环境的利用极限的确在迫近。未来的社会学家们可能不得不更多地考虑环境因素，甚至会像他们现在关注文化一样。

随着空气、水和土壤已经逐步被污染，地球发展最终可能超出自然资源再生的恢复能力。

复习与思考

1. 有哪些事情和组织依靠人口学家得到的信息？
2. 人口普查的数据都用来做什么？
3. 人口的性别比能告诉你什么？
4. 为什么我们的政治领袖们会关心美国人的年龄结构？
5. 人口投影法和人口预测法有什么不同？
6. 用什么来表示人口的增长或下降？
7. 对一个社会来说，婴儿死亡率和预期寿命意味着什么？
8. 假设社会在未来的 50 年里人口会逐渐老龄化，移民率会对此产生什么影响？
9. 人口零增长对任何社会都是一种理想化的状态吗？
10. 你预测在 21 世纪生态学领域会有什么变化？

网上练习 *456*

第 19 章的网站涉及人口和生态的各个方面。在搜索之前，请首先登录 Prentice Hall Companion 的网站：http：//www. prenhall. com/popenoe。然后，选择第 19 章（人口与生态），在屏幕左边的菜单上选择网站。有几个地址可以选择，我们建议你从 International Migration 开始，这一网站由经济合作与发展组织所资助，这个组织关注世界范围内的国际移民和政治动向。最近的一些主题包括短期的劳工迁移、移民劳工市场、非法移民，以及移民的政治与经济因素。网站上还有大量的“工作论文”（working papers）、在线快讯以及其他的相关链接。浏览该网站后，请回答以下问题：

- 根据文章的讨论，国际移民都会带来哪些问题?
- 非法移民的社会含义是什么?

关键术语

demography	人口学	age-specific death rate	年龄组死亡率
census	人口普查	neonatal mortality rate	新生儿死亡率
vital statistics	动态统计	infant mortality rate	婴儿死亡率
sex ratio	性别比	life expectancy	预期寿命
age structure	年龄结构	life span	生命跨度
age cohort	年龄组	migration	移民
population projections	人口投影法	emigration	出境移民
population forecast	人口预测	immigration	入境移民
fertility	生育率	migration rate	移民率
fecundity	繁衍能力	demographic transition	人口转型
crude birth rate	粗生育率	zero population growth	人口零增长
age-specific birth rate	年龄组出生率	ecology	生态学
total fertility rate（TFR）	总和生育率	ecosystem	生态系统
crude death rate	粗死亡率		

第20章 城市、城市化和社区变迁

长期以来，美国人对城市怀有一种爱恨交加的情感。尽管人们偶尔能听到对都市生活优越性的一丝赞许，但历史上绝大多数的观察者都以饱蘸贬抑之辞的笔墨来描绘城市。早在一个多世纪以前，一位名叫乔希阿·斯特朗（Josiah Strong）的社会批评家、改革家与政府部长就以略带奇异的语言表现了这一现在看起来仍十分时髦的主题： 458

> 这里堆积着社会的炸药；形形色色的下层人、赌棍、小偷、强盗、违法者和亡命之徒聚集在一起；为了破坏和抢劫，他们时刻准备以任何借口来发动骚乱；外来人口和以工资为生的工人在此处聚合；怀疑论和反宗教观念盛行；不平等程度在这里尤为剧烈和昭彰，贫富差别触目惊心。（1885，pp. 128—138）

许多19世纪和20世纪的作家表达了类似的感觉，指责城市孵化了美国精神中每一个黑暗而邪恶的冲动。肮脏、杂乱、骚乱、危险、疾病、犯罪和腐败——按照历代社会批评家的说法，似乎这一切就是城市生活的本质。

尽管抨击一直是这样的无情，然而，美国人在口头上反对城市的同时，又在用脚步支持着城市。在殖民地时期，美国主要是个乡村和农业的社会。随着工业化的推进和就业机会的推动，大量人口开始涌入城市地区，直到今天，这个国家城市人口终于超过了70%。

许多移民开始在靠近大城市中心的地区安家，这里房租最便宜。这些内城地区日益拥挤，再难以让人称心如意，于是掏得起钱的人便开始外移，转向郊区。在郊区，人们既可以轻易地从城市获得经济和文化的好处，又可以重新创造一点村镇生活的氛围。

尽管一些人口分析家认为郊区将趋于衰落，越来越多的美国人却还在继续迁往郊区。原因之一在于现在能够拥有自己住房的人比以前要多，而且未来的购房者更倾向于单家独院［瑞比克金斯基（Rybczynski，1995）］。另一个原因是许多商业机构也迁入了城郊，以前只有在中心城市才能提供的商品和服务，现在城郊也能提供了［马希奥里斯和帕里罗（Macionis & Parrillo），1998］。

其他一些美国人，特别是西部和南部的美国人，甚至搬得更远，他们常常在小镇里安家。尽管一些以前的郊区居民已被吸引到了市中心的重建区，大多数美国人对城市的看法与一个多世纪以前尊敬的斯特朗先生相比并没有多少变化。

为什么如此多的人对城市生活持一种否定的态度呢？既然反对城市的意见铺天盖地，为什么美国城市在过去200年里获得了如此巨大的发展呢？那些郊区居民，以及完全搬离城市的人们，他们找到了他们追寻的东西吗？中心城市能否东山再起？在本章里，我们将考察城市生活的结构、主要的城市问题以及生活在大城市区域的人们独特的生活方式等问题。

一、城市的起源和成长

城市是行政、金融和工业中心，现代生活与城市息息相关。然而为了充分理解现代城市生活，我们还得了解现代城市得以形成的历史过程。

（一）最初的人类社区

最早的人们组织成采集或游猎的群体，过着居无定所的生活。这种群体生活的模式，今天仍能在为数不多的残存下来的游牧部落中看到，他们辗转迁徙，维持着生计。当人们的土地还无法长期支持种植和放牧时，这种生存方式是适应环境的比较有效的办法。

大约1万年以前，在所谓的“新石器革命”时代，以农业为基础的长期定居村落开始出现。一些简单的农业技术，比如谷物的种植和收割，大大增加了食物的供应。一旦他们长期居留在某一地方，人们就开始学会了驯养动物。家养动物不但可以供人玩赏、充当守卫和拖拉重负，还增加了人类的食物供应。在这种新式的定居村落里，人们过着稳定的生活，吃得更饱，过得更安全，也有了更多的闲暇。城市史学家、批评家刘易斯·芒福德（Lewis Mumford，1961）指出，由于这一变化，人们可用于发展家庭技艺（family art）的时间也更多了。

部分地因为他们生产的食物很有限，这些早期定居点很少超过200人。这里的居民们关系
459 密切，社区主要在血缘关系的基础上组织起来。世界各地都有考古学证据表明这样的村落确实存在过。几乎在所有国家，包括在美国，人们都可以发现与这些早期社区非常相似的村落：在一个小村里，每个人都从事耕作，几乎没有什么劳动分工［拜罗赫（Bariroch），1988］。

（二）城市地区的诞生

随着农业生产力的提高，大约公元前5 000年以后，少数新石器时代的村落发展成了小集镇和城市。这一变化有时被称之为“城市革命”［贝尼沃里（Benevolo），1980；蔡尔德（Childe），1951］，是人类历史上最重要的变化之一。确定一个地方是否为城市的最重要因素，不在于其规模，而在于其居民的谋生方式。在城市社区里，大多数人不再自己种植食物。所以，只有当粮食生产者除了满足自己消费外尚有粮食盈余时，该地区才有可能出现城市［本德

(Bender)，1975；舍德尔、哈迪和金策尔（Schaedel，Hardy & Kinzer），1978；乌克罗等(Ucko et al.)，1972]。

早期城市居民必须定期获得粮食供给，而农民为城里人提供粮食常常颇为勉强，于是士兵、税收官等新行当便应运而生。同时，一些人不必再生产自己的粮食了，在此基础上又出现了一些新型的专业人士，比如手工艺匠、商人、宗教职员等。城市生活不可能再像新石器时代一样单纯靠血缘规范和非正式的社会控制手段来调节。新的城市状况要求新的管理机构和法律制度。

随着第一批市镇的出现，被称为城市化的社会过程开始了。“城市化”（urbanization）指人口由农村流入城市的运动。但要说到所有社会都有很大比例的城市人口，这是现代才有的事。而纵观人类历史，大多数的人还是生活在乡村。

最早的城市出现在今伊拉克境内，沿幼发拉底河和底格里斯河两岸建立。按现代的标准来说，这些城市并不大，而与此前存在过的人类定居点相比，它们算得上是庞然大物了。乌尔(Ur)，这是现今所知最古老的城市之一，在其全盛时期有一两万人［拜罗赫（Bairoch），1988；怀特豪斯（Whitehouse），1977)］。当时交通落后（大约直到公元前3000年，才发明了车轮），城市里谋生艰难，卫生条件差，传染病极易流行，这些都严重限制了城市的发展。大多数早期城市相当不稳定，频遭征服和洗劫，统治者经常被推翻，无法解释的灾难随时来临，人们至今仍对古代许多伟大城市为何最终竟被遗弃知之甚少。

早期城市的发展并非仅限于中东。在今天的印度和巴基斯坦地区，在公元前2400年到公元前1500年之间，城市已经有了先进的管道设施。中国城市在公元前1800年以后出现［惠勒(Wheeler)，1968］。新大陆（南北美洲）的早期城市虽然发展较晚，但与“旧大陆”的城市一样给人以深刻印象。

在大约公元前1000年，铁开始得到广泛使用，这大大改善了交通，推进了生产，最终也使得城市人口大为增加。城市人口之间的思想交流也刺激了新的发明与发现，例如文字、历法、数学、货币、青铜器、铜和黄铜制品等，这又反过来推动了城市的进一步发展。然而，即使在城市发展了数百年之后，除了古罗马，还是没有任何别的城市人口超过几十万［亚当斯(Adams)，1966；戴维斯（Davis)，1955］。

（三）前工业时代的欧洲城市发展

欧洲的城市发展根源于地中海地区那些伟大的古典城市：雅典和罗马。早在基督诞生几个世纪之前，雅典就已发展成一个独立的城邦，有着民主政治的传统和辉煌的艺术成就。历史学家们顺藤摸瓜，将西欧民主的肇端追溯到了雅典，尽管当时雅典也只有男性自由公民（妇女和奴隶排除在外）才有权投票选举。公共事务由每周召开的大会来讨论决定，所有有选举权的人都可以参加会议。后来雅典又发展成殖民势力，统治着周围的许多城邦和岛屿，向他们索取贡赋并为他们提供军事保护［贝尼沃罗（Benevolo)，1980；芒福德（Mumford)，1961］。

然而，与罗马相比，雅典只是个小城市。到公元2世纪，罗马已拥有百万居民，并是一个横跨亚非欧三大洲的大帝国的中心。历代罗马皇帝不惜重金，投资于各项建设项目。比如大多数罗马人居住的公寓里，都接通了大规模的供水排污系统。然而治安始终是一个问题，卫兵在街上巡逻着，以维护法律和秩序［拉布和罗特贝格（Rabb & Rotberg），1981；汤因比（Toynbee），1967；万斯（Vance），1977］。

随着罗马的衰落，欧洲各中心城市里的居民也纷纷流散，城市的影响减少；在整个中世
460 纪早期，这些城市脆弱而动荡。到了十一二世纪，城市开始复兴，其商业和文化地位日渐重要，但规模还是很小。居民为了有效地保护其土地，使之处在能够巡护的距离之内，这限制了城市的控制范围。1377 年，伦敦仅有 3 万人［吉鲁阿尔（Girouard），1985；皮雷纳（Pirenne），1925］。14 世纪，由于“黑死病”横行，城市发展突然减速。黑死病是一系列传染性瘟疫，有时一个城市可能会有半数人因此丧生。瘟疫过后的文艺复兴时期，城市稳定地缓慢发展。

直至 18 世纪，工农业的发展复苏了欧洲经济，现代急骤的城市化进程才开始出现。这一转型被称之为工业革命，起源于英国。到 1800 年，伦敦人口猛增至 100 万。“农业和交通的发展；新大陆的发现和新商路的开通；最重要的是生产力的提高：首先是在高度组织化的手工作坊中，后来又出现了革命性的新生产方式——由机器和燃料推动的工厂”［戴维斯（Davis），1995，p. 433；又见科威茨（Konvitz），1985］，这一切是这个时期城市发展的基础。

在很多重要的方面，工业革命之前的城市不同于现代的工业城市［希欧贝格（Sjoberg），1960］。尽管两者都人口密集，并以社会多样性为其特征，前工业时期城市的社会结构还是更接近于乡村社会。家族和亲属关系网仍是社会的重要组织形式。社会分层体系禁锢着社会流动。工业活动围绕着在自己家里干活的手工艺工匠和手工工人展开。一小部分权贵把持了政府。社会秩序的基础主要是习俗和严格的传统等级制度，而不是成文法典和警察势力。这些特征反映了传统乡村社会体系的影响，这些早期城市仍与乡村社会有着盘根错节的联系［拉斯莱特（Laslett），1984］。

部分地因为交通手段不发达，前工业城市常常划分为区。政府官员和上层阶级聚居于某一区域（通常最靠近市中心），外国人住在别处，下层阶级又住在其他地方。金属工匠、织工、裁缝和其他的手工艺人也都有自己的居住区。今天的伦敦有一个“舰队街”（Fleet Street），新闻出版界人士都在此工作，有时就住在这里，由此我们仍可辨认出这种分区模式的踪迹。

尽管前工业社会城市的区划是专门化的，而建筑物的功能却并未分化。人们常在同一个屋檐下既生活又工作。商店可能和学校、政府办公室同在一处。当时也没有现代意义上的高度职业分化。一个商人买来原料，又加工成成品，并亲手把它们卖给消费者。

二、工业革命后的城市化

作为工业化的结果，西欧的城镇在 18 世纪晚期开始飞速发展。中世纪晚期，许多镇发展成手工业中心和贸易中心，建立起了完善的商业体系，这使得新兴工业家们更易于获利，于是

他们便在这些城市落户了。技术的发展提高了农业生产的效率，减少了农业生产对劳动力的需求，也鼓励了人口流入城市中心。由于被新兴城市产业所提供的就业机会所吸引，工人不断涌入，这又促进了商品和服务市场的成长。

1700 年，只有不到 2%的英国人在城市里生活。到 1900 年，大多数英国人都成了城里人。其他欧洲国家城市化起步较晚，可也很快就跟了上来。原来许多地方性流行病使得城市健康状况极不理想，而今由于现代医学和公共卫生措施的发展，大多数流行病得以根除，这大大刺激了城市的发展。地理和环境因素也大大影响了新兴城市的选址和已有城市的发展。最典型的是大城市常常坐落于那些交通成本低的地方：靠近海岸，傍依大河或是在自然矿藏附近。

随着工业城市的发展，发生了一些影响深远的社会文化变迁。公共教育更加必不可少，也更为容易获得，这大大提高了人们的文化水平和技术能力。移民、来自乡村的人、种族和宗教上的少数群体都至少部分地被吸收到一种单一的城市文化中来。城市和工业环境强烈影响了社会分层体系。例如，由经理、商人、专业人士组成的不断成长的新兴中产阶级取代了工业革命前由手工艺匠人、商贩和农村小私有者组成的那个小规模的中产阶级［拉布和罗特贝格（Rabb & Rotberg），1981；罗巴克（Roebuck），1974］。中产阶级的成长与资本主义的兴起密切相关。

（一）美国的城市化

尽管在英国飞速的城市化进程开始了很长时间以后，美国大体上还是一个乡村国家，但是在更短的时期内（主要是 1860—1920 年之间），它也实现了高度的城市化。1860 年时，居住在城市里的美国人尚不足 20%，而到 1920 年，大多数美国人已是生活在城里了。到 1920 年，农业劳动力只占全部劳动力的 25%，而 100 年以前，这个比例高达 72%［曲达科夫和史密斯（Chudacoff & Smith），1988］。 461

包括纽约、马萨诸塞和宾夕法尼亚在内的东北部地区，工业发展较早，也是美国最早实现高度城市化的地区。1900 年，城市人口超过 50%的八个州中，有六个位于东北部。主要依靠于贸易的西部城市，到第二次世界大战以前还是远远落后于东北部；第二次世界大战期间，国防工业的急剧扩张使得这些城市迅速发展起来。

这一增长势头在第二次世界大战后仍在继续。最近十年，人口增长率最高的是阳光地带的城市。同时一般而言，中西部和东北部城市的人口却有所减少。奥斯丁、菲尼克斯、圣地亚哥、圣约瑟、圣安东尼这些西部和南部城市发展显著。底特律、克利夫兰德、华盛顿特区、巴尔的摩这些属于中西部和东北部的城市，人口减少较多。有三个城市不符合这一模式：纽约的人口增长了，新奥尔良和孟菲斯（Menphis）两市的人口却减少了。

美国是当今世界上城市化水平最高的国家之一。大约有 75%的美国人生活在城市社区，将近 90%的人由住所驱车前往市中心用不了一个小时。由于现代传播媒介和交通的发展，即使不住在城市里的人，也与城市生活方式紧密相关。在全世界范围内，约有半数的人口在城市安家。到 2025 年，这一数字将达到三分之二［布罗克霍夫（Brockerhoff），1996］。

（二）发展中国家的城市化

西方人的城市化和工业化经过了好几代人的努力。而非洲、亚洲、拉美的发展中国家则试图在完全不同的条件下，要在短得多的时间内取得同样的成就。即使在工业化以前，西方国家就已是当时世界上最富裕的国家，而今天的发展中国家则非常贫穷。在工业化过程中，它们必须同发达国家高度成熟的经济体系展开竞争。

如今，发展中国家的国内状况也与高速城市化时期的西方国家大为不同。例如，当代第三世界国家的城市化与西方城市化相比，人口涌入城市的速度要更快。事实上，发展中国家的城市增长速度是爆炸性的。据估计，在未来20年内，城市增长的十分之九将发生在第三世界国家（Brown & Jacbson，1987）。这种高速增长主要是当今发展中国家人口膨胀的结果。

462

社会学之窗

希望之城，还是衰落之都？

在这个城市，不交税的人拥有比纳税人更多的特权。

——Joe Corey（饭店业主）

你不能让孩子们自己出去，运动场上到处是静脉注射的针头。

——Sheila Stamps（寡居的母亲）

我能去哪里？就算有人愿意买我的房子，这点钱也不够我到任何其他地方交预付定金。

——Benjamin Thomas（房主）

很少有人能明白上述居民所描述的这个城市［默菲（Murphy），1997］。这是一个不可见的城市，隐藏在那些高大的纪念碑的阴影中。远非开国元勋们所预期，批评家们称华盛顿特区为国家的耻辱，并揭露了困扰着它的那些社会问题。菲利普·默菲（Philip Murphy）1995年的抨击尤为尖锐：

> 在美国所有的州中，华盛顿特区的人均谋杀率和暴力犯罪率最高，依赖公共援助的居民比例最大，学校伙食费最高，标准成绩测试（Standards Achievement Test，SAT）得分最低，单亲家庭最多。（1997，p. 141）

为什么这些问题能逃避美国最有权力的人们的注意？总统和国会确实被这些问题所造成的后果包围着，但他们却视而不见。他们似乎生活在一个完全不同的城市中，生活在200多年前所设计的、作为这个新国家的政治中心的城市中。它的设计者，一个名叫Chales L'Enfant的法国军人，设想这个城市的街道应该熙熙攘攘，两边列立着华贵的建筑物，一如巴黎的香榭丽舍大道。他相信他的方案将“使华盛顿拥有比世界上绝大多数城市更好的（生活福利设施）”［安东尼奥（Antoniou），1994，p. 96］。

华盛顿特区开建40年后，托克维尔访问了这座新首都——这是美国所建的最重要的城市，同时也是第一座由受过训练的专业人员所设计的城市（Rybcynski，1995）。但他并未留下深刻印象。街道没有挤满行人，路边也没有列立着高大建筑物。托克维尔心存犹疑地写道："每隔十米左右，他们就把树木清除干净，以免占了这座想象中的首都的未来市民的路"（Rybcynski，1995，p. 97）。这座城市发展很慢，当时还不足20 000人。

但是到了第二次世界大战末期，华盛顿成了一个美丽的去处。而且对于所有美国人来说，这里也是一个可以找到光明前途的城市。一个长期在华盛顿生活的居民这样描述了它在1944年时的情景：

> 这是一个欣欣向荣的城市，有着繁荣的家庭产业和城市先进技术，对于试图逃避乡村贫困的黑人们来说，也是一个机会的磁场。（Murphy，1997，p. 141）

在其全盛时期，华盛顿有人口80万，到1996年，缩至54.3万。华盛顿的一个本地商人曾把这座城市描述为黑人中产阶级的孵化器——希望之乡。但从20世纪90年代中期开始，人们开始迁离此城。黑人业主、企业家和行为榜样们（role models）大量离开，前往郊区生活。

中产阶级离城返郊并不新鲜。人口学家们注意到，大约在19世纪末20世纪初已出现了这一趋势。到了20世纪40年代，这一运动加速，因为看上去像是南方的黑人北移，所以称之为"白人逃离"（white flight）。在本例中，观察者们称从华盛顿的大批出离为"黑人逃离"，并且想扭转这一潮流。

但要做到这一点并不容易。默菲提出了如下建议。首先，为了留住中产阶级，华盛顿必须提供中产阶级纳税人所期望的服务。这包括优质的公共教育和公共安全。其次，该市也必须理解小商人的需求，并对其做出反应。默菲认为，这需要"对企业家有竞争力的调控气氛，以及较低的经济进入资本点"（1997，p. 145）。最后，对于那些不符合仅仅想在此地安家者的需求的项目和服务，华盛顿还必须予以清除。默菲注意到其他城市成功地扭转了中产阶级大规模离去的趋势，而且华盛顿也是人们乐于栖居之地，所以，对于美国首都的未来，他甚为乐观。

相反的过程看来正在美国和其他工业化国家发生，在这些地区，发达的交通通信体系鼓励人口分散，因为货物和信息从一个国家的一端传送到另一端已是非常迅速的事［哈维（Harvey），1989］。这一"去中心化"（decentralization）过程也受到成熟的社会组织的推动，这些国家的公司等社会组织能够协调好遍布世界各地的雇员的活动。相反，第三世界国家的交通与通信要落后得多。

第三世界国家的经济发展一般都远远落后于其城市人口的增长。人口多而且就业机会少，所以农村地区存在大量剩余劳动力。涌入城市的剩余劳动力远远超过城市的容纳能力，这种现象被称之为过度城市化（overurbanization）：流入城市的人口与在城市里能获得的机会和服务相差悬殊。

西方国家的城市化大体上未受政府控制，相反，发展中国家的城市化常常处于中央集权的国家的管理之下。这些政府发现自身处于两难之境：一方面是提高经济效率的愿望，另一方面 463
是保存传统社会结构的强大压力。面对这种冲突，城市发展的管理常有不当之处，这一问题又由于资金和资源的缺乏而更趋严峻。

住房是个特殊的问题。一般而言，新到的城市移民先住在大城市周围临时的"非法占地定居点”（squatter settlement）里。这些地方居住条件很差，不仅严重拥挤，而且缺乏水电和废物处理等基础设施［吉尔伯特和古格勒（Gilbert & Gugler），1983］。虽然条件不好，这些非法占地定居点确实发挥了重要作用，它使得移民们更容易由乡村生活过渡到城市生活［贝里和卡萨达（Berry & Kasarda），1977；布罗姆利（Bromley），1988］。在内罗毕，20%的居民就是这些非法占地者，他们很多人成了非正式的“街道劳动力”的一部分，沿街叫卖食品，提供服务，从事卖淫等非法活动［古格勒（Gugler），1988］。在南撒哈拉非洲，城市人口中非法占地者的百分比最高，达 66%。某些中东城市，这类人也多达 52%，在许多拉美城市中他们占了 37%，在一些南亚城市中的比率是 27%［卡斯泰尔（Castells），1988］。

在第三世界的大城市中，数百万的人们居住在
像这样的危险、不卫生的贫民窟中。

三、美国大都会的结构和发展

城市社会学家用“社区”这一术语来指小村庄、城市里的邻里关系以及类似的大城市地区。对他们来说，社区（community）就是居住在某一特定地域中的一群人，他们的生活围绕着日常的互动模式而组织起来。这些模式包括工作、购物、娱乐等活动，以及教育、宗教、行政等设置（在一种与此不同然而又有关联的意义上，社区也用来指这样一些地方或群体，在其中人们感到团结一致，并通过日常共同的认同感强有力地联系在一起）。

19 世纪典型的城市社区，人口密集而紧凑。但是到现代，大多城市社区都已发展成大城市区域（metropolitan areas），即一个或多个大城市，再加上其周围的郊区。美国人口普查局使用“都市统计区”（metropolitan statistical area，MSA）这一概念来分析都市生活。一个 MSA 被定义为包括城市及其郊区的地区，总人口不少于 5 万。现在，75%以上的美国人生活在 MSA 里。

（一）大都会社区

城市向外扩张，进入人口较少的地区，结果形成了大城市区域。20 世纪大都会区的发展得益于汽车的广泛使用。汽车的普及，使得人们既可以生活在不那么拥挤的城外，又可以兼顾城里的工作并享受各种服务之便。第一批迁入郊区的是那些富人，随之而来的是为数众多的中产阶级家庭。大城市的发展助长了按社会阶级、种族和其他社会变量而形成的地理隔离（geographic segregation）[桑德斯（Saunders），1981；斯卡基尔（Scargill），1979]。白人中产阶级聚集在郊区，仍然待在市中心的是大量城市贫困人口——包括黑人、拉美人和老龄人口。

近几十年来，市郊社区已成了美国大城市区域发展最快的部分。市中心本身增长很少，在很多情况下其总人口事实上还有所下降。市中心人口构成也发生了翻天覆地的变化，白人中产阶级弃之而去，来自农村的黑人、移民和其他新来者取而代之。许多土生土长的少数民族和老移民也迁入了郊区 [里什（Riche），1991]。另外，也有许多人并不经由城市过渡，而直接由小镇或农庄搬进郊区。现在仅有 30%的美国人住在中心城市，而有 45%的美国人生活在郊区。因此，与其说美国人是城市化了，还不如说是郊区化了。

1. 中心城市

大城市区域的核心通常主要发展商业。中心城市一般是当地交通网络的枢纽，因而是从事广告、出版、金融、娱乐以及某些零售商业的理想场所。这些活动要求面对面的互动、大量劳动力以及可供职员、顾客、观众便于见面的地方。而中心城市正好满足所有这些要求。

生活在美国中心城市的少数民族贫民很多，多得不成比例。一方面由于白人中产阶级迁入郊区，一方面又由于很多穷人迁入城市来寻找对技术要求低的工作并享受健康、福利等市政服务，于是形成了这样一种格局。但是近年来少数民族人口（特别是黑人）向城市地区的迁移已经放慢了脚步。1976 年至 1986 年间，有近 500 万的黑人、拉美人、亚洲人移民美国，其中近半数已在郊区或非大城市区域而不是中心城市定居（Macionis & Parrillo，1998）。

城市贫民集中在贫民窟，挤在低于法定标准的住所里。那些新迁进城的人也常与他们为 464
邻，计划在这里歇歇脚，等到经济条件有所改善，便可以搬出去。不幸的是，对于许多境况不佳的少数民族人们来说，这里成了一个陷阱。由于缺少足够的就业和教育机会，他们无力攒下足够的钱离开贫民区。就算他们终于如愿以偿，在郊区租到或买下了房子，也常常遭遇歧视 [W. J. 威尔逊（Wilson），1978，1987]。

当然，市中心住的不只是贫困人口，事实上，各式各样的人都在此安家，各式各样的生活方式都在此汇聚。在一个颇有影响的分析中，赫伯特·甘斯（Herbert Gans，1962）定义了五个有着明显区别的人群，这些人群可以在美国的许多中心城市里见到：

（1）“四海为家者”（the cosmopolites）。这一群体的人一般受过良好教育，从事广告、出版、设计之类的与文艺有关的职业。他们收入通常很高，选择住在城里是为了接近这里的文化环境，而与当地邻里并无密切关系。

城市中心的房屋发展成为很多少数民族的陷阱。
就业和教育机会的缺乏经常妨碍居民的离开。

（2）“未婚者或无子女者”。这些人选择城市生活，主要是认为在这里可以与很多人交往，社会生活很活跃。他们经常搬动，其中很多都是有了孩子以后，便一起搬离城市。

（3）“族群村居民”（the ethnic villagers）。这些群体由外国移民组成，他们仍未充分整合到美国的生活方式中来，继续遵循着其出生地的方式。他们很少走出其邻里关系的小圈子，对城市的其他部分根本不感兴趣。正如甘斯所说：“尽管他们生活在城市，却孤立于大多数城市设施之外，除了工作场所，与城市并无重要接触。”

（4）“被剥夺者”（the deprived）。穷人、有色人种、未婚妈妈构成了这一群体的大多数。他们住在城里，是因为城里可以找到便宜的住所。而且，城里的福利补贴通常比农村高。另外，他们还希望能在城里找到工作，以改善其经济处境。

（5）“身陷城市的人”（the trapped）。这主要指那些老人，他们靠养老金过日子，根本无力搬走。况且，他们中很多人就在这个城里生活了一辈子。就像那些“族群村居民”一样，他们对其邻里有强烈的认同感，很少离开他们。

这一分类虽然早在20世纪60年代就提出来了，但与今天市中心的情况仍旧相符。

不过，在最近20年，还是出现了一些值得一提的变化。许多欧洲族群村的居民搬到了郊区，大量来自拉美和亚洲的移民取代了他们原来在市中心的位置。特别是在东部和中西部的老城市里，被剥夺者占总人口的比重出现了惊人的增加，他们构成了所谓的“下层阶级”，很多人吸毒、失业、犯罪，怀孕的少女也不少，这些构成了其特征［詹克斯（Jencks），1972；卡萨达（Kasarda），1989；威尔逊（Wilson），1987］。在很多城市的小区里，出现了一个称之为“士绅化”的过程，这使得四海为家者、中产阶级未婚者和无子女者人数增加。一个新的群体——无家可归者，已在中心城市随处可见。

2. 郊区

郊区相对较小，靠近并依赖于中心城市。虽然有史以来，有城便有郊，但直到20世纪，郊区才兴旺发达起来。现代郊区的发展，是交通发展，特别是汽车和公共交通系统发展的结果。郊区已被描述为美国社会最有特色的一个方面［杰克逊（Jackson），1985］。

从某种意义上来说，郊区是解决城市人口过于密集而引起的种种问题的一个途径。如果人口过于密集，公共设施便会不堪重负，住房紧缺而且价位高昂。为了满足对商品和服务的不断增长的需求，商业活动和政府活动日益扩张，又占去了一些生活空间，致使居住区更为拥挤，通常解决这一恶性循环的办法是在城市外沿建立新的居住区。这既保留了城市化的经济优势，又消减了过于密集拥挤的问题。 465

在美国，郊区的高速发展受到了很多因素的刺激。个人收入的提高、拥有独家住宅的强烈愿望，以及政府促进郊区化的政策，都起了推波助澜的作用（Jackson，1985）。为了迅速实现拥有住房这一美国梦，政府于 20 世纪 30 年代创设了房主信贷公司，以保护房主的房产赎回权不被取消；第二次世界大战后，政府设法使老兵们可以获得低息按揭，并为住房翻新和住房发展提供联邦住房管理局贷款，又规定可以从所得税中扣除一部分以充作按揭利息。为了方便郊区居民往来，交通部还特意拨款，以修建公路和支持通勤铁路（commute railway）的扩展。郊区化也受到了中心城市生活条件相对较差的刺激，许多人把迁往郊区看作是对城市生活消极方面的逃避。

中心城市的工作和商店也逐渐跟随人流迁往郊区。产业部门也被郊区开阔的空间和低廉的税收所吸引。大多数市区的百货公司都在郊区设立分店，有的干脆弃城而出，迁往市郊的商业区。市郊的商业区不仅是购物中心，也是非正式的娱乐、社交中心。因此，现在郊区对中心城市的依赖要比以前小得多了，如果依赖性还存在的话，也是中心城市越来越依赖郊区了。这种依赖模式在洛杉矶、休斯敦、菲尼克斯等新兴城市更为明显。这些城市不再以市中心的商业区为中心，而主要由一系列住宅区与一些远离市区的办公楼和购物中心构成。

很多世代的城市旧居民已经在郊区寻找到了
更好的学校、更安全的邻居和更多的生活空间。

郊区一般依据社会阶级和种族而高度分化。一些郊区，比如康涅狄格州的达里恩、密歇根州的格罗斯角和新泽西州的富兰克林湖区，住的主要是上层阶级。一些地区，比如伊利诺伊州的埃文斯顿、弗吉尼亚州的阿灵顿和加州的斯坦福，住的是上层中产阶级。但是大多数郊区住的是中产阶级和上层劳动阶级。

1968 年的联邦公平住房立法（federal fair housing legislation）之后，中产阶级少数民族开始迁入郊区（Macionis & Parrillo，1998）。及至 1980 年，人们发现单纯依靠法律并不足以整合邻里关系。当时的人口统计数据表明，白人和黑人以种族隔离的形式居住在郊区。然而从此之后，越来越多的黑人迁入郊区，郊区的种族也变得越来越多样化。人口统计显示，1990 年，27%的黑人居住在郊区。

（二）大都会的兴衰

1. 大都会带

大城市区域的成长和去中心化，造成了一种新的城市区域类型：大都会带（megalopolis），即两个或多个大都市不断发展，最后连接成片，互相重叠形成大都市的集结。结果，市区和郊区连成狭长地带，有时绵延百余里（Gottman，1964；Scott，1988）。分析家们在全国确定了十余个大都会带。最为有名的是“波士顿—华盛顿走廊”（Boswash Corridor），这是一个位于波士顿和华盛顿之间的城市集合体。另有一个位于西海岸，从旧金山延伸到圣地亚哥。

在大都会带里，乡村、郊区和城市的界限模糊不清，整个地区由工业区、郊区和市区连缀而成。高速公路接送人们上下班，有时有百余里的路程。看来人们喜欢将工作、生活和玩乐安排在不同的地方进行。因为区域性问题必须由很多地方政府和州政府共同面对，而它们每一方又都有各自的利益，所以公共政策和公共计划颇为难以协调。因此，大都会带为城市规划和区域规划人员提出了大难题。然则，由于美国人试图将城市生活的优点与低人口密度的郊区的优
466 点结合起来，看来大都会带最有可能成为未来城市社区最有希望的形式。

2. 大都会的衰落

正当美国走向完全都市化国家的途中，新情况又出现了：一些大城市区域的人口竟然开始下降。20 世纪 70 年代，主要城市减少人口约 1 300 万（Fishman，1987）。在过去的 30 年里，这一衰退一直持续，给很多城市留下经济复苏所需资源短缺的问题（见表 20—1）[凯利（Kelly），1995]。美国这些最麻烦的城市面临着共同的问题。根据《达拉斯早报》（*Dallas Morning News*）所做的一项研究，这些问题包括以下方面（Kelly，1995，p. A1）：

表 20—1　美国问题最多的城市

人口在 2.5 万～5 万之间	人口在 5 万以上
1. 普里查德，AL	1. 布朗斯维尔，TX
2. 法尔，TX	2. 卡姆登，NJ
3. 东圣路易斯，IL	3. 拉雷多，TX

续前表

人口在 2.5 万～5 万之间	人口在 5 万以上
4. 爱丁堡，TX	4. 萨吉诺，MI
5. 米申，TX	5. 劳伦斯，MA
6. 贝尔加登斯，CA	6. 底特律，MI
7. 格林维尔，MS	7. 加里，IN
8. 新伊比利亚，LA	8. 克利夫兰，OH
9. 贝尔城	9. 庞蒂亚克，MI
10. 东芝加哥，IN	10. 扬斯敦，OH

资料来源：Chris Kelly. "In Search of New Life：Once-Proud Industrial Cities Pursue Answers to a Changing Economy"，*The Dallas Morning News*，December 3，1995，pp. Al，A32. Reprinted with permission of *The Dallas Morning News*.

（1）美国人口超过 25 000 的城市中，20%以上贫困率达到或高于 20%。

（2）1968 年，美国 30%的穷人生活在城市。这一集中趋势仍在加剧：现在超过了 40%。

（3）新工作机会的创造正在远离传统意义上的中心城区，大约有 70%以上的新工作是在城市之外创造的。

（4）人口 25 000～100 000 的较小城市，可能感觉到了最为严峻的经济萎缩，但与大城市相比，它们拥有的资源更少。

进入 21 世纪后，人们预期信息时代的经济将对城市地区的衰退产生影响。现在的技术变迁使得人们可以到他们想去的地方工作和生活。所以他们将选择新郊区。

3. 中心城市士绅化

20 世纪 70 年代，在许多人离开大都会的同时，分析家们注意到，中产阶级选择留在中心城市的人越来越多——特别是那些单身人士、无子女夫妇和四海为家者［巴尔达萨里（Baldassare），1986；詹姆斯（James），1997］。结果，在那些被认为是最为刺激、最吸引人的城市里，比如纽约、费城、波士顿、华盛顿、旧金山、芝加哥，以前那些不起眼的街区被士绅化（gentrification）了。换句话说，街区中穷人的位置被专业人士取而代之了［杰勒德（Gerard），1984；拉斯卡和斯佩恩（Laska & Spain），1980］。

造成这一趋势的原因主要是郊区房价的高昂，以及小规模家庭数目增多（因为越来越多的年轻人推迟结婚和育子）。士绅化不是郊区家庭重返城区。"绅士"（一个英国术语，原指富豪地主）似乎是那些在郊区长大成人的人，他们成年后进了城，至今尚未决定离开。在某些地方，这一趋势造成了中心城市的"复兴"。许多人推测，士绅化有可能减缓城市经济的长期衰退。

士绅化通常经过三个阶段。首先，少数"开拓者"家庭迁入了一个颓败废弃的区域，购买 467
和翻新现存的建筑。一两年后，其他人也跟来了，这里既住得起房子，又有投资潜力。房租也上去了，那些付不起新的房钱的穷人被迫逐渐离开［佐金（Zukin），1987］。最后，发展商和投机商也赶来了，开始了大规模的修复重建。"城市发展行动拨款"等联邦津贴吸引着发展商，地方政府负责广告宣传，在开发地区附近提供支持设施——商店、停车场、办公楼、公园等，以此鼓励开发商［费京和帕克（Feagin & Parker），1990］。

近年来，重修的建筑纷纷转变成公寓大楼，住户们买下而不是租下他们的单元，由此，开发商有利可图，可是住户要掏的钱可就增多了。在费城，一个月租金560美元的单元，转变成公寓套间后，按揭和物业（maintenance）每月就得花去1 200美元。许多人仅仅因为付不起套间的物业费，等他们的房子改造以后便被迫搬离。

一位国家住房顾问估计，士绅化大约每年更换了100 000人（Feagin & Parker，1990）。但是，使城市贫民们难于找到住得起的房子的因素还有另外一些，士绅化只是其一。学者们还确定了造成这一问题的另外两个因素［格里尔和格里尔（Grier & Girer），1980］，一个是“终止投资”——因为不再能带来利润，一些房子被房主遗弃，长年失修，不能再住人了。纽约市南布朗克斯区那些被烧掉的房子，成了城市衰落的一个全国性象征。第二个因素是因为中止投资减少了廉价房屋的供给，人们便争相住进那些保存完好的房子，好房子的价格继续上涨，常常超出了穷人们的支付能力。

纽约南布朗克斯区那些被烧掉的房子成了美国城市衰败的全国性标志。

4. 边缘城市

援引乔·格丽（Joel Garreau，1992）的概念，过去半个世纪里，大都会成长模式最为重要的一个变化是边缘城市（edge cities）的发展。他认为，美国成长中的城市有点类似于洛杉矶。他这样描述这些新兴城市：

> 我们文明的这些新心脏——大多数美国都市人工作的地方，也是我们生活的中心——看上去根本不同于我们的老市区。正如在芝加哥城市圈一样，没有鳞次栉比的大厦。相反，它们宽阔低矮的轮廓点缀着由绿地和街心公园分割开来的蘑菇样的风景。办公楼前常

> 常耸立着树木，谦恭地保持着适当的距离，镶边的玻璃反射着阳光，映出蓝色的、银色的、绿色的或金色的光芒，宛如古代名画“未来之城”。(1991，pp. 3—4)

格丽称这些新型城市中心为“边缘城市”，因为尽管其扩展超出了现有城市区域的边界，但它们还是履行了城市通常所有的功能。

(三) 城市生态学

城市生态学家（urban ecologist）指那些对城市社区的社会空间组织有着特别兴趣的社会学家。经典城市生态学家确认了一些促成城市变迁的过程，并以此解释特定类型的城市居民及其在特定地区和相邻地区的活动的分布［麦肯齐（Mckenzie），1926］。

1. 城市生态过程

生态隔离（ecological segregation）　在土地使用、服务或人口方面，一个城市的不同地区逐渐专门化的过程称之为“生态隔离”。其中最明显的形式是“少数民族聚居区”（在一个城市里某一特定族群集中居住的区域）。但是还有其他很多形式的隔离。无子女夫妇和单身者通常住在那种以出租单元房为特点的地区。公共住房计划按收入把人们隔离开来。芝加哥的老镇（Old Town）、旧金山的卡斯特村（Castro Street）和纽约的格林尼治村都是按生活方式将人们分隔开的地区的典型；它们吸引着那些选择非传统的生活方式的人们。纽约的休南区，许多艺术家在此安家，这是以职业为基础的隔离。

商业、政府以及其他的服务设施也倾向于云集在城市中的一些特定区域。例如，纽约有服装区，洛杉矶有电视制片区，一些郊区都有“工业园区”。城市生态学家们也注意到，相关的服务业通常互相靠近。法院毗邻监狱，小零售店傍依大百货商场；类似地，剧院和饭馆云集于娱乐区。诸如此类的被隔离开来的邻里关系，其出现并非人为的精心策划，故称“自然区”。

“侵入和演替”（invasion and succession）　侵入指一个社会群体或一种土地使用方式进入 468
了目前为其他人或别的土地使用方式所占据的区域。生态学的“演替”，是指一个社会群体或一种土地使用方式在某一地区取代其竞争对手而占据了统治地位。这些概念直接由生物生态学中借用而来（Schwirian，1983）。

克利夫兰市中心霍夫区（Hough）的历史，清楚地演示了侵入和演替这两个概念。从前，印第安人在此狩猎，到了殖民地时期，这里成了农场。随着城市的发展，农田让位于房舍：开始还只有一些小房子稀疏散布，然后随着人口的增长，房子大了也更密集了。最后，该地紧靠中心商业区的特点吸引了许多富人在此建起豪宅。做了多年克利夫兰市的高地位阶层区之后，此地又开始败落。富人走了，穷人接踵而来，因为霍夫区那些阔大的老房子收的租金还算便宜。人们慢慢地把那些庞然大物分隔成了多家住宅，有时甚至肢解成许多的单间，用来出租。终于，这一地区衰退到如此严重的地步，以至于成了人们谴责的对象，窝藏着吸毒者、流浪汉和那些最贫穷的人。

如此这般的“自然”过程敲响了这些地区的丧钟，同时，像其他地方一样，克利夫兰的城市再开发也不合比例地置换了大批黑人，由此引发的压力进一步摧毁着霍夫区。政府投资再开发邻近霍夫区的主要是黑人聚居的中心区，许多黑人被驱入霍夫区，使得这个地区更“黑”、更拥挤。

当房价变得非常便宜时，就被房地产开发商抢购了过去，他们中的一些人还精心制造出一种恐慌气氛。仍住在那里的白人居民，以低廉无比的价格把房子卖给开发商，这些开发商赚一笔后，再把房子卖给有收入的黑人。那些有房子的黑人却发现银行并不愿借钱给他们修葺重建[这是一种叫“红线拒贷”（redlining）的通用然而违法的政策]。看来，这片街区的沉沦几乎是无法挽回了[斯诺和莱希（Snow & Leahy），1980]。

2. 城市空间结构

隔离、侵入和演替这些生态过程常常导致城市里出现清晰可辨的物质的图案。20 世纪 20 年代到 40 年代之间，许多城市生态学家都试图建构这些图案的模型。

20 年代，厄内斯特·伯吉斯（Ernest Burgess）在其芝加哥发展研究的基础上，建立了最为有名的“同心圈模型”[帕克、伯吉斯和麦肯齐（Park，Burgess & Mckenzie），1925]。伯吉斯的“同心圈模型”（concentric zone model）把城市展示为以中央商业区为中心的一系列的环圈，从核心出发往外推，包括轻工业区、以下层阶级居民为主的过渡地带，以及中产阶级生活的郊区等一些环状地带，靠近中心的住宅区有很多新来者和单身者，犯罪率高，社会问题多。外环地带家庭更多。从中心城市往外移，意味着向上的社会流动。

批评者指出，同心圈模型与芝加哥这一原型联系太紧密，因此在很大程度上缺乏普遍性。为回应这些批评，后来的城市生态学家们逐渐提出了一系列更概括更普遍的模型[哈里斯和于尔曼（Harris & Ullman），1945；霍伊特（Hoyt），1939]，但即使是这些新版的模型，也还是被证明受某一些处于特定发展阶段的特定城市的束缚。

现代城市生态学家不再去建构城市空间结构的什么固定模型，而是另有打算，寻求理解在一定时段上决定城市空间结构形式的普遍原则。一种叫做“社会区域分析”（social area analysis）的定量技术对此类探索颇为有用，这种方法是谢维基（Eshrer Shevky）和贝尔（Wendell Bell）在 20 世纪 50 年代提出来的（Shevky & Bell，1955）。这种技术用三个指标来描述社会群体在城市的空间分布，这三个指标是阶级、生命历程阶段（stage in the life course）和种族。数据来自人口统计。把这种方法运用于不同的城市，都能有效地解释人们聚居的方式。

3. 当代城市生态学

如同地理学家和经济学家一样，城市生态学家近期的工作更多地使用计算机来建立和检验更精致的模型。这些新模型更广泛地引进了社会和文化因素，以更精确地反映现实世界的复杂性[詹森（Janson），1980]。

今天大多数的城市生态学家已把他们关注的焦点由中心城市转移到整个大城市区域[贝里和卡萨达（Berry & Kasarda），1977；波克钦（Bookchin），1987；格拉斯（Glass），1989；霍利（Hawley），1981]。他们对大城市成长和收缩过程中产生的交通、通信和社区权利的种种变化有着特殊的兴趣。

四、城市生活和文化

除了城市人口的迁移和城市生态学外，城市社会学家还对很多别的东西感兴趣。他们关心由城市化促成的文化变迁和社会结构变迁，也很关心生活方式如何因社区类型不同而不同。 469

（一）社区生活的变迁

在过去的 200 年里，美国社区生活经历了重大变迁。小城镇曾是美国传统社会中如此重要的部分，而今都已成往事［莱昂（Lyon），1987；沃伦（Warren），1972］（见图 20—1）。因为这一转型如此重要，其诸方面在本书中他处已多次讨论，但也有必要在这里做一概括。

（1）交往活动和人际关系日益支离破碎。人们可能在某处工作，又在他处消遣闲暇，再在另外的地方吃饭睡觉。每一种活动都常常牵涉一组互相分离、互不相干的组织、角色和人群。

（2）社区组织和设置越来越大，也越来越科层化。同时，这些组织和设置多是面向全国的，有效摆脱了当地社区的控制。昔日街角的小杂货铺，如今已被属于全国性公司或跨国公司

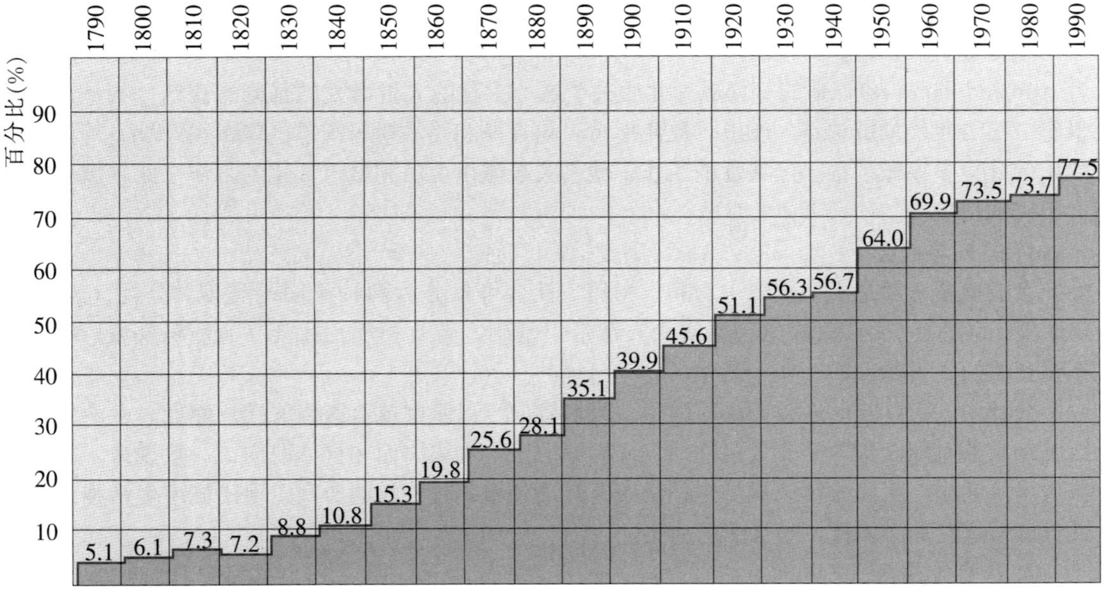

图 20—1　美国城市居住人口百分比（1790—1990）

注：每隔 10 年，美国社会的城市化程度不断提高。图中数据可能会有些误导，因为它同时包含了郊区和中心城市人口，对小至 5 000 人口的小城镇、大至几百万人口的大城市也未作区分。

资料来源：*Historical Statistics of the United States* and *U. S. Bureau of the Census*，*1984*，*1989*，*1991*.

的超市取代了。

(3) 以前由家庭发挥的功能，或由志愿者在家庭之外发挥的功能，现在逐渐由商业组织或政府部门接替过去了。家庭的许多娱乐活动，现在都在商业机构中进行；学校执行了主要的教育功能；需要经济帮助的人都求助于公共福利机构。在饭店里进餐也越来越成为“家常便饭”。

(4) 大大小小的社区联系越来越紧密。城镇和城市正如家庭一样，不再可能完全自给自足。州政府和联邦政府接管了地方政府的许多职能。结果，地方社区受制于越来越强大的、来自于联邦和州的控制力。一个社区可能会被命令去铺设更现代的排污系统、修改学校的课程或用公共汽车接送远道的学生。

(5) 社区之间的文化联系也越来越密切。在当今美国，典型的来自城市的看法，特别是来
470 自纽约和好莱坞的看法，对小城镇和乡村社会的文化越来越起着一种主导作用。大众媒介是城市文化的载体。数以百万计的美国人定期阅读全国性的新闻杂志，收看有线电视节目，在电影院里度过星期六晚上。这些传媒由纽约、洛杉矶、芝加哥和华盛顿之类的城市生产，并把那些典型的属于城市生活方式的看法和价值观念作为一个整体反映传达给社会。

（二）关于城市生活方式的研究视角

确切地说，城市生活方式是什么？长期以来，社会学家一直对“城市生活方式”（urbanism，即城市独具特色的文化模式和社会结构），以及城市生活方式与小城镇及乡村的生活方式有何差异这些问题感兴趣。第一位研究城市生活方式的社会学家是费迪南德·滕尼斯（Ferdinand Tönnies），他的著作成为此后关于这一主题的大量研究的基础。在这一领域里，20世纪二三十年代的罗伯特·帕克，厄内斯特·伯吉斯和路易斯·沃思（Louis Wirth）等芝加哥学派的社会学家做了很多经典性的工作。他们关于城市生活和城市文化的著作在此领域有着经久不衰的影响力。

1. 公社与社会

费迪南德·滕尼斯（1855—1936）相信，社会可以分为两种不同的类型。公社（*gemeinschaft*）的社会关系以朋友、血缘等个人纽带为基础，与此相反，社会（*gesellschaft*）中的关系是正式的、契约性的、非人格化的、专门化的。

公社中的人际互动通常频繁而强烈。人们倾向于以家庭或社区为取向。然而，社会中的人际互动次数有限，常常是非人格化的。人们倾向于个人取向而非群体取向。一般说来，在乡村或农场生活中，大多数社区成员互相认识，互动频繁，是公社的典型。现代城市生活强调私人性（privacy）和个体性，是社会的典型。

2. 决定论视角

芝加哥学派深受滕尼斯著作的影响，他们对城市生活的透视，在路易斯·沃思题为《作为一种生活方式的城市生活》（Urbanism as a Way of Life，1938）这篇经典论文中，有最好的表达。沃思相信，城市的大规模、高密度、文化异质性这些特征共同产生了一种独特的“城市生活文化”。这种观点被称为“决定论视角”（the determinist perspective）[费希尔（Fischer），1975；戈特迪纳（Gottdiener），1985]，因为这种观点暗含着这么一层意思：城市的人口学特征最终决定

了城市人的行为和态度。

在沃思看来，城市居民相互互动时，基本上是作为一个角色扮演者，而非那种涉及完整个人的关系。社会控制的正式机制比非正式机制更重要。还有，血缘关系和家庭群体在城市中的重要性要比在小镇中差多了。在这种条件下，城市居民可能经历种种“失范”，即一种规范和价值观念冲突、衰弱、缺乏的社会状况。在失范状况下，人们不能就正当行为的通用标准达成共识。沃思对城市生活的总体印象就是一幅匿名大众的图景，他们与邻居们互不往来，只有为了使自己个人经济利益最大化时才与他人打交道。

面对不断增长的大城市问题，一些学者追随沃思的传统，继续探讨城市生活的独特特征。例如，心理学家斯坦利·米尔格朗（1970）就把沃思的视角与德国古典理论家乔治·齐美尔（Georg Simmel）所作的类似观察结合起来，得出结论说城市居民面临“心理超负荷”（psychic overload）的问题，无力处理接踵而来的感觉信息和认知信息。

米尔格朗（Milgram）确认了城市居民通常用以适应心理超载的几种方式。因为城市居民常常每天要遇见数百人，所以他们与大多数的人仅保持表层的、短期的关系，以保存自己的心理能量。对那种不相干的关系完全回避。这就解释了当人们看见醉汉倒在城市人行道上时为什么会绕道而行，而不是停下脚步伸出援助之手。

根据决定论的观点，这种适应方式减弱了城市居民与他人的道德卷入和社会卷入（moral and social involvement）。一个典型的例子就是，1964 年吉诺维斯（Kitty Genovese）在纽约市她的公寓楼前被杀害。当时有 8 个邻居听到了她的呼叫，但都无动于衷，甚至没有一个人给警察局打电话。米尔格朗认为，这种冷漠部分地是因为当时受害者是向普通大众而不是向任何一个具体的个人求助。他认为，城市居民只有当他们与他人有特殊的个人关系时，才会卷入到他人事务中去。

近来在德国进行的一项调查似乎支持了米尔格朗的理论。当问到他们是否会对来自别的单元房的尖叫探究原委时，只有 36％的回答者做出了肯定的答复（Hastings & Hastings，1989）。公共场合中的行为发生在互不相识的人们之间，它需要一种特殊的礼节（etiquette）（即小心、非人格的、非侵入的），这经常被不正确地理解为冷漠［费希尔（Fischer），1982］。

3. 组合论视角 471

不同意沃思城市生活研究观点的社会学家提出了一种替代的解释，叫做“组合论”（the compositional perspective）（Fischer，1984）。这种观点把城市生活的特殊性质解释为生活在城市里的各色人等的独特的社会文化特性的结果。接受组合论的人，把城市看作是“拼凑的社会世界”（Fischer，1984），它由不同的群体组成，每一群体都共享诸如亲属关系、民族起源或社会阶级之类的因素。与沃思及其追随者相反，这些社会学家否认城市生活方式必然削弱社会团结（ social solidarity）。例如，当来自其他国家的移民在大城市定居后，他们相互之间通常发展和保持着很强的社会联系，这种联系有助于他们缓解城市生活的压力。

实际上，社会学家早已发现，城市里的社会团结和社区结构要比沃思的分析所预言的要多。例如，有一项抽样调查研究了洛杉矶的两个街区，发现半数居民每周至少要拜访一次亲戚［格里尔（Greer），1956］。赫伯特·甘斯（Herbert Gans，1962a）的《城市村民》（*The Urban Villagers* 一项关于来自乡村的意大利人如何适应波士顿生活的研究）表明，在新环境中，大

社会学家赞同用组合论的视角来观察像唐人街
这样的移民社区，这类社区对社区团结和广泛的互助方式有着强烈的感情。

多数人维持着许多原有的社会结构。这种做法使得移民们获得一种认同感，并且保护了他们与其他意大利裔美国人的联系。其他一些下层劳动阶级的街区里，也存在着强烈的社区感情［亨特（Hunter），1974；萨特尔斯（Suttles），1968］。

4. 亚文化视角

克劳德·费希尔（Claude Fischer，1984）把决定论和组合论的一些特征结合起来，提出了关于城市生活方式研究的第三种视角，即“亚文化视角”（the subcultural perspective）。费希尔同意沃思的看法，即城市生活的自然现实和社会现实（规模、密度、来自不同背景的人的混合）确实影响了社会群体的结构和力量。但是，与沃思相反而更接近于组合论观点的是，他认为城市生活并没有损害亚群体的团结，而是相反，强化了这种团结并提高其重要性。事实上，城市生活确实创造了在别的地方不可能存在的亚文化，因为它使得具有共同背景和兴趣的人走到了一起。例如，在大城市里就有可能成立一个左撇子大号队——显然，这要比在小镇上更有可能。不幸的是，大城市也同样可能形成左撇子毒贩和左撇子偷车贼的群体。

（三）城市生活方式的经验研究

1. 城市生活和非城市生活的比较

城市和非城市地区的生活方式到底有多大区别？那种沃思式的对城市的质疑性思考能否得到经验证明？这些年做了大量关于城市生活和非城市生活的比较研究，但总的来说，结果难以令人信服。

有两个得到较好证明的经验概括是，城市生活与高犯罪率（特别是财产犯罪）相联系，同时也和家庭制度的衰落相关［法利（Farley），1987；Fischer，1984］。然而，这一模式的原因还是不清楚。也有经验证据表明，城市社会关系更为“私人化”（privatized），邻里关系不再那么频繁积极，人们对待陌生人不再那么乐于帮助和周详体谅。然而显而易见，城市居民的朋友和熟人至少不会比非城市居民少［Fischer，1982；希尔（Hill），1987；凯勒（Keller），1968；科特（Korte），1980］。这样看来，也许可以这样说，城市地区和非城市地区居民之间的真正 474
区别是在公共生活中，而非私人生活中（Fischer，1981）。

关于城市的和非城市的心理紧张和精神健康的比较研究也很少有可靠的结论（Fischer，1984）。在美国，生活在人口越密集的地区，人们对其环境越不满意，但是大多数的心理紧张和精神健康指标在城市情境和非城市情境中并未表现出很大的差异。

在发达社会里，城市生活方式十分普通，城市—非城市的比较研究可能已没有太大意义。就像我们前面曾提到过的一样，由于当前交通和通信的便利，在很大程度上我们都变成了城市人。这可能有助于解释为什么在城市生活和非城市生活之间发现的差别不再激动人心。

.NET 互联网/技术 472

高科技城市

进入信息社会后，科技使得很多人能够到他们想去的地方工作和生活［凯利（Kelley），1995］。结果，不少人舍弃了城市来到郊区，有的人甚至在家里建起了自己的虚拟工作室。很多城市面临着成为现代鬼城的可能，对它们来说，这一趋势确实是个坏消息。但并非所有城市都会有相同的命运，事实上，那些主要发展知识密集型产业的城市将会有美好的未来。对这些产业来说，城市地区成了交流信息和观念的理想场所。

规划能满足 21 世纪需求的城市颇不容易，但少量高科技城市已经浮出水面（*Newsweek*，November 9，1998），这些城市包括：

得克萨斯州的奥斯丁
艾奥瓦华州的博伊西
马萨诸塞州的波士顿
伊利诺伊州的厄巴纳-香槟
犹他州的盐湖城
华盛顿州的西雅图
华盛顿特区
印度的班加罗尔
英国的剑桥
以色列的特拉维夫

此类高科技城市需要些什么呢？斯蒂文·列维（Steven Levy，1998）确定了其 6 大要件：

（1）一个重要的研究所；

（2）至少一部成功的发家史；

（3）高科技天才；

（4）合适的态度；

（5）风险资本；

（6）基础服务。

这些基本要素使得硅谷成了所有高科技城市的模型。虽然其中任何一个都不足以催生出高科技城市，但当所有这些要素结合起来时，成功将不可阻挡。比如，硅谷就是微电子行业公认领袖惠普（Hewlett-Packard）的故里（Morgan，1997）。20 世纪 40 年代，比尔·休莱特（Bill
473 Hewlett）和戴维·帕卡德（Dave Packard）在比尔的车库里开始了他们的创业。斯坦福大学对他们的成功多有助益：首先，这两人都从这家研究机构毕业。更重要的是，该校一位名叫弗里德瑞·特尔曼（Frederich Terman）的教授鼓励他们创业（*Newsweek*，November 9，1998）。现在，类似的根源于斯坦福的公司占了整个硅谷年收入的一半。

休莱特和帕卡德式的发家史将天才们拉向高科技城，在这里他们可能最终又办起了自己的公司。事实上，这就是硅谷所发生的事情。但成功还依赖于其他一些相关因素。休莱特和帕卡德也创造了一种创新哲学，以及一种培育天才的组织文化——团队承诺。其他一些态度也对高科技成功有益。例如勇于冒险、乐于创新、激情、理想主义。

虽然冒险自然会使人去开发有创意的产品，但寻找贷款者投资高科技产业毕竟是一个挑战。盖茨和戴尔的发家史表明，成功的可能很大，回报远高于风险。

最后一个要件说明了城市地区如何能为高科技产业的成长提供肥沃土壤。这些地区能很好地提供必要的基础服务，比如有专业知识的律师和银行家。

21 世纪，高科技城市将出现许多高回报职业。虽然如列维所说，就其基本要件而言，这些城市大同小异，但是，其中的每一个城市都注定会发展出自身的独特个性（见表 20—2）。

表 20—2　高科技城市

城市	高科技企业数目	龙头企业	明星	社会风光	地位象征	住房中位价（美元）
奥斯丁（得克萨斯州）	1 750	戴尔电脑 AMD（高端微型设备）	迈克尔·戴尔，戴尔公司的创始人	GingerMan（happy hour）；Las Minitas（早餐）	价值 30 000 美元的 Skinatique 滑水艇	123 000
班加罗尔（印度）	250	德州仪器信息系统公司（Infosys）	N. R. Narayana Murthy，Infosys 的主席和 CEO	黑色卡迪拉克酒吧；排外性的乡村俱乐部	家庭影院系统	50 000
博伊西（艾奥瓦州）	300	惠普，美光科技	拉易·斯梅勒克，将惠普带到了博伊西	博伊西河；Guernica 酒吧	无	160 000

续前表

城市	高科技企业数目	龙头企业	明星	社会风光	地位象征	住房中位价（美元）
波士顿（马萨诸塞州）	3 600	Lotus(IBM)，Lycos	Mitch Kapor，Lotus 的创始人	肯德尔广场的 Au Bon Pain；Muddy Charles（麻省理工酒吧）	任何无线网络联通设备	布鲁克林：400 000 沃尔瑟姆：206 000
剑桥（英国）	1 159	Acorn 公司，剑桥显示科技公司	彼得・达维，PIPEX 的创始人	CBIcybercafe；六号钟（网吧）	Psion Series 5 掌上电脑	320 000
厄巴纳-香槟（伊利诺伊州）	70	沃尔夫兰研究所	Larry Smarr，国家超级计算应用软件中心主任	Café Kopi；Radio Maria	Cannondale 自行车	150 000
盐湖城（犹他州）	2 120	Novell，艾美加，Evans & Sunderland	Ray Noorda，Novell 公司创始人	群山	山地车	129 800
西雅图（华盛顿州）	2 500	微软	比尔・盖茨	Sea-Tac 的机场路，飞往圣弗朗西斯科海湾地区	兰德・路华越野车	203 500
特拉维夫（以色列）	1 000	ECI，方案集团有限公司，Point Software Technologies	Dan Goldstein，方案集团CEO	Herzliya 工业园的布达佩斯饭店	可刻录高密磁盘	300 000
华盛顿特区	3 000	AOL，Comsat，UUNET（MCI WorldCom）	马里奥・马里尼奥，传奇软件的前任	Car Pool（酒吧）	Ricochet 无线网络连接	275 000

资料来源：Form *Newsweek*，September 1998，Copyright © 1998 *Newsweek*，Inc. All rights reserved. Reprinted by permission.

2. 社会网络分析

在第 5 章我们已经介绍过了社会网络分析，现在已有一大批城市社会学家以此来研究社会生活。一个社会网络包括一个人与他人形成的所有关系，既包括正式的，也包括非正式的。我们可以运用网络分析来重新分析一些长期争论不休的问题，比如沃思关于城市生活方式的观点。

所谓的“社区问题”，或者说城市化与城市生活方式是如何影响当地社区团结的问题，作为沃思观点的一个方面，已由网络分析家们做了有意义的考察［西尔韦曼（Silverman），1986；

韦尔曼（Wellman），1979]。网络分析家们指出，在很多关于这一问题的研究中，都混淆了“社区”和“邻里”这两个概念[韦尔曼和莱顿（Wellman & Leighton），1979]。换句话说，社会学家们常常设想，为了形成一个有内聚力的社区，人们必须住得很靠近才行。

但如果我们以社会网络的方式来看社区，我们就没必要将邻里关系当作社区的基础了。这就是说，即使其成员散布全城，一群群人也可能参与到有着强烈内聚力的网络中去。重要的是成员间人际联结（interpersonal ties）的强度和数量。采取这一视角，网络分析家们认为，地方城市社区很好地适应了现代生活的地理流动（Wellman，1988）。

（四）郊区生活

一个学者指出，如果19世纪可以称为“大城市的时代”（age of great cities），那么20世纪下半叶也可以称为“大郊区的时代”（age of great suburbs）（Fischer，1982）。1970年，历史上首次出现了郊区人口超过城市居民的情况。在1950年至1980年之间，美国25大城市中有18个出现了人口净流失，而与此同时，郊区居民则有6 000多万。到1990年时，46%的美国人生活在郊区，40%生活在中心城市，14%生活在非城市地区。

关于美国郊区的文化，人们已经写得够多了，而且常常是拿它与大城市生活做比较。在20世纪五六十年代，郊区常常被描绘为遵从者的社区，由一些追求地位的人组成。郊区居民的特征是神经过敏，在性问题上很宽容，喜酗酒。这些品质是由郊区独特的特性产生的，特别是其低密度、文化上的相似性及远离都市的服务与工作[唐纳森（Donaldson），1969；Fishman，1987]。

但一项对移居郊区的劳动阶级家庭的研究得出了新结论，认为这种关于郊区文化的看法全然是一种“迷思”[B. 伯杰（Berger），1968；又见费京和帕克（Feagin & Parker），1990]。甘斯（1962a，1962b）坚持认为，郊区文化主要是那些最有可能生活在郊区的人的社会阶级及生命过程身份（life course status）的产物（组合论视角），而并非直接由与其他社区生活方式相对的郊区生活方式所产生。典型的郊区居民都已结过婚，有了子女，在家里生活，所以郊区文化自然以家庭为中心。郊区人可能看重在经济上出人头地，但这只是中产阶级的一种特性，而不在乎他们生活在何处。甘斯注意到移居郊区常常是社会地位上升过程的一部分。因此，郊区人比生活在中心城市的人显出更多的向上流动便不足为奇了。

然而还是有人认为，郊区生活本身可能确实有一些消极影响，尽管不是以前的观察者所注意到的那些消极影响。一项研究对比了美国郊区与有计划发展的、中等人口密度的瑞典郊区，发现美国郊区生活对青少年和职业妇女来说有一些不利后果。青少年苦于缺乏交通工具和就业机会（Popenoe，1977）。

最近几十年就业机会的郊区化（因为越来越多的生意搬到了郊区）在某种程度上改变了这种消极性[杰克逊（Jachson，1985]。越来越多的零售商、高科技组织和公司总部在郊区安
475 家，使得一些市郊街区变成了自足的经济实体。随着人们像从郊区跑到城市去上班一样开始从一个郊区跑到另一个郊区去上班，通勤族的模式也发生了变化。比如，如今在华盛顿外围的亚历山德里亚—阿灵顿—费尔法克斯（Alexandria-Arlington-Fairfax）郊区，已有了100万人，这

里不仅为弗吉尼亚州北部的居民提供了服务设施，也为他们提供了一种生活方式，使他们没必要老往华盛顿跑了（Fischer，1987）。

随着郊区逐渐城市化，郊区居民也已遇上了那些大城市过去经历过的问题。这些问题包括拥挤、污染、交通阻塞、生活节奏加快，以及民族、种族、阶级关系的紧张［巴尔达萨里(Baldassare)，1986］。

五、美国大都市问题和城市危机

城市问题可以分为两大类：中心城市问题和大都市问题。“城市危机”（urban crisis）这一词组通常仅用来指第一类。但两个问题紧密相连，因此，要解决中心城市危机可能还得涉及整个大都市区域的改变。

（一）老中心城市的问题

近年来，波士顿、克利夫兰、底特律和纽约等美国老城市的问题越来越严重，已引起广泛的关注。从性质来说，其中很多问题是经济问题和物质问题。这些城市已被卷入强有力的漩涡之中，难以逃脱。例如，随着低收入人口涌入这些城市，对学校、医院之类的公共设施的需求自然增加，然而启动这些设施的费用却在飞速增长。因为地方税收基础的衰竭，用以满足这些需求的基金事实上正在减少。

解释城市危机，最好从理解中产阶级迁往郊区对城市产生的冲击开始。那些住在郊区而在城市工作的人根本不缴城市财产税，通常也不缴城市所得税。有时他们不向城市缴税，却大量使用公共交通、街道和人行道、警察和消防，还有图书馆等城市设施，这都增加了城市的开支。然而如果市政当局提高其税率，更多的中产阶级家庭就会离开城市。工商业也可能搬出，城市财政问题就会更为突出。因此，城市不得不削减开支，降低服务，而不是提高税收。过时的交通系统无法现代化，有些地方无法提供足够的警力保护，学校也掏不起钱聘请最称职的老师。

降低公共服务质量与提高税收的影响是一样的：居民们要么适应，要么离开，而更多的中产阶级家庭已选择了离开。中产阶级大量流出城市，从 20 世纪 50 年代一直持续至今。结果，城市居民和郊区居民的收入差距稳步扩大。

留在城市里的人，主要是富人和最穷的贫民。富翁们留在城市里，可以享用城市文化方面的好处，也有足够的钱送他们的子女上私立学校，也不用坐公共汽车或地铁，乘出租车就行了，要保护他们的财产，只需雇用保安人员。穷人们留下来，因为没钱离开。迁往郊区得准备足够的钱，才能为房屋支付分期付款的首期付款；也得有良好的信誉评分，才能获得按揭。郊区生活还得有辆车。仅仅是搬家费一项，就足以使许多穷人望而却步。

中产阶级家庭离开城市，取而代之的是来自乡村或国外的低收入者。这些新居民比中产阶级更需要城市服务设施，但他们掏不起这份钱。看来，城市似乎陷入了一个无底的漩涡，开支和需求不断提高，财源却日益枯竭。

许多集中发生在老中心城市中的社会问题，比如犯罪、贫穷、社会紧张等，在前面的章节已做过讨论。当今美国城市面临的另外一个严峻的问题是无家可归者（the homeless）。自大萧条以来，任何时候都不像现在这样有那么多人想找个临时住所安身。无家可归这种现象不只是美国有；事实上，这是一个世界性的问题，在发达国家和发展中国家的城市和其他社区中，都存在这一问题。

没有人真正知道，当今美国到底有多少无家可归者。对这一高度流动的人口做一准确的计算是不可能的，我们只好取个近似值［詹克斯（Jencks），1995］。1984 年，在里根时期，联邦住房和城市发展部（federal department of housing and urban development）一直认为美国无家
476 可归者在 25 万至 30 万之间。一贯为此呼吁的人则坚称美国有两三百万人无家可归［雷德本和巴斯（Redburn & Buss），1986］。真实值应当在这两组数据之间。

现在一般认为洛杉矶和纽约这两座城市无家可归者最多，保守估计，两地每天各有 34 000 人和 30 000 人。然而，无家可归者无论如何也不只局限于美国大城市那些破落的地区；在市郊社区的街道上，从纽约的东汉普顿，到加利福尼亚的圣巴巴拉，都有无家可归者。

谁是无家可归者？在最简单的意义上，凡是没有固定住所的人都可归入此类。然而，这一定义不能充分反映与无家可归问题相关的经济和社会剥夺的程度。把这些因素考虑进去，全国精神健康学会（the National Institute of Mental Health）提出了一个替代的定义，认为无家可归者是那些“没有适当住所，也没有足够的资源和社区联系的人”［宾厄姆、格林和怀特（Bingham，Green & White），1987］。无家可归者是一些孤立无援的人，他们职业记录很差，难于与人发展关系，遭遇过情感问题和各式各样的家庭问题［巴斯尼克、鲁宾和劳里亚特（Basnik，Rubin & Lauriat），1986］。

在各种种族、各种年龄和各种教育水平的人中，都有无家可归者［巴特和黑皮尔（Barter & Happer），1984］。无家可归者的平均年龄估计是 33 岁到 36 岁；而且男性比女性多，其比例大约是 4 比 1。据一项研究报道，45％的无家可归者有高中文凭，其中又至少有一半人上过大学［雷德本和巴斯（Redburn & Buss），1986］。现在无家可归者中黑人和拉美人比白人多，虽然其百分比在每个城市都不同。

一项更深入的观察发现，无家可归者包括许多不同种类的人。其中有精神不健全的人（他们从医院里放了出来，但不能照顾自己）；离家出走者；吸毒者；还有一些家庭，主要是未婚或已离异的妇女带着她们的子女。很多无家可归者是一些“新穷人”（new poor），他们因个人危机或经济上的危机而失去了家［Jencks，1995；摩蒙尼（Momeni），1989］。

许多研究人员已经把造成无家可归或与无家可归有关的一些主要因素分离了出来。在一项研究中，48％的回答者报告遇上了经济问题（失业，福利削减，被驱逐），26％的人列举了个人危机（personal crisis），7.3％的人指出吸毒是造成他们无家可归的主要原因（Redburn & Buss，1986）。另一项研究又加进了一些其他的重要因素：人际关系差，情感问题，家庭暴力，刚从监狱获释（Basnik，Rubin & Lauriat，1986）。还有一项研究也发现，造成无家可归的最

强有力的肇因是缺乏足够的低收入者住房和精神康复护理手段［埃利奥特和克里沃（Elliott & Krivo），1991］。许多批评者认为无家可归者是变幻不定的政府政策的牺牲品；他们特别谴责联邦政府对低收入者的住房补贴、失业补助和社会保障福利的削减［贝尔彻和辛格（Belcher & Singer），1987］。

地方、州和联邦政府为无家可归者所做的准备还远远不够。为了解决无家可归这一问题，下面这一系列的社会服务可能是必不可少的：咨询，过渡性住房，物质使用计划，安排工作，安全管理，职业培训以及流民安置［詹克斯（Jencks），1995；Redburn & Buss，1986］。

（二）大都会的断裂和蔓延

大城市区域的政府机构通常分裂成许多相互竞争、相互重叠的分支机构。例如，在芝加哥大城市区域，就有 1 000 个以上的政府单位；纽约甚至超过了 1 400 个。这种断裂使大都会区域很难作为一个整体来计划协调。

类似地，中心城市及其郊区之间的政治经济矛盾，也使得资源非常难以公平分派。正如前面所提到过的一样，那些晚上返回郊区的工人和店主们，每天都使用城市设施，增加了城市的开支。然而，在多数大都会城市带，这些通勤族很少负担这类费用。因此中心城市不得不牺牲教育等其他职能，把钱花在警察、卫生等基础服务上。这样，与一般的郊区相比，中心城市花在每个学生身上的教育费用要更少，而毫无疑问，他们更需要教育。简单地说，城市有需求，郊区有资源。

大都会工作职位的分布是需求和资源极不协调的又一例子。许多工作都最适合于中心城市的劳动力（那些报酬较好，而又不需要很多正规教育的工作，特别是那些制造业工作），但这些工人很难赶去郊区上班。同时，很多最好由郊区居民来从事的工作，却仍旧留在中心城市。

美国大都会的无计划发展，造成了所谓的“城市蔓延”。美国的城市蔓延程度比任何其他工业化社会都要高，这是因为受到了高速公路补贴和住房按揭保险等联邦计划的推动。尽管很 477
多美国人喜欢无控制的发展，但早先的一项研究显示，无控制的城市发展会带来一些不容忽视的负面后果。1974 年，国家研究委员会（National Research Council）的一份报告指出：大城市的蔓延看来降低了政府有效运转的能力，而且城市与郊区之间以及郊区与郊区之间的费用分担还应该更求公正。报告还提到，那些补贴在实践中鼓励了单门独户的郊区居住方式，看来有足够的理由考虑终止或修改这些补贴了。

近年来，又出现了关于郊区蔓延的新观点：

> 一些城市研究人员和政治分析家认为，那种把郊区蔓延看作问题的观点尚有待于商榷。例如，一份近期的报告认为，从技术上来说，老城区的城市布局已经过时，新的多中心的（延展的）布局结构更适合于与现代传播和自动调控交通系统相联系的现代技术。该报告还坚持认为，低密度的郊区住宅延展与高密度建筑相比，仅增加 3% 的能源消耗。根据这份报告，郊区人较少接触污染，因为郊区人口更为分散，这样，与那些更集中的居住方式相比较，每人接触的污染就更少。郊区化还通过一个垂滴过程，为中心城市的贫民带

来了更好的住房条件（Feagin & Parker，1990，p. 228）。然而，很多社会学家依然相信，城市蔓延必须小心控管。城市规划是抑制（或至少是控制）蔓延的一种办法。

（三）城市规划与城市重建

美国是发达国家中最晚实行城市规划的国家之一。城市规划（city planning）就是有目的地而且明确地提出城市社区布局结构的未来目标的过程。政府机构为社区发展确立目标，并有一个为促成目标实现而准备的计划。只有那些与目标一致的计划（有时以“总体规划”的形式勾勒出来）才能获得批准，付诸实施［拜罗赫（Bairoch），1988］。

英国人曾是最有创意的城市规划者，在全世界范围内影响了该领域的发展。1945 年，伦敦的城市规划人员决定通过创建一个永久绿化带，并在伦敦城周围按计划建设一圈小镇，以此来限制城市的发展。这些新兴小镇如规划人员所期望的那样发展了起来。不久以后，瑞典人和日本人也采纳了这种英国模式的一些做法［萨克利夫（Sutcliffe），1981］。

因为美国人不喜欢政府干预，致使城市规划未能在美国站稳脚跟。美国的城市规划人员主要在州和地方的层次上提提建议，辅助交通、住房、人文服务（human services）、经济发展和环境等部门。城市规划人员的典型工作必须分析与以下因素有关的资料：需求、土地使用、城市居民生活模式；同时确定各项议案和改良措施的成本及其带来的好处。大多数的城市规划人员认为，他们的目标是为了所有人的利益实现城市空间利用的最大化［伯恩斯和弗里德曼（Burns & Friedman），1985］。

许多美国社区都起草了总体规划，但这些计划通常并没有在任何重要的意义上得以贯彻实施［伯切尔和斯登列伯（Burchell & Stenlieb），1978］。然而，大多数美国社区确实使用了一种重要的城市规划手段——“划区”（zoning）。划区法赋予地方政府以控制土地使用方式的权力，并成功地将某些土地使用方式（例如家庭停车泊位、低成本住房和有毒害工业）排除在很多社区之外。

政府官员、工商业巨头和房地产发展商都很关心保持城市中心区的吸引力、生命力和经济活力，因为城市的商业核心通常都在这些地区。它们常常发动“城市再开发”（urban redevelopment）运动，拆除那些破旧建筑，在此基础上建设全新的街区。虽然城市再开发项目给某些内城地区带了新的生命（比如费城的国会山），但总体上来说，这些项目还不是非常有效。不少批评者指出，城市再开发常常是把低收入者赶出他们自己的家门，却没有让他们在别的地方得到像样的住房。甚至有人宣称，这种治病的办法比疾病本身还恶劣，城市再开发耗竭了城市的活力和多样性，也就是耗竭了城市的赖以活命的血液［伯恩斯和弗里德曼（Burns & Friedman），1985；雅克布斯（J. Jacobs），1961］。近年来，很多城市再开发项目都被“城市复兴”（urban rehabilitation）所取代，这就是要保存已有地区，而不是铲平重建。

一些城市专家提出，在目前还未发展起来的土地上建立新的城镇，并鼓励人们从城里迁到
478 这些镇里去，这样就可以解决很多城市问题。尽管新城镇可为富有创意的城市设计提供令人惊喜的机会，也能为充分消减城市蔓延展示可观前景；但真正要减少大量城市人口的话，要花的

钱就太多了，现在根本弄不到这么多钱。伍德南兹，一个百万富翁住的开发社区，建在休斯敦外面，原本想以此来表明建设新城镇可以解决城市问题，但是原来规划的很多中等收入者和低收入者的住房还是没有建起来，因为这样做无利可图［戈特迪纳（Gottdiener），1985］。虽然这些新建起来的城镇很多都遇上了财政困难，但是近年来人们对这些城镇私人部门的发展有了某些新的兴趣。

城市危机如此严重如此复杂，以至于似乎任何单个的计划或是成套的方案都无济于事，看来只有将更多的收入再分配给城市和穷人，重新构建城市的发展，才能使这些问题得到长久的解决。那些推崇冲突论视角的社会学家们提出的正是这些措施。

（四）冲突理论与城市危机

冲突论者主张，消除美国社会中许多最基本的不平等现象，是改进我们的城市的唯一办法。这一学派的注意力集中在城市问题与整个社会的政治经济结构的关系上，有时称之为“新城市社会学”。冲突论者认为，想要在地方的层次上来消除城市危机注定是要失败的，因为我们的资本主义体系严重限制了任何地方性政治活动所能取得的成果［卡斯泰尔（Castells），1977，1983；摩洛奇（Molotch），1979］。

一些冲突论取向的城市社会学家认为，城市危机的根源在于这样一个事实，即现在经济资源比以前更为集中在为数不多的一些跨国公司手里了［希尔（Hill），1978；桑德斯（Saunders），1981］。这些公司在那些能使其投资得到最大回报的地方开设工厂。这常常意味着它们会抛弃那些坐落在老城里的设施，而在成本更低的地方重起炉灶。这样，老城市残留下来的，是日渐萎缩的经济，以及越来越多的贫民和失业者（Feagin & Parker，1990；Smith & Feagin，1987）。

很多冲突论者也分析了城市变迁过程中当地房地产开发商以及银行家所扮演的角色，得出结论说城市的兴衰主要是不公正的房地产投资模式的结果（Feagin & Parker，1990）。这些理论家认为，州和地方政府被一些强有力的工商业和房地产巨头所控制，而这些巨头们根本不受公众监督。这些人基本上只对利润和保持城市的商业活力感兴趣——批评家们坚持认为，这些资本家的兴趣常常与内城贫民的基本需求相冲突，比如住房等［帕特尔（Patel），1988；Redburn & Buss，1986］。

新马克思主义的冲突论者假定，我们每个人主要是作为某一社会阶级的成员而不是作为个人面对经济体系［加内特（Jaret），1983］。工厂主们的利润主要不是来自其个人主动性，而是来自其对资本的所有权及其有产阶级的身份。工人们靠其低廉的薪水艰苦度日，不是因为他们缺少人格优点，而是因为社会是沿着阶级界限来组织的。

根据这种观点，城市问题与其说是社会制度未能正常运转，毋宁说是因为资本主义体系实际上正想要以这种方式运行。只有当那些没钱的大多数人在政治上被分裂而不能行使其权力时，有产阶级才能保持其权力。例如，在印度，经济和社会上的弱势阶层被分裂成相互隔离的群体：1亿人属于“不可接触者”（untouchables），其他5 000万分属不同种姓。一些人相信，为了防止弱势群体获得权力，这种分离是被刻意支持的［格拉斯（Glass），1989］。

而且，有产阶级为了获得高额利润，也需要廉价劳动力。贫穷和种族主义等城市问题服务于有产阶级的利益，不仅为他们提供了大量廉价劳动力，也使得工人们在政治上互相抵触。

（五）美国城市的未来

美国那些老的中心城市希望何在？它们能否重新焕发活力？最近十多年的情况证明了中心城市商业利润的强劲复兴：在全国各城市的商业中心地区，新办公楼及旅馆的建立势如雨后春笋。这有助于为很多商业中心地区带来新的生命。但是这种活力主要是白天的现象；一到晚上，即便是举世瞩目的纽约、旧金山等地方，城市也是一片漆黑。如果城市要成为不只是下层阶级和被剥夺者居住的地方，那么大量中上阶级重返城市来生活就很有必要了。

479 与此相关的至少有一个积极趋势，即大量中产阶级年轻人现已在日趋衰落的内城地区买房，并重新加以修缮。因为他们一般没有孩子，不太关心安全和学校质量，而正是基于这些考虑很多家庭逃往郊区［卡尔弗（Culver），1979；劳里（Lowry），1980］。等到他们有了学龄期子女后，无论这些人是否待在城市，总还是会有人留下来。

看到1992年春罗德尼·金命案在洛杉矶南部中心区引起的破坏之后，公众注意力再次集中到这些问题上来了：内城贫民的不满和绝望下面隐藏着经济和社会原因，现在必须努力处理这些社会经济问题，必须救活老的中心城市。越来越多的人也注意到，复兴中心城市需要保护内城居民、工人和店主免受城市生活中极为常见的暴力侵犯。

然而，在不久的将来，最可能的城市历程仍会是继续去中心化：向郊区，甚至向比郊区更远的地方发展。等到生育高峰出生的一代人到中年后，我们仍没有任何理由希望他们的做法能与其前面一代有何不同。大多数人还是执著于其美国梦：独立生存，郊区的独家住宅，还有车库里的两辆汽车［Rybczynski，1995；斯登列伯和休斯（Sternlieb & Hughes），1986］。只要很多人还在追求着这个梦，美国的老城市就难有光明前景。

复习与思考

1. 回顾城市化的出现和发展。确定城市的功能，讨论经济变迁如何影响城市地区的发展方式。
2. 描述你所在的社区。该社区以何种方式形塑了你的生活？
3. 对于正在衰落的中心城市来说，士绅化是最好的解决方式吗？为什么？
4. 试考虑21世纪的城市。请预言城市生态学家最有可能发现什么。
5. 在你看来，养育孩子的理想地点是城市还是郊区？为什么？
6. 如果请你规划一个城市，你将主要考虑什么？
7. 在今日美国，无家可归是一个城市问题吗？如果是，该怎么办？

网上练习

第20章的网站涉及城市、城市化和社区变迁的方方面面。首先进入 Prentice Hall Companion 网站 http：//www.prenhall.com/popenoe。然后选择第20章（城市、城市化和社区变迁）。然后，从屏幕左侧的菜单选择网站，那里有多个站点可供选择。我们建议你从 Citizens Against Urban Sprawl Everywhere（C. A. U. S. E）开始。C. A. U. S. E 的大本营是北卡罗来纳的达勒姆。最近，该组织为反对在达勒姆修建一座大型商场的计划，卷入了与城市零售地产（Urban Retail Properties）的官司中。通过 CBS 周日早间新闻的电视节目，这一斗争引起了全国关注。C. A. U. S. E 的站点提供了市民们反对城市蔓延的有吸引力的历史，这一问题我们在"大都会的断裂与蔓延"标题下讨论过。搜索完 Citizens Against Urban Sprawl Everywhere 之后，回答以下问题：

● 你个人如何看待城市蔓延问题？

● 很多人可能说："我想要有个大型商场好购物。"另一方面，如果商场建在你家"后院"，你会有何感觉？

关键术语 480

urbanization	城市化	urban ecology	城市生态学
overurbanization	过度城市化	ecological segregation	生态隔离
community	社区	invasion	侵入
metropolitan area	大城市区域	succession	演替
suburbs	郊区	urbanism	城市生活方式
megalopolis	大都会带	city planning	城市规划
gentrification	士绅化		

第21章 集合行为和社会运动

482 一个周六的深夜，三个年轻人进入了纽约市内一家非常有名的“另类”音乐俱乐部，和着诸如“Smashing Pumpkins”、“White Zombies”、“Prong”等乐队演奏的乐曲翩然而舞。其中的两个男子留着恺撒式的发型（一种剪得很短、头发垂至前额的发式）、连鬓胡，身着T恤，松垂的短裤掩至膝盖，脚上套着厚重的多克马顿靴。和他们一块儿来的女伴长发秀直，手上戴满了戒指和手镯，紧身衣外套着懒散宽松的连衣裙，脚上是厚重的长筒靴。他们炫耀式地展现着肌肤上的各种文身以及穿刺于眉际、鼻孔、嘴唇及身体其他部位的饰物。穿过拥挤的人群，他们来到了舞池所在的俱乐部的前厅。五六十名另类摇滚手已在这里狂跳乱舞，人群中不时玩着类似“叠罗汉”式的游戏，偶尔还有人跳到台上做出倒立之姿。自20世纪90年代以来在遍布全美的另类俱乐部中，此类场景已是屡见不鲜。

1980年夏末，来自制造业、矿山和造船厂的波兰工人组织了一次大规模的罢工。为了争取自由和民主的待遇，波兰工人联合起来形成了“团结工会”来挑战当局。虽然当政者最终施以军事管制镇压了该运动，但“团结工会”仍被继续视为波兰民主运动的象征。今天，它已成为波兰新政体的一个重要组成部分。

“另类”摇滚的场面和波兰的“团结工会运动”这两个事件在许多方面是迥然不同的。然而，两者中却有使社会学家关注的共同之处：它们都超出了日常生活的制度框架。在这一章里我们将考察非制度化的社会行为的主要形式，从时尚、歇斯底里、狂热等相对自发性的行为（社会学家把它们称作集合行为）到社会运动那样目的性更明显的行为。我们还将讨论大众传播和大众舆论在集合行为和社会运动发展过程中的作用。

一、集合行为的性质及发生条件

从字面意义上讲，“集合行为”指的是社会学的研究主题：即在群体和社会中的人的行为。

然而社会学家们在一个更窄的意义范围内使用这个词：集合行为（collective behavior）是指在相对自发、不可预料、无组织的以及不稳定的情况下，对某一共同影响或刺激产生反应而发生的行为。

我们不能把集合行为与组织行为或制度行为混淆起来。组织行为（organizational behavior）指的是由已确立的规则和程序控制的群体内部行为（例如，社团和企业的行为就具有这样的特征）。制度行为（institutional behavior）指的是由制度化规范所控制的行为（例如与教育或宗教相关的行为）。与此相对，集合行为缺乏事先确定的组织程序和制度规范。此外，集合行为是动态的，它在不断地变化［特纳和基利安（Turner & Killian），1987］。

（一）集合行为的性质

如果我们把从最有组织的行为到最无组织的行为看成是一个连续的频谱，那么集合行为就是这个频谱中较无组织性的一端。这样有助于我们理解这个概念。集合行为有许多种表现形式，包括集群、骚乱、时尚与流行以及恐慌。尽管这些现象在某些方面存在差别，但它们在另一些方面却是相似的：即参与其中的人们的目标和期望相对不明确，社会情景模糊，社会的控制机制薄弱［吉纳维（Genevie），1975］。

通过将集合行为与诸如高中消防演习之类的高度组织的行为相比较，我们能更好地理解集合行为的性质。消防演习的目标事先很明确，每间教室的人要通过特定的出口离开建筑物。每个人不仅明确这一目标，而且对实现目标的方式也一清二楚。此时的情景定义也很清楚，学生们以前就经历过这些程序，甚至可能事先就从校长办公室得到关于演习的通知。每个人都知道没有真正的大火，15 分钟后他们又将回到自己的座位上。在这种情形中，社会控制的方式也是有效的。不按照规矩去做的学生将会受到老师的处罚。

下面让我们将模拟演习与真正的一场比如说在夜总会发生的大火来比较。在闻到糊味或看到火光的那一刻起，社会情势发生了戏剧般的变化。此时的目标和手段是模糊的，而且形势也让人难以把握。顾客们不知所措，因为他们以前可能从未经历过火灾。除此之外，他们缺乏对灾情大小、火灾的蔓延速度以及为控制它而正在采取的措施的了解。群体目标被相互冲突的个体目标所取代，一些人可能在企求自保，另一些人可能在试着帮助他人，管理人员则试图做出一切都在控制之中的样子。此时几乎不存在要求人们遵从的规范，也没有什么社会控制手段来 483
增进人们对既存规范的遵循。因而当人们歇斯底里般争着逃离火灾现场时，一些人可能就被他人踩伤了。

虽然集合行为具有相对自发性，但它并非完全没有结构和模式。事实上，在集合行为中显露出的社会结构恰恰是社会学家关注的焦点。例如在交通事故中，特定的社会角色会迅速出现。一些人充当旁观者静观其变，另一些人则在帮助重新恢复交通，还有的人在为受伤者提供紧急救护。

对集合行为和社会运动发展过程本身进行研究，就是一件非常有意义的事情。社会科学家还同时意识到了集合行为可以成为社会变迁的一个重要源泉。许多社会设置就源自于社会运动。今天的时尚可能成为明天的习俗，某些松散存在的集群也可能发展成高度结构化且长期存在的社会团体。因此，研究集合行为，也是在研究人们探求和实现重大社会变迁的过程。

这群人证明集体行为是：自发的、不可预料的、不可约束的和不稳定的。

（二）集合行为的发生条件

由于集合行为有多种形式，因此要概括出引发或促进它的社会条件并非一件容易的事情。尽管下列条件被认为是产生集合行为的重要因素，但它们并不需要同时具备，并且也没有一个因素是所有形式的集合行为都必需的。

1. 环境因素

一定的环境因素增加了人们对某一共同刺激以一种自发的方式产生反应的机会。比如，任何能使人们快速、便捷地进行信息传播的环境条件都能增加自发行为发生的可能性（Turner & Killian，1987）。比如在广场、体育场或礼堂等场所聚集的人群中就更可能发生集合行为。

时间也是一个关键性的因素。根据科纳（Kerner）调查团对 20 世纪 60 年代城市骚乱的研究，大多数的动荡始于周末或夜晚，正是大部分人都处于空闲的时段［麦克菲尔（McPhail），1971；参见布雷（Bray），1988］。在 1992 年春季某夜爆发的洛杉矶骚乱也与这一模式相符合。

2. 无规范状态

还有一些情形是很少或从来没有发生过的，因而让置身于其中的人会觉得不知所措。例如在沉船事件中，可能除了“妇孺优先”的观念之外，几乎没有什么规范来告诉人们应该怎样应对。另外一些相对而言也比较“无规范”的情形，也可能发生于当个人与社会结构之间通常的联系纽带出现松动的情况，例如在度假胜地、摇滚音乐节、大集会等场合中。此外，在从家庭或职业角色中暂时性脱离出来的情况下，也很容易发生集合行为。

然而即使在最混乱的情形下，规范性的行为模式也会逐渐显现。第二次世界大战期间伦敦遭受首轮轰炸后，夜晚中慌乱的人群夺门而逃，涌向防空洞，在这一时刻出现了大量的集合行为。随着袭击的继续，规范逐步产生。一些不太正式的穿着如浴衣、拖鞋甚至赤脚，在防空洞中都成为可接受的装束。头发也可以未经梳理，甚至还裹着卷发器，当然，第二天早上这样在大街上走是不可接受的。在防空洞中不与患难同胞和谐相处，会被认为是不礼貌的。一些人如果需要一些隐私，也会得到尊重。一段时间之后，一整套用以规范人们在防空洞中行为的规则发展了起来。简而言之，当人们不得不去适应某种反复发生的情形时，他们发现秩序和常规会让他们的生活更加方便。于是，人们创造出越来越多的社会结构。

3. 冲突的价值观和规范

冲突的价值观和规范也能引发集合行为。这样的冲突通常是急速的社会变迁或者是在某种文化中引入对立要素的结果。

传统社会的急速现代化常常会孕育出集合行为。例如 1979 年推翻伊朗国王的事件就是由 *484*
不同利益群体的广泛联盟而实现的。其中的一些利益群体反对伊朗国王的具体政策，另一些则反对他所制定的现代化整体规划，但他的覆灭只是一场不同价值观之间斗争的开始。新的政府试图恢复伊斯兰文化的传统模式，尤其是关于妇女和家庭的习俗。复兴的传统礼教要求妇女穿戴一种从头到脚披覆的面纱。男人们想离婚时，只要告知公证人即可，并可以在没有得到第一位妻子同意的情况下迎娶第二位妻子。一些原先享有着西方式自由的伊朗妇女也参加了推翻国王的革命，但她们发现新政权危害了她们的价值观。她们因此发动了各种形式的集合行为来对抗对她们生活方式和价值观的侵犯。尽管被认为是离经叛典，她们也拒绝佩戴面纱，而坚持以西式着装现身于公共场合。

4. 相对剥夺

相对剥夺是引发内乱和其他形式集合行为的另一个普遍因素［海恩斯（Haiens），1998；福斯和拉金（Foss&Larkin），1986；格尔（Gurr），1969，1970］。相对剥夺（relative deprivation）指的是一种人们没有获得他们认为应得之物的情形。无论人们追求的是经济保障、政治权利、自我实现，还是社会归属感，社会总是教导人们：只要按照一定的方式去努力，就能达到这些目标。而当人们感到在实现目标过程中并不能取得足够的进展时，就产生了相对剥夺感。在他们看来，这个制度没能给他们应得的东西。

相对剥夺有几种不同的形式。在期望型相对剥夺（aspirational relative deprivation）中，人们的期望在不断增加，然而他们并没有看到情况有显著的改善。例如，对美国民权运动的一种解释就是，当 1954 年最高法院在布朗案件中宣判学校的种族隔离不合法之后，非洲裔美国黑人的期望值增加。而白人反对者则阻挠法庭判决的实施，从而加速了期望型相对剥夺和民权运动的升级。

J 状曲线型相对剥夺（J-curve relative deprivation）是另一种重要的类型［戴维斯（Davies），1969］。人们的期望正伴着他们所认为的真实进步而增加，而当局突然倒转方向并且开始剥夺人们的近期所得，此后，这种 J 状曲线型相对剥夺便产生了。在这种情况下，期望继续上涨，而情况实际更像在恶化（而不像在期望型相对剥夺中那样保持不变）。J 曲线型相对剥夺是集合行为的一种尤其强烈的激发因素，并且被认为是许多暴力型社会运动包括伊朗革命、法国革命、两次俄国革命的重要潜在因素。

通常，遭受最严重剥夺的人并非是最可能参与集合行动的人。相反他们常常是最不积极的。而那些遭受的剥夺较轻、最能够意识到他们的情况可以得到改善的人往往是最积极的参与者。

5. 社会控制机制的崩溃

社会控制是每一个社会系统都在持续发挥的功能。当这种控制机制减弱时，人们可能对现存的制度失去信心并试图通过集合行为对其进行改革或重建。人们自发组建的"警戒行动"[①]就是一个例子，当人们感到所受到的不公正待遇没能得到官方的纠正时，他们就自己举起法律的旗号。当社会控制的严厉手段猛然松懈时，骚乱之类的集合行为也可能会发生。

当正式的社会控制主体，如警察和法院，没能有效地发挥它们的作用时，社会控制会因此而崩溃。出于对犯罪的警戒，以及对警察保证居民安全的能力缺乏信心，许多市民就组织巡逻队，监管其居住地区。非正式的社会控制机制的削弱也可能导致社会控制的崩溃。在一些城市居住区非正式控制崩溃很明显。那里缺少警惕的邻里守护街道，许多父母也无法管教他们的孩子。

对犯罪的恐惧和对警察缺乏信心使得
很多公民组成社区巡逻队来监控居住地区。

6. 斯梅尔塞的价值累加理论

尼尔·斯梅尔塞（1962）提出了产生集合行为或社会运动时必须依次出现的六个社会条件。由于它与经济学中的同名概念很相似，斯梅尔塞把他的这一理论称之为价值累加理论

① 警戒行动（vigilantism），指居民认为警方治安不力而自发组织的警戒行为，美国社会时有出现。——译者注

（value-added approach）。斯梅尔塞的理论假定，只有当这六个特定条件在特定情况下结合起来或相互作用时才能导致集合行为的产生。在实际生活中这些决定因素可能以任何次序发生，然而只有当它们按以下顺序发生时才相互关联：

第一个决定因素是“有利的结构”：社会结构的构成方式必须允许一场社会运动或一段集 485
合行为的发生。例如，如果所有犯人一天 24 小时都被禁闭在牢房里，监狱骚乱则无法发生。需要强调的是，有利的结构是指使集合行为在特定情形下成为可能的一般背景因素；这一因素与某件事错误与否全然无关。

第二个决定因素是“结构性紧张”，即人们感知到社会环境中的某个事情出了问题。这种紧张通常以相对剥夺的形式表现出来。监狱骚乱常常是由于糟糕的食物、拥挤的环境和种族仇视而引发的。

第三个决定因素是“普通信念”，普通信念的增长有助于参与者解释他们感知到的结构性紧张。普遍信念包括对失常状态的分析，对事情“应然”状态的看法，一系列用以纠正现状的策略战术，有时也指对如果维持现状则可能会产生的不利局面的预见。普通信念使得当下形势对参与者个人充满意义，并使他们做好集合行动的准备。监狱骚乱中潜在的普通信念是：骚乱能吸引社会公众的关注，从而使犯人们感到难以忍受的环境条件得到改善。

第四个决定因素是“促发因素”，它是集合行为的导火索。通常一个戏剧化的事件为集合行为提供了具体的刺激。这样的事件可能证实普通信念所表达出的恐惧，或者可能夸大结构性紧张形势的严重性。例如某个犯人受到当局严厉而不公的处罚的事件就可能促发监狱骚乱。同样，被指控残暴殴打黑人司机罗德尼·金的四名白人警察被宣告无罪激发了持续四天四夜的洛杉矶骚乱事件。另一方面，有些集合行为却似乎缺少明确的促发因素。

斯梅尔塞的第五个决定因素是“对参与者的行动动员”。这一因素仅仅表明，一旦前四个因素成立，行动就开始了。假定有利的结构、紧张、普通信念和适当的促发因素（通常是需要的）都已具备，一场骚乱就会爆发。在动员的过程中，通常出现一些相对模糊的行为规范和领导模式。

第六个即最后一个决定因素是社会控制，它制约着前五个因素并有助于确定集合行为的结果。监狱当局的行动可能会使情势更有利或更不利于引发骚乱，可能会直接诱发结构性紧张的产生，可能会与普通信念的产生有很大的关系，因此时常成为引发一场骚乱的促发因素。社会控制可以是预防性的（影响集合行为发生的可能性），也可能是应急性的（在事件发生之后出现，并影响集合行为事件的程度和性质）。对于正在发生的一场监狱暴动，官方总会采取一些有效或无效的应急控制手段，它们将决定骚乱将持续多久以及暴徒将会造成多大损失。

斯梅尔塞的理论实质上是将引发集合行为的因素进行了类别划分。有时，社会科学家无法在特定的案例中找出所有六个决定因素。尽管如此，价值累加理论仍然在确定和组织社会运动、集合行为的基本条件方面具有开创性的意义。

二、集群与大众行为

在集合行为的所有形式中，集群是最普遍和最容易为人们所意识到的一种形式。集群（crowd）是指有着共同的关注点，而且在物理空间上接近的一组人群。把集群与其他更为普遍的社会群体区别开来的特征是其不确定感和紧迫感。集群中的每个人并非都有同样的期望。其情境相对模糊不清，情境本身也无结构性特征，目标不明确。不过集群中的成员都感到有事将要发生。

486 在他们的行为中，集群的参与者有时可能无视常规的社会约束。从这个意义上讲，集群可以说是无约束的（permissive）。在接受新的行为和看法时，集群参与者通常容易接受由集群情绪所传达的暗示。

（一）集群的类型

结构最为松散的一种集群类型是赫伯特·布鲁默（1939）早年在一部颇有影响的论述集群类型的著作中提出的偶合集群（casual crowd），即一种参与者只投入了最低限度的感情和互动的相对消极的集群。在这种集群中，人们随进随出。他们稍微关心一下某些事件，例如交通事故，或者是百货商店的节日展销。他们可能相互交谈，也可能互不理睬。

常规集群（conventional crowd）更具结构特征，它的行为是可预料的。常规集群包括音乐会的观众和飞机上的乘客。在这些预定的情形中，人们通常遵循常规，集群成员间的互动通常是最低限度的。

社会学家对那些能够产生更广泛的集合行为的集群类型更感兴趣：例如表意集群、社会连带集群和行动集群。

1. 表意集群

那些用来提供感情表达和情感释放机会的集群称为表意集群。大多数远古文化都有用来庆祝丰收、某一重大军事胜利或具有宗教意义的日子。此时，为使尽可能多的人聚集起来，方圆几里的部落成员应邀加入。这些集群参与各式各样的活动，如跳舞、喝酒、盛宴、歌唱、呼叫以及各种游戏和技能比赛。在日常情况下，人们认为此类行为会导致混乱而加以约束，因而这些场合为其参与者提供了一种日常生活中无法获得的情感释放。

一些人类学家认为，这样的节日对于那些以感情压抑为文化特征的社会尤为重要。他们以西南部的土著美洲人部落为例：那里的人们不时地打破他们在日常生活中的感情控制，在求雨舞蹈或治疗仪式等宗教庆典中毫无顾忌地发泄自己的感情［本尼迪克特（Benedict），1959］。

表意集群在现代美国社会中随处可见。例如纽约时代广场新年之夜的热闹集会、新奥尔良狂欢节人群，以及在体育场观看超级杯的欢呼雀跃的球迷。这些表意集群显得无所顾忌，甚至有点狂野，然而角色和规范在这些情境中依然存在，人们明白在节日的场合中哪些行为是可被接受的，哪些是不可被接受的。

时代广场表情丰富的人群似乎不可遏制，角色和规范仍然存在，
但是，多数情况下节日中的集体行为仍保持在可接受的范围内。

2. 社会连带集群

许多表意集群具有超出感情表达的社会功能。社会连带主义（solidaristic）一词用以描述那些提供给其成员强烈的社会团结感和统一感的集群（Turner & Killian，1987）。例如，1969年夏，在纽约伍德斯托克附近参加摇滚音乐节的人们在离开时都念叨着“伍德斯托克邦”。这些聚集在伍德斯托克的近 50 万人是 20 世纪 60 年代反文化主义者的代表，这些反对越战的“花孩儿”希望为和平、博爱和理解共同奋斗。

把大多数福音派宗教集会作为常规集群可能更有利于对其进行分析。这种集群中，那些“决志”（即接受耶稣作为救主）的参与者看似自发的情绪事实上是可预料到的，并且实际上也是集会的组织者刻意去追求的。但是有时这些集会可能会点燃星星之火，从而超出常规的范围，产生高度的集合能量和兴奋。这样的事件包括强烈的表意和社会连带要素，并可能被参与者视为意义重大、震撼心灵的经历。

政府有时也精心安排一些有许多人参加的集会或群众大会，以求在大众中建立起一种社会 487
团结感，阿道夫·希特勒尤其精于此道。在 20 世纪 30 年代期间，他利用政治集会成功地巩固了他的权力。聚集在古巴聆听卡斯特罗政治演讲的集群、在海湾战争期间集合在伊拉克支持伊拉克政府的集群是另外的两个例子。由于这种集群具有把顺民转变成对政府怀有敌意的暴民的可能，官方运用这种策略需要对政治气候有一定的把握。

3. 行动集群

行动集群（acting crowd）通常是愤怒和怀有敌意的。两种最富戏剧性的行动集群类型是暴民和骚乱。

暴民（mob）是这样的一种集群类型，它的群情激昂的成员们将愤怒集中在单一的目标上，然而通常在达到目的后，他们就解体了。大多数暴民有领导者，暴民行为通常有一定程度的组织性。但是由于他们是短暂且不稳定的，所以暴民被认为是一种集合行为。私刑处死、爆炸纵火、三K党等恐怖集团策动的恐怖活动都是暴民行动的例子。

与暴民一样，骚乱（riot）是一种采用了暴力的行动集群；与暴民中的成员不同的是，骚乱者表达的是一种更为普遍的愤怒，并通常在数小时或数天之内从一个目标转向另一个目标。骚乱常常包括对不受欢迎群体的攻击、掠夺和捣毁财产，以及对权威的普遍蔑视。有的骚乱者可能有特定的目标，例如破坏不受欢迎者的房屋和店铺。比如在1992年的洛杉矶骚乱中，许多位于城市中部的韩国商店被毁。

一些规范会在骚乱中产生，控制着骚乱行为，但它们不易识别。骚乱通常包括劫掠，这看起来是规范和价值观的彻底崩溃。但劫掠在民众骚乱中往往是由新出现的规范所引导的。当一个社区的成员公开参与劫掠时，劫掠成为针对更大社会的集体抗议［夸兰特里和戴恩斯（Quarantelli & Dynes），1970］。关于财产的社区价值观被暂时取消，劫掠成为社会可接受的行为。

参与骚乱的人和暴民通常处于极大的社会紧张感之下。为了引发行动集群，这种紧张感必须要普遍深入和广泛流行开来的。众所周知的经济压力是引发1992年洛杉矶骚乱的重要因素。

暴徒往往是那些遭受歧视的少数民族团体。他们感到问题的解决遥遥无期或是觉得已无可救药，而且当权者既听不到也不愿意聆听他们的抱怨。换言之，暴徒常常是一些正经受着重大社会问题的人们，对于这些问题，社会缺乏有效的制度化解决方案。

（二）集群行为理论

最常被提及的一个集群行为特征是对原有的个人信念和态度的抛弃，取而代之的是新的集体行为模式。尽管集群成员的背景各不相同，他们在集群中的行为通常都遵循一套新的共同规范。统一的集群精神由此应运而生。在共同的推动力的支配下，集群的所作所为好像有自己的意志。这一现象是如何产生的呢？为什么集群场合会抑制个性而促进对集群行为和态度的接受？为了回答这些问题，研究者们提出了以下三种主要的理论。

1. 感染论

1896年，格式塔·勒朋（Gustave Le Bon）出版了《集群》（*The Crowd*）一书，对集群行为进行了开创性的分析。勒朋把集群看成是具有集体意志的单一有机体。他认为集群能使个人“着迷”的能力基于三个因素：（1）不可征服感（invincibility），即从单纯人数上获得的强大力量；（2）传染（contagion），即新的思维方式的迅速蔓延，类似传染病在人群中传播一样；（3）易受感染性（suggestibility）。勒朋相信，在集群中，人们的心智很容易降到一个较低的活动水平上，并且人们容易毫不怀疑地被动接受和模仿集群中其他人的行为和态度。

后来的研究发现，集群中人们的行为并不像勒朋认为的那样一致；“集体意志”的观点也一直没得到社会学家的重视。但类似勒朋的观点在大众中仍然十分流行。这些观点出现在媒体、政治言论以至于警察的战术中。人们仍然能听到把集群成员称作“毫无理性的动物”。

“集体意志”的概念在两个方面存在错误。首先，它否定了集体成员间的个体差异。当人
们说起“暴民袭击了闯入者”和“集群发狂了”时，他们忽视了在行为、态度和行动中显著的 488
个人差异。其次，这一观点错误地将单一意志、单一感知或缺乏自我控制之类的性质赋予群体。说“集群改变了它的意志”是不对的：个体层次的心理属性不能运用到群体身上。

常常与集体意志这一错误概念相随的是将集群行为描述为“无理性”。社会学家指出了用这种方式看待集合行为的两个错误。首先，无理智是个体精神状态的特征，不能运用于群体。其次，“无理性”一词充满了价值判断的意味（Turner & Killian，1987）。同样的行为在不同的人看来可能是无理性的，也可能是合理的。例如，许多伊朗人认为为他们的宗教而献身是无上光荣的。而对很多美国人来说，这样的献身看起来是疯狂和无理性的。

将集合行为描述为无理性反映了这样一种错误，即没能细致考虑集群成员所置身于其中的社会情境。例如，1979 年，为听一场音乐会，人群蜂拥而进会场时，踩死了 11 个年轻人，并有许多人受伤。媒体将此广泛报道为无理性的、失去控制的集群。一位社会学家在仔细研究了人群蜂拥的原因和集群的行动后反驳了这个说法。他指出，导致事故发生有两方面的原因：一方面是大量的未预订座位的门票的出售；另一方面是体育场的大门较晚才打开，使得人们为争抢座位而猛冲。这位社会学家还指出许多当事人的行动也很理性：例如当有的年轻人摔倒时，别的人在摔倒者边上围起圈，以保护他们［约翰逊（Johnson），1987b］。

其他一些理论也采纳了感染理论的某些成分，并稍加改动。由赫伯特·布鲁默创立的“循环反应”理论认为，集群中的人们丧失了准确解释互动行为的能力。一个人兴奋起来，别的人也跟着兴奋；看到别人也激动了，首先兴奋的人变得更为情绪化。在这一理论中如同勒朋认为的那样，集群行为仍被视为无理性和情绪化的。只是无理性源于社会互动，而不是“群体意志”。循环反应理论在今天并不广为接受，并且面临着与感染理论同样的批评。

2. 趋同论

第二个主要理论在解释集群成员之间明显的相似性时要简单得多。根据这种趋同论，参加集群的人们已经共同具有了这样的趋势，即以同样方式看待事物和以同样方式行动；实际上，正是这种共同的趋势使他们首先聚集起来，成为集群［福姆和贝（Form & Bae），1988；赖特（Wright），1978］。因此，如果以色列大使馆外的抗议集群对以色列持有同样的否定态度，趋同论会用这样的事实来解释这种相似性，即认为由于大家都反对以色列，所以能被激励着来到此处并参与抗议，而不是因为相互感染而产生出某种共有的精神状态。

3. 紧急规范理论

根据紧急规范理论，由于一套行为规范被整个群体所接受，全体的一致性在集群中盛行（Turner & Killian，1987）。那些不遵循这套紧急规范的人将会施以社会压力。例如，一群抗议超级市场价格过高的集群可能决定冲击超市，把货架上的高价商品扔掉。那些不同意这一行动但保持消极沉默的人无意中支持了这一规范。而那些公开表示反对意见的人可能会遭到支持者的质问和起哄。对某些行为进行限制的规范也可能出现。例如冲击超市的人可能会同意不采取任何攻击人的暴力行为。

4. 对上述集群行为理论的评价

在过去的几十年中，积累了大量关于集群行为的经验资料［格劳曼和默斯科维茨(Graumann&Muscovici)，1986；麦克菲尔和沃尔斯坦（McPhail&Wohlstein)，1983］。我们现在知道：(1) 大多数集群内部并不具有很高的同质性；集群成员在态度和参与程度上通常是不同的；(2) 集群行为本质上并不是无理性的，集群成员没有丧失理性，也没有脱离现实；(3) 集群行为与所有社会行为一样是受规范支配的（Turner & Killian，1987；Wright，1978)。

从这些研究结果看，紧急规范理论似乎提供了对集群行为最好的解释。集群并不像感染论所指出的那样是自己陷入了情绪化的疯狂之中。他们的一致性也不是趋同论认为的那样，是对在形成集群之前人们就已经持有观点的反映。相反，这种一致性是由新生成的规范所控制的。集群是由社会个体组成的，他们根据他们自己对什么正在发生以及需要怎么做的理解来采取行动。

（三）大众行为

489 并非所有的集合行为都只在面对面的群体中发生。集合行为的不确定性、易受影响性和紧急性也可能是广为分散的人群即“分散集群”的行为特征。在分散的社会群体中出现的集合行为被称为大众行为（mass behavior)；它涉及那些互不相识，彼此毫无联系的人们。

1. 恐慌

恐慌是一种广为人知的大众行为。它是面临迫近的危险时为获得安全而进行的逃逸。恐慌通常出现在这样的情况下：虽然有逃离的路径，但数量有限或是即将消失，因此看起来只有一些人，而不是所有的人能够逃离。典型的例子是在火灾突发的剧院、餐厅和夜总会中的人们在不顾一切地冲向出口时发生的挤伤。这类事件最严重时有数百人丧生。

恐慌并不一定局限于发生在同一物理空间。1929年发生的股市大崩溃就是一次经济恐慌。当股票持有人目睹它的资产价值在消逝时，心中的恐慌使他们抛出股票，从而使股票价格进一步下跌。在随之而来的经济萧条中，银行倒闭，失业率飙升。最近一次规模较小的金融恐慌发生在1985年，俄亥俄州家园储蓄银行在一次投资中损失惨重。存款人担心该银行会倒闭，纷纷兑现存款。他们的恐慌又导致了其他银行的储户也开始出现挤兑［约翰逊（Johnson)，1987a］。

2. 大众歇斯底里

大众歇斯底里（mass hysteria）偶发于当人们发觉他们处于模糊不定、危险和令人焦虑不安的情形下所产生的一种集合行为类型。流言在扩散、被接受，并产生出灾难将至的非理性想法。大众歇斯底里可以局限在一个小社区中，也可能扩散至整个社会。当人们意识到威胁实际并不存在时，大众歇斯底里的推动力则会最终消失。

1962年夏，不到一个星期的时间内，美国南部一家纺织厂的62名工人都经历了一场短暂但严重的疾病，症状是头昏、打寒战和恶心［克尔克霍夫和巴克（Kerckhoff & Back)，1968］。备受疾病折磨的工人坚信，他们得病是被某种有毒的昆虫叮咬所致。工厂进行了彻底的烟熏消毒，但没有任何反常的毒虫滋生的迹象。迷惑不解的调查者最后发现，原来这实际上是一起由劳累过度和裁员谣言带来的大众歇斯底里。由于他们对自己所经历的紧张不安不能以一种有效的方式做出反应，制造厂的工人代之以集合行为来减轻他们的焦虑，哪怕只是暂时性的解脱。

1938 年，当成千上万的收音机听众将一部小说作品当成是真实的新闻报道时，纽约发生了伴随着恐慌的大众歇斯底里。韦尔斯（H. G. Wells）的小说生动地描述了一场来自太空的攻击，而且以极为真实的方式播送，致使人们以为这是真实的新闻报道。许多人真的跳进他们的汽车里，尽可能地远离假想的入侵地；有的人则把自己锁在家里，用步枪武装起来，保护自己，准备与外星人作战。

3. 灾后行为

大众行为的另一种形式是灾后行为（disaster behavior），即在自然灾害或其他种类的灾难发生后的行为。灾难包括瘟疫、饥荒、干旱、飓风、地震和洪水之类的自然灾害，也包括人为 *490*
事件如炸弹、爆炸和大火。灾难通常造成急剧的破坏，一片狼藉的场面使人们无法进行正常的活动（Turner & Killian，1987）。

各式各样的人通常灾后赶到现场：那些居住在灾难地区但不在灾难现场的人；那些关心居住在灾难地区的朋友和家人安危的人；还有一些志愿者和纯粹好奇的人们。

灾难中的行为是集体行为的一个方面。这些志愿者前来帮助俄克拉何马飓风的受害者。

由于人数众多，他们的出现可能会给受灾地区带来重大的影响。灾后行为通常是非常正面的。现场的领导者和计划产生了，救济供应也陆续到来，即使这都是以一种非常规的或无组织的方式出现的。给予受灾者的救济程度是不同的：有的情况下政府和其他组织在救援活动的紧急救助阶段之后就对受灾者撒手不管［奥斯曼堪德（Othman Chande），1987］。如果灾难持续，比如像饥荒或瘟疫，紧随灾难产生的自发性社会结构则可能与原先存在的社会秩序相冲突。

4. 流行、时尚和狂热

以上所提到的大众行为的几种形式都可能包含了一些令人不愉快的情形。然则，并不是所有的大众行为都是这样。

流行（fashion）指的是一时间深受人们喜爱的服装样式或行为方式。它是一种对习惯的"习惯性"背离，追求新奇事物，但同时仍处于可接受的行为范围之内［萨皮尔（Sapir），1937］。绝大多数的流行涉及特定时间内的流行物，尤其是某些服装样式。比如说褪色的牛仔裤、名牌T恤、汗衫，以及一些链子、珠子和某些款式的鞋等诸如此类的物品。

流行具有短暂性以及具有大众吸引力等特点。尽管流行通常被看成是无关紧要的事情，然而作为社会身份的象征，它可以成为社会分层体系中具有特殊意义的要素。正如19世纪的社会批评家索尔斯坦·维布伦（Thorstein Veblen，1899/1967）所指出的那样，流行可以作为一个反映了社会价值观和态度的指标。例如20世纪60年代风靡一时的超短裙就戏剧性地象征了那个时代对性问题相对开放的态度。此外，在个人的层面上，穿戴着当前最新潮的服饰是用来向别人展现自己有品位，并且也有经济实力来追随变动不居的流行文化潮流的一种有效方式。

时尚（fad）是指在短时期内为许多人狂热追求的一种活动。一位社会学家曾区分了四种类型的时尚：实物时尚（object fads），例如某些招贴画、贴在汽车保险杠上的不干胶贴纸和新型布料；观念时尚（idea fads），比如说星卜术；行为时尚（activity fads），例如雪上摩托；以及时尚英雄（fad heroes），比方说像麦当娜那样的歌手［洛夫兰（Lofland），1985］。在美国，时尚还有"呼啦圈"和各种各样的新式舞蹈等。

狂热（craze）是一种具有重大和持续影响的程度较强烈的时尚。一个经典的例子就是17世纪30年代风靡整个荷兰的对郁金香的狂热［麦凯（Mackay），1841/1932］。这一所谓的"郁金香热"如此剧烈，以致投机者们愿意用价值上万美元的财产来换取高价的郁金香球茎。由于大量的土地用于种植郁金香，人们不得不依赖进口粮食来满足日常需要。

一个较近发生的例子是20世纪80年代狂受欢迎的台式游戏机。商业街中似乎每三家商店中就有一家是新近开张的电子游戏厅，里边挤满了十几岁的青少年，他们排着队等着投入硬币，尝试最新的游戏节目。与郁金香热一样，这一台式游戏机热对整个国民经济产生了深远的影响。此外，在这两个例子中，狂热消退之后，它们也成为了文化中的一个永久组成部分：直到今天郁金香在荷兰仍广受人们喜爱，台式游戏机也还在吸引着青少年。

三、传播与集合行为

谣言、闲话、宣传和公众舆论都是人们共享信息和思想的方式。它们自身可以被看作是集合行为的不同表现形式，或者是有助于引发诸如恐慌和骚乱之类更复杂的集合行为的初级阶段。

（一）谣言与闲话

最散漫的信息共享方式就是谣言和闲话，它们通常产生于当人们无法获得所需要的信息时。人们通常寻求一切甚至是未经证实的信息来源，而不甘接受缺乏信息这一现实。

谣言（rumor）是在人与人之间非正式的，通常是口头传播的未经证实的消息（Murphy，1985）。谣言往往（虽然并非总是）不准确，而且它的发生比结束常常要容易得多［罗斯诺和法恩（Rosnow&Fine），1976］。例如，当世界上第一颗原子弹在广岛落下时，流传着该城市被喷射了汽油的谣言。虽然这个谣言不正确，但它帮助受害者理解了这场爆炸和大火，以及随之而来的疾病和被污染的日常用水［斯布坦（Shibutani），1966］。虽然对爆炸的恐惧依然存在，但谣言或多或少地消除了人们对未知的恐惧。

另一个重要性相对较低的谣言例子从 1977 年 42 岁的“猫王”（埃尔维斯·普莱斯利）逝世之后就开始传播。直到今天，歌迷们还在争论不休，是否那些关于猫王还活着的传闻是真的， 491
小报充斥着人们声称见到或与这位歌星进行了交谈的人们的故事。

被称为“益智口香糖”［拉姆利（Lumley），参见罗斯诺和法恩（Rosnow&Finem），1976］的闲话是关于他人个人或隐私的谈话，它总是关注一些无关紧要的事情。但事情是否“无关紧要”则依赖于社会情景。当一位社会工作者告诉上司其当事人未婚先孕时，这就是在传递重要的信息，同样的信息在邻里之间传递就成了闲话。

关于媒体人物的闲话历来是美国生活的一个主要部分［莱文和阿鲁克（Levin & Arluke），1987］。电视把明星们带到寻常百姓人家，让一些人感到与这些明星人物有了某种联系。某些追星族把收集和传播其偶像的偏好，当作自己的业余爱好。早在 1990 年，当住在加州的一对夫妇宣布即将出版一本叫做《玩偶》的杂志，以收罗有关歌影两栖明星多利·帕藤（Dolly Parton）的各种资料时，有 6 000 人即刻订购了这份杂志。

闲话在社会生活中起着十分重要的作用。一位人类学家对一个土著村庄中的闲话现象进行研究之后得出的结论是：闲话模棱两可的性质（它可能是真的，也可能是假的）使人们在不需要首先同意对方的情况下就有一种共同感［布雷内斯（Brenneis），1984］。

（二）公众舆论

“公众”是谁或是何物？为什么它的看法会备受关注？在社会学的定义中，公众是有共同兴趣、共同关注话题的一个较分散的人群。

在现代社会中，公众围绕各种不同的问题而形成：堕胎，污染，消费者权益保护，政治倾向或能源政策，等等。虽然公众成员有时是有组织的，例如一些选民可能登记为民主党员，一些影迷可能是布拉德·皮特影迷俱乐部的成员，但大多数情况下他们是无组织的。因此，公众的确切规模是很难确定的。

尽管它的组成含糊不清，但公众并非是不重要或无关紧要的。我们可能不知道谁是民主党候选人的支持者，但如果我们知道支持民主党的公众很少的话，那么下一届总统将是共和党人。同样，布拉德·皮特的影迷可能姓名不详而且数目不清，然而正是影迷们在票房收入上的“投票”使他成为巨星并长盛不衰。

公众所持的态度称为公众舆论。公众舆论通常以可靠的信息而非谣言为依据。但是这些信息可能会以一种带有偏见或误导的方式被解读。同样，公众舆论也不像谣言那样转瞬即逝。不论在政治、娱乐或是商业中，公众舆论都有着巨大而持久的影响。

1. 公众舆论的形成

长期以来，人们对公众舆论的形成过程一直都有所推测。有人认为，公众舆论是潜在的价值观和社会态度的一种外在表现。这种看法似乎有道理，但却并非总是如此。人们基本的价值观是相对稳定的，但公众舆论的变化却很迅速，此外，不同的公众舆论可能基于同样的价值观。

公众舆论在很大程度上受到社会背景和群体成员资格的影响［布鲁默（Blumer），1948；坎特里尔（Cantril），1980］。在许多情况下，一个特定团体的成员在许多问题上都倾向于持有相似观点（例如那些第七日基督再临论者或是 IBM 的主管）。同一社会阶层的人和具有相似民族或教育背景的人也是如此。例如，民意测验表明，对于核能的态度就深受个人教育和收入水平的影响。拥有研究生学历的人比学历较低的人更赞同使用核能；并且，随着人们收入水平的增加，他们支持核能的可能性也随之增加［金斯伯杰（Ginsberg），1986］。

每个人都属于一个以上的社会群体。在形成公众舆论的过程中，有的群体比其他群体更为重要。一个群体的影响力取决于它的目标、组织和成员忠诚度等因素。然而大多数群体成员资格的重要性仅限于特定的话题。例如，天主教成员的身份会在很大程度上影响对堕胎的看法，但在对经济政策的看法上却几乎没有什么影响。

影响公众舆论形成的另一个重要因素是特殊人物施加的影响。每个社区都有一定数量的意见领袖（opinion leaders），他们对公众舆论发挥着重要的影响。每个问题可能有不同的意见领袖。一项开创性的研究发现，至少在一些问题上，人际影响是决定舆论形成的最重要因素［卡茨和拉扎斯菲尔德（Katz&Lazarsfeld），1955］。另外的研究表明，具有个人魅力的新闻评论员和主持人对公众舆论有着相当大的影响力［赖因，科特勒和斯托勒（Rein，Kotler & Stoller），1987］。

493 近 40 年来，公众舆论的区域差别已变得不再那么显著，这主要是因为电视和其他形式的大众传媒促进了美国公众的同质化。众所周知，在第二次世界大战前，南部地区在许多重大问题上的舆论与整个国家的舆论大相径庭。如今这种情况已不复存在。虽然公众舆论中的地域差别仍然存在，但全国舆论的相似性正日趋明显（Ginsberg，1986）。

全球社会

事实还是宣传 492

你能说出新闻与宣传的区别吗？有时候这看起来是显而易见的。试想一下那些用来妖魔化敌人的社论漫画，这种宣传形式通过把敌人与负面的形象和符号相联系，以诋毁敌人。社论漫画依靠刻板印象来传递某种信息。在描绘敌人的面孔时，其表现形式总是采用人所皆知的恶魔形象，比如怪物，巨蛇，野人和死神［基恩（Keen），1986］。

来源：Jerry Buckley。报纸的“善意”表达。

在许多情形下，新闻与宣传很难分得清。宣传实际上是用来有意误导公众的。看看它的另外一些代名词：抹黑宣传，虚假情报，双重信仰，教化，洗脑，教条，潜在议题，意识形态，玩弄伎俩的运动，欺人之谈，心理战。

专家们是这样来理解“抹黑宣传”的［理查德·尼尔松（Richard Nelson），1996］：把它定义为“编造、欺骗、弥天大谎和制造假消息来源”（p. 128）。在多大程度上你能够识别抹黑宣传？也许你认为自己还不错，但许多人并不能分辨出来。因为许多抹黑宣传与大众对邪恶敌人的期望正好相符。

事实上，许多例子表明我们常常把抹黑宣传当作事实来接受。抹黑宣传的一个常见形式就是对敌人所使用的酷刑的报道。“例如在第一次世界大战中，盟军宣传说德国人在比利时把婴儿的手砍掉，然后把尸体炼成肥皂。”（Nelson，1996，p. 128）虽然这是谎言，但美国的公众却信以为真。

那么这样的事情在今天还会发生吗？毕竟通信技术自第一次世界大战以后已经发生了翻天覆地的变化。也许你认为美国公众在今天就能够识破这种弥天谎言。如果你相信这一点的话，那么来看看在海湾战争期间流传的一些可怕的传闻吧。一个广为流传的报道说，伊拉克士兵把科威特婴儿从保育器中取出，任其自生自灭（Nelson，1996）。这个故事结果被证实是被编造出来用于鼓动开战的。最初报道的消息来源是一个名为“Nayirah”的难民。而后来发现，故事的始作俑者是科威特驻美大使的十几岁的女儿。

发现真相，分辨新闻和宣传，总是很困难的。今天，互联网提供了另一种信息渠道。用来处理信息仍需要大量的时间和精力。同时需要一些经验来决定哪些是宣传，哪些是事实。

2. 对公众舆论的影响

许多人和集团都想对舆论施加影响。制造商和零售商想推销产品，政治家想要当选，政府希望获得人民的支持。他们如何从自己利益出发来对公众舆论施加影响呢？

现代社会中塑造公众舆论最强大的力量之一是大众媒体：电视，广播，报纸和杂志［比亚吉（Biagi），1989；杰夫里斯（Jeffers），1997；麦奎尔（McQuail），1985］。电视对公众舆论的影响尤为强大。正因为如此，对于任何想要影响公众的个人和组织而言，利用媒体是至关重要的。

某些情况下，媒体可以使社会运动合法化并且改变公众对运动的看法。关于越南战争的报道就是一个很好的例子。最初，新闻报道支持政府的战争立场，并贬低不断增长的反对意见。然而当记者们开始证实那些对战争的批评时，反战运动占了上风，要求停战的压力也越来越大［哈林（Hallin），1984；吉特林（Gitlin），1980］。关于海湾战争的媒体报道，某种程度上也经历了类似的过程。

利用媒体只是接近公众的一种方式。然而接近公众与说服公众是两码事。说服公众最有效的方法之一就是宣传。

宣传（propaganda）是指通过唤起人民的感情和偏见来对公众思想进行有意控制的方式［埃吕尔（Ellul），1966；乔伊特（Jowett），1987；纳尔逊（Nelson），1996］。宣传形成了一批以有利于宣传者的方式认识世界的公众。例如 1974 年至 1977 年间，南非花了 7 500 万美元在国外进行宣传。它聘用公共关系机构，为美国竞选运动捐款，为议员们提供去南非的免费旅游，并试图收购美国的新闻媒体［温利克（Winrich），1989］。当然，这一宣传的目的是在为南非政府的种族主义政策寻求支持。

宣传常常利用公众的恐惧和焦虑，制造一种强烈的情绪感召力，然后使公众相信，只要接受了某种观点，就能防止可怕后果的发生。例如希特勒的纳粹统治就利用了德国人对 20 世纪 30 年代经济崩溃的恐惧，并且提出纳粹政治哲学是避免这场灾难的唯一出路。

宣传的一种感染力在于它提供了帮助人们理解生活的一种知识框架。人们总是被“新闻”或是事件报道所包围。能够成为新闻的往往都是一些社会问题、灾害或灾难。人们需要一种办法来面对这些负面的信息，而宣传恰恰能满足这种需要。按照一位学者的说法：“如果新闻所提供的信息在倾听者的脑海里已经有了现成的解释，或者他可以轻而易举地找到答案的话，那么新闻就失去了它令人震惊的特征。”（Ellul，1966）

成功的宣传往往化于无形之中。大多数美国人认为，宣传只在别的国家使用，在美国不存在。然而事实并非如此，美国政府至少使用三种不同的途径来宣传其思想。其一是通过教育系统，它加强了美国社会占主导地位的政治价值观。其二是公共关系，政府每年要在这方面花费数亿美元。其三是大众媒体，包括总统的电视演讲和记者招待会［魏斯伯杰（Weissberg），1976］。 494

在第二次世界大战期间，美国政府宣传鼓励人们通过购买美国储蓄债券来支持战争。

第二次世界大战期间，美国政府通过宣传引发了妇女传统观念的重大转变。战争爆发时，政府意识到为了保持前线供给，需要大量的妇女进入劳动力大军。问题是要激励公众改变男主外女主内的传统观念。为了达到这一目标，政府寻求与有关家庭和妇女的杂志进行的合作。战争期间，这些杂志中充斥着旨在影响妇女观念的文章，从鼓励食物的定量配给，到颂扬妇女作为爱国者为国家工作和服务。这些努力卓有成效，以至于在战争末期为了解决转业军人的就业，政府需要发动更强大的宣传攻势来重新强调妇女的家庭主妇角色［霍尼（Honey），1984；乔伊特（Jowett），1987］。

四、社会运动

现代社会最显著的特征之一就是人们更多地愿意组织起来，有意识地去推动社会和文化的变迁。最重要的一种实现方式就是社会运动（social movement），一种主要依靠非制度化方式来产生社会变迁的集体努力。

社会学家们在传统上强调社会运动和集合行为的相似性。然而，最近几年，大多数的学者把注意力放在了两者的区别上［福斯和拉金（Foss & Larkin），1986］。虽然集合行为和社会运动都相对松散，但社会运动持续的时间较长，有更加牢固确立的领袖和内部组织，并且以细致的资源动员为特征。此外，社会运动的参与者是为了改变社会的不公平，因此，与大多数初级集合行为不同，几乎所有的社会运动都有着深刻的政治意义。

近几十年风靡美国的社会运动包括民权运动、反战运动、女权运动、反核运动、环境运动、反堕胎运动、支持堕胎合法化运动、同性恋者权利运动等。绝大多数这样的运动都包含了各种类型的初级集合行为。例如，在许多群众运动中，有关对手计划的谣言对动员支持者起了很大的作用。几乎所有运动的首要目标之一都是有效地利用宣传技术影响公众对重要问题的看法。为当代社会运动所青睐的集体示威和游行常常有可能转变成骚乱或其他形式的行动集群。

从某种意义上讲，社会运动具有社会实验的功能。如果运动最终是失败的，它就会失去绝大多数的支持者并且逐渐消逝，例如把出售和使用酒类饮料定义为非法的戒酒运动。如果运动成功地达到了它的主要目标，那么它将成为社会结构中持久的一部分，如妇女选举权运动。由于社会运动在促进社会变革方面起的关键作用，它们可以被看成是处于胚胎期的社会设置或者是孕育着新的群体或组织的温床。

社会运动包括一些重要因素：意识形态、战略和战术，以及领导关系。每一要素都能用20世纪50年代到70年代的争取平等对待非洲裔美国人的民权运动来阐释。

民权运动的意识形态最初强调获取基本政治权利的重要性，如选举权、与白人同校、在学校共进午餐等。在获得了这些基本权利的大部分后（尽管有来自种族隔离者猛烈的并且常常是暴力性的抵抗），运动逐渐转向争取更广泛的经济目标，如就业和住房的机会均等权。在运动受到来自现存社会秩序代表者极力反对的困难阶段，对运动的意识形态的信念和对更好未来的憧憬，支撑着运动的追随者们。

正如民权运动的意识形态随时间变化一样，它的战略和策略也在不断变化。早些时候，这一运动推崇合法的方法。“促进有色人种全国联合会”（The National Association for the Ad-

vancement of Colored People，NAACP），这个 20 世纪 50 年代民权运动的领导组织，在促使地方、州和联邦政府保障非洲裔美国人享有宪法规定的公民应有权利的斗争中取得了一系列胜利。60 年代初，一些新的组织如“学生非暴力合作委员会”（the Student Nonviolent Coordinating Committee，SNCC）出现了，它提倡更为积极的战略，包括像游行、静坐、自由之旅和集群示威，等等。这些运动引起了媒体的广泛关注，并扩大了运动的支持基础。到 20 世纪 60 年代末，像“黑 495
色美洲豹”（the Black Panthers）一类的激进组织采取了更具争议性和进攻性的战术，为了宣扬他们要求平等待遇和结束警察对黑人社区骚扰的要求，他们全副武装地开进了加州的立法院。

最后，民权运动的不同组成部分是以不同类型的领导为特征的。迄今为止，最著名的运动领袖是极富个人魅力的马丁·路德·金。他凭借慷慨激昂的演说和为民权运动献身的精神吸引了成千上万的追随者。相比之下，SNCC 和 CORE（the Congress of Racial Equality，“种族平等联合会”的缩写）的年轻领导者们更倾向于保持相对的匿名性，他们强调的是事业本身的重要性，致力于建设高效的组织。“黑色美洲豹”的主要领导人，包括波比·西尔（Bobby Seale）和埃尔德里奇·克利弗（Eldridge Cleaver）都十分强调思想的重要性，并将它作为其领导权的首要基础。

（一）社会运动的类型

社会运动有许多种形式，主要包括改革、革命、抵抗运动和表意运动。

1. 改革运动

一些社会运动试图通过改变社会结构的某些方面来改善整个社会，而不是寻求改变基本的经济或政治格局或改变现存的社会分层等级，此类运动被称为改革运动（reform movement）。由于美国社会相对民主的结构，它一直是这类运动的多发之地。改革运动一般集中在某个问题上，但它们所致力于的变革会产生深远的影响。

代表着一千三四百万美国严重伤残人士的残疾人权利运动是一场规模小但不断壮大的改革运动。这场运动致力于落实帮助残疾人的第一个全国性法案，即 1973 年的《职业再培训法案》。这一法案禁止任何得到政府资助的组织在雇用中歧视残疾人。随着 1990 年的《残疾人法案》的通过，这一运动赢得了另一个重大胜利。该法案规定，雇主以及公共交通、远程通信和其他公共服务的提供者具有为残疾人提供方便的法律责任。

当今美国的其他改革运动还包括大部分的环境运动、由“母亲反对酒后驾驶组织”（Mothers Against Drunk Driving，MADD）发起的反对酒后开车运动、受害者权利运动以及反色情宣传品运动，等等。

2. 革命运动

有些社会运动寻求更彻底的社会变革。这些革命运动（revolutionary movement）的目的是推翻现存的社会结构，并用新的制度取而代之。一般而言，革命运动产生于改革运动不能推行的地方。当今世界上许多政府都诞生于革命运动。

1979 年发生在伊朗的社会主义革命是给整个社会带来巨大变化的革命运动之一。今天的伊朗与 1979 年以前迥然不同。多数的伊朗人，除了小部分西化的精英之外，在伊朗国王的镇压和独裁统治下都感觉受到排斥。20 世纪 70 年代初期，当伊朗国王为了进一步巩固自己的权力而同时打压集市店主和伊斯兰教士时，这两大在历史上联系深厚的集团联合起来共同反抗伊朗国王。他们对伊朗国王的军国主义、现代化规划、对伊斯兰传统的不尊重，以及与西方（尤其是与美国）的联系已经不满了多年。伊朗国王对集市和教士所在的宗教机构的攻击引发了群众反抗，从而导致了其政权的颠覆以及军事伊斯兰共和国的建立（Buraway&Skocpol，1982）。

3. 抵抗运动

并非所有的运动都试图引发变革。抵抗运动（resistance movement）就是旨在防止变革，或者是企图扭转已取得的变革。这些运动通常发生在急速的社会转型期，例如20世纪五六十年代的美国社会。另一个例子是民权运动的胜利遭遇了反对学校和其他公共设施种族一体化的“对抗”运动。

最近，支持堕胎非法的团体发起了一场企图推翻最高法院对罗诉瓦德（Roe v. Wade）案
496 判决的运动。最高法院判决孕妇在怀孕以后的头六个月有堕胎的权利。“手术救援”之类的团体在堕胎诊所外组织群众示威，以期获得公众的支持从而关闭这些诊所。

4. 表意运动

由于改革、革命和抵抗运动都希望在不同程度上改变现存的权力结构，因此它们在本质上或多或少带有政治意图。然而，有的运动并不旨在改变社会结构，而是针对构成社会的人本身。这些表意运动（expressive movement）试图让成员在某个方面得到改造，包括使他们得到感情上的满足，塑造新的个性，或是接受不同的意识形态。表意运动在本质上可以是宗教的，也可以是世俗的。

一项对“追随导师梅赫巴巴”（Meher Baba）这一具有宗教倾向的表意运动的研究发现：这项运动为它的成员们解决了许多青年文化与成年社会需求间存在的冲突［罗宾斯和安东尼（Robbins & Anthony），1972］。随着社会在整体上日益非个人化和官僚化，许多年轻人在成人时都经历着一些困难，他们转而寻求亲密的初级群体成员间的支持。“追随导师梅赫巴巴”运动所提供的氛围充满了无拘无束、友好和富于人性的气氛。新成员受到热烈的欢迎，成员相互支持。这种表意运动不但没有使其成员进一步疏远成人社会，反而支持和鼓励他们承担起成人的责任。

20世纪六七十年代的“人力潜能”运动是将焦点集中于内在解放的一个世俗表意运动。运动的成员参加偶遇群体、群体疗法和感官意识会议。人们聚集在厄萨伦（Esalen）协会（该运动的中心，也叫加利福尼亚个人发展中心）和一些全国性的治疗中心去“与自己交流”，去认识自己的感受和学习如何更好地与他人交往。因为人们日益感到与社会、与他人和自我的隔绝，所以该运动就是随着这种异化程度的加深而发展起来的［利伯曼、雅罗姆和迈尔斯（Lieberman，Yalom & Miles），1973］。最近的一项名为“新时代”的运动同样寻求为它的成员提供与身心健康有关的某种形式的个人改造。

（二）社会运动的生命周期

虽然社会运动的目的不一，特点也各不相同，但那些成功的运动常常有许多共同之处。许多成功的社会运动在经历了四个发展阶段后，为社会所接受，达到运动的巅峰［巴坤亚克和诺

瓦克（Bakuniak & Nowak），1987；霍珀（Hopper），1950；道森和格蒂斯（Dawson & Gettys），1948；卢鲁默（Blumer），1939]。用社会学的术语讲，这个运动到此时已经制度化（institutionalized）了。

社会运动的预备阶段（preliminary stage）的标志是社会不安定、集团间相互冲突以及对社会问题低效而不足的处理。那些深受影响、焦躁不安、心怀不满的人没有找到发泄对象。这时候出现的领袖更可能是鼓动家而不是组织者。

在接下来的普及阶段（popular stage）中，不满现实者意识到别人的看法与自己相同，并且看到通过社会运动来联合行动的可能性。这一阶段最可能出现的领袖是预言家和改革者。预言家以充满权威感和自信的讲演，将其对未来的憧憬灌输给群众。改革家则将群众的注意力集中到具体的问题及其解决方案上。

第三阶段是正式组织阶段（formal organization）。此时意识形态得以产生，为运动指引方向并维系参与者的团结。价值观和目标变得日益清晰。与此同时，运动已发展起具有领导阶层的组织结构、一整套政策和行动纲要。预言家和改革家的领导地位让位给战略家，即那些能把运动推进到底的人。

在制度化阶段（institutional stage）中，这场运动被接受为社会的一部分。运动参与者的理想和热情趋于平淡或消失，并且决策已成为运动中几个委员会的事情。这时，管理人员是这一阶段典型的领导者。

（三）社会运动发展的现代理论：资源动员

多年来，社会学家在解释社会运动的起源时强调集体性的受挫和抱怨是最关键的因素。也许这一观点的最好例证是在本章前面提到的尼尔·斯梅尔塞在价值累加理论中赋予“结构性紧张”的中心地位。这一观点能很好地解释社会运动以及初级形式的集合行为的发展。

然而，在过去几十年中，一些社会学家认为这一传统取向不全面。在不否认相对剥夺在社会运动发展中作用的同时，他们指出虽然大多数社会成员都在经历一定程度的紧张，但运动只 497
是发生在特定的时间和地点。造成这些关键区别的是能否具备足够的资源（资金、追随者、媒体，等等），从而使不满转变成运动。这些社会学家发展了资源动员理论，这一理论集中关注运动行动者可获得的政治和经济资源，提出的一些问题例如：“由运动行动者联合而成的组织是如何获得和动员他们所需资源，并利用它们来促进目标实现的？”[福斯和拉金（Foss & Larkin），1986；奥贝沙尔（Oberschall），1973]

媒体社会学 497

为面对媒体做好准备

“在你看来，什么是这个国家面临的最重要的问题？”民意调查常常让美国人回答这个问题。多年以来的答案涉及许多社会问题：偏见和歧视，毒品，犯罪或失业。很多年前，没有人会问为什么一些社会问题受到了举国的关注，而另一些却没有。也许有人会说人们选的是那些与他们的生活直接相关的问题。然而事实上，许多其他的因素也在影响美国人做出选择。约翰·瑞安（John Ryan）和威廉·温特沃思（William Wentworth）认为：

> 一个问题要成为重要的社会问题，需要具备以下几个条件。最重要的一点是某人或某个组织必须把这个问题作为自己的诉求，并努力向公众和立法者宣传。最成功的组织擅长于动员志愿者、资金、通信网络等资源，其中最重要的一点是获得媒体的关注。（1999，p. 79）

研究显示，那些被公众认为是最重要的问题事实上是那些获得媒体深切关注的问题［延加和金德（Iyengar&Kinder），1987］。这意味着草根组织必须要去了解媒体是如何运作的（Ryan，1991）。要创建一个成功的社会运动，关键就是要理解什么是新闻，怎样才能被媒体报道。社会活动者需要了解的第一件事就是媒体关注可能会带来好处，也可能产生负面影响，关键在于记者如何报道。让我们以媒体对示威的报道为例。这些报道往往都从负面来描绘示威参与者（Ryan & Wentworth，1999）。华盛顿的百万黑人大游行得到了正面的报道，而1997年带有基督教色彩的守卫者游行则得到了相反的待遇。

有很多方式可以改变对一个事件的报道（Ryan & Wentworth，1999）。首先，记者们可以选择报道的内容。记者对录音内容的取舍可以从根本上改变演讲者的原意。对视觉影像的选择和表现也会改变原来的意义。简单地说，报道者控制着以何种方式将某个事件展示给受众。

当社会行动者明白媒体如何运作之后，他们可以设计出一个媒体战略来动员对其事业的支持。夏洛特·瑞安（Charlotte & Ryan）在她的《黄金时间行动主义》（*Prime Time Activism*）一书中列出了草根组织可以采用的一些关键策略（1991）。为了帮助运动的行动者避免媒体偏见，她建议：

讲清楚你的政治目标。先估计公众的认知程度。然后决定你的受众和运动针对的施压目标。

准备你的信息。决定你如何传达信息。选择你将采用的形象和文化主题。收集你所需要的资料。

评估你的资源。评估你与主流媒体的关系。你的组织成员受过如何与记者和制片人打交道的训练吗？他们知道新闻界的规范吗？

决定希望看到的媒体报道的基本方向。发现最能够深入到你潜在的支持者、积极分子和决策者的媒体。

设定你的优先权和考虑其他的媒体渠道。除了常规的新闻媒体外，也考虑其他的通信方式，包括给编辑写信、杂文页、脱口秀和意见专栏。

注重与重要的记者建立关系。让记者了解你的近况。给他们建议可能的报道内容。邀请记者和组织成员会面，举办与运动的重要问题相关的研讨会。

资源动员理论与传统理论在社会运动分析上具有以下几个关键区别［扎尔德和麦卡锡

(Zald & McCarthy，1979]。第一点区别涉及支持运动的人员基础。根据传统理论，支持运动的最关键资源是一大群愤愤不平的人们。它假定运动的发起主要是因为有大量寻求社会变革的人。相反，资源动员理论注意到：如果他们能够保证相对较少的忠实者的支持，一些尽管只有少数人支持（至少最初如此）的运动也能取得相当大的胜利。这些群体的关键资源通常是来自中上阶层支持者的忠诚以及私人基金会、政府机构、大学和大众传媒的支持（McCarthy & Zald，1973；Zald & McCarthy，1979；Haines，1988）。这些运动不是建立在公众不满的基础上，而是去激发公众的不满，后者就成为他们用来达到目标的一项关键资源。 498

第二个不同之处是运动策略。传统的观点认为，这些运动必须用大部分时间和精力来与当局讨价还价，有时甚至是威胁它，以迫使其采纳变革措施。资源动员学派并没有否认上述行为的重要性，他们补充道：运动领袖还必须花大量时间招募支持者、获得资金以及与寻求相似目标的其他组织发展关系。

资源动员理论的贡献之一在于，它认识到当代社会运动的成功对大众媒体、公共邮件、游说等手段的日益依赖。这样的技术需要新型运动领袖的产生：慷慨激昂的演说家已经过时，让位于媒体专家。这样的领袖被称为"职业社会运动家"（McCarthy & Zald，1973）。在他们的生涯中，这些人经常从这个运动转向那个运动，似乎更钟情于行动本身而不是为了特定的事业。

资源动员理论主要是从对 20 世纪 60 年代一些主要的运动的分析中发展而来的，当代许多社会学家在大学期间都亲历了这些运动，这一理论反映了他们对运动过程的洞见。资源动员理论的基本框架下还有各自不同的主题［詹克斯（Jenkins），1983；皮恰罗（Picharro），1988］。例如，有的学者着眼于运动的长期过程，强调运动的可得性资源随时间逐渐改变。而另一些学者则更关注日常运行中如何获得忠实的参与者和足够的资金。有的分析家将他们的大部分注意力放在运动所反映的普遍潮流上（像人权运动），而另一些学者则着重研究特定的运动组织（如 NAACP 或 CORE）。

复习与思考

1. 寻找并讨论媒体报道过的某些集合行为。
2. 什么样的社会状况容易产生集合行为？
3. 大学生常常处于各种集群当中。描述一下你在不同集群中的经历。
4. 讨论一下解释集群行为的三种主要理论。
5. 下列这些集群行为之间有些什么差别：恐慌、大众歇斯底里和灾后行为？
6. 描述一下大学生中的流行、时尚和狂热现象。
7. 为什么社会学家把闲话和谣言当作集合行为的表现形式？
8. 在社会运动的兴起中，大众舆论扮演了怎样一种角色？
9. 思考一下我们在 21 世纪所面对的各种社会问题。它们中有哪个可能会引发一场社会运动吗？

网上练习

第 21 章的网站涉及集合行为和社会运动的各个方面。在搜索之前，请登录 Prentice Hall Companion 的网站：http：//www. prenhall. com/popenoe 。然后选择第 21 章（集合行为和社会运动）。接着就可在屏幕左侧的菜单中选择网站，你会发现有许多不同的可供选择的网站。我们建议你首先使用 Propaganda Analysis Home Page。这个网站使你有机会从根本上丰富你在这方面的知识。例如，你会发现一个对宣传主要形式的精彩讨论（如 glittering generalities、transfer，testimonial 等）；你可以对 the Institute for Propaganda Analysis，the Internationalist Socialist Organization 和 the John Birch Society 有更多的了解；而且实际上你可以在“Propaganda Gallery”中看到一些影视剪辑。在你搜索完 Propaganda Analysis Home Page 后，回答下面的问题：

- 宣传的关键危险是什么？
- 你认为你是一个宣传的受害者吗？如果是，是如何被伤害的？

关键术语

collective behavior	集合行为	fad	时尚
value-added approach	价值累加理论	craze	狂热
crowd	集群	rumor	谣言
expresssive crowd	表意集群	gossip	闲话
solidaristic crowd	社会连带集群	public	公众
acting crowd	行动集群	public opinion	公众舆论
mob	暴民	opinion leaders	意见领袖
riot	骚乱	propaganda	宣传
emergent norm theory	紧急规范理论	social movements	社会运动
mass behavior	大众行为	reform movements	改革运动
panic	恐慌	revolutionary movements	革命运动
mass hysteria	大众歇斯底里	resistance movements	抵抗运动
disaster behavior	灾后行为	expressive movements	表意运动
fashion	流行	resource mobilization	资源动员

第22章 社会和文化变迁

变迁，有时是细微的而有时又是显著的，它已成为美国人生活方式的一个内在组成部分。501
为了能充分地评价美国所经历的社会和文化变迁，让我们来比较一下两个有着血缘关系却又相隔120年的大学生的生活方式。

1875年时，约翰·威尔逊是一个大学二年级的学生。在那个时代，高等教育是一种只有少数美国人才能享有的特权；约翰的父母之所以能负担他上大学，是因为他们家非常富有。约翰乘火车去上学，一路上经过的地方大都是森林和田野。在学校，他通过写信的方式与父母以及他的五个兄弟姐妹联系。晚上他在煤气灯下学习，并且所有的作业和学期论文都要手写。那时候校园里没有女生，因为高等教育被认为不适合于她们。约翰假期回家，会到他未婚妻的父母家里去看望她。

约翰·威尔逊四世是1995年的大学生。因为父母离了婚，所以他一直与母亲和弟弟一起生活，他们在机场为约翰送行。飞机穿越蓝天，下面是蜿蜒数百里的特大城市带。他的朋友大都接受着高等教育，其中许多人都来自迅速发展起来的中产阶级家庭。在学校里，要想和家人联系，约翰只要拿起电话，按几下按键，电脑就会迅速地为他接通线路。屋里晚上用的是电灯，他的计算机也是靠电力运转的。女生大约占在校大学生总数的一半，而且约翰所住的学生宿舍是男女混住的。他常和好几个女子约会，其中有一个还主动约他出去过。

约翰·威尔逊和他的后代都经历了社会和文化的急速变迁。老约翰·威尔逊经历了美国从农业社会向城市社会的转变过程，并且看到了无数使交通和通信手段更加便捷的新发明的出现。

约翰·威尔逊四世把技术变迁看作很自然的事。他意识到矿物燃料的短缺有一天将会改变他所熟悉的生活。尽管有时处于后工业社会的美国，电脑技术和服务性经济也会令人感到不安，但这一切是他所十分熟悉的内容。他已经懂得变迁是正常的，并且是不可避免的，然而有时他还是很想知道将来到底会变成什么样子。

对社会变迁的研究是社会学家最感兴趣的领域之一。认识这一普遍的进程以及它对我们生活的影响是最后这章的主要目标。

一、社会变迁的原因

让我们先从社会变迁的主要原因谈起。从非个人的因素到极为个性化的因素，都可能是变迁的。一个极端是非个人原因导致的自然灾变，比如一场火山爆发会使良田掩埋在熔岩之下，从而迫使当地居民另谋生路；而另一个极端则是单独个体的执著努力，如甘地（Gandhi）为争取结束印度的殖民统治所做出的努力就属于这一类。社会学家和人类学家已经关注到了引起社会变迁的七种主要原因：物质环境、人口、技术、非物质文化、文化进程、经济发展和促进变迁的有目的努力。

（一）物质环境

社会变迁最显著的，虽然不是最普遍的原因之一，就是自然灾害，例如水灾和地震。水灾所产生的社会后果，像美国西弗吉尼亚水牛湾的水灾后果，在本书的第1章中已做了讨论。由大坝的坍塌而导致的这场水灾，迫使那些一直居住在大坝下游谷地的居民紧急迁移。其结果就是：一个曾经紧密相连的社区分裂成为零散的个人和家庭，并且人们发现迁移后很难建立起新的社会联系。

并非所有的物质环境变迁都是如此突然而剧烈。比如，工业污染就可能是逐渐形成的，但它同样是改变一个社区生活的重要原因之一。设想一下，当水体遭到污染、鱼类因此相继大量死去时，渔村将会发生什么样的变迁？

（二）人口

一个社会的人口数量和人口结构的变迁会产生巨大的影响，我们在第19章中已讨论过这个问题。

在一些发展中社会里，我们能够找到说明人口增长促使社会变迁的最有力的证据，由于他们处于人口转型（demographic transition）的中间阶段，这些社会目前正经历着显著的人口增长时期。这些增长直接导致了第三世界国家巨型城市的增长，而且它们对这些社会中几乎所有社会设置的重大变迁都起着作用。人口增长直接导致了自然资源的耗竭，而反过来这又促使全球的经济和政治体系发生广泛的变迁。

502 人口结构的变迁同样会对社会生活产生巨大的影响。例如，美国人口的老龄化过程正在重塑着美国社会的几乎所有方面，这一点在第12章中有过详尽的论述。又如，首批移民美国的一些群体中存在的性别比例不平衡问题，还有就是对中国政府所实施的人口控制计划所做出的反应都已经对社会和文化生活的许多领域产生了重大影响。

(三) 技术

由技术（technology）导致的社会变迁（即为了现实目的而利用知识和工具对环境进行控制）往往具有似乎是必然的非计划性。一旦发明了一项新技术，一般来说，人们就会不顾其在道德和社会方面的重大潜在影响而去利用它。如 20 世纪 60 年代摩托雪橇在芬兰东北部的斯克特·拉普斯（Skolt Lapps）社区中的引入就是一例。由于这种摩托雪橇代替了原来的驯鹿而成为当地人的交通工具，使得拉普斯人很快就依赖上了外来的能源——汽油。结果引起了生活费用的上涨。一个新的阶层“付不起油钱的人”（即买不起摩托雪橇用燃料的人）开始出现在这个从前有着平均主义传统的社会中。但与此同时，摩托雪橇也扩大了人们的社会接触范围，提高了像急诊医疗这类服务的运作速度［佩尔托（Pelto），1973；佩尔托和米勒-威尔（Pelto & Muller-Wille），1972］。

工业污染是社会变迁的因素之一。
虽然变化是逐步发生的，持续的影响却可以显著改变一个社区中人们的生活。

在过去的几十年中，人们对于许多技术发明的采用都没有考虑到它们的长远影响，也没有计划过如何面对这些影响，这一点是令人吃惊的；比如，原子能技术的发展、基因配接（gene-splicing）技术和空间探索飞船的开发都是典型的例证。

威廉·奥格本（William Ogburn）是一位较早研究社会变迁的美国理论家。他在 20 世纪

50年代提出了一个重要的概念，直到今天这一概念对于我们认识技术的社会影响仍然十分有用。他认为，通常来说采纳物质文化（material culture）和技术新成果的速度是十分迅速的，这是因为人们可以很容易地指出新技术优于传统方法的方面。然而，采纳为适应新技术而进行修正的非物质文化（nonmaterial culture）内容的过程，则往往要比前者慢得多，奥格本称之为文化堕距（cultural lag），它是指新技术的采纳和与之相应的非物质文化的补偿性变迁之间的非协调期。

文化堕距概念为分析近期以及长久以来美国社会变迁存在的一些困境提供了非常有益的洞察力。例如，美国对汽车（物质文化）的接受过程非常快，但到现在为止，美国人仍然排斥一些与引入汽车相适应的非物质文化的变迁。举例来说，美国人应该进一步修改他们有关婚前性行为的规范。与从前相比，现在的婚前性行为现象更加普遍，这其中的一部分原因就是由汽车提供的隐私所造成的。同样，一些观察家认为，我们应该发展新型的都市政府（非物质文化），以应对由于城市范围的扩展及去中心化（decentralization）所导致的19世纪以来的城市政治边界越发失去意义的状况，而这一切最终又可以归咎于汽车的广泛应用。一些学者沿着奥格本的分析逻辑，进一步认为，由于现代的原子能和生物化学技术的产生与发展，使得原本为谋求国家利益而采取的较为理性化政策的战争行为，很有可能转变成为一个灭绝人类种族的机制，这使得战争本身变得不可想象；然而我们现在只是刚刚开始改变我们的政治和军事机构，以及相应的价值观（如爱国主义和民族主义）以应对这一新技术性现实。最后一个例子是，美国的教
503 育体系才刚刚开始对个人电脑普及使用引发的新教育机会做出反应。

（四）非物质文化

与奥格本的观点相反，许多社会学家强调非物质文化的变迁要先于物质文化的变迁。马克斯·韦伯对新教价值观和信仰的社会影响的研究（1905/1930，参见第16章），就是一个把文化价值观和意识形态作为社会变迁原因的经典分析。韦伯认为新教有关工作、储蓄和成功的价值观及思想鼓励了资本主义制度在欧洲的发展。又如，共产主义和社会主义意识形态的传播对世界上的许多社会已经产生了巨大的影响。

（五）文化进程

我们在第3章中已经提到过，社会变迁既可能由一个文化内部的发展引发，也可能受异域文化的影响而产生。一个文化中的两个最常见的社会变迁原因就是发现和发明，有时它们也被合并在一起称作创新（innovation）。发现指对一直存在的但过去却没有被认识的事物的认识，如沃森（Watson）和克里克（Crick）发现了基因分子。发明则来源于尝试对一个文化中的固有成分以新的方式加以组合。例如，个人电脑或录像机的开发。

文化特质（traits）从一个群体或社会传入另一个群体或社会的过程，如基督教的传播过程，就叫做文化传播（cultural diffusion）。文化传播理论曾在20世纪初期人类学家中间盛行一时，而且直到现在，文化传播理论仍然具有相当大的影响力。

（六）经济发展

另一组影响社会变迁的因素是与经济发展相联系的。这些因素常常被包括在现代化（modernization）这一概念之中，而现代化则指较为典型地发生在传统的前工业社会的工业化和城市化过程中的一种广泛的内在社会变迁。

现代化概念通常包括三个关键要素：工业化、城市化和科层制化。工业化（industrialization）指的是从人力能源到非人力能源的转变以及进行经济生产的工厂体系的兴起（Blumer，1990）。比如，从以前在小作坊里靠手工制鞋，发展到在工厂中用电力机器制鞋的变化过程。城市化（urbanization）（参见第 20 章）指的是人们从农村地区向工厂所在的城镇和城市的流动。科层制化（bureaucratization）（参见第 7 章）指的是大规模的正式组织的兴起。现代化的这三个构成要素反过来又导致其他社会设置的变迁，如宗教、政治和家庭的变迁。稍后我们还将在本章中讨论有关经济发展和现代化的社会学理论。

现代化使工业发生了巨大的改变。从前聚集在生产线边的工人已经被高科技的设备所代替。

（七）有目的地促进变迁

504 变迁的最后一个原因，就是人们有目的性的努力促成。这一原因在工业革命之前鲜为人知，但是它在今天却非常重要。纵观历史，当人们想到变迁时，他们只是把变迁看作是发生在他们身上的事情，而不是他们能左右的事情。然而在现代世界中，随着我们对社会生活的认识不断增长，人们越来越试图按自己希望的方向塑造社会。

这方面最为突出的例证就是近几十年来大型公司中研究与发展部（R&D）的成长。这一部门明显的功能就是使公司能够朝着自己设想的未来而进行商业发展，这将在许多重要方面与目前的情形有根本的差别。今天我们会认为这种对发展的设计是很自然的事，但实际上，我们不应该埋没了这种活动在历史情境中的新颖性。

我们在第21章中所讨论过的、广泛而多样的社会运动的重要性的日益增加，是现代社会的社会和文化变迁越来越具有人为因素的又一例证。杰出的社会运动领导人，如从甘地到马丁·路德·金，他们都成功地获得了其追随者的支持，并推动了公共领域的大规模变迁。其他运动，像妇女运动，也已经使私人领域产生了广泛的变迁。

.NET 互联网/技术

504

革命：未来的教训

> 革命是社会变迁中最为壮观的一页。它标志着历史进程的根本断裂，它从内部改造了人类社会，重新塑造了人。革命没有留下任何还与过去相一致的东西，它结束了旧时代，开启了新纪元。（Sztompka，1993）

在这个简短的描述中，比尔特·斯多帕克（Piotr Sztompka）提炼出了革命的明确特征。符合这种描述的革命在不同的时代都发生过，但大多数与现代有关。最重大的革命包括：1640年英国革命，1776年美国独立战争，1789年法国革命，1917年俄国革命，1949年中国革命，以及1989年东欧和中欧的反共产主义革命（Sztompka，1993）。

大多数研究革命的专家认为，革命涉及暴力和压迫。但事实上，这些要素并非是全部革命变迁的特征［瓦戈（Vago），1999］。科学发现同样有“不留下任何还与过去相一致的东西”和“结束旧时代，开启新纪元”的能力。比如说，哥白尼的日心说的发现就从根本上改变了人的思维方式。再比如，古登堡（Gutenberg）活字版印刷术的发明使信息的传播发生了革命。

当我们进入新千年，与上面那些发明同样具有深远意义的科学发现有望从根本上改变人类社会。在1998年的白宫会议上，斯蒂芬·霍金大胆地提出了一个最受争议的科学可能性——改变人类DNA的能力［艾萨克森（Isaacson），1998］。尽管现在我们已快取得这一革命性的成果，但是我们远没有能力来对付它所带来的伦理性后果。一些专家表达了他们对此的担忧，但有的专家看起来更关注它的科学和技术方面。对他们而言，革命研究能够提供一些有价值的经验教训。

总体上说，研究革命的专家认识到我们对革命的理解是狭义的。即使学者们的分析看起来能为引发革命的条件提供一些见解，但下一场革命似乎总会令我们吃惊。然而，我们学到的最重要的教训可能是："革命的结果永远不会像革命者们所期望的那样。历史上一些具有讽刺意味的情况表明，革命的结果常常事与愿违，产生了更多的不公正、不平等、剥削和压迫。"（Sztompka，1993，p. 303）尽管我们一般不指望技术以这种方式来改变人类的关系，但我们能改变 DNA 的能力却提供了这个机会。事实上，这正是赫胥黎在《美丽新世界》一书中所告诫我们的。这是一个令人深思的问题。

二、社会变迁理论

社会变迁理论包括从对引起小规模变迁的特殊原因的解释，到对人类社会发展的根本趋势的抽象而广泛的探求。发展这样的理论是社会学创始人的主要奋斗目标之一。今天，许多社会学家仍然活跃在社会变迁的研究领域，他们以经验研究为基础来解释社会变迁的原因、过程以及方向。虽然这并不意味着社会学家在回答这些"大问题"上的努力已经完全成功，但是我们对社会变迁的了解确实与日俱增。

在这里我们将要讨论以下四种社会变迁理论：社会文化进化论（sociocultural evolutionary 505
theory）、循环论（cyclical theory）、功能论和冲突论。

（一）社会文化进化论

社会文化进化论是所有关于社会变迁的理论中最为广泛接受的观点。该观点认为，社会和文化随时间的推移而逐渐地发展，从较为简单的形式向较为复杂的形式转变（Lenski & Lenski，1987；Parsons，1966）。

进化的思想在古典社会学家的著作中占有主导地位（参见第 1 章）。他们设想所有的社会变迁都呈线性发展模式，也就是说，沿单一的途径发展。这一设想使它的支持者们论证西方的文明必定是变迁过程的终点，而所有的非西方社会都将最终效仿这种发展模式，这些支持者由此还会得出结论认为，美国和西欧国家天生就比任何其他的国家都要更先进。这一早期的进化论思想发展成为了一种意识形态，为对世界上许多民族进行经济和政治殖民统治提供了理论上的合法性支持。

20 世纪以来，单线进化论（unilinear evolution）由于其意识形态基础和缺乏经验研究的支持而变得声名狼藉。但是近年来，进化论思想已获得了再生。许多进化论学者设想，社会变迁是多线的。这意味着，总的变迁趋势还是从简单到复杂，但是不同的变迁方式可能发生在不同的社会中。现代进化论思想对于指导第三世界国家正在经历的快速经济发展很有帮助。

当代社会文化进化论者指出了三个主要的进化趋势的特殊意义：

（1）技术发展（technological developments）提高了社会控制环境的能力。

（2）群体、组织和社会设置的进一步专门化过程，即社会分化。

（3）社会构成要素的功能性相互依赖，每个社会的构成单位都更加依赖于其他构成单位的帮助而得以执行自己的任务。

英国工业革命所导致的大规模社会变迁正是这些大趋势的反映。当时主要的技术发展包括蒸汽机的使用和纺织生产的机械化。社会分化的加剧可以从新的社会阶级——所有者（资产阶级）和拿工资的工人（无产阶级）的出现上体现出来。家庭失去了原有的独立性，这一现象体现了社会功能的日益相互依赖的特性。比如，家庭不再自己做衣服，取而代之的是人们开始依赖于纺织工业的发展来获取他们所需的物品。反过来，纺织工业也要依赖家庭购买它的产品，并为它提供稳定的劳动力来源。

研究这些主要进化趋势的当代学者比较注意避免以往进化论者的某些错误。当代学者没有提出这些趋势总是能增加人类的幸福。他们也没有认为这些变迁模式是不可避免的：这些趋势在某种程度上受人的控制［桑德森（Sanderson），1990］。

另外，现代进化论者认为，这些趋势在未来有可能掉转发展方向。比如，如今社会的一些部分明显地变得越来越相似，而不是越来越多样化——这正与社会分化相反。例如，大众传播促进了文化的标准化；一些地域、阶级、种族和宗教的差异正在缩小。更有一些观察家认为，一个“世界文化”正在出现，包含着美国的价值观、产品和技术的这一文化正在影响着全球各地的生活方式［麦科德和麦科德（McCord & McCord），1986］。

（二）循环论

与认为社会趋势是朝着一个特定的方向前进的进化主义者不同，其他理论家们认为，文化和社会都在经历着一个无方向性的、连续的成长和衰落、挑战和反应的变化模式。循环理论在20世纪的上半叶尤为盛行。这里讨论的三种循环理论的领域非常宽广，以至于它们常常被看成是历史的哲学而不是有关社会变迁的科学的社会理论。然而，它们却曾经极大地影响过有关文明成长和变迁的科学思想。

德国历史学家奥斯瓦尔德·斯宾格勒（Oswald Spengler，1880—1936）在他的名著《西方的没落》（*The Decline of the West*，1918/1965）中，把社会看作活的有机体。在斯宾格勒看来，每个社会都有出生；有成长迅速的童年；有可称为“黄金时代”的成熟期；有漫长而又缓慢的衰退期；以及最后阶段，一个相对来说较快速的瓦解期，就像其他任何有机体一样，走向死亡。正像他著作的标题所显示的那样，斯宾格勒认为西方文明正处在衰退期，并且悲观地宣
506 称这一发展趋势是无法改变的。尽管现在已经很少有社会学家会赞同他的观点，但是在此书出版多年后的今天，他的哲学思想仍然吸引着许多公众的兴趣。

英国历史学家阿诺德·汤因比（Arnold Toynbee，1889—1975）在其宏篇巨著《历史研究》（*A Study of History*，1964）一书中也认为社会是循环发展的。但是他又认为这种循环是可以重复多次的，并且他对未来持乐观的态度。

汤因比认为，每个循环都是以某种“挑战”开始：最初是为了建立起经济生存（economic subsistence）的常规模式，随后是为了适应各种不同的社会条件。每个挑战都会得到一个“反

应”，这一反应是由一个特定文化内的“具有创造力的精英”（creative elite）发起的。如果这一反应成功了，该社会就能生存下来并继续面对下一个挑战。如果反应不成功，社会将会崩溃。汤因比把这种挑战和反应的循环看作是通向更好的文明的进步。他坚持认为，现代西方社会，特别是英国，社会的文明程度已达到了其所能及的最高水平，因而成为其他社会效仿的榜样。正是由于他的这种观念，使人联想到19世纪单线进化论者的思想，所以有些评论指责汤因比是种族中心主义者（ethnocentrism）。然而，其理论的支持者指出了一点事实，即对西方技术的采用，特别是在农业、工业和医药上的运用，已经使当今全世界的生活水平提高到了前所未有的程度。

索罗金（Pitirim Sorokin，1889—1968）是一位俄裔美国社会学家。他的历史理论包含在多部头的巨著《社会和文化动力学》（*Social and Cultural Dynamics*，1941）中，此书建立在对大量的历史上的社会进行详细的、其中部分是定量的比较分析的基础之上。索罗金认为存在两种基本的文化形式。在“感知”文化（sensate culture）中，人类设置和符号表达（symbolic expression）本质上是为了满足感官的需要而设计的。其艺术是形象化的，它的哲学则是基于能被经验性地学习或者说领悟的思想；科学是感知文化的关键设置。另一种文化是“观念”文化（ideational culture），它主要诉诸信仰。观念艺术是抽象的，观念哲学以非经验性或者说是超验性（transcendent）为基础；宗教是观念文化的关键设置。索罗金认为，所有社会在其发展中总是在感知文化和观念文化之间变动。在索罗金看来，现代西方是“晚期感知”文化的一个完美的范例。尽管索罗金对这一时代持有相当否定的态度，但是他乐观地认为，这一文化将最终被更加观念性的文化所替代。

索罗金的理论在社会学家当中引起过许多争论。它常常遭到的批评是它没能解释文化为什么和怎样发生变迁。然而，尽管有这些反对意见，索罗金的思想仍是社会学学术成就上的一个里程碑。

（三）功能论

为了了解社会体系中的一个特定部分（如一个群体、一种设置或是一个阶级）为什么能够存在，功能主义者会问它在维持社会整体秩序中发挥的功能是什么。他们主要关注于对社会体系的维持，而不是社会内部可能发生的变迁。但是，如果一个社会中的所有要素都被假定为是相对稳定的、整合在一起的，并且担负着重要的功能的话，那么变迁又从何而来呢?

著名的功能主义者帕森斯（1951）把社会理解为一个各部分之间互相依存的体系，其中的每一部分都为体系的维持做出一定的贡献。他认为一个社会体系的自然条件就是均衡（equilibrium），即体系所有要素之间的平衡。但是帕森斯又认为社会变迁是可以发生的，这源于两个因素：它可以来源于一个特定体系的外部，即别的体系中；也可以产生于体系内部的张力和紧张关系（strain）。

正因为体系是由互相依存的部分组成的，所以一个部分的变化必然会引起其他部分的变化。甚至可能改变整个体系，造成一种暂时的失衡状态。举例来说，让我们把中学作为一个社会体系。学校中的各部分（学生、教师、行政管理部门、其他职员）都是互相依存的。这些部分中任何一个部分的变化都会被其他各部分所感受到。比如说，来自学校体系以外的一种新的崇尚严谨学风的风气传入学校，将会导致行政管理部门突然对教学质量格外地关注。这一变化首先会被教师所感受到，他们可能会加强对学生的学习要求。与之相对应的，学生们就会在他们的行动中对这种变化做出反应。但帕森斯认为，系统中的各部分对于变化还是可以适应的，所以该体系的均衡状态将会得到恢复。

帕森斯强调，文化（一个社会的共同信仰、规范和价值观）是维持社会紧密结合的"胶水"，因为它特别不易发生变化。社会结构的变迁如果和文化相冲突，其变迁速度将会非常缓慢。比如，政治家们都不大愿意提出一个宪法修正案，来禁止酒的消费。在美国的社会规范中，人们对适度饮酒非常宽容，以至于任何想通过政治制度促使这一领域发生重大社会变迁的企图都不会有什么效果。

除其他学派外，功能主义者自己也对帕森斯的社会变迁观点做了认真的审查。最常见的批
507 评认为，它过分强调了外部环境作为社会变迁源泉的作用。虽然帕森斯明确指出社会变迁能够产生于体系内部的张力和紧张关系，但由于他在一开始假设社会体系通常是处于均衡状态，所以只有认为变迁的最主要原因存在于体系之外才是符合其逻辑的。批评家指出，虽然一个实施各项功能的社会能够满足其成员的需求，并达到一种暂时的均衡状态，但这种需要的满足只是最低限度上的满足。在这种情况下，该社会就会承受严重的内部紧张和不协调状况。因此，批判家认为，功能主义者应该更关注分析社会体系内部产生的变迁源泉［穆尔（Moore），1960］。

（四）冲突论

许多社会学家发现功能主义的理论解释有相当大的局限性。现实社会比功能论者所假设的要不稳定得多。并且，功能论观点无法解释多种形式的社会变迁。功能论局限性的最主要发现者是那些从冲突观点来认识社会变迁的社会学家们。

达伦多夫（1959）提出了以下的假设条件作为有关社会变迁的冲突论的基础：

（1）每一个社会每时每刻都在经历着变迁过程；社会变迁是普遍存在的。

（2）每个社会每时每刻都表现出不一致（dissension）和冲突；社会冲突是普遍存在的。

（3）社会中的每一个要素对社会的分解和变迁都发挥着作用。

（4）每一个社会都是以其中一些成员对另一些成员的压制为基础的。（p. 162）

冲突论的主要观点是建立在卡尔·马克思的理论之上的。马克思的思想我们在前面的章节中已经讨论过。尽管马克思主要关注于社会中由经济因素决定的社会阶级之间的冲突，而达伦多夫和其他当代的冲突论者已经大大地扩展了他们认为冲突在其中发挥作用的领域的范围。民族（ethnic）和种族群体、政党以及宗教群体也进入到冲突的研究中来。在所有这些领域中，造成冲突的最基本的原因被认为是权力和权威的不平等分配（Vago，1989）。因而，在冲突论者看来，社会变迁总要涉及权力再分配的斗争。这种权力变迁可能突然爆发，就像 1917 年的布尔什维克革命以及 1989—1991 年的事变那样，导致了苏联的社会体系彻底的和突然的结构重组；然而，权力变迁也可能缓慢地发生，就像它对当代美国环境主义的逐渐流行所做出的反应那样。

三、第三世界国家的经济发展

在过去的几个世纪中，最重要的社会变迁的例子就是发生在世界上许多社会中的高速经济发展。近年来社会学家们的一个主要的关注领域就是探寻能够解释这种经济发展以及与之相联系的社会变迁的理论。人们的大部分兴趣都集中在目前发展最快的发展中国家（developing nations），即第三世界国家，包括亚洲、非洲和拉丁美洲的大部分国家。

（一）第三世界国家经济发展的条件

第三世界国家，有时也被称为"发展中国家"，它们现在正处在与西方国家在上两个世纪的经济发展阶段相类似的发展阶段。然而，第三世界国家现在的发展模式与西方国家当时所具有的发展特征截然不同。在西方，经济发展是一个缓慢的进化过程。与之相比第三世界国家的发展步伐要快得多：第三世界各国都企图只在几代人之间就从牛车过渡到飞机。因而第三世界国家都存在严重的文化堕距问题。物质得到了长足的发展，但社会和文化的适应期却需要较长的时间，所以落在了后面。这已经产生了严重的社会动乱，甚至在一些国家形成了对工业化的抵制。

最难改变的要算那些根深蒂固的传统价值观和信仰，如有关宗教、家庭和适当的两性角色的问题。学者们已经指出，许多第三世界国家目前文化中的价值观与工业革命时期西方国家文化中能找到的价值观非常不同。第三世界国家的宗教倾向和对工作的态度，甚至对繁荣的看法都使这些国家不能很好地适应工业化过程［迈德尔（Myrdal），1968；雷普托（Repetto），1985；吉尔（Gill），1987］。举例来说，当 20 世纪 60 年代意大利的菲亚特汽车公司在埃及设厂时，意大利人认识到，精确到分秒程度来认识时间，这一扎根于西方的思想同时又对工业发展来说是至关重要的观念，在埃及文化中几乎完全不存在（McCord & McCord，1986）。

第三世界国家经济发展中的另一个与众不同的特点就是这些地区严重的人口过剩问题。许 508
多发展中国家在刚开始工业化时人口就已经过剩了，而且在经济的每一步成长中都伴随着人口的跳跃式增长。在许多情况下，即使国家的生产力提高了，但人口的急剧增长仍使得人均收入没有什么变化。

另外，第三世界国家的经济发展几乎总是被中央集权政府（centralized govemments）所计划和管理。这与西方的情况不同，在西方，政府倾向于避免大规模介入市场。更为不幸的是，第三世界政权往往缺乏实施它们雄心勃勃的计划所必需的政治稳定性和大众的支持［穆尔（Moore），1963，1979；格里芬（Griffin），1989］。再进一步来看，这些社会通常缺乏足够的具有高技术素质和明确动机的专业人员和技术人员，如工程师、经理、农业专家和医生。没有这些人员，经济发展是很难成功的。

最后要说明的一点是，许多第三世界国家都还很年轻。大部分非洲国家直到 20 世纪 60 年

在第三世界国家，传统农业生产和快速扩张的工业部门之间存在戏剧性的对比。

代才获得独立，并且许多国家现在还处在建立其合法性的过程之中。大多数国家缺乏文化的凝聚力（cohesion）和经济的稳定性，而且很少有国家能够建立起完善的教育体系以促进快速增长的经济发展。通信体系也不够完善；事实上，非洲内部电信和邮政服务的效率非常低，以致信件常常要绕道欧洲而不是从一个非洲国家的首都直接传递到另一个国家的首都。一些观察家认为，为了使非洲认识其经济潜力，它的 5 万个国家将必须被更少的区域经济实体所替代或是被一个单一的大陆联合体所替代［马丁和坎达尔（Martin & Kandal），1989］。

（二）第三世界国家的经济困境：冲突论观点

为什么许多第三世界国家还很贫穷？许多分析家，特别是那些被称为“现代化理论家”的学者力图从我们上面讨论过的那些要素的某种组合中寻找答案。而冲突论者却认为，回答这个问题必须把另外一些条件考虑进来。他们指出：第三世界国家面临的国际环境与西方国家发展时期所面临的国际环境完全不同［沃尔顿（Walton），1987］。

许多发展中国家以前都是殖民地，他们的经济和政治结构曾经被外国势力控制。虽然最明显的殖民主义已经结束，但这些国家发现自己又陷入另一种外国势力所统治的体系之中：一个全球的经济和政治互相依存的复杂网络。在这种被一些社会学家称为世界体系（world system）的新世界秩序中，许多发展中国家的自决权并不比它们在殖民时代多多少［伯格森（Bergesen），1980；近可参见王和迪桑那亚特（Wang & Dissanayatce），1984］。说得更确切一些，冲突论者认为，发达国家（尤其是美国）实际上正阻碍着发展中国家已经开始的经济发展。在这种新的帝国主义（imperialism，即一个国家力图通过控制其他社会以剥削它们的自然资源的过程）形式下，经济上发达的国家通过介入经济和政治生活而间接地控制了其前殖民地地区［阿尔卡尔德（Alcalde），1989；弗兰克（Frank），1969；巴朗（Baran），1957］。

针对第三世界国家的帝国主义政策始于殖民主义时期。那些占据了第三世界的西方资本主义国家对其殖民地社会的工业化进程并没有兴趣。它们的主要目的是从殖民地掠夺促进其自身经济发展所需要的原材料。西方人操纵殖民地经济的主要目的在于满足殖民列强的利益［吉尔和劳（Gill & Law），1988；安德森（Anderson），1974］。他们几乎没有做出什么努力来使第三世界国家发展成为自足的社会。 *509*

因而，这些国家一方面依靠出口数量很少的原材料，同时又不得不进口几乎所有的成品货物。更严重的是，第三世界国家边界的划分是基于帝国主义强权在殖民化过程中专断的决定。而殖民地地区的传统文化边界被普遍地忽视，从而导致了新生殖民地国家的内部通常存在着严重的不同敌对群体。

当殖民统治结束后，大多数第三世界国家人民的生活并未发生多大的变化（McCord & McCord，1986；Anderson，1974）。当地殖民时代的经济秩序仍然保留着，它要么是直接因西方的经济利益而存在，要么是间接地通过西化了的本国领导人得以维持。“新殖民主义”（neo-colonialism）一词专指这种西方经济统治在殖民地的长期延续。

近年来，冲突论者认为，发达资本主义国家的目标已经从建立新的殖民地转移到继续从先前的殖民地中尽可能多地掠夺资源。按照“依附理论”（dependency theory）的观点，它们是通过使先前的殖民地国家保持一种在经济和财政上依附于它们来达到这一目的。许多依附理论者都把美国看作是这种现代新殖民帝国主义的组织者和领导者。依附理论者认为，美国通过自己的对外援助和军事政策，来极力阻碍发展中国家在经济上成熟起来（Frank，1969）。

上述许多争论都在世界体系理论（world system theory）下归结到一种全球的和历史的情

境（context）当中。依据沃勒斯坦（Immanuel Wallerstein）的观点，世界体系理论认为，在400年前起源于西北欧的全球经济中，现代国家不是处于统治角色就是处于从属角色［沃勒斯坦（Wallerstein），1974，1979，1980，1990；霍普金斯等（Hopkins et al.），1982；罗斯托（Rostow），1987］。

核心国家（core nations）的特征是具有先进的技术和经济，强有力的国家官僚机构、军事机构以及高生活水准。边陲国家（peripheral nations）向核心国家提供廉价的原材料和劳动力，同时又为发达国家的许多产品提供市场。今天，处于统治地位或者说核心地位的国家包括西欧各国、美国、加拿大和日本。而处于从属地位或者说边陲的国家则位于拉美、亚洲和非洲。世界体系理论还指出了第三类：半边陲地区，即部分的发达国家或地区，如巴西、韩国和中国台湾。

世界体系理论的中心观点是，核心国家能够控制全球社会变迁的进程，并且往往对边陲国家造成伤害。这一理论还强调，实施这种控制的一个主要手段就是跨国公司（multinational corporation），并且认为核心国家能够把世界经济低落时的许多损失转嫁到边陲国家身上去。世界体系理论家利用这些观点来解释为什么自1973年以来，世界上的大多数发展中国家都经历了贸易、经济条件和国民生产总值的下降过程［马丁和坎达尔（Martin & Kandal），1989］。

世界体系理论已得到了大量实证研究的支持。例如，研究发现跨国公司对边陲国家经济的控制程度与这些国家的收入不平等水平之间有显著的关系。经济控制程度越高，不平等程度也越高［吉尔和劳（Gill & Law），1988；埃文斯和廷伯莱克（Evans & Timberlake），1980；本斯切尔和鲍尔默-曹（Bornschier & Ballmer-Cao），1979］。另一个研究显示［肯特尔（Kentor），1981］，许多第三世界国家的过度城市化（overurbanization）都与这些国家的边陲特点有关（参见第20章）。

然而，针对世界体系理论的批评认为，这些观点并没能对第三世界的实际发展模式做出全面的解释［希罗和霍尔（Chirot & Hall），1982；希罗（Chirot），1986；哈珀（Harper），1989］。从冲突论的观点来看，那些与资本主义的世界经济联系最密切的国家应当是最穷的国家。但实际上，它们常常是第三世界中较为繁荣的社会。这方面的例子包括拉丁美洲国家的巴西、阿根廷、委内瑞拉和墨西哥。然而，尽管有这些批评，但很少有人会否认冲突理论开启了许多具有挑战性的社会学理论和社会学研究的新领域。

（三）经济发展的比较研究

中国和印度这两个世界上人口最为稠密的国家的经济发展，已经成为广泛的社会学分析的对
510 象。选中它们的理由在于：由于这两个国家的规模，它们的经济、人口、政治和社会体系变迁在世界上会产生非常大的反响。其中任何一个或两个国家的显著经济增长会改变世界权力的平衡状态，而其中任何一个国家的严重的经济滑坡都会导致世界资源的一次大规模的重新分配。

1. 印度

印度的工业化始于第二次世界大战之后，即英国在印度的殖民统治结束后，尼赫鲁（Jawaharlal Nehru）当政成为总理的时候。在外国资本和技术的援助下，印度发展了制造纺织品、化肥、水泥和其他急需产品的工业。随着这些工业的发展，其他工业也相继发展起来。今

天，印度工厂的产品常常是相当尖端的，如喷气式飞机、抗生素和重型机械等（McCord & McCord，1986）。

然而，印度社会要完全实现工业化还需要一段很长的时间。1996 年，印度有 65%的劳动力是在从事农业劳动（*World Almanac and Book of Facts*，1999）。印度有 75%的人口仍然居住在小村庄里，那里的大多数劳动仍是用传统的手工方式进行的。这个国家仍然非常贫穷，1996 年的人均国民生产总值只有 1 600 美元，而相比之下美国却是 28 600 美元［*World Almanac and Book of Facts*，1999；《世界纪事》（*World Factbook*），1997］。

像其他许多第三世界国家一样，过度城市化是印度的一个主要问题。高速的城市成长大大超过了社会对城市人口的经济承载能力。孟买（Bombay）的人口超过了 1 500 万，而加尔各答（Calcutta）的人口是 1 200 万。这使得它们名列世界人口最多的十个城市之中（*World Almanac and Book of Facts*，1999）。

和西方工业革命时期的情况相比，印度的农村人口增长速度也是相当快的。人口过剩加上食物短缺，使印度长期处于大规模饥荒的威胁之中。正是由于人口的迅速增长，印度的人均经济增长水平自第二次世界大战以来没有什么显著的提高。更进一步来说，人均粮食占有量实际上还低于 20 世纪初的水平（Repetto，1987）。自 1977 年以来，印度全国性的计划生育行动使出生率有了微小的下降。但是想要使印度的人口增长停下来还需要很长时间。

除了过度城市化和人口过剩问题以外，阻碍印度经济发展的主要因素还有哪些呢？社会学家早已注意到，印度一直受到种姓制度（caste system）的阻碍，这是一种封闭的社会分层制度，虽然印度官方已经废除了这一制度，但是至今印度社会中仍然残存着它的一些成分。在西方的工业化过程中，人们可以比较容易地从一个阶级转入另一个阶级。然而在传统的印度文化中，它不允许个人有向上流动的努力。并且，印度的价值观体系不注重一些对于工业化来说非常重要的个人的和社会的品质，如对财富和权力的获得以及技术上的创新精神，等等（Anderson，1974；McCord & McCord，1986）。

冲突论者认为印度的困境既产生于它的国内问题，也是由于其殖民后遗症以及对国际经济的依赖所造成的。在印度的现代化努力过程中，它一直非常依赖于美国的援助，而这种援助并不能总是符合印度的最佳利益。

然而，印度经济发展的前景并不完全是暗淡的。自 20 世纪 80 年代中期以来，从前严格的贸易限制被取消了，印度开始接受跨国公司。印度还开始与日本这个传统上也有着封闭文化的国家建立合资企业。人们期望新生的印度中产阶级将会更加促进当今印度对商业和经济发展的重视（McCord & McCord，1986）。

2. 中国

在第二次世界大战以前，印度和中国大致处于相同的经济发展阶段。这两个国家都很贫穷，占支配地位的有着简单技术的农村经济被淹没在高速人口增长和国民较低的识字率之中。 511
然而第二次世界大战之后，中国和印度走上了非常不同的现代化之路。在印度，对经济的计划受民主原则、私有及国有企业的混合经济的共同指导。而在中国则不同，一个专政的政权控制着国家，经济计划一直是高度集中化的。

印度的现代化发生了有意义的进展。但是，国家仍然很贫困。一些社会学家认为，存在已久的社会分层的封闭系统（种姓制度）已经阻碍了印度经济的更快发展。

中国经济的重组开始于 1949 年中华人民共和国的成立。新中国的经济计划曾经是基于从苏联那里借鉴来的非常严格的共产党模式。所以主要工业和金融企业曾经直接受国家的控制，并且农业也是集体化的。尽管如此，管理和生产仍然处于不足状态。一个新的意识形态被强加于旧的官僚结构之上，但是旧体系中缺乏效率的东西仍然保留了下来。其体系的刚性和在管理者这一群体中缺乏技术专家，造成了效率的下降。同时，又因为中国人缺乏技术性的技能，其现代化起步较晚，一直到 1958 年才真正全面开始现代化进程。1996 年，54％的中国劳动力仍然从事农业劳动，相比之下，只有 26％的人在工业和商业行业工作（*World Almanac and Book of Facts*，1999）。

这种起步晚的现代化的一个结果就是，中国的城市化速率一直低于大多数其他发展中国家。中国人口最多的两个城市：上海和北京，在 20 世纪 80 年代初期，其人口实际上还经历了略微的下降。

中国人对他们的发展道路已经进行了几次调整。20 世纪 50 年代建立起来的集体农庄在 60 年代被公社所代替。与集体农庄不同［集体农庄被组织成“生产大队”（production brigades），尤其是取消了传统的家庭在农业劳动中的作用］，公社则建立在较小的“生产队”（production teams）的基础之上，一个生产队大约有 33 家农户，更强调自给自足和家庭的作用，因而导致了农业生产的缓慢但是稳定的增长。

接下来，在 20 世纪 80 年代，中国的政策又有了一次转变。把收入与劳动者的劳动成果相联系的改革促成了农村经济的又一次进步。1983 年，农村公社被解散，到了 80 年代末，中国农业总体中的 60％脱离了政府控制（*World Factbook*，1989）。在工业化方面，中国也有了实质性的进展。从 1992 年到 1996 年，中国的国民生产总值以年平均 10%以上的速度递增（*World Factbook*，1997）。同时，与印度一样，中国开始寻求与其他国家建立更加广泛的贸易关系。甚至展开了有关允许跨国公司在中国油田进行运营的磋商，尽管到目前为止这些磋商的结果还很有限。

3. 比较

如何来比较印度和中国？经过了多年的发展，这两个国家有着较接近的人均国民生产总值：中国是 2 800 美元，印度是 1 600 美元（*World Almanc and Book of Facts*，1999）。但是近年来，中国的经济增长率几乎一直是印度的两倍。分析家很快就认识到，中国较高速的经济增长率可以被解释为他们非常成功地减缓了人口的增长。

为了得以继续发展，印度需要更多的合格工人和更强的教育体系。1995 年，印度的识字率只有 52%；而中国则是 82%（*World Almanc and Book of Facts*，1999）。中国在未来的发展很大程度上寄希望于把更多的市场激励机制引入其经济体系。

尽管印度和中国都几乎达到了自给自足的食品生产水平，这确实是一个成就，但是它们都仍然名列世界上最贫穷国家的行列之中。同其他发展中国家一样，印度和中国都还在继续与阻碍它们经济发展和社会变迁的臃肿的官僚体系以及传统作斗争。

4. 环太平洋地区的经济成就

第三世界国家经济发展最成功的是环太平洋的新兴工业化地区和国家，尤其是中国香港、韩国、新加坡和中国台湾。在这些地区和国家的文化中强调努力工作、具有竞争性的劳动力价格以及务实的政府。实际上，这四个较小的地区和国家迅猛的经济增长以及其充满活力和进取的表现，使其在世界经济中赢得了重要的位置。香港已经成为企业家的天堂和世界金融、制造以及贸易中心；韩国的微波炉产量已超过了日本；新加坡已经从贫民窟变成了摩天大楼，并为高科技增长创造了一个适宜的发展环境，以致人们给它起了“硅岛”这一绰号；台湾地区发展了广泛的出口型工业［罗恩和黑姆斯（Rowan & Hammes），1989］。目前，马来西亚、泰国和越南都在积极发展市场经济，并且期望加强环太平洋地区的经济力量［维特（Veit），1987］。

四、现代化的构成要素

经济发展是现代化进程的主要推动力，我们在前面已经指出，“现代化”是指一个传统的前工业社会在经济成长过程中所发生的内在的社会变迁。为了建立一种现代化理论模式，社会学家们分析了西方国家的历史经验，以及今天发展中国家的经验［哈珀（Harper），1989；穆尔（Moore），1979；霍塞里特和穆尔（Hoselitz & Moore），1963；克尔等（Kerr et al）.，1960；斯梅尔塞（Smelser），1959］。这些理论在很大程度上又建立在本章前面所介绍的进化论的基础之上。现代化理论的组成部分主要包括： *512*

（1）经济关系从其他社会关系中分离出来。在前工业社会中，经济关系以家庭和亲属关系、种姓或阶级联系，以及宗教认同（religious identities）为基础。在工业社会中，经济行为已大大地独立于社会网络中的其他部分。

（2）工厂体系改变了工人与他们工作之间的关系。马克思是最早注意到这种变化的学者之一。他写道，工业技术以及随之而产生的劳动专门化，使工人们感到自己失去了原有的在生产过程中所能发挥的力量，并且自身被异化了。在前工业时代，生产成品的质量主要依赖于工人的技巧、判断力和经验。但是在工厂，生产的质量由机器来决定，工人们则必须使自己的动作适应机器的运转。

（3）劳动力的主要经济活动从第一产业的农业和自然资源开发转向第二产业的制造业，随后又转向第三产业的服务业：如办公室、销售以及教育工作。图 22—1 显示了在一些国家中三种产业各自的经济活动所占的比例情况。

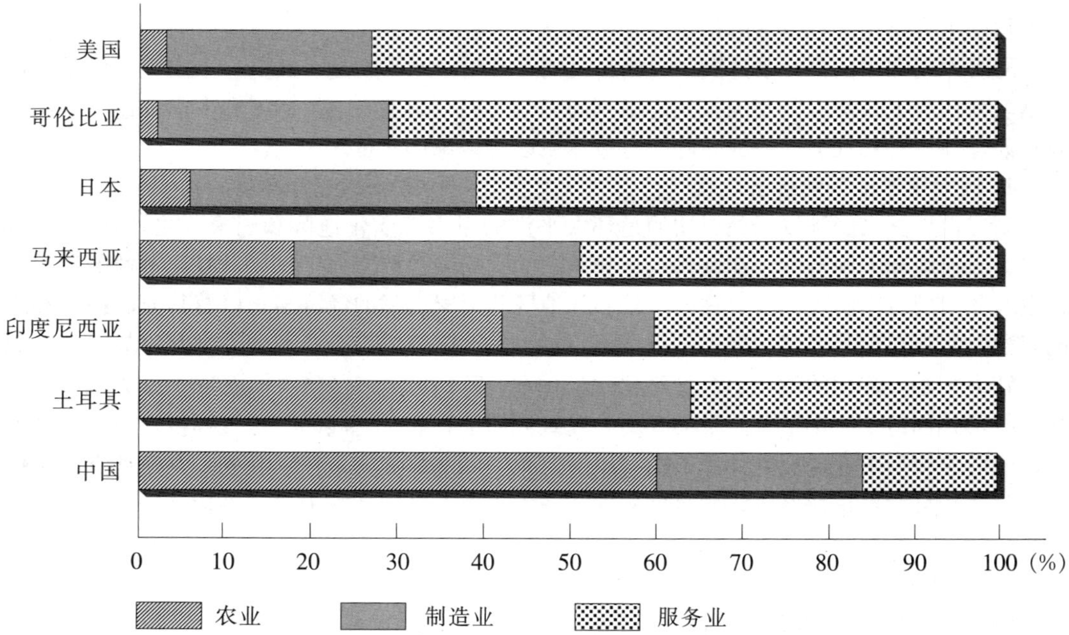

图 22—1　不同国家农业、制造业和服务业中雇员百分比（1997）

资料来源：《劳工统计年鉴》（*Yearbook of Labor Statistics*），*1998*，Geneva：International Labor Office，Copyright © International Labor Organization 1998.

（4）现代化使许多新的职业角色得以发展起来。人们离开了传统的工作，进入到新生的行业中来，如熟练和半熟练的工厂工人、办事员和推销员以及企业管理人员。

513 （5）职业角色的专门化导致了一种新型的必不可少的经济活动的产生：行政管理组织（administrative organization）。这一部分工作者由经理和生产监督人员组成，他们使许多专业工作得以协调和统一，从而保证他们能有效地紧密配合促进生产。随着时间的推移，这些管理活动变得越来越专门化，导致了一个永不停息的分化（differentiation）、一体化（integration）或协调，进一步分化、再一体化的循环过程（Smelser，1968；see also Hearn，1988）。

（6）新的职业角色的发展增加了地域和社会的流动。工业雇佣制度要求农村家庭离开传统的环境向城市流动。反过来，这种地域上的流动又导致了向上的社会流动。

（7）社会分层体系发生了变化。财富和职业变得比出身和血统更加重要。也就是说，先赋地位（ascribed）趋向于被自致地位（achieved）所代替，并且，封闭性的社会分层体系也变得越来越开放（参见第9章）。在社会内部也经常发生一些权力的再分配。

（8）因为核心家庭能更好地适应工业社会，所以尽管扩展家庭一直没有完全消失，但正在日趋瓦解。在农业和手工业经济中可以从事一些生产性劳动的年龄很大的和幼小的劳力，在工业社会中成了非生产性人口，因为他们不能从事较高技术水平的工作。他们不再是经济资产，而成了债务。相反，许多妇女已能在社会上找到工作。她们更大的独立性改变了原来的婚姻关系，反过来，这种变化又改变了家庭生活的特征。家庭结构中减少了独裁性而增加了民主性。家庭作为日常生活全天中心的作用减少了，而更多的是人们夜晚的归宿。

（9）家庭和亲属的非正式社会控制机制由于社会和居住地流动的压力而削弱。取而代之的是正式的国家机制。

（10）在世俗化（secularization）的过程中，一些宗教信仰让位于理性和科学。随着宗教变得越来越不重要，它越来越与生活的其他方面特别是经济和政治方面相分离。

（11）大众交往、大众教育，以及最终的大众文化蓬勃地发展起来。一些艺术形式（如音乐）变得标准化和商业化了。这些发展变化并不意味着文化形式的退化。相反，文化通过一些新的途径而得以与更加广泛的受众交流。

（12）在多数现代化国家，中央集权化的官僚体制政治权力得到了明显的发展。在西方国家，大多数政府都采取自由经济政策。而在目前的第三世界国家，政府控制着经济的情况很普遍。但政治参与活动增加了。

（13）最后，现代化过程伴随着人们的心理和价值观的变化。一些理论家认为这些变化并不仅仅是伴随现代化而产生的，实际上它们是发展现代化的前提条件，换句话来说，现代化只可能发生在价值观和心理特质能与之相适应的环境中［哈曼（Harman），1988；麦克莱兰（McClelland），1967；哈根（Hagen），1962］。这些变化包括：对接受新事物以及新发明的开明态度；民主导向的政治思想；坚信个人以及人类的尊严；对科学和技术的信赖［英克尔斯（Inkeles），1974；英克尔斯和史密斯（Inkeles & Smith），1974］。

就像进化论的早期支持者一样，现代化的早期支持者认为这一进程将会最终影响到世界上的所有人。这一理论假设，每一个社会最终都会经历上面所概括的社会变迁过程。这一观点可以用卡尔·马克思的一句话来概括："那些工业发达的国家正是不发达国家未来的形象。"所有社会都将因现代化过程而变得越来越相似的观点被视为是趋同论（convergence theory）的理论核心。

世界上的社会如此之多样化并且又处于不同的发展阶段的事实，意味着上述的主要概括必然存在许多例外。这些例外给批评趋同论的人提供了大量的武器。例如：有人指出，趋同论没有充分地考虑到世界各地之间极大的环境差异，如拥有的可耕地和能源的多少等。而且，许多发展中国家都选择了保护它们的传统价值观和行为方式。举例来说，沙特阿拉伯具有与经济上发达的西方国家同等水平的人均国民收入，但却保持着一种近乎封建的制度结构，妇女的权利很少，扩展家庭的权力仍然十分强大，并且在这里没有西方式的民主制度。

批评家还指出，其他一些发展中国家存在严重的过度城市化问题，而且它们不可能创造出
514 一个足够强大的经济基础来为成百万涌入城区的人提供像样的生活标准。正是由于这个原因和其他一些原因，这些国家更注重农村而非城市的发展，因而其结果是，它们的农村人口数量与西方相比所分比重就非常大。

最后，资本主义社会和社会主义社会之间有着重要的差别。这些差别已超出经济方面而深入到了根本的文化价值观和信仰的层面中。例如，在社会主义的古巴，社会强调平等和私有成分从属于国家，人们的收入和消费行为都受到了限制。相反，在资本主义的新加坡，个人企业得到了鼓励，其生活水平位居亚洲第二（只有日本超过它），并且，在那里消费主义（consumerism）是一种生活方式。目前新加坡人均计算机拥有量在世界排名第 12 位［《咨询年鉴（1998）》（*1998 Information Please Almanac*），1999）］。

总的来说，那种认为所有社会正趋于一致形式的观点受到了严重的挑战。甚至连现代化理论家们也开始承认他们最初的理论模型有点太僵化了。这一理论的创始人之一最近给自己提出了两个问题：是否所有社会都在日趋一致？是否存在一个通往共同目的地的趋势？他对第一个问题的回答比以前更肯定，而对第二个问题的回答是否定的［穆尔（Moore），1979］。然而即使这些社会不是朝着一个共同目的地前进的，但我们还是会惊奇地发现上述的现代化要素在当
515 今世界上的许多地区不断地重现着。实际上，随着社会主义政权发现它在新近的全球性转变中维持下去越来越困难，如社会主义的古巴，正受到失去来自苏联的关键性经济支持的打击，因此这些现代化特点可能会更加频繁地再现。

514

社会学之窗

变迁的影响

这是千百年来最令人惊奇的一个世纪［艾萨克森（Isaacson），1998］。

很少有人质疑这种说法。甚至还会有人说这种说法低估了 20 世纪的卓越成就。汇集一下沃尔特·艾萨克森对这些成就的一个简短列举，便可说明这一点：

随便举出一些我们在这 100 年中所做的事情：我们分裂了原子，创造了爵士乐和摇滚乐，发明了飞机，登上了月球，提出了广义相对论，发明了晶体管并知道怎样把无数个晶体管合成在微芯片上，发现了青霉素和 DNA 结构，打败了法西斯主义，德军轰炸了格尔尼卡而毕加索以此为题材创作了著名的绘画①，发明了电影和电视，修筑了高速公路，用

① 格尔尼卡（Guernica）：西班牙中北部一城镇，位于毕尔包（Bilbao）东北，目前人口 12 100。1937 年 4 月西班牙内战中，德国飞机轰炸了该镇。这个事件激发了毕加索创作了其最负盛名的作品。——译者注

> 无线电把世界联系起来。更不用说上面这些发明的附带产物如：情景喜剧和有线电视，“800”免费电话号码，网站，购物中心和休闲时间，存在主义和现代主义，奥普拉和艾默斯①。英语缩略词更是满天飞：NATO、IBM、ABM、UN、WPA、NBA、NFL、CIA、CNN、PLO、IPO、IRA、IMF、TGIF等。然而，我们毕竟并未因这些成就的膨胀而崩毁。(1998，p.70)

其他的世纪能与这个世纪比什么？然而，这并不意味着这个世纪没有问题。事实上，尽管我们认为社会变迁能促进社会进步，但它同样也会带来许多意料不到的后果。它的影响是巨大的，它使生活复杂化了——它改变了规则和标准，使传统价值观念受到了挑战，影响了人们的行为方式（Vago，1999）。

比如说大众传媒对美国人生活的改变，从政治选举结果到消费者的需求选择，再到任意的暴力行动，都存在它的影响特征。在默菲·布朗（一个电视情景喜剧中的人物）选择做一个单身母亲之后，副总统丹·库勒就发起了保卫家庭价值观念的运动［杰夫里斯（Jeffres），1997］。不断发生的涉及无辜学生被杀的学校暴力事件，使大众传媒的作用再一次受到了质疑。

我们不应该低估技术带来的影响。在评估它的不断扩大的影响时，唐纳德·斯科恩（Donald Schon）写道：

> 个人必须通过某种方式独自面对和处理以往由时代所应付的转型……尽管在过去的200年里，技术变迁一日千里，但现在它变迁的广度和频度几乎接近一个稳定的状态。(1971，pp.27—28)

将来的一代会怎样描绘21世纪呢？他们很有可能不像艾萨克森那样，总结20世纪的发现、发明和建设，而更有可能是采用一种更有哲理的方式，更有可能去记述这个社会是如何处理伴随新技术而来的伦理和政治问题的。这样才会让他们有望写下相似的语言：“我们毕竟并未因这些成就的膨胀而崩毁。”

五、发达社会的未来

尽管发展道路并不相同，但差不多所有第三世界国家都想尽快地发展其经济。其中有些国家渴望在未来的几代人之间（大约是50年到75年）达到现在的发达工业化国家的经济水平。到2000年，世界上大多数国家都经过了工业发展的早期和困难时期。可是，在第三世界国家发展的时候，西方社会又发生了什么事情呢？它们同样经历着一场巨大的社会变迁。

---

① 奥普拉·温弗丽（Oprah Winfry）是美国家喻户晓的电视“脱口秀”节目主持人；唐·艾默斯（Don Imvs）是美国著名唱片节目播音员，他擅长以谈论与性有关的话题震惊听众。——译者注

（一）一种后工业社会吗？

一些社会学家认为，发达国家正进入一个“后”工业时代——它与工业时代的不同就像工业时代与前工业时代的差别一样。他们用“后工业社会”（postindustrial society）这一概念来概括发达西方社会的一些主要发展趋势。丹尼尔·贝尔（Daniel Bell，1976）是这一思想的主要倡导者之一。以下就是贝尔和其他一些学者认为后工业时代与工业时代不同的一些主要差别：

（1）在工业社会中，最典型的经济活动是制造业、农业和资源开发业，如采矿业。而在后工业时期，服务行业将成为占主导地位的经济活动。服务行业范围广泛，如商业、政府、交通、通信、保健和教育事业等等。在包括美国在内的几个发达国家中，大多数工人都是在服务行业就业。

（2）如果说工业化时期是机器的时代，那么后工业时代就是电脑的时代。许多工作方式，像学习和交往，都受到自动化和电脑化的深刻影响。

（3）在工业时代，蓝领工人占大多数，然而在后工业时代，劳动大军将主要由白领和中产阶级工人组成。这一趋势与服务性工作的成长以及自动化和电脑化有着密切的关系。自动化和电脑化使工人离开了直接的生产劳动。与此同时，行政管理人员、计算机程序设计员、系统分析员以及其他白领工人的需求却迅速增长。

（4）后工业社会的问题一般都需要通过高技术的途径来解决。因而社会对知识和技术给予高度重视，而且几乎所有重要的社会职位都要求有长期的教育准备。与工业时代那些缺乏正规教育的企业家不同，后工业社会中的关键性工作人员都是科学家和受过教育的专家。

（5）如同商业主导着工业时代一样，政府将主导后工业时代。中央集权的政治倾向将会代替通过市场发挥作用的非中央集权的决策过程。国有部分的经济（即政府所有或控制的）将会增长，并且它与私有部分之间的界限也将变得较为模糊。会有更多的人为各级政府部门工作，尤其是在那些社会服务、工业管理和自然环境保护机构中工作。

后工业社会的概念产生于20世纪60年代和70年代初期。近期所发生的事情又对这一概念的正确性提出了质疑。近来许多发达国家的政治气候对日益增长的中央集权化和政府的控制行为表现出反感（Eisenstadt，1992）。

批评家还指出，后工业社会的许多特征和工业社会并没有什么根本上的区别。一些现象，如阶级冲突、工人的异化、种族隔离以及低于生活标准等问题，在今天仍然存在，而且很可能一直存在到可以预见的未来。

（二）预测未来

社会科学家们对社会未来的预测是不同的。有的乐观一些，有的悲观一些。但是我们对他们的预测的信任度有多大？真的有可能预测出社会的变迁吗？我们能预测出人口爆炸、犯罪率上升或宗教的未来吗？我们能预测出下一个社会运动是什么吗？我们能预测出经济的变迁吗？

516 过去的预测记录表明，许多预测是错误的。事实上，有的事件的发生使我们放松了警惕。例如，几乎没有社会科学家预测到了苏联的突然解体。对当前趋势的分析能够使社会科学家预测出一些社会变迁的轨迹，而且有可能预测出将有哪些技术会被开发出来。但我们通常没有预料到技术的意外后果——这些会对未来社会的发展产生巨大影响，正如我们在 20 世纪的进程中必然会看到的那样。

复习与思考

1. 技术上的进步难以实现而且通常会有意想不到的后果。试找出并讨论今天技术所带来的问题。
2. 互联网在文化传播中的作用是什么?
3. 你喜欢哪一种社会变迁理论? 试讨论它的优缺点，并与其他的社会变迁理论做一比较。
4. 第三世界的经济发展模式与西方的有何不同?
5. 为什么很难预测出社会的未来轨迹? 社会科学家可以用什么工具来帮助他们预测未来?

网上练习

第 22 章的网站涉及社会与文化变迁的各个方面。在搜索之前，请登录 Prentice Hall Companion 的网站：http：//www. prenhall. com/popenoe。然后选择第 22 章（社会和文化变迁）。接着就可在网页左侧的菜单中选择网站，你会发现有好几个可供选择的网站。我们建议你首先使用 New Democracy and Democratic Revolution。这个网站是一个叫做“新民主”（New Democracy）组织的主页，其内容与以相同名字命名的出版物相同。这个组织当然备受争议，因为它认为在美国要建立一个真正平等和民主的社会，革命必不可少。你可以点击“Our Statement of Principles”来对这个组织的实质有个大致了解。通过点击这个标题你也可以看到各种各样的文章和“宣传民主的小传单”。在你搜索完 New Democracy 网站之后，回答下面的问题：

- 你同意《新民主》编者的观点吗? 为什么? /为什么不?
- 一些评论家认为美国社会永远不会再爆发另一场革命。你同意这种观点吗? 为什么? /为什么不?

关键术语

technology	技术	world systems theory	世界体系理论
industrialization	工业化	cultural diffusion	文化传播
dependency theory	依附理论	bureaucratization	科层制
cultural lag	文化堕距	modernization	现代化
urbanization	城市化	sociocultural evolution	社会文化进化论

词汇表

achieved status **自致地位**

在一个人的生命历程中通过个人努力而获得的社会地位。

acting crowd **行动集群**

以愤怒和怀有敌意为特征的集群。

affirmative action **赞助性行动**

为了弥补以前对少数民族的歧视所造成的影响而采取的针对这些成员的优惠政策。

age cohort **年龄组**

某一特定年龄段的人口全体。

age deviance **年龄越轨**

破坏一个群体或社会的年龄规范的行为。

ageism **年龄歧视**

这种观念认为老年人是生理或社会方面的弱者，并因此歧视老年人。

age norms **年龄规范**

规定某个年龄的人应该如何想和如何做的社会规范或标准。

age roles **年龄角色**

人们对属于某一特定年龄地位的人的行为期望。

age-specific birth rate **特定年龄组出生率**

某一特定年龄组内每1 000名女性生育的婴儿数。

age-specific death rate **特定年龄组死亡率**

某一特定年龄组内每1 000人的死亡人数。

age status **年龄地位**

依据一个人年龄而确定的地位。

age status inconsistency **年龄地位不一致**

与一个人所拥有的各种年龄地位的社会期望或界限之间的不一致。

age structure **年龄结构**
不同年龄段人口在一个国家总人口中的相对比例。
agents of socialization **社会化的主体**
对个体社会化过程起到重要作用的个人、群体和机构。
aggregate **集群**
在某个特定场合面对面相处的一些人，但他们之间没有互动并缺乏基本的社会结构。
alienation of labor **劳动异化**
马克思称为是工人感到他们失去对他们劳动控制的状况。
amalgamation **混合**
某一民族或种族群体与主流人口在生物意义上的结合。
animism **泛灵论**
认为有活的精灵在操纵着整个世界的一种宗教形式。
annihilation **消灭**
一个占统治地位的群体导致大量少数民族成员死亡的过程。
anomie **失范**
一种规范和价值观念冲突、衰弱、缺失的社会状况。
anticipatory socialization **预期社会化**
面向未来角色进行社会学习的社会化。
applied research **应用研究**
为解决当前实际问题提供答案的研究。
ascribed status **先赋地位**
某人所拥有的一种给定的、并且通常不能被改变的社会地位。
assimilation **同化**
主流社会对于新成员的吸纳。
authoritarianism **极权主义**
一个人集所有权力于一身的政府形式。
authority **权威**
制度性的自然的合法权力。
autonomous work group **自治工作群体**
一个相对独立的小的工作群体，成员共同完成一项任务，并拥有决定工作相关问题的权力。
basic research **基础研究**
关注知识本身，而不考察知识的使用与应用的研究。
bilateral descent **双系继嗣**
亲属关系和血统由父母双方家庭延续，男孩和女孩都有继承权。
bureaucracy **科层制**
运作于明确的规章和程序之基础上的等级权威结构。
bureaucratization **科层化**
大规模正式组织的兴起。

capitalism **资本主义制度**
一种以财产私有制为基础的经济制度。
case study **个案研究**
对单个事件、人物或社会群体的详细记载。
caste system **种姓制**
作为一种不平等的分层体系，其地位由出身所决定，人们一般不能改变他们的社会位置。
census **人口普查**
一项定期的人口统计，包括年龄、性别、职业等信息。
centralized economy **集中型经济**
经济决策的权力由少数个人或公司所掌握的经济类型。
charismatic authority **魅力型权威**
由一位领袖所具有的与其追随者建立特殊关系的能力而导致的权力。
chromosomes **染色体**
每个细胞核中含有携带所有遗传特征密码的基因的线状体。
church **教会**
一种由宗教信条组成的相对稳定、制度化的宗教组织。
city planning **城市规划**
有目的地而且明确地提出城市社区布局结构的未来目标的过程。
civic privatism **公民个人主义**
关注对家庭、职业和休闲的自私追求。
class conflict **阶级冲突**
对立阶级间的斗争。
class consciousness **阶级意识**
社会成员所共有的、涉及他们共同处境和利益的共同意识。
class divisions **阶级分化**
不同社会阶级之间可感知到的和真实存在的差异。
class system **阶级制度**
一个主要以经济地位为基础的相对开放的分层形式。
coercion **约制**
一个人或群体将其意志强加于另一方的互动形式。
collective behavior **集合行为**
在相对自发、不可预料、无组织以及不稳定的情况下对某一共同影响或刺激发生反应的行为。
community **社区**
居住在某一特定区域的一群人，他们的生活围绕着日常的互动模式而组织起来。
community control **社区控制**
居住在社区的居民能够影响公共设施服务于本社区的行动的能力。
community study **社区研究**
关注整个社区的个案研究。

comparative analysis **比较分析**
多种社会体系的比较，或者同种社会体系在两个或多个时点的比较研究。
competition **竞争**
遵循某些规则的一种合作性冲突，在这种形式的互动中，达到所追求的目标要比打败对手更重要。
concept **概念**
对许多具有相同性质的事物和过程的归纳。
conflict **冲突**
针对珍惜的物品或价值的斗争。
conflict perspective **冲突论的视角**
强调人们因有限的资源、权力和声望而发生的斗争是永恒的社会现象，也是社会变迁的主要根源的理论视角。
conformity **遵从**
与习惯、规则或普遍意见一致的行动。
conspicuous consumption **炫耀性消费**
人们炫耀性地表现他们的地位符号以显示他们的社会经济地位。
content analysis **内容分析**
为了找出研究者感兴趣的问题，对各种信息交流形式进行考察，并且采取系统的编码方案的研究策略。
control group **控制组**
一个试验中不被引入自变量从而与试验组对照的组。
controlled experiment **控制试验**
通过控制可能对因变量产生影响的自变量的效应，将某一自变量对因变量所产生的特定影响分离出来的试验。
conversation analysis **会话分析**
对社会互动中自然发生的对话的研究。
cooperation **合作**
为达到个体或群体很难单独完成的共同利益或目标，人们和群体联合起来一致行动的互动形式。
correlation **相关**
一个变量的变化在一定程度上与另一变量的变化相联系。
counterculture **反文化**
直接对主流文化的核心要素如价值观、信仰、观念、风俗习惯等构成挑战的亚文化。
craze **狂热**
具有重大和持续影响的程度较烈的时尚。
credentialism **文凭主义**
指某职位对申请者必须拥有学历的要求。
crime **犯罪**
为当局所禁止，并且运用正式制裁予以惩罚的行为。
crowd **集群**
有着共同的关注点而临时聚集到一起的人群。

crude birth rate **粗出生率**

总人口中每1 000人里每年出生的婴儿数。

crude death rate **粗死亡率**

总人口中每1 000人里每年的死亡人数。

cult **宗派**

一种松散的、没有成熟的教义的宗教组织，强调使其信徒能够获得所渴望的精神体验。

cultural diffusion **文化传播**

文化特质从一个群体或社会传到另一个群体或社会的过程。

cultural integration **文化整合**

文化特征相互之间具有逻辑上的一致性。

cultural lag **文化堕距**

物质的或技术进步的采纳和与之相适应的必需的非物质文化变迁之间的一段不适应期。

cultural pluralism **文化多元论**

是一种主张少数民族群体完全参与主流社会，但是仍然保留许多社会和文化差异的文化模式观。

cultural relativity **文化相对性**

文化应根据其自身标准而不是其他文化的标准来进行判断的原则。

cultural universals **文化普遍性**

世界上所有的文化都具有相近的思想和行为的基础。

culture **文化**

人类群体或人类社会的共有产品，包括价值观、预言、知识和物质对象等。

culture of poverty **贫困文化**

一套穷人共有的规范和价值观。

decentralized economy **分散型经济**

经济决策权掌握在大多数个人、家庭和公司手中的经济类型。

de facto segregation **事实上的隔离**

源于居住模式的隔离。

deindustrialization **去工业化**

私人投资从制造业有组织的撤出行为。

de jure segregation **法律上的隔离**

基于当地法律的隔离。

democracy **民主政体**

政府的权力源于被统治者的正式认可，而且公民有权以一种有意义的方式参与决策过程的政权组织形式。

democratic socialism **民主社会主义**

将主要责任看作是消除不受管制的资本主义制度所带来的不良后果的一种混合经济制度。

demographic transition **人口转型**

一种人口增长和变化的模式，其内容是由于工业化进程，从长远看出现的低出生率高死亡率的趋势。

demography **人口统计学**

关于人口的规模、结构、分布和变化的研究。

denomination **宗派**

一种由宗教信条组成的相对稳定、制度化的宗教组织。参见教会（church）。

dependency theory **依附理论**

一种关于第三世界国家经济困境的解释，强调其是由于对于富裕国家的依附而造成的。

dependent variable **因变量**

结果受一个或几个自变量影响的变量。

descriptive studies **描述性研究**

是主要是为了弄明在何时、何地、对什么人发生了什么事情的研究。

deviant career **越轨生涯**

接受了越轨亚文化中的越轨认同与生活方式。

disaster behavior **灾后行为**

在自然灾害或其他种类的灾难后的行为。

discrimination **歧视**

由于某些人是某一群体或类属之成员而对他们施以不公平或不平等的待遇。

dogma **教条**

通常覆盖了大多数普通人的境遇的详尽的仪式体系。

dramaturgical perspective **拟剧论**

埃文·戈夫曼关于社会互动研究的观点，这种观点把人们看成是戏剧中的演员。

dual-earner families **双职工家庭**

夫妇双方都在外从事工作的家庭。

dyad **二人群体**

只有两个成员的群体。

dysfunctional **反功能**

阻止社会或其组成部分满足其需求。

ecclesia **国教**

一种宣称社会中所有人都是其成员的宗教组织。

ecological segregation **生态隔离**

在土地使用、服务或人口方面，一个城市的不同地区逐渐专门化的过程。

ecology **生态学**

研究有机体与它们所处的环境之间相互关系的学科。

economic concentration **经济集中**

国家经济资源的很大一部分由相当少的公司所控制。

economy **经济**

商品和服务被生产和分配的组织过程。

ecosystem **生态系统**

生物及其环境之间的复杂的相互关系网。

education **教育**

特定社会里集中管理众多学习经历的正式设置。

egalitarian family **平权家庭**

丈夫和妻子在权利和特权上大致平等的家庭。

emigration **出境移民**

个体或群体从一个国家迁出并在国外永久定居。

empirical generalization **经验概括**

即关于两个或多个变量之间关系的、为经验证据所支持的陈述。

empirical method **经验性方法**

使用人的感观来进行观察获得知识的途径。

endogamy **内婚制**

和与自己同一群体的人才能结婚。

estate system **等级制**

一种与封建社会经济制度联系的分层制度，封建制度中的统治由土地贵族维持，农民和地主通过土地依附关系联系在一起。

ethnic group **民族群体**

具有不同于其他群体的鲜明的社会和文化特点的群体。

ethnocentrism **种族中心主义**

认为自己的文化比较优越并以自己的标准去评价其他文化的倾向。

ethnomethodology **本土方法论**

以分析人们在日常社会互动中遵循的各种规则为目的的社会学方法。

exchange relationship **交换关系**

个人或群体采取某种方式彼此交往，这种交往旨在获得酬赏或回报，由此所形成的关系。

exogamy **外婚制**

与自己群体以外的人通婚。

experimental group **试验组**

试验中引入了自变量的一组。

explanatory studies **解释性研究**

就是为了回答“为什么”和“怎么样”的研究。

expressive crowd **表意集群**

用以提供感情表达和情感释放机会的集群。

expressive movement **表意运动**

试图为其参与成员提供某种形式的个体改变的运动。

expulsion **驱逐**

强迫某些人民，例如少数民族离开某一社区或某一社会。

extended family **扩展家庭**

包括了三代或三代以上的成员的家庭。

fad **时尚**

在短时间内被许多人狂热追求的一种活动。

false consciousness **虚假意识**
是一个人对现实的主观理解与客观事实不一致的情况。
family **家庭**
亲属关系中（或类亲属关系中）相对较小的内部群体，是一个相互合作而发挥功能的单位。
family of orientation **出身家庭**
人们出生并在其中进行大部分社会化的家庭。
family of procreation **生育家庭**
人们通过结婚生子建立起来的家庭。
fashion **流行**
指的是一时间深受人们喜爱的服装样式或行为方式。
fecundity **繁衍能力**
即人口中妇女生育的生理极限。
fertility **生育率**
人口中新生儿出生的频率。
flexible-system production **弹性生产制度**
它主要依赖于适用于大范围产品生产的新型计算机技术和潜心钻研技术的劳动力，并具有从一个项目向另一个项目快速转变的能力。
folkways **社会习俗**
不具有道德意义上的重要性并不被严格执行的、没有太强约束力的规范或社会习惯。
formal organization **正式组织**
以正式机构为主的组织。
formal structure **正式结构**
指导组织成员活动的一套明确陈述的规定、纪律和程序。
functionalist perspective **功能主义的视角**
强调社会的每一个部分都对总体发挥作用，由此维持了社会稳定的理论视角。
Gemeinschaft **公社**
个体间的社会关系以共同感受、血缘或成员关系为基础的社会。
gender **性别**
与男性特质和女性特质相关的社会、心理特征。
gender identity **性别身份**
我们对作为男性或女性的自我认识。
gender role **性别角色**
与作为男性和作为女性相联系的社会角色。
generalized other **一般他人**
一般意义上人们对个体的要求和期望的观念。
genocide **灭绝**
对某一整个民族或种族的有组织有预谋的摧毁。
gentrification **士绅化**

在最吸引人的城市里，边缘街区中穷人的居住位置被专业人士取而代之。

gerontology　**老年学**

对老化以及特殊的老年人问题的多学科研究。

Gesellschaft　**社会**

绝大多数社会关系都是正式的、契约化的、非人格化的、专门化的这样一种社会类型。

goal displacement　**目标置换**

当组织员工更加关注组织本身的存续和他们在组织中的位置，而不去关心是否与组织的实际目标相符合时，这一现象就会发生。

gossip　**闲话**

关于他人的个人或隐私之事的闲聊。

group　**群体**

由两个或两个以上的具有共同认同和团结感的人所组成的人的集合，群体内的成员共享着对于彼此之间行为的特定的目标和希望。

Hawthorne effect　**霍桑效应**

当被试者知道了别人正在研究他们时，他们改变自己的行为。

health care system　**医疗保健系统**

包括所有承担、资助、规范医疗问题的人员与正式组织。

homogamy　**同类婚**

具有共同社会特征的人之间的婚姻方式。

hormones　**荷尔蒙**

增进或抑制着生理过程的活力和身体功能的化学成分。

hypothesis　**假设**

关于两个或多个变量相互联系的尝试性陈述。

ideal type　**理想类型**

某种现象的最核心或本质的特征的描述。

ideology　**意识形态**

一套在与其他群体竞争声望或统治时联系并有助于维持各种政治、社会与阶级利益的文化信仰。

illegitimate power　**非法权力**

没有得到社会认可的权力。

immigration　**入境移民**

人们或群体迁入一个国家并在那里永久定居。

impression management　**印象管理**

为了使他人按照我们的愿望看待自己而在他人面前展示自我的努力。

incest taboo　**乱伦禁忌**

一种很强的道德禁律，它禁止特定范围内的亲属之间发生性关系。

income　**收入**

使用人力或物质资源所得到的经济收益。

independent variable　**自变量**

影响一个或几个因变量的原因或解释变量。

industrialization **工业化**

从人力能源到非人力能源的转变，以及工厂生产体系的兴起。

infant mortality rate **婴儿死亡率**

某一年中出生的 1 000 个婴儿中不满一岁就死亡的人数。

informal stucture **非正式结构**

由群体成员的互动所形成的组织内的人际关系。

ingroups **内群体**

个体所属的群体。

instincts **本能**

复杂、稳定的生物遗传行为模式。

institutional racism **制度化种族主义**

那些看上去是种族中立的、并且通常不是有意制造歧视的政策，但是这些政策实际上有限制少数民族成员机会的作用。

interactionist perspective **互动论视角**

关注人们在日常生活中时如何交往的，他们又是如何使这些交往产生实际意义的理论视角。

interest group **利益群体**

代表其成员利益并试图影响政府政策和法律的非官方组织。

internalization **内化**

某个人对群体或社会的规范的认同。

invasion **侵入**

指一个社会群体或一种土地使用方式进入了目前为其他人或别的土地使用方式所占据的区域。

job enlargement **扩展工作**

给一项工作任务增加一个或更多其他工作，使工作经历更加丰富，工人也可以参加范围更大的工作活动。

job enrichment **丰富工作**

给工作增加更大的权力和责任及额外的任务。

kinship **亲属**

一些有着共同的祖先或血缘的人，或是有姻亲关系或养育关系的人组成的社会网络，尽管他们不必生活在一起，他们承认彼此之间拥有某种责任和义务关系。

language **语言**

人们所使用的口头和书面的表达方式。

latent function **潜功能**

某一社会结构单位未被意识到的和未预料到的后果。

laws **法律**

一种正式的规范，通常也是民德的一种，它是由国家颁布的用以控制人类行为的规范。

learning **学习**

一生中的社会和个人经历，它将改变一个人的知识、态度和行为。

legal-rational authority **法理型权威**

基于理性建立的规则的权威类型。

legitimate power **合法权力**

以社会普遍接受的形式所使用的权力。

life chances **生活机会**

一生中获得一些重要目标的可能性。

life expectancy **预期寿命**

现存人口中某一年龄组的人的剩余寿命。

life span **生命跨度**

是指某一物种的最长的可能寿命。

lobbying **院外活动**

通常由职业游说者来操作的，一个涉及与立法委员及其成员的直接沟通、动员一般人民的支持、并且通过政治行动委员会为竞选运动捐款的过程。

looking-glass self **镜中我**

库利定义为通过一些具体的他人对我们的看法以形成我们对自己的感觉。

male dominance **男性统治**

是指这样一种社会状态，即男性比女性拥有更多的权力和声望。

manifest function **显功能**

某一社会结构单位被认知到的和预期的结果。

market economy **市场经济**

对消费者的喜好有所反应的经济类型。

market socialism **市场社会主义**

一种试图加入社会主义特征的经济制度，如采取公有制和相对平均的收入分配制度，并与强调市场力量和分散决策的资本主义制度相结合。

marriage **婚姻**

一种社会赞成的配偶方式，通常涉及一个男人和一个女人之间的性行为和经济上的合作。

marriage gradient **婚姻倾度**

男人选择比他们年轻的、文化水平比他们低的、职业声望不如他们的女性结婚的倾向。

mass behavior **大众行为**

在分散的社会群体中出现的集合行为。

mass hysteria **大众歇斯底里**

当人们发现他们处于模糊不定、危险和令人不安的情形中时，偶尔产生的一种集合行为类型。

master status **首要地位**

决定某人总的社会地位的那个关键性的身份。

material culture **物质文化**

一个社会生产的反映非物质文化意义的物质形态。

matriarchal family **母权家庭**

大部分权威掌握在最年长的女性手中的一种家庭结构。

matrifocal family **母主家庭**

以一位妇女为家庭的核心和最重要的成员的家庭。

matrilineal descent **母系继嗣**

亲属关系和血统由母亲一方家庭来延续，财产由母亲传给女儿。

matrilocal residence **从妻居**

已婚夫妇住在妻子父母的家中或者妻子父母所在社区的习惯。

mechanical solidarity **机械团结**

用来描述由于成员间具有相似的经济角色，因此共有某种价值观，由此组成社会的术语。

megalopolis **大都会带**

即两个或多个大都市不断发展，最后连接成片，互相重叠形成大都市的集结。

methodology **方法论**

帮助社会科学家者获得知识的过程体系。

metropolitan area **大城市区域**

即一个或多个大城市，再加上其周围的郊区。

migration **移民**

人们从一个地理区域到另一个地理区域的迁徙。

migration rate **年移民率**

指总人口每年每 1 000 人中，入境移民与出境移民的差。

military-industrial complex **军事—产业联合体**

上层公民和国防部的军事官员、从军事合同中获利的大型私人公司以及志同道合的国会议员的组合。

minority group **少数民族群体**

在一个社会中，那些可以通过某些生理的、社会的或文化的特征识别出来的，被这个社会当作偏见和歧视对象的人所组成的任何群体。

mixed economy **混合经济**

资本主义和社会主义制度原理相结合的经济制度。

mob **暴民**

集群情激昂的成员们将愤怒集中在单一的目标上的一种集群类型。

modernization **现代化**

当一个传统的前工业社会进行工业化和城市化时所发生的内部社会变迁。

monogamy **一夫一妻制**

一个男人和一个女人结合的婚姻。

monotheism **一神教**

只信仰一个神的信仰。

mores **民德**

得到严格执行，被认为是关键和必须严格实施的规范。

multivariate analysis **多变量分析**

涉及至少两个以上的变量的研究，因果关系的探索主要就是去发现几个相对重要的变量所产生的总体效应。

natural science **自然科学**

对物理世界的系统化研究。

neolocal residence **单居制**

婚后夫妇俩不与任一方父母或亲戚住在一起的方式。

neonatal mortality rate **新生儿死亡率**

不满一个月这一特定年龄段的婴儿死亡率。

nonmaterial culture **非物质文化**

抽象的以及无形的共同人类创造物。

nonparticipant observation **非参与观察**

研究者不参与到他所研究的社会活动和社会情境之中进行观察的一种研究方法。

nonverbal communication **非语言沟通**

借助符号而不是语言所进行的沟通。

norms **规范**

人们在特定环境下被要求如何行动、如何思考、如何体验的期望。

nuclear family **核心家庭**

由一对夫妇和他们的子女两代人组成的家庭，通常不和其他亲属生活在一起。

oligarchy **寡头政治**

少数精英的统治。

operationalizing the variable **变量的操作化**

将一般性概念转换成具体的、可以测量的变量。

opinion leaders **意见领袖**

对公众舆论发挥着重要的影响的人。

organic solidarity **有机团结**

用来形容由于成员间十分专业的经济角色并因此相互高度依赖，从而组成社会的术语。

organization **组织**

为达到特定目标而专门组织起来的社会群体。

outgroup **外群体**

个体所不属于的群体，与内群体有着明显界限。

overurbanization **过度城市化**

涌入城市的劳动力远远超过城市的承受能力。

panic **恐慌**

面临迫近的危险时为保证安全而进行的逃逸。

paramedicals **医辅人员**

包括护士、药剂师和实验室技师，他们一般在医生的管理监督下工作。

participant observation **参与观察**

研究者亲身融入到他所研究的社会情境之中进行观察的研究方法。

partition **政治区划**

某个国家为了使行政边界与某些民族或种族区域更加一致的政治重组过程。

patriarchal family **父权家庭**

大部分权威由最年长的男性拥有的一种家庭结构

patrilineal descent **父系继嗣**

亲属关系和血统由父亲这方的家庭延续，男性从男方家庭继承财产，女性通常不允许继承。

patrilocal residence **从夫居**

已婚夫妇住在丈夫父母的家中或者丈夫父母所在社区的习惯。

peer group **同辈群体**

指有大致相同的社会地位，并且通常年龄相仿的一群人。

personality **人格**

特殊的思想、感觉和自我概念的模式，它们构成了特殊个体的鲜明的品质特征。

planned economy **计划经济**

对计划机构负责并与计划相一致的经济类型。

political action committee（PAC） **政治行动委员会**

组织小型自愿捐助的利益群体成员，PAC 再将捐款交给各个参议员和国会议员候选人。

political party **政党**

通常是由具有类似态度和利益的人组成的一个组织，它的目的就是为了获取和维持对政府的合法控制。

politics **政治活动**

某些人和群体由此获得权力和实施权力的过程。

polyandry **一妻多夫制**

多偶制婚姻中一个女人同时有不止一个丈夫的情况。

polygamy **多偶制**

同时涉及不止一个男人或女人的婚姻。

polygyny **一夫多妻制**

多偶制婚姻中一个男人同时有不止一个妻子的情况。

polytheism **多神教**

信仰不止一个神。

population **人口学**

研究人类总体的学科。

population forecast **人口预测**

通过设想社会、经济、技术的发展会怎样影响人口的变化来预计未来人口情况。

population projections **投影法**

从以前的人口统计状况来推算，从而估计未来人口趋势。

poverty **贫困**

在物质资源方面处于匮乏或遭受剥夺的一种状况，其典型特征是不能满足基本生活需要。

poverty level **贫困线**

一种特定的收入，用于判定谁是官方认定的穷人。

power **权力**

个人或者群体控制或影响他人行为的能力，而不管他人是否愿意合作。

prejudice **偏见**

以刻板印象的方式对于人、物或环境的判断。

presentation of self **自我呈现**

为了使他人按照我们的愿望看待自己而在他人面前展示自己的努力。参见印象管理（impression management）。

prestige **声望**

一个人从别人那里所获得的良好评价与社会承认。

primary group **初级群体**

规模较小、目标多元、关系亲密而又有高度认同感的群体。

primary relationship **初级关系**

是一种个人的、情感的、不容易置换的关系，它包括每个个体的多种角色与利益。它以大量的自由交往和全部人格的互动为特征。

primary sector of the economy **第一产业**

农业活动。

primary socialization **初级社会化**

在一个人的早期阶段为各种成年生活角色所做的基本准备。

profane **世俗**

由日常生活中被看成普通物质（自然）世界组成部分的一切要素构成。

propaganda **宣传**

通过唤起人们的感情和偏见来对公众思想进行有意控制的方式。

public **公众**

对舆论有共同兴趣、关心或关注的一个分布较散的人群。

public opinion **公众舆论**

公众对一个问题所持的态度。

qualitative methods **定性方法**

运用准确的语言来描述社会现实而不是进行数量测量研究方法。

quantitative methods **定量方法**

用于研究可以用数量来测量的变量的研究方法。

race **种族**

别人所相信的、具有某些共同的体制特征但基因上有区别的一群人。

racism **种族主义**

一种认为某一种族天生地劣于或优于另外一个种族的意识形态。

random sampling **随机抽样**

使调查总体中的每一个体都有同等被选中的机会的抽样方法。

rationalization **理性化**

经由这一过程，陈旧的、传统的社会组织方法被大量明确、抽象、正式的规则和程序所逐渐替代。

reference group **参照群体**

对个人信念、态度和价值观等的形成特别重要的群体。

reform movement **改革运动**

一种社会运动类型，试图通过改变社会结构的某些方面来改善整个社会，而不是寻求改变基本的经济或政治格局，或社会分层体系的实质。

reliability **信度**

研究工具在多大程度上提供了前后一致的精确结果。

religion **宗教**

一种信仰和实践的体系，通过这一体系，某群人对其感受到的神圣之物、通常还包括超自然的东西，进行阐释并做出反应。

religiosity **宗教虔诚**

个人的宗教体验。

replication **重复研究**

利用不同人口样本重复试验，以测量从前研究结果的效度。

resistance movement **抵抗运动**

旨在防止变革或者是企图扭转已经取得的变革的一种运动。

resocialization **再社会化**

有意忘掉旧的价值观和行为模式，接受新的价值观与行为的过程。

resource mobilization **资源动员**

一种对社会运动的分析方式，强调社会运动的组织经济和政治资源的获得。

revolutionary movement **革命运动**

一种力求推翻现存的社会结构并用新的制度取代之的运动。

riot **骚乱**

一种以参与人员的目标从一个转向其他目标为特征的集群行为。

rites of passage **通过仪式**

标志着人生中重要的转折阶段的一系列仪式，比如出生、结婚、死亡。

ritual **仪式**

与对神圣事物的体验密切相关的、已确定的行为模式。

role **角色**

对群体或社会中具有某一特定身份的人的行为期待。

role conflict **角色冲突**

个体被两个或两个以上与独立社会地位相联系的两个或两个以上的角色提出相互对立的要求的情境。

role expectation **角色期待**

社会对某个角色应该扮演方式的定义。

role performance **角色扮演**

一个人在某一角色中的实际表现。

role set **角色集**

与某一种身份相联系的角色的集合。

role strain **角色紧张**

置于同一角色中相互对立的要求所引发的对个体的压力。

role taking **角色置换**

假想扮演了或者真的扮演了其他人的角色，并且由他人的观点来看待自我和世界。

rumor **谣言**

人与人之间非正式的、通常是口头传播的未经证实的消息。

sacred **神圣**

与日常生活分离的，能够唤起由衷的敬意和敬畏的事物。

sample **样本**

在研究中经过选择用以代表所要研究的总体的有限数量的个案。

sanction **制约**

一种奖励（正面认可）或惩罚（反面制裁），目的是鼓励或厉行对规则的遵守。

secondary analysis **二手资料分析**

对以前收集到资料的再次分析。

secondary group **次级群体**

为达到特定目标而存在的专业化群体。

secondary relationship **次级关系**

是一种特殊的、缺乏情感深度的关系，它所包含的只是一个人的人格的某些有限方面。

secondary sector of the economy **第二产业**

制造业活动。

sect **教派**

一种在正规组织化程度上比教会低的宗教组织，强调忠诚和激情，通常由一些反对现有宗教某些方面的人所组成。

secularization **世俗化**

社会生活中许多领域日益从宗教的联系和影响中摆脱出来的过程。

segregation **隔离**

基于民族或种族特征而将人们的居住地、社会服务或其他设施隔离开来。

self **自我**

个体对他们的个人特征和社会认同的意识与感觉。

self-control theory **自我控制理论**

一种强调抑制个人冲动和欲望的理论观点。

self-fulfilling prophecy **自证预言**

由于某种信仰或者预测所产生的行为而使该信仰或者预测变成事实。

self-segregation **自我隔离**

少数民族群体自愿与主流社会相分离的过程。

separatism **分离主义**

自我隔离的最极端形式，通过这种形式少数民族群体渴望建立他们自己完全独立的社会。

sex **性**

区分男性和女性作为生物个体的生理特征。

sexism **性别歧视**

赞同性别不平等，使男性统治合法化的意识形态。

sex ratio **性别比**

人口中每100名女性对应男性的人数。

significant others **重要他人**

即指与儿童相处十分密切、同时对他们自我发展影响最大的那些人。

simple supernaturalism **自然崇拜**

没有确定特殊的神或精灵，但是相信有影响人们生活的超自然力的存在的宗教形式。

slavery **奴隶制**

一种极端的不平等分层体系，其中某一社会群体绝无自由，他们的自由被另一些人所占有，并受到非人的待遇。

small group **小群体**

一个足够小的、能使得他们成员在个体基础上相互联系的群体。

social category **社会类属**

共同具有某种社会特征的人们的集合。

social control **社会控制**

旨在防止越轨并鼓励遵从规则的努力。

social deviance **社会越轨**

违反某个群体或社会的重要规范的行为。

social disorganization **社会解组**

社会设置的崩溃。

social epidemiology **社会流行病学**

研究疾病的社会分布，以及这种分布与社会和环境状况的关系的学科。

social institution **社会设置**

用来满足社会基本需求的社会机构中相对稳定的一簇要素。

social interaction **社会互动**

人们以相互的或交换的方式对他人采取行动，或对他人的行动做出回应的过程。

socialism **社会主义制度**

以生产方式的集体所有制和经济的集体计划与控制为基础的经济和政治制度。

socialization **社会化**

人们获得自己的人格，并学习参与社会和群体方式的社会互动过程。

social control theory **社会控制理论**

一种强调人们受社会设置束缚的理论观点。

social mobility **社会流动**

一个人或一个群体从一种社会地位或社会阶级向另一种社会地位或社会阶级的变化。

social movement **社会运动**

一种主要依赖于非制度化方式来产生社会变迁的集体努力。

social network **社会网络**

个人之间复杂的联系网。

social science **社会科学**

运用科学的方法研究社会与人类行为。

social stratification　**社会分层**

根据获得有价值物的方式来决定人们在社会位置中的群体等级或类属的一种稳定模式。

social structure　**社会结构**

一个群体或一个社会中的各要素相互关联的方式。

social system　**社会系统**

由一系列严密相关的地位角色组成的一个社会群体，区别于组成该群体的个体。

social welfare　**社会福利**

为了促进个人的功能发挥和使之获得最低的社会生活水平而提供的一系列项目、好处和服务。

society　**社会**

一个包含了满足人类基本需要的所有社会设置的综合性的、以地域为基础的社会集合。

sociocultural evolution　**社会文化进化论**

该观点认为，社会和文化随时间的推移而逐渐地发展，从较为简单的形式向较为复杂的形式转变的过程。

socioeconomic status（SES）　**社会经济地位**

一种对社会地位的度量方法，它考虑到个人的教育程度、收入水平以及职业声望等内容。

sociological imagination　**社会学想象力**

通过摆正我们自己在社会、社会力量中的位置，来理解我们自己的生活方式。

sociology　**社会学**

对于人类社会和社会互动进行系统、客观研究的一门学科。

solidaristic crowd　**社会连带集群**

提供给其成员强烈的社会团结感和统一感的集群。

spurious correlations　**虚假相关**

不以因果联系为基础的相关。

state　**国家**

在社会中拥有至上权力并且对合法使用暴力拥有垄断权的机构。

status　**地位**

由一个群体或社会所规定的社会位置。

status consistency　**地位一致**

在某一个领域地位高的人在其他等级序列中地位也高的趋势。

status inconsistency　**地位不一致**

一个人在一个领域地位较高，而在另一方面却较低的情况。

status symbol　**地位符号**

可能是任何什么东西：向别人表明其主人特定的地位等级。

stereotype　**刻板印象**

适用于某一类群体中所有人的一个简单的或被证实的一般性概括。

stigma　**污名**

标志着作为不为社会所接受的越轨者的标签。

structural explanations of poverty　**贫困的结构性解释**

这种解释把贫困归因于社会的持续的不平等。

structural mobility **结构性流动**

由社会或经济体系而非个人成就所产生的向上流动。

structural strain **结构性紧张**

认为越轨的发生是由于加于人们身上的社会紧张，使得越轨者违反社会规范的一种理论解释。

subculture **亚文化**

一种既包括主流文化的特征，又包括某些不为其他文化群体所具备的文化要素的群体文化。

suburbs **郊区**

相对较小，靠近并依赖于中心城市的地区。

succession **演替**

是指一个社会群体或一种土地使用方式在某一地区取代其竞争对手而占据了统治地位。

survey **调查**

对大量人群系统地询问他们的意见、态度和行为。

symbol **符号**

某一群体所认可的具有其自身以外的象征意义的任何东西。

symbolic interactionism **符号互动论**

一种在微观层次强调符号和意义的重要性的理论观点。

technology **技术**

以实用为目的，用来改造环境的知识和工具。

tertiary sector of the economy **第三产业**

服务业。

theism **有神论**

对一神或多神的信仰。

theory **理论**

对被观测到的变量之间的关系的理解性解释。

total fertility rate (TFR) **总和生育率**

是指每一名妇女在生育年龄内都保持当前各年龄组的生育率时，她所生育的婴儿数目。

total institution **全面控制机构**

即为了激进的再社会化，把一个人一天 24 小时都置于管理人员的完全控制之下的地方。

totalitarianism **集权主义**

由一个政党所统治的政府形式，政府对生活的方方面面进行监督和控制。

totem **图腾**

一种圣物，通常是动物，在极少情况下也有植物。

totemism **图腾崇拜**

把某种动物（极少情况下也有植物）既看作神又看作祖先来崇拜。

tracking **分班**

依据学习能力把学生分成不同的组或班级。

traditional authority **传统型权威**

由习俗和已被接受的行为所授予的权威。

transcendental idealism **超验唯心主义**

并不崇拜某个神灵，而是以一套伦理、道德或哲学原则为中心的宗教类型。

triad **三人群体**

有三个成员的群体。

urban ecologist **城市生态学家**

那些对城市社区的社会空间组织有着特别兴趣的社会学家。

urbanism **城市生活方式**

城市独具特色的文化模式和社会结构。

urbanization **城市化**

人们从农村地区向城市地区的流动。

validity **效度**

研究工具在多大程度上正确地测量到了所要测量的对象。

value **价值观**

是一个社会中人们所共同持有的，关于如何区分对与错、好与坏、违背意愿或符合意愿的观念。

value -added approach **价值累加理论**

认为只有当六个特定条件（产生集合行为或社会运动时必须依次出现的六个社会条件）在特定情况下结合起来或相互作用时才能导致集合行为的产生的理论。

variables **变量**

表示事物在时间上、空间上或从一个人到另一个人，从一个群体到另一个群体的转变的概念。

vital statistics **动态统计**

关于出生、死亡、结婚、离婚的人数的官方的统计数据。

victimless crime **无受害人犯罪**

源于运用法律试图阻止就强烈的商品和服务意愿而达成一致的成年人之间所进行的交易。

voluntary association **志愿者协会**

由成员组织起来的追求某种共同利益，并且无正式控制机制的组织。

wealth **财富**

由个人或群体的全部经济财产所构成，它不仅包括货币而且包括物品、土地、自然资源以及生产性劳动服务。

world system **世界体系**

将世界上所有社会体系连接起来的经济、政治、文化关系体系。

world systems theory **世界体系理论**

认为在400年前起源于西北欧的全球经济中，现代国家不是处于统治角色就是处于从属的角色的理论。

zero population growth（ZPG） **人口零增长**

即人口不再自然增长。

参考文献

Abbott, M. M., N. Kitovitch-Winer, and Judith Worrell. 1986. "Three voices in opposition." *Society* 23(September/October): 15～21.

Abelman, Robert, and Kimberly Neuendorf. 1985, "How religious is programming?" *Journal of Communications* 35(Winter): 98～110.

Abrahamson, Mark. 1979. "A functional theory of organizational stratification." *Social Forces* 58: 128～145.

Ackelsberg, Martha A., Bennett M. Berger, Karol H. Borowski, Raymond Lee Muncy, Charles F. Petranek, Shulamit Reinharz, Laurence Veysey, and Carol Weisbrod. 1988. "Communal lives and utopian hopes." *Society* 25(2): 29～65.

Adams, R. M. 1966. *The Evolution of Urban Society: Early Mesopotamia and Pre-Hispanic Mexico.* Chicago: Aldine.

Adelson, J. 1980. *Handbook of Adolescent Psychology.* New York: Wiley.

Adler, Patricia A., Peter Adler, and Andrea Fontana. 1987. "Everyday life sociology." *Annual Review of Sociology* 13: 217～235.

Adler, Peter, and Patricia Adler. 1980. "Symbolic interactionism." In Jack D. Douglas et al., *Introduction to the Sociologies of Everyday Life*. Boston: Allyn & Bacon.

Administration on Aging. 1998. U. S. Department of Health and Human Services. Washington, D. C.

Adorno, T. W., et al. 1950. *The Authoritarian Personality*. New York: Harper & Row.

Akers, Ronald. L. 1994. *Criminological Theories: Introduction and Evaluation*. Los Angeles: Roxbury.

Alba, Richard D. 1985. *Italian Americans: In the Twilight of Ethnicity.* Englewood Cliffs, N. J.: Prentice Hall.

Albonetti, Celesta. 1991. "An integration of theories to explain judicial discretion." *Social Problems* 38: 247～266.

Albrecht, Stan L., Howard M. Bahr, and Kristen L. Goodman. 1983. *Divorce and Remarriage*. Westport, Conn. : Greenwood Press.

Alcalde, Javier Gonzalo. 1989. *The Idea of Third World Development: Emerging Perspectives in the United States and Britain, 1900—1950*. Lantham, Md. : University Press of America.

Alcorn, M. D. , J. S. Kinder, and J. R. Schunert. 1970. *Better Teaching in Secondary Schools*. Chicago: Holt, Rinehart & Winston.

Alderman, Ellen, and Caroline Kennedy. 1991. *In Our Defense: The Bill of Rights in Action*. New York: Avon Books.

Alexander, J. , B. Giesen, R. Munch, and R. Smelser. 1987. *The Macro-Micro Link*. Berkeley: University of California Press.

Allen, Mike. 1996. "On-line access to G. O. P. convention." *New York Times*, August 12, C4.

Allison, M. T. 1979. "On the ethnicity of ethnic minorities in sport." *Quest* 31:50～56.

Allott, Susan. 1985. "Soviet rural women: Employment and family life." In Barbara Holland (ed.), *Soviet Sisterhood*. Bloomington: Indiana University Press.

Allport, Gordon. 1958. *The Nature of Prejudice*. New York: Doubleday.

Almond, Gabriel A. 1950. *The American People and Foreign Policy*. New York: Harcourt Brace & World.

Alston, Jon P. , and William A. McIntosh. 1979. "An assessment of the determinants of religious participation." *Sociological Quarterly* 20:49～62.

Alston, Letitia. 1986. *Crime and Older Americans*. Springfield, Ill. : Charles C. Thomas.

Alwin, Duane. 1988. "From obedience to autonomy: Changes in traits desired in children, 1924—1978." *Public Opinion Quarterly* 52:33～52.

Am-Ad, Zvi. 1988. "Investment patterns of the kibbutz elders in their life domains." *Institute for Study and Research and Kibbutz and Cooperative Idea* 12:157～173.

American Association of University Women. 1992. *The AAUP Report: How Schools Shortchange Girls*. Prepared by the Wellesley College Center for Research on Women. Washington, D. C. : AAUW Educational Foundation.

American College Testing Program. 1986. *Demographics, Standards and Equity: Challenges in College Admissions*. Iowa City, Iowa: American College Testing Program.

Amir, Menachem, and Yitzchak Berman. 1970. "Chromosomal deviation and crime." *Federal Probation* 34:55～62.

Anderson, Charles. 1974. *Toward a New Sociology: A Critical View*. Homewood, Ill. : Dorsey Press.

Anderson, Kurt. 1983. "Private violence." *Time*, September 5, pp. 18～22.

Anderson, Margaret L. 1997. *Thinking about Women: Sociological Perspectives on Sex and Gender*, 4th ed. Boston: Allyn & Bacon.

Andersson, Bengt Erik. 1989. "Effects of public day-care: A longitudinal study." *Child Development* 60: 857～866.

Andrain, Charles F. 1970. *Political Life and Social Change*. Belmont, Calif. : Wadsworth.

Andrews, Richard L. 1987. "The schoolcommunity interface: Strategies of community involvement." In

John I. Goodlad(ed.), *The Ecology of School Renewal.* 86th Yearbook of the National Society for the Study of Education. Chicago: University of Chicago Press.

Ann-Ping, Chin. 1988. *Children of China: Voices from Recent Years*. New York: Knopf.

Antoniou, Jim. 1994. *Cities: Then and Now.* New York: Macmillan.

Apple, Michael. 1993. *Official Knowledge*. New York: Routledge.

Arasaratnam, Sinnappah. 1987. "Sinhala-Tamil relations in modern Sri Lanka." In Jeff Boucher, Dan Landis, and Karen Arnold Clark(eds.), *Ethnic Conflict: International Perspectives*. Newbury Park, Calif.: Sage.

Ariès, Philippe. 1981. *The Hour of Our Death.* New York: Knopf.

Armor, David J. 1989. "After busing: Education and choice." *The Public Interest* 95(Spring): 24～37.

Asch, Solomon. 1955. "Opinions and social pressure." *Scientific American* 193(5): 31～55.

Asmussen, L., and C. L. Shehan. 1992. "Gendered expectations and behavior in dating relationships." Paper, 54th Annual Conference of the National Council on Family Relations, Orlando, Fla.

Astin, Alexander W., et al. 1984. *The American Freshman: National Norms for Fall,* 1984. Los Angeles: Higher Education Research Institute, University of California.

Astrachan, Anthony. 1986. *How Men Feel: Their Response to Women's Demands for Equality and Power.* Garden City, N.Y.: Anchor/Doubleday.

Atchley, Robert C. 1988. *Social Forces and Aging*. Belmont, Calif.: Wadsworth.

Atkins, Richard N. 1986. "Single mothers and joint custody: Common ground." In Michael W. Yogman and T. Berry Brazelton(eds.), *In Support of Families*. Cambridge, Mass.: Harvard University Press.

Auletta, Ken. 1991. *Three Blind Mice: How the TV Networks Lost Their Way.* New York: Random House.

Averitt, Robert. 1968. *The Dual Economy.* New York: Norton.

Avison, William R., and Pamela L. Loring. 1986. "Population diversity and cross-national homicide: The effects of inequality and heterogeneity." *Criminology* 24: 733～749.

Axelrod, Morris. 1956. "Urban structure and social participation." *American Sociological Review* 21: 13～18.

Azicri, Max. 1988. *Cuba: Politics, Economics, and Society*. London: Pinter.

Azumi, Koya. 1977. "Japan's changing world of work." *Wilson Quarterly*(Summer): 72～80.

Babbie, Earl. 1995. *The Practice of Social Research.* New York: Wadsworth.

Bachman, Jerald G., Lee Sigehnan, and Greg Diamond. 1987. "Self-selection, socialization, and distinctive military values: Attitudes of high school seniors." *Armed Forces and Society* 13: 169～187.

Bachofen, Johann Jacob. 1967. *Myth, Religion, and Mother Right.* Translated by Ralph Mannheim. Princeton, N.J.: Princeton University Press. (Originally published in 1861.)

Bagby, Meredith. 1997. *Annual Report of the United States of America*. New York: McGraw-Hill.

Bagby, Meredith. 1998. *Annual Report of the United States of America.* New York: McGraw-Hill.

Bagdikian, Ben. 1992. *The Media Monopoly,* 4th ed. Boston: Beacon Press.

Bagley, Christopher. 1989. "Aggression and anxiety in day-care graduates." *Psychological Reports*

64:250.

Bahr, Howard M., Bruce A. Chadwick, Reuben Hill, and Margaret Holmes Williamson. 1982. *Middletown Families: Fifty Years of Change and Continuity*. Minneapolis: University of Minnesota Press.

Bailey, Thomas. 1990. "Jobs of the future and the skills they will require." *American Educator* (Spring): 10～15, 40～44.

Bainbridge, W. S., and R. Stark. 1979. "Cult formation: Three compatible models." *Sociological Analysis* 40:283～295.

Bairoch, Paul. 1988. *Cities and Economic Development from the Dawn to the Present*. Chicago: University of Chicago Press.

Baker, Keith A., and Adriana de Kanter. 1983. "An answer from research on bilingual education." *American Education* 19(6):40～48.

Baker, T. A., L. W. Moreland, and R. S. Steed. 1989. "Party activists and the new religious right," pp. 161～175. In C. W. Dunn(ed.), *Religion in American Politics*. Washington, D.C.: CQ Press.

Bakuniak, Grezegorzi, and Krzysztof Nowak. 1987. "The creation of a collective identity in a social movement." *Theory and Society* 16:401～429.

Baldassare, Mark. 1986. *Trouble in Paradise: The Suburban Transformation in America*. New York: Columbia University Press.

Bales, Robert F. 1951. *Interaction Process Analysis: A Method for the Study of Small Groups*. Cambridge, Mass.: Addison Wesley.

Bales, Robert F. 1953. "The equilibrium problem in small groups." In Talcott Parsons et al. (eds.), *Working Papers in the Theory of Action*. Glencoe, Ill.: Free Press.

Bales, Robert F., and Fred L. Strodtbeck. 1951. "Phases in group problem solving." *Journal of Abnormal and Social Psychology* 46:485～495.

Bales, William D., and Linda G. Dees. 1992. "Mandatory minimum sentencing in Florida: Past trends and future implications." *Crime and Delinquency* 38(3)(July):309～329.

Ballantine, Jeanne H. 1997. *The Sociology of Education*, 4th ed. Upper Saddle River, R. J.: Prentice Hall.

Balmer, Randall. 1989. *Mine Eyes Have Seen the Glory*. New York: Oxford University Press.

Bamberger, Joan. 1974. "The myth of matriarchy: Why men rule in primitive society." In M. Z. Rosaldo and L. Lamphere(eds.), *Women, Culture, and Society*. Stanford, Calif.: Stanford University Press.

Bandura, Albert. 1973. "Social learning theory of aggression." In J. F. Knudson(ed.), *The Control of Aggression*. Chicago: Aldine.

Banner, Lois W. 1984. *Women in Modern America: A Brief History*. San Diego, Calif.: Harcourt Brace Jovanovich.

Banton, Michael. 1988. *Racial Consciousness*. London: Longman.

Baran, P. 1957. *The Political Economy of Growth*. New York: Monthly Review Press.

Barash, David P. 1977. *Sociobiology and Behavior*. New York: Elsevier.

Barber, Benjamin. 1984. *Strong Democracy*. Berkeley: University of California Press.

Barkan, Steven E. 1997. *Criminology: A Sociological Understanding.* Upper Saddle River, NJ: Prentice Hall.

Barker, Eileen, 1982, *New Religious Movements: A Perspective for Understanding Society.* New York: Edwin Mellen Press.

Barney, Gerald O. 1980. *Tire Global 2000 Report to the President of the United States: Entering the 21st Century. The Summary Report.* Vol. 1. New York: Pergamon.

Baron, James N., and William T. Bielby. 1986. "The proliferation of job titles in organizations." *Administrative Science Quarterly* 31:561~586.

Barr, Robert D. 1982. "Magnet schools: An attractive alternative." *Principal* 61(3):37~40.

Barrow, Georgia M., and Patricia A. Smith. 1979. *Age, Ageism, and Society.* St. Paul, Minn.: West.

Barry, Herbert, Margaret K. Bacon, and Irvin L. Child. 1957. "A crosscultural survey of some sex differences in socialization." *Journal of Abnormal and Social Psychology* 55:327~332.

Bart, Pauline B. 1981. "A study of women who both were raped and avoided rape." *Journal of Social Issues* 37(4):123~137.

Barwise, Patrick, and Andrew Ehrenberg. 1988. Television and Its Audience. Beverly Hills, Calif.: Sage.

Basnik, Ellen L., Lenoire Rubin, and Alison S. Lauriat. 1986. "Characteristics of sheltered homeless" *American Journal of Public Health* 76(9):1097~1107.

Basow, Susan A. 1984. "Ethnic group differences in educational achievement in Fiji." *Journal of Cross-Cultural Psychology* 15:435~451.

Basow, Susan A., and Nancy T. Silberg. 1987. "Student evaluations of college professors: Are female and male professors rated differently?" *Journal of Educational Psychology* 79:308~314.

Baum, Alice S., and Donald W. Burnes. 1993. *A Nation in Denial The Truth about Homelessness.* Boulder, Colo.: Westview.

Baumrind, Diana. 1980. "New directions in socialization research." *American Psychologist* 35:639~652.

Baxter, Ellen, and Kim Hopper. 1984. In John A. Talbott(ed.), *The Chronic Mental Patient: Five Years Later.* New York: Grune & Stratton.

Beach, Stephen W. 1977. "Religion and political change in Northern Ireland." *Sociological Analysis* 38(1):37~48.

Beck, Melinda. 1993. "Thy kingdom come." *Newsweek,* March 15, pp. 52~55.

Becker, Howard S. 1952. "Social class variations in the teacher-pupil relationship." *Journal of Educational Psychology* 25:457.

Becker, Howard S. 1963. *Outsiders: Studies in the Sociology of Deviance.* New York: Free Press.

Becker, Howard S. 1967. "Whose side are we on?" *Journal of Social Problems* 14:239~247.

Belcher, John R., and Jeff Singer. 1987. "Homelessness: A cost of capitalism." Social Policy 18:44~48.

Bell, Daniel. 1973. *The Coming of Post-Industrial Society.* New York: Basic Books.

Bell, Daniel. 1976. *The Post-Industrial Society: A Venture in Social Forecasting.* NewYork: Basic Books.

Bell, Daniel. 1978. *The Cultural Contradictions of Capitalism.* New York: Basic Books.

Bell, Daniel. 1991. "Behind the Soviet economic crises." *Dissent* (Winter): 46～54.

Bell, Wendell, and Robert V. Robinson. 1980. "Cognitive maps of class and racial inequalities in England and the United States." *American Journal of Sociology* 86: 321～342.

Bellah, Robert N. 1964. "Religious evolution." *American Sociological Review* 29: 358～374.

Bellah, Robert N. 1967. "Civil religion in America." *Daedalus* (Winter).

Bellah, Robert N. (1970). *Beyond Belief*. New York: Harper & Row.

Bellah, Robert N., Richard Madsen, William M. Sullivan, Ann Swidler, and Steven M. Tipton. 1986. *Habits of the Heart: Individualism and Commitment in American Life*. New York: Harper & Row.

Bellah, Robert, Richard Madsen, William Sullivan, Ann Swidler, and Steven Tipton. 1991. *The Good Society*. New York: Knopf.

Bellas, Marcia L. 1993. "Faculty salaries: Still a cost of being female." *Social Science Quarterly* 74(1): 62～75.

Belsky, Jay. 1987. "Risks remain." *Zero to Three* 7: 22～24.

Belsky, Jay. 1988a. "The 'effects' of infant day care reconsidered." *Early Childhood Research Quarterly* 3: 235～272.

Belsky, Jay. 1988b. "Infant day care and socioemotional development: The United States." *Journal of Child Psychology and Psychiatry and Allied Disciplines* 29: 397～406.

Belsky, Jay. 1988c. "Nonmaternal care in the first year of life and the security of infant-parent attachment. *Child Development* 59: 157～167.

Benard, Cheryl, and Zalmay Khalilzad. 1979. "Secularization, industrialization, and Khomeini's Islamic republic." *Political Science Quarterly* 94: 229～241.

Bender, B. 1975. *Farming in Pre-History: From Hunter-Gatherer to Food Producer*. New York: St. Martin's Press.

Bendix, Reinhard. 1964. *Nation-Building and Citizenship: Studies of Our Changing Social Order*. Berkeley: University of California Press.

Bendix, Reinhard. 1978. *Kings or People: Power and the Mandate to Rule*. Berkeley: University of California Press.

Benedict, Ruth. 1959. *Patterns of Culture*, 2nd ed. Boston: Houghton Mifflin.

Benet, Sula. 1976. "Why they live to be 100 or even older in Abkhasia." In Cary S. Kart and Barbara B. Manard (eds.), *Aging in America*. Port Washington, N. Y.: Alfred.

Benevolo, Leonardo. 1980. *The History of the City*. Cambridge, Mass.: MIT Press.

Bennett, Neil G., Ann Klimas Blanc, and David E. Bloom. 1988. "Commitment and the modern union: Assessing the link between premarital cohabitation and subsequent marital stability." *American Sociological Review* 53(1): 127～139.

Bennett, Richard R., and James P. Lynch. 1990. "Does a difference make a difference: Comparing cross-national crime indicators." *Criminology* 28: 153～181.

Bennett, Stephen. 1986. *Apathy in America*. Dobbs Ferry, N. Y.: Transnational.

Benokraitis, Nijole V. 1999. *Marriages and Families: Changes, Choices, and Constraints*, 3rd ed. Upper

Saddle River, N. J. : Prentice Hall.

Bensman, Joseph, and Israel Gerver. 1963. "Crime and punishment in the factory: The function of deviancy in maintaining the social system." *American Sociological Review* 28: 588～598.

Bensman, Joseph, and Arthur Vidich. 1971. *New American Society: The Revolution of the Middle Class.* New York: Times Books.

Berger, Bennett M. 1968. *Working Class Suburb: A Study of Auto Workers in Suburbia.* Berkeley: University of California Press.

Berger, Brigitte, and Peter J. Berger. 1983. *The War over the Family: Capturing the Middle Ground.* New York: Anchor.

Berger, Peter L. 1963. *Invitation to Sociology: A Humanistic Perspective.* Garden City, N. Y. : Doubleday/Anchor.

Berger, Peter L. 1967. "Religious institutions." In Neil J. Smelser (ed.), *Sociology: An Introduction.* New York: Wiley.

Berger, Peter L. 1969. *A Rumor of Angels.* Garden City, N. Y. : Doubleday.

Berger, Peter L. 1977. "'A great revival' coming for American churches." Interview in *U. S. News & World Report*, April 11, pp. 70～72.

Berger, Peter L. 1986. *The Capitalist Revolution.* New York: Basic Books.

Berkowitz, L. 1962. *Aggression: A Social-Psychological Analysis.* New York: McGraw-Hill.

Bernard, Jessie. 1956. *Remarriage: A Study of Marriage.* New York: Dryden Press.

Bernard, Jessie. 1981. *The Female World.* New York: Free Press.

Bernard, Jessie. 1982. *The Future of Marriage.* New Haven, Conn. : Yale University Press. (Originally published in 1973.)

Bernstein, Nina. 1997. "On line, high-tech sleuths find private facts." *New York Times*, September 15, A1, A12.

Berreman, Gerald D. 1960. "Caste in India and the United States." *American Journal of Sociology* 66: 120～127.

Berrick, Jill. 1995. *Faces of Poverty: Portraits of Women and Children on Welfare*. New York: Oxford University Press.

Berrueta-Clement, John R., Lawrence J. Schweinhart, W. Steven Barnett, Ann S. Epstein, and David P. Weikart. 1984. *Changed Lives: The Effects of the Perry Preschool Program on Youths through Age 19*. Ypsilanti, Mich. : High/Scope Press.

Berry, Brian J. L., and J. D. Kasarda. 1977. *Contemporary Urban Ecology.* New York: Macmillan.

Best, Raphaela. 1983. *We've All Got Scars: What Boys and Girls Learn in Elementary School.* Bloomington: Indiana University Press.

Bettelheim, Bruno. 1969. *The Children of the Dream.* New York: Macmillan.

Biagi, Shirley. 1989. *Media Reader: Perspectives on Mass Media Industry Effects and Issues.* Belmont, Calif. : Wadsworth.

Biblarz, T. J., and A. E. Rafferty. 1993. "The effects of family disruption on social mobility." *American*

Sociological Review 58(February):97～109.

Bidwell, Charles E. 1965. "The school as a formal organization." In James G. March(ed.), *Handbook of Organizations*. New York: Rand McNally.

Bielby, William T., and James N. Baron. 1986. "Men and women at work: Sex segregation and statistical discrimination." *American Journal of Sociology* 91:759～799.

Bielby, William T., and Denise D. Bielby. 1989. "Family ties: Balancing commitments to work and family in dual earner households." *American Sociological Review* 54:776～789.

Birdwhistell, Ray L. 1970. *Kinesics and Context: Essays on Body Motion Communication*. Philadelphia: University of Pennsylvania Press.

Bissinger, H. G. 1990. *Friday Night Lights. New York:* Harper.

Black, Donald J. 1971. "The social organization of arrest." *Stanford Law Review* 23:1087～1111.

Blackburn, M., and D. Bloom. 1985. "What is happening to the middle class?" *Demographics*(January): 18～25.

Blackwell, James E. 1991. *The Black Community*, 3rd ed. New York: HarperCollins.

Blain, Jenny, and Jerome Barkow. 1988. "Father involvement, reproductive strategies, and the sensitive period." In Kevin B. MacDonald(ed.), *Sociological Perspectives on Human Development*. New York: Springer-Verlag.

Blake, Judith, and Kingsley Davis. 1964. "Norms, values and sanctions." In R. E. L. Faris(ed.), *Handbook of Modern Sociology*. Chicago: Rand McNally.

Blank, R. K., and D. A. Archibald. 1992. "Magnet schools and issues of educational quality." *The Clearinghouse* 82:81～86.

Blau, Francine O., and Carol L. Jusenius. 1976. "Economists' approaches to sex segregation in the labor market: An appraisal." *Signs: Journal of Women in Culture and Society* 1:181～200.

Blau, Peter M. 1964. Exchange and Power in Social Life. New York: Wiley.

Blau, Peter. 1974. "Parameters of social structure." *American Sociological Review* 39(5):615～635.

Blau, Peter M. 1987. "Contrasting theoretical perspectives." In J. Alexander, J. B. Giesen, et al. (eds.), *The Macro-Micro Link*. Berkeley: University of California Press.

Blau, Peter M., and O. D. Duncan. 1967. *The American Occupational Structure*. New York: Wiley.

Blau, Peter M., and W. Richard Scott. 1962. *Formal Organizations: A Comparative Approach*. San Francisco: Chandler.

Blau, Zena S. 1981. *Aging in Changing Society*, 2nd ed. New York: Franklin Watts.

Blauner, Robert. 1964. *Alienation and Freedom*. Chicago: University of Chicago Press.

Blauner, Robert. 1969. "Internal colonialism and ghetto revolt." *Social Problems* 16(4):612～617.

Blendon, Robert J. 1985. "Policy choices for the 1990s." In E. Ginzburg (ed.), *The U. S. Health Care System: A Look to the* 1990*s*. Totowa, N. J.: Rowman & Allenheld.

Bloch, Ruth H. 1978. "Untangling the roots of modern sex roles: A survey of four centuries of change." *Signs: Journal of Women in Culture and Society* 4(2):237～252.

Block, Jeanne H. 1976. "Issues, problems, and pitfalls in assessing sex differences." *Merrill-Palmer*

Quarterly 22:283～308.

Bloom, David E., and Geoffrey Carliner. 1988. "The economic impact of AIDS in the United States." *Science* 239, 4840(February 5):604～610.

Bluestone, Barry, and Bennett Harrison. 1982. *The Deindustrialization of America: Plant Closings, Community Abandonment, and the Dismantling of Basic Industry*. New York: Basic Books.

Blum, Marian. 1983. *The Day-Care Dilemma*. Lexington, Mass.: D. C. Heath.

Blumberg, A. S. 1970. *Criminal Justice. Chicago:* Quadrangle.

Blumberg, Rae Lesser. 1978. *Stratification: Socioeconomic and Sexual Inequality*. Dubuque, Iowa: William C. Brown.

Blumer, Herbert, 1939. "Collective behavior." In Alfred Lee(ed.), *Principles of Sociology*. New York: Barnes and Noble.

Blumer, Herbert. 1948. "Public opinion and public opinion polling." *American Sociological Review* 13: 542～549.

Blumer, Herbert. 1962. "Society as symbolic interaction." In Arnold Rose(ed.), *Human Behavior and Social Processes: An Interactionist Approach*. Boston: Houghton Mifflin.

Blumstein, Philip, and Pepper Schwartz. 1983. *American Couples*. New York: Morrow.

Bodovitz, Kathy. 1991. "Black America." *American Demographics Desk Reference Series No.* 1 (July): 8～10.

Bogdanor, Vernon(ed.). 1987. *The Blackwell Encyclopedia of Political Institutions*. Oxford: Basil Blackwell.

Bohannan, Paul. 1985. *All the Happy Families: Exploring the Varieties of Family Life*. New York: McGraw-Hill.

Bonvillain, Nancy. 1998. *Women and Men: Cultural Constructs of Gender*. Upper Saddle River, N. J.: Prentice Hall.

Boocock, Sarane. 1980. *Sociology of Education: An Introduction*, 2nd ed. Boston: Houghton Mifflin.

Bookchin, Murray. 1987. *The Rise of Urbanization and the Decline of Citizenship*. San Francisco: Sierra Club.

Booth, Alan, David R. Johnson, and Harvey M. Choldin. 1977. "Correlates of city crime rates: Victimization surveys versus official statistics." *Social Problems* 25:187～197.

Bornschier, Volker, and Thanh-Huyven Ballmer-Cao. 1979. "Income inequality: A cross-national study of the relationships between MNC-penetration, dimensions of the power structure and income distribution." *American Sociological Review* 44:487～506.

Boroughs, Don L., and Betsy Carpenter. 1991. "Cleaning up the environment." *U. S. News & World Report*, March 25, p. 45ff.

Botwinick, J. 1967. *Cognitive Processes in Maturity and Old Age*. New York: Springer-Verlag.

Boucher, Jeff, Dan Landis, and Karen Arnold Clark (eds.). 1987. *Ethnic Conflict: International Perspectives*. Newbury Park, Calif.: Sage.

Boulding, Kenneth E. 1966. "The economics of the coming spaceship earth." In Henry Jarrett (ed.),

Environmental Quality in a Growing Economy. Baltimore: Johns Hopkins University Press.

Bouvier, Leon F., and Robert W. Gardner. 1986. "Immigration to the U.S.: The unfinished story." *Population Bulletin* 44:4.

Bouvier, Leon F., with Henry S. Shryrock and Harry W. Henderson. 1977. "International migration: Yesterday, today, and tomorrow." *Population Bulletin* 32:26.

Bowen, Gary Lee, and Dennis K. Orthner. 1983. "Sex-role congruency and marital quality." *Journal of Marriage and the Family* 45:223～229.

Bowerman, C.E., and J.W. Kinch. 1959. "Changes in family and peer orientation of children between the fourth and tenth grades." *Social Forces* 37:201～211.

Bowes, A.M. 1989. *Kibbutz Goshen: An Israeli Commune*. Prospect Heights, Ill.: Waveland Press.

Bowles, Samuel, and Richard Edwards. 1985. *Understanding Capitalism*. New York: Harper & Row.

Bowles, Samuel, and Herbert Gintis. 1976. *Schooling in Capitalist America: Educational Reform and the Contradictions of Economic Life*. New York: Basic Books.

Bowles, Samuel, and Herbert Gintis. 1986. *Democracy and Capitalism*. New York: Basic Books.

Bowles, Samuel, David Gordon, and Thomas Weisskopf. 1983. *Beyond the Wasteland*. New York: Doubleday.

Boyer, Richard, and David Savegeau. 1989. *Places Rated Almanac*. New York: Prentice Hall.

Braithwaite, John, and Valerie Braithwaite. 1980. "The effect of income inequality and social democracy on homicide." *British Journal of Criminology* 20:45～53.

Brandreth, Gyles. 1985. *Super Silly Riddles*. New York: Wings Books.

Braverman, H. 1975. *Labor and Monopoly Capital*. New York: Monthly Review Press.

Bray, Thomas J. 1988. "Reading America the riot act." *Policy Review* 43:32～36.

Bredin, Alice. 1996. *Virtual Office Survival Handbook*. New York: Wiley.

Brenneis, Donald. 1984. "Grog and gossip in Bhatagon: Style and substance in Fiji Indian conversation." *American Ethnologist* 11:487～505.

Bretl, Daniel J., and Joanne Cantor. 1988. "The portrayal of men and women in U.S. television commercials: A recent content analysis and trends over 15 years." *Sex Roles* 18:595～609.

Brim, Orville G., Jr. 1968. "Adult socialization." In David Sills (ed.), *International Encyclopedia of the Social Sciences*. New York: Macmillan.

Brim, Orville G., Jr., and Jerome Kagan. 1980. *Constancy and Change in Human Development*. Cambridge, Mass.: Harvard University Press.

Brittan, Arthur. 1989. *Masculinity and Power*. London: Blackwell.

Broadstreet, Simon, and Susanna Segnit. 1975. "Is anybody out there?" *View* (November).

Brockerhoff, Martin. 1996. "'City summit' to address global urbanization." *Population Today* 24 (March): 4～5.

Brody, Jacob A. 1989. "Toward quantifying the health of the elderly." *American Journal of Public Health* 79:685～686.

Brofman, Rob. 1989. "Red hot. Soviet watches are fad in Italy." *Life*, December, p.8.

Bromley, Ray. 1988. "Work in the streets: Survival strategy, necessity, or unavoidable evil?" In José Gugler (ed.), *Urbanization of the Third World*. New York: Oxford University Press.

Bronfenbrenner, Urie. 1958. "Socialization and social class through time and space." In Eleanor E. Maccoby et al. (eds.), *Readings in Social Psychology*, 3rd ed. New York: Holt, Rinehart & Winston.

Bronner, Ethan. 1998. "U. S. 12th graders rank poorly in math and science, study says." *New York Times*, February 25, A 1, C20.

Brooks, John (ed.). 1989. *South American Handbook*. Bath, England: Trade and Travel Publications.

Broom, Leonard, and Robert Cushing. 1977. "A modest test of an immodest theory: The functional theory of stratification." *American Sociological Review* 42:157~169.

Broudy, H. S. 1987. *Becoming Educated in Contemporary America*. National Society for the Study of Education. Chicago: University of Chicago Press.

Brower, Brock. 1988. "The pernicious power of the polls." *Money* (March): 144~163.

Brown, Arnold S. 1990. *Social Processes of Aging and Old Age*. Englewood Cliffs, N. J.: Prentice Hall.

Brown, L. R., and J. L. Jacobson. 1987. "The future of urbanization: Facing the ecological and economic constraints." *Worldwatch Paper* 77 (May). New York: Worldwatch Institute.

Brown, Lester R. 1988. *State of the World*. New York: Norton.

Brown, Phil. 1987. "Popular epidemiology: Community response to toxic waste-induced disease." *Science, Technology, and Human Value* 12(Summer/Fall): 78~85.

Brown, Richard Maxwell. 1990. "Historical patterns of American violence." In Neil Alan Weiner, Margaret A. Zahn, and Rita J. Sagi (eds.), *Violence, Patterns, Causes, Public Policy*, pp. 4~15. San Diego: Harcourt Brace Jovanovich.

Browne, M. Neil, and Stuart M. Keeley. 1990. *Asking the Right Questions: A Guide to Critical Thinking*. Upper Saddle River, N. J.: Prentice Hall.

Brunner, Borgna. 1998. *Information Please Almanac 1998*. Boston: LLC.

Buell, Emmett H. 1980. "Busing and the defended neighborhood: South Boston 1974—1977." *Urban Affairs Quarterly* 16:161~188.

Bulmer, Martin. 1984. *The Chicago School of Sociology: Institutionalization, Diversity, and the Rise of Sociological Research*. Chicago: University of Chicago Press.

Burawoy, Michael. 1984. "Organizing consent on the shop floor: The game of making out." In Frank Fisher and Carmen Sirianni (eds.), *Critical Studies in Organization and Bureaucracy*. Philadelphia: Temple University Press.

Burawoy, Michael, and Theda Skocpol (eds.). 1982. *Marxist Inquiries: Studies of Labor, Class, and States*. Chicago: University of Chicago Press.

Burchell, Robert, and George Sternlieb. 1978. *Planning Theory in the 1980s: A Search for Future Directions*. New Brunswick, N. J.: Rutgers University Press.

Burnham, Walter. 1981. "The 1980 earthquake." In T. Ferguson and J. Rogers (eds.), *The Hidden Election*. New York: Pantheon.

Burnham, Walter. 1984. "The appearance and disappearance of the American voter." In T. Ferguson and J. Rogers(eds.), *The Political Economy*. Armonk, N.Y.: M.E. Sharpe.

Burns, Leland S., and John Friedmann. 1985. *The Art of Planning*. New York: Plenum Press.

Burridge, Kenelm O.L. 1957. "Disputing in Tangu." *American Anthropologist* 59:763～780.

Buss, David M. 1984. "Toward a psychology of person-environment (PE) correlation: The role of spouse selection." *Journal of Personality and Social Psychology* 47:361～377.

Butsch, Richard. 1992. "Class and gender in four decades of television situation comedy: Plus ça change... *Critical Studies in Mass Communication* 9:387～399.

Cabezas, Amado, Larry Hajime Shinagawa, and Gary Kawaguchi. 1986～87. "New inquiries into the socioeconomic status of Philippino Americans in California." *Amerasia Journal* 13:3～7.

Calhoun, J. 1962. "Population density and social pathology." *Scientific American* (February): 139～148.

Callender, C., and L. Kochems. 1987. "The North American berdache." *Current Anthropology* 24: 443～456.

Camara, Kathleen A. 1986. "Family adaptation to divorce." In Michael W. Yogman and T. Berry Brazelton (eds.), *In Support of Families*. Cambridge, Mass.: Harvard University Press.

Camden, Thomas M., and Susan Schwartz. 1995. *How to Get a Job in Chicago*. Chicago: Surrey Books.

Cameron, Kim S., and R. E. Quinn. 1996. *Diagnosing and Changing Organizational Culture*. San Francisco: Jossey-Bass.

Campbell, Angus. 1981. *The Sense of Well-Being in America*. New York: McGraw-Hill.

Campbell, Anne. 1991. *The Girls in the Gang*, 2nd ed. Cambridge, Mass.: Basil Blackwell.

Campbell, Bernard. 1985. *Human Evolution*, 3rd ed. New York: Aldine.

Campbell, Ernest. 1971. "On desegregation and matters sociological." *Phylon* (Summer): 140～142.

Campbell, Joseph. 1988. *The Power of Myth*. New York: Doubleday.

Cancian, Francesca M. 1987. *Love in America*. New York: Cambridge University Press.

Cantril, Albert H. (ed.). 1980. *Polling on the Issues*. Cabin John, Md.: Seven Locks Press.

Caplan, Nathan, Marcella H. Choy, and John Whitmore. 1992. "Indochinese refugee families and academic achievement." *Scientific American* 266:36～42.

Caplow, Theodore. 1969. *Two against One: Coalitions in Triads*. Englewood Cliffs, N.J.: Prentice Hall.

Caplow, Theodore, H.M. Bahr, B.A. Chadwick, R. Hill, and M. H. Williamson. 1982. *Middletown Families: Fifty Years of Change and Continuity*. Minneapolis: University of Minnesota Press.

Cardozo, Arlene Rossen. 1986. *Sequencing: Having It All but Not All at Once*. New York: Atheneum.

Carey, James T. 1978. *Introduction to Criminology*. Englewood Cliffs, N.J.: Prentice Hall.

Carey, Marx, and James Franklin. 1991. "Industry output and job growth continue slow into the next century." *Monthly Labor Review* (November): 45～63.

Carlen, Pat, and Anne Worrall (eds.). 1987. *Gender, Crime, and Justice*. Philadelphia: Open University Press.

Carmichael, Stokely, and Charles V. Hamilton. 1967. *Black Power*. New York: Vintage.

Carnoy, Martin. 1984. *The State and Political Theory*. Princeton, N.J.: Princeton University Press.

Carr-Saunders, A.M. 1936. *World Population*. New York: Oxford University Press.

Castells, Manuel. 1977. *The Urban Question*. Cambridge, Mass.: MIT Press.

Castells, Manuel. 1983. *The City and the Grassroots: A Cross-Cultural Theory of Urban Social Movements*. Berkeley: University of California Press.

Castells, Manuel. 1988. "Squatters and the state in Latin America." In José Gugler (ed.), *Urbanization of the Third World*. New York: Oxford University Press.

Castive, George Pierre, and Gilbert Kushner (eds.). 1981. *Persistent Peoples: Cultural Enclaves in Perspective*. Tucson: University of Arizona Press.

Caton, Carol L. M. 1990. *Homeless in America*. New York: Oxford University Press.

Cazenave, Noel A., and Murray A. Straus. 1979. "Race, class, network embeddedness and family violence: A search for potent support systems." *Journal of Comparative Family Studies* 10:281～300.

CBS/New York Times Poll. 1993. "How we classify ourselves." *American Enterprise* 4 (May—June): 82.

Centers for Disease Control. 1998. http://www. cdc. gov.

Centerwall, Brandon S. 1993. "Our cultural perplexities: Television and violent crime." *The Public Interest* 111:56.

Chafetz, Janet Saltzman. 1988. *Feminist Sociology: An Overview of Contemporary Theories*. Itsaca, Ill.: Peacock.

Chambliss, William J. 1973. "The Saints and the Roughnecks." *Society* 2(1).

Chapman, Anthony J. 1973. "Funniness of jokes, canned laughter, and recall performance." *Sociometry* 36:569～578.

Chase, Ivan D. 1975. "A comparison of men's and women's intergenerational mobility in the United States." *American Sociological Review* 40:483～505.

Cherlin, Andrew. 1983. *Marriage, Divorce, Remarriage*. Cambridge, Mass.: Harvard University Press.

Chidester, David. 1988. *Patterns of Power, Religion, and Politics in American Culture*. Englewood Cliffs, N.J.: Prentice Hall.

Childe, V. Gordon. 1951. *Man Makes Himself*. New York: New American Library.

Chinoy, Ely. 1968. *Sociological Perspective: Basic Concepts and Their Application*, rev. ed. New York: Random House.

Chirot, Daniel. 1986. *Social Change in the Modern Era*. San Diego: Harcourt Brace Jovanovich.

Chirot, Daniel, and Thomas D. Hall. 1982. "World system theory." *Annual Review of Sociology* 8: 81～106.

Chodorow, Nancy. 1978. *The Reproduction of Mothering*. Berkeley: University of California Press.

Chodorow, Nancy. 1989. *Feminism and Psychoanalytic Theory*. New Haven, Conn.: Yale University

Press.

Choldin, H. M. 1984. *Cities and Suburbs*. New York: McGraw-Hill.

Chomsky, Noam. 1965. *Aspects of the Theory of Syntax*. Cambridge, Mass.: MIT Press.

Chomsky, Noam. 1975. *Reflections on Language*. New York: Pantheon.

Choucri, Nazi (ed.). 1984. *Multidisciplinary Perspectives on Population and Conflict*. Syracuse, N. Y.: Syracuse University Press.

Christopher, David. 1983. *The Japanese Mind: The Goliath Explained*. New York: Linden Press/Simon & Schuster.

Chudacoff, Howard, and J. Smith, 1988. *The Evolution of American Urban Society*, 3rd ed. Englewood Cliffs, N. J.: Prentice Hall.

Clark, Burton R. 1962. *Educating the Expert Society*. San Francisco: Chandler.

Clark, Charles S. 1993. "TV violence." *CQ Researcher* 3(12): 267～284.

Clarke-Stewart, K. Alison. 1988. "The 'effects' of daycare reconsidered." *Early Childhood Research Quarterly* 3: 293～318.

Clarke-Stewart, Alison, and Susan Friedman. 1987. *Child Development: Infancy through Adolescence*. New York: Wiley.

Clayton, R. C. 1975. *The Family, Marriage, and Social Change*. Lexington, Mass.: D. C. Heath.

Clegg, Stewart, and David Dunkerley. 1980. *Organization, Class and Control*. London: Routledge & Kegan Paul.

Clinard, Marshall B. 1979. *Illegal Corporate Behavior*. Washington, D. C.: U. S. Government Printing Office.

Cloward, Richard A. 1960. "Social control in the prison." *In Theoretical Studies in the Social Organization of the Prison*. New York: Social Science Research Council.

Cloward, Richard A., and Lloyd E. Ohlin. 1964. *Delinquency and Opportunity*. New York: Free Press.

Coakley, Jay J. 1986. *Sport in Society: Issues and Controversies*. St. Louis, Mo.: Mosby.

Coche, Judith M., and Erich Coche. 1986. "Leaving the institutional setting to enter private practice: A mid-life crisis resolution." *Psychotherapy in Private Practice* 4: 43～50.

Cockerham, William C. 1991. *This Aging Society*. Englewood Cliffs, N. J.: Prentice Hall.

Cockerham, William C. 1998. *Medical Sociology*, 7th ed. Upper Saddle River, N. J.: Prentice Hall.

Cogan, John, Judith Torney-Purta, and Douglas Anderson. 1988. "Knowledge and attitudes toward global issues: Students in Japan and the United States." *Comparative Education Review* 32: 282～297.

Cohen, Albert. 1966. *Deviance and Control*. Englewood Cliffs, N. J.: Prentice Hall.

Cohen, Carl I., and Jay Sokolovsky. 1989. *Old Men of the Bowery: Strategies of Survival among the Homeless*. New York: Guilford Press.

Cohen, Jere Z. 1979. "High school subcultures and the adult world." *Adolescence* 16: 491～502.

Cohen, R. B. 1988. "The new international division of labor and multinational corporations." In Frank Hearn (ed.), *The Transformation of Industrial Organization*. Belmont, Calif.: Wadsworth.

Cohen, Stephen S., and John Zysman. 1987. *Manufacturing Matters*. New York: Basic Books.

Colasanto, Diane, and Linda DeStefano. 1989. "Religion: Public image of TV evangelists deteriorates." *The Gallup Poll Monthly* (September): 16～19.

Cole, William S. 1995. "Readers for sale! What newspapers tell advertisers about their audience. *Extra!* 8(3): 6～7.

Coleman, James. 1987. "Families and schools." *Educational Researcher* 32 (August/September): 32～38.

Coleman, James S. 1961. *The Adolescent Society*. New York: Free Press.

Coleman, James S., et al. 1966. *Equality of Educational Opportunity*. Washington, D. C.: U. S. Department of Health, Education, and Welfare.

Coleman, James S., and Thomas Hoffer. 1986. *Public and Private High Schools: The Impact of Communities*. New York: Basic Books.

Coleman, James S., Thomas Hoffer, and Sally Kilgore. 1982. *High School Achievement: Public, Catholic, and Private Schools Compared*. New York: Basic Books.

Coleman, James S., Sara D. Kelly, and John A. Moore. 1975. "Recent trends in school integration." Paper presented at American Sociological Association Meeting, April 2.

Coleman, James William, and Donald R. Cressey. 1999. *Social Problems*, 7th ed. New York: Addison-Wesley Longman.

Coleman, John C., and Leo Hendry. 1990. *The Nature of Adolescence*, 2nd ed. New York: Routledge, Chapman, and Hall.

Coleman, Richard, and Lee Rainwater. 1978. *Social Standing in America*. New York: Basic Books.

Collins, Randall. 1981. "On the microfoundations of macrosociology." *American Journal of Sociology* 86: 984～1014.

Collins, Randall. 1990. "Market dynamics as the engine of historical change." *Sociological Theory* 8 (Fall): 111～135.

Collins, Randall. 1992. *Sociological Insight: An Introduction to Non-Obvious Sociology*, 2nd ed. New York: Oxford University Press.

Coltrane, Scott. 1988. "Father-child relationships and the status of women: A cross-cultural study." *American Journal of Sociology* 93: 1060～1095.

Comstock, George, and Victor C. Strasburger. 1990. "Deceptive appearances: Television violence and aggressive behavior." *Journal of Adolescent Health Care* 11 (1): 31～44.

Comte, Auguste. 1877. *System of Positive Polity*. London: Longmans, Green.

Congressional Quarterly. 1986. *The Soviet Union*, 2nd ed. Washington, D.C.: Congressional Quarterly.

Congressional Quarterly Almanac. 1988. Vol. 44.

Connors, John H. 1987. "Ranks of the poor swell with women and children." *State Government News* 29: 4～7.

Conrad, Peter, and Rochelle Kern. 1990. "The social and cultural meanings of illness." In Peter Conrad and Rochelle Kern (eds.), *Sociology of Health and Illness: Critical Perspectives*. New York: St. Martin's

Press.

Conrad, Peter, and Joseph W. Schneider. 1980. *Deviance and Medicalization: From Badness to Sickness*. St. Louis, Mo.: Mosby.

Constantine, B. L., and J. M. Constantine. 1973. *Group Marriage: A Study of Contemporary Multilateral Marriage*. New York: Macmillan.

Converse, Jean M., and Stanley Presser. 1986. *Survey Questions: Handcrafting the Standardized Questionnaire*. Beverly Hills, Calif.: Sage.

Cookson, Peter W., Jr., and Caroline Hodges Persell. 1985. *Preparing for Power: America's Elite Boarding Schools*. New York: Basic Books.

Cooley, Charles Horton. 1902. *Human Nature and the Social Order*. New York: Scribner's.

Cooley, Charles Horton. 1909. *Social Organization*. New York: Scribner's.

Coon, Carleton S. 1982. *Racial Adaptation*. Chicago: Nelson-Hall.

Cooney, J. G. 1966. *The Potential Uses of Television in Preschool Education*. New York: Carnegie Corporation of New York.

Cooney, J. G., with L. Gottlieb. 1968. *Television for Preschool Children: A Proposal*. New York: Carnegie Corporation of New York.

Cornish, Edward. 1987. "The social consequences of AIDS." *The Futurist* 21(6):45～46.

Corr, Charles A. 1993. "Coping with dying: Lessons that we should and should not learn from the work of Elisabeth Kubler-Ross." *Death Studies* 17(1)(January/February): 69～83.

Correa, Hector, Mohammed Al El Torky, and Miriam K. Were. 1989. "Ecological upheavals with special reference to desertification and predicting health impact." *Social Science and Medicine* 18(3):357～367.

Corsaro, William. 1985. *Friendship and Peer Culture in the Early Years*. Norwood, NJ: Ablex.

Corsaro, William. 1992. "Interpretive reproduction in children's peer cultures." *Social Psychology Quarterly* 55:160～177.

Corsaro, William. 1997. *The Sociology of Childhood*. Thousand Oaks, Calif.: Pine Forge Press.

Corsaro, William, and Donna Eder. 1990. "Children's peer cultures." *Annual Review of Sociology* 16: 197～220.

Corsaro, William, and T. A. Rizzo. 1988. "Discussion and friendship: Socialization processes in the peer culture of Italian nursery school children." *American Sociological Review* 53:879～894.

Coser, Lewis. 1956. *The Functions of Social Conflict*. New York: Free Press.

Costa, Joseph J. 1984. *Abuse of the Elderly: A Guide to Resources and Services*. Lexington, Mass.: D. C. Heath.

Cottrell, Fred. 1974. *Aging and the Aged*. Dubuque, Iowa: William C. Brown.

Cowgill, Donald O. 1986. *Aging around the World*. Belmont, Calif.: Wadsworth.

Cox, Christopher. 1983. "Second marriages: Better while they last." *Psychology Today* (February):72.

Cox, Harold G. 1996. *Later Life: The Realities of Aging*. Upper Saddle River, N. J.: Prentice Hall.

Cressey, Donald R. 1953. *Other People's Money: A Study in the Social Psychology of Embezzlement*. Montclair, N. J.: Patterson Smith.

Crewdson, John. 1988. *By Silence Betrayed: Sexual Abuse of Children in America*. Boston: Little, Brown.

Crohn, Joel. 1995. *Mixed Matches*. New York: Fawcett Columbine.

Crosbie, Paul V. (ed.). 1975. *Interaction in Small Groups*. New York: Macmillan.

Croteau, David, and William Hoynes. 1997. *Media/Society: Industries, Images, and Audiences*. Thousand Oaks, Calif.: Pine Forge Press.

Crouse, James, and Dale Trusheim. 1988. "The case against the SAT." *The Public Interest* 93 (Fall): 97～110.

Crouter, Ann C., and Maureen PerryJenkins. 1986. "The impact of working mothers on children's attitudes and gender development." In Michael W. Yogman and T. Berry Brazelton(eds.), *In Support of Families*. Cambridge, Mass.: Harvard University Press.

Cruse, Harold. 1987. *Plural but Equal: A Critical Study of Blacks and Minorities in America's Plural Society*. New York: Morrow.

Crystal, David. 1988. *The Cambridge Encyclopedia of Language*. New York: Cambridge University Press.

Culver, Lowell W. 1979. "America's troubled cities: Better times ahead?" *The Futurist* (August): 275～286.

Cumming, Elaine, and William E. Henry. 1961. *Growing Old: The Process of Disengagement*. New York: Basic Books.

Curran, Jeanne, and Carol Telesky. 1980. *Up the Job Market: Controlling the Ascent*. Washington, D. C.: American Sociological Association.

Currie, Elliot, and Jerome Skolnick. 1984. *America's Problems*. Boston: Little, Brown.

Curtis, Richard, and Elton Jackson. 1977. *Inequality in American Communities*. New York: Academic Press.

Cyert, Richard, and David Mowery. 1989. "Technology, employment, and U.S. competitiveness." *Scientific American* 260(5): 54～62.

Dahl, Robert. 1961. *Who Governs? Democracy and Power in an American City*. New Haven, Conn.: Yale University Press.

Dahl, Robert. 1990. "Social reality and 'free' markets." *Dissent* (Spring): 224～228.

Dahrendorf, Ralf. 1958. "Out of utopia: Toward a reorganization of sociological analysis." *American Journal of Sociology* 64: 115～127.

Dahrendorf, Ralf. 1959. *Class and Class Conflict in Industrial Society*. Stanford, Calif.: Stanford University Press.

Dalgard, Odd Steffen, and Einar Kringlen. 1976. "A Norwegian twin study of criminality." *British Journal of Criminality* 16(3): 213～232.

Dambrot, Faye H., Diana C. Reep, and Daniel Bell. 1988. "Television sex roles in the 1980s: Do viewers'sex and sex role orientation change the picture?" *Sex Roles* 19: 387～401.

Daniels, Roger. 1988. *Asian America: Chinese and Japanese in the U. S. since 1850*. Seattle: University of Washington Press.

Daniels, Roger, and Harry H. L. Kitano. 1970. *American Racism: Exploration of the Nature of Prejudice*. Englewood Cliffs, N. J.: Prentice Hall.

Daniloff, Nicholas. 1983. "The posh world of Russia's ruling class." *U. S. News & World Report*, September 5, pp. 43～44.

Darby, John, Nicholas Dodge, and A. C. Hepburn (eds.). 1990. *Political Violence: Ireland in Comparative Perspective*. Ottawa: University of Ottawa Press.

Darden, Joe T. 1989. "Afro-American inequality within the urban structure of the United States, 1967—1987." *Journal of Developing Societies* 5(1): 1～14.

Darwin, Charles. 1859. *On the Origin of Species*.

Da Silva, Tomaz Tadeu. 1988. "Distribution of school knowledge and social reproduction in a Brazilian urban setting." *British Journal of Sociology of Education* 9: 55～79.

Dautrich, Ken, and Jennifer Necci Dineen. 1996. "When is a poll newsworthy?" *The Media and Campaign 96 Briefing by the Media Studies Center No. 3* (September). New York: Media Studies Center.

Davies, James C. 1969. "The J-curve of rising and declining satisfactions as a cause of some great revolutions and a contained rebellion." In H. D. Graham and T. R. Gurr (eds.), *Violence in America*. New York: Bantam.

Davis, James A., and Tom W. Smith. 1983. *General Social Survey Cumulative File, 1972—1982*. Ann Arbor, Mich.: Inter-University Consortium for Political and Social Research.

Davis, James, and Tom W. Smith. 1986. *General Social Surveys: 1972—1986*. Storrs, Conn.: National Opinion Research Center.

Davis, Karen. 1986. "Aging and the health-care system: Economic and structural issues." *Daedalus* 115 (Winter): 227～246.

Davis, Kingsley. 1940. "Extreme social isolation of a child." *American Journal of Sociology* 45: 554～565.

Davis, Kingsley. 1947. "A final note on a case of extreme isolation." *American Journal of Sociology* 52: 432～437.

Davis, Kingsley. 1955. "The origin and growth of urbanization in the world." *American Journal of Sociology* 60: 431.

Davis, Kingsley (ed.). 1985. *Contemporary Marriage*. New York: Russell Sage Foundation.

Davis, Kingsley, and Judith Blake. 1956. "Social structure and fertility: An analytic framework." *Economic Development and Cultural Change* 4(April): 211～235.

Davis, Kingsley, and Wilbert Moore. 1945. "Some principles of stratification." *American Sociological Review* 10: 242～249.

Davis, Robert C. 1987. "Studying the effects of services for victims in crisis." *Crime and Delinquency* 33: 520～531.

Dawkins, Richard. 1976. *The Selfish Gene*. New York: Oxford University Press.

Dawson, Carl A., and Werner E. Gettys. 1948. *An Introduction to Sociology*. New York: Ronald

Press.

Deal, Terrence E., and Allan A. Kennedy. 1982. *Corporate Cultures: The Rites and Rituals of Corporate Life*. Reading, Mass.: Addison-Wesley.

Dedman, Bill. 1998. "It isn't just big brother who is watching." *New York Times*, January 12, p. C3.

Demerath, N. J. III, and Phillip E. Hammond. 1969. *Religion in Social Context: Tradition and Transition*. New York: Random House.

Demo, David H., and Alan C. Acock. 1988. "The impact of divorce on children." *Journal of Marriage and the Family* 50:619～648.

Dennis, Everette E. 1989. *Reshaping the Media: Mass Communication in an Information Age*. Newbury Park, Calif.: Sage.

DeNora, Tina. 1986. "How is extramusical meaning possible? Music as a place and space for 'work.'" *Sociological Theory* 4:84～94.

Denzin, Norman K. 1978. *The Research Act*. New York: McGraw-Hill.

Denzin, Norman K. 1984. "Retrieving the small social group." In N. K. Denzin (ed.), *Studies in Interaction* (Vol. 15). Greenwich, Conn.: JAI Press.

Denzin, Normal K. 1986a. "Behaviorism and beyond." *Contemporary Sociology* 15:553～556.

Denzin, Norman K. 1986b. *The Recovering Alcoholic*. Beverly Hills, Calif.: Sage.

Denzin, Norman K., and Charles M. Keller. 1981. "Frame analysis reconsidered." *Contemporary Sociology* 10(1):52～60.

Derber, Charles, and William Schwartz. 1988. "Toward a theory of worker participation." In Frank Hearn (ed.), *The Transformation of Industrial Organization*. Belmont, Calif.: Wadsworth.

DeStefano, Linda. 1990. "Church synagogue membership and attendance levels remain stable." *The Gallup Poll Monthly* (January): 32～33.

de Toqueville, Alexis. 1945. Democracy in America. 2 vols. New York: Knopf.

Deviney, Stanley, and Angela M. O'Rand. 1988. "Gender-cohort succession and retirement among older men and women, 1951 to 1984." *Sociological Quarterly* 29:525～540.

Diamond, Milton. 1982. "Sexual identity: Monozygotic twins reared in discordant sex roles and a BBC follow-up." *Archives of Sexual Behavior* 11:181～186.

DiCanio, Margaret. 1989. *The Encyclopedia of Marriage, Divorce, and the Family*. New York: Facts on File.

Digest of Education Statistics. 1997. "The annual Gallup poll of the public's attitudes toward the public schools."

Dilip, Hiro. 1985. *Iran under the Ayatollahs*. New York: Praeger.

Dinnerstein, Dorothy. 1977. *The Mermaid and the Minotaur: Sexual Arrangements and Human Malaise*. New York: Harper & Row.

Dion, K., et al. 1972. "What is beautiful is good." *Journal of Personality and Social Psychology* 24:285～290.

DiPrete, Thomas A., and Whitman T. Soule. 1988. "Gender and promotion in segmented job ladder systems." *American Sociological Review* 53:26～40.

Dobbins, Gregory H., Robert L. Cardy, and Donald M. Truxillo. 1986. "Effect of ratee sex and purpose of appraisal on the accuracy of performance evaluations." *Basic and Applied Psychology* 7:225～241.

Domhoff, G. William. 1978. *Who Really Rules?* New Brunswick, N.J.: Transaction.

Domhoff, G. William. 1983. *Who Rules America Now?* Englewood Cliffs, N.J.: Prentice Hall.

Domhoff, G. William. 1990. *The Power Elite and the State: How Policy Is Made in America*. New York: Aldine.

Domhoff, G. William. 1998. *Who Rules America? Power and Politics in the Year 2000*, 3rd ed. Mountain View, Calif.: Mayfield.

Donaldson, Scott. 1969. *The Suburban Myth*. New York: Columbia University Press.

Douglas, Jack D., et al. 1980. *Introduction to the Sociology of Everyday Life*. Boston: Allyn & Bacon.

Dowse, Robert, and John Hughes. 1972. *Political Sociology*. New York: Wiley.

Dreeban, Robert. 1968. *On What Is Learned in Schools*. Reading, Mass.: Addison-Wesley.

D'Souza, Neila, and Ramini Natarjan. 1986. "Women in India: The reality." In Lynn B. Iglitzin and Ruth Ross (eds.), *Women in the World, 1975—1985: The Women's Decade*. Santa Barbara, Calif.: ABC-Clio.

Dubin, Robert, and Daniel Goldman. 1972. "Central life interests of American middle managers and specialists." *American Journal of Vocational Behavior* 2:133～141.

Duley, Margot I. 1986. "Women in India." In Margot I. Duley and Mary I. Edwards (eds.), *The Cross-Cultural Study of Women: A Comprehensive Guide*. New York: Feminist Press.

Duncan, Greg. 1984. *Years of Poverty, Years of Plenty*. Ann Arbor, Mich.: Institute for Social Research.

Duncan, G., M. Hill, and S. Hoffman. 1990. "Welfare dependents within and across generations." *Science* 239:467～471.

Duncan, Otis Dudley. 1959. "Human ecology and population." In Philip M. Hauser and Otis Dudley Duncan, *The Study of Population*. Chicago: University of Chicago Press.

Duncan, Otis Dudley. 1961. "From social system to ecosystem." *Sociological Inquiry* 31 (Spring): 140～149.

Dunlap, Riley E., and William R. Catton, Jr. 1979. "Environmental sociology." *Annual Review of Sociology* 5.

Durkheim, Émile. 1915. *The Elementary Forms of the Religious Life*. Translated by Joseph Ward Swain. New York: Macmillan.

Durkheim, Émile. 1950. *The Rules of Sociological Method*. Glencoe, Ill.: Free Press. (Originally published in 1894.)

Durkheim, Émile. 1950. *Suicide*. Glencoe, Ill.: Free Press. (Originally published in 1897.)

Durkheim, Émile. 1893. *The Division of Labor in Society*. New York: Free Press.

Dutton, Diane. 1989. "Social class, health, and illness." In Phil Brown (ed.), *Perspectives in Medical*

Sociology. Belmont, Calif.: Wadsworth.

Dye, Thomas. 1986. *Who's Running America*? Englewood Cliffs, N.J.: Prentice Hall.

Dye, Thomas. 1995. *Who's Running America? The Clinton Years*. Upper Saddle River, N.J.: Prentice Hall.

Dye, Thomas R. 1990. *Who's Running America: The Bush Era*, 5th ed. Englewood Cliffs, N.J.: Prentice Hall.

Easterlin, Richard A. 1980. *Birth and Fortune: The Impact of Numbers on Personal Welfare*. New York: Basic Books.

Easterlin, Richard A., and Ellen M. Crimmins. 1988. *Fertility Revolution*. Chicago: University of Chicago Press.

Eder, Donna. 1991. The Role of Teasing in Adolescent Peer Culture. pp. 181～97, in *Sociological Studies of Child Development*, vol. 4, ed. S. Cahill. Greenwich, Conn.: JAI Press.

Eder, Donna, with Catherine Colleen Evans and Stephen Parker. 1995. *School Talk: Gender and Adolescent Culture*. New Brunswick, N.J.: Rutgers University Press.

Edidin, Peter. 1989. "Perros caliente." *Psychology Today* 23:36.

Edmonds, T.R. 1976. "On the mortality of infants in London." *Lancet* 1(1835):692.

Edsall, Thomas. 1984. *The New Politics of Inequality*. New York: Norton.

Edsall, Thomas, and Mary Edsall. 1991. *Chain Reaction*. New York: Norton.

Edwards, Richard. 1979. *Contested Terrain*. New York: Basic Books.

Ehrenhaus, Peter. 1989. "Commemorating the unknown war: On not remembering Vietnam." *Journal of Communication* 39:96～107.

Ehrlich, Paul. 1968. *The Population Bomb*. New York: Ballantine Books, pp. 22～23.

Ehrlich, Paul R., and Anne H. Ehrlich. 1972. *Population, Resources, Environment: Issues in Human Ecology*, 2nd ed. San Francisco: Freeman.

Eisenstadt, S.N. 1956. From Generation to Generation. Glencoe, Ill.: Free Press.

Eisenstadt, S.N. 1971. Social Differentiation and Stratification. Glenview, Ill.: Scott, Foresman.

Eisenstadt, S.N. 1992. "The breakdown of communist regimes." *Daedalus* 121(2):21～41.

Eisenstadt, S.N., and Ora Ahimeir (eds.). 1985. *The Welfare State and Its Aftermath*. London: Croom Helm.

Ekman, P., and W.V. Friesen. 1971. "Constants across cultures in the face and emotion." *Journal of Personality and Social Psychology* 17:124～129.

Elam, Stanley M., and Alec M. Gallup. 1989. "The 21st annual Gallup Poll of the public's attitudes toward the public schools." *Gallup Monthly Report* (September):31 ff.

Elder, Glen H. 1974. *Children of the Great Depression—Social Change in Life Experience*. Chicago: University of Chicago Press.

Elder, Glen H., Jr. 1975. "Age differentiation and the life course." *Annual Review of Sociology* 1.

Elkin, Frederick, and Gerald Handel. 1978. *The Child and Society*, 3rd ed. New York: Random House.

Elkind, David. 1968. "Giant in the nursery: Jean Piaget." *New York Times Magazine*, May 26.

Elkind, David. 1970"Erik Erikson's eight ages of man." *New York Times Magazine*, April 5.

Elliott, John. 1985. *Comparative Economic Systems*. Belmont, Calif.: Wadsworth.

Elliott, Marta, and Lauren J. Krivo. 1991. "Structural determinants of home-lessness in the United States." *Social Problems* 38:113～131.

Ellul, Jacques. 1966. *Propaganda: The Foundations of Men's Attitudes.* New York: Knopf.

Else, John F., and Martha J. Sanford. 1987. "Nonsexist language in social work journals: Not a trivial pursuit." *Social Work* 32:52～59.

Engels, Friedrich. 1977. *The Origin of the Family, Private Property and the State*. New York: International Publishers. (Originally published in 1884.)

England, Paula, and Lori McCreary. 1987. "Gender inequality in paid employment." In Beth B. Hess and Myrna Marx Ferree (eds.), *Analyzing Gender: A Handbook of Social Science Research*. Beverly Hills, Calif.: Sage.

Entertainment Weekly. 1996. April 12.

Entman, Robert. 1992. "Blacks in the news: Television, modern racism, and cultural change." *Journalism Quarterly* 69(2):341～361.

Entwisle, Doris R., Karl L. Alexander, Aaron M. Pallas, and Doris Cadigan. 1987. "The emergent academic selfimage of first graders: Its response to social structure." *Child Development* 58:1190～1206.

Epstein, Cynthia Fuchs. 1986. "Symbolic segregation: Differences in the language and non-verbal communication of women and men." *Sociological Forum* 1:27～49.

Epstein, Cynthia Fuchs. 1988. *Deceptive Distinctions: Sex. Gender, and the Social Order.* New Haven, Conn.: Yale University Press.

Ergas, Yasmine. 1987. "The social consequences of the AIDS epidemic." *Social Science Research Council* 41 (3/4):33～39.

Erikson, Erik. 1963. *Childhood and Society*, 2nd ed. New York: Norton.

Erikson, Erik, 1982. *The Life Cycle Completed: A Review.* New York: Norton.

Erickson, Kai T. 1966. *Wayward Puritans.* New York: Wiley.

Erikson, Kai T. 1977. *Everything in Its Path.* New York: Simon & Schuster.

Erlanger, Howard S. 1974. "Social class and corporal punishment in child rearing: A reassessment." *American Sociological Review* 39:68～85.

Esping-Andersen, Gosta. 1985. *Politics against Markets: The Social Democratic Road to Power.* Princeton, N.J.: Princeton University Press.

Esping-Andersen, Gosta, and Walter Korpi. 1984. "Social policy as class politics in post-war capitalism: Scandinavia, Austria, and Germany," pp. 179～208. In John Goldthorpe (ed.), *Order and Conflict in Contemporary Capitalism.* New York: Clarendon Press.

Etzioni, Amitai. 1975. *A Comparative Analysis of Complex Organization: On Power, Involvement, and Their Correlates*, rev. ed. New York: Free Press.

Etzioni, Amitai. 1984. *Capital Corruption.* New York: Harcourt Brace Jovanovich.

Etzioni, Amitai. 1989. *The Moral Dimension*. New York: Free Press.

Etzioni, Amitai, and Edward W. Lehman. 1980. *Complex Organizations,* 3rd ed. New York: Holt, Rinehart & Winston.

Evans, Peter B., and Michael Timberlake. 1980. "Dependence, inequality, and the growth of the tertiary: A comparative analysis of less developed countries." *American Sociological Review* 45:531～552.

Eysenck, Hans. 1977. *Crime and Personality.* London: Routledge & Kegan Paul.

Falk, Richard. 1988. "Religion and politics: Verging on the postmodern." *Alternatives* 13:379～394.

Fallows, James. 1983. "Immigration: How it's affecting us." *Atlantic Monthly*, November, pp. 45～106.

Fallows, James. 1988. "A talent for disorder." *U.S. News & World Report,* 21 February 8, pp. 83～84.

Family Economics Review. 1989. "Population growth of the middle aged and elderly." 2:21.

Farley, John E. 1987. "Suburbanization and the central city crime rates: New evidence and a reinterpretation." *American Journal of Sociology* 93(3):688～700.

Farley, John E. 1995. *Majority-Minority Relations*. Upper Saddle River, N.J.: Prentice Hall.

Fausto-Sterling, Anne. 1986. *Myths of Gender: Biological Theories about Men and Women*. New York: Basic Books.

Fava, Sylvia F., and Rosalie G. Genovese. 1983. "Family, work, and individual development in dual-career marriages: Issues for research." *Research in the Interweave of Social Roles: Jobs and Families* 3: 163～185.

Fawcett, James T., and Benjamin V. Carino. 1987. *Pacific Bridges: The New Immigration from Asia and the Pacific Islands.* NewYork: Center for Migration Studies.

Feagin, Joe R. 1989. *Racial and Ethnic Relations*, 3rd ed. Englewood Cliffs, N.J.: Prentice Hall.

Feagin, Joe R., and Clairece Booher Feagin. 1999. *Racial and Ethnic Relations*, 6th ed. Upper Saddle River N.J.: Prentice Hall.

Feagin, Joe R., and Robert Parker. 1990. *Rebuilding American Cities: The Urban Real Estate Game*, 2nd ed. Englewood Cliffs, N.J.: Prentice Hall.

Feagin, Joe R., and Melvin Sikes. 1994. *Living with Racism*. Boston: Beacon.

Featherman, David L., and Robert M. Hauser. 1978. *Opportunity and Change*. New York: Academic Press.

Federal Bureau of Investigation. 1989. *Uniform Crime Reports, 1989*. Washington, D.C.: Government Printing Office.

Federal Bureau of Investigation, 1991. *Uniform Crime Reports, 1991*. Washington, D.C.: Government Printing Office.

Feinberg, Andrew. 1987. "Sleeping dragons." *Venture* 9(7):50～52.

Felson, Richard B. 1991. "Blame analysis: Accounting for the behavior of protected groups." *American Sociologist* 22(2):5～23.

Fennema, Elizabeth. 1976. "Women and girls in the public schools: Defeat or liberation?" In Joan J.

Roberts, *Beyond Intellectual Sexism: a New Woman, a New Reality*. New York: McKay.

Fersko-Weiss, Henry. 1988. "A man, a ship, and a dream to sail by." *Sierra* 73:66～72.

Festinger, Leon. 1954. "A theory of social comparison processes." *Human Relations* 7:117～140.

Fichter, Joseph. 1951. *Southern Parish*. Chicago: University of Chicago Press.

Fichter, Joseph. 1954. *Social Relations in the Urban Parish*. Chicago: University of Chicago Press.

Filene, Peter. 1987. *Men in the Middle*. Englewood Cliffs, N.J.: Prentice Hall.

Filson, Glen G. 1988. "Ontario teachers' deprofessionalization and proletarianization." *Comparative Education Review* 32:298～317.

Fine, Mark, John Moreland, and Andrew I. Schwebel. 1984. "Long term effects of divorce on parent-child relationships." *Developmental Psychology* 19(5):703～713.

Finkelhor, David, and Linda Meyer Williams, with Nanci Burns. 1988. *Nursery Crimes: Sexual Abuse in Day Care*. Newbury Park, Calif.: Sage.

Finn, Chester, Jr. 1981. "Why public and private schools matter. Report analysis." *Harvard Educational Review* 51:483～525.

Firestone, Shulamith. 1971. *The Dialectic of Sex*. New York: Bantam.

Fischer, Claude S. 1975. "Toward a subcultural theory of urbanism." *American Journal of Sociology* 80(6):1319～1341.

Fischer, Claude S. 1981. "The public and private worlds of city life." *American Sociological Review* 46(2):306～316.

Fischer, Claude S. 1982. *To Dwell among Friends: Personal Networks in Town and City*. Chicago: University of Chicago Press.

Fischer, Claude S. 1984. *The Urban Experience*, 2nd ed. New York: Harcourt Brace Jovanovich.

Fischer, Claude S., et al. 1975. "Crowding studies and urban life: A critical review." *Journal of the American Institute of Planners* 41 (November):406～418.

Fischer, Claude S., et al. 1977. *Networks and Places*. New York: Free Press.

Fischer, David H. 1978. *Growing Old in America*, exp. ed. New York: Oxford University Press.

Fischer, Frank. 1984. "Ideology and organization theory." In Frank Fischer and C. Siriani (eds.), *Organization and Bureaucracy*. Philadelphia: Temple University Press.

Fischman, Joshua. 1986. "A journey of hearts and minds." *Psychology Today* (July): 42～47.

Fishman, Robert. 1987. *Bourgeois Utopias*. New York: Basic Books.

Fitch, Ed. 1987. "Is red carpet treatment plush enough?" *Direct Marketing* 50:20～21.

Foner, Anne, and Karen Schwab. 1981. *Aging and Retirement*. Monterey, Calif.: Brooks/Cole.

Fontana, Lynn. 1988. "Television and the social studies." *Social Education* 52:348～350.

Foote, Nelson. 1953. "Love." *Psychiatry* 16:247.

Forbes. 1998. October 12.

Ford, F. Scott. 1986. "Favorable intergroup contact may not reduce prejudice: Inconclusive journal evidence, 1960—1984." *Sociology and Social Research* 70:256～258.

Ford Foundation. 1989. *Social Welfare and the American Future*. New York: Ford Foundation.

Ford, Ramona. 1988. Work, *Organization and Power*. Boston: Allyn & Bacon.

Fore, William F. 1987. *Television and Religion: The Shaping of Faith, Values, and Culture*. Minneapolis: Augsburg.

Form, William, and Kyu Hall Bae. 1988. "Convergence theory and the Korean connection." *Social Forces* 66:618~640.

Foss, Daniel A., and Ralph Larkin. 1986. *Beyond Revolution. A New Theory of Movements*. South Hadley, Mass.: Bergin & Garvey.

Fox, Daniel. 1987. "The cost of AIDS from conjecture to research." *AIDS and Public Policy Journal* 2:25~27.

Fox, Kenneth. 1986. *Metropolitan America: Urban Life and Urban Policy in the United States 1940—1980*. Jackson: University of Mississippi Press.

Fox, Mary F. 1995. "Women and higher education: Gender differences in the status of students and scholars." In Jo Freeman, ed., *Women: A Feminist Perspective*. Mountain View, Calif.: Mayfield.

Fox, Renee C. 1989. *The Sociology of Medicine*. Englewood Cliffs, N.J.: Prentice Hall.

Fox, Thomas G., and S.M. Miller. 1965. "Economic, political and social determinants of mobility: An international cross-sectional analysis." *Acta Sociologica* 9:76~93.

Fox, Stephen. 1983. *The Mirror Makers: A History of American Advertising and Its Creators*. New York: Vintage.

Francome, Colin. 1984. *Abortion Practice in Britain and the United States*. London: Allen & Unwin.

Frank, A. G. 1969. *Latin America: Underdevelopment and Revolution*. New York: Monthly Review.

Franke, Richard H., and James D. Kaul. 1978. "The Hawthorne experiments: First statistical interpretation." *American Sociological Review* 43:623~643.

Frankl, Razelle. 1987. *Televangelism: The Marketing of Popular Religion*. Carbondale: Southern Illinois University Press.

Frantz, Douglas. 1998. "Scientology's star roster enhances image." *New York Times*, February 13, Al, A18.

Freedman, Jonathan J. 1975. *Crowding and behavior*. San Francisco: Freeman.

Freeman, James M. 1989. *Hearts of Sorrow: Vietnamese-American Lives*. Stanford, Calif.: Stanford University Press.

Freeman, Richard, and James Medoff. 1984. *What Do Unions Do*? New York: Basic Books.

Freeze, Jill T., and Wayne T. Freeze. 1998. *Introducing Webtv*. Redmond, Wash.: Microsoft Press.

Freidson, Eliot. 1970. *Profession of Medicine*. New York: Dodd, Mead.

Freidson, Eliot. 1979. "The organization of medical practice." In Howard E. Freeman, Sol Levine, and Leo G. Reeder (eds.), *Handbook of Medical Sociology*, 3rd ed. Englewood Cliffs, N.J.: Prentice Hall.

Freud, Sigmund. 1962. *Civilization and Its Discontents*. Translated by James Strachey. New York: Norton. (Originally published in 1930.)

Frev, William, and Alden Speare, Jr. 1988. *Regional and Metropolitan Growth and Decline in the United States*. New York: Russell Sage Foundation.

Friedan, Betty. 1963. *The Feminine Mystique*. New York: Norton.

Friedan, Betty. 1981. *The Second Stage*. New York: Summit.

Frieden, Bernard J. 1980. "Housing allowances: An experiment that worked." *The Public Interest* 69: 15～35.

Friedlander, Walter A., and Robert Z. Apte. 1980. *Introduction to Social Welfare*, 5th ed. Englewood Cliffs, N.J.: Prentice Hall.

Frost, Peter. 1986. "Skin color preference, sexual dimorphism, and sexual selection: A case of gene culture coevolution?" *Ethnic and Racial Studies* 9:87～113.

Frost, Richard, and John Stauffer. 1987. "The effects of social class, gender, and personality on physiological responses to filmed violence." *Journal of Communication* 37:29～45.

Fuchs, Victor R. 1988. *Women's Quest for Economic Equality*. Cambridge, Mass.: Harvard University Press.

Gabrielli, William, Barry Hutchings, and Sarnoff Mednick. 1984. "Genetic influences in criminal convictions: Evidence from an adoption cohort." *Science* 224:891～894.

Gaensbauer, Theodore, and Susan Hiatt. 1984. *The Psychobiology of Affective Development*. Hillsdale, N.J.: Laurence Erlbaum.

Gale, Robert Peter. 1987. "Calculating risk: Radiation and Chernobyl." *Journal of Communication* 37:68～75.

Galinsky, Ellen. 1986. "Family life and corporate politics." In Michael W. Yogman and T. Berry Brazelton (eds.), *In Support of Families*. Cambridge, Mass.: Harvard University Press.

Galinsky, Ellen. 1989. "A case for intergenerational child care." *Journal of Children in Contemporary Society* 20:239～243.

Galle, Omar R., et al. 1972. "Population density and pathology: What are the relations for man?" *Science* (April):23～30.

Gallup, Alec M., and David L. Clark. 1987. "The 19th annual Gallup poll of the public's attitudes toward the public schools." *Phi Delta Kappan* (September): 17～30.

Gallup, George H. 1983. *The Gallup Poll: Public Opinion*, 1983. Wilmington, Del.: Scholarly Resources.

Gallup, George, Jr., and Alec Gallup. 1988. *The Gallup Youth Survey*. Princeton, N.J.: Associated Press.

Gallup Organization. 1988a. As reported by *Emerging Trends* 10:1. Princeton, N.J.: Princeton Religious Research Center.

Gallup Organization. 1988b. As reported by *Emerging Trends* 10:4. Princeton, N.J.: Princeton Religious Research Center.

Gallup Organization. 1988d. "The undivided American —10 years later." As reported in *Emerging Trends* 10:12. Princeton, N.J.: Princeton Religious Research Center.

Gallup Organization. 1989. *Religion in America*. Princeton, N. J. : Princeton Religious Research Center.

Gallup Poll Monthly . 1990. *Twenty-Fifth Anniversary Edition.* Princeton, N. J. : The Gallup Poll.

Gallup Poll. 1991. August.

Gallup Poll. 1997. Many women cite spousal abuse; job performance affected.

Gallup Poll. 1998. Most Americans would soften U. S. military's rules against adultery. June 13. August.

Gann, L. H. , and Peter J. Duignan. 1986. *The Hispanic in the United States: A History*. Boulder, Colo. : Westview.

Gans, Herbert J. 1962a. *The Urban Villagers*. New York: Free Press.

Gans, Herbert J. 1962b. "Urbanism and suburbanism as ways of life." In Arnold M. Rose (ed.), *Human Behavior and Social Processes: An Interactionist Approach*. Boston: Houghton Mifflin.

Gans, Herbert J. 1971. "The uses of poverty: The poor pay all." *Social Policy* 2:21～23.

Gans, Herbert J. 1980. *Deciding What's News*. New York: Vintage Books.

Garbarino, J. 1989. "The incidence and prevalence of child maltreatment." In *Family Violence*, eds. L. Ohlin and M. Tonry, pp. 219～261. Chicago: University of Chicago Press.

Gardner, R. A. , and B. T. Gardner. 1975. "Early signs of language in child and chimpanzee." *Science* 187:752～753.

Garfinkel, Harold. 1967. *Studies in Ethnomethodology*. Englewood Cliffs, N. J. : Prentice Hall.

Garfinkel, Irwin, and Sara S. McLanahan. 1986. *Single Mothers and Their Children: A New American Dilemma*. Washington, D. C. : Urban Institute Press.

Garreau, Joel. 1992. *Edge City: life on the New Frontier*. New York: Anchor Books.

Garten, Helen A. 1987. "Insider trading in the corporate interest." *Wisconsin Law Review* 4:573～640.

Geiger, Jack. 1971. "Poor hungry babies." *New South* 26:4.

Gelles, Richard J. 1978. "Violence in the American family." In J. P. Martin (ed.), *Violence and the Family*. New York: Wiley.

Gelles, Richard J. , and Murray A. Straus. 1988. *Intimate Violence: The Definitive Study of the Causes and Consequences of Abuse in the American Family*. New York: Simon & Schuster.

General Social Surveys 1972—1988: *Cumulative Codebook*. 1988. Storrs, Conn. : Roper Center for Public Opinion Research, University of Connecticut.

Genevie, Louis E. (ed.). 1975. *Collective Behavior and Social Movements*, Itasca, Ill. : Peacock.

Gerard, Karen. 1984. *American Survivors*. New York: Harcourt Brace Jovanovich.

Cerson, Mary Joan. 1984. "Feminism and the wish for a child." *Sex Roles* 11:389～397.

Gibbons, Don C. 1977. *Society, Crime, and Criminal Careers*, 3rd ed. Englewood Cliffs, N. J. : Prentice Hall.

Gibbons, Don C. , and Joseph F. Jones. 1975. *The Study of Deviance*. Englewood Cliffs, N. J. : Prentice Hall.

Gibbs, Jack. 1966. "Sanctions." *Social Problems* 14:147～159.

Gibbs, Jack P. 1975. *Crime, Punishment and Deterrence*. New York: Elsevier.

Gibbs, Jack P. 1981. *Norms, Deviance, and Social Control.* New York: Elsevier.

Gibson, Margaret A., and Parminder K. Bhachu. 1988. "Ethnicity and school performance: A comparative study of South Asian pupils in Britain and America." *Ethnic and Racial Studies* 11:239～262.

Gilbert, Alan, and Joseph Gugler. 1983. *Cities, Poverty, and Development.* New York: Oxford University Press.

Gilbert, Dennis, and Joseph A. Kahl. 1992. *The American Class Structure: A New Synthesis,* 4th ed. Belmont, Calif.: Wadsworth.

Gill, Lesley. 1987. *Peasants, Entrepreneurs, and Social Change: Frontier Development in Lowland Bolivia.* Boulder, Colo.: Westview.

Gill, Stephen, and David Law. 1988. *Global Political Economy: Perspectives, Problems, and Policies.* Baltimore: Johns Hopkins University Press.

Gillette, Howard, Jr., and Zanel Miller (eds.). 1987. *American Urbanism.* Westport, Conn.: Greenwood Press.

Gilligan, Carol. 1993. *In a Different Voice.* Cambridge, Mass.: Harvard University Press.

Gilligan, Carol, Janie Victoria Ward, and Jill McLean Taylor (eds.). 1989. *Mapping the Moral Domain. Camabridge,* Mass.: Harvard University Press.

Ginsberg, Benjamain. 1984. "Money and power: The new political economy of American elections." In T. Ferguson and J. Rogers (eds.), *The Political Economy.* Armonk, N. Y: M. E. Sharpe.

Ginsberg, Benjamin. 1986. *The Captive Public: How Mass Opinion Promotes State Power.* New York: Basic Books.

Girouard, Mark. 1985. *Cities and People: A Social and Architectural History.* New Haven, Conn.: Yale University Press.

Giroux, H. A. 1994. "Educational reform and the politics of teacher empowerment." In Joseph Kretovics and Edward J. Nussel (eds.), *Transforming Urban Education.* Boston: Allyn & Bacon.

Gitlin, Todd. 1980. *The Whole World Is Watching.* Berkeley: University of California Press.

Gitlin, Todd. 1987. *The Sixties: Years of Hope, Days of Rage.* New York: Bantam.

Glass, Ruth. 1989. *Cliches of Doom and Other Essays.* New York: Basil Blackwell.

Glenn, N. D. 1982. "Interreligious marriage in the United States: Patterns and recent trends." *Journal of Marriage and the Family* 44(August):555～566.

Glenn, Norval D. 1987. "The trend in 'no religion' respondents to U. S. national surveys: Late 1950s to early 1960s." *Public Opinion Quarterly* 51:293～314.

Glenn, Norval D., and Charles N. Weaver. 1981. "The contribution of marital happiness to global happiness." *Journal of Marriage and the Family* 43:161～168.

Glick, Paul C. 1990. "American families: As they are and were." *Social Science Research* 74(3):139～145.

Glock, Charles Y. 1959. "The religious revival in America." In Jane Zahn (ed.), *Religion and the Face of America.* Berkeley: University of California Press.

Glock, Charles Y. 1964. "The role of deprivation in the origin and evolution of religious groups." In

Robert Lee and Martin Marty (eds.), *Religion and Social Conflict.* New York: Oxford University Press.

Glock, Charles Y., and Robert N. Bellah (eds.). 1976. *The New Religious Consciousness.* Berkeley: University of California Press.

Gluckman, Tim Jacob. 1988. "The census and data privacy." *Network* 42:7～8.

Goffman, Erving. 1959. *The Presentation of Self in Everyday Life.* New York: Anchor.

Goffman, Erving. 1961. *Asylums: Essays on the Social Situation of Mental Patients and Other Inmates.* Chicago: Aldine.

Goffman, Erving. 1971. *Relations in Public.* New York: Basic Books.

Goffman, Erving. 1976. *Gender Advertisements.* New York: Harper & Row.

Goffman, Erving. 1980. Reprint of 1963 ed. *Behavior in Public Places.* Westport, Conn.: Greenwood Press.

Goffman, Erving. 1986. *Encounters: Two Studies in the Sociology of Interaction.* New York: Macmillan.

Goldsmith, Seth. 1984. *Theory Z Hospital Management: Lessons from Japan.* Rockville, Md.: Aspen Systems Corp.

Goldthorpe, John H. 1987. *Social Mobility and Class Structure in Modern Britain,* 2nd ed. Oxford: Clarendon Press.

Golembiewski, Robert T. 1962. *The Small Group: An Analysis of Research Concepts and Operations.* Chicago: University of Chicago Press.

Goode, Erich. 1990. *Deviant Behavior,* 3rd ed. Englewood Cliffs, N.J.: Prentice Hall.

Goode, William J. 1959. "The theoretical importance of love." *American Sociological Review* 24(6): 38～46.

Goode, William J. 1960. "Encroachment, charlatanism, and the emerging profession: Psychology, sociology, and medicine." *American Sociological Review* 25:902～914.

Goode, William J. 1963. *Revolution and Family Patterns.* New York: Free Press.

Goode, William J. 1982. *The Family,* 2nd ed. Englewood Cliffs, N.J.: Prentice Hall.

Goode, William J. 1984. "Individual investments in family relationships over the coming decades." *The Tocqueville Review* 6:51～83.

Goodstein, Laurie. 1997. "Has television found religion? Not exactly." *New York Times,* November 30, Arts and Leisure Sec., p. 37.

Goody, Jack. 1983. *The Development of the Family and Marriage in Europe.* Cambridge: Cambridge University Press.

Gordon, Milton M. 1964. *Assimilation in American Life.* New York: Oxford University Press.

Gorer, Geoffrey. 1965. *Death, Grief, and Mourning.* New York: Doubleday.

Gornick, Vivian. 1990. "Who says we haven't made a revolution?" *New York Times Magazine,* April 15, 1990.

Goslin, David A. 1965. *The School in Contemporary Society.* Glenview, Ill.: Scott, Foresman.

Gottdiener, Mark. 1985. *The Social Production of Urban Space.* Austin: University of Texas Press.

Gottfredson, Michael, and Travis Hirschi. 1990. A *General Theory of Crime.* Stanford, CA: Stanford University Press.

Gottman, Jean. 1964. *Megalopolis: The Urbanized Northeastern Seaboard of the United States.* Cambridge, Mass.: MIT Press.

Gough, Kathleen. 1975. "The origin of the family." In R.R. Reiter (ed.), *Toward an Anthropology of Women.* New York: Monthly Review Press.

Gould, M. S., and D. Shaffer. 1986. "The impact of suicide in television movies: Evidence of imitation." *New England Journal of Medicine* 315: 690～694.

Gould, Stephen J, 1971. *Ever since Darwin: Reflections in Natural History.* New York: Norton.

Gould, Stephen J. 1981. *The Mismeasure of Man.* New York: Norton.

Gouldner, Alvin W. 1962. "Anti-minotaur: The myth of a value-free sociology." *Social Problems* 9: 199～213.

Gouldner, Alvin. 1970. *The Coming Crisis of Western Sociology.* New York: Basic Books.

Gove, Walter R. 1985. "The effect of age and gender on deviant behavior: A biopsychosocial perspective." In Alice S. Rossi (ed.), *Gender and the Life Course.* New York: Aldine.

Gove, Walter, Michael Hughes, and Omar Galle. 1979. "Overcrowding in the home: An empirical investigation of the possible pathological consequences." *American Sociological Review* 44 (February): 59～80.

Graber, Steven (ed.). 1998. *Electronic Job Search: Almanac 1998.* Holbrook, MA: Adams Media Corporation.

Gracey, Harry L. 1970. "Kindergarten as academic boot camp." In Dennis Wrong and Harry L. Gracey (eds.), *Readings in Introductory Sociology* 2nd ed. New York: Macmillan.

Graham, Sazon, and LeoG. Reeder. 1979 "Social epidemiology of chronic diseases." In Howard E. Freeman, Sol Levine, and Leo G. Reeder (eds.) *Handbook of Medical Sociology,* 3rd ed. Englewood Cliffs, N.J.: Prentice Hall.

Graham, Thomas W. 1988. "The pattern and importance of public knowledge in the nuclear age." *Journal of Conflict Resolution* 32(2):319～334.

Graña, César. 1987. "The bullfight and Spanish national decadence." *Society*24:33～37.

Granovetter, Mark. 1973. "The strength of weak ties." *American Journal of Sociology* 78:1360～1380.

Grant, Carl, and Christine E. Sleeter. 1988. "Race, class, and gender and abandoned dreams." *Teachers College Record* 90:19～40.

Graumann, Carl F., and Serge Muscovici. 1986. *Changing Conceptions of Crowd Mind and Behavior.* New York: Springer-Verlag.

Gray, Francine du Plessix. 1990. *Soviet Women: Walking the Tightrope.* New York: Doubleday.

Grayson, Betty, and Morris I. Stein. 1981. "Attracting assault: Victim's nonverbal cues." *Journal of Communication* 31: 68～75.

Greeley, Andrew M. 1989. *Religious Change in America.* Cambridge, Mass.: Harvard University Press.

Greenberg, David F 1986. "Marxist criminology." In Bertell Ollman and Edward Vernoff (eds.), *The Left Academy: Marxist Scholarship on American Campuses,* Vol. 3. New York: Praeger.

Greene, Maxine, and Mary Anne Raywid. 1987. "Changing perspectives on schools and schooling." In Kenneth D. Benne and Steven Tozer (eds.), *Society as Educator in an Age of Transition.* 86th Yearbook of the National Society for the Study of Education. Chicago: University of Chicago Press.

Greer, Scott. 1956. "Urbanism reconsidered: A comparative study of local areas in a metropolis." *American Sociological Review* 21:19～25.

Gregory, Paul, and Robert Stuart. 1989. *Comparative Economic Systems.* Boston: Houghton Mifflin.

Gribben, John, and Mary Gribben. 1988. *The One Percent Advantage.* New York: Basil Blackwell.

Grier, George, and Eunice Grier. 1980. "Urban displacement: A reconnaissance." In S. B. Laska and D. Spain (eds.), *Back to the City.* New York: Pergamon.

Griffin, Keith. 1989. *Alternate Strategies for Economic Development.* New York: St. Martin's Press.

Gromkin, Victoria, Stephen Krashen, Susan Curtiss, David Rigler, and Marilyn Rigler. 1974. "The development of language in Genie: A case of language acquisition beyond the critical period." *Brain and Language* I:81～107.

Grossman, Andrew. 1989. "A radical departure." *Marketing and Media Decisions* 24: 30.

Gugler, José (ed.). 1988. *Urbanization of the Third World.* New York: Oxford University Press.

Gummer, Burton. 1985—1986. "'Committing the truth': Whistle-blowing, organizational dissent, and the honorable bureaucrat." *Administration in Social Work* 9 (Winter): 89～102.

Guppy, Neil, and John C. Goyder. 1984. "Consensus on occupational prestige: A reassessment of evidence." *Social Forces* 62:709～723.

Gurr, Ted Robert. 1969. "A comparative study of civil strife." In H. D. Graham and T. R. Gurr (eds.), *Violence in America.* New York: Bantam.

Gurr, T. R. 1970. *Why Men Rebel.* Princeton, N.J.: Princeton University Press.

Gusfield, Joseph R., and Jerzy Michalowicz. 1984. "Secular symbolism: Studies of ritual, ceremony, and the symbolic order in modern life." *Annual Review of Sociology* 10: 417～435.

Habermas, Jurgen. 1973. *Legitimation Crisis.* Boston: Beacon Press.

Hacker, Andrew. 1998. *Money: Who Has How Much and Why.* New York: Touchstone.

Hagen, Everett E. 1962. *On the Theory of Social Change.* Homewood, Ill.: Dorsey Press.

Hagestad, Gunhild. 1986. In A. Pifer and L. Bronte, *Our Aging Society: Paradox and Premise.* New York: Norton.

Haines, Herbert H. 1988. *Black Radicals and the Civil Rights Mainstream, 1954—1970.* Knoxville: University of Tennessee Press.

Halberstam, David. 1986. *The Reckoning.* New York: Morrow.

Hall, Edward T. 1966. *The Hidden Dimension.* New York: Doubleday.

Hall, Edward T. 1988. "The hidden dimension of time and space in today's world." In F. Poyatos (ed.), *Cross-Cultural Perspectives in Nonverbal Communication.* New York: Hogrefe.

Hall, G. Stanley. 1904. *Adolescence.* New York: Appleton.

Hall, Richard H. 1999. *Organizations: Structures, Processes, and Outcomes,* 7th ed. Upper Saddle River, N.J.: Prentice Hall.

Hailin, Daniel C. 1984. "The media, the war in Vietnam, and political support: A critique of the thesis of oppositional media." *Journal of Politics* 46:2~29.

Hammond, Margo. 1997. "Race and the nation." *St. Petersburg Times,* November 23, p. 6D.

Hammond, Phillip E. (ed.). 1985. *The Sacred in a Secular Age.* Berkeley: University of California Press.

Hammond, Phillip E. 1988. "Religion and the persistence of identity." *Journal for the Scientific Study of Religion* 27:1~11.

Handy, Charles. 1995. *Gods of Management: The Changing Work of Organizations.* New York: Oxford University Press.

Hannah, Michael T., and John H. Freeman. 1989. *Organizational Ecology.* Cambridge, Mass.: Harvard University Press.

Hansell, Saul. 1997. "Money starts to show in Internet shopping." *New York Times,* December 1, C1, C4.

Hare, A. Paul. 1962. *Handbook of Small Group Research.* New York: Free Press.

Hare, A. Paul. 1976. *Handbook of Small Group Research,* 2nd ed. New York: Free Press.

Harf, James L. 1986. *The Politics of Global Resources: Population, Food, Energy, and Environment.* Durham, N.C.: Duke University Press.

Harkins, Stephen G., and Kate Szymanski. 1989. "Social loafing and group evaluation." *Journal of Personality and Social Psychology* 56: 934~941.

Harlow, Harry F. 1959. "Love in infant monkeys." *Scientific American* 200: 68~74.

Harlow, Harry F. 1962. "The heterosexual affectional system in monkeys." *American Psychologist* 17:1~19.

Harlow, Harry F. 1965. "Sexual behavior in the rhesus monkey." In Frank A. Beach (ed.), *Sex and Behavior.* New York: Wiley.

Harman, Willis. 1988. *Global Mind Change.* Sausalito, Calif.: Knowledge Systems.

Harmon, Amy. 1997. "On the office PC, bosses opt for all work, and no play." *New York Times,* September 22, A1, C11.

Harper, Charles L. 1989. *Exploring Social Change.* Englewood Cliffs, N.J.: Prentice Hall.

Harris, C. C. 1983. *The Family and Industrial Society.* London: Allen & Unwin.

Harris, Chauncey, and Edward L. Ullman. 1945. "The nature of cities." *Annals of the American Academy of Political and Social Science* 242 (November): 7~17.

Harris, Louis. 1987. *Inside America.* New York: Vintage.

Harris, Louis, and associates. 1991. "The first year: New teachers' expectations and ideals." From *Teacher Survey.* Boston: Massachusetts Teachers' Association.

Harris, Marvin. 1977. *Cannibals and Kings: The Origins of Cultures.* New York: Random House.

Harris, Marvin. 1988. *Culture, People, and Nature,* 5th ed. New York: Harper & Row.

Harris, Marvin. 1989. *Our Kind.* New York: Harper & Row.

Harris, T., M. G. Kovar, R. Suzman, J. C. Klein, and J. J. Feldman. 1989. "Longitudinal study of physical ability in the oldest old." *American Journal of Public Health* 79:698～702.

Harrison, Bennett, and Barry Bluestone. 1988. *The Great U-Turn: Corporate Restructuring and the Polarization of America.* New York: Basic Books.

Harrison, J. Richard. and Glenn R. Carroll. 1991. "Keeping the faith: A model of cultural transmission in formal organizations." *Administrative Science Quarterly* 36:552～582.

Harrison, Paul. 1984. *Inside the Third World: The Anatomy of Poverty.* New York: Penguin Books.

Hartmann, Heidi. 1976. "Comment on Marnie W. Mueller's 'The economic determinants of volunteer work by women.'" *Signs: Journal of Women in Culture and Society* 1:773～776.

Harvey, David. 1989. *The Condition of Postmodernity.* New York: Basil Blackwell.

Hastings, Philip K., and Elizabeth Hann Hastings. 1989. *Index to International Public Opinion, 1987—1988.* New York: Greenwood Press.

Hastings, Philip K., and Elizabeth Hann Hastings. 1991. *Index to International Public Opinion,* 1987—1988. New York: Greenwood Press.

Hastings, Philip K., and Dean R. Hoge. 1986. "Religious and moral attitude trends among college students, 1948—1984." *Social Forces* 65:370～377.

Hatcher, R. A., F. Stewart, J. Trussell, D. Kowal, F. Guest, G. K. Stewart, and W. Cates. 1994. *Contraceptive Technology,* 16th ed. NewYork: Irvington Publishers.

Haub, Carl. 1989. "Understanding population projections." *Population Bulletin* 42: 4.

Havighurst, Robert J., and Bernice L. Neugarten. 1978. *Society and Education*, 5th ed. Boston: Allyn & Bacon.

Havighurst, Robert J., Bernice L. Neugarten, and Sheldon S. Tobin. 1968. "Disengagement and patterns of aging." In Bernice L. Neugarten (ed.), *Middle Age and Aging.* Chicago: University of Chicago Press.

Hawkins, John N. 1988. "The transformation of education for rural development in China." *Comparative Education Review* 32: 266～281.

Hawley, Amos. 1950. *Human Ecology.* New York: Ronald Press.

Hawley, A. 1981. Urban Society, 2nd ed. New York: Wiley.

Hayes, Robert, and William Abernathy. 1988. "Managing our way to economic decline," pp. 129～139. In Frank Hearn (ed.), *The Transformation of Industrial Organization.* Belmont, Calif.: Wadsworth.

Hazelrigg, L. E., and M. A. Garnier. 1976. "Occupational mobility in industrialized societies: A comparable analysis of differential access to occupational ranks in seventeen countries." *American Sociological Review* 41: 498～511.

Health, United States, 1998. 1999. U.S. Department of Health and Human Services.

Hearn, Frank. 1985. *Reason and Freedom in Sociological Thought.* Boston: Unwin Hyman.

Hearn, Frank (ed.). 1988. *The Transformation of Industrial Organization*. Belmont, Calif.: Wadsworth.

Heaton, T. B., and E. L. Pratt. 1990. "The effects of religious homogamy on marital satisfaction and stability." *Journal of Family Issues* 11:191～207.

Heer, David M. 1975. *Society and Population*, 2nd ed. Englewood Cliffs, N.J.:Prentice Hall.

Heidensohn, Frances. 1987. "Women and crime: Questions for criminology." In Pat Carlen and Ann Worrall, *Gender, Crime, and Justice*. Philadelphia: Open University Press.

Heilbroner, Robert. 1991. "Symposium: From Sweden to socialism." *Dissent* (Winter): 96～110.

Heilbrun, Alfred B., Jr., and Mark R. Heilbrun. 1986. "The treatment of women within the criminal justice system: An inquiry into the social impact of the women's rights movement." *Psychology of Women Quarterly* 10:240～251.

Hemming, Heather. 1985. "Women in a man's world: Sexual harassment." *Human Relations* 38: 67～79.

Hendershot, Heather. 1998. *Saturday Morning Censors: Television Regulation before the V-Chip*. Durham, NC: Duke University Press.

Hendrick, Clyde. 1977. "Social psychology as an experimental science." In Clyde Hendrick (ed.), *Perspectives on Sociology*. Hillsdale, N.J.: Lawrence Erlbaum.

Hendricks, Jon, and C. Davis Hendricks. 1986. *Aging in Mass Society: Myths and Realities*, 3rd ed. Boston: Little, Brown.

Hendry, Joy. 1987. *Understanding Japanese Society*. New York: Croom Helm.

Henry, Jules. 1955. "Docility, or giving teacher what she wants." *Journal of Social Issues* 11: 33～41.

Henry, Susan. 1984. "Juggling the frying pan and the fire: The portrayal of employment and family life in seven women's magazines, 1975—1982." *Social Sciences Journal* 23: 87～107.

Henry, W. E. 1965. "Engagement and disengagement: Toward a theory of adult development." In R. Kastenbaum (ed.), *Contributions to the Psychology of Aging*. New York: Springer-Verlag.

Hensley, Thomas R., and Glen W. Griffin. 1986. "Victims of groupthink: The Kent State University Board of Trustees and the 1977 gymnasium controversy." *Journal of Conflict Resolution* 30:497～531.

Herbers, John. 1986. *The New Heartland: America's Flight Beyond the Suburbs and How It Is Changing Our Future*. New York: Times Books.

Hertz, Rosanna. 1986. *More Equal Than Others: Women and Men in Dual Career Marriages*. Berkeley: University of California Press.

Hewlett, S. A. 1990. "The feminization of the work force." *New Perspectives Quarterly* 7 (Winter): 13～15.

Hill, Gretchen. 1987. "Close personal relationships at work and with kin: Testing an urban subculture theory." *Mid-American Review of Sociology* 12 (2): 51～70.

Hill, Richard Child. 1978. "Fiscal collapse and political struggle in decaying central cities in the United States." In William K. Tabb and Larry Sawers (eds.), *Marxism and the Metropolis*. New York: Oxford

University Press.

Hill, Susan, and Tim Hill. 1990. *The Collaborative Classroom: A Guide to Co-Operative Learning.* Portsmouth, N. H. : Heinemann.

Hinds, Michael de Courcy. 1990. "Pulling families out of welfare is proving to be an elusive goal." *New York Times,* April 2, A1.

Hinkle, Roscoe, Jr., and Gisela J. Hinkle. 1954. *The Development of Modern Sociology.* New York: Random House.

Hirschhorn, Larry. 1984. *Beyond Mechanization.* Cambridge, Mass. : MIT Press.

Hirschhorn, Larry. 1988. *The Workplace Within.* Cambridge, Mass. : MIT Press.

Hirschi, Travis. 1969. *Causes of Delinquency. Berkeley,* Calif. : University of California Press.

Hirschman, Albert. 1982. *Shifting Involvements.* Princeton, N. J. : Princeton University Press.

Hite, Shere. 1987. *Women and Love: A Cultural Revolution in Progress.* New York: Knopf.

Hochschild, Arlie, with Anne Machung. 1989. *Second Shift: Inside the Two-Job Marriage.* New York: Penguin.

Hockett, C. F., and R. Ascher. 1964. "The human revolution." *Current Anthropology* 5:135～147.

Hodge, Robert W., Paul M. Siegel, and Peter H. Rossi. 1964. "Occupational prestige in the United States, 1925—1963." *American Journal of Sociology* 70:286～302.

Hogan, Dennis P., and Nan Marie Astone. 1986. "The transition to adulthood." *Annual Review of Sociology* 12:109～130.

Holland, Dorothy C., and Margaret A. Eisenhart. 1990. *Educated in Romance: Women, Achievement, and College Culture.* Chicago: University of Chicago Press.

Höllinger, Franz, and Max Hailer. 1990. "Kinship and social networks in modern societies: A cross-cultural comparison among seven nations." *European Sociological Review* 6(2):102～124.

Hollinger, Richard C., and John P. Clark. 1982. "Formal and informal social controls of employee deviance." *Sociological Quarterly* 23:333～343.

Holloway, Mark. 1966. *Heavens on Earth: Utopian Communities in America 1680—1880.* New York: Dover.

Hollowell, Christopher. 1999. *Playing the Odds,* Time, January 11.

Holmes, William, and Lenore, Olsen. 1984. "Abused teens." *Psychology Today* (July): 8.

Homans, George C. 1958. "Social behavior as exchange." *American Journal of Sociology* 62: 597～606.

Homans, George C. 1974. *Social Behavior: Its Elementary Forms,* rev. ed. New York: Harcourt, Brace, Jovanovich.

Honey, Maureen. 1984. *Creating Rosie the Riveter: Class Gender and Propaganda during World War II.* Amherst: University of Massachusetts Press.

Hooten, Ernest. 1939. *Crime and the Man.* Cambridge, Mass. : Harvard University Press.

Hoover, Sally L., and Jacob S. Siegel. 1986. "International demographic trends and perspectives on aging." *Journal of Cross-Cultural Gerontology* 1:5～30.

Hopkins, Terence K., Immanuel Wallerstein, et al. 1982. *World Systems Analysis: Theory and Methodology.* Beverly Hills, Calif.: Sage.

Hopper, Rex D. 1950. "Revolutionary movements." *Social Forces* 28:270～279.

Horn, Patricia. 1991. "A market: But what kind?" *Dollars and Sense* (December): 6～9.

Horowitz, Rose A. 1989. "California beach culture rides wave of popularity in Japan." *Journal of Commerce and Commercial* 381:1～2.

Hoselitz, Bert F., and Wilbert E. Moore(eds.). 1963. *Industrialization and Society.* Paris and the Hague: UNESCO, Mouton.

Hotchkiss, Lawrence, and Linda Eberst Dorsten. 1987. "Curriculum effects on early post-high school outcomes." *Research in the Sociology of Education and Socialization* 7:191～219.

Houghland, James G., Kyong-Dong Kim, and James A. Christenson. 1979. "The effects of ecological and socio-economic status variables on membership and participation in voluntary organizations." *Rural Sociology* 44:602～612.

Hout, Michael, and Andrew Greeley. 1987. "The center doesn't hold: Church attendance in the United States." *American Sociological Review* 52:325～345.

Howard, Michael C. 1986. *Contemporary Cultural Anthropology,* 2nd ed. Boston: Little, Brown.

Howe, Louise Kapp. 1978. *Pink Collar Workers: Inside the World of Women's Work.* New York: Avon.

Hoyt, Homer. 1939. *The Structure and Growth of Residential Neighborhoods in American Cities.* Washington, D.C.: Federal Housing Administration.

Huber, Bettina J. 1984. *Career Possibilities for Sociology Graduates.* Washington, D.C.: American Sociology Association.

Hudson, Ray, and Allen M. Williams. 1989. *Divided Britain.* New York: Belhaven Press.

Hughes, Everett. 1945. "Dilemmas and contradictions of status." *American Journal of Sociology* 50: 353～359.

Hughes, Everett C., Howard S. Becker, and Blanche Geer. 1962. "Student culture and academic effort." In Nevitt Sanford (ed.), *The American College: A Psychological and Social Interpretation of Higher Learning.* New York: Wiley.

Hughes, Michael, and Bradley Hertel. 1990. "The significance of color remains: A study of life chances, mate selection, and ethnic consciousness among black Americans." *Social Forces* 68(4): 1105～1120.

Hughes, Patrick H. 1977. *Behind the Wall of Respect: Community Experiments in Heroin Control.* Chicago: University of Chicago Press.

Humphreys, Laud. 1970. *Tearoom Trade: Impersonal Sex in Public Places.* Chicago: Aldine.

Hunt, Janet G., and Larry L. Hunt. 1982. "The dualities of careers and families: New integrations or new polarizations?" *Social Problems* 29:499～509.

Hunt, Jennifer. 1985. "Police accounts of normal force." *Urban Life* 13(4):315～341.

Hunt, Morton. 1985. *Profiles of Social Research: The Scientific Study of Human Interactions.*

New York: Russell Sage Foundation.

Hunter, Albert. 1974. *Symbolic Communities: The Persistence and Change of Chicago's Local Communities.* Chicago: University of Chicago Press.

Hunter, James Davison. 1987. *Evangelicalism: The Coming Generation.* Chicago: University of Chicago Press.

Hunter, James Davison. 1991. *Culture Wars: The Struggle to Define America.* New York: Basic Books.

Huxley, Aldous. 1969. *Brave New World.* Harper & Row.

Hyman, H. H. 1953. "The value systems of different classes: A social psychological contribution to the analysis of stratification." In R. Bendix and S. M. Lipset (eds.), *Class, Status, and Power.* New York: Free Press.

Iga, Mamoru. 1986. *The Thorn in the Chrysanthemum: Suicide and Economic Success in Modern Japan.* Berkeley: University of California Press.

Illich, Ivan. 1976. *Medical Nemesis.* New York: Pantheon.

Imbrogno, Salvatore, and Nadia llyin Imbrogno. 1986. "Marriage and family in the USSR: Changes are emerging." *Social Casework* 67:245～259.

Information Please Almanac. 1998. Boston: LLC.

Inkeles, Alex. 1966. "The modernization of man." In M. Weiner (ed.), *Modernization: The Dynamics of Growth.* New York: Basic Books.

Inkeles, Alex. 1978. "National differences in individual modernity." In Richard F. Tomasson (ed.), *Comparative Studies in Sociology.* Greenwich, Conn.: JAI Press.

Inkeles, Alex, and Peter H. Rossi. 1956. "National comparisons of occupational prestige." *American Journal of Sociology* 61:329～339

Inkeles, Alex, and D. H. Smith. 1974. *Becoming Modern.* Cambridge, Mass.: Harvard University Press.

Insko, Chester A., Richard H. Smith, Mark D. Alicke, et al. 1985. "Conformity and group size: The concern with being right and the concern with being liked." *Personality and Social Psychology Bulletin* 11: 41～50.

Intelligence Report. 1998. Special Issue: *1997 The Year in Hate* (Winter). Montgomery, Ala. Southern Poverty Law Center.

Irish, Richard K. 1978. *Go Hire Yourself an Employer.* Garden City, N. Y.: Anchor.

Irvine, S. H., and J. W. Berry. 1988. *Human Abilities in Cultural Context.* New York: Cambridge University Press.

Isaacson, Walter. 1998. "Our century and the next one." *Time,* April 13.

Israel, Joachin. 1971. *Alienation.* Boston: Allyn & Bacon.

Iyengar, Shanto, and Donald R. Kinder. 1987. *News That Matters.* Chicago: The University of Chicago Press.

Jacklin, Carol Nagy, Janet Ann DiPietro, and Eleanor F. Maccoby. 1984. "Sex-typing behavior and sextyping pressure in child/parent interaction." *Archives of Sexual Behavior* 13:413～425.

Jackson, Kenneth T. 1985. *Crabgrass Frontier: The Suburbanization of the United States.* New York: Oxford University Press.

Jacobs, Jane. 1961. *The Death and Life of Great American Cities.* New York: Random House.

Jacobs, Jerry A. 1989. *Revolving Doors: Sex Segregation and Women's Careers.* Stanford, Calif.: Stanford University Press.

Jain, Uday. 1987. "Effect of population density and resources in the feeling of crowding and personal space." *Journal of Social Psychology* 127:331～338.

James, Franklin J. 1977. *Back to the City: An Appraisal of Housing Reinvestment and Population Change in America.* Washington, D.C.: U.S. Department of Housing and Urban Development, Office of Policy Development and Research.

James, Franklin J., Betty I. McCummings, and Eileen A. Tynan. 1984. *Minorities in the Sunbelt.* New Brunswick, N.J.: Rutgers University.

Janis, Irving. 1972. *Victims of Groupthink.* Boston: Houghton Mifflin.

Janis, Irving. 1983. *Groupthink: Psychological Studies of Policy Decisions and Fiascoes,* 2nd ed., rev. Boston: Houghton Mifflin.

Janson, Carl-Gunnar. 1980. "Factorial social ecology: An attempt at summary and evaluation." *Annual Review of Sociology* 6:433～456.

Jeffres, Leo W. 1997. *Mass Media Effects.* Prospect Heights, Ill.: Waveland Press.

Jencks, Christopher. 1985. "Affirmative action for blacks: Past, present, and future." *American Behavioral Scientist* 28(6):751～760.

Jencks, Christopher. 1995. *The Homeless.* Cambridge, Mass.: Harvard University Press.

Jencks, Christopher, and David Riesman. 1977. *The Academic Revolution.* Chicago: University of Chicago Press.

Jencks, Christopher, et al. 1972. *Inequality: A Reassessment of the Effect of Family and Schooling in America.* New York: Basic Books.

Jencks, Christopher, et al. 1979. *Who Gets Ahead? The Determinants of Economic Success in America.* New York: Basic Books.

Jenkins, J. Craig. 1983. "Resource mobilization theory and the study of social movements." *Annual Review of Sociology* 9.

Jensen, Arthur. 1969. "How much can we boost IQ and scholastic achievement?" *Harvard Educational Review* 39:1～23.

Jensen, Arthur. 1973a. *Educability and Group Differences.* New York: Harper & Row.

Jensen, Arthur. 1973b. "The differences are real." *Psychology Today* (December): 80～86.

Jensen, Gary, and Eve Raymond. 1976. "Sex differences in delinquency." *Criminology* 13:427～448.

Johnson, Benton. 1968. "On church and sect." *American Sociological Review* 28:539～549.

Johnson, Colleen Leahy, and Frank A. Johnson. 1980. "Parenthood, marriage, and careers: Situational constraints and role strain." In Fran Pepitone-Rockwell (ed.), *Dual-Career Couples.* Beverly Hills, Calif.: Sage.

Johnson, David W., and Roger T. Johnson. 1987. *Learning Together and Alone: Cooperative, Competitive, and Individualistic Learning.* Upper Saddle River, NJ: Prentice Hall.

Johnson, David W., Roger T. Johnson, and E. J. Holubec. 1993. *Circles of Learning: Cooperation in the Classroom,* 4th ed, Edina, Minn.: Interaction Books.

Johnson, Doyle Paul. 1979. "Dilemmas of charismatic leadership: The case of the People's Temple." *Sociological Analysis* 40:315～323.

Johnson, Elizabeth S., and John B. Williamson. 1987. "Retirement in the United States." In K. S. Makjides and C. L. Cooper (eds.), *Retirement in Industrialized Societies.* New York: Wiley.

Johnson, Norris R. 1987a. "Panic and the breakdown of social order: An empirical assessment." *Sociological Focus* 20(3):171～183.

Johnson, Norris R. 1987b. "Panic at 'The Who concert stampede': An empirical assessment." *Social Problems* 34(4):362～373.

Johnstone, Diana. 1999. "U.S. media promotes biased coverage of Bosnia." In Peter Phillips (ed.), *Censored 1999.* New York: Seven Stories Press.

Johnstone, Ronald L. 1988. *Religion and Society in Interaction,* 3rd ed. Englewood Cliffs, N.J.: Prentice Hall.

Jolly, Clifford J., and Fred Plog. 1979. *Physical Anthropology and Archaeology.* New York: Knopf.

Jorstad, Erling. 1990. *Holding Fast/Pressing On: Religion in America in the 1980s.* New York: Praeger.

Jowett, Garth S. 1987. "Propaganda and communications: The re-emergence of a research tradition." *Journal of Communication* 37:97～114.

Joy, L. A., M. M. Kimball, and M. L. Zabrack. 1986. "Television and children's aggressive behavior." In T. M. Williams (ed.), *The Impact of Television: A Natural Experiment in Three Communities.* Orlando, Fla.: Academic Press.

Kahn, Alfred J., and Sheila B. Kamerman. 1987. *Child Care: Facing the Hard Choices.* Dover, Mass.: Auburn House.

Kahn, Herman. 1984. *The Coming Boom.* New York: Simon & Schuster.

Kaiser, Robert G. 1976. *Russia: The People and the Power.* New York: Pocket Books.

Kamerman, Sheila B. 1991. "Child care policies and programs: An international overview." *Journal of Social Issues* 47 (2): 179～196.

Kamerman, Sheila B., and Alfred J. Kahn. 1981. *Child Care, Family Benefits and Working Parents: A Study in Comparative Policy.* New York: Columbia University Press.

Kamin, Leon J. 1974. *The Science and Politics of IQ.* New York: Wiley.

Kammeyer, Kenneth C., and Helen Ginn. 1986. *An Introduction to Population.* Chicago: Dorsey Press.

Kanter, Rosabeth Moss. 1977. *Men and Women of the Corporation.* New York: Basic Books.

Kanter, Rosabeth. 1983. *The Change Makers.* New York: Simon & Schuster.

Kantrowitz, Barbara. 1993a. "The messiah of Waco." *Newsweek,* March 15, pp. 56～58.

Kantrowitz, Barbara. 1993b. "Day of judgment." *Newsweek,* May 3, pp. 22～27.

Kantrowitz, Barbara, with Pat Wingert, Patrick Rogers, Nadine Joseph, and Shawn D. Lewis. 1991. "A is for Ashanti, B is for black... and C is for curriculum which is starting to change." *Newsweek,* September 13, pp. 45～46.

Kasarda, John D. 1989. "Urban industrial transition and the underclass." *Annals of the American Academy of Political and Social Science* 501:26～47.

Kasselbaum, Gene, David A. Ward, and Daniel M. Wilner. 1971. *Prison Treatment and Parole Survival.* New York: Wiley.

Kasun, Jacqueline R. 1978. *The War against Population: The Economics and Ideology of World Population Control.* San Francisco: Ignatius Press.

Katz, Elihu, and Paul Lazarsfeld. 1955. *Personal Influence.* New York: Free Press.

Katz, Michael. 1986. *Ill the Shadow of the Poorhouse: A Social History of Welfare in America.* New York: Basic Books.

Katz, Michael. 1989. *The Undeserving Poor.* New York: Pantheon.

Katz, Richard. 1997. "More commercials than ever in prime daytime." *Mediaweek,* March 24, p. 10.

Kaufman, Debra R. 1995. "Professional women: How real are the recent gains?" In Jo Freeman (ed.), *Women: A Feminist Perspective.* Mountain View, Calif.: Mayfield.

Keen, Sam. 1986. *Faces of the Enemy: Reflections of the Hostile Imagination.* New York: Harper & Row.

Keller, Suzanne. 1968. *The Urban Neighborhood.* New York: Random House.

Kelley, B. T., T. P. Thornberry, and C. A. Smith. 1997. *In the Wake of Childhood Maltreatment.* U.S. Department of Justice, Office of Justice Programs, Office of Juvenile Justice and Delinquency Prevention, August.

Kelley, Chris. 1995. "In search of new life: Once-proud industrial cities pursue answers to a changing economy." *Dallas Morning News,* December 3, A1.

Kempf, Kimberly L. 1993. "The empirical status of Hirschi's control theory." In Freda Adler and William S. Laufer (eds.), *New Directions in Criminological Theory,* vol. 4, pp. 143～185. New Brunswick, N.J.: Transaction.

Keniston, K. 1970. "Youth as a stage of life." *American Scholar* 39:631～654.

Kennedy, Paul. 1987. *The Rise and Fall of the Great Powers: Economic Change and Military Conflict from 1500 to 2000.* New York: Random House.

Kentor, Jeffrey. 1981. "Structural determinants of peripheral urbanization: The effects of international dependence." *American Sociological Review* 46:201～211.

Kephart, William M., and William W. Zellner. 1994. *Extraordinary Groups,* 5th ed. New York: St. Martin's Press.

Kerckhoff, Alan C. 1986. "Family position, peer influences, and schooling." In John G. Richardson (ed.), *Handbook of Theory and Research for the Sociology of Education.* New York: Greenwood Press.

Kerckhoff, Alan C., and Kurt W. Back. 1968. *The June Bug*. New York: Appleton Century Crofts.

Kerr, C., et al. 1964. *Industrialization and Industrial Man*. New York: Oxford University Press.

Kerr, Clark, et al. 1960. *The Problem of Labor and Management in Economic Growth*. Cambridge: Harvard University Press.

Kessler, Ronald C., and Paul D. Cleary. 1980. "Social class and psychological distress." *American Sociological Review* 45:463～478.

Khalilzad, Zalmay, and Cheryl Benard. 1984. *The Government of God: Iran's Islamic Republic*. New York: Columbia University Press.

Khullar, Gurdeep S. 1988. "Retirement, social participation, and social integration." *International Review of Modern Sociology* 18:107～137.

Kidder, Louise, Joanne L. Boell, and Marilyn M. Moyer. 1983. "Rights consciousness and victimization prevention: Personal defense and assertiveness training." *Journal of Social Issues* 39(2): 155～170.

King, Bruce M. 1996. *Human Sexuality Today*. Upper Saddle River, N.J.: Prentice Hall.

King, Haitung, and Frances B. Locke. 1980. "Chinese in the United States: A century of occupational transition." *International Migration Review* 14:15～42.

Kirby, David J., et al. 1973. *Political Strategies of Northern School of Desegregation*. Lexington, Mass.: Lexington Books.

Kitano, Harry H.L. 1985. *Race Relations*, 3rd ed. Englewood Cliffs, N.J.: Prentice Hall.

Kitcher, Philip. 1987. "Confessions of a curmudgeon." *Behavioral and Brain Sciences* 10:89～99.

Kitson, Gay C., Karen B. Babri, and Mary J. Roach. 1985. "Who divorces and why?" *Journal of Family Issues* 6(3):255～293.

Kjoller, Susanne, Bente Hansen, and Erling Segest. 1989. "Free condoms in the schools of Copenhagen, Denmark." *Journal of School Health* 59:66～68.

Klass, Perri. 1988. *A Not Entirely Benign Procedure*. New York: NAL/Penguin.

Klassen, Albert D., Colin J. Williams, and Eugene E. Levitt. 1989. *Sex and Morality in the United States: An Empirical Enquiry under the Auspices of the Kinsey Institute*. Middletown, Conn.: Wesleyan University Press.

Kletke, Phillip R., William D. Marder, and Anne B. Silberger. 1990. "The growing proportion of female physicians: Implications for U. S. physician supply." *American Journal of Public Health* 80: 300～304.

Kluckhohn, Clyde. 1961. "The study of values." In D. N. Barrett (ed.), *Values in America*. South Bend, Ind.: University of Notre Dame Press.

Kluegel, James R. 1987. "Macroeconomic problems, beliefs about the poor, and attitudes toward welfare spending." *Social Problems* 34:82～91.

Knight, Robin. 1989. "Just you move over, 'Enry 'Iggins." *U.S. News & World Report*, April 24, p. 40.

Knodel, John, Chamratrithiron G. Aphichat, and Nibhon Debevalya. 1987. *Thailand's Reproductive Revolution: Rapid Fertility Decline in a Third World Setting*. Madison: University of Wisconsin Press.

Kochen, Manfred (ed.). 1989. *The Small World*. Norwood, N.J.: Ablex.

Kohlberg, Lawrence. 1963. "The development of children's orientations toward a moral order." I. Sequence in the development of moral thought." *Vita Humana* 6:11～33.

Kohn, Alfie. 1988. "You know what they say…" *Psychology Today*, 22:36～41.

Kohn, M. L. 1963. "Social class and parent-child relationships: An interpretation." *American Journal of Sociology* 68:471～480.

Komarovsky, Mirra. 1964. *Blue-Collar Marriage*. New York: Random House.

Konvitz, Josef. 1985. *The Urban Millennium*. Carbondale: Southern Illinois University Press.

Koppel, Herbert. 1987. "Likelihood of victimization." *Bureau of Justice Statistics Technical Report NCJ-104274*. Washington, D.C.: U.S. Department of Justice.

Korte, Charles. 1980. "Urban-nonurban differences in social behavior and social psychological models of urban impact." *Journal of Social Issues* 36(3):29～51.

Kosmin, Barry A., and Seymour P. Lachman. 1993. *One Nation under God*. New York: Crown.

Kotlin, Joel. 1996. "Still the best places to do business." *Inc.* (July): 42～44, 46,48, 50.

Kovar, Mary Grace. 1986. "Expenditures for the medical care of elderly people living in the community in 1980."*Milbank Quarterly* 64:100～132.

Kovar, Mary Grace, Gerry Hendershot, and Evelyn Mathis. 1989. "Older people in the U.S. who receive help with basic activities of daily living." *American Journal of Public Health* 79:778～779.

Krahn, Harvey, Timothy F. Hartnagel, and John W. Gartrell. 1986. "Income inequality and homicide rates: Crossnational data and criminological theories." *Criminology* 24:269～295.

Krauskopf, Joan A., and Mary Elise Burnett. 1983. *Trial*.

Krymkowski, Daniel H., and Russell Middleton. 1987. "Social stratification in East Africa: Bases of respect among Kipsigis and Kikuyi men in rural Kenya." *Rural Sociology* 32:379～388.

Kubey, Robert, and Mihaly Csikszentmihalyi. 1990. *Television and the Quality of Life: How Viewing Shapes Everyday Experience*. Hillsdale, N.J.: Laurence Erlbaum.

Kubler-Ross, Elisabeth. 1969. *On Death and Dying*. New York: Macmillan.

Kung, Hane. 1986. *Christianity and the World Religions*. New York: Doubleday.

Kunkel, Dale. 1998. "Policy battles over defining children's educational television." *Annals of the American Academy of Political and Sciences* 557:39～54.

Kurz, D. 1993. "Physical assaults by husbands: A major social problem." In R. J. Gelles and D. R. Loseke (eds.), *Current Controversies on Family Violence*, pp. 88～103. Thousand Oaks, Calif.: Sage.

Kurz, D. 1997. "Doing parenting: Mothers, care work, and policy." In T. Arendell (ed.), *Contemporary Parenting: Challenges and Issues*, 92～118. Thousand Oaks, Calif.: Sage.

Kutscher, Ronald. 1991. "Outlook: 1990—2005: Findings and implications."*Monthly Labor Review* (November):3～12.

Landis, Suzanne E. 1987. "Sick child care options: What do working mothers prefer?" *Women and Health* 1:61～77.

Lane, Christel. 1987. "The impact of the economic and political system on social stratification and social mobility: Soviet lower white-collar workers in a comparative perspective." *Sociology* 21:171~198.

Lane, David. 1984. "Social stratification and class." In Erik P. Hoffmann and Robbin F. Laird (eds.), *The Soviet Polity in the Modern Era.* New York: Aldine.

Langley, Lester D. 1988. *Mex America: Two Countries, One Future.* New York: Crown.

Lapidus, Gail Warshofsky (ed.). 1982. *Women, Work, and Family in the Soviet Union.* Armonk, N.Y.: M. E. Sharpe.

Lasch, C. 1977. *Haven in a Heartless World.* New York: Basic Books.

Lasch, Christopher. 1979. *The Culture of Narcissism.* New York: Warner.

Laska, Shirley B., and Daphny Spain (eds.). 1980. *Back to the City.* New York: Pergamon.

Laslett, P. 1977. *Family Life and Illicit Love in Earlier Generations.* Cambridge: Cambridge University Press.

Laslett, Peter. 1984. *The World We Have Lost: England before the Industrial Age,* 3rd ed. New York: Scribner's.

Laslett, P. (ed.), with R. Wall. 1972. *Household and Family in Past Time.* Cambridge: Cambridge University Press.

Lassey, Marie L., William R. Lassey, and Martin J. Jinks. 1997. *Health Care Systems around the World: Characteristics, Issues, Reforms.* Upper Saddle River, N.J.: Prentice Hall.

Latane, Bibb, Kipling Williams, and Stephen Harkins. 1979. "Many hands make light the work: The causes and consequences of social loafing." *Journal of Personality and Social Psychology* 37:822~832.

La Torre, R. P, and K. Kear. 1977. "Attitudes toward sex in the aged." *Archives of Sexual Behavior* 6:203~213.

Laumann, E. O., J. Gagnon, R. T. Michael, and S. Michaels. 1994. *The Social Organization of Sexuality: Sexual Practices in the United States.* Chicago: University of Chicago Press.

Lawton, M. Powell. 1977. "Environments for older persons." *The Humanist* (September/October): 20~24.

Lazarsfeld, Paul. 1945. "The discussion goes on." *Public Opinion Quarterly* 9 (Winter 1945—1946): 404.

Leba, John Kong, John H. Leba, and Anthony T. Leba. 1985. *The Vietnamese Entrepreneurs in the U.S.A.: The First Decade.* Houston, Tex.: Zieleks.

Le Bon, Gustave. 1946. *The Crowd: A Study of the Popular Mind.* New York: Macmillan. (Originally published in 1896.)

Lee, Martin A., and Norman Solomon. 1991. *Unreliable Sources: A Guide to Detecting Bias in News Media.* New York: Carol.

Lee, Motoko. 1976. "The married woman's status and role in Japanese: An exploratory sociolinguistic study." *Signs* 1:991~999.

Lee, Valerie E., and Anthony S. Bryk. 1988. "Curriculum tracking as mediating the social distribution of high school achievement." *Sociology of Education* 61:78~94.

LeGrand, Julian, and Saul Estrin (eds.). 1989. *Market Socialism.* New York: Oxford University

Press.

Leishmann, Katie. 1983. “Child abuse: The extent of the harm.” *The Atlantic* 252:23～32.

Lemann, Nicholas. 1991. *The Promised Land.* New York: Knopf.

Lemert, Edwin. 1951. *Social Pathology.* New York: McGraw-Hill.

Lemert, Edwin. 1967. *Human Deviance, Social Problems, and Social Control.* Englewood Cliffs, N. J.: Prentice Hall.

Lenaghan, Donna D., and Michael J. Lenaghan. 1987. “AIDS and education: The front line of prevention.” *The Futurist* 21 (6):17.

Lengermann, Patricia M., Katherine M. Marconi, and Ruth Wallace. 1978. “Sociological theory in teaching sex roles: Marxism, functionalism and phenomenology.” *Woman's Studies International Quarterly* 1: 375～385.

Lengermann, Patricia Madoo, and Ruth A. Wallace. 1985. *Gender in America: Social Control and Social Changes*. Englewood Cliffs, N. J.: Prentice Hall.

Lenin, V. I. 1917. *Imperialism: The Highest Stage of Capitalism*. New York: Path Press.

Lenski, Gerhard. 1966. *Power and Privilege: A Theory of Social Stratification*. New York: McGraw-Hill.

Lenski, Gerhard, 1984. *Power and Privilege: A Theory of Social Stratification*, 2nd ed. Chapel Hill: University of North Carolina Press.

Lenski, Gerhard, and Jean Lenski. 1987. *Human Societies: An Introduction to Macrosociology*. New York: McGraw-Hill.

Lenski, Gerhard, Jean Lenski, and Patrick Nolan. 1991. *Human Societies: An Introduction to Macrosociology*, 6th ed. New York: McGraw-Hill.

Leonard, Eileen B. 1982. *Women, Crime, and Society: A Critique of Theoretical Criminology*. New York: Longman.

Lersch, Rainer. 1988. “Praktisches Lernen und Bildungsreform: Zur Dialektik von Nëhe und Distanz der Schule zum Leben.” *Zeitschrift für Pädagogik* 34:781～797.

Levenson, Richard L., Ir. 1984. “Incestuous fathers.” *Psychology Today* (April):14.

Levin, Jack, and Arnold Arluke. 1987. Gossip: *The Inside Scoop*. New York: Plenum Press.

Levine, Daniel U., and Rayna F. Levine. 1996. *Society and Education*, 9th ed. Boston: Allyn & Bacon.

Levinger, George. 1979. “A social exchange view on the dissolution of pair relationships.” In Robert L. Burgess and Ted L. Huston, *Social Exchange in Developing Relationships*. New York: Academic Press.

Levinson, Daniel J., et al. 1978. *The Seasons of a Man's Life*. New York: Knopf.

Levinson, Mark. 1992. “Our economy keeps limping.” *Dissent* (Winter):5～6.

Lévi-Strauss, Claude. 1969. *The Elementary Structures of Kinship*. Boston: Beacon Press.

Levy, Frank S., and Richard C. Michel. 1991. *The Economic Future of American Families: Income and Wealth Trends*. Washington, D.C.: Urban Institute.

Levy, Steven. 1998. “The hot new tech cities.” *Newsweek*, November 9, pp. 45～48, 50.

Lewin, Tamar. 1998. “Men assuming bigger share at home, new survey shows.” *New York Times*, April

15.

Lewis, Oscar. 1959. *Five Families: Mexican Case Studies in the Culture of Poverty*. New York: Basic Books.

Lewis, Oscar. 1961. *The Children of Sanchez*. New York: Random House.

Lewis, Oscar. 1964. *Pedro Martinez*. New York: Random House.

Lewis, Oscar. 1966. *La Vida: A Puerto Rican Family in the Culture of Poverty—San Juan and New York*. New York: Random House.

Lewis, Peirce, Casey McCracken, and Roger Hunt. 1994. "Politics: Who cares?" *American Demographics* 16 (October): 20～26.

Lewontin, R. C., S. Rose, and L. J. Kamin. 1984. *Not in Our Genes: Biology, Ideology, and Human Nature*. New York: Pantheon.

Lickona, Thomas. 1989. "Educating the moral child." *Education Digest* 55: 45～47.

Lieberman, Morton A., Irvin D. Yalom, and Matthew B. Miles. 1973. *Encounter Groups: First Facts*. New York: Basic Books.

Liebow, Elliot. 1967. *Tally's Corner*. Boston: Little, Brown.

Light, Donald W. 1989. "Social control and the American health care system." In Howard E. Freeman and Sol Levine (eds.), *Handbook of Medical Sociology*, 4th ed. Englewood Cliffs, N. J.: Prentice Hall.

Lincoln, James R., and Arne L. Kalleberg. 1990. *Culture, Control, and Commitment: A Study of Work Organization and Work Attitudes in the United States and Japan*. New York: Cambridge University Press.

Lindblom, Charles. 1977. *Politics and Markets*. New York: Basic Books.

Lindsey, Linda L. 1997. *Gender Roles: A Sociological Perspective*, 3rd ed. Upper Saddle River, N. J.: Prentice Hall.

Link, Bruce G., and Francis T. Cullen. 1990. "The labeling theory of mental disorder: A review of the evidence." *Research in Community and Mental Health* 6: 75～105.

Linton, Ralph. 1936. *The Study of Man*. New York: Appleton Century Crofts.

Linton, Ralph. 1937. "The one hundred percent American." *American Mercury* 40: 427～429.

Linz, Daniel G., and Edward Donnerstein. 1989. "The effects of violent messages in the mass media." In James Bradac (ed.), *Message Effects in Communication Science. Sage Annual Reviews of Communication Research*, vol. 17. Beverly Hills, Calif.: Sage.

Lipman-Blumen, Jean. 1984. *Gender Roles and Power*. Englewood Cliffs, N. J.: Prentice Hall.

Lippit, Ronald, and Ralph K. White. 1952. "An experimental study of the effect of democratic and authoritarian group atmospheres." *University of Iowa Studies in Child Welfare* 16: 43～195.

Lipset, Martin N. 1987. "Blacks and Jews: How much bias?" *Public Opinion* 10: 4～5.

Lipset, Seymour M. 1963. *The First New Nation: The United States in Historical and Comparative Perspective*. New York: Basic Books.

Lipset, Seymour M. 1994. "Why Americans refuse to vote?" *Insight*, February 7, pp. 24～26.

Lipset, Seymour M. 1997. *American Exceptionalism*. New York: Norton.

Lipset, Seymour M., and Reinhard Bendix. 1959. *Social Mobility in Industrial Society*. Berkeley: University of California Press.

Lipset, Seymour M., and Earl Raab. 1981. "The election and the evangelicals." *Commentary* 71: 25～31.

Lipset, Seymour, Martin Trow, and James Coleman. 1956. *Union Democracy* Glencoe, Ill.: Free Press.

Litwak, Eugene, and Henry Meyer. 1966. "A balance theory of coordination between bureaucratic organizations and community primary groups." *Administrative Science Quarterly* 11 (March): 31～58.

Livingston, Jay. 1996. *Crime and Criminology*, 2nd ed., Upper Saddle River, N.J.: Prentice Hall.

Loehlin, John, Gardner Lindzey, and J.N. Spuhler. 1975. *Race Differences in Intelligence*. San Francisco: Freeman.

Lofland, John. 1971. *Analyzing Social Settings*. Belmont, Calif.: Wadsworth.

Lofland, John. 1977. "'Becoming a worldsaver' revisited." *American Behavioral Scientist* 20(6): 805～18.

Lofland, John. 1985. *Protest: Studies of Collective Behavior and Social Movements*. New Brunswick, N.J.: Transaction.

Logan, John R., and Mark Schneider. 1984. "Racial segregation and social change in American suburbs, 1970—1980." *American Journal of Sociology* 89: 874～888.

Lombroso-Ferrero, Gina. 1911. Criminal Man According to the Classification of Cesare Lombroso. New York: Putnam's.

Lopata, Helena. 1986. "Becoming and being a widow: Reconstruction of the self and support systems." *Journal of Geriatric Psychiatry* 19: 203～214.

Lopata, Helena Z. (ed.). 1987. *Widows*. Vol. I. Durham, N.C.: Duke University Press.

Lorber, Judith. 1994. *Paradoxes of Gender*. New Haven, Conn.: Yale University Press.

Los Angeles Times. 1999. "Study puts to rest notion of 'midlife crisis.'" February 17, A4.

Loveman, Gary, and Chris Tilly. 1988. "Good jobs or bad jobs: What does the evidence say?" *New England Econonlic Review* (January-February): 46～65.

Lowry, Ira S. 1980. "Dismal future." In A.P. Solomon (ed.), *The Prospective City*. Cambridge, Mass.: MIT Press.

Luckenbill, David F. 1986. "Deviant career mobility: The case of male prostitutes." *Social Problems* 33: 283～296.

Luckmann, Thomas. 1967. *The Invisible Religion*. New York: Macmillan.

Ludeman, Kate. 1981. "The sexuality of the older person: Review of the literature." *The Gerontologist* 21: 203～208.

Luker, Kristen. 1984. *Abortion and the Politics of Motherhood*. Berkeley: University of California Press.

Luker, Richard, and Jerome Johnston. 1988. "TV and teens: Television in adolescent social development." *Social Education* 52: 350～353.

Lurid, Dale A. (ed.). 1989. *Older Bereaved Spouses: Research with Practical Applications*. New York: Hemisphere.

Lund, Dale A., Michael S. Caserta, and Margaret F. Dimond. 1986. "Gender differences through two years of bereavement among the elderly." *The Gerontologist* 26:314～320.

Lundin, T. 1984. "Morbidity following sudden and unexpected bereavement." *British Journal of Psychiatry* 144:84～88.

Lynch, Michael J., Graeme R. Newman, and W. Byron Groves. 1993. "Control theory and punishment: An analysis of control theory as a penal philosophy." In Freda Adler and William S. Laufer (eds.), *New Directions in Criminological Theory*, vol. 4, pp. 337～361. New Brunswick, N.J.: Transaction.

Lynd, Robert S., and Helen M. Lynd. 1929. *Middletown*. New York: Harcourt Brace & World.

Lynd, Robert S., and Helen M. Lynd. 1937. *Middletown in Transition*. New York: Harcourt Brace & World.

Lynn, Naomi B. 1984. "Women and politics: The real majority." In Jo Freeman (ed.), *Women: A Feminist Perspective*. Palo Alto, Calif.: Mayfield.

Lyon, Larry. 1987. *The Community in Urban Society*. Chicago: Dorsey Press.

Lystard, Mary. 1986. *Violence in the Home: Interdisciplinary Perspectives*. New York: Brunner/Mazel.

Maccoby, Eleanor Emmons (ed.). 1966. *The Development of Sex Differences*. Stanford, Calif.: Stanford University Press.

Maccoby, Eleanor Emmons, and Carol Nagy Jacklin. 1974. *The Psychology of Sex Differences*. Stanford, Calif.: Stanford University Press.

Maccoby, Eleanor Emmons, and Carol Nagy Jacklin. 1980. "Sex differences in aggression: A rejoinder and reprise." *Child Development* 51:964～980.

Macionis, John J., and Vincent N. Parrillo. 1998. *Cities and Urban Life*. Upper Saddle River, N.J.: Prentice Hall.

MacKay, Charles. 1932. *Extraordinary Popular Delusions and the Madness of Crowds*. New York: Farrar, Straus, & Giroux. (Originally published in 1841.)

Mackinnon, Carol E., and Donna King. 1988. "Day care: A review of literature, implications for policy, and critique of resources." *Family Relations* 37(2):229～236.

Magaziner, Ira, and Mark Patinigin. 1989. *The Silent War: Inside the Global Business Battles Shaping America's Future*. New York: Random House.

Malloy, Ruth. 1989. *Fielding's People's Republic of China*. New York: Morrow.

Malmaud, Roslyn K. 1984. *Work and Marriage: The Two-Profession Family*. Ann Arbor: University of Michigan Press.

Mangan, J.A., and Roberta J. Park. 1987. *From Fair Sex to Feminism: Sport and the Socialization of Women*. London: Frank Cass.

Manning, Peter K. 1974. "The police: Mandate strategies and appearances." In Richard Quinney (ed.), *Criminal Justice in America*. Boston: Little, Brown.

Marger, Martin N. 1981. *Elites and Masses: An Introduction to Political Sociology*. New York: Van Nostrand.

Margolis, Maxine L. 1990. "From mistress to servant: Downward mobility among Brazilian immigrants in New York City." *Urban Anthropology* 19(3):215～231.

Maris, Ronald W. 1981. *Pathways to Suicide: A Survey of Self-Destructive Behaviors*. Baltimore: Johns Hopkins University Press.

Markowski, E. M., J. W. Croake, and J. E Keller. 1978. "Sexual history and present sexual behavior of cohabitating and married couples." *Journal of Sex Research* 14:27～39.

Marlin, John T. 1988. *Cities of Opportunity: Finding the Best Place to Work, Live, and Prosper in the 1990s*. New York: National Civic League.

Marlin, John T., Immanuel Ness, and Stephen T. Collins. 1986. *The Book of World City Rankings: The Quality of Life and Work in over 100 Urban Centers*. New York: Free Press.

Marrett, Cora Bagley, and Cheryl Leggon (eds.). 1985. *Research in Race Relations*. Vol. 4. Greenwich, Conn.: JAI Press.

Marsh, Dave. 1981. *Born to Run*. New York: Dell.

Martin, David. 1978. *A General Theory of Secularization*. New York: Harper Colophon.

Martin, L. John. 1984. "The genealogy of public opinion polling." *Annals of the American Academy of Political and Social Science* 472:12～23.

Martin, Michael T., and Terry R. Kandal, 1989. *Studies of Development and Change in the Modern World*. New York: Oxford University Press.

Marx, Karl. 1964. *The Economic and Philosophic Manuscripts of 1844*. New York: International Publishers.

Marx, Karl, and Friedrich Engels. 1969. *The Communist Manifesto*. Baltimore: Penguin. (Originally published in 1848.)

Masnick, George S., and Joseph A. McFalls, Jr. 1978. "Those perplexing U. S. fertility swings." *PRB Report*, November.

Massagli, Michael P., and Claire McCullough. 1979. "Policy research and politics: Some inferences from the 'Coleman Report' for the policy role of the social scientist." *Sociological Focus* 12:87～101.

Massey, Douglas, and Nancy A. Denton. 1995. *American Apartheid*. Cambridge, Mass.: Harvard University Press.

Masters, Brooke. 1994. "Staying the science course." *Washington Post Education Review*, April 3, 8, 10.

Masters, William H., and Virginia E. Johnson. 1966. *Human Sexual Response*. Boston: Little, Brown.

Masters, William H., and Virginia E. Johnson. 1970. *Human Sexual Inadequacy*. Boston: Little, Brown.

Mathisen, Gerald S., and James A. Mathisen. 1988. "The new fundamentalism: A socio-historical approach to understanding theological change." *Review of Religious Research* 30:18～32.

Matras, Judah. 1984. *Social Inequality, Stratification and Mobility*, 2nd ed. Englewood Cliffs, N. J.: Prentice Hall.

McCarthy, J. D., and M. N. Zald. 1973. *The Trends of Social Movements in America: Professionalization and Resource Mobilization*. Morristown, N. J.: General Learning Press.

McClelland, David G. 1967. *The Achieving Society*. New York: Free Press.

McConahay, John B., and Joseph C. Hough, Jr. 1976. "Symbolic racism." *Journal of Social Issues* 32:

23～45.

McCord, William, and Arline McCord. 1986. *Paths to Progress: Bread and Freedom in Developing Societies*. New York: Norton.

McCormick, J. 1994. "Why parents kill." *Newsweek*, November 14, pp. 31～34.

McCormick, Teresa. 1984. "Multiculturalism: Some principles and issues." *Theory into Practice* 23(2) (Spring).

McKeachie, W. J. 1954. "Student centered versus instructor centered instruction." *Journal of Educational Psychology* 45: 143～150.

McKenzie, Roderich D. 1926. "The scope of human ecology." In E. W. Burgess (ed.), *The Urban Community*. Chicago: University of Chicago Press.

McKeon, Thomas. 1976. *The Modern Rise of Population*. New York: Academic Press.

McKinley, John, and John Stoeckle. 1988. "Corporation and the social transformation of doctoring" *International Journal of Health Services* 18: 191～205.

McLuhan, Marshall, 1964. *Understanding Media*. New York: McGraw-Hill.

McLuhan, Marshall. 1967. *The Medium Is the Massage*. New York: Bantam.

McNeil, Kenneth. 1978. "Understanding organizational power: Building on the Weberian legacy." *Administrative Science Quarterly* 23(1): 65～90.

McPhail, Clark. 1971. "Civil disorder participation: A critical examination of recent research." *American Sociological Review* 36: 1058～1073.

McPhail, Clark, and Ronald T. Wohlstein. 1983. "Individual and collective behaviors within gatherings, demonstrations, and riots." *Annual Review of Sociology* 9.

McQuail, Denis. 1985. "Sociology of mass communication." *Annual Review of Sociology* 11: 93～111.

Mead, George Herbert. 1934. *Mind, Self, and Society*. Charles W. Morris (ed.). Chicago: University of Chicago Press.

Mead, George Herbert. 1964. "The psychology of primitive justice." In Lewis A. Coser and Bernard Rosenberg (eds.), *Sociological Theory: A Book of Readings*. New York: Macmillan.

Mead, Lawrence M., and Laurence E. Lynn, Jr. 1990. "Should workfare be mandatory? What research says." *Journal of Policy Analysis and Management* 9(3): 400～404.

Mead, Margaret. 1935/1963. *Sex and Temperament in Three Primitive Societies*. New York: Morrow.

Mead, Margaret. 1975. *Male and Female: A Study of the Sexes in a Changing World*. New York: Morrow. (Originally published in 1949.)

Mead, Margaret. 1977. *Letters from the Field*: 1925—1975. New York: Harper & Row.

Meadows, Dennis L., Donella Meadows, et al. 1972. *The Limits to Growth*. New York: New American Library.

Meadows, Donella, Dennis L. Meadows, Jorgen Randers, and William W. Behrens. 1972. *The Limits to Growth: A Report for the Club of Rome's Projection on the Predicament of Mankind*. New York: Universe Books.

Mechanic, David. 1986. *From Advocacy to Allocation*. New York: Free Press.

Melville, Keith. 1988. *Marriage and the Family Today*. New York: Random House.

Merrick, T. 1986. *Population Pressure in Latin America* 41 (3), Washington, D. C.: Population Reference Bureau.

Merrick, Thomas W., and Stephen J. Tordella. 1988. "Demographics: People and markets." *Population Bulletin* 43:1.

Merton, Robert K. 1956. "Bureaucratic structure and anomie." *American Sociological Review* 3:672～682.

Merton, Robert K. 1956. "Bureaucratic structure and personality." In *Social Theory and Social Structure*, rev. ed. Glencoe, Ill.: Free Press.

Merton, Robert K. 1968. *Social Theory and Social Structure*, enl. ed. New York: Free Press.

Merton, Robert K. 1976. "Social problems and sociological theory." In Robert K. Merton and Robert A. Nisbet (eds.), *Contemporary Social Problems*, 4th ed. New York: Harcourt Brace Jovanovich.

Merton, Robert K. 1984. "Scientific fraud and the fight to be first." *The Times Literary Supplement*, November 2, pp. 1～2.

Messner, Steven F. 1982. "Societal development, social inequality, and homicide: A cross-national test of a Durkheim model." *Social Forces* 61:225～240.

Metheny, E. 1977. *Vital Issues*. Washington, D. C.: American Association for Health, Physical Education, and Recreation.

Meyrowitz, Joshua. 1985. *No Sense of Place: The Importance of Electronic Media on Social Behavior*. New York: Oxford University Press.

Michaels, Robert. 1911. *Political Parties*. Milbrath, Lester. 1965. *Political Participation*, Chicago: Rand McNally.

Milgram, Stanley. 1963. "Behavioral study of obedience." *Journal of Abnormal and Social Psychology* 67:371～378.

Milgram, Stanley. 1970. "The experience of living in cities." *Science* 167:1462.

Miliband, Ralph. 1969. *The State in Capitalist Society*. New York: Basic Books.

Miliband, Ralph. 1977. *Marxism and Politics*. Oxford: Oxford University Press.

Miller, Carol. 1975. "American Rom and the ideology of defilement." In Farnham Rehfisch, ed., *Gypsies, Tinkers, and Other Travelers*. New York: Academic Press.

Miller, David (ed.). 1987. *The Blackwell Encyclopedia of Political Thought*. Oxford: Basil Blackwell.

Miller, David. 1989. "Why markets?" In Julian LeGrand and Saul Estrin (eds.), *Market Socialism*, pp. 25～49. New York: Oxford University Press.

Miller, Delbert, and William Form. 1980. *Industrial Sociology*. New York: Harper & Row.

Miller, Jeannie. 1979. *Six Years with God: Life Inside Reverend Jim Jones' People's Temple*. New York: A & W.

Miller, Mark Crispin. 1986. "Deride and Conquer." In Todd Gitlin (ed.), Watching Television, New York: Pantheon.

Miller-Jones, Dalton. 1989. "Culture and testing." *American Psychologist* 44:360～366.

Mills, C. Wright. 1951. *White Collar: The American Middle Classes*. New York: Oxford University

Press.

Mills, C. Wright. 1956. *The Power Elite*. New York: Oxford University Press.

Mills, C. Wright. 1977. *The Sociological Imagination*. New York: Oxford University Press.

Minor, W. William., and Joseph Harry. 1982. "Deterrent and experimental effects in perceptual research: Replication and extension." *Journal of Research in Crime and Delinquency* 19:190～203.

Mintz, Steven, and Susan Kellogg. 1988. *Domestic Revolutions: A Social History of American Life*. New York: Free Press.

Mishel, Lawrence. 1989. "The late great debate on deindustrialization." *Challenge* (January-February): 35～43.

Mishel, Lawrence, Jared Bernstein, and John Schmitt. 1997. *The State of Working America, 1996—1997* Armonk, NY: M. E. Sharpe.

Mitchell, Robert E. 1971. "Some social implications of high-density housing." *American Sociological Review* 36:18～29.

Mitroff, Ian I. 1987. *Business Not As Usual*. San Francisco: Jossey Bass.

Molotch, Harvey. 1979. "Capital and neighborhood in the United States: Some conceptual links." *Urban Affairs Quarterly* 14:289～312.

Momeni, Jamshid A. (ed.). 1989. *Homelessness in the United States*. Vol. 1. *State Surveys*. New York: Greenwood Press.

Monette, Duane P., Thomas J. Sullivan, and Cornell R. De Jong. 1986. *Applied Sociological Research*. New York: Holt, Rinehart & Winston.

Money, John. 1977. "Destereotyping sex roles." *Society* 14(5):25～28.

Money, John. 1986. "Gender: History, theory, and usage of the term in sexology and its relationship to nature/nurture." *Journal of Sex and Marital Therapy* 11:71～79.

Money, John. 1988. *Gay, Straight, and In-Between: The Sexology of Erotic Orientation*. New York: Oxford University Press.

Money, John A., and Anke A. Ehrhardt. 1972. *Man & Woman, Boy & Girl*. Baltimore: Johns Hopkins University Press.

Mooney, Linda A., and Sarah Brabant. 1988. "Birthday cards, love, and communication." *Sociology and Social Research* 72:106～109.

Moore, David W. 1994. "One in seven Americans victim of child abuse." *Gallup Poll Monthly*, May 8～12.

Moore, David W. 1997. "AIDS Issue Fades Among Americans." Gallup Poll Archives, October 3～5, http: www. gallup. com.

Moore, David W. 1999. "AIDS issue fades among Americans." *Gallup Poll Archives*.

Moore, David, and Lydia Saad. 1998. The Gallup Poll, June 5～7.

Moore, Timothy E., and Leslie Cadeau. 1985. "The representation of women, the elderly and minorities in Canadian television commercials." *Canadian Journal of Behavioral Sciences* 17:215～225.

Moore, Wilbert E. 1960. "A reconsideration of theories of social change." *American Sociological Re-*

view 25:810～818.

Moore, Wilbert E. 1963. *Social Change*. Englewood Cliffs, N.J.: Prentice Hall.

Moore, Wilbert E. 1979. *World Modernization: The Limits of Convergence*. New York: Elsevier.

Morgan, Gareth. 1997. *Images of Organization*, 2nd ed. Thousand Oaks, Calif: Sage.

Morgan, Gwen G. 1986. "Supplemental care for young children." In Michael W. Yogman and T. Berry Brazelton (eds.), *In Support of Families*. Cambridge, Mass.: Harvard University Press.

Morgan, Hal. 1987. *Symbols of America*. New York: Penguin.

Morgan, Lewis Henry. 1964. *Ancient Society*, L. A. White (ed.). Cambridge, Mass.: Harvard University Press. (Originally published in 1877.)

Morison, Robert S. 1979. "Life extending technologies." In Robert M. Veatch (ed.), *Life Span*. New York: Harper & Row.

Morris, Desmond. 1977. *Manwatching: A Field Guide to Human Behavior*. New York: Abrams.

Morris, Peter A., and J. P. Wheeler. 1976. *Rural Renaissance in America*. Washington, D.C.: Population Reference Bureau.

Morrison, Terri, Wayne A. Conaway, and George A. Borden. 1994. *Kiss, Bow, or Shake Hands: How to Do Business in Sixty Countries*. Holbrook, Mass.: Adams Media Corp.

Mosatche, Harriet. 1983. *Searching: Practices and Beliefs of the Religious Cults and Human Potential Movements*. New York: Stravon Educational Press.

Moynihan, Daniel P. 1965. *The Negro Family: The Case for National Action*. Washington, D.C.: U.S. Department of Labor.

Mueller, Charles W., and Weldon Johnson. 1975. "Socioeconomic status and religious participation." *American Sociological Review* 40:785～800.

Mueller, Gerhard. 1983. "The United Nations and criminology." In Elmer H. Johnson (ed.), *International Handbook of Contemporary Developments in Criminology*. Westport, Conn.: Greenwood Press.

Mumford, Lewis. 1961. *The City in History: Its Origins, Its Transformations, and Its Prospects*. New York: Harcourt Brace Jovanovich.

Munnell, Alicia. 1983. "Financing options for social security." In Herbert S. Parnes (ed.), *Policy Issues in Work and Retirement*. Kalamazoo, Mich.: W. E. Upjohn Institute for Employment Research.

Murdock, G. P. 1949. *Social Structure*. New York: Macmillan.

Murdock, George. 1956. "How culture changes." In Harry L. Shapiro (ed.), *Man, Culture & Society*. New York: Oxford University Press.

Murphy, Michael D. 1985. "Brief communications." *Human Organization* 44(3):132～135.

Murphy, Philip. 1997. "Black flight." *Policy Review* (Spring 1995):28, 30～33.

Murray, Charles. 1984. *Losing Ground: American Social Policy* 1950—1980. New York: Basic Books.

Mussen, Paul H., John J. Conger, and Jerome Kagan. 1974. *Child Development and Personality*. New York: Harper & Row.

Musto, David F. 1987. *The American Disease*, expanded ed. New York: Oxford University Press.

Myrdal, Gunnar. 1962. *An American Dilemma*. New York: Harper & Row.

Myrdal, Gunnar. 1968. *Asian Drama: An Inquiry into the Poverty of Nations*. 3 vols. New York: Random House.

Nadelman, Ethan. 1992. "America's drug problem." *Dissent* (Spring): 205～212.

Naipaul, Shiva. 1980. *Journey to Nowhere*. New York: Simon & Schuster.

Naisbitt, John. 1982. *Megatrends: Ten New Directions Transforming Our Lives*. New York: Warner.

Naisbitt, John, and Patricia Aburdene. 1900. *Megatrends 2000: Ten New Directions for the 1990s*. New York: William Morrow.

Nanda, Serena. 1990. *Neither Man nor Woman: The Hijras of India*. Belmont, Calif.: Wadworth.

Napoli, Lisa. 1998. "Staying with the pitch: Stalwarts of face-to-face sales reluctant to peddle on line." *New York Times*, February 23, C1.

Nash, June. 1986. "A decade of research on women in Latin America." In June Nash and Helen I. Safa (eds.), *Women and Change in Latin America*. South Hadley, Mass.: Bergin & Garvey.

National Center for Education Statistics. 1987. *Digest of Educational Statistics*. Washington, D. C.: U. S. Department of Health, Education and Welfare, Education Division.

National Center for Education Statistics. 1995. *Digest of Educational Statistics*. Washington, D. C.: U. S. Department of Health, Education and Welfare, Education Division.

National Center for Education Statistics, 1997. *Digest of Educational Statistics*. Washington, D. C.: U. S. Department of Health, Education and Welfare, Education Division.

National Center for Health Statistics. 1988. *Health United States, 1987*. Washington, D. C.: U. S. Government Printing Office.

National Center for Health Statistics. 1989. *National Vital Statistics Report. Series 21, No. 46*. Washington, D. C.: U. S. Department of Health, Education, and Welfare.

National Center for Health Statistics. 1997. *Health United States,* 1997. Washington, D. C.: U. S. Government Printing Office.

National Center for Health Statistics. 1998. Advance Data No. 289. Hyatsville, Maryland: Public Health Service. p. 3.

National Institute of Mental Health. 1982. "Television and behavior: Ten years of scientific progress and implications for the eighties." Washington, D. C.: U. S. Government Printing Office.

National Research Council. 1974. *Toward an Understanding of Metropolitan America*. New York: Harper & Row.

Natriello, Gary, Aaron M. Pallas, and Karl Alexander. 1989. "On the right track? Curriculum and academic achievement." *Sociology of Education* 62: 109～118.

Near, Janet P., and Marcia P. Miceli. 1989. "The incidence of wrongdoing, whistle-blowing, and retaliation: Results of a naturally occurring field experiment." *Employee Responsibilities and Rights Journal* 2: 91～108.

Nelson, Richard Alan. 1996. *A Chronology and Glossary of Propaganda in the United States*. Westport, Conn.: Greenwood Press.

Neugarten, Bernice L., and Gunheld, O. Hagestad. 1976. "Age and the life course." In Robert H. Binstock and Ethel Shanas (eds.), *Handbook of Aging and the Social Sciences*. New York: Van Nostrand Reinhold.

Neugarten, Bernice L., and Joan W. Moore. 1968. "The changing age-status system." In Bernice L. Neugarten (ed.), *Middle Age and Aging*. Chicago: University of Chicago Press.

Newcomb, T. M. 1943. *Personality and Social Change*. New York: Holt, Rinehart & Winston.

Newell, Colin. 1988. *Methods and Models in Demography*. New York: Guilford Press.

Newman, Katherine S. 1988. *Falling from Grace*. New York: Macmillan.

Newport, Frank. 1996. "Americans generally happy with their marriages." *Gallup Poll Monthly*, September.

Newport, Frank, and Lydia Saad. 1997. "Religious faith Is widespread but many skip church." *Gallup Poll Monthly*, March.

Newsweek. 1996. "The end of AIDS?" December 2.

Newsweek. "Off to a Good Start," Barbara Kantrowitz, Special Issue, pp. 7～9.

Newsweek. 1997. "The web: Infotopia or marketplace?" Peter McGrath, January 27.

New York Times. 1997a. "Equal pay for equal work is no. 1 goal of women." September 5, p. A20.

New York Times. 1997a. "How much has Texaco changed?" November 2, Sec. 3, p. 1.

New York Times. 1998. "Cell rejuvenation may yield rush of medical advances." January 20, B11, B13.

Niebuhr, H. Richard. 1929. *The Social Sources of Denominationalism*. New York: Henry Holt.

Niemi, Richard C., John Mueller, and Tom W. Smith (eds.). 1989. *Trends in Public Opinion: A Compendium of Survey Data*. New York: Greenwood Press.

1998 Information Please Almanac. 1998. Borgna Brunner, (ed.). Boston: Houghton Mifflin.

Nisbet, Robert A. 1966. *The Sociological Tradition*. New York: Basic Books.

Nisbet, Robert A. 1970. *The Social Bond*. New York: Knopf.

Nixon, Howard L. 1979. *The Small Group*. Englewood Cliffs, N. J.: Prentice Hall.

Noble, Trevor. 1981. *Structure and Change in Modern Britain*. London: Batsford.

Nock, Steven L., and Paul W. Kingston. 1989. *The Sociology of Public Issues*. Belmont, Calif.: Wadsworth.

Noell, Jay. 1982. "Public and Catholic schools: A reanalysis of 'Public and Private Schools.'" *Sociology of Education* 55 (April/July): 123～132.

Nordhøy, F. 1962. "Group interaction in decision making under risk." Cited in Stephen Wilson. 1978. *Informal Groups: An Introduction*. Englewood Cliffs, N. J.: Prentice Hall.

Nordlinger, Eric. 1981. *On the Autonomy of the Democratic State*. Cambridge, Mass.: Harvard University Press.

Norris, William P. 1984. "Coping with poverty in urban Brazil: The contribution of patron-client relationships." *Sociological Focus* 17: 259～273.

Notestein, Frank W. 1945. "Population: The long view." In Theodore W. Schultz (ed.), *Food for the World*. Chicago: University of Chicago Press.

Nove, Alec. 1982. *Political Economy and Soviet Socialism*, 2nd ed. London: Allen & Unwin.

Nove, Alec. 1989. *Glasnost in Action*. Boston: Unwin Hyman.

Nove, Alec. 1990. "Market socialism and free economy." *Dissent* (Fall): 443～446.

Oberschall, Anthony. 1973. *Social Conflict and Social Movements*. Englewood Cliffs, N. J.: Prentice Hall.

Ochs, E. 1988. *Culture and Language Development: Language Acquisition and Language Socialization in a Samoan Village*. New York: Cambridge University Press.

O'Connor, James. 1973. *The Fiscal Crisis of the State*. New York: St. Martin's Press.

Offe, Claus. 1984. *Contradictions of the Welfare State*. Cambridge, Mass.: MIT Press.

Ogburn, William. 1950. *Social Changes with Respect to Culture and Original Nature*, rev. ed. New York: Viking.

O'Hare, William P. 1987. "America's welfare population: Who gets what?" *Population Trends and Public Policy* 13, Population Reference Bureau.

O'Hare, William. 1998. "Managing multiple-race data." *American Demographics*, April.

Oldham, G. R., and D. J. Brass. 1979. "Employee reactions to an open-plan office: A naturally occurring quasi-experiment." *AdministrativeScience Quarterly* 24: 267～284.

Olsen, Marvin E. 1968. *The Process of Social Organization*. New York: Holt, Rinehart & Winston.

Olsen, Marvin E., and Michael Micklin (eds.). 1981. *Handbook of Applied Sociology: Frontiers of Contemporary Research*. New York: Praeger.

Olson, Elizabeth B. 1997. "As hate spills onto the web, a struggle over whether, and how, to control it." *New York Times*, November 24, C11.

Organization for Economic Cooperation and Development. 1998. Aging Working Paper 1.4.

Ornstein, Allan. 1985. *Foundations of Education*, 3rd ed. Boston: Houghton Mifflin.

Ornstein, Allan C. 1988. "The changing status of the teaching profession." *Urban Education* 23: 261～279.

Ornstein, Norman, Andrew Kohut, and Larry McCarthy. 1988. *The People, the Press, and Politics*. Reading, Mass.: Addison-Wesley.

Ornstein, Norman J., Thomas Mann, and Michael J. Malbin. 1989. *Vital Statistics on Congress*. Washington, D. C.: Government Printing Office.

Orum, Anthony. 1988. *An Introduction to Political Sociology*, 3rd ed. Englewood Cliffs, N. J.: Prentice Hall.

Ostrander, Susan A. 1984. *Women of the Upper Class*. Philadelphia: Temple University Press.

Othman-Chande, M. 1987. "The Cameroon volcanic gas disaster: An analysis of a makeshift response." *Disaster* 11(1): 96～101.

O'Toole, Richard, and Stephen Webster. 1988. "Differentiation of family mistreatment." *Deviant Behavior* 9: 346～368.

Otten, Mac W., Steven M. Teutsch, David E. Williamson, and James S. Marks. 1990. "The effect of known risk factors on the excess mortality of black adults in the United States." *Journal of the American Medical Association* 268: 845～850.

Ouchi, William G. 1981. *Theory Z: How American Business Can Meet the Japanese Challenge*. Reading,

Mass.: Addison-Wesley.

Owen, Diana. 1991. *Media Messages in American Presidential Elections*. Westport, Conn.: Greenwood Press.

Oxford Analytica. 1986. *America in Perspective*. Boston: Houghton Mifflin.

Page, Charles H. 1969. *Class and American Sociology*. New York: Schocken.

Page, Ellis. 1981. "Coleman Report 'just plain wrong.'" *Phi Delta Kappan* 63 (September): 74.

Paige, Jeffrey M. 1971. "Political orientation and riot participation." *American Sociological Review* 36: 810～820.

Paige, Jeffrey M. 1975. *Agrarian Revolution*. New York: Free Press.

Paik, Haejung, and George Comstock. 1994. "The effects of television violence on antisocial behavior: A meta-analysis." *Communications Research* 21 (40): 516～546.

Paletz, David L. 1999. *The Media in American Politics: Contents and Consequences*. New York: Addison Wesley Longman.

Patgi, Michael, J. R. Blasi, M. Rosen, and M. Safir (eds.). 1983. *Sexual Equality: The Israeli Kibbutz Tests the Theories*. Norwood, Pa.: Norwood Editing.

Palmer, C. Eddie, and Sheryl M. Gonsoulin, 1990. "Paramedics, protocols, and procedures: 'Playing doc' as deviant role performance." *Deviant Behavior* 11 (3): 207～219.

Pampel, Fred J., Kenneth C. Land, and Marcus Felson. 1977. "A social indicator model of changes in the occupational structure of the United States, 1947—1974." *American Sociological Review* 42(6): 951～964.

Parelius, Ann Parker, and Robert J. Parelius. 1987. *The Sociology of Education*, 2nd ed. Englewood Cliffs, N.J.: Prentice Hall.

Parenti, Michael. 1978. *Power and the Powerless*. New York: St. Martin's Press.

Parenti, Michael. 1988. *Democracy for the Few*, 5th ed. New York: St. Martin's Press.

Park, Robert E., and Ernest W. Burgess. 1921. *Introduction to the Science of Sociology*. Chicago: University of Chicago Press.

Park, Robert E., Ernest W. Burgess, and R. D. McKenzie. 1925. *The City*. Chicago: University of Chicago Press.

Parker, Gordon. 1985. "The search for intimacy in mid-life: An exploration of several myths." *Australian and New Zealand Journal of Psychiatry* 19: 326～371.

Parkin, Frank. 1971. *Class Inequality and Political Order*. New York: Praeger.

Parkinson, C. Northcote. 1964. *Parkinson's Law*. New York: Ballantine.

Parnes, Herbert S. 1981. *A Longitudinal Study of Men, Work, and Society*. Cambridge, Mass.: MIT Press.

Parnes, Herbert S. (ed.). 1983. *Policy Issues in Work and Retirement*. Kalamazoo, Mich.: W. E. Upjohn Institute for Employment Research.

Parrot, Andrea. 1988. *Date Rape and Acquaintance Rape*. New York: Rosen.

Parsons, Talcott. 1951. *The Social System*. Glencoe, Ill.: Free Press.

Parsons, Talcott. 1955. "The American family: Its relations to personality and social structure." In Talcott Parsons and R. F. Bales (eds.), *Family, Socialization and Interaction Process*. New York: Free Press.

Parsons, Talcott. 1959. "The school system." *Harvard Educational Review* 29.

Parsons, Talcott. 1964. *Social Structure and Personality*. New York: Free Press.

Parsons, Talcott. 1966. Societies: *Evolutionary and Comparative Perspectives*. Englewood Cliffs, N. J.: Prentice Hall.

Parsons, Talcott. 1967. *Sociological Theory and Modern Society*. New York: Free Press.

Parsons, Talcott, and Robert F. Bales. 1955. *Family Socialization and Interaction Process*. Glencoe, Ill.: Free Press.

Parsons, Talcott, and Gerald M. Platt. 1973. *The American University*. Cambridge, Mass.: Harvard University Press.

Parsons, Talcott, and Edward A. Shils (eds.). 1951. *Toward a General Theory of Action*. Cambridge, Mass.: Harvard University Press.

Parsons, Talcott, and Neil J. Smelser. 1956. *Economy and Society*. New York: Free Press.

Passel, Jeffrey S., and Karen A. Woodrow. 1984. "Geographic distribution of undocumented immigrants." *Internal Migration Review* 18:642～671.

Patel, Diana. 1988. "Some issues of urbanization and development in Zimbabwe." *Journal of Social Development* in Africa 3(2):17～31.

Patterson, J., and P. Kim. 1991. *The Day America Told the Truth: What People Really Believe about Everything That Really Matters*. Upper Saddle River, N. J.: Prentice Hall.

Paulos, John Allen. 1995. *A Mathematician Reads the Newspaper*. New York: Anchor.

Pearson, Landon. 1990. *Children of Glasnost: Growing Up Soviet*. Seattle: University of Washington Press.

Peers, Jo. 1985. "Workers by hand and womb: Soviet women and the demographic crisis." In Barbara Holland (ed.), *Soviet Sisterhood*. Bloomington: Indiana University Press.

Pelto, Pertti J. 1973. *Technology and Social Change in the Arctic*. Menlo Park, Calif.: Cummings.

Pelto, Pertti J., and Ludger Müller-Wille. 1972. "Snowmobiles: Technological revolution in the Arctic." In H. Russell Bernard and Pertti J. Pelto (eds.), *Technology and Social Change*. New York: Macmillan.

Pelton, Joseph N. 1988. "Tele-education: The future." *Social Education* 52:366～369.

People. 1999. "Heaven help us!" February 22.

Perevendentev, Victor Ivanovich. 1983. "The Soviet family today." *Sociology and Social Research* 67: 245～259.

Perkins, H. Wesley, and James L. Spates. 1986. "Mirror images? Three analyses of values in England and the United States." *International Journal of Comparative Sociology* 27:31～50.

Perrow, Charles. 1979. *Complex Organizations: A Critical Essay*, 2nd ed. Glenview, Ill.: Scott Foresman.

Perrow, Charles. 1984. *Normal Accidents: Living with High-Risk Technologies*. New York: Basic Books.

Pescosolido, Bernice A., and Sharon Georgianna. 1989. "Durkheim, suicide and religion: Toward a network theory of suicide." *American Sociological Review* 54(1):33～48.

Peter, Laurence J. 1985. *Why Things Go Wrong, or, The Peter Principle Revisited*. New York: Morrow.

Peter, Laurence J., and Raymond Hull. 1969. *The Peter Principle: Why Things Always Go Wrong*. New York: Morrow.

Peterman, D., C. Ridley, and S. Anderson. 1974. "A comparison of cohabiting and noncohabiting college students." *Journal of Marriage and the Family* 36:344～354.

Peters, Thomas J., and Robert H. Waterman, Jr. 1982. *In Search of Excellence*. New York: Harper & Row.

Peterson, Peter G. 1999. *Gray Dawn: How the Coming Age Wave Will Transform America—And the World*. New York:, Times Books.

Peterson, William. 1975. *Population*, 3rd ed. New York: Macmillan.

Peterson, William. 1985. *Dictionary of Demographics*. Westport, Conn.: Greenwood Press.

Petranek, Charles F. 1988. "Recruitment and commitment." *Society* 25(2):48～51.

Pettigrew, Thomas. 1971. *Racially Separate or Together*. New York: McGraw-Hill.

Pettigrew, Thomas F., et al. 1982. *Prejudice*. Cambridge, Mass.: Harvard University Press.

Pettigrew, Thomas F., and Joanne Martin. 1987. "Shaping the organizational context for American inclusion." *Journal of Social Issues* 43(1):41～78.

Pfeffer, Jeffrey, and Gerald R. Salancik. 1978. *The External Control of Organizations: A Resource Dependence Perspective*. New York: Harper & Row.

Pfuhl, Erdwin H., Jr. 1987. "Computer abuse: Problems of instrumental control." *Deviant Behavior* 8: 113～130.

Phillips, David P., and Lundie L. Carstensen. 1988. "The effect of suicide stories on various demographic groups, 1968—1985." *Suicide and Life Threatening Behavior* 18 (1) (Spring):100～114.

Phillips, David P., and Daniel Paight. 1987. "The impact of televised movies about suicides: A replicative study." *New England Journal of Medicine* 317 (13) (September 24):809～811.

Phillips, David P., and John S. Wills. 1987. "A drop in suicides around major national holidays." *Suicide and Life Threatening Behavior* 17:1～12.

Phillips, Kevin. 1995. "Virtual Washington." *Time*, Spring, pp. 65～68.

Picharro, Nelson A. 1988. "Resource mobilization: An analysis of conflicting theoretical visions." *Sociological Quarterly* 29(1):97～118.

Pieraccini, Tina. 1987. "Sexism and the media." In Alan Wells (ed.), *Mass Media and Society*. Lexington, Mass.: D. C. Heath.

Pines, Maya. 1981. "The civilization of Genie." *Psychology Today* 15 (September):28～34.

Pinkney, Alphonso. 1984. *The Myth of Black Progress*. New York: Cambridge University Press.

Piore, Michael, and Charles Sabel. 1984. *The Second Industrial Divide*. New York: Basic Books.

Pirenne, Henri. 1925. *Medieval Cities*. Princeton, N.J.: Princeton University Press.

Piven, Frances Fox. 1996. "Welfare and the transformation of electoral politics." *Dissent* (Fall):

61～67.

Piven, Frances Fox, and Richard A. Cloward. 1982. *The New Class War*. New York: Pantheon.

Piven, Frances, and Richard Cloward. 1989. *Why Americans Don't Vote*. New York: Pantheon.

Platt, John. 1987. "The future of AIDS." *The Futurist* 21(6): 10～17.

Pleck, Joseph H. 1985. "Husbands' paid work and family roles: Current research issues." In H. Lopata (ed.), *Research in the Interweave of Social Roles, Jobs, and Families*. Beverly Hills, Calif.: Sage.

Pleck, Joseph H., Michael E. Lamb, and James A. Levine. 1986. "Epilog: Facilitating future change in men's family roles." *Marriage and Family Review* 9: 11～16.

Pol, Louis G. 1987. *Business Demography: A Guide for Business Planners and Marketers*. New York: Quorum Press.

Polacheck, Soloman. 1984. "Women in the economy: Perspectives on gender equality." *Comparable Worth* (June): 53～68.

Pollock, Jocelyn M., and Barbara Ramirez. 1995. "Women in the legal profession." In Alida V. Merlo and Jocelyn M. Pollack (eds.), *Women, Law, and Social Control*. Boston: Allyn & Bacon.

Pool, John Charles, and Stephen C. Stamos, Jr. 1989. *International Economic Policy: Beyond the Trade and Debt Crisis*. Lexington, Mass.: Lexington Books.

Pope, Whitney. 1976. *Durkheim's Suicide: A Classic Reanalyzed*. Chicago: University of Chicago Press.

Popenoe, David. 1977. *The Suburban Environment: Sweden and the United States*. Chicago: University of Chicago Press.

Popenoe, David. 1988. *Disturbing the Nest: Family Change and Decline in Modern Societies*. New York: Aldine.

Popham, James W., and Elaine Lindheim. 1981. "Implications of a landmark ruling on Florida's minimum competency test." *Phi Delta Kappan* 63: 18～20.

Popkin, Susan J. 1990. "Welfare: View from the bottom." *Social Problems* 37: 64～73.

Population Reference Bureau. 1991. *1991 World Population Data Sheet*. Washington, D. C.: Population Reference Bureau.

Population Reference Bureau. 1992. *1992 World Population Data Sheet*. Washington, D. C.: Population Reference Bureau.

Population Reports. Johns Hopkins University. 1990. "Voluntary female sterilization: Number one and growing." Series C, no. 10. Baltimore: Population Information Program.

Porter, Bruce D. 1980. "Parkinson's law revisited: War and the growth of American government." *Public Interest* 60: 50～68.

Portes, Alejandro, and Ruben G. Rumbaut. 1990. *Immigrant America: A Portrait*. Berkeley: University of California Press.

Portes, Alejandro, and Cynthia Truelove. 1987. "Making sense of diversity: Recent research on Hispanic minorities in the United States." *Annual Review of Sociology* 13: 359～385.

Postman, Neil. 1981. "TV's 'disastrous' impact on children." *U. S. News & World Report* 90: 43～45.

Postman, Neil. 1982. *The Disappearance of Childhood*. New York: Delacorte.

Postman, Neil. 1985. *Amusing Ourselves to Death*. New York: Penguin.

Postman, Neil. 1993. *Technopoly: The Surrender of Culture to Technology*. New York: Vintage Books.

Postman, Neil. 1995. *The End of Education*. New York: Vintage Books.

Poulantzas, Nicos. 1973. *Political Power and Social Classes*. London: New Left Books.

Premack, David. 1985. *The Future History of the Animal Language Controversy*. Cambridge, Mass.: MIT Press.

Press, Aric, et al. 1985. "The war against pornography." *Newsday*, March 18, pp. 58～66.

Price-Bonham, S., and J. O. Balswick. 1980. "The noninstitutions: divorce, desertion, and remarriage." *Journal of Marriage and the Family* 42:959～972.

Public Opinion. 1985. "Opinion roundup." 7(6):23～42.

Pullin, Diana. 1981. "Minimum competency testing and the demand for accountability." *Phi Delta Kappan* 63:20～22.

Putnam, Jo Anne. 1997. *Cooperative Learning in Diverse Classrooms*. Upper Saddle River, N. J.: Prentice Hall.

Putnam, Robert. 1995. "Bowling alone: America's declining of social capital." *Journal of Democracy* (January).

Quarantelli, F. I., and Russel R. Dynes. 1970. "Property norms and looting: Their patterns in community crises." *Phylon* 31:168～182.

Quittner, Joshua. 1998. "Free speech for the net: A panel of federal judges overturns the communications decency act." In Michael Petracca and Madeleine Ssorapure (eds), *Common Culture*. Upper Saddle River, N. J.: Prentice Hall.

Rabb, Theodore K., and Robert Rotberg (eds.). 1981. *Industrialization and Urbanization*. Princeton, N. J.: Princeton University Press.

Radcliffe-Brown. A. R. 1952. *Structure and Function in Primitive Society*. New York: Free Press.

Rae, Bob. 1991. "A socialist credo." *Dissent* (Winter): 43～45.

Raine, Philip. 1974. *Brazil: Awakening Giant*. Washington, D. C.: Public Affairs Press.

Rapoport, Robert, and Rhona Rapoport. 1978. *Working Couples*. New York: Harper & Row.

Raskin, Marcus G. 1972. "The channeling colony." In Martin Carnoy (ed.), *Schooling in a Corporate Society*. New York: McKay.

Raunikar, Robert, and Chung-Liang Huang. 1987. *Food Demand, Analysis Problems, Issues, and Empirical Evidence*. Ames: Iowa State University Press.

Reckless, Walter. 1967. *The Crime Problem*. New York: Appleton Century Crofts.

Redburn, F. Stevens, and Terry F. Buss. 1986. *Responding to America's Homeless: Public Policy Alternatives*. New York: Praeger.

Reeves, Phil. 1996. "Russian children learn capitalism is a teddy bear's picnic." *The Independent*, November 29, 15.

Reich, Charles A. 1970. *The Greening of America*. New York: Random House.

Reich, Robert. 1983. *The Next American Frontier*. New York: Penguin.

Reich, Robert. 1987. *Tales of a New America*. New York: Vintage.

Reich, Robert. 1991. *The Work of Nations*. New York: Knopf.

Rein, Irving J., Philip Kotler, and Martin Stoller. 1987. *High Visibility*. New York: Dodd, Mead.

Reiss, Albert J., Jr. 1968. "Sociology." *International Encyclopedia of the Social Sciences*. Vol. 15. New York: Crowell Collier and Macmillan.

Repetto, Robert (ed.). 1985. *The Global Possible: Resources, Development, and the New Century*. New Haven, Conn.: Yale University Press.

Repetto, Robert. 1987. "Population, resources, and environment: An uncertain future." *Population Bulletin* 42:2.

Reskin, Barbara F. 1988. "Bringing the man back in: Sex differentiation and the devaluation of woman's work." *Gender and Society* 2:58～81.

Resnick, Daniel P., and Lauren B. Resnick. 1983. "Improving educational standards in American schools." *Phi Delta Kappan* 65(3):178～80.

Reynolds, Michael. 1994. *Groupwork in Education and Training: Ideas in Practice.* London: Kegan Page.

Reynolds, Vernon. 1976. *The Biology of Human Action.* San Francisco: Freeman.

Riche, Martha F. 1981. "Demographic supermarkets of the eighties." *American Demographics* 3: 15～21.

Riche, Martha F. 1991. "We're all minorities now." *American Demographics* 13 (October): 36～34.

Riesman, David. 1961. *The Lonely Crowd.* New Haven, Conn.: Yale University Press.

Rifkin, Jeremy. 1996. *The End of Work: The Decline of the Global Labor Force and the Dawn of the Post-Market Era.* New York: Putnam's.

Riley, Matilda White. 1987. "Aging, health, and social change." In Matilda Riley, Joseph D. Matarazzo, and Andrew Baum (eds.), *The Aging Dimension.* Hillsdale, N.J.: Laurence Erlbaum.

Riley, Matilda White, Anne Foner, and Joan Waring. 1988. "Sociology of age." In Neil J. Smelser (ed.), *Handbook of Sociology.* Newbury Park, Calif.: Sage.

Riley, Matilda White, Marilyn Johnson, and Anne Foner. 1972. *Aging and Society.* New York: Russell Sage Foundation.

Rist, Marilee C. 1989. "Should parents choose their child's school?" *The Education Digest* 55:3～6.

Ritzer, George. 1993. *The McDonaldization of Society.* Thousand Oaks, Calif.: Pine Forge Press.

Ritzer, George, and David Walczak. 1986. *Working: Conflict and Change,* 3rd ed. Englewood Cliffs, N.J.: Prentice Hall.

Riulin, Alice M., and P. Michael Timpane. 1975. *Ethical and Legal Issues of Social Experimentation.* Washington, D.C.: Brookings Institution.

Rix, Sara E. (ed.). 1989. *The American Woman* 1988—1989. *A Status Report.* Women's Research and Education Institute. New York: Norton.

Roberts, Sam. 1995. *Who We Are: A Portrait of America Based on the Latest U. S. Census.* New York: Times Books.

Robbins, Thomas, and Dick Anthony. 1972. "Getting straight with Meher Baba: A study of mysticism, drug rehabilitation and postadolescent conflict." *Journal for the Scientific Study of Religion* 7: 122～128.

Robinson, Harry. 1981. *Population and Resources.* New York: St. Martin's Press.

Robinson, John P., and Mark Levy. 1987. "Interpersonal communication and news comprehension." In Michael Gurevitch and Mark Levy (eds.), *Mass Communication Review Yearbook.* Vol 6. Beverly Hills, Calif.: Sage.

Rodgers, Harrell R., Jr. 1982. *The Cost of Human Neglect: America's Welfare Failure.* Armonk, N.Y.: M. E. Sharpe.

Roebuck, Janet. 1974. *The Shaping of Urban Society.* New York: Scribner's.

Roethlisberger, F. J. 1949. *Management and Morale.* Cambridge, Mass.: Harvard University Press.

Rogers, David. 1969. *110 Livingston Street: Politics and Bureaucracy in the New York City School System.* New York: Random House.

Rokeach, Milton. 1968. "The role of values in public opinion research." *Public Opinion Quarterly* 32 (4) (Winter 1968—1969): 549.

Rokeach, Milton. 1973. *The Nature of Human Values.* New York: Free Press.

Rokeach, Milton (ed.). 1979. *Understanding Human Values.* New York: Free Press.

Roniger, Luis. 1987. "Coronelismo, Caciquismo and Oyabunkobun bonds: Divergent implications of hierarchical trust in Brazil, Mexico, and Japan." *British Journal of Sociology* 38:310～330.

Roof, Wade C. 1979. "Socioeconomic differentials among white socioreligious groups in the United States." *Social Forces* 58:280～289.

Roof, Wade C., and William McKinney. 1987. *American Mainline Religion: Its Changing Shape and Future.* New Brunswick, N.J.: Rutgers University Press.

Roopnarine, Jaipaul L., and Lynn M. Hempel. 1988. "Day care and family dynamics." *Early Childhood Research Quarterly* 3:427～438.

Roos, Patricia A. 1985. *Gender and Work: A Comparative Analysis of Industrial Societies.* Albany: State University of New York.

Rosa, Eugene A., Gary E. Machilis, and Kenneth M. Keating. 1988. "Energy and society." *Annual Review of Sociology* 14:149～172.

Roscoe, Will. 1992. *The Zuni Man-Woman.* Albuquerque: University of New Mexico.

Rose, A. M. 1965. "The subculture of the aging: A framework in social gerontology." In A.M. Rose and W.A. Peterson (eds.), *Older People and Their Social World.* Philadelphia: Davis.

Rose, A. M. 1967. *The Power Structure.* New York: Oxford University Press.

Rosenberg, Charles E. 1987. *The Care of Strangers: The Rise of American Hospitalization.* New York: Basic Books.

Rosenberg, Dorothy. 1991. "Shock therapy: GDR women in transition from a socialist welfare state to a social market economy." *Signs* 17:129～152.

Rosenberg, Morris. 1956. "Misanthropy and political ideology." *American Sociological Review* 21:

690～695.

Rosenberg, Morris. 1990. "The self-concept: Social product and social force." In Morris Rosenberg and Ralph H. Turner (eds.), *Social Psychology: Sociological Perspectives.* New York: Basic Books.

Rosenberg, Morris, and Roberta Simmons. 1971. *Black and White Self-Esteem: The Urban School Child. American Sociological Association Monograph Series.*

Rosenblum, Simon. 1991. "Social Democrats win in Ontario." *Dissent* (Winter): 19～21.

Rosener, Judy B. 1990. "Ways women lead." *Harvard Business Review* 68:119～25.

Rosenfeld, Anne, and Elizabeth Stark. 1987. "The prime of our lives." *Psychology Today* (May): 162～172.

Rosenfeld, Rachel A. 1978. "Women's intergenerational occupational mobility." American *Sociological Review* 43:36～46.

Rosenthal, Robert, and Lenore Jacobson. 1968. *Pygmalion in the Classroom: Teacher Expectation and the Pupil's Intellectual Development.* New York: Holt, Rinehart & Winston.

Rosnow, Ralph L., and Gary Alan Fine. 1976. *Rumor and Gossip.* New York: Elsevier.

Ross, Heather L., and Isabel V. Sawhill. 1975. *Time of Transition: The Growth of Families Headed by Women.* Washington, D.C.: Urban Institute.

Rossell, Christine H., and Charles L. Glenn. 1988. "The Cambridge controlled choice plan." *The Urban Review* 20:75～94.

Rossi, Alice S. 1984. "Gender and parenthood." *American Sociological Review* 49:1～16.

Rossi, Peter H., James D. Wright, and Sonia R. Wright. 1978. "The theory and practice of applied social research."*Evaluation Quarterly* 2: 171～191.

Rossides, Daniel M. 1990. *Social Stratification: The American Class System in Comparative Perspective.* Upper Saddle River, N.J.: Prentice Hall.

Rossides, Daniel. 1997. *Social Stratification: The Interplay of Class, Race, and Gender,* 2nd ed., Upper Saddle River, N.J.: Prentice Hall.

Rostow, W. W. 1987. *Rich Countries, Poor Countries: Reflections on the Past, Lessons for the Future.* Boulder, Colo.: Westview.

Rothman, Barbara Katz. 1989. *Recreating Motherhood: Ideology and Technology in a Patriarchal Society.* New York: Norton.

Rothman, Robert. 1978. *Inequality and Stratification in the United States.* Englewood Cliffs, N.J.: Prentice Hall.

Rothstein, Stanley William. 1987."Schooling in mass society." *Urban Education* 22:267～285.

Rowan, Roy, and Sara Hammes. 1989."A Guide to the Pacific rim." *Fortune*120: 72～82.

Rubin, Jeffrey Z., Frank J. Provenzano, and Zella Luria. 1974."The eye of the beholder: Parents' views on sex of newborns." *American Journal of Orthopsychiatry* 44: 512～519.

Rubin, Lillian. 1976. *Worlds of Pain: Life in the Working-Class Family.* New York: Basic Books.

Ryan, Charlotte. 1991. *Prime Time Activism: Media Strategies for Grassroots Organizing.* Boston: South End Press.

Ryan, John and William M. Wentworth. 1999. *Media and Society: The Production of Culture in the Mass Media*. Boston: Allyn & Bacon.

Ryan, William. 1976. *Blaming the Victim*, rev. ed. New York: Vintage.

Rybczynski, Witold. 1995. "Culture's urban fortunes." *Civilization* (November / December) : 33～35.

Rybczynski, Witold. 1995. *City Life*. New York: Touchstone.

Ryder, Judith, and Harold Silver. 1985. *Modern English Society*, 3rd ed. New York: Methuen.

Sabato, Larry J. 1997. *Toward the Millenium: The Elections of 1996*. Boston: Allyn & Bacon.

Sadker, David, and Myra Sadker. 1988. *Teachers Make the Difference*, 2nd ed. New York: Random House.

Sadker, Myra, and David Sadker. 1994. *Failing at Fairness: How Schools Cheat Girls*. New York: Touchstone.

Sadker, Myra, David Sadker, and Susan S. Klein. 1986. "Abolishing misconceptions about sex equity in education." *Theory into Practice* 25: 219～226.

Sagarin, Edward. 1975. *Deviants and Deviance*. New York: Praeger.

Sahlins, Marshall. 1978. *The Use and Abuse of Biology*. Ann Arbor: University of Michigan Press.

Saltzman, Linda, Raymond Paternoster, Gordon P. Waldo, and Theodore G. Chiricas. 1982. "Deterrent and experiential effects: The problem of causal order in perceptual deterrence research." *Journal of Research in Crime and Delinquency* 19: 172～189.

Samuel, Maurice. 1943. *The World of Sholom Aleichem*. New York: Knopf.

Samuelson, Paul. 1970. *Economics*. New York: McGraw-Hill.

Samuelson, Paul, and William Nordhaus. 1988. *Economics*. New York: McGraw-Hill.

Sanders, Jimmy M. 1990. "Public transfers: Safety net or inducement into poverty?" *Social Forces* 68: 813～834.

Sanders, Richard J. 1985. "Teaching apes to ape language: Explaining the imitative and nonimitative signing of a chimpanzee." *Journal of Comparative Psychology* 99: 197～210.

Sanderson, Stephen K. I990. *Social Evolutionism: A Critical History*. Cambridge, Mass.: Basil Blackwell.

Saney, Parviz. 1986. *Crime and Culture in America*. Westport, Conn.: Greenwood Press.

Sanjian, Andrea Stevenson. 1991. "Social problems, political issues: Marriage and divorce in the USSR." *Soviet Studies* 43 (4) : 629～649.

Sapir, Edward. 1937. "Fashion." *In Encyclopedia of the Social Sciences*. New York: Macmillan.

Sapiro, Virginia. 1983. *The Political Integration of Women*. Urbana: University of Illinois Press.

Sapiro, Virginia. 1988. *Women, Political Action, and Political Participation*. Washington, D.C.: American Political Science Association.

Sarbin, Theodore, and Jeffrey E. Miller. 1970. "Demonism revisited: The chromosomal abnormality." *Issues in Criminology* (Summer): 195～207.

Saunders, John. 1971. *Modern Brazil: New Patterns and Development*. Gainesville: University of Florida Press.

Saunders, Peter. 1981. *Social Theory and the Urban Question.* New York: Holmes and Meyer.

Saxe, Leonard. 1986. "Policymakers' use of social science research." *Knowledge: Creation, Diffusion, Utilization* 8(1):59～78.

Saxe, L. D. Dougherty, and K. Esty. 1985. "Alcoholism: A public policy perspective." In J. Mendelson and N. Mello (eds.), *The Diagnosis and Treatment of Alcoholism.* New York: Wiley.

Scanlan, Christopher. 1993. "Reality awaits leave bill: Most US workers won't be covered." *Wichita Eagle,* February 5.

Scargill, D. I. 1979. *The Form of Cities.* London: Bell and Hyman.

Schaedel, Richard P., Jorge E. Hardy, and Nora Scott Kinzer. 1978. *Urbanization in the Americas from Its Beginning to the Present.* The Hague: Mouton.

Schaffer, Jeffrey, and Suzy Blackaby. 1984. "How to gain status and intimidate people." *Wall Street Journal,* November 26.

Schatzman, Leonard, and Anselm L. Strauss. 1973. *Field Research.* Englewood Cliffs, N.J.: Prentice Hall.

Schein, Edgar. 1961. *Coercive Persuasion.* New York: Norton.

Schieffelin, B. 1990. *The Give and Take of Everyday Life: Language Socialization of Kaluli Children.* New York: Cambridge University Press.

Schiff, Michael, and Richard Lewontin. 1986. *Education and Class: The Irrelevance of IQ Genetic Studies.* Oxford: Clarendon Press.

Schiller, Herbert. 1973. *The Mind Managers.* Boston: Beacon Press.

Schlapentokh, Vladimir. 1988. "The XXVII Congress: A case study in the shaping of a new party ideology." *Soviet Studies* 40:1～20.

Schlemmer, Lawrence. 1991. "A challenge of political transition in South Africa: Majority vs. minority rights." *South African Journal of Sociology* 22(1):16～23.

Schmalleger, Frank. 1997. *Criminal Justice Today: An Introduction for the Twenty-First Century.* Upper Saddle River, N.J.: Prentice Hall.

Schneider, Benjamin (ed.) 1990. *Organizational Climate and Culture.* San Francisco: Jossey-Bass.

Schneller, Raphael. 1985. "Heritage and changes in the nonverbal language of Ethiopian newcomers." *Israel Social Science Research* 3:33～54.

Schon, Donald. 1971. *Beyond the Stable State.* New York: W. W. Norton.

Schöpflin, George. 1990. "The end of communism in Eastern Europe." *International Affairs* 66(1): 3～16.

Schram, Wilbur, Jack Lyle, and Edwin B. Parker. 1961. *Television in the Lives of Our Children.* Stanford, Calif.: Stanford Universtiy Press.

Schultz, Sandra. 1981. "Adjusting marriage tradition: Greeks to Greek-Americans." *Journal of Comparative Family Studies* 7:205～218.

Schuman, Howard, and Stanley Presser. 1981. *Questions and Answers in Attitude Surveys: Experiments on Question Form, Wording, and Context.* New York: Academic Press.

Schur, Edwin M. 1971. *Labelling Deviant Behavior.* New York: Harper & Row.

Schutz, Alfred. 1962. *Collected Papers I: The Problem of Social Reality.* The Hague: Martinus Nijhoff.

Schwartz, Barry. 1967. "The social psychology of privacy." *American Journal of Sociology* 73:741～752.

Schwartz, Barry. 1975. *Queuing and Waiting: Studies in the Social Organization of Access and Delay.* Chicago: University of Chicago.

Schwartz, Felice N. 1989. "Management women and the new facts of life." *Harvard Business Review* 89:65～76.

Schwartz, Mary Ann, and Barbara Marliene Scott. 1997. *Marriages and Families: Diversity and Change.* Upper Saddle River, N.J.: Prentice Hall.

Schwirian, Kent P. 1983. "Models of neighborhood change." *Annual Review of Sociology* 9:83～108.

Scitovsky, Anne A., and M. Cline. 1986. "Medical care costs of patients with AIDS in San Francisco." *Journal of the American Medical Association* 256(3):3107～3109.

Scott, Allen J. 1988. *Metropolis: From the Division of Labor to Urban Form.* Berkeley: University of California Press.

Scott, W. Richard. 1998. *Organizations: Rational, Natural, and Open Systems.* Upper Saddle River, N.J.: Prentice Hall.

Sears, David O., Carl P. Hensler, and Leslie K. Speer, 1979. "White opposition to 'busing': Self-interest or symbolic politics?" *American Political Science Review* 73:161～188.

Seeman, Melvin. 1961. "On the meaning of alienation." *American Sociological Review* 26:753～758.

Select Committee on Children, Youth, and Families, U. S. House of Representatives. 1989. *U. S. Children and Their Families: Current Conditions and Recent Trends.* Washington, D.C.: U.S. Government Printing Office.

Selvin, Hanan C., and Warren O. Hagstrom. 1960. "Determinants of support of civil liberties." *British Journal of Sociology* 11 (March):51～73.

Sewell, William H. 1971. "Inequality of opportunity for higher education." *American Sociological Review* 36:793～808.

Sewell, William H., Robert M. Hauser, and Wendy C. Wolf. 1980. "Sex, schooling and occupational status." *American Journal of Sociology* 86:551～583.

Shanas, Ethel, and George R. Maddox. 1976. "Aging, health, and the organization of health resources." In Robert H. Binstock and Ethel Shanas (eds.), *Handbook of Aging and the Social Sciences.* New York: Van Nostrand Reinhold.

Shapiro, Judith. 1992. *The Industrial Labour Force.* In Mary Buckley (ed.), *Perestroika and Soviet Women.* Cambridge: Cambridge University Press.

Shaw, Clifford R., and Henry O. McKay. 1929. *Delinquency Areas.* Chicago: University of Chicago Press.

Shaw, John W., Peter G. Nordie, and Richard M. Shapiro (eds.). 1987. *Strategies for Improving*

Race Relations: The Anglo-American Experience. Manchester, England: Manchester University Press.

Shaw, Marvin E. 1976. *Group Dynamics: The Psychology of Small Group Behavior,* 2nd ed. New York: McGraw-Hill.

Sheehy, Gail. 1976. *Passages: Predictable Crises of Adult Life.* New York: Dutton.

Sheldon, William H., et al. 1949. *Varieties of Delinquent Youth.* New York: Harper & Brothers.

Sherif, Muzafer. 1936. *The Psychology of Social Norms.* New York: Harper & Row.

Sherif, Muzafer, and Carolyn Sherif. 1953. *Groups in Harmony and Tension: An Introduction to Studies in Intergroup Relations.* New York: Harper & Row.

Sherwood, Mrs. John. 1887. *Manners and Social Usages.* New York: Harper & Brothers.

Shevky, Eshrev, and Wendell Bell. 1955. *Social Area Analysis.* Stanford, Calif.: Stanford University Press.

Shibutani, Tomatsu. 1966. *Improvised News: A Sociological Study of Rumor.* Indianapolis, Ind.: Bobbs-Merrill.

Shipler, David K. 1989. *Russia: Broken Idols, Solemn Dreams.* New York: Penguin.

Short, James F. 1971. *The Social Fabric of the Metropolis.* Chicago: University of Chicago Press.

Shorto, Russell. 1997. "Belief by the numbers." *New York Times,* December 7, 60～61.

Sibley, Elbridge. 1971. "Scientific sociology at bay?" *American Sociologist* 6:13～17.

Sidel, Victor W., and Ruth Sidel. 1982. *A Health State: An International Perspective on the Crisis in United States Health Care,* 2nd ed. New York: Pantheon.

Siegal, Michael. 1987. "Are sons and daughters treated more differently by fathers than by mothers?" *Developmental Review,* no. 3:83～209.

Signorielli, Nancy. 1983. "Health, prevention, and television: Images of the elderly and perceptions of social reality." *Prevention in Human Services* 3:97～117.

Signorielli, Nancy. 1985. *Role Portrayal and Stereotyping on Television.* Westport, Conn.: Greenwood Press.

Signorielli, Nancy. 1989. "Television conceptions about sex roles: Maintaining conventionality and the status quo." *Sex Roles* 21:341～360.

Silberman, Charles E. 1978. *Criminal Violence and Criminal Justice.* New York: Random House.

Silk, Mark. 1988. *Spiritual Politics.* New York: Simon & Schuster.

Sills, David. 1968. "Voluntary associations." *In International Encyclopedia of the Social Sciences.* Vol. 16. New York: Crowell Collier.

Sills, David. 1970. "Preserving organizational goals." In Oscar Grusky and George Miller (eds.), *The Sociology of Organizations.* New York: Free Press.

Silverman, Carol J. 1986. "Neighborhoods and urbanism: Commonality vs. friendship." *Urban Affairs Quarterly* 22(2):312～328.

Simenauer, David, and Jacqueline Carroll. 1982. *Singles: The New Americans.* New York: Simon & Schuster.

Simmel, Georg. 1955. *Conflict and the Web of Group Affiliations.* Translated by Kurt H. Wolff &

Reinhard Bendix. New York: Free Press.

Simon, Barbara Levy. 1987. *Never Married Women.* Philadelphia: Temple University Press.

Simon, Julian L. 1981. *The Ultimate Resource.* Princeton, N.J.: Princeton University Press.

Simon, Julian L. 1986. *Theory of Population and Economic Growth.* Oxford: Basil Blackwell.

Simon, Julian L. 1990. *Theory of Population Control,* 2nd ed. New York: Basil Blackwell.

Simon, Rita, and Jean Landis. 1991. *The Crimes Women Commit, the Punishments They Receive.* Lexington, Mass.: Lexington Books.

Simpson, George E., and J. Milton Yinger. 1972. *Racial and Cultural Minorities,* 4th ed. New York: Harper & Row.

Singer, Margaret Thaler. 1996. *Cults in Our Midst: The Hidden Menace in Our Everyday Lives.* San Francisco: Jossey-Bass.

Sivulka, Juliann. 1998. *Soap, Sex, and Cigarettes: A Cultural History of American Advertising.* Belmont, Calif.: Wadsworth.

Sjoberg, Gideon. 1960. *The Preindustrial City.* New York: Free Press.

Skidmore, Rex A., M. Hon, G. Thackeray, and O. William Farley. 1988. *Introduction to Social Work,* 4th ed. Englewood Cliffs, N.J.: Prentice Hall.

Skocpol, Theda. 1979. *States and Social Revolutions.* New York: Cambridge University Press.

Skocpol, Theda. 1980. "Political response to capitalist crises." *Politics and Society,* 10:155～201.

Skocpol, Theda, and Edwin Amenta. 1986. "States and social policies." *Annual Review of Sociology* 12:131～157.

Skogan, Wesley G. 1979. "Crime and crime rates." In Wesley G. Skogan (ed.), *Sample Surveys of the Victims of Crimes.* Cambridge, Mass.: Ballinger.

Skolnik, Jerome. 1966. *Justice without Trial.* New York: Wiley.

Sloan, Allen. 1997. "The new rich." *Newsweek,* August 4, pp.48～55.

Smelser, Neil J. 1959. *Social Change in the Industrial Revolution.* Chicago: University of Chicago Press.

Smelser, Neil J. 1962. *Theory of Collective Behavior.* New York: Free Press.

Smelser, Neil J. 1968. *Essays in Sociological Explanation.* Englewood Cliffs, N.J.: Prentice Hall.

Smircich, Linda. 1985. "Is the concept of culture a paradigm for understanding organizations and ourselves?" In Peter J. Frost, Larry F. Moore, Meryl Reis Louis, Craig C. Lundberg, and Joanne Martin (eds.), *Organizational Culture* pp.55～72. Beverly Hills, Calif.: Sage.

Smith, A. Emerson. 1981. "Work roles of applied sociologists." Paper presented at the American Sociological Association Workshop on Directions in Applied Sociology.

Smith, Hedrick. 1976. *The Russians.* New York: Ballantine.

Smith, Hedrick. 1995. *Rethinking America: Innovative Strategies and Partnerships in Business and Education.* New York: Avon.

Smith, Michael P., and Joe R. Feagin (eds.). 1987. *The Capitalist City: Global Restructuring and Community Politics.* New York: Basil Blackwell.

Smith, R.E. 1979. *The Subtle Revolution: Women at Work.* Washington, D.C.: Urban Institute.

Snow, David A. 1988. "On the precariousness of measuring sanity in insane contexts." *Social Problems* 35:192～196.

Snow, D., and P. Leahy. 1980. "The making of a black slum-ghetto: A case study of neighborhood transition." *Journal of Applied Behavioral Sciences* 16(4).

Snyder, Benson R. 1971. *The Hidden Curriculum.* Cambridge, Mass.: MIT Press.

Snyder, Thomas D. 1987. *Digest of Educational Statistics, 1987.* Washington, D.C.: National Center for Education Statistics.

So, Alvin Y. 1986. "The math/reading gap among Asian American students: A function of nativity, mother tongue, and SES." *Sociology and Social Research: An International Journal* 70(1):76～77.

So, Alvin Y. 1990. *Social Change and Development: Modernization, Dependency; and World-System Theories.* Newbury Park, Calif.: Sage.

Solomon, Lewis C., and Paul Wachtel. 1975. "The effects on income of type of college attended." *Sociology of Education* 48:75～90.

Sorokin, Pitirim A. 1941. *Social and Cultural Dynamics.* New York: American Books.

Sowell, Thomas. 1981. *Ethnic America: A History.* New York: Basic Books.

Spade, Joan Z., and Carole A. Reese. 1991. "We've come a long way, maybe: College students' plans for work and family." *Sex Roles* 24:309～321.

Spates, James L. 1983. "The sociology of values." *Annual Review of Sociology* 9:27～49.

Spender, Dale. 1980. *Man Made Language.* London: Routledge & Kegan Paul.

Spengler, Oswald. 1965. *The Decline of the West.* New York: Modern Library. (Originally published in 1918.)

Spiering, Frank. 1984. *Lizzie.* New York: Random House.

Spiro, M. E. 1958. *Children of the Kibbutz.* Cambridge, Mass.: Harvard University Press.

Spiro, S. E., and Ephraim Yuchtman-Yaar(eds.). 1983. *Evaluating the Welfare State.* New York: Academic Press.

Spitz, René A. 1945. "Hospitalism: An inquiry into the genesis of psychiatric conditions in early childhood." *The Psychoanalytic Study of the Child* 1:53～74.

Sreenivasan, Sreenath. 1998. "Corporate intelligence: A cloakhold on the web." *New York Times,* March 2, C4.

Stack, C. B. 1974. *All Our Kin.* New York: Harper & Row.

Stack, John F., Jr. 1986. *The Primordial Challenge: Ethnicity in the Contemporary World.* Westport, Conn.: Greenwood Press.

Stack, S. 1987. "Celebrities and suicides: A taxonomy and analysis." *American Sociological Review* 52:401～412.

Stack, Steven. 1990. "New micro-level data on the impact of divorce on suicide, 1959—1980: A test of two theories." *Journal of Marriage and the Family* 52(1):119～127.

Stagner, Ross. 1987. "Group conflicts." In Jeff Boucher, Dan Landis, and Karen Arnold Clark (eds.), *Ethnic Conflict: International Perspectives.* Newbury Park, Calif.: Sage.

Staples, Robert (ed.). 1991. *The Black Family,* 4th ed. Belmont, Calif.: Wadsworth.

Starer, Daniel. 1995. *Hot Topics.* New York: Simon & Schuster.

Stark, Rodney, and William Sims Bainbridge. 1979. "Of churches, sects, and cults: Preliminary concepts for a theory of religious movements." *Journal for the Scientific Study of Religion* 18:117～133.

Stark, Rodney, and William Sims Bainbridge. 1985. *The Future of Religion: Secularization, Revival, and Cult Formation.* Berkeley: University of California Press.

Starkey, Marion L., 1946. *The Cherokee Nation.* New York: Knopf.

Starr, Paul. 1982. *The Social Transformation of American Medicine.* New York: Basic Books.

Stavrianos, L.S. 1983. *A Global History: The Human Heritage,* 3rd ed. Englewood Cliffs, N.J.: Prentice Hall.

Steffensmeier, Darrell, and Cathy Streifel. 1991. "Age, gender, and crime across three historical periods: 1935, 1960, and 1985." *Social Forces* 69(3):869～894.

Steffensmeier, Darrell J., and Robert M. Terry. 1973. "Deviance and respectability: An observational study of reactions to shoplifting." *Social Forces* 51:417～426.

Stein, Barry. 1979. "Occupational adjustment of refugees: The Vietnamese in the United States." *International Migration Review* 13:25～45.

Steinem, Gloria. 1983. *Outrageous Acts and Everyday Rebellions.* New York: Holt, Rinehart & Winston.

Steiner, Gilbert Y. 1981. *The Futility of Family Policy.* Washington, D.C.: Brookings Institution.

Stephens, John. 1979. *The Transition from Capitalism to Socialism.* London: Macmillan.

Stern, Phillip. 1988. *The Best Congress Money Can Buy.* New York: Pantheon.

Sternlieb, George, and James W. Hughes. 1986. "Demographics and housing in America." *Population Bulletin* 41:1.

Stevens, William K. 1992. "Humanity confronts its handiwork: An altered planet." *New York Times,* May 5.

Steward, Julian. 1955. *Theory of Cultural Change.* Urbana: University of Illinois Press.

Stipp, Horst, and J. Ronald Milavsky. 1988. "U.S. television programming's effects on aggressive behavior of children and adolescents." *Current Psychology Research and Reviews* 7:76～92.

Stockard, Jean, and Miriam M. Johnson. 1980. *Sex Roles.* Englewood Cliffs, N.J.: Prentice Hall.

Stone, Alan, and Richard Barke. 1985. *Governing the American Public.* New York: St. Martin's Press.

Stone, John. 1985. *Racial Conflict in Contemporary Society.* Cambridge, Mass.: Harvard University Press.

Stone, Joseph L., and Joseph Church. 1975. *Childhood and Adolescence,* 3rd ed. New York: Random House.

Stone, Lawrence. 1985. "Sex in the West." *The New Republic,* July 8, pp. 25～37.

Stoner, J. A. F. 1961. "A comparison of individual and group decisions including risk." Cited in Stephen Wilson. 1978. *Informal Groups: An Introduction.* Englewood Cliffs, N.J.:Prentice Hall.

Stouffer, S. A. 1940. "Intervening opportunities: A theory relating mobility and distance." *American Sociological Review* 5:845~867.

Stouffer, Samuel A., et al. 1949. *The American Soldier.* Princeton, N. J.: Princeton University Press.

Stowe, Harriet B. 1962. *Uncle Tom's Cabin.* New York: Macmillan. (Originally published in 1852.)

Straub, Carrie. 1998. *Jobsearch. net.* Menlo Park, Calif.:Crisp Publications.

Straus, Murray A., and Richard J. Gelles. 1988. "Societal change and change in family violence from 1975 to 1985 as revealed by two national surveys." *Journal of Marriage and the Family* 48:465~479.

Straus, Murray A., Richard J. Gelles, and Suzanne K. Steinmetz. 1980. *Behind Closed Doors: Violence in the American Family.* Garden City, N.Y.:Doubleday/Anchor Books.

Strauss, Anselm. 1956. George Herbert Mead: *On Social Psychology.* Chicago:University of Chicago Press.

Strong, Josiah. 1885. *Our Country: Its Possible Future and Its Present Crisis.* New York.

Sugden, John. 1987. "The exploitation of disadvantage: The occupational subculture of the boxer." *Sociological Review Monograph* 33:187~209.

sullivan Gary L., and P. J. O'Connor. 1988. "Women's role portrayals in magazine advertising: 1958—1983." *Sex Roles* 18:181~188.

Sumner, William G. 1960. *Folkways.* New York: New American Library. (Originally published in 1906.)

Survey Research Consultants International. 1981. *Index to International Public Opinion,* 1980—1981.

Sutcliffe, Anthony. 1981. *Towards the Planned City: Germany, Britain, the United States, and France, 1790—1914.* New York: St. Martin's Press.

Sutherland, Edwin M. 1940. "White-collar criminality." *American Sociological Review* (February): 1~12.

Sutherland, Edwin. 1947. *Principles of Criminology,* 4th ed. Chicago: Lippincott.

Suttles, Gerald D. 1965. *The Social Order of the Slum.* Chicago: University of Chicago Press.

Sutton, Frances X. 1987. "Refugees and mass exodus: The search for a humane, effective policy." In William Alonso (ed.), *Population in an Interacting World.* Cambridge, Mass.: Harvard University Press.

Swanson, Guy. 1967. *Religion and Regime:A Sociological Account of the Reformation.* Ann Arbor: University of Michigan Press.

Sykes, Gresham. 1978. *Criminology.* San Diego: Harcourt Brace Jovanovich.

Sykes, Gresham, and David Matza. 1957. "Techniques of neutralization: A theory of delinquency." *American Sociological Review* 22:664~670.

Syme, S. Leonard, and Lisa F. Berkman. 1986. "Social class, susceptibility, and sickness." In Peter Conrad and Rochelle Kern (eds.), *The Sociology of Health and Illness: Critical Perspectives,* 2nd ed. New York: St. Martin's Press.

Szalai, Julia. 1991. "Some aspects of the changing situation of women in Hungary." *Signs* 17(1):153~170.

Sztompka, Piotr. 1993. *The Sociology of Change.* Cambride, Mass.: Blackwell.

Tagliabue, John. 1997. "Buona notte, guten tag: Europe's new workdays." *New York Times,* November 12, C1, C6.

Tajfel, H., and J. Turner. 1979. "An interpretive theory of intergroup conflict." In W.G. Austin and S. Worchel(eds.), *The Social Psychology of Intergroup Relations.* Monterey, Calif.:Brooks/Cole.

Tannahill, Reay. 1980. *Sex in History.* New York: Stein & Day.

Tannen, Deborah. 1990. *You Just Don't Understand: Men and Women in Conversation.* New York: Morrow.

Tapscott, Don. 1998. *Growing Up Digital: The Rise of the Net Generation.* New York: McGraw-Hill.

Tavris, Carol, and Carole Wade. 1984. *The Longest War.* New York: Harcourt Brace Jovanovich.

Taylor, Ann Siegris, and John W. Lounsbury. 1988. "Unconventional commuter marriages: Living in different cities." *Human Relations* 41:407～423.

Taylor, Ella. 1989. *Prime-Time Families: Television Culture in Postwar America.* Berkeley, Calif.: University of California Press.

Taylor, Howard. 1975. "Quantitative racism: A partial documentation." *Journal of Afro-American Issues* 3:19～42.

Taylor, Howard. 1980. *The IQ Game.* New Brunswick, N.J.: Rutgers University Press.

Teixeira, Ruy. 1990. "Things fall apart." In Maureen Hallinan, David Klein, and Jennifer Glass (eds.), *Changes in Social Institutions,* pp.239～255. New York:Plenum Press.

Television Audience Assessment. 1983. *Methodology Report.*

Terman, Lewis M., and Leona E. Tyler. 1954. "Psychology of sex differences." In L. Carmichael (ed.), *Manual of Child Psychology,* 2nd ed. New York:Wiley.

Terrance, Herbert S. 1979. *Nim: A Chimpanzee Who Learned Sign Language.* New York: Knopf.

Theen, Rolf H. W. 1984. "Party and bureaucracy." In Erik P. Hoffmann and Robbin F. Laird (eds.), *The Soviet Polity in the Modern Era.* New York: Aldine.

Thernstrom, Stephan. 1973. *The Other Bostonians: Poverty and Progress in the American Metropolis, 1880—1970.* Cambridge, Mass.: Harvard University Press.

Thomas, W. I., with Dorothy Swaine Thomas. 1928. *The Child in America.* New York: Knopf.

Thompson, William E. 1983. "Hanging tongues: A sociological encounter with the assembly line." *Qualitative Sociology* 6:215～237.

Thorne, Barrie. 1986. "Girls and boys together... but mostly apart: Gender arrangements in elementary school." W. Hartup and A. Rubin. (eds.), In *Relationships and Development,* pp.167～184. Hillsdale, N.J.:Laurence Erlbaum.

Thorne, Barrie. 1995. *Gender Play: Girls and Boys in School.* New Brunswick, N.J.:Rutgers University Press.

Thornton, Arland, and Deborah Freedman. 1983. *The Changing American Family.* Washington, D.C.: Population Reference Bureau.

Thornton, W., and J. James. 1979. "Masculinity and delinquency revisited." *British Journal of Criminology* 19:225～241.

Thorton, Russell. 1987. *American Indian Holocaust and Survival.* Norman: University of Oklahoma Press.

Tiger, L., and J. Shepher. 1975. *Women in the Kibbutz.* New York: Harcourt Brace Jovanovich.

Tilly, Charles (ed.). 1975. *The Formation of Nation-States in Western Europe.* Princeton, N.J.: Princeton University Press.

Timar, Thomas. 1989. "The politics of school restructuring." *Phi Delta Kappan* 71:265～275.

Time. 1995. "Welcome to cyberspace," by Philip Elmner-DeWitt. Spring.

Time. 1998. "Time 100 special issue: Builders and titans of the 20th century." December 7.

Time. 1999. "The end of the nightmare." February 22, pp. 32～37.

Time. 1999. "A shot for aging body parts?" by Clare Thompson. January 11, p. 90. Special Issue: The Future of Medicine.

Tittle, Charles R. 1980. *Sanctions and Social Deviance: The Question of Deterrence.* New York: Praeger.

"TNC commission focuses on environment and development." 1991. *UN Chronicle.* 36ff.

Tönnies, Ferdinand. 1963. *Community and Society.* New York: Harper & Row.

Toffier, Alvin. 1983. *Previews and Premises.* New York: Morrow.

Tomeh, Aida K. 1974. "Formal voluntary organizations: Participation, correlates, and interrelationships." In M.P. Effrat (ed.), *The Community: Approaches and Applications.* New York: Free Press.

Toynbee, Arnold. 1964. *A Study of History.* New York: Oxford University Press.

Toynbee, Arnold (ed.). 1967. *Cities of Destiny.* London: Thames & Hudson.

Travers, Jeffrey, and Stanley Milgram. 1969. "An experimental study of the 'small-world' problem." *Sociometry* 32:425～443.

Treas, Judith. 1979. "Socialist organization and economic development in China: Latent consequences for the aged." *Gerontologist* 19:34～42.

Treiman, D. J. 1970. "Industrialization and social stratification." In E. O. Laumann (ed.), *Social Stratification.* Indianapolis, Ind.: Bobbs-Merrill.

Treiman, Donald J., and Kermit Terrell. 1975. "Sex and the process of status attainment: A comparison of working women and men." *American Sociological Review* 40:174～200.

Trimble, Joseph E. 1987. "American Indians: Interethnic conflict." In Jeff Boucher, Dan Landis, and Karen Arnold Clark (eds.), *Ethnic Conflict: International Perspectives.* Newbury Park, Calif.: Sage.

Troeltsch, Ernst. 1931. *The Social Teaching of the Christian Churches.* New York: Macmillan.

Tsui, Kai Yuen. 1991. "China's regional inequality." *Journal of Comparative Economics* 15(1): 1～21.

Tuchman, Gaye. 1979. "Women's depiction by the mass media." *Signs: Journal of Women in Culture and Society* 4(3):528～542.

Tumin, Melvin. 1953. "Some principles of stratification: A critical review." *American Sociological Review* 18:387～394.

Tumin, Melvin M. 1985. *Social Stratification: The Forms and Functions of Inequality,* 2nd ed. Englewood Cliffs, N.J.: Prentice Hall.

Turk, Austin T. 1969. *Criminality and the Legal Order.* Chicago: Rand McNally.

Turnbull, Colin. 1972. *The Mountain People.* New York: Simon & Schuster/Touchstone.

Turner, Barbara F., and Catherine G. Adams. 1988. "Reported change in preferred sexual activity over the adult years." *Journal of Sex Research* 25:289～303.

Turner, Ralph H. 1960. "Sponsored and contest mobility and the school system." *American Sociological Review* 25:855～857.

Turner, Ralph. 1978. "The role of the person." *American Journal of Sociology* 84:1～23.

Turner, Ralph H. 1990. "Role change." *Annual Review of Sociology* 16:87～110.

Turner, Ralph H., and Lewis M. Killian. 1987. *Collective Behavior,* 3rd ed. Englewood Cliffs, N.J.: Prentice Hall.

Tyler, Leona. 1965. *The Psychology of Human Differences,* 3rd ed. New York: Appleton Century Crofts.

Tyler, Miller G., Jr. 1975. *Living in the Environment: Concepts, Problems, and Alternatives.* Belmont, Calif.: Wadsworth.

Tyler, William B. 1985. "The organizational structure of the school." *Annual Review of Sociology* 11: 49～73.

Tyree, Andrea, Moshe Semyonov, and Robert Hodge. 1979. "Gaps and glissandos: Inequality, economic development, and social mobility in 24 countries." *American Sociological Review* 44:410～424.

Ucko, Leonora Greenbaum. 1986. "Perceptions of aging, East and West: Soviet refugees see two worlds." *Journal of Cross—Cultural Gerontology* 1:411～428.

Ucko, P. J., et al. (eds.). 1972. *Man, Settlement, and Urbanism.* London: Duckworth.

United Nations. 1988. *World Population Trends and Policies, 1987 Monitoring Report.* New York: United Nations.

United Nations Human Development Programme. *Human Development Report, 1997.* New York: Oxford University Press.

United Nations Population Fund. 1990. *The State of the World Population, 1990.* New York: United Nations.

U.S. Advisory Board on Child Abuse and Neglect. 1995. *A Nation's Shame: Fatal Child Abuse and Neglect in the United States.* Washington, D.C.: Department of Health and Human Services, Administration for Children and Families.

U.S. Bureau of the Census. 1978. "The source and economic status of the black population in the United States: A historical view 1790—1978." *Current Population Reports, Series P*～23:80. Washington, D.C.: U.S. Government Printing Office.

U.S. Bureau of the Census. 1983. "Money income and poverty status of families and persons in the U.S.: 1983." *Current Population Reports, Series P*～60. No. 145.

U.S. Bureau of the Census. 1987. "Estimates of the population of the United States: 1970 to 1983."

Current Population Reports, Series P～25. No. 957.

U. S. Bureau of the Census. 1989a. *Statistical Abstract of the United States, 1989*, 109 ed. Washington, D. C. : U. S. Government Printing Office.

U. S. Bureau of the Census. 1989b. *Current Population Report: The Hispanic Population in the United States. March 1988, Series P～20*. No. 438. Washington, D. C. : U. S. Government Printing Office.

U. S. Bureau of the Census. 1990a. "Marital status and living arrangements: 1989 and 1990." *Current Population Reports, Series P～20*. No. 445.

U. S. Bureau of the Census. 1990b. "Child support and alimony: 1987." *Current Population Reports, Series P～23*. No. 167.

U. S. Bureau of the Census. 1991. "Geographical mobility, March 1987 to March 1990." *Current Population Reports, Series P～20*. No. 456.

U. S. Bureau of the Census. 1991d. "Ethnic origin of the population, state by state." Washington, D. C. : U. S. Government Printing Office.

U. S. Bureau of the Census. 1991e. *World Population Profile, 1991*. Washington, D. C. : U. S. Government Printing Office.

U. S. Bureau of the Census. 1992. "Studies in the distribution of income." *Current Population Reports, Consumer Income, Series P～60*. No. 183.

U. S. Bureau of the Census. 1992. "Summary of social, economic, and housing characteristics: United States." *1990 Census of Population and Housing*. Washington, D. C. : U. S. Government Printing Office.

U. S. Bureau of the Census. 1992. *Statistical Abstract of the United States, 1992*. Washington, D. C. : Government Printing Office.

U. S. Bureau of the Census. 1992. "General housing characteristics of the United States: 1990." *1990 Census of Housing*. Washington, D. C. : Government Printing Office.

U. S. Bureau of the Census. 1992. *International Data Base*, 1992. Accessed through CompuServe.

U. S. Bureau of the Census. 1993. *Statistical Abstract of the United States, 1993*. Washington, D. C. : Government Printing Office.

U. S. Bureau of the Census. 1993. "Poverty in the United States: 1992." *Current Population Reports, Consumer Income, Series P～60*. No. 185.

U. S. Bureau of the Census. 1993. "Asians and Pacific Islanders in the United States." *1990 Census of Population. 1990 CP～3～5*. Washington, D. C. : U. S. Government Printing Office.

U. S. Bureau of the Census. 1998. *Statistical Abstract of the United States, 1998*. Washington, D. C. : U. S. Government Printing Office.

U. S. Bureau of the Census. 1995. *Statistical Abstract of the United States, 1994*. Washington, D. C. : U. S. Government Printing Office.

U. S. Bureau of Labor Statistics. 1998. http://stats. bls. gov.

U. S. Bureau of Labor Statistics. 1984. *Demographic and Socioeconomic Aspects of Aging in the U. S.* Washington, D. C. : U. S. Government Printing Office.

U.S. Commission on Civil Rights. 1988. *The Economic Status of Americans of Asian Descent*. Washington, D.C.:Clearinghouse Publications.

U.S. Conference of Mayors. 1988. *A Status Report on Children in America's Cities*. Washington, D. C.: U.S. Conference of Mayors.

'U.S. Department of Education. 1984. *Survey of Magnet Schools: Analyzing a Model for Quality integrated Education*. Washington, D.C.: U.S. Government Printing Office.

U.S. Department of Education. 1997. National Center for Education Statistics. *Digest of Education Statistics, 1997, NCES* 98—015, by Thomas D. Snyder. Production Manager, Charlene M. Hoffman. Program Analysts, Claire M. Geddes. Washington, D.C.

U.S. Department of Education. 1999. National Center for Education Statistics. Schools and Staffing Survey: 1987～1988 (Administrator Questionnaire), 1990—1991 (Administrator Questionnaire), 1993—1994 (Principal Questionnaire). http://nces.ed.gov/pubs/ppsp/97455-2.html.

U.S. Department of Health, Education, and Welfare. 1973. *Work in America*. Cambridge, Mass.: MIT Press.

U.S. Department of Health and Human Services. 1991. National Center for Health Statistics. Accessed through CompuServe, 1992.

U.S. Department of Health and Human Services. 1996. National Center on Child Abuse and Neglect. *Third National Incidence Study of Child Abuse and Neglect: Final Report (NIS-3)*. Washington, D.C.: Government Printing Office.

U.S. Department of Health and Human Services. 1997. National Center on Child Abuse and Neglect. *Child Maltreatment 1995: Reports from the States to the National Child Abuse and Neglect Data system*. Washington, D.C.: U.S. Government Printing Office.

U.S. Department of Justice. 1987. *Crime in the United States: 1986 Uniform Crime Reports*. Washington, D.C.:U.S. Government Printing Office.

U.S. Department of Justice. 1994. *Violence against Women, A National Crime Victimization Survey Report*, January. Washington, D.C.: U.S. Government Printing Office.

U.S. Department of Justice. Bureau of Justice Statistics. Prisoners in State and Federal Institutions on December 31.

U.S. Department of Justice. 1998. *Uniform Crime Reports for the United States, 1997*. Washington, D.C.: U.S. Government Printing Office.

U.S. Health Care Financing Administration. 1997. *Health Care Financing Review, Fall*. http://www, hcfa.gov/stats/stats.htm.

U.S. Immigration and Naturalization Service. 1997.

U.S. National Institute of Justice. *Drug Use Forecasting. Quarterly*.

U.S. News & World Report. 1999. "How global aging will challenge the world's economic well-being." March 1, pp. 30～39.

Vago, Steven. 1999. *Social Change*, 4th ed. Upper Saddle River, N.J.: Prentice Hall.

Valelly, Richard. 1990. "Vanishing voters." *The American Prospect* (Spring): 140～150.

Valentine, Charles A. 1968. *Culture and Poverty: Critique and Counterproposals*. Chicago: University of Chicago Press.

Valentine, Charles A. 1971. "The 'culture of poverty': Its scientific significance and its implications for action." In Eleanor B. Leacock (ed.), *The Culture of Poverty: A Critique*. New York: Simon & Schuster.

Vance, James E., Jr. 1977. *The Scene of Man: The Role and Structure of the City in the Geography of Western Civilization*. New York: Harper's College Press.

Van den Berghe, Pierre L. 1990. "South Africa after thirty years." *Social Dynamics* 16(2): 16～37.

Van Dijk, Jan J. M., Pat Mayhew, and Martin Killias. 1991. *Experiences of Crime across the World: Key Findings from the 1989 International Crime Survey*. Duventer: Kluwer Law and Taxation Publishers.

Vandivort, Rita, Gaile M. Kurren, and Kathryn Braun. 1984. "Foster family care for frail elderly: A cost-effective quality care alternative." *Journal of Gerontological Social Work* 7: 110～114.

Van Hasselt, Vincent B., Randall L. Morrison, Alan S. Bellack, and Michel Hersen. 1988. *Handbook of Family Violence*. New York: Plenum Press.

Van Oudenhoven, Jan Pieter, and Tineke M. Willemsen (eds.). 1989. *Ethnic Minorities: A Social Psychological Perspective*. Berwyn, Pa.: Swets North America.

Veblen, Thorstein. 1967. *The Theory of the Leisure Class*. New York: Viking. (Originally published in 1899.)

Veit, Lawrence A. 1987. "Time of the new Asian tigers." *Challenge: The Magazine of Economic Affairs* 30: 49～55.

Verba, Sidney, and Norman Nie. 1972. *Participation in America*. New York: Harper & Row.

Vidich, Arthur. 1987. "Religion, economics, and class in American politics." *International Journal of Comparative Sociology* 1: 4～22.

Violence Against Women. 1994. *A National Crime Victimization Survey Report*. Washington, D.C.: U.S. Department of Justice, January[online].

Vogel, Ezra. 1979. *Japan as Number One: Lessons for America*. New York: Harper & Row.

Wade, Nicholas. 1998. "Cell rejuvenation may yield rush of medical advances." *New York Times*, January 20, B11, B13.

Wagley, Charles. 1971. *An Introduction to Brazil*. New York: Columbia University Press.

Waldrop, Judith, and Thomas Exter. 1990. "What the 1990 census will show." *American Demographics* 12 (January): 20～34.

Walker, Elaine M. 1987. "Understanding minority students' mathematics learning gains in computer-assisted instruction." *Journal of Negro Education* 56: 557～569.

Walker, J. C. 1988. "The way men act: Dominant and subordinate male cultures in an inner-city school." *British Journal of Sociology of Education* 9: 3～18.

Walker, Samuel. 1994. *Sense and Nonsense about Crime and Drugs: A Policy Guide*, 3rd ed. Belmont, Calif.: Wadsworth.

Wallace, A. F. C. 1966. *Religion: An Anthropological View*. New York: Random House.

Wallace, A. F. C. 1970. *Culture and Personality,* 2nd ed. New York: Random House.

Wallace, Ruth A. (ed.). 1989. *Feminism and Sociological Theory.* Newbury Park, Calif.: Sage.

Wallace, Ruth A., and A. Wolf. 1986. *Contemporary Sociological Theory,* 2nd ed. Englewood Cliffs, N.J.: Prentice Hall.

Wallach, M. A., N. Kogan, and D. J. Bem. 1962. "Diffusion of responsibility and level of risk taking in groups." *Journal of Abnormal and Social Psychology* 68:263～274.

Waller, Willard. 1961. *The Sociology of Teaching.* New York: Russell & Russell. (Originally published in 1932.)

Wallerstein, Immanuel. 1974. *The Modern World System.* New York: Academic Press.

Wallerstein, Immanuel. 1979. *The Capitalist World-Economy.* Cambridge: Cambridge University Press.

Wallerstein, Immanuel. 1980. *The Modern World System II.* New York: Academic Press.

Wallerstein, Immanuel. 1990. "Societal development, or development of world-system?" In Martin Albrow and Elizabeth King (eds.), *Globalization, Knowledge, and Society: Readings from "International Sociology."* Newbury Park, Calif.: Sage.

Wallerstein, Judith S., and J.B. Kelly. 1981. *Surviving the Breakup.* New York: Basic Books.

Wallerstein, Judith S., and Sandra Blakeslee. 1989. *Second Chances: Men, Women, and Children a Decade after Divorce.* New York: Ticknor & Fields.

Walster, Elaine, and William G. Walster. 1978. *A New Look at Love.* Reading, Mass.: Addison-Wesley.

Walters, Pamela Barnhouse. 1993. *Education in Social Problems,* ed. Craig Calhoun and G. Ritzer. New York: McGraw-Hill.

Walther, A. N. 1991. *Divorce Hangover.* New York: Pocket Books. Walton, John. 1987. "Theory and research on industrialization." *Annual Review of Sociology* 13:89～103.

Walum, Laurel Richardson. 1974. "The changing door ceremony: Notes .on the operation of sex roles in everyday life." *Urban Life and Culture* 2:506～516.

Walzer, Michael. 1982. "Socialism and the gift relationship." *Dissent* (Fall): 431～441.

Walzer, Michael. 1986. "Toward a theory of social assignments." In W. Knowlton and R. Zeckhauser (eds.), *American Society.* Cambridge: Ballinger.

Wang, Georgette, and Wimal Dissanayatce. 1984. *Continuity and Change in Communication Systems: An Asian Perspective.* Norwood, N.J.: Ablex.

Warner, W. Lloyd, et al. 1949. *Social Class in America.* New York: Harper & Row.

Warren, Roland L. 1972. *The Community in America,* 2nd ed. Chicago: Rand McNally.

Warwick, Donald P., and S. Osherson. 1973. *Comparative Research Methods.* Englewood Cliffs, N. J.: Prentice Hall.

Watkins, Steve. 1997. *The Black O: Racism and Redemption in an American Corporate Empire.* Athens: University of Georgia Press.

Watson, Russell. 1984. "An African nightmare." *Newsweek,* November 26, pp. 50～55.

Wattenberg, Martin P. 1998. *The Decline of American Political Parties,* 1952—1996. Cambridge, Mass.: Harvard University Press.

Weatherford, M. Stephen. 1980. "The politics of school busing: Contextual effects and community polarization." *Journal of Politics* 42:747～765.

Webb, E. J., et al. 1966. *Unobtrusive Measures.* Chicago: Rand McNally.

Weber, Max. 1922/1968. *Economy and Society.* Translated by Ephraim Fischoff et al. New York: Bedminster Press.

Weber, Max. 1930. *The Protestant Ethic and the Spirit of Capitalism.* Translated by Talcott Parsons. New York: Scribner's.

Weber, Max. 1946. "Politics as a vocation." In Hans H. Gerth & C. Wright Mills (eds.), *From Max Weber: Essays in Sociology.* London: Oxford University Press. (Originally published in 1919.)

Weber, Max. 1963. *The Sociology of Religion.* Boston: Allyn & Bacon. (Originally published in 1922.)

Weber, Susan (ed.). 1988. *USA by Numbers.* Washington, D.C.: Zero Population Growth.

Webster, Paula. 1975. "Matriarchy: A vision of power." In R. R. Reiter (ed.), *Toward an Anthropology of Women.* New York: Monthly Review Press.

Weeks, John R. 1988. "The demography of Islamic nations." *Population Bulletin* 43:4～53.

Weick, K. 1976. "Educational organizations as loosely-coupled systems." *Administrative Science Quarterly* 21:1～19.

Weinstein, Grace W. 1980. "How secure is social security?" *American Demographics* 2:14～17.

Weis, Robert S. 1988. "Loss and recovery." *Journal of Social Issues* 44:37～52.

Weiss, Carol H. 1987. "Evaluating social programs: What have we learned?" *Society* 25:40～45.

Weiss, Carol H., and Eleanor Singer, with the assistance of Phyllis Endreny. 1987. *Reporting of Social Science in the National Media.* New York: Russell Sage Foundation.

Weiss, R. 1989. "Teen suicide clusters: More than mimicry." *Science News* 136:342.

Weissberg, Robert. 1976. *Public Opinion and Popular Government.* Englewood Cliffs, N.J.: Prentice Hall.

Wellman, Barry. 1979. "The community question: The intimate networks of East Yorkers." *American Journal of Sociology* 84:1201～1231.

Wellman, Barry. 1988. "The community question re-evaluated." In Michael P. Smith (ed.), *Power, Community and the City.* New Brunswick, N.J.: Transaction.

Wellman, Barry, and Barry Leighton, 1979. "Networks, neighborhoods, and communities: Approaches to the study of the community question." *Urban Affairs Quarterly* 4:363～390.

Wellman, Barry, and Scot Wortley. 1990. "Different strokes from different folks: Community ties and social support." *American Journal of Sociology* 96:558～588.

Wentworth, M. 1980. *Context and Understanding: An Inquiry into Socialization Theory.* New York: Elsevier.

Wershow, H. J. 1969. "Aging in the Israeli kibbutz." *Gerontologist* 14:300～304.

Wertheimer, Barbara M. 1984. "Union is power: Sketches from women's labor history." In Jo Freeman (ed.), *Women: A Feminist Perspective*. Palo Alto, Calif.: Mayfield.

Westergaard, John, and Henrietta Resler. 1976. *Class in a Capitalist Society: A Study of Contemporary Britain*. New York: Basic Books.

Westermarck, Edward A. 1894—1901. *History of Human Marriage*. London: Macmillan.

Westley, William A. 1970. *Violence and the Police: A Sociological Study of Law, Custom, and Morality*. Cambridge, Mass.: MIT Press.

Westoff, Charles F. 1978. "Marriage and fertility in the developed countries." *Scientific American* 239 (December): 51～57.

West's Federal Practice Digest. 1987. 3rd ed., Vol. 112. St. Paul, Minn.: West.

Whalen, Marilyn R., and Don H. Zimmerman. 1987. "Sequential and institutional contexts in calls for help." *Social Psychology Quarterly* 50(2): 172～185.

Wheeler, Michael. 1976. *Lies, Damn Lies, and Statistics: The Manipulation of Public Opinion in America*. New York: Liverwright.

Wheeler, Mortimer. 1968. *The Indus Civilization*, 3rd ed. Cambridge: Cambridge University Press.

White, Theodore. 1973. *The Making of the President*, 1972. New York: Bantam.

Whitehouse, Ruth. 1977. *The First Cities*. New York: Dutton.

Whiting, Beatrice B., and Carolyn Edwards. 1973. "A cross-cultural study of sex differences in the behavior of children aged three through eleven." *Journal of Social Psychology* 91: 171～188.

Whiting, Beatrice B., and John W. M. Whiting. 1975. *Children of Six Cultures: A Psychocultural Analysis*. Cambridge, Mass.: Harvard University Press.

Whorf, Benjamin Lee. 1941. "The relation of habitual thought and behavior to language." In Leslie Spier (ed.), *Language, Culture, and Personality*. Menasha, Wis.: Sapir Memorial Education Fund.

Whyte, William Foote. 1981. *Street Corner Society: The Social Structure of an Italian Slum*, 3rd ed. Chicago: University of Chicago Press. (Originally published in 1943.)

Wicklund, R. A., and J. W. Brehm. 1976. *Perspectives on Cognitive Dissonance*. Hillsdale, N. J.: Lawrence Erlbaum.

Wierzbicka, Ann. 1986. "Does language reflect culture? Evidence from Australian English." *Language in Society* 15: 349～374.

Wiese, D. and D. Daro. 1995. *Current Trends in Child Abuse Reporting and Fatalities: The Results of the 1994 Annual*

Fifty State Survey. Chicago: National Committee to Prevent Child Abuse.

Wiggins, Lee M. 1955. "A panel study of automobile buying." Report of a conference at the Center for Advanced Study of the Behavioral Sciences.

Wilensky, Harold L. 1975. *The Welfare State and Equality: Structural and Ideological Roots of Public Expenditures*. Berkeley: University of California Press.

Wilensky, Harold L., and Charles N. Lebeaux. 1965. *Industrial Society and Social Welfare*. New York: Free Press.

Wilkie, Jane Riblett. 1981. "The trend toward delayed parenthood." *Journal of Marriage and the Family* 43:583～590.

"Will earth survive man?" 1988. *UN Chronicle.* June, 40ff.

Williams, Dennis A. 1984. "Why teachers fail." *Newsweek,* September 24.

Williams, John E., and John R. Stabler. 1973. "If white means good, then black..." *Psychology Today* 7(2):50～54.

Williams, J. R., and Martin Gold. 1972. "From delinquent behavior to official delinquency." *Social Problems* 20:209～229.

Williams, Juanita H. 1987. *Psychology of Women: Behavior in a Biosocial Context.* New York: Norton.

Williams, Kipling D., Steve A. Nida, Lawrence D. Baca, and Bibb Latané. 1989. "Social loafing and swimming: Effects of identifiability on individual and relay performance of intercollegiate swimmers." *Basic and Applied Social Psychology* 10:73～81.

Williams, Robin M., Jr. 1964. *Strangers Next Door.* Englewood Cliffs, N.J.: Prentice Hall.

Williams, Robin M., Jr. 1970. *American Society: A Sociological Interpretation,* 3rd ed. New York: Knopf.

Williams, Sarah. 1985. "Long-term care alternatives: Continuing care retirement communities." *Journal of Housing for the Elderly* 3:15～34.

Willie, Charles Vert. 1984. *School Desegregation Plans That Work.* Westport, Conn.: Greenwood Press.

Willis, Paul. 1981. *Learning to Labor: How Working Class Kids Get Working Class Jobs.* New York: Columbia University Press.

Wilson, Carter A. 1986. "Affirmative action defended: Exploding the myths of a slandered policy." *The Black Scholar* 17(3):19～24.

Wilson, Clint C., and Felix Gutierrez. 1995. *Race, Multiculturalism, and the Media: From Mass to Class Comnlunication,* 2nd ed. Thousand Oaks, CA: Sage.

Wilson, David S. 1988. "Computer's role in class expands." *Report of National Assessment of Educational Progress.*

Wilson, Edward O. 1975. *Sociology: The New Synthesis.* Cambridge, Mass.: Harvard University Press.

Wilson, Edward O. 1978. *On Human Nature.* Cambridge, Mass.: Harvard University Press.

Wilson, James Q. 1968. *Varieties of Police Behavior.* Cambridge, Mass.: Harvard University Press.

Wilson, James Q., and Richard J. Herrnstein. 1985. *Crime and Human Nature.* New York: Simon & Schuster.

Wilson, Stephen. 1978. *Informal Groups: An Introduction.* Englewood Cliffs, N.J.: Prentice Hall.

Wilson, W. Cody. 1975. "The distribution of selected sexual attitudes and behaviors among the adult population of the United States." *Journal of Sex Research* 11(1):44～64.

Wilson, William Julius. 1978. *The Declining Significance of Race: Blacks and Changing American*

Institutions. Chicago: University of Chicago Press.

Wilson, William Julius. 1987. *The Truly Disadvantaged: The Inner City, the Urban Underclass, and Public Policy*. Chicago: University of Chicago Press.

Wilson, William Julius, 1996. *When Work Disappears: The World of the New Urban Poor*. New York: Vintage Books.

Windrich, Elaine. 1989. "South Africa's propaganda war." *Africa Today* 36(1): 51～60.

Wingert, Pat, and Barbara Kantrowitz. 1990. "The day care generation." *Newsweek*. Special Issue: The Twenty-first Century Family (Winter/Spring): 86～92.

Wise, Gordon L., and J. Paul Merenski. 1974. "Reactions to sexy ads vary with age." *Journal of Advertising Research* 14: 11～16.

Wiseman, Jacqueline P. 1979. *Stations of the Lost: The Treatment of Skid Row Alcoholics*. Chicago: University of Chicago Press.

Wolf, Eric. 1970. *Peasant Wars of the Twentieth Century*. New York: Harper & Row.

Wolfe, Alan. 1989. *Whose Keeper?* Berkeley: University of California Press.

Wolfe, Alan. 1991. *The Terms of Power, Contemporary Sociology* 20 (March): 244～245.

Wolfe, Alan. 1998. *One Nation After All*. New York: Penguin/Putnam.

Wolff, Kurt H. 1950. *The Sociology of Georg Simmel*. New York: Free Press.

Wolfinger, Raymond, and Steven Rosenstone. 1980. *Who Votes?* New Haven, Conn.: Yale University Press.

Wood, Floris W. (ed.). 1990. *An American Profile—Opinions and Behavior, 1972—1989: Opinion Results Derived from the General Social Survey Conducted by the National Opinion Research Center*. New York: Gale Research.

Wood, W., D. Polek, and C. Aiken. 1985. "Sex differences in group task performance." *Journal of Personality and Social Psychology* 48: 63～71.

Woodward, Herbert N. 1983. *Human Survival in a Crowded World*. London: McFarland.

World Almanac and Book of Facts, 1990. 1989. New York: Scripps Howard.

World Almanac and Book of Facts, 1991. 1990. New York: Scripps Howard.

World Almanac and Book of Facts, 1992. 1991. New York: World Almanac.

World Almanac and Book of Facts, 1994. 1993. New York: World Almanac.

World Almanac and Book of Facts, 1998. 1999. New York: World Almanac.

World Bank. 1985. *Population Change and Economic Development*. New York: Oxford University Press.

World Bank. 1991. *World Development Report*. New York: Oxford University Press.

World Bank. 1998. *World Development Report*. http://www, worldbank.org.

World Factbook. 1989. Washington, D.C.: Central Intelligence Agency.

World Factbook. 1990. Washington, D.C.: Central Intelligence Agency.

World Factbook. 1991. Washington, D.C.: Central Intelligence Agency.

World Factbook. 1997. Washington, D.C.: Central Intelligence Agency.

World Factbook. 1998. Washington, D.C.: Central Intelligence Agency.

Wright, Erik Olin, and Bill Martin. 1987. "The transformation of the American class structure, 1960—1980." *American Journal of Sociology* 93:1～29.

Wright, James D. 1989. *Address Unknown: The Homeless in America*. New York: Aldine.

Wright, Robert. 1999. "Who gets the good genes." *Time*, January 11, p. 67.

Wright, Sam. 1978. *Crowds and Riots*. Beverly Hills, Calif.: Sage.

Wrong, Dennis H. 1959. "The functional theory of stratification: Some neglected considerations." *American Sociological Review* 24:772～782.

Wrong, Dennis H. 1961. "The oversocialized conception of man in modern sociology." *American Sociological Review* 26:183～193.

Wrong, Dennis H. 1964. *Population and Society*. New York: Random House.

Wuthnow, Robert. 1976. "The new religions in social context." In Charles Y. Glock and Robert N. Bellah (eds.), *The New Religious Consciousness*. Berkeley: University of California Press.

Wuthnow, Robert. 1988. *The Restructuring of American Religion*. Princeton, N.J.: Princeton University Press.

Yampolsky, Helene Boas. 1958. "Excerpts from the letter diary of Franz Boas on his first trip to the Northwest coast." *International Journal of American Linguistics* 24.

Yankelovich, Daniel. 1981. *New Rules: Searching for Self-Fulfillment in a World Turned Upside Down*. New York: Random House.

Yankelovich, Daniel. 1991. *The Affluence Effect*.

Yankelovich, Daniel. 1994. "How changes in the economy are reshaping American values." In Henry J. Aaron, Thomas E. Mann, and Timothy Taylor (eds.), *Values and Public Policy*, pp. 16～53. Washington, D.C.: Brookings Institution.

Yanowitch, Murray, and Wesley A. Fisher. 1973. *Social Stratification and Mobility in the USSR*. White Plains, N.Y.: International Arts & Sciences Press.

Yearbook of American and Canadian Churches, 1999. 1999. New York: National Council of the Churches in the United States of America.

Yearbook of Labor Statistics, 1991. 1991. Geneva: International Labor Office.

Yin, Peter, and Kwok Hung Lai. 1983. "A reconceptualization of age stratification in China." *Journal of Gerontology* 38:608～613.

Young, Michael, and Peter Willmott. 1974. *The Symmetrical Family*. New York: Pantheon.

Yu, Vivienne W.S., and Paul A. Atkinson. 1988. "An investigation of the language difficulties experienced by Hong Kong secondary school students in English-medium schools: I. The problems." *Journal of Multilingual and Multicultural Development* 9:267～284.

Zaccaro, Stephen J. 1984. "Social loafing: The role of task attractiveness." *Personality and Social Psychology Bulletin* 10:99～106.

Zald, Mayer, and John McCarthy (eds.). 1979. *The Dynamics of Social Movements*. Cambridge, Mass.: Winthrop.

Zaman, M. Q. 1986. "The role of social relations in response to riverbed erosion hazards and population resettlement in Bangladesh." *Studies in Third World Societies* 36:177～199.

Zarbatany, Lynne, and Michael E. Lamb. 1985. "Social referencing as a function of information source: Mothers vs. strangers." *Infant Behavior and Development* 8:28～33.

Zaretsky, Eli. 1976. *Capitalism, the Family, and Personal Life.* New York: Harper & Row.

Zaretsky, Eli. 1978. "Capitalism, the family, and personal life." In A. M. Jagger and P. R. Struhl (eds.), *Feminist Frameworks: Alternative Theoretical Accounts of the Relations between Women and Men.* New York: McGraw-Hill.

Zastrow, Charles. 1986. *Introduction to Social Welfare Institutions: Social Problems, Services, and Current Issues.* Chicago: Dorsey Press.

Zawitz, M. 1994. *Violence between Intimates. NCJ*—149259. U. S. Department of justice, Office of Justice programs, Bureau of Justice Statistics, November.

Zeedyk-Ryan, Janice, and Gene F. Smith. 1983. "The effects of crowding on hostility, anxiety, and desire for social interaction." *Journal of Social Psychology* 120:245～252.

Zelnick, Melvin, John F. Kantner, and Kathleen Ford. 1981. *Sex and Pregnancy in Adolescence.* Beverly Hills, Calif.: Sage.

Zimbardo, Philip. 1971. "The psychological power and pathology of imprisonment." A statement prepared for the U. S. House of Representatives, Committee on the Judiciary, Subcommittee 3: Hearings on Prison Reform, San Francisco, October 25.

Zimbardo, Philip. 1972. "Pathology of imprisonment." *Society* 9 (April): 4～8.

Zimmerman, Carle G., and Lucius F. Cervantes. 1960. *Successful American Families.* New York: Pageant Press.

Zimring, Franklin E., and Gordon Hawkins. 1973. *Deterrence: The Legal Threat in Crime Control.* Chicago: University of Chicago Press.

Zola, I. K. 1972. "Medicine as an institution of social control." *Sociology Review* 20:487～504.

Zolberg, Aristide. 1987. "Wanted but not welcome: Alien labor in western development." In William Alonso(ed.), *Population in an Interacting World.* Cambridge, Mass.: Harvard University Press.

Zuboff, Shoshanna. 1988. *In the Age of the Smart Machine.* New York: Basic Books.

Zuckerman, Harriet. 1988. "The sociology of science." In Neil J. Smelser(ed.), *Handbook of Sociology.* Beverly Hills, Calif.: Sage.

Zukin, Sharon. 1987. "Gentrification: Culture and capitalism in the urbancore." *Annual Review of Sociology* 13: 129～147.

著者索引

（所注页码为英文原书页码，即本书边码）

A

B

C

D

E

F

G

H

I

J

K

L

M

N

O

P

Q

R

S

T

U

V

Y

Z

主题词索引

（所注页码为英文原书页码，即本书边码）

Authorized translation from the English language edition, entitled Sociology, 11e, 9780130957450 by David Popenoe, published by Pearson Education, Inc, Copyright © 2000, 1995, 1993, 1991, 1989, 1986, 1983, 1980, 1977, 1974, 1971 by Pearson Education, Inc.

All rights reserved. No part of this book may be reproduced or transmitted in any form or by any means, electronic or mechanical, including photocopying, recording or by any information storage retrieval system, without permission from Pearson Education, Inc.

CHINESE SIMPLIFIED language edition published by CHINA RENMIN UNIVERSITY PRESS CO., LTD., Copyright © 2018.

本书中文简体字版由培生教育公司授权中国人民大学出版社出版，未经出版者书面许可，不得以任何形式复制或抄袭本书的任何部分。

本书封面贴有 Pearson Education（培生教育出版集团）激光防伪标签。无标签者不得销售。

图书在版编目（CIP）数据

社会学/（美）波普诺著；李强等译.
北京：中国人民大学出版社，2007
（社会学译丛·经典教材系列）
ISBN 978-7-300-08078-9

Ⅰ.社…
Ⅱ.①波…②李…
Ⅲ.社会学-教材
Ⅳ.C91

中国版本图书馆 CIP 数据核字（2007）第 062905 号

社会学译丛·经典教材系列
社会学（第十一版）
［美］戴维·波普诺　著
李强 等　译

出版发行	中国人民大学出版社		
社　　址	北京中关村大街 31 号	**邮政编码**	100080
电　　话	010-62511242（总编室）		010-62511770（质管部）
	010-82501766（邮购部）		010-62514148（门市部）
	010-62515195（发行公司）		010-62515275（盗版举报）
网　　址	http：//www.crup.com.cn		
经　　销	新华书店		
印　　刷	涿州市星河印刷有限公司		
规　　格	185 mm×235 mm　16 开本	**版　　次**	2007 年 10 月第 1 版
印　　张	56 插页 2	**印　　次**	2022 年 5 月第 15 次印刷
字　　数	1 315 000	**定　　价**	168.00 元

版权所有　侵权必究　印装差错　负责调换

Pearson

尊敬的老师：

为了确保您及时有效地获得培生整体教学资源，请您务必完整填写如下表格，加盖学院的公章后以电子扫描件等形式发给我们，我们将会在2-3个工作日内为您处理。

请填写所需教辅的信息：

采用教材			□中文版 □英文版 □双语版
作 者		出版社	
版 次		**ISBN**	
课程时间	始于 年 月 日	学生人数	
	止于 年 月 日	学生年级	□专 科 □本科 1/2 年级 □研究生 □本科 3/4 年级

请填写您的个人信息：

学 校			
院系/专业			
姓 名		职 称	□助教 □讲师 □副教授 □教授
通信地址/邮编			
手 机		电 话	
传 真			
official email(必填) (eg:XXX@ruc.edu.cn)		email (eg:XXX@163.com)	
是否愿意接受我们定期的新书讯息通知： □是 □否			

系 / 院主任：__________ （签字）

（系 / 院办公室章）

___年___月___日

资源介绍：

--教材、常规教辅（PPT、教师手册、题库等）资源：请访问 www.pearson.com/us/higher-education （免费）

--MyLabs/Mastering 系列在线平台：适合老师和学生共同使用；访问需要 Access Code； （付费）

地址：中国北京市东城区北三环东路 36 号环球贸易中心 D 座 1208 室 100013

Please send this form to：copub.hed@pearson.com
Website: www.pearson.com